F 42536

RECUEIL

DES

CIRCULAIRES ET INSTRUCTIONS

ÉMANÉES

DU MINISTÈRE DE L'INTÉRIEUR.

CIRCULAIRES,

INSTRUCTIONS ET AUTRES ACTES

ÉMANÉS

DU MINISTÈRE DE L'INTÉRIEUR,

OU RELATIFS A CE DÉPARTEMENT.

Relevés des jugements qui prononcent des amendes en matière de police correctionnelle et de simple police.

11 Janvier 1814.

Le Ministre de l'intérieur aux Préfets.

Il importe que les greffiers des tribunaux vous envoient périodiquement un relevé des jugements qui prononcent des amendes, soit en matière de police correctionnelle, soit en matière de police simple. Ces relevés vous mettraient en état de connaître le produit de ces amendes, dont il est fait un fonds commun pour être distribué, en partie ou en totalité, aux communes, en exécution du décret du 17 mai 1809 et du Code pénal. Ils serviraient de contrôles aux états que le directeur du domaine vous remet à la fin de l'année, ou tous les trois mois, et d'après lesquels vous faites la répartition du produit des amendes entre les communes de votre département.

Mais les greffiers ne sont pas tenus de délivrer gratuitement ces relevés. J'ai décidé que les droits qui leur sont attribués par l'article 49 du décret du 18 juin 1811, pour les expéditions de chaque article de leur registre qui doivent être envoyées aux ministres de la justice et de la police générale, conformément à l'article 600 du Code d'instruction criminelle, seront payés à ces greffiers sur le produit des portions d'amendes à distribuer aux communes.

Moyens de suppléer aux semences de mars.

Mars 1814.

Le ministre de l'intérieur appelle l'attention des préfets sur les semences de mars qui fournissent, en France, plus d'un tiers effectif de la subsistance, soit immédiatement par les grains et par les racines alimentaires, soit médiatement par la masse comestible qu'elles offrent aux animaux destinés à la nourriture de l'homme ou à ses travaux de culture.

La saison très-avancée lui a fait penser qu'il fallait, sur beaucoup de points, substituer des cultures plus tardives aux ensemencements ordinaires de mars ; et il adresse, à cet effet, aux préfets, une instruction à laquelle il les invite à donner la plus grande publicité. Elle contient des notions sur les plantes alimentaires qu'il est possible de mettre le plus tardivement en terre, sur celles qu'on peut substituer aux avoines, pour la nourriture des animaux domestiques, et sur les moyens de diminuer les labours et l'emploi des semences. La pomme de terre surtout est utile à recommander dans cette circonstance, parce qu'elle peut se mettre en terre jusqu'au milieu du mois de juin, qu'elle fournit une très-grande quantité de substance alimentaire, et qu'elle peut se conserver très-longtemps, soit en nature, soit préparée par des moyens très-faciles.

INSTRUCTION RÉDIGÉE PAR ORDRE DU MINISTRE DE L'INTÉRIEUR (1).

Observations préliminaires concernant les ensemencements d'hiver.

Avant de se déterminer à labourer de nouveau un champ qui aurait déjà été ensemencé, il faut l'examiner avec soin et ne pas se presser, encore qu'il ait été exposé au piétinement des hommes et des chevaux, au roulage des voitures ; car l'on peut encore espérer des récoltes, surtout si la terre est légère, crayeuse ou sablonneuse : l'expérience apprend que l'effet le plus ordinaire de la compression est de chausser le pied du grain, de le faire tasser et de donner de la solidité aux tiges ; on cherche même à produire cet effet, dans certains cantons, avec des rouleaux ou avec des demi-chariots que l'on promène, au printemps, sur les céréales.

On a moins d'espérance sur les terres argileuses : celles-ci ont besoin d'être allégées, et le piétinement après les pluies ou après les fontes de neige les rend plus compactes, y fait des trous dans lesquels l'eau séjourne et noie la racine, qui se corrompt et ne donne plus de tige.

De même, si sur une terre, de quelque nature qu'elle soit, on a allumé des feux ou arraché les grains par des fouilles ou des déchirements, on n'obtiendra de produit qu'autant qu'il y aura des intervalles préservés. Alors, au lieu de relabourer en entier, on peut conserver les places restées intactes, afin d'avoir un produit, quel qu'il soit ; seulement, il sera bon de sarcler là où les pieds des grains seront trop écartés, afin que les herbes ne les étouffent pas (2) ; on pourrait encore éclaircir les endroits trop drus pour regarnir les lacunes (3) ; ou bien semer quelques-unes des plantes qui seront désignées par la suite.

Comment suppléer au petit nombre des hommes et des animaux de labour.

La briéveté du temps et le défaut de bras, de chevaux, de bœufs, de mulets, conduiront nécessairement à suivre l'exemple de plusieurs endroits, dans lesquels on laboure avec des ânes et avec des vaches. Ensuite, tous les bras, ceux des femmes et des enfants compris, agissant selon leurs forces, produiront d'utiles résultats. Qu'on ne dise pas que ces efforts sont impraticables ; il est beaucoup de pays où les femmes n'ont pas attendu les circonstances actuelles pour se livrer aux travaux des champs.

(1) On espère que chacun saura distinguer, dans les notions que renferme cette instruction, celles dont il sera possible de faire une application utile, selon le climat, l'époque à laquelle on sera libre de cultiver, et le sol sur lequel il faudra opérer.

(2) Les sarclages, houages, binages et hersages sont utiles aux blés devenus ou semés trop clairs.

(3) On sépare les touffes par marcottes, et on les repique par un temps frais. Il faut prendre ce plant dans un champ trop dru, attendu qu'il serait trop tard pour semer en pépinière et repiquer ensuite.

Près de Bâle, en Suisse, ce sont des servantes, au lieu de valets, qui tiennent les mancherons de la charrue, qui conduisent les chevaux et les bœufs ; on voit la même pratique dans les départements de la Haute-Marne, de la Saône, de la Côte-d'Or, de la Meuse, de la Meurthe, du Rhin, etc. Dans une très-grande partie de celui de Seine-et-Marne, ce sont les femmes des fermiers (et elles y mettent de l'amour-propre) qui, seules, sèment toutes les emblavaisons, quelque considérables qu'elles soient.

Sur les montagnes dont les habitants s'absentent et vont, une partie de l'année, parcourir d'autres contrées pour exercer quelque profession ; sur les bords de la mer, où il y a beaucoup d'hommes occupés à la pêche, au cabotage, aux voyages de long cours, ce sont les femmes qui préparent la terre, sèment, récoltent et battent ; plusieurs même conduisent les voitures ; dans les vignobles aussi, elles partagent le travail avec leurs maris.

Il est donc prouvé que les femmes peuvent remplacer utilement les hommes dans les travaux champêtres. Déjà, elles cultivent dans les environs de Paris, et leurs travaux sont dirigés par l'expérience des hommes âgés.

A l'égard des enfants, un grand nombre d'ouvrages sont à leur portée ; au village, on sait mieux qu'ailleurs les leur distribuer, à mesure que leurs forces se développent.

Comment remplacer les charrues et réduire les travaux.

Le nombre des bras et celui des animaux pouvant ne pas suffire, beaucoup de charrues étant détruites, il est bon de réduire les travaux et de suppléer au principal instrument de labourage.

Ainsi, lorsqu'on ne pourra pas entreprendre des labours à la charrue, qui, comparativement, entraînent des longueurs, on travaillera la terre avec des herses à dents de fer ou même de bois, fortement chargées : le produit sera, sans doute, plus faible que par une culture régulière, mais il sera passable, et c'est le cas de dire qu'il vaut mieux peu que rien ; d'ailleurs, pour le présent, on doit s'occuper de la reproduction d'une denrée quelconque, pour avoir le temps d'attendre. La petite culture devra aussi être employée, partout où elle sera possible : elle exige, il est vrai, plus de temps, mais elle est plus productive. On labourera donc avec la bêche, la houe, la pioche, la fourche à trois dents, selon que l'on sera en état de manier ces instruments ; il faudrait même s'efforcer, lorsqu'on n'en aurait pas l'habitude, parce qu'il y a nécessité.

Comment économiser les semences.

On ne fera qu'indiquer l'usage de la herse-semoir de M. *Hayot*, parce qu'il faudrait y joindre un modèle, et que l'on n'aurait pas le temps de construire ces instruments ; mais ceux qui en seront pourvus en obtiendront un bon service.

On parviendra à ménager la semence par différents procédés. Pour les bien faire comprendre, il est nécessaire d'entrer dans quelques détails.

La culture en rayon, outre qu'elle nettoie et ameublit la terre, économise beaucoup de semence, surtout celle des haricots, des pois, etc., que l'on espace à la suite les uns des autres, au lieu de les répandre au hasard, ou de les placer confusément par touffes et en paquets.

La semaille sous raie consiste à jeter le plus également possible, dans le fond des sillons, et à mesure qu'ils sont tracés, le grain ou le plant que l'on veut confier à la terre ; le versement des terres du nouveau rayon formé à côté les recouvrira.

Le plantage des grains est particulièrement applicable à la petite culture ; depuis longtemps on l'a pratiqué dans quelques parties de la France. M. *de la Rochefoucauld* l'a introduit en grand dans ses propriétés.

Le plantoir dont on se sert pour les grains et afin d'accélérer n'est point un simple fichet ; c'est une espèce de rateau, dont le manche, au lieu d'être placé de côté, est, au contraire, emmanché sur la traverse qui reçoit, à l'opposé, un nombre plus ou moins considérable de fiches ou dents, espacées de quatre à six pouces ; en sorte qu'en posant ces fiches droites sur une terre labourée et appuyant fortement avec le pied sur la traverse, tandis qu'on tient le manche à la main, il en résulte plusieurs trous de deux pouces au plus de profondeur, dans lesquels des enfants introduisent un ou deux grains de semence ; on les remplit ensuite, et on égalise le terrain avec une herse, un rouleau, des branches d'arbre; quelquefois le pied suffit.

Le mélange des céréales avec les légumineuses, surtout celles qui ont des mains ou vrilles, est encore recommandable, lorsque l'on est forcé d'écarter beaucoup les semences, attendu que les tiges des premières servent de soutien aux secondes, qui, en ombrageant leur pied, les protègent à leur tour; ce service réciproque fait acquérir à toutes deux un plus grand développement; en sorte qu'il y a augmentation de produit et diminution de semence.

Quels sont les grains et les plantes dont on peut encore espérer des récoltes.

L'orge et l'avoine sont les espèces de grains dont les résultats seraient les plus sûrs.

Dans quelques pays, néanmoins, on ne peut guère semer l'avoine au delà du mois de mars inclusivement; toutefois, il y a des terrains et des climats, dans la partie septentrionale et orientale de la France, et quelques localités humides, où l'on peut encore semer les avoines, en avril, avec une très-grande probabilité d'obtenir de bonnes récoltes: et cette année, que l'hiver s'est prolongé, cette possibilité doit s'étendre à un grand nombre de lieux.

Il existe aussi, sur plusieurs points de la Picardie, et probablement ailleurs, quelques variétés d'avoines qui exigent moins de temps que d'autres pour parvenir à la maturité (1).

Dans tous les cas, il y aurait peu d'inconvénients à semer en avril des avoines ordinaires, parce qu'en admettant même qu'elles ne pussent mûrir complétement, elles fourniraient, étant fauchées, un fourrage très-nourrissant, qui équivaudrait presque au grain pour la nourriture des animaux (2).

L'orge printanière, ainsi que l'orge nue ou céleste, convient aux hommes et aux animaux; on peut la semer jusqu'à la fin d'avril, et rigoureusement jusqu'à la fin de mai, dans les terres fraîches et substantielles. Les chevaux pourtant s'en accommodent plus difficilement que de l'avoine; elle ne leur donne pas autant d'ardeur: il convient donc de donner l'orge avec réserve, surtout aux vieux chevaux; si on le peut même, il est bon de la mêler avec d'autres nourritures, et toujours prudent de la concasser ou de la faire macérer dans l'eau, avant de la leur faire manger.

Quoique le midi de la France convienne mieux que le nord au maïs, au millet, au panis, au sorgho, on a cependant reconnu qu'avec quelque soin ces grains peuvent être avantageusement cultivés dans ce dernier climat; ils peuvent être semés tardivement, c'est-à-dire en mai, et même en juin, dans quelques localités bien exposées: ils sont du nombre de ceux qui exigent peu de semences, et appartiennent à la petite culture autant qu'à la grande. On les propose donc dans l'ordre de leur mérite respectif.

Le maïs est, sans contredit, la plante la plus précieuse pour la nourriture des cultivateurs et celle des bestiaux.

Une de ses variétés, connue sous le nom de *quarentin*, est recommandable par le peu de temps qu'elle exige pour parcourir le cours de la végétation.

Le maïs veut être espacé suffisamment (3), butté et effeuillé; alors ses produits sont plus abondants et plus précoces.

Le millet et le panis se plaisent dans les terres sableuses, lorsqu'elles conservent assez de fraîcheur et qu'elles sont abritées.

Le sorgho paraît être le moins profitable, sous le rapport alimentaire; il donne cependant beaucoup de grains, et il peut, étant coupé en fleurs, fournir une excellente nourriture pour les bestiaux.

Le sarrasin ordinaire et celui de Tartarie, quoique redoutant la plus petite gelée, peuvent être d'une grande ressource, parce qu'ils doivent être semés, au plus tôt, en

---

(1) Creté de Palluel en recommande une qu'il employait avec succès pour les semailles tardives; M Yvard l'a également éprouvée: il serait important de la rechercher. On présume qu'elle est encore dans les arrondissements de Saint-Denis et de Senlis.

(2) L'emploi du fourrage d'avoine a lieu dans plusieurs parties du midi; et l'on doit remarquer que toutes les tiges des plantes fauchées en fleurs contiennent bien plus de substances nutritives qu'à l'époque de la maturité de leurs semences.

(3) Cet espacement varie suivant le sol et le climat, il ne peut cependant guère être moindre d'un pied en tout sens.

mai, et qu'ils peuvent l'être jusqu'en juin et juillet ; qu'une terre imparfaitement préparée peut les recevoir ; qu'il ne faut pas beaucoup de semence (1), et que trois mois suffisent pour faire mûrir leurs grains. Ils procurent une nourriture abondante et saine aux hommes et aux animaux granivores ; ils peuvent remplacer, en partie, l'avoine (2).

On ne croit pas devoir s'occuper des variétés de froment de mars et de seigle, parce qu'elles exigent d'être semées de bonne heure, sur des terres bien préparées ; ce qu'il ne serait plus temps d'entreprendre, excepté peut-être dans un petit nombre de lieux que des circonstances auraient favorisés.

Les haricots méritent de fixer l'attention des cultivateurs ; ils peuvent être semés très-tard, produisent beaucoup, exigent peu de semence (3), et procurent à l'homme une nourriture qui en remplace avantageusement beaucoup d'autres.

On peut également cultiver diverses espèces de vesce, de gesse, de lentille, de lentillon, de pois, de fèves et de féveroles : dans les cas urgents, on peut les confier à la terre sur un seul labour, quoique médiocre, même sur un hersage, et presque en tout temps (4). Plusieurs de ces productions sont bonnes comme aliment ; toutes sont excellentes comme fourrage, lors même que l'on ne pourrait pas récolter les graines.

Au nombre des ressources les plus certaines, on doit placer les pommes de terre ou parmentières ; elles contiennent plus de parties nutritives, et peuvent se conserver pendant plus de six mois (5). Les hommes les mangent préparées de diverses manières ; les animaux les consomment crues ou cuites. Elles sont si fécondes, qu'elles fournissent abondamment, même dans les terres de moyenne qualité. La saison pour les planter est depuis la mi-mars jusqu'à la mi-juin. A ce sujet, il n'est pas inutile d'observer qu'excepté les hâtives, il est des cas où les pommes de terre plantées tardivement produisent autant et plus sûrement que les autres.

Le tubercule entier, ou divisé en plusieurs parties, lorsqu'il est gros, réussit également. On pourrait encore, si les besoins étaient grands, obtenir la reproduction des pommes de terre, en mettant, dans les terres fertiles, les yeux avec très-peu de parenchyme ou pulpe. On ne peut dissimuler toutefois que les produits seraient moindres que si on eût laissé l'œil réuni à toute la pulpe ; mais comme il est des circonstances où il ne faut rien négliger, on a cru devoir indiquer ce moyen, qui a le double effet de conserver une substance alimentaire et de donner de nouveaux produits.

Ce serait peut-être aussi le cas de faire sortir des jardins les topinambours, qui y produisent peu, parce qu'ils sont constamment entassés dans le même coin : ils formeront, dans les champs, une récolte plus abondante. Cette plante résiste aux plus fortes gelées ; elle est bonne pour les animaux, et les hommes en mangent.

Parmi les plantes à racines ou à feuilles comestibles, on peut conseiller les carottes, les panais, les betteraves, les navets, le rutabaga et les choux. Toutes ces plantes conviennent aux hommes, et plusieurs aux bestiaux. On peut les semer jusqu'à une époque avancée du printemps. On ne parlera pas de leur culture ; elle est connue.

Précautions à prendre pour la nourriture des animaux, pour ménager les fourrages, et pour prévenir les inconvénients de ceux qui sont, en partie, détériorés.

Dans le cours de cette instruction, on a désigné plusieurs plantes ou graines qui

---

(1) On pourra s'en procurer en Bretagne ou en Normandie.

(2) M. Yvard l'a éprouvé, ainsi que M. Tessier. La Sologne, le Maine, le Perche et la Bretagne en fournissent des exemples.

(3) Surtout, si l'on a soin de les semer en rayon, comme il a été indiqué plus haut.

(4) On cultive, dans les environs de Péronne, une variété de vesce qu'on ne sème ordinairement qu'à la fin de mai, et qui supporte mieux la sécheresse ; elle a été aussi essayée avec succès dans les environs de Paris.

(5) On peut les conserver plus longtemps, en les enfouissant dans la terre très-sèche ; cette manière épargne des soins et des bâtiments ; elle est en usage dans la Belgique et ailleurs.

On les convertit aussi en farine, et cette conversion permet, lorsqu'il y a abondance, d'en conserver pour la disette, et elle facilite les transports.

M. de Lasteyrie en a donné le procédé, très-facile, dans une notice insérée dans le *Moniteur* du 17 janvier 1813, et celui de les convertir en vermicelle, dans le *Moniteur* du 10 mars 1814.

peuvent être données aux animaux. Mais il est une observation générale et essentielle, que l'on est obligé de rapporter ici ; c'est que tous les grains durs, tels que les fèves, maïs, etc., doivent être préalablement concassés ou macérés dans l'eau ;

Que les racines données crues doivent être divisées avec un coupe-racine ou autre instrument équivalent ; qu'il est bon, lorsque cela est possible, de les saupoudrer de sel et de son pas trop dépouillé de sa farine, ou bien de les mêler avec quelque grain, surtout pour les animaux de travail.

Enfin, pour ménager les fourrages, on doit les hacher ; et s'ils ont été détériorés, on les rendra moins malsains et plus appétissants, en les saupoudrant de sel, ou en les aspergeant d'eau salée, après les avoir bien secoués et aérés.

On n'insistera pas sur la nécessité d'élever des animaux, parce que l'on présume bien que, dès que l'on aura pourvu à leur nourriture par la culture, on s'empressera de multiplier d'abord ceux qui croissent le plus promptement, afin de pourvoir à une première consommation, et de donner le temps d'attendre ceux qui sont plus lents dans leur accroissement.

Signé CHALLAN, V^r YVART, TESSIER, SILVESTRE, DE LASTEYRIE, PETIT DE BEAUVERGER, SAINT-MARTIN.

Précautions à prendre contre l'épizootie qui règne sur les bêtes à cornes.

10 mai 1814.

Le Commissaire au ministère de l'intérieur et des cultes aux Préfets.

Je suis instruit qu'il règne, en ce moment, une maladie épizootique qui fait périr beaucoup de bêtes à cornes, et notamment les vaches.

Je crois devoir, dans cette circonstance, vous inviter à prescrire l'emploi des précautions indiquées dans l'arrêt du conseil d'Etat du roi, du 16 juillet 1784, dans la loi des 28 septembre et 6 octobre 1791, dans l'instruction émanée du ministère de l'intérieur, sous la date du 23 messidor an V, et dans l'arrêté du directoire exécutif, du 27 du même mois.

Donnez sur-le-champ des ordres pour que les étables soient visitées, pour que les bêtes saines soient séparées de celles qui sont atteintes de la maladie, et pour éviter que les premières aient aucune communication avec les autres bestiaux, surtout avec ceux qui suivent les mouvements des armées.

Vous me rendrez compte des résultats des mesures que vous aurez prises, à cet égard, dans l'intérêt de l'agriculture.

Legs et donations en faveur des pauvres et des hospices (1).

22 juillet 1814.

Le Ministre de l'intérieur aux Préfets.

Aux termes de l'article 1er d'un arrêté du gouvernement du 4 pluviôse an XII, que vous avez reçu avec une instruction détaillée

---

(1) Voir l'ordonnance du 2 mai 1817 qui a modifié en grande partie celle du 10 juin 1814 à laquelle s'applique cette instruction. (*N. de l'Ed.*)

du 30 germinal de la même année, sur l'acceptation des legs et donations faites en faveur des pauvres et des hospices, les commissions administratives peuvent accepter et employer à leurs besoins, comme recette ordinaire, sur la simple autorisation *des sous-préfets*, et sans qu'il soit besoin d'un arrêté spécial du gouvernement, les dons et legs qui leur sont faits par actes entre-vifs ou de dernière volonté, *soit en argent, soit en meubles, soit en denrées*, lorsque leur valeur n'excède pas 300 *francs* de capital, et qu'ils sont *faits à titre gratuit*.

Aux termes du même arrêté, article 3, les donations d'immeubles *ou d'objets mobiliers* excédant une valeur capitale de 300 *francs*, faites par actes entre-vifs ou de dernière volonté, et toutes les dispositions *à titre onéreux*, ne doivent avoir leur effet qu'après que l'acceptation en a été autorisée par le gouvernement.

Les dispositions de l'article 1er de l'arrêté que je viens de rappeler sont maintenues par l'article 1er d'une ordonnance du roi du 10 juin dernier.

Vous avez conséquemment à veiller à ce que les dispositions de l'article 1er de l'arrêté du 4 pluviôse an XII, et l'instruction y relative, du 30 germinal suivant, continuent de recevoir leur exécution, pour ce qui concerne les dons et les legs faits en argent et en meubles et denrées, dont la valeur n'excède pas 300 *francs*, et qui sont *faits à titre gratuit*.

L'article 1er de l'ordonnance du 10 juin vous déférant le pouvoir d'autoriser l'acceptation des dons et legs dont il s'agit, on pourrait en conclure que le but de l'ordonnance a été de retirer aux souspréfets le pouvoir qui leur est délégué par l'arrêté du 4 pluviôse an XII.

Je dois vous prévenir que cette conclusion serait contraire aux intentions du roi, conformes, en tout, aux considérations qui ont motivé l'arrêté précité du 4 pluviôse an XII : cet arrêté, en déférant *aux sous-préfets* le pouvoir dont ils sont investis, a eu pour principal objet de simplifier les rouages à parcourir pour obtenir l'autorisation d'accepter; de rapprocher, autant que possible, l'époque où les pauvres jouiront des libéralités qui leur sont faites, et de mettre plus promptement à même d'en provoquer la délivrance et d'en faire courir les intérêts.

Ce double objet serait manqué, si on donnait à l'ordonnance du 10 juin une intention qu'elle n'a pas : vous devez, en conséquence, faire connaître aux *sous-préfets* qu'ils peuvent continuer, *comme autorité déléguée*, à autoriser l'acceptation et l'emploi des dons et legs qui concernent les pauvres et les hospices de leur arrondissement, dans les cas prévus par l'arrêté du 4 pluviôse an XII.

A l'égard des libéralités faites en argent, qui s'élèveront de 300 francs à 1,000 francs, et de celles qui seront faites *en objets mobiliers, quelle qu'en soit la valeur*, elles pourront désormais être acceptées, en vertu de l'autorisation pure et simple *du ministre de l'intérieur*.

Cette modification à l'article 3 de l'arrêté du 4 pluviôse est consacrée par l'article 2 de l'ordonnance du 10 juin.

Aux termes de l'arrêté du 4 pluviôse, article 3, les donations d'immeubles, quelle qu'en fût la valeur, ou de capitaux qui s'élèveraient au-dessus de 300 francs, faites par actes entre-vifs ou de dernière volonté, ne devraient avoir leur effet qu'après que l'acceptation en aurait été autorisée par le gouvernement. Cet ordre de choses est maintenu par l'article 1er de l'ordonnance du 10 juin, qui fixe toutefois à 1,000 francs la somme au-dessus de laquelle l'autorisation du gouvernement est nécessaire. C'est à vous qu'il appartient d'en assurer l'exécution.

Cette ordonnance se tait sur les dispositions *à titre onéreux* ; l'article 3 de l'arrêté du 4 pluviôse doit, tant qu'il n'y sera pas dérogé, continuer de servir de règle aux administrations des pauvres et des hospices, pour l'acceptation de ces dispositions.

Pour obtenir l'autorisation ministérielle, ou celle du gouvernement, vous aurez à vous conformer à l'instruction du 30 germinal an XII, ainsi qu'à celle du 6 avril 1812 ; vous aurez, en outre, à joindre à l'appui de votre avis toutes les pièces et renseignements voulus en pareil cas.

Vous aurez, surtout, à vous bien pénétrer que, quels que soient les établissements ou les personnes désignés par les donateurs ou testateurs, pour l'emploi de leur don et la distribution des secours, la demande en acceptation en doit toujours être formée par l'administration des pauvres et des hospices que les libéralités concernent. Il en doit être de même à l'égard des fondations de sœurs de charité dans les paroisses, pour l'éducation gratuite des enfants pauvres de l'un et de l'autre sexe, et pour faire la visite des pauvres et des malades.

Vous ne perdrez pas de vue que votre correspondance pour l'acceptation des legs et donations qui intéresseront les pauvres, les hôpitaux et les établissements de bienfaisance, sous quelque dénomination qu'ils soient connus, doit toujours être distincte et séparée de celle qui concernera des legs et donations faits par les mêmes personnes en faveur des églises, des fabriques et des séminaires, et qu'elle doit m'être directement adressée.

Vous vous rappellerez également que vous devez me donner connaissance des legs et donations dont vous et les sous-préfets autoriserez successivement l'acceptation. Je désire que l'état m'en soit soumis, par semestre.

Théâtres.

INSTRUCTION DU MINISTRE DE L'INTÉRIEUR.

Août 1814.

Art. 1er. Le royaume se divise en vingt-cinq arrondissements de théâtres.

2. Chaque arrondissement comprend un ou plusieurs départements, selon que ceux-ci ont plus ou moins de villes susceptibles d'avoir un spectacle.

3. Les arrondissements peuvent avoir deux espèces de directeurs.

Il y a des directeurs de troupes stationnaires, pour les villes qui ont des spectacles permanents.

Il y a des directeurs de troupes ambulantes, appelées à desservir les communes qui ne pourraient avoir un spectacle à l'année.

4. Les directeurs de troupes stationnaires sont désignés par les préfets, et nommés par le ministre de l'intérieur.

5. Les directeurs de troupes ambulantes sont choisis par le ministre, d'après les notes qui lui sont directement parvenues, ou qui lui ont été remises par les préfets.

6. Les seuls directeurs nommés suivant ces formalités peuvent entretenir des troupes de comédiens.

7. Tout particulier qui se présente pour obtenir une direction, doit faire preuve de ses moyens pour soutenir une entreprise théâtrale. Il peut être astreint à fournir un cautionnement en immeubles.

8. Les directions de théâtres permanents sont accordées pour une, deux, trois, ou même un plus grand nombre d'années, selon que le proposent les préfets, et que le ministre le juge convenable.

9. Les directions de troupes ambulantes ne peuvent être accordées que pour trois ans, au plus.

10. ....

11. Tout directeur doit, dans le mois de sa nomination, envoyer au ministère de l'intérieur le tableau de ses acteurs et actrices.

Il peut avoir une troupe composée de comédie et d'opéra, ou deux troupes, l'une de comédie, l'autre d'opéra.

Il ne doit engager, ou faire engager aucun acteur, que sur le vu d'un congé délivré par le directeur dont cet artiste quitte la troupe, et il doit avoir soin, lui ou son agent, de garder ce congé.

12. Il doit soumettre, tous les six mois, son répertoire général au ministre de l'intérieur.

Aucune pièce ne doit, au surplus, être portée par un directeur sur son répertoire qu'avec l'autorisation du directeur général de la police du royaume.

13. C'est le ministère de l'intérieur qui assigne à chaque théâtre le genre dans lequel il doit se renfermer.

Dans les villes où il n'y a qu'un seul théâtre permanent, et dans les communes desservies par une troupe ambulante, les directeurs peuvent faire jouer les pièces des grands théâtres de Paris et celles des théâtres secondaires.

14. Dans les villes où il y a deux théâtres, le *principal théâtre* jouit du droit de représenter les pièces comprises dans les répertoires des grands théâtres de Paris.

Le *second théâtre* jouit du droit de représenter les pièces des répertoires des théâtres secondaires.

Les préfets peuvent, au reste, et lorsqu'ils le jugent convenable (sauf le compte à en rendre au ministre), autoriser les directeurs du *principal théâtre* à donner des pièces du répertoire des théâtres secondaires, et également, en de certains cas, permettre au second théâtre de représenter des ouvrages du répertoire des grands théâtres.

15. Les directeurs des troupes ambulantes soumettent leur itinéraire au ministre, qui l'arrête, après l'avoir modifié, s'il y a lieu, et l'envoie aux préfets, pour que l'ordre, une fois établi, soit maintenu pour le temps de la durée du privilége.

16. Les directeurs ne peuvent, en aucune manière, avoir de sous-traitants; ils sont tenus d'être eux-mêmes à la tête de leur troupe : s'ils en ont deux, ils ont, pour l'une d'elles, un régisseur, dont ils font connaître le nom au ministre, et dont ils répondent.

17. Les préfets des départements dans lesquels il y a des théâtres permanents, rendent compte, tous les trois mois, de la conduite des directeurs.

Ils rendent compte de la conduite des directeurs de troupes ambulantes, à chaque séjour que celles-ci ont fait dans les villes de leurs départements.

18. Aux mêmes époques, les préfets exigent des directeurs, et font passer au ministre, l'état des recettes et dépenses des troupes permanentes ou ambulantes.

19. Les directeurs sur lesquels viennent des notes favorables,

ceux qui ont fait un meilleur choix de pièces, qui ont le plus soigné les représentations, qui ont enfin exactement rempli tous leurs engagements, sont dans le cas d'obtenir des récompenses.

Les acteurs qui se conduisent bien et qui font preuve de talents distingués sont également susceptibles d'obtenir, de la part du ministère, des marques de satisfaction.

20. L'inexécution des conditions imposées aux directeurs entraînerait la révocation de leur privilége.

21. Les directeurs des troupes stationnaires, dans les lieux où ils sont établis, et les directeurs des troupes ambulantes, dans les lieux où ils se trouvent exercer, eux ou leurs régisseurs, au temps du carnaval, jouissent du privilége des bals masqués.

22. Les salles de spectacle appartenant aux communes peuvent, sur la proposition des maires et des préfets, être abandonnées gratuitement aux directeurs.

23. Quant aux salles appartenant à des particuliers, le loyer en peut être payé par les communes, à la décharge du directeur. Les conseils municipaux sont autorisés à prendre, à ce sujet, des délibérations, que les préfets transmettent au ministre, avec leur avis, pour le rapport en être fait, s'il y a lieu, et les sommes nécessaires portées aux budgets.

24. En général, il doit être pris, autant que possible, des mesures pour que toutes les communes deviennent propriétaires de salles de spectacle.

25. Dans les villes susceptibles d'avoir un théâtre, et qui n'ont point encore de salle, ni communale, ni particulière, il doit être avisé aux moyens d'en faire construire une.

26. ....

Aucun théâtre ne peut être construit qu'avec l'autorisation du ministère.

27. Les spectacles n'étant point au nombre des jeux publics auxquels les fonctionnaires assistent, en leur qualité, il ne doit point y avoir pour eux de places, encore moins de loges *gratuites* réservées au spectacle.

28. Les autorités ne peuvent exiger d'entrées gratuites des entrepreneurs que pour le nombre d'individus jugé indispensable au maintien de l'ordre et de la sûreté publique.

29. Il est fait défense aux directeurs d'engager, soit pour leurs spectacles, soit pour les concerts qu'ils sont dans le cas de donner, aucun élève du conservatoire, sans l'autorisation du ministre dans les attributions duquel se trouve cet établissement.

30. Les préfets, les sous-préfets et les maires sont tenus de ne souffrir, sous aucun prétexte, que les acteurs des théâtres de Paris ou des théâtres de toute autre ville, qui ont obtenu un congé pour aller dans les départements, y prolongent leur séjour au delà du temps fixé par le congé.

En cas de contravention, les directeurs de spectacles se mettent dans le cas d'être condamnés à verser à la caisse des pauvres le montant de la recette des représentations qui ont eu lieu après l'expiration du congé.

31. Les préfets et les maires doivent veiller à la stricte exécution des lois et instructions relatives aux droits des auteurs dramatiques.

32. L'autorité chargée de la police des spectacles prononce provisoirement sur toutes contestations, soit entre les directeurs et les acteurs, soit entre les directeurs et les auteurs ou leurs agents, qui

tendraient à interrompre le cours ordinaire des représentations; et la décision provisoire peut être exécutée, nonobstant le recours vers l'autorité supérieure à laquelle il appartient de juger le fond de la question.

Construction d'édifices et de monuments publics.

20 août 1814.

Le Ministre de l'intérieur aux Préfets.

D'après les règles établies, aucun édifice public de quelque importance, aucun monument d'art de quelque intérêt, ne doit être élevé ou restauré, sans qu'au préalable les plans, dessins et devis n'en aient été soumis au ministre de l'intérieur, et approuvés par lui, quand il s'est assuré, d'ailleurs, des ressources existantes pour faire face à la dépense projetée.

Ces règles sages tendent à éviter que des constructions sans goût et sans utilité ne s'exécutent, ou que des travaux, d'ailleurs convenablement ordonnés, ne se puissent achever faute de fonds.

Je crois devoir, en ce moment, vous rappeler ces dispositions, et vous recommander de tenir la main à ce qu'elles soient toujours strictement observées.

Mines.

INSTRUCTION DU DIRECTEUR GÉNÉRAL DES MINES, POUR LES INGÉNIEURS EN CHEF DES MINES.

1er septembre 1814.

Le service de l'administration des mines, dans les départements, est susceptible de plusieurs améliorations importantes. A présent que les ingénieurs de tout grade se trouvent plus également répartis, et qu'il existe moins de disproportion entre leur nombre et la masse des attributions qu'ils ont à remplir, leur zèle et leur activité n'éprouveront plus aucun obstacle. Je suis donc persuadé qu'ils feront tous leurs efforts pour seconder mes vues et me mettre à même d'achever, le plus promptement possible, l'organisation du système administratif de la direction générale des mines.

Ce but important se rattache à la restauration de l'administration générale du royaume, et rentre, par conséquent, dans les vues du roi pour la prospérité de la France; en concourant à les remplir, les membres du corps des mines justifieront la haute protection que Sa Majesté a daigné leur promettre solennellement.

Formation des bureaux. La formation des bureaux, dans chaque nouvel arrondissement et dans chaque nouvelle station, est le premier objet que je recommande aux ingénieurs en chef. Je vais entrer dans quelques détails à ce sujet.

Dans le mouvement général que va occasionner la nouvelle répartition des membres du corps des mines, il y aura lieu à des remises réciproques des pièces et papiers concernant le service de chaque département. Elles auront lieu sur inventaires dressés par département, dont le double me sera envoyé. On fera également l'état double des instruments appartenant, soit à la direction générale, soit aux établissements domaniaux et communaux, qui sont déposés dans les bureaux dont la dislocation va s'opérer. Ceux des ingénieurs qui conserveront des départements dont ils avaient précédemment la surveillance m'adresseront aussi les inventaires des papiers et instruments qui concernent ces départements ; par ce moyen, il sera complétement satisfait à l'article 90 du décret du 18 novembre 1810, dont l'exécution a été retardée jusqu'à présent.

Par l'expression de *papiers appartenant à l'État*, employée dans cet article 90, il faut entendre les exemplaires des lois, décrets, règlements, circulaires et instructions, les titres de concession et permission, les cahiers de charges, les plans, les procès-verbaux de toute espèce, les états d'exploitation et matrices des redevances, les projets de toute espèce, les minutes des avis, des rapports et pièces de correspondance, enfin les registres ; ainsi, en quittant le service d'un département, les ingénieurs de tout grade ne peuvent retenir par-devers eux que les papiers qui leur sont strictement personnels, tels que les notes, journaux de voyage et les pièces de correspondance relatives au mouvement, au traitement, aux frais de voyage ou de bureau, et aux indemnités accordées pour travaux spéciaux dans les exploitations domaniales, communales ou particulières.

Je sais que les matériaux contenus dans plusieurs des bureaux anciens sont très-insuffisants, à beaucoup d'égards ; mais une grande partie des lacunes peut être remplie en très-peu de temps. Les ingénieurs trouveront des éléments supplémentaires dans les préfectures. Ils pourront s'adresser à moi pour obtenir les secours que les bureaux de la direction peuvent leur offrir. Je leur indique, en outre, un moyen prompt de compléter l'état général des objets de leur ressort, dans chaque département : c'est de consulter les rôles des patentes chez les directeurs des contributions ; ils acquerront ainsi la connaissance des moindres minières, usines, verreries, tourbières et carrières qui auraient pu échapper aux recherches de l'administration. Ces éléments suffiront aux ingénieurs pour poser les fondements des nouveaux bureaux.

Je désire, à l'avenir, que les bureaux soient tenus d'une manière uniforme, et ainsi qu'il suit :

Les pièces seront classées par département, et sous-divisées par nature d'exploitation, dans l'ordre suivi par la loi du 21 avril 1810. Chaque mine, proprement dite, chaque minière concessible, chaque minière fouillée à ciel ouvert, chaque usine, saline ou verrerie, chaque carrière et chaque tourbière, aura son dossier séparé, en tête duquel seront placés, 1° le titre de l'exploitant, accompagné du cahier des charges et des plans, pour les exploitations qui en sont susceptibles ; 2° les états de produits annuels, dressés approximativement, en attendant qu'on puisse les obtenir régulièrement, en conformité de l'article 36 du décret du 18 novembre 1810, du moins pour les exploitations auxquelles cet article est applicable.

Les minutes des avis, rapports, projets et lettres de l'ingénieur, relatifs à chaque exploitation, seront soigneusement datées et signées, avant d'être jointes aux dossiers.

Il en sera de même des copies des procès-verbaux de vérification de plans, expertises ou contraventions, et des copies d'états d'exploitation.

Le même soin doit avoir lieu, à l'égard des copies des pièces et plans qui composent le titre de chaque exploitant en mine, minière, usine, carrière et tourbière. J'ajouterai que c'est aux ingénieurs de tout grade à se procurer ces copies et à satisfaire à l'exécution de l'article 21 du décret précité.

Les objets généraux concernant, soit un arrondissement, soit une station, soit un même département, soit une même espèce d'exploitation, dans chaque département, seront classés à part et sous-divisés en dossiers particuliers.

On classera également à part et on sous-divisera les pièces et papiers relatifs au mouvement et au personnel des ingénieurs.

Il sera établi, dans chaque bureau, deux registres d'ordre, ou mémorials, destinés à constater, l'un l'entrée et l'autre la sortie des plans, papiers quelconques et pièces de correspondance. L'inscription d'entrée ou de sortie sera divisée en plusieurs colonnes, portant, 1º un numéro d'ordre; 2º la date de l'arrivée ou de la sortie de la pièce; 3º la date de la pièce; 4º son auteur; 5º une courte analyse de son objet; 6º le nombre et la désignation sommaire des papiers ou plans joints à la pièce. Le numéro d'inscription sera porté sur chaque pièce entrante ou sortante.

En général, il est nécessaire que le service de chaque département soit bien distinctement séparé, dans chaque bureau. Ceux des ingénieurs en chef qui feront le service particulier de la station dans laquelle ils résideront, devront isoler les objets concernant ce service d'avec ceux relatifs à la surveillance supérieure qu'ils exerceront sur les autres stations : ainsi, par exemple, ils devront établir de doubles registres d'ordre.

Chaque ingénieur doit indispensablement avoir dans son bureau les principaux instruments de son état, notamment, une poche de mine, un graphomètre, une planchette, un niveau d'eau, deux mires à coulisse et talon de métal, une grande chaîne.

Dans le cas où un ingénieur serait chargé de quelques opérations graphiques exigeant des instruments plus parfaits, tels que le grand niveau à bulle d'air, ou le cercle répétiteur, il y sera pourvu, sur sa demande.

Le choix des commis à employer dans les bureaux n'est point indifférent : il est à souhaiter que les ingénieurs prennent des sujets capables de se former à la levée des plans de surface et de travaux souterrains.

Il serait également bon que, dans les localités où cela est praticable, les conducteurs des mines, minières, carrières et tourbières, déjà institués, fussent employés dans les bureaux des ingénieurs, lorsqu'ils ne sont pas en exercice sur le terrain.

Moyens d'activer la surveillance. Depuis longtemps on a senti la nécessité de multiplier les conducteurs ; mais, jusqu'ici, le gouvernement n'a pu faire aucun fonds pour cet objet. C'est aux ingénieurs en chef à profiter des ressources locales qui pourraient fournir les moyens d'établir des conducteurs partout où il est nécessaire, et à présenter, à cet égard, des projets motivés aux préfets. Dans certains pays, les conducteurs ont été demandés et sont payés par des concessionnaires dont les mines étaient exposées aux invasions des extracteurs illicites. Dans d'autres contrées, les conducteurs sont payés sur le produit des mines et minières communales ou domaniales. Dans les pays à tourbes, le traitement des conducteurs et géomètres est affecté sur le produit des tourbières communales. Enfin, dans les pays à grandes exploitations de carrières, on prend le traitement des conducteurs sur différents fonds publics affectés à l'entretien des carrières délaissées.

Dans de certaines localités, indépendamment des conducteurs, on emploie les gardes champêtres au même usage, du moins pour surveiller les délits extérieurs, et on leur accorde annuellement une légère gratification sur les mêmes fonds. Ce moyen, très-économique, peut être employé utilement dans plusieurs circonstances : c'est aux ingénieurs en chef à en solliciter l'emploi, partout où il existe des fonds susceptibles de recevoir cette application.

C'est également aux ingénieurs en chef qu'il appartient de provoquer les rapports des maires sur les événements concernant la police dans l'intérieur des mines : d'après le décret du 3 janvier 1813, ces fonctionnaires sont chargés du soin d'instruire l'autorité supérieure, dans toutes les localités où il n'existe point d'agent de l'administration des mines.

Des mines exploitées par des particuliers. L'organisation du service des mines, proprement dites, soit concédées, soit exploitées sauf concession, a été l'objet de plusieurs règlements et instructions qui laissent très-peu de choses à désirer, pour le moment. Je recommande seulement aux ingénieurs en chef d'accélérer l'expédition des affaires de concession en instance, qui concernent des mines dont l'exploitation pourrait péricliter, faute de décision prompte de la part de l'autorité supérieure. Je leur recommande, en outre, de constater si tous les exploitants sans concessions, de chaque arrondissement, ont formé des demandes régulières, et de m'adresser la liste de ceux qui auraient négligé de se mettre en règle.

Des minières concessibles exploitées par des particuliers. La distinction des minières concessibles d'avec les minières non concessibles est d'une grande importance, surtout à l'égard de celles qui renferment des minerais de fer. Les ingénieurs doivent rechercher avec soin toute considération technique dont on pourrait s'appuyer pour donner lieu à l'application des articles 69 et 70 de la loi du 21 avril 1810 : ils dresseront, dans chaque département, l'état des minières qui seront reconnues susceptibles de cette application ; ils me transmettront cet état, ainsi qu'aux préfets, afin que ces magistrats puissent avertir les exploitants qu'ils aient à se mettre en demeure pour obtenir des concessions.

Des minières fouillées à ciel ouvert, exploitées par des particuliers. La direction générale ne possédant que des états très-incomplets des minières fouillées à ciel ouvert, j'ai lieu de croire que beaucoup n'ont point été visitées par les ingénieurs. Il paraît, en outre, que l'exploitation de ces minières se fait en contravention à l'article 57 de la loi du 21 avril, c'est-à-dire sans permission. J'invite les ingénieurs à prendre les mesures nécessaires pour que, dans les prochaines tournées, il soit fait une reconnaissance de toutes les minières fouillées à ciel ouvert ; à en dresser l'état, avec désignation bien précise des exploitants ; à soumettre ces états aux préfets, afin que ces magistrats puissent notifier aux exploitants non permissionnés, qu'ils aient à se mettre en mesure ; enfin, à m'envoyer le double de ces états, ainsi que les expéditions des permissions qui ont été ou qui seront accordées par les préfets.

Ils n'oublieront pas qu'en vertu de l'article 58 de la loi les cahiers des charges des permissions doivent spécifier les précautions de sûreté et de salubrité que la disposition des lieux peut comporter, relativement aux excavations, soit pendant le temps de l'exploitation, soit lorsqu'on les abandonne.

Des usines appartenant à des particuliers. Un assez grand nombre de propriétaires d'usines ne se sont point encore mis en devoir de satisfaire aux articles 73 et 78 de la loi du 21 avril 1810 : l'existence de plusieurs usines est même jusqu'ici restée inconnue à l'administration. J'invite donc les ingénieurs en chef à dresser, le plus tôt possible, l'état des usines de chaque département ; à faire, à ce sujet, les recherches les plus exactes sur l'existence des petites usines à cuivre, des petites usines à fer et des patouillets, comme aussi des établissements sujets à permission, existant dans les villes ; à transmettre ces états aux préfets, pour qu'il soit notifié aux exploitants de se mettre en règle, s'ils ne l'ont pas fait ; enfin, à m'adresser le double de ces états.

Les ingénieurs en chef ne doivent pas perdre de vue l'exécution de l'article 24 du décret du 18 novembre 1810, relativement aux permissions d'usines. Les projets des cahiers des charges doivent être soumis à mon approbation, avant d'être souscrits par les impétrants.

Des verreries appartenant à des particuliers. La loi du 21 avril 1810 n'a point mentionné nominativement les verreries, en statuant sur les permissions ; mais les lois et règlements antérieurs, non abrogés, les classent positivement parmi les usines. L'arrêt très-sévère du 9 août 1723 les assimile, pour les permissions, contraventions et amendes, aux fourneaux, forges et martinets. En conséquence, les ingénieurs en chef dresseront les états des verreries de chaque département, soumettront ces états aux préfets, afin que ces magistrats puissent notifier aux exploitants qu'ils aient à se mettre en règle, soit en produisant leurs titres, soit en formant une demande légale, en exécution de l'article 78 : les doubles de ces états seront adressés à la direction générale.

Carrières appartenant à des particuliers. La surveillance des carrières, soit exploitées, soit délaissées, n'est exercée que dans un très-petit nombre de départements. Je sais que, jusqu'à ce que les ingénieurs aient des conducteurs à leur disposition, il leur sera très-difficile d'obtenir une influence salutaire sur les exploitations de cette espèce ; tout ce que j'exige d'eux, pour le moment, c'est qu'ils jettent les bases de cette partie du service ; qu'à cet effet ils dressent un état exact de toutes les carrières de chaque département, distinguant, ainsi que la loi l'a fait, articles 81 et 82, les carrières souterraines d'avec les carrières fouillées à ciel ouvert et portant le nom des exploitants ; qu'ils prient les préfets de se faire informer exactement, par les maires, des accidents qui arrivent dans les carrières de chaque arrondissement ; qu'ils veillent à l'exécution de l'article 82 de la loi et à l'application, par assimilation, des dispositions de sûreté prescrites par le décret du 3 janvier 1813, pour celles des carrières souterraines dans lesquelles il sera arrivé des accidents, ou qui pourraient présenter des dangers imminents ; enfin, qu'ils provoquent, s'il y a lieu, l'exécution des articles 2 et 4 des décrets du 22 mars 1813, et celle du décret du 4 juillet suivant.

Des tourbières appartenant à des particuliers. J'appelle particulièrement l'attention des ingénieurs en chef sur les exploitations des tourbières, soit en activité, soit délaissées. Les articles 83, 84, 85 et 86 de la loi du 21 avril prescrivent, ainsi que l'article 39 du décret du 18 novembre 1810, des obligations essentielles, qui n'ont été remplies que dans un petit nombre de localités. Dès qu'il sera possible, les ingénieurs en chef feront une reconnaissance des tourbières de chaque département ; ils en dresseront l'état, avec la désignation des exploitants permissionnés ou non permissionnés ; ils soumettront ces états (après m'en avoir envoyé des doubles) aux préfets, et proposeront à ces magistrats de notifier aux différents exploitants non permissionnés, qu'ils aient à se mettre en règle, dans le nouveau délai qu'il paraîtra convenable de fixer ; passé lequel délai, ils seront dans le cas d'être poursuivis pour le payement de l'amende de 100 francs, fixée par l'article 84 de ladite loi. Les ingénieurs feront les diligences nécessaires pour que les préfets puissent aviser à l'application des amendes.

Lorsque les tourbières seront placées à une grande distance les unes des autres, chaque permission exprimera, en détail, les conditions à remplir par l'exploitant, sous le point de vue de salubrité et de sûreté, ainsi que la désignation du mode d'assèchement ou d'atterrissement.

Lorsque les tourbières feront partie du même système de gisement, et qu'il ne pourra être pourvu à la sûreté et à la salubrité publiques que par un mode général et combiné d'exploitation, d'assèchement et d'atterrissement, les ingénieurs veilleront à l'exécution des articles 85 et 86, ci-dessus cités. A cet effet, ils inséreront dans les permissions à accorder les conditions provisoires qui seront jugées nécessaires jusqu'à la fixation du mode général, et ils rédigeront le projet de règlement d'administration publique approprié à la disposition des tourbières de chaque département.

J'invite les ingénieurs en chef à s'environner de tous les éléments et renseignements nécessaires, lorsqu'ils procéderont à la confection de ces projets ; ainsi, par exemple, à se procurer les arrêts des 8 mai et 21 août 1717, 18 juillet 1719 et 3 avril 1753 ; à me demander communication des projets, arrêtés, modèles annuels de distribution et d'emparquement auxquels l'organisation générale des tourbières de la Somme et du Pas-de-Calais a déjà donné lieu.

L'exécution de ces projets devant exiger quelques dépenses, les ingénieurs détermineront ces dépenses avec la plus stricte économie, et aviseront, dans leurs projets, aux moyens d'y pourvoir. Les principaux moyens sont, 1° le produit des amendes; 2° le produit des exploitations communales ; 3° les cotisations volontaires des exploitants.

Ces cotisations peuvent être assises sur le millier de tourbe. Mais je dois faire remarquer qu'elles doivent être établies avec beaucoup de circonspection, et dans une juste proportion avec les besoins. En conséquence, les ingénieurs devront s'attacher principalement à motiver, dans leurs rapports, l'impossibilité où chaque exploitant se trouve de satisfaire, par ses propres moyens, aux précautions de salubrité, et de démontrer que les travaux d'écoulement doivent procurer un avantage direct à l'exploitant pour l'extraction de sa tourbe.

Les projets de règlement d'administration publique, pour les tourbières de chaque département, seront adressés aux préfets, pour être soumis au ministre de l'intérieur, et les ingénieurs en chef m'en donneront avis.

Si les ingénieurs doivent exercer une surveillance active sur les mines, minières, usines, tourbières et carrières exploitées par des particuliers, ils doivent des soins plus immédiats aux exploitations domaniales et communales. Je crois devoir leur rappeler l'étendue de leurs attributions à ce sujet, car l'expérience m'a prouvé qu'elle n'avait pas été généralement bien sentie. Je vais parler d'abord des établissements domaniaux.

Service des mines domaniales. L'article 38 du décret du 18 novembre 1810 ordonne positivement que les établissements des mines exploitées au compte du gouvernement seront dirigés par les ingénieurs. J'invite les ingénieurs en chef à prendre les ordres des préfets, pour l'exécution de cet article, partout où il n'aura pas encore reçu son application, et à faire à ces magistrats les propositions convenables, dans l'intérêt de ces établissements, soit que leur exploitation ait lieu par des agents de la régie, soit qu'elle ait été confiée à des fermiers. Quant aux exploitations affermées, les ingénieurs doivent saisir l'occasion du renouvellement des baux, pour obtenir les changements et améliorations nécessaires dans les travaux. A cet effet, ils doivent, en temps opportun, soumettre leurs vues aux préfets. Les exploitations domaniales doivent être limitées de la même manière que les concessions faites à des particuliers : en conséquence, les ingénieurs ne doivent pas négliger de faire les diligences convenables à l'égard des mines du domaine qui n'ont point reçu de circonscription légale.

Service des usines domaniales. Il y a beaucoup à faire pour établir la surveillance spéciale que les ingénieurs des mines doivent exercer à l'égard des usines domaniales, autres que celles qui font partie des exploitations des mines et minières concessibles dont je viens de parler ; telles sont, par exemple, les fonderies confiées à des entrepreneurs, et les salines.

Les usines de cette classe sont toutes affermées à des entrepreneurs, et relèvent de divers ministères. A l'époque où la plupart des baux ou traités ont été faits ou prorogés, la surveillance des articles du cahier des charges relatifs aux inventaires et états de lieux, améliorations, réparations et reconstructions, n'a pu être attribuée aux ingénieurs des mines. A leur défaut, cette surveillance a été donnée aux ingénieurs des ponts et chaussées. J'invite les ingénieurs en chef à prendre les renseignements nécessaires ; à prévenir les renouvellements des baux, pour revendiquer leurs attributions ; et à faire, en temps convenable, et avec prudence, toutes les propositions qu'ils jugeront nécessaires, pour que l'administration des mines soit rétablie dans ses droits. Quant aux usines domaniales affermées, et que le corps des ponts et chaussées ne surveille point, les ingénieurs des mines en sont les surveillants naturels, pour la partie technique ; ils doivent rendre compte aux préfets de leurs observations sur ces établissements, et concourir à la formation des cahiers des charges, lors du renouvellement des baux.

Service des minières, carrières et tourbières domaniales. Les mêmes considérations sont applicables aux minières fouillées à ciel ouvert, aux carrières et aux tourbières domaniales.

Je désire, en général, que les ingénieurs des mines marchent de concert avec les agents de la régie des domaines, la bonne harmonie des deux administrations étant nécessaire pour la prospérité des établissements qui leur sont soumis en commun.

Service des minières et mines communales. Les exploitations communales exigent, de la part des ingénieurs des mines, une participation encore plus spéciale, s'il est possible, que les exploitations domaniales ; en effet, elles sont placées sous la tutelle immédiate des maires et des préfets, et leur direction ne saurait appartenir à d'autres agents que ceux de l'administration des mines. Les ingénieurs doivent s'empresser de remplir leurs devoirs à l'égard de ces exploitations, et intervenir partout où il en existe.

Les ingénieurs ayant toute latitude pour la conduite des mines et minières communales, et celle des établissements qui en dépendent, je n'ai, pour le moment, aucune disposition de détail à leur prescrire, si ce n'est de marcher de concert avec les maires des communes, et de ne jamais omettre de faire approuver leurs opérations par les préfets. S'il se trouvait des mines ou minières communales dont le service n'eût point encore été régularisé, les ingénieurs, après s'être transportés sur les lieux où j'avais envoyé les ingénieurs ordinaires, feront les projets et propositions nécessaires, et les adresseront aux préfets.

Ils feront, en outre, les diligences nécessaires pour que celles des mines communales qui n'ont pas été circonscrites reçoivent des limites légales.

Quant à l'influence à exercer sur les mines, minières et usines communales affermées, ils se régleront, par assimilation, sur ce qui a été dit ci-dessus, relativement aux établissements domaniaux du même genre qui sont livrés à des fermiers.

Service des salines communales. Je réclame l'attention particulière des ingénieurs à l'égard des sources salées communales et des usines qui en dépendent. Il règne, dans ces établissements, de grands abus, soit relativement à l'exploitation des eaux salées, soit concernant l'emploi du combustible; aucune usine n'est pourvue de permission (1) : ainsi, à tous égards, l'intervention de l'administration des mines est indispensable. Les ingénieurs que cet objet peut concerner doivent incessamment se transporter sur les lieux, ou y envoyer les ingénieurs ordinaires; recueillir tous les renseignements nécessaires; présenter aux préfets les projets de régularisation et d'administration qu'ils jugeront convenables; et, en attendant toute décision sur ces projets, se faire autoriser, par ces magistrats, à entrer dans la composition des commissions municipales qui administrent les sources salées. Je désire, du reste, que les habitudes locales soient prises en considération, dans les projets présentés, et qu'on ne propose l'abolition d'aucun usage sans un avantage bien démontré.

Service des carrières communales. La surveillance des carrières communales ne présente aucune difficulté : je passe à celle des tourbières communales, qui est beaucoup plus importante.

Service des tourbières communales. Si les ingénieurs des mines sont tenus, en vertu de l'article 39 du décret du 18 novembre 1810, de diriger et surveiller les tourbières exploitées par des particuliers, à plus forte raison doivent-ils s'occuper de celles exploitées par les communes, ou à leur compte. Les unes et les autres étant presque toujours rapprochées ou confondues, elles peuvent être régies par les mêmes systèmes généraux d'asséchement et d'attérissement; mais les ingénieurs doivent intervenir, de plus, dans les détails du mode d'exploitation des tourbières communales. C'est à eux qu'il appartient de présenter les projets annuels d'emparcquement, de réparation, de constructions nouvelles, de plantations, de vente,

---

(1) Voir, au sujet des sources salées et des salines en général, la décision du corps législatif du 20 frimaire an v, et l'arrêté du 5 nivôse an vi (*Bulletin des lois*, n° 173; 2e série, n° 1634).

de perception et de répartition de fonds; c'est à eux à faire les travaux préparatoires pour ces projets, et à exécuter les arpentages, nivellements et plans nécessaires, soit par eux-mêmes, soit par l'intermédiaire des géomètres ou conducteurs payés sur les produits des exploitations. Ce service, qu'il est urgent d'organiser dans plusieurs parties de la France, a eu les plus heureux résultats, dans l'intérêt des communes et de la bonne exploitation, partout où il est complétement monté. Les ingénieurs trouveront, dans les sources que j'ai indiquées précédemment, les renseignements dont ils pourront avoir besoin pour leurs projets d'organisation et de régularisation.

De la vente des exploitations communales. En développant ici les obligations que les ingénieurs ont à remplir à l'égard des exploitations communales, en général, je ne dois pas omettre de les prévenir que le sort d'une grande partie de ces exploitations pourrait bien changer, par suite de la loi du 20 mars 1813, qui a ordonné l'aliénation de plusieurs espèces de propriétés appartenant aux communes. Il est fâcheux que cette loi n'ait prononcé aucune réserve à l'égard des mines, minières et carrières dont les habitants ne jouissent point en commun.

On se rappelle que les lois antérieures, et notamment celle du 18 juin 1793, avaient expressément soustrait ces propriétés au partage des biens communaux. J'engage les ingénieurs à examiner quelles sont les localités dans lesquelles il pourrait résulter des inconvénients du genre de ceux prévus par les articles 49 et 50 de la loi du 21 avril 1810, lors de la vente des exploitations appartenant aux communes, et à communiquer, dans le plus bref délai, leurs observations aux préfets.

Je les engage encore à intervenir dans la formation des cahiers des charges sur lesquels se feront les adjudications, et à proposer aux préfets les conditions qu'ils jugeront convenables pour la conservation des choses, la sûreté et la salubrité.

L'article 2 de la loi du 20 mars 1813, sur l'aliénation des biens communaux, a formellement excepté les tourbières et autres exploitations dont les habitants jouissent en commun, et a ordonné qu'en cas de difficultés entre les municipalités et la régie il serait sursis à la vente. Les ingénieurs en chef veilleront à ce que ces dispositions conservatrices soient exécutées partout où leur application pourra avoir lieu; ils se concerteront avec les maires, dans leurs tournées, et adresseront les rapports et propositions convenables aux préfets. Cet objet est d'une haute importance dans certains départements.

De la vente des forêts domaniales qui renferment des mines et minières. Les ingénieurs suivront la même marche à l'égard des exploitations domaniales de mines et minières comprises dans l'étendue des forêts domaniales, dans le cas où ces forêts viendraient à être aliénées.

Des indemnités extraordinaires à allouer aux ingénieurs, sur les produits communaux et domaniaux. J'ai indiqué précédemment les produits des exploitations domaniales et communales, en général, comme pouvant fournir aux dépenses des conducteurs et géomètres, partout où la nécessité d'en établir aura été reconnue. J'autorise, en outre, les ingénieurs à former, pour eux-mêmes et sur les mêmes fonds, la demande des indemnités et frais de bureau extraordinaires qu'ils seraient obligés de faire pour suffire à cette partie de leur service. Ces demandes seront adressées aux préfets, pour m'être renvoyées et pour être ensuite soumises à la décision du ministre de l'intérieur.

Etats de dénombrement raisonnés des minières, usines, carrières et tourbières, en général. Je désire que les états indicatifs des minières, usines, salines et verreries, carrières et tourbières de chaque département, dont j'ai parlé ci-dessus, me soient transmis au commencement du prochain exercice. Les ingénieurs en chef y joindront une évaluation approximative de la quantité et de la valeur du produit brut de chaque exploitation. Ils auront soin d'indiquer les exploitations communales et domaniales. A l'égard des usines, ils distingueront le nombre des feux, ainsi que les produits bruts de chaque nature de fabrication. Enfin, ils ajouteront, par aperçu, le nombre des ouvriers employés directement dans les exploitations ou fabrications de tout genre.

Je saurai gré aux ingénieurs en chef de la diligence qu'ils mettront à m'adresser ces états. C'est pour leur en faciliter les moyens que je me contente de leur demander, pour le moment, de faire les approximations sur les produits et le nombre des ouvriers. Il est inutile de dire qu'on devra employer tous les renseignements exacts qu'il sera possible d'obtenir, et les indiquer par un signe particulier, en confectionnant ces états.

Etat des mines en recherche et mines délaissées. Par le moyen des états d'exploitation pour les redevances, l'administration possède déjà un dénombrement raisonné des mines et minières concessibles du royaume ; il lui manque un état détaillé, non-seulement des mines en recherche, mais encore des mines délaissées, soit récemment, soit anciennement, qui pourraient être reprises avec apparence de succès. J'invite les ingénieurs en chef à remplir, dès qu'ils le pourront, ces deux lacunes pour chaque département de leur arrondissement.

Etats relatifs à la surveillance de police. Enfin, j'invite les ingénieurs en chef à me fournir, à la même époque, les états sommaires suivants, relatifs à la police des mines, minières et usines de toute espèce, carrières et tourbières de leur arrondissement :

1° Un état des procès-verbaux dressés sur accidents ou contraventions ;

2° Un état des blessés, estropiés, ou morts par suite d'accidents ;

3° Un état des affaires en instance devant les tribunaux ;

4° Un état des jugements rendus par les tribunaux ;

5° Un état des affaires en instance devant les conseils de préfecture, en exécution de l'article 85 de la loi du 21 avril 1810, sur les tourbières ;

6° Un état des jugements et amendes prononcés par les conseils de préfecture, en matière de tourbières.

Tels sont les objets sur lesquels je désire que les ingénieurs en chef des mines portent une attention particulière, et les bases d'après lesquelles ils doivent monter les différentes parties du service qui y sont relatives.

Chacun des ingénieurs en chef distinguera, parmi les instructions, celles qui peuvent recevoir des applications dans son arrondissement ; il les transmettra aux ingénieurs ordinaires placés sous ses ordres, en y donnant tous les développements convenables, sous le point de vue d'exécution, et en y ajoutant toutes les autres instructions qu'il croira nécessaires, relativement aux parties du service dont je n'ait point fait mention.

Timbre des registres de l'état civil.

28 octobre 1814.

Le ministre de l'intérieur, en prévenant les préfets que le directeur général de l'enregistrement a été autorisé à faire faire, cette année, la délivrance à crédit, comme par le passé, des papiers timbrés nécessaires pour les registres de l'état civil, les entretient de la nécessité de faire solder ce que les communes redoivent pour cet objet, et les prévient qu'un semblable abus ne doit pas se renouveler.

Chaque année, le budget contiendra une allocation pour le papier timbré de l'année suivante, qui sera ainsi payé comptant.

Quantité de combustibles à accorder aux employés des maisons de détention et des dépôts de mendicité.

29 octobre 1814.

Le Ministre de l'intérieur aux Préfets.

La consommation des combustibles est un objet assez considérable de dépense dans les maisons centrales de détention et dans les dépôts de mendicité, surtout à raison de l'usage abusif où l'on a été jusqu'à présent, de donner le chauffage et l'éclairage aux divers employés de ces maisons, plutôt comme supplément de traitement que pour leurs besoins dans l'exercice de leurs fonctions.

L'économie, qu'il est d'une indispensable nécessité d'introduire dans ces établissements, m'a déterminé à fixer la quantité de bois et de chandelle à délivrer aux divers employés.

En conséquence, j'ai décidé qu'il leur serait accordé, seulement pour leurs besoins dans l'exercice de leurs fonctions, savoir :

1º Aux directeurs, seize stères de bois, ou l'équivalent en charbon de terre, et trente kilogrammes de chandelle, par année ;

2º Aux divers autres employés, huit stères de bois et quinze kilogrammes de chandelle.

Vous voudrez bien remarquer que cette fixation est le *maximum* de ce qui doit être délivré ; mais que vous aurez à réduire la distribution au strict nécessaire, d'après la proposition du directeur et *l'avis motivé* du conseil de surveillance et d'inspection.

Vous remarquerez, en outre, que, dans la quantité de combustibles accordée au directeur, j'ai calculé ce qui pouvait lui être nécessaire, tant pour son bureau particulier que pour ses besoins dans l'intérieur de son appartement, parce qu'en aucun cas il ne cesse d'exercer ses fonctions, et qu'il est assujetti à conférer, à tout instant, sur ce qui peut intéresser l'administration de l'établissement.

Quant aux autres employés, il est d'autant plus facile de réduire la quantité de combustibles à leur accorder individuellement, que beaucoup d'entre eux peuvent être réunis, à des heures fixes, en un seul et même bureau, pour s'occuper de la tenue des écritures relatives à leurs fonctions. C'est une mesure que je crois d'autant plus utile, qu'elle offre l'avantage d'introduire de l'économie dans la consommation des combustibles, et celui, non moins essentiel, de faciliter la surveillance des employés et de leurs travaux.

Quant aux employés en sous-ordre, à l'exception des portiers, il ne doit point leur être délivré de combustibles ; mais seulement on peut, au besoin, leur assigner un foyer commun.

Au moyen des bases que je viens d'établir, je vous autorise à régler définitivement la distribution des combustibles à faire aux employés des établissements de l'espèce dont il s'agit, quand même ces fournitures seraient à la charge des entrepreneurs de l'entretien et de la nourriture.

Vaccine.

51 octobre 1814.

Le Ministre de l'intérieur aux Préfets.

Sa Majesté ayant daigné allouer, dans le budget de mon ministère, un fonds pour encourager la propagation de la vaccine, les récompenses promises aux personnes qui se distinguent le plus par leur zèle pour répandre les bienfaits de cette précieuse découverte, continueront à être annuellement accordées.

Ainsi, à compter de 1814, il sera décerné, pour chaque année,

Un premier prix, de la valeur de...................... 3,000 f.

Deux seconds prix, chacun de la valeur de........... 2,000

Trois autres prix, chacun de......................... 1,000

à ceux qui auront fait le plus de vaccinations et obtenu le plus de succès dans la propagation de la vaccine ;

Et cent médailles d'encouragement aux personnes qui se seront livrées à la pratique de cette nouvelle méthode.

Les fonds qui avaient été faits, en 1812 et 1813, pour la distribution de ces récompenses, s'étant trouvés anéantis, lors de la chute du dernier gouvernement, j'ai eu le regret de me voir dans l'impossibilité de les distribuer pour ces deux années ; mais, pour ne point cependant écarter entièrement les droits des personnes qui les auraient méritées, mon intention est de faire concourir ces personnes avec celles qui se seront le plus distinguées, en 1814, dans la pratique de la vaccine, pour la distribution des prix et des médailles de cette dernière année.

J'ai lieu d'espérer que, désormais, l'espoir d'obtenir l'une de ces récompenses stimulera le zèle des gens de l'art pour étendre partout les bienfaits de la vaccine, et je suis sûr que vous ne négligerez rien pour exciter et seconder ce zèle.

Les avantages de la vaccine ne sont plus un objet de discussion : les recherches, les épreuves qui ont eu lieu depuis quatorze années, et les travaux assidus et nombreux du comité central de vaccine les ont constatés d'une manière inattaquable ; et, maintenant que les gens de l'art ont démontré l'efficacité de cette méthode, c'est principalement à l'administration qu'il appartient d'en rendre, par ses mesures, la pratique générale et populaire. Si, dans des conjonctures malheureuses, et lorsque les soins de l'administration étaient, presque sans relâche, réclamés par les opérations ordonnées pour soutenir une guerre funeste, on a cependant obtenu, dans quelques départements, pour la propagation de la vaccine, des résultats si importants, quels succès ne doit-on pas attendre des efforts des administrateurs, dans des circonstances où leur principale tâche est de guérir toutes les plaies et de réparer tous les maux ?

Les instructions qui vous ont été précédemment adressées vous ont suffisamment fait connaître les mesures efficaces à adopter pour la propagation de la vaccine et l'extinction de la petite vérole. Vous n'avez qu'à les mettre en usage et les suivre avec zèle et persévérance; vous me trouverez toujours prêt à seconder vos efforts. Dans les départements où il sera jugé nécessaire d'accorder quelques indemnités, soit comme honoraires, soit comme frais de voyage, aux vaccinateurs, j'accueillerai volontiers les propositions que les préfets pourront me faire d'allouer un fonds pour cet objet, dans le budget du département, ou d'imputer le montant de ces indemnités sur le fonds des dépenses imprévues, lorsque la quotité de ce fonds le permettra ; et même, dans des cas extraordinaires et s'il se trouvait quelques départements qui fussent privés de toutes ressources, j'examinerai s'il m'est possible de leur accorder, pour la même destination, quelques secours sur les fonds à ma disposition.

Vous ne devez pas négliger de réclamer le concours des ecclésiastiques et de leur influence sur le peuple, pour détruire les préjugés qui pourraient exister encore, dans quelques endroits, sur la pratique d'une méthode salutaire, que l'on doit regarder comme un bienfait de la Providence, qu'il est coupable de repousser.

Il est essentiel que je puisse réunir régulièrement les résultats des travaux faits dans chaque département pour y répandre l'usage de la vaccine.

Je vous recommande donc de prendre des mesures pour m'adresser, *dans le cours du premier trimestre de chaque année*, le tableau des vaccinations pratiquées dans votre département, pendant l'année précédente ; et si vous ne m'avez pas transmis encore, pour votre département, le tableau des vaccinations de 1813, je vous invite expressément à me l'adresser *avant le 1er janvier* 1815.

Si je ne recevais pas les états de vaccinations du département confié à votre administration, dans les termes que je viens d'indiquer, ce département ne pourrait figurer dans le tableau général que je fais dresser chaque année, et vous verriez sans doute avec regret cette omission.

Vous voudrez bien vous rappeler que, aux termes de l'arrêté du 14 germinal an XII, votre correspondance relative à la vaccine et les tableaux y annexés doivent toujours m'être adressés en double expédition, dont l'une m'est destinée, et l'autre est destinée au comité de la société centrale de vaccine établi près de moi.

Quantité d'objets mobiliers à accorder aux employés des maisons centrales de détention et des dépôts de mendicité.

26 novembre 1814.

Le Ministre de l'intérieur aux Préfets.

Des dépenses assez considérables ont eu lieu, dans plusieurs maisons centrales de détention et dépôts de mendicité, pour l'ameublement des directeurs et des employés secondaires, tandis que, dans d'autres établissements de cette espèce, on ne leur a pas donné le strict nécessaire.

Désirant mettre un terme aux réclamations qui me sont adressées, et vous donner aussi les moyens d'écarter les prétentions qu'élèvent souvent les employés de ces maisons, il m'a paru utile d'établir en principe :

1° Qu'il doit être fourni et entretenu pour chaque employé (directeur ou chef d'emploi), une couchette, deux matelas, une paillasse, deux couvertures de laine, trois paires de draps, un traversin, une paire de rideaux de lit, une table et quatre chaises ; sans que le tout puisse, en aucun cas, excéder la somme de 400 francs ;

2° Que chaque employé doit personnellement être responsable des objets d'ameublement qu'il a reçus, et être tenu de les représenter à l'époque de sa sortie de l'établissement, ou de remplacer ceux manquants.

Dans la plupart des établissements en activité, il existe une réserve d'objets mobiliers qui dispense d'acheter tout ou partie de ceux nécessaires à chaque employé ; ou bien, par un abus de distribution, certains employés ont plus qu'il ne leur revient, d'après la présente fixation. Ce n'est qu'au défaut absolu de ces objets que vous pourrez me proposer l'acquisition de ceux qui, de l'avis du directeur et du conseil d'inspection et de surveillance, seront reconnus indispensables pour compléter la fourniture accordée à chacun pour ses besoins personnels.

Je vous invite à ne considérer la somme de 400 francs, valeur présumée de l'ameublement, que comme le *maximum* de la dépense ; vous pourrez la réduire au taux d'une sévère économie, eu égard au grade de chaque employé.

Demande de renseignements relatifs à l'état de l'agriculture dans les départements.

Décembre 1814.

Le Directeur général de l'agriculture, du commerce, des arts et des manufactures aux Préfets.

Dans un état essentiellement agricole, tel que la France, rien de ce qui concerne l'agriculture ne peut être indifférent au gouvernement. Il ne lui suffit pas d'avoir, à cet égard, des données générales ; sa surveillance et sa protection doivent s'étendre à toutes les ramifications qui servent ou peuvent servir à alimenter cette source principale de notre prospérité. Il est donc nécessaire qu'après avoir constaté l'état actuel de l'agriculture dans chaque département l'administration reçoive, à des époques suffisamment rapprochées, des informations détaillées et positives sur chacune des branches d'économie rurale, afin de juger de leurs progrès, de bien connaître leur produit, d'apprécier leurs besoins, et de pouvoir diriger des encouragements ou des secours sur les points où ils seraient reconnus utiles.

Les informations dont je viens de parler doivent être fournies par les préfets. Elles ont déjà donné matière à une correspondance que j'ai examinée avec la plus grande attention. J'ai vu qu'il leur

avait été fait successivement beaucoup de demandes de renseignements, qui avaient dû nécessiter, de leur part, un surcroît de travail considérable, tant à cause des recherches à faire que par la
multiplicité des états et tableaux qui étaient exigés d'eux. Il m'a
semblé que l'on pourrait simplifier la marche de ce travail, le réduire, et par là le rendre moins pénible, et même lui donner un
plus grand degré d'exactitude et, par conséquent, d'utilité. Cette
considération puissante s'accordait, d'ailleurs, avec le désir sincère
que j'ai de vous rendre aussi facile que possible les relations que
la partie de l'administration générale dont je suis chargé vous met
dans le cas d'avoir avec moi.

Je me suis donc attaché à l'examen des mesures qui pouvaient le
mieux remplir ce double objet.

Les résultats de la plupart des recherches auxquelles le gouvernement vous avait demandé de vous livrer devaient être consignés
dans des tableaux numériques, dont la confection difficile, minutieuse et trop hâtée, était, par ces motifs, trop souvent inexacte.

J'ai jugé préférable de réunir ces matériaux en un cahier d'observations disposées par ordre de matières, dans la forme des comptes
de situation que les préfets sont habitués à fournir, par trimestre,
au ministre de l'intérieur, sur les diverses parties de leur administration.

Ces cahiers d'observations seraient rédigés et me seraient transmis, chaque année, au 1er janvier : il y serait joint, comme renseignements, des tableaux numériques, seulement pour les articles
qui en seraient jugés susceptibles.

J'espère que ce mode de correspondance remplira suffisamment
les vues du gouvernement ; que vous serez plus à portée de vous y
conformer exactement ; enfin, que la rédaction de vos comptes
annuels étant soignée, comme j'ai lieu de m'y attendre, leur recueil
offrira, par la suite, des notes précieuses à consulter sur chaque
branche d'économie rurale, et, par conséquent, les moyens d'arriver
à la connaissance de la situation respective de chacune de ces
branches dans tout le royaume.

En même temps, les recherches que vous ferez vous mettront au
courant de cette portion essentielle de votre gestion, et vous mettront à même de répondre avec détail et certitude aux questions
qui pourront vous être adressées isolément sur certains articles,
suivant les occurrences.

Je vais, en conséquence, vous tracer le plan du compte que je
vous invite à me transmettre régulièrement chaque année, à l'époque ci-dessus indiquée. Celui de 1814, à présenter au 1er janvier
prochain, me serait adressé le plus tôt possible.

Les comptes annuels m'ont paru devoir être divisés en quatre
chapitres :

  1° Emploi des terres ;
  2° Leurs produits ;
  3° Animaux attachés à l'agriculture ;
  4° Observations générales.

Les questions qui se rattachent à chaque chapitre sont exposées
en détail dans le modèle ci-joint.

Je vous invite à remarquer que celles relatives au chapitre 1er
supposent des notions générales et préliminaires sur l'état de l'agriculture de votre département ; elles doivent résulter des réponses

faites aux séries de questions adressées, en 1812, aux sous-préfets, et dont vous trouverez aussi un exemplaire ci-joint.

Si ces réponses n'avaient pas été fournies pour votre département, je vous invite à vouloir bien vous les procurer assez à temps pour pouvoir les joindre au compte prochain, avec vos observations sur l'exactitude des détails qui y seraient consignés.

J'attache une importance plus spéciale encore aux articles contenus dans les 2e et 3e chapitres, non-seulement à cause de l'intérêt qu'ils présentent, mais parce qu'ils doivent me mettre à même de porter un jugement sur les questions relatives à une multitude d'objets qui sont intimement liés à l'agriculture. Je ne puis donc trop vous inviter à apporter un soin particulier dans la rédaction du petit nombre des tableaux que j'ai jugés indispensables. J'en ai réduit le nombre et simplifié la forme autant qu'il m'a été possible ; je vous laisse le maître de vous référer aux tableaux de même nature que vous auriez été dans le cas de fournir, pendant le cours de l'année, pour le service de ma direction.

Vous pouvez également vous référer, pour certains articles, à l'annuaire du département, si l'on est dans l'usage d'en publier un, et vous voudrez bien alors en joindre deux exemplaires au compte annuel à l'appui duquel vous le produirez. Je désire même que cet envoi de l'annuaire ait lieu régulièrement chaque année ; au moyen de quoi, il suffira que vous citiez cet ouvrage pour les articles que vous croirez y être développés avec assez d'exactitude et d'étendue.

L'énumération des genres de plantes cultivées, ou des produits, ne pouvant être la même pour tous les départements, je n'ai eu l'intention de vous présenter, dans le plan de travail ci-joint, que le cadre et l'ordre dans lequel je désirerais que chaque article fût rangé. Je me repose d'ailleurs entièrement sur vous pour restreindre ce cadre, ou y ajouter, suivant le besoin et d'après ce qui est propre à votre département. Néanmoins, je regarde comme important que les articles soient toujours mentionnés et classés selon l'ordre indiqué, dans les comptes que vous me transmettrez, afin de faciliter les recherches à faire et de donner à votre travail la suite et la méthode qui ajouteront encore à son intérêt.

Je n'ai pas étendu le chapitre des *observations générales*, qui en était très-susceptible ; mais je ne puis que vous inviter à joindre une notice des faits ou des établissements qui se rapportent à l'agriculture de votre département, et qui peuvent tendre à la faire parfaitement connaître, à accélérer ses progrès, ou à lui donner une nouvelle direction, s'il est nécessaire. Je croirais à propos de faire figurer, dans ce chapitre, des notes abrégées sur les fabriques et manufactures existant dans le département, et alimentées principalement par les produits de son sol ; sauf à vous à rappeler, pour les détails, les états plus développés que vous auriez été dans le cas de me fournir sur ces objets.

Je crois, au reste, superflu de stimuler votre émulation sur un travail de l'importance duquel vous êtes déjà pénétré ; je ne puis qu'en attendre des résultats satisfaisants, d'après l'attention et la suite que je me plais à croire que vous y apporterez.

Donations et legs faits aux fabriques.

6 décembre 1814.

L'administrateur général des cultes invite les préfets à lui adres-

ser, tous les six mois, un tableau présentant le relevé des donations
et legs, en effets mobiliers ou en argent, d'une valeur de 300 francs
et au-dessous, qui auraient été faits aux fabriques et autres établissements ecclésiastiques, et dont l'acceptation aurait été autorisée
par eux ou par les sous-préfets de leurs départements, conformément aux dispositions du décret du 12 août 1807, confirmées par
l'ordonnance royale du 10 juin 1814.

---

*Dépenses des corps de garde établis près des préfectures
et des prisons.*

17 décembre 1814.

Le ministre de l'intérieur prévient les préfets qu'il a arrêté en
principe, le 30 novembre 1814, que les dépenses des corps de
garde établis près les préfectures et les prisons des chefs-lieux de
département et d'arrondissement, qui, jusqu'au 1er juillet précédent, avaient été imputées sur les fonds affectés aux dépenses des
compagnies de réserve qui faisaient le service de ces corps de
garde, seront, à l'avenir, imputables sur les fonds alloués aux
budgets respectifs, pour les dépenses départementales, les compagnies de réserve ayant été supprimées par une ordonnance du
31 mai 1814.

A partir de 1816, ces dépenses seront prévues par les budgets
départementaux.

Armoiries des villes et corporations.

10 janvier 1815.

Le Ministre de l'intérieur aux Préfets.

Par l'ordonnance du roi du 26 septembre dernier, il a été décidé que les villes et communes du royaume reprendraient les armoiries qui leur avaient été attribuées par les rois de France ;
Sa Majesté se réservant d'en accorder aux villes, communes et
corporations qui n'en auraient pas encore obtenu, soit d'elle, soit
des rois ses prédécesseurs.

Il est dit, à l'article 1er de la même ordonnance, que les villes et
communes appliqueront le sceau de ces armoiries sur les actes de
leur administration, lorsqu'elles les auront préalablement fait
vérifier par la commission du sceau, et après qu'elles auront obtenu
le titre à ce nécessaire (1).

Une autre ordonnance, du 26 décembre suivant, règle les droits
à payer pour l'obtention de ces titres. Cette ordonnance, qui complète la première, met les communes à même de profiter des avantages qui leur sont accordés.

Pour faire exécuter ces dispositions d'une manière plus uniforme
et plus régulière, j'ai jugé convenable de réunir au ministère toutes
les demandes relatives aux armoiries des communes, et de provoquer directement, à la commission du sceau, la vérification qui
doit être faite et la délivrance du titre de confirmation.

---

(1) L'empreinte de ces armoiries qui était purement facultative, même avant
1848, ne doit pas être confondue avec le sceau dont la forme est déterminée par
l'ordonnance du 14 août 1830.　　　　　　　　　　　　　(*N. de l'Ed.*)

Je vous invite, en conséquence, à vous faire remettre, par toutes les villes et communes de votre département auxquelles l'ordonnance précitée du 26 septembre est applicable, 1° les délibérations prises par les conseils municipaux pour demander ces titres ; 2° un dessin des armoiries ; 3° des copies certifiées des chartes ou lettres patentes en vertu desquelles a eu lieu la concession primitive.

La justification du payement des droits se fait en présentant la demande. Il est donc indispensable que vous vous fassiez remettre et que vous adressiez, avec les pièces, les sommes nécessaires pour acquitter les droits de sceau et ceux des référendaires : le tarif porté en l'ordonnance du 26 décembre ayant déterminé à quelle classe appartient telle ou telle commune, il ne peut y avoir d'incertitude sur la quotité des droits. Il faudra ajouter à ces droits 2 francs par chaque demande, pour les déboursés du timbre des requêtes.

Mines.—Plans fournis à l'appui des demandes en concession.

26 janvier 1815.

Le Directeur général des mines aux Ingénieurs en chef.

J'ai eu, ainsi que les membres du conseil général des mines, occasion de remarquer que les plans qui sont fournis à l'appui des demandes en concession n'offrent, le plus souvent, aucune indication des opérations de triangulation qui ont dû servir à les lever : une semblable omission doit rendre la vérification de ces plans difficile, et elle expose les ingénieurs à recevoir, comme plans exactement levés, ceux qui ne seraient qu'une copie, sur une échelle plus grande, de la carte de l'académie, ou de toute autre carte peu exacte dans les détails.

Pour obvier à cet inconvénient, je vous engage à ne recevoir, à l'avenir, de plan à l'appui des demandes en concession, que lorsque ces plans porteront l'indication des opérations de triangulation qui auront servi à déterminer, d'une manière exacte, le périmètre de la concession demandée.

Amendes de police.

31 janvier, 1815.

Le Directeur général de l'administration des communes et des hospices aux Préfets.

Je vous transmets copie d'un avis du conseil d'Etat, approuvé par Sa Majesté, le 9 novembre dernier, et portant que le produit des amendes en police correctionnelle doit être appliqué au profit des communes, et que le produit de ces amendes, ainsi que celui des amendes pour contravention, doit être appliqué au profit de la commune dans laquelle le délit ou la contravention a été commise, ainsi qu'il a été statué par l'article 466 du Code pénal.

Je vous prie de prendre les mesures pour assurer, en ce qui vous concerne, l'exécution de cette décision.

Il y aura lieu, notamment, d'inscrire, pour cet objet, une recette présumée, au titre des recettes ordinaires des budgets communaux de la présente année.

AVIS DU CONSEIL D'ÉTAT
Du 9 novembre 1815.

Les membres du conseil du roi, composant le comité de l'intérieur, consultés par le ministre secrétaire d'État au département de l'intérieur, sur l'application à faire du produit des amendes en police correctionnelle,

Sont d'avis,

1° Que le produit des amendes en police correctionnelle doit être appliqué au profit des communes, conformément au décret du 17 mai 1809, auquel il n'a été formellement dérogé par aucun article du Code pénal ;

2° Que le produit de ces amendes, ainsi que celui des amendes pour contravention, doit être appliqué au profit de la commune dans laquelle le délit ou la contration a été commise, ainsi qu'il a été statué, relativement aux amendes pour contravention, par l'article 466 du Code pénal (1).

Epizooties.

1er février 1815.

Le Directeur général de l'agriculture, du commerce, des arts et des manufactures aux Préfets.

Les maux causés par l'épizootie qui s'est manifestée, dans le courant de l'année dernière, sur plusieurs points du royaume, ont excité l'attention et la sollicitude du roi. Sa Majesté, vivement affectée des détails qui lui ont été soumis à ce sujet, et pénétrée de la nécessité d'employer les moyens les plus prompts et les plus efficaces pour mettre un terme à ce fléau, s'est fait représenter les différents arrêts, arrêtés et ordonnances rendus sur cette matière.

Elle a reconnu la sagesse des dispositions y sont contenues ; en conséquence, elle a jugé à propos de les remettre en vigueur et d'en prescrire formellement l'exécution ponctuelle.

C'est un des objets de l'ordonnance du 27 janvier dernier.

Les préfets des départements où règne l'épizootie doivent, sur-le-champ, charger les vétérinaires de se transporter dans les diverses communes ; de se concerter avec les maires, adjoints ou commissaires délégués ; de visiter, en leur présence, toutes les bêtes à cornes, et de marquer celles qui, étant atteintes, devront être abattues immédiatement et enfouies, conformément aux dispositions de l'article 5 de l'arrêt du parlement, de 1745, et de celui du conseil, de 1784. Ces deux opérations seront constatées par un procès-verbal signé du maire, adjoint ou commissaire délégué, du vétérinaire et du propriétaire des bestiaux abattus. Cette pièce indiquera la date de l'ordre d'abattage ; le jour où il aura lieu, ainsi que l'enfouissement ; les noms, qualités, domicile du propriétaire ; le nombre, l'âge, le sexe, l'espèce des bestiaux abattus ; le prix total de l'évaluation, et le même prix réduit au tiers. Le maire de chaque commune réunira ces procès-verbaux pour les adresser au sous-préfet, qui en vérifiera avec soin la validité, donnera son avis sur les évaluations, et adressera le tout au préfet.

---

(1) Une règle définitive sur cette matière a été posée par l'ordonnance du 30 décembre 1823.—Voir aussi les circulaires du 25 novembre 1836 et 22 janvier 1840. (*N. de l'Ed.*)

Ces procès-verbaux seront dépouillés avec soin à la préfecture, et serviront à former, tous les trois mois, l'état qui me sera adressé, conformément au modèle joint à la présente circulaire.

Les mêmes documents seront recueillis avec exactitude, pour le temps écoulé depuis l'invasion de la maladie jusqu'au 1er janvier dernier, et me seront transmis dans la même forme.

Dans les lieux qui, jusqu'à présent, ont été préservés de la contagion, les préfets ordonneront de fréquentes visites, et les vétérinaires qui en seront chargés désigneront aux sous-préfets les communes qui seraient suspectées de recéler des germes de maladie épizootique, et dans lesquelles, suivant la nature des symptômes, la circulation des animaux devra être interdite, au moyen de cordons de troupes; les sous-préfets en instruiront les préfets, qui appliqueront la même mesure aux arrondissements des préfectures, s'il y a lieu; le tout en exécution de l'article 2 de l'ordonnance du roi.

Vous remarquerez, en lisant cette ordonnance, qu'il n'est accordé d'indemnité, pour le moment, qu'aux propriétaires dont les animaux ont été ou seront abattus par ordre de l'autorité administrative, et par mesure de préservation. Il est, en conséquence, de la dernière importance d'examiner avec soin les procès-verbaux d'abatage, afin de prévenir toute espèce d'abus dans l'emploi des fonds que Sa Majesté est dans l'intention d'affecter aux indemnités.

Mais vous étudierez les moyens d'offrir aussi quelques dédommagements aux propriétaires des bestiaux morts par l'effet naturel de la maladie, et vous me ferez part de vos vues.

En attendant que vous me communiquiez le résultat de vos réflexions à ce sujet et que vous me proposiez le système que vous aurez conçu, comme il importe, pour asseoir des calculs applicables à tous les temps, de recueillir le plus de données possibles sur l'étendue des pertes, soit réelles, soit probables, vous me ferez connaître, pour le passé, le montant, en nombre et en prix, des animaux que votre département a été dans le cas de perdre jusqu'à ce moment, par l'effet de l'épizootie actuelle, s'il en a été frappé; et, à l'avenir, vous m'adresserez aussi, tous les trois mois, un état des pertes de cette espèce, en vous rapprochant, autant qu'il est possible, du cadre tracé pour les animaux abattus par mesure de police.

Je terminerai la présente en citant ici les principales dispositions des arrêts et règlements rappelés dans l'ordonnance du roi. Elles pourront entrer dans les instructions et indications que vous aurez à donner, soit aux agents de l'autorité civile, soit aux commandants des troupes qu'il serait utile d'employer. Je ne doute pas que, dans ce dernier cas, vous n'ayez à vous louer du concours et du zèle des généraux chargés d'un commandement dans votre département, et qui, vraisemblablement, recevront à cet égard des ordres du ministre secrétaire d'État de la guerre.

« Il est défendu aux habitants des communes atteintes de l'épizootie, de vendre aucuns bœufs, vaches ou veaux, et à tous particuliers d'en acheter, sous peine de 100 francs d'amende contre le vendeur et l'acheteur. (*Art. 5 de l'arrêt du conseil, du 19 juillet 1746.*)

« Il est défendu à tous particuliers, soit propriétaires de bêtes à cornes, ou autres, de conduire aucun des bestiaux sains ou malades des communes où l'épizootie se sera manifestée, dans aucune foire ou marché, à peine de 500 francs d'amende. (*Art. 6 de l'arrêt du 19 juillet 1746.*)

« Il ne sera pas admis, dans les foires et marchés, de bestiaux

« provenant de lieux où règne l'épizootie. (*Art.* 13 *de l'arrêt du*
« 19 *juillet* 1746.)
   « Tous les animaux reconnus atteints de l'épizootie seront tués
« sur-le-champ et enfouis avec les formalités et précautions pres-
« crites. Il sera tenu compte aux propriétaires du tiers de la valeur
« que ces bestiaux auraient eue, s'ils avaient été sains. (*Arrêt du*
« *conseil, du* 30 *janvier* 1775.)
   « Il sera établi des cordons de troupes autour des communes,
« cantons et provinces où règne la maladie, pour prévenir et arrê-
« ter la circulation des bestiaux. (*Extrait du Mémoire instructif*
« *publié en janvier* 1775, *sur l'exécution du plan adopté par le roi*
« *pour parvenir à détruire l'épizootie contagieuse.* »

Formation de corps de pompiers pour les incendies (1).

6 février 1815.

Le Ministre de l'intérieur aux Préfets.

Je désire savoir quel est, dans votre département, le service organisé pour les cas d'incendie, et quelles sont vos vues sur l'extension et le perfectionnement dont il est susceptible.
   Presque toutes les communes de quelque importance possèdent
des pompes et des ustensiles propres à porter des secours ; mais
l'expérience a démontré que ces machines, dirigées par des hommes
inexpérimentés, se dégradaient promptement et ne produisaient
pas les effets qu'on devait en attendre. En conséquence, quelques
villes ont demandé la formation de corps de pompiers, et il y a été
pourvu ; dans plusieurs autres, l'organisation faite par les soins des
magistrats n'a point été confirmée par le gouvernement et n'a, par
conséquent, aucune garantie de sa stabilité ; enfin, il en est un
grand nombre où le service n'est pas encore organisé.
   Dès que vous aurez recueilli tous les renseignements que je vous
demande, vous pourrez me faire successivement des propositions
pour la confirmation des corps de pompiers qui auraient été formés
précédemment sans l'autorisation du gouvernement, et pour la
création de corps semblables, dans les villes et dans les communes
populeuses où il n'en existe pas encore.
   Afin de prévenir les difficultés et les retards qui résulteraient d'un
vice de forme ou d'une lacune dans les projets, je vais vous indiquer les dispositions qu'ils doivent contenir et les formalités à
observer.
   Les règlements constitutifs des compagnies de pompiers sont
rédigés par les maires. Ils déterminent l'objet du service, la force
des corps, leur organisation sous le commandement d'un ou de
plusieurs chefs, leurs relations avec l'autorité publique, les conditions d'admission, le mode de désignation des pompiers et de nomination des chefs, l'uniforme, la discipline et les dépenses.
   La force des corps, ainsi que le nombre des officiers et des sous-
officiers, varie suivant la population et les localités. Les compa-

---

(1) Voir, pour la formation et la composition des compagnies de sapeurs-pompiers, l'article 40 de la loi du 22 mars 1831.   (*N. de l'Ed.*)

gnies sont dans les attributions de l'autorité municipale et sous ses ordres directs.

La désignation des pompiers est réservée aux maires ; les sous-officiers sont nommés définitivement par le préfet, sur la proposition du maire et du sous-préfet. La nomination des officiers se fait également par le préfet, mais elle n'est définitive qu'après qu'elle a été revêtue de mon approbation.

Les conditions d'admission résultent de la nature même du service, qui exige de la probité, de la force et la connaissance de la construction ou la pratique des métiers qui s'exercent sur le cuir, le bois et les métaux.

Il n'est pas nécessaire que les pompiers aient un uniforme complet ; mais il faut qu'on puisse les reconnaître à une marque distinctive, comme un casque, une écharpe au bras, une médaille ou tout autre signe particulier et apparent.

Le conseil de discipline sera composé de personnes que désignera le règlement ou qui seront nommées par le sous-préfet, sur la proposition du maire, entre les chefs, sous-officiers et pompiers de la compagnie. Le nombre des membres de ce conseil sera de cinq au moins, et de neuf au plus ; à moins que des circonstances particulières, dont vous apprécierez l'importance, n'exigent une composition différente.

Les peines de discipline sont les arrêts et la prison pour un terme très-court, qui me semble ne devoir pas excéder trois jours. Elles ne peuvent être prononcées que pour manquement à l'obéissance ou au respect dû aux chefs, pendant la durée du service. Les contraventions commises hors du service et les délits qui entraîneraient des peines plus graves que celles de discipline seront portés devant les tribunaux.

La peine de destitution sera encourue par les pompiers qui ne se soumettront pas au jugement des conseils de discipline, par ceux qui refuseront le service et par ceux qui exigeront ou recevront des rétributions de la part des particuliers dont les propriétés ont été atteintes ou menacées par l'incendie. Il faudra également exclure des corps de pompiers tous les individus qui auront été convaincus d'abus de confiance ou de soustraction d'effets. Les destitutions seront prononcées contre les sous-officiers et les pompiers par le maire, sauf recours au préfet ; et contre les officiers, par le préfet, sauf recours au ministre.

Les dépenses auxquelles donne lieu l'établissement des compagnies sont peu considérables ; elles se bornent presque partout à des récompenses éventuelles. Les pompiers servent gratuitement, parce que l'obligation à laquelle ils se soumettent les exempte du service de la garde nationale ; ils n'ont droit à des indemnités ou à des gratifications que quand ils ont été blessés en remplissant leur office, ou quand ils se sont distingués par leur courage et leur dévouement.

Ces récompenses, quelque faibles qu'elles soient, acquièrent un grand prix lorsqu'elles sont décernées comme témoignage de la reconnaissance publique. Les ouvriers aisés se font honneur d'entrer dans un corps si éminemment utile, et les autorités locales ont beaucoup de moyens d'exciter entre eux une émulation qui tourne à l'avantage de l'institution.

Les conseils municipaux détermineront, dans leur délibération, la somme qu'ils affecteront aux gratifications annuelles, ainsi que les conditions à remplir et les formes à observer dans l'emploi des fonds. Ils voteront, en même temps, la somme nécessaire pour l'achat des casques ou des signes distinctifs que devront porter les pompiers, si toutefois ils pensent que cette fourniture doive être à la charge des caisses municipales.

Les dépenses relatives à l'achat et à l'entretien des pompes, seaux, crocs, échelles et autres ustensiles, sont portées au budget annuel : il est inutile d'en faire mention dans les projets d'organisation. Il serait superflu d'allouer des fonds pour l'achat d'armes que les pompiers ne peuvent porter, ni dans les manœuvres d'essai, ni dans les incendies. La force publique doit veiller au maintien de l'ordre, tandis que les pompiers n'ont à s'occuper que d'arrêter les progrès du feu et de sauver les personnes et les effets.

On a demandé quelquefois, pour les pompiers, outre la dispense du service de la garde nationale, l'exemption du logement des gens de guerre. Cette faveur ne peut leur être accordée. Le service de la garde nationale sédentaire est une charge personnelle qui a la sûreté publique pour objet ; il en est de même du service de pompier : ce dernier doit être considéré comme une compensation de l'autre. Ils sont, de plus, incompatibles, parce que, dans les cas d'incendie, d'alarme ou d'attaque, lorsque la garde nationale prend les armes, les pompiers doivent se rendre à leurs pompes. Ces motifs justifient et rendent nécessaire la disposition qui dispense les pompiers de faire partie de la garde nationale ; mais ils ne s'appliquent pas au logement des gens de guerre, dont la loi n'exempte personne.

Il a paru convenable d'admettre des pompiers surnuméraires, pris entre les jeunes gens de familles honnêtes, qui aspirent à occuper les places de pompiers qui deviendraient vacantes. Ces surnuméraires peuvent porter l'uniforme, s'exercer aux manœuvres, et prendre rang parmi les pompiers dans les incendies ; mais, tant qu'ils ne sont pas désignés pompiers, ils n'ont pas droit à l'exemption du service de la garde nationale. Leur nombre doit être limité et ne pas excéder la proportion du quart de la force des compagnies.

Les explications que je viens de vous donner vous mettront en état de diriger les maires dans la rédaction des projets de règlement ; je vous prie de leur faire sentir l'importance de ce travail, et de veiller à ce qu'il soit combiné avec intelligence, d'après une juste appréciation des besoins du service et des ressources des communes.

Les projets rédigés par les maires seront soumis à la délibération des conseils municipaux et envoyés ensuite au sous-préfet, qui vous les transmettra avec son avis. Lorsque vous aurez reçu ces pièces, vous les examinerez ; et, si vous reconnaissez que les règlements s'écartent des principes que j'ai posés dans cette lettre, vous indiquerez les articles susceptibles de modification, ceux qu'il conviendrait de retrancher comme superflus, et les dispositions qu'il y aurait lieu d'ajouter. Je vous prie de consigner vos observations dans un rapport à la suite duquel vous me proposerez la rédaction que vous aurez adoptée. Je m'empresserai de soumettre votre travail à l'approbation de Sa Majesté.

Les règles que j'ai tracées s'appliquent également aux villes où le service n'est pas encore organisé et à celles où il existe des compagnies dont la formation n'a pas été ordonnée ou confirmée par le gouvernement. Si vous reconnaissiez que quelque règlement approuvé précédemment fût susceptible de changements, pour l'amélioration du service ou pour l'économie des fonds communaux, vous pourriez aussi en provoquer la révision dans les mêmes formes.

Lorsqu'un règlement portant création d'une compagnie de pompiers aura été approuvé, il sera nécessaire d'en assurer l'exécution.

Un arrêté du maire déterminera, sauf votre approbation, l'emplacement des dépôts de pompes et ustensiles, les précautions à prendre pour leur entretien et conservation, l'affectation des escouades de pompiers à certaines pompes, les exercices périodiques, la surveillance ordinaire, les postes à établir près des spectacles et des fêtes publiques, enfin les signaux d'alarme, les lieux de rassemblement et l'ordre du service, en cas d'incendie.

Je vous prie de m'adresser des copies de ces arrêtés, aussitôt que vous les aurez revêtus de votre approbation.

Vous ferez observer aux maires la distinction que j'établis entre le règlement organique et l'arrêté qui en est la conséquence. Le premier doit contenir toutes les dispositions fondamentales et obligatoires qui ne peuvent être ordonnées et modifiées que par le pouvoir souverain. Le second renfermera les dispositions de police et d'ordre intérieur que l'autorité locale a le droit de prescrire et qu'elle peut changer suivant les circonstances.

Fixation de l'année théâtrale.

20 février 1815.

Le Ministre de l'intérieur aux Préfets.

D'après des règles précédemment établies, l'année théâtrale finissait le 20 avril de chaque année et recommençait le 21.

Les engagements actuels sont faits en conséquence de ces règles, et, en 1815, il faut encore que les choses restent sur le même pied, sauf à ce que vous suspendiez le spectacle dans la dernière quinzaine de mars, aux jours et selon que vous le jugerez convenable.

Mais, à partir de 1816 et par la suite, l'année théâtrale finira le dimanche avant Pâques et ne recommencera que le dimanche après cette fête.

Je vous prie de veiller à ce que les directeurs de théâtres se conforment à ces dispositions.

Les maires devront tenir la main à ce qu'elles aient leur effet.

Plans d'alignement des villes.

23 février 1815.

Le ministre de l'intérieur, qui a reçu de nombreuses réclamations sur l'exiguité des échelles des plans d'alignement des villes, que la circulaire du 17 juillet 1813 avait fixées à six dixièmes, à trois dixièmes et à deux dixièmes de millimètre pour mètre, a reconnu qu'elles étaient fondées et que, tant pour l'exécution et l'usage des plans dont il s'agit, que pour l'exactitude et la facilité des quotes qu'ils doivent présenter, il était nécessaire, non-seulement de donner aux échelles une plus grande dimension, mais encore d'assigner à la fraction sur laquelle elles doivent être réduites un numérateur décimal. Le ministre *a donc décidé qu'elles seraient d'un millimètre pour mètre et pour les trois copies.* Cette augmentation devant produire une surface suffisante pour permettre d'indiquer et rendre sensibles les petits détails, sans porter la grandeur des plans, même des villes du premier ordre (Paris excepté), à des dimensions trop fortes pour qu'on ne puisse les examiner et les consulter sans beaucoup de difficulté.

Quant à l'opération graphique, le ministre veut que dans l'exécution on se conforme ponctuellement aux instructions que contient la circulaire du 17 août 1813. Il n'exige point, au surplus, que l'on recommence la mise au net des plans dont l'exécution serait déjà avancée, sur la première échelle de six dixièmes de millimètre ; mais que l'on fasse faire deux copies de même grandeur que l'original, et qu'on lui adresse ces trois plans.

Relations que doivent entretenir les sociétés d'agriculture départementales avec la société royale et centrale de Paris.

28 février 1815.

Le Directeur général de l'agriculture, du commerce, des arts et des manufactures aux Présidents des sociétés d'agriculture.

Une ordonnance du roi, du 14 juillet 1814, en rendant à la société d'agriculture de Paris le titre et les attributions dont elle jouissait avant la révolution, l'a constituée centre commun et lien de correspondance des diverses sociétés établies dans les départements, pour concourir aux progrès de l'économie rurale. Cette disposition, en même temps qu'elle sera, pour la société centrale, un moyen assuré de rendre plus générale et plus efficace l'influence avantageuse qu'elle exerçait déjà sur le perfectionnement de notre agriculture, ne peut manquer d'imprimer une nouvelle activité aux travaux des sociétés départementales, dont le zèle se trouvera sans doute excité par ce témoignage de l'intérêt que le roi veut bien porter à ces institutions, et de la protection particulière qu'il daigne leur accorder. Elles s'empresseront de répondre aux intentions bienveillantes de Sa Majesté, en redoublant d'efforts pour remplir la tâche utile qu'elles se sont volontairement imposée.

La plupart de ces sociétés étaient déjà en correspondance avec celle de Paris, que l'avantage de siéger dans la capitale faisait regarder, en quelque sorte, comme société centrale, avant même qu'elle en eût recouvré le titre ; mais ces relations, outre qu'elles n'étaient que partielles, n'étaient assujetties à aucune règle fixe, et elles n'avaient été jusqu'à présent que le résultat, en quelque sorte spontané, d'une tendance commune vers un même but d'utilité. Il est à désirer, et l'ordonnance précitée en renferme implicitement l'obligation, qu'elles s'établissent désormais d'une manière générale et régulière.

A cet effet, je désire qu'à l'avenir les sociétés départementales communiquent exactement à la société centrale les rapports de leurs travaux annuels, les programmes et les résultats des concours qu'elles auront proposés; qu'elles lui fassent part de celles de leurs observations qui intéresseront le plus directement l'agriculture en général, ainsi que les améliorations remarquables qui pourront s'opérer dans les diverses branches de l'économie rurale de leurs départements respectifs, dont il sera bon, d'ailleurs, qu'elles préparent une description agricole complète.

De son côté, la société centrale, en réunissant ces diverses communications, et en les comparant entre elles, en déduira des notions positives sur l'état de notre agriculture, sur ses progrès successifs, et sur les améliorations dont elle est encore susceptible ; elle rendra compte, dans ses séances publiques, des résultats principaux dont sa correspondance lui aura procuré, à cet égard, la connaissance ; enfin, elle continuera à publier la suite de ses propres travaux, et fera participer les sociétés départementales à la distribution de ce recueil, ainsi qu'à celle des différentes dissertations qu'elle sera dans le cas de publier.

Ces communications réciproques, en rapportant à un foyer commun les observations particulières recueillies dans les différentes parties de la France, contribueront à la fois à perfectionner la théorie de la science de l'économie rurale, et à propager dans nos campagnes l'usage des bonnes pratiques agricoles.

Je ne doute pas que la société que vous présidez ne se montre empressée de concourir, autant qu'il sera en elle, à ces résultats désirables, et qu'à cet effet elle ne se mette en mesure de pouvoir entretenir avec la société centrale une correspondance habituelle sur les divers objets que je viens d'indiquer à son zèle. Cette correspondance pourra se faire, sans frais, sous le couvert de ma direction générale.

Manufactures, ateliers et établissements qui répandent une odeur insalubre ou incommode.

4 mars 1815.

Le Directeur général de l'agriculture, du commerce, des arts et des manufactures aux Préfets.

Le décret du 15 octobre 1810 a prescrit différentes mesures au sujet des établissements qui répandent une odeur insalubre ou incommode. Vous savez qu'il les divise en trois classes, et qu'on ne peut les former *sans une permission de l'autorité administrative.* La nomenclature annexée à ce décret ne les comprenant pas tous, il m'a paru nécessaire d'en faire dresser une plus complète. Sa Majesté a bien voulu, sur la proposition du ministre de l'intérieur, l'approuver le 14 janvier dernier (1) ; et, dorénavant, elle doit servir de règle aux autorités, toutes les fois qu'il leur sera adressé des demandes en formation d'établissements de la nature de ceux dont il est ici question.

Je n'ai pas besoin de vous rappeler que les dispositions du décret

(1) Voir cette nomenclature avec les modifications survenues depuis lors, à la suite de la circulaire du 25 mai 1825.   (*N. de l'Ed.*)

du 15 octobre sont de la plus haute importance ; elles présentent à la fois une garantie aux propriétaires et aux entrepreneurs d'établissements insalubres ou incommodes : aux propriétaires, en les assurant qu'il ne sera point formé dans leur voisinage. à leur insu et sans des précautions, des ateliers dont l'activité peut, par des exhalaisons nuisibles ou désagréables, préjudicier à leurs propriétés; aux entrepreneurs, en leur donnant la certitude que, lorsqu'ils auront obtenu une permission, ils ne seront plus troublés dans l'exercice de leur industrie. Sous ce double rapport, la législation actuelle est, pour les uns et les autres, un véritable bienfait, en ce qu'elle prévient les difficultés qui s'élevaient souvent entre eux. Auparavant, les fabriques de produits chimiques n'avaient, à certains égards, qu'une existence précaire. Des dispositions positives n'étant pas établies, la clôture de manufactures dont la formation avait entraîné des dépenses considérables était quelquefois ordonnée. De là, la ruine de l'entrepreneur et, par suite, celle d'une industrie dont l'exploitation nous procurait des marchandises qu'il fallait souvent tirer de l'étranger.

L'ordonnance du 14 janvier renferme deux dispositions nouvelles d'un grand intérêt. La première met en harmonie les articles 2 et 8 du décret du 15 octobre, qui ne s'expliquait pas positivement sur l'autorité qui doit délivrer les permissions nécessaires pour la mise en activité des établissements portés dans la troisième classe ; elle donne cette attribution aux *sous-préfets, qui ne peuvent l'exercer qu'après avoir préalablement pris l'avis des maires.* Par l'autre, les préfets sont autorisés à suspendre la formation ou l'exploitation de certains établissements que l'on pourrait créer, *bien qu'ils ne soient compris dans aucune des classes de la nouvelle nomenclature.* Ce qui a fait penser que ces dispositions seraient utiles, c'est, d'une part, la nécessité d'empêcher la continuation de travaux dont le résultat nuirait à la salubrité publique ou aux intérêts des propriétaires du voisinage, et, de l'autre, celle de ne pas retarder la formation de fabriques dont l'activité peut ne présenter aucun inconvénient. S'il survenait, dans votre département, des affaires qui fussent de la nature de celles dont il est ici question, je vous serai obligé de m'en informer, afin que j'examine ce qu'il sera convenable de prescrire.

Le décret du 15 octobre, en déterminant les formalités à remplir pour la mise en activité des établissements compris dans la première classe, n'a point parlé de la durée des affiches qui doivent être apposées dans un rayon de cinq kilomètres. Une décision du ministre de l'intérieur a réparé cette omission, en la fixant à un mois. Depuis, il a été réglé qu'indépendamment des affiches, de la visite des lieux par un architecte, et d'un rapport fait par des hommes chargés, dans la localité, de ce qui concerne la salubrité publique, il serait dressé un procès-verbal *de commodo et incommodo, dans lequel tous les voisins de l'établissement projeté seraient entendus.* Il importe beaucoup de veiller à la stricte exécution de cette disposition : elle a été prescrite pour prévenir les plaintes que des particuliers pourraient adresser, au moment de la mise en activité des travaux, pour n'avoir pas été avertis en temps utile, et pour s'être trouvés, de cette manière, dans l'impuissance de présenter des réclamations. Que le projet de former l'établissement fasse naître, ou non, des oppositions, les certificats des maires des communes dans lesquelles il aura été apposé des affiches devront faire mention de cette circonstance. S'il s'en élève, elles seront soumises au conseil de préfecture, afin que, aux termes de l'article 4 du décret du 15 octobre, il donne son avis sur leur objet. Vous voudrez bien ensuite m'adresser toutes les pièces de l'affaire, afin que je propose d'accorder, s'il y a lieu, la permission.

La marche à suivre ne sera pas entièrement la même lorsqu'il sera question des établissements de deuxième et de troisième classe. Vous savez que ce sont les préfets et les sous-préfets qui accordent, après qu'il a été rempli différentes formalités, les permissions pour la mise en activité de ces établissements. Au lieu de m'adresser, ainsi que l'ont fait souvent plusieurs préfets, la délibération du conseil de préfecture sur les oppositions, vous la notifierez directement aux parties intéressées, afin que celle qui n'en sera pas satisfaite puisse, si elle le juge convenable, se pourvoir au comité du contentieux du conseil d'Etat. Vous ne suspendrez cette notification que dans le cas où vous ne partageriez pas l'opinion du conseil de préfecture : alors, toutes les pièces de l'affaire me seront transmises, avec vos observations, afin que j'examine s'il y a lieu de provoquer une décision contraire à celle qu'aura prise le conseil.

Le même décret du 15 octobre indique les formalités à remplir, lorsque, en cas de *graves inconvénients pour la salubrité publique, la culture ou quelque autre motif d'intérêt général*, on sollicite le déplacement d'un atelier de première classe. Ce déplacement ne peut avoir lieu qu'en vertu d'une ordonnance de Sa Majesté, rendue sur le vu du rapport de la police locale, de l'avis du conseil de préfecture et des moyens de défense des manufacturiers. Par ma lettre du 15 juin dernier, je vous ai prié de m'envoyer, tous les six mois, l'état des établissements de deuxième et de troisième classe dont la formation aura été autorisée dans votre département. J'ai l'honneur de vous renouveler cette demande. Je tiens d'autant plus à avoir l'état dont il s'agit, qu'indépendamment des renseignements que j'y trouverai il me procurera encore la certitude que les autorités locales surveillent l'exécution de mesures qui n'ont pas moins pour objet la salubrité publique que l'intérêt des fabricants et des propriétaires.

Le décret du 15 octobre, l'ordonnance du 14 janvier et la nouvelle nomenclature qui s'y trouve jointe ne sauraient recevoir une trop grande publicité. Les uns et les autres de ces actes intéressent l'universalité des communes du royaume, puisque, dans toutes, il existe ou il peut se former des établissements insalubres ou incommodes. Dans leur exécution, il se présentera souvent des cas où la sagesse de l'autorité locale préviendra les difficultés que pourraient faire naître la malveillance ou la rivalité. S'il est juste d'empêcher qu'on ne place auprès des habitations des ateliers dont l'activité peut causer du préjudice aux propriétaires, il ne convient pas moins de protéger les hommes utiles qui les forment : leur industrie nous procure des produits souvent indispensables pour la consommation journalière, et, sous ce point de vue, ils méritent un intérêt particulier. Il a été demandé, plusieurs fois, qu'on déterminât, d'une manière positive, la distance où les établissements insalubres ou incommodes doivent être des habitations. S'il avait été possible de le faire, l'administration se serait empressée de déférer à ce vœu. Des motifs de plusieurs sortes ont rendu inutile sa bonne volonté à cet égard. Un établissement peut, quoique très-rapproché des maisons, être placé de manière à n'incommoder personne ; tandis qu'un autre, qui en est éloigné, les couvrira de vapeurs qui en rendront le séjour fort désagréable : sa situation sur une hauteur peut amener ce résultat. Il n'est donc pas possible de fixer les distances ; on a dû laisser ce soin à la sagesse des autorités locales. Dans l'examen des demandes de permissions, elles se mettront sans doute au-dessus des petites passions ; et, mues uniquement par des motifs d'utilité publique, elles donneront des avis dictés par des considérations d'un ordre élevé : j'en ai pour garant la prudence et le discernement qu'une foule d'entre elles ont montrés dans plusieurs circonstances. Vous jugerez sans doute convenable, en adressant aux sous-préfets et aux maires des principales communes de votre département le décret du 15 octobre, l'ordonnance du 14 janvier et la nouvelle nomenclature, d'entrer dans quelques détails sur les principes qui doivent les diriger. Je me repose sur votre zèle du soin de les éclairer, bien persuadé de votre empressement à seconder mes vues.

AVIS DU CONSEIL D'ÉTAT

Du 5 avril 1815.

Le conseil d'Etat, qui, d'après le renvoi ordonné par le gouvernement, a entendu le rapport de la section de l'intérieur, sur celui du ministre des manufactures et du commerce, tendant à autoriser la translation, rue Traversière, faubourg Saint-Antoine, d'une amidonnerie existant actuellement rue de Charenton,

Vu le décret du 15 octobre 1810,

Est d'avis qu'avant d'autoriser de pareilles translations de manufactures ou fabriques comprises dans la première classe du tableau annexé audit décret, et même avant d'autoriser un nouvel établissement de ce genre, il soit procédé, outre l'affiche de la demande, à un procès-verbal d'information *de commodo et incommodo*, dans lequel tous les voisins seront entendus.

Théâtres.

1er mai 1815.

Le Ministre de l'intérieur aux Préfets.

J'apprends que, dans quelques arrondissements de théâtres, les directeurs qui ont obtenu des autorisations du ministère, sous-traitent à prix d'argent et à des conditions toutes contraires aux règlements généraux qui leur ont été communiqués, ou aux instructions particulières qu'ils ont reçues. Abusant de la faveur qui leur a été accordée, ils emportent injustement le plus clair de la recette des troupes ambulantes ; ils ruinent les acteurs, nuisent à l'art dramatique, et se rendent de toute manière indignes de la confiance des autorités.

D'autres, quoique adressant des tableaux de troupes complètes, ne forment cependant qu'une réunion imparfaite de sujets sans talents et sans conduite.

D'autres encore, avec d'assez fortes troupes, ne soignent et ne varient nullement leur répertoire, et ne donnent au public fatigué que des pièces usées ou des ouvrages d'un mauvais genre.

Je vous prie de veiller de près sur leur gestion à tous, et de tenir strictement la main à l'exécution des arrêtés relatifs aux théâtres. Les directeurs qui ne seront pas personnellement à la tête du service de leur arrondissement, ceux qui ne suivront pas strictement l'itinéraire arrêté, ceux qui ne soigneront ni la composition de leur troupe ni leurs représentations, ceux qui feront un scandaleux trafic des permissions qu'ils ont obtenues, ceux enfin qui ne rempliront pas exactement les obligations qui leur sont imposées, cesseront, par cela même, de mériter aucune grâce, et seront dans le cas d'être aussitôt destitués et remplacés.

Cette branche d'administration est importante sous beaucoup de rapports. Elle intéresse la morale publique ; elle se lie au maintien du bon goût et aux progrès des lettres ; elle ne doit point être négligée. En y donnant une attention constante, et en rappelant incessamment aux principes des entrepreneurs, trop prompts à s'en écarter, on parviendra à établir un ordre désirable, et propre à assurer les plaisirs des villes, comme aussi le succès des entreprises théâtrales, qui, si on les abandonnait à elles-mêmes, ne feraient que dépérir.

Dépôts de mendicité (1).

6 mai 1815.

Le Ministre de l'intérieur aux Préfets.

Les dépôts, particulièrement institués pour détruire la mendicité, forment une institution qui, sagement combinée et suivie avec persévérance, peut avoir les résultats les plus avantageux. Elle doit offrir un asile et des travaux aux mendiants en état de travailler : tel est le but auquel il faut atteindre ; telle est la destination à laquelle on doit ramener tous les dépôts de mendicité, dans le cas où des circonstances impérieuses auraient momentanément forcé de s'en éloigner.

Cette institution, dont l'utilité ne peut être révoquée en doute, mérite, de votre part, l'attention la plus soutenue et les soins les plus constants.

La totalité de ces établissements peut être rangée en trois classes : les dépôts en activité; ceux qui sont créés ; ceux enfin qui restent à créer.

Tous sont l'objet de considérations également importantes.

Dépôts en activité.

Je remarque en général, dans ces établissements, plusieurs obstacles qui empêchent d'atteindre le but qu'on se propose : vous devez vous attacher à vaincre ces obstacles. Tout dépôt devant être une maison de travail, on ne doit y placer que des individus en état de travailler ; c'est en faire un hospice que d'y admettre des infirmes et des vieillards. Ceux qui s'y trouvent encore doivent être successivement renvoyés dans les hôpitaux et remplacés par des mendiants valides. Continuer de recevoir les malades et les vieillards dans les dépôts de mendicité, c'est s'éloigner du but de l'institution, puisqu'on adopte un système de travaux, et que les infirmes

---

(1) Aucun acte émané du ministère de l'intérieur, pendant la période des cent jours, n'ayant été compris dans l'ancien Recueil, cette circulaire est publiée pour la première fois. (*N. de l'Ed.*)

ne peuvent s'y livrer ; c'est placer l'administration dans un état de contradiction perpétuel avec elle-même.

Cet inconvénient se retrouverait encore, si la direction de l'administration des dépôts était confiée à des personnes qui ont eu le courage de se dévouer au soulagement des malades; fonctions dignes de tous les éloges, mais que l'on voit rarement conciliées avec cette fermeté nécessaire pour bien administrer un établissement pourvu d'ateliers, et sans laquelle ils seraient bientôt déserts. Dans les dépôts où les sœurs ont une grande influence, on remarque que ces femmes pieuses, faciles à tromper, dupes de maux imaginaires, comme de protestations feintes, prodiguaient des soins, un régime alimentaire plus généreux, à des individus valides qui n'avaient aucune infirmité, et qu'il fallait plutôt occuper et traiter avec sévérité, que soigner comme malades. La désertion des ateliers, la nullité de leurs produits, l'entretien de l'oisiveté, une augmentation considérable dans la dépense, sans aucune compensation, tels ont été les résultats de cette fausse mesure. Les religieuses, les sœurs, sont essentielles aux infirmeries des dépôts , dans les hôpitaux et les hospices : c'est là que leurs soins sont précieux, qu'elles doivent exercer leur zèle et leur active charité ; mais, dans l'administration d'une maison de travail, elles n'ont point reçu la force, la sévérité qu'il y faut employer.

Les dépôts de mendicité peuvent, sous certains rapports, être assimilés aux maisons centrales de détention, qui sont toutes pourvues d'ateliers de travail. Les données obtenues dans celles-ci fournissent, pour les ateliers établis ou à établir dans ceux-là, des bases d'après lesquelles on ne peut avoir aucun doute sur l'utilité des dépôts dirigés comme ils doivent l'être. En effet, les travaux des maisons de détention donnent des produits dont une portion, mise en réserve, est délivrée aux détenus à leur sortie. En apprenant un métier, ils ont contracté le goût du travail, résultat doublement avantageux qu'on doit tâcher d'obtenir dans les dépôts.

Dépôts à créer.

Des édifices ont été successivement proposés pour l'établissement des dépôts de mendicité. Divers projets sont à l'examen du conseil des bâtiments civils; d'autres ont été renvoyés pour être rectifiés ; quelques-uns ont été approuvés par mes prédécesseurs; mais l'exécution en est demeurée suspendue, à défaut de ressources suffisantes pour proposer les lettres de création et commencer les travaux, ou parce que les événements politiques s'opposaient à ce qu'on donnât suite à ces projets.

En général (sauf pourtant quelques exceptions), les départements où les dépôts ne sont pas encore créés, sont ceux où le nombre de mendiants à renfermer est le moins considérable, et où l'on a apporté beaucoup de lenteur dans la rédaction des projets, à raison du peu d'importance que les préfets y attachaient, et de l'opinion plus ou moins fondée qu'ils se sont faite sur la nature de ces sortes d'établissements.

L'expérience prouve, au surplus, qu'il n'est pas rigoureusement nécessaire d'établir un dépôt de mendicité dans chaque département, et qu'il est possible de coordonner un système d'économie avec l'idée, exprimée en l'an 1813 par Sa Majesté, de réunir, autant que possible, en un seul dépôt, les mendiants de deux ou trois départements.

On a déjà opéré quelques réunions sous le précédent gouvernement, et elles me paraissent susceptibles d'avoir lieu, surtout lorsqu'il ne s'agit, pour réprimer complétement la mendicité dans un département, que de pourvoir à la reclusion de cent à deux cents mendiants.

Il est évident qu'un établissement formé pour une population aussi faible est toujours très-onéreux sous le rapport des frais de premier établissement et sous celui de son administration intérieure; l'avantage qui en résulterait, pour la ville dans laquelle il serait situé, ne saurait être comparé à l'économie qu'il y aurait à envoyer les mendiants dans un dépôt central; ainsi, cette considération, purement locale, doit être soigneusement écartée.

Les renseignements qui existent dans mes bureaux, et ceux que je vous invite à me transmettre, me mettront à même de proposer à Sa Majesté de centraliser les mendiants de plusieurs départements.

Il suffit, pour le moment, que vous m'indiquiez si le local choisi pour le dépôt de mendicité de votre département peut, par sa situation, sa proximité d'une ville, son étendue, l'état actuel de ses bâtiments, l'abondance des eaux, ou la facilité de les faire venir à peu de frais, se prêter, sans inconvénient, à la formation d'un dépôt central.

Vous me rappellerez aussi le montant des dépenses présumées d'après le projet actuellement existant, pour le nombre de mendiants qu'on se proposait de renfermer, et vous m'indiquerez seulement, par aperçu, ce qu'il en coûterait progressivement en augmentant la population de cent mendiants, puis de deux cents ou de trois cents, suivant que les localités pourront le permettre.

Je le répète, je ne demande qu'un simple aperçu ; mais je désire toutefois que l'estimation des dépenses soit portée au *maximum*.

À ces renseignements, qui pourront facilement être donnés par l'architecte auteur du projet, vous joindrez ceux relatifs à l'état actuel de la mendicité dans votre département, et au nombre de mendiants à la reclusion desquels il est indispensable de pourvoir.

Dans le cas où il n'aurait point encore été dressé de projet pour l'établissement d'un dépôt de mendicité dans votre département, ou que le local choisi ne fût plus disponible, vous vous bornerez à m'indiquer positivement le nombre de mendiants pour lequel il est convenable que vous ayez des moyens de répression.

Observations générales.

Suivant le classement que je viens de faire des dépôts de mendicité, vous trouverez, dans ce qui précède, la marche que vous aurez à suivre pour parvenir à la répression de la mendicité. Mais il est quelques idées générales qui se sont formées, sous le précédent gouvernement, contre ce système de répression, que je crois devoir rappeler ici, afin que vous vous prémunissiez contre toute espèce d'innovation qu'on chercherait à introduire.

Là où les dépôts étaient en activité, quelques préfets, et même quelques conseils généraux de département, ont prétendu qu'ils n'avaient pas rempli le but de leur institution ; qu'ils ne contenaient qu'un nombre de mendiants inférieur à celui déterminé par les lettres de création ; que les départements n'en étaient pas moins remplis de mendiants qui se répandaient dans les villes et les campagnes ; enfin que les dépenses d'administration étaient trop considérables.

Là où ces dépôts n'étaient que créés ou à créer, on a prétexté de leur inutilité, soit parce que les mendiants étaient trop nombreux dans l'étendue du département, et qu'en formant un établissement pour la reclusion de quatre à cinq cents individus, il deviendrait sans objet, tandis qu'au contraire, dans d'autres départements, on a prétendu que, vu le petit nombre de mendiants qui s'y trouvaient, un établissement de cette espèce était également inutile.

On a quelquefois exprimé l'idée de ne renfermer dans ces établissements que des mendiants valides en état de travailler, comme aussi celle de n'y placer que des mendiants vieillards et infirmes, hors d'état de travailler.

Quoique cette diversité d'opinions n'ait eu lieu que dans un très-petit nombre de départements, et que la majorité soit en faveur de l'institution, il est indispensable d'établir de l'uniformité, soit dans les moyens de parvenir au but qu'on se propose, soit dans le régime, lorsque ce but est atteint.

En s'attachant seulement aux résultats obtenus jusqu'à présent, il est certain que les dépôts de mendicité laissent beaucoup à désirer ; mais, si on se rend bien compte des causes qui se sont opposées à leur prospérité, on trouvera qu'il était bien superficiel de les regarder comme inutiles.

En effet, si les dépôts de mendicité à peine en activité, ou seulement créés, ont offert de grandes ressources, pendant les dernières campagnes, pour le traitement des militaires blessés ou malades, et qu'ils aient été désorganisés ; si les fonds affectés à leur dotation ont été détournés ; si les communes se sont, faute de moyens, refusées à payer le contingent qu'elles doivent fournir ; si les hospices, remplis, de leur côté, de militaires malades, n'ont pu recueillir les pauvres vieillards et les infirmes, pour le secours desquels ils sont spécialement établis ; si les préfets, par tous ces motifs, ont été paralysés dans les mesures qu'ils avaient à prendre pour la répression de la mendicité, on ne doit pas inférer de là que l'institution et l'administration des dépôts sont vicieuses.

C'est en vain qu'on a espéré que la charité publique ou les dons volontaires pourraient suppléer à ces établissements ; ce système, qu'on a cherché à mettre en pratique dans quelques départements, n'aurait eu de succès, et l'expérience l'a prouvé, qu'autant qu'on eût fini par dresser des rôles exécutoires, ce qui est contraire à la législation.

Les décrets de Sa Majesté et les instructions ministérielles portent que les mendiants valides, vieillards, infirmes, et les enfants des deux sexes, seront conduits au dépôt de mendicité ; voilà le principe. Dès lors, les mesures de répression s'appliquent indistinctement à ces différentes classes d'individus ; mais les localités présentent, relativement à leurs mendiants, la nécessité de faire un choix.

Ce choix doit nécessairement porter sur les mendiants en état de travailler ; ce n'est que dans le cas où le nombre de ceux-ci ne serait pas assez considérable dans l'étendue d'un département, et que dans les départements limitrophes il y aurait assez de moyens pour renfermer cette espèce de mendiants, qu'on pourra faire admettre au dépôt les mendiants vieillards et infirmes domiciliés dans les communes où il n'existe ni hospices ni bureaux de bienfaisance en état de les recueillir ou de leur administrer des secours.

Ainsi, lorsque vous aurez réuni dans le dépôt de votre département tous les mendiants en état de travailler, vous aurez soin de me faire connaître le nombre présumé de places dont on pourrait, au besoin, disposer.

Il est évident que, si l'on ne voulait voir dans les dépôts que de véritables hospices, il ne s'y opérerait plus de mouvement que par les décès ; le produit du travail serait absolument nul, et les frais d'administration trop considérables ; tandis qu'en ne les considérant que comme maisons de travail, on imprime à tous les individus qui se livrent à la mendicité la crainte d'y être renfermés ; on diminue les dépenses en ce que le régime alimentaire y est beaucoup moins généreux que pour les vieillards infirmes hors d'état de travailler, et que les établissements se trouvent couverts d'une partie des dépenses par le produit des ateliers.

Tel est le but qu'il faut atteindre ; mais jusqu'à présent, par une philanthropie mal entendue, on s'est attaché, dans quelques dépôts, à rendre le sort des détenus tellement heureux, qu'ils ne désirent plus leur liberté. L'administration a perdu de vue l'objet principal: elle a favorisé la reclusion des individus hors d'état de pouvoir travailler, et elle a retenu trop longtemps dans ces établissements, par l'espoir de tirer avantage de leur travail, des individus mis en état de pourvoir à leurs besoins.

Je vous invite à introduire dans le dépôt de mendicité un régime pour les mendiants valides, qui diffère peu de celui des prisons, et qui ne leur offre que tout ce que la stricte humanité permet d'accorder ; vous pouvez, à cet égard, vous écarter de celui prescrit par le règlement du 27 octobre 1808, suivant les localités, et en vous rapprochant, autant que possible, du régime habituel des habitants des campagnes et de la classe du peuple des villes. Mais, quant au système d'administration de l'établissement, quelles que soient d'ailleurs les prétentions qu'aient élevées quelques conseils gratuits de surveillance, de réunir le pouvoir administratif, vous voudrez bien rappeler celui de votre dépôt à la stricte exécution de ce règlement, attendu que les dépôts de mendicité sont, comme les maisons de détention et prisons, des établissements départementaux, placés directement sous l'administration des préfets, et que les conseils de surveillance doivent se borner à remplir les fonctions qui leur sont attribuées.

Trois espèces d'institutions concourent à la répression de la mendicité ; les dépôts, les hospices et les bureaux de bienfaisance ; il faut s'attacher à ce que chacune de ces institutions remplisse bien l'objet pour lequel elle est établie. Il faut veiller à ce qu'on n'admette point, dans les hospices, des pensionnaires au delà du nombre prescrit par les règlements, et qu'on n'y laisse pas séjourner, pendant plusieurs années, et même à perpétuité, des individus qui y ont été placés par faveur ; comme aussi les jeunes filles qui, après y avoir été admises au-dessous de l'âge de douze ans, y sont conservées par la seule considération qu'elles dédommagent en tout ou en partie, par leur travail, des frais de nourriture, tandis qu'elles occupent des places qui ne devraient être consacrées qu'aux vieillards infirmes, ou orphelins privés de tout moyen d'existence.

Je vous invite à réprimer ces abus dans le cas où ils existeraient dans les hospices de votre département, afin que ces établissements concourent plus efficacement à l'extinction de la mendicité et au soulagement de la classe indigente.

Il me reste encore à vous entretenir des ressources affectées tant au premier établissement qu'à l'entretien annuel des dépôts de mendicité. En général, les lettres de création ont assigné divers prélèvements sur des fonds qui n'existent plus, ou sur des produits dont le recouvrement est très-éventuel. Je vais m'occuper d'un travail qui aura pour objet d'assurer, d'une manière invariable, les ressources de ces établissements et la rentrée des fonds qui seront destinés à pourvoir, à compter de 1816, à leurs dépenses de premier établissement ou d'entretien annuel ; mais j'ai besoin, pour cet objet, que vous me fassiez connaître, dans le plus court délai, le montant exact des revenus de toutes les communes, et séparément le montant du produit du dixième des affouages des bois des communes, soit que le prélèvement ait eu lieu précédemment comme fonds de prévoyance et de secours, soit qu'il puisse y être opéré pour le même objet.

Binàge (1).

Juin 1815.

Le Directeur général des cultes aux Préfets.

Le payement pour le binage est fondé sur la nécessité du recours à cette mesure par le défaut de prêtres, et aucun desservant autorisé à biner n'est compris dans mes états de payement, qu'autant qu'il est porté dans les états de l'évêque où cette déclaration est exprimée.

Les décrets et l'ordonnance sur le binage ne faisant mention que des *desservants*, le supplément ne pourrait être payé sur le trésor ni aux *curés* ni aux *vicaires* qui bineraient.

Il peut y avoir des paroisses dont les desservants, se trouvant par leur âge ou leurs infirmités dans l'impuissance de célébrer la messe, ont le droit, d'après l'article 15 du décret du 17 novembre 1811, de demander un vicaire à la charge de la fabrique ou des habitants, avec le traitement réglé par le décret du 30 décembre 1809; dans ce cas, si l'évêque ne peut, par défaut de prêtres, envoyer un vicaire, et qu'il autorise seulement un desservant voisin à biner, la fabrique ou les habitants ne seront tenus de payer, à raison du binage, que sur le pied de 200 francs par an. Les formes pour ces payements seront les mêmes que si on eût envoyé un vicaire.

Si le binage se prolonge après la nomination d'un titulaire, celui-ci, recevant le traitement à compter du jour de sa nomination, devra, depuis la même époque, tenir compte du supplément au desservant binant ; et le préfet auquel ils s'adresseraient se bornerait à leur donner cet avis.

Lorsque le service du binage sera fait, dans une même succursale, alternativement par plusieurs desservants voisins, mes états les comprendront à l'article de cette succursale, au prorata du temps qu'ils auront biné, afin que le préfet puisse délivrer les mandats, conformément à cette répartition.

Un desservant bine quelquefois dans un autre département que celui où il exerce comme titulaire. Les deux départements peuvent même dépendre de deux diocèses. Ce sera toujours le préfet du département où le binage a eu lieu qui devra livrer le mandat de payement du supplément de traitement.

(1) Voir l'ordonnance du 5 mars 1825 et la circulaire du 12 avril 1823.
(*N. de l'Ed.*)

Les évêques vous adressent, chaque mois, les états de mutation des desservants, d'après lesquels vous suppléez à ce qui peut manquer dans mes états par défaut de renseignements, ou aux changements survenus depuis qu'ils sont arrêtés. Ils vous adresseront pour les binages, à partir de 1815, des états semblables, et dont vous ferez le même usage.

Ces états indiqueront, mois par mois, pour les succursales où le binage serait alternativement fait par plusieurs desservants voisins, le prorata du service de chacun d'eux.

Mode de publication et d'envoi des actes des préfectures.

21 septembre 1815.

Le Ministre de l'intérieur aux Préfets.

Le mode de publication et de transmission des actes des préfectures qui sont d'un intérêt général, ou dont l'exécution exige le concours de tous les fonctionnaires administratifs du département, n'a pas encore été réglé partout d'une manière convenable. Quelques préfets se sont bornés à faire insérer leurs arrêtés et leurs circulaires dans une feuille périodique imprimée au chef-lieu du département ; d'autres ont envoyé ces pièces séparément, comme faisant partie de la correspondance habituelle ; d'autres, enfin, ont adopté la forme d'un recueil dont toutes les feuilles, de même dimension et ayant un ordre de pagination, peuvent se réunir, à la fin de l'année, en un volume suivi d'une table des matières.

La publication par la voie d'un journal a été expressément improuvée par mes* prédécesseurs. Il est inconvenant de confondre les actes de l'administration avec les nouvelles et les productions littéraires ; on n'a aucune garantie contre les erreurs et les omissions ; au bout d'un certain temps, les recherches deviennent impossibles. D'ailleurs, une feuille périodique n'a aucun caractère d'authenticité ; les ordres qu'elle contient n'obligent personne, et les communes ne peuvent être tenues d'en supporter les frais. Plusieurs lettres du ministère de l'intérieur ont interdit, comme abusifs, tous les abonnements imposés aux communes.

En donnant aux instructions générales, aux lettres circulaires, aux réimpressions des lois, ordonnances et règlements, une forme détachée et semblable à la correspondance particulière et manuscrite, il en résulte quelques inconvénients. Les maires n'ont aucun moyen de vérifier s'il n'y a pas de lacunes dans la suite des actes qu'ils ont reçus ; les instructions isolées s'égarent, et les fonctionnaires récemment institués ne peuvent ni s'assurer si les archives sont complètes, ni retrouver facilement les pièces dont ils ont besoin.

La formation d'un recueil annuel n'entraîne pas plus de dépenses que le mode précédent, et elle a plusieurs avantages. Les maires, en recevant un numéro, voient sur-le-champ ce qui manque à leurs collections ; les instructions d'une année, reliées en un volume, se conservent mieux ; la table alphabétique rend les recherches faciles ; les fonctionnaires nouveaux trouvent un moyen de connaître promptement leurs devoirs et de les remplir sans hésitation.

Vous ferez donc bien de maintenir ce moyen de publication dans votre département, ou de l'y introduire, s'il en existe un autre. Vous aurez égard aux indications suivantes :

1° Les frais d'impression des arrêtés d'un intérêt général et des circulaires de la préfecture sont à la charge de votre abonnement; les exemplaires doivent être envoyés gratuitement aux sous-préfets et aux maires ; et il est absolument défendu d'imposer un abonnement, soit à ces fonctionnaires, soit aux communes.

2° La transmission de vos actes par le recueil ne vous dispense pas de faire imprimer en placard, quand il y a lieu, les actes qui doivent être portés à la connaissance des citoyens.

3° Le recueil ne devra ni porter le titre d'un journal ou d'une gazette, ni en avoir la forme, ni contenir d'articles étrangers à l'administration. Je ne considère pas comme tels ceux qui se rapportent à des objets d'économie publique, qui tendent à éclairer les habitants des campagnes, à les détourner de pratiques nuisibles, ou à leur indiquer des moyens d'amélioration ; mais je crois qu'il conviendra généralement mieux de donner à ces instructions la forme de lettres circulaires.

4° Hors les cas urgents, vous ne devez ni publier, ni faire exécuter d'arrêtés d'administration générale, sans les avoir préalablement soumis à l'approbation du ministre compétent. J'excepte de cette disposition les actes qui n'ont d'autre objet que de prescrire l'exécution des lois.

5° Vous ne devez jamais transmettre aux particuliers, ni même aux fonctionnaires, les lettres ministérielles qui ne sont adressées qu'à vous ; ces pièces ne contiennent pas tous les développements et toutes les indications de détail dont les maires peuvent avoir besoin. Le magistrat qui connaît les localités, ainsi que les dispositions et l'intelligence de ses collaborateurs, peut seul apprécier les difficultés qui s'opposent au succès d'une opération, et choisir avec discernement les moyens de la faire réussir. En conséquence, vous rédigerez les instructions et les demandes, en saisissant l'esprit des actes de l'autorité supérieure.

6° Vous éviterez de rendre publics les arrêtés qui censureront la conduite d'un fonctionnaire public. Si vous pensiez qu'il y eût lieu à lui appliquer une censure plus sévère, vous pourriez la provoquer près de l'autorité supérieure. Vous vous abstiendrez également de rien publier concernant les dissentiments ou les conflits qui s'élèveraient entre diverses autorités. Il est toujours dangereux de livrer indiscrètement ces démêlés à la curiosité publique : les animosités en deviennent plus vives et les magistrats perdent, en partie, leur considération et leur influence.

7° Pour que la série de vos actes ait un caractère officiel et authentique, il conviendra que chacun de ceux qui seront imprimés et envoyés, soit signé, pour expédition, par le secrétaire général de la préfecture.

Vous voudrez bien m'envoyer des exemplaires de chacun des actes que vous publierez, ainsi que de la table annuelle, à mesure qu'ils paraîtront. J'y trouverai la preuve de l'activité et de la bonne direction de vos travaux, et je me plairai à vous en témoigner ma satisfaction.

Plan d'alignement des villes.

2 octobre 1815.

Le Ministre de l'intérieur aux Préfets.

Les précédents ministres ont plusieurs fois entretenu les préfets des mesures dont ils auraient à s'occuper pour l'exécution de l'article 52 de la loi du 16 septembre 1807, concernant les alignements des rues, dans les villes susceptibles de l'application de cette loi.

Diverses circulaires ont traité de cet objet.

La première où l'on ait fixé la grandeur que devaient avoir les échelles des plans à soumettre au gouvernement, est du 17 juillet 1813. Elle prescrivait de dresser, pour chaque ville, trois plans sur des échelles de proportions différentes ; savoir : six dixièmes, trois dixièmes et deux dixièmes de millimètre pour mètre. Ces échelles parurent trop petites ; il s'éleva des réclamations que le ministre crut devoir prendre en considération, et, le 23 février dernier, il décida que les trois plans seraient faits sur une même échelle d'un millimètre pour mètre.

La circulaire du 17 août 1813 semblait avoir réuni des instructions suffisantes pour que l'exécution sur le papier eût toute la correction et l'uniformité désirables.

Plusieurs plans ont été envoyés sur les échelles demandées par la circulaire du 23 février dernier. Quelques-uns ont rempli les conditions données d'ailleurs par celles du 17 août 1813 ; mais il en est d'autres dont les détails se sont trouvés si différents de ceux que prescrivent les circulaires, qu'il serait permis de supposer qu'elles n'ont pas été communiquées aux autorités locales chargées, par leurs attributions, de la surveillance du travail, et que les préfets des départements d'où ces plans ont été expédiés, les ont adressés sans les examiner. Il en est résulté des difficultés, des explications qui ont fait traîner les opérations en longueur ; et comme, d'un autre côté, on n'a soumis à la sanction du gouvernement qu'un très-petit nombre de plans, on peut dire que l'important travail des alignements est à peine ébauché.

Cependant, ce qui a été fait n'est pas perdu. L'expérience nous a fourni d'utiles leçons pour ce qui reste à faire : elle a fait connaître qu'un plan à l'échelle d'un millimètre pour mètre, quoique sensiblement plus étendu que le plus grand des trois précédemment demandés, ne pourrait encore conduire au but qu'on se propose d'atteindre, que par une pureté d'exécution qu'il serait souvent difficile d'obtenir.

D'un autre côté, comme le maniement des plans des villes d'une grande étendue serait très-difficile, ou du moins très-incommode, s'ils étaient faits à une échelle plus grande sur une même feuille, le format d'un atlas me paraît devoir être adopté ; et je l'adopte, en effet, à compter de la date que j'indiquerai ci-après.

Je place, à la suite de la présente circulaire, une instruction où l'on trouvera tous les documents sur lesquels on se réglera pour les dimensions, la forme, l'ensemble et l'espèce des détails que devra présenter cet atlas, dont les feuilles seront distribuées, non par rues, mais par quartiers. Il est palpable que des plans par rues, outre la nécessité de les replier sur eux-mêmes, et de les mettre ainsi dans le cas d'être coupés en peu de temps, feraient encore tomber dans les inconvénients que je viens de signaler, pour le maniement des plans d'une grande étendue. J'insiste sur cette observation, pour quelques départements où l'on a paru disposé à la négliger.

En me déterminant pour les formes d'un atlas, j'ai toutefois l'honneur de vous prévenir qu'il n'est point dans mon intention de rendre inutiles et de faire tomber en pure perte les frais des *mises au net* achevées ou commencées sur les échelles prescrites par les précédentes circulaires. Je recevrai jusqu'au 1er janvier 1816, délai plus que suffisant pour achever les dessins les moins avancés, les plans tels qu'ils ont été demandés le 23 février dernier ; j'admettrai même ceux qui se trouveraient dressés sur l'échelle de six dixièmes de millimètre pour mètre ; bien entendu que les uns et les autres offriront, d'ailleurs, toutes les conditions exigées par la circulaire du 17 août 1813. Ceux de ces plans qui s'en écarteraient seraient renvoyés pour être refondus dans les formes de l'atlas décrit par l'instruction.

Ces atlas me seront remis d'abord en double expédition, destinées, l'une à accompagner le rapport et le projet d'ordonnance que j'aurai l'honneur de présenter au roi, l'autre à rester jointe aux minutes de mon travail. Le plan étant arrêté, je vous renverrai l'un des doubles certifié par moi, afin qu'il en soit fait une copie conforme, laquelle me sera adressée pour rester déposée dans mes bureaux avec une expédition de l'ordonnance, après que vérification en aura été faite sur le plan-minute annexé à l'original de la même ordonnance royale.

INSTRUCTION POUR LA MISE AU NET ET LE FORMAT DES PLANS DE VILLES QUI DOIVENT ÊTRE LEVÉS EN EXÉCUTION DE L'ARTICLE 52 DE LA LOI DU 16 SEPTEMBRE 1807.

Art. 1er. Les plans de villes qui restent à lever ou à rapporter seront à deux échelles différentes, savoir : les plans généraux, à un demi-millimètre pour mètre ; et les plans de division, à deux millimètres pour mètre.

2. Les plans généraux contiendront le tracé des rues, places, etc., en lignes noires. Ils indiqueront aussi les masses des édifices publics, les boulevards, cours et promenades, avenues, plantations. Les cours d'eau apparents seront lavés en couleur d'eau ; ceux des eaux couvertes, ponctués et lavés plus pâle. Aux bordures des voies publiques, on lavera en gris ce qui est bâti, et en couleur de terre ou bistre léger ce qui ne l'est pas. On indiquera les clôtures en murs, palissades et haies. Autant que possible, les plans généraux seront en une seule feuille, pliée, quand le besoin l'exigera, et placée en tête de l'atlas des plans de division. Le nord sera au haut du plan général, et indiqué par une boussole linéaire.

3. Les plans de division par îles entourées de rues, quais, cours d'eau, etc., seront à l'échelle de deux millimètres pour mètre. Ils formeront un atlas, dont chaque feuille aura un mètre de long sur soixante-cinq centimètres de hauteur, pliée en deux, de manière à en bien développer les plis. Les propriétés auront leurs faces actuelles sur les voies publiques tracées en lignes noires, ainsi que les faces des édifices publics. Les faces seront lavées en gris pour ce qui est bâti, et en couleur de terre pour ce qui ne l'est pas ; les eaux, clôtures, plantations, comme il vient d'être dit. On indiquera à ces faces les séparations respectives des propriétés. Chaque division aura un liséré de couleur, ou une ligne ponctuée, dont le pourtour se répétera au plan général. Il y aura, à l'un et à l'autre plan, un numéro correspondant à chaque feuille divisionnaire. Les plans de division auront toujours, comme le plan général, le nord placé dans la marge supérieure, et la direction de ce point de l'horizon sera retracée par une flèche.

4. Sur l'un et l'autre plan, on écrira les noms des rues, places, etc. ; ceux de tous les édifices publics, des rivières, cours ou promenades ; et, sur chaque plan de division, on placera par rue, place et quai, une série de numéros sur chaque di-

vision de propriété, en mettant des numéros pairs à droite et des impairs correspondants à gauche, à partir du centre de la ville.

5. Les alignements proposés seront tracés en lignes rouges. Ce dont on avancera sera lavé en rouge pâle, et ce dont on reculera, en jaune.

Les projets généraux de percements et d'embellissements seront ponctués en rouge ; on sera très-circonspect sur les avancements, en ne visant pas à un parallélisme bon en rues nouvelles, inutile souvent dans les rues anciennes, où il ne s'agit que de redressements partiels ; ces avances sont très-nuisibles, quand l'un bâtit avant l'autre.

6. Il sera proposé des noms aux rues, places, etc , qui n'en ont pas ; le ministre statuera.

7. En tête du volume sera l'état des rues et autres voies publiques, avec le procès-verbal du tracé des alignements, les largeurs proposées aux voies publiques. Ces largeurs seront cotées en rouge, aux plans de détail.

8. À la fin du volume sera un autre état desdites rues, etc., avec colonnes comprenant les numéros des propriétés, les noms propres des propriétaires et la nature de chaque propriété ; cela suffit, vu les fréquentes mutations qui y surviennent.

On suivra, pour ces états, la marche des subdivisions du plan général.

9. Dans le cas où les alignements proposés seraient contestés, les variantes seront tracées en lignes bleues ; et, au bas du plan d'ensemble, ou même de chaque feuille, s'il est nécessaire, on fera connaître à l'opinion de qui se rapporte le tracé rouge ou bleu.

10. Les préfets feront vérifier les plans généraux et de détail, et les feront rectifier, s'ils se trouvent inexacts. Les ingénieurs, architectes ou géomètres qui auront été chargés de les lever et rapporter seront invités à joindre, autant que possible, à l'atlas précité, un tracé des polygones et autres lignes principales qui forment le fond de leur plan, avec les ouvertures d'angles et côtés des longueurs de bases.

11. On distinguera, dans les états de rues, celles qui sont des grandes routes traversant la ville.

12. La direction générale des ponts et chaussées proposera, en même temps, les alignements de ce qui est grandes routes traversant la ville, et qui doivent se raccorder aux autres voies publiques, afin de pouvoir provoquer, en même temps, une décision sur le tout, et rendre ainsi l'ensemble des alignements simultanément exécutoire.

13. On indiquera et détaillera, dans toute leur épaisseur, les murs de face des édifices publics, leurs entrées principales donnant sur les rues, places, quais, etc., ainsi que les fontaines publiques et puits banaux. Dans le cas où il y aurait impossibilité absolue de donner les détails des murs de face des édifices publics, on les distinguera par une teinte grise plus forte que celle des édifices particuliers.

14. Les plans devront toujours être signés par les auteurs, et certifiés véritables par les autorités locales et départementales.

Emploi des revenus, dépendant de la dotation des bureaux de bienfaisance, en soupes économiques.

14 octobre 1815.

Le Ministre de l'intérieur aux Préfets.

La saison dans laquelle nous allons entrer me donne lieu d'appeler votre attention sur les moyens de pourvoir, aussi économiquement qu'il est possible, aux besoins des pauvres de votre département.

L'expérience a, depuis longtemps, prouvé qu'au rang de ces moyens on devait placer plus particulièrement l'usage des soupes aux légumes. Elles forment aujourd'hui une ressource aussi facile qu'économique ; elles présentent le double avantage d'économiser la matière alimentaire et de secourir un plus grand nombre de

malheureux. On ne saurait trop les multiplier ; elles doivent être le
fond des secours publics. C'est donc vers cet emploi que vous
devez faire diriger l'application des ressources des bureaux de charité
de votre département ; c'est à ce résultat que doivent tendre vos
instructions, vos efforts et votre persévérance. Je ne prétends cependant pas limiter à ces distributions les secours qu'il convient
de procurer à la classe des malheureux ; mais, à cet égard, je vous
rappellerai qu'ils doivent être bornés aux seuls objets qui peuvent
remplir les besoins. Le travail, le pain, la soupe, le riz, les vêtements, les médicaments et les combustibles, sont seuls dans ce
cas.

J'ai lieu de croire qu'il a été pris des mesures pour la conservation et l'entretien des fourneaux établis dans les départements,
pendant la disette de 1812, et que les bureaux de bienfaisance trouveront, dans leur existence, le moyen d'employer une partie des
revenus dépendant de leur dotation, en distributions de soupes économiques, dans tous les lieux où ce genre d'aliment peut être, avec
avantage et sans difficulté, substitué à tout autre mode de secourir
les pauvres, ou concourir économiquement à leur subsistance.

Je n'ignore pas qu'en général les revenus des bureaux de charité
sont de peu d'importance, dans la majeure partie des communes, et
notamment pour les pauvres domiciliés dans les campagnes ; mais
je pense qu'en plusieurs lieux les revenus des communes donneront les moyens de faire accorder quelques fonds à ces institutions.
C'est à vous, au surplus, à rechercher toutes les ressources dont il
serait possible de disposer.

Je m'empresserai de vous accorder, à cet égard, toutes les autorisations qui pourront se concilier avec l'état de situation des autres
services.

J'espère que, pénétré du but et de l'objet de ces instructions, secondé surtout par le zèle des bureaux de bienfaisance, des dames
qui leur sont associées, et des sœurs de charité, et par l'influence
et les exhortations pastorales des curés, vous parviendrez à donner
une heureuse impulsion à la charité des habitants de votre département, et à trouver, dans leurs libéralités, soit en argent, soit en
nature, les moyens de compléter, pour chaque commune, les fonds
nécessaires, tant pour l'entretien de ses pauvres, que pour la dépense des soupes économiques à distribuer à ceux qui seront susceptibles d'y participer. Je vous prie de fixer l'attention des bureaux de charité sur cet objet, et de m'instruire du résultat des mesures que vous aurez prescrites.

Je n'entrerai pas dans de plus longs développements : c'est à votre
expérience et à votre connaissance des localités qu'il appartient
d'indiquer ce qu'il est plus convenable de faire pour secourir un
plus grand nombre de pauvres avec le plus d'économie possible.
C'est à ce double but que doivent tendre tous vos efforts. Je les
seconderai de toute mon influence ; heureux de pouvoir en trouver
les moyens dans les attributions du département qui m'est confié.

Réduction des dépenses des dépôts de mendicité.

7 novembre 1815.

Le Ministre de l'intérieur aux Préfets.

Les mesures sévères d'économie qu'il est nécesssaire d'adopter
étant applicables à tous les établissements, il convient de s'occuper

de celles dont les dépôts de mendicité doivent être l'objet. Après m'être fait rendre compte du mode d'administration établi pour ces maisons, des moyens employés pour le mettre en vigueur, et des divers résultats, je me suis convaincu que ce mode, bon dans le principe, avait subi des modifications qui forcent de conclure que, plus elles sont nombreuses, étendues, plus les dépenses sont considérables. Il importe donc de faire disparaître ces modifications, et de revenir au principe.

Les dépôts de mendicité doivent être des maisons de travail; leur population et leur administration doivent être formées et dirigées pour atteindre ce but.

L'administration de ces dépôts ne saurait être confiée à des sœurs ou religieuses : il suffit de réfléchir sur l'espèce d'hommes qu'on y rassemble, pour en être convaincu. Ces hommes doivent être contraints à un travail assidu : c'est là le but de l'institution. Les religieuses, qui rendent de si grands services à l'humanité dans les hospices, et dont tout le monde admire la résignation et la patience, ne peuvent, par ces vertus mêmes, être propres à conduire des établissements tout différents ; elles ne peuvent réprimer l'esprit de mendicité par la bonté qui leur est naturelle.

Je me suis convaincu, d'ailleurs, que les frais étaient plus considérables dans les détails, sous leur administration douce et indulgente, et qu'on ne parvenait que difficilement à obtenir des comptes en règle.

L'administration doit donc être confiée à des agents choisis avec discernement, en état de maintenir l'ordre, de conduire et surveiller les travaux, et doués, enfin, des qualités nécessaires, telles que la probité, l'intelligence et la fermeté. Si ceux qui sont actuellement en fonctions ne possèdent point ces qualités, s'ils sont incapables de remplir leur emploi, s'ils ont donné lieu à des plaintes fondées, vous devez me proposer leur changement.

Je remarque qu'il n'y a point de rapport convenable entre le nombre des emplois et les attributions, en ce sens, que celles-ci sont trop divisées, qu'on a multiplié ceux-là sans raison suffisante, et qu'il est nécessaire de réduire le nombre des premiers et de réunir les secondes, toutes les fois que l'analogie et les besoins du service permettront de le faire. Cette division, trop étendue et mal combinée, qui semble faite uniquement pour motiver un traitement, en forçant de salarier des individus, la plupart du temps inoccupés, est un abus qu'il importe de détruire.

Lors même que Sa Majesté n'aurait point ordonné de réduire les dépenses dans toutes les parties de l'administration du royaume, cette mesure devenait indispensable relativement aux dépôts de mendicité. Les abus qui s'y sont introduits excitent de toutes parts des plaintes très-fondées. Le luxe de leur administration, le vice qui existe dans les circonstances de l'admission, le défaut de surveillance, l'adoption d'un régime trop généreux, non approprié aux localités; peut-être aussi la cupidité, l'inexpérience ou l'incurie des préposés, ont rendu ces établissements extrêmement dispendieux, sans qu'ils aient, pour la plupart, atteint le but qu'on se proposait. Les événements militaires ont beaucoup contribué au désordre qui y règne : plusieurs ont été convertis en hôpitaux pour les malades et blessés, ou en casernes pour la troupe ; et la difficulté, vu les circonstances, de mettre en vigueur les mesures de répression contre la mendicité, de recouvrer les fonds affectés à l'entretien annuel des mendiants, a forcé, en outre, de restreindre leur nombre dans les dépôts; mais les dépenses d'administration n'en sont pas moins restées les mêmes, et l'on voit aujourd'hui des employés, déjà trop nombreux dans le principe, absorber, sans aucune utilité, une portion considérable des ressources.

Je chercherai moins à détailler ici tous les abus (ils vous sont déjà connus) qu'à vous indiquer les moyens d'y remédier promptement, et de préparer ainsi une organisation régulière, qui fera incessamment l'objet d'un règlement général, ou d'une modification de celui du 27 octobre 1808. Jusque-là, je désire que tous vos soins tendent à rendre ces établissements à leur véritable destination, la répression de la mendicité; à réduire toutes les dépenses du service intérieur, sans rien changer au système actuel d'administration.

Les réformes ne s'opéreraient que difficilement et bien lentement, si j'attendais vos propositions; il m'a paru qu'il était important d'établir des principes qui, dégagés de toute partialité, de toute considération particulière, tendissent à ramener les choses à ce qu'elles doivent être pour procurer une prompte amélioration.

J'ai décidé qu'à compter du 1er décembre prochain le nombre des employés et la fixation des traitements seront déterminés, non comme cela s'est fait jusqu'à présent, en proportion du nombre de mendiants que doit recevoir chaque établissement; mais seulement à raison du nombre de mendiants existant; en sorte que l'avancement de chaque préposé se fera à mesure de l'accroissement de population.

Mode de nomination des directeurs et des conservateurs de dépôts de sciences et d'arts (1).

7 novembre 1815.

Le Ministre de l'intérieur aux Préfets.

Depuis quelque temps, on a négligé de suivre les règles établies pour la nomination des directeurs, conservateurs ou administrateurs des bibliothèques publiques, des jardins de botanique, des cabinets d'histoire naturelle, des musées, et en général des dépôts de sciences et d'arts.

Je crois nécessaire de rappeler ici les instructions précédemment données à ce sujet.

Toute nomination de ce genre doit être prononcée par le ministre.

La décision est prise, sur la présentation de candidats, au nombre de trois au moins, faite par le maire, et sur la proposition du préfet, lorsque l'établissement dont il s'agit de nommer le chef est entretenu sur les fonds des villes.

Le choix est fait sur l'envoi d'une liste de candidats par le préfet, lorsque les dépenses de l'établissement sont payées sur les fonds du département.

Dans l'un ou l'autre cas, les listes adressées au ministre doivent être accompagnées de notes sur l'âge, le lieu de naissance, la fortune, la famille de chacun des candidats, sur les ouvrages dont il peut être auteur, sur les places qu'il a occupées ou qu'il occupe encore, sur les traitements dont il jouit.

---

(1) Voir la loi du 18 juillet 1837, art. 12.   (*N. de l'Éd.*)

Dépenses des aliénés (1).

9 novembre 1815.

Le Ministre de l'intérieur aux Préfets.

Depuis plusieurs années, le nombre des insensés conduits des différents départements dans les hospices de Paris s'est considérablement accru, et il en est résulté, pour ces établissements, une charge énorme et qui s'aggrave tous les jours.

En 1813, l'un de mes prédécesseurs s'est occupé de rassembler les matériaux d'un travail général sur les moyens de pourvoir au traitement des individus attaqués de folie, dans les départements; mais, en attendant que des circonstances plus favorables permettent de soumettre au gouvernement des mesures générales sur cette matière, j'ai jugé qu'il n'était pas juste que les frais de traitement et d'entretien des insensés étrangers au département de la Seine restassent à la charge des hospices de Paris; et je crois devoir vous donner connaissance de la décision que j'ai prise pour remédier au préjudice qu'un tel état de choses portait à ces établissements.

J'ai d'abord admis, en principe, que les aliénés étrangers au département de la Seine, qui seront, à l'avenir, ou qui ont déjà été amenés par leurs familles ou envoyés par les préfets à Paris, ne seront ou ne continueront à être entretenus dans les hospices de Bicêtre et de la Salpêtrière qu'au moyen du payement d'un prix de journée d'un franc vingt-cinq centimes.

J'ai décidé ensuite que les pensions résultant du prix de journée fixé par l'article 1er de la décision seront à la charge des familles des aliénés, à moins que celles-ci ne se trouvent dans l'impossibilité reconnue d'y pourvoir; et il est bien entendu ici que, si l'aliéné a des biens qui lui soient propres, c'est sur ces biens que la pension nécessaire pour son entretien doit être acquittée.

C'est aux préfets que j'ai laissé le soin de juger, d'après les renseignements qu'ils peuvent avoir par eux-mêmes et ceux qu'ils peuvent se procurer auprès des autorités locales, quelles sont les familles qui sont en état de payer la pension des aliénés qui leur appartiennent.

Si vous reconnaissez que la famille d'un aliéné de votre département, admis ou à admettre dans les hospices de Paris, se trouve dans l'impossibilité absolue de pourvoir au payement de sa pension, cette pension, ainsi que le porte l'article 3 de ma décision, devra être mise à la charge de la commune à laquelle l'insensé appartient, dans le cas où la commune présenterait des ressources suffisantes; et, dans le cas contraire, imputée, avec mon autorisation, sur les fonds du département.

Je vous recommande de seconder de tout votre pouvoir les réclamations que l'administration des hospices de Paris aurait à faire, dans votre département, pour le recouvrement des pensions des aliénés reçus dans ces établissements.

(1) Voir la loi du 30 juin 1838 qui règle tout ce qui concerne le placement et la dépense des aliénés. *(N. de l'Éd.)*

Délivrance et examen des feuilles de route et des passe-ports.

17 novembre 1815.

Le Ministre de l'intérieur aux Préfets.

Le ministre de la guerre, instruit que plusieurs commissaires des guerres omettent souvent d'exprimer, sur les feuilles de route, l'âge et le signalement des militaires auxquels ils les expédient, qu'ils négligent aussi de faire signer les militaires, en marge des feuilles de route, au-dessous de l'indication spéciale portée sur l'imprimé, etc., a pensé que la tranquillité publique pouvait être gravement compromise par cette insouciance coupable. Son Excellence a cru devoir, en conséquence, rappeler, par une nouvelle circulaire aux commissaires ordonnateurs divisionnaires, les diverses obligations que les règlements imposent, et les prévenir qu'elle usera, à l'avenir, d'une grande sévérité contre la négligence des commissaires des guerres chargés de délivrer des feuilles de route. Le ministre de la guerre désire que je vous recommande de lui faire connaître individuellement les fonctionnaires qui négligeraient, à l'avenir, les formalités exigées : je vous invite donc à vous conformer aux intentions de son Excellence, et à les communiquer aux sous-préfets et aux maires de votre département, en leur prescrivant une grande circonspection dans la délivrance des passe-ports, feuilles de route, ou sauf-conduits, et une attention scrupuleuse dans l'examen de celles de ces pièces qui leur seraient présentées.

Primes pour la destruction des loups.

5 décembre 1815.

Le Ministre de l'intérieur aux Préfets.

Il vous a été adressé, le 25 septembre 1807, par l'un de mes prédécesseurs, une circulaire qui fixe, ainsi qu'il suit, les primes accordées pour la destruction des loups, savoir : 18 francs pour une louve pleine, 15 francs pour toute autre louve, 12 francs pour un loup, et 3 francs pour un louveteau (1). La même circulaire porte que ces primes continueront d'être acquittées sur les fonds accordés, chaque année, dans les budgets départementaux, pour dépenses variables (2), et indique les conditions à remplir ; enfin, elle charge les préfets de soumettre les états de ces payements à l'approbation du ministre de l'intérieur, à la fin de chaque trimestre, de chaque semestre, ou de chaque année. Cette dernière disposition, qui donne lieu à une correspondance assez étendue, et dont l'objet est de peu d'importance, m'a paru devoir être rapportée.

En conséquence, j'ai décidé, le 10 novembre dernier, qu'à compter du 1er janvier prochain les préfets pourront payer les primes de destruction de loups, sans mon autorisation, et que ces sortes de

---

(1) Ce tarif a été modifié par la circulaire du 9 juillet 1818. (*N. de l'Ed.*)
(2) Voir la loi du 10 mai 1838, art. 12, n° 18. (*Id.*)

dépenses seront mises sous les yeux du conseil général du département, dans les comptes que ce conseil est chargé d'examiner et de me renvoyer avec ses observations.

Il n'est, au surplus, rien changé aux autres dispositions de la circulaire précitée du 25 septembre 1807, en ce qui concerne le taux des primes, le mode de payement et les fonds sur lesquels cette dépense est imputée.

Échelles métriques pour le service des ponts et chaussées (1).

6 décembre 1815.

Le Directeur général des ponts et chaussées aux ingénieurs en chef.

J'ai l'honneur de vous adresser plusieurs exemplaires du tableau des échelles métriques adoptées en l'an VIII, pour le service des ponts et chaussées : l'un de ces exemplaires est destiné à rester déposé dans votre bureau ; les autres doivent être distribués aux ingénieurs qui sont sous vos ordres.

Je crois inutile de vous rappeler combien il est important que la mesure générale qui a déjà été prescrite pour cet objet soit généralement suivie. Je vous engage à tenir la main à ce que les ingénieurs et conducteurs de votre département s'y conforment exactement.

RAPPORT SUR LA FIXATION DES ÉCHELLES MÉTRIQUES POUR L'EXÉCUTION DES MODÈLES ET DES PLANS RELATIFS AU SERVICE DES PONTS ET CHAUSSÉES,

Par MM. *Lamandé*, inspecteur général, et *Dillon*, ingénieur ordinaire.

24 vendémiaire an 8.

Dans sa séance du 24 floréal an VI, l'assemblée des ponts et chaussées choisit une série d'échelles métriques pour remplacer celles relatives aux anciennes mesures, dont les ingénieurs des ponts et chausssées se servaient depuis longtemps. Le ministre de l'intérieur, instruit de cette détermination de l'assemblée, ainsi que des autres de ce genre, prises et par le bureau du cadastre et par l'école polytechnique, aperçut déjà, dans ces trois séries d'échelles, quelques différences parmi celles destinées aux mêmes usages ; et craignant, avec raison, que ces différences ne se multipliassent par la suite, il a cru, tout en donnant des éloges à l'assemblée pour s'être occupée de bonne heure de cet objet, devoir l'engager à le soumettre à un nouvel examen ; en même temps, il lui a adressé les autres séries d'échelles métriques déjà arrêtées, ainsi qu'une série générale indéfinie, parmi les termes de laquelle on doit prendre tous ceux qui peuvent servir à former les séries affectées à chaque service.

Tel est l'objet sur lequel l'assemblée des ponts et chaussées a désiré que nous lui donnassions notre avis, et dont nous allons l'entretenir.

Les échelles choisies par elle, en floréal an VI, ont le double avantage d'être très-rapprochées de celles en usage autrefois parmi les ingénieurs des ponts et chaussées, comme aussi d'être exactement dans le système décimal. Nous nous serions donc bornés à lui proposer de confirmer son premier arrêté, si nous avions

---

(1) Voir une circulaire de M. le ministre des travaux publics, en date du 14 janvier 1850, qui arrête un nouveau programme pour la rédaction des projets concernant le service des ponts et chaussées. (*N. de l'Ed.*)

trouvé que ces mêmes échelles fussent en nombre suffisant pour satisfaire à tous les besoins de ce service.

En effet, pourquoi voit-on encore, dans des plans qui représentent des choses analogues, tantôt une échelle, et tantôt une autre ; quelquefois, une des échelles fixées ; d'autres fois, une échelle différente ? Indépendamment de ce qu'il est plus expéditif de piquer un ancien plan construit sur une échelle arbitraire que d'en faire un nouveau sur une échelle déterminée, raison pour laquelle on est quelquefois entraîné à suivre la première méthode, l'étendue d'un plan a ses limites qu'on ne peut dépasser sans le rendre incommode, ce qui détermine souvent les ingénieurs à se servir de toute autre échelle que de celles fixées par l'assemblée. Il faut donc y remédier par un choix d'échelles plus approprié aux différents objets pour lesquels on doit les employer, en préférant de multiplier les genres de plans, plutôt que d'en augmenter la grandeur : d'où résulte le grand avantage de ne développer, par des dessins particuliers, que les objets seuls qui intéressent ; au lieu qu'en suivant une autre marche on est obligé, la plupart du temps très-inutilement, de donner le même degré de développement à toutes les parties d'un dessin.

Par exemple, qu'il soit question d'un projet pour rendre navigable une rivière, dans une longueur de dix myriamètres : l'échelle arrêtée par l'assemblée est d'un dix-millième, ou d'un mètre pour un myriamètre ; il faudrait donc, pour figurer ce projet, exécuter plusieurs dessins dont la longueur totale serait de dix mètres ; et, sans s'arrêter à faire sentir combien il serait gênant d'examiner l'ensemble d'un tel projet, dans des dessins d'une aussi grande étendue, il est facile de concevoir qu'il y en aurait toujours un certain nombre qui ne contiendraient rien d'important, et que les autres ne seraient pas rendus avec assez de netteté pour que l'on se crût dispensé d'avoir recours à d'autres dessins de détail. Si, au contraire, on se servait d'une échelle d'un cent-millième, ou d'un mètre pour dix myriamètres, afin d'exprimer la masse de ce même projet, un dessin de l'étendue d'un mètre suffirait à cet objet ; on pourrait l'examiner bien à l'aise ; et, en ne représentant, sur des échelles plus fortes, que les parties qui demanderaient à être rendues d'une manière plus claire, leur nombre serait moins considérable que dans le premier cas, et ils satisferaient davantage.

Ce principe, qui, comme on le voit, se réduit à choisir une échelle de telle espèce qu'elle puisse servir à représenter l'ensemble d'un projet sur un papier d'une étendue convenable, et à renvoyer à d'autres dessins les parties qu'il faut exprimer plus distinctement, nous a donc paru devoir être pris pour base de notre travail. Nous avons pensé, en même temps, que, sous plusieurs rapports, ce même principe pouvait s'appliquer également aux modèles. Enfin, nous avons cru que le mètre était la longueur qu'il fallait choisir pour servir, en général, de limite à celle des objets qu'on serait dans le cas d'exprimer par les uns ou les autres.

Ces bases arrêtées, il a suffi de parcourir la série des travaux qui nous concernent, pour déterminer les échelles métriques dont il serait inutile de faire usage. Le résultat de cette analyse se trouvant consigné dans le tableau ci-joint, nous nous dispenserons d'entrer dans d'autres détails à ce sujet.

Signé LAMANDÉ et J. DILLON.

TABLEAU

TABLEAU des Echelles métriques, pour le service des ponts et chaussées.

Nos des échelles.	LEURS RAPPORTS avec l'objet représenté		LEUR USAGE	
	En chiffres.	En nouvelles mesures.	POUR LES MODÈLES.	POUR LES PLANS.
1.	$\frac{1}{1}$	1 centimètre pour 1 centim.	La fonte	Les panneaux, les profils et les détails de construction.
2.	$\frac{1}{2}$	1 centimètre pour 2 centim.	Les petits outils. — Les petites pièces des machines.	Idem.
3.	$\frac{1}{5}$	1 centimètre pour 5 centim.	Les petites machines, ou celles composées de petites pièces. — (Crics, machines à récéper les pieux, etc.)	Idem. Et pour les détails relatifs aux ferrures, pivots, etc., des portes d'écluses, ponts tournants, etc.
4.	$\frac{1}{10}$	1 centimètre pour 1 décim.	Les machines d'une grandeur moyenne, et dont les pièces sont sensiblement fortes. — (Cabestans, etc.)	Idem.
5.	$\frac{1}{20}$	1 centimètre pour 2 décim.	Les grandes machines dont les pièces sont délicates. — (Pompes à feu, etc.) . . . . Les portes des écluses. — Les palées et piles des ponts. — Les cintres et les fermes, etc.	Idem, et pour les épures relatives à la coupe des pierres et des bois.
6.	$\frac{1}{50}$	1 centimètre pour 5 décim.	Les grandes machines, mais formées de fortes pièces. — (Grues, sonnettes, etc.) . . . . . Les ponceaux, ainsi que les ponts. — Les arches et les écluses à un seul passage, dont la longueur ou ouverture, entre les piles ou bajoyers, n'excède pas 25 mètres. . . .	Idem, et pour les détails des écluses d'une plus grande largeur, ainsi que pour ceux d'architecture.
7.	$\frac{1}{100}$	1 centimètre pour 1 mètre.	Les ponts et les écluses dont la longueur totale est entre 25 et 50 mètres.	Idem.
8.	$\frac{1}{200}$	1 centimètre pour 2 mètres.	Les ponts et les écluses dont la longueur totale excède 50 mètres	Idem, sauf à joindre au plan général, sur une échelle quadruple, le dessin de quelque partie, comme d'une arche, d'une travée, d'un passage d'écluse. Les profils, en travers, des routes, des canaux et des rivières. — Les plans des traverses des communes. — Les projets d'architecture.
9.	$\frac{1}{500}$	1 centimètre pour 5 mètres.	. . . .	Les plans des communes dont la longueur n'excède pas 500 mètres. — Les plans d'arpentage.
10.	$\frac{1}{1000}$	1 centimètre pour 10 mètr.	. . . .	Les profils, en longueur, des parties des routes pour les traverses des communes, ainsi que pour les lits des rivières. — Les plans des communes, depuis 500 jusqu'à 1,000 mètres.
11.	$\frac{1}{2000}$	1 centimètre pour 20 mètr.	. . . .	Les profils, en longueur, des projets de routes, canaux et redressement des rivières. — Les plans des projets des canaux, ainsi que ceux des communes, depuis 1,000 jusqu'à 2,000 mèt. de longueur.

Nos des échelles.	LEURS RAPPORTS avec l'objet représenté		LEUR USAGE	
	En chiffres.	En nouvelles mesures.	POUR LES MODÈLES.	POUR LES PLANS.
12.	$\frac{1}{5000}$	1 centimètre pour 50 mètr.	....	Les plans des projets de routes. — Les plans des communes, depuis 2,000 jusqu'à 5,000 mètres de longueur.
13.	$\frac{1}{10000}$	1 centimètre pour 100 mèt.	....	Carte itinéraire des rivières et des canaux. — Plans des communes au-dessus de 5,000 mètres de longueur.
14.	$\frac{1}{20000}$	1 centimètre pour 200 mèt.	....	Carte itinéraire des routes et des grandes rivières. — Carte générale d'un canton.
15.	$\frac{1}{50000}$	1 centimètre pour 500 mèt.	....	Carte topographique d'un ou plusieurs cantons, dont la longueur n'excède pas 50,000 mètres.
16.	$\frac{1}{100000}$	1 centimètre pour 1 kilom.	....	Carte topographique de plusieurs cantons, dont la longueur n'excède pas 100,000 mètres.
17.	$\frac{1}{200000}$	1 centimètre pour 2 kilom.	....	Carte topographique d'un département.
18.	$\frac{1}{500000}$	1 centimètre pour 5 kilom.	....	Carte topographique de plusieurs départements, dont la plus grande longueur n'excède pas 500,000 mètres. — Grande carte générale de la France.
19.	$\frac{1}{1000000}$	1 centimètre pr 1 myriam.	....	Petite carte générale de la France.

L'assemblée adopte la proposition et le tableau des rapporteurs, en ajoutant que, dans le cas où les ingénieurs croiraient utile, pour exprimer plus clairement quelques objets de détail dépendant du projet général, d'employer d'autres échelles non comprises au tableau, ils seront tenus de se servir de celles des multiples.

Moyens de prévenir les incendies.

14 décembre 1815.

Le Ministre de l'intérieur aux Préfets.

Les incendies deviennent très-fréquents ; le manque de précautions en cause une partie, mais il en est beaucoup qu'on ne peut attribuer qu'à la malveillance : vous pouvez les prévenir, ou les rendre moins funestes, en faisant exercer une surveillance continue et bien dirigée. C'est sur les communes rurales que j'appelle spécialement votre attention.

Dans les villes, les incendies sont plus rares, et ils sont plus facilement arrêtés, parce que la garde nationale qui est de service pendant la nuit, empêche les tentatives criminelles, et donne l'alarme dès que le feu se manifeste. Les secours arrivent promptement, et ils sont administrés avec intelligence, surtout lorsqu'il existe des corps de pompiers, organisés conformément à l'instruction qui vous a été adressée le 6 février de cette année.

Mais il est bien difficile d'empêcher les ravages des incendies dans les campagnes, où les secours sont lents et incomplets ; c'est donc à prévenir ces accidents qu'il faut principalement s'attacher.

Je vous recommande de renouveler, si vous ne l'avez déjà fait, la publication des règlements généraux et locaux qui défendent d'allumer des feux dans les champs et dans les rues, ou qui prescrivent le ramonage des cheminées et la visite des fours. Cependant, ces précautions seraient insuffisantes, si l'on n'y joignait une mesure dont l'expérience a démontré l'utilité. Elle consiste à établir, dans les communes rurales, des rondes de nuit composées de trois ou quatre personnes, qui, en parcourant le territoire, peuvent faire manquer les tentatives des incendiaires, ou appeler du secours, à l'instant même où le feu prend à une habitation.

Ce service est facile à organiser, et il emploie trop peu d'hommes pour devenir onéreux. Les imposés aux contributions directes seront appelés, à tour de rôle, à former la ronde, sous la conduite du maire, de l'adjoint ou d'un conseiller municipal. Ainsi, les citoyens qui ont le plus d'intérêt à la conservation des propriétés seront chargés de veiller à la sûreté commune ; ils contribueront, en même temps, à empêcher les vols, ou à en faire découvrir les auteurs, et ils maintiendront la police intérieure des communes.

Quoique la surveillance exercée par les rondes de nuit soit indépendante de celle qui est spécialement attribuée à la gendarmerie et aux gardes champêtres, on peut cependant coordonner les deux services, de manière qu'ils s'appuient mutuellement et qu'ils concourent au même but. Je laisse à votre prudence à choisir les mesures d'exécution qui s'accordent le mieux avec les circonstances et les localités ; mais je désire que vous me fassiez connaître successivement les ordres que vous aurez donnés, et leurs résultats.

Recouvrement des sommes destinées au culte israélite.

26 janvier 1816.

Le Ministre de l'intérieur aux Préfets des départements qui renferment des israélites.

Les consistoires du culte mosaïque ont demandé instamment que les sommes réparties, chaque année, entre les israélites, pour le traitement des rabbins et les frais d'administration des consistoires, fussent recouvrées par les receveurs des contributions directes ; attendu que ce recouvrement, confié précédemment à des israélites, était sujet à beaucoup de non-valeurs.

Les préfets, consultés à cet égard, n'y ont pas vu d'obstacle.

Le ministre des finances y donne son assentiment.

Ainsi, cette mesure commencera à être exécutée pour les rôles de 1815.

Lorsque je vous les aurai transmis, approuvés par le consistoire central, vous voudrez bien, après les avoir rendus exécutoires, conformément au décret du 17 mars 1808, les remettre au receveur général de votre département. Il retiendra, pour frais de recouvrement, trois centièmes de la recette, et versera le surplus entre les mains du trésorier que vous lui ferez connaître et qui vous sera désigné par le consistoire.

Si le consistoire désirait que des sommes restant dues sur les rôles antérieurs à 1815 fussent recouvrées par les receveurs des contributions directes, ce ne pourrait être qu'avec leur consentement et aux mêmes conditions qu'à partir de 1815.

Il n'est rien changé, d'ailleurs, aux dispositions de la circulaire du ministre de l'intérieur, du 12 décembre 1811, et de celle du ministre des cultes, du 5 août 1812.

La première porte que les réclamations en dégrèvement ou réduction des taxes imposées aux juifs, pour les frais de leur culte, doivent être communiquées au consistoire de l'arrondissement et au maire du domicile du réclamant, pour avoir leur avis, et jugées en conseil de préfecture.

La seconde charge les préfets d'autoriser les porteurs des rôles, *actuellement les receveurs* des contributions directes, à poursuivre les redevables par voie de contrainte, comme pour ces contributions.

Secours aux voyageurs indigents. — *Frais de transport des mendiants et vagabonds.*

6 février 1816.

Le Ministre de l'intérieur aux Préfets.

La circulaire du 22 janvier 1813 a fait connaître aux préfets les formes à suivre pour le payement des secours de trois sous par lieue accordés aux voyageurs indigents porteurs de passe-ports, ainsi que pour le remboursement à faire aux communes des sommes qu'elles ont avancées pour ce service.

D'après cette circulaire, les préfets devaient s'adresser au ministre, afin d'obtenir l'autorisation de rembourser ces avances sur le fonds des dépenses imprévues du département.

J'ai jugé qu'il était sans utilité de recourir à mon autorisation, pour les remboursements de cette nature.

J'ai jugé également qu'on pouvait, sans inconvénient, dispenser les préfets de soumettre à mon approbation le payement des sommes dues pour frais de translation des mendiants et vagabonds.

Ainsi, vous pourrez faire acquitter, sans mon autorisation, sur le fonds des dépenses imprévues de votre département, 1° les avances qui seront faites, à compter de 1816, par les communes, pour le payement des secours de trois sous par lieue aux voyageurs indigents; 2° les sommes qui seront dues, à compter de 1816, pour les frais de transport des mendiants et vagabonds.

Les états de ces dépenses seront seulement mis sous les yeux du conseil général du département, dans les comptes que ce conseil est chargé d'examiner.

Ces nouvelles dispositions ne doivent modifier en rien les règles prescrites, jusqu'à ce moment, pour le payement des secours accordés aux voyageurs indigents, et l'acquittement des frais de translation des mendiants et vagabonds.

Bureaux de pesage, mesurage et jaugeage publics.

6 février 1816.

Le Ministre de l'intérieur aux Préfets.

Au rang des ressources communales, les lois ont placé celles que les communes peuvent retirer de l'établissement des bureaux de pesage, mesurage et jaugeage publics.

Ces bureaux existent dans la majeure partie des villes qui en étaient susceptibles ; mais je remarque que, dans plusieurs villes assez populeuses et commerçantes, les produits n'en sont pas aussi importants que dans quelques autres, où le commerce et la population sont moins étendus.

J'en ai recherché la cause, et j'ai vu, par la correspondance des autorités administratives, qui ont appelé l'attention du gouvernement sur la nécessité de la faire cesser, qu'elle résultait du défaut d'uniformité dans l'exercice de la profession de peseur, mesureur et jaugeur, dans le mode de perception des droits, et dans la jurisprudence des tribunaux, en matière de contraventions aux arrêtés et règlements relatifs à l'établissement des bureaux.

Dans plusieurs villes, on a pensé que, d'après le texte de l'arrêté du 27 brumaire an VII et de celui du 7 brumaire an IX, l'établissement des bureaux de pesage, mesurage et jaugeage publics ne devait avoir lieu que pour l'enceinte des halles, des foires, des ports et des marchés ;

Que l'exercice de la profession de peseur, mesureur et jaugeur, hors de l'enceinte de ces lieux, n'étant pas formellement prohibé, il pouvait exister, dans l'intérieur des villes, d'autres peseurs, mesureurs et jaugeurs que ceux qui se trouvent préposés par les autorités administratives, et que les citoyens étaient libres de les employer, toutes les fois qu'il n'y avait pas de contestation et qu'ils n'étaient pas dans le cas d'exhiber en justice le résultat de leur opération.

Ailleurs, on a considéré que si, d'une part, il était vrai de dire que le texte des deux arrêtés précités semblait justifier les objections que je viens de rappeler, on ne pouvait, de l'autre, se dissimuler qu'elles étaient essentiellement contraires à l'esprit de ces arrêtés ;

Que, pour l'exécution ou l'interprétation des lois, ce n'était pas toujours au texte, mais bien à l'esprit et aux considérations qui en ont déterminé l'émission, qu'il fallait se reporter pour résoudre les doutes et les questions auxquels elles pouvaient donner lieu ; que le gouvernement, en ordonnant l'établissement des bureaux de pesage, mesurage et jaugeage publics, avait évidemment eu la double intention d'assurer aux communes une nouvelle branche de revenus, et de propager le nouveau système des poids et mesures ; que ce double but serait nécessairement manqué, si l'on pouvait admettre comme fondées les objections dont ces bureaux ont été l'objet ; que si chaque citoyen devait conserver la liberté d'emprunter, de ses voisins ou de ses amis, des balances ou des mesures pour peser ou mesurer les marchandises qu'il a dans sa maison, ou d'aller chez eux pour procéder à cette opération, l'opération de l'un et de l'autre devait être essentiellement gratuite et désintéressée, et qu'on ne pouvait raisonnablement conclure, de cette liberté, que l'exercice de la profession de peseur, mesureur et jaugeur, hors de l'enceinte des halles, ports et marchés, se trouvait implicitement permis.

Cette dernière opinion sur l'interprétation des lois et des arrêtés concernant l'établissement des bureaux de pesage, mesurage et jaugeage publics me paraît d'autant plus fondée, qu'elle a déjà été admise par des actes particuliers du gouvernement, et notamment pour les villes de Paris et Marseille. Néanmoins, avant de proposer à Sa Majesté de généraliser cette interprétation, je désire savoir si, dans les villes de votre département où se trouvent établis des bureaux de pesage, mesurage et jaugeage publics, la profession de peseur, mesureur et jaugeur est exercée, hors de l'enceinte des halles, ports, foires et marchés, par d'autres individus que ceux de l'administration, pour leur compte et à leur profit personnel ; si l'exercice de cette profession est assez nuisible aux produits des bureaux de pesage, mesurage et jaugeage publics, pour qu'il y ait intérêt sensible à ce que les communes en obtiennent la prohibition, et si, en ce cas, il conviendrait de leur faire appliquer les dispositions suivantes.

I.

Les dispositions contenues dans les arrêtés des 6 prairial an XI et 16 juin 1808, relatifs au poids public de la ville de Paris, sont rendues applicables à toutes les villes et communes qui ont établi des bureaux de pesage, mesurage et jaugeage publics, ou qui pourront en établir. En conséquence, l'exercice de la profession de peseur, mesureur et jaugeur, dans l'intérieur des villes et communes, comme dans l'enceinte des halles, des foires, des ports et des marchés, est formellement réservé aux préposés des bureaux établis par les autorités administratives. Aucun individu, autre que ces préposés, ne pourra exercer cette profession, ni établir, pour son compte et à son profit personnel, des bureaux ou maisons de pesage, mesurage et jaugeage ; le tout sous les peines déterminées par l'arrêté du 7 brumaire an IX.

II.

Ne pourront, néanmoins, les préposés des bureaux de pesage, mesurage et jaugeage publics, se prévaloir des dispositions qui précèdent, pour troubler les citoyens dans le droit et la faculté qu'ils ont d'emprunter gratuitement, de leurs amis ou de leurs voisins, des mesures ou balances pour peser ou mesurer les marchandises qu'ils ont dans leurs maisons, ou d'aller chez eux pour procéder à cette opération, à titre pareillement gratuit et désintéressé.

Ils ne pourront également intervenir dans les ventes qui se font dans les maisons, boutiques et magasins des particuliers, s'ils n'y sont appelés par les parties contractantes.

Je vous prie, lors de la première session des conseils municipaux, de vouloir bien inviter ceux des villes et communes où il existe des bureaux de pesage, mesurage et jaugeage publics à émettre leurs vœux sur ces différentes dispositions. Vous me les adresserez ensuite, avec votre avis et celui du sous-préfet de chaque arrondissement.

Haras. — *Surveillance et action des préfets sur ces établissements* (1).

9 février 1816.

Le Ministre de l'intérieur aux Préfets des départements où existe des haras.

Vous avez déjà dû apercevoir, d'après diverses dispositions que j'ai prescrites, que mon intention était de simplifier le travail des bureaux du ministère, et de donner aux préfets, sur différentes parties de l'administration, une action plus directe, une surveillance plus spéciale que celle qu'ils exerçaient précédemment.

Je suis déterminé à appliquer ce système aux établissements de haras ; et, comme vous en possédez un dans votre département, je dois vous faire part de mes vues sur cet objet important.

D'après les instructions précédentes, les préfets sont appelés à présider aux adjudications de fourrages, à celles des travaux de construction ou de réparation d'édifices, à la conclusion des baux des domaines, à la vente des divers produits et des étalons de réforme ; ils doivent viser les pièces justificatives des dépenses, les états mensuels, vérifier et contrôler les comptes généraux d'exercice, délivrer des mandats jusqu'à concurrence des fonds ordonnancés, prendre part à l'organisation du service de la monte et au placement des stations, à l'approbation des étalons des particuliers ; enfin, régler ce qui concerne les primes d'encouragement et les courses de chevaux.

Je ne puis trop vous inviter à revoir, sur ces différents points, les règlements et les instructions qui vous sont parvenus antérieurement, et à en exécuter constamment les dispositions.

Mais, indépendamment de ce qui peut y être prescrit, je désire que vous suiviez, avec un soin tout particulier, les détails journaliers de gestion de l'établissement.

En conséquence, à compter du 1er janvier de la présente année, les états mensuels vous seront adressés, avec les documents et pièces qui accompagnent l'envoi qui m'en est fait actuellement. Je cesserai d'exiger ces états et justifications sous les mois ; vous me remplacerez dans l'examen que les ministres s'en étaient réservé ; vous y donnerez votre approbation, et le payement des dépenses ne sera fait que d'après cette formalité indispensable.

Une instruction vous sera incessamment adressée, sur les règles que vous devrez suivre dans cet examen, et j'aurai également soin de vous transmettre une *feuille-modèle*, qui vous servira pour le dépouillement des divers articles de dépense, et pour leur classification et analyse raisonnées, telles qu'elles ont toujours eu lieu dans les bureaux de mon ministère, depuis la réorganisation des haras, en 1806.

A l'expiration de chaque trimestre, il vous sera remis un bordereau de trois mois, accompagné des justifications exigées mensuellement. Cette sorte de récapitulation me sera adressée par vous, avec votre *visa* et vos observations critiques. Après en avoir pris con-

---

(1) Voir le décret du 4 juillet 1806, et le règlement du 29 octobre 1825.
(*N. de l'Ed.*)

naissance, je mettrai de nouveaux fonds à votre disposition ; je vous en donnerai avis, et je vous ferai part des remarques auxquelles aura donné lieu le compte trimestriel.

Quant au compte de fin d'année, c'est également par votre intermédiaire qu'il me sera transmis ; et vous aurez soin, avant de me le faire passer, de vous assurer de son exacte conformité avec les écritures qui auront été tenues dans vos bureaux.

Il me reste à vous entretenir du mode des payements. Il m'a paru qu'il devait être combiné de deux manières différentes, tant en considérant l'éloignement où cerains haras et dépôts se trouvent des caisses du gouvernement, que la nature des recettes, qui n'est pas toujours la même, puisqu'elles se composent des fonds du trésor royal et des produits divers, tels que ceux de la monte, de la vente des fumiers et des étalons de réforme, enfin du prix de ferme des domaines, quand les établissements en possèdent.

En conséquence, certains payements, par exemple ceux des fournisseurs de fourrages, des entrepreneurs de constructions et réparations, etc., seront faits directement par le préposé du payeur général des dépenses diverses, sur la remise du décompte, signé des chefs d'établissements, visé par vous, et suivi de votre mandat. D'autres payements, tels que ceux des menus achats, les appointements, gages et salaires, continueront d'être faits par les régisseurs ou les agents comptables, sur votre approbation, et au moyen, ou des deniers provenant des produits divers, ou de ceux du trésor, délivrés, sur votre mandat, par les caisses publiques.

Votre sagesse et votre prudence, ainsi que la situation des localités, détermineront quelle portion des payements sera faite ainsi, et qu'elle autre sera faite directement par les agents du trésor royal.

Je vous laisse la latitude nécessaire à cet égard ; mais vous ne perdrez pas de vue les considérations suivantes :

1° Les parties prenantes ne doivent pas souffrir de cet ordre de choses, de manière que le crédit et la confiance dont jouit l'administration puissent être altérés en rien par des difficultés inutiles ; ce qui exposerait à payer les fournitures plus cher, et tournerait au préjudice des économies que je me propose ;

2° Les produits accidentels ne seront jamais employés de préférence ; mais, au contraire, on les réservera toujours, comme par le passé, pour les besoins imprévus, les cas d'insuffisance démontrée des fonds du trésor, ou pour les circonstances de retards dans la réalisation de mes ordonnances, qui compromettraient le service d'une manière essentielle ;

3° Enfin, l'ordre qui a régné jusqu'ici dans les comptes, et leur système de classification et d'analyse ne doivent pas être changés. Je désire arriver toujours aux mêmes résultats que par le passé, et pouvoir, à la fin de chaque année, au moyen d'un mode uniforme dans tous les établissements, décomposer facilement les dépenses, pour savoir combien coûte chaque partie de service, et sur quoi peuvent porter les économies et les réformes ; chose qui deviendrait impossible, ainsi que le compte synoptique de l'administration générale des haras, si la division des chapitres de recettes et de dépenses n'était pas continuée exactement, et si les mouvements des hommes et des animaux, et leur effectif, cessaient d'être scrupuleusement contrôlés.

Les payements directs par les payeurs exigeront seulement un *libellé* différent dans la recette à faire par les régisseurs ou les agents

CIRC. II. — 1re SÉRIE.   5

comptables. J'y pourvoirai dans les modèles que je vais vous adresser. Quant aux dépenses, le *libellé* en variera aussi, en pareil cas. En un mot, l'aperçu mensuel et trimestriel et le compte de fin d'année seront rédigés comme par le passé; mais ils présenteront, de plus, la distinction des fonds touchés et dépensés directement par le comptable, et celle des recettes et dépenses qui ne seraient que d'ordre pour l'établissement, et auraient été faites par les agents du trésor.

Je ne terminerai pas cette lettre, que je regarde comme fondamentale sur le service des haras, sans vous inviter à réfléchir sur toutes les améliorations dont ce service serait susceptible, sous le rapport de l'application de ses moyens à l'amélioration des races de chevaux, et sous celui de la gestion intérieure. Vous me soumettrez vos vues, à cet égard, chaque année; et, pour que votre travail soit encore plus sûr, vous vous plairez, je n'en doute pas, à vous aider de l'avis du conseil général de votre département, à l'époque de chaque session.

Défense de publier, sans autorisation, des lettres ou circulaires ministérielles.

18 février 1816.

Le Ministre de l'intérieur aux Préfets.

Les ministres de l'intérieur vous ont rappelé plusieurs fois que vous ne deviez jamais rendre publiques les lettres ou les circulaires qu'ils vous écrivaient, à moins qu'ils n'eussent autorisé cette publication. Il est de principe qu'une lettre appartient autant à celui qui l'a écrite qu'à celui qui la reçoit, et qu'elle ne peut être rendue publique sans le consentement du premier. Je vous invite à ne jamais vous écarter de cette loi de bienséance et d'égards.

Mode de nomination des personnes attachées aux hospices.

15 mars 1816.

Le Ministre de l'intérieur aux Préfets.

D'après les instructions de mes prédécesseurs, la nomination des employés en chef, des médecins, chirurgiens et pharmaciens des hospices, avait été réservée au ministre, sur la proposition des commissions administratives et l'avis des préfets.

Je désire simplifier les formes de l'administration, autant que peuvent le permettre le degré de surveillance qu'elle exige et l'unité qui doit régner dans sa marche et dans ses principes. Je pense, d'ailleurs, que les administrations locales, en recevant des attributions plus étendues, mettront un nouvel intérêt aux fonctions qu'elles exercent, et s'attacheront, de plus en plus, à justifier la confiance du gouvernement.

D'après ces motifs, j'ai cru devoir, par la décision que je vous transmets ci-jointe, attribuer aux commissions administratives des hospices, le droit de nommer et de révoquer les employés de ces établissements.

L'intérêt des hôpitaux exigeant que les fonctions de médecin, de chirurgien et de pharmacien de ces établissements soient confiées à des hommes aussi distingués par leurs talents que recommandables par leurs qualités personnelles, les commissions administratives présenteront des candidats : mais la nomination vous sera réservée, et vous ne perdrez pas de vue que, d'après l'article 27 de la loi du 19 ventôse an XI, nul ne peut être nommé médecin ou chirurgien en chef d'un hôpital, s'il n'a obtenu le titre de docteur dans une faculté de médecine, ou s'il n'a été reçu, antérieurement à la loi, suivant les formes anciennes.

L'importance des fonctions de receveur des hôpitaux, et la responsabilité qu'elles entraînent, ont dû me faire conserver le droit de nommer ces comptables, sur la proposition des commissions administratives et l'avis des préfets.

Je vous prie d'assurer l'exécution de la décision que j'ai l'honneur de vous transmettre.

ARRÊTÉ

Du 15 mars 1816 (1).

Le ministre de l'intérieur
Arrête ce qui suit :

Art. 1er. Les employés attachés à l'administration et au service intérieur des hospices seront, à l'avenir, nommés par les administrations de ces établissements, et révocables par elles.

2. Les médecins, chirurgiens et pharmaciens des hospices seront nommés par les préfets, sur la présentation de trois candidats désignés par les commissions administratives.

Les préfets pourront les suspendre de leurs fonctions; mais, s'il y a lieu à destitution, elle ne pourra être prononcée que par le ministre, sur le compte qui lui sera rendu par le préfet, et l'avis de la commission administrative.

Il ne pourra également être créé aucune nouvelle place de médecin, chirurgien ou pharmacien dans les hospices, sans l'autorisation du ministre.

3. Les receveurs des hôpitaux et autres établissements de charité continueront à être nommés par le ministre, sur une liste de trois candidats présentés par la commission administrative, et l'avis du préfet du département (2).

Les traitements et les cautionnements des receveurs seront également fixés par le ministre.

4. Les règlements existants relativement à l'administration et au service de santé des hôpitaux de Paris continueront à recevoir leur exécution, jusqu'à ce qu'il en ait été autrement ordonné.

Théâtres.

18 mars 1816.

Le Ministre de l'intérieur aux Préfets.

Il est essentiel que le service des théâtres se régularise, et qu'on parvienne à faire exécuter les instructions données sur cette partie. J'ai cru devoir, à l'approche du renouvellement de l'année théâtrale, fixer votre attention sur cette branche d'administration, qui,

---

(1) Voir l'ordonnance du 31 octobre 1821, qui a confirmé quelques dispositions de cet arrêté et qui en a abrogé d'autres. (*N. de l'Éd.*)

(2) Voir l'ordonnance du 6 juin 1830. (*Id.*)

sans être une des plus importantes de celles qui vous sont confiées, ne laisse pas toutefois d'avoir son degré d'intérêt. Les théâtres, considérés sous le rapport de l'art, ne peuvent être indifférents à l'autorité. Bien dirigés, ils offrent les plus nobles délassements à la classe instruite de la société : surveillés avec soin, ils peuvent répandre de saines maximes et servir des vues utiles.

Malheureusement les agents de ces entreprises ne répondent que bien imparfaitement à ce qu'on a droit d'attendre d'eux, et ne s'efforcent guère de justifier la confiance qui leur est accordée. On les invite à former un bon répertoire, et à le renouveler de manière à tenir les villes des départements au courant des nouveautés ; mais ils n'ont guère, pour pièces nouvelles, que les informes canevas ou les esquisses des petits théâtres de Paris. Ils prétendent qu'ils ne trouvent point de spectateurs, quand ils donnent des représentations d'ouvrages de la haute comédie ; mais ils n'ajoutent pas que ces ouvrages sont par eux si mal montés, si mal joués, qu'il est impossible, en effet, que des hommes de goût se plaisent à les voir ainsi défigurés.

On aime partout en France les comédies de mœurs, les jolis opéras, la bonne musique, les bons vers ; mais il n'y a rien de tout cela, quand il n'y a point de bons acteurs. Le choix de ceux-ci est un des points que le ministère recommande aux entrepreneurs. On dit que les sujets manquent ; j'ai des raisons de penser que c'est le prix trop modique qu'on leur offre qui les empêche de s'engager dans les troupes des départements.

Les directeurs se plaignent de leurs recettes, et veulent prouver, par des états qui présentent toujours du déficit, qu'ils sont bien loin de pouvoir augmenter les appointements. Il faut que les préfets et les maires prennent la peine de faire vérifier ces états ; et, lorsqu'il y a réellement des pertes constatées, il est à souhaiter que l'on cherche le moyen d'améliorer le sort des comédiens. Tout cela doit se faire avec mesure, sans précipitation ; le bien qui vient lentement est le plus durable ; et, avec de la constance, on finit par réussir dans tout ce qui est juste et sage.

Dans de précédentes notes adressées aux préfets, il a été question de l'acquisition des salles de spectacle par les communes, ce qui éviterait les discussions qui s'élèvent sans cesse entre les directeurs et les propriétaires ; mais cette mesure exige beaucoup de fonds, et il n'y faut penser que quand on a satisfait à des besoins plus pressants.

Les villes susceptibles d'avoir un spectacle à l'année sont en petit nombre ; la plupart des chefs-lieux mêmes de nos départements ne peuvent entretenir une troupe de comédiens que pendant deux, quatre, six ou huit mois : il a donc fallu réunir plusieurs de ces villes sous un même directeur ; et la nomination de celui-ci ne pouvant être faite, de préférence, par un maire ou par un préfet, plutôt que par un autre, le ministre se l'est réservée. Les directeurs capables sont en bien petit nombre ; les directeurs fidèles aux instructions sont en plus petit nombre encore. On défend les *sous-traitants*, et cependant il y en a dans plusieurs arrondissements. On a tracé des itinéraires qui devaient assurer le spectacle dans les villes à des époques déterminées, et ces itinéraires sont peu suivis. Le plus souvent ce sont les directeurs qui les ont enfreints d'eux-mêmes ; quelquefois aussi ce sont les autorités locales qui ont retenu les entrepreneurs au delà du temps fixé.

Je désire que les abus cessent dans cette partie, comme dans toutes les autres. S'il y a des modifications à faire aux itinéraires, elles s'opéreront sur les rapports qui me seront adressés; et, quant aux directeurs d'arrondissement (ceux dont il est principalement question dans cette lettre), les renseignements donnés sur leur compte, et soigneusement réunis, me mettront en état de connaître ceux qui mériteront d'être conservés. Il ne faut point souffrir que les troupes de comédiens se multiplient, se divisent, se dispersent; une ou au plus deux troupes complètes par arrondissement suffisent. Il vaut mieux avoir moins de spectacle et l'avoir meilleur.

Je vous prie de prendre ces idées générales pour guide dans les dispositions particulières que vous aurez à faire. Je suis persuadé que les résultats en seront avantageux.

Prisons.

22 mars 1816.

Le Ministre de l'intérieur aux Préfets.

L'étude des lois et des règlements forme la science de l'administrateur, et nulle part elle ne peut s'exercer avec plus de succès que dans tout ce qui concerne les prisons.

Il n'est que trop commun que des abus s'y introduisent, et vous ne sauriez mettre trop d'ardeur à les rechercher, trop de sévérité à les poursuivre; car, nulle part, l'abus n'est plus répréhensible que dans les lieux mêmes où la justice exerce sa rigueur.

Des geoliers, cédant à une coupable avidité, spéculent souvent sur tout ce qui environne le prisonnier, et lui font payer les soins qu'ils lui doivent, les facilités qu'ils lui procurent, les permissions qu'ils lui donnent, sans avoir le droit de les donner.

Ils retranchent, à la détention habituelle, des pièces qui y sont affectées, qui y sont nécessaires, pour y faire, ou des *buvettes,* ou des chambres qu'ils louent à prix d'or; ils maltraitent les détenus, ne s'occupent pas assez de leur séparation surtout de celle des jeunes accusés mentionnés dans l'article 66 du Code pénal, acquittés parce qu'ils ont agi sans discernement, mais retenus dans les prisons pour y être surveillés et ramenés aux bons principes; ils tolèrent ou favorisent la débauche; ils négligent la propreté, et, par conséquent, la salubrité des prisons, etc. Partout où ces abus existent, la surveillance de l'administrateur est en défaut, et l'on a droit de s'en plaindre, on a droit de l'accuser.

Le travail est, de tous les moyens, le plus propre à corriger les hommes dépravés, à donner une autre direction à leurs idées, à leur faire perdre leurs habitudes vicieuses. Il est donc de la plus grande importance d'occuper, le plus possible, les détenus. On doit leur faire naître le désir de travailler, en mettant une différence entre le sort de ceux qui s'occupent et celui des détenus qui veulent rester oisifs. Les premiers seront mieux couchés, mieux nourris que les seconds; ceux-ci ne recevront que ce qui leur est strictement accordé. L'utilité du travail dans les prisons a été reconnue et rappelée dans plusieurs lettres de mes prédécesseurs (1); mais on omit

(1) En date du 5 fructidor an vi, du 8 pluviôse et du 28 ventôse an ix, du 20 octobre 1810 et du 8 décembre 1812. (*N. de l'Ed.*)

un article essentiel, celui de l'emploi du produit des ateliers. En général, ce produit doit être partagé en deux portions : l'une est délivrée, en partie, au détenu travailleur, et, en partie, mise en réserve jusqu'à sa sortie ; l'autre appartient à l'administration, dont elle diminue les frais, ou à l'entrepreneur avec qui l'on a passé un marché, en vertu duquel il est chargé de toutes les fournitures et du travail des ateliers (1). Trouver des occupations qui conviennent aux détenus, où rendre ceux-ci propres aux travaux établis, tel est le problème à résoudre.

Nulle part les secours de la religion ne sont plus nécessaires que dans ces maisons, où commencent le châtiment et le remords : les détenus rentreront un jour dans le sein de la société, et la troubleront de nouveau, si la punition qu'ils ont éprouvée n'a point triomphé de leurs égarements et de leurs vices. Combien la salutaire influence des lois divines est plus efficace, pour atteindre ce but important, que toute la rigueur des lois humaines !

Vous ordonnerez donc que la messe soit célébrée, les dimanches et fêtes, dans les prisons ; qu'on n'y néglige point les autres soins religieux ; que ces pieuses pratiques y soient toujours environnées du respect et de la confiance qu'elles doivent inspirer.

Vous y parviendrez plus facilement, si vous savez associer les soins religieux aux soins charitables ; les uns et les autres trouveront, dans cette association, une force mutuelle.

On est toujours sûr que la charité se porte avec empressement partout où elle aperçoit le malheur et la souffrance, et les prisons furent toujours l'objet de ses efforts. Il vous appartient de les diriger, de leur prêter l'appui de votre autorité, et de vous unir ainsi au bien qu'ils font ou qu'ils préparent.

Vous êtes peut-être au nombre des préfets dont la prévoyante sollicitude a déjà confié les détails de l'administration des prisons à une commission charitable, composée de cinq membres, qui, sous la présidence du maire et sous votre direction, donne à ces établissements tous les soins, toute l'attention qu'ils réclament (2).

Dans le cas où vous n'auriez pas déjà eu recours à cette utile mesure, je vous la recommande, ou plutôt je vous la prescris.

Vous me transmettrez les arrêtés que vous aurez pris pour l'ordonner.

Les marchés et les fournitures doivent être spécialement confiés à cette commission ou à sa surveillance, sans cependant que son intervention empêche de procéder par les formes administratives. Il convient aussi que les détails de la comptabilité soient donnés à un seul de ses membres, et que celui-ci soit, autant que possible, un adjoint à la mairie. Ce mode ne devra cependant rien ôter à ce qui est prescrit pour la comptabilité du trésor, à la part que vous devez y prendre, à la responsabilité qui pèse sur vous, comme ordonnateur des dépenses.

Vous ne m'adresserez plus désormais de comptes trimestriels ni de fin d'année ; ces comptes seront rendus au conseil général, lors de sa session annuelle. Il les entendra, les examinera et les arrêtera. Toute contestation à laquelle ils pourraient donner lieu entre le conseil général et vous sera portée devant moi.

---

(1) Voir l'ordonnance du 2 avril 1817, art. 12.   (N. de l'Ed.)
(2) Aujourd'hui les attributions des commissions sont de pure surveillance. (Voir l'ordonnance du 25 juin 1823.)   (Id.)

Vous aurez à m'adresser un extrait de la délibération du conseil, mis au bas du bordereau sommaire de la dépense.

Vous recevrez incessamment des modèles de ce bordereau et des bordereaux sommaires, que vous m'adresserez, tous les trois mois, pour me faire connaître la situation des dépenses et du service.

Il me plairait de reconnaître l'administrateur dans les succès qu'obtiendront, sous son influence, ces changements, que je crois convenables et utiles, mais que je ne puis suffisamment juger, puisque ce n'est encore qu'un essai.

En vous déchargeant par là de soins positifs et de détails inutiles, je n'entends pas diminuer l'étendue de vos obligations : elles restent en quelque sorte les mêmes, et j'acquiers le droit d'en juger les résultats avec plus de sévérité, puisque je vous ai donné plus de moyens de les remplir.

Mais afin de s'assurer de l'exécution des mesures que vous prescrirez pour la suppression des abus et l'amélioration du régime, il est nécessaire que la visite des prisons soit faite avec soin, quelque répugnance qu'on éprouve à la faire. Plus cette répugnance aurait de fondement, plus l'obligation de tout examiner serait grande pour les fonctionnaires à qui ce devoir est imposé. Vous devez exiger que les sous-préfets et les maires fassent les visites qui leur sont prescrites (Code d'instr. crim., articles 611, 612 et 613) et vous en rendent compte. La salubrité, la sûreté de la prison : l'exactitude à remplir les conditions exigées, soit pour les séparations, soit pour la nourriture; la discipline intérieure, l'état des ateliers, la situation des infirmeries, le renouvellement de la paille aux époques désignées, l'examen des registres : tels sont les objets de détail qu'on doit se proposer dans ces visites.

Il y a des prisons où les employés sont en plus grand nombre que les besoins ne l'exigent; vous me proposerez les réformes ou les réductions que vous jugerez nécessaires. Ils ne doivent se permettre aucun mauvais traitement envers les détenus, à moins de cas extraordinaires, tels que celui de la défense légitime. Frapper un homme, c'est l'avilir sans le corriger. L'isolement au pain et à l'eau produit de meilleurs effets que les peines afflictives: cet isolement peut être gradué suivant la nature du délit.

Je désire recevoir, en réponse à ma lettre, l'assurance que vous sentez toute l'importance du service dont elle traite, que vous y donnerez tous vos soins : je désire aussi que la même réponse me donne un court exposé de la situation de ce service dans votre département, et des améliorations possibles que vous prévoyez.

Marins qui voyagent dans l'intérieur.

12 avril 1816.

Le Ministre de l'intérieur aux Préfets.

Il s'est élevé des plaintes sur les abus qui résultent de la facilité avec laquelle les sous-préfets et des maires délivrent des feuilles de route à des marins qui voyagent, sous différents prétextes, dans l'intérieur de la France. Ils parcourent, sans nécessité, les départements; ils peuvent se livrer au vagabondage, et deviennent également à charge à l'État qui paye leurs frais de route, et aux particuliers qui leur fournissent le logement.

Il est du devoir de l'administration de prendre des mesures pour prévenir les inconvénients graves qui résultent de cet état de choses.

Les marins dont il s'agit, soit qu'ils proviennent de bâtiments désarmés, soit qu'ils aient été levés pour le service, soit enfin qu'ils voyagent pour leurs affaires personnelles, doivent être munis de feuilles de route délivrées par les commissaires des armements, ou par ceux de l'inscription maritime. Les fonctions que les autorités civiles ou militaires ont à remplir à leur égard, dans les lieux où il n'y a pas d'administrateur de la marine, se bornent à viser leurs feuilles de route et à leur faire payer les frais de conduite, lorsqu'ils y ont droit ; mais elles ne peuvent les autoriser à s'écarter de leur chemin, à moins d'une nécessité bien constatée, ni leur délivrer aucune pièce qui puisse leur servir de passe-port.

Cette règle générale ne souffre d'exceptions que dans deux cas :

Le premier, lorsque des marins qui ont été employés à l'armée de terre et faits prisonniers reviennent en France. Ceux de ces hommes qui rentrent par les villes frontières du Nord et de l'Est, où il n'y a pas d'administration de la marine, reçoivent leurs feuilles de route, soit de l'autorité administrative, soit de l'autorité militaire. Il est de la plus grande importance qu'ils soient dirigés, non sur les lieux qu'il leur plaît de désigner, mais sur les quartiers où ils sont classés.

Dans le second cas, lorsque les marins, voyageant avec autorisation, ont perdu les feuilles de route dont ils étaient porteurs, les autorités administratives ou militaires peuvent leur en délivrer de nouvelles ; mais elles doivent prendre toutes les précautions nécessaires pour que ce moyen, dont il est facile d'abuser, ne tourne pas au détriment de l'Etat et des particuliers.

Tout marin absent de son domicile, sans motif légitime, et qui parcourrait les départements, sous prétexte de chercher de l'ouvrage, sans être muni d'une permission du commissaire de son quartier, doit être livré à la gendarmerie, et conduit, de brigade en brigade, au chef-lieu du quartier où il est inscrit.

Il sera nécessaire que vous prescriviez aux autorités sous vos ordres, de vous faire connaître exactement les noms, le signalement et le lieu de la naissance des marins auxquels elles auraient délivré des feuilles de route, ou qu'elles auraient fait remettre entre les mains de la gendarmerie : il conviendra aussi que vous ayez le soin d'adresser ces états au ministre de la marine, afin qu'il puisse s'assurer de l'arrivée de ces individus dans les quartiers sur lesquels ils auront été dirigés, et faire exercer des poursuites contre ceux qui ne s'y seraient pas rendus.

Je vous prie de vous concerter avec le commandant de votre département, pour l'exécution de ces dispositions que provoque le ministre de la marine, et de donner aux sous-préfets et maires des instructions sur les obligations qu'ils auront à remplir. Je vous invite à m'informer de ce que vous aurez fait à ce sujet.

Budgets des dépenses variables départementales de 1816 (1).

30 avril 1816.

Le Ministre de l'intérieur aux Préfets.

La loi qui vient d'être rendue sur les finances de 1816 a apporté des modifications importantes dans le mode de proposition et de payement des dépenses variables et départementales.

Dix centimes additionnels du principal des contributions foncière, personnelle et mobilière, sont spécialement affectés à ces dépenses, et l'emploi en sera fait par le préfet, d'après les allocations qui seront comprises au budget arrêté par le conseil général du département et approuvé par le ministre de l'intérieur.

Un fonds commun est laissé à la disposition du ministre, pour venir au secours des départements dont les dépenses variables excéderont le produit des dix centimes.

Enfin, les conseils généraux pourront voter l'imposition de centimes facultatifs, jusqu'à concurrence de cinq; mais cette imposition ne pourra se réaliser qu'après l'approbation ministérielle.

Je vais entrer dans quelques détails sur la composition du budget, et rappeler les principes qui doivent servir de base au règlement de certaines dépenses.

Vous remarquerez qu'on a ajouté au chapitre V les menues dépenses des cours et tribunaux, lesquelles ont été comprises, en 1814 et 1815, au budget du garde des sceaux, à cause de la centralisation, au trésor, des centimes additionnels; mais, la spécialité de ces centimes étant rétablie, chaque département doit payer ses dépenses.

Vous ne perdrez pas de vue que vous ne devrez faire figurer, à ce chapitre, que les réparations purement locatives, et que les réparations extraordinaires seront portées au chapitre VII.

Le département où siége la cour royale, profitant des avantages d'être chef-lieu à cet égard, il est juste qu'il supporte seul les dépenses ordinaires composant les quatre articles du présent chapitre V; mais, quant aux travaux et dépenses extraordinaires concernant cette cour, ils doivent être payés par tous les départements qui y ressortissent.

Le garde des sceaux doit vous écrire, pour vous faire connaître les sommes qu'il conviendra d'allouer pour les menues dépenses des cours et tribunaux de votre département.

Je ne saurais trop vous recommander de vous conformer aux instructions qu'il vous donnera à cet égard, comme aussi de mettre la plus grande exactitude dans le payement des dépenses comprises au présent chapitre.

Le deuxième article du chapitre VII a rapport aux routes de troisième et quatrième classes, dites départementales, aux ponts placés sur ces routes, à la navigation et aux autres travaux d'utilité départementale, dont les dépenses ont été portées, en 1814 et 1815, au

---

(1) Voir les dispositions nouvelles introduites dans la comptabilité départementale en vertu de la loi du 10 mai 1838 et le règlement de comptabilité du ministère de l'intérieur du 30 novembre 1840. — Cette circulaire n'est reproduite qu'à titre de mention d'un des changements subis par la comptabilité départementale. *(N. de l'Ed.)*

budget des ponts et chaussées, en raison de la centralisation au trésor du produit des centimes additionnels.

Aujourd'hui que, par le rétablissement des spécialités, une portion de ces centimes est rendue aux départements, pour être employée suivant les besoins des localités, les quatre millions que j'avais demandés pour être appliqués aux routes départementales de troisième et quatrième classes ont été retirés de mon crédit et sont représentés par deux centimes additionnels faisant partie des dix centimes spéciaux. En conséquence, il ne sera rien alloué, dans le budget des ponts et chaussées, pour les routes départementales, et il est de toute nécessité que le conseil général de votre département pourvoie, sur le budget départemental de 1816, aux réparations de ces routes.

Il résulte de cette nouvelle disposition, que les routes départementales ou autres travaux d'utilité locale sortiront entièrement du budget des ponts et chaussées, à partir de 1816, et que l'emploi des sommes qui seront allouées, à cet égard, dans votre budget de 1816, ne sera assujetti qu'aux formalités ordinaires qui seront prescrites pour les autres dépenses des départements. L'approbation du budget suffira pour mettre les travaux en exécution, et vous n'aurez besoin de l'autorisation du directeur général des ponts et chaussées, que pour des travaux d'art qui exigeraient l'examen et l'assentiment du conseil composé des inspecteurs généraux de ce corps, à l'instar de ce qui se pratique pour les grandes constructions civiles soumises à la sanction du conseil des bâtiments civils : mes décisions sur le budget indiqueront les cas où ces précautions seront nécessaires; hors ces cas, vous pourrez procéder aux réparations ou autres travaux, sauf à les faire diriger et surveiller par l'ingénieur en chef des ponts et chaussées du département.

Les travaux neufs des routes départementales, la construction des ponts placés dans leur direction, et tous autres travaux d'un intérêt local, ne seront plus compris au budget des ponts et chaussées. C'est donc à vous et au conseil général à y pourvoir, par des allocations dans le budget départemental.

Pour tous ces travaux, comme je l'ai expliqué à l'occasion du chapitre VII, vous n'aurez à correspondre avec le directeur général des ponts et chaussées, que dans les cas qui seront déterminés lors du renvoi du budget.

Il n'en peut être ainsi des suppléments que le conseil général croirait devoir voter pour des travaux de routes royales, ponts, etc., compris au budget des ponts et chaussées, et dans la vue de jouir plus promptement des avantages qui doivent en résulter pour le département.

Vous sentez qu'il est dans l'ordre que le directeur général de cette administration dirige l'application de ces suppléments, et que vous provoquiez alors son autorisation pour l'emploi des sommes ainsi allouées.

A cet effet, je lui ferai connaître les sommes que le conseil général votera *par forme de supplément*, et que j'allouerai pour les routes ou autres travaux qui, par leur classification, seront à la charge des ponts et chaussées. Je ne saurais trop recommander à votre attention et à celle du conseil général de désigner, avec précision et les détails nécessaires, les travaux qui donneraient lieu à ces suppléments, afin que je ne puisse pas les confondre avec les travaux purement départementaux.

Dans plusieurs communes, les églises ou les presbytères ne pourraient, de longtemps, être réparés, à cause de l'insuffisance des revenus communaux : dans ce cas, il est à désirer que les départements, lorsqu'ils le pourront, pourvoient à ces réparations, en ajoutant quelque secours aux efforts des communes ; mais, tout en vous recommandant cet objet intéressant, je dois vous faire observer que la priorité devra toujours être donnée aux dépenses départementales, auxquelles sont spécialement affectés les centimes additionnels.

Les sommes qui seront votées et allouées pour les pépinières départementales, sociétés d'agriculture, artistes vétérinaires, élèves sages-femmes, cours d'accouchement légalement autorisés, et secours à d'anciens employés, pourront être dépensées, conformément à leur destination, sans mon autorisation préalable; mais cette autorisation devra être provoquée à l'égard des sommes qui seront destinées aux autres articles compris au chapitre des encouragements.

Budgets communaux (1).

10 mai 1816.

Le Ministre de l'intérieur aux Préfets.

L'objet le plus important des délibérations des conseils municipaux est la formation des budgets communaux pour 1817, qui doit être précédée par le règlement des comptes de l'exercice écoulé, et par l'examen de la situation financière de la commune.

Afin que ce travail, qui exige la plus sérieuse attention, soit fait avec méthode et produise le résultat que j'en attends, les conseils municipaux s'occuperont d'abord de la liquidation de l'arriéré; ils aviseront ensuite aux moyens d'en assurer le payement. Ils feront ainsi renaître la confiance et disparaître cette foule de réclamations qui embarrassent la marche des administrations communales.

L'arriéré peut se diviser en deux parties distinctes; savoir : les dettes anciennes, ou l'arriéré proprement dit, et les dépenses non soldées résultant des circonstances extraordinaires dans lesquelles les villes se sont trouvées placées en 1814 et 1815.

Pour un grand nombre de communes, les dettes anciennes ont été liquidées ou soldées. Je verrais avec satisfaction que cette opération eût lieu dans toutes les autres. Afin d'y parvenir, les conseils municipaux devront se faire représenter les états détaillés de ces dettes, les vérifier avec soin, ainsi que les pièces à l'appui, et en arrêter le montant, après les avoir discutées, article par article, en rejetant toutes celles qui ne résulteraient pas de dépenses légalement autorisées, à l'époque où elles ont été faites. Pour faciliter cette discussion, l'état qui sera mis sous les yeux du conseil municipal, sera formé de manière à indiquer, en plusieurs colonnes et dans l'ordre suivant,

1° La date de chaque créance ;
2° Le nom du créancier ;
3° L'objet de la dépense ;

---

(1) Plusieurs dispositions de cette circulaire ne sont plus en rapport avec les règles actuelles. *(N. de l'Ed.)*

4° L'autorisation de la dépense ;

5° Le montant primitif de la créance ;

6° Les à-compte payés ;

7° La désignation des fonds qui ont servi à payer ces à-compte ;

8° Enfin, le restant dû.

Le montant des dettes municipales étant connu, le conseil municipal examinera par quels moyens on en opérera l'extinction : sa délibération vous sera soumise ; et, après avoir pris, s'il y a lieu, l'avis du sous-préfet, vous me proposerez, par un arrêté motivé, de régler définitivement ce qui concerne cet arriéré. Je mettrai votre arrêté sous les yeux du roi, qui statuera.

Vous n'aurez à me faire cet envoi qu'en ce qui concerne les villes dont Sa Majesté s'est réservé d'arrêter les budgets. Vous liquiderez définitivement les dettes des autres communes, en me référant, néanmoins, celles qui excèdent 5,000 francs, ou qui présenteraient quelques difficultés, et celles dont l'extinction ne pourrait avoir lieu que par un moyen extraordinaire qui exige l'intervention du gouvernement.

Les dépenses non soldées de 1814 et de 1815, provenant de circonstances extraordinaires, exigeront un travail analogue au précédent ; mais, après que les conseils municipaux auront arrêté l'état de ces dettes, et qu'ils y auront joint un aperçu de la situation des villes et de leurs ressources, il sera convenable de mettre le tout sous les yeux de la commission départementale, qui vérifiera le travail et prononcera sur les dépenses qui ne doivent pas rester à la charge des communes.

Les conseils municipaux établiront ensuite les ressources communales, afin de déterminer la portion disponible qui sera effectée aux dépenses municipales ordinaires et extraordinaires, après avoir pourvu au payement de l'arriéré.

Les communes obérées jugeront sans doute convenable d'ajourner toute dépense qui ne serait pas urgente, afin d'accélérer l'extinction de leurs dettes.

Les ressources communales se composent des revenus annuels et des recettes extraordinaires. Ces dernières, outre les produits extraordinaires que le conseil municipal aurait votés, tels que les ventes d'arbres ou de matériaux, les centimes additionnels aux droits d'octroi et les impositions extraordinaires, comprennent les fonds qui sont restés libres sur les exercices précédents. La connaissance exacte de ces fonds libres est indispensable pour établir la situation financière d'une commune ; c'est le principal objet des comptes d'administration.

Vous aurez soin de joindre à chaque budget l'état de situation de l'exercice pénultième, à moins que vous ne m'ayez déjà adressé le compte de cet exercice.

Quand les recettes extraordinaires auront été établies, les conseils municipaux s'occuperont de la fixation des diverses branches des revenus annuels, et des améliorations dont elles sont susceptibles. Conformément à mon instruction du 6 février dernier, vous appellerez leur attention sur celles que l'on peut opérer dans les produits des droits de pesage et mesurage publics. La législation sur les halles, les ports, les foires et les marchés, peut également leur offrir des moyens d'augmenter les ressources communales. Les octrois, qui forment la principale ressource des communes, doivent être aussi l'objet de leurs délibérations. Ils examineront si les tarifs exigent des rectifications réclamées par l'expérience ; ils s'assureront que les produits pourront suffire aux besoins des villes, des hospices et des établissements de bienfaisance et d'instruction auxquels elles doivent des subsides. Ils se pénétreront que, dégagées de l'obligation de pourvoir à l'entretien du dépôt de mendicité, elles doivent, par la même raison, fournir aux administrateurs des hospices et des bureaux de charité des moyens plus étendus de secourir les pauvres, et de prévenir la mendicité. Ils voteront sur le mode de perception qui leur paraîtra le plus avantageux.

D'après l'avis du conseil d'Etat, approuvé le 9 novembre 1814 (1), le produit des amendes de police, ne formant plus un fonds commun, doit être inscrit dans chaque budget. Les difficultés relatives à la liquidation de ce produit ne sont pas entièrement levées; mais il faut toujours en faire mention dans les recettes.

La vente des biens communaux a dû être suspendue, d'après les instructions du ministre des finances. Vous voudrez bien veiller à ce que le produit des biens non vendus soit inscrit exactement dans les budgets; à l'égard de ceux qui sont aliénés, il ne faudra pas omettre de porter en recette la rente qui a dû être liquidée. J'ai remarqué que cette omission avait encore eu lieu dans plusieurs budgets de 1815.

Les dépenses ordinaires ne sont l'objet d'aucune difficulté qui n'ait été résolue par les instructions précédemment données. L'expérience de plusieurs années a fait connaître, pour la majeure partie de ces dépenses, le montant des crédits qu'il était nécessaire d'y affecter. Les conseils municipaux doivent éviter d'y faire des changements sans nécessité; en sorte que, chaque article pouvant dans la suite être considéré comme constant, on parvienne à déterminer, à peu de chose près, la somme que coûtent les besoins de cette nature. En s'attachant à évaluer avec précision les dépenses ordinaires, on atteindra le double résultat de diminuer beaucoup le travail de l'examen des budgets, et de pouvoir apprécier, avec la plus grande facilité, la situation financière de chaque commune; puisque cette situation est plus ou moins avantageuse, suivant qu'elle offre un excédant annuel plus ou moins considérable à appliquer aux dépenses extraordinaires.

Les conseils municipaux n'auront aucune proposition à faire, en ce qui concerne les prélèvements qui étaient à la charge des communes, et que la loi sur les finances vient de supprimer; savoir : le traitement des préfets, le centième des revenus pour l'hôtel royal des invalides, et l'entretien des dépôts de mendicité.

Ces diverses dépenses cesseront, à compter du 1er juillet prochain: ainsi, les crédits ouverts, dans les budgets de 1815, pour ces mêmes dépenses, n'auront d'effet que jusqu'à cette époque, et seront acquittés; savoir: ceux qui résultent d'une répartition sur les communes, pour moitié des sommes allouées, et ceux qui doivent être calculés à tant pour cent des revenus, sur le montant des revenus effectifs des six premiers mois de 1816. Les communes devront, en outre, payer exactement tout l'arriéré qui peut encore exister sur ces mêmes dépenses.

L'ordonnance royale du 6 septembre 1815, qui prescrit un prélèvement de 50 pour 0/0 sur les fonds provenant des coupes de quart

---

(1) Voir l'ordonnance du 30 décembre 1823, qui fait, sous ce rapport, une distinction entre le produit des amendes de police rurale et municipale, et celui des amendes de police correctionnelle.   (N. de l'Ed.)

en réserve ou autres coupes extraordinaires des bois communaux, cessera aussi d'avoir son effet, à compter du 1er juillet prochain.

Il ne me reste plus qu'à vous entretenir des changements que j'ai cru devoir faire au modèle des budgets. Vous remarquerez, à l'inspection de celui que je joins ici, que ces changements ont eu pour objet d'en simplifier la rédaction. C'est par ce motif que j'en ai supprimé les deux premiers titres.

L'expérience a démontré l'insuffisance et la confusion des détails relatifs aux hospices, qui formaient le titre Ier. Il sera mieux de joindre le budget particulier de ces établissements, ainsi qu'on l'a fait précédemment dans un grand nombre de communes ; cette production est surtout indispensable, lorsqu'il s'agit de prouver qu'ils ont besoin d'un secours plus considérable : il sera bon même de l'appuyer de l'état de mouvement.

Le travail que je vous ai demandé, relativement à l'arriéré, rend superflu le titre II de l'ancien modèle, relatif aux dettes municipales. Le conseil municipal pourra d'ailleurs y suppléer, dans son cahier d'observations, par l'exposé succinct de la situation de la ville, sous le rapport de l'arriéré.

Au moyen de ces retranchements, le budget ne contiendra plus que les objets sur lesquels Sa Majesté doit prononcer; savoir : l'évaluation des recettes et la fixation des dépenses.

L'addition de trois colonnes au titre des recettes, permettra d'apprécier, d'un coup d'œil, les diverses évaluations qu'en auront faites les autorités locales.

Les chapitres I, II et IV de l'ancien modèle ont été fondus ensemble et forment les deux premiers du nouveau budget, ce qui rend le classement des dépenses plus simple et plus régulier. Le premier comprend le *personnel*, et le second le *matériel* de l'administration municipale. Les chapitres suivants ont pour objet les dépenses spéciales, et n'offrent que de légers changements.

Je serais très-satisfait de recevoir les budgets que vous aurez à me transmettre, rédigés d'une manière conforme au modèle. Cette uniformité abrége et facilite le travail de l'administration.

Je n'ai inscrit, dans le modèle de budget, que les dépenses qui ont lieu le plus communément et dans la plupart des villes. Il sera facile de classer celles qui n'auront pas été prévues. Par exemple, on inscrira dans le premier chapitre,

Le remplacement de la contribution mobilière ;
Les dépenses des justices de paix ;
Celles des conseils de prud'hommes ;
Celles des chambres consultatives de manufactures ;
Celles des dépôts de sûreté ;
L'indemnité accordée à un artiste vétérinaire, dans les villes qui ne sont pas chefs-lieux d'arrondissement.

Dans le second chapitre, on inscrira :
L'entretien et le curage des égouts ;
Celui des puits ;
L'entretien des salles de spectacle ;
L'enlèvement des boues, lorsqu'au lieu de donner un produit il occasionnera une dépense.

Dans le quatrième,
Les pensions accordées à d'anciens employés, en vertu des ordonnances de Sa Majesté; chaque pensionnaire doit être inscrit nominativement et séparément dans le budget;

L'indemnité accordée à des sages-femmes ;
Les secours pour les noyés et asphyxiés.

Dans le cinquième,

Les dépenses relatives aux musées ;
aux académies ;
aux écoles de peinture et de dessin ;
aux écoles d'équitation.

Les dépenses des colléges communaux présentent plus de détails que dans l'ancien modèle; au moyen de ces détails et de ce que les revenus des colléges seront inscrits parmi les recettes municipales, il sera inutile de produire le budget particulier de ces établissements.

Vous ne laisserez point ignorer aux maires et aux conseils municipaux que les lettres portant renouvellement d'anciennes armoiries, et celles qui accordent des armoiries aux villes qui n'en ont pas encore, sont soumises, par la loi du 28 avril, à un droit d'enregistrement de 20 pour 0/0 du montant du droit du sceau.

Toutes les recettes et dépenses communales devant être inscrites dans les budgets, je vous engage à ne pas omettre, dans ceux que vous aurez à m'adresser, ainsi que dans ceux que vous êtes chargé de régler définitivement, le produit des impositions extraordinaires, soit qu'elles aient été autorisées régulièrement, soit qu'elles résultent des circonstances extraordinaires de la guerre. Le ministre des finances vous a déjà entretenu de ce dernier objet, par sa circulaire du 25 novembre 1815. Les dépenses qui ont donné lieu à ces impositions doivent aussi être portées dans les budgets, et je désire que vous me mettiez à portée d'en vérifier et d'en arrêter le montant, par des états détaillés et convenablement rédigés.

Dépôts de mendicité.

15 mai 1816.

Le Sous-secrétaire d'État de l'intérieur aux Préfets.

D'après l'article 153 de la loi sur les finances, il ne peut plus être fait aucun prélèvement sur les revenus des communes, à compter du 1er juillet 1816; en conséquence, le contingent que les communes de votre département avaient à payer dans les frais d'administration et du régime intérieur du dépôt de mendicité, en exécution des lettres de création ou de décisions ministérielles, ne sera exigible que pour les six premiers mois du présent exercice : il reste donc à pourvoir, pour le surplus, aux dépenses de l'établissement, au moyen d'une allocation au budget départemental. Vous en ferez la proposition au conseil général, en lui mettant sous les yeux le budget des dépenses du dépôt, que vous avez dû faire rédiger, en exécution de la circulaire du 7 novembre 1815.

Vous proposerez également les sommes qui seront jugées nécessaires pour dépenses extraordinaires de constructions et grosses réparations.

Si votre dépôt n'était point encore en activité, vous aurez le soin de mettre sous les yeux du conseil général un aperçu des dépenses de premier établissement faites et restant à faire, 1° en travaux et réparations, 2° en fournitures d'ameublement et de vestiaire, pour qu'il ait à voter la somme qui sera jugée pouvoir être employée, dans le cours de l'exercice.

Le conseil général aura, suivant l'état actuel de la mendicité, à donner son avis sur le plus ou moins d'utilité d'un dépôt de mendicité dans le département ; il aura sans doute égard, dans ses délibérations, aux dépenses déjà faites, au degré d'avancement des travaux, aux ressources locales que peut présenter l'édifice pour la formation d'un dépôt central et commun à deux ou trois départements : il émettra une opinion tout à fait indépendante des prétentions que pourrait élever la ville où l'établissement se trouve situé, et qui auraient pour objet de faire tourner à son avantage exclusif un édifice qui, élevé aux frais de toutes les communes, est essentiellement départemental.

Le conseil général ne perdra pas de vue que diverses circonstances, qui sont une suite inévitable des événements politiques et militaires, ont nui si essentiellement à l'établissement des dépôts, que, dans plusieurs départements, on a demandé leur suppression.

Les communes, fatiguées, depuis plusieurs années, des prélèvements faits sur leurs revenus, pour cette institution, ont souvent éludé le payement de leurs contingents ; quelques-unes ont même demandé la suppression du dépôt, afin d'être exemptées d'une charge d'autant plus pesante, que la portion contributive du département, allouée dans les budgets, n'a presque jamais été acquittée, au moins en totalité, tandis que les communes restaient seules chargées de pourvoir aux dépenses d'administration et du régime intérieur.

A l'avenir, des ressources mieux assurées, puisqu'elles seraient allouées dans les budgets départementaux, procureraient aux dépôts de mendicité les moyens de remplir leur destination. Les conseils généraux examineront avec attention les résultats qu'on peut en obtenir pour la répression des mendiants ; et, dans le cas où il n'existerait pas de dépôt dans votre département, le conseil général n'en sera pas moins appelé à émettre son opinion sur l'état actuel de la mendicité : s'il jugeait qu'il n'y eût pas lieu à établir un dépôt, il déterminera le nombre de places dont il serait bon que le département pût disposer dans un dépôt voisin.

Voitures publiques.

16 mai 1816.

Le Directeur général des ponts et chaussées aux Préfets.

Vous rappellerez aux préposés des ponts à bascule qu'aux termes de l'article 44 du décret du 23 juin 1806 aucune voiture, prise en contravention, ne peut continuer sa route, qu'après le déchargement de l'excédant du poids toléré ; vous les préviendrez aussi qu'en cas de déchargement il ne doit jamais s'étendre aux fonds du trésor ; que les marchandises et autres objets appartenant aux particuliers doivent seuls être déchargés. Je ne saurais trop appeler votre attention sur la nécessité de faire décharger les voitures en contravention : cette disposition a été très-négligée jusqu'ici, et il importe d'en assurer l'exécution. Si les préposés transigent, sur ce point, avec leurs devoirs, vous devez me proposer leur remplacement.

Ce même article 44 veut que les contrevenants payent l'amende, ou fournissent caution, avant de continuer leur route. Cette faculté de fournir caution n'a que trop souvent dégénéré en tolérance indéfinie; et les règlements sont ainsi demeurés sans effet. Pour faire cesser un tel état de choses, vous exigerez, à l'avenir, le payement de l'amende dans les dix jours qui suivront la rédaction du procès-verbal, en poursuivant la caution, dont la solvabilité doit avoir été reconnue, aux termes de l'instruction de mon prédécesseur, du 15 juin 1807.

Amendes et confiscations attribuées aux communes et aux hospices.

22 mai 1816.

Le Sous-secrétaire d'État de l'intérieur aux Préfets.

Plusieurs préfets ont appelé mon attention sur les dispositions prescrites par le ministre des finances, au sujet de la portion des amendes et confiscations attribuée, par divers arrêtés du gouvernement, à la dépense des enfants abandonnés; et, dans quelques départements, on a paru craindre que ces dispositions ne privassent d'une ressource précieuse un service aussi important.

J'ai adressé, sur cet objet, des observations au ministre des finances, et je m'empresse de vous informer du résultat des explications qu'il m'a transmises.

C'est afin de rattacher toutes les recettes des préposés de l'enregistrement et des domaines au système général adopté pour les recettes affectées à un service public quelconque, que le ministre des finances a donné des ordres pour que le produit des amendes et confiscations fût versé, désormais, par les préposés de l'enregistrement, dans les caisses des receveurs généraux des départements; mais l'intention de son Excellence n'a nullement été de priver les établissements auxquels ce produit est destiné d'un revenu qui leur a été affecté par des arrêtés du gouvernement.

Les receveurs généraux ont ordre d'acquitter avec exactitude tous les mandats qui seront délivrés par les préfets, au profit des hospices, sur les fonds dont il s'agit.

Le ministre des finances a dû vous faire informer déjà du montant des sommes reçues par les préposés de l'enregistrement, pendant l'année 1815, pour le compte des communes et des hospices de votre département, et vous pouvez délivrer, pour le versement de ces fonds dans les caisses des communes et des hôpitaux, des mandats qui seront acquittés à présentation par le receveur général.

Le ministre des finances m'annonce qu'il vous sera également donné avis, à l'expiration de chaque trimestre, et aussitôt que les comptes des directeurs des domaines auront été arrêtés, du produit des amendes et confiscations dont vous pourrez disposer; et il ajoute même que, sans attendre cette formalité, vous avez toujours la faculté d'employer ces produits, à mesure qu'ils sont recouvrés, sauf régularisation ultérieure.

Ces détails lèveront les craintes que vous aviez pu concevoir sur la destination du produit des amendes et confiscations, et l'incertitude où vous pouviez être sur la marche à suivre pour donner à ce produit l'application qu'il doit recevoir.

CIRC. II. — 1re SÉRIE.   6

Routes départementales (1).

23 mai 1816.

Le Ministre de l'intérieur aux Préfets.

Mon prédécesseur a prévenu les préfets que les quatre millions qu'il avait demandés pour être appliqués aux routes *départementales de troisième et quatrième classes* ont été retirés du crédit du ministère de l'intérieur, et qu'ils sont maintenant représentés par deux centimes additionnels, faisant partie des dix centimes spéciaux que l'article 24 de la loi sur les finances, du 28 avril dernier, laisse à la disposition des départements, pour pourvoir au payement de leurs dépenses variables.

Il annonçait également aux préfets que, d'après ces dispositions, il ne serait plus rien alloué pour les routes départementales, dans le budget des ponts et chaussées, et qu'en conséquence il devenait indispensable que le conseil général de chaque département pourvût à leur réparation sur le budget départemental de l'exercice courant.

Plusieurs préfets, en accusant réception de cette circulaire, m'entretiennent des incertitudes qu'ils éprouvent, quant à la classification de ces routes.

Le décret du 16 décembre 1811 doit être leur règle à cet égard: l'article 6 ayant mis à la charge des départements une portion de l'entretien des routes de troisième classe, on a dû en faire mention dans la circulaire du 30 avril et dans le modèle du budget; mais ces routes recevront leurs principales ressources sur les fonds des ponts et chaussées; et les allocations à proposer, au budget départemental de 1816, devront surtout s'appliquer aux routes départementales de quatrième classe, et aux chemins (autres que les vicinaux) laissés entièrement à la charge des départements.

Je vous invite, en conséquence, à continuer de suivre la classification établie par ce décret, ou par celui qui aurait été postérieurement rendu, à l'effet de déterminer spécialement, pour votre département, les impositions de centimes additionnels qu'il devait supporter pour l'entretien de ses routes.

Si le conseil général de votre département avait des observations à faire contre cette classification, vous voudriez bien me les adresser, sur un cahier particulier séparé du budget. Je me concerterai avec le directeur général des ponts et chaussées sur la suite qu'il conviendra d'y donner: mais je ne puis trop vous engager à conserver l'ordre actuel, et à ne former de demandes de modifications, que lorsqu'il y aura nécessité absolue et des motifs bien déterminants.

Élèves sages-femmes.

24 mai 1816.

Le Sous-secrétaire d'État de l'intérieur aux Préfets.

Le sort des élèves devenues sages-femmes doit fixer votre attention : ces sages-femmes ne sont pas, en général, assez encouragées,

---

(1) Voir la loi du 25 juin 1841.   (*N. de l'Ed.*)

dans les communes où elles viennent s'établir. Il serait utile d'engager les conseils municipaux à voter en leur faveur, dans les budgets communaux, une rétribution annuelle, en leur imposant l'obligation de soigner les femmes pauvres. Il convient surtout, lorsqu'une sage-femme, reçue à l'hospice de la Maternité, s'est fixée dans une commune, d'interdire avec sévérité aux matrones et aux autres personnes non reçues, de se livrer à une profession qu'elles n'exercent souvent qu'au détriment des femmes qui se confient à leur ignorance. En exécution des dispositions de l'article 36 de la loi du 19 ventôse an XI, les femmes qui pratiquent, sans diplôme, l'art des accouchements, doivent être poursuivies et condamnées à une amende de 100 francs, pour la première contravention, et du double, en cas de récidive.

L'institution de l'école d'accouchement a eu pour résultat, dans plusieurs départements, de détruire le charlatanisme des matrones et des empiriques; d'améliorer le sort des mères et des enfants; de répandre dans les communes les bienfaits de la vaccine. Par là, elle a exercé sur la population une influence qui deviendra plus sensible lorsque, partout, les élèves envoyées à l'école d'accouchement seront choisies avec soin, et que les sages-femmes formées à cette école seront encouragées.

Convois militaires.

27 mai 1816.

Le Ministre de l'intérieur aux Préfets.

L'article 48 du règlement du 9 décembre 1805, sur les convois militaires, est ainsi conçu : « Le 1er de chaque mois, les sous-préfets transcriront, à la suite de leurs états, les détails des feuilles de route et mandats que les maires des communes de leur arrondissement auront été dans le cas de délivrer pendant le cours du mois précédent. Ils auront soin d'indiquer, en tête de chaque article, le nom et la résidence de chacun desdits maires : cette opération terminée, ils arrêteront leurs états, et les enverront, avant le 5 du mois, au commissaire des guerres de l'arrondissement. »

Le ministre de la guerre m'informe que beaucoup de sous-préfets négligent d'envoyer aux commissaires des guerres de leurs arrondissements respectifs, les registres de feuilles de route et mandats de fournitures ou d'indemnités délivrés, chaque mois, aux troupes en marche.

Ces registres de route sont indispensables, non-seulement pour la vérification des dépenses de la guerre, mais encore pour contrôler les mouvements des troupes, et surtout ceux des militaires isolés.

Je vous prie de rappeler aux sous-préfets de votre département les obligations qui leur sont imposées à ce sujet, et de veiller à ce qu'ils les remplissent exactement.

Mariage des officiers.

29 mai 1816.

Le Ministre de l'intérieur aux Préfets.

Les officiers qui sont en activité de service, et ceux qui jouissent d'une solde de non-activité, sont tenus, pour se marier, d'en obtenir la permission.

Le ministre de la guerre a dispensé de cette obligation ceux qui ne sont plus dans le cas d'être rappelés au service ; mais ces derniers doivent rapporter à l'officier de l'état civil un certificat du commandant de la division militaire, constatant ou qu'ils ont donné leur démission, ou qu'ils sont proposés pour la retraite, ou qu'ils sont admis au traitement de réforme.

Cumulation de traitements (1).

31 mai 1816.

Le Ministre de l'intérieur aux Préfets.

La loi du 28 avril dernier porte, article 78 : *Nul ne pourra cumuler en entier les traitements de plusieurs places, emplois ou commissions, dans quelque partie que ce soit ; en cas de cumul de deux traitements, le moindre sera réduit à moitié ; en cas de cumul de trois traitements, le troisième sera, en outre, réduit au quart, et ainsi en suivant cette proportion.*

Cette réduction n'aura pas lieu pour les traitements cumulés qui seront au-dessous de 3,000 francs.

Je viens concerter avec vous quelques mesures pour l'exécution de ces dispositions. J'ai décidé qu'elles n'auront d'effet qu'à partir du 1er mai, les réductions pour fait de cumulation ne devant être opérées qu'à partir de la promulgation de la loi.

Ce n'est pas sans quelques difficultés que l'on parviendra à opérer exactement ces réductions : voici cependant des données certaines.

Il est dans l'esprit de la loi,

1° Que tous les traitements cumulés sur une tête soient classés dans l'ordre de leur montant, en commençant par le plus fort et finissant par le plus faible ;

2° Que les traitements de même somme qui seraient à placer dans cette série soient rangés suivant l'ancienneté de la nomination à la place ;

3° Que la réduction se fasse de traitement en traitement, et dans leur ordre, toujours dans la proportion de moitié, et de moitié du reste ; qu'ainsi le premier traitement reste entier, le deuxième soit

---

(1) Le décret du 15 mai 1848 interdit tout cumul d'un traitement d'activité et d'une pension de retraite, lorsque le traitement et la pension réunis excèderaient 700 francs. Il a été modifié, en ce qui concerne les anciens militaires, par le décret du 12 août de la même année. (Voir la circulaire du 10 novembre 1848.)

(*N. de l'Ed.*)

réduit à moitié, le troisième à moitié de cette moitié, ou au quart, le quatrième, s'il y avait lieu, à moitié de ce quart ou au huitième, et ainsi de suite ;

4° Que néanmoins cette opération ne puisse donner pour résultat réduit une somme au-dessous de 3,000 francs, et qu'elle s'arrête à 3,000 francs, toutes les fois que le calcul aurait lieu sur une cumulation au-dessus de cette somme qui, par le fait de la réduction, descendrait au-dessous ;

5° Que les budgets des divers services et établissements où se remarqueront les cumulations soient réduits, pour les huit derniers mois de 1816, en raison des économies procurées par les réductions.

Ces dispositions étant convenues, il ne reste plus qu'à connaître les cumulations, et, à cet égard, je pense qu'il faut s'en rapporter aux déclarations des intéressés. Cette déclaration sera demandée, dans chaque partie d'administration, à toutes les personnes portées sur l'état des traitements ; elle sera négative, ou, s'il y a cumulation, elle indiquera les traitements dans l'ordre prescrit, du fort au faible. Cette pièce donnera le moyen d'opérer, dans chaque partie, la réduction voulue par la loi, sur celui des traitements cumulés qui figurera sur l'état.

Je vous recommande de n'expédier de mandats de payement qu'après avoir fait vérifier les états et reconnu qu'on a exécuté l'article 78 de la loi des finances, d'après les explications que je viens de vous donner, et à partir du 1er mai. Vous m'informerez, ensuite, jusqu'à quel point cet article a été applicable aux fonctionnaires et employés de votre département dont les attributions ressortissent au ministère de l'intérieur.

Comptabilité des routes départementales.

4 juin 1816.

Le Directeur général des ponts et chaussées aux Préfets.

(Extrait.)

Les articles 23 et 24 du titre VI de la loi sur les finances de 1816, en date du 28 avril dernier, assignent des fonds particuliers aux dépenses variables des départements, parmi lesquelles sont comprises les dépenses des routes départementales. Ces dernières dépenses ne sont plus, depuis le 1er janvier 1816, à la charge du budget du service des ponts et chaussées.

Les ingénieurs en chef n'auront plus, dorénavant, à rendre compte, dans leurs états de situation, des dépenses du service des routes départementales ; ils ne correspondront plus, à cet égard, avec l'administration des ponts et chaussées, que pour les travaux d'art qui, d'après les budgets départementaux approuvés par le ministre de l'intérieur, exigeraient l'examen et l'assentiment du conseil des ponts et chaussées, ainsi qu'il est prescrit par la circulaire que son Excellence vous a adressée le 30 avril dernier.

Quant aux suppléments de fonds que les conseils généraux jugeront convenable de voter, pour les travaux des routes royales, ponts et autres travaux compris au budget des ponts et chaussées sur les centimes additionnels affectés aux dépenses variables des départements, la circulaire précitée du ministre de l'intérieur vous a déjà fait connaître *qu'il est dans l'ordre que je dirige l'application de ces suppléments, et que vous provoquiez mon autorisation pour l'emploi des sommes ainsi allouées.* Les ingénieurs en chef devront aussi rendre compte, dans leurs états de situation, et de la même manière que pour les fonds du trésor, des dépenses faites sur ces suppléments.

Police sanitaire (1).

5 juin 1816.

Le Sous-secrétaire d'État de l'intérieur aux Préfets des départements des côtes de l'Océan et de la Manche.

Jamais la surveillance sanitaire sur nos côtes n'a été plus nécessaire que dans ce moment : la peste, qui avait pénétré dans la province de Bari, a été, à la vérité, heureusement circonscrite au territoire de Noya, où elle s'était manifestée ; mais elle continue ses ravages à Corfou. Une grande mortalité afflige l'île de Sardaigne ; et dernièrement, ainsi que j'ai eu l'honneur de vous l'annoncer, une maladie très-suspecte s'est développée en Norvège, à Syndfiord. Elle doit inspirer d'autant plus de craintes, que plusieurs personnes qui en étaient attaquées ont succombé en quelques heures : vous savez que la rapidité de la marche et une issue funeste caractérisent ordinairement les maladies pestilentielles qui sont éminemment contagieuses.

L'unique moyen certain de repousser la contagion est l'isolement. Il faut également empêcher le contact des hommes qui peuvent être infectés, et des matières qualifiées *susceptibles*, qui ont la funeste propriété de servir de véhicule aux virus contagieux, et de les receler avec toute leur énergie, tant qu'ils ne sont pas dispersés par l'action de l'air, ou détruits par le gaz acide muriatique oxygéné.

De là, la nécessité de tenir en état d'isolement, ou de faire subir des *quarantaines* aux hommes et aux marchandises qui viennent des pays *suspects* et surtout de ceux où règne la contagion.

Comme les matières *susceptibles*, telles que les laines, les cuirs, les peaux, les poils, les cotons, les plumes, le papier en rame ou en livres, et tout ce qui en est formé, ne sont désinfectés que par la *sereine* ou par l'exposition à l'air libre ; que cette opération ne se fait complétement et sans danger que dans un port à lazaret, muni de tout l'appareil qu'exige la police anti-contagieuse : s'il se présentait, dans un des ports de votre département, un bâtiment, quel que fût son pavillon, venant, ou de Corfou ou de toute autre île Ionienne, ou de l'île de Sardaigne, ou des côtes orientales du royaume de Naples, ou d'un des ports de la Norvége, vous ne l'admettriez point à faire quarantaine ; mais, après l'avoir tenu dans l'isolement le plus sévère, pendant le temps qu'exigerait l'interrogatoire, et, tout au plus, pendant qu'il recevrait des vivres avec les

---

(1) Les bases de l'organisation du service sanitaire ont été posées par la loi du 3 mai 1822 et l'ordonnance du 7 août de la même année, dont les dispositions ont été modifiées par l'ordonnance du 18 avril 1847 sur les quarantaines et le décret du 10 août 1849. *(N. de l'Ed.)*

précautions convenables, vous le forceriez à s'éloigner. Nous n'avons en France que le seul port de Marseille pour les bâtiments marchands, et celui de Toulon pour les navires de guerre, qui puissent admettre les bâtiments soumis aux quarantaines de *rigueur*, c'est-à-dire, qui exigent le débarquement et la *purge* ou *sereine* des marchandises dans le lazaret.

La police sanitaire admet en principe *de se garder de qui ne se garde pas*, de prendre des précautions à l'égard de tout ce qui est *suspect de contagion*, et de considérer *comme suspect* tout ce qui ne présente pas la certitude la plus absolue de l'absence de tout virus contagieux : à la vérité on prend, dans les cas de simple soupçon, de moindres précautions que lorsqu'il y a probabilité d'existence de la contagion. En faisant l'application de ces règles préservatrices de la santé publique, vous ferez soumettre, dans tous les ports de votre département, à une quarantaine d'observation de quinze jours, les provenances de la Suède et du Danemark qui, en raison de la proximité et des fréquents rapports que ces pays ont avec la Norvége, peuvent avoir été en communication avec des hommes et des matières infectés.

Vous tiendrez également en quarantaine les bâtiments de toute autre nation, venant de la Baltique et de la mer du Nord, qui auraient eu des communications, à la mer, avec des bâtiments norvégiens, ce qui résultera des interrogatoires ; et tous bâtiments venant de quelque pays que ce soit, sauf des côtes de France, qui auraient eu des morts et des malades à bord, ce qui résultera de la visite des papiers de bord et des interrogatoires. Leur quarantaine sera, quant aux premiers, portée à vingt-cinq jours ; quant aux autres, elle sera réglée ainsi qu'il appartiendra, d'après les renseignements que l'on se procurera par des interrogatoires sévères et dirigés par un médecin. Cette quarantaine serait indéfinie, et vous m'en référeriez, si vous conceviez de graves soupçons que la maladie qui a attaqué un ou plusieurs hommes d'un équipage fût de nature contagieuse.

Vous savez, d'ailleurs que lorsqu'il survient une maladie à bord d'un bâtiment en quarantaine, quelque légère qu'elle soit, le cours de la quarantaine est suspendu jusqu'à ce que l'issue de la maladie démontre qu'elle n'est pas contagieuse ; en attendant, le médecin en suit le cours, par des visites faites de bateau à bateau, sous les yeux des gardes, qui veillent à ce qu'il n'y ait pas contact ; il prescrit même des remèdes : il rend compte à la commission des soupçons que lui inspire la maladie. Lorsqu'il est bien reconnu qu'elle n'est pas contagieuse, la quarantaine reprend son cours ; c'est-à-dire qu'on permet qu'elle s'achève, s'il reste encore quelques jours à courir ; ou la déclare finie, si le nombre des jours assignés est expiré. Il est inutile de dire que, s'il y a soupçon, et, à plus forte raison, certitude que la maladie soit contagieuse, les précautions redoublent, la quarantaine se prolonge et, ainsi que je l'ai déjà dit plus haut, elle n'est déclarée finie que par mon ordre. Je me réserve de donner de plus amples instructions, dans le cas où cet événement dangereux se présenterait.

Afin d'accomplir l'exécution de ces mesures, vous vous assurerez que, dans tous les ports de débarquement de votre département, il y a une commission de santé, ou l'équivalent ; que tous les points où l'on peut prendre terre sont surveillés ; que tout bâtiment arrivant est interrogé : s'il vient d'autre part que de nos côtes sur l'Océan, il doit être tenu en état de réserve, sans aucune communication avec la terre, ni avec les autres bâtiments du même port, jusqu'à ce que la commission de santé lui ait accordé *pratique*, sur le vu de son interrogatoire et de ses papiers, et après que le médecin a fait sa visite, à une distance convenable.

Les lettres peuvent être remises après qu'elles ont été tailladées, de part en part, et plongées dans le vinaigre, ou passées à l'acide muriatique oxygéné. Les patentes de santé sont exhibées à distance ; elles sont passées à la vapeur du soufre, au vinaigre ou à l'acide muriatique oxygéné, lorsqu'on est obligé de les prendre pour y inscrire une déclaration ; ce qui arrive toutes les fois que le bâtiment doit s'éloigner, ou qu'il n'a été qu'en relâche.

Vous compléterez, le plus promptement possible, les moyens de surveillance déjà établis dans votre département ; vous vous prévaudrez, pour cela, des autorités locales, de la garde nationale ; et, lorsqu'il y aura quelque danger par la présence d'un bâtiment suspect, le général commandant le département, les officiers généraux de la marine, la gendarmerie, l'administration des douanes, ne vous refuseront pas leur assistance pour le succès des mesures préservatrices de la santé publique.

Les dépenses auxquelles elles donneront lieu seront acquittées, savoir : pour le service ordinaire et permanent, sur les fonds réservés aux dépenses imprévues du département, et sur les fonds des communes qui sont directement intéressées à ce service, suivant la distribution que vous ferez, d'après les localités. Les dépenses particulières qu'exige la surveillance de chaque bâtiment sont supportées par lui. Ces dépenses consistent dans les salaires des gardes de santé, placés soit à bord, soit dans des bateaux, soit à terre, suivant que l'exigent les dispositions des lieux. Ces gardes sont tenus d'empêcher toute communication d'hommes ou de hardes, ou de marchandises, entre le bâtiment suspect et la terre, ou les autres bâtiments ; d'assister, par conséquent, à la remise des provisions de vivres et des lettres ou papiers de bord ; de faire exposer à l'air, sur le pont du bâtiment, les hardes et effets des matelots, des passagers et des officiers du bord ; d'avertir du plus léger malaise qu'éprouverait un des hommes du bâtiment, et de dénoncer toutes les infractions aux règlements.

Les mesures que je viens de prescrire, particulièrement pour les provenances de la Norvège et des pays qui l'avoisinent ne détruisent aucunement ce qui se pratique déjà pour les bâtiments venant d'autres pays : les règlements qui interdisent aux côtes de l'Océan les communications avec les bâtiments venant du Levant et de la Barbarie, et qui n'auraient pas fait quarantaine à Marseille, subsistent dans toute leur force et dans toutes leurs dispositions.

Chemins vicinaux. — Péages communaux (1).

6 juin 1816.

Le Sous-secrétaire d'État de l'intérieur aux Préfets.

Au rang des charges et des dépenses des communes, les lois ont classé celles qui doivent résulter de l'entretien et de la restaura-

---

(1) Voir, pour ce qui concerne les ressources que les communes peuvent appliquer aux travaux de leurs chemins, l'instruction du 24 juin 1836. (*N. de l'Éd.*)

on des chemins vicinaux et des ponts qui les traversent. Les autorités locales y doivent donner tous leurs soins. C'est pour elles un devoir d'autant plus impérieux, qu'ils sont destinés à garantir les communications des paroisses, et à faciliter les exploitations rurales, le transport et la remise des récoltes, en même temps qu'ils favorisent les approvisionnements les plus importants des villes et des campagnes.

Néanmoins, je suis instruit qu'en plusieurs lieux ils sont en très-mauvais état, et que, sur un grand nombre de routes vicinales, des ponts se trouvent entièrement détruits, par suite des inondations ou des ravages de la guerre de 1814 et de 1815, sans que les finances des communes aient, jusqu'à présent, permis de prendre des mesures pour les rétablir.

Au moment où, par la loi du 28 avril dernier, elles se trouvent dégagées des prélèvements dont leurs revenus étaient grevés, et où les conseils municipaux vont être réunis pour délibérer sur leurs intérêts respectifs, vous jugerez sans doute nécessaire d'appeler leur attention sur le rétablissement et sur la restauration des chemins vicinaux qui en sont aujourd'hui susceptibles. Leur utilité pour le commerce et l'agriculture, et pour les relations habituelles des habitants des campagnes, est trop constante pour douter qu'ils ne s'empressent d'en faire un des objets principaux de leurs délibérations.

C'est dans cette confiance que je crois devoir vous rappeler ici, pour être communiquées aux conseils municipaux, les règles admises et celles que l'on peut admettre sur cette branche importante de l'administration locale.

Les chemins vicinaux, reconnus comme tels, sont la propriété des communes qui demeurent exclusivement chargées de leur entretien.

L'état des chemins vicinaux est dressé par le maire, discuté en conseil municipal, publié par affiches et arrêté définitivement par vous.

En arrêtant l'état général des chemins d'une commune, vous ordonnez la suppression de ceux qui sont reconnus inutiles et qui, dans ce cas, doivent être rendus à l'agriculture. Il vous appartient encore de fixer la largeur de ceux dont la réparation prochaine pourrait donner lieu à des difficultés. Cette largeur doit être réglée sur les anciennes limites, sans cependant qu'elle puisse être portée au delà de six mètres, ni qu'il puisse être fait aucun changement aux chemins qui excèdent cette dimension. Les propriétaires riverains, dont le terrain serait nécessaire à l'élargissement d'un chemin, d'après l'alignement donné par vous, ont droit à une indemnité, qui est fixée à dire d'experts. En cas de refus ou d'opposition de leur part, il y a lieu à l'application de la loi du 8 mars 1810, sur les expropriations forcées.

Je dois vous rappeler, au surplus, que les chemins vicinaux ne peuvent être un objet de luxe et de décoration : ce n'est que pour des motifs puissants que l'on doit enlever des terres à la culture. La nécessité et l'étendue des besoins du public doivent être la base de vos actes administratifs. Tels sont les principes sur lesquels reposent les lois et règlements intervenus sur cette matière.

Les chemins vicinaux compris dans l'état que vous avez définitivement arrêté, ainsi que les fossés qui en dépendent, sont réparés au moyen de prestations en nature, excepté en ce qui concerne les travaux d'art et les constructions, telles que celles des ponts, ponceaux et aqueducs, dont les matériaux ne peuvent être fournis, ni l'exécution dirigée par voie de prestation.

Tous les habitants, les propriétaires, domiciliés ou non, à l'exception des indigents, sont tenus de concourir à la prestation, chacun suivant l'intérêt qu'il peut y avoir, et à raison des contributions qu'il paye dans la commune.

La prestation est réglée d'après les devis des travaux, des fournitures et des transports nécessaires, qui doivent être évalués, *mais non point imposés d'autorité*, en argent. La répartition, tant des travaux que des matériaux et de leur transport, est faite par le conseil municipal, en journées de travail, dont il a d'abord fixé le prix, de manière que chaque contribuable peut, à son choix, acquitter sa part contributive de journées, soit en nature, soit en argent.

Les rôles sont rendus exécutoires par vous, d'après l'avis du sous-préfet, et lorsqu'il a été statué, par le conseil de préfecture, sur les réclamations en dégrèvement auxquelles auraient donné lieu les propositions du conseil municipal.

Les habitants qui ont déclaré, par écrit, préférer le mode d'acquittement en argent, et ceux qui, pour cause d'absence ou de refus d'acquitter leur part contributive, auront été remplacés d'office, peuvent être poursuivis par voie de contraintes administratives. Mais il importe de ne point perdre de vue que l'objet direct et réel de cette sorte d'imposition est la prestation en nature, et que l'option entre les deux moyens de l'acquitter appartient aux contribuables et non point à l'administration.

L'exécution des travaux de prestation proprement dits doit être surveillée et soumise à une certaine direction.

Dans quelques départements, des inspecteurs et des commissaires voyers salariés avaient été chargés de ces fonctions; mais il en résultait un accroissement de frais qui n'était ni justifié par une nécessité reconnue, ni autorisé par aucune loi. C'est d'après ces considérations que les propositions faites à mes prédécesseurs ont été constamment écartées.

Peut-être penserez-vous que l'économie sévère que commandent les circonstances doit plus que jamais faire un devoir de rejeter ces moyens dispendieux. Il est d'ailleurs facile d'établir une surveillance gratuite, en choisissant, parmi les contribuables, ceux qui par leur profession, leurs lumières ou la considération dont ils jouissent, seraient les plus propres à l'exercer avec succès. L'espèce de distinction et la confiance qui s'attacheraient à ces fonctions suffiraient pour exciter leur zèle; ils y trouveraient leur première récompense; ils y seraient intéressés par la remise de leur part contributive dans la prestation : car il ne serait pas juste de leur faire supporter une double charge.

Il y a lieu d'espérer encore que les ingénieurs, sans être spécialement chargés de cette mission, ne refuseraient point, dans leurs tournées, de donner quelques instants à l'inspection des chemins vicinaux, et qu'en cas de difficultés dans l'exécution des travaux ils se feraient un plaisir d'aider les administrations locales de leurs conseils, et de fixer les idées des commissaires surveillants sur la tâche qu'ils auraient à remplir.

Ainsi donc, la surveillance et la direction des travaux de main-d'œuvre ne devraient point occasionner de dépenses particulières. Je ne prétends cependant pas prescrire une règle invariable : je n'ignore pas qu'il est des localités où des exceptions peuvent être admises. Vous me trouverez, en conséquence, toujours disposé à accueillir favorablement tout ce que la nécessité et le bien du service commanderaient de me proposer de contraire à mes indications qui, dans aucun cas, ne peuvent s'appliquer à des plantations ni à des travaux d'art : ici, la dépense peut être justifiée par de puissants motifs d'utilité.

Celle de la plantation des chemins susceptibles d'être plantés ne saurait être révoquée en doute. Indépendamment de l'agrément et de l'avantage de rendre à la culture un terrain stérile et inutile à la voie publique, on doit voir, dans les arbres plantés sur le bord des chemins, des guides utiles aux voyageurs ; on doit les considérer comme une barrière plus utile encore opposée aux anticipations des riverains, et comme la seule limite durable que le soc de la charrue ne peut altérer ni franchir, et que la cupidité et la mauvaise foi sont forcées de respecter. Les seigneurs et les anciennes communautés retiraient autrefois de grands avantages des plantations qu'ils faisaient à leurs frais, et dont les produits, en arbres fruitiers et forestiers, leur appartenaient. Ces avantages ne peuvent avoir été entièrement perdus de vue par les communes actuelles. Vous devez ramener leur attention et éveiller la prévoyance de leurs maires sur ce complément de la restauration des chemins qui appartiennent aux communes : le droit qu'elles ont de planter sur le bord de ceux qui en sont susceptibles est une suite des droits qu'elles ont à leur propriété.

Les conseils municipaux, éclairés par vos bons avis et stimulés par le propre intérêt de leur administration, examineront jusqu'à quel point leurs communes respectives pourraient supporter les frais de plantation et quelles ressources y seraient annuellement affectées. Je sens qu'on ne doit attendre de ces mesures que des résultats lents et partiels; mais s'il est des communes qu'un défaut absolu de ressources mettrait dans l'impossibilité de se livrer actuellement à de telles entreprises, il en est d'autres, sans doute, que rien n'empêcherait de s'en occuper. C'est à vous, qui connaissez leur situation, à diriger principalement vos conseils et vos instances vers les administrations qui seraient dans le cas d'en profiter, et à vous aider, à cet égard, des lumières des agents forestiers et des ingénieurs des ponts et chaussées, dont le ministère pourrait vous être nécessaire.

Quant aux travaux d'art et aux fournitures de matériaux, ces objets, s'ils n'ont pu être compris dans la prestation en nature, sont adjugés au rabais et payés sur les fonds libres de la commune. A défaut de toute ressource, ou en cas d'insuffisance de la ressource actuelle, il peut y être pourvu par une imposition extraordinaire, moyennant l'autorisation du gouvernement.

Mais, je le répète, ce moyen, qui paraît toujours le plus onéreux, parce qu'il frappe plus directement le contribuable, ne doit être proposé qu'à la dernière extrémité.

Vous vous convaincrez que, dans les circonstances où les propriétaires supportent seuls le poids des contributions directes, déjà si élevées, on doit, en cas de nouveaux besoins, donner la préférence aux moyens qui aggraveraient le moins les charges dont ils sont grevés.

Il en est un surtout qui se recommande au zèle des préfets et qui serait d'autant plus préférable qu'il est l'application la plus directe et la plus juste de la charge à celui qui tire le profit : je veux parler de l'établissement des droits de péage.

Au nombre des travaux d'art qui ne peuvent être exécutés par voie de prestation, je place en première ligne les réparations et reconstructions de ponts. Ces travaux sont ordinairement ceux qui entraînent le plus de dépenses, et qui sont les plus négligés, quoique les plus nécessaires au maintien des communications, parce que, dans les communes qui n'ont qu'un faible revenu, ils sont presque toujours hors de proportion avec les ressources existantes.

A défaut de toute autre ressource, on pourrait, lorsque la dépense doit être considérable, imputer le remboursement de cette dépense sur le produit d'un droit de péage ; charge d'autant moins sensible qu'elle est divisée, pour ainsi dire, à l'infini.

La loi du 14 floréal an x avait laissé au gouvernement la faculté, limitée à dix ans, d'autoriser la perception des droits de péage, sans l'intervention de l'autorité législative.

Cette faculté avait dû cesser en 1812 ; mais ces droits, après l'expiration du terme décennal, ont continué d'être autorisés par de simples décrets ; et la perception en a été prorogée jusqu'au 1ᵉʳ janvier 1816, par la loi du 21 décembre 1814.

L'article 231 de la loi sur les finances du 28 avril dernier porte également que toutes les dispositions des lois, décrets et règlements sur la matière, auxquelles il n'est point dérogé par cette même loi, sont et demeurent maintenues. La conséquence que l'on doit tirer de ces lois, c'est que les principes et les règles qu'elles consacrent, relativement aux péages, subsistent toujours, et que les demandes en établissement de nouveaux droits de cette nature continuent d'être soumises aux mêmes formalités.

Ainsi, toutes les fois que des réparations ou des constructions de ponts entraîneraient, pour une commune, des dépenses considérables, qui ne pourraient être acquittées sur ses revenus ordinaires, ou qui lui imposeraient de trop grands sacrifices, vous aurez à examiner, après avoir fait procéder à la reconnaissance des lieux et consulté le conseil municipal, quels résultats on pourrait espérer de l'établissement d'un péage pour un temps déterminé. Soit que la commune adopte ce moyen, pour se rembourser progressivement de ses avances, en faisant d'abord les frais des travaux ; soit qu'elle juge plus convenable d'adjuger l'entreprise à des capitalistes, moyennant l'abandon de la totalité ou d'une partie du droit projeté, le conseil municipal, après en avoir délibéré, rédigera un tarif de ce droit, qui vous sera adressé par le sous-préfet, et que vous me transmettrez, avec toutes les pièces à l'appui et votre avis, pour être soumis, s'il y a lieu, à l'approbation de Sa Majesté.

Les tarifs indiqueront nominativement les objets qui, en vertu d'exceptions consacrées par les lois ou par l'usage, seront exempts du droit, quoique appartenant à la classe des choses imposées. Le droit, quant à la quotité, doit être réglé sur des bases moyennes, et divisé suivant la nature des différents objets rendus passibles du péage.

Rien n'empêcherait d'ailleurs qu'on n'étendît ce moyen à des entreprises déjà commencées, ou seulement autorisées que le défaut de fonds aurait forcé de suspendre.

Je crois devoir appeler principalement votre attention sur la préparation de ces moyens : vous les livrerez à la méditation des maires et des conseils municipaux ; vous leur développerez les avantages de ce genre de ressources ; vous leur ferez connaître que je serai toujours disposé à appuyer leurs demandes quand elles me paraîtront fondées sur l'utilité de la dépense et la réalité du besoin. Vous aurez soin surtout de me faire parvenir ces demandes, dès que vous aurez été mis à même de fixer votre opinion et de m'adresser vos propositions sur les établissements qu'elles auront pour objet.

*Frais de traitement des maladies épidémiques. — Gratifications pour
les actes de dévouement.*

28 juin 1816.

Le Sous-secrétaire d'État de l'intérieur aux Préfets.

Vous avez été autorisé successivement, par diverses circulaires, à
faire acquitter directement, sur le fonds des dépenses imprévues de
votre département, différentes dépenses dont le payement était auparavant subordonné à l'approbation préalable du ministre.

Je crois devoir étendre la même mesure,

1° Aux frais de traitement des maladies épidémiques qui se mani-
festeraient dans votre département;

2° Aux gratifications à accorder aux habitants qui s'honorent par
des actes de dévouement, en exposant leur vie pour sauver des
personnes en danger de périr.

Vous pourrez, en conséquence, à compter de la réception de la
présente circulaire, faire acquitter ces deux sortes de dépenses, sans
recourir à mon autorisation.

Il me paraît utile de vous rappeler, en même temps, les règles
prescrites par les instructions ministérielles, pour le règlement des
frais de traitement des épidémies.

Dans le cas où, pendant le cours d'une maladie grave, le médecin
des épidémies jugerait nécessaire, soit d'administrer aux malades
des remèdes autres que ceux contenus dans les boîtes envoyées par
le gouvernement, soit de distribuer aux indigents malades ou en
convalescence des secours en aliments ou en boissons, tels que
bouillon, viande ou vin, c'est à vous seul qu'il appartient d'autoriser
l'achat des médicaments ou la distribution des aliments que le médecin réclamera; et vous devez veiller à ce que ces secours soient
maintenus dans les bornes d'une stricte économie, et à ce que, dans
tous les cas, ils ne soient affectés qu'aux véritables indigents.

Les médecins des épidémies n'étant employés que dans les cas où
il se manifeste des maladies épidémiques dans les communes de leur
arrondissement, ils ne doivent point avoir de traitement fixe, et ils
doivent être payés seulement pour chaque mission qu'ils ont remplie,
en proportionnant leurs rétributions aux distances qu'ils ont par-
courues, aux frais qu'ils ont faits et aux peines qu'ils ont prises. Ils
doivent donc, en remettant le rapport sur leur mission, présenter
la note des rétributions qu'ils se croient en droit de réclamer, en
établissant séparément le nombre des journées qu'ils ont employées
au traitement de chaque épidémie, et le montant des frais de voyage
que la mission leur a coûtés. Les médecins des épidémies qui, dans
leur titre et dans les fonctions qu'ils remplissent, trouvent un témoignage honorable de la confiance du gouvernement et un moyen
d'accroître leurs lumières et leur réputation, ne réclament, la plupart, outre le payement de leurs déboursés, qu'une très-modique
somme, à titre d'honoraires. Les indemnités dues aux médecins
chargés du traitement des épidémies sont généralement fixées, dans
les cas ordinaires, de six à neuf francs par journée, en sus du remboursement de leurs frais de voyage; et vous ne devez augmenter
ce taux que dans les circonstances où, à raison du dévouement
qu'ils auront montré, des dangers qu'ils auront courus, ou des pei-

nes qu'ils auront eues, ces médecins vous paraîtront avoir des droits particuliers à une augmentation d'honoraires.

L'autorisation qui vous est accordée de faire acquitter directement les frais de traitement des maladies épidémiques qui viendraient à se manifester dans votre département, ne vous dispense pas de me rendre un compte exact de ces maladies, dès l'époque de leur invasion, et pendant leur durée ; et vous voudrez bien, à leur terminaison, me faire connaître le montant des dépenses que leur traitement aura occasionnées.

Je désire aussi que vous continuiez à m'informer avec soin de tous les actes de courage et de dévouement qui auront lieu dans votre département. J'apprendrai toujours avec beaucoup d'intérêt tout ce qui pourra honorer vos administrés.

Comptabilité des hospices et établissements de charité (1).

28 juin 1816.

Le Sous-secrétaire d'État de l'intérieur aux Préfets.

Le ministre des finances vous a, sans doute, donné connaissance des instructions qu'il a adressées, sous la date du 30 mai dernier, aux inspecteurs généraux des finances, relativement à la vérification de la comptabilité des dépôts de mendicité, hospices, bureaux de bienfaisance, sociétés, maisons de secours, prisons et tous autres établissements publics.

Ces instructions m'ont paru devoir donner lieu à des observations importantes, que je m'empresse de vous transmettre.

Sans doute, les dispositions prescrites par le ministre des finances, pour la vérification de la comptabilité des hospices et le placement de leurs fonds libres à la caisse de service, ont eu pour objet l'intérêt de ces établissements ; mais, ainsi que je viens de le représenter à son Excellence, les hospices et établissements de charité ne peuvent être assimilés, pour la vérification de leurs caisses et de leur comptabilité, aux autres établissements publics : ces établissements ont des revenus propres, qui forment le patrimoine des pauvres ; la régie de ce patrimoine sacré est confiée à des administrations charitables et paternelles ; et, pour respecter les intentions de ceux qui l'ont fondé, pour appeler les bienfaits de ceux qui peuvent l'accroître, on doit laisser à ces administrations, dans leurs nobles fonctions, toute la liberté compatible avec les lois et les véritables intérêts des pauvres. Ainsi, le placement des fonds libres des hospices à la caisse de service doit toujours rester facultatif, et c'est aux commissions administratives à se déterminer pour ce placement, lorsqu'il leur paraîtra avantageux pour les établissements confiés à leur surveillance.

D'après ces considérations, je viens de prier le ministre des finances de vouloir bien faire connaître aux inspecteurs généraux que les hospices et établissements de charité ne doivent pas être assujettis aux dispositions prescrites par ses instructions des 1er janvier et 30 mai 1816.

---

(1) Cette circulaire a été abrogée par celles des 20 juillet 1828 et 15 mars 1834, en ce qui concerne la vérification des comptabilités des hospices. (*N. de l'Ed.*)

Mais, en même temps que je prends soin d'écarter tout ce qui pourrait sembler porter quelque atteinte aux intérêts des hospices et aux droits des administrations de ces établissements, je dois vous engager à redoubler de surveillance, pour qu'il ne s'introduise ou ne subsiste aucun abus dans leur administration et leur comptabilité.

L'ordonnance de Sa Majesté, du 21 mars dernier, relative à la reddition et à l'apurement des comptes des receveurs des hospices, vous a fourni un moyen facile de mettre et de tenir constamment à jour la comptabilité des hôpitaux ; c'est ainsi que vous pourrez bien connaître la situation des établissements de charité, apprécier leur administration, juger les améliorations dont elle est susceptible, et remarquer et détruire les abus qui peuvent s'y être introduits.

L'ordonnance du 21 mars n'a point prescrit dans quelles formes les comptes doivent être rendus ; mais je pense que l'on ne peut suivre, à cet égard, de règles plus sages que celles qui ont été prescrites par le décret du 7 floréal an XIII et par les instructions ministérielles du 25 fructidor suivant. Vous voudrez bien avoir soin que les receveurs des établissements de charité s'y conforment exactement.

L'article 4 de l'ordonnance porte qu'aussitôt après l'apurement de chaque compte il en sera adressé un relevé sommaire au ministre de l'intérieur. D'après la demande de quelques préfets, j'ai cru devoir adopter, pour la rédaction de ces relevés, un modèle que j'ai l'honneur de vous transmettre, sous le n° 1. Je vous prie de vouloir bien vous y conformer, pour tous ceux que vous serez dans le cas de m'adresser.

Je dois vous rappeler que, suivant les règlements, les receveurs des établissements de charité sont tenus de faire, sous leur responsabilité respective, toutes les diligences nécessaires pour la recette et la perception des revenus de ces établissements, et pour le recouvrement des legs et donations et autres ressources affectées à leur service ; de faire faire, contre tous les débiteurs en retard de payer, et à la requête de l'administration à laquelle ils sont attachés, les exploits, significations, poursuites et commandements nécessaires ; d'avertir les administrateurs de l'échéance des baux ; d'empêcher les prescriptions ; de veiller à la conservation des domaines, droits, privilèges et hypothèques ; de requérir, à cet effet, l'inscription, au bureau des hypothèques, de tous les titres qui en sont susceptibles, et de tenir registre desdites inscriptions et autres poursuites et diligences. Les administrateurs doivent s'assurer, chaque mois, des diligences des receveurs, par la vérification de leurs registres.

Vous devez prescrire aux sous-préfets et aux maires de veiller à ce que ces dispositions soient strictement suivies ; et, dans le cas où vous le jugeriez nécessaire, vous pourrez déléguer des commissaires spéciaux pour vérifier la caisse et la comptabilité des établissements.

L'article 9 du décret du 7 floréal an XIII et diverses instructions avaient chargé les préfets d'adresser, tous les trois mois, au ministre, l'état du mouvement de la population des hospices, et l'état de situation de la caisse de ces établissements. Vous avez été informé, par la circulaire précitée du 2 avril, qu'il suffisait maintenant de n'adresser ces tableaux que pour l'année entière, et dans le cours du 1er trimestre de l'année suivante. Je joins à cette lettre, sous les n°² 2 et 3, les modèles suivant lesquels je désire que ces tableaux soient rédigés.

Ponts et chaussées. — Service des cantonniers salariés.

29 juin 1816.

Le Directeur général des ponts et chaussées aux Préfets.

Des cantonniers à gages ont été substitués, dans beaucoup de départements, aux cantonniers adjudicataires. Divers règlements pour le service de ces ouvriers m'ayant été proposés, j'ai dû examiner s'il ne serait pas possible d'arrêter des dispositions applicables à tous les départements ; et, après avoir pris, à ce sujet, l'avis du conseil général des ponts et chaussées, j'ai adopté le règlement imprimé joint à cette circulaire (1). Les ingénieurs devront s'y conformer, lorsqu'ils organiseront le service des cantonniers stationnaires, sur les routes de leurs départements respectifs.

L'entretien des routes pavées exige des dispositions particulières; et les ingénieurs auront à me soumettre celles qu'ils croiront préférables, eu égard aux localités pour lesquelles ils les proposeront. Dans plusieurs départements, la seule fourniture des pavés est adjugée, et leur emploi se fait par des ateliers ambulants de paveurs dirigés par des piqueurs : je ne fais qu'indiquer ce mode, bien qu'il soit employé avec succès, afin de laisser aux ingénieurs la faculté de me présenter leurs vues pour l'amélioration de cette partie du service.

Rétribution universitaire.

4 juillet 1816.

Le Ministre de l'intérieur aux Préfets.

Le roi a manifesté l'intention de répandre sur tous ses sujets les bienfaits d'une éducation morale et religieuse ; mais, en attendant que l'enseignement ait reçu le perfectionnement dont il est susceptible, Sa Majesté a voulu que toutes les dispositions qui régissaient l'instruction publique fussent observées. Cependant, on oppose partout à des règlements qui n'ont pas cessé d'être en vigueur une résistance qu'on ne saurait excuser. Toutes les écoles, tous les établissements d'éducation, à l'exception des séminaires, sont dans la dépendance et sous la surveillance de la commission de l'instruction publique, instituée par l'ordonnance du 15 août 1815, qui lui attribue les pouvoirs exercés jadis par le grand-maître et le conseil général de l'université : le sens de cette ordonnance n'est point équivoque.

La loi du 28 avril 1816 (art. 121) maintient la perception des droits universitaires, dont les produits sont destinés à couvrir les dépenses indispensables de l'administration de l'instruction publique : cette

---

(1) Ce règlement ayant été remplacé par un autre règlement du directeur général des ponts et chaussées en date du 10 février 1835, et inséré au *Recueil des circulaires de 1831 à 1839*, il était inutile de le reproduire ici.

(*N. de l'Ed.*)

disposition est bien positive; elle rend le payement de ces droits obligatoire, comme celui de toute autre contribution publique.

On ne peut donc chercher que dans l'intérêt personnel la véritable cause de l'opinion soigneusement accréditée, que l'université doit être détruite et que ses règlements sont tombés en désuétude. Le roi veut perfectionner et non détruire; d'ailleurs, une loi n'est abrogée que par une loi postérieure; une ordonnance est exécutoire jusqu'à ce que, par un nouvelle ordonnance, elle soit formellement ou implicitement révoquée. Les efforts que l'on fait pour se soustraire aux règlements sont coupables; ils tendent à détruire des établissements qui sont en pleine activité et que rien ne peut remplacer : une fois ruinés, il ne serait pas facile de les relever, et l'on oppose ainsi déjà des obstacles aux vues d'amélioration que le roi a conçues, qui sont l'objet de ses méditations, mais qui ne peuvent être réalisées avec précipitation : il ne s'agit point de former un établissement passager, mais de fonder une institution permanente et durable.

Cependant, les colléges royaux et communaux manquent d'externes; les élèves se portent, de préférence, aux écoles ecclésiastiques, dites *petits séminaires*, afin d'être dispensés d'acquitter la rétribution universitaire. Des municipalités, entraînées par des offres séduisantes, se persuadent qu'il est en leur pouvoir d'ériger leurs colléges en écoles ecclésiastiques; ignorant ou plutôt oubliant que les archevêques et les évêques seuls ont le droit d'établir et de diriger les petits séminaires; qu'à moins d'une autorisation spéciale du roi il ne peut y en avoir qu'un seul dans chaque département, et qu'après deux ans d'études les élèves de ces écoles doivent prendre l'habit ecclésiastique.

Des conseils municipaux prennent des délibérations ayant pour objet d'obtenir que les sommes affectées à l'entretien des élèves communaux, dans les colléges royaux, soient appliquées à leurs colléges particuliers.

Des instituteurs, des maîtres de pension croient pouvoir se dispenser de payer les rétributions imposées à leurs élèves. D'autres, établis dans les villes, s'isolent des colléges royaux, et refusent d'y envoyer leurs élèves, qui, par là, ne reçoivent qu'un enseignement incomplet.

Dans beaucoup de lieux on établit des pensionnats non autorisés, sous prétexte qu'on y forme des élèves pour les petits séminaires; et, sous le même prétexte, on refuse d'acquitter la rétribution.

Il est facile de prévoir que ces désordres, s'ils étaient plus longtemps tolérés, ne tarderaient pas à anéantir tous les établissements publics d'enseignement. J'ai cru devoir en rendre compte au roi, et prendre ses ordres. Sa Majesté m'a prescrit de rappeler aux autorités locales les dispositions des lois et des règlements que son ordonnance précitée du 15 août 1815 a confirmés, et de leur enjoindre de tenir la main à leur exécution.

Voici ces dispositions : « Les archevêques et évêques ont seuls le « droit d'établir et de diriger les écoles ecclésiastiques dites *petits* « *séminaires*.

« Il n'y a qu'un petit séminaire par département; à moins que, « sur la demande de l'évêque diocésain, et d'après le rapport du « ministre secrétaire d'Etat de l'intérieur, le roi ne juge convenable « d'en établir un second.

« Les élèves des petits séminaires prennent l'habit ecclésiastique « après deux années d'études; les chefs des petits séminaires ne

CIRC. II. — 1re SÉRIE.   7

« peuvent recevoir, sous quelque prétexte que ce soit, aucun élève
« externe.

« Aucun chef d'institution, ou maitre de pension, ne peut s'établir,
« sans l'autorisation spéciale de la commission de l'instruction pu-
« blique.

« Les chefs d'institution, ou maitres de pension, établis dans les
« villes où il y a un collége royal ou un collége communal, sont
« tenus, sous peine de déchéance, de faire conduire aux classes des-
« dits colléges tous ceux de leurs pensionnaires qui sont âgés de
« plus de dix ans. »

Je ne saurais trop vous recommander de veiller à ce que ces
dispositions, résultant des lois et des règlements encore en vigueur,
soient scrupuleusement observées. Vous trouverez, dans l'assistance
des procureurs du roi près les tribunaux de première instance, les
moyens nécessaires pour en assurer l'exécution.

Travaux des bâtiments civils.

22 juillet 1816.

Le Sous-secrétaire d'Etat de l'intérieur aux Préfets.

D'après les instructions ministérielles relatives à l'emploi des fonds
alloués, dans les budgets des départements, pour constructions et
réparations de bâtiments, tous les projets de travaux, quelle que
fût la dépense présumée, devaient être envoyés au ministère, pour
être examinés et approuvés, avant leur exécution. Lorsque le prix
d'estimation excédait 15,000 francs, les préfets envoyaient des états
mensuels de situation ; et cette formalité était prescrite, même pour
les travaux qui n'étaient pas encore commencés, ou pour ceux qui
étaient terminés, mais dont les comptes n'étaient pas définitivement arrêtés. Enfin, les payements d'à-compte ne pouvaient s'effectuer qu'en vertu d'autorisations spéciales du ministre.

J'ai jugé qu'il convenait de modifier ces règles, en quelques points,
afin de rendre vos opérations plus faciles, et de prévenir des retards
préjudiciables aux départements.

Vous pourrez, désormais, approuver et faire exécuter, sans autorisation préalable de ma part, mais en vous renfermant dans les
allocations du budget, sans excéder ni intervertir les crédits, tous
les travaux de simple entretien et les réparations ordinaires qui sont
à la charge de votre département, lorsque la dépense de chaque
projet sera au-dessous de 3,000 francs (1) : il suffira de m'instruire
des ordres d'exécution que vous aurez donnés, et d'indiquer le
prix des ouvrages, ainsi que l'édifice auquel ils se rapporteront.

Les réparations et entretiens estimés, y compris les sommes à
valoir pour objets imprévus, à 3,000 francs et au-dessus, les constructions neuves, les reconstructions et les grosses réparations, à
quelques sommes que s'élèvent les projets de ces trois espèces de
travaux, ne s'exécuteront qu'après que j'y aurai donné mon approbation. Je me réserve également d'autoriser tous les changements, augmentations ou diminutions que l'architecte proposerait

---

(1) Cette limite a été portée à 50,000 fr. en vertu de la loi départementale
de 1838. (Voir la circulaire du 26 décembre 1838.)　　　(N. de l'Ed.)

d'opérer dans un projet arrêté par moi. Il en sera de même, lorsqu'une réparation, évaluée à moins de 3,000 francs, sera portée à cette somme, ou au delà, par un projet supplémentaire contenant des additions ou des modifications au projet primitif.

Il est nécessaire que je sois périodiquement informé de l'avancement des travaux considérables; mais, au lieu des comptes mensuels que les précédents ministres avaient demandés, je me contenterai d'états de situation, par trimestre, pour les entreprises dont la dépense excédera 15,000 francs, et qui seront en cours d'exécution.

Vous pourrez ordonner, sans m'en référer, les payements d'à-compte sur le prix des travaux et sur les honoraires, dans les limites des fonds affectés à chaque opération, et jusqu'à concurrence des quatre premiers cinquièmes de la dépense totale, lorsqu'il s'agira de réparations ou de constructions dont j'aurai approuvé les projets. Le dernier cinquième ne sera payé qu'après que j'aurai fait examiner le procès-verbal de réception, et que j'aurai reconnu que l'entrepreneur et l'architecte ont rempli leurs obligations. Si le cahier des charges a déterminé la somme dont l'entrepreneur doit être en avance, jusqu'à réception définitive, vous aurez égard à cette disposition particulière.

Quant aux réparations ordinaires qui coûteront moins de 3,000 fr. vous aurez la faculté d'admettre les procès-verbaux de réception et de faire payer le solde; je désire seulement que, aussitôt que le compte final aura été fait et arrêté, vous me fassiez connaître si les ouvrages ont été bien exécutés, si toutes les conditions du devis ont été exactement suivies, et quelle a été la somme dépensée.

Je vous recommande de ne jamais accorder d'à-compte pour les travaux de toute espèce, ni de payements définitifs pour ceux qu'il vous appartient d'ordonner et de régler, sans vous être fait représenter, soit les certificats détaillés des architectes, soit les procès-verbaux de réception, et de veiller à ce que les entrepreneurs soient toujours en avance du cinquième, s'il n'y a pas de stipulation spéciale, ou de la somme qui, suivant les conditions du marché, devra être réservée pour garantie, jusqu'à la vérification définitive des ouvrages exécutés.

S'il arrivait que vous eussiez des doutes sur la convenance de réparations évaluées à moins de 3,000 francs, ou sur les prix proposés, ou enfin sur la régularité du procès-verbal de réception, vous feriez bien de m'envoyer, soit le projet, soit le procès-verbal : je communiquerais ces pièces au conseil des bâtiments civils, et je vous transmettrais ensuite ses observations.

Vous savez que les architectes et les entrepreneurs sont responsables de l'exécution régulière de tous les ouvrages compris dans les projets, et que les altérations ou changements qui n'ont pas été expressément approuvés par l'autorité administrative, demeurent à leur charge. Ainsi, vous ne devez rien allouer aux entrepreneurs, pour des travaux qui n'ont pas été ordonnés selon les formes que je viens de vous rappeler; mais vous leur laisserez leur recours contre les architectes, dans le cas où ceux-ci auraient pris sur eux de donner des ordres contraires aux plans et devis arrêtés. Ces principes sont établis par l'article 1793 du Code civil; je vous prie de les citer dans les clauses des adjudications, et de veiller à ce qu'ils soient rigoureusement suivis.

Quant aux travaux des communes et des hospices, vous continuerez de faire observer les dispositions du règlement du 10 brumaire au XIV et les instructions ministérielles qui s'y rattachent.

Comptabilité des dépenses du clergé.

22 juillet 1816.

Le Ministre de l'intérieur aux Préfets.

(Extrait.)

Il ne vous sera plus adressé d'états de payement du clergé, comme par le passé.

Vous vous concerterez avec les évêques, sur les mutations arrivées dans les divers emplois, avant de délivrer vos mandats.

Les détails de comptabilité dont vous restez entièrement chargé doivent être pour vous un motif de plus d'apporter une surveillance active, pour assurer complétement l'exécution des lois, règlements et ordonnances sur cet objet.

Ainsi, vous aurez soin que le taux du traitement affecté à chaque emploi ne soit pas dépassé dans vos mandats ;

Que les seuls titulaires de ces emplois en reçoivent le traitement, et non tous autres ecclésiastiques qui en exerceraient provisoirement les fonctions, sans être reconnus titulaires ;

Que les pensions ecclésiastiques soient exactement déduites sur le traitement des curés et des desservants ;

Que ce traitement soit payé, à compter de la nomination des évêques, en observant néanmoins, à l'égard des vicaires généraux, chanoines et curés, qu'aucun payement ne soit effectué avant que je ne vous aie adressé l'avis de l'agrément donné par le roi à leurs nominations.

Les règles établies pour le payement des bourses et demi-bourses créées avant l'ordonnance du 5 juin continueront à être observées.

Vous veillerez à ce que l'indemnité de 200 francs, pour binage dans les paroisses vacantes, ne soit payée qu'aux desservants, les seuls auxquels l'accorde l'ordonnance royale du 6 novembre 1814.

Enfin, vous devrez m'adresser un seul compte annuel des fonds mis à votre disposition, dont je vous adresserai ultérieurement le modèle.

Aucun autre changement ne devra avoir lieu dans la comptabilité des dépenses du clergé, sans que j'y aie donné mon assentiment.

Je ne doute pas que vous ne me secondiez, autant qu'il dépendra de vous, afin d'alléger la position des ministres de la religion. Vous pouvez y contribuer, en vous concertant avec les payeurs ou receveurs d'arrondissement, pour le prompt acquit de vos mandats, en recommandant la plus grande célérité dans leur expédition, en évitant soigneusement les déplacements inutiles des ecclésiastiques, qui exercent souvent leurs fonctions à des distances assez éloignées du lieu de payement.

Ces attentions n'échappent pas à la classe délicate et trop malheureuse du clergé ; elles lui feront attendre encore plus patiemment le moment où des circonstances plus favorables permettront d'adoucir sa situation d'une manière plus efficace.

Naturalisation des militaires étrangers pensionnés en France.

27 juillet 1816.

Le Ministre de l'intérieur aux Préfets.

L'ordonnance que le roi a rendue, le 5 juin dernier, concernant les militaires étrangers pensionnés par la France, porte qu'ils seront tenus de se pourvoir de lettres de naturalisation, et qu'ils ne jouiront de leur solde de retraite ou de réforme, qu'autant qu'ils conserveront leur domicile réel dans le royaume et qu'ils y supporteront les charges communes à tous les Français. Le ministre de la guerre vient, en conséquence, de prescrire aux ordonnateurs des divisions militaires de donner tous leurs soins à ce que les dispositions de cette ordonnance soient exactement observées. Son Excellence les a autorisés à faire suspendre provisoirement le payement de la pension de ceux qui leur seraient désignés, par les autorités civiles, militaires ou judiciaires, comme ne remplissant pas les conditions qui leur sont imposées. Ils devront lui en adresser immédiatement l'état nominatif ; en sorte que le ministre soit en état de faire prononcer, s'il y a lieu, la suppression définitive de leur solde de retraite ou de réforme.

Il a chargé, en même temps, les généraux commandant les divisions militaires, et les colonels de gendarmerie, de désigner aux commissaires ordonnateurs ceux de ces étrangers qui n'auraient, en France, qu'une résidence fictive, ainsi que ceux qui, n'ayant pas encore été naturalisés, se seraient rendus coupables d'un des délits spécifiés dans la loi du 9 novembre 1815, et auxquels le chancelier de France serait prié de faire refuser les lettres de naturalisation.

Enfin les commissaires ordonnateurs ont reçu ordre de vous faire remettre des listes nominatives des militaires naturalisés, ou en instance pour obtenir des lettres de naturalisation. Il sera nécessaire que vous les communiquiez aux procureurs du roi, aux lieutenants, commissaires généraux et spéciaux de police, pour qu'ils fournissent à l'ordonnateur les renseignements qu'ils peuvent avoir sur le domicile réel et la conduite politique des militaires dont il s'agit. Vous devrez aussi lui procurer tous ceux que vos fonctions et votre surveillance vous mettent à même de recueillir.

Contraventions en matière de grande voirie.

8 août 1816.

Le Directeur général des ponts et chaussées aux Préfets.

Une des causes de la dégradation des routes est le défaut d'exécution des règlements de grande voirie ; j'ai eu lieu de reconnaître par moi-même, dans mes différentes tournées, que cette partie du service était très-négligée, et que les agents appelés à faire exécuter les règlements n'apportaient pas toujours la surveillance et le zèle qu'on devait attendre d'eux. Tantôt, les routes sont encombrées par des dépôts de matériaux ou d'immondices, les arbres qui les bordent sont détruits et enlevés ; tantôt, les propriétaires riverains comblent les fossés et envahissent le terrain même des routes ;

enfin, les rouliers et les voituriers chargent, presque toujours, leurs voitures au delà des limites fixées. Toutes ces contraventions sont, dans certains départements, rarement constatées ; ou, s'il arrive qu'elles le soient, on ne les réprime point, et l'administration supérieure se voit souvent réduite à les signaler elle-même à l'autorité locale.

Un tel état de choses peut d'autant moins s'excuser, que tous les règlements de grande voirie s'expliquent positivement sur la répression des délits, et qu'ils mettent à la disposition de l'administration tous les moyens nécessaires pour l'assurer.

La loi du 29 floréal an x, relative aux contraventions en matière de grande voirie, porte que les anticipations sur la voie publique, les dépôts de fumier ou autres objets, les détériorations de toute espèce commises sur les grandes routes, sur les arbres qui les bordent, sur les fossés, les ouvrages d'art et les matériaux destinés à leur entretien, doivent être réprimés par voie administrative ; que les procès-verbaux de ces contraventions doivent être adressés aux sous-préfets, qui ordonneront, par provision et sauf le recours au préfet, ce que de droit pour faire cesser le dommage ; qu'enfin, il sera statué définitivement, en conseil de préfecture ; que les arrêtés de ces conseils seront exécutés, sans visa ni mandement des tribunaux, nonobstant et sauf tout recours ; que les individus condamnés seront contraints par l'envoi de garnisaires et saisie de meubles, en vertu desdits arrêtés, qui seront exécutoires et emporteront hypothèque.

Le décret du 23 juin 1806 détermine les chargements que peuvent avoir les voitures de roulage et des messageries, eu égard à la largeur de leurs jantes ; il fait connaître la manière dont les contraventions relatives aux chargements, à la longueur des essieux, à la forme des clous des bandes des roues, doivent être constatées et réprimées.

Si les dispositions de cette loi et de ce décret étaient suivies avec ponctualité, les délits en matière de grande voirie seraient moins communs, et les routes éprouveraient moins de détériorations.

Je crois donc devoir appeler particulièrement votre attention sur la nécessité de les faire exécuter. Les agents chargés de constater les contraventions doivent redoubler de zèle et de surveillance, aujourd'hui surtout que les fonds mis à ma disposition, pour l'entretien des routes, sont si fort au-dessous de leurs besoins. Les conseils des préfecture, chargés par la loi de statuer, en dernier ressort, sur les procès-verbaux, ne doivent plus, comme cela n'a que trop souvent eu lieu, laisser impunies des contraventions qui, en se multipliant chaque jour, accusent l'administration de négligence ou de faiblesse.

Afin de faciliter et de rendre uniforme la manière de constater les contraventions en matière de grande voirie, j'avais arrêté précédemment un modèle, d'après lequel les procès-verbaux de ces contraventions devaient être dressés. Ce modèle m'a paru susceptible de quelques modifications ; j'ai l'honneur de vous adresser celui qui doit lui être substitué.

J'ai également reconnu qu'il était nécessaire que l'administration fût informée de la suite donnée aux procès-verbaux de contravention par les conseils de préfecture, et j'ai, en conséquence, décidé qu'il me serait transmis, tous les trois mois, un état indicatif de ces procès verbaux et des décisions auxquelles ils auront donné lieu. Vous trouverez ci-joint le modèle de cet état, que je vous invite à m'adresser exactement, dans les cinq premiers jours qui suivront l'expiration de chaque trimestre. L'ingénieur en chef, à qui j'écris à cet effet, m'adressera, de son côté, un état des procès-verbaux dressés pendant le même laps de temps : le rapprochement de ces deux états me fera connaître la nature des délits portés à la connaissance des conseils de préfecture, et l'exactitude mise à les réprimer.

Je ne puis trop recommander à votre sollicitude l'exécution des dispositions qui précèdent ; je suis persuadé, d'avance, que vous concourrez, de tous vos moyens, à assurer la répression de tous les délits de grande voirie : mais il est bien important que les conseils de préfecture fassent une juste application des lois et règlements aux contraventions sur lesquelles ils sont appelés à prononcer ; et vous devez, en qualité de président de celui de votre département, tenir la main à ce que les délits portés à sa connaissance ne restent point impunis ; vous devez, enfin, diriger sa marche et son zèle vers le but que nous devons tous nous proposer, l'amélioration des routes.

PONTS
et
CHAUSSÉES.

DÉPARTEMENT d

PROCÈS-VERBAL DE DÉLIT DE GRANDE VOIRIE.

Grande voirie.   Le   mil huit cent   à   heure du nous (*prénoms, nom et qualités du saisissant et des autres personnes qui pourraient agir concurremment avec lui*), étant à (*désigner clairement et exactement la commune et l'endroit, la route, le chemin de halage, la digue, le quai, la rue, le pont à bascule, etc.*), avons (*préciser, avec une scrupuleuse vérité, toutes les particularités propres à faire parfaitement connaître le délit*), après avoir reconnu par { *informations,* { que ce délit est du fait de (*désigner les noms et qualités*), demeurant à   le quel
{ *la plaque de la voiture, etc.* }

étant { (*présent*) a (*insérer les moyens de défense*),
{ (*absent*), n'a pu être entendu.

A quoi nous devons observer (*discuter les moyens de défense du délinquant, afin de ne rien laisser à désirer sur leur validité*).

En conséquence, avons dressé le présent procès-verbal, à l'effet

de faire prononcer par { *M. le maire,*
{ *M. le sous-préfet,*   } contre ledit
{ *le conseil de préfecture,*
{ *le tribunal de*
conformément aux lois et règlements.

A   le   18

Vu et affirmé par serment devant moi, { Maire
{ Adjoint   } *du lieu, les*
{ Juge de paix }

mêmes jour, mois et an que dessus.

NOTA. L'affirmation est de rigueur dans les vingt-quatre heures.
L'enregistrement en débet est de rigueur dans les trois jours.
Le papier doit être visé pour valoir timbre.
Lorsque, par la nature du délit, le fonctionnaire devant lequel l'affirmation aura lieu sera compétent pour prononcer, il ne sera pas laissé de copie du procès-verbal, puisque, dans ce cas, l'agent remet l'original. Dans tout autre cas, une copie doit être laissée pour être notifiée au délinquant.

PONTS ET CHAUSSÉES.

DÉPARTEMENT d

DÉLITS JUGÉS.

Trimestre d

Année 18

ETAT des délits de voirie et contraventions à la police du roulage, jugés par les fonctionnaires compétents,
dans l'étendue du { département, port, etc. } *a*   *pendant le*   *trimestre d*

NOMS ET GRADES des SAISISSANTS.	DATES des procès-ver-baux.	NOMS ET PROFESSIONS des délinquants.	NATURE des DÉLITS.	AUTORITES qui ONT JUGÉ.	DATES des JUGEMENTS.	PRÉCIS des JUGEMENTS.	AMENDES PRONONCÉES.	OBSERVATIONS SUR LES JUGEMENTS et leur mise à exécution.

Le présent État dressé et certifié par le préfet du département d

A   le   18 .

Contraventions en matière de grande voirie.

8 août 1816.

Le Directeur général des ponts et chaussées aux Ingénieurs en chef.

Ma circulaire de ce jour adressée aux préfets, et dont je vous transmets une ampliation, vous fera connaître le prix que j'attache à ce que les règlements de grande voirie soient sévèrement exécutés, et à ce que tous les agents appelés à y concourir apportent la surveillance et le zèle nécessaires pour assurer le succès de cette partie importante du service. Vous y verrez que vous devez me transmettre, au commencement de chaque trimestre, un état des procès-verbaux des contraventions constatées dans les trois mois précédents. J'ai l'honneur de vous envoyer un modèle de cet état ; je vous recommande la plus grande exactitude dans l'envoi que vous devez m'en faire.

Une partie des renseignements nécessaires pour remplir l'état ci-joint pourra vous être fournie par ceux des agents des ponts et chaussées qui auront constaté les délits, et vous devez, à cet effet, les obliger à vous informer exactement de chaque contravention, et de la remise qu'ils ont faite du procès-verbal qui la constate. Le surplus de ces renseignements vous sera donné par le préfet, à qui tous les procès-verbaux sont adressés, pour être mis sous les yeux du conseil de préfecture, lorsqu'il y a lieu, ou pour poursuivre la rentrée des amendes.

PONTS ET CHAUSSÉES. DÉPARTEMENT d

DÉLITS CONSTATÉS.

Trimestre d

Année 18

ÉTAT des délits de voirie et contraventions à la police du roulage constatés dans le {département, port, etc.} d pendant le   trimestre   d

NOMS ET GRADES des saisissants.	DATES des procès-verbaux.	NOMS et professions des délinquants.	NATURE et lieu des délits.	INDICATION des fonctionnaires auxquels ont été remis les procès-verbaux.	DATES de la remise des procès-verbaux.	OBSERVATIONS sur les condamnations et sur leurs résultats connus.

Le présent État certifié par l'ingénieur en chef soussigné.

A   le   18   .

Fourrages.

14 août 1816.

Le sous-secrétaire d'État de l'intérieur adresse aux préfets quelques exemplaires d'une instruction rédigée par une commission de la société royale et centrale d'agriculture, sur les moyens que pourraient employer les cultivateurs pour remédier, en partie, aux effets de la fâcheuse influence que la récolte des fourrages a éprouvée de l'intempérie de la saison.

INSTRUCTION.

Les pluies abondantes qui sont tombées depuis plusieurs mois, le débordement des rivières qui en a été la suite, peuvent faire craindre qu'en plusieurs lieux la récolte des foins ne soit entièrement perdue, ou, au moins, considérablement altérée.

Bien que des renseignements récents annoncent que différentes provinces n'ont été frappées qu'en partie par ce fléau, et que plusieurs en ont été entièrement préservées; qu'enfin, presque partout, l'abondance des regains et la végétation spontanée des herbes, dans les champs, semblent devoir atténuer beaucoup les inquiétudes, la prudence veut qu'on ne néglige aucune des précautions conseillées par l'expérience, afin de diminuer les dommages d'une intempérie aussi extraordinaire, et de suppléer aux fourrages dont elle a pu occasionner la perte.

Un des fâcheux effets des longues pluies qui ont régné, et du défaut de chaleur suffisante, a été de priver les foins de leurs principales qualités nutritives : les sainfoins et les luzernes bien exposés et coupés avant l'excessive humidité, ont pu conserver ces qualités; mais tous les propriétaires de bestiaux n'ont pas cette précieuse ressource, et, à son défaut, on devra diminuer le travail des chevaux et des bœufs, ou bien leur donner une plus forte mesure, soit d'avoine, soit d'autres grains, afin d'augmenter la partie substantielle des plantes dont se compose leur nourriture ordinaire. A ce défaut de qualité dans les fourrages, qui en nécessite une plus grande consommation, il faut ajouter celui de l'insalubrité produite par les inondations qui, en couvrant les foins de limon, de sable et de débris d'animaux, y établissent un foyer de putridité, dont les effets sont presque toujours très-dangereux.

Dans cette position, il importe d'observer quelles sont les causes qui vicient le fourrage, et quel est le degré d'altération de chaque portion que l'on se propose de donner aux animaux, afin de rejeter tout à fait celles qui sont corrompues, et de n'user des autres qu'avec réserve; enfin, d'arrêter à temps les progrès du mal, en évitant que les fourrages préservés, en tout ou en partie, ne s'échauffent davantage, ne se pourrissent. ou ne se moisissent; car alors ils deviendraient de plus en plus désagréables et dangereux pour les bestiaux; et, dans une année où chacun est toujours tenté de leur offrir tout ce qu'ils ne refuseraient pas absolument, il est essentiel que l'attention la plus scrupuleuse écarte les nourritures malsaines, qui sont la cause de presque toutes les épizooties, et surtout des épizooties charbonneuses qui se communiquent même aux hommes (1).

Il ne suffit point d'écarter le foin gâté de la bouche des bestiaux, il faut encore se garder de l'employer comme litière, non-seulement parce que, dans ce cas, la faim, le désœuvrement, peuvent le leur faire manger, mais encore parce qu'ils pourraient être asphyxiés dans les écuries ou étables, ainsi que les hommes qui viendraient à y entrer. Le malaise que l'on éprouve dans les greniers qui renferment des foins gâtés, malgré l'air qui y circule, doit convaincre, à cet égard, les plus incrédules, et déterminer à convertir en fumier les fourrages viciés, qui par là deviendront un excellent engrais; mais, pour opérer cette conversion sans danger, il faut les éloigner des lieux habités. En accumulant une nourriture putride dans les

---

(1) Voir les *Recherches sur les causes des maladies charbonneuses,* publiées par ordre du gouvernement, et imprimées chez Mme *Huzard,* rue de l'Éperon, n° 7.

estomacs des ruminants, ou dans les instestins des autres animaux, on y jette le germe de maladies graves, dont les bêtes à laine sont ordinairement les plus affectées, attendu la faiblesse de leur constitution, et après, les bêtes à cornes, attendu le volume énorme qu'elles consomment. La poussière qui sort de ces fourrages insalubres peut aussi devenir funeste à toute sorte d'animaux; elle s'introduit dans les poumons avec l'air inspiré, elle les obstrue, les irrite, et devient la cause de toux violentes, opiniâtres, qui dégénèrent souvent en phthisies pulmonaires, en pommelions. Les foins chargés de particules terreuses provenant de l'envasement ou de l'ensablement des prés produisent plus fréquemment ces accidents; ils en produisent quelques autres encore. Par exemple, dans les lieux où le sol est mêlé de fragments granitiques, et lorsque le sable est dur et anguleux, les dents des animaux en sont usées comme avec une lime : de plus, cette poussière insoluble et imperceptible que les animaux font tomber en tirant les foins du râtelier, attaque leurs yeux, et finit par leur faire perdre la vue. Il est vrai que, pour atténuer ces mauvais effets, on peut laver les foins, puis les battre et les secouer après les avoir fait sécher; on peut aussi les mêler avec des fourrages sains. Malheureusement, cette manipulation n'influe guère que sur les fourrages qui sont légèrement altérés; elle est insuffisante à l'égard des autres : d'ailleurs, le séjour des plantes dans l'eau les rend insipides et peu nourrissantes; le battage fait perdre les graines et une partie des feuilles, et le mélange ne fait que dissimuler la mauvaise qualité : le plus souvent, au lieu d'améliorer le foin gâté, il ne sert qu'à étendre la corruption à des fourrages qui auraient été utilement employés sans cette mixtion.

Si cependant on croit nécessaire, dans quelques occasions, de préparer ainsi les foins, on ne doit pas oublier qu'il ne faut les battre ou les secouer qu'en plein air, en se plaçant au-dessus du vent, et ne les laver que dans une eau courante, dans laquelle les bestiaux ne doivent aller boire que plus ou moins longtemps après cette opération. A l'égard des mélanges, il ne faut jamais se les permettre lorsque l'altération est arrivée à un certain degré, quoiqu'ils fassent manger les fourrages aux animaux avec moins de répugnance, parce que le danger pour eux reste le même.

Rien n'est plus propre à prévenir les suites fâcheuses de l'emploi des foins altérés, que de les asperger avec de l'eau salée ou mêlée avec du vinaigre; il y a bien longtemps que cette bonne pratique a été indiquée et employée avec beaucoup d'avantages : la dose est d'une livre de sel et de deux pintes de vinaigre, par quintal, dans cinq à six seaux d'eau. On peut aussi employer l'acide sulfurique dans l'eau destinée à la boisson des animaux. Les doses convenables se reconnaissent en goûtant l'eau, qui doit imprimer sur la langue une très-légère et agréable acidité.

Les animaux refusent quelquefois de boire cette eau acidulée; dans ce cas, on peut y ajouter quelques poignées de son ou un peu de farine, et ils s'y habituent bientôt : s'ils continuent de la refuser, il faut la leur faire avaler.

Si, malgré tous ces soins, on reconnaissait que quelques animaux sont atteints de maladies qui présentent des caractères de putridité, il faudrait promptement les isoler et les mettre en plein air; il faudrait mettre aussi hors des étables ceux qui seraient avec eux; et, en attendant le vétérinaire, qui doit être appelé de suite, on peut passer à tous un séton au fanon, et leur faire prendre, chaque matin, gros comme une noisette de sulfate de fer (vitriol vert), que l'on aura fait dissoudre dans une pinte d'eau.

Pendant l'absence des bestiaux, on doit nettoyer complétement les écuries, les étables et bergeries, en lavant, à grande eau, les murs, les crèches, les râteliers et les planches : on doit enlever les fumiers et la première couche des terres, lorsque le sol n'est pas pavé; enfin, on ne doit y ramener les animaux qu'après leur parfaite guérison.

L'aperçu qui précède a fait connaître les maux qui peuvent résulter de l'emploi inconsidéré des mauvais fourrages; on ne saurait donc apporter trop d'attention à la conservation de ceux qui ont échappé à un temps aussi défavorable que celui qui a inquiété les cultivateurs pendant quelques mois, ni se donner trop de soins pour suppléer à leur défaut; non-seulement parce qu'il est des lieux où il n'en a pas été recueilli suffisamment, mais aussi parce que les foins que l'on possède peuvent encore s'altérer à des époques imprévues, et qu'alors il ne serait plus temps de réparer les torts de la négligence.

On ne doit pas perdre de vue que plus le foin humide ou altéré est pressé dans le grenier ou dans la meule, plus il arrive rapidement au point d'être impropre à la nourriture des bestiaux; et que même il peut s'enflammer spontanément; d'où il suit qu'il faut le faire sécher, le plus possible, et se garder de le piétiner, comme on le pratique ordinairement ; mais, au contraire, le coucher sur un rang de fagots, en ayant soin d'en placer, en outre, quelques-uns dans l'intérieur du tas, de manière à faire pénétrer et circuler dans la masse un air nouveau, soit que l'on conserve le foin en meule, soit qu'on le conserve dans un grenier.

Dans cet arrangement, il est quelquefois avantageux, surtout à l'égard des trèfles et des regains de toute espèce, si difficiles à sécher, de les mêler avec de la paille d'avoine, de froment ou de seigle, afin d'affaiblir leur tendance à l'altération.

La perte des foins corrompus n'est pas la seule à laquelle on soit exposé, si l'on ne s'est hâté de les enlever de dessus la prairie, dès que le terrain a été suffisamment raffermi. La lenteur, dans une telle circonstance, nuit à la pousse des regains, retarde la coupe et la rend plus difficile ; il est même à craindre que les nouvelles herbes ne se ressentent de l'altération des anciennes.

Les vases déposées sur les prés peuvent aussi porter un grand préjudice à la récolte des secondes herbes et à la pâture, si ces prés ne sont pas promptement séchés et aérés.

Avec une forte herse, on peut rompre la croûte et arracher les vieilles plantes qu'il aurait été difficile de faucher ; ensuite, réunir ce râtelage en petites meules qui, après avoir été mises sur le fumier pendant l'hiver, seront, à la fin de cette saison, répandues sur la prairie.

Il n'est pas nécessaire sans doute de faire remarquer qu'on ne doit pas conduire les bestiaux dans les prairies sur lesquelles il reste des herbages corrompus et des vases infectes, jusqu'à ce qu'elles aient été assainies.

L'humidité qui a régné fera nécessairement pousser assez d'herbages dans les chaumes, sur les prairies naturelles ou artificielles, sur les terrains vagues et dans les bois, pour alimenter les bestiaux pendant l'automne. C'est donc à se procurer la nourriture d'hiver et de printemps qu'il faut travailler ; on y parviendra en fumant des prairies temporaires ; c'est ainsi que l'on appelle le produit d'un semis de graines et de plantes annuelles, que la rapidité de leur végétation et de leur accroissement permet de faucher ou de faire pâturer au bout de deux mois au plus.

C'est à l'établissement de ces prairies temporaires que les cultivateurs doivent donner leurs soins ; c'est par elles qu'ils peuvent obtenir des ressources aussi certaines qu'abondantes. Ces prairies, si bonnes à substituer à l'improductive jachère, concourront puissamment à améliorer le sol, à le nettoyer des mauvaises herbes ; et la saison n'est pas assez avancée pour que, partout où l'on aura de la semence, il ne soit pas facile d'arriver au but, si l'on opère aussitôt que la récolte sera levée.

L'économie, ainsi que les principes d'un bon système d'assolement, conseille d'établir beaucoup de ces prairies, même sur les terrains qui ont déjà porté une récolte : or, ce conseil ne peut être dédaigné que par ceux qui croient à la nécessité du repos de la terre ; heureusement, leur nombre est petit, aujourd'hui que l'expérience a prouvé qu'il suffit de changer l'espèce de la plante en culture, et d'empêcher celle-ci de porter des graines, pour rendre ce repos indéfiniment inutile.

Dans les terrains maigres et sur la levée du seigle on peut labourer la surface avec une herse à dents de fer, et y semer, à peu près par tiers, de l'avoine, de la vesce et de la navette.

Après la coupe des froments, on peut semer, sur un pareil labour, et dans les mêmes proportions, du seigle (1), des pois gris, des féveroles ou des fèves de marais, qui réussiront parfaitement dans les terrains gras et frais ; on ne doit pas, non plus, oublier qu'il y a de l'avantage à mêler des plantes grimpantes avec le seigle, les fèves de marais, etc., parce qu'elles s'y attachent et profitent mieux ; d'ailleurs, ce genre de plantes plaît beaucoup aux bestiaux. Toutefois, si l'on manquait de graines, ou par d'autres considérations, on pourrait se contenter de semer une seule espèce. Avec ces procédés, on obtiendra, deux mois après le semis, une coupe très-abondante, extrêmement substantielle, que l'on pourra, le plus souvent, faner en plein air et, presque toujours, mêler avec de la paille, pour la conserver pendant l'hiver ; un mois plus tard, on trouvera, sur le même champ, un pâturage qui serait recherché dans tous les temps, et qui sera très-précieux dans les circonstances.

_____

(1) Celui de mars pousse bien plus vigoureusement, en automne, que le seigle ordinaire ; on doit le préférer, si l'on en a à sa disposition.

Ces deux exemples suffisent pour montrer qu'on peut varier beaucoup ces combi naisons, en y introduisant plus ou moins d'espèces ou variétés de plantes, selon les aspects du terrain, la nature du sol et la température du pays.

Les principales espèces, les plus faciles à se procurer et les plus connues, après les six qui viennent d'être nommées, sont : le froment de mars (1), l'orge, le maïs, le sorgho, le panis, toutes les vesces, toutes les gesses, le trèfle incarnat, connu sous le nom de *farouch*, et autres espèces annuelles; les deux espèces de sarrasin, la spergule, la cameline ; enfin, la criblure des grains. On pourrait également semer les moutardes blanches et noires, même celle des champs ; mais on n'ose le conseiller, attendu que ces graines se conservent en terre, et que, dans ce cas, après la germination du printemps de l'année suivante, on aurait à les arracher. On aurait moins à redouter cet inconvénient avec la moutarde blanche, parce qu'elle gèle, et qu'ainsi il est probable qu'elle ne donnera pas de graine cette année.

Il est encore bon de remarquer que, comme la plupart des plantes désignées peuvent être semées, de nouveau, soit sur les mêmes champs, soit, mieux encore, sur d'autres, elles offriraient, après l'hiver, des ressources, si les provisions étaient épuisées ; on pourrait, à cet effet, les semer dès les premiers jours de mars, et même plus tôt, si le temps le permettait, et l'on jouirait de leur produit à la fin d'avril ou au commencement de mai, ce qui donnerait la facilité d'attendre la coupe des luzernes et autres prairies artificielles, même des prairies naturelles bien exposées et en terrain sec.

On trouvera, enfin, des moyens de nourrir les bestiaux, pendant l'hiver, dans un grand nombre de plantes qui ne craignent pas les gelées, et qui sont dans le cas d'être semées sur les chaumes. De ce nombre sont la rabiole, toutes les variétés de raves ou navets, principalement le rutabaga ou navet de Suède, si robuste et si productif ; toutes les variétés de choux, entre autres les choux à faucher et le colza; enfin, le pastel, encore que celui-ci ne plaise pas d'abord à tous les bestiaux ; mais ils s'y accoutument facilement, et la précocité de sa végétation, l'abondance et la grandeur de ses feuilles, le rendent très-précieux

Les choux à vache et frisés peuvent aussi être semés en planches, dans un jardin, pour être repiqués pendant l'hiver; ils commencent à donner des feuilles au premier printemps, mais il leur faut un sol gras et frais.

Les cultivateurs qui ont déjà semé ou planté des carottes, des panais, des betteraves, des topinambours, des pommes de terre, se rappelleront qu'ils peuvent en tirer un grand parti pour la nourriture de leurs bestiaux : puisse leur exemple engager à cultiver ces racines si utiles, et qui, loin de souffrir des pluies, en acquièrent une plus forte végétation !

Beaucoup de cultivateurs ont encore la ressource des feuilles d'arbre, principalement de celles d'orme, de frêne, de bouleau, de peuplier, de saule et d'acacia, que les bestiaux recherchent avec avidité : non-seulement ils se nourrissent bien des feuilles fraîches, jusqu'à l'époque de leur chute naturelle, mais on peut encore les en nourrir l'hiver, en coupant les rameaux qui les portent, au commencement de septembre, c'est-à-dire avant la cessation de la sève. On les fait sécher au soleil, on les réunit en fagots et on les dépose dans les greniers; elles se conserveront bonnes jusqu'à la récolte suivante.

Les feuilles de vigne, qui, dans quelques cantons du midi, sont annuellement livrées aux bêtes à laine, peuvent également l'être, partout, l'automne prochain. Les marcs de raisin, ceux des cidres, quoique abandonnés fréquemment, procurent aussi une excellente nourriture pendant une partie de l'hiver, si l'on a soin de les préserver de la moisissure.

Après avoir exposé rapidement tout ce qui peut contribuer à fournir une bonne nourriture aux animaux ; après avoir indiqué les mesures de salubrité à employer pour les préserver des maladies auxquelles un mauvais fourrage les expose, il est utile d'examiner si les inquiétudes que l'on a manifestées, sur l'influence que les pluies de cette année pourraient avoir sur les produits futurs des terres, dans les années suivantes, sont fondées.

On peut assurer que cette influence n'est pas si alarmante que l'on a semblé le croire.

On redoute, pour les pays de montagnes, que l'abondance des pluies ne les ait dégarnies de leur terre végétale ; mais doit-on éprouver cette crainte, lorsqu'à

(1) Il pousse mieux, en automne, que le froment ordinaire.

l'époque des pluies l'herbe recouvrait et fixait déjà cette terre? Elle n'aura donc pas descendu aussi facilement qu'on le présume. Si cependant cela était arrivé en quelques endroits, il conviendrait, comme cela se pratique dans les vignobles, de remonter cette terre, ou de la remplacer par des engrais plus abondants.

Dans les vallées, au contraire, le sol se sera amendé ; et, lors même que les eaux auraient conduit des terres trop compactes, il sera facile de les ameublir par des hersages ou des labours répétés. Au reste, les inondations qui viennent d'avoir lieu se sont effectuées trop lentement, pour qu'elles aient occasionné des ravages aussi considérables que ceux qu'on éprouve lors de la fonte des neiges, ou lors des orages extraordinaires.

On doit donc espérer qu'il n'y a pas de portions considérables de terrain assez découvertes, assez privées de terre, ou, d'un autre côté, assez recouvertes de vase, pour nuire sensiblement aux récoltes futures.

Signé Thouin, Bosc, Silvestre, Huzard, Yvart, Vilmorin, Challan, *membres de la commission.*

Marques des étoffes.

20 août 1816.

Le Sous-secrétaire d'État de l'intérieur aux Préfets.

L'article 59, titre VI de la loi du 28 avril 1816, section des douanes, ordonne :

1° La recherche, dans l'intérieur, des tissus et tricots de coton et de laine, enfin de tous autres tissus de fabrique étrangère dont l'entrée en France est prohibée ;

2° L'application d'une marque et d'un numéro de fabrication sur les tissus de même nature des manufactures de France; marque destinée à servir de premier indice au jury chargé de prononcer, en cas de contestation, sur la nationalité de ces produits.

L'exécution du deuxième paragraphe a donné lieu à l'ordonnance du 8 de ce mois.

Imposer au fabricant l'obligation d'apposer, sur ses tissus, son nom, ou un signe ou chiffre équivalent, le nom de la ville ou du département où il exerce son industrie, et un numéro d'ordre ; lui laisser le choix des moyens d'application de ces marques, sous la seule condition qu'il déposera, entre les mains de l'autorité, le modèle des empreintes qu'il aura adoptées ; recommander au marchand, dans son propre intérêt, d'exiger des factures signées de celui de qui il tient les tissus, et dans lesquelles les marques et signes de reconnaissance soient exactement rappelés; enfin, inviter ce dernier, quand il vend en détail, à conserver soigneusement, pour sa propre garantie, une marque à l'extrémité du coupon qui reste dans ses magasins : voilà à quoi se réduisent les dispositions prescrites par l'ordonnance dont il s'agit ; elles paraissent être d'une exécution simple et facile, et je les crois propres à faire atteindre le but de la loi, sans le dépasser.

L'administration aurait pu, sans doute, intervenir d'une manière plus directe dans la marque des tissus, et ménager au jury assermenté des moyens plus sûrs encore de reconnaissance ; mais, dans la crainte de gêner l'industrie et d'entraver les mouvements du commerce, elle a mieux aimé attendre des garanties de l'intérêt même des fabricants et des négociants, que d'une action plus immédiate de l'autorité.

Il n'a donc été rien prescrit de ce qui a le caractère d'une marque publique ; et la loi ayant voulu que celui qui fabrique fût tenu d'apposer sa marque et un numéro repris de ses registres, l'ordonnance n'exige pas davantage. Du reste, les commerçants ou commissionnaires deviennent les surveillants naturels de l'exécution de ces dispositions : ils auront soin de ne se charger que de marchandises dûment marquées, et de ne les prendre que dans des maisons de fabrique bien établies, et connues pour ne se livrer à aucun genre de fraude.

Quoi qu'il en soit des précautions et des ménagements dont on a usé pour concilier les divers intérêts que présente une matière aussi délicate, il est probable que l'administration n'aura pas prévu tous les cas et résolu toutes les difficultés.

Plusieurs objections lui seront faites contre ces mesures, que les uns regarderont comme sévères, les autres comme insuffisantes ; plusieurs questions lui seront adressées sur le sens des dispositions de l'ordonnance.

Je vais prévenir ici quelques-unes de celles que j'ai pu pressentir. Vous savez qu'il existe, dans les campagnes, beaucoup d'ouvriers qui tissent pour leur compte, et qui vont vendre leurs produits, dans la ville voisine, à des marchands fabricants dont ils sont connus.

La plupart des individus de cette classe, peu au courant des lois, ou ne se considérant pas comme compris dans l'ordonnance, attendu le peu d'importance de leur fabrication privée, ne déposeront pas leur marque entre les mains de l'autorité, ne seront pas capables de tenir des registres ; et livreront leurs tissus dans le même état qu'auparavant.

On vous demandera, sans doute, si la marchandise ne sera pas entachée de soupçon d'origine étrangère, et comment on pourra, en pareil cas, suppléer au défaut des marques.

J'aurai l'honneur de vous dire que c'est alors le marchand fabricant que regarde le soin de la marque. Sûr de son vendeur, et parfaitement au fait des qualités inhérentes aux fabrications locales, il apposera sa propre marque sur les produits qui n'en porteraient pas, et se chargera de la responsabilité attachée à cette marque, en ayant, d'ailleurs, l'attention de mentionner l'achat sur ses registres, et le nom du petit fabricant de qui il tient un article quelconque, non régulièrement marqué.

On ne manquera pas aussi de vous demander si les tissus français fabriqués avant l'ordonnance du roi, ou qui étaient en cours de fabrication lors de la publication de cette ordonnance, ne seront pas déclarés étrangers, parce qu'ils se trouveraient sans marque.

Outre que, déjà précédemment, un grand nombre de fabricants ne laissaient pas sortir de produits de leurs ateliers sans y avoir apposé des signes de reconnaissance ; outre que, dans ce cas, on pourra user des marques de supplément indiquées dans l'article 6 de l'ordonnance de Sa Majesté, je dois vous faire remarquer que les tissus ne sont pas déclarés d'origine étrangère par cela seul qu'ils ne portent point de marques. Lorsque des marchandises auront paru suspectes aux officiers et préposés que la loi charge de faire des saisies, le jury assermenté examinera, indépendamment des circonstances relatives à la marque, les qualités des tissus, les caractères qu'ils présenteront, et recourra aux registres des fabricants et marchands. Si, de tous ces autres moyens de reconnaissance, il résulte que la marchandise est d'origine française, il la déclarera, malgré l'absence des marques ; comme il la déclarerait étrangère, malgré l'existence de la marque, s'il avait la conviction que cette marque a été frauduleusement apposée sur des tissus étrangers. Seulement, je dois vous prier de faire observer aux personnes intéressées que, lors même que le jury déclarerait française une marchandise qui ne porterait pas de marque, le fabricant ne laisserait pas d'être en contravention avec l'ordonnance de Sa Majesté, si l'inspection des registres démontrait que la fabrication est postérieure à la publication de cette ordonnance, et que la marque a été omise en connaissance de cause.

L'article 2 porte que les marques seront, à la volonté du fabricant, tissues, brodées ou imprimées, selon la nature de l'étoffe, mais de manière à pouvoir se conserver le plus longtemps qu'il sera possible. Quelques fabricants témoigneront peut-être le désir de connaître quel est, pour l'impression, le procédé d'application qui résiste le plus à l'action du temps ou à l'influence des autres causes qui concourent à rendre insensiblement la marque illisible. La chimie n'a pas encore découvert une substance colorante qui ait la propriété d'être indélébile ; mais comme il est assez généralement reconnu, en fabrique, qu'une impression nettement faite avec un mélange d'huile et de sanguine, ou d'huile et de noir de fumée, est, jusqu'à présent, ce qu'il y a de préférable, l'administration pourrait provisoirement, non pas ordonner, mais conseiller l'emploi de ce procédé. Particulièrement intéressé à la conservation de sa marque, le fabricant usera, au surplus, de tout autre moyen qu'il trouverait, soit plus à sa convenance, soit plus propre à remplir son objet. En cas de similitude de marques, d'identité de noms, l'article 3 trace la marche à suivre : et, dans le cas où vous auriez à vous entourer de quelques avis, s'il n'existait pas, auprès de vous, de chambre consultative ou de chambre de commerce, vous y suppléeriez, en formant un comité ou conseil composé de quelques habitants et négociants dans les lumières desquels vous auriez pleine confiance.

Il convient que l'autorité chargée, par l'article 4, de recevoir le dépôt des empreintes apporte le plus grand soin dans la tenue et la conservation de ce dépôt. Les registres qui le mentionneront devront rappeler un numéro d'ordre correspondant à celui que le sous-préfet aura donné à l'enveloppe ou paquet dans lequel sera contenu le modèle de l'empreinte ou de la marque du fabricant : cette enveloppe devra porter le nom de ce même fabricant, la commune où il réside et où il fabrique, et le genre de fabrication dont il s'occupe. Ces diverses indications seront portées sur le registre, et les paquets contenant les marques ou empreintes seront classés avec soin, de telle manière que, sur la demande de chaque partie intéressée, et d'après les indications du registre de dépôt, on puisse retrouver, sur-le-champ, chaque article. Les mêmes mentions seront inscrites aussi au dos du paquet cacheté et contenant le double des modèles, qui doit m'être envoyé. Il en sera de même pour les modèles des marques de supplément dont parle l'article 6.

Les dispositions comprises aux articles 9 et 10 sont toutes dans l'intérêt des marchands en détail et des acheteurs. Ils sentiront qu'en ne s'y conformant pas ils ôteraient à l'administration les moyens de remonter à l'origine de la fabrication et à la connaissance du nom du fabricant. Ils ne pourraient donc imputer qu'à eux seuls les désagréments qu'ils se seraient attirés par une infraction aux articles 9 et 10.

Telles sont les instructions préliminaires dont il m'a paru convenable d'accompagner la notification que je vous fais ici de l'ordonnance du 8 août, indépendamment de la publication officielle qui a eu lieu par la voie du *Bulletin des lois*.

Cette ordonnance est un des premiers actes qui se rattachent à une législation entièrement neuve, et je répéterai ici que je ne me dissimule pas que l'expérience pourra y faire découvrir des lacunes. Il y sera pourvu, selon les circonstances ; c'est du temps seul qu'on peut attendre le perfectionnement d'une semblable institution. Il suffit, pour le moment, d'avoir adopté et consacré les mesures dont le besoin se fait le plus indispensablement sentir. Elles sont d'un intérêt presque général : il convient donc qu'il leur soit donné la plus grande publicité possible. A la suite de l'instruction, dont vous vous occuperez de votre côté, si vous le jugez nécessaire, vous ferez réimprimer, par extrait, le titre VI de la loi du 28 avril, section des douanes, l'ordonnance précitée du 8 août et la présente lettre.

Vous adresserez des exemplaires de ces pièces, en nombre suffisant, aux sous-préfets, qui, de leur côté, veilleront à ce que, dans les communes de leur ressort où il existe des fabrications analogues à celles dont parle l'ordonnance, les fabricants, marchands et négociants aient une connaissance parfaite des dispositions qui les concernent.

Octrois. — Prélèvement du dixième. — Droits de timbre

6 septembre 1816.

Le Sous-secrétaire d'État de l'intérieur aux Préfets.

Un arrêté du 24 frimaire an xı imposait aux communes dont la population s'élevait au-dessus de quatre mille âmes, et au profit desquelles des octrois étaient établis, l'obligation de verser au trésor 5 p. 0/0 du produit net de leurs octrois.

La loi du 24 avril 1806 a porté ce prélèvement à 10 p. 0/0 du produit net des octrois des villes ayant plus de vingt mille francs de revenu ou, au moins, quatre mille âmes de population.

La loi du 28 avril dernier, article 153, maintient ce prélèvement.

La seule différence qui se fait remarquer entre l'ancienne et la nouvelle subvention, c'est que celte dernière, au lieu de frapper seulement sur les octrois des villes ayant plus de vingt mille francs de revenu, ou quatre mille âmes de population, doit frapper indistinctement sur toutes les communes au profit desquelles il se perçoit des octrois, quel que soit le montant de leurs revenus ou la force de leur population (1).

Ainsi, les villes qui se trouvaient, à raison de leur population ou de leurs revenus, soumises au prélèvement de 10 p. 0/0 du produit net de leurs octrois, continuent d'être soumises à la même obligation, et se trouvent conséquemment dans la même position, relativement au prélèvement.

Quant aux autres communes, l'extension prescrite par la loi a fait naître la question de savoir de quelle époque devait partir l'obligation qui leur est imposée.

---

(1) Ce prélèvement ne porte pas sur les taxes additionnelles d'octroi que les villes s'imposent. (Voir la loi du 17 août 1822, art. 16.)

(*N. de l'Éd.*)

Il est convenu avec le ministre des finances, que l'article 153 de loi du 28 avril, en ce qui concerne ces communes, ne doit être exécuté qu'à compter du jour de la promulgation de la loi.

Vous remarquerez que la subvention doit être acquittée indistinctement par toutes les communes qui ont des octrois, pendant la durée de la loi du 28 avril, et que la durée de cette loi comprenant l'intervalle de temps écoulé depuis la date de sa promulgation jusqu'au 1er février 1817, temps fixé par l'article 248 pour son exécution, c'est jusqu'à cette époque que les communes ont à satisfaire à l'obligation qui leur est imposée.

Je dois également fixer votre attention sur l'article 71 du titre VII de la loi, portant ce qui suit :

« Il ne pourra, sous quelque prétexte que ce soit, être admis au-
« cune espèce de papier au timbre en débet ; les receveurs seront
« poursuivis en recette de tous les droits résultant du timbre des
« feuilles qui auront été frappées, sans qu'aucune dispense ou crédit
« accordé puisse être invoqué par eux. »

Il résulte de cette disposition et d'une lettre particulière du ministre des finances, du 24 août dernier, que les communes ne peuvent compter sur aucune espèce de dispense ou de crédit pour les feuilles de papier timbré qui leur sont nécessaires, et notamment pour la formation des registres de l'état civil de 1817.

Il importe, en conséquence, de prendre des mesures à l'effet de mettre les communes en état de payer comptant les feuilles timbrées dont elles auront besoin. Je vous prie, au surplus, de vous reporter, pour cet objet, à la circulaire du ministre du 28 octobre 1814.

Ponts et chaussées. — Contentieux.

12 septembre 1816.

Le Directeur général des ponts et chaussées aux Préfets.

Un avis du conseil d'Etat, du 16 thermidor an XII, approuvé le 25, et un décret du 21 juin 1813, consacrent en principe que les conseils de préfecture sont, dans les affaires de leur compétence, de véritables juges, dont les actes doivent produire les mêmes effets et obtenir la même exécution que ceux des tribunaux ordinaires ; qu'ils n'ont pas, plus que ces tribunaux, le droit de réformer leurs décisions, et que ce droit n'appartient qu'à l'autorité supérieure.

Ainsi, lorsque des pourvois sont formés contre des arrêtés de ces conseils, il n'appartient qu'au roi de les maintenir ou de les annuler. Le décret du 22 juillet 1806 détermine la manière de procéder dans les affaires contentieuses portées au conseil d'Etat ; l'article 11 de ce décret porte que le recours au conseil contre la décision d'une autorité qui y ressortit ne sera plus recevable, après trois mois du jour où cette décision aura été notifiée ; passé ce terme, les pourvois peuvent être rejetés par une fin de non-recevoir : mais, ainsi que l'indique le décret du 17 avril 1812, « la prescription ou « la force de chose jugée ne peut être utilement opposée, qu'autant « que la partie qui oppose cette exception a régulièrement signifié « les arrêtés contre lesquels on réclame. » Ce même décret ajoute que de tels arrêtés *sont des jugements ;* et que, si l'envoi par les autorités supérieures, aux autorités inférieures, suffit pour rendre exécutoires les actes purement administratifs, il n'en est pas de même quand il s'agit d'arrêtés d'un conseil de préfecture statuant sur la propriété.

J'ai eu occasion de remarquer que, dans quelques départements, les préfets notifiaient les arrêtés des conseils de préfecture, comme les leurs propres ; que souvent même ils les faisaient notifier par les ingénieurs. Les notifications de ce genre n'ont point, en cas de pourvoi, un caractère légal, et l'on ne peut, dès lors, opposer aux réclamants la fin de non-recevoir indiquée pas l'article 11 du décret du 22 juillet 1806.

Les arrêtés des conseils de préfecture devant, d'après le principe consacrée par l'avis du conseil d'État, du 16 thermidor an XII, et le décret du 21 juin 1813, *produire les mêmes effets et obtenir la même exécution que les jugements des tribunaux ordinaires*, il est manifeste que, pour être signifiés régulièrement, il faut qu'ils le soient par huissier.

Je vous invite en conséquence, à faire signifier, à l'avenir, par le ministère d'huissier, aux parties intéressées, les décisions du conseil de préfecture de votre département, relatives à la grande voirie, ou à tout ce qui ressortit à l'administration des ponts et chaussées. Les frais de signification resteront à la charge de qui de droit, selon que l'aura établi la décision du conseil de préfecture.

Quant aux décisions ministérielles, elles doivent être notifiées au domicile de la partie, par le maire, qui doit s'en faire délivrer un reçu.

Vérification de la comptabilité et des caisses des hospices et établissements de charité.

16 septembre 1816.

Le Sous-secrétaire d'État de l'intérieur aux Préfets.

Je vous ai informé, par ma circulaire du 28 juin dernier, que j'avais fait connaître au ministre des finances que les hospices et établissements de charité ne pouvaient être assujettis aux dispositions prescrites par ses instructions des 1er janvier et 30 mai 1816, pour la vérification des caisses des établissements publics et le placement de leurs fonds libres à la caisse de service.

Son Excellence a instruit, en conséquence, les inspecteurs généraux du trésor, qu'ils ne devaient vérifier les caisses des hospices que sur la demande des autorités locales ; et elle vous a écrit dans le même sens le 30 juillet dernier.

J'avais dû réclamer la modification de dispositions qui auraient semblé porter quelque atteinte à l'indépendance des revenus des pauvres et des hospices ; mais, dès que la vérification des caisses des hospices par les inspecteurs généraux du trésor n'aura lieu désormais que sur l'invitation des autorités locales ; dès que ces inspecteurs n'ont le droit de prescrire aucune mesure pour l'emploi des fonds, on doit reconnaître qu'il sera fort souvent très-utile de confier à des agents aussi exercés la vérification de la comptabilité des établissements de charité, pour découvrir et réprimer les abus et les irrégularités qui s'introduiraient dans la gestion des receveurs et qui échapperaient à la surveillance des administrations locales.

Je vous ai invité, par ma circulaire précitée du 28 juin, à déléguer des commissaires spéciaux pour vérifier la caisse et la comptabilité des établissements de charité; vous pourriez donc requérir aussi, pour cette vérification, l'action des inspecteurs du trésor. Les sous-préfets et les maires le pourront, dans les cas urgents; et il devra résulter de cette faculté une plus grande garantie des intérêts des pauvres, sans que les administrations, ni les receveurs des établissements, puissent se plaindre d'une surveillance qui ne sera jamais exercée que sur la demande des magistrats.

Honneurs à rendre aux troupes en marche.

23 septembre 1816.

Le Ministre de l'intérieur aux Préfets.

Depuis quelque temps, et presque généralement, on fête les troupes en marche, et on leur rend des honneurs dans tous les lieux de passage. Les gardes nationales et les troupes en garnison prennent les armes et vont souvent, avec les autorités, au devant des corps, pour leur faire une réception solennelle : à leur départ, ces corps sont accompagnés de la même manière. Sa Majesté a considéré que cet usage, qui a pu être toléré comme tenant à des sentiments louables, présente néanmoins des inconvénients graves qui ne permettent pas de lui laisser prendre le caractère et la consistance d'une coutume générale et permanente. Cet usage est onéreux pour les villes, à raison des fêtes qu'elles se croient obligées de donner : indépendamment des désordres particuliers dont il est l'occasion, Sa Majesté le regarde comme dangereux dans ses effets, parce que, tendant à rendre le militaire juge des sentiments des habitants, par le plus ou le moins d'éclat d'une réception, il le porterait à régler, sur l'opinion qu'il s'en formerait, sa conduite à leur égard, et pourrait préparer ainsi des germes de dissensions.

Considérant enfin que cet usage est contraire aux principes de la discipline militaire, qui ont fait interdire aux corps armés les délibérations et les correspondances entre eux, le Roi, par une décision du 11 septembre, a défendu à toute force armée, quelle qu'elle soit, de prendre les armes et de se mettre en mouvement pour l'arrivée ou le départ des corps en marche; à toute autorité constituée d'aller les recevoir ou de les accompagner hors des villes; enfin, Sa Majesté veut que dans toutes les places de guerre, villes de garnison et gîtes d'étape, etc., on s'en tienne rigoureusement, en ce qui concerne le départ et l'arrivée des troupes de toutes armes, aux dispositions de l'ordonnance du 1er mars 1768.

Je vous transmets l'ordre de Sa Majesté, afin que vous vous y conformiez exactement, et qu'il soit strictement exécuté dans votre département.

Secours et travaux d'hiver.

23 septembre 1816.

Le Sous-secrétaire d'État de l'intérieur aux Préfets.

L'influence que les intempéries ont exercée, cette année, sur les récoltes, doit appeler toute l'attention de l'administration sur les moyens d'assurer, pendant la saison rigoureuse, l'existence de la classe ouvrière et indigente ; et le roi, toujours attentif aux besoins de ses peuples, désire que tous les efforts se réunissent pour atteindre un but aussi important.

Le travail est le genre de secours à la fois le plus utile et le plus moral. En procurant à l'indigent des moyens d'existence, il lui apprend à les chercher dans l'emploi de ses forces; il resserre les liens des familles et prévient les désordres qu'entraînent trop souvent la fainéantise et l'oisiveté. C'est donc à procurer de l'occupation aux habitants valides de votre département que vous devez mettre d'abord tous vos soins, en recherchant avec attention les ressources que peuvent vous présenter, à cet égard, les travaux des ponts et chaussées, les travaux départementaux et ceux des communes.

Les réparations des routes sont toujours ce qui offre le plus d'utilité dans de semblables circonstances : tous les habitants valides peuvent y être employés, et les rigueurs de la saison ne forcent point à les suspendre.

Je vous invite à désigner immédiatement au directeur général des ponts et chaussées les travaux dépendant de cette administration, qui pourraient s'exécuter dans votre département cet hiver, en lui faisant connaître les fonds nécessaires pour leur exécution. Le ministre vient de recommander au directeur général d'examiner, avec la plus grande célérité, les propositions que vous lui adresserez ; et, à mesure que les demandes du directeur général parviendront au ministre, les fonds qu'il sollicitera seront mis, sans délai, à votre disposition.

L'entretien et la réparation des routes départementales étant à la charge des départements, vous pouvez disposer immédiatement des fonds qui ont pu être alloués pour cette dépense dans le budget de votre département pour le présent exercice ; et vous devez prendre les mesures nécessaires pour employer ces fonds de la manière la plus utile, et dans le temps où leur emploi peut offrir les ressources les plus précieuses pour occuper la classe indigente. Dans quelques départements, il a été voté par les conseils généraux, et le ministre s'est empressé d'allouer des fonds spéciaux pour des travaux de charité. Il faut faire toutes les dispositions convenables pour employer ces fonds dans le courant de l'hiver et en tirer tout le parti possible. Si, dans les derniers mois de l'année, vous aviez, d'après une connaissance plus exacte du montant des diverses dépenses départementales, l'assurance qu'il restera des fonds libres, ou que vous obtiendrez des économies sur les allocations de votre budget, je m'empresserais de vous autoriser à disposer de ces fonds pour les routes départementales ou autres travaux utiles. En un mot, vous devez chercher à réunir, pour procurer du travail et des moyens d'existence à la classe indigente, toutes les ressources que votre département peut offrir.

La réparation des chemins vicinaux est encore un des moyens qui peuvent être employés avec le plus de succès pour occuper les bras oisifs. Le produit des sommes payées par les habitants qui préfèrent acquitter en argent les prestations en nature auxquelles ils ont été imposés sert à payer les journées des indigents que l'on emploie aux travaux. Je dois vous recommander de multiplier, autant que les localités le permettront, les travaux de cette nature.

Je vais, de mon côté, presser l'examen de tous les projets qui m'ont été adressés pour des réparations ou des constructions de bâtiments ; et j'accélérerai, autant qu'il dépendra de moi, le renvoi de ces projets sur les lieux pour en hâter l'exécution.

En même temps que vous vous occuperez d'assurer du travail à tous les habitants valides, les bureaux de charité doivent réunir toutes leurs ressources pour procurer des moyens d'existence aux individus à qui leur âge ou leurs infirmités ne permettent pas de travailler. Vous n'exciterez pas sans doute en vain la charité des habitants aisés de votre département, pour venir augmenter les fonds des secours publics. Je sais combien, dans les circonstances actuelles, toutes les fortunes se trouvent atteintes ; mais c'est dans les conjonctures les plus critiques que les Français ont toujours montré le plus de générosité et de dévouement ; et ils s'empresseront d'imiter, selon leurs facultés, l'inépuisable charité du monarque qui préside à nos destinées et qui, avec toute sa famille, s'impose avec joie des privations pour secourir les malheureux.

Les secours dont pourront disposer les bureaux de charité seront distribués en denrées ou en vêtements plutôt qu'en argent. Plusieurs fois, les précédents ministres ont recommandé, dans des temps analogues à ceux où nous nous trouvons, l'usage des soupes économiques. Ce genre de secours n'a pu être établi que difficilement dans beaucoup de départements ; cependant on en a obtenu de grands succès dans quelques autres. Ces soupes ont le grand avantage d'épargner la consommation des grains ; et, quoique l'on soit sans crainte sur les subsistances, il sera fort utile d'employer les soupes dont il s'agit dans les lieux où le pain se vendrait à un prix élevé. Je me repose sur votre sagesse pour en prescrire l'usage suivant les circonstances et les localités.

Je vous prie de donner tous vos soins à l'objet de cette lettre, et je désire que vous me rendiez fréquemment compte des mesures que vous aurez prises pour assurer la subsistance de la classe indigente, et de la situation de votre département sous ce rapport.

Suppression du prélèvement de 50 p. 0/0 sur les quarts de réserve des bois des communes.

6 novembre 1816.

Le sous-secrétaire d'Etat de l'intérieur fait connaître aux préfets que, conformément aux dispositions de la circulaire du 10 mai 1816, le ministre des finances a donné des ordres à la régie des domaines pour faire cesser les prétentions qu'avaient quelques-uns de ses agents de continuer à faire, comme par le passé, le prélèvement de 50 p. 0/0 sur les produits des coupes des quarts de réserve des bois des communes. Il les prie, en conséquence, de faire connaître aux autorités locales, que cette disposition peut intéresser, que les traites relatives aux ventes des quarts de réserve de l'ordinaire de 1817 ne peuvent être grevées du prélèvement dont il s'agit, et que le recouvrement des traites doit être intégralement fait pour le compte des communes propriétaires.

Commerce de grains.

Novembre 1816.

Le Sous-secrétaire d'État de l'intérieur aux Préfets.

L'article 4 de la loi du 21 prairial an **v**, concernant la libre circulation des grains dans l'intérieur, porte que *tout marchand de grains et blatier sera tenu de se pourvoir d'une patente.*

Je suis informé que souvent des individus, qui ne s'étaient jamais occupés du commerce des grains, se présentent sur les marchés, ou parcourent les campagnes, pour y acheter ou simplement arrhér des quantités assez considérables de grains ou de farines, soit en leur nom, soit pour le compte d'autrui. Or, cet acte suffit pour constituer un négoce, et, par conséquent, pour soumettre celui qui le fait aux obligations imposées à tout marchand par la législation. L'article 3 de la loi du 1er brumaire an VII ne laisse aucun doute à cet égard.

Le tarif annexé à cette même loi range dans la première classe des patentés les commissionnaires en marchandises, les entrepreneurs, fournisseurs et munitionnaires de l'Etat; et dans la troisième classe les *marchands de grains*, autres que ceux qui vendent les produits de leurs récoltes.

Enfin, l'article 37 indique l'amende qui doit être prononcée contre ceux qui s'immisceraient dans un commerce sans être pourvus de patentes.

Il résulte de ces dispositions et de celles qui y sont relatives,

1o Que toute personne qui se présente, soit sur les marchés publics, soit dans les greniers des cultivateurs ou détenteurs de grains, à un titre quelconque, pour y faire des achats de grains ou de farines sensiblement supérieurs à sa consommation et à celle de sa famille, peut être requise par le maire du lieu ou par l'officier chargé de la police d'exhiber une patente ;

2o Que cette patente doit être de première classe, si l'acheteur est entrepreneur, fournisseur ou munitionnaire de l'Etat, ou commissionnaire en grains ;

3o Qu'elle doit être de de troisième classe s'il achète pour son propre compte ;

4o Que, s'il est un simple commis, il doit justifier de la patente de son commettant, à moins qu'il n'opère pour le compte d'une régie instituée par le gouvernement, cas auquel il doit exhiber sa commission.

Dans le cas où les acheteurs, autres que ceux qui se pourvoient pour leur propre consommation, ne peuvent justifier de leur titre par une patente ou une commission, ainsi qu'il vient d'être dit, ils doivent être poursuivis, conformément à la loi.

Les maires, en tenant sévèrement la main à l'exécution de cette mesure, parviendront facilement à écarter de leurs marchés et des greniers situés dans leurs communes respectives ceux qui les parcourent, sans en avoir le droit, et souvent sans autre objet que de faire hausser la denrée, afin de servir, par des demandes exagérées d'approvisionnements, les calculs de la cupidité.

Les dispositions relatives aux patentes, et que ma lettre a pour objet de rappeler, supposent, d'ailleurs, que les contrevenants ne tentent pas, par des bruits faux ou calomnieux, par des sur-offres faites aux vendeurs, par des réunions ou coalitions, enfin par tout autre moyen frauduleux, d'opérer une hausse factice; autrement, indépendamment des peines prévues par l'article 37 de la loi du 1er brumaire an VII, ces individus encourraient, aux termes des articles 419 et 420 du Code pénal, une amende de 1,000 à 20,000 francs, et la peine d'un emprisonnement de deux mois, au moins, et de deux ans au plus.

Je vous prie de donner à toutes les administrations locales de vôtre département des instructions conformes aux explications contenues dans cette lettre, et de veiller à ce que ces instructions soient exactement suivies.

Ces dispositions se concilient parfaitement avec la liberté du commerce et la circulation des subsistances, que vous devez protéger par tous les moyens qui sont en votre pouvoir ; elles n'ont pour objet que de prévenir des manœuvres illicites, et de réprimer des abus condamnables. Le commerce légitime trouvera dans cette répression un nouvel encouragement ; c'est à lui qu'il appartient de porter les subsistances dans les lieux où les besoins les appellent, et de faire que tous les Français entrent en partage des ressources communes, quelles que soient les contrées qu'ils habitent dans le royaume.

Variété hâtive de pomme de terre.

27 novembre 1816.

Le Sous-secrétaire d'État de l'intérieur aux Préfets.

J'ai eu l'honneur de vous adresser successivement quelques exemplaires de deux instructions que j'ai cru devoir faire publier : la première, sur les moyens de conserver les pommes de terre entières, d'une récolte à l'autre ; la seconde, sur la dessiccation de ces tubercules, et leur conversion en farine. Il me paraît très-important, dans les circonstances actuelles, de donner la plus grande publicité possible à ces instructions ; je vous invite, en conséquence, à les faire réimprimer, en nombre suffisant pour pouvoir en envoyer au moins un exemplaire à tous les maires de votre département, ainsi qu'aux curés et autres ministres des cultes. Vous chargerez les premiers de faire afficher ces instructions, en placards, dans leurs communes respectives, et vous engagerez les derniers à en donner lecture, un jour de dimanche, à leurs paroissiens.

Je vous autorise à imputer les frais de cette réimpression sur les fonds réservés, au budget de votre département, pour dépenses imprévues.

Je joins ici un avis concernant une espèce de pomme de terre hâtive, dont la culture me paraît mériter d'être recommandée, tant à raison de cette qualité que des autres avantages qu'elle présente : je vous invite à profiter de la circonstance pour donner à cet avis la publicité convenable.

AVIS AUX CULTIVATEURS SUR UNE VARIÉTÉ HATIVE DE POMME DE TERRE.

On cultive communément, depuis quelques années, dans les environs de Paris, une variété particulière de pomme de terre, qui se vend, à la halle de cette ville, sous le nom de *truffe d'août* ; quelques cultivateurs la désignent aussi sous celui de *grise d'août* et de *pelure d'oignon*. Cette variété, qui paraît encore peu répandue dans les autres parties de la France, mérite de fixer l'attention des cultivateurs par les avantages qu'elle présente ; elle se recommande à la fois par la qualité et l'abondance de ses produits, ainsi que par la grosseur de ses tubercules ; mais ce qui la distingue surtout, c'est qu'elle est très-précoce. La truffe d'août est, en effet, déjà bonne à manger au commencement de juin, et elle est parfaitement mûre dans les premiers jours d'août, c'est-à-dire environ deux mois avant les autres espèces. Cette dernière propriété la rend extrêmement précieuse, dans beaucoup de circonstances. La culture de cette variété pourrait fournir, l'année prochaîne, une grande abondance de moyens de subsistance, avant l'époque de la récolte des céréales.

Les cultivateurs qui voudront essayer, cette année, la culture de la truffe d'août, pourront se procurer, à la halle de Paris, les tubercules nécessaires, dans le cas où cette solanée ne serait pas connue dans leur département. Comme cette espèce est la plus précoce et une des meilleures, elle se vend de bonne heure et elle est très-recherchée; on en trouverait difficilement des quantités suffisantes après l'hiver.

Marchands patentés exerçant hors de leur domicile et marchands forains patentés.

30 décembre 1816.

Le Sous-secrétaire d'État de l'intérieur aux Préfets.

Je suis informé que, dans plusieurs villes, l'autorité municipale met à l'industrie des *marchands forains* et *colporteurs* des entraves et des restrictions arbitraires; elle va même jusqu'à s'opposer à la liberté que la loi assure aux marchands ordinaires de vendre hors de leur domicile habituel, liberté dont peut jouir tout commerçant dûment patenté, et qui, étant en quelque sorte le patrimoine de tous, ne devrait exciter la jalousie de personne.

Je crois devoir vous rappeler les règles existantes, persuadé que, si l'on se permettait de s'en écarter dans quelque lieu de votre département, vous veillerez avec soin à leur observation, pour prévenir toute réclamation ultérieure.

L'intention, louable d'ailleurs, de favoriser des concitoyens ne doit pas prévaloir, dans l'esprit des autorités locales, contre des lois positives; or, la liberté du commerce, formellement consacrée, ne peut se concilier avec la prétention qu'auraient les habitants d'une ville de fermer leur marché à ceux des autres villes. Les avantages attachés à la concurrence veulent que tous les commerçants puissent, sous la protection des lois, voyager, acheter, contracter et négocier leurs engagements, partout où ils se trouvent. La faculté de vendre est expressément garantie par l'article 38 de la loi du 1er brumaire an VII, relatif aux patentés qui exposent leurs marchandises en vente hors de leur domicile. Cette disposition n'est qu'une conséquence de celle de l'article 27, où l'on trouve ces paroles expresses : « Tout citoyen muni d'une patente pourra exercer son commerce, sa profession ou industrie, dans toute l'étendue de la France. »

La combinaison de ces deux articles ne permet pas même de confondre cette liberté indéfinie avec la faculté d'avoir des établissements en plusieurs lieux. Celle-ci est soumise à l'obligation de payer un droit proportionnel, dans chacun de ces endroits : mais cette condition est étrangère à l'administration municipale; c'est l'agent des contributions qui pourvoit à son exécution, laquelle doit précéder la délivrance de la patente dans le lieu du domicile. La possession de la patente suppose donc l'accomplissement de l'obligation; et le commerçant, dans chacun de ses établissements, n'a plus qu'à représenter cette patente, ainsi que l'article 38 l'exige purement et simplement de celui qui fait des ventes dans ses voyages.

Celui-ci peut d'autant moins être empêché dans son commerce, que, suivant l'article 24, nul n'étant obligé de prendre plus d'une patente, et celle qui est susceptible du plus fort droit suffisant pour exercer toute industrie d'un ordre inférieur, on ne peut refuser aux *marchands* la liberté que la loi assure aux *colporteurs*, puisque la patente des premiers est d'une classe supérieure.

Mais ces derniers éprouvent des difficultés encore plus fréquentes et plus graves.

Cependant leur profession est très-expressément reconnue par les lois. Celle du 1er brumaire an VII a distingué les *colporteurs* avec voiture, sous le nom de *marchands forains*, les *colporteurs avec bêtes de somme* et les *colporteurs à balle* ; ces deux derniers sont dispensés (à l'art. 6) de tout droit proportionnel, même dans leur domicile.

L'intérêt qu'ont les manufactures à trouver le placement des produits de qualité inférieure, et l'intérêt de la classe des consommateurs qui, par l'exiguité de leurs moyens, sont obligés de se contenter de ces produits, ont fait accorder une protection constante à cette profession ; et l'autorité supérieure doit veiller à ce qu'il ne soit porté aucune atteinte aux lois qui la protégent.

La police réprime le vagabondage, la contrebande et le recèlement des effets volés ; les règlements qui émanent d'elle doivent pourvoir, en outre, à ce qui intéresse le bon ordre et les étalages, sous le rapport de la liberté de la voie publique : mais les attributions confiées à l'administration municipale ne vont point au delà ; elles ne confèrent pas le droit de repousser une profession légitime, ni de la limiter arbitrairement. Cette administration doit soumettre les voyageurs aux règles de sûreté communes à tous les citoyens ; mais, en les considérant comme marchands ou colporteurs, elle n'est fondée qu'à exiger l'exhibition d'une patente de classe suffisante pour leur industrie (art. 38 de la loi précitée du 1er brumaire an VII).

L'une des mesures arbitraires auxquelles je sais que les autorités locales se laissent le plus souvent entraîner, c'est de déterminer, pour les marchands étrangers, la durée de leur séjour, ou le temps pendant lequel ils peuvent vendre. Cette mesure a été constamment blâmée par les ministres, et mérite de l'être.

Rien, en effet, n'autorise cette limitation ; elle est, au contraire, opposée aux lois existantes et à la nature même des choses, puisque l'état du colporteur est de passer d'une ville à l'autre, sans avoir de domicile, proprement dit, où l'on puisse l'obliger à se retirer.

Les affiches ou les avis imprimés des marchands forains ont aussi éprouvé des oppositions locales : rien ne fonde les obstacles qu'on opposerait aux colporteurs ; ce qui est permis, à cet égard, aux habitants du lieu, leur est également permis.

Délivrance d'attestations et de certificats.

20 janvier 1817.

Le Ministre de l'intérieur aux Préfets.

Je crois utile d'appeler votre attention sur un abus qui tend à égarer l'opinion des ministres du roi, dans l'examen des demandes diverses que des habitants des départements adressent à Sa Majesté, pour obtenir, les uns des places, les autres des décorations, ceux-ci des pensions, ceux-là des secours, etc., etc.

On a remarqué que plusieurs maires et quelques préfets, cédant bien plus à des considérations particulières, ou à la séduction de l'obligeance, qu'à la conviction de la vérité, armaient trop légèrement ces réclamants d'attestations où se trouvaient évidemment exagérés leurs services ou leurs infortunes.

Cependant, vous devriez être d'autant plus circonspect à cet égard, que votre témoignage inspire plus de confiance. Cette confiance est non-seulement personnelle, mais elle est aussi attachée à vos fonctions, qui donnent, en quelque sorte, à vos certificats, l'autorité d'une information authentique.

Je n'ai pas besoin d'insister sur les inconvénients qui pourraient résulter d'attestations irréfléchies accordées par la complaisance des maires, et surtout des préfets ; on sait assez le mauvais effet des places ou des distinctions accordées sans discernement. D'un autre côté, qui ne voit que des pensions, que des secours non mérités, priveraient le roi du bonheur d'étendre ses bienfaits sur ceux de ses sujets qui, par leurs notables services ou leurs malheurs véritables, y ont le plus de droits ?

J'ai lieu d'espérer que ces réflexions suffiront pour vous déterminer à n'accorder, à l'avenir, votre témoignage qu'avec circonspection, et qu'après que vous vous serez scrupuleusement assuré qu'il est entièrement conforme à la vérité. Il serait bien que les maires fussent également invités par vous à ne plus prodiguer inconsidérément leurs certificats, puisque ces sortes de pièces, lorsqu'elles ne contiennent pas l'exacte expression de la vérité, peuvent vous induire en erreur et donner d'ailleurs aux réclamants de chimériques espérances.

Marche à suivre pour la transmission de divers projets de travaux dépendant des ponts et chaussées.

1er février 1817.

Le Directeur général des ponts et chaussées aux Préfets.

Dans la vue d'accélérer l'expédition des affaires qui sont du ressort de l'administration des ponts et chaussées, l'un de mes prédécesseurs avait invité les préfets à transmettre directement aux inspecteurs divisionnaires les projets urgents ou de quelque importance. Depuis, j'avais indiqué de nouveaux moyens d'économiser un temps précieux, en dispensant les préfets d'adresser aux inspecteurs divisionnaires les projets, devis et états de dépenses au-dessous de 6,000 francs, et je m'étais réservé de les examiner moi-même, en conseil des ponts et chaussées.

Aujourd'hui que les fonctions des inspecteurs divisionnaires se trouvent réduites, par le fait de la circonscription actuelle du territoire, j'ai pensé qu'il était possible et utile même de faire quelques modifications à cet ordre de choses, sans qu'il y eût à craindre qu'il en résultât de retard sensible dans la marche du service.

Je vous invite, en conséquence, en vous reportant aux deux circulaires ci-dessus mentionnées, à m'adresser, à l'avenir, directement et sans l'intermédiaire de l'inspecteur de la division dont votre département fait partie, tout projet dont la dépense n'excédera pas une somme de 3,000 francs.

J'aurai le soin d'informer les inspecteurs divisionnaires de la décision que j'aurai prise sur les affaires de cette nature, d'après l'avis

du conseil des ponts et chaussées ; et, de cette manière, ils possé-
deront l'ensemble de tout ce qui concerne leurs divisions respectives.

Quant aux autres projets qui offriront une plus grande importance, je vous prie de renouveler, dans vos bureaux, l'ordre positif
de les adresser directement à l'inspecteur divisionnaire : je suis à
même de remarquer, tous les jours, que cet usage, dont l'expérience
a constaté l'utilité, est cependant presque généralement tombé en
désuétude.

Si à cette précaution vous joignez celle de me donner simplement
avis de la date et de l'objet du renvoi fait par vous de chaque affaire
à l'inspecteur divisionnaire, je me ferai un devoir d'en presser l'examen et la plus prompte expédition, dans le cas de retard.

Panification des blés avariés.

17 février 1817.

Le Sous-secrétaire d'Etat de l'intérieur aux Préfets.

Le gouvernement s'occupe, depuis longtemps, des moyens de tirer
tout le parti possible des grains qui ont pu être avariés, par l'effet
de la saison pluvieuse, et de les rendre propres à la fabrication d'un
pain bon et salubre.

Il a été nommé, à cet effet, une commission composée de savants
agronomes et de personnes expérimentées dans l'art de la boulangerie. Cette commission a été chargée de rechercher, en même temps,
les meilleurs procédés à employer pour convertir en pain de bonne
qualité différentes substances, telles que le maïs, l'orge, le sarrasin,
l'avoine et la pomme de terre, qui forment les principaux produits
de certains départements et la base de la nourriture ordinaire de
leurs habitants.

Des expériences dirigées avec méthode, et suivies avec le plus grand
soin, ont donné des résultats satisfaisants, qu'il est intéressant de
faire connaître, et que vous trouverez consignés dans l'instruction
dont je vous adresse plusieurs exemplaires.

Les procédés relatifs à la dessiccation préalable des grains, à la
manipulation et au mélange des diverses espèces de farines panifia-
bles, y sont décrits avec détail, dans l'intention d'en rendre l'application facile à un plus grand nombre de personnes.

Parmi les procédés indiqués, il en est, sans doute, qui ne sont pas
applicables à tous les départements ; je veux parler principalement
de ceux qui ont rapport à la dessiccation, des contrées étendues
ayant été heureusement préservées des longues pluies qui ont affligé quelques parties de la France. C'est à vous et aux sous-préfets
à extraire de l'instruction et à publier les documents qu'il est spécialement utile à vos administrés de connaître, d'après leur manière
habituelle de vivre, les influences de le saison précédentes, et les
productions de leur sol.

Je désire, en outre, que vous et les sous-préfets fassiez répéter,
devant vous, par les boulangers les plus intelligents et les plus habiles, les expériences de panification qui présentent un intérêt
particulier pour le pays. Vous aurez soin de me faire part de ces
essais et de leurs résultats. N'épargnez aucun soin pour propager

l'usage des moyens qui auront été reconnus propres à améliorer la situation de vos administrés et à augmenter leurs ressources. Vos succès en ce genre seront votre première récompense.

Il existe, sans doute, une ou plusieurs sociétés d'agriculture dans votre département. Je vous ai fait, plusieurs fois, connaître combien je mets d'importance à l'établissement et à la bonne direction des travaux de ces sociétés. Il faut, en ce moment, ranimer leur zèle, provoquer leur réunion fréquente, et appeler leur attention spéciale sur les meilleurs moyens de répandre les bonnes pratiques d'agriculture et d'économie. Le roi attache le plus grand intérêt à ce que l'agriculture soit portée au plus haut degré de perfection qu'elle peut atteindre, sur tous les points du royaume; et chacun s'empressera, sans doute, à votre exemple, de seconder les intentions paternelles de Sa Majesté.

C'est dans les mêmes vues d'utilité générale, que je désire que vous adressiez à chaque société d'agriculture deux exemplaires de l'instruction ci-jointe, avec invitation d'en comparer le contenu avec les faits qu'elle a eus sous les yeux, ou dont elle peut avoir connaissance, et avec les résultats des expériences analogues qu'elle sera engagée à faire. C'est pour ces sociétés un devoir de recueillir avec soin les procédés employés utilement, dans les années où les récoltes ont eu à souffrir, afin que, si des accidents semblables arrivaient de nouveau, de bons avis, fondés sur l'expérience du passé, pussent être publiés en temps opportun.

En général, je vous recommande l'emploi des moyens nécessaires pour empêcher que les leçons du passé ne soient perdues pour l'avenir, ce qui n'arrive que trop souvent, par l'oubli où sont laissées les instructions envoyées, dans les moments difficiles, par le gouvernement, lorsqu'on pense qu'elles ne sont pas, ou qu'elles ont cessé d'être applicables aux circonstances.

INSTRUCTION CONCERNANT LA PANIFICATION DES BLÉS AVARIÉS,
Rédigée par une commission spéciale.

Les pluies continuelles qui sont survenues, cette année, pendant les mois de juillet, août et septembre, ont rendu les travaux de la moisson difficiles, et ont altéré une partie de ses produits.

Une récolte qui semblait devoir être d'une fécondité remarquable, bien que déjà elle eût été longtemps retardée par l'influence de la saison froide et humide qui l'avait préparée, a occasionné des inquiétudes, des embarras et de grandes fatigues aux cultivateurs.

Des instructions ont été publiées, de suite, pour soutenir leur zèle et pour diriger leurs travaux; il leur a été recommandé de mettre à couvert leurs gerbes, à mesure qu'elles seraient abattues, et de ne point attendre la fin de leur moisson pour commencer à en rentrer les produits. Il leur a été conseillé de relever debout les gerbes qu'ils étaient obligés de laisser sur le sol, d'en former de petites meules couvertes, et de les garantir ainsi de la funeste influence de l'humidité. On les a surtout prévenus de ne pas entasser les gerbes mouillées, dans les granges et dans les meules; enfin, on les a avertis qu'il fallait, le plus promptemment possible, battre les gerbes mouillées, de manière à retirer de suite une partie au moins des grains qu'elles contenaient, et surtout faire dessécher ces grains, avant de les envoyer à la mouture.

Ces conseils salutaires ont sans doute été entendus; mais peut-être les circonstances, ou l'attachement inconsidéré à d'anciennes habitudes, n'ont-ils pas permis qu'ils fussent suivis partout avec l'attention convenable. Tous les cultivateurs qui ont négligé ces précautions, lorsqu'elles étaient nécessaires, sont exposés à éprouver des pertes considérables, auxquelles il est urgent d'apporter un prompt remède, et dont il faut empêcher l'accroissement progressif et prolongé.

Les blés, suivant qu'ils ont été plus ou moins longtemps exposés à une humidité abondante, froide ou concentrée, éprouvent diverses sortes et différents degrés d'altération. Dans chacun de ces divers états, ils présentent des résultats différents, soit au cultivateur, pour ses semences, soit au meunier, dans sa monture, soit au boulanger, lors de la panification.

Les grains mouillés, serrés dans les granges ou dans les meules, sans précaution et sans que le propriétaire ait conservé des courants d'air intérieurs, comme cela a été fréquemment recommandé, achèvent de se détériorer ; l'humidité ne se porte plus à la partie supérieure pour s'y évaporer, elle se concentre dans l'intérieur ; elle pourrit la paille, et, suivant son abondance ou sa température, elle hâte la germination commencée, ou bien elle excite une fermentation qui échauffe et rougit le grain ; quelquefois même, le blé se moisit et la paille se réduit à l'état de fumier.

Les granges et les meules ont offert, cette année, des grains dans ces divers états, par lesquels les blés mouillés et entassés passent successivement. Ces grains, livrés sans préparation à la mouture, graissent les meules ; leurs farines sont difficiles à travailler ; en peu de jours, ceux qui n'ont éprouvé qu'un commencement de germination se développent complétement dans les sacs qui les renferment ; en peu de jours, la farine qui provient des blés humides se maronne et se réunit en morceaux d'une consistance telle, qu'il faut, pour l'employer, la briser avec des masses. Ces farines sont d'une manipulation difficile, lors même qu'elles sont récemment préparées ; pour peu qu'elles soient anciennes, il est impossible d'en faire du pain, sans les mélanger avec des farines meilleures.

Les grains ainsi altérés ont perdu une partie de leur poids naturel : ainsi, tandis que les bons blés de 1815 et de 1816 pèsent communément, les premiers, 75 kilogrammes, et les seconds, 73 kilogrammes l'hectolitre, la même mesure de blé, qui a éprouvé un commencement de germination, ne pèse que 61 kilogrammes 5 hectogrammes ; le blé fortement germé, 56 kilogrammes ; le blé rouge échauffé, 63 kilogrammes, et le blé moisi sans être être germé, 57 kilogrammes. On doit remarquer ici que le pesage est un des bons moyens à employer pour reconnaître le degré d'altération que les grains peuvent avoir éprouvé par l'effet de l'humidité.

Ces divers blés rendent communément, par la mouture à la grosse, qui est celle ordinairement usitée dans les campagnes, savoir : le bon blé de 1815, 58 kilogrammes 5 hectogrammes de farine et gruaux, 11 kilogrammes de son ; celui de 1816, 56 kilogrammes 5 hectogrammes de farine et gruaux, 14 kilogrammes 5 hectogrammes de son ; le blé légèrement germé, 40 kilogrammes 5 hectogrammes de farine et gruaux, 17 kilogrammes 2 hectogrammes 5 décagrammes de son ; le blé fortement germé, 36 kilogrammes 7 hectogrammes 5 décagrammes de farine et gruaux, et 17 kilogrammes 7 hectogrammes 5 décagrammes de son ; le blé rouge échauffé, 44 kilogrammes de farine et gruaux, 15 kilogrammes de son ; enfin, le blé moisi rend seulement 55 kilogrammes 5 hectogrammes de farine et gruaux, et 13 kilogrammes 1 hectogramme de son.

Les grains germés, échauffés, ou moisis, ne doivent point servir de semences ; des essais, très-anciennement répétés, ont prouvé que ces grains, employés pour cet objet, ne levaient qu'en partie, et que ceux mêmes qui avaient poussé restaient chétifs, qu'ils produisaient constamment une paille mal nourrie, des tiges moins hautes, des épis moins nombreux et des grains moins gros que les blés de bonne qualité. Dans les expériences qui ont été renouvelées, cette année, avec beaucoup de soin, à l'effet de déterminer jusqu'à quel degré les grains qui ont été altérés, à différentes proportions, par l'humidité, étaient encore susceptibles d'être employés comme semences, il a été reconnu que les grains qui avaient déjà éprouvé un commencement de germination ne levaient que dans la proportion de moitié environ des semences employées ; les grains déjà fortement germés, dans celle du tiers ; et qu'il ne levait pas plus d'un cinquième des grains rouges ou moisis ; encore les tiges de ces derniers ont-elles une teinte moins foncée, et une apparence moins vigoureuse que celle des blés sains, et font-elles craindre que ces plantes ne vivent pas jusqu'à l'époque de leur maturité. Ces résultats doivent prémunir suffisamment les agriculteurs contre le danger d'employer des blés altérés pour semences ; ils doivent aussi avertir ceux qui, par négligence ou par des motifs d'économie mal entendue, auraient semé des blés avariés, dans la même proportion que les blés ordinaires, que leurs récoltes futures seront d'autant moins abondantes que leurs blés de semence auront été plus avariés. Quelques-uns pourront être obligés de semer de nouveau au printemps ; et, dans ce cas fâcheux, ils devront alors employer le blé de mars, les orges, particulièrement l'orge nue, les fèves et les pommes de terre : il existe beaucoup d'ouvrages et des instructions populaires sur les meilleurs moyens d'assurer le succès de ces diverses cultures, et de tirer le meilleur parti possible des produits avantageux qu'elles procurent.

C'est principalement la partie glutineuse qui est altérée dans les blés qui ont été exposés à l'humidité. Cette altération est d'autant plus considérable que l'influence a été plus prolongée et plus active : dans les blés fortement germés, dans ceux qui sont rouges ou moisis, le gluten a perdu presque toute son adhérence ; il se réduit en bouillie à l'analyse et se mêle avec l'amidon, au lieu de présenter cette consistance et cette éminente élasticité qu'il offre dans les grains de bonne qualité, élasticité qui a une si grande influence sur la confection du pain.

La dessiccation des blés mouillés peut seule arrêter les progrès de l'altération qu'ils ont éprouvée. Cette opération, si utile pour tous les grains, qu'elle met en état d'être indéfiniment conservés (1), est surtout nécessaire, et ne saurait être pratiquée trop promptement, pour les blés humides.

Un grand nombre de bons ouvrages indiquent des moyens de dessécher les grains, et donnent la forme et la construction des étuves qui doivent être adoptées dans les grands magasins ; on peut consulter, sur la disposition des étuves, le *Traité* de M. Duhamel *sur la Conservation des grains;* l'ouvrage *sur les Subsistances*, par M. Béguillet; le *Traité de la Conservation des grains*, par M. César Buquet; le *Parfait Boulanger*, de M. Parmentier; son *Mémoire sur les avantages que le royaume peut retirer de ses grains;* les articles FROMENT du *Dictionnaire* de l'abbé Rozier, et CONSERVATION DES GRAINS de l'*Encyclopédie méthodique*, partie *agriculture*, etc., etc.

Mais les moyens qui sont indiqués dans ces divers ouvrages, et qui peuvent s'employer avec avantage dans les grands établissements, ne sont pas à la portée des cultivateurs, auxquels la présente instruction est particulièrement destinée.

Indépendamment du prix de construction des grandes étuves, et de l'emplacement qu'il faut leur trouver dans des bâtiments ruraux souvent très-exigus, elles exigent une main-d'œuvre continuellemment en action, et une assez grande consommation de combustible, pendant les dix ou douze heures que le grain doit y rester exposé à une chaleur de 50 à 60 degrés.

Les moyens que les cultivateurs ont sous la main, ou bien ceux qu'ils peuvent se procurer facilement, sont les seuls qu'il convienne d'exposer ici avec quelques détails ; en indiquant plusieurs de ces moyens, chacun d'eux emploiera celui dont l'usage lui paraîtra le plus commode et le plus facile.

Le plus simple, et celui qui peut être le plus universellement adopté, est celui du desséchement dans les fours à cuire le pain, parce que ces fours se trouvent dans presque toutes les exploitations rurales.

On peut, sans aucun danger, y verser les grains humides, immédiatement après que le pain en a été retiré (2) ; la température y est alors à un tel degré, qu'un homme peut y introduire son bras nu, et l'y enfoncer très-avant, sans être trop fortement

---

(1) Tous les blés destinés à être conservés devraient subir une dessiccation préalable, ainsi que cela se pratique, tous les ans, dans le nord de l'Europe, où on les étend et on les remue, dans de vastes greniers échauffés par des poêles à plusieurs tuyaux. Cette opération est surtout nécessaire, 1° lorsque, afin d'obtenir des pailles plus belles et d'un meilleur débit, on n'attend pas, pour récolter, la complète maturité des grains ; 2° lorsqu'on veut détruire les insectes qui attaquent les blés : il faut que, dans ce cas, ils soient exposés à une chaleur de 90 degrés, au moins, thermomètre de Réaumur ; 3° lorsque les grains ont été exposés longtemps à l'humidité ; la dessiccation leur rend une grande partie de leurs propriétés, et notamment celle de pouvoir être gardés indéfiniment.

Il faut remarquer aussi que, bien qu'on puisse obtenir, avec des précautions convenables, de bons résultats pour les farines mises ainsi en état de parfaite dessiccation, néanmoins il est de beaucoup préférable d'appliquer les procédés de dessiccation aux grains eux-mêmes, avant de les porter au moulin : les farines ne supporteraient pas une haute température ; elles doivent être desséchées à l'aide d'une chaleur qui ne passe pas 60 à 76 degrés du thermomètre de Réaumur ; ce degré n'est pas suffisant pour faire périr les insectes dont elles peuvent être attaquées ; un plus haut degré les altérerait, et, d'ailleurs, elles reprendraient facilement l'humidité de l'air.

(2) Dans quelques-unes des expériences de la commission, le blé mouillé a été introduit dans des fours qui étaient chauffés depuis 190 degrés centigrades jusqu'à 245 degrés; il y a été bien séché, en cinq minutes, et les grains n'avaient pas subi d'altération.

incommodé de la chaleur (1). Après avoir jeté le blé humide dans le four, on l'étend en couches de l'épaisseur de 8 à 10 centimètres, et on le remue fréquemment avec des pelles ou des rateaux, opération qui procure aussi l'avantage de donner issue à la vapeur qui se dégage. Au bout de dix à quinze minutes, suivant l'état d'humidité dont le grain était affecté, on peut le retirer du four; il est alors suffisamment desséché; et lorsqu'il a été exposé à l'air jusqu'à son parfait refroidissement, et encore mieux en le faisant passer au tarare, il a acquis toutes les qualités qui, sous ce rapport, le rendent propre à la mouture et à la panification.

Pour opérer la dessiccation des blés par ce procédé, il est nécessaire que l'âtre du four soit en bon état, afin d'éviter que les grains ne tombent dans des fentes ou dans des endroits dégradés, d'où ils ne pourraient être retirés avec la masse du blé, et où ils seraient, par conséquent, torréfiés et perdus pour la consommation.

Ceux des fours des cultivateurs qui sont surmontés d'une plate-forme offrent un très-bon moyen de desséchement, et forment naturellement une étuve, à l'aide de laquelle on peut, sans aucun risque, dessécher les grains, avec plus ou moins de rapidité, suivant le degré de température que la plate-forme peut recevoir, d'après son plus ou moins grand éloignement de la capacité intérieure du four (2).

Pour s'assurer qu'on peut porter les grains à une température très-élevée, sans les dénaturer, et pouvoir estimer plus facilement cette température, la commission a cru devoir faire construire un cylindre de tôle tournant sur son axe, à l'aide d'une manivelle, disposé et chauffé de la même manière qu'un brûloir à café ordinaire. Ce cylindre, qui peut avoir 40 à 50 centimètres de diamètre, est garni, dans son pourtour intérieur, de bandes métalliques très-étroites et parallèles, qui forcent le blé à se diviser à chaque révolution, et exposent ainsi tous les grains à une chaleur égale; il porte à ses extrémités latérales, deux tuyaux ou embouchures du même métal, et de 8 à 10 centimètres d'ouverture; ces tuyaux sont percés de trous, à l'intérieur, dans la partie qui s'attache au cylindre, et ils donnent issue à la vapeur produite par l'opération du desséchement. Un cylindre de cette grandeur peut sécher à la fois 2 à 3 décalitres de blé.

Des blés mouillés exprès, à différentes proportions constatées, ont été soumis à la dissiccation à l'aide de cette machine; quelques-uns de ces blés contenaient jusqu'au quart de leur poids primitif en excès d'humidité, ce qui est plus du double de ce que le blé le plus mouillé qui ait été récolté cette année ait jamais offert (3); et en moins de vingt-cinq minutes d'exposition dans le cylindre, échauffé au plus haut degré de température, ces grains ont été parfaitement desséchés, cassant bien sous la dent, enfin propres à la mouture et à une bonne panification. Les blés du commerce de cette année n'ont exigé que huit ou dix minutes; les plus mouillés ont été parfaitement secs en quinze minutes (4).

_____

(1) Il est nécessaire de remarquer que si l'on chauffe le four exprès pour dessécher les grains, il ne faut employer que la moitié du combustible qu'on met ordinairement pour la cuisson du pain; en faisant plusieurs desséchements de suite, on diminue beaucoup la consommation du bois.

(2) On croit devoir indiquer ici, comme pouvant être pratiqué en grand avec avantage, le procédé pour dessécher le salpêtre, employé notamment à l'arsenal de Paris: cet appareil a présenté des résultats avantageux à la commission, qui en a fait emploi. Il est écrit et figuré dans l'ouvrage intitulé *l'Art de fabriquer la poudre à canon*, par MM. *Bottée* et *Riffault*, in-4°, Paris, 1811, planche 3.

(3) Dans les nombreuses expériences que *Duhamel* a faites sur la dessiccation des blés mouillés ou germés pris dans le commerce, ces grains ne contenaient jamais plus d'un huitième de leur poids en eau surabondante; le terme moyen n'était que d'un seizième environ; il n'aurait donc fallu, dans ce cylindre, préalablement bien chauffé, que douze à treize minutes pour sécher les premiers, et six à sept minutes pour les seconds.

(4) On n'a pas cru devoir chercher à donner plus de précision aux proportions de la chaleur qu'il convient d'appliquer aux grains, suivant le degré d'humidité dont ils sont affectés: on sent que plus ils contiennent d'eau, plus la chaleur doit être forte ou prolongée. Cette connaissance paraît insuffisante pour les habitants des campagnes, qui, pour la plupart, ne se servent point de thermomètre, qui n'ont point le temps de faire des calculs, et qui opéreront, sans doute, la dessiccation de leurs grains, d'abord par tâtonnement, et ensuite d'après les données qu'ils auront acquises par l'habitude de pratiquer cette opération. Si l'on voulait avoir quelques approximations plus positives, sur la quantité de chaleur applicable à la proportion d'humidité des grains, on pourrait établir, comme terme moyen d'un grand nombre d'expériences de ce genre, que le grain mouillé, pour être

On peut même se servir, pour cette opération, d'un brûloir à café ordinaire, tel qu'il est employé dans toutes les boutiques d'épiciers ; mais, d'une part, cet ustensile, par sa petitesse, ne permet pas de dessécher plus d'un décalitre de blé à la fois ; de l'autre, il faut avoir soin de l'ouvrir, à deux ou trois reprises, pendant le séchage, afin de donner issue à la vapeur ; enfin, les grains roulant en masse, une partie d'entre eux est toujours en contact avec les parois du cylindre, et ils peuvent être torréfiés, si l'opération se continue un peu trop longtemps : néanmoins, avec des précautions, on peut éviter les mauvais effets de ces inconvénients. Un propriétaire cultivateur intelligent, qui a desséché, par ce moyen, cette année, une partie de ses grains, a obtenu de suite au marché 44 francs de la mesure du même blé dont on ne lui avait offert précédemment que 30 francs.

Ces procédés de dessiccation, bien que pratiqués sur de petites parties à la fois, peuvent suffire à beaucoup de propriétaires, à raison du peu de temps exigé pour chaque opération. En effet, en bornant à un décalitre de blé chaque dessiccation, pour laquelle on a employé, terme moyen, dix à douze minutes, on peut facilement juger que la quantité de grain qu'il est possible de dessécher dans une journée est encore considérable.

Les opérations du desséchement dans les fours ou dans des cylindres de tôle, qui n'exigent que quelques minutes de travail, sont commodes et appropriées au besoin des campagnes ; en suffisant au battage journalier des grains, elles mettent le cultivateur à portée de le dessécher immédiatement après qu'il est battu. Mais il y a aussi, pour les propriétaires qui voudraient opérer sur de plus grandes masses, des moyens assez simples et qui résultent de la disposition ordinaire des constructions rurales. Le grenier à blé y est souvent placé au-dessus même de la chambre d'habitation du cultivateur : en établissant dans cette chambre un poêle dont le tuyau traverserait le grenier à blé, ou bien en adaptant au foyer des tuyaux de chaleur dont les bouches s'ouvriraient dans ce grenier ; en remuant fréquemment les grains, et en ménageant, dans la partie supérieure de cette chambre, des ventilateurs pour renouveler l'air et donner issue à l'évaporation, on peut dessécher et maintenir dans un état convenable les blés qui auraient précédemment souffert de l'excès de l'humidité.

Le moyen le plus simple que la commission ait employé pour dessécher les grains consiste à chauffer le blé dans une chaudière plate, en tôle ou en cuivre. Les dimensions de cette chaudière peuvent être de 4 pieds de largeur, de 10 pieds de longueur et de 4 pouces de profondeur. On l'établit à environ 3 pouces au-dessus d'une plate-forme en maçonnerie, de 2 pieds de haut. A l'une des extrémités, se trouve un fourneau, qui se fait sur place, et dans lequel on brûle, en raison de sa construction, ou du bois, ou du charbon de terre, ou de la tourbe. La fumée circule, par des conduits, sous la chaudière ; elle se rend d'abord à l'extrémité opposée ; de là, elle revient à son point de départ, pour se rendre, de nouveau, à l'autre extrémité, où elle trouve un tuyau de tôle qui la porte au dehors : il serait possible, pour mettre à profit la chaleur de ce tuyau, de le faire passer à travers le grenier où le blé est conservé. Les conduits qui servent à la circulation de la fumée, se font avec des briques, en les employant de champ, et les mettant les unes au bout des autres : ces briques servent, d'ailleurs, de support à la chaudière elle-même.

Il faut que la couche de blé ne soit pas épaisse de plus d'un pouce, et qu'elle soit remuée, de temps en temps, au moyen d'un râble : la température doit être au moins de 90 à 100 degrés centigrades ; elle pourrait être, sans inconvénient, portée à 150.

Il est nécessaire aussi que l'air puisse se renouveler dans le lieu où s'opère la dessiccation.

D'après les expériences qui ont été faites, on estime qu'avec un tel appareil un homme seul dessécherait, par heure, plus d'un setier de blé qui contiendrait sept

convenablement séché, a été exposé à une chaleur de 150 degrés centigrades, qui était la température intérieure d'un cylindre échauffé pour la dessiccation, autant de minutes que le grain contenait de centièmes de son poids primitif, en humidité acquise. D'après cela, si l'on connaît d'abord, avec quelque précision, d'après des essais, quelle est la proportion d'eau contenue dans une quantité donnée de blé, on peut facilement fixer très-approximativement combien de temps on doit employer une chaleur à un degré déterminé, pour obtenir l'évaporation de l'eau jusqu'à une dessiccation convenable.

On doit remarquer ici qu'un desséchement rapide, à l'aide d'un haut degré de chaleur, altère peu l'apparence extérieure du grain.

pour cent d'humidité. Quand bien même l'appareil serait beaucoup plus grand, un seul homme suffirait encore.

Ce procédé pourrait encore être exécuté de la manière suivante. On ferait passer l'air chaud, provenant de la combustion du bois ou du charbon de terre, dans un petit fourneau, entre deux grandes plaques de tôle, placées horizontalement, présentant le dessus et le dessous d'une espèce de caisse dont les côtés seraient fermés par des barres de fer de 2 à 3 centimètres d'épaisseur; une autre barre de fer de même épaisseur serait établie entre les deux plaques, dans le milieu, suivant leur longueur, pour empêcher l'affaissement de la plaque supérieure qui doit être chargée de grains. Le tout serait porté sur un bâtis en maçonnerie, d'environ un mètre de hauteur, ou seulement par des piliers de même dimension; ces plaques, ayant environ 4 à 5 mètres de longueur, sur 1 mètre de largeur, offriraient une surface de 4 à 5 mètres carrés, suffisante pour dessécher, par heure, deux hectolitres de grains très-humides; à l'extrémité de l'appareil la plus éloignée du fourneau, il serait établi un tuyau d'une longueur suffisante pour déterminer l'aspiration.

Un homme suffirait pour conduire toute l'opération, qui consisterait à entretenir le feu, remuer les grains, leur faire parcourir successivement toute la longueur de la table, de manière qu'en arrivant à l'extrémité opposée au fourneau, ils soient parfaitement secs; alors ce grain, à mesure qu'il est desséché, doit être successivement retiré et exposé à l'air frais, et il faut verser du nouveau grain sur la table, du côté qui touche au fourneau.

On a dû s'étendre un peu ici sur les procédés de dessiccation des grains, parce que, d'une part, cette opération les met à même de se conserver ensuite aussi bien et aussi longtemps que ceux qui n'ont éprouvé aucune altération, et, de l'autre, qu'ils peuvent, en cet état, être envoyés, sans aucun inconvénient, au moulin, où ils produisent une farine de bonne qualité, et en plus grande quantité, lorsque la mouture a été bien dirigée, que les meules n'ont point été trop serrées, que le tournant n'a pas été trop rapide, et que la chaleur produite dans cette opération n'a pas été trop considérable.

Procédés de panification (1).

Les moyens défectueux dont on se sert dans les campagnes pour procéder à la fabrication du pain, ont une influence plus fâcheuse encore, lorsqu'il s'agit d'employer des blés altérés. Alors, la pâte lève difficilement; le pain qui en provient n'a point de fermeté; la mie surtout offre une masse collante, sans consistance, ayant une saveur légèrement âcre et sucrée; son emploi est rebutant, peu nourrissant et malsain; le pain moisit rapidement.

Ordinairement, les cultivateurs se servent d'un levain pris sur la cuisson précédente, et qui a été conservé assez longtemps; quelquefois même, il a déjà passé à un commencement de putréfaction. C'est avec ce levain défectueux qu'ils préparent leur pâte; ils négligent, pour la plupart, de faire des levains dits *de seconde et de tout point*; ils se contentent de délayer dans l'eau, qu'ils emploient, à grand tort, presque bouillante, la pâte conservée; ils y mêlent de la farine, pétrissent mal et

---

(1) On doit faire observer qu'il ne sera question ici que de la manipulation des résultats de la mouture à la grosse, parce que c'est presque la seule qui soit usitée aujourd'hui dans les campagnes, malgré les nombreuses instructions qui ont été répandues pour faire connaître les avantages et les procédés de la mouture économique. Cette dernière mouture est pourtant encore plus avantageuse, dans les années où les blés ont été mouillés, que dans les temps ordinaires; parce que, dans le premier cas, les gruaux sont plus abondants dans les grains et se détachent plus difficilement de leur écorce; que, par conséquent, la proportion des issues qui sont abandonnées à la nourriture des animaux est plus considérable : on peut évaluer, depuis la moitié jusqu'aux trois quarts du poids total, la portion d'excellente farine qu'il est encore possible de retirer des issues de la mouture à la grosse. On ne saurait donc trop engager les consommateurs qui ont des moulins à bras à remoudre chez eux les issues qui proviennent de cette mouture. Ceux qui n'ont point ces ustensiles de ménage, si utiles dans les campagnes, doivent au moins faire macérer, dans l'eau froide, leurs sons et gruaux, pendant douze à quinze heures; après avoir ensuite bien agité ce mélange, ils peuvent jeter le tout sur un tamis de crin; le son, dépouillé de la farine, reste sur le tamis, et l'eau chargée de farine, passe, et peut être de suite employée, avec grand avantage, au pétrissage de la pâte, dont elle augmente notablement le volume, et dont elle améliore la qualité. Le son doit être, de suite, donné aux animaux.

enfournent après une fermentation plus ou moins longue, suivant que le four est prêt ; la disposition de la pâte et les progrès de sa fermentation ne sont pour eux que des considérations secondaires ; aussi, tantôt le pain est trop apprêté, tantôt il ne l'est pas assez. On y opère généralement par routine, tant pour la température de l'eau, que pour le pétrissage et pour la cuisson, sans égard pour l'état de l'atmosphère, ni pour celui des farines employées ; aussi le pain y est-il toujours inégal, rarement bon, et le moindre dérangement dans la qualité des grains est-il, pour les cultivateurs, un obstacle invincible à une bonne panification.

On doit considérer que le levain étant le principal agent de la fermentation panaire, sa bonne confection est l'objet le plus important de la préparation de la pâte ; aussi le premier changement qu'il faudrait faire, même dans les temps ordinaires, aux dispositions généralement adoptées dans les campagnes, serait-il de n'employer que des levains récemment préparés, c'est-à-dire, ceux provenant de la panification de la veille, même en hiver. Il faudrait qu'à cet effet, dans les villages où il n'y a point de four commun, les habitants s'arrangeassent entre eux pour se prêter réciproquement des levains qui n'eussent pas plus de vingt-quatre heures d'ancienneté. Lorsqu'on n'a pas pu se procurer des levains aussi jeunes, il faut au moins n'employer que la croûte superficielle des levains conservés. On pourrait aussi se servir d'un levain réduit à l'état de siccité, ce qu'on obtient en le mettant dans le four, après la cuisson du pain, et lorsque la chaleur est tombée à 50 degrés environ ; ce levain, ainsi desséché, doit être employé en même poids relatif que le levain ordinaire.

Le premier levain, ou levain de chef, doit être de 2 kilogrammes pour 20 kilogrammes de pain ; on le délaie avec une pinte et demie d'eau (1) à une chaleur un peu supérieure à celle d'un bain, et en y mettant environ 3 kilogrammes de farine. Ce premier levain doit avoir plus de consistance que la pâte ordinaire, et être tenu dans un lieu chaud, jusqu'à ce qu'il ait acquis au delà du double de son volume, une odeur légèrement vineuse, et de la légèreté. Le levain bien préparé doit être bombé vers son centre ; il repousse la main qui presse sa surface ; il conserve sa forme, sans se rompre ni se fendiller. On prend alors 5 kilogrammes de farine, au milieu de laquelle on introduit ce nouveau levain, que l'on délaie, comme la première fois, avec de l'eau chaude au même degré que dans la précédente opération. Ce second levain est maintenu de même (2) dans un lieu chaud ; et lorsqu'il a acquis, comme le précédent, les caractères d'une bonne fermentation (3), on fait le dernier pétrissage avec de l'eau à une température un peu moins élevée, en y employant tout ce qui reste encore de la farine (4) destinée à être panifiée. On divise ensuite cette masse de pâte en autant de pains que l'on juge convenable ; mais il serait toujours préférable qu'ils ne pesassent que 4 ou 6 livres, au plus. Chaque pain, tourné dans les mains avec un peu de farine, pour empêcher l'adhérence de la pâte, est mis dans un panneton et doit rester dans un lieu chaud l'espace d'une demi-heure ou de trois quarts d'heure, selon la température de l'atmosphère et suivant les progrès de la fermentation, mais de manière que son volume ait augmenté d'un tiers environ ; on met ensuite au four, qu'on a eu soin de chauffer d'avance, et on y laisse le pain pendant une heure à peu près (5).

---

(1) Toutes les eaux potables sont bonnes à employer dans le pétrissage. La meilleure farine doit environ moitié de son poids d'eau ; la médiocre, du cinquième au quart.

(2) La température de l'eau doit être en raison inverse de celle de l'air, par conséquent d'autant plus froide que l'air est plus chaud, et *vice versâ*.

(3) Le levain doit former, en été, le tiers total de la pâte, et la moitié en hiver ; en général il faut d'autant plus de levain et un pétrissage d'autant plus ferme, que les blés sont plus tendres ou plus humides.

(4) Si un dégel inopiné, un orage, un froid excessif, une vapeur nauséabonde, ou toute autre circonstance, retardait ou précipitait la fermentation des levains, il faudrait les délayer et les travailler de nouveau, avant de les employer : l'eau, le sel, le travail de la pâte, la division de la masse en petites portions, et l'exposition à l'air frais, rétablissent les levains et enlèvent l'aigreur qu'ils pourraient avoir contractée. Si le travail était suspendu, on emploierait une eau plus chaude pour rendre la pâte plus liquide, et l'on déposerait le panneton près du four, en le couvrant d'une double couverture de laine.

(5) En général, les opérations du pétrissage doivent être faites avec rapidité, la pâte maniée et battue avec force et célérité ; c'est lorsqu'elle a été bien malaxée et battue, qu'on y introduit l'eau salée ; on la manie ensuite de nouveau ; on l'enlève et on la laisse retomber

Le pain ainsi fabriqué doit être savoureux et de très-bonne qualité, lorsqu'on a employé de bonnes farines, et surtout qu'on a tenu dans un état de grande propreté le pétrin, les corbeilles et tous les ustensiles qui servent à la préparation de la pâte. Mais, dans les années où les grains sont humides et en partie germés, même avariés par l'échauffement ou par la moisissure, on doit mettre quelques modifications dans ces procédés.

Si l'on veut fabriquer 25 kilogrammes de pain, il faut prendre 3 kilogrammes de pâte de la cuisson de la veille, autant que possible, et d'autant plus nécessairement, que la fermentation des farines des blés germés passe plus rapidement à l'état de putréfaction. Ce levain doit être délayé dans l'eau tiède, avec 4 kilogrammes de farine; il sera conservé ensuite dans un lieu chaud, et lorsqu'il aura augmenté du tiers de son volume, et qu'il aura acquis une odeur légèrement acide, on le délaiera de nouveau dans l'eau tiède, avec 9 kilogrammes de farine. Après avoir manié ce nouveau levain, on le mettra dans un lieu chaud, et, aussitôt qu'il aura augmenté, par la fermentation, d'un tiers de son volume, on se hâtera de le délayer dans de l'eau chauffée à un degré inférieur à celle employée précédemment, et dans laquelle on aura fait dissoudre 70 à 80 grammes de sel; on y mêlera ensuite le reste de la farine.

La fermentation des farines des blés germés ne pouvant plus être ralentie par la présence du gluten, que la germination a plus ou moins détruit ou altéré, selon ses degrés, la panification doit être conduite avec beaucoup plus de précipitation que pour les farines des blés non altérés. L'eau doit être employée moins chaude, dans toutes les opérations; la pâte doit être tenue plus ferme, les pains bien moins épais, et de telle manière que les pannetons destinés aux pains de 6 livres ne reçoivent que 3 livres et demie de pâte, que l'on aura soin de bien étendre sur toute la surface intérieure du panneton. Il est essentiel, cette année, à cause de l'altération du gluten, d'arrêter les progrès de la fermentation; ainsi, l'on devra enfourner un quart d'heure, au plus, après le pétrissage. Le four devra donc être chauffé d'avance et être plus chaud que de coutume; s'il n'était ni prêt à temps, ni assez chaud, chaque pain s'étendrait au lieu de s'élever, et la mie ne pourrait se ressuyer. Si, au contraire, le four est chauffé au degré convenable, et que l'enfournement ait lieu en temps opportun (1), chaque pain de 3 livres et demie de pâte devra y séjourner pendant quarante-cinq minutes au moins, et les pains ne devront être mis en consommation que deux ou trois jours après leur cuisson.

En opérant ainsi avec les farines des blés germés, on obtient un pain qui, sans être aussi bon que ceux qu'on peut fabriquer dans les temps ordinaires, est néanmoins salubre et d'une assez bonne apparence. C'est ainsi que la commission a procédé pour tous ses essais, et c'est à l'aide de ces précautions qu'elle est parvenue à obtenir des pains très-mangeables, avec des farines de blés germés.

Il faut remarquer néanmoins que, parmi ces farines, celles des blés légèrement

à plusieurs reprises; on la sépare ensuite, avec les mains, en morceaux qu'on retourne et qu'on bat de nouveau avant de les placer dans les corbeilles, jusqu'au moment de l'enfournement. Plus la pâte est divisée en petites masses, et plus elle a besoin de temps pour fermenter. Le lisse de sa surface et son élasticité sous la main, qu'elle repousse, prouvent qu'elle a reçu un bon apprêt.

(1) Les fours sont, en général, d'une construction défectueuse, dans les campagnes; ils consomment beaucoup trop de bois et font une mauvaise cuisson; l'âtre est mal fait et se délite facilement au feu; ils ne ferment pas hermétiquement; la voûte est beaucoup trop élevée; il faudrait, enfin, que la courbure de cette voûte fût telle que toutes ses parties pussent être chauffées également.

La bonne cuisson du pain et l'économie du combustible dépendent, sous un rapport si important, de la construction du four, qu'on ne saurait trop recommander aux propriétaires de veiller avec soin à la forme qu'ils donnent à leurs fours, et à la qualité des matériaux qu'ils emploient. Ils trouveront des renseignements utiles, à cet égard, dans l'ouvrage de M. *Parmentier*, sur les avantages que le royaume peut retirer de ses grains; un vol. in-4°, 1789.

Les meilleurs fours sont de forme ovale; les grands doivent avoir, pour 4 mètres de profondeur, 11 pieds dans leur plus grande largeur, et 15 décimètres de hauteur, depuis l'âtre jusqu'à la voûte. Un semblable four peut faire dans une seule cuisson, 166 pains, pesant ensemble 185 kilogrammes, pour la cuisson desquels on emploie 45 à 48 kilogrammes de bois.

germés sont les seules qui aient pu fournir, sans dessiccation préalable, un pain d'une assez bonne consistance, dont la mie fût convenablement liée à la croûte, et qui n'eût ni odeur, ni saveur désagréable; mais avec les farines provenant des mêmes grains, préalablement desséchés, le pain fabriqué était d'une confection supérieure à celle du précédent; et ceux même faits avec des blés fortement germés, offraient une assez bonne consistance, une pâte bien liée et assez bien lavée; la mie, encore un peu visqueuse, était pourtant bien adhérente à la croûte; ils n'avaient ni saveur ni odeur désagréable.

La dessiccation préalable n'a point suffi pour rendre les blés rougis par l'échauffement, et ceux attaqués de la moisissure, susceptibles de donner seuls un pain mangeable, ni pour enlever l'odeur nauséabonde et la saveur âcre qui caractérisent les grains ainsi altérés. Plus de fermeté dans la pâte, moins d'apprêt, l'enfournement rapide (d'un quart d'heure) après le pétrissage, enfin l'aplatissement considérable de la forme, toutes précautions qui avaient amélioré les pains fabriqués avec des farines de blés plus ou moins germés ont été aussi insuffisantes pour les farines des blés rougis ou moisis : ces pains ont gagné, par ces préparations, quelque chose, eu égard à leur consistance et à leur aspect; mais leur odeur et leur saveur ne permettraient point de les considérer comme pouvant procurer une nourriture bonne et salubre.

C'est par le mélange avec de bonnes farines, qu'on peut surtout employer utilement les produits de ces grains avariés. En mêlant seulement un tiers de bonne farine à deux tiers de celle de ces blés rougis ou moisis, on obtient déjà un très-bon résultat, sous le rapport de la fabrication; la saveur de ce pain est passable, et sa mauvaise odeur est sensiblement diminuée: néanmoins, ce n'est qu'avec moitié, et, mieux encore, avec deux tiers de bonne farine, contre un tiers de cette farine défectueuse, qu'on peut obtenir une très-bonne fabrication; qu'on parvient à dissiper presque entièrement la mauvaise odeur, et à trouver une saveur assez agréable, pour que le produit puisse être considéré comme un très-bon pain de ménage.

Il faut remarquer que tous ces pains gagnent à être conservés pendant quelques jours, avant d'être mis en consommation.

Il est bon de noter aussi qu'on chercherait en vain à employer une plus ou moins grande quantité de levure dans l'intention d'améliorer la fabrication de ces pains et de les faire lever convenablement; la pâte dépourvue de gluten n'est pas propre à conserver les produits de la fermentation excitée par la levure: les pains ont une assez belle apparence, à l'extérieur, mais ils ont d'autant moins de consistance que la proportion de levure a été plus forte; et leurs mauvaises qualités, relativement à l'odeur et à la saveur, acquièrent, dans ce cas, un plus grand développement.

Comme il est encore plus difficile de masquer ou de détruire l'odeur nauséabonde et la saveur de moisi qui se développent dans les pains fabriqués avec les farines des blés rougis ou moisis, que de leur donner de la consistance et un bon apprêt, on peut, avec succès, introduire dans leur composition un tiers de farine de maïs, d'orge ou de pommes de terre, avec un tiers de bonne farine de froment; ces mélanges offrent des résultats qui, sous le rapport de leur emploi dans la panification, sont tout à fait comparables aux pains dans lesquels il entre deux tiers de bonne farine de froment contre un tiers de farine avariée: et ces procédés offrent des moyens économiques qui ne doivent pas être négligés.

Ces substances, l'orge, le maïs, la pomme de terre, et même le sarrasin, l'avoine et plusieurs autres produits amylacés des végétaux, offrent aussi de bons moyens de suppléer, en plus ou moins grande proportion, à la farine de froment, dans la fabrication du pain : et si la plupart d'entre elles ne se consomment que sous la forme de bouillie, ou si, dans les départements où elles sont habituellement des objets de grande culture, elles ne produisent que des pains de pâte rebutante et indigeste, c'est uniquement à la défectuosité des procédés employés pour les panifier qu'il faut attribuer les mauvaises qualités des pains qu'on en obtient.

Les mêmes procédés de panification qui ont été décrits plus haut, pour les farines des blés germés ou humides, sont applicables à celles d'avoine, d'orge, de maïs et de pommes de terre, tant pour la marche des levains, que pour le degré de chaleur de l'eau, la consistance de la pâte, la manière de pétrir et d'enfourner, l'épaisseur des pains, etc.; on doit seulement faire observer que, pour les pains de maïs, le four doit être chauffé à un degré beaucoup moins élevé que pour l'orge, l'avoine et le sarrasin.

Le pain de pommes de terre, dans lequel il entre beaucoup de pulpe, et seulement de la farine de froment comme levain, doit être tenu d'une pâte plus ferme que tous les autres : celui qui est composé de pulpe et de fécule, à parties égales, demande un four moins chaud que l'orge, le sarrasin et l'avoine, mais plus chaud pourtant que pour le maïs : les farines de sarrasin et de maïs, surtout, absorbent plus d'eau dans la panification que les autres farines.

Il faut enfin que la dose des levains soit plus forte ; c'est-à-dire que, dans ces sortes de panifications, le levain de chef doit faire le cinquième, au moins, du poids des farines qui doivent être employées.

Il reste à indiquer quels sont l'emploi et les mélanges de ces diverses substances, que la commission peut présenter avec confiance, comme offrant de très-bons pains de ménage, lorsque les farines ont été blutées, qu'on en a retiré le gros son, et que les pains ont été fabriqués avec les conditions requises; conditions qui ont été précédemment détaillées.

Moitié maïs et moitié avoine, un cinquième de levain de chef, fabriqué avec des farines bises de froment : ce pain est mangeable, quoique sa mie soit un peu visqueuse, et sa saveur légèrement amère.

Moitié maïs et moitié orge, un cinquième de levain de farine de froment : ce pain est presque aussi bon que celui dans lequel le froment même, ou le seigle, entre pour moitié ; sa mie est un peu plus compacte, et sa saveur un peu fade, mais ces différences sont peu sensibles.

On peut regarder le pain fabriqué avec moitié maïs et moitié froment, comme le plus agréable et le meilleur qu'il soit possible de manger.

Le pain d'avoine ou un cinquième seulement de son poids en levain de froment présente l'apparence d'une bonne confection ; mais sa couleur est d'un gris foncé, sa saveur et son odeur sont peu agréables.

Lorsque le pain a été fabriqué avec moitié avoine et moitié orge, plus un cinquième le levain de froment, le pain devient très-mangeable; néanmoins, sa mie est un peu visqueuse, sa couleur un peu bise.

Le seigle, substitué à l'orge dans ce mélange, donne au pain une couleur grise plus foncée que dans le précédent ; il a aussi une bonne apparence, mais son odeur est peu agréable, et sa saveur légèrement amère.

Lorsque le froment entre pour moitié dans le pain d'avoine, alors l'apparence de confection est parfaite, et l'on obtient un fort bon pain de ménage.

L'orge pure mêlée à un cinquième de son poids en levain de farine de froment offre un pain d'une couleur assez blanche ; sa pâte est un peu visqueuse ; pourtant elle est bien liée, et présente l'apparence d'une bonne confection.

L'orge et le seigle, l'orge et le froment, traités à parties égales, produisent de très-bon pain de ménage : ce dernier, surtout, est comparable au pain de froment pur.

Le sarrasin mêlé à parties égales avec l'orge ou avec le seigle, et dans la composition duquel il entre un cinquième de levain de froment, présente les apparences d'une bonne confection ; sa pâte est bien liée : et quoique sa mie soit légèrement visqueuse, et qu'il conserve un peu d'odeur de la farine de sarrasin, néanmoins il est très-mangeable, et sa saveur est assez agréable. Lorsque le sarrasin est mêlé pour moitié avec la farine de froment, il est encore meilleur ; sa couleur est très-bise.

En général, la pomme de terre peut entrer pour moitié, lorsqu'elle est sèche, pour les deux tiers et même pour les quatre cinquièmes lorsqu'elle est fraîche, dans la fabrication du pain de ménage : cette quantité des quatre cinquièmes est la plus forte que la commission ait pu obtenir ; mais ses essais, dans cette proportion, répétés sur des fournées entières, ont eu un succès constant.

Le procédé qui a paru le meilleur pour parvenir à introduire, avec un heureux résultat, une pareille quantité de pommes de terre dans la fabrication du pain, a été d'employer deux cinquièmes de pulpe de pommes de terre cuites à la vapeur, ou même de parenchyme, deux cinquièmes de fécule sèche, et un cinquième de levain de chef de farine de froment, de seconde ou de première qualité : ce pain a néanmoins l'odeur et la saveur de la pomme de terre ; mais il est très-mangeable, et se conserve frais pendant longtemps.

La fécule de pommes de terre et la farine d'avoine, ou celle d'orge, ou celle de seigle, ou enfin celle de maïs, alliées toujours à un levain de froment, d'un cinquième du poids total, offre des pains d'une très-bonne confection : celui dans lequel entre l'orge est assez blanc; celui qui est fait avec le maïs est un peu mat, mais il a une odeur et une saveur très-agréables. La fécule, unie pour moitié au sarrasin, avec le cinquième de levain, présente un pain lourd et compact, mais d'une bonne confection et d'une saveur passable.

La farine de pommes de terre, résultat de la macération, et le parenchyme séché (1) et moulu, mêlés chacun avec moitié de farine de froment, fournissent des pains bien levés et d'assez bon goût; ils conservent un peu d'odeur de pommes de terre : le dernier de ces mélanges produit un pain un peu plus mat que le premier.

Il serait possible de multiplier les indications de procédés pour mélanger les produits des différentes sortes de farines dont il vient d'être fait mention ; les mélanges ont été variés, dans les expériences de la commission, tant par rapport à l'espèce des farines employées, que sous celui de la proportion respective de ces diverses substances entre elles : ces nombreux essais lui ont prouvé qu'on ne pouvait, sans compromettre la qualité du pain, diminuer la quantité de farine de froment indiquée pour chaque mélange. Quant à l'augmentation dans la proportion de cette farine, lorsqu'elle est de bonne qualité, il est facile de conclure qu'elle ne pourra qu'améliorer le pain à la fabrication duquel elle sera employée, lorsque d'ailleurs on y joint les procédés d'une manipulation convenable et dont la bonne qualité des farines même ne peut remplacer l'effet avantageux.

Il aurait été possible aussi de faire porter les essais de fabrication, et d'indiquer des résultats de panification, sur un plus grand nombre de grains ou de racines dont les farines sont susceptibles d'entrer dans la panification, tels que le riz, le sorgho, le millet, les arums, les patates, les châtaignes, les fèves, les haricots, les pois, la vesce, la lentille, presque toutes les graines des plantes légumineuses, etc.

Mais la commission s'est bornée à répéter, avec beaucoup de soin, des expériences sur les farines qui sont le plus universellement employées dans le royaume, et dont il serait le plus à désirer que la panification se perfectionnât. Ceux qui seraient à portée d'employer à cet usage quelques-unes des farines précitées peuvent consulter divers ouvrages imprimés, dans lesquels les procédés à employer pour la manipulation de ces farines, et les résultats qu'on en obtient, ont été indiqués avec détail et précision (2).

On ne croit pas non plus devoir conseiller ici l'emploi de différentes substances étrangères aux farines, qui a été recommandé anciennement ou récemment pour améliorer la fabrication du pain et corriger les défauts des blés avariés, telles que l'addition de l'alun, du carbonate de soude, de la magnésie, de l'acide sulfurique étendu d'eau, du sel de tartre, du vinaigre, du sulfate de fer (vitriol martial), etc., à l'effet de dessécher les grains, et de donner de la consistance à la pâte ; ni celle du lait, des blancs d'œuf, de la colle de poisson, des gommes, de la gélatine, à l'effet de rendre aux blés la portion de gluten que l'altération qu'ils ont éprouvée leur a fait perdre.

L'emploi de plusieurs de ces substances dans la panification a été fait par la commission ; et quelques-unes ont paru, en effet, avoir, à un faible degré, les qualités qui leur étaient attribuées.

Mais qu'est-il besoin de recourir à des matières étrangères à la farine, et dont la plupart ne présentent, par elles-mêmes, aucune qualité nutritive ; dont quelques-unes même communiquent au pain une saveur particulière, et qui, quoique sans danger pour le consommateur, à raison de la petite quantité qui doit en être employée, peuvent néanmoins causer des inquiétudes, de la méfiance, et exciter des plaintes bien ou mal fondées ?

Qu'est-il besoin, disons-nous, de recourir à ces moyens, tandis qu'avec une dessiccation préalable des grains, une bonne mouture et une manutention convenable, on obtient de tous les blés humides ou germés, un bon pain, et qu'il suffit d'ajouter une portion de bonne farine à celle des grains les plus avariés, mais préparés sui-

---

(1) Il est bien utile de remarquer que ce parenchyme de la pomme de terre, qu'on rejette, lors de la fabrication de la fécule, ou qu'on abandonne pour la nourriture des animaux, indépendamment de ce que, employé frais, il peut entrer pour plus de moitié dans la fabrication du pain, contient encore la moitié de son poids en fécule, ce qu'on peut obtenir facilement, en le faisant sécher et moudre. Ce parenchyme se détériore assez rapidement : c'est à sa décomposition qu'est due l'odeur que la fécule communique quelquefois au pain, lorsqu'elle n'est pas lavée avec un soin suffisant, soin qui la met à l'abri de toute altération ultérieure.

(2) Voir, à ce sujet, un mémoire rédigé par M. *Tessier*, sur les substances farineuses dont on fait du pain dans les diverses parties de la France ; les Mémoires de la société royale de médecine, tome X, année 1789 ; les ouvrages de *Béguillet*, *Bucquet* et *Parmentier*, précédemment cités.

vant les procédés indiqués ci-dessus, pour obtenir facilement, dans tous les lieux, un excellent pain de ménage?

Signé GAU, président; YVART, B. MOREL DE VINDÉ, MASSONIER, BETHMONT, BOSC, DE SAINT-MARTIN, GAY-LUSSAC, THÉNARD; SILVESTRE, secrétaire.

Dons et legs faits à des personnes tierces, pour en attribuer le montant aux pauvres ou aux hospices.

19 février 1817.

Le Sous-secrétaire d'Etat de l'intérieur aux Préfets.

Quelques différences d'opinion se sont élevées sur la question de savoir si l'autorisation du roi et l'intervention de l'administration sont nécessaires pour l'acceptation des donations ou legs faits à des personnes tierces, sous la condition d'en appliquer le montant aux pauvres ou à des établissements de charité.

J'ai cru devoir, pour fixer ce point de jurisprudence, prendre l'avis du comité de l'intérieur du conseil d'Etat ; et, partageant entièrement l'opinion que le comité a émise sur la question dont il s'agit, je m'empresse de vous faire connaître les motifs sur lesquels elle repose et les principes qu'elle doit consacrer.

Ce sont les articles 910 et 937 du Code civil suivant lesquels les dispositions entre-vifs ou par testament au profit des hospices, des pauvres ou des établissements d'utilité publique, ne doivent avoir leur effet qu'autant qu'elles sont autorisées par le roi : ces articles comprennent, sans aucune exception, toutes les dispositions faites en faveur des pauvres ; et si, un testateur a nommé ou désigné une personne pour recueillir un legs et en distribuer le montant aux pauvres, sa libéralité n'en est pas moins une disposition faite à leur profit.

La formalité prescrite par les articles du Code civil l'est également dans l'intérêt du gouvernement, dans l'intérêt des pauvres et dans celui des familles.

Dans l'intérêt du gouvernement. La tutelle des pauvres lui appartient. Le roi, père de tous ses sujets, l'est plus particulièrement de ceux qui sont réduits à l'indigence et auxquels l'État donne des secours. Le roi est leur tuteur naturel et légal ; il a le droit et le devoir d'intervenir toutes les fois qu'il s'agit de leurs intérêts: le droit, parce que l'administration souveraine lui appartient, et qu'aucune partie ne doit être soustraite à sa vigilance et à sa sollicitude ; le devoir, parce que la quotité et l'emploi des fonds destinés au soulagement des indigents ne peuvent être indifférents au gouvernement.

Dans l'intérêt des pauvres, à qui elle assure l'exécution des dispositions faites à leur profit, dispositions dont la connaissance est alors acquise au gouvernement par l'obligation de solliciter son autorisation, et à l'administration par la formalité de l'acceptation.

Dans l'intérêt des familles, le gouvernement pouvant ou n'accorder qu'avec des modifications, ou refuser l'autorisation d'accepter des legs et donations en faveur des pauvres, lorsque ces libéralités sont excessives ou faites au préjudice d'héritiers naturels qui sont eux-mêmes dans le besoin.

Dans tous les cas, d'ailleurs, l'intervention du gouvernement ne peut qu'inspirer aux donateurs plus de sécurité pour l'accomplissement de leurs libéralités en faveur des pauvres, dont cette intervention ne peut jamais changer ni modifier la destination et l'emploi, lorsque les dispositions faites ne renferment rien de contraire aux lois et aux bonnes mœurs.

Ainsi, soit qu'un donateur ou un testateur ait ou non désigné ou nommé une personne chargée de recueillir sa libéralité, pour en faire l'usage par lui indiqué, toutes les dispositions entre-vifs ou par testament, faites au profit des pauvres ou d'un établissement de charité, ne doivent recevoir leur effet qu'autant qu'elles ont été autorisées, conformément aux règles précédemment établies, par le roi, pour les libéralités en immeubles et celles en argent qui excèdent une valeur de mille francs ; par le ministre, pour les dons et legs en argent qui s'élèvent de trois cents francs à mille francs, et pour ceux en objets mobiliers au-dessus de trois cents francs ; et par les sous-préfets, pour les dons et legs faits en argent et en meubles et denrées dont la valeur n'excède pas trois cents francs.

Toutefois, lorsqu'il y a nomination ou désignation d'une personne appelée, par la confiance du donateur ou du testateur, à faire l'emploi de sa libéralité, sans être tenue d'en rendre compte, l'acceptation du don ou du legs fait par l'administration, en vertu de l'autorisation du roi, du ministre, ou du sous-préfet, ne lui confère pas le droit de demander un compte dont le mandataire est exempt par la volonté du donateur ; elle lui impose seulement le devoir d'assurer ou de surveiller l'exécution de la disposition faite au profit des pauvres.

Vous voudrez bien vous conformer à ces principes, et veiller à ce qu'ils soient exactement suivis, pour toutes les libéralités qui peuvent intéresser les pauvres de votre département.

Ensemencement des blés de mars. — Propagation des pommes de terre.

21 février 1817.

Le sous-secrétaire d'État de l'intérieur transmet aux préfets deux instructions que la société royale et centrale d'agriculture a rédigées sur sa demande, et qui sont relatives à l'ensemencement des blés de mars et aux divers modes de propagation des pommes de terre.

Il les invite à en répandre, sans retard, la connaissance parmi leurs administrés, par tous les moyens qui sont à leur disposition, les circonstances recommandant cet objet à toute leur sollicitude.

INSTRUCTION SUR LES PLANTES QUI PEUVENT ÊTRE MISES DANS LES TERRES QUE LES PLUIES D'AUTOMNE ONT EMPÊCHÉ D'ENSEMENCER ; ET SUR QUELQUES CULTURES CAPABLES, A RAISON DE LEUR PRÉCOCITÉ, DE FOURNIR DE BONNE HEURE DES SUBSTANCES NUTRITIVES.

Beaucoup de cultivateurs, sans doute, n'ont pas besoin qu'on leur apprenne ce qu'ils ont à faire, même dans les circonstances extraordinaires ; aussi n'est-ce pas pour eux que le ministre de l'intérieur a chargé la société royale et centrale d'agriculture de faire rédiger quelques notes, dans un moment où il sait que la sollicitude paternelle de Sa Majesté s'occupe efficacement à assurer nos subsistances. Il a présumé que des conseils donnés par des commissaires de cette société pourraient servir aux personnes moins avancées que les autres dans la connaissance des ressources que présente notre industrie agricole ; on voit, dans cette circonstance, l'intérêt qu'il met à faire produire au sol français les végétaux les plus propres à accroître la masse des denrées de première nécessité.

Les pluies dont a été abreuvée, cet automne, une grande partie des terres du royaume, n'ont pas permis d'ensemencer toutes celles qui étaient préparées pour recevoir du froment de la saison : on ne connaît pas en détail les pays qui ont éprouvé cet inconvénient, ni l'étendue du mal ; il est à craindre qu'il ne soit considérable : quelque peu qu'il le fût, il en résulterait toujours une perte réelle, qu'il est important de réparer, ou du moins d'atténuer, en tirant de ces terres le meilleur parti possible ; c'est le soin le plus pressant.

La première idée qui se présente est d'y mettre des grains qui se sèment après l'hiver, ou à la fin de l'hiver. Il existe, dans certaines contrées, du seigle de cette saison ; mais il n'est pas assez répandu pour qu'on puisse s'en procurer facilement. Au surplus, les champs où il conviendrait ne sont pas, en général, ceux qu'on a délaissés : légers, pierreux et presque toujours praticables, il en est peu resté qui n'aient été ensemencés : ce sont les terres fortes, compactes, retenant l'eau, qu'on a été obligé d'abandonner ; on les connaît pour être propres au froment, qui, d'ailleurs, est le plus profitable des grains de nos contrées. Mais on nous demandera si l'on peut employer pour semer, celui d'automne, ou s'il est indispensable de choisir celui du printemps, dit *de mars*. Nous répondrons qu'il est sage et prudent de s'en tenir à ce dernier. Il n'y a pas d'impossibilité absolue d'obtenir un produit, même bon, du froment d'automne, semé à la fin de l'hiver ; on en cite des exemples que nous garantirons d'autant moins, que nous en aurions beaucoup à leur opposer. Si cela a eu lieu quelquefois, ce ne peut être que parce qu'on a semé, en janvier et au commencement de février, ou dans un sol neuf et riche, ou avec des grains récemment tirés des pays méridionaux (1) et de certaines variétés, et enfin parce que le temps qui a suivi l'ensemencement a été favorable (2) ; mais cette année, dans la circonstance actuelle, vu notre position, rien de ce qui est douteux, rien de ce qui est essai, ne doit être entrepris, risqué, proposé ; nous ne devons marcher que dans un chemin fait et sûr. Or, le blé dit *de mars*, c'est-à-dire accoutumé à être semé après l'hiver, mérite la préférence ; c'est lui qu'il est utile de rechercher, c'est à lui qu'il est raisonnable d'avoir recours. A la vérité, il y a des endroits et des dispositions du temps qui pourront lui être plus ou moins contraires ; mais le plus souvent il réussira bien.

Comme, malheureusement, les blés de printemps, ayant été mêlés de beaucoup d'herbes et récoltés par l'humidité, se sont échauffés dans les gerbiers, et même dans les greniers, après avoir été battus, il est important de bien examiner celui qu'on destine aux semences. Quand il est de mauvaise qualité, il paraît, à l'œil, terne et rougeâtre ; à l'odorat, il sent le moisi ; à la main, il a une sorte de rudesse. Pour s'assurer de ce qu'on en doit attendre, si l'on a des craintes sur sa verte germinative, il faut en semer un nombre compté, dans des vases, ou dans une planche de jardin, ou même, pour aller plus vite, sur une petite couche formée d'un peu de fumier de cheval qu'on recouvre de terre ; on verra ce qu'il en lèvera : cet essai fera connaître si l'on doit se hasarder, ou non, à le semer, et dans quelle proportion. Le choix étant fait, on aura soin de le bien cribler, pour le purifier des mauvaises graines qui s'y trouvent, et de le passer à un fort chaulage, parce qu'il paraît, en général, plus susceptible de la *carie*, vraisemblablement parce que le principe contagieux qui la communique s'émousse moins que dans les blés semés en automne, où le grain vicié est abreuvé d'humidité.

A défaut de blé de mars, les terres dont il s'agit pourront produire de l'orge. L'espèce qu'on appelle *nue* offre l'avantage de donner une farine douce, parce qu'elle n'a pas de balle adhérente, et de mûrir au moins quinze jours avant l'orge commune ; mais elle n'est pas assez multipliée pour qu'on en trouve une quantité suffisante : c'est donc par l'orge ordinaire, dont il y a plusieurs variétés, qu'on suppléera aux blés de mars. Tout le monde sait avec quelle facilité elle végète et combien la récolte en est abondante ; elle égale, en valeur de produit, celle du blé de mars, quand elle est dans le terrain qui lui convient et dans les années qui la favori-

(1) M. *Yvart*, l'un de nous, a semé, au printemps, des blés d'automne, les uns venus du midi, et les autres du nord. Les premiers lui ont donné des tiges et des épis, les autres n'ont produit que de l'herbe.

(2) Il y a un grand nombre tant d'espèces que de variétés de froment ; toutes peuvent réciproquement devenir grains d'automne et de printemps, en les y accoutumant par degrés et en plusieurs générations, ce qui exige quelques années. L'un de nous (M. *Tessier*) a vérifié ce fait, par une suite d'expériences faites à Rambouillet, sous les yeux de Louis XVI.

sent. L'orge a toujours eu, dans nos climats, le mérite de remédier à la pénurie du froment : c'est, à proprement parler, *le grain de disette*. En 1709, année très-désastreuse, les blés ayant péri par l'effet des dégels et gels répétés et subits, on retourna les champs pour remplacer les blés par de l'orge qui eut un succès au delà de toute espérance. Ce n'est pas la seule fois qu'on ait éprouvé les avantages de ce grain. Sa farine, unie à celle du froment, fait de bon pain, lorsqu'on n'en met qu'une juste proportion et qu'on y joint plus ou moins d'eau, selon que ces farines sont sèches ou humides. L'emploi de l'orge est considérable pour la fabrication de la bière, boisson alimentaire si utile pour tenir lieu de vin. Avec de l'orge on nourrit parfaitement les chevaux, dans les pays où il n'y a point d'avoine, production du nord. Si celle-ci venait à manquer, l'orge la remplacerait parfaitement ; sa paille, quoique moins bonne que celle du froment, n'est cependant pas à dédaigner ; les bestiaux la mangent bien. Ce grain, enfin, ne devant pas être semé aussitôt que le blé de mars, donne le temps de disposer la terre.

L'orge est originaire des climats chauds ; elle convient mieux, par cette raison, aux terres sèches et divisées qu'à celles qui sont fraîches et compactes. Ces dernières, pour pouvoir être ensemencées en orge, ont besoin d'être ameublies par des labours, et totalement ressuyées. Dans les environs de Paris, et à 15 ou 20 lieues de cette ville, c'est à la fin de mars et dans le courant du mois d'avril, qu'on sème l'orge. Trois mois suffisent pour accomplir sa maturité.

Plus d'une fois, l'avoine a servi à la nourriture de l'homme ; elle est peu profitable, si l'on n'emploie que sa farine, parce qu'elle n'en contient qu'une petite quantité. En y comprenant l'écorce, ce grain donne, mêlé même avec d'autres, un pain grossier et désagréable ; mais réduite en gruaux, comme on le fait dans les départements de l'ouest, l'avoine fournit un bon aliment.

Il y a plusieurs sortes de variétés d'avoine ; la meilleure est celle qui a le grain ferme, pesant et rempli d'une amande très-farineuse ; qu'elle soit noire, ou blanche, ou jaune, il n'importe, pourvu qu'elle ait ces qualités. Dans le cas où l'on n'aurait à sa disposition, ni blé de mars ni orge, il vaut mieux semer de l'avoine que de ne point profiter de la préparation des terres : on en tirera un produit étonnant, surtout si ce sont des terres fraîches, où l'avoine réussira mieux que l'orge, remarque qu'il est bon de faire. On sait que l'avoine se sème ordinairement à la fin de février et dans le courant du mois de mars.

Une espèce de maïs doit particulièrement être recommandée cette année : c'est le *quarantain* ; dénomination qui, quoique inexacte, prouve au moins qu'on regarde ce maïs comme ayant une végétation rapide ; dans nos climats du centre, elle est d'environ deux mois. Son grain est petit et assez abondant. Ce qui le rend précieux, c'est sa précocité et la facilité qu'il a de mûrir, sous une température moins chaude que celle exigée par les autres espèces. Nous insistons sur sa multiplication, là où l'on peut s'en procurer et où l'on a l'espoir de le voir réussir. Le pain qu'on ferait avec le maïs seul serait lourd et de difficile digestion ; on en obtiendrait de bon, si on le mêlait avec du froment ; il aurait une couleur jaune et n'en serait pas moins agréable : mais la meilleure manière est de manger le maïs en bouillie ou en galettes, comme il est d'usage.

Les plantes économiques dont il vient d'être question ne sont employées à notre nourriture que quand elles ont atteint leur maturité entière, et dans l'état de sécheresse ; il en est quelques autres qui peuvent l'être à demi-maturité, telles que la fève de marais ou grosse fève, le pois et le haricot. Nous ne dirons rien des lentilles, qui ne sont point dans le même cas.

La fève de marais, si elle peut être cultivée de bonne heure, par exemple en février ou dans les premiers jours de mars, commence à devenir une ressource alimentaire vers la mi-juin, et par conséquent avant l'époque des moissons ; alors, on la mange en purée, ou en fait des potages, sans attendre qu'elle soit mûre. Ce qu'on n'a pas pris pour être consommé en vert, parvient à l'état de dessiccation, dans lequel on peut encore employer ce grain aux mêmes usages, quoiqu'il soit moins agréable au goût. Dans quelques pays et dans certaines années, la fève de marais entre dans la composition des pains, qui sont bons si la proportion n'est pas trop forte. Sa production va quelquefois à 250 doubles décalitres par hectare ; on l'a vendue, depuis peu, dans le département de la Meurthe, le même prix que l'orge.

La féverole, petite variété de la fève de marais, est cultivée en grand dans beaucoup de pays, où elle fait une partie essentielle d'assolement. On la destine ordinairement aux chevaux. Concassée, elle pourrait être donnée aux autres animaux, pour lesquels son amertume n'est pas un inconvénient. Nous ne la comprenons pas ans nos conseils actuels, parce qu'elle est désagréable à manger pour les hommes. Le pois et le haricot ne seraient pas d'un moindre secours que la fève de marais, puisqu'on en mange en vert et en sec. Chacune de ces graines a des variétés, parmi lesquelles on choisirait les plus hâtives. Le pois se sème dès le mois de mars. Le haricot, sensible à la gelée, ne doit l'être que quand il n'y en a plus à craindre; on peut cependant en avancer l'ensemencement, d'autant plus qu'il est possible de prévenir, au moins sur une partie du semis, l'effet de la gelée, en la couvrant de paille ou de fumier long.

Nous avons supposé jusqu'ici que les grains indiqués seraient cultivés à la charrue, soit par rayons, soit à la volée; nous nous sommes réservé d'exposer ce qu'il est possible de faire par la petite culture.

Quand la main-d'œuvre est commune et à bon marché, et le grain rare et cher, il y a de l'avantage à le semer au plantoir; dans le cas contraire, il y a du désavantage: c'est un principe dérivé d'expériences exactes faites par l'un de nous (M. *Tessier*). Or, le blé de mars et l'orge sont maintenant d'un prix élevé; on trouve à la campagne, dans certains pays, beaucoup de gens sans occupation, surtout des femmes et des enfants; par conséquent la main-d'œuvre n'y est pas chère. Donner du travail, dans ce temps-ci, est un acte de sagesse comme de bienfaisance. Un fermier ou un propriétaire, mu par ce motif, peut donc employer des bras à planter quelques arpents de blé ou d'orge. L'économie de la semence le dédommagera amplement des frais; les plants se trouvant bien espacés, la récolte sera plus belle et donnera plus de profit. Il a été prouvé que, pour ensemencer au plantoir, il ne fallait pas le tiers du grain qu'on employait par la méthode ordinaire. Ce qu'on épargnerait serait rendu à la consommation.

Tout avantageuse que soit cette méthode, nous sentons bien qu'elle n'est pas praticable dans toutes les terres à ensemencer en blé ou en orge, d'une grande exploitation, parce qu'on trouverait difficilement la quantité d'ouvriers nécessaire, et qu'il faudrait trop de soins et de détails. Nous conseillons cette méthode spécialement aux possesseurs d'un ou de plusieurs petits champs, qui se chargeraient eux-mêmes, avec leurs familles, de planter leurs grains; ils gagneraient ce qu'ils épargneraient de semence, se rendraient indépendants des laboureurs, et saisiraient le temps favorable; par exemple, dans les pays vignobles, où il y a des portions de terres qu'on ensemence, de temps en temps, entre les vignes, etc.

Nous ferons observer que l'opération ne pouvant se faire sans trépignements elle ne convient pas aux terres fortes, qui ont besoin d'être soulevées.

Pour planter le blé, il s'agit de faire avec du bois (il vaudrait mieux que ce fût en fer) un instrument composé de quatre dents, à 3 ou 4 pouces les unes des autres, implantées dans une traverse, du milieu de laquelle s'élèverait un bâton de 2 pieds de haut, qu'on fixerait supérieurement dans un manche horizontal, assez long pour que l'ouvrier, le tenant de ses deux mains, pût appuyer fortement et faire le trou. Ces dents ne doivent avoir que 2 à 3 pouces, afin que le grain ne soit qu'à cette profondeur. Ainsi armé, l'ouvrier pratique les trous, en prenant le champ en travers ou selon sa longueur. Les femmes ou les enfants sont distribués de manière à mettre, chacun dans le rang qui lui est assigné, les grains qu'il tient dans un panier pour en placer un ou deux dans chaque trou. Le champ étant ensemencé, on passe dessus une herse faite de branchages d'arbres, qui recouvre les grains. C'est l'épine qui convient le mieux.

Cette méthode s'appliquerait également bien à d'autres sortes de cultures; il n'y aurait qu'à proportionner la longueur et l'épaisseur des dents du plantoir à l'espèce de grain ou de tubercule qu'on voudrait mettre en terre.

On a été, cet hiver, et l'on est encore exposé maintenant à des inondations sur les terres ensemencées en blé ou en seigle d'automne. Lorsque tout un champ, ou une grande partie d'un champ, a éprouvé cet accident, il n'y a d'autre moyen à employer que de retourner, après la cessation totale de l'inondation, les endroits noyés, et d'y semer quelques grains, aussitôt qu'ils seront praticables, suivant l'époque et la nature du terrain. Mais si l'eau n'a séjourné que sur des places, çà et là, on pourra les regarnir avec des pieds enracinés, qu'on détachera de touffes épaisses, comme il s'en trouve aux endroits où ont été déposés les tas de fumier, où les chevaux ou bœufs se sont arrêtés en labourant, où les mulots ont réuni des grains et où, la terre ayant du fond, la végétation est plus abondante. On repiquera ces pieds au plantoir. Si l'opération est faite de bonne heure, ils réussiront et pourront mûrir en même temps que les tiges venues de semence. Pour réussir, deux choses sont nécessaires: il faut, 1° que les plants puissent être arrachés facilement et avec leurs racines presque en motte; 2° qu'afin d'en favoriser la reprise le temps soit disposé à la pluie. Cette pratique a été employée dans plusieurs pays ; nous ne faisons ici que la rappeler et l'adapter à la circonstance.

Nous ne dirons qu'un mot des pommes de terre, parce que le ministre de l'intérieur a demandé une instruction particulière, pour laquelle la société royale d'agriculture a aussi nommé une commission. Nous invitons les personnes qui n'ont pu s'en procurer de hâtives à en planter d'autres variétés, du moins dans quelques portions de terres, dès le mois de mars ; elles auront peu à craindre des gelées, qui, à la vérité, pourraient atteindre les jeunes pousses ; dans ce cas, les tubercules en produiraient d'autres, et le retard de la maturité de la production serait peu de chose. Si l'on avait quelque inquiétude à cet égard, il serait facile de prévenir d'avance l'inconvénient, en jetant sur la plantation de la paille ou du fumier long, comme on le fait, en Normandie, sur les lins semés de bonne heure, et comme nous l'avons précédemment indiqué, à l'occasion des pois et des haricots.

Nous espérons, par les notes qui précèdent, avoir rempli les intentions du ministre qui a consulté la société d'agriculture. Nous avons considéré spécialement les départements du nord de la France, parce que ce sont eux qui ont souffert des pluies extraordinaires de l'automne dernier.

MOREL DE VINDÉ.   YVART.   TESSIER, *rapporteur.*

AVIS AUX CULTIVATEURS, SUR QUELQUES PROCÉDÉS ÉCONOMIQUES A EMPLOYER POUR LA REPRODUCTION ET LA PLANTATION DES POMMES DE TERRE, RÉDIGÉ PAR UNE COMMISSION DE LA SOCIÉTÉ ROYALE ET CENTRALE D'AGRICULTURE, SUR LA DEMANDE DU MINISTRE DE L'INTÉRIEUR.

La consommation extraordinaire qui a eu lieu cette année n'a peut-être pas permis à tous les cultivateurs de réserver, pour planter, autant de pommes de terre qu'ils l'auraient fait dans d'autres temps.

On croit donc utile de rechercher si la prodigieuse végétation de cette plante n'offrirait pas quelques moyens particuliers de reproduction dont on pourrait profiter, dans les circonstances où le défaut de plant est l'obstacle que l'on semble avoir le plus à redouter.

Le plus puissant et le plus assuré de tous les moyens est, sans doute, de n'épargner ni les façons, ni les engrais (1), parce que, dans une terre bien préparée, bien amendée, bien ameublie, on est certain d'obtenir une végétation vigoureuse, qui permet d'écarter davantage les pieds et d'étendre la culture sur une plus grande surface.

Avec une culture soignée, on pourra ainsi économiser le plant, sans craindre de diminuer les produits, puisqu'il suffira de mettre, sur le même point ou dans le même trou, soit un tubercule entier, soit une seule portion (2). Si l'un ou l'autre est sain et garni de bons yeux, il poussera avec facilité et manquera rarement.

Dans les Ardennes, il est des cultivateurs qui, depuis dix ans, au lieu de diviser les pommes de terre pour les planter, coupent seulement, à un demi-pouce, la sommité vers laquelle se réunissent un plus grand nombre de germes. Ces bouts se conservent, chaque fois que l'on épluche des pommes de terre, et se placent, à la cave, dans des paniers, jusqu'au moment de les mettre en terre (3).

---

(1) Le fumier qui n'est pas trop consommé est celui qui contribue le plus à la multiplication des tubercules : si même on plante sur un lit de fumier, et, dans les fortes terres, sur une bonne litière, on aura une abondante récolte ; mais le goût des pommes de terre sera moins savoureux.

(2) Quoique la plantation des tubercules entiers soit préférable, personne n'ignore que l'on est dans l'usage de couper les plus gros ; mais, dans ce cas, on ne peut se dispenser d'insister sur la nécessité de faire la section en biseau, et non par rouelles, attendu que la dernière forme laisse à nu le dessus et le dessous, que l'œil est moins environné de pulpe et plus exposé aux accidents.

La coupure en biseau se fait en amenant le couteau de la circonférence au centre, en conservant le plus de pulpe possible. Il est bon aussi, pour tenir lieu de peau aux surfaces coupées, de les laisser ressuyer pendant un ou deux jours ; par cette précaution, les pores se resserrent, et les morceaux sont moins attaquables par les insectes et par la pourriture. Au surplus, il est inutile de développer davantage ces détails connus.

(3) Cette pratique a été communiquée par la société libre de Liége. On désigne, dans ce

Si donc le développement des yeux ou des germes de la pomme de terre peut s'effectuer sans le concours de la totalité de sa pulpe (1), pourquoi, dira-t-on, ne pas user de cette faculté germinative dans toute son étendue, puisque l'on obtiendrait à la fois l'avantage d'avoir du plant et de conserver la nourriture des hommes et des bestiaux ?

C'est pour atteindre ce but que plusieurs se sont contentés de planter les yeux séparés du tubercule, sans être arrêtés par les soins minutieux qu'exige cette sorte de plantation, pour les détacher, les conserver, les mettre en terre et les préserver du contact immédiat du fumier.

Mais jusqu'à quel degré doit-on sevrer le germe de sa pulpe ? C'est sur quoi l'on n'est pas parfaitement d'accord.

Ceux qui combattent cette méthode prétendent que les plantes ne mûrissent pas aussi promptement ; qu'elles ne deviennent pas aussi robustes ; que les gelées précoces les affectent davantage ; enfin, que les produits en sont médiocres.

M. *Mergoux*, curé de Bézons, qui a si fort contribué à multiplier la pomme de terre dans sa paroisse, en utilisant tous ses produits, et qui n'est point étranger à sa culture, partage cette opinion ; il a essayé la plantation des yeux et des germes, et il affirme qu'ils ont été longtemps à végéter ; qu'enfin, lors de la récolte, on n'a trouvé, à chaque pied, que deux ou trois tubercules médiocres.

M. *Loys*, de Lausanne, pense aussi que l'on aurait « grand tort de pousser l'éco- « nomie jusqu'à ne se servir que des yeux ou germes, en mangeant la pulpe ; car « ce procédé pourrait bien mener directement à manger son blé en herbe. »

On pourrait citer plusieurs autres opinions à l'appui de celle-ci, encore que tous ceux qui ont fait des tentatives infructueuses ne se soient pas empressés de les publier.

Cependant, d'autres témoignages laissant des doutes sur ces assertions négatives, on croit devoir noter quelques faits favorables à la plantation des yeux, dont il serait heureux que l'on pût tirer avantage.

M. *Loyau*, du département de la Vendée, et, à son imitation, M. *Guerin*, de celui des Deux-Sèvres, ont planté, par le moyen des yeux, l'un en grand, depuis plusieurs années ; et l'autre une seule fois, dans son jardin. Tous deux paraissent satisfaits des produits ; ils conviennent toutefois qu'en général les pommes de terre sont uniformément médiocres.

M. *Meuron*, propriétaire cultivateur à Neufchâtel, en Suisse, dit qu'il se rappelle qu'une année où une immense quantité de pommes de terre fut gelée, il fit, ainsi que ses voisins, enlever les yeux des plus grosses non attaquées, qui, après avoir subi cette opération, n'avaient perdu qu'environ un dixième, et ils mangèrent ces restes.

Les yeux furent mis, au nombre de trois ou quatre, dans les creux, où ils produisirent, selon lui, autant et d'aussi grosses pommes de terre que celles qui avaient été plantées entières.

M. *Crook*, de Wiltshire, qui ne se loue pas moins de sa méthode, a, au contraire, enlevé les yeux dès les mois de novembre et de décembre, à mesure que l'on consommait les pommes de terre ; il les a plantés au printemps, après les avoir conservés dans une boîte fermée avec de la paille, à l'abri de la gelée, de l'humidité et de la trop grande chaleur.

---

pays, ces sommités sous le nom de *bouts ardennais*, et le Gouvernement du pays de Liège a donné à ce procédé la plus grande publicité ; il a même fait acheter, chez les consommateurs de pommes de terre, les bouts coupés, qu'on les a engagés à conserver.

C'est parce qu'elle paraît avantageuse qu'on se permettra d'observer que, surtout dans les cantons moins froids et plus humides que ceux des Ardennes, il conviendra de laisser dessécher un peu les bouts coupés, et de les mettre ensuite dans du sable, du son, de la paille, etc., au lieu de les entasser dans des paniers, où ils est à craindre qu'ils ne s'échauffent ; la note précédente en fait connaître suffisamment les motifs.

(1) Il est certain que l'on obtient de bons produits avec des morceaux d'un certain volume ; mais il est également démontré que, plus il y a de pulpe, plus la végétation est assurée ; car ce n'est pas en vain que la nature a recouvert le tubercule d'une peau âcre, propre à garantir l'intérieur des insectes et de la pourriture, et qu'elle a formé cette pulpe destinée à substanter le germe lors de son premier développement.

Ceux même qui conseillent de ne planter que les yeux n'osent pas la retrancher tout à fait ; il suffit donc de réfléchir pour se convaincre que plus on laisse d'aliment au nourrisson, jusqu'à ce qu'il puisse lui-même en tirer par ses racines, plus il doit acquérir de force.

Le procédé indiqué par M. *Griffilt* à la société de Dublin est plus détaillé ; il ne met les yeux en terre que lorsqu'ils ont poussé leurs germes d'une certaine longueur. Suivant lui, l'essentiel est de faire en sorte que ces germes ne se séparent pas des yeux.

« Après avoir enlevé ceux-ci avec un couteau pointu ou une spatule concave, en y laissant environ 8 lignes de pulpe, il les laisse sur une tablette ou sur un plancher bien sec, pendant deux fois vingt-quatre heures ; la surface de la partie coupée se dessèche et se couvre d'une espèce d'efflorescence blanche : il place ensuite ces morceaux sur des tablettes, avec de la menue paille, du sable sec ou de la sciure de bois, sur deux ou trois couches.

« Dès le commencement de mars, les germes poussent et acquièrent bientôt 3 pouces de long ; c'est à ce moment qu'il les prend et les plante, ayant soin de les couvrir immédiatement de fumier. À mesure que les jets paraissent hors de terre, il les butte, et recommence cette opération jusqu'à trois fois. »

Cette prérogative dont chaque partie de la pomme de terre qui conserve un œil semble pourvue paraît aussi transmise aux nœuds des tiges.

Quelques agriculteurs ayant reconnu qu'il naissait autour d'elles des tubercules, soit en les replantant, soit en faisant des boutures ou des marcottes, ont essayé de se procurer, par ces moyens, de nouveaux plants, ou d'étendre ceux déjà faits.

A ces fins, lorsque les tiges ont acquis une certaine force, ils détachent à la main les pousses surabondantes, et les plantent avec les précautions usitées à l'égard d'une plantation bien soignée.

Pour obtenir des boutures, ils coupent un peu plus tard quelques tiges et les déposent dans des trous ou rigoles, en les arrosant et en les préservant du hâle par un peu de litière.

Ils sont parvenus enfin à faire des marcottes, en couchant les branches latérales et en les couvrant de terre. Ils renouvellent cette opération deux ou trois fois, à mesure que les plantes s'allongent, lorsque les sujets sont suffisamment écartés.

Telles sont les diverses preuves de la fécondité de la pomme de terre. Plusieurs ne peuvent toutefois être considérées que comme des essais destinés à faire faire des progrès à la science : mais il n'en est pas de même de celles qui résultent des semis des graines ; elles sont positives, encore que quelques personnes doutent que les jeunes tubercules qui en proviennent puissent acquérir, dès la première année, un volume suffisant pour servir de comestible.

On peut citer plusieurs semis de graines dans lesquels il s'est trouvé, la première année, plus d'un tiers de tubercules propres à être consommés, et beaucoup d'autres plus gros que ceux ordinairement employés à la reproduction ; reste d'autant plus précieux pour les années suivantes que le plant qui provient des semis a une force vitale telle que, quelque petit qu'il soit, il peut être employé avec avantage (1).

On se contentera de donner ici les résultats du semis fait à Verrières, sous les yeux des commissaires de la société royale et centrale.

(1) Voir l'*Avis aux cultivateurs*, publié par la société, et imprimé chez madame *Huzard*, rue de l'Eperon. Il indique les moyens de récolter la graine, de la semer, etc. On croit devoir en extraire ce qui est relatif au semis.

Lorsqu'il n'y a plus de gelées à craindre, jusqu'en mai, suivant le climat et la saison, sur un terrain bien labouré, bien fumé, mais surtout bien ameubli, et de nature légère, s'il est possible, on trace des rayons espacés l'un de l'autre de deux ou trois pieds, et de trois ou quatre pouces de profondeur ; la graine s'y sème très-claire et se recouvre très-légèrement d'une ligne environ de terre ou terreau, sur lequel on marche ou que l'on foule un peu.

Quand les plantes sont levées, on les sarcle soigneusement, on les éclaircit, on les bine à plusieurs reprises, en rapprochant un peu la terre des pieds, prenant soin de ne les enterrer qu'à mesure qu'elles prennent de la force. Au reste, le nombre des pieds est si grand, que l'on doit nécessairement en sacrifier beaucoup ; mais on peut les repiquer, et les autres, arrachés en herbe, fertiliseront d'autant le champ.

Enfin, on les butte complétement, lorsqu'elles sont devenues assez grandes.

La distance à laquelle on devra laisser les plantes, dépend de leur vigueur ; un pied, un pied et demi, en tout sens, paraissent un espace convenable : toutefois, plus il y aura d'intervalle, plus les tubercules seront gros.

Comme la végétation des pommes de terre provenue de semis se prolonge beaucoup et que la production des tubercules en est tardive, il ne faudra les arracher que quand la gelée y forcera. Néanmoins, s'il s'en trouvait de hâtives, on devrait les arracher d'avance.

Il ne laisse rien à désirer, puisque c'est en plein champ, dans une terre qui avait rapporté du blé l'année précédente, et qui n'avait été préparée qu'à la charrue, avec une légère addition de fumier, que l'on a obtenu, par le semis, un produit évalué à 50 setiers sur un demi-hectare.

En résumé, cet avis n'a pas pour objet de prescrire exclusivement l'usage de tel ou tel genre de culture, mais d'éclairer sur des propositions tendant à substituer, aux méthodes sûres que l'habitude a rendues familières, des procédés moins connus, qui exigent des attentions délicates, et aux produits desquels on ne peut s'en rapporter pour concourir aux approvisionnements d'un vaste royaume.

En les soumettant à la prudence et à la sagacité des cultivateurs, on a lieu d'espérer qu'ils distingueront ceux qui méritent la confiance, par une longue suite de succès, de ceux qui ne sont que supplémentaires.

SAGERET. VILMORIN. CHALLAN, *rapporteur*.

Collèges royaux.

21 mars 1817.

Le Ministre de l'intérieur aux Préfets.

Je m'empresse de vous envoyer copie d'une ordonnance qui vient d'être rendue sur les collèges royaux, et qui doit assurer leur existence. Ces institutions ne manquaient point par le défaut de ressources générales, mais uniquement par la répartition trop inégale de ces ressources mêmes.

Tel collège avait trop d'élèves, tandis que tel autre en avait trop peu; ici, il y avait insuffisance de professeurs, et là, surabondance: les études et le régime souffraient de cet ordre de choses. L'ordonnance nouvelle va remédier à tout.

Le sort des professeurs n'est plus incertain. Le nombre des élèves royaux est déterminé d'une manière invariable. Celui des élèves communaux demeure provisoirement fixé tel qu'il l'a été jusqu'à ce jour. On verra quelles modifications l'état des revenus et des besoins de chaque ville permettra d'apporter à cette partie.

Mais à présent tout ce qui est dû doit être payé; c'est un objet important que je recommande à votre attention. Prenez de suite des mesures pour la stricte exécution de l'article 12; donnez des ordres précis pour que les versements s'opèrent entre les mains des proviseurs: c'est un point urgent.

Les termes de l'article même indiquent la marche qu'il faudrait suivre, dans le cas d'obstacles provenant de la situation des caisses communales. Toutes les avances nécessaires seront faites, s'il y a lieu, par les receveurs municipaux, sauf rappel dans le budget.

Je ne prévois pas d'autres difficultés: s'il s'en élevait, veuillez me les soumettre, et je statuerai aussitôt.

Les conseils municipaux, en vertu de l'article 8, et à partir du renouvellement de l'année scolaire, seront appelés à nommer à la moitié des bourses payées sur les fonds des villes; c'est un droit dont Sa Majesté se plaît à les investir, bien certaine qu'elle est du noble usage qui en sera fait par eux (1). L'autre moitié des bourses

(1) Voir la loi du 27 novembre 1843 qui règle le mode de distribution des bourses dans les collèges et lycées, et le règlement d'administration publique du 25 juillet 1849. (*N. de l'Éd.*)

communales continuera à être donnée au concours ; c'est un moyen d'émulation qu'il a été jugé utile de conserver.

A la première vacance, la nomination sera faite par le conseil municipal, dans la forme indiquée ; la deuxième nomination aura lieu par le concours, et ainsi de suite. Dès qu'une nomination sera faite par le conseil, extrait de la délibération prise à cet égard vous sera adressé pour m'être transmis, afin que j'en donne connaissance à la commission de l'instruction publique.

L'élève nommé, muni d'un extrait pareil de la délibération, délivré par le maire, se présentera, sans autre formalité, au collège, pour y jouir de la bourse qui lui aura été accordée. Si la nomination est faite seulement pour une demi-bourse ou pour les trois quarts, l'élève sera tenu de remettre au proviseur les pièces exigées par les articles 6 et 9 de l'ordonnance.

L'article 17 parle de dégrèvements à faire à des débiteurs des collèges royaux pour des pensions d'élèves : mais je déclare que ces remises ne seront prononcées par moi qu'en faveur de sujets vraiment appliqués et distingués dans leurs études, qui, par la mort ou par la ruine de leurs parents, ou enfin par des circonstances extraordinaires et imprévues, se trouveraient dans l'impossibilité absolue d'acquitter la dette.

Il importe de tenir sévèrement la main à ce que chacun remplisse les engagements qu'il aura contractés, et verse avec régularité à la caisse du collège, la somme laissée à sa charge.

C'est par là que seront complétées les dispositions prescrites pour le maintien et la prospérité d'établissements précieux, et dont Sa Majesté ne veut plus voir languir le service.

Service des enfants trouvés et enfants abandonnés (1).

27 mars 1817.

Le Sous-secrétaire d'État de l'intérieur aux Préfets.

Au moment où les conseils généraux sont près de s'assembler pour délibérer sur la fixation des dépenses variables, spéciales à chaque département, et sur les moyens d'y pourvoir, je crois nécessaire d'appeler votre attention sur les dispositions à faire pour assurer le service des enfants trouvés et enfants abandonnés, pendant la présente année.

Les articles 52, 53 et 54 de la loi qui vient d'être rendue sur les finances de 1817 classent la dépense des enfants trouvés et enfants abandonnés au rang de celles auxquelles il doit être pourvu sur le produit des centimes additionnels ou supplémentaires, dits *facultatifs*, affectés aux dépenses variables des départements, *sans préjudice*, porte la loi, *du concours des communes.*

Ces dispositions s'appliquent à la portion de la dépense des enfants trouvés ou abandonnés qui comprend les mois de nourrices et pensions, les indemnités accordées pour les neuf premiers mois

---

(1) Voir la circulaire du 8 février 1823, et celles du 21 août 1839 et du 3 août 1840, en ce qui concerne le contingent des communes.

(N. de l'Ed.)

de la vie des enfants et lorsqu'ils ont atteint leur douzième année, et les frais de revue et d'inspection des enfants. Il n'est rien changé au mode suivi jusqu'à présent pour le payement de la dépense des enfants dans l'intérieur des hospices, et pour le payement des frais de layettes et vêtures.

Il est dans l'esprit des dispositions de la loi sur les finances de ne regarder le concours des communes, pour pourvoir à la dépense des mois de nourrices et pensions, que comme accessoire et comme destiné seulement à remédier à l'insuffisance que pourraient présenter, à cet égard, les revenus des hospices appelés à recueillir les enfants, et les fonds départementaux, après avoir réuni à l'allocation que permettent ces fonds la portion du produit des amendes et confiscations attribuée au même service.

Dans cet état de choses, j'ai cru devoir, d'après les éléments que fournissent les précédentes années, fixer, pour chaque département, le *minimum* de la somme qu'il ne pourra se dispenser de fournir, en 1817, sur les ressources ordinaires du budget, avant de provoquer le concours des communes.

Ainsi, le conseil général de votre département ne pourra imputer, au budget de 1817, sur les centimes additionnels ou sur les centimes supplémentaires, une somme moindre, pour la dépense des enfants trouvés ; mais rien ne s'oppose à ce qu'il vote une somme plus considérable, si les ressources départementales le permettent.

Afin d'éclairer à cet égard le conseil général, vous voudrez bien lui présenter, à l'ouverture de sa session, un rapport détaillé qui lui fasse connaître : 1° la dépense présumée des mois de nourrices et pensions des enfants trouvés et enfants abandonnés, et des frais accessoires ; 2° l'évaluation de la portion des amendes et confiscations affectée à ce service ; 3° les revenus et les dépenses des hospices appelés à recueillir les enfants ; 4° les ressources que les communes de votre département présentent pour concourir à la dépense dont il s'agit.

Si le conseil général émet le vœu de reporter une partie de cette dépense sur les communes, il proposera les bases de la répartition. Ces bases devront nécessairement varier, suivant les localités. Dans plusieurs départements, il suffira d'appeler le concours supplémentaire des hospices chargés de recevoir les enfants, ou des communes où se trouvent ces hospices : dans quelques-uns, les communes, presque toutes riches, pourront être appelées presque toutes à concourir à la dépense ; dans d'autres, les seules communes qui possèdent des octrois pourront peut-être y contribuer. Dans quelques départements, on trouvera convenable de répartir le contingent à assigner aux communes au marc le franc de leurs revenus ; dans d'autres, il paraîtra préférable de régler la répartition de ce contingent sur la situation respective de chaque commune.

Vous m'adresserez, par un envoi particulier, les propositions que vous aurez faites au conseil général, le vœu qu'il aura émis, et votre opinion sur ce vœu. Dans le cas où les communes seraient appelées à concourir, j'en rendrai compte au roi, et lui proposerai de régler par une ordonnance spéciale, la portion de la dépense des enfants trouvés et enfants abandonnés qui doit être à la charge de chaque commune, d'après les désignations faites par le conseil général. En vertu de cette ordonnance, la somme à fournir par chaque commune sera comprise dans son budget de 1817, s'il n'est pas encore approuvé ; et, au cas contraire, dans le budget de l'exercice suivant, par voie de rappel. Vous pourrez toutefois autoriser les communes dont les budgets se trouveront déjà réglés, à acquitter, si leur situation le permet, sur les revenus de l'exercice courant, les contingents qui leur seront assignés dans cette répartition, sauf régularisation dans le budget de l'année suivante.

Les contingents assignés aux communes devront être versés par elles dans la caisse du receveur général du département, et vous ordonnancerez successivement, sur ces fonds, le remboursement des avances faites par les hospices, pour le payement des mois de nourrices et pensions et autres frais accessoires.

Il sera donc pourvu à cette dépense, au moyen :

1° De la portion du produit des amendes et confiscations affectée au service des enfants trouvés ;

2° De la somme que j'ai fixée plus haut comme *minimum*, et qui doit être prise sur les centimes additionnels et centimes facultatifs destinés à faire face aux dépenses variables ;

3° De la somme qui sera allouée en sus de ce *minimum*, si l'état des fonds départementaux permet au conseil général d'en voter une plus forte ;

4° Des revenus des hospices appelés à recueillir les enfants trouvés, ou des communes où se trouvent établis ces hospices ;

5° Du concours d'un certain nombre ou de la totalité des communes du département, selon la délibération qui sera prise par le conseil général, et dont une ordonnance du roi réglera l'exécution.

Je viens de vous entretenir des moyens de pourvoir à la dépense des enfants trouvés et enfants abandonnés, pendant l'année 1817. Je dois, en même temps, exciter votre sollicitude sur l'énorme accroissement qu'éprouve successivement le nombre de ces enfants. D'un côté, la misère ; de l'autre, les soins que l'administration apporte à la conservation des enfants et le bienfait de la vaccine sont des causes naturelles qui, l'une en augmentant le nombre des expositions et les deux autres en diminuant la mortalité, doivent accroître le nombre des enfants trouvés et enfants abandonnés à la charge des hospices. Mais on ne peut se refuser à considérer aussi, comme une des causes les plus puissantes de cet accroissement, les abus qui se commettent dans l'admission des enfants au rang des enfants trouvés et enfants abandonnés. Dans plusieurs départements où l'on a vérifié avec quelque sévérité les titres d'admission des enfants, on en a découvert un grand nombre qui n'avaient pas de droits à la charité publique, et qui, rendus à leurs familles, ont considérablement diminué le nombre des enfants à la charge du département.

Le ministère a plusieurs fois appelé l'attention des préfets sur ces abus et sur les moyens de les détruire et d'en prévenir le retour ; mais ces instructions ont été perdues de vue dans plusieurs départements.

Je vous invite à les remettre en vigueur et à réprimer soigneusement les abus d'une admission trop facile.

Je terminerai en vous recommandant de m'adresser *très-exactement*, dans le cours du premier trimestre de chaque année, un état général du mouvement et de la dépense des enfants trouvés et enfants abandonnés à la charge des hospices de votre département, pendant l'année précédente.

Poids et mesures.

29 mars 1817.

Le Sous-secrétaire d'État de l'intérieur aux Préfets.

Les soins que le gouvernement a pris pour établir l'uniformité des mesures ont eu des succès qui laisseraient peu de choses à désirer, si plusieurs agents de l'autorité publique, chargés de maintenir cette institution, n'avaient pas cru pouvoir se relâcher de la sévérité prescrite par la loi. Je suis informé que, dans plusieurs lieux, on tolère les infractions des marchands qui, sous prétexte que les marchandises qu'ils tirent de diverses fabriques, leur sont expédiées aux mesures ou aux poids anciens, prétendent qu'à leur tour ils ne peuvent se dispenser de les débiter à ces mêmes poids et mesures.

Un très-grand nombre de fabricants ont adopté franchement le nouveau système métrique, et s'y conforment exactement; et, parmi ceux qui suivent une marche différente dans l'expédition de leurs marchandises, la plupart le font contre leur gré et uniquement par complaisance pour leurs correspondants, qui leur en imposent l'obligation par les demandes formelles qu'ils leur adressent; mais ce n'est pas sur cette circonstance que je dois appeler votre attention.

Les marchandises qui se vendent à la mesure ou au poids, de quelque nature qu'elles soient, de quelque pays qu'elles viennent, ne peuvent être vendues qu'aux mesures et aux poids établis par la loi; elle ne fait aucune distinction; et les agents de l'autorité publique ne peuvent, à leur tour, admettre aucune excuse à l'infraction de cette règle.

Ce n'est pas seulement des manufactures de France que les marchands reçoivent les marchandises qu'ils débitent; ils en tirent aussi des autres pays; et l'on n'a pas d'exemple qu'aucun d'eux se soit jamais avisé de vouloir vendre, par exemple, à l'aune de Brabant, les étoffes qu'il recevait de Flandre; au yard, celles qui lui étaient expédiées d'Angleterre, ni à aucune autre espèce de mesure ou de poids étrangers, celles qu'il tirait des autres contrées. Ils savaient, ils savent très-bien encore réduire ces mesures et ces poids étrangers en poids et mesures de France : ils ne doivent pas éprouver plus de difficulté à convertir, aujourd'hui, en mesures nouvelles, les quantités de marchandises qui peuvent leur être expédiées des manufactures françaises en mesures anciennes; les moyens et l'instruction ne leur manquent pas pour cela, et un peu de bonne foi et de bonne volonté leur rendrait cette opération facile.

Je pense qu'on parviendra infailliblement à réprimer l'abus dans les expéditions qui se font encore en mesures anciennes dans plusieurs fabriques, en exigeant rigoureusement des débitants qu'ils vendent leurs marchandises aux mesures prescrites par la loi, sans égard à la manière dont elles peuvent leur avoir été expédiées. La sévérité dont on usera envers eux réfléchira sur les fabricants, qui seront d'autant plus disposés à se conformer à la loi, en ce qui les concerne, que le nouveau système leur offre plus de facilité pour les calculs qu'ils sont obligés de faire, et qu'ils se trouveront affranchis de la gêne que leur imposent leurs correspondants, lorsque, par des demandes contraires, ils les obligent à revenir aux mesures anciennes.

Je vous invite, en conséquence, à faire connaître à l'inspecteur et aux vérificateurs, ainsi qu'aux agents de police, qu'ils trahiraient leurs devoirs en usant d'indulgence envers les marchands qui continuent à vendre aux mesures anciennes, sous le prétexte que c'est ainsi qu'ils ont reçu les objets de leur commerce; et s'ils ne déployaient pas, au contraire, envers eux, toute la sévérité qu'autorise la loi.

Mercuriales.

1er avril 1817.

Le Sous-secrétaire d'État de l'intérieur aux Préfets.

Les tableaux de mercuriales que vous êtes dans l'usage de m'adresser tous les quinze jours présentent souvent, entre les différents marchés tenus pendant une même période, des disproportions si considérables dans les prix des grains, et particulièrement du froment, que je suis porté à croire qu'elles tiennent à quelque vice de rédaction qui se glisse dans les feuilles originales dressées par les maires, ou aux bases fautives sur lesquelles est établi le prix moyen. Comme ces documents sont d'une grande utilité pour l'administration supérieure, puisqu'ils lui servent de règle dans des opérations importantes, et qu'ils concourent même à diriger son opinion sur la situation des subsistances dans les diverses localités, il est extrêmement essentiel que les prix qui y sont fixés le soient d'après des règles qui, à l'avantage de la justesse, joignent ceux de la permanence et de l'uniformité. Sans doute il y a des variations plus ou moins sensibles entre les prix des marchés d'un arrondissement et ceux d'un autre : ces variations, quand elles sont le résultat de la qualité ou de la quantité des grains, de la situation topographique, de la concurrence enfin, n'ont rien que de naturel ; il est naturel aussi que, dans les années de cherté, elles soient souvent plus sensibles et même bien plus brusques : mais quand les différences de prix d'un marché à un autre, d'un même arrondissement ou d'un même département, sont par trop inégales, et qu'elles subsistent constamment, alors il faut, de toute nécessité, supposer qu'elles proviennent d'opérations vicieuses : 1o dans la conversion des mesures locales en hectolitres, là où les autorités n'ont pas le soin de proscrire l'usage, sur les marchés, de toute mesure étrangère au système métrique ; 2o dans le choix des qualités qui doivent concourir à l'établissement du prix moyen ; 3o enfin, dans la méthode suivie pour déduire ce prix. Ces considérations me déterminent à vous envoyer les instructions suivantes, sur le meilleur mode à adopter pour l'établissement des mercuriales :

1o Le premier point que je dois recommander à votre attention, est d'éclairer les maires, par des instructions courtes et faciles à comprendre, sur la manière dont ils doivent opérer pour convertir en hectolitres les mesures usitées pour la vente des grains dans leur pays. Il serait peut-être même à propos, afin d'éviter toute erreur à cet égard, que vous fixassiez vous-même, si vous le jugiez nécessaire, la valeur de chaque mesure locale en hectolitres. Cette évaluation doit être réglée avec le plus grand soin, et, dans la vérification que vous avez à faire des mercuriales originales qui vous sont adressées des diverses communes, vous vous assurerez, de plus, si les quantités et les prix se rapportent bien à l'hectolitre.

Ceci suppose cependant que l'arrondissement du marché n'aurait pas encore pu se pourvoir, en suffisante quantité, de mesures métriques. Dans le cas contraire, les autres ne doivent pas être tolérées.

2º Quant aux différences qui sont l'effet du choix des qualités sur lesquelles on établit le prix moyen, je pense qu'il convient de prescrire aux maires d'admettre indistinctement toutes les qualités qui ont été vendues sur les marchés ou halles publics, et qui sont réputées marchandes; dont on peut, enfin, extraire des farines propres à la boulangerie : car ce serait mal opérer que de prendre le prix moyen simplement sur des qualités dites d'élite ou supérieures; comme de comprendre parmi celles qui servent à le fixer des qualités trop inférieures et qui ne pourraient point rendre des farines avec lesquelles on confectionne le pain généralement propre à la consommation du pays. Je conçois cependant qu'il peut arriver qu'un marché ne soit garni, tel jour, que des qualités supérieures, ou des qualités tout à fait basses. Comme, dans ce cas, le prix de la mercuriale de ce jour ne serait plus en rapport avec le marché précédent du même lieu, ni avec les autres marchés, et présenterait un renchérissement ou une diminution qui ne seraient, en partie, qu'apparents, il conviendrait du moins d'en faire la remarque sur la mercuriale même.

3º A l'égard des différentes manières d'opérer pour la déduction du prix moyen, la méthode qui me paraît la seule régulière consiste à multiplier chaque quantité vendue par son prix, et à diviser la somme des produits par le total des ventes. On est assuré, en suivant cette opération, que le prix des plus fortes parties exerce son influence, comme cela doit être, sur le règlement du prix moyen; tandis qu'il n'en serait pas ainsi, si l'on se bornait à diviser, comme on le fait souvent, la somme des prix par le nombre d'articles vendus. Un exemple de l'une et de l'autre méthode va rendre mon idée plus sensible.

Exemple de la première méthode.

2,000 hectolitres, vendus au prix de 40 f. donnent	80,000 fr.
1,500...... id....... id....... de 38.....id....	57,000
900...... id....... id....... de 37.....id....	33,300
600...... id....... id....... de 34.....id....	20,400
100...... id....... id....... de 33.....id....	3,300
400...... id....... id....... de 30.....id....	12,000
5,500	206,000

Lesquels 206,000 fr., divisés par 5,500 hectolitres, quantité vendue, donnent, pour prix commun, 37 francs 45 centimes.

Exemple de la deuxième méthode.

2,000 hectolitres à 40 fr.
1,500.... id.... à 38
900.... id.... à 37
600.... id.... à 34
100.... id.... à 33
400.... id.... à 30

212, qui, divisés par six, nombre d'articles, donnent, pour prix commun, 35 francs 34 centimes.

Ces exemples s'appliquent à un marché où les qualités supérieures domineraient en quantité. La différence de résultat d'une méthode à l'autre se ferait remarquer en sens inverse, s'il était établi d'après une mercuriale où les qualités inférieures l'emporteraient.

Je ne me dissimule pas que la méthode que je propose, entraîne plus de longueurs; qu'elle est même peut-être difficile à pratiquer pour quelques maires; mais je tiendrais à ce qu'au moins, pour le prix du froment, auquel s'appliquent plus particulièrement ces instructions, elle fût suivie dans les marchés importants et où les ventes sont plus considérables et plus divisées.

Je désirerais encore que vous l'adoptassiez pour vos tableaux généraux de quinzaine, lorsqu'il s'agit de tirer le prix commun du froment.

Je dois, enfin, vous faire observer que les maires ne doivent jamais comprendre dans leurs mercuriales les prix du cours du commerce, parce que, le plus souvent, les grains vendus ainsi et hors des marchés le sont sur échantillon, et que les prix convenus ne peuvent donner qu'un taux fictif.

Telles sont les notions qui doivent servir de règles pour fixer le prix moyen des grains, tant dans les mercuriales originales que dans vos tableaux de quinzaine. Je vous invite, en conséquence, à adresser aux maires des lieux où il existe des marchés de grains des instructions conformes aux observations ci-dessus.

Je ne doute pas que vous ne soyez, comme moi, convaincu de la nécessité d'établir un mode sûr et uniforme dans ce travail; j'espère que vous redoublerez de soins et d'attention pour obtenir ce résultat. Une fois ces bases adoptées, si, à l'avenir, vous remarquiez, dans vos tableaux généraux de mercuriales, quelques prix trop disproportionnés, d'un marché à un autre, comme alors ces différences ne pourraient venir que de circonstances extraordinaires, vous voudrez bien ne pas omettre d'en expliquer la cause, dans la colonne d'observations.

Maisons centrales de détention.

5 avril 1817.

Le Ministre de l'intérieur aux Préfets.

L'ordonnance royale du 2 de ce mois, dont j'ai l'honneur de vous faire passer une ampliation, désigne les maisons centrales de détention dont les dépenses, en vertu de la loi qui vient de régler le budget de l'année 1817, seront imputées sur les centimes affectés aux dépenses fixes communes à tous les départements. Ces maisons sont ainsi confirmées dans la double destination qu'elles ont reçue, par leurs lettres de création et par l'usage, de *maisons de force* pour les condamnés à la réclusion, et de *maisons de correction* pour les individus soumis, par des jugements correctionnels, à une année au moins d'emprisonnement. Un local particulier est affecté, au Mont-Saint-Michel, aux condamnés à la déportation, en attendant qu'ils soient transférés dans une de nos colonies. Un établissement spécial, également entretenu sur les fonds des centimes fixes, est destiné aux bannis qui n'auraient pas les moyens de passer en Amérique, ou qui n'obtiendraient pas d'une des puissances de l'Europe la permission de résider dans ses États.

D'après ces dispositions, les départements n'auront plus à pourvoir, sur leurs centimes variables, sur les centimes supplémentaires, dits *facultatifs*, et sur la portion du fonds commun qui leur est assignée, aux dépenses des bannis, des déportés, des condamnés à la réclusion, des femmes et filles condamnées aux travaux forcés, et des condamnés correctionnellement à une année d'emprisonnement au moins ; puisque ces détenus seront admis dans les maisons centrales désignées par l'ordonnance.

Mais plusieurs de ces établissements n'ont point encore toute l'étendue nécessaire ; celui de Riom n'est même pas en activité. Tous les départements ne pourront donc point faire passer, de suite, dans la maison centrale de la circonscription, les condamnés que l'ordonnance royale y destine. Les condamnés qu'il ne sera pas possible d'y faire admettre resteront dans les prisons ordinaires, ou dans les maisons de correction des départements : mais leur dépense ne retombera pas, pour cela, sur les centimes variables des départements ; le ministère de l'intérieur les fera acquitter, d'après un prix de journée réglé avec les préfets. Ainsi, dans tous les départements, les dépenses des prisons que la loi impute sur les centimes variables, et, subsidiairement, sur les centimes supplémentaires, comprendront : 1° celles qui concernent le matériel et la surveillance des maisons d'arrêt, de justice, de correction et des dépôts de sûreté établis, aux frais des départements, dans les lieux de passage ; 2° l'entretien des prévenus, des condamnés dont les jugements ne sont pas définitifs, des condamnés à moins d'une année d'emprisonnement, et des condamnés aux travaux forcés, jusqu'au départ des chaînes ; 3° l'entretien des condamnés destinés à entrer dans les maisons centrales, jusqu'à leur admission, et les frais de leur transfèrement.

Les individus soumis à l'emprisonnement au-dessous d'une année, qui subiraient leur peine dans les maisons centrales, ne seront pas à la charge des centimes centralisés ; leur entretien sera remboursé à ces maisons sur les centimes variables, au taux qui sera réglé entre le ministère et le département.

En suivant les conséquences de cette distinction des dépenses entre les centimes fixes et les centimes variables, tout condamné à un an d'emprisonnement qui, destiné à être transféré dans une maison centrale, obtiendrait de subir sa peine dans une autre prison, y restera à ses frais, et sa dépense ne sera point payée sur les centimes fixes.

Les prisons d'un grand nombre de départements sont dans le plus fâcheux état : les détenus y sont entassés ; ils y manquent d'air ; leur santé y est compromise ; on craint sans cesse le développement de maladies contagieuses. L'amélioration de ces maisons est urgente et indispensable ; mais il en coûterait des sommes immenses pour qu'elles fussent toutes agrandies, restaurées, assainies. L'achèvement des maisons centrales et l'établissement d'un lieu de bannissement à Pierre-Châtel diminueront considérablement la population ordinaire des prisons, et ce sera déjà un pas vers leur amélioration. Il faut, par d'autres moyens, chercher à les mettre dans une situation plus favorable et plus conforme au vœu de la loi et de l'humanité.

Il existe déjà un assez grand nombre de maisons de correction qui, lorsque les maisons centrales auront acquis l'étendue nécessaire, seront réservées aux individus punis par l'emprisonnement moindre d'une année. Là où ces condamnés sont retenus dans des prisons étroites, incommodes, malsaines, il est du devoir des conseils généraux et des préfets de chercher à établir des maisons de correction.

Les dépôts de mendicité, qui, par leur construction, se rapprochent nécessairement de la forme des prisons, seraient facilement, et à peu de frais, convertis en maison de correction. Deux départements contigus pourraient se concerter, et entretenir en commun une seule maison de correction placée près de leurs limites. Ces mesures, que l'humanité commande, sont dans l'intérêt bien entendu des départements, puisqu'au moyen de simples travaux d'appropriation elles dispenseront des frais énormes d'agrandissement ou de construction qu'exigeraient les prisons.

Il n'est, pour le moment, apporté aucun changement à la circonscription des maisons centrales ; les préfets circonscriptionnaires continueront à s'entendre avec leur collègue chargé de la maison centrale, pour diriger les convois de condamnés, lorsque l'établissement pourra les recevoir ; s'il y a impossibilité de les admettre tous, ils y feront transférer, de préférence, d'abord les individus condamnés criminellement, ensuite les correctionnels soumis à un long emprisonnement, et surtout les jeunes gens et les femmes valides, qui sont plus aptes au travail. Lorsque les prisons d'un département seront encombrées, le préfet aura l'attention de m'en avertir, afin que je désigne la maison centrale sur laquelle on évacuera la population surabondante.

Les préfets qui ne sont pas chargés de l'administration d'une maison centrale n'ont plus à s'occuper de la dépense qui la concerne ; il suffit qu'ils fassent verser les sommes allouées aux budgets précédents : mais je les prie de me faire connaître le nombre des condamnés qui, d'après la loi et l'ordonnance, ainsi que je l'ai exposé plus haut, appartiennent, quant à la dépense, aux centimes centralisés, et qui, ne pouvant, pour le moment, être admis dans la maison centrale, sont déposés dans les prisons ordinaires, ou dans la maison de correction. Cette distinction étant faite, ils jugeront si, lorsque les maisons centrales recevront tous les condamnés qui y sont destinés, leurs prisons seront proportionnées à la population ordinaire qu'elles auront à l'avenir ; et ils dirigeront leurs soins et les vues des conseils généraux vers le but si intéressant de l'amélioration de ces prisons · je recommande cet objet à toute leur sollicitude.

Les préfets qui sont chargés de l'administration d'une maison centrale en dresseront le budget particulier, en ce qui concerne les dépenses ordinaires d'entretien et de matériel, et les dépenses extraordinaires ; je les ai déjà invités à en faire article dans le budget départemental. Ils s'attacheront à donner toute l'activité possible aux ateliers de travail, et surtout à diversifier le travail, autant que le comporte la sûreté de la maison. Leurs projets seront conçus avec économie, sans néanmoins trop sacrifier à ce principe. Dans l'institution d'une maison de détention, l'intention première n'est pas de faire vivre les détenus avec la moindre somme possible ; mais de leur faire perdre l'habitude de l'oisiveté, de préparer leur aptitude à gagner leur vie par des moyens honnêtes, lors de leur rentrée dans la société ; enfin, de les façonner à des genres d'industrie assez variés, pour qu'ils puissent alors l'exercer facilement et trouver promptement à se placer. Il faut, d'ailleurs, éviter, si cela est possible, d'établir entre les maisons centrales et les manufactures libres une concurrence nécessairement ruineuse pour ces dernières.

Tout travail pour le service intérieur de la maison, qui peut être exécuté par des détenus, doit leur être confié, quoique revenant à un peu plus cher que s'il était fait au dehors; mais aussi le détenu valide ne doit recevoir, dans la maison, que le strict nécessaire. Il faut qu'il travaille, qu'il ne trouve d'adoucissement à son sort que par le travail : il en contractera alors l'habitude, et il ne la perdra pas, rendu à la liberté. Dans une maison ainsi réglée, le bon ordre sera maintenu facilement et par des moyens peu rigoureux. Je ne présente, au reste, que des vues générales ; je laisse à la sagacité des préfets, à la sagesse des conseils généraux, et aux lumières des conseils de surveillance, le soin de proposer les dispositions les plus propres à faire prospérer cet établissement, et à rendre meilleurs les hommes qu'on y renferme.

Il est nécessaire qu'on me rende compte des moyens de sûreté que présente la maison, soit en ce qui dépend des constructions, soit en ce qui appartient à la force armée chargée de la surveillance extérieure et intérieure : le service de la garde nationale ne peut être regardé que comme secondaire ; il est impossible d'exiger qu'elle en soit constamment chargée, lorsque la maison centrale est à quelque distance de la ville qui fournit cette garde.

Réparation des chemins vicinaux.

9 avril 1817.

Le Ministre de l'intérieur aux Préfets.

Les réparations des chemins vicinaux ont présenté, cet hiver, un moyen précieux de procurer du travail et du pain aux ouvriers indigents. De nombreux ateliers ont été établis, et il en est résulté le double avantage de prévenir, en occupant les pauvres, les désordres qu'entraîne la misère, et de mettre en bon état des chemins trop longtemps négligés, malgré l'utilité dont ils sont pour les communes et pour les propriétaires.

Si tous les préfets n'ont pas obtenu les mêmes succès dans ce genre, je me plais à penser qu'on ne doit pas l'attribuer à la négligence. Leur sollicitude pour le bien de leurs administrés aura, sans doute, été arrêtée par les obstacles que présente l'exécution de ces travaux, et qui proviennent de l'état actuel de la législation sur cette matière : ces difficultés ont même empêché de faire tout le bien qu'on se proposait, dans les départements où les travaux ont eu le plus d'activité.

Il ne sera pas inutile, pour mieux reconnaître les difficultés dont je parle, de jeter un coup d'œil sur les lois qui ont régi successivement cette partie du service municipal (1).

Depuis la loi du 6 octobre 1791, toutes celles qui ont été rendues ont consacré le principe que les chemins vicinaux sont à la charge des communes, comme les fontaines, les pavés et autres objets dont tous les habitants jouissent en commun. Il n'en est pas de même du mode de pourvoir à l'entretien de ces chemins.

---

(1) Voir la loi du 21 mai 1836 (art. 2, 7 et 8) qui règle actuellement la quotité de l'imposition ordinaire affectée au service des chemins vicinaux.

(*N. de l'Ed.*)

La loi du 6 octobre 1791 permettait d'établir une contribution au marc le franc de la *contribution foncière*.

La loi du 11 frimaire an VII et l'arrêté du 4 thermidor an X ont dérogé formellement à cette loi, en mettant l'entretien des chemins vicinaux au nombre des dépenses *ordinaires* des communes, pour lesquelles il ne pouvait être établi que des taxes indirectes et locales, et en interdisant, pour ces mêmes dépenses, toute imposition *extraordinaire*.

L'impossibilité d'établir des taxes *indirectes* dans les communes *rurales*, et l'insuffisance de leurs revenus ordinaires, forcèrent de recourir à la *prestation en nature* : ce mode, indiqué par l'arrêté du 4 thermidor an X, n'était pas formellement ordonné; les communes qui avaient des fonds continuèrent à en employer une partie aux réparations des chemins vicinaux; et des crédits furent accordés, à cet effet, dans les budgets réglés par le gouvernement.

Il résulte de ce qui précède, que l'emploi de la prestation en nature ne dut s'établir et se propager qu'à raison de la défense d'imposer extraordinairement les communes, et de l'insuffisance de leurs ressources ordinaires.

Une condition essentielle de la prestation était l'option parfaitement libre, laissée aux habitants, de fournir les journées auxquelles ils avaient été taxés, ou d'en payer le prix représentatif, suivant la base arrêtée par le conseil municipal.

De cette option résulta la nécessité de forcer, ceux qui avaient préféré le rachat, au payement de leur taxe en argent. Il n'eût pas été juste que les plus aisés fussent dispensés d'un service qui devait peser sur tous. En conséquence, quelques instructions autorisèrent le recouvrement de ces taxes, et le produit en fut employé, soit à payer les remplaçants, soit à faire des ouvrages d'art.

Vos réflexions vous ont déjà fait remarquer que le recouvrement de ces taxes forme, aujourd'hui, la principale difficulté que rencontre l'application de la prestation en nature aux chemins vicinaux. En effet, ce recouvrement n'est autorisé par aucune des dernières lois sur les finances des 23 septembre 1814, 28 avril 1816 et 25 mars dernier. Or, si quelque habitant, en se fondant sur ces lois, refuse de payer sa part contributive, que devient l'*égalité proportionnelle* qui seule établit la justice d'une répartition ? Faudra-t-il que l'habitant zélé et soumis soit victime de refus dictés, le plus souvent, par les calculs intéressés de l'égoïsme ?

Dans cet état de choses, il me paraît absolument indispensable, ou de supprimer entièrement la prestation en nature, ou d'en faire une obligation *commune à tous*, par une disposition qui en régularisera l'application et en réglera les effets.

C'est sur cette importante question que je désire connaître l'opinion des conseils généraux de département et des conseils d'arrondissement. Veuillez, après leur avoir exposé clairement l'état de la législation sur cette matière, et les difficultés qui en résultent, les appeler à délibérer sur le mode qui leur paraîtrait le plus convenable pour réparer les chemins vicinaux. S'ils pensent que la prestation en nature peut être maintenue, ils proposeront leurs vues sur la manière de l'établir; d'en asseoir les éléments et la répartition; sur le rachat en argent et le recouvrement des sommes souscrites; enfin, sur la fixation du prix de la journée, qui servira de base au rachat.

Les conseils généraux ne perdront pas de vue que, s'ils proposent la prestation, ils doivent consacrer le principe que les habitants sont libres de s'acquitter en nature ou en argent.

Il ne vous échappera pas que, parmi les chemins vicinaux, les uns n'intéressent qu'une commune, et que d'autres servent à plusieurs : tels sont, en général, ceux qui conduisent aux points les plus utiles pour le commerce et l'agriculture, comme les marchés, les ports, les routes royales et départementales. Ces derniers chemins traversent ordinairement le territoire de plusieurs communes : il est évident qu'alors toutes ces communes, et, dans certains cas, celles qui y aboutissent, doivent concourir à l'ensemble de la dépense. Les conseils généraux examineront de quelle manière il conviendra de la répartir, conformément à l'article 46 de la loi du 15 mars dernier, sur les finances : ils considéreront que les obligations de chaque commune ne doivent pas, dans cette hypothèse, se borner à réparer la portion du chemin qui traverse son territoire, mais qu'elle doit payer une partie de la dépense totale du chemin, dans la proportion de l'utilité qu'elle en retire. En effet, il peut se trouver, sur un chemin commun, un point difficile à réparer, un pont à reconstruire, dont la dépense excède de beaucoup ce que coûte tout le reste du chemin.

Enfin, un objet qui mérite l'attention la plus sérieuse des conseils, et que je ne puis trop vous recommander, c'est de proposer les moyens d'établir un bon système de comptabilité pour les dépenses des chemins vicinaux. Ce système devra embrasser toutes les opérations résultant de la formation d'un fonds commun, la manière de le percevoir sur chaque commune, l'emploi qui en sera fait, et le compte qui en sera rendu. Si la prestation en nature est admise, je sens que cet objet présentera encore plus de difficulté. J'insiste néanmoins sur ce point, parce qu'il m'est démontré qu'un des meilleurs moyens de stimuler le zèle des administrés, et d'alléger le poids des charges qu'on leur impose, c'est de les convaincre, par une comptabilité claire et régulière, que la justice préside à toutes les répartitions, et que les ressources qui en proviennent sont employées dans le plus grand intérêt de tous.

Je saisis cette occasion pour vous engager à examiner si la prestation en nature peut être appliquée avec succès aux réparations des routes départementales : veuillez mettre aussi cette question sous les yeux du conseil général.

Recettes et dépenses des communes (1).

16 avril 1817.

Le Sous-secrétaire d'État de l'intérieur aux Préfets.

Les lois et règlements ont fixé au mois de mai de chaque année la réunion des conseils municipaux (2).

Il importe que vous rappeliez à ces conseils que leur réunion a pour objet d'entendre le compte que le maire de chaque commune doit rendre des recettes et dépenses de l'année pénultième ; d'examiner le budget, qu'il doit également présenter, des recettes et des

---

(1) Voir la note au bas de la circulaire du 10 mai 1816.
(2) Les époques des sessions des conseils municipaux sont déterminées par l'article 23 de la loi du 21 mars 1831.　　　　　(N. de l'Éd.)

dépenses à faire dans le cours de l'année qui doit suivre leur session ; de voter les allocations que chaque nature de dépenses peut rendre indispensables ; de délibérer sur les moyens de mettre les recettes au niveau des dépenses ou de réduire les dépenses au niveau des ressources ; d'émettre librement leur opinion sur les améliorations ou les réformes dont les diverses branches de l'administration sont susceptibles, et notamment en ce qui concerne les fonds qu'elles ont à fournir aux établissements municipaux dont les maires n'ont pas la direction immédiate, tels que les hôpitaux, les bureaux et les ateliers de charité.

Vous rappellerez également aux conseils qu'ils ne peuvent étendre leurs délibérations à des affaires étrangères à l'objet de leur convocation ; que la durée de leur session est limitée à quinze jours, et qu'ils ne peuvent la prolonger au delà de ce terme, sans votre autorisation.

C'est, au surplus, dans le cours de cette session, qu'après avoir délibéré sur les diverses parties du budget, ils devront émettre leur vœu sur les impositions dont l'établissement, par addition au rôle des contributions directes de 1818, sera par eux jugé nécessaire, à l'effet de suppléer, pour cet exercice, à l'insuffisance des revenus, et, plus particulièrement encore, pour subvenir au payement des salaires des gardes champêtres et forestiers, et aux besoins du culte paroissial. Je m'en réfère, à l'égard des impositions de cette nature, à mon instruction du 18 septembre 1816. Les règles qu'elle prescrit doivent être observées avec d'autant plus de rigueur que l'article 45 de la loi du 25 mars dernier en impose formellement l'obligation. Elles ont dû être suivies pour les impositions de même nature à lever en 1817. Si cependant il est des communes où elles n'aient pas été votées par les conseils municipaux, vous aurez à veiller à ce que, dans la session qui va s'ouvrir, cette omission soit réparée, et vous me transmettrez le résultat de leurs délibérations.

Quant au rôle de répartition, je me bornerai à vous rappeler, pour ce qui concerne les salaires des gardes champêtres, que la portion pour laquelle ils figureront dans le déficit à couvrir par une imposition devra être répartie exclusivement sur les propriétés foncières qui ne sont pas closes, au marc le franc de la contribution foncière qu'elles supportent.

Les salaires des gardes forestiers seront également répartis, dans la même proportion, au marc le franc de la contribution foncière, personnelle et mobilière, sauf les exceptions prévues par les lois rappelées dans mon instruction du 18 septembre.

Quant aux besoins du culte paroissial, plusieurs ordonnances du roi ont admis en principe, et d'après l'avis du comité de l'intérieur du conseil d'Etat, que l'imposition jugée nécessaire devait être établie, par addition, au marc le franc de toutes les contributions directes.

Je ne dois pas vous laisser ignorer qu'en règle générale et administrativement admise, les impositions auxquelles les communes sont obligées de recourir ne doivent pas excéder 20 à 25 centimes du principal des contributions.

Vous aurez encore à fixer l'attention des conseils municipaux sur l'article 48 de la loi du 25 mars dernier, relatif au remplacement de la contribution mobilière par une perception sur les consommations. Les instructions que le ministre des finances vous a transmises sur cet objet, le 5 de ce mois, me dispensent d'entrer dans d'autres détails sur cette disposition.

Les budgets des communes ayant moins de 30,000 fr. de revenus doivent continuer d'être définitivement réglés par vous, à la charge toutefois de m'en transmettre le relevé général.

Les budgets des communes dont les ressources directes et indirectes s'élèvent à 30,000 francs restent soumis à l'approbation du roi; ils doivent m'être transmis le plus promptement possible. Il est à désirer qu'ils me parviennent à l'expiration du premier semestre de l'année. Je recommande spécialement cette observation à votre zèle ordinaire : c'est le seul moyen d'obtenir le règlement des dépenses avant l'ouverture de l'exercice. Un tel résultat de votre activité serait de la plus grande importance pour l'ordre de la comptabilité.

Quant à la forme des budgets et aux détails qu'il convient d'y porter, je ne puis que m'en référer aux instructions précédentes, et notamment à celle du 10 mai de l'année dernière : je vous prie de vous la faire représenter et d'examiner s'il ne serait pas utile d'en rappeler les dispositions.

Dans tous les cas, vous veillerez à ce que les budgets soient appuyés du résultat de la recette et de la dépense de l'année précédente, conforme au modèle annexé à la circulaire précitée du 10 mai ; de l'état de mouvement des hôpitaux, pendant le cours de l'exercice expiré, et du budget particulier de leurs ressources, de leurs charges et de leurs dépenses.

La cour des comptes reste investie du droit de vérifier et d'arrêter les comptes des receveurs des communes dont les revenus s'élèvent à 10,000 francs et au delà.

Les comptes des receveurs des communes dont les revenus ne s'élèvent pas à 10,000 francs doivent être, comme par le passé, réglés par arrêtés du conseil de préfecture présidé par vous, sauf l'appel en révision par-devant la cour des comptes, de la part des communes ou des comptables qui jugeront devoir recourir à son intervention.

Différents actes de l'autorité royale, et la loi du 28 avril de l'année dernière, ont affranchi les communes des prélèvements qui absorbaient chaque année une forte partie de leurs revenus, pour des dépenses qui leur étaient étrangères : elles sont maintenues dans ces avantages ; mais il importe de les restreindre aux prélèvements que cette loi du 28 avril et les ordonnances antérieures ont eus réellement pour objet.

Ainsi, on avait pensé que la suppression des prélèvements qui se faisaient sur les revenus des communes devait s'appliquer aux sommes qui leur étaient demandées pour les dépenses des enfants trouvés ; mais la loi du 25 mars dernier en a décidé autrement : la dépense des enfants trouvés est placée, par l'article 53 de cette loi, au rang des charges départementales, *sans préjudice du concours des communes ;* d'où résulte, pour les communes, l'obligation de comprendre dans leurs budgets les fonds qu'elles auront à fournir. Cette obligation s'applique à l'arriéré, ainsi qu'aux besoins de 1817 et de 1818.

Les frais de casernement et d'entretien des lits militaires ont été souvent l'objet des réclamations des communes qui se trouvent grevées de cette dépense : plusieurs ont pensé qu'elles en étaient affranchies par la loi du 28 avril 1816, comme étrangère aux charges communales ; cette prétention n'a pu être admise. Dans tous les temps, les communes ont été soumises au logement des gens de guerre. Pour éviter aux habitants l'embarras et les inconvénients des logements à domicile, elles ont été successivement autorisées à faire construire des casernes et à les meubler. On a d'ailleurs considéré qu'elles étaient en partie dédommagées de cette charge par l'accroissement qu'éprouvaient les produits de l'octroi par l'effet des consommations de la garnison. Vous aurez donc encore à faire connaître aux conseils municipaux que rien n'est changé relativement à l'obligation qui leur est imposée de pourvoir aux frais dont il s'agit, et que les fonds en doivent être votés et compris dans les budgets. Vous veillerez également à ce que les dispositions prescrites par mon instruction du 3 août 1816, pour le payement régulier des loyers d'occupation des lits militaires, soient exécutées avec exactitude.

Conformément à cette instruction, les dégrèvements qui pourraient être demandés ne seront admis qu'avec la plus grande réserve, et pour des circonstances impérieuses. Je ne dois pas même vous laisser ignorer que désormais les dégrèvements qui seraient dans le cas d'être accordés ne seront pas imputés sur l'exercice dans le cours duquel la demande m'en serait adressée.

Aux termes de l'ordonnance du 12 mars dernier, les communes ont également à pourvoir au payement des bourses qui leur sont assignées dans les colléges royaux. L'obligation leur en est formellement imposée, tant pour le courant que pour l'arriéré, par les articles 7, 9, 10, 11 et 12 de cette ordonnance.

Je vous prie de communiquer ces articles aux conseils municipaux des communes auxquelles cette disposition est applicable.

Vous ne laisserez point échapper à leur attention l'article 8, qui les investit du droit de nommer, sur la proposition des maires, et à compter de l'expiration de la présente année scolaire, à la moitié des bourses qui sont à leur charge.

L'ordonnance ne parle pas des bâtiments dans lesquels les colléges royaux sont placés. De ce silence, il ne faut cependant pas conclure que les communes où ils sont situés n'ont point à pourvoir à leur entretien.

L'obligation de pourvoir à l'entretien de ces bâtiments leur a été formellement imposée par les décrets et ordonnance des 17 septembre 1808, 15 novembre 1811 et 17 février 1815; les dispositions de ces décrets et ordonnance n'ont été ni modifiées ni rapportées. Ainsi, l'obligation reste la même et dans toute sa force, tant pour les colléges royaux que pour les bâtiments des universités et des facultés.

Les allocations à faire pour les frais d'administration des communes, calculés à raison de 50 centimes par habitant, doivent être les mêmes que celles des années précédentes. Elles ne peuvent être augmentées qu'autant que la population serait plus élevée, et que sa force actuelle aurait été reconnue par une nouvelle ordonnance du roi.

Les droits de timbre des feuilles de papier dont les communes ont besoin pour leur service, et notamment pour les registres de l'état civil, doivent être annuellement acquittés sur les fonds alloués, pour les frais d'administration, au budget de l'année pénultième. Une nouvelle allocation spéciale ne peut être accordée pour ces droits, qu'autant qu'il serait justifié, par un état détaillé des frais d'administration, que la somme allouée pour ces frais est insuffisante.

C'est également sur le fonds des frais d'administration que doivent être acquittés tous les traitements, gages et salaires ; à l'exception toutefois du garde champêtre, dont le traitement, en cas de nécessité, peut faire l'objet d'une allocation particulière au budget.

Pour répondre, au surplus, aux questions qui m'ont été soumises relativement aux retenues dont, en quelques lieux, on a voulu grever les traitements des employés des communes, je dois vous instruire qu'il a été reconnu, entre les ministres des finances et de l'intérieur, que les retenues prescrites par la loi du 28 avril 1816 ne devaient avoir lieu que sur les traitements acquittés par les caisses du trésor royal et sur les fonds généraux dont les ministres ont la disposition. L'article 136 de la loi du 25 mars dernier ne peut plus laisser de doute sur cette question. Ainsi, si, par une fausse interprétation des lois susdatées, des retenues ont été faites sur les traitements des agents et employés des communes, la remise en peut être faite aux ayants droit, si toutefois les autorités municipales ne jugent pas utile de les faire tourner au profit de leurs communes. Cette observation s'applique aux employés des hôpitaux et des établissements publics, rétribués sur les revenus dépendant de leur dotation, ou sur des fonds dont les ministres n'ont pas la disposition.

Je devrais également vous entretenir des dépenses communes à plusieurs municipalités ; mais celles qui peuvent être considérées comme telles n'étant pas encore déterminées, et le mode d'exécution de l'article 46 de la loi du 25 mars ayant d'ailleurs besoin d'être fixé, de manière à mettre les conseils municipaux en état de délibérer en connaissance de cause, vous recevrez incessamment des instructions sur cet objet.

Il n'échappera point sans doute à votre attention, ni à celle des conseils municipaux, que l'article 40 de la loi déjà citée du 25 mars dernier maintient, sur le produit des patentes, un prélèvement de 10 centimes pour frais de confection de rôles et attributions aux communes.

Son produit n'étant jamais porté que par approximation dans les budgets, je vous prie de m'en envoyer, avec quelques détails explicatifs, l'état de liquidation définitive pour chacune des six années antérieures à 1817, avec vos observations sur les mesures qui seraient à prendre pour assurer aux communes tout ce qu'elles sont en droit de réclamer sur ce prélèvement.

Les communes peuvent trouver une ressource non moins importante dans les dispositions de l'article 124 de la même loi, relativement aux péages dont les conseils municipaux jugeront l'établissement nécessaire pour la construction ou la reconstruction des ponts utiles à leurs communications.

Néanmoins, en délibérant sur cet objet, les conseils municipaux examineront et discuteront avec maturité si l'établissement du péage proposé ne serait pas une gêne pour les communications et pour l'agriculture ; si les frais que sa perception occasionnerait ne seraient pas trop considérables, en proportion de ses produits ; et, enfin, si ce moyen de pourvoir à la dépense aurait moins d'inconvénients, serait moins onéreux et plus favorable aux contribuables, qu'une addition extraordinaire aux impositions directes, ou le recours à toute autre perception.

Vous veillerez à ce que le résultat de l'examen et de la discussion de chacune de ces questions soit exactement consigné dans les délibérations.

Prime de sortie sur les tissus de coton (1).

18 avril 1817.

Le Sous-secrétaire d'État de l'intérieur aux Préfets.

En conséquence des invitations contenues dans ma lettre circulaire du 20 août dernier, vous avez appelé l'attention des fabricants sur l'article 59 du titre *des Douanes* de la loi du 28 avril 1816, et sur l'obligation où ils sont d'appliquer une marque et un numéro de fabrication aux tissus de leurs manufactures semblables à ceux de l'étranger qui sont prohibés en France.

L'ordonnance du roi du 8 août 1816 a donné les plus grandes facilités pour remplir cette obligation. Elle laisse à chaque fabricant le choix de la marque et des moyens de l'appliquer, de manière à entrer dans les convenances de chacun, relativement aux diverses natures de ses tissus. Elle admet une marque supplétive pour les coupons, lorsqu'une pièce marquée dans l'origine est divisée. L'insouciance et la négligence peuvent seules empêcher l'exécution de ces dispositions.

Je sais cependant que peu de fabricants se sont conformés à la loi.

Il est vrai qu'elle ne porte point de peine coërcitive. La marque est essentiellement destinée à servir de premier indice, lorsque la nationalité de la marchandise est mise en doute, à l'occasion des recherches exercées par les préposés de la douane dans l'intérieur. Si le fabricant consent à s'exposer à des poursuites, à rester responsable des préjudices que sa négligence peut faire courir à des tiers, plutôt que de satisfaire à la loi, en apposant la marque qu'elle lui demande, en lui en laissant le choix, c'est son propre intérêt qu'il compromet, et il n'est pas besoin d'ajouter à ce motif de détermination la crainte d'une peine légale. Mais il est une autre circonstance que je crois devoir rappeler ici.

La loi accorde une prime à l'exportation des tissus de coton français, à condition que la nationalité de leur origine sera constatée, et prescrit les précautions réglées, à cet effet, par l'ordonnance du roi du 2 janvier dernier : l'article 2 exige la marque et les numéros des pièces, c'est-à-dire les mêmes conditions que celles imposées par la loi du 28 avril 1816, et établies par l'ordonnance du 8 août suivant.

Il en résulte que l'administration des douanes est fondée à refuser la prime pour tous les tissus de coton qui ne seraient pas revêtus de la marque et du numéro.

La crainte d'être privé de cette prime devient donc un nouveau motif pour suivre ce que prescrit l'article 59 de la loi du 28 avril ; et si les fabricants ne se mettent pas en règle ils ne devront imputer qu'à eux-mêmes le préjudice qui en résultera.

Et, comme ce ne sont pas les fabricants seuls qui peuvent expédier au dehors, ils s'exposent à faire rebuter leurs tissus non marqués par les acheteurs de l'intérieur, puisque le défaut de marque priverait ceux-ci du bénéfice de la prime, dans le cas où ils se proposeraient d'exporter.

---

(1) Voir l'ordonnance du 26 juillet 1826 et la loi du 28 juin 1832.

(*N. de l'Ed.*)

Comme le directeur général des douanes, en vertu de règlements si précis, me prévient de l'impossibilité où il serait de faire payer la prime pour les tissus sans marque, j'ai cru nécessaire d'en renouveler l'observation, et je vous prie de la communiquer aux fabricants de votre département, soit directement, soit, de préférence, par la voie des chambres de commerce, des chambres consultatives et des conseils de prud'hommes.

Eclaircissements sur quelques difficultés soumises au ministre de l'intérieur, relativement à la liste des électeurs.

18 avril 1817.

(Extrait.)

Un étranger qui a résidé dix années en France, ou qui est admis à domicile, avec jouissance des droits civils, a-t-il, par ce seul fait, la qualité de citoyen français, ou ne l'obtient-il qu'en vertu de lettres de naturalisation ?

La législation est précise à cet égard.

L'article 3 de l'acte du 22 frimaire an VIII est conçu en ces termes : « Un étranger devient citoyen français lorsque, après avoir « atteint l'âge de vingt et un ans accomplis, et avoir déclaré l'intention « de se fixer en France, il y a résidé pendant *dix années consécu-* « *tives.* »

Les formalités relatives à l'exécution de cet article ont été réglées par le décret du 17 mars 1809, ainsi qu'il suit :

« Art. 1er. Lorsqu'un étranger, en se conformant aux disposi-« tions de l'acte des constitutions du 22 frimaire an VIII, aura rem-« pli les conditions exigées pour devenir citoyen français, sa natu-« ralisation sera prononcée par nous.

« Art. 2. La demande en naturalisation et les pièces à l'appui « seront transmises par le maire du domicile du pétitionnaire au « préfet qui les adressera, avec son avis, au ministre de la justice. »

Enfin, l'ordonnance royale du 4 juin 1814 a prescrit les disposi-tions suivantes :

« Conformément aux anciennes constitutions françaises, aucun « étranger ne pourra siéger, à compter de ce jour, ni dans la « chambre des pairs, *ni dans celle des députés*, à moins que, par « d'importants services rendus à l'État, il n'ait obtenu de nous des « lettres de naturalisation *vérifiées dans les deux chambres*. »

Il résulte de la combinaison de ces divers actes : 1° qu'un étran-ger, même après avoir déclaré l'intention de se fixer en France et y avoir résidé pendant dix années consécutives, ne peut être apte à *voter* dans les colléges électoraux, s'il ne lui a été délivré des lettres de simple naturalisation *accordées par le roi* ; 2° que, pour être éligible à la chambre des députés, il faut qu'indépendamment des conditions prescrites par la charte il ait obtenu des lettres de grande naturalisation *accordées par le roi et vérifiées dans les deux chambres*.

Secrétaires généraux de préfecture.—Archives.

28 avril 1817.

Le Ministre de l'intérieur aux Préfets.

Je vous adresse une ampliation de l'ordonnance du roi, du 9 de ce mois, qui est relative à la suppression des secrétaires généraux de préfecture.

L'article 2 désigne le doyen des conseillers de préfecture pour remplir les fonctions de secrétaire général et, à son défaut, le plus ancien après lui. Dans le cas où deux ou un plus grand nombre de conseillers de préfecture auraient été nommés par la même ordonnance royale, ces fonctions doivent appartenir à celui qui est le premier sur la liste de nomination, et successivement à celui qui est placé après sur la même liste (1).

Ce conseiller doit, en signant les expéditions, se qualifier de *conseiller de préfecture, secrétaire général.*

Comme il réunit les deux qualités, il est évident qu'il peut vous remplacer sur votre délégation spéciale, ainsi que chacun de ses collègues, soit que vous quittiez le département, soit dans le cas de maladie ou de votre absence du chef-lieu ; seulement, lorsqu'il remplira les fonctions de préfet, celles de secrétaire général seront exercées par le plus ancien après lui.

L'ordonnance charge, de plus, le conseiller de préfecture de veiller à la bonne tenue des archives, dont la loi du 28 pluviôse an VIII avait confié la garde au secrétaire général. Je ne puis me dispenser d'appeler toute votre attention sur cette partie importante de l'administration publique (2).

Une proclamation du roi, du 20 avril 1790, contient les dispositions suivantes :

« Les états provinciaux, assemblées provinciales, commissions « intermédiaires, intendants et subdélégués, remettront aux admi- « nistrations qui les remplaceront, les pièces et tous les papiers « relatifs à l'administration de chaque département. »

Telle est l'origine des archives des préfectures.

Depuis cette époque, les administrations des départements, jusqu'au moment de l'établissement des préfets, ont grossi successivement ce dépôt central, qu'une loi du 5 brumaire an v avait encore accru par les dispositions suivantes :

« Les administrations centrales de département feront rassembler « dans le chef-lieu du département tous les registres ou papiers « dépendant des dépôts appartenant à l'État. »

Antérieurement à cette dernière loi, les changements survenus dans l'administration publique avaient amené dans les archives de département celles des districts, supprimés dans un nouvel ordre de choses.

Depuis leur installation jusqu'à ce jour, les préfets ont beaucoup ajouté à l'importance de ces archives, par la collection

Des registres de leurs arrêtés et décisions ;

---

(1) Les conseillers de préfecture faisant fonctions de secrétaires généraux sont actuellement désignés par arrêtés du ministre de l'intérieur. (*N. de l'Ed.*)

(2) Voir le règlement du 7 mars 1843 sur les archives départementales.

(*Id.*)

Des délibérations et cahiers annuels des conseils généraux de département ;

Des registres des délibérations des conseils de préfecture ;

Par le dépôt annuel des divers comptes et pièces comptables dont le jugement est attribué, soit au préfet seul, soit au préfet en conseil de préfecture ;

Enfin, par les nombreuses pièces dont la conservation dans les bureaux cesse journellement d'être nécessaire.

A cette nomenclature, il faut encore ajouter les archives des sous-préfectures de chefs-lieux, supprimées, et qui ont dû aussi trouver place dans celles du département.

Certes, la conservation et la bonne tenue d'un dépôt qui renferme les documents dont l'énumération précède intéressent à un très-haut degré l'administration publique, qui peut y puiser de précieux renseignements historiques, statistiques, et d'autres encore ; l'administration locale, qui doit y avoir recours journellement, surtout pour coordonner ses actes avec les actes antérieurs qui peuvent s'y rapporter ; enfin, les particuliers, dont les obligations et les droits se trouvent réglés, dans plusieurs circonstances, par des actes d'administration publique.

Cependant les archives des préfectures sont, en général, mal tenues ; et, dans quelques départements, elles sont dans un délaissement et un désordre qui ne peuvent s'excuser que par les révolutions diverses qui ont agité la France, et qui n'ont pas permis de donner à cette partie si essentielle de l'administration les soins conservateurs qui doivent enfin lui être accordés.

En choisissant dans les conseils de préfecture les gardiens des traditions administratives des départements, Sa Majesté a donné à ces conseils une nouvelle marque de confiance, qu'ils devront ambitionner de justifier ; mais je ne me dissimule pas que leurs efforts, pour être plus efficaces que ceux des secrétaires généraux, ont besoin d'être effectivement secondés par les préfets. Je crois devoir, à ce sujet, donner quelques indications à votre zèle, et entrer même dans tous les détails que cet objet me paraît exiger.

Le local de la préfecture assigné aux archives doit être suffisant et convenablement disposé ; il doit être aéré et à l'abri de toute humidité ; afin de le préserver le plus possible du danger des incendies, il est à désirer qu'il soit carrelé et plafonné.

Ce local doit être disposé de manière qu'on puisse classer distinctement les archives des quatre époques principales de l'administration publique en France : 1° les archives dont parle la proclamation du roi, du 20 avril 1790 ; 2° celles des administrations de département, jusqu'à l'établissement des préfets ; 3° celles des préfets, jusqu'à la restauration, en 1814 ; et 4° enfin, celles des préfets, depuis le gouvernement du roi.

Ces dispositions doivent avoir aussi pour objet tout ce qui est nécessaire pour conserver les papiers non reliés, et les séries diverses de registres, dont il importe surtout de rechercher et de soigner les collections.

Je n'ai pas besoin de rappeler ici que les travaux à faire pour approprier convenablement le local destiné aux archives devront être payés, suivant leur nature, sur le crédit qui serait affecté aux *constructions ou accroissements de bâtiments pour les préfectures* (chap. VII, section 2) ; ou sur le crédit destiné *à l'entretien et aux simples réparations à faire aux bâtiments des préfectures* (même chap., section 1re) ; ou, enfin, sur l'abonnement des frais d'administration, s'il n'est question que de *réparations locatives*, de l'espèce de celles qui sont allouées, dans cet abonnement, *pour vos bureaux et les établissements accessoires de la préfecture.*

Il ne suffit pas qu'il soit ainsi pourvu à la conservation des archives de votre département; il est encore nécessaire qu'elles soient bien tenues et puissent offrir, dans tous les temps, et avec facilité, tous les avantages qui doivent être attachés à des dépôts de ce genre.

Les frais d'administration, tels qu'ils sont abonnés, sont au moins suffisants, mais cet abonnement remplirait mal sa destination primitive si les préfets n'en consacraient pas une partie à toutes les dépenses qu'exige la bonne tenue des archives. Je désire qu'à partir du 1er mai prochain vous affectiez à ce service essentiel, sur le prix de votre abonnement, la somme nécessaire pour salarier convenablement: 1° un commis aux archives qui, par sa moralité, méritera qu'un dépôt de ce genre lui soit confié. Ce commis devra être versé dans la connaissance des chartes, titres et papiers de l'administration, et sera chargé, sous votre autorité et la direction et la surveillance du conseiller de préfecture secrétaire général, de l'enregistrement, du classement et de la communication des actes déposés aux archives; 2° un ou deux autres employés, suivant l'importance des archives, pour travailler, avec le commis principal, au classement des papiers et à la formation des répertoires, et pour faire, en outre, les expéditions des actes qui seront nécessaires.

Enfin, ne négligez aucune mesure pour assurer la conservation des archives et faciliter la recherche de toutes les pièces qui y seront déposées. J'ai lieu de croire que, de son côté, le conseiller de préfecture secrétaire général n'oubliera pas tout ce que le gouvernement attend de sa responsabilité et de son zèle, dans cette circonstance.

Les dispositions de l'article 3 de l'ordonnance du 9 avril ne sont pas moins importantes que les précédentes; elles tendent à faire cesser un abus très-répréhensible. En effet, je suis informé que dans beaucoup de préfectures on néglige, soit de porter sur les registres les arrêtés et décisions des préfets et les délibérations des conseils de préfecture, soit de revêtir ces actes des signatures qui leur donnent un caractère légal. Souvent l'oubli de ces formalités a rendu nulles des décisions essentielles. Vous n'ignorez pas cependant que, dans plusieurs cas, les actes de l'administration assurent des droits à des particuliers, et leur donnent une action qu'ils ne peuvent suivre, s'ils n'en apportent pas la preuve légale.

Je terminerai ces instructions en vous faisant remarquer que le conseiller de préfecture appelé à remplir les fonctions de secrétaire général, ne cessant pas d'être membre du conseil, doit continuer de prendre part à ses délibérations; mais, comme il se trouve chargé d'un nouveau travail, il est naturel que ses collègues y aient égard, dans la répartition des affaires qui doivent être jugées par le conseil de préfecture. Il est de plus nécessaire que toutes les dispositions soient faites pour que le nouvel ordre de choses ne nuise en rien à la marche des affaires administratives qui dépendent du conseil de préfecture.

Pêche de la sardine. — Préparation des rogues employées comme amorces.

Avril 1817.

Le Ministre de l'intérieur aux Préfets.

Les pêcheurs des départements maritimes de la Bretagne et du pays d'Aunis reçoivent du Nord, et de la Norvége en particulier, la rogue de morue dont ils se servent pour la pêche de la sardine, sur les côtes occidentales de France. L'usage en est inconnu dans la Méditerranée, ce qui porte à soupçonner que la sardine de cette mer n'est pas la même que celle de l'Océan.

La rogue n'est autre chose que les œufs de morue, ceux de toute espèce de poisson converti en stockfisch, et même de quelques autres espèces, entre lesquelles on peut citer le flétan et le maquereau, qui ne subissent pas cette préparation.

La plus grande partie de cette rogue est fournie par la morue proprement dite, celle du banc de Terre-Neuve, d'Islande, du Doggersbank, etc. ; c'est le *vaartorsk* ou morue du printemps des Norvégiens. On y mêle indifféremment les œufs du ling, du sey, du titling, du brosmer, poissons de la même famille que la morue, et qu'on prépare, dans le Nord, comme elle, en stockfisch, en rotskiœr, en platfisch, etc.

Les œufs de toute espèce de morue salée, en vert ou en tonne, ne sont pas moins propres que ceux de la morue sèche, ou stockfisch, à être apprêtés en rogue. Les Hollandais préparent avec soin les œufs qui proviennent des morues de leur pêche en Islande et sur le Doggersbank ; les Français en ont aussi apporté de Terre-Neuve, mais toujours dans une proportion très-inférieure aux besoins des pêcheurs de sardines sur les côtes de l'Océan.

La rogue de Norvége arrive en France transportée en barriques de sapin, d'une jauge fixe de cent vingt pots danois, conformément à l'ordonnance du roi de Danemark, du 12 septembre 1753 ; le poids de chaque barrique est d'environ cent cinq kilogrammes ou deux cent douze livres.

La rogue de Hollande arrive en barriques de chêne, d'une jauge plus grande, et dont le poids s'élève à deux cent quatre-vingts livres, et même plus.

La première provient principalement de la pêche d'hiver que font les Norvégiens au Lofoden, en février et mars, à laquelle on réunit celle des morues prises durant les mois suivants, depuis cette station de pêche jusqu'au Sundmœur. La rogue est toujours apprêtée à terre, sur les îles et les côtes où s'opère la sécherie du poisson. Chaque barque apporte ensuite à Drontheim, et surtout à Berghen, le stockfisch, la rogue et l'huile que l'équipage a préparés pendant la saison.

La seconde est un produit des morues pêchées par les Hollandais sur le Doggersbank, aux îles de Shetland et dans les golfes de l'Islande. Cette rogue a été préparée par eux, à bord même de leurs bâtiments, qui viennent la décharger à Vlaardingen, à Maassluys, à Egmont, et autres ports, d'où elle est transportée à Amsterdam et à Rotterdam, pour être ensuite expédiée en France. La rogue de Hollande est toujours mieux conditionnée que celle de Norvége. La nécessité de préparer cette substance à bord des bâtiments n'est donc pas un obstacle à la perfection possible de l'apprêt qu'on lui fait subir.

Avant la révolution, la France recevait de la Norvége huit à dix mille barriques de rogue, et de la Hollande environ mille barriques. La pêche française à Terre-Neuve en produisait cinq à six cents, dont la majeure partie était fournie par les bâtiments de Bayonne, de Saint-Jean-de-Luz et des Sables-d'Olonne. La quantité de rogue qu'importaient les étrangers n'était pas la même tous les ans, quoique la consommation fût évaluée à dix mille barriques : quand la rogue était rare et chère, les pêcheurs de sardines s'en montraient ménagers ; si elle était à bon marché, ils se croyaient dispensés d'en être économes.

Le gouvernement a tenté plusieurs fois d'affranchir la pêche de la sardine d'un état de choses qui la place dans la dépendance des étrangers ; il a encouragé, par les différents moyens qu'il avait en son pouvoir, la préparation de la rogue aux îles de Terre-Neuve, de Saint-Pierre et Miquelon, et sur les bâtiments français qui fréquentent le grand Banc, les mers d'Islande et d'Écosse, et le Doggersbank. Mais, avant la révolution, il eut à vaincre un obstacle qui se reproduisit par intervalles, et dont il ne put triompher ; c'était le bas prix de la rogue de Norvége qui, en plusieurs années, fut de cinq francs la barrique, et, en beaucoup d'autres, n'excéda pas dix francs : la modicité d'un tel prix détruisait nécessairement toute idée de concurrence, et, dans les années où elle aurait pu s'établir, personne n'était préparé à profiter du moment, quand la barrique de rogue se vendait quatre-vingts francs et davantage.

Le désir du gouvernement est que la pêche de la sardine, qui, en d'autres temps, a occupé jusqu'à quatorze cents barques, sans y comprendre les chasse-marées, et qui fournissait, par conséquent, pendant cinq mois, des moyens d'existence à plus de cinq mille hommes de mer et à leurs familles, reçoive, autant que faire se pourra, des seuls bâtiments français qui font la pêche de la morue et du maquereau, la rogue qui lui est nécessaire. C'est dans ce dessein que le ministre fait publier l'instruction suivante pour arriver à ce résultat, et faciliter l'obtention de la prime que Sa Majesté a accordée par son ordonnance du 8 février 1816.

INSTRUCTION.

Que la morue soit destinée à être salée ou séchée, la première opération est de lui couper la tête, aussitôt qu'elle est hors de l'eau ; on *l'habille* ensuite, le plus tôt qu'il est possible. Cet acte consiste à lui enlever les intestins, les viscères et toutes les parties contenues dans l'estomac et le ventre.

L'ovaire des morues femelles, ou des autres poissons de la même famille, qu'on pêche sur les mêmes fonds, renferme les œufs dans un sac double, qu'on jette ordinairement à la mer avec les issues, le foie excepté.

Pour convertir ces œufs en rogue, on peut indiquer plusieurs procédés plus ou moins parfaits.

Le premier consiste à séparer l'ovaire du corps, sans en déchirer la pellicule, et à le poser, avec les œufs qu'il renferme, sur une planche percée ou inclinée, ou sur un filet à petites mailles, pour que la dessiccation s'opère également sur tous les points. Quand cette pellicule est sèche, on en réunit plusieurs qu'on place dans une barrique, dont le fond est garni de sel ; et, sans trop les presser, on superpose, à mesure que la dessiccation s'accomplit, ces ovaires séparés par de légères couches de sel, jusqu'à ce que la barrique soit entièrement pleine : alors on la ferme assez hermétiquement pour que l'air n'y puisse pénétrer ; autrement, il s'ensuivrait une fermentation nuisible à la qualité de la rogue, surtout si elle n'avait pas été séchée au degré nécessaire pour la dépouiller de son calorique.

Une autre manière de la préparer se réduit à mettre les œufs dans chaque barrique, sans les faire sécher. Les couches de sel et de rogue se succèdent, comme dans la précédente ; mais, à mesure que la barrique s'emplit, la dose de sel doit être augmentée. Quatre jours suffisent pour que la rogue s'affaisse sur elle-même : on rétablit le niveau, en ne cessant d'en ajouter de nouvelle, jusqu'au moment où le vase qui la contient doit être fermé. Pour ménager un écoulement à la saumure, on a eu l'attention de percer de plusieurs trous le fond inférieur ; par ce moyen, elle s'échappe et la rogue ne forme plus qu'une seule masse qui se conserve en bon état jusqu'au mois de juin, où les pêcheurs l'apportent à Berghen. Là on en achève la salaison par l'addition d'une quantité de sel égale à la première : on la met dans de nouvelles barriques que l'on perce encore, et elles peuvent de suite être livrées au commerce, qui les expédie pour la France. On assure qu'autrefois les Hollandais achetaient en Norvége un certain nombre de barriques de rogue, à laquelle ils donnaient cette dernière préparation, et qu'ils vendaient ensuite dans des barriques de bois de chêne, sous le nom de *rogue de pêche hollandaise*, avec beaucoup d'avantage.

En Norvége, on ne se sert point de sel de Portugal ou d'Espagne, mais de sel de France : celui du Croisic ou de l'île de Ré paraît réunir les qualités convenables.

La préparation de la rogue, d'après les deux procédés qui viennent d'être indiqués, est susceptible d'être améliorée : elle l'a été en Norvége, surtout depuis qu'un prix très-élevé, obtenu dans les marchés de la France, a éveillé l'industrie des pêcheurs : car, de ce que l'importation a diminué en Bretagne, il ne faut pas en conclure qu'il se fabrique moins de rogue au Lofoden ; elle a trouvé un second débouché en Biscaye et en Galice : mais elle reprendrait bientôt sa première direction si l'industrie française ne se mettait promptement en devoir de nous approvisionner.

Dans la préparation, le rapport du sel à la rogue est d'un à quatre, ou, pour mieux s'exprimer, vingt-cinq kilogrammes de sel suffisent pour saler cent kilogrammes de rogue.

Le moyen de perfectionner cette substance consiste particulièrement à la dégager de toutes les parties grasses et mucilagineuses qui s'y trouvent mêlées ; à rejeter l'enveloppe des œufs, le long de laquelle rampent une foule de vaisseaux sanguins qui la rendent d'autant plus susceptible de fermentation, que le sel a peu de prise sur eux.

Il conviendrait peut-être de laver les œufs avec de l'eau de mer, opération bien facile à bord d'un bâtiment, et de les faire sécher, pour qu'ils perdent leur *feu*, avant de les soumettre à l'action du sel.

Dans cet état, il importe de les préserver du contact de l'air, qui leur donne une teinte d'un roux jaunâtre, surtout si la température présente une chaleur élevée.

Du sel fin doit convenir mieux que du sel gros. Le sel marin doit toujours être préféré au sel minéral.

Les œufs qui proviennent de la pêche d'été exigent plus de sel que ceux des morues de la pêche d'hiver. Le ferment de la décomposition est moins actif dans la dernière saison que dans la première.

Il faut exclure de la salaison toute rogue de poisson trop mûre ; elle n'a pas la consistance nécessaire, quand la nature vient d'amener l'œuf au terme où il doit éclore ; c'est ce que les Norvégiens appellent *blodë ravn*, rogue molle.

La barrique doit être hermétiquement fermée, sauf un trou pratiqué à chaque fond : l'un, pour donner passage à la saumure ; l'autre, pour laisser librement s'échapper le gaz qui se dégage des œufs du poisson. Elle doit aussi n'offrir aucun intervalle entre le fond supérieur et la rogue ; ce qu'il est aisé d'obtenir, si la barrique n'est fermée que plusieurs jours après qu'elle a été remplie.

Autant que la disposition du bâtiment le permet, les barriques doivent être mises à l'abri de l'humidité.

En prenant ces diverses précautions, on est sûr d'avoir préparé une rogue supérieure à celle que les Norvégiens livrent au commerce ; surtout si la quantité de sel employé a été calculée d'après ses qualités plus ou moins pénétrantes, comme sel neuf ou sel ancien.

Dans l'intérêt respectif des pêcheurs de morues et de sardines, il conviendrait peut-être de ne se servir que de barriques d'une jauge uniforme ; mais c'est un objet sur lequel il pourra être statué ultérieurement.

Enfin, les pêcheurs français devront s'attacher à préparer la rogue avec toute la perfection qui dépend de leurs soins. C'est le meilleur moyen d'en assurer le débit, d'obtenir la préférence dans les marchés de la Bretagne, et de n'avoir plus à y redouter la concurrence étrangère.

Dans les ports où se fait la pêche du maquereau, la rogue de ce poisson peut être apprêtée de la même manière que celle de la morue ; ce qui a lieu dans quelques-uns, où cette branche d'industrie n'est pas négligée, mais où l'on n'observe point certains détails de manipulation, qui sont, par le fait, les meilleurs garants de la qualité et de la conservation de la rogue.

En appliquant à la préparation des œufs du maquereau les procédés simples et faciles indiqués pour celle des œufs de la morue, toutes deux se perfectionneront au même degré ; elles pourront bientôt se suppléer l'une l'autre, et maintenir l'équilibre entre les besoins et les ressources de chaque année. C'est alors que la réunion de leurs produits respectifs affranchira la pêche de la sardine du tribut qu'elle paye aux étrangers ; tribut qu'ils s'étonnent, sans doute, de recevoir depuis si longtemps.

Plantation des routes.

6 mai 1817.

Le Directeur général des ponts et chaussées aux Préfets.

D'après l'article 99 du décret du 16 décembre 1811, l'abatage des arbres le long des routes ne peut être autorisé que lorsque leur dépérissement est constaté.

Il était devenu nécessaire d'établir une règle fixe pour juger de ce dépérissement, et, après avoir consulté à cet égard le conseil général des ponts et chaussées, j'ai reconnu qu'on ne doit, en général, considérer comme dépérissants que les arbres dont les branches sont mortes sur deux mètres de hauteur, à partir de la cime. Je vous prie de remarquer que, lorsque les propriétaires demandent l'autorisation d'abattre plusieurs arbres, chacun d'eux doit faire l'objet d'une reconnaissance particulière, et que le dépérissement des uns ne doit pas déterminer l'abatage de ceux qui sont en meilleur état ; qu'en ce qui concerne le remplacement des arbres on doit préférer les espèces qui présentent le plus de chances de succès, sans s'attacher à vouloir perpétuer celles qui ont déjà apauvri ou épuisé le sol.

Je ne puis trop vous inviter à veiller à ce que les ingénieurs se conforment aux dispositions de cette circulaire, dans les reconnaissances qu'ils seront dans le cas de faire de l'état des arbres que les propriétaires riverains des routes demandent l'autorisation d'abattre.

Comptabilité des hospices (1)

28 mai 1817.

Le Sous-secrétaire d'État de l'intérieur aux Préfets.

L'ordonnance du roi du 21 mars 1816 a réglé que les comptes des receveurs des hôpitaux et autres établissements de charité seront apurés et arrêtés définitivement par les préfets, en conseil de préfecture.

Cette ordonnance n'a pas déterminé la marche à suivre dans le cas où les arrêtés des préfets sur ces comptes seraient attaqués, soit par les commissions administratives des hospices, soit par les comptables.

---

(1) Voir l'instruction du 30 mai 1827.

(*N. de l'Éd.*)

Le roi a jugé convenable d'étendre, à cet égard, aux comptes des hospices, les dispositions consacrées par l'ordonnance du 28 janvier 1815 sur les comptes des communes, dispositions qui saisissent la cour des comptes de l'examen des comptabilités de cette nature sur lesquelles il s'élèverait des contestations, après les arrêtés pris par les préfets.

Sa Majesté a, en conséquence, décidé, par une ordonnance du 21 mai dernier, qu'en cas de contestation sur les arrêtés rendus par les préfets, en conseil de préfecture, pour le règlement des comptes des receveurs des hospices et autres établissements de charité, les comptabilités sur lesquelles seront intervenus ces arrêtés seront renvoyées par-devant la cour des comptes, qui les règlera et les révisera définitivement, sauf décision préalable du ministre de l'intérieur sur les objets qui seront de sa compétence.

Coupes des bois des communes et des établissements publics et religieux (1).

11 juin 1817.

Le Ministre de l'intérieur aux Préfets.

Je vous transmets copie de l'ordonnance que le roi a rendue, le 7 mars dernier, pour les coupes extraordinaires qui peuvent être accordées aux communes, aux hôpitaux et autres établissements publics et religieux, dans les quarts de réserve des bois qui leur appartiennent.

Les règles en usage pour les concessions de cette nature sont maintenues par cette ordonnance.

Les communes et les établissements publics devaient d'autant moins en être affranchis, qu'elles ont pour objet de prévenir les abus, et de ménager des secours importants pour les dépenses que des événements imprévus peuvent rendre nécessaires, en même temps qu'elles conservent à la marine des ressources précieuses pour les constructions navales.

Ainsi, les demandes en concession de quart de réserve continueront d'être transmises par vous au ministre des finances, en la manière accoutumée. Vous aurez soin, toutefois, de m'en instruire, et de me faire connaître les besoins impérieux qui pourront les justifier, pour que je puisse, conformément à l'ordonnance, les appuyer, s'il y a lieu.

La loi du 28 avril 1816 et l'ordonnance du 3 juillet de la même année, qui instituent la caisse des dépôts volontaires, dans laquelle le prix des quarts de réserve doit être versé, laissaient des incertitudes sur le mode à suivre pour la perception, le dépôt, la réintégration et l'emploi des fonds de cette nature : ces incertitudes doivent cesser par l'effet des dispositions des articles 4, 5, 6, 7 et 8 de l'ordonnance du 7 mars.

Les receveurs généraux sont seuls commis, par l'article 4 de l'or-

---

(1) Les règles sur le mode de recouvrement de ce produit ont été successivement modifiées par les ordonnances des 5 septembre 1821, 31 mars 1825 et 22 novembre 1826.　　　　　　　　　　　　　(*N. de l'Éd.*)

donnance, pour recevoir, sous leur responsabilité, les traites qu'il est d'usage de faire souscrire aux adjudicataires des coupes de bois : vous avez, en conséquence, à prescrire les mesures que vous croirez nécessaires pour constater la remise à faire des traites entre leurs mains, et déterminer la forme des récépissés à fournir aux établissements propriétaires.

Par la même raison, vous veillerez à ce que les traites soient stipulées payables à la caisse de ces comptables, aux échéances réglées par les actes d'adjudication.

Elles ne pourront être négociées, ni remises aux établissements propriétaires, sous quelque prétexte que ce soit, à moins que, pour des circonstances impérieuses, il n'en soit autrement ordonné par moi, sur votre proposition.

Pour donner aux communes et aux établissements propriétaires plus de garantie, il convient que les traites soient déposées dans une caisse à trois clefs, dont une restera dans vos mains, une autre dans celle du doyen des conseillers de préfecture, et la troisième dans les mains du receveur général ; sauf à en retirer successivement les traites, à l'époque de leurs échéances respectives.

La caisse à trois clefs restera à la garde et sous la responsabilité du receveur général.

Vous surveillerez le recouvrement exact des traites, et vous vous assurerez, par vous même et par les inspecteurs du trésor, du versement de leur montant à la caisse des dépôts volontaires, dans les délais prescrits par l'ordonnance.

Le receveur général tiendra de ces fonds une comptabilité distincte et séparée des recettes diverses qui lui sont confiées.

Vous lui recommanderez d'indiquer exactement et nominativement, à la caisse des dépôts volontaires, les communes et les établissements pour le compte desquels il fera des versements.

L'état que vous avez à m'envoyer, en exécution de l'article 3, sera conforme au modèle ci-joint.

Vous aurez soin de faire l'envoi d'un semblable état au directeur de la caisse des dépôts volontaires.

Sur les demandes que vous m'adresserez, et en justifiant des besoins allégués par les communes ou par les établissements propriétaires, je ferai réintégrer dans leurs caisses, par voie pure et simple de correspondance, les fonds provenant du prix des quarts de réserve, dont le receveur général aura fait le versement à la caisse des dépôts volontaires, avec les intérêts accumulés de ces fonds.

Les remises et taxations du receveur général *ne peuvent*, aux termes de l'article 5 de l'ordonnance, excéder 2 1/2 pour 0/0 des premiers 20,000 francs du montant intégral des traites, et 1 p. 0/0 du surplus ; ce qui vous laisse la faculté de chercher à les régler au-dessous de ce taux, dans l'intérêt des établissements propriétaires.

Vous remarquerez que ce n'est que sur les premiers 20,000 francs *de l'intégralité des traites à recouvrer, que 2 1/2 p. 0/0 peuvent être alloués.*

Ce serait donc une opération fausse et contraire au texte comme à l'esprit de l'article précité, que d'isoler, pour le prélèvement des remises et taxations, les communes et les établissements auxquels appartiennent les traites à recouvrer. Il résulterait de cet isolement que cinq communes et cinq autres établissements propriétaires, ayant droit chacun à 10,000 francs, fourniraient au receveur général une remise de 2,500 francs, tandis que, réunis, ils présentent une masse de 100,000 francs, qui donnent, à raison de 2 1/2 pour 0/0 sur les premiers 20,000 francs, 500 francs, ci............... 500 fr.

Et, pour le surplus, à raison de 1 p. 0/0.............. 800

Total....................... 1,300

J'ai pensé que, pour prévenir toute erreur, il pouvait être utile de donner ce calcul pour exemple.

C'est sur ces bases que vous aurez à régler, à la fin de chaque année, le décompte des remises et taxations dont il s'agit, si toutefois vous ne pouviez parvenir à les régler d'une manière plus avantageuse aux établissements propriétaires.

Il n'échappera pas à votre attention que les articles 4, 5, 6 et 7 de l'ordonnance sont étrangers au produit des coupes réglées : ce produit fait essentiellement partie des ressources ordinaires affectées aux besoins ordinaires et journaliers des communes et des établissements auxquels les bois appartiennent.

Le soin d'en poursuivre le recouvrement appartient à leurs comptables : c'est dans leurs mains que les adjudicataires doivent immédiatement en faire le versement.

Quoique cet ordre de choses soit observé dans plusieurs départements, il en est d'autres où, par une marche contraire, on a remis aux receveurs des domaines les traites souscrites pour le prix des coupes ordinaires ; et il en est résulté que des ressources destinées à des besoins journaliers ne sont sorties des caisses de ces receveurs qu'après beaucoup de retards et de difficultés, et qu'après avoir subi des remises et taxations onéreuses à ces établissements.

L'ordonnance du 7 mars a voulu prévenir le retour de ces inconvénients, en statuant, par l'article 9, qu'il n'est en rien dérogé au droit qu'ont les communes et les autres établissements propriétaires de bois de faire recevoir par leurs comptables le prix des coupes ordinaires, pour être employé, avec les autres revenus des biens dépendant de leur dotation, aux dépenses prévues et réglées par leurs budgets.

Il importe de ne point laisser ignorer cette disposition particulière de l'ordonnance aux communes et aux établissements intéressés à la connaître.

Quelques administrations ont demandé à jouir du droit de vendre elles-mêmes les coupes ordinaires des bois qui leur appartiennent, sans le concours des agents de l'administration forestière, et sans l'intervention d'aucune autorité. Il est vrai que l'ordonnance de 1669 autorisait les gens de mainmorte à vendre eux-mêmes les coupes ordinaires de leur bois, en se conformant aux aménagements, et en y réservant le nombre de baliveaux prescrit par les règlements : mais la loi du 29 septembre 1791 a révoqué cette faculté ; elle a placé la régie des bois des communes et des établissements publics dans les attributions de l'administration chargée des forêts de l'État ; elle a, de plus, ordonné qu'il ne pourrait y être fait de coupes que d'après les procès-verbaux d'assiettes, balivages et martelages des agents de cette administration, et qu'aucune coupe de ces bois ne pourrait être vendue qu'en la forme prescrite pour les bois de l'État.

L'arrêté du 19 ventôse an x contient, sur cette matière des dispositions qui permettent encore moins de s'écarter des règles prescrites, tant qu'il n'en sera pas autrement ordonné.

On a souvent renouvelé la question de savoir si la loi du 29 septembre 1791 était tellement impérative, que les adjudications ne pussent être faites ailleurs qu'au chef-lieu de la sous-préfecture de la situation des bois. Le ministre des finances a pensé que de graves inconvénients pourraient résulter de toute espèce d'innovation dans l'ordre actuellement établi; il a insisté pour qu'il fût maintenu : c'est par cette raison que l'article 3 de l'ordonnance précitée du 7 mars porte que les coupes extraordinaires continueront d'être adjugées au chef-lieu de la sous-préfecture.

Dans cet état de choses, vous penserez sans doute, avec moi, qu'il en doit être de même pour l'adjudication des coupes ordinaires. Vous pourrez, toutefois, en excepter les ventes que des communes seront par vous autorisées à faire d'une partie de leurs affouages, pour le payement de leurs gardes champêtres et forestiers, et pour l'acquit des charges et des impositions dont leurs bois et les autres propriétés restées en jouissance commune se trouvent grevés. Le ministre des finances estime que ces ventes, à raison de leur faible importance, peuvent être faites, sous votre autorisation, dans le lieu qui vous paraîtra le plus convenable.

Les établissements propriétaires doivent être représentés, aux adjudications, par un de leurs administrateurs ou de leurs agents. Ils doivent être également appelés à concourir à la rédaction du cahier des charges, ainsi qu'à la division des coupes en différents lots, lorsqu'elle peut leur paraître avantageuse : mais ce concours doit être restreint de manière à ne déroger en rien aux clauses générales et de police publique.

Quelques établissements ayant exprimé le désir d'obtenir la délivrance en nature et la faculté d'exploiter par eux-mêmes les coupes ordinaires, je dois vous faire observer que les délivrances, autres que celles qui se font aux communes affouagères pour être partagées entre les habitants, sont souvent suivies de quelques abus, notamment lorsque les bois sont situés à des distances trop éloignées des établissements propriétaires pour être bien surveillés : en ce cas, on doit craindre des dilapidations qu'on ne peut empêcher.

On doit craindre aussi que les frais de transport et de voyage ne fassent revenir le bois à des prix trop élevés.

Il est dès lors prudent d'être très-réservé sur les délivrances de cette nature.

Il paraît préférable aussi, lorsque la coupe doit excéder la consommation, de la mettre en adjudication, à la charge par l'adjudicataire de livrer la quantité de bois qu'il sera jugé nécessaire de mettre en charge pour la consommation de l'établissement propriétaire.

On comprend souvent dans les baux des biens que possèdent les établissements publics les coupes ordinaires des bois qui en dépendent. Les inconvénients de cet usage, et ceux qui résultent des délivrances en nature et des exploitations abandonnées aux agents des établissements propriétaires, ont été indiqués par une instruction du 31 décembre 1809. Je vous invite à vous reporter à cette instruction, et à rappeler aux établissements propriétaires de bois les observations qu'elle contient sur cet objet.

Les frais d'administration et de surveillance des bois des communes, des hospices et des autres établissements publics, et ceux qui résultent des opérations qu'exigent les adjudications des coupes ordinaires et extraordinaires, ont fait naître des réclamations qui m'ont paru susceptibles de quelques observations.

Les frais qui sont l'objet de ces réclamations consistent dans les articles suivants :

1° Frais de timbre, d'impression et de distribution des affiches;

2° Frais de timbre, d'impression, d'enregistrement et d'expédition des cahiers de charges et des procès-verbaux d'adjudication ;

3° Droits du décime pour franc, que les adjudicataires doivent payer en sus du prix de leurs adjudications, remplacés, en cas de délivrance en nature, par des droits de vacations pour balivages, martelages et récollements.

Quand même les établissements propriétaires seraient autorisés à vendre par eux-mêmes, la nécessité de pourvoir aux frais de timbre, d'impression et de distribution des affiches, n'en existerait pas moins, parce qu'on ne doit pas supposer qu'ils pourraient procéder aux ventes sans aucune publicité. On peut dire aussi que ces frais seraient beaucoup plus considérables, attendu que les établissements se trouveraient, par là, privés de la faculté qu'ils ont aujourd'hui de comprendre les ventes qui les intéressent dans les affiches énonciatives des coupes à faire dans les bois de l'État; faculté qui doit nécessairement rendre moins onéreux les frais dont il s'agit, par l'effet de leur répartition au marc le franc entre le domaine, les communes et les établissements propriétaires.

Les frais de timbre et d'enregistrement des cahiers de charges et des procès-verbaux d'adjudications donnent lieu aux mêmes réflexions.

En ce qui concerne le décime pour franc, la perception en est ordonnée par l'article 19 de la loi du 29 septembre 1791 : elle a pour objet d'indemniser le trésor des frais d'administration et de surveillance des bois des communes et des établissements publics confiés aux agents de l'administration des forêts, dont il acquitte les traitements. Quel que soit le mode de procéder aux ventes, ce droit sera toujours dans le cas d'être perçu ; à moins que le gouvernement, en faisant rapporter les lois et règlements qui placent leurs bois sous l'administration publique, ne trouve plus utile d'en attribuer la régie aux établissements propriétaires; circonstance qui les forcerait à salarier des agents forestiers particuliers, et les jetterait probablement dans des dépenses au moins égales au montant du décime pour franc.

A l'égard des droits de vacation pour balivages et martelages, ces droits, fixés par les lois des 15 août 1792 et 29 floréal an III, ne sont dus que pour les coupes qui se délivrent en nature et à titre d'affouages : leur perception doit tenir lieu du décime pour franc à payer en sus du prix des coupes mises en vente. Elle ne peut, en aucun cas, être cumulée avec la perception du décime.

Il est bon, d'ailleurs, de remarquer que le produit de l'une et de l'autre perception ne profite point aux agents forestiers : il se verse au trésor, où il va se confondre avec les autres revenus de l'État, pour subvenir à ses dépenses, dont celles de ces agents font partie.

Je n'ignore pas que, dans plusieurs lieux, les frais de vacations pour les opérations de balivages, de martelages et de récollements, absorbent la valeur des coupes : j'en ai entretenu le ministre des finances, qui, par une lettre du 10 juillet 1816, m'a fait connaître qu'il ne voyait aucun inconvénient à prescrire aux agents forestiers de ne pas comprendre dans l'état des vacations les coupes de bois communaux dont la valeur ne s'élèverait pas à une somme double du montant de ces frais : il m'a invité à lui faire connaître les communes qui seront dans le cas de solliciter cette exception. Sur la désignation que vous ferez de ces communes, je réclamerai la décision promise par son Excellence. Quant aux autres communes, je me réserve de me concerter de nouveau, avec le ministre des finances, sur les moyens de leur rendre moins onéreux les frais et droits qui font l'objet de leurs réclamations.

Je terminerai ces instructions en vous faisant observer que, par l'article 10 de l'ordonnance du 7 mars, les dispositions des articles 5, 6 et 7 sont déclarées communes à tous les fonds libres des communes et des établissements publics, dont le versement à la caisse des dépôts volontaires pourrait être ordonné, et provenant d'aliénations de leurs immeubles, d'impositions extraordinaires, de legs et donations, ou d'excédants de budgets,

Les fonds de cette nature, dont le versement sera fait à la caisse des dépôts volontaires, *et qui ne seront pas destinés à être employés en acquisition de rentes sur l'État, au profit des communes et des établissements propriétaires*, seront rétablis dans leurs caisses, d'après les règles admises pour les fonds provenant du prix des coupes extraordinaires des bois, au fur et à mesure des besoins extraordinaires qui pourront l'exiger.

Vous remarquerez, toutefois, que l'article 10 de l'ordonnance n'a point eu pour but de déroger aux règlements qui prescrivent aux receveurs des communes de verser *à la caisse de service, les fonds de leurs recettes ordinaires qui excèdent le douzième des dépenses allouées par les budgets*, et que l'on ne doit entendre par excédants de budgets, susceptibles d'être versés à la caisse des dépôts volontaires, que les fonds dont les receveurs, par l'effet de l'apurement de leurs comptes, sont constitués reliquataires.

Vous remarquerez aussi que, si le taux actuel des remises et taxations dont le receveur général jouit sur les capitaux qui font l'objet de l'article 10 est inférieur à celui des remises et taxations qui peuvent lui être allouées pour le recouvrement des traites souscrites pour le prix des coupes extraordinaires de bois, vous devrez le maintenir. Le but de l'ordonnance n'est point d'accroître les avantages de ces comptables.

Débit de substances vénéneuses (1).

16 juin 1817.

Le Sous-secrétaire d'État de l'intérieur aux Préfets.

Depuis longtemps on a senti combien il pouvait exister de dangers à laisser délivrer au public, avec trop de facilité, des substances vénéneuses.

Les anciennes ordonnances sur la police médicale avaient prescrit des mesures très-sages pour prévenir les abus que l'on aurait à craindre de cette facilité; et les dispositions qu'elles prescrivaient à cet égard ont été renouvelées par la loi du 21 germinal an xi.

L'article 34 de cette loi porte que les substances vénéneuses, et notamment l'arsenic, le réalgar, le sublimé corrosif, seront tenues, dans les officines des pharmaciens et les boutiques des épiciers, dans des lieux sûrs et séparés, dont les pharmaciens et épiciers seuls auront la clef, sans qu'aucun autre individu qu'eux puisse en disposer. Ces substances, ajoute le même article, ne pourront être vendues qu'à des personnes connues et domiciliées, qui pourraient

---

(1) Voir la loi du 19 juillet 1845.   (*N. de l'Éd.*)

en avoir besoin pour leur profession, ou pour cause connue, sous peine de *trois mille francs d'amende, de la part des vendeurs contrevenants.*

L'article 35 est ainsi conçu : « Les pharmaciens et épiciers tien-« dront un registre coté et paraphé par le maire ou le commissaire « de police, sur lequel registre ceux qui seront dans le cas d'ache-« ter des substances vénéneuses inscriront, de suite et sans aucun « blanc, leurs noms, qualités et demeures, la nature et la quantité « des drogues qui leur ont été délivrées, l'emploi qu'ils se proposent « d'en faire, et la date exacte du jour de leur achat, le tout à peine « de *trois mille francs d'amende contre les contrevenants.* Les phar-« maciens et les épiciers seront tenus de faire eux-mêmes l'inscrip-« tion, lorsqu'ils vendront ces substances à des individus qui ne « sauront point écrire, et qu'ils connaîtront comme ayant besoin « de ces mêmes substances. »

J'ai lieu de craindre que ces sages dispositions ne soient point suivies partout avec rigueur ; et l'on ne peut cependant douter que l'on préviendrait, par leur stricte exécution, des crimes que leur inobservation donne les moyens de commettre.

Je vous prie donc de vouloir bien prendre les mesures que vous jugerez convenables, pour que les précautions prescrites par les articles que je viens de citer soient ponctuellement observées ; et de concourir, en ce qui vous concerne, à ce que tous les individus qui y contreviendraient soient rigoureusement traduits devant les tribunaux.

Emploi des grains nouvellement récoltés.

25 juin 1817.

Le sous-secrétaire d'Etat de l'intérieur transmet aux préfets plusieurs exemplaires d'une instruction qu'il a fait rédiger par la société royale et centrale d'agriculture de Paris, et dont le but est de faire connaître par quelles précautions simples et faciles on peut prévenir, jusqu'à un certain point, les inconvénients qui pourraient résulter de ce que, dans quelques départements, on n'aurait pas attendu la parfaite maturité des grains pour les récolter, ou leur dessiccation complète pour les employer.

Il les invite à répandre la connaissance de cette instruction, et même à la faire réimprimer, s'ils le jugent convenable.

INSTRUCTION RÉDIGÉE PAR UNE COMMISSION DE LA SOCIÉTÉ ROYALE ET CENTRALE D'AGRICULTURE.

D'après les circonstances dans lesquelles se trouve une partie de la France, sous le rapport des subsistances, il y a lieu de craindre que, dans plusieurs départements, on n'attende pas, pour commencer la moisson, l'époque de la parfaite maturité des grains, ou que du moins, lors même qu'on les aurait recueillis suffisamment mûrs, on ne se hâte de les employer avant leur complète dessiccation. Dans l'un et l'autre cas, les cultivateurs doivent être prévenus qu'il résulterait, de l'emploi de ces grains, une perte plus ou moins considérable, soit dans la quantité, soit relativement à la qualité de leurs produits.

De tout temps, en effet, il a été reconnu, d'une part, que, lorsque les céréales étaient récoltées avant leur complète maturité, elles ne donnaient qu'une farine de qualité inférieure, et en moindre quantité ; que le pain qui en provenait était plus mat, moins nourrissant et d'une digestion plus difficile ; et, de l'autre, il est constaté que la maturité des grains se continue dans leurs enveloppes, lorsque les pieds qui les portent ont été coupés avant l'époque convenable, et que plus la dessiccation de ces pieds est lente, moins il y a de différence entre leurs graines et celles des pieds qui sont restés en terre.

Il est sûrement peu de cultivateurs qui ne se soient quelquefois trouvés dans le cas de couper leurs blés de trop bonne heure ; d'ailleurs tous arrachent leurs chanvres, leurs lins, etc., bien longtemps avant que les graines de ces plantes soient toutes parvenues à une complète maturité, et ils savent ce qu'il faut faire pour diminuer les inconvénients de cette pratique. Ainsi, l'on peut espérer que ceux qui seront forcés de tirer parti, pour leur nourriture, des blés encore verts, attendront le plus possible. Si le terrain est sec, ils y étendront leurs javelles, en tournant l'épi du côté du nord ; si le terrain est humide, ils disposeront les javelles en petites gerbes, qu'ils rapprocheront de manière que ces gerbes se soutiennent mutuellement ; ils se garderont de brusquer leur dessiccation, en les exposant contre un mur, à un soleil ardent ; encore moins, en les mettant immédiatement dans un four.

La théorie de l'opération consiste en ce que les graines dont le pied ne tient plus à la terre continuent d'absorber et de s'assimiler la sève contenue dans la tige, et terminent plus promptement leur maturité : ce qui le prouve, c'est que, au moins dans les céréales, c'est toujours l'extrémité à laquelle tenaient les racines, qui se dessèche la première.

On ne peut pas indiquer l'époque précise où il est le moins désavantageux de commencer la récolte des seigles ou des froments, cette époque dépendant de celle des semailles ; du temps qui a régné pendant la végétation, et de celui qui règne encore au moment de la récolte elle-même ; de la nature du sol ; de l'exposition, etc. C'est donc à chaque cultivateur à juger, par l'inspection d'un certain nombre de grains, qui doivent être assez durs pour que l'ongle ne les entame pas facilement, du moment convenable pour commencer la récolte.

On ne peut pas non plus donner de notions positives sur le temps nécessaire pour que la dessiccation des tiges et du grain soit arrivée au point où il faut qu'elle soit pour que ce dernier donne une farine abondante et de bonne qualité ; ce temps pouvant être plus ou moins long, selon que les tiges sont grosses ou minces, selon que le temps est humide ou sec, etc. Le moment de battre au fléau s'annonce assez bien par la dureté du grain, qui casse net sous la dent. Il faudrait un degré de sécheresse plus considérable, si on voulait le dépiquer par le moyen des chevaux.

Après le battage, les grains doivent être étendus sur des toiles et exposés à l'air, même au soleil, si l'on est pressé. Il faut éviter, autant qu'il est possible, d'employer l'étuve, et encore moins le four, pour opérer la dessiccation, parce que si la chaleur artificielle agissait trop promptement et trop fortement, elle racornirait les grains qui, alors, ne seraient plus propres à donner de bonne farine.

Les grains ainsi amenés artificiellement à leur maturité sont toujours retraits, c'est-à-dire, petits, ridés, peu colorés ; leur écorce est épaisse, la partie sucrée domine dans leur farine. Cette dernière circonstance indique qu'il vaut mieux la manger sous forme de bouillie que d'en faire du pain.

Il est bon de rappeler ici que les seigles, qui sont les grains sur la récolte desquels les cultivateurs anticiperont le plus volontiers, sont sujets à l'ergot, et que l'ergot introduit dans le pain est surtout plus dangereux dans les premiers moments qui suivent la moisson ; il faut donc en purger exactement ces seigles avant de les envoyer au moulin, ce à quoi on parvient assez facilement, au moyen de criblages répétés.

La paille des céréales coupées avant leur maturité est plus nutritive et plus du goût des bestiaux que celle qui a été desséchée sur pied ; mais cet avantage est une bien légère compensation pour les cultivateurs et pour la société.

Quoique cela soit peut-être superflu, il est bon de dire que le grain qui n'est pas arrivé à complète maturité sur pied ne convient pas pour les semailles.

Cette circonstance, et d'autres plus importantes encore, telles qu'un moindre produit en farine et une moins bonne qualité dans le pain, doivent engager les cultivateurs à ne couper que la portion de céréales strictement nécessaire à leur subsistance, jusqu'à l'époque où la moisson totale pourra être faite sans aucun inconvénient.

La farine des blés peu mûrs s'échauffant facilement, il faut, aussitôt qu'elle est arrivée du moulin, l'étendre sur un plancher, et la remuer d'abord tous les jours, ensuite tous les deux ou trois jours. C'est le seul moyen de la conserver passable, surtout si le temps est humide.

Le son extrait de cette farine conserve, quelque bonne qu'ait été la mouture, plus de parties nutritives que celui des farines ordinaires, et il doit être employé, de préférence, pour la nourriture des volailles et pour l'engrais des porcs. Il est nécessaire de prendre, à cet égard, les mêmes précautions que pour la farine.

Le pain fabriqué avec la farine de blé nouveau a toujours passé pour malsain : aussi, dans les temps ordinaires, n'emploie-t-on cette farine, au moins dans les pays riches et éclairés, que plusieurs mois après la récolte. Sans cette précaution, la pâte qui provient du grain nouveau, ainsi que celle qui est faite avec des blés incomplètement mûrs, lève difficilement ; le pain qu'elle donne est compact, noir, sucré, peu digestible, peu nourrissant, et susceptible de moisir promptement. Pour diminuer l'influence de ces différentes circonstances, qui réagissent les unes sur les autres, il faut que l'eau soit employée moins chaude qu'à l'ordinaire, la pâte pétrie plus ferme et plus salée, les pains tenus moins épais, le four chauffé plus fortement, enfin le défournage plus reculé. Plus les pains seront cuits et moins il y aura de danger à en faire usage, surtout si l'on ne commence cet usage que deux ou trois jours après leur sortie du four.

Il est bon d'observer encore qu'on tenterait inutilement d'employer une plus grande quantité de levain, dans l'intention d'améliorer les pains qui, étant mats, semblent pécher par défaut de fermentation ; parce que la pâte dépourvue de gluten n'est pas propre à envelopper les gaz qui occasionnent les yeux dans le pain fait avec de la bonne farine ; c'est en suivant une des indications précédentes, c'est-à-dire en entretenant le four plus chaud, qu'on affaiblit les effets de cette diminution dans la quantité du gluten.

Tout ce qui vient d'être conseillé, relativement à la dessiccation des grains, à la conservation des farines, à la fabrication du pain, s'applique aux grains nouveaux récoltés en pleine maturité, mais dont on veut faire trop promptement usage.

Les immenses secours qu'on a retirés, l'année dernière, de l'introduction de la pulpe des pommes de terre dans le pain, engageront, sans doute, beaucoup de personnes à vouloir en introduire également dans la pâte des farines de blés coupés avant leur maturité ; en conséquence, il est bon d'avertir que, les pommes de terre ne pouvant pas être arrivées à toute leur perfection à cette époque, il serait à craindre que, pour le moment, elles n'augmentassent les difficultés de la panification et ne diminuassent encore la qualité du pain.

La commission s'en tient à ce petit nombre de réflexions, persuadée que de plus grands développements seraient superflus. Il suffit, dans la circonstance actuelle, d'appeler toute la sollicitude des cultivateurs sur l'inconvénient de couper les seigles et les froments avant leur complète maturité, et sur la nécessité de laisser, pendant quelques jours, les grains se dessécher dans leurs épis, avant leur battage, si l'impérieuse nécessité a forcé d'en couper une portion avant le moment convenable.

Brevets d'invention, de perfectionnement et d'importation (1).

INSTRUCTION DU SOUS-SECRÉTAIRE D'ÉTAT DE L'INTÉRIEUR.

1er juillet 1817.

Motifs qui ont fait établir les brevets.

On a toujours reconnu qu'il était aussi juste qu'utile aux progrès des arts d'assurer aux inventeurs la propriété de leurs découvertes ; mais, pour le faire d'une manière avantageuse pour eux et pour le public, on n'était pas d'accord sur le parti le plus convenable à prendre. Les uns voulaient qu'il leur fût accordé des priviléges exclusifs, dont la durée ne serait point limitée ; d'autres pensaient que ces priviléges ne devraient être que temporaires. Enfin, suivant une troisième opinion, il était préférable de leur décerner des récompenses, et de rendre à l'instant leur découverte d'un usage libre et commun. L'administration a eu souvent recours

---

(1) La législation de 1791 sur les brevets d'invention a été modifiée par la loi du 5 juillet 1844. (N. de l'Ed.)

à ce moyen ; mais comme il constituait l'Etat dans des dépenses assez considérables, et qu'il ne satisfaisait pas toujours les inventeurs, il a été nécessaire d'examiner, de nouveau, s'il y aurait possibilité de trouver un parti qui conciliât tous les intérêts. Le but qu'on se proposait a été atteint par les lois des 7 janvier et 25 mai 1791, qui ont établi les brevets. Les titres de cette nature assurent, d'une part, aux artistes, la jouissance exclusive de leurs découvertes, et donnent, de l'autre, à leur expiration, une garantie fort importante, celle de la conservation de plusieurs inventions que, sans ce moyen, le public ne connaîtrait jamais, ou qu'il ne connaîtrait qu'imparfaitement, puisque les auteurs étant intéressés à cacher leurs opérations ne les communiqueraient pas, et pourraient ainsi mourir avec leur secret.

Formalités à remplir par ceux qui demandent des brevets, et quotité des sommes qu'ils sont tenus de payer.

Les brevets délivrés par le gouvernement ne peuvent être assimilés aux priviléges exclusifs qu'on obtenait avant la promulgation des lois qui régissent la matière : ils ne sont qu'un acte donné à un particulier, de la déclaration qu'il fait d'avoir inventé une machine ou un procédé de l'emploi duquel il résulte une nouvelle branche d'industrie. Il s'en délivre de trois sortes, *d'invention, de perfectionnement* et *d'importation*.

Les brevets d'importation sont accordés à ceux qui procurent seulement à l'industrie une machine ou un procédé connu dans les pays étrangers : les lois des 7 janvier et 25 mai 1791 n'ayant pas déterminé, d'une manière positive, la durée de ces brevets, un décret du 13 août 1810 a statué qu'elle serait la même que celle des brevets d'invention.

Des perfectionnements dans les arts forment souvent une invention aussi importante que la découverte primitive. Il était donc convenable de permettre qu'on s'en assurât la jouissance privative en prenant un brevet. Mais si les lois donnent cette faculté elles ne considèrent point, d'un autre côté, comme des perfectionnements, des ornements ou des changements de formes ou de proportions. Il faut qu'il y ait une addition à la découverte. (*Art. 8 du titre II de la loi du 25 mai 1791.*)

On ne peut cumuler plusieurs découvertes dans un seul et même brevet, et chacune d'elles doit être l'objet d'une demande particulière.

Pour obtenir les titres de cette nature, l'accomplissement de différentes formalités est indispensable.

Le pétitionnaire doit d'abord déposer, au secrétariat général de la préfecture du département qu'il habite, un paquet cacheté et contenant,

1° Sa pétition au ministre secrétaire d'Etat de l'intérieur à l'effet d'obtenir un brevet de cinq, dix, ou quinze ans, à son choix ;

2° Le mémoire descriptif et détaillé des moyens qu'il emploie ;

3° Des dessins doubles, sur échelle, par plans, coupes et élévations, signés par lui ; ou un modèle de l'objet de sa découverte ;

4° Un état, fait double, également signé par lui, des pièces renfermées dans le paquet.

Il doit, en outre, payer une taxe plus ou moins considérable, suivant la durée du brevet, qui ne peut excéder quinze ans :

300 francs pour un brevet de cinq ans ;

800 francs pour un brevet de dix ans ;

1,500 francs pour un brevet de quinze ans ;
Plus, 50 francs pour frais d'expédition du brevet (1).

Les lois permettent quelquefois de prolonger la durée des brevets; mais, pour obtenir cette faveur, qui n'est accordée que très-rarement et pour des raisons d'un très-grand intérêt, une ordonnance du roi est nécessaire. Alors, on paye une nouvelle somme, dont la quotité est indiquée par le tarif annexé à la loi du 25 mai 1791.

Le pétitionnaire est tenu de payer, à l'instant même du dépôt des pièces, la moitié de la taxe. Il lui est libre, en remettant sa soumission, de n'acquitter l'autre moitié que dans six mois. La loi du 25 mai a prévu le cas où cette soumission ne serait point remplie au terme prescrit. Alors le breveté encourt la déchéance, qui ne devient définitive qu'après qu'elle a été prononcée par un acte de l'autorité publique.

Si des pétitionnaires désirent apporter des changements à l'objet énoncé dans leur première demande, ils ne peuvent le faire qu'après avoir déposé la description de leurs nouveaux moyens au secrétariat de la préfecture, et avoir payé une seconde taxe, qui est de 24 francs pour la caisse des brevets, et de 12 francs pour le secrétariat de la préfecture. Il leur est délivré, par le ministre secrétaire d'Etat de l'intérieur, un second titre, qu'on nomme *certificat d'additions, de changements et de perfectionnements.*

L'article 10 du titre Ier de la loi du 25 mai 1791 règle la destination à donner aux sommes que procurent les différentes taxes dont il vient d'être question : elles doivent servir à payer, en premier lieu, les frais qu'entraînent l'expédition et la proclamation des brevets, puis ceux d'impression et de gravure des brevets dont la durée est expirée. S'il reste un excédant, il est employé à l'avantage de l'industrie nationale.

Le secrétaire général de la préfecture dresse procès-verbal au dos du paquet déposé entre ses mains, et il délivre au pétitionnaire acte de ce dépôt. Le tout est ensuite adressé par le préfet au ministre secrétaire d'Etat de l'intérieur.

Principes établis par les lois pour la délivrance des brevets.

On a vu plus haut que les brevets ne sont autre chose que l'acte, délivré à un particulier, de la déclaration qu'il fait d'avoir inventé une machine ou un procédé donnant lieu à une nouvelle branche d'industrie. L'administration ne juge point, en effet, le mérite des inventions pour lesquelles on les sollicite. Quiconque a rempli les formalités prescrites par les lois des 7 janvier et 25 mai 1791 peut les obtenir ; ces lois statuant, d'une manière formelle, qu'ils seront accordés *sur simple requête et sans examen préalable.* Ainsi, on peut les demander pour le procédé le plus vulgairement connu, la législation étant coordonnée de manière qu'ils sont nuls et même préjudiciables à ceux qui les ont obtenus, si l'objet pour lequel ils ont été délivrés n'a aucune réalité, et s'il a été connu et pratiqué avant la date du brevet. En effet, si la découverte est purement imaginaire, les frais qu'a occasionnés l'obtention sont perdus. Si le procédé était déjà connu, l'article 16 de la loi du 7 janvier prononce la déchéance. Les droits que confèrent les brevets ne sont donc que conditionnels ; c'est-à-dire qu'ils n'assurent une jouissance exclu-

(1) Voir les articles 4, 11, 16, 20 et 32 de la loi du 5 juillet 1844.
(*N. de l'Ed.*)

sive qu'autant qu'on est réellement inventeur. Au premier coup d'œil, on peut être étonné qu'on délivre, sans examen préalable, les titres de cette nature; mais quelques réflexions font bientôt sentir qu'il était difficile d'adopter un parti plus sage. Plusieurs motifs ont dicté cette partie de la législation : d'une part, il convenait de sauver à l'administration l'embarras d'un examen long et difficile, et la responsabilité d'un jugement qui, s'il eût été défavorable, aurait donné lieu à des accusations de partialité et de malveillance; et de l'autre, d'épargner aux inventeurs la nécessité d'une communication dont ils pouvaient craindre l'abus. En effet, *l'examen préalable* aurait été tout au désavantage des artistes, puisqu'ils auraient communiqué, sans aucun gage de succès, des procédés dont il était possible de leur dérober la propriété. Il aurait fallu soumettre ces procédés à des commissaires courant la même carrière qu'eux, et dont l'intérêt particulier, des préventions, la rivalité pouvaient dicter les jugements. Dans le cas le plus favorable, l'examen préalable aurait donc eu pour résultat d'écarter quelques projets absurdes, quelques inventions futiles ; mais le public, si on les eût laissés paraître, en eût bientôt fait justice; et, si l'invention avait été sans utilité, le pétitionnaire aurait perdu les frais occasionnés par l'obtention de son brevet. Ce motif suffit pour diminuer, dans l'esprit des artistes, ordinairement peu riches, les préventions qu'ils peuvent avoir pour leurs découvertes, et les détourner de former des demandes sans objet. On a encore dû prévoir le cas où un breveté ferait de son titre un usage dangereux, ou contraire à la salubrité publique. Les lois des 7 janvier et 25 mai 1791 ont pourvu alors aux moyens de le priver d'un droit dont il abuserait, et même de le punir, s'il y a lieu. Elles ont pareillement réglé la marche à suivre pour le dépouiller d'un droit qu'il aurait usurpé sur une chose déjà publique.

Déchéance des brevets, et autorités qui la prononcent. Mode de procéder, en cas d'usurpation d'une découverte (1).

La déchéance des brevets est prononcée, suivant les cas, par l'autorité administrative ou par l'autorité judiciaire. Le ministre de l'intérieur la prononce lorsque le breveté n'a pas acquitté la taxe dans les délais prescrits, et lorsque l'inventeur, sans avoir justifié des causes de son retard, n'a pas mis sa découverte en activité dans l'espace de deux ans (*art.* 16 *de la loi du 7 janvier* 1791). Les tribunaux jugent les contestations qui s'élèvent entre un breveté qui veut faire valoir son privilége et des particuliers qui prétendent que son invention était connue antérieurement à son titre, soit par l'usage, soit par sa description dans un ouvrage imprimé. Alors ce sont les parties intéressées qui font les diligences nécessaires pour obtenir un jugement. En ordonnant cette disposition, la loi a considéré le brevet comme une propriété dont on ne peut être privé qu'après l'observation des formes établies. Les articles 12 et 13 de la loi du 7 janvier, 10, 11, 12 et 13 du titre II de la loi du 25 mai, règlent la manière de procéder. D'après ces articles, les contrefacteurs doivent être traduits devant le juge de paix, qui, après avoir ordonné des vérifications et entendu les parties et leurs témoins, prononce son jugement, lequel, nonobstant appel, est exécuté provisoirement.

---

(1) Art. 59 de la loi du 5 juillet 1844.　　　　　(*N. de l'Ed.*)

Les lois des 7 janvier et 25 mai ne sont pas les seules qui aient été rendues sur les brevets. Il en existe une autre, sous la date du 20 septembre 1792, qui défend d'accorder des titres de cette espèce pour des objets autres que ceux relatifs aux arts. Des demandes de brevets pour des opérations financières et commerciales ont donné lieu à cette défense.

Le décret du 18 août 1810 défend également de délivrer des brevets pour les objets qui rentrent dans la classe des remèdes secrets.

Le certificat de demande que délivre le ministre de l'intérieur, n'est qu'un titre provisoire; mais il devient définitif par l'envoi au breveté de l'article de l'ordonnance royale qui le concerne, lorsqu'on proclame les brevets délivrés dans le courant de chaque trimestre. Des difficultés s'étaient élevées sur la question de savoir si, avec le certificat de demande, on pouvait poursuivre les contrefacteurs d'une découverte, ou s'il fallait attendre qu'il eût reçu la publicité que lui procure la proclamation faite par Sa Majesté. Le décret du 25 janvier 1807 les a fait cesser, en statuant *que les années de jouissance d'un brevet commencent à courir de la date du certificat, lequel établit provisoirement cette jouissance.* La même loi a décidé que la priorité d'invention, dans le cas de contestation entre deux brevetés pour le même objet, est acquise à celui qui, le premier, a fait au secrétariat de la préfecture du département le dépôt des pièces qui doivent accompagner la demande d'un brevet. Une disposition de l'article 14 du titre II de la loi du 25 mai 1791 avait défendu d'exploiter les brevets par *actions* : elle a été abrogée par le décret du 25 novembre 1806, sur les représentations adressées par quelques particuliers, qu'elle préjudiciait aux intérêts des inventeurs, en ce qu'elle les privait d'un moyen avantageux et facile de tirer parti de leurs découvertes.

Il arrive quelquefois que des brevetés s'adressent au gouvernement afin d'obtenir des récompenses comme auteurs de découvertes importantes : il est impossible d'accueillir leurs demandes à cet égard. L'article 11 de la loi du 12 septembre 1791 défend d'accorder des encouragements particuliers à ceux qui se sont pourvus d'un brevet. Ce qui a fait établir cette disposition, c'est la considération qu'il n'est dû aucune récompense aux inventeurs qui se réservent la jouissance exclusive de leurs moyens, et que ceux-là seulement méritent des faveurs, qui rendent leurs découvertes d'un usage libre et commun, et ajoutent ainsi au bien-être de la société.

Indemnités à accorder aux ingénieurs des ponts et chaussées, pour les travaux des routes départementales (1).

12 juillet 1817.

Le Ministre de l'intérieur aux Préfets.

En exécution de la loi du 28 avril 1816, que celle du 25 mars dernier a confirmée, les dépenses relatives aux routes départemen-

---

(1) Voir la circulaire du 20 août 1846.   (*N. de l'Éd.*)

tales ont été retirées du budget des ponts et chaussées. La circulaire de mon prédécesseur, du 30 avril 1816, relative à la formation du budget des dépenses variables départementales, vous a indiqué les changements que cette disposition devait apporter dans la comptabilité. Quoique cette circulaire énonce positivement que les travaux des routes continueraient d'être dirigés et surveillés par l'ingénieur en chef du département, quelques préfets ont demandé s'il ne résultait pas de la loi du 28 avril 1816 que le corps des ponts et chaussées n'avait plus à s'occuper des routes départementales ; et si, à raison du travail qu'ils auraient fait pour ces routes, les ingénieurs n'avaient pas droit à une indemnité, conformément à l'article 75 du décret du 7 fructidor an XII, relatif à l'organisation du corps des ponts et chaussées.

La première question se trouve résolue par le décret cité et par celui du 16 décembre 1811, portant classification de toutes les routes de France. Il résulte de ces deux décrets que les ingénieurs sont chargés du service de toutes les routes, tant royales que départementales. A la vérité, le décret du 7 fructidor an XII ne parle pas de cette distinction, établie postérieurement; mais l'article 24 du décret du 16 décembre 1811 ne laisse aucun doute à cet égard.

La seconde question se trouve résolue par la première ; car, si les obligations des ingénieurs comprennent positivement les routes départementales, ils n'ont aucune prétention à élever par suite du service de ces routes.

Cependant, plusieurs préfets, soit en émettant leur opinion personnelle, soit en s'appuyant de celle des conseils généraux, m'ont proposé d'accorder une indemnité aux ingénieurs des ponts et chaussées, motivée sur les dépenses que leur occasionnent les tournées qu'ils font sur les routes et les divers frais de bureau, et sur ce que les traitements et les sommes qui sont accordés par l'Etat aux ingénieurs, pour leurs frais de bureau et de voyage, leur paraissaient généralement insuffisants. Ce vœu favorable m'a paru susceptible d'être accueilli, et j'ai considéré, en outre, que le supplément qu'ils recevraient sur les fonds départementaux serait pour eux un motif de plus d'apporter tout le soin possible à cette partie de leur service. J'ai déjà répondu dans ce sens à plusieurs préfets, en me réservant de prononcer sur la manière de régler ce supplément. Plusieurs modes m'ont été proposés pour y parvenir. J'ai dû rejeter d'abord celui qui se fondait sur l'article 75 du décret du 7 fructidor an XII ; car, cet article ayant pour objet les *travaux étrangers* aux ponts et chaussées, il est évident qu'il ne peut s'appliquer aux routes départementales. Une fixation arbitraire m'a paru susceptible d'entraîner de graves inconvénients, dont les principaux sont les nombreuses disparates qui seraient résultées de département à département, et les réclamations qui en auraient été la suite. J'ai cru convenable d'indiquer un calcul proportionnel, d'après le montant des dépenses faites pour les travaux des routes départementales.

Ce calcul s'établira à raison de 4 p. 0/0, jusqu'à 40,000 francs ; de 1 p. 0/0 sur tout ce qui excédera cette somme. Par exemple, pour une dépense de 80,000 francs, on fera le calcul suivant :

4 p. 0/0 sur les premiers 40,000 francs.............. 1,600 fr.
1 p. 0/0 sur les 40,000 francs en sus................ 400

Total........................ 2,000

Après que cette somme aura ainsi été déterminée, d'après les fonds employés, dans l'année, aux **réparations** des routes, et les dépenses de toute nature qui y auront été faites, elle sera distribuée par vous entre l'ingénieur en chef, les ingénieurs ordinaires et même les conducteurs, si vous jugez qu'ils y aient des droits, dans la proportion que vous croirez la plus juste, et de manière à avoir égard aux diverses circonstances qui devront vous diriger dans cette distribution. On ne peut, en effet, apprécier convenablement les services rendus par les ingénieurs qu'en tenant compte de ces circonstances. Les difficultés du terrain, l'étendue plus ou moins grande des routes, l'éloignement ou la dispersion des ateliers, l'élévation du prix des objets de première nécessité dans plusieurs villes, le nombre plus ou moins considérable des plans à lever et à produire, et, en général, la manière plus ou moins satisfaisante dont les ingénieurs auront rempli leurs fonctions, offrent autant d'éléments qui doivent entrer dans le calcul que vous aurez à faire pour régler les indemnités que vous accorderez.

J'ai mis la distribution de ces fonds à votre entière disposition, parce que j'ai pensé que, chargé de diriger les ingénieurs, de distribuer leurs travaux et d'en surveiller l'exécution, vous aviez toutes les données nécessaires pour faire le meilleur emploi possible de ces fonds. Si, par des circonstances que je ne prévois pas, vous aviez des motifs pour réduire, ou même pour supprimer tout à fait les indemnités qui font l'objet de ma lettre, vous voudriez bien alors m'en prévenir, et je prendrais une détermination, sur l'avis que vous m'adresseriez. Si vous jugez, au contraire, qu'il y a lieu d'accorder une indemnité extraordinaire, je ne m'y refuserai pas, si vous me présentez des motifs valables tirés de diverses circonstances, ou lorsqu'il s'agira de récompenser un zèle extraordinaire ou des travaux très-importants. Hors ces cas d'exception, je vous autorise à prendre, sur les fonds affectés, dans votre budget, aux travaux des routes départementales, et comme frais accessoires de ces routes, les indemnités qui seront payées aux ingénieurs et conducteurs des ponts et chaussées, après les avoir réglées ainsi que je viens de l'indiquer. Vous n'aurez besoin de m'entretenir que des indemnités extraordinaires.

Je crois inutile d'ajouter ici que, pour les travaux prévus par l'article 75 du décret du 7 fructidor an XII. c'est-à-dire ceux qui sont étrangers au service des ponts et chaussées, on continuera de suivre le mode établi par cet article.

Etablissement d'une école de mineurs à Saint-Etienne.

20 juillet 1817.

Le Directeur général des ponts et chaussées et des mines aux Préfets.

Une ordonnance du roi, en date du 2 août 1816, établit dans le département de la Loire, à Saint-Etienne, une école de mineurs, pour l'enseignement des jeunes gens qui se destinent à l'exploitation des mines. C'est par des établissements semblables que plusieurs États de l'Allemagne ont rendu leurs exploitations florissantes ; et Sa Majesté a pensé qu'une institution de ce genre aurait, en France, une heureuse influence sur le développement et le perfectionnement de cette branche de l'industrie nationale. Le but de l'institution est de former des conducteurs de travaux souterrains, des maîtres mineurs habiles, et des chefs d'atelier en état de suivre, dans les détails d'exécution, les avis ou les ordres émanés de l'administration supérieure. Sans cette classe d'hommes qui dirigent immédiatement les travaux, l'action des ingénieurs du corps royal des mines, dont les fonctions se bornent à une surveillance générale, ne peut jamais être telle, qu'elle prévienne toutes les fautes d'un directeur local inhabile (1).

J'ai l'honneur de vous adresser plusieurs exemplaires de l'ordonnance du 2 août 1816, et de l'arrêté du ministre de l'intérieur, en date du 3 juin dernier, portant organisation de l'école de mineurs de Saint-Étienne.

Vous remarquerez, en lisant l'ordonnance, qu'on a eu soin de dépouiller la nouvelle institution de tout l'appareil de science qui aurait pu en écarter ceux qu'il importe d'y attirer. L'enseignement n'est point hors de la portée de ceux auxquels il est offert, et il leur est donné gratuitement. Les élèves ne peuvent toutefois être admis avant l'âge de quinze ans, ni après l'âge de vingt-cinq ans; et, pour obtenir leur admission, ils doivent faire preuve de bonne conduite, de capacité, et d'une instruction telle, au moins, que celle qui s'acquiert dans les écoles primaires.

J'appelle particulièrement votre attention sur le titre II de l'arrêté de son Excellence, qui n'est que le développement de l'article 4 de l'ordonnance précitée.

Comme c'est devant vous que les prétendants à l'admission doivent former leur demande, je vous prie de veiller à ce qu'ils fournissent, à l'appui, selon le mode indiqué, les pièces constatant qu'ils ne sont ni au-dessus ni au-dessous de l'âge prescrit, qu'ils sont d'une bonne constitution, qu'ils ont été vaccinés ou qu'ils ont eu la petite vérole, qu'ils sont de bonnes vie et mœurs, et enfin, qu'ils sont fils ou neveux de mineurs, chefs-ouvriers d'usines, maîtres mineurs, directeurs ou exploitants de mines et usines; car c'est dans cette classe d'hommes que les élèves doivent être pris de préférence (2).

Vous ferez ensuite examiner les candidats par l'ingénieur chargé de la surveillance des mines de votre département, ou, à son défaut, par telle personne que vous jugerez convenable, afin de vous assurer s'ils possèdent les connaissances exigées.

Si le certificat d'instruction et de capacité vous paraît de nature à motiver l'admission des candidats, je vous serai obligé de m'adresser leurs demandes appuyées de ce certificat et des autres pièces qui doivent être produites; je m'empresserai de vous faire connaître ma décision définitive. J'aurai également soin, si l'admission est prononcée, de vous indiquer l'époque à laquelle l'élève devra se rendre à Saint-Étienne.

Selon l'article 20, le cours complet des études est de deux années, et cependant les élèves pourront être autorisés à y rester une troisième année, pour perfectionner les connaissances sur lesquelles ils désireraient se fortifier.

Le règlement a prévu le cas où les élèves auraient des facultés

_____

(1) Par une ordonnance du 22 septembre 1843, suivie d'un règlement du ministre des travaux publics à la date du 25 juillet 1845, il a été institué une autre école de mineurs, à Alais. Mais celle-ci est purement destinée à former des maîtres-ouvriers. *(N. de l'Ed.)*

(2) Voir, ci-après, le règlement de 1831 qui modifie ces dispositions. *(N. de l'Ed.)*

pécuniaires bornées; et, pour leur donner les moyens de suivre les cours, il permet au directeur de l'école de les autoriser à travailler, avec salaire, dans les mines des environs de Saint-Etienne.

Enfin, comme il serait possible que les conseils généraux des départements dans lesquels il existe un grand nombre d'exploitations, consentissent à faire quelques sacrifices en faveur des fils ou neveux des maîtres mineurs qui se seraient rendus recommandables par leur courage et leur dévouement, il vous sera adressé, dans ce cas, des notes particulières sur la conduite de ces jeunes gens et sur les progrès qu'ils feront.

Je vous prie de recommander aux élèves de se pourvoir des livres et autres objets nécessaires à leur instruction, et de les engager à se procurer l'uniforme simple dont il est parlé à l'article 30.

RÈGLEMENT (1)
Du 28 mars 1831.

Le conseiller d'Etat directeur général des ponts et chaussées et des mines,
Vu l'ordonnance du roi, du 7 mars 1831, relative à l'école des mineurs de Saint-Etienne, département de la Loire,
Arrête ce qui suit :

TITRE 1er. — *De l'administration de l'école.*

Art. 1er. L'administration de l'école des mineurs de Saint-Etienne, sous le rapport, tant du personnel que du matériel, est, aux termes de l'article 1er de l'ordonnance du 7 mars 1831, confiée au directeur.

2. Il dirige l'emploi des fonds portés au budget de l'école, et rend compte de cet emploi.

Il fait choix des employés subalternes de l'établissement, et présente des sujets au choix du directeur général des ponts et chaussées et des mines, pour les places de répétiteurs-surveillants des études et du laboratoire de chimie.

3. Chaque année, il sera dressé des inventaires des collections et du mobilier. Ils seront arrêtés par le conseil d'administration, en double expédition : l'une restera entre les mains du directeur de l'école, et l'autre sera transmise à l'administration générale des ponts et chaussées et des mines.

4. Le conseil d'administration, composé, conformément à l'article 1er de l'ordonnance du 7 mars 1831, du directeur de l'école, président; du directeur adjoint et des professeurs, s'assemblera au moins une fois par mois, et, en outre, toutes les fois que le directeur le jugera convenable.

En cas de partage, le président aura voix prépondérante.

5. Les fonctions de secrétaire seront remplies par le plus jeune des professeurs.

6. Toutes les délibérations du conseil d'administration seront inscrites sur un registre particulier par le secrétaire, et signées des membres délibérants.

7. Ces délibérations, toutes les fois qu'elles emporteront décision, seront soumises à l'approbation du directeur général des ponts et chaussées et des mines par le directeur de l'école.

8. Le directeur sera secondé dans l'exercice de ses fonctions, ou remplacé en cas de maladie ou d'absence, par le directeur adjoint. En cas de maladie ou d'absence du directeur et de son adjoint, l'école sera dirigée par le professeur du grade le plus élevé, ou, à égalité de grade, par le plus ancien.

Les professeurs, en cas d'empêchement, seront suppléés les uns par les autres; le choix du remplaçant devra être agréé par le conseil d'administration de l'école.

9. Il sera alloué, à titre de frais fixes, savoir : au directeur de l'école, une somme annuelle de 1,500 francs ; au directeur adjoint, une somme annuelle de 1,000 francs, et à chacun des professeurs, une somme annuelle de 800 francs.

10. Le projet de budget détaillé de l'école, préparé en conseil d'administration,

---

(1) Le règlement du ministre de l'intérieur, du 3 juin 1817, ayant été remplacé par un règlement de la direction générale des ponts et chaussées en date du 28 mars 1831, c'est ce dernier que l'on a reproduit ici. (*N. de l'Ed.*)

sera soumis, du 1er au 15 novembre de chaque année, pour l'année suivante, au directeur général des ponts et chaussées et des mines, par l'intermédiaire du préfet de la Loire.

TITRE II. — De l'admission des élèves.

11. Les élèves sont admis par le directeur général des ponts et chaussées et des mines, sur la présentation du conseil de l'école formé en jury d'examen.

12. Sauf les exceptions ci-après énoncées, tout prétendant à l'admission sera examiné publiquement par un ingénieur des mines. Les examens seront ouverts chaque année, du 1er juin au 1er juillet, dans les villes où résideront les ingénieurs qui auront été désignés pour les examens.

Un avis officiel inséré dans les feuilles publiques, et adressé aux préfets et aux ingénieurs des mines, fera connaître à l'avance l'époque de l'examen, le nom des examinateurs, et le lieu de leur résidence.

Cet avis contiendra l'indication des connaissances exigées pour l'admission, et de celles que l'on acquiert à l'école des mines.

Les connaissances exigées pour l'admission sont, conformément à l'article 2 de l'ordonnance du 7 mars 1831,

1o La langue française ; l'examinateur dictera au candidat un passage d'un auteur français ; la feuille ainsi écrite sera jointe au procès-verbal d'examen ;

2o Le calcul, comprenant la numération, les quatre règles, les fractions ordinaires et décimales, et les proportions ;

3o Le système légal des poids et mesures ;

4o L'arpentage, comprenant la mesure des angles, la théorie des lignes proportionnelles et des triangles semblables, et la mesure des surfaces.

Si le candidat a des connaissances plus étendues que celles énoncées ci-dessus, il pourra demander, après qu'elles auront été constatées par l'examen, qu'il en soit fait mention au procès-verbal.

L'examinateur dressera un procès-verbal détaillé de l'examen subi par le candidat, et le transmettra au directeur général des ponts et chaussées et des mines, avec les autres pièces relatives à la demande d'admission. Ces pièces, qui devront être remises à l'examinateur avant l'examen, sont :

1o L'acte de naissance du candidat, prouvant qu'il a l'âge prescrit par l'article 2 de l'ordonnance du 7 mars 1831 (quinze à vingt-cinq ans) ;

2o Un certificat d'un officier de santé, attestant qu'il est d'une bonne constitution et qu'il a été vacciné ou a eu la petite vérole ;

3o Un certificat du maire de sa commune, constatant qu'il est de bonnes vie et mœurs.

Pourront être admis, sans être présentés par le jury d'examen, les élèves déclarés admissibles à l'école polytechnique ; toutefois, ces admissions ne pourront s'élever à plus du tiers des places auxquelles il y aura lieu de nommer.

13. Le directeur général des ponts et chaussées et des mines transmettra chaque année, avant le 1er août, au conseil d'administration de l'école, les pièces qu'il aura reçues des examinateurs. Le conseil d'administration formé en jury d'examen dressera, d'après ces documents, une liste des candidats par ordre de mérite ; il y joindra des annotations sur chacun d'eux, et transmettra cette liste au directeur général des ponts et chaussées et des mines, qui statuera sur l'admission ou le rejet.

14. En cas d'admission, les pièces qui concernent l'élève seront transmises au directeur de l'école, et l'élève admis devra être rendu à Saint-Étienne le 15 octobre.

S'il n'est pas arrivé à l'école pour subir le premier examen du mois, il sera considéré comme démissionnaire, et rayé du tableau.

En cas de non-admission, les pièces produites par le candidat lui seront remises.

15. La faculté d'assister aux leçons des professeurs pourra être accordée par le conseil d'administration aux personnes qui en auraient fait la demande.

Hors du temps des leçons, ces élèves libres ne seront point admis aux exercices intérieurs de l'école ; toutefois, deux places au laboratoire de chimie seront réservées pour des personnes exerçant une profession industrielle, ou qui seraient attachées à l'instruction publique.

Tout élève libre qui, dans les deux premiers mois de l'année d'étude, voudra concourir à des places d'élèves titulaires, qui seraient vacantes, sera, sur sa demande, et après la production des pièces mentionnées à l'article 12, examiné par le conseil d'administration de l'école.

L'admission sera, s'il y a lieu, prononcée par le directeur général des ponts et chaussées et des mines, sur la proposition qui lui en aura été faite par le conseil d'administration.

16. Le nom de chaque élève admis sera porté sur un registre particulier tenu à cet effet. Chaque inscription formera un article distinct où seront consignés : 1° l'extrait des pièces produites pour l'admission ; 2° les résultats des examens subis par l'élève pendant le cours de l'enseignement ; 3° une notice sur son exactitude et sa conduite ; 4° et, s'il y a lieu, l'indication du brevet qui lui aura été délivré.

17. Les élèves seront tenus de se procurer les livres et autres objets nécessaires à leur instruction.

TITRE III. — De l'enseignement.

18. Suivant ce qui est réglé par l'article 4 de l'ordonnance du 7 mars 1831, l'enseignement de l'école des mineurs de Saint-Etienne a pour objet :

1° Les éléments de mathématiques, dont la connaissance est indispensable pour dresser des plans superficiels et souterrains ; le nivellement, les éléments du dessin appliqués au tracé et au lavis des plans, des machines et des constructions ;

2° Les éléments de l'exploitation proprement dite, comprenant la disposition générale des travaux d'une mine ; les divers moyens d'entailler et d'abattre la roche et les minerais ; l'art d'étayer les excavations souterraines ; les méthodes d'aérage ; l'art de contenir les eaux, de les faire écouler et de les épuiser ; les usages de la sonde ; les divers moyens employés pour transporter et extraire les matières, et la connaissance des principales machines en usage dans toutes ces opérations ;

3° La connaissance élémentaire des principales substances minérales et de leur gisement ; l'art d'essayer les minerais, surtout par la voie sèche ; les éléments de l'art de traiter en grand et d'obtenir économiquement les matières minérales les plus utiles ;

4° La tenue des livres en parties doubles ;

5° Les notions les plus essentielles sur la résistance, la nature et l'emploi des matériaux en usage dans les constructions nécessaires pour les mines, usines et voies de transport.

19. Indépendamment des études et des exercices auxquels elles donneront lieu, soit à l'école, soit sur le terrain, les élèves suivront les travaux des mines des environs de Saint-Etienne, et le directeur avisera aux moyens de leur faire étudier en détail les procédés d'exploitation proprement dite, ceux que l'on emploie pour le traînage, l'extraction, l'épuisement des eaux, etc.

20. Le cours complet des études est divisé en deux années, et les élèves sont partagés en deux divisions. Ils pourront être autorisés à rester une troisième année.

21. L'année scolaire se compose de dix mois d'étude et de deux mois de vacances. Les cours et exercices commencent le 15 octobre et finissent le 15 août.

22. Dans le mois qui précédera l'ouverture des études, le directeur de l'école soumettra au directeur général des ponts et chaussées et des mines le programme des cours qui aura été déterminé par le conseil d'administration. Le programme réglera le nombre des examens partiels de l'année d'étude, qui ne pourront être moindre de six ; l'ordre et la durée, soit des leçons, soit des exercices et applications sur le terrain et dans l'intérieur des mines.

Les professeurs devront, avant l'ouverture des cours, soumettre au conseil le précis de chacune de leurs leçons.

23. Tous les ans, à la fin des études, un concours général aura lieu dans chaque classe, non-seulement sur toutes les parties de l'enseignement, mais encore sur l'écriture courante et la connaissance de la langue française. Les résultats de ces concours, combinés avec ceux des concours partiels, serviront à déterminer le degré de mérite des élèves.

Il sera rendu compte au directeur général, par le conseil d'administration, des progrès de chaque élève et de leur classement, et il lui sera adressé des propositions pour la promotion de classe et la délivrance des brevets.

La décision du directeur général sera portée à la connaissance des élèves et à celle de leurs familles, et des préfets des départements auxquels ils appartiennent.

24. Les concours de chaque année seront terminés par une distribution de prix consistant en livres ou instruments propres à la conduite des travaux de mines.

TITRE IV. — *De la discipline de l'école*

25. Tous les jours (les dimanches et fêtes exceptés) les élèves suivront les leçons et exercices aux heures assignées et pendant le temps prescrit. Ils ne pourront s'en dispenser ou s'éloigner que pour des raisons majeures, et seulement avec l'autorisation du directeur.

26. L'appel des élèves sera fait à l'ouverture des divers exercices et des leçons de l'école, et l'exactitude sera un des éléments du classement dans les examens partiels et généraux.

27. Le directeur a la police de l'école.

Chaque professeur a la police de la salle des cours pendant la durée de sa leçon.

28. Tout élève auquel on aura à reprocher une mauvaise conduite, de la négligence ou de l'indocilité, sera, suivant la gravité de la faute, réprimandé par le directeur ou en particulier ou en séance du conseil d'administration.

En cas d'inaptitude reconnue aux études, d'insubordination répétée, ou de fautes graves, le conseil d'administration devra informer la famille de l'élève des reproches que celui-ci aura encourus, et il en sera rendu compte au directeur général dans les rapports annexés aux tableaux de classement partiels.

Le conseil pourra interdire provisoirement à l'élève l'entrée de l'école; mais son renvoi définitif ne pourra avoir lieu qu'en vertu d'une décision du directeur général des ponts et chaussées et des mines.

29. Les élèves sont soumis à la surveillance du directeur ou des professeurs, même hors des leçons et exercices.

30. Ils porteront un frac droit, bleu de roi avec liséré, collet, parements et retroussis bleu clair, et deux pics de mineurs en sautoir brodés en jaune au collet; boutons de métal jaune, ayant pour légende *École des mineurs de Saint-Etienne*, et, au centre, le coq gaulois.

TITRE V. — *Des brevets.*

31. Les élèves recevront à leur sortie le titre d'*élèves brevetés*. Seront exceptés ceux qui, à raison de leur mauvaise conduite ou de leur inaptitude, ne mériteront pas d'obtenir ce titre.

32. Il y a trois classes d'élèves brevetés:

1re *Classe.* Sont élèves brevetés de premier degré ceux qui, s'étant distingués également dans toutes les branches de l'enseignement de l'école, sont jugés propres à rendre des services à l'industrie et à occuper des postes dans les établissements des mines et usines.

Ils doivent bien connaître:

  1° L'arithmétique (comprenant la tenue des livres);
  2° L'algèbre jusqu'aux équations du 2e degré inclusivement;
  3° La géométrie des lignes, surfaces et solides;
  4° La trigonométrie rectiligne et la levée des plans souterrains et de surface;
  5° La mécanique, y compris la description des machines employées dans les mines et usines;
  6° La minéralogie: connaissance des substances minérales les plus employées;
  7° La géologie: connaissance des terrains et du gisement des substances exploitées,
  8° L'exploitation des mines, y compris la préparation qu'on fait subir aux minerais avant de les livrer aux usines;
  9° La chimie appliquée à l'analyse des substances minérales et de leurs produits;
  10° La métallurgie: art de traiter en grand les métaux utiles;
  11° La géométrie descriptive, comprenant les notions générales des ombres, de la coupe des pierres, de la charpente et de la perspective;
  12° Le dessin graphique et le lavis appliqué aux plans de mines, d'usines, de surface et de machines diverses;
  13° La connaissance des matériaux de construction, et l'art de construire appliqué aux mines, usines et voies de transport,

2e *Classe.* Sont élèves brevetés de 2e classe ceux qui ont acquis des connaissances positives dans toutes les parties ci-dessus de l'enseignement de l'école, mais qui cependant les possèdent à un degré moins élevé.

3e *Classe.* Sont élèves brevetés de 3e classe ceux qui, n'ayant pu suivre avec succès toutes les parties de l'enseignement, possèdent néanmoins l'instruction et l'intelligence nécessaires pour être chefs d'atelier.

Ils doivent connaître :

1° L'arithmétique, la tenue des livres, la géométrie ;

2° La théorie des machines simples et le jeu des principales machines employées dans les mines et usines ;

3° Les minéraux les plus importants, leurs gisements, l'ordre général de la superposition des terrains et les caractères saillants de ces terrains ;

4° Les méthodes principales d'exploitation des mines, comprenant l'art de pratiquer des excavations, les assécher, les étayer, les éclairer, les aérer, enfin l'art d'en enlever les produits à la surface. Ils devront connaître l'emploi de la sonde pour les cas de recherches ;

5° La manière de faire l'essai par la voie sèche des substances minérales et les méthodes générales employées en grand pour en extraire les métaux utiles ;

6° Le dessin linéaire, la levée des plans de mines, de surface, de machines et de fourneaux d'usines.

Chaque brevet délivré indiquera la classe de l'élève breveté, et sera accompagné de l'extrait du règlement relatif à la classification des élèves.

Aucun autre certificat ne pourra être délivré aux élèves sous quelque forme que ce soit.

33. Les noms des élèves qui auront obtenu des brevets de première et de deuxième classe seront portés à la connaissance du public.

Les élèves anciennement sortis de l'école, et qui auront obtenu un prix dans les concours de sortie, seront admis à échanger leur ancien brevet contre un brevet de première classe.

34. Les brevets seront délivrés par le directeur général des ponts et chaussées et des mines sur la proposition du conseil d'administration de l'école.

35. Les élèves brevetés de l'école des mineurs de Saint-Etienne pourront, après leur sortie de l'école, continuer à en porter l'uniforme.

TITRE VI. — *De l'enseignement de la classe ouvrière.*

36. Tout individu pourvu d'un certificat de *bonnes vie et mœurs*, et sachant lire, écrire et chiffrer, sera admis, sur sa demande, à la classe d'ouvriers instituée par l'ordonnance du 7 mars 1831. Il lui sera délivré, par le directeur de l'école, une carte qui pourra lui être demandée lorsqu'il se présentera aux leçons ou exercices.

Si le nombre des demandes en admission à la classe d'ouvriers dépassait le nombre des places disponibles, la préférence serait toujours accordée aux individus exerçant la profession de mineurs.

37. Il sera fait à la classe d'ouvriers deux leçons par semaine pendant six mois de l'année ; les leçons auront lieu aux heures qui ne sont point consacrées au travail dans les mines ou autres ateliers. Les élèves ouvriers s'exerceront, les dimanches et jours de fête, à dessiner et à la levée des plans souterrains ou superficiels.

38. La durée de l'enseignement est de deux ans. La première année, les leçons auront pour objet l'arithmétique, jusques les proportions, y compris les éléments de géométrie nécessaires pour la levée des plans, la mesure des surfaces et des solides ; le dessin et la levée des plans. On insistera surtout sur l'usage de la boussole suspendue.

Les leçons de la seconde année auront pour objet la description du terrain où se trouve ordinairement la houille, du gisement de la houille dans ces terrains, et de leurs divers accidents ; les moyens de recherche et d'exploitation les plus convenables ; la description des différents moyens d'exploitation, de transport intérieur et d'épuisement en usage dans les mines de houille, ce qui comprendra la description des machines simples et des autres machines d'un usage fréquent dans les mines, telles que les machines à vapeur et les pompes.

39. Les élèves ouvriers qui se seront distingués pourront requérir un examen à l'effet d'obtenir le brevet de 3e classe.

Ce brevet sera accordé sur la proposition du conseil d'administration de l'école.

40. Les répétiteurs de l'école se partageront l'enseignement de la première année.

Les professeurs se partageront l'enseignement de la seconde année.

Rétablissement de l'école royale des mines.

25 juillet 1817.

Le Directeur général des ponts et chaussées et des mines aux Préfets.

Une ordonnance du roi, en date du 5 décembre 1816, rétablit, à Paris, l'école théorique des mines, qui avait été instituée par l'arrêt du conseil d'État, du 19 mars 1783.

L'article 14 porte qu'outre les neuf élèves ingénieurs, lesquels doivent toujours être choisis parmi les sujets admis à l'école polytechnique, il pourra y avoir à l'école des *élèves externes*, dont le nombre sera de neuf, au plus, et qui seront envoyés, soit par les préfets, soit par les concessionnaires ou les propriétaires d'établissements métallurgiques.

Aux termes de l'article 25, les candidats qui veulent obtenir ces neuf places sont soumis, avant leur admission, à des examens, et les connaissances exigées d'eux sont déterminées par le conseil de l'école des mines.

Le but principal de l'institution des élèves externes (*même art.* 25) est de former des directeurs d'exploitations et d'usines. Les cours de l'école mettront ceux qui se destinent à cette carrière à portée d'acquérir l'instruction sans laquelle ils ne pourraient diriger avec succès les établissements qui seraient confiés à leurs soins. Un juste encouragement est accordé aux chefs de ces établissements, par la disposition qui, à égalité de mérite, assure à leurs enfants la préférence sur les candidats qui aspireraient aux mêmes places.

J'ai l'honneur de vous adresser plusieurs exemplaires de l'ordonnance du 5 décembre, et de l'arrêté du ministre de l'intérieur) portant règlement pour l'admission des élèves externes (1).

Il n'est alloué aucun traitement aux élèves externes et, conformément à l'article 26 de l'ordonnance du 5 décembre, ils ne peuvent jamais prétendre à faire partie du corps royal des mines ; mais l'instruction à laquelle ils sont appelés à participer, leur est donnée gratuitement, et il sera pris des mesures pour qu'à leur sortie de l'école ils soient convenablement placés dans les grandes exploitations ou établissements de mines.

ARRÊTÉ DU MINISTRE DES TRAVAUX PUBLICS PORTANT RÈGLEMENT POUR L'ÉCOLE NATIONALE DES MINES DE PARIS.

17 avril 1849.

Art. 1er. L'école nationale des mines de Paris comprend deux catégories d'élèves :

1° Les *élèves ingénieurs*, destinés au recrutement du corps des mines ;

2° Les *élèves externes*, qui se destinent à devenir directeurs d'exploitations de mines et d'usines, et qui sont admis à la suite d'examens dont le programme est arrêté par le ministre des travaux publics.

L'école reçoit, en outre, des élèves *étrangers*, qui sont admis par décision spéciale du ministre.

La durée des études est de trois années.

2. L'enseignement est commun aux diverses catégories d'élèves : il se divise en deux parties distinctes, les *cours oraux* et les *exercices pratiques*.

---

(1) Il a été remplacé par un arrêté du ministre des travaux publics, du 17 avril 1849, qui est actuellement en vigueur. Nous reproduisons le texte de ce dernier règlement.　　　　　　　　　　　　　(*N. de l'Ed.*)

Les cours oraux comprennent :

L'exploitation des mines et les machines...............	1re et 2e année.
La minéralurgie...................................	1re et 2e
La docimasie.....................................	1re et 2e
La minéralogie...................................	1re
La géologie......................................	2e
La paléontologie.................................	1re
L'exploitation et le matériel des chemins de fer, les constructions industrielles............................	3e
La législation des mines...........................	3e
Les langues allemande et anglaise..................	1re, 2e et 3e

Les exercices pratiques comprennent :

Le dessin..	1re, 2e et 3e
Le lever de plans.................................	1re
Les travaux de laboratoire.........................	1re et 2e
Les concours d'exploitation et de minéralurgie..........	3e
Les voyages et les comptes rendus..................	2e et 3e

3. Les élèves externes qui, au moment de leur admission, ne possèdent pas des connaissances assez étendues pour profiter de l'enseignement spécial de l'école suivent, pendant une année d'études préparatoires, des cours ayant pour objet :

La géométrie descriptive et ses applications ; des notions de calcul infinitésimal ;

La physique et la mécanique ;

La chimie générale.

Ces élèves sont, en outre, exercés au dessin et au lever de plans.

4. Les cours de minéralogie, de géologie et de paléontologie sont publics.

5. Les élèves font, sous la direction des professeurs, des excursions géologiques dans les environs de Paris, et visitent les ateliers minéralurgiques et les ateliers de construction de machines les plus importants.

6. Les voyages ont lieu, soit en France, soit à l'étranger, d'après un programme arrêté par le ministre, sur la proposition du conseil de l'école, pour les élèves ingénieurs, et par le conseil de l'école pour les élèves externes.

Ces voyages sont, pour chaque élève ingénieur, au nombre de deux, et s'effectuent pendant l'été, le premier après les examens de deuxième année, le second après les examens de troisième année.

Un seul voyage ou une station dans un établissement industriel important est obligatoire pour les élèves externes.

7. Les élèves sont tenus de rester chaque jour à l'école pendant tout le temps fixé pour la durée des cours et des exercices ; ils ne peuvent quitter l'école, avant l'heure fixée, qu'avec l'autorisation de l'inspecteur des études ou du directeur.

Des appels constatent l'arrivée et la présence des élèves à l'heure prescrite.

8. Aucun élève ne peut s'absenter, pour un ou plusieurs jours, sans l'autorisation du directeur de l'école, et, dans le cas où il devrait quitter Paris, sans l'autorisation du ministre, donnée sur l'avis du directeur de l'école.

9. Il est attribué aux élèves, pour leur assiduité aux cours et aux exercices pratiques, des points qui concourent à leur classement définitif, et dont le maximum est fixé à cinq cents.

Tout élève qui n'est pas présent à un appel perd trois points, si cet appel précède une leçon, et deux points dans les autres cas.

Tout élève qui, pendant une année, par son défaut d'assiduité aux cours et aux exercices obligatoires, perd deux cent cinquante points, n'est pas admis à passer dans la division supérieure, et recommence la même année d'études. En cas de récidive, il est exclu de l'école.

10. Les fautes commises par les élèves sont punies,

1° De réprimandes faites par les professeurs, par l'inspecteur des études, par le directeur de l'école ;

2° De réprimandes faites par le conseil de l'école ;

3° De la mise à l'ordre de l'école ;

4° De l'exclusion prononcée par le ministre sur la proposition du conseil de l'école.

11. Les examens ont lieu à la fin des cours ; ils sont subis, pour chaque cours, devant une commission de trois membres, nommée par le conseil de l'école, et choisie dans son sein. La commission comprend nécessairement un inspecteur général et le professeur chargé du cours.

Des commissions spéciales examinent les résultats des exercices pratiques.

12. Pour tous les cours, l'examen comprend un examen oral et une composition écrite.

Pour l'exploitation, la minéralurgie et la géologie, l'examen oral et l'examen écrit ont la même importance ; pour la docimasie et la minéralogie, l'examen oral a une importance double de celle qui est attribuée à l'examen écrit.

13. Le conseil de l'école, d'après l'avis et les notes des examinateurs, attribue à chaque élève, pour chaque partie de l'enseignement qui fait l'objet de l'examen, un nombre de points qui représente le degré de connaissances dont il a fait preuve par ses réponses verbales et écrites, et par ses analyses, dessins et autres exercices.

Ce nombre ne peut pas excéder un maximum fixé uniformément à 150 ; il est égal à la moitié de ce maximum ou au médium, c'est-à-dire à 75, quand les réponses de l'élève prouvent qu'il a les connaissances et l'aptitude qui peuvent être strictement exigées pour passer d'une division à une division supérieure, ou pour être déclaré apte à remplir les fonctions d'ingénieur, ou, enfin, s'il est élève externe, pour obtenir un *brevet*.

Dans chaque partie de l'enseignement, tout nombre de points qui dépasse le médium donne lieu à des points de réserve qui concourent au classement définitif.

14. L'examen de première année, pour les cours qui se font en deux ans, ne donne lieu qu'à la moitié des points qui sont accordés pour l'examen de deuxième année, embrassant le cours tout entier ; ces points servent au classement des élèves pour leur passage de la première à la deuxième année d'études.

Pour les exercices pratiques qui embrassent une période de deux ou de trois années, les travaux de chaque année donnent lieu à des médium partiels qui s'ajoutent pour former le médium définitif.

15. Tout élève qui n'a pas obtenu son médium pour toutes les parties de l'enseignement obligatoire n'est pas admis à passer dans la division supérieure ; s'il est à sa troisième année d'études, il n'est pas déclaré hors de concours, et redouble la même année d'études.

Si l'année suivante il n'obtient pas tous ses médium, il cesse de faire partie de l'école.

Sauf le cas de maladie, aucun élève n'est admis à suivre pendant plus de quatre années les cours de l'école.

16. Les élèves qui n'ont pas obtenu, à la fin de la première année d'études, un nombre de points égal au tiers de la somme de points formée par la totalité des médium, et à la fin de la deuxième année, les deux tiers de cette même somme, cessent de faire partie de l'école, sans être admis à redoubler l'année déjà suivie. Cette mesure n'est pas appliquée aux élèves qui, par des motifs reconnus admissibles par le conseil de l'école, auraient été empêchés d'assister aux cours pendant plus d'un mois.

17. Tout élève externe qui, à la fin de l'année préparatoire, n'obtient pas tous ses médium cesse (sauf le cas d'excuse légitime) de faire partie de l'école.

18. Le nombre de points obtenus par les élèves, pour chaque cours ou exercice pratique, est multiplié par un coefficient, et la somme des produits donne le nombre total de points servant à établir leur classement, soit pour le passage d'une division à l'autre, soit pour la sortie de l'école.

Les coefficients sont fixés ainsi qu'il suit :

Cours d'exploitation...	10
— de minéralurgie......................................	9
— de minéralogie..	7
— de géologie et paléontologie......................	7
— de docimasie...	7
— d'exploitation et de matériel des chemins de fer et de constructions industrielles......................	7
— de législation des mines............................	3
Dessin...	7
Lever de plans..	4
Analyses de concours et travaux de laboratoire.............	4
Concours d'exploitation....................................	4
Concours de minéralurgie..................................	4
Comptes rendus de voyages...............................	7
Langue anglaise..	2
Langue allemande..	

Les points d'assiduité s'ajoutent sans coefficient à ceux qui, d'après les règles précédentes, sont attribués à chaque branche de l'enseignement.

19. Le rang des élèves est fixé par le nombre total des points qu'ils ont obtenu.

A leur sortie de l'école, les élèves ingénieurs choisissent, dans l'ordre du classement définitif, parmi les résidences ou emplois vacants.

Le même ordre est observé pour leur promotion au grade d'ingénieur ordinaire de 3e classe.

Les élèves externes qui justifient de l'aptitude et des connaissances nécessaires reçoivent un brevet, et sont autorisés à porter le titre d'*Élèves brevetés de l'École nationale des mines de Paris*.

20. Des prix sont distribués aux élèves ingénieurs qui se sont le plus distingués pendant le cours de leurs études à l'école des mines. Une somme de cinq cents francs est employée chaque année pour cet objet.

Dans le cas où un élève se distingue extraordinairement, il peut être proposé au ministre des travaux publics de lui donner, à titre de récompense, une mission d'une ou de deux années en pays étranger, dans le but d'y étudier les mines et les usines.

Il peut être également accordé des prix aux élèves externes qui se distinguent par leurs travaux à l'école ; il en est fait mention dans les brevets qui leur sont délivrés.

PROGRAMME POUR L'ADMISSION DES ÉLÈVES EXTERNES A L'ÉCOLE NATIONALE DES MINES.

Arrêté du 30 juillet 1847.

Connaissances exigées pour l'admission.

Art. 1er. Les connaissances exigées pour l'admission des élèves externes à l'école nationale des mines sont :

1o L'arithmétique et l'exposé du système métrique ;

2o L'algèbre, comprenant la résolution des équations des deux premiers degrés, la démonstration du binôme de Newton (dans le cas seulement des exposants entiers et positifs) ;

3o La théorie des proportions et progressions, celle des logarithmes, l'usage des tables et les applications aux questions d'intérêts composés, d'annuités et d'amortissement ;

4o La géométrie élémentaire, la trigonométrie rectiligne et l'usage des tables des sinus ;

5o Les éléments de géométrie analytique à deux dimensions, comprenant la discussion des équations de la ligne droite et du cercle, les propriétés principales des sections coniques, ainsi que le tracé graphique d'une courbe plane dont l'équation est donnée ;

6o Les éléments de statique.

2. Les candidats seront tenus de copier une tête d'après l'un des dessins qui leur seront présentés.

Conditions d'admission.

3. Les candidats seront âgés de dix-huit ans au moins, et de vingt-cinq ans au plus.

Ils devront prouver, par un certificat des autorités du lieu de leur domicile, qu'ils sont de bonnes vie et mœurs.

Ils devront aussi prouver qu'ils ont été vaccinés ou qu'ils ont eu la petite vérole.

Mode d'admission.

4. Les candidats subiront un examen préalable devant un ingénieur des mines, qui sera désigné à cet effet par le ministre des travaux publics.

5. Seront déclarés admissibles ceux qui, dans cet examen, auront prouvé qu'ils possèdent toutes les connaissances énoncées ci-dessus, articles 1er et 2.

6. Seront aussi déclarés admissibles ceux qui ne posséderaient pas les connaissances exigées sous le no 5 de l'article 1er et par l'article 2, s'ils répondent d'une

manière distinguée aux questions relatives aux connaissances prescrites sous les nos 1, 2, 3, 4 et 6 de l'article 1er.

7. Seront enfin réputés admissibles et dispensés de l'examen préalable les élèves de l'école polytechnique et les candidats qui ont fait ou qui feraient encore partie d'une liste d'admissibles à cette école.

8. Les candidats déclarés admissibles suivant les articles 5 et 6, ou réputés admissibles suivant l'article 7, auront le droit de suivre tous les cours de l'école des mines ; mais ils ne pourront prendre part aux exercices du laboratoire ni aux travaux graphiques, qui sont réservés aux seuls élèves externes.

9. Les candidats déclarés admissibles subiront un examen à Paris devant le conseil de l'école.

Le conseil déterminera l'ordre de mérite des candidats, et en adressera la liste au ministre, qui statuera sur l'admission.

Cette liste sera accompagnée d'une colonne d'observations contenant les notes qui pourraient tendre à faire donner la préférence, à égalité de mérite, à tel ou tel candidat, comme, par exemple, aux fils de directeurs ou de concessionnaires de mines, de chefs ou de propriétaires d'usines minéralurgiques.

10. Les examens préalables auront lieu du 1er juillet au 15 octobre. La demande en autorisation d'examen sera adressée au ministre des travaux publics, qui désignera l'ingénieur devant lequel le candidat devra se présenter.

L'examen définitif aura lieu à Paris, dans la première quinzaine de novembre.

11. Les élèves seront tenus de se procurer les objets suivants :

Un étui de mathématiques semblable à celui qui est exigé à l'école polytechnique ;

Trois règles et une équerre ;

Un grand carton ;

Une boîte de couleurs avec godets et soucoupes.

Un tablier de laboratoire.

NOTA. Le but principal de l'institution des élèves externes est de former des directeurs d'exploitation et d'usines métallurgiques. Cependant l'élévation et la variété d'un enseignement fondé sur la physique, la chimie et la mécanique, sur les sciences naturelles, sur la technologie minérale et les exercices pratiques de l'art de l'ingénieur, enfin sur les notions générales de droit appliquées à la science administrative, sont éminemment propres à compléter toute éducation libérale, à préparer aux positions diverses du commerce et de l'industrie. Les élèves externes brevetés de l'école nationale des mines figurent parmi les candidats qui seront appelés à l'avenir à concourir pour les fonctions d'auditeur au conseil d'État.

Les cours préparatoires comprennent la physique et la mécanique, la chimie générale, la géométrie descriptive et ses applications, avec quelques notions de calcul infinitésimal, enfin des exercices pratiques de dessin et de langue étrangère.

Sur la demande des ambassadeurs et chargés d'affaires des puissances étrangères, et par décision spéciale du ministre des travaux publics, l'école des mines reçoit, en outre, des élèves étrangers qui peuvent être admis à suivre les mêmes exercices que les élèves ingénieurs et les élèves externes.

L'enseignement est gratuit pour toutes les catégories d'élèves.

Registres de l'état civil.

6 août 1817.

Le Ministre de l'intérieur aux Préfets.

Des instructions ont été adressées aux procureurs généraux pour faire rectifier les registres de l'état civil qui contiennent des irrégularités, et pour remplacer, par des copies faites sur les doubles existants et déposés dans les archives des préfectures, ceux qui auraient été détruits ou perdus.

Cette dernière opération, si importante pour les familles, ne peut avoir lieu qu'autant que les anciens registres seront transférés dans les greffes des tribunaux de première instance.

Il est des lieux où les greffes offrent des locaux suffisants pour recevoir les registres de la juridiction du tribunal : dans ce cas, je vous engage à y faire transporter ces registres, aussitôt après que vous en aurez fait dresser un inventaire, qui sera conservé aux archives.

D'autres greffes n'ont pas assez d'emplacement, ou ne sont pas disposés convenablement ; il sera nécessaire d'y pourvoir, avant le transport ; de faire dresser les devis des travaux, et d'assigner des fonds pour la dépense.

Un grand nombre de greffiers ayant provoqué la mesure dont je vous entretiens, il est à croire qu'ils consentiront à faire les frais des dispositions intérieures et du transport, dont ils seront remboursés par les rétributions qu'ils perçoivent pour l'expédition des actes de l'état civil. Déjà, dans plusieurs départements, ils ont demandé à prendre ces dépenses à leur charge, et je me persuade que cet exemple sera suivi dans le vôtre : veuillez, pour cela, vous concerter avec les procureurs du roi.

Si les greffiers s'y refusaient parce que la dépense serait trop considérable, je vous engage à faire dresser les devis des travaux nécessaires pour chaque greffe, et à me proposer les moyens d'en payer le montant sur les fonds départementaux.

Vous sentez que cette opération est urgente, et je ne puis trop la recommander à vos soins.

D'autres frais seront à faire ultérieurement ; ce sont ceux qui résulteront de la transcription des registres dont les doubles ont été détruits ou perdus ; ils ne peuvent être qu'à la charge de celles des communes auxquelles ces registres appartiennent : mais ils ne seront pas considérables, attendu que le ministre des finances consent à ce que les copies soient faites sur papier libre, et ils se borneront, dès lors, à la rétribution qui sera due aux greffiers, à raison de vingt centimes par acte transcrit.

Payement des vicaires.

25 septembre 1817.

Le Ministre de l'intérieur aux Préfets.

Vous avez été autorisé à faire payer provisoirement, pour 1817, un nombre de vicaires égal à celui qui avait été fixé en 1816.

Mais l'ordonnance royale du 9 avril dernier veut que l'indemnité de 250 francs, attribuée aux vicaires autres que ceux des villes de grande population (c'est-à-dire des villes dont le roi nomme le maire), soit appliquée à tous les vicaires qui y ont droit. Ce droit ne peut résulter que de l'exercice des fonctions de vicaire dans les églises ayant le titre de cure ou de succursale.

Si le supérieur diocésain a compris, sur sa liste, des vicaires de villes de grande population, ou des ecclésiastiques employés, même sous la dénomination de vicaires, dans les églises qui n'ont pas le titre de cure ou de succursale, vous avez dû n'autoriser de payement, ni pour les uns ni pour les autres.

Conservation des pommes de terre.

1er octobre 1817.

Le sous-secrétaire d'Etat de l'intérieur, en rappelant aux préfets qu'il leur a envoyé deux instructions publiées en 1816, par les soins du ministère de l'intérieur, sur les moyens de conservation des pommes de terre, soit entières, soit desséchées, soit enfin réduites en farine, les informe que la culture de ce tubercule ayant reçu, en 1817, une grande extension, et sa récolte devant fournir à la consommation des produits abondants, il a jugé convenable de rappeler aux cultivateurs les précautions qui leur avaient été précédemment indiquées pour garantir ces produits de toute altération, et en prolonger ainsi la durée.

Il a donc fait rédiger, par la société royale et centrale d'agriculture, une nouvelle instruction puisée dans les deux premières, et qui contient, de plus, quelques autres indications dont l'expérience a fait reconnaître, depuis, les avantages. Il leur adresse quelques exemplaires de cette instruction, ainsi perfectionnée, et les invite à en répandre la connaissance parmi les cultivateurs de leurs départements, par tous les moyens de publicité qui sont à leur disposition.

INSTRUCTION

Rédigée par MM. Challan, de Lasteyrie, Sageret, Silvestre et Vilmorin, membres de la Société royale et centrale d'agriculture.

Septembre 1817.

La culture des pommes de terre a pris, cette année, une grande extension : une récole abondante mettra les consommateurs à portée d'apprécier l'avantage de ces tubercules, qui résistent à l'intempérie des saisons, et qui fournissent, dans tous les temps, aux hommes et aux animaux domestiques, une nourriture saine et économique.

A mesure que ces avantages seront plus généralement connus, on doit s'attendre à voir la culture des pommes de terre s'accroître; et bientôt, sans doute, les grands cultivateurs la feront entrer dans leurs assolements réguliers, pour fournir une grande masse de produits à notre subsistance, ainsi qu'à plusieurs arts qui en réclament l'emploi.

Ce qui est surtout à désirer, c'est que tous les petits cultivateurs de la France plantent, au moins, chaque année, la quantité de pommes de terre dont ils ont besoin pour la consommation de leurs ménages.

Quoiqu'il soit probable que ces espérances se réaliseront, on ne doit pas se borner à augmenter la masse des productions; il importe encore de conserver celles que l'on a obtenues, afin de fournir successivement aux besoins, et de se ménager des ressources dans les années moins favorables.

Il paraît donc convenable d'indiquer de nouveau les moyens de conservation qui ont été reconnus, jusqu'à ce jour, les plus propres à seconder la prévoyance des cultivateurs et des consommateurs.

PREMIÈRE PARTIE. — *Conservation des pommes de terre dans leur état de fraîcheur.*
— *Précautions générales à prendre lors de la récolte.*

A quelque usage que les pommes de terre soient destinées, la récolte doit être faite en temps opportun.

Les espèces hâtives seront arrachées au fur et à mesure qu'elles mûriront, afin de prévenir la repousse, qui est d'autant plus à craindre que la saison est plus humide.

Les tardives ne le seront que lorsque le froid aura arrêté leur végétation. Au reste, le cultivateur est intéressé à choisir, autant que possible, un beau temps pour faire sa récolte, et il se réglera selon la température et les localités, afin d'éviter le mauvais effet des pluies froides, des gelées précoces; et enfin, selon l'espèce qu'il cultive. Lorsque l'on tire les tubercules de terre, il est essentiel de rejeter ceux qui sont pourris ; de séparer ceux que l'on destine à une longue conservation ; de mettre également à part les pommes de terre endommagées par les insectes, celles dont la germination commencerait à se développer, et celles qui seraient seulement tachées : leur contact serait dangereux pour les autres. On doit, si le temps le permet, et si l'on n'a point de gelées à craindre, laisser les pommes de terre se ressuyer à l'air et au soleil, sur le champ même d'où elles proviennent; sinon, il sera bon de les transporter sous un hangar, ou sur l'aire d'une grange, et de les y exposer à un courant d'air : à cet effet, on étale les tubercules et on les remue à plusieurs reprises, afin qu'ils se débarrassent de leur humidité surabondante et que la terre s'en détache. Ces opérations doivent être exécutées avec précaution, pour ne point les meurtrir.

Au surplus, la quantité des pommes de terre que l'on destine à être conservées, et la plus ou moins longue conservation que l'on voudra obtenir, détermineront la nature des soins.

Ces préliminaires remplis, il faut porter les pommes de terre dans un lieu convenable pour passer l'hiver.

Quelque part qu'on les dépose, il faudra les garantir de la gelée, de la chaleur, de l'humidité et de la lumière; ainsi, il sera bon d'avoir en réserve de la paille, des feuilles, même du fumier, pour renforcer les abris : la paille longue, la fougère, les feuilles bien sèches, serviront aussi à couvrir les pommes de terre elles-mêmes, lorsqu'on le jugera nécessaire.

Première pratique.

Les caves, les celliers, sont les lieux qui se présentent le plus naturellement pour des provisions d'une certaine étendue ; à l'égard des petites provisions, des caisses, des tonneaux, des paniers qu'on peut transporter, sont très-convenables.

Si, dans le courant de l'hiver, on s'aperçoit que les pommes de terre germent ou s'échauffent, soit par l'effet d'une température douce et humide, soit par la pourriture de quelques-unes d'entre elles, on devra les remuer, les étaler, les changer de place, casser les germes, ou par l'effet du transport, ou avec la main ; bien entendu, néanmoins, que les pommes de terre destinées à la plantation ne devront pas subir cette opération, ou, du moins, qu'elle devra être faite avec ménagement, parce quelle attaque toujours, jusqu'à un certain point, leur principe de reproduction.

A la fin de l'hiver, lorsqu'on n'aura plus de gelées à craindre, on transportera les pommes de terre dans des lieux secs et aérés, dans un grenier par exemple, mais toujours à l'abri de la lumière, attendu qu'elle les ferait verdir et devenir âcres.

A cette époque, les tubercules doivent être répandus par couches minces, et remués de temps en temps, en continuant de casser les germes, à mesure qu'ils se développent.

C'est à l'aide de ces moyens simples, qui exigent cependant des soins répétés, que les cultivateurs des environs de Paris peuvent fournir à la halle des pommes de terre très-fraîches et très-saines, jusqu'à l'arrivée des nouvelles, et même au delà; en sorte qu'on y voit, concurremment exposées, dans les mois de juin, juillet et août, des pommes de terre de la récolte précédente, avec les nouvelles de toute espèce.

Quoiqu'il soit plus aisé d'exercer cette industrie conservatrice sur les variétés tardives, néanmoins les cultivateurs intelligents sont parvenus, au moyen d'une plantation retardée, à obtenir le même succès sur les variétés hâtives, telles que la truffe d'août. Elle réussirait également sur la schaw et autres précoces, aussi bien que sur la tardive d'Irlande, qui jouit de propriétés toutes contraires (1).

Deuxième pratique.

Les moyens de conservation qui viennent d'être présentés sont à la portée de

---

(1) Les précieuses variétés de la schaw et de la tardive d'Irlande ont été introduites en France par les soins de la société royale et centrale d'agriculture.

tous les particuliers ; mais, lorsque l'on cultive la pomme de terre en grand, et que l'on a d'abondantes récoltes, ils deviennent insuffisants.

Alors, faute de caves et de celliers, on peut pratiquer, sous un hangar, dans une grange, dont la toiture préserve déjà de la pluie, des cloisons, avec des claies d'osier, avec celles qui servent au parc des moutons, avec des planches, des fagots, des bottes de paille, et y préparer des espaces plus ou moins grands, selon l'étendue de sa récolte.

Le passage réservé pour amener les pommes de terre servira aussi pour les enlever, à mesure des besoins ; les compartiments dans lesquels on aura réuni les pommes de terre, doivent être soigneusement entourés et recouverts de gerbes, de bottes de paille, de feuillages secs, de fougères, ou autres matières propres à les préserver du froid et de l'influence atmosphérique.

Troisième pratique.

On peut encore creuser, dans un terrain sec, près de la maison, ou dans le champ sur lequel les pommes de terre ont été récoltées, s'il a les qualités convenables, une ou plusieurs fosses d'une grandeur proportionnée à la quantité que l'on veut conserver.

La profondeur des fosses doit toutefois être telle, qu'il y ait sur les tubercules une épaisseur suffisante de terre pour que la gelée ne puisse les atteindre (1).

Quelques-uns garnissent le fond, les côtés et le dessus des fosses, avec de la paille longue, des feuilles, ou de la fougère. D'autres croient que ces substances enterrées s'échauffent aisément, et qu'il vaut mieux laisser la terre à nu.

Soit que l'on adopte l'une ou l'autre méthode, il faut emplir les fosses par un temps sec, et les recouvrir avec tout ou partie de la terre tirée du trou, en observant de donner à ce recouvrement une forme pyramidale.

Il est aussi nécessaire d'établir une rigole autour et à une certaine distance de la fosse avec un écoulement pour en éloigner les eaux.

Cette pratique est généralement en usage dans le nord, et convient parfaitement à ce climat.

Dans le nôtre, qui est tempéré et où les hivers sont pluvieux, il serait peut-être utile d'établir sur les fosses une couverture en chaume ou en paille, comme on le fait sur les gerbiers exposés en plein air.

Quatrième pratique.

Au lieu de déposer les pommes de terre dans des fosses, on pourrait, dans les pays dont le sol est humide, les amonceler en tas de la forme d'un pain de sucre, de trente-trois à trente-six décimètres (environ quatre à cinq pieds) de hauteur, sur un terrain élevé et sec ; on les couvrirait, ensuite, de huit à dix centimètres de paille (environ trois à quatre pouces).

Pour fixer cette paille, on jettera dessus seize centimètres (six pouces) de terre, qu'on se procurera en faisant autour de chaque tas un petit fossé pour l'écoulement des eaux.

Il faut encore avoir soin de battre, avec le dos de la bêche ou de la pelle, la terre placée sur la paille, afin de lui donner de la consistance, et que l'eau glisse plus facilement dessus. (2).

Lorsque les grands froids surviennent, on couvre ces tas avec de grand fumier et de la litière, et, à leur défaut, avec de la terre, pour empêcher la gelée d'y pénétrer.

Au lieu de donner à ces tas la forme d'un pain de sucre, on peut leur donner celle d'un carré long, en ayant soin que la terre qui les recouvre soit en pente sur toutes les faces ; on les adosse, si l'on veut, à une maison, à une muraille, pourvu que l'égout ne donne pas dessus. Lorsque l'on voudra consommer, il faudra transporter à

---

(1) Il vaut mieux faire plusieurs petites fosses qu'une seule grande ; outre que la fermentation y est moins à craindre, on peut vider en entier la petite que l'on ouvre, tandis qu'une grande doit être refermée chaque fois ; et, quelque précaution que l'on prenne pour la reboucher, l'air qui s'introduit peut être nuisible.

(2) Peut-être serait-il bon, comme on l'a dit plus haut, de couvrir ces pyramides avec des chapeaux de chaume ou de paille.

la maison en tas entier, ou l'ouvrir avec précaution du côté du midi, et le bien refermer avec de la paille et de la terre, après avoir pris ce dont on a besoin.

Les procédés que l'on vient de décrire pour la conservation des pommes de terre en grandes masses ne dispensent pas des soins indiqués plus haut, à l'égard des petits approvisionnements, pour la fin de l'hiver, et lorsque l'on craint la germination ou la pourriture.

Cinquième pratique.

L'Académie de Dijon et plusieurs correspondants ont fait connaître un procédé employé, depuis trois ans, dans ces contrées : il consiste à renfermer les pommes de terre dans des tonneaux défoncés, que l'on referme (après les y avoir mises) aussi exactement que s'ils devaient contenir des liquides. On prétend que les tubercules, ainsi privés d'air, perdent leur faculté germinative, qu'ils acquièrent une saveur sucrée, et que six semaines suffisent pour produire ces effets.

On n'a pas besoin de dire que ces tonneaux doivent être déposés dans un local où la gelée et l'humidité ne puissent pénétrer. Lorsque l'on veut prendre des pommes de terre, on défonce le tonneau, et l'on recouvre ce qui reste, avec de la balle de blé et de la paille, pour intercepter l'air, qui flétrirait le reste des pommes de terre.

DEUXIÈME PARTIE. — *Conservation des pommes de terre par la dessiccation.*

Première pratique.

Les pommes de terre doivent être d'abord lavées, puis coupées par morceaux de la grosseur du doigt et exposées au soleil, sur des toiles ; on doit avoir soin de les rentrer avant son coucher ; mais on les y expose de nouveau le lendemain, si cela est nécessaire, et jusqu'à ce que la surface se durcisse. Cette première dessiccation effectuée, on met ces fragments en tas ; après quelques heures, lorsqu'un premier degré de fermentation est établi, on les étend sur le plancher, on les laisse raffermir, puis on les met encore en tas pour fermenter de nouveau ; on les étend derechef pour ressuyer. Ces opérations alternatives se répètent jusqu'à ce que la masse n'exhale plus aucune odeur, et que chaque morceau soit parfaitement sec.

Les pommes de terre ainsi préparées peuvent se garder dans des sacs et se moudre comme le blé. Elles fourniront une farine passable, propre à être mêlée avec celle des céréales. Ce procédé a l'avantage de n'exiger que peu de soins ; mais on doit convenir que ses produits sont d'une qualité très-inférieure. Toutefois, comme la classe peu aisée y a recours, surtout dans les pays méridionaux, on n'a pas dû négliger de le faire connaître.

Deuxième pratique.

On doit opérer de préférence sur les pommes de terre jaunes.

Après les avoir lavées, on les coupe par tranches, on les jette à mesure dans des vases contenant assez d'eau pour que les pommes de terre, qui doivent occuper les deux tiers de leur capacité, en soient recouvertes. Le premier jour, il faut changer l'eau deux fois, et de temps en temps aussi dans le cours de l'opération, lorsqu'on s'aperçoit que l'odeur aigre se fait trop vivement sentir.

La fermentation établie, et après que les pommes de terre sont devenues molles sous les doigts dans toutes leurs parties, il est temps de les retirer ; mais il faudra encore les laver deux fois, et même plus, jusqu'à ce que l'odeur soit entièrement dissipée.

On les met ensuite dans des sacs de toile claire, et on les presse pour en faire sortir de l'eau ; après quoi on les étend sur des toiles ou sur des claies couvertes de papier gris, pour sécher à l'air, au soleil ou dans une étuve.

Lorsque ce produit sera tout à fait sec, on le mettra au moulin ; la farine qui en proviendra sera d'excellente qualité.

Les pommes de terre gelées ou germées pourront être rendues utiles par ce procédé.

Troisième pratique.

On réduit les pommes de terre en bouillie, par le moyen du râpage. Pour accélérer l'opération, on se sert d'une râpe cylindrique de tôle, ou d'un cylindre de bois armé de lames métalliques, taillées en dents de scie; le cylindre est mû par des manivelles qu'un ou deux hommes font agir : il est surmonté d'une trémie en bois, et placé sur une pièce défoncée, qui reçoit la bouillie à mesure qu'elle tombe du cylindre; l'eau qui est dans le tonneau le lave continuellement et empêche qu'il ne s'engorge (1). On fait ensuite subir à cette bouillie deux lavages, et même plus s'il est besoin, pour enlever toute l'âcreté; puis on la reçoit sur des toiles, et on extrait l'eau sous une presse.

Enfin, on fait sécher le résidu, au soleil, au four, dans une étuve, où dans des bassines exposées à la chaleur du feu.

Lorsqu'on se sert de bassines, il faut avoir soin de remuer, pendant la dessiccation, et ensuite de laisser dans la bassine une partie de la matière desséchée. A mesure que l'on met de la farine humide, l'ancienne absorbe l'eau et hâte la dessiccation de la portion ajoutée. Lorsque la râpe a bien divisé toutes les parties, la mouture n'est pas indispensable; seulement, si l'on y a recours, la farine aura une apparence plus fine, et son mélange avec les céréales sera plus facile.

On ne donne point ici les procédés pour extraire la fécule; il suffit de dire que cette opération n'est que la suite de la pratique que l'on vient d'indiquer. On multiplie les lavages, pour rendre la fécule plus belle, et l'on passe au tamis pour retenir le parenchyme, que l'on perdait autrefois, quoique très-nutritif. Au reste, les farines dont on vient de parler sont, ainsi que la fécule, incorruptibles.

Quatrième pratique.

Conservation des pommes de terre en forme de pâtes.

Après les avoir fait cuire dans l'eau ou à la vapeur, on les pèle, on les broie et on les pétrit pour en faire une pâte douce; puis on coupe cette pâte par petits pains très-aplatis, que l'on fait sécher: lorsque l'on veut en faire usage, il suffit de les faire cuire dans du bouillon, du lait, ou de toute autre manière, pour avoir une bonne purée.

Cette même pâte peut se convertir en vermicelle, si, pendant qu'elle est molle, on la presse dans un cylindre ou tuyau de fer-blanc, percé, par les côtés, de petits trous proportionnés à la grosseur du vermicelle que l'on veut avoir.

Cette pression s'opère avec un piston de bois qui remplit l'intérieur du cylindre et qui est surmonté d'un manche en forme de T; la pâte ainsi pressée sort, à travers les trous, par filets que l'on reçoit sur du papier gris; on les éparpille et on les fait sécher sur un poêle, dans une étuve, ou sur un four.

Tels sont les principaux procédés propres à assurer la conservation des pommes de terre.

En les offrant aux cultivateurs de toutes les classes, la commission de la société royale et centrale d'agriculture ne saurait trop leur en recommander l'emploi. Presque sans dépense et sans peine, ils conserveront un précieux aliment, et prépareront, pour l'avenir, des ressources qui tourneront au profit de tous, et au leur en particulier, puisqu'ils seront assurés que tous les produits qu'ils obtiendront par la culture de ce tubercule leur seront profitables.

Tournées des sous-préfets.

7 octobre 1817.

Le Ministre de l'intérieur aux Préfets.

Les divers rapports qui me sont parvenus m'ont convaincu de l'utilité que l'administration retirait des tournées que les préfets

---

(1) On ne s'arrête pas à la description de ce mécanisme, qui est très-connu : la machine de M. *Mergoux*, curé de Bezons, établie d'après ce principe, est une des plus simples et des plus économiques; elle suffit pour les ménages des cultivateurs.

sont tenus de faire annuellement dans leurs départements. J'ai vu avec beaucoup de satisfaction le zèle que plusieurs d'entre vous ont mis à remplir ce devoir, les excellentes observations qu'ils ont recueillies et les améliorations qu'elles ont produites. Ce n'est, en effet, qu'en voyant par ses propres yeux, qu'en connaissant parfaitement le département qui lui est confié, qu'un préfet peut opérer tout le bien qu'on a droit d'attendre d'un bon administrateur. Ces considérations m'ont fait penser qu'il y aurait de grands avantages à étendre cette obligation aux sous-préfets, et à les engager à visiter, au moins une fois l'an, leur arrondissement. Ces tournées les mettraient en état de vous mieux seconder, et de surveiller les administrateurs qui sont placés sous leurs ordres. Veuillez faire connaître ce désir aux sous-préfets de votre département, et les inviter à vous adresser des rapports détaillés sur leurs tournées. Je recevrai avec plaisir le compte que vous m'en rendrez, et je tiendrai note de ceux de ces fonctionnaires que vous m'aurez signalés comme ayant montré le plus de zèle.

Les notables électeurs des juges de commerce doivent être Français ou naturalisés (1).

17 octobre 1817.

Le Sous-secrétaire d'État de l'intérieur aux Préfets.

On a vu souvent des étrangers, négociants en France, acquérir assez de considération, par un long établissement, pour que l'opinion publique ne les distinguât plus des nationaux. Il ne serait pas extraordinaire que, sans qu'on se souvînt de leur origine, il arrivât de placer leurs noms dans les listes des notables appelés à choisir les membres des tribunaux de commerce; de là, en leur supposant la faculté d'élire, on pourrait les croire éligibles et les porter au tribunal : mais leur qualité d'étrangers les repousse, et comme électeurs et comme juges; c'est sur quoi j'ai cru devoir fixer votre attention.

Parmi les plus anciennes lois de la monarchie se trouvent celles qui déclarent les étrangers incapables de remplir aucune fonction publique en France; ou plutôt, c'est un principe tellement certain, qu'il n'aurait pas besoin d'être écrit dans des dispositions expresses. Tous les actes de la législation moderne, autant que ceux de l'ancienne, le supposent et s'y rapportent comme à une maxime fondamentale.

Parmi les fonctions publiques, celle de rendre la justice, au nom du roi, et en vertu d'une *institution* de Sa Majesté, est évidemment, et de sa nature, plus spécialement réservée aux sujets français : d'ailleurs, l'admission d'un étranger dans un tribunal serait contradictoire avec ces lois si précises et si soigneusement maintenues, qui n'accordent, en France, aucune autorité aux prononcés des juges étrangers.

Il est donc certain que, pour siéger dans un de nos tribunaux de

(1) Voir le décret du 28 août 1848 sur les élections des membres des tribunaux de commerce. (*N de l'Éd.*)

commerce, il faut être Français, ou de naissance, ou par naturalisation.

Il faut bien remarquer que les droits politiques sont différents des droits civils ; ceux-ci, parmi lesquels est celui d'exercer son commerce ou son industrie, peuvent être accordés aux étrangers, sans qu'ils deviennent Français, ni qu'ils renoncent à leur première patrie. Ils les acquièrent temporairement, tant qu'ils résident en France, soit par une réciprocité fondée sur les traités, suivant l'article 11 du Code civil, soit par l'autorisation que le roi leur donne d'établir domicile dans le royaume, conformément à l'article 13.

L'usage a prévalu de présumer cette autorisation, en faveur des commerçants, quand ils ont été admis à la patente.

Mais ces droits civils sont indépendants de la qualité de citoyen, ou des droits civiques ou politiques, ainsi que le déclare le Code, à l'article 7 ; et c'est pour exercer une fonction publique que ceux-ci sont indispensables.

Ces droits ne s'acquièrent que conformément à la loi constitutionnelle. L'ordonnance royale du 4 juin 1814, qui accompagne la Charte, a spécifié *la grande naturalisation* qui seule donne à l'étranger le plus éminent de ces droits politiques ; il n'obtient les autres que par des lettres de *déclaration de naturalité*, suivant la forme tracée par la loi du 14 octobre 1814.

Telle est l'admission au titre et aux droits de citoyen français qui peut seule donner à un étranger la capacité de prendre place dans nos tribunaux de commerce.

Quant à la capacité d'élire, elle est également attachée à la même qualité. S'il était besoin d'une disposition précise pour s'en convaincre, il suffirait de voir, dans l'article 42 du Code pénal, les droits, 1° de vote et d'élection (sans distinction d'assemblée ou d'objet) ; 2° d'éligibilité, mis aux deux premiers rangs des droits civiques.

Le serment de fidélité et d'obéissance, prêté en se présentant au scrutin, est d'ailleurs un serment français, auquel un étranger ne saurait être soumis, ni admis.

Enfin, par l'article 4 du décret du 6 octobre 1809, les notables électeurs sont appelés à siéger éventuellement au tribunal de commerce ; ils doivent donc être pourvus des mêmes qualités que les juges.

En conséquence de ces principes, le garde des sceaux se propose de donner des ordres sur la manière de constater, à l'avenir, la qualité de Français natif ou naturalisé, de tout juge de commerce qui sera présenté à l'institution royale.

De mon côté, je vous prie de veiller à ce que le nom d'aucun notable électeur ne soit porté sur les listes soumises à mon approbation, sans que la même qualité soit assurée.

Sociétés anonymes. — *Demandes en autorisation et approbation.*

INSTRUCTION DU MINISTRE DE L'INTÉRIEUR.

22 octobre 1817.

Aux termes de l'article 37 du Code de commerce, aucune société anonyme ne peut *exister* qu'avec l'autorisation du roi, et sans l'approbation de l'acte ou des actes qui la constituent. Cette approbation doit être donnée dans la forme prescrite pour les règlements d'administration publique, c'est-à-dire par une ordonnance de Sa Majesté.

Une instruction émanée du département de l'intérieur, et publiée le 23 décembre 1807, régla la marche à suivre pour obtenir cette autorisation. Comme ce règlement paraissait au moment même où le Code de commerce commençait à être mis à exécution, et introduisait un droit nouveau et des formes jusque-là inusitées, relativement aux sociétés anonymes, il ne put être absolument complet. L'expérience a fourni de nouvelles indications ; et, la jurisprudence du conseil d'État s'étant fixée sur cette matière, il est utile aujourd'hui de retracer les principes arrêtés et les conditions généralement exigées, puisque ce n'est qu'en s'y conformant que les autorisations nécessaires peuvent être obtenues.

Il convient d'abord de bien éclaircir la nature, le but et les limites de l'intervention que l'autorité s'est réservée dans les associations anonymes.

Nature de l'autorisation requise. Les spéculations de l'industrie sont libres en France. Tant qu'elles ont un objet licite, ou qu'elles n'embrassent pas ce que la loi défend ou met en réserve, les commerçants, en général, n'ont pas besoin d'une autorisation spéciale pour s'y adonner.

Le gouvernement ne concède à personne le droit ou le privilège d'exploiter telle ou telle branche de commerce. Cette concession serait contradictoire avec la liberté légale assurée à l'industrie.

Les ordonnances par lesquelles Sa Majesté autorise la formation et l'existence d'une société qui se propose de faire un certain commerce ou une certaine entreprise, n'ont donc pas pour objet d'accorder aux sociétaires rien qui ressemble à une propriété sur cette entreprise ou ce commerce.

Le but que la loi s'est proposé est différent, et l'importance en sera démontrée par les considérations suivantes.

En général, le commerçant est responsable envers ses créanciers et envers ceux avec qui il traite. Cette responsabilité a pour gage tous ses biens présents et à venir, et sa personne même est soumise à la contrainte par corps.

Si plusieurs se réunissent dans une société *collective*, chacun d'eux met en commun la même responsabilité indéfinie, et, de plus, tous sont solidaires entre eux.

Un commerçant, ou une société *collective*, peut s'aider de moyens pécuniaires fournis par des capitalistes qui, voulant participer aux bénéfices espérés, soumettent aux risques et aux pertes possibles une somme déterminée. La loi admet ces bailleurs de fonds, sous le nom de *commanditaires.* Elle autorise la stipulation par laquelle ils déclarent ne s'engager pour rien de plus que la somme mise en commandite, et surtout ne contracter ni solidarité, ni responsabilité personnelle.

Mais cette classe d'associés non responsables n'est pas admise dans le commerce, sans précautions légales. Toute société de ce genre doit déclarer la quotité du fonds en commandite. Le commanditaire ne peut s'immiscer en rien dans la gestion des affaires : il en devient garant et solidaire, s'il y prend part. Au surplus, la commandite suppose nécessairement un ou plusieurs associés en *nom* et responsables ; le public a donc, sur ceux-ci, la garantie ordinaire : le capital du commanditaire n'est qu'une sûreté de plus.

Mais le Code de commerce admet une troisième espèce de sociétés, où tous les intéressés sont commanditaires, où chacun n'est engagé et responsable que pour sa mise, sans solidarité, sans garantie, soit d'engagement indéfini, soit de contrainte par corps ; où les gérants sont de simples mandataires, et où enfin, ce qui constitue une différence essentielle entre les sociétés en commandite et celles-ci, ils peuvent être choisis parmi les actionnaires, sans que la gestion qui leur est confiée les engage personnellement et les constitue responsables d'autre chose que de l'exécution du mandat. Cette société est dite *anonyme*, parce qu'aucun associé n'y étant personnellement engagé nul ne peut y prêter son nom.

Comme la loi a pourvu à la sûreté du commerce, par les règles de la responsabilité, de la solidarité et de la contrainte, envers ceux qui commercent en leur nom ou dans des sociétés collectives ;

Comme elle a pris des précautions pour que l'admission des commanditaires ne portât pas atteinte aux garanties dues au public,

Elle a dû en instituer de plus spéciales à l'égard de sociétés où n'existe pas la responsabilité personnelle des associés ordinaires.

Elle s'est donc réservé de constater,

Qu'une telle société n'est pas un piége tendu à la crédulité ;

Que l'objet de la spéculation est licite et réel ; qu'il existe, non un vain prospectus sur une idée sans consistance, mais déjà un acte social, un fond d'engagement qui assure l'entreprise, des actionnaires véritables et non simplement des associés fictifs qui ne figureraient, en apparence, que pour provoquer des engagements réels ;

Que les capitaux annoncés existent effectivement, ou que le versement en est suffisamment assuré ;

Qu'ils sont proportionnés à l'entreprise ;

Que les statuts qui en établissent l'administration offrent aux associés une garantie morale, et, en tous cas, des moyens de surveillance et l'exercice des droits qui leur appartiennent sur l'emploi de leurs deniers.

L'acte de l'autorité royale qui renferme autorisation et approbation n'a pour but que de certifier au public que cette vérification a été régulièrement faite.

Et cette vérification est la garantie mise à la place de celle qu'offrent les sociétés ordinaires, et dont la société anonyme n'est pas susceptible.

Le gouvernement ne concède donc rien, et il autorise seulement, à raison de la nature de la société, ce qu'une société ordinaire ou en commandite, ou un simple négociant pourrait faire sans autorisation.

Mais la vérification scrupuleuse que cette autorisation suppose est une sûreté morale d'autant plus importante, que les associations anonymes sont particulièrement faites pour des spéculations vastes et exposées à quelques chances, spéculations qui n'auraient pas lieu sans l'admission de ce genre de sociétés. Il est propre aux banques publiques, aux exploitations de mines, de canaux, aux assurances maritimes, etc. ; grandes entreprises qu'il importe d'encourager. Ainsi, la réunion de capitaux modiques, pris séparément, présente dans son ensemble des moyens suffisants, que ne voudraient pas hasarder quelques particuliers, et supplée à des engagements qui pourraient compromettre l'existence entière et la sûreté personnelle d'entrepreneurs *en nom*.

Les précautions légales une fois accomplies, c'est au public à mesurer sa confiance envers des établissements dont le but, les moyens et les règles fondamentales ont été appréciés et portés à la connaissance du public.

Si une entreprise échoue, le Code et l'accomplissement des formalités qu'il a prescrites mettent les actionnaires à l'abri de toute perte au delà de leur mise, et les gérants, de toute garantie personnelle autre que celle qui correspond à leur qualité de purs mandataires.

C'est parce qu'avant le Code de commerce, il manquait une disposition positive à cet égard, quoique les sociétés anonymes fussent dès longtemps connues, que plusieurs fois la sécurité des uns et des autres a été troublée. Les règles étaient si peu fixes, qu'on a vu des sociétés gérées sous un nom social, sous une raison collective, où l'on croyait néanmoins pouvoir stipuler que les associés ne seraient que de simples actionnaires non solidaires et non responsables. La loi actuelle a mis fin à ces irrégularités, aux inquiétudes et aux procès qui en devaient provenir. Les conditions qu'elle impose pour profiter de ses dispositions méritent donc qu'on s'y conforme avec soin.

Il résulte de ces principes,

1° Que l'autorisation de Sa Majesté n'est point un privilége ; qu'elle se donne à cause de la forme de la société anonyme, et non à raison de la branche d'industrie qu'on se propose d'exploiter ;

2° Qu'en vertu de la liberté commune, plusieurs sociétés anonymes pourraient être concurremment autorisées pour un même commerce ;

3° Que le but de l'autorisation est purement et simplement de certifier au public, d'abord, la vérification des bases sociales et l'existence des moyens annoncés, moyens reconnus être en rapport avec l'entreprise ; en second lieu, qu'un examen attentif a été fait de la moralité et de la convenance de l'administration sociale ;

4° Qu'en conséquence, le roi n'admet point de simple projet, et n'autorise point un prospectus dans l'intérêt d'un inventeur ou d'un spéculateur qui recherche des actionnaires ; il n'attache son approbation qu'à des sociétés réelles, formées par des actes publics, et par lesquels une masse suffisante de souscripteurs ont déjà engagé et assuré leurs mises.

La marche que doivent suivre les actionnaires, pour obtenir l'autorisation, va être tracée en conséquence de ces principes.

Forme et direction de la demande. 1° Les individus qui veulent former une société anonyme adressent leur pétition au préfet de leur département, et à Paris, au préfet de police.

2° La pétition est signée de tous les actionnaires, à moins que l'acte social par eux souscrit ne contienne une délégation et un pouvoir, à cet effet, à un ou plusieurs d'entre eux.

3° Lorsque la société a pour objet une exploitation placée dans un autre département que le siége de son administration, la pétition adressée au préfet du domicile où elle s'établit est communiquée, par les parties, au préfet du lieu de l'exploitation.

4° La pétition n'est pas admise, si elle n'est accompagnée de l'acte public constituant la société, et contenant l'engagement des associés, en telle forme que leur mise sociale, ou leur promesse de la fournir, soit ferme et irrévocable, sous la seule condition que l'approbation de Sa Majesté sera accordée.

5° Les statuts pour l'administration sociale sont produits en même temps que l'acte constitutif, et peuvent en faire partie. S'ils sont séparés, et qu'ils ne soient remis d'abord que sous seing privé, ils doivent être signés de tous les intéressés, et contenir soumission de rédiger le tout en acte public, lorsque le ministre de l'intérieur le requerra. L'ordonnance d'approbation n'est présentée à la signature du roi que sur le vu de l'acte public.

Une copie simple des actes publics doit être remise en même temps, pour rester déposée dans les bureaux du ministère.

6° Les actes sociaux doivent énoncer :

L'affaire ou les affaires que la société se propose d'entreprendre, et la désignation de celui de leurs objets qui lui servira de dénomination ; le domicile social ; le temps de sa durée ; le montant du capital que la société devra posséder ; la manière dont il sera formé, soit par des souscriptions personnelles fixes ou transmissibles, soit en actions à ordre ou au porteur ; les délais dans lesquels le capital devra être réalisé ; et le mode d'administration.

Conditions nécessaires ou facultatives, sur le mode d'administration sociale. 1° Les premiers administrateurs temporaires peuvent être désignés dans les actes sociaux ; mais, conformément à l'article 31 du Code, les gérants des sociétés anonymes n'étant que des mandataires nécessairement à temps et révocables, et tous les sociétaires devant avoir des droits égaux ou proportionnés à leur mise, les actes sociaux ne peuvent réserver à aucun individu, sous le nom d'auteur du projet d'association, de fondateur ou autre, aucune propriété spéciale sur l'entreprise, aucun droit à la gestion perpétuelle ou irrévocable, ni aucun prélèvement sur les profits, autre que le salaire à attribuer aux soins qu'il peut donner à l'administration.

2° Néanmoins, la valeur de l'acquisition ou de la jouissance d'un brevet d'invention ou d'un secret sur l'exploitation duquel la société serait fondée, ainsi que le salaire de l'artiste dont elle aurait le talent pour objet, peuvent être appréciés en argent, et leur montant converti en actions au profit desdits artistes et propriétaires du secret ou brevet.

Sur les mises de fonds. 3° Si les souscripteurs de l'acte social joint à la pétition ne complètent pas à eux seuls la société qui doit être formée, et s'ils déclarent l'intention de la compléter lorsque seulement ils auront reçu l'approbation du roi, ils doivent composer au moins le quart en somme du capital réel, non compris les actions dont il vient d'être parlé au n° 2. En ce cas, si Sa Majesté juge à propos d'autoriser la société, l'ordonnance règle le délai dans lequel le surplus des souscriptions doit être complété.

On doit bien remarquer que, faute d'avoir rempli cette condition au temps prescrit, l'autorisation devient comme non avenue, à moins que Sa Majesté ne permette à la société, s'il y a lieu, et du consentement des intéressés, de réduire son plan au capital qu'elle a réuni.

Après avoir justifié de l'existence du quart en somme du capital convenu, on peut demander autorisation pour la mise provisoire en activité, avant que le capital ait été complété. Cette demande est jugée suivant les circonstances de l'affaire.

Transmission de la pétition et avis des préfets. 1° Les préfets des départements, et le préfet de police, à Paris, transmettent la pétition à eux adressée, et les pièces précédemment indiquées, au ministre secrétaire d'État de l'intérieur. Ils y joignent leur avis, informations prises sur les points ci-après :

En premier lieu, si l'entreprise n'est pas contraire aux lois, aux mœurs, à la bonne foi du commerce et au bon ordre des affaires en général; ou si elle ne présente pas quelque vice qui en rende le succès improbable, et la proposition à des actionnaires inconvenante ;

En second lieu, sur les qualités et la moralité des souscripteurs; particulièrement dans le cas prévu n° 3, paragraphe précédent, où des intéressés pour le quart du capital à réunir sont seuls connus et doivent rechercher des coassociés ; et spécialement sur le personnel des administrateurs, s'ils sont désignés ;

En troisième lieu, sur la suffisance des moyens des souscripteurs, de manière à s'assurer qu'ils sont en état de réaliser, soit à l'ouverture de la société, soit aux termes prescrits, la mise pour laquelle ils entendent s'intéresser.

2° Les pièces produites et les avis des préfets doivent mettre le ministre de l'intérieur en état de reconnaître :

En premier lieu, si les conditions de l'acte social et des statuts sont conformes aux lois, particulièrement aux articles 21, 22 et suivants, jusqu'à 40 du Code de commerce, et si les règles indiquées par la présente instruction ont été suivies ;

En second lieu, si l'objet de la société est licite ;

En troisième lieu, si le capital est suffisant ; s'il est assuré, principalement quand une partie ne doit être fournie que successivement; et si, en ce cas, la portion réellement versée offre assez de garantie ;

En quatrième lieu, si, dans les statuts relatifs à la gestion, à la reddition des comptes, au partage des bénéfices ou pertes, les intérêts et les droits de tous les membres de la société sont garantis convenablement, et dans toute l'étendue que comporte une société sans responsabilité personnelle ;

Enfin, si l'administration de la société offre les garanties morales qui importent aux intéressés et au public.

Sociétés anonymes d'espèce particulière.

1° *Banques.* Si l'objet de la société proposée est la fondation d'une banque, les avis des préfets sur la convenance d'en permettre l'érection doivent être particulièrement motivés sous le rapport de l'utilité publique. La loi du 24 germinal an XI, soumettant ces sortes d'établissements à une autorisation spéciale, indépendante de celle des sociétés anonymes en général, les renseignements doivent être tels, qu'ils puissent éclairer également les ministres de l'intérieur et des finances, que l'examen de la demande intéresse concurremment.

2° *Sociétés sans émission d'engagements extérieurs.* Les sociétés anonymes qui n'émettent point d'engagements extérieurs, mais dont les intéressés placent simplement en commun les risques qui affectent leurs propriétés, comme les compagnies d'assurances mutuelles contre les divers fléaux, sont soumises à l'approbation de Sa Majesté, dans la forme ci-dessus : mais les dispositions ci-devant énoncées, concernant le capital et les actions, ne leur sont point applicables, attendu que, le fonds commun destiné à répondre des pertes étant la masse des biens que chaque actionnaire soumet à la chance commune, la société n'a point de capital divisible par actions proprement dites.

3° *Associations dispensées des formalités propres aux sociétés anonymes commerciales.* Quant aux administrations ou associations de prévoyance et de charité, les formes propres aux sociétés anonymes ne leur sont point applicables ; elles ne sont pas, non plus, exigées pour les sociétés commerciales régies par le Code civil, comme sont celles qui, n'ayant pour but que la manutention et la jouissance de biens mis en commun, ne se livrent pas aux opérations de banque, n'achètent pas pour revendre, et ne manufacturent pas leurs produits.

Les souscripteurs des sociétés anonymes susceptibles de l'autorisation sauront ainsi ce qu'ils doivent faire, en se conformant au Code de commerce, et en suivant la jurisprudence qui s'est établie en conséquence. Ce n'est qu'au moyen de l'instruction complète qui vient d'être indiquée que l'affaire peut être en état de passer sous les yeux du roi et de son conseil.

Sociétés contenues dans les limites tracées lors de l'approbation de leur établissement. Il reste à rappeler qu'après l'approbation obtenue, rien ne peut être changé aux statuts : la société ne peut étendre ses opérations à aucun objet qui n'y est pas compris : elle serait dans le cas de l'interdiction, si elle s'écartait des limites dans lesquelles elle a été placée, sans avoir obtenu une nouvelle autorisation, dans la même forme qu'à son établissement primitif.

Surveillance spéciale des sociétés qui intéressent l'ordre public. Un mode particulier de surveillance permanente peut même être exigé, à l'égard des sociétés anonymes dont l'objet intéresse l'ordre public.

Courtiers interprètes et conducteurs de navires (1).

25 octobre 1817.

Le Sous-secrétaire d'État de l'intérieur aux Préfets et aux Chambres de commerce.

Les fonctions des courtiers interprètes et conducteurs de navires, la concurrence que leurs droits pourraient souffrir, et la répartition de leurs attributions entre eux, ont excité plusieurs doutes ; je crois devoir les éclaircir, en me reportant à l'article du Code de commerce qui les concerne. Il n'y a pas d'autre règle légale à leur égard. Autrefois, les interprètes et les courtiers conducteurs formaient deux classes différentes d'officiers : ils furent simultanément supprimés en 1791. L'institution nouvelle n'a donc point d'autre titre que le code qui l'établit, et ne peut se rapporter aux règles antérieures des professions, autrefois distinctes, auxquelles elle se trouve substituée.

Suivant l'article 80 du code, les courtiers interprètes conducteurs ont plusieurs fonctions diverses.

Comme *courtiers*, ils font seuls le courtage des affrétements, et en constatent le cours ; ce qui n'est pas susceptible de difficulté.

Comme *conducteurs* de navires, ils sont chargés d'assister les capitaines des bâtiments dans les formalités que ceux-ci ont à remplir ; c'est ce qui résulte de leur dénomination.

Comme *interprètes*, ils sont truchements et traducteurs.

En qualité de truchements, ils peuvent seuls servir d'intermédiaires aux étrangers, maîtres de navires, marchands, équipages de

---

(1) Voir l'ordonnance du 14 novembre 1855 relative aux droits de courtage maritime. (*N. de l'Ed.*)

vaisseau, et autres personnes de mer, soit pour le service des douanes, soit dans les affaires contentieuses de commerce.

En qualité de traducteurs, eux seuls peuvent traduire, en cas de contestations portées devant les tribunaux, les déclarations, chartes-parties, connaissements, contrats, et tous actes de commerce dont la traduction serait nécessaire.

Une exception à ces privilèges se présente d'abord ; c'est celle qui se rapporte au droit de chacun d'agir par soi-même et sans courtier, dans son propre intérêt.

Ainsi, aucun capitaine français, aucun capitaine ou marchand étranger, parlant français, n'est tenu de se servir d'un courtier, ni pour ses affrétements, ni pour fournir ses déclarations à la douane, ni pour aucune autre formalité, s'il agit en personne.

Mais s'il emploie un intermédiaire, c'est celui que la loi institue qu'il doit prendre ; il ne peut se faire assister que par un courtier, et la douane ne peut en admettre aucun autre.

Il faut seulement remarquer que le capitaine n'est que le préposé de son armateur. Là où l'armateur est présent, il peut agir pour son capitaine, ou l'assister, sans difficulté ; c'est comme une même personne.

Les déclarations qui se font à l'arrivée du navire sont communes à la cargaison ; l'intérêt de la marchandise est même le principal. Il est juste, en conséquence, que le propriétaire ou le consignataire de cette marchandise, responsable des formalités auxquelles elle est assujettie, veille à leur exécution : celui à qui la cargaison est adressée a donc également le droit d'assister le capitaine, et c'est encore agir par soi-même, ce que chacun peut faire, sans l'intervention d'aucun courtier.

Mais si la cargaison n'est pas adressée, par le connaissement ou par la charte-partie, à un seul, aucun des consignataires partiels n'a droit de faire, pour tous, la déclaration qui doit être commune. En ce cas, le capitaine doit agir seul, si ce n'est par son armateur ; ou bien, il est tenu de recourir à l'assistance du courtier.

Les navires sont souvent adressés à un recommandataire qu'on appelle aussi consignataire, qui, sans intérêt dans la cargaison, est seulement le commissionnaire du capitaine et son mandataire, dans le seul intérêt de celui-ci. Il ne faut pas confondre ce consignataire avec celui à qui la cargaison est adressée. Celui-ci est le seul qui puisse être admis, à l'exclusion du courtier ; et c'est pour éviter toute erreur que je l'ai désigné comme devant recevoir la cargaison entière, aux termes du connaissement ou de la charte-partie.

Ces règles simples n'ont rapport qu'aux capitaines français ou parlant français, abstraction faite de la différence des langues, qui exige d'autres observations.

Le code veut que les courtiers servent seuls de truchements, à la douane, ou dans les contestations. La présence du courtier est donc nécessaire toutes les fois que l'étranger ne parle pas français.

L'armateur lui-même et le négociant propriétaire de la cargaison ne peuvent faire, par eux-mêmes, que ce qui peut être déclaré et signé par eux seuls ; toutes les fois que le capitaine doit signer une déclaration qui a besoin d'une traduction, ou qu'il y a lieu de recevoir de lui une déposition orale, ce n'est que par la bouche d'un courtier que l'autorité peut entendre légalement la langue étrangère parlée en sa présence.

Cependant les consuls étrangers, agissant par eux-mêmes, ou par leurs vice-consuls ou chanceliers accrédités, ont réclamé le droit d'assister les capitaines et autres individus de leur nation, de leur servir même de truchemens ; et il a été convenu que telle est précisément l'une des principales vues de leur institution. En vertu de ce droit réciproque, tout capitaine étranger est censé agir par lui-même, quand il est accompagné par les agens consulaires de sa nation, dûment reconnus ; et cela, soit qu'il parle, ou non, la langue française.

Quant aux traductions, le courtier est seul compétent pour faire celle des pièces produites dans les contestations de commerce ; mais le droit exclusif d'interprétation ne s'étend sur aucun autre acte, ni à aucun autre cas. Ils n'ont, particulièrement, aucun droit d'exercer leurs fonctions auprès des administrateurs sanitaires.

Un traité exprès, fondé sur une condition réciproque, donne aux consuls espagnols le droit de traduire les pièces écrites dans leur langue et produites dans les contestations de leurs nationaux. C'est une exception à la règle ci-dessus, et un privilége auquel on ne saurait porter atteinte. Il en serait de même, si d'autres traités contenaient la même stipulation en faveur des consuls de quelque autre puissance.

Il reste à parler de la cumulation ou de la répartition entre les courtiers interprètes et conducteurs, de leurs fonctions diverses.

Le code les réunit en une seule classe ; mais il est sensible que tous les capitaines français ou étrangers peuvent avoir besoin de conducteurs pour les assister, et de courtiers pour les affréter ; et les seuls étrangers, de truchemens et d'interprètes : il faut plus d'agens pour les deux premières fonctions que n'en exigerait la dernière ; d'ailleurs, on ne peut autoriser les courtiers à faire l'office d'interprètes, sans qu'ils aient une connaissance constatée des langues, qu'on ne saurait exiger des agens qui n'assistent que les seuls navigateurs français. En conséquence, quoique le titre commun soit celui de courtier interprète et conducteur, chacun des titulaires n'est autorisé à interpréter et à traduire que dans la langue mentionnée sur sa commission. Si aucun idiome étranger n'y est désigné, le titulaire est tenu de se renfermer dans le service des capitaines français, ou parlant français.

Ainsi, le soin de conduire ceux-ci est commun à tous les courtiers conducteurs ; et l'assistance à donner aux étrangers qui ne parlent pas français est réservée aux courtiers institués spécialement pour interpréter leur langue.

Il est nécessaire, en conséquence, soit pour l'élection des courtiers conducteurs, soit pour leur présentation, suivant la forme de l'ordonnance du 3 juillet 1816, que les pièces de la demande de ceux qui se proposent pour interpréter telle ou telle langue étrangère, constatent leur capacité reconnue par le tribunal de commerce de leur résidence. On pourra suivre, à cet égard, la disposition de l'article 3 du décret du 22 janvier 1813, rendu spécialement pour Marseille.

L'administration continuera à s'attacher à ce que, dans les ports de mer, le nombre et le choix des courtiers interprètes puissent suffire pour l'interprétation de toutes les langues des navigateurs qui les fréquentent.

Mobilier des évêchés (1).

6 novembre 1817.

Le Ministre de l'intérieur aux Préfets.

La circulaire du 8 octobre 1814 (2) a établi le calcul d'après lequel on pourrait, vu le défaut commun de renseignements antérieurs, fixer, au 1er janvier 1815, la valeur du mobilier des évêchés, précédemment acquis sur les fonds départementaux.

Ce calcul, appliqué indistinctement, ne pouvait donner, et n'a produit, en effet, que des résultats insuffisants et souvent erronés.

Quelques préfets, qui paraissent avoir prévu ces inconvénients, se sont bornés à faire faire une expertise.

Je vous engage à choisir cette dernière méthode pour fixer la valeur du mobilier de l'évêché, au commencement de 1818.

Pour régler désormais l'ordre de ce travail, je crois devoir réunir ici, dans un court résumé, les principales dispositions à suivre.

Les préfets des chefs-lieux des diocèses sont chargés de faire l'inventaire du mobilier des évêchés, provenant, tant des 2,400 francs donnés originairement par le gouvernement pour cet objet, que des allocations accordées aux budgets départementaux. Les crosses doivent y être comprises. (Elles ont été payées 1,500 francs.)

On doit y porter pareillement les croix, acquises aussi en 1802, sur les fonds du trésor, pour le prix de............ Ces objets ont été donnés à l'évêché, et non au titulaire.

L'inventaire sera rédigé en double expédition et signé du préfet ou de son délégué, de l'évêque ou de son fondé de pouvoirs, du secrétaire général et d'un conseiller de préfecture, et de deux ou trois experts estimateurs, suivant le besoin.

Une expédition sera déposée aux archives de la préfecture, et l'autre au secrétariat de l'évêché.

On devra adresser un semblable inventaire, également en double expédition, chaque année, dans les premiers jours de janvier. On y comprendra les articles achetés dans l'intervalle d'un inventaire à l'autre.

Vous deviez envoyer au ministre de l'intérieur des inventaires annuels; mais il suffira de m'adresser celui dont vous allez vous occuper, pour être arrêté définitivement par moi. Quant aux années suivantes, vous pourrez vous borner à me transmettre, dans le courant de janvier, un supplément indiquant les objets acquis dans le cours de l'exercice; et vous aurez toujours soin d'y rappeler le montant de la situation pour l'année précédente.

Cette mesure ne vous dispensera pas de procéder régulièrement, et à l'époque fixée, à la formation de l'inventaire annuel; il est indispensable.

En cas de mort ou de démission d'un évêque, le préfet doit faire procéder au récolement, par estimation contradictoire, du mobilier de l'évêché, d'après le dernier inventaire. Ce récolement, qui doit

---

(1) Voir, sur le récolement-inventaire des évêchés auquel il doit être procédé à la fin de chaque année, la loi du 26 juillet 1829 et les ordonnances des 7 avril 1819, 3 février 1830 et 4 janvier 1832. La dépense des mobiliers des évêchés est aujourd'hui portée à la charge de l'Etat. (*N. de l'Ed.*)

(2) Cette circulaire a été supprimée.

servir de nouvel inventaire, a lieu de la manière et suivant les formalités prescrites ci-dessus. L'évêque démissionnaire, ou la succession du défunt, sont tenus de rembourser la différence de la valeur, après avoir fait, toutefois, déduction, sur l'inventaire précédent, du dixième, s'il n'a pas été alloué pour entretien.

Lorsque le siége vient à vaquer par décès, ou lorsque l'évêque démissionnaire quitte avant l'arrivée de son successeur, c'est aux vicaires capitulaires, comme administrateurs pendant la vacance, qu'il appartient de recevoir le mobilier et de le remettre au titulaire dans l'état où ils l'auront reçu.

Il n'a rien été réglé, non plus, concernant les formalités de la remise.

Elle doit être faite par le préfet ou son délégué, soit aux vicaires capitulaires, soit au nouvel évêque, au moyen d'un état estimatif contradictoire, dressé dans les mêmes formes que l'inventaire.

Copie de l'état estimatif dont il s'agit me sera transmise.

Je vous invite, d'ailleurs, à adopter, pour ces divers états, la même distribution de colonnes et le même format de papier que pour le mobilier de la préfecture.

A dater de 1818, vous aurez toujours soin de comprendre, dans vos propositions pour dépenses ecclésiastiques à la charge du departement, le dixième, pour entretien, de la valeur du mobilier dont l'existence au palais épiscopal aura été constatée dans les formes précédemment indiquées.

Landes. — Marais.

6 novembre 1817.

Le Ministre de l'intérieur aux Préfets.

Le défrichement des landes et terres incultes et le desséchement des marais ont souvent attiré l'attention des rois de France. Henri IV, surtout, dont le nom se trouve lié à tous les genres de gloire, chercha, par de nombreux encouragements et des récompenses honorables, à porter la culture et la salubrité dans ces parties du royaume, perdues pour l'industrie et funestes au petit nombre de leurs habitants. Mais les travaux qui s'y firent alors, mal dirigés, sans doute, par les compagnies qui s'en étaient chargées, n'atteignirent pas toujours le but que l'on s'était proposé.

D'après les renseignements que je me suis procurés, tant sur les landes et terrains vagues que sur les marais, il paraît qu'ils sont, pour la plupart, la propriété des communes. Mais, la modicité des revenus dont elles jouissent ne leur permettant pas de faire faire les défrichements et desséchements, les conseils généraux auraient à examiner quelles sont les mesures à prendre pour suppléer à cette insuffisance de moyens, et quelles sont celles qui peuvent le mieux concilier l'intérêt général avec celui des communes propriétaires.

Avant tout, il conviendra d'apprécier, aussi exactement que possible, la portion des terrains ci-dessus désignés qu'il est nécessaire de laisser en pâturage, pour les besoins de chaque commune; car il faut laisser à celui qui n'a pas de propriétés des ressources pour nourrir ses bestiaux.

Cette portion une fois prélevée, le reste des parties incultes peut se diviser en terrains à dessécher et terrains à défricher.

Il existe, sur les desséchements, une loi du 16 septembre 1807, aux dispositions de laquelle les conseils devront se conformer, hors les cas d'exception, qui devront être bien expliqués. Si les desséchements à faire sont trop étendus, s'ils concernent à la fois plusieurs départements, les conseils se contenteront de les indiquer, en exposant leurs vues sur l'importance de ces desséchements, relativement à la salubrité, à l'agriculture et au commerce du département.

Quant aux défrichements, on peut y procéder de diverses manières, soit par partage entre les habitants, soit par concession partielle ou générale, temporaire ou définitive. Chacun de ces moyens peut être proposé, pourvu qu'il ait pour objet, d'une part, de rendre à la culture le plus de terrain possible ; de l'autre, d'augmenter, ou, au moins, de conserver et d'assurer pour l'avenir le revenu des communes.

Dans le nombre des parties à défricher, on aura soin de ne pas comprendre les montagnes et terrains en pente, surtout ceux plantés en bois. Il a été fait, en ce genre, des défrichements imprudents et dont les suites ont été funestes. Plusieurs départements demandent aujourd'hui que l'on rétablisse en bois les parties montueuses qui étaient autrefois plantées d'arbres, et qui seraient jugées susceptibles d'être rendues à leur destination. Vous inviterez les conseils à présenter leurs vues à ce sujet, et à proposer les moyens d'exécution.

Au reste, je ne chercherai pas à indiquer toutes les questions que les conseils devront examiner : la différence des localités doit les varier à l'infini. Il suffira de vous annoncer que le roi désire qu'on lui propose les améliorations à faire et les moyens de les obtenir.

Bois à employer pour la restauration des ponts.

7 novembre 1817.

Le Directeur général des ponts et chaussées aux Préfets et aux Ingénieurs en chef.

Les bois de belles dimensions devenant de plus en plus rares en France, le ministre de la marine et des colonies m'a adressé des observations sur la nécessité de suppléer, à l'avenir, par la solidité des assemblages, dans la construction des ponts de bois, au défaut de longueur des pièces.

Son Excellence pense que, dans l'état actuel des forêts de la France, il serait du plus haut intérêt qu'on parvînt à substituer au bois, et autant que possible, le fer ou la pierre, pour la construction des ponts et autres ouvrages d'utilité publique ; et, lorsque l'emploi des bois est absolument indispensable, qu'il conviendrait de s'arranger pour que les systèmes de charpente n'exigeassent pas des pièces de plus de 6 à 7 mètres de longueur sur 25 centimètres d'écarrissage, au plus.

Je sais que, pour la réparation des anciens ponts en bois, il ne sera pas toujours possible de se restreindre aux dimensions indiquées par son Excellence, parce que les pièces principales ont plus de 6 à 7 mètres de longueur et de 25 centimètres d'écarrissage ; que, d'ailleurs, les piles, palées et culées de ces ponts, et même les ouvertures qu'exigent la navigation et le flottage, permettraient rarement de changer leur système de construction sans grever le trésor royal de dépenses auxquelles il ne pourrait pourvoir; qu'il est, dès lors, indispensable que les ingénieurs puissent se procurer des pièces de dimensions suffisantes pour remplacer celles qui manquent journellement à ces ponts, et en prolonger la durée. Néanmoins, j'appelle toute votre attention sur les observations du ministre de la marine, et je vous prie de disposer, à l'avenir, autant que possible, les projets des charpentes que vous aurez à proposer, pour tous les travaux de votre service, de manière à ne pas dépasser les limites assignées par son Excellence. Dans le cas où il vous serait impossible de vous y restreindre, vous aurez à me faire connaître les ressources indépendantes de la marine que vous pourriez avoir pour vous procurer les bois nécessaires, ou, enfin, à motiver suffisamment l'extrême nécessité de puiser dans ses approvisionnements.

Traitement des pasteurs protestants.

6 décembre 1817.

Le Ministre de l'intérieur aux Préfets.

(Extrait.)

Je vous fais observer qu'en vertu des règlements organiques des cultes protestants, les pasteurs peuvent encore, après leur démission, rester en exercice et être payés pendant six mois, s'il n'est pas pourvu, dans ce temps, à leur remplacement. Dans le cas contraire, ils n'ont droit au payement que jusqu'au jour où ils cessent d'exercer. Lorsqu'il arrive qu'un pasteur est transféré d'un département pour exercer les mêmes fonctions dans un autre, il convient, pour éviter les doubles emplois, de ne le payer, dans le département qu'il quitte, que jusqu'au jour de sa nomination régulière dans l'autre département. Cette date est essentielle à constater.

Notification du décès des membres de la Légion d'honneur.

22 janvier 1818.

Le ministre de l'intérieur rappelle aux préfets qu'il les a invités à prendre des mesures pour que le grand chancelier de la Légion d'honneur fût exactement informé du décès des membres de l'ordre; et, comme il présume, d'après la nouvelle demande du grand chancelier à cet égard, que ses intentions n'ont pas été remplies, il invite les préfets à réunir et à lui transmettre directement, à l'avenir, les avis dont il s'agit, et sur lesquels seront indiqués les qualités de chaque décédé et son grade dans la légion. Il adressera ensuite lui-même ces pièces au grand chancelier.

Ponts et chaussées. — *Adjudications des baux de fournitures de matériaux* (1).

27 janvier 1818.

Le Directeur général des ponts et chaussées aux Préfets.

J'ai remarqué que les ingénieurs sont dans l'habitude d'attendre, pour présenter leurs projets de baux ou de travaux à exécuter chaque campagne, que la sous-répartition des fonds du budget ait été adoptée ; ce qui met dans la nécessité de passer très-tard les adjudications, et ne permet pas de faire les approvisionnements en temps convenable. Pour faire cesser cet inconvénient, j'ai décidé, d'après l'avis du conseil des ponts et chaussées, que les adjudications seraient passées, à l'avenir, à tant du mètre cube de pierres ou du mille de pavés, sans désignation exacte des quantités à fournir, afin qu'on puisse les élever ou les réduire, selon que les fonds crédités par le budget l'exigeront. Cependant, comme il est nécessaire d'établir, aussi approximativement que possible, les obligations des entrepreneurs sur ce point, le *minimum* des matériaux à fournir par eux sera fixé, dans les devis, sur le montant du crédit affecté, en 1816, aux approvisionnements de chaque nature, et dès lors égalera la quantité de pierres ou de pavés approvisionnés pour l'entretien pendant cet exercice : quant au *maximum*, on le portera à moitié en sus du *minimum*. A l'aide de ces dispositions, les entrepreneurs, sachant ce qu'ils auront, au moins, à fournir chaque année, n'attendront pas que le budget ait été notifié, et la sous-répartition arrêtée, pour commencer leurs fournitures ; ils pourront profiter du temps où les gens de la campagne sont inoccupés, pour faire ramasser, extraire et transporter les matériaux sur les routes, et cette facilité les engagera souvent à faire de plus forts rabais.

J'ai fixé pour *minimum* des matériaux à fournir, les quantités fournies en 1816, parce qu'on doit considérer le budget de cet exercice comme le plus faible de ceux des années antérieures. Dans le cas où quelque route aurait obtenu, à cette époque, un crédit extraordinaire pour un surcroît de fournitures nécessité par quelque circonstance majeure, on ne pourrait le prendre pour base des quantités de matériaux à approvisionner pour son entretien futur, et il faudrait établir le *minimum* des approvisionnements par analogie, c'est-à-dire le mettre en rapport avec celui des routes de même espèce du département.

Il est des routes qui, après avoir éprouvé quelques améliorations dans leur état, par suite des travaux de 1816 et 1817, peuvent exiger, à l'avenir, moins de matériaux qu'il ne leur en a été accordé dans la première de ces deux années ; d'autres routes en exigeront davantage : c'est à l'ingénieur en chef à y avoir égard dans la rédaction des projets de baux, et à porter sur ces dernières ce qui sera ainsi retranché des routes qui nécessiteraient moins de dépense ; il doit seulement ne pas perdre de vue que le montant de toutes les fournitures, en masse, ne doit pas se trouver au-dessous de la somme qui leur était affectée en 1816.

---

(1) Voir, pour les formes à suivre dans l'adjudication des travaux, l'ordonnance du 10 mai 1829. (*N. de l'Éd.*)

J'adresse une ampliation de la présente à l'ingénieur en chef, pour qu'il ait à s'y conformer dans la rédaction des projets de baux qu'il devra fournir.

Nomination des membres des commissions administratives des hospices et des bureaux de charité (1).

13 février 1818.

Le Sous-secrétaire d'État de l'intérieur aux Préfets.

J'ai l'honneur de vous transmettre l'ordonnance que le roi a rendue, le 6 de ce mois, relativement à la nomination des membres des commissions administratives des hospices et des bureaux de charité.

Suivant les instructions jusqu'à présent en vigueur, la nomination de tous ces administrateurs appartient au ministre.

L'envoi annuel des listes exigées pour leur renouvellement occasionnait un travail considérable, que l'ordonnance de Sa Majesté a pour objet de diminuer.

D'après les dispositions de cette ordonnance, la nomination des membres des commissions administratives des hospices et des bureaux de charité ne sera plus soumise au ministre que pour les villes dont les maires sont à la nomination du roi: pour toutes les autres communes, elle est déférée aux préfets; mais vous remarquerez cependant que la révocation d'aucun administrateur ne pourra être prononcée que par le ministre.

L'article 4 de l'ordonnance porte que le renouvellement des administrateurs des hospices et des membres des bureaux de charité continuera d'avoir lieu, chaque année, conformément aux règles précédemment établies. Je dois vous recommander de veiller à ce que ces règles soient strictement suivies. J'ai eu plusieurs fois occasion de remarquer que, dans divers départements, elles n'étaient point observées; et cependant, non-seulement le renouvellement annuel des administrations charitables est prescrit par les règlements en vigueur, mais il est un des moyens les plus assurés d'entretenir l'activité et l'émulation parmi les membres de ces administrations.

À l'effet d'apporter dans l'opération du renouvellement toute l'uniformité et la régularité désirables, il me paraît convenable de fixer des époques précises pour la présentation des listes de candidats.

Ainsi, vous voudrez bien prescrire que les administrations des hospices et des bureaux de charité se réunissent le 15 août de chaque année, à l'effet de former la liste des candidats à présenter pour le remplacement des membres qui doivent sortir à la fin de chaque exercice, et de ceux qui sont morts ou démissionnaires.

Les listes des commissions administratives des hospices et des bureaux de charité seront adressées aux sous-préfets avant le 1er septembre, et ces derniers les transmettront, avec leur avis, au préfet, avant le 1er octobre.

---

(1) Voir la circulaire du 16 septembre 1830. (*N. de l'Ed.*)

Vous m'adresserez, chaque année, avant le 1er décembre, un relevé des nominations que vous aurez faites, pour l'année suivante : ce relevé sera rédigé dans la forme du modèle que je joins ici, n° 1.

Quant aux nominations réservées au ministre, vous aurez soin de m'adresser, avant le 1er novembre, les listes des candidats qui me sont présentés, et je vous prie d'en former un tableau général, rédigé suivant le modèle que j'ai l'honneur de vous envoyer, sous le n° 2.

Lorsque votre travail se trouve ainsi abrégé, j'ai droit de compter sur toute votre exactitude à remplir les dispositions qui sont maintenues, et je verrais avec regret que mon attente à cet égard fût déçue.

Je crois devoir vous donner ici des explications sur quelques difficultés qui ont été souvent élevées relativement au mode de renouvellement des administrations des pauvres et des hospices.

Le renouvellement doit être fait, chaque année, par cinquième. Lorsqu'une administration n'a point encore été soumise au renouvellement, la sortie des membres doit être déterminée, pendant les quatre premières années, par la voie du sort ; mais ensuite, c'est le cinquième des membres de l'administration qui se trouve le plus ancien en exercice, qui doit être annuellement remplacé. Les dispositions en vigueur ont voulu que les administrateurs fussent renouvelés par cinquième, parce que les administrateurs qui se perpétuent dans leurs fonctions finissent souvent par y apporter moins de zèle, et même de l'insouciance. Le vœu de ces dispositions est donc qu'en général chaque membre de ces administrations ne reste pas plus de cinq ans en exercice. Cependant il importe, d'un autre côté, de conserver, dans chaque administration, les traditions et renseignements qui intéressent l'établissement confié à sa surveillance, et ce but ne serait pas atteint, si, par l'effet de la mort ou de la démission de quelques membres, et la sortie de quelques autres, l'administration était renouvelée en entier. Aussi l'article 6 du décret du 7 germinal an XIII porte que les vacances survenues dans le cours de chaque année, par mort ou démission, compteront pour le tirage. Il en résulte que, lorsque le cinquième d'une administration est renouvelé par suite de la mort ou de la démission d'un ou de plusieurs de ses membres, il n'y a pas lieu à procéder dans la même année au renouvellement pour cause d'ancienneté. Il suit encore de ces mêmes principes, que, lorsqu'un membre est nommé pour remplacer un administrateur décédé ou démissionnaire, on ne doit point avoir égard, pour le premier, à la durée d'exercice que le membre remplacé avait encore à remplir : on doit considérer le membre nouvellement nommé comme s'il remplaçait un membre sorti pour cause d'ancienneté, et il doit rester au moins cinq ans en fonctions, et ne sortir lui-même que pour cause d'ancienneté.

Je crois encore utile de vous rappeler quelques dispositions qui ont été souvent perdues de vue dans la formation des administrations des pauvres et des hospices.

Les maires sont membres et présidents nés des commissions administratives des hospices et des bureaux de charité.

Il est contraire aux principes de la jurisprudence administrative qu'il y ait plusieurs parents dans la même administration.

Les conseillers de préfecture étant appelés à statuer, soit par voie administrative, soit comme juges d'exception, sur les actes et les intérêts des pauvres et des hospices, il ne convient pas de les investir des fonctions d'administrateurs de ces établissements; ils seraient trop fréquemment juges et parties. On doit, par le même motif, éviter, autant que possible, de nommer les membres des conseils municipaux membres des bureaux de charité et des commissions administratives des hospices.

Je vous prie de veiller à l'exécution des dispositions que renferme cette lettre.

Casernement de la gendarmerie.

2 mars 1818.

Le Ministre de l'intérieur aux Préfets.

Ayant remarqué que, dans plusieurs départements, les prix de location pour le casernement de la gendarmerie s'accroissaient progressivement, et qu'ils excédaient même le taux déterminé par le tarif de l'administration de la guerre, cet état de choses a dû fixer mon attention. Les préfets auxquels j'en ai demandé les motifs se sont accordés à dire que cela provient de ce que, dans beaucoup de résidences, les officiers de gendarmerie demandent que le logement en nature qu'ils reçoivent, en exécution de l'ordonnance du roi, du 10 septembre 1815, lorsque les casernes sont assez spacieuses, soit composé d'un plus grand nombre de chambres que celui qui est fixé par les règlements. Quelques officiers ont demandé aussi qu'il leur fût alloué, sur les fonds départementaux, une indemnité en sus de celle qui leur est payée sur les fonds de l'administration de la guerre, quand le logement en nature n'a pu leur être fourni dans les casernes. Enfin, des officiers, sous le prétexte que le logement n'est pas convenable, et pour des raisons de pure commodité, refusent d'habiter les casernes et réclament le payement de l'indemnité.

J'ai instruit de ces prétentions le ministre de la guerre, en le priant de me faire savoir de quoi devait se composer, d'après les règlements, le logement en nature des officiers de gendarmerie dans les casernes.

Son Excellence m'a communiqué, à cette occasion, la circulaire qu'elle a adressée, le 11 septembre 1817, aux inspecteurs aux revues et colonels de gendarmerie. Cette circulaire contient des explications de nature à prévenir toutes les prétentions des officiers de cette arme, qui, mieux fixés sur leurs droits et sur la véritable application des règlements, cesseront, sans doute, de former désormais des demandes abusives. Elle détermine de la manière suivante la composition du logement des officiers de chaque grade, savoir:

« Colonel de gendarmerie, quatre chambres, une de domestique « et une cuisine;

« Chef d'escadron, trois chambres, une de domestique et une « cuisine;

« Capitaine, trois chambres et un cabinet;

« Lieutenant, deux chambres et un cabinet;

« Trésorier, trois chambres, dont deux à cheminée, et un cabinet. « L'une des deux chambres à cheminée doit servir de secrétariat « pour la compagnie; le conseil d'administration y tient ses séances: « le cabinet est destiné pour le dépôt de la caisse.

« Les écuries des casernes doivent être assez spacieuses pour que

« les chevaux des officiers de chaque grade employés à la résidence
« puissent y être placés. »

Le ministre de la guerre a établi que les officiers de gendarmerie
ne peuvent prétendre au logement à raison du grade dont ils seraient
brevetés dans l'armée, mais seulement à celui qui est attribué au
grade dont ils sont titulaires dans la gendarmerie ; et que, lorsqu'ils
ne reçoivent pas de logement en nature, ils n'ont droit qu'à l'indemnité, suivant leurs grades respectifs, sur les fonds de la guerre :
dans aucun cas, dit son Excellence, ils ne doivent réclamer d'autres indemnités des autorités locales, pour le logement. Et quant
aux officiers qui ne veulent point loger dans les casernes, sous le
prétexte que le logement qui leur est destiné n'est point convenable,
toutes les fois que ce logement est disponible et fourni conformément aux fixations ci-dessus rappelées, ils sont tenus de l'habiter,
et, en cas de refus, ils perdent leurs droits à l'indemnité de logement.

Ces fixations du ministre de la guerre vous serviront de bases
pour le choix des locaux, lorsque vous aurez à passer, ou à faire
passer, à l'avenir, des baux pour le casernement de la gendarmerie ;
et vous vous appuierez des règles que je viens de rappeler,
pour repousser les prétentions exagérées des officiers de gendarmerie.

Plusieurs préfets avaient pensé qu'au moyen du logement fourni
en nature aux officiers de gendarmerie, il devait être tenu compte
au département de l'indemnité qu'ils recevaient de la guerre. Je dois
rectifier l'opinion émise à cet égard : le casernement de la gendarmerie est une charge départementale, et l'indemnité qui doit y suppléer, si les casernes ne peuvent loger les officiers, ne devant leur
être accordée, sur les fonds de la guerre, que dans ce cas, l'on n'est
point fondé à la réclamer au profit du département.

A cette occasion, je ferai remarquer que plusieurs préfets se sont
bornés jusqu'ici à adresser au ministre de la guerre les baux passés
pour le casernement de la gendarmerie. Son Excellence, qui n'a à
s'occuper que de la convenance des localités, se montre nécessairement moins difficile quand il s'agit d'approuver le bail d'un bâtiment
qui lui semble les réunir toutes. Mais le casernement étant à la
charge des départements, il est du devoir du ministre de l'intérieur,
chargé spécialement de veiller à leurs intérêts, de discuter les
clauses des baux passés pour ce casernement. Je vous invite donc à
m'adresser exactement, à l'avenir, en même temps qu'au ministre
de la guerre, et avec votre avis particulier, les copies de tous les
baux qui seront passés par vous et par les sous-préfets, afin que je
les approuve, s'il y a lieu, ou que je vous fasse connaître les modifications dont ils me paraîtraient susceptibles, dans l'intérêt du département, avant de les rendre exécutoires.

Comptes à rendre sur l'administration départementale.

7 mars 1818.

Le Ministre de l'intérieur aux Préfets.

J'avais reconnu, depuis longtemps, la nécessité d'imprimer une
marche uniforme et régulière à la correspondance qui a pour objet

de me faire connaître la situation des départements. Quelques préfets m'adressaient des rapports trop rapprochés; d'autres négligeaient entièrement ces communications. Afin d'obvier à ce double inconvénient, je crus devoir fixer à trois mois l'intervalle des comptes qui me seraient rendus, et je donnai des instructions, dans ce sens, à la plupart des préfets. Déjà un grand nombre de rapports me sont parvenus : l'examen que j'en ai fait m'a confirmé dans l'opinion que j'avais de l'utilité de ces comptes périodiques, destinés, si l'on peut s'exprimer ainsi, à la partie morale de l'administration. Mais j'ai reconnu, en même temps, que les développements dont ils étaient susceptibles et auxquels les préfets se sont livrés, afin de mieux seconder mes intentions, ne permettaient pas d'exiger un travail aussi considérable tous les trois mois; et j'ai pensé qu'il convenait de se borner à un rapport annuel; de même que pour les rapports trimestriels, j'ai combiné les envois qui m'en seront faits, afin de ne pas les recevoir tous à la même époque.

En vous occupant de ce travail, veuillez ne pas perdre de vue que je ne vous demande pas des états ou des relevés de vos opérations. Chaque partie de l'administration, soumise à ses règles particulières, est, en général, l'objet de comptes rendus dont la forme est déterminée. Les rapports annuels ne doivent donc pas se composer de ces comptes, dont ils ne seraient qu'une répétition fastidieuse; ils doivent avoir pour objet de présenter, pour chaque branche de l'administration, des observations générales qui fassent connaître l'ensemble des mesures ordonnées, les résultats obtenus, les obstacles à vaincre, les vues nouvelles d'amélioration et les avantages qu'on peut s'en promettre. Les questions que font naître les dispositions des lois et leur application, prennent naturellement leur place dans ces rapports. Enfin, je désire y trouver un tableau de la situation morale et politique de votre département, sans renoncer néanmoins à apprendre, par la correspondance journalière, les faits intéressants que vous jugerez devoir fixer mon attention, ni à recevoir des rapports plus fréquents sur l'esprit public, lorsque les circonstances vous paraîtront l'exiger. Veuillez ne pas oublier de traiter chaque objet distinct sur une feuille séparée, et d'adresser votre journal *à moi seul*. Je crois en avoir suffisamment indiqué la nature et l'objet; si cependant vous aviez besoin de nouvelles explications, je vous invite à me faire part de vos doutes.

Dépenses du clergé.

7 mars 1818.

Le Ministre de l'intérieur aux Préfets.

(Extrait.)

La somme de 250 francs accordée à chaque vicaire de paroisse doit être payée, sous le titre de *secours*, sans aucune déduction de pension, et au *prorata* du service, à tous ceux qui exercent dans des églises ayant le titre de *cure* ou *succursale*, et dans des villes autres que celles dont le roi nomme les maires. Vous excepteriez du payement ceux que le supérieur diocésain aurait compris dans les tableaux qu'il vous fournira, et qui ne rempliraient pas les conditions ci-dessus exprimées, à moins d'une décision particulière de ma part.

Le mot *secours* est employé, parce que la somme de 250 francs dont il s'agit n'est qu'une amélioration au sort des vicaires, réglé précédemment, et qu'elle ne doit, en aucune manière, être un motif, pour les communes, de supprimer ou de réduire les rétributions qu'elles ont jusqu'actuellement acquittées pour cet objet.

Dépenses communales.

18 mai 1818.

Le Ministre de l'intérieur aux Préfets.

J'ai lieu de présumer que vous avez fait vos dispositions pour la convocation des conseils municipaux, qui sont appelés, chaque année, pendant leur session ordinaire, à délibérer sur les intérêts de leurs communes, sur le règlement de leurs recettes et de leurs dépenses, et sur les moyens d'y pourvoir.

Des instructions vous ayant été successivement données, et notamment par les circulaires des 10 mai 1816 et 16 avril 1817, j'ai pensé que je pouvais me dispenser d'entrer dans de nouvelles explications sur le but et l'objet de ces réunions.

Toutefois, je crois utile de vous dire que, par une ordonnance du 7 mai 1817 (1), les communes ont été dégrevées de l'obligation qui leur avait été précédemment imposée, de pourvoir aux frais d'illumination des hôtels de préfecture.

Pour répondre aux questions qui m'ont été faites, je dois aussi vous instruire que les dispositions qui vous ont été précédemment prescrites, pour comprendre les recettes et les dépenses des collèges dans les budgets communaux, ne doivent rien changer au mode de comptabilité réglé, pour ces établissements, par le décret du 15 novembre 1811.

Je me vois obligé de vous rappeler également qu'aux termes des lois et règlements les budgets des villes, dont les revenus s'élèvent à trente mille francs, doivent m'être adressés, à l'expiration du premier semestre de chaque année, *signés par tous les membres du conseil municipal, et conformes, pour les dimensions, au format du budget départemental,* dont le modèle vous a été transmis pour 1816. Si, d'un côté, j'ai lieu d'applaudir à l'activité des préfets de quelques départements sur cette partie de leurs obligations, j'ai, de l'autre, à regretter qu'elle n'ait pas été la même pour tous les départements.

Je dois craindre que des retards ne se fassent également sentir dans le règlement des budgets des communes ayant moins de trente mille francs de revenus, et sur lequel il appartient maintenant aux préfets de statuer.

Je désire que l'on prenne toutes les mesures qui seront nécessaires pour prévenir des retards aussi contraires au bon ordre de la comptabilité communale.

Ces observations sont applicables au relevé général des budgets, qui doit m'être transmis, chaque année, à compter de l'époque où l'on a interrompu cet envoi.

---

(1) Voir cette ordonnance à la suite de la présente circulaire, page 229.

Elles s'appliquent également à l'état général des coupes extraordinaires des bois des communes, dont l'envoi est prescrit, pour chaque année, par l'article 3 de l'ordonnance du roi du 7 mars 1817 et par l'instruction du 11 juin de la même année.

L'état général des impositions levées sur les communes, pour suppléer à l'insuffisance de leurs revenus et des cinq centimes communaux, devait être mis annuellement sous les yeux des chambres. L'état des impositions *mises en recouvrement* ne m'ayant pas été transmis, je n'ai pu satisfaire complétement aux dispositions des lois relatives à la matière.

Ces dispositions sont renouvelées par la loi du 15 de ce mois, relative au budget de 1818. Il importe conséquemment de se mettre en mesure d'y satisfaire pour les impositions *mises en recouvrement à compter de* 1816 : je vous adresse, à cet effet, le modèle de l'état que je vous prie de m'envoyer, tant pour 1816 que pour chacune des années 1817 et 1818.

Vous aurez un semblable état à m'envoyer chaque année.

La loi relative au budget de l'Etat, pour 1818, contient, sur les impositions extraordinaires des communes, des dispositions qui ont pour but d'empêcher qu'on ne dépasse désormais les limites qu'elle a, de nouveau, fixées sur cette matière.

Règles nouvelles à suivre pour l'établissement des impositions communales (1).

L'occupation du territoire par les armées alliées, en 1814 et 1815, la cherté des subsistances, et la nécessité de donner du travail à la classe indigente, en 1816 et 1817, ont justifié les impositions extraordinaires auxquelles les communes ont été forcées de recourir ; mais ces motifs n'existent plus, et il est indispensable de rentrer dans la règle et dans l'intention de la loi.

Ce n'est que dans le cas de *dépenses extraordinaires et urgentes* qu'elle donne, comme dans les années précédentes, aux conseils municipaux, la faculté de voter l'imposition de quelques centimes au delà des cinq centimes qui leur sont attribués pour leurs besoins ordinaires. Mais vous remarquerez que, lorsqu'une commune voudra profiter de cette faculté, le conseil municipal sera doublé par l'adjonction d'un nombre égal de propriétaires choisis parmi les plus imposés de la commune, *qui se trouveront présents*.

Cette adjonction aura lieu, soit qu'il s'agisse de faire face, par la voie d'une imposition, au déficit résultant de l'insuffisance des ressources ordinaires du budget, aux besoins du culte paroissial et au payement des salaires des gardes champêtres et forestiers ; soit qu'il faille pourvoir, de la même manière, à des dépenses extraordinaires et hors budget, relatives à des acquisitions, constructions, reconstructions et autres travaux d'utilité communale.

Les prestations en nature pour la restauration et l'entretien des chemins vicinaux, lorsque les ressources ordinaires des communes ne pourront faire face aux travaux, seront soumises aux mêmes règles et délibérées de la même manière. La valeur estimative de ces prestations, et les dépenses des travaux d'art, seront portées dans les budgets communaux.

Les budgets continueront à être délibérés et réglés par les conseils municipaux, et ils ne pourront être soumis à de nouvelles dis-

---

(1) Voir la circulaire du 27 mars 1837.   (*N. de l'Ed.*)

cussions de la part des contribuables adjoints, lesquels auront cependant le droit de se les faire représenter, et de demander les éclaircissements nécessaires, pour qu'ils puissent émettre, avec connaissance de cause, leur vœu sur les impositions extraordinaires sollicitées, puisque l'objet de l'adjonction est de donner aux plus forts imposés la faculté de constater la nécessité, l'urgence et l'utilité de ces impositions.

La loi n'ayant pas d'effet rétroactif, vous continuerez à assurer le recouvrement et la perception des impositions autorisées dans les formes prescrites par les lois antérieures.

Quant aux impositions délibérées par les conseils municipaux, et qui ne sont point encore approuvées par des ordonnances du roi, elles doivent être soumises aux règles consacrées par la loi nouvelle. Je vous fais, en conséquence, le renvoi de toutes les propositions que vous m'avez soumises, et sur lesquelles il n'a pas encore été statué. Je ne me dissimule pas qu'il peut en résulter quelques embarras pour l'administration communale ; mais vous n'ignorez pas que des réclamations multipliées se sont élevées contre les impositions recouvrées en 1816 et en 1817. Il est résulté des discussions qu'elles ont fait naître, que, dans plusieurs communes, elles ont peut-être été excessives : il faut donc donner une nouvelle attention à celles que l'on propose aujourd'hui, et examiner avec soin s'il ne serait pas possible de les éviter.

Quelle que soit la nature des besoins, la quotité de centimes que les communes seront autorisées à s'imposer, par addition au principal de leurs contributions, n'excédera point, pour chaque année, vingt centimes sur chaque nature de contribution ; cette règle sera invariablement suivie, sauf dans des cas très-rares et extraordinaires.

Pour en assurer l'exécution, vous aurez soin de joindre désormais à vos propositions un certificat du percepteur des contributions, constatant, s'il y a lieu, le montant des impositions précédemment autorisées, et dont le recouvrement serait dans le cas de s'opérer concurremment avec les impositions nouvelles, sollicitées par la même commune. Si la commune n'est grevée d'aucune imposition locale, le percepteur donnera un certificat négatif, que vous joindrez aux pièces.

A ces observations, je dois ajouter que le ministre des finances insiste fortement pour que les impositions communales, ordinaires et extraordinaires, soient réunies aux contributions directes à percevoir au profit du trésor, au moyen d'un rôle unique. Il est donc à désirer que toutes les propositions d'impositions puissent être approuvées avant la confection des rôles des contributions de l'Etat. On n'obtiendra cet utile résultat qu'autant que les autorités locales voudront bien se pénétrer que, toutes les dépenses qui peuvent donner lieu à des impositions ordinaires ou extraordinaires devant être comprises au budget communal, ces impositions doivent être votées et délibérées dans les formes voulues par la nouvelle loi, immédiatement après le règlement du budget. Vous ne leur laisserez point ignorer que les impositions dont les propositions me parviendraient après la confection des rôles ne seront désormais approuvées, à moins de circonstances graves et impérieuses, que pour être mises en recouvrement avec les rôles de l'année suivante.

Recherche des économies à faire dans les dépenses communales.

Les diverses considérations dont je viens de vous entretenir doivent vous convaincre qu'il est plus que jamais nécessaire de vérifier, avec la plus scrupuleuse exactitude, la situation financière des communes, de prescrire toutes les économies possibles, et de rechercher par quelles améliorations de leurs revenus fonciers et de leurs taxes indirectes elles pourront acquitter leurs dépenses, sans recourir à des centimes additionnels.

Les plaintes qui me sont parvenues ayant souvent eu pour objet les impositions levées pour suppléer aux besoins du culte paroissial, vous porterez votre attention sur les augmentations accordées par les communes à leurs curés, en vertu de la faculté qui leur en est donnée par la loi du 18 germinal an x. Vous examinerez si ces augmentations, réunies au casuel et aux traitements qui leur sont accordés sur les fonds du trésor, sont aujourd'hui dans le cas d'être réduites et modifiées.

Quant aux vicaires, le *maximum* de leur traitement sur les communes ne doit pas excéder 500 francs (1). J'ai dû vous le rappeler, parce que, dans les états fournis par les préfets, en exécution de l'instruction du 18 septembre 1816, j'ai remarqué qu'en plusieurs lieux on s'est écarté de cette proportion. S'il en est ainsi dans votre département, il sera nécessaire de rentrer dans l'ordre prescrit.

Les suppléments de traitement accordés aux desservants excèdent également, en plusieurs lieux, les proportions fixées par différents actes spéciaux du gouvernement. Ces suppléments, en général, ne devraient pas excéder la moitié du traitement qui leur est assigné sur les fonds de l'Etat (2).

Vous remarquerez, toutefois, que les augmentations accordées aux desservants sur les fonds de l'Etat ne peuvent être un motif de réduire les suppléments dont ils jouissent sur les communes, lorsque ces suppléments n'excèdent pas les proportions dont je viens de parler.

Les traitements dont les vicaires jouissent sur les revenus des communes, et qui n'excèdent pas le *maximum* fixé par les lois et règlements, doivent également être maintenus, nonobstant et quel que soit le montant des rétributions provisoires qui aient pu ou puissent leur être allouées sur les fonds du trésor.

Les indemnités de logement, dans les lieux où il n'y a point de presbytères, doivent être réduites à ce que peut exiger la nécessité de mettre les desservants en état de se procurer une habitation décente et convenable.

Vous écarterez de l'état des impositions permanentes, et de nature à se renouveler chaque année, celles qui auraient pour objet de rétribuer des chapelains, aumôniers, vicaires ou desservants, attachés, sous l'un de ces titres, à des églises qui ne seraient point érigées, dans les formes prescrites, en succursales, annexes ou chapelles. Cette observation ne peut toutefois préjudicier en rien à la faculté que les fidèles ont, en pareil cas, d'y pourvoir par la voie de souscriptions purement volontaires et qui doivent rester telles dans l'exécution.

Votre attention devra, plus particulièrement encore, se porter sur les subsides demandés par les fabriques aux communes, pour suppléer à l'insuffisance des revenus affectés à leurs dépenses ordinaires, le concours des communes devant, autant que possible,

---

(1) Ce maximum légal est prescrit par le décret de 1809. (*N. de l'Ed.*)
(2) Voir la circulaire du 10 avril 1830 qui fixe cette limite. (*Id.*)

être restreint aux acquisitions d'églises et presbytères, et aux constructions et réparations extraordinaires.

Les impositions relatives au payement des gardes champêtres ont été l'objet de beaucoup de réclamations. Leurs salaires ont été mis, par la loi du 6 octobre 1791 et par celle du 11 frimaire an VII, au rang des charges communales ; mais ces lois ont aussi prévu le cas où les communes n'auraient pas de revenus suffisants, en ordonnant que la dépense serait supportée par les propriétaires de fonds non clos, au prorata de leur contribution foncière. D'après ces dispositions, je pense que, dans le cas où les communes n'auront pas de revenus suffisants pour acquitter le traitement des gardes champêtres, ce sera aux propriétaires à y pourvoir, par un rôle de cotisation volontaire (1).

Je dois ici vous faire connaître, en réponse aux questions qui m'ont été présentées, que le comité de l'intérieur et du commerce, entendu sur ces questions, et je partage son opinion, a été d'avis qu'on ne doit entendre par clôtures non sujettes à la garde champêtre, que les propriétés qui sont closes en murs, et qu'il serait même désirable que les propriétés closes de cette manière ne fussent pas exemptes d'une taxe dont le but est de pourvoir aux salaires des gardes, qui sont officiers de police judiciaire, appeler à constater les délits et contraventions de police, et qui, par leur surveillance, rendent des services habituels à tous les contribuables, même à ceux dont les terres sont closes.

Je dois aussi vous rappeler que les propriétaires de bois, qui ont des gardes particuliers pour la garde de leurs bois, doivent être exceptés du rôle des impositions destinées au payement des gardes champêtres, s'ils n'ont pas d'autres propriétés non closes, et s'ils ne participent en rien aux avantages des biens possédés à titre de jouissance commune. S'ils ont d'autres propriétés non closes, leur concours au payement du garde champêtre doit être restreint, et réglé sur le principe de la contribution dont elles sont grevées.

A l'égard des gardes des bois des communes, il doit être pourvu au payement des salaires, sur le produit de la chose même et sur les restitutions prononcées contre les délinquants ; on doit aussi en faire article au budget.

Si les bois ne donnent pas un produit égal aux frais du garde, ils sont plutôt à charge qu'utiles aux communes ; et, dès lors, on doit prendre des mesures pour obtenir l'autorisation de les aliéner, et d'employer le montant de la vente en acquisition de rentes, sauf les exceptions que peuvent commander les localités ; à moins qu'on ne puisse mettre le salaire dans le budget.

Les propriétaires de bois qui sont dans les cas prévus par l'instruction du 18 septembre 1816 ne peuvent être contraints de concourir au payement des salaires de ces gardes.

Après vous avoir entretenu des économies à faire et des limites dans lesquelles on doit resserrer les dépenses des communes, je crois utile de vous parler aussi des ressources nouvelles dont on pourrait accroître celles dont elles jouissent aujourd'hui.

Moyens d'accroître les ressources communales.

La nécessité de rechercher toutes celles qu'il est possible de réali-

---

(1) La loi de finances du 21 avril 1832, art. 19 (budget des dépenses), porte qu'il ne sera plus fait de rôles spéciaux pour les impositions relatives au traitement des gardes champêtres. (*N. de l'Éd.*)

ser est d'autant plus impérieuse, que les taxes d'abonnement établies, dans plusieurs lieux, sur la consommation présumée des habitants, et sur les bouchers, aubergistes et cabaretiers, ayant été jugées contraires à la législation des taxes indirectes et des octrois à l'effectif, elles doivent cesser d'être perçues.

Un décret du 23 prairial an XIII autorise les maires à affermer le droit de chasser dans les bois communaux. Je ne crois pas que l'on ait tiré de cette faculté tout l'avantage que l'on devait en espérer. Dans quelques localités, des permissions de chasse délivrées individuellement, et qui se renouvelleraient chaque année, moyennant rétribution, donneraient peut-être des produits plus importants. Il resterait à régler les conditions générales sous lesquelles des permissions semblables seraient délivrées.

Appelez l'attention des conseils municipaux sur cet objet, et sur les moyens de rendre ce droit aussi productif qu'il doit être, de prévenir l'abus qui peut naître du mode actuellement suivi.

Les conseils municipaux auront aussi à examiner si la perception des droits de places dans les halles et marchés et dans les lieux consacrés à la tenue des foires légalement établies, et celle des droits de pesage et mesurage, ne seraient pas susceptibles d'éprouver quelques améliorations ou des extensions utiles à l'accroissement indispensable des ressources communales.

Les droits de grande et de petite voirie pourraient aussi concourir à l'amélioration des recettes communales, dans les lieux où l'on aurait jusqu'ici accordé gratuitement les autorisations qui exigent, de la part des maires ou de leurs agents, des vérifications sur les lieux.

Les rétributions à payer par les habitants, à raison des bestiaux qu'ils envoient paître dans les pâturages restés en jouissance commune, sont aussi de nature à procurer, en plusieurs lieux, des ressources importantes.

De temps immémorial, la perception de ces taxes est en usage dans les départements couverts de montagnes, et elle s'y opère sans obtacle, sans réclamations, sans nuire à la propagation des bestiaux.

Les conseils municipaux des communes propriétaires de pâturages restés en jouissance commune examineront si des rétributions de cette nature ne pourraient pas être établies, sans inconvénient, lorsque leurs revenus ne couvrent pas les dépenses ; peut-être aussi pourraient-ils distraire une portion de pâturage qui ne serait pas rigoureusement nécessaire à la pâture commune, pour être affermée, et augmenter ainsi les revenus, dans une proportion égale ou rapprochée des besoins.

Le rapport de la loi du 20 mars 1813, qui avait mis à la disposition de l'ancienne caisse d'amortissement les biens des communes, pour être vendus pour son compte, et à la charge d'une inscription au grand-livre égale au montant du revenu net desdits biens, a été un acte de justice.

Mais il n'en est pas moins démontré, par l'expérience, que cette partie de la dotation des communes leur est en général plus onéreuse que profitable, en ce que les administrations municipales ne peuvent jamais, par leurs soins, égaler l'activité de l'intérêt personnel : à ce premier inconvénient, déjà trop sensible, se réunissent les frais d'exploitation, les procès qu'elles ont à soutenir, les contributions auxquelles elles ont à pourvoir, l'insolvabilité fréquente des locataires et des fermiers. Ces considérations donnent lieu de penser qu'il y aurait souvent utilité réelle à mettre hors de leurs mains, par des contrats avantageux, les propriétés dont elles ont repris la possession par l'effet de la loi du 28 avril 1816, et dont le revenu net se trouve réduit à une très-petite partie du produit. La vente de ces biens réaliserait des capitaux dont l'emploi en acquisition de rentes sur l'Etat doublerait le revenu, et présenterait, en plusieurs lieux, la possibilité de remettre les recettes au niveau des dépenses.

Ces avantages deviendraient beaucoup plus importants, si les communes, mieux pénétrées de leurs véritables intérêts, se montraient plus disposées à remettre en circulation, par des aliénations successives et combinées pour des époques utiles et favorables aux enchères, les biens qu'elles ont conservés en jouissance commune et qui ne sont pas rigoureusement nécessaires au pâturage de leurs bestiaux. Riches, dès avant la révolution, en biens de cette nature, elles pourraient en aliéner une portion, avec d'autant moins d'inconvénients, qu'elles en ont vu s'accroître considérablement la masse par l'effet des lois qui ont mis depuis en leur possession une grande quantité de terrains incultes, de terres vaines et vagues, de landes, pâtis et bruyères. Ces propriétés présentent, depuis longtemps, le triste spectacle d'une affligeante stérilité ; mais, en plusieurs lieux, elles n'attendent que la main active et laborieuse de l'industrie pour devenir productives.

Leur défrichement et leur mise en culture, après avoir distrait ce qui est nécessaire à la jouissance commune et à l'exercice des droits de parcours, seraient d'une utilité d'autant plus grande et plus sensible, que l'usage en commun de terrains précieux par leur nature et par leur situation ne fait souvent qu'entretenir l'indolence. Ces entreprises, en favorisant les progrès de l'agriculture, ajouteraient à nos moyens de subsistance et à nos ressources en fourrages ; elles rendraient au commerce le mouvement et la vie ; elles augmenteraient la richesse de notre territoire, et fourniraient un des moyens les plus propres à prévenir les désordres du vagabondage et de la mendicité, en donnant une occupation utile et des ressources précieuses à ceux qui vivent dans un état dangereux d'oisiveté, et en ramenant successivement l'aisance dans les ménages pauvres.

L'avantage de ces entreprises a souvent fixé l'attention des souverains. Plusieurs ordonnances ont été rendues par eux sur cette matière importante : si l'exécution en a été entravée, c'est qu'en faisant de ces opérations l'objet de trop grandes et de trop vastes entreprises, on n'a pas assez réfléchi que les habitants des contrées où se trouvaient situés les terrains à livrer à la culture, ne voyant dans ces entreprises que des spéculations exclusivement productives aux concessionnaires, et craignant d'être inquiétés dans leurs possessions, seraient toujours disposés à les écarter par une aveugle résistance.

Le moyen d'obvier à cet inconvénient serait d'intéresser les habitants eux-mêmes aux succès des défrichements, de diviser les terrains en différents lots, et d'offrir à chacun d'eux la possibilité de s'en rendre propriétaire, sur soumission, aux prix, clauses, charges et conditions qui seraient déterminés, et à la charge, pour ceux qui n'auraient pas de capitaux, de servir annuellement les redevances qui leur seraient imposées et qui, taxées à un taux modique, pourraient, après quelques années de jouissance, s'accroître à raison d'une somme fixe par année.

Ces mesures m'ont paru d'une si grande importance pour la population, pour l'agriculture, pour l'ordre public, et pour les finances et les intérêts des communes, que je crois devoir inviter les conseils généraux à s'en occuper dans le cours de leur session prochaine, et à y donner la plus sérieuse attention. Cet appel à leurs lumières et à la connaissance qu'ils ont des localités aura pour résultat l'avantage de me procurer une plus grande masse de renseignements utiles, et de me mettre plus à même d'apprécier le mérite des propositions que vous aurez à me faire, dans l'intérêt des communes et d'après les délibérations de leurs conseils.

Tels sont les différents objets que j'ai cru utile de vous rappeler, comme pouvant concourir à l'accroissement des revenus des communes ; mais, par cette indication, je n'entends rien prescrire ; elle n'a d'autre but que de fixer l'attention des conseils municipaux qui sont dans la nécessité de créer de nouvelles ressources. Il leur appartient de proposer les autres moyens qui pourraient plus facilement les conduire à ce résultat. Assurez-les que je donnerai une attention toute particulière à leurs propositions, et que je m'empresserai de faire promptement statuer sur toutes celles qui seront de nature à être approuvées.

ORDONNANCE

Du 7 mai 1817.

Louis, par la grâce de Dieu, roi de France et de Navarre ;
Sur le rapport de notre ministre secrétaire d'Etat au département de l'intérieur ;
Notre conseil d'État entendu,
Nous avons ordonné et ordonnons ce qui suit :

Art. 1er. Les frais d'illumination des hôtels de préfecture seront désormais acquittés sur les fonds alloués, dans les budgets départementaux, pour frais d'abonnement ou pour dépenses imprévues.

2. Notre ministre secrétaire d'État au département de l'intérieur est chargé de l'exécution de la présente ordonnance.

Entretien des condamnés détenus dans les prisons départementales (1).

19 mai 1818.

Le Ministre de l'intérieur aux Préfets.

La dépense d'entretien des individus condamnés à un an et plus de détention, et qui ne peuvent être reçus dans les maisons centrales, devant, d'après l'ordonnance du 2 avril 1817, être payée sur les centimes centralisés au trésor, pour les dépenses départementales fixes ou communes à plusieurs départements, j'ai jugé nécessaire de vous faire connaître les éléments d'après lesquels j'ai déterminé le prix de journée, et le mode que j'ai adopté pour les payements.

Les fournitures auxquelles les prisonniers ont droit sont : le pain, la soupe, la paille, le blanchissage et l'habillement.

Le pain des prisons doit être composé de froment et de seigle ou orge. L'hectolitre de méteil moulu et bluté, à douze centièmes d'extraction de son, rend environ cent vingt rations de pain, pesant une livre et demie chacune. D'après la diminution du prix des grains, et la baisse qui aura lieu vers l'époque de la moisson, on peut admettre

---

(1) Les dispositions de cette circulaire ont été modifiées en partie par celles des Instructions du 7 août 1838 et du 10 février 1841. (N. de l'Ed.)

que, dans le plus grand nombre des départements, le prix du froment n'excédera pas 20 francs, et celui du seigle 16 francs par hectolitre : le méteil reviendra à 18 francs environ, et la ration de pain à 16 ou 17 centimes.

La ration d'un litre de soupe substantielle, dans laquelle il entre, outre le sel et le beurre, deux onces de pain et une quantité suffisante de légumes verts ou secs, coûte au plus 8 centimes, ainsi que je m'en suis assuré, en me faisant représenter des marchés conclus pour cette fourniture.

La paille et le blanchissage s'évaluent à 3 centimes environ par journée.

En supposant que l'habillement d'un détenu exige, pour une durée de deux ans :

HIVER....... { Une veste de droguet............	10 fr.	50 c.
{ Un pantalon de même étoffe....	8	00
ÉTÉ .... { Une veste de toile écrue.......	5	50
{ Un pantalon	3	50
Un bonnet...................	1	00
Trois chemises..............	12	00
Huit paires de sabots..........	4	00
Total........	44	50

on trouve, pour l'année, une dépense de 22 francs 25 centimes.

Mais les prisonniers sont toujours pourvus de quelques effets, à l'époque de leur condamnation ; vous ne garderez dans les prisons départementales que ceux dont la détention doit avoir le moins de durée : on peut donc présumer que très-peu d'entre eux recevront la presque totalité des fournitures, et qu'il en sortira beaucoup sans que vous ayez eu à faire pour eux aucune dépense d'habillement.

J'aurais réduit cet article à un taux très-modique, si je n'avais considéré que les condamnés transférés dans les maisons centrales devaient être vêtus de manière à ne pas souffrir pendant le voyage, et que vous serez dans le cas de leur laisser ou de leur faire délivrer quelques effets au moment du départ.

En conséquence, je n'ai diminué que d'un tiers l'évaluation du vestiaire. J'en allouerai la dépense à raison de 14 francs 60 centimes par an, ce qui donne 4 centimes par journée. Ces quatre centimes formeront une masse commune susceptible d'être employée à mesure des besoins, et de servir, s'il est nécessaire, à couvrir d'autres dépenses pour lesquelles vous auriez été obligé d'excéder les proportions que j'ai fixées.

Enfin, j'alloue 3 autres centimes, aussi comme masse commune, pour l'entretien des paillasses et des couvertures, pour frais de médicaments et autres menues dépenses.

D'après ces calculs, chaque individu coûtera 35 centimes par jour. Je ne puis accorder un prix de journée plus élevé ; mais, prévoyant que, dans quelques départements, les dépenses pourraient être un peu plus fortes, j'ai eu égard à cette circonstance dans la répartition du fonds commun des centimes variables.

Vous pourrez délivrer des mandats pour dépenses des prisons, sur les ordonnances des dépenses fixes ou communes, d'après des états certifiés du nombre de journées de condamnés à un an et plus de détention, et à raison de 35 centimes par journée.

Marques sur les tissus français.

30 mai 1818.

Le Sous-secrétaire d'État de l'intérieur aux Préfets.

Il est nécessaire que je vous entretienne de quelques articles de la loi des douanes du 21 avril dernier, dont l'exécution exige votre concours ; mais, avant d'en citer ici les dispositions, je crois devoir vous rappeler l'article 59 du titre VI de la loi du 28 avril 1816, qui en est l'origine, et qui est ainsi conçu :

« A dater de la publication de la présente loi, les cotons filés, les « tissus et tricots de coton et de laine, et tous autres tissus de fabri- « que étrangère prohibés, seront recherchés et saisis dans toute l'é- « tendue du royaume.

« A l'effet de distinguer les tissus fabriqués en France, toute pièce « d'étoffe de la nature de celles prohibées devra porter une marque « et un numéro de fabrication pour servir de premier indice au « jury dont il sera parlé ci-après. »

Je vous indiquerai, dans le cours de la présente, quels sont les tissus de toute matière qui, étant prohibés, sont sujets à la recher- che et à la saisie prescrites par le premier paragraphe ci-dessus : le commerce les connaît d'ailleurs ; mais il sera plus sûr cependant de lui en remettre la nomenclature sous les yeux.

Pour ce qui concerne les marques à apposer sur les tissus analo- gues fabriqués en France, objet du deuxième paragraphe, une ordon- nance royale fut rendue le 8 août 1816. Ma circulaire du 20 août de la même année eut pour objet de vous en expliquer les dispositions, et de vous guider dans les mesures que vous aviez à prendre pour en assurer l'exécution la plus étendue qu'il serait possible d'ob- tenir.

L'ordonnance de Sa Majesté portait que les étoffes et tissus de fabrication française, de la nature de ceux qui sont prohibés, ne pourraient être mis dans le commerce que revêtus d'une marque de fabrication et d'un numéro d'ordre repris des registres d'entrée et de sortie du fabricant ; elle contenait les indications que devait pré- senter la marque ; elle chargeait les prud'hommes, les maires et les fabricants notables d'en vérifier la nature et le procédé d'appli- cation ; elle enjoignait aux fabricants de déposer des modèles de leurs marques dans les bureaux des sous-préfectures ; les articles 5 et 6 désignaient la place où les signes de reconnaissance devaient être apposés sur les tissus, et les précautions à prendre pour les coupons de pièces ; l'article 7 contenait des mesures pour la bon- neterie ; l'article 8 expliquait la nature des dangers auxquels s'ex- poseraient les contrevenants ; et les articles 9 et 10 concernaient les soins à prendre par les marchands en détail et par les acheteurs, pour être en état de produire les justifications d'origine des tissus, qui pourraient leur être demandées. Enfin, ma circulaire faisait ressortir la nature d'intérêt qu'avaient les fabricants, les commer- çants et marchands, à l'exécution de l'ordonnance ; elle indiquait les procédés reconnus les meilleurs pour obtenir des marques au- tant indélébiles que l'état actuel des connaissances chimiques per- met de se les procurer.

Cependant, malgré ce que prescrivaient à cet égard l'intérêt gé- néral de l'industrie française et celui des fabricants en particulier ;

malgré mes pressantes recommandations et la publicité que vous avez sans doute donnée, soit à la loi, soit à l'ordonnance du roi, soit à mes instructions, ces actes n'ont pas reçu leur exécution pleine et entière. Depuis la promulgation de la loi du 28 avril 1816, il est sorti de nos manufactures des quantités considérables de tissus et tricots non empreints des signes qui devaient en faire préjuger la nationalité.

Les considérations importantes qui avaient motivé cette loi ont depuis fait connaître la nécessité d'assujettir impérativement à la marque d'origine française, non-seulement les produits de nos manufactures, aussitôt après leur fabrication, mais encore tous ceux qui existent aujourd'hui dans le commerce.

Tel est l'objet des articles 41, 42, 43, 44, 45, 46 et 47 de la loi du 21 avril dernier.

Le premier de ces articles regarde les tissus fabriqués en France, antérieurement à la loi du 28 avril 1816 (art. 59) et qui, par conséquent, ne porteraient pas la marque prescrite par cette loi et désignée par l'ordonnance royale.

Il enjoint impérativement,

1° D'apposer, sur l'extrémité de chaque pièce et sur chaque coupon de tissu, un numéro d'ordre et la marque distinctive qu'on croira devoir adopter pour indiquer l'origine française ;

2° De reprendre et d'écrire sur un registre-journal toutes les pièces ou coupons qui seront ainsi marqués, en faisant mention exacte de la marque et des numéros d'ordre sur ledit registre, qui sera arrêté à la fin de l'inventaire, daté et signé.

Le même article statue que ceux des fabricants, marchands ou détenteurs de tissus et tricots non marqués, qui n'ont pas de registre-journal, y suppléeront par un inventaire sur feuilles volantes, rédigé dans les mêmes formes et contenant les mêmes indications, également arrêté, daté et signé, et revêtu, sans frais, de la formalité de l'enregistrement, dans les quinze jours de sa date.

Quoique ces nouvelles obligations semblent ne concerner que les tissus français fabriqués avant la loi du 28 avril 1816, parce que le législateur a supposé que toutes les fabrications postérieures à cette loi avaient reçu la marque de leur origine, il est évident, et vous ferez sentir à ceux de vos administrés qui, jusqu'à ce jour, ne s'y sont pas conformés tout ce qu'a pour eux de favorable cette disposition ; il est évident, dis-je, que ces nouvelles obligations s'appliquent à tous les tissus et tricots qui se trouvent aujourd'hui dans les magasins, sans être pourvus de marques, puisque, autrement, ils seraient compris dans les dispositions de l'article 42.

Les fabricants, marchands ou détenteurs qui sont dans le cas prévu par l'article 41 de la loi du 21 avril dernier, et, par conséquent, assujettis à former un inventaire, devront avoir soin que l'empreinte, quelle qu'elle soit, qu'ils auront à apposer, conformément au n° 1er de cet article, soit susceptible de se conserver distinctement, ainsi que *le numéro suivi* ou numéro d'ordre, pendant le laps de temps nécessaire pour le placement de la marchandise entre les mains du consommateur ; et, pour cela, ils devront, autant que faire se pourra, recourir aux mêmes procédés et ingrédients que ceux qui ont été ou seront employés par les fabricants, à mesure de l'établissement de leurs produits.

Quant à ces produits à établir, et qu'il faut bien distinguer de ceux qui se trouvent aujourd'hui sans marques dans les magasins, il n'est fait aucune innovation à l'ordonnance royale du 8 août 1816, dont l'exécution devient aujourd'hui une obligation rigoureuse, sous les peines prévues par la dernière loi.

J'ai dit, dans ma circulaire du 20 août 1816, par rapport aux marques imprimées, admises en concurrence avec les marques brodées ou tissues, qu'un mélange d'huile et de sanguine, ou d'huile et de noir de fumée, paraît être jusqu'ici ce qu'il y a de préférable.

Le comité consultatif des arts et manufactures placé auprès du ministère de l'intérieur, consulté de nouveau sur cet objet, en confirmant son précédent avis, a ajouté que le nitrate d'argent mêlé avec de l'eau gommée offre encore plus de solidité ; cette substance n'est pas chère, et il est aisé de se la procurer dans tous les dépôts de produits chimiques.

« Pour les tissus légers, dit encore le comité, la meilleure manière de marquer est le timbre sec. Cette marque s'exécute en plaçant un pain à cacheter entre deux rondelles de papier, dont celle de dessus reçoit l'empreinte d'un coin gravé. On assujettit entre ces rondelles un fil dont un des bouts est enfilé dans la lisière du tissu, et vient se réunir à l'autre. On recouvre ces deux bouts ainsi réunis avec le pain à cacheter un peu humecté, puis on applique sur le tout la rondelle supérieure, sur laquelle on frappe l'empreinte. Le moyen d'empêcher la contrefaçon de ces timbres est d'employer du papier fort ou du carton fin pour la rondelle de dessous, et du papier très-mince pour celle de dessus, sur laquelle le timbre est frappé. On conçoit que, de cette manière, la rondelle de papier mince ne peut se décoller sans se déchirer, et qu'une telle marque devient, en quelque sorte indélébile. »

J'ai déjà eu occasion de citer l'article 42 de la loi du 21 avril dernier. Cet article porte qu'à l'expiration du terme fixé (trois mois après la promulgation de la loi), toute marchandise de l'espèce de celles qui doivent avoir la marque de fabrique, ou celle d'origine, qu'on trouvera sans être empreinte de l'une ou de l'autre, sera saisie pour ce seul fait ; il ajoute que, dans le cas même où le jury assermenté qui existe près le ministère de l'intérieur, et auquel elle lui sera soumise, la reconnaîtrait postérieurement et la déclarerait d'origine française, le propriétaire ou détenteur ne pourra la recouvrer qu'après avoir payé une amende de 6 p. 0/0 de sa valeur, telle qu'elle aura été estimée par le jury.

En prescrivant ainsi, d'une manière absolue, l'apposition des marques de fabrique, la loi a prévu le cas où des objets portant ces marques seraient néanmoins saisis pour présomption d'origine étrangère : à cet effet, l'article 45 dispose que, si leur origine française est ensuite reconnue par le jury, le propriétaire ou détenteur desdits objets recevra des caisses de la douane, à titre de dommages-intérêts, une indemnité de 6 p. 0/0 de leur valeur arbitrée par le jury, et une seconde indemnité de 1 p. 0/0 par mois de ladite valeur, pour tout le temps que la marchandise aura été retenue sous le séquestre, si l'offre de main-levée n'est pas faite et signifiée pendant le premier mois.

Dans cette disposition se trouve un nouveau et puissant motif d'apposer sur les tissus et tricots les marques dont la loi veut impérativement, et sous les peines qu'elle a déterminées, qu'ils soient revêtus, à l'expiration du délai de trois mois qui est accordé.

Mais la cupidité et la fraude peuvent empreindre la marque d'origine ou celle de fabrique sur des marchandises qui seraient étrangères réellement : l'article 44 de la loi du 21 avril a prévu ce délit ; il prononce contre ses auteurs la confiscation des objets faussement marqués, et une amende égale à leur valeur, amende qui ne peut jamais être au-dessous de 500 francs. Les mêmes peines sont aussi applicables à ceux entre les mains de qui ces objets auraient passé, par voie d'achat ou autrement, sauf leur recours contre tout fabricant ou vendeur qui les aurait induits en erreur sur l'origine de la marchandise, et sans préjudice des peines plus graves encourues en cas de faux caractérisé par le Code pénal.

C'est ce que vous ne laisserez pas ignorer au commerce de votre département, lorsque vous appellerez son attention sur les dispositions que je viens de développer, et spécialement sur la nécessité, le mode et les formes de l'apposition de la marque d'origine aux pièces ou coupons de tissus et aux tricots français qui, en ce moment, n'offrent pas celle de la fabrique. Aucune incertitude ne peut exister sur la nature et les espèces diverses de ces marchandises, qui sont celles dont l'entrée en France est prohibée. La nomenclature de ces prohibitions embrasse :

Pour le coton,

1° Les draps et les velours ; les toiles unies, brodées et imprimées ; les mousselines et tous tissus simples ; les basins, piqués, mousselinettes et autres croisés ; les châles et mouchoirs ; les nankins, les couvertures et tapis ; les tulles, gazes et tricots dits de Berlin ; la bonneterie, et généralement tous autres tissus et tricots de coton pur, *le nankin des Indes excepté* ;

2° Les tissus et la bonneterie de coton mélangé de soie, de laine ou autres matières, à l'exception des tapis façon de Bruxelles ou de Turquie.

Pour la laine,

3° Les draps, ratines, calmouks, etc. ; les casimirs et les étoffes diverses de petite draperie ; les tapis de laine pure ; la bonneterie de laine ; les châles et autres tissus de laine, *excepté les couvertures et le burail et crépon de Zurich.*

Pour la soie et la filoselle,

4° Les étoffes de soie brochées d'or et d'argent faux ; les étoffes de soie mêlées de fil et d'or ou d'argent faux ; les gazes de soie mêlées d'or et d'argent, les tulles de soie et les tissus, étoffes ou gazes, tant de soie que de fleuret, purs ou mélangés, qui seraient brochés ou mêlés d'or ou d'argent faux.

Pour le poil,

5° Les tissus de toute espèce, *excepté les couvertures ou tapis et la bonneterie de poil.*

Pour le crin,

6° Tous les tissus de cette matière, *à l'exception de la toile à tamis, des chapeaux en pièce et de la passementerie.*

Et pour les écorces,

7° Tous les tissus d'écorce, sans aucune exception.

Vous aurez soin de faire remarquer à vos administrés que l'industrie française vient de recevoir un nouveau degré de protection de la loi qui fait l'objet de la présente circulaire, puisque, au lieu de la simple confiscation des marchandises étrangères et d'une amende de 500 fr. résultant de la loi de 1816, l'amende est aujourd'hui en vertu des articles 43 et 44, égale à la valeur des objets confisqués, sans pouvoir néanmoins descendre au-dessous de 500 francs.

C'est donc dans l'intérêt seul de l'industrie nationale que ces dispositions législatives ont été prononcées. Attaché par sentiment et par devoir à la prospérité de cette industrie, appelé par l'article

62 de la loi de 1816 à l'exécution de ces dispositions, vous ne négligerez, j'aime à le croire, aucun des moyens qui sont en votre pouvoir pour remplir les intentions du roi et exécuter les mesures qui vous sont prescrites en son nom; vous contribuerez, autant qu'il est en vous, à écarter de notre territoire les produits des fabriques étrangères, ce qui est le but de la loi; but qui jusqu'ici n'a point été atteint complétement dans l'intérieur, quoique en dernier lieu on en ait été un peu moins éloigné que dans les temps qui avaient précédé.

Je vous invite donc, et, par votre intermédiaire, les sous-préfets et les maires, à faire afficher dans les villes manufacturières et commerçantes, dans les bourgs, et même dans les villages où il existe des fabriques,

1° Le titre VI de la loi du 28 avril 1816; 2° l'ordonnance royale du 8 août suivant; 3° les articles 41 à 47 de la nouvelle loi; 4° un extrait des instructions contenues dans ma circulaire du 20 août 1816 et dans la présente.

Il importe que ces actes et documents soient portés partout à la connaissance des administrés, et qu'aucun intéressé ne puisse prétendre les ignorer.

Les avenues des tribunaux de commerce, les bourses, les halles et marchés où se vendent des fils et tissus, sont les emplacements le plus particulièrement convenables pour l'apposition des affiches.

Vous notifierez le tout aux chambres de commerce, aux chambres consultatives des arts et manufactures, aux conseils de prud'hommes; en un mot, à toutes les institutions qui ont pour objet le commerce et l'industrie.

J'ai l'honneur de vous prévenir, d'ailleurs, qu'il vous parviendra ultérieurement une instruction spéciale pour l'exécution de l'article 46 de la dernière loi, relatif aux cotons filés.

En attendant, je vous prie de vouloir bien me donner connaissance de ce que vous aurez fait pour assurer, dans votre département, l'exécution des mesures que je vous recommande par la présente.

Service des enfants trouvés et des enfants abandonnés (1).

1er juin 1818.

Le Ministre de l'intérieur aux Préfets.

Le service des enfants trouvés et des enfants abandonnés est un de ceux sur lesquels vous devez appeler particulièrement l'attention du conseil général de votre département, dans la session qui va s'ouvrir.

Suivant la loi du 15 mai dernier, sur les finances de 1818, la dépense des enfants trouvés et des enfants abandonnés continue à être classée au rang de celles auxquelles il doit être pourvu sur le produit des centimes additionnels affectés aux dépenses variables des départements, sans préjudice du concours des communes, et à la charge de rendre compte de leurs contributions pour cet objet.

Vous aurez, en conséquence, à présenter au conseil général, à

---

(1) Voir les circulaires des 21 août 1839 et 5 août 1840.   *(N. de l'Ed.)*

l'ouverture de sa session, un rapport détaillé sur la dépense présumée des enfants trouvés et enfants abandonnés, pendant la présente année, et sur les moyens d'y pourvoir.

Il est dans l'esprit des dispositions de la loi de finances de 1818, comme de celle du 25 mars 1817, de ne regarder le concours des communes pour pourvoir à cette dépense, que comme accessoire et comme destiné seulement à remédier à l'insuffisance que pourraient présenter, à cet égard, les revenus des hospices appelés à recueillir les enfants, et les fonds départementaux, après avoir réuni à l'allocation que permettent ces fonds la portion du produit des amendes et confiscations attribuée au même service.

Mais à cette observation, qui vous a déjà été faite pour 1817, j'ajouterai que le recouvrement du contingent assigné aux communes, pour cette même année, dans la dépense des enfants trouvés, a, dans plusieurs départements, donné lieu à beaucoup de difficultés qui n'ont pu être toutes aplanies, et qui paraissent démontrer que ce contingent était trop élevé.

Les nouvelles dispositions consacrées par la loi précitée, du 15 mai dernier, pour la répartition des ressources affectées aux dépenses départementales, donneront, cette année, plus de latitude pour subvenir à ces dépenses ; et si le produit des six centimes additionnels ordinaires, réuni au supplément accordé à votre département, sur le fonds commun de cinq centimes, ne présente pas des moyens suffisants pour imputer sur ces fonds la portion de la dépense des enfants trouvés qu'il est convenable de laisser à la charge du département, le conseil général peut voter le complément nécessaire sur le produit des centimes facultatifs.

Je vous prie donc de représenter au conseil général de votre département combien il importe de voter sur les fonds départementaux la portion la plus forte possible de la dépense des enfants trouvés et enfants abandonnés, et de ne rejeter à la charge des communes que la portion de cette dépense à laquelle les fonds départementaux ne pourraient absolument pourvoir, et que la situation des communes leur permet de supporter.

Si le conseil général de votre département juge indispensable de faire concourir les communes à la dépense des enfants trouvés pour 1818, vous l'inviterez à émettre son opinion sur le mode de *répartition* le plus convenable à adopter pour le *contingent* à exiger des communes.

Vous aurez soin de m'adresser, par un envoi particulier et distinct de celui du budget, les propositions que vous aurez faites au conseil général, le vœu qu'il aura émis, et votre opinion sur ce vœu.

Les instructions précédentes sur le service des enfants trouvés restent en vigueur, notamment en ce qui concerne le payement de la dépense des enfants dans l'intérieur des hospices, et le payement des frais de layettes et vêtures.

Droit d'enregistrement des adjudications et marchés dont le prix est payé sur les fonds du trésor.

4 juin 1818.

Le Ministre de l'intérieur aux Préfets.

L'article 51 de la loi du 28 avril 1816, assujettissait au droit proportionnel de 1 p. 0/0 d'enregistrement les adjudications au rabais et les marchés pour constructions, réparations, entretien, approvisionnements et fournitures dont le prix était payable par le trésor royal, ou par les administrations locales ou établissements publics compris aux budgets des départements.

Cet ordre de choses vient d'être modifié par l'article 73 de la loi sur les finances du 15 mai 1818, portant :

Ne seront sujets qu'au droit fixe d'un franc d'enregistrement,

1° *Les adjudications au rabais et marché pour constructions, réparations, entretien, approvisionnements et fournitures dont le prix doit être payé directement ou indirectement par le trésor royal ;*

2° *Les cautionnements relatifs à ces adjudications et marchés.*

D'après ces nouvelles dispositions, les adjudications et marchés pour travaux publics, fournitures, etc., qui auront lieu dans votre département, à partir de la promulgation de la dernière loi de finances, ainsi que les cautionnements y relatifs, ne seront plus passibles que du droit fixe d'un franc d'enregistrement, lorsque la dépense sera imputable, soit sur les fonds généraux du trésor ordonnancés sur mon crédit, soit sur les centimes additionnels des départements, ce qui comprend les allocations des budgets des dépenses fixes ou communes, et des dépenses variables ordinaires ou facultatives.

Pensions de retraite des employés des octrois.

12 juin 1818.

Le Sous-secrétaire d'État de l'intérieur aux Préfets.

Une ordonnance royale, en date du 27 mars 1816, a prescrit à l'administration des contributions indirectes, de restituer aux villes tous les fonds de retraite et de retenue qu'elle en a reçus pour les employés de leurs octrois, sauf déduction des payements opérés sur lesdits fonds.

L'article 2 de cette ordonnance porte ce qui suit :

Les pensionnaires des octrois continueront à jouir de leurs pensions, telles qu'elles ont été réglées. Ces pensions seront, à partir du 1er janvier 1815, payées par les villes qui, en cas d'insuffisance du fonds des retraites, sont autorisées à y pourvoir sur le produit de leurs octrois.

L'exécution de cette disposition a donné lieu à la question suivante :

Les fonds à prendre sur les octrois, pour compléter le payement des pensions dont il s'agit, doivent-ils être pris sur le produit brut, ou bien sur le produit net, et déduction faite du prélèvement des 10 p. 0/0 revenant au trésor royal ?

Les comités de l'intérieur et des finances du conseil d'État, consultés sur cette question, ont été d'avis que les fonds destinés aux pensions des employés des octrois doivent être pris sur le produit brut des octrois par les considérations suivantes :

Que tout fonds à ajouter aux fonds de retenues pour pensions est censé accordé à titre de dernier payement de services effectifs et comme faisant suite aux traitements attachés à ces services ;

Que, les traitements des employés des octrois faisant partie des frais de perception, et étant pris sur le produit brut, avant le prélèvement des 10 p. 0/0 revenant au trésor, il doit en être de même des sommes accordées pour compléter le payement des pensions ;

Que, d'ailleurs, la solution de cette question résulte des propres expressions de l'ordonnance, qui ne dit point que les fonds de supplément nécessaires pour les pensions seront à la charge des villes, mais bien que les villes y pourvoiront sur le produit de leurs octrois.

Je désire que vous donniez connaissance de cet avis aux autorités locales, et que vous preniez les mesures nécessaires pour en assurer l'exécution en ce qui vous concerne.

Le ministre des finances a prescrit au directeur général des contributions indirectes, de donner des instructions dans le même sens aux agents de son administration.

Je profite de l'occasion pour vous inviter à me transmettre l'état des fonds de retraite et de retenue qui ont été restitués aux communes, en exécution de l'ordonnance du 27 mars 1816, et à me faire connaître, en même temps, quel emploi on a fait de ces fonds, et si les retenues ont continué d'avoir lieu dans les communes où les octrois n'ont pas été mis en ferme.

Comptabilité des hospices.

12 juin 1848.

Le Ministre de l'intérieur aux Préfets.

Par une circulaire du 16 septembre 1816, mon prédécesseur vous a déjà représenté que les inspecteurs du trésor ne devaient vérifier les caisses des hospices que sur la demande de l'autorité administrative; mais qu'il ne pouvait être qu'utile de confier à des agents aussi exercés la vérification de la comptabilité des établissements de charité, pour découvrir et réprimer les abus et les irrégularités qui s'introduiraient dans la gestion des receveurs (1).

Les vérifications qui ont eu lieu, par suite de ces instructions, ont, par les abus qu'elles ont mis au jour en plusieurs lieux, démontré les bons résultats que l'on doit attendre du concours des inspecteurs du trésor.

Je dois vous recommander de vous en aider. Pour que l'intervention de ces inspecteurs continue d'être exercée avec succès, vous devez présenter cette intervention aux administrateurs et aux receveurs non comme une mesure de défiance, mais comme une mesure que tout bon comptable doit désirer, puisque, outre les conseils d'hommes exercés en comptabilité, elle lui offre l'occasion de faire connaître et signaler à l'autorité supérieure l'exactitude de sa gestion et l'utilité de ses services; et les administrateurs ne peuvent non plus voir qu'avec satisfaction un agent du ministère qui vient se concerter avec eux, qui leur prête l'appui de son expérience pour approfondir la situation d'un receveur placé sous leur responsabilité,

---

(1) Ces pouvoirs ont été également conférés aux inspecteurs spéciaux des établissements de bienfaisance, institués par des arrêtés ultérieurs.

(*N. de l'Éd.*)

et dont le travail devient ainsi, pour eux, le contrôle et la preuve de l'efficacité de la surveillance qu'ils ont exercée.

Je pense qu'il serait fort utile d'introduire dans les hôpitaux qui jouissent d'un revenu considérable la tenue des livres en parties doubles ; et je dois vous engager à l'y établir, autant que possible : mais, d'après les observations que m'ont adressées plusieurs préfets, il serait, je crois, impraticable de faire adopter ce système d'écritures, pour tous les hôpitaux et tous les établissements de charité. Je vous laisse donc à juger dans quels établissements il vous paraîtra utile et possible d'ordonner que les écritures soient tenues en parties doubles : vous voudrez bien, avant de donner cet ordre, consulter les administrations de chaque établissement ; mais vous ne négligerez rien pour les amener, par la voie de la persuasion, à les adopter. Ce changement d'écritures ne peut éprouver aucune difficulté dans les grandes villes, puisque, toutes les écritures du commerce se tenant en parties doubles, il ne sera point difficile de trouver des comptables qui les aient connues et pratiquées, et qui puissent éclairer les receveurs actuels de leur expérience. Vous savez qu'elles présentent le grand avantage de rendre les vérifications plus promptes et plus faciles, de faire reconnaître les erreurs, d'en signaler l'origine, et de les rectifier par des contre-parties : c'est l'application de ce système d'écritures à la gestion des receveurs des deniers communaux qui a établi dans cette comptabilité un ordre qui n'y existait point auparavant.

Quelques administrations paraissent avoir vu avec inquiétude cette intervention des agents du ministère des finances dans la comptabilité des hospices ; elles ont paru craindre qu'elle ne tendît à rendre étrangers au ministère de l'intérieur des établissements qui sont sous sa dépendance et sous sa protection immédiates. Vous devez repousser ces inquiétudes, qui n'ont aucune espèce de fondement. Le ministère de l'intérieur est loin d'abandonner à une direction étrangère le soin et la surveillance d'administrations qu'il regarde comme une partie importante de ses attributions. La direction continuera donc à lui en appartenir tout entière ; mais il n'en paraît pas moins convenable et utile d'ailleurs, au bien du service, que toutes les parties de l'administration se prêtent mutuellement leur appui. C'est dans ce but que le ministère de l'intérieur emprunte à celui des finances ces moyens d'inspection et de vérification que la nature de ses attributions a mis dans ses mains, et qui ne peuvent appartenir à aucun autre ministère. Le succès qu'on en a obtenu dans l'administration des communes ne permet pas de douter de l'utilité qu'on peut en attendre dans celle des hospices et établissements de bienfaisance. J'ai déjà eu lieu de le remarquer dans plusieurs vérifications de ce genre qui ont eu lieu, et qui ont signalé des abus graves qui avaient échappé à la surveillance des commissions administratives et à celle de l'autorité supérieure.

Je compte donc sur tous vos soins pour préparer cet heureux résultat, et je ne vous dissimule pas que si, faute par vous d'y donner toute votre attention, il se trouvait du déficit dans les caisses des receveurs des hospices, je serais fondé à vous en accuser et à m'en plaindre.

Recherches expérimentales sur les chaux de construction, sur les bétons
et les mortiers ordinaires.

15 juin 1818.

Le Directeur général des ponts et chaussées aux ingénieurs en chef.

J'ai l'honneur de vous adresser *les Recherches expérimentales de M. Vicat sur les chaux de construction, sur les bétons et les mortiers ordinaires* (1). M. Vicat, attaché depuis longtemps aux travaux du pont de Souillac, s'est livré, avec une persévérance digne d'éloges, à une longue série d'expériences et d'observations, qui l'ont conduit à reconnaître des lois et à établir des principes dont la confirmation doit avoir une grande influence dans l'art des constructions. Le travail de cet ingénieur a obtenu les suffrages de l'académie royale des sciences et du conseil général des ponts et chaussées ; et déjà les premières épreuves que j'ai fait faire à Paris ont confirmé plusieurs résultats intéressants. Je désire que tous les ingénieurs concourent à la vérification des faits et des procédés qu'annonce M. Vicat, et que ces faits et procédés, s'ils reçoivent partout la sanction de l'expérience, soient rapidement propagés dans tous les chantiers du gouvernement, et, s'il est possible, sur tous les ateliers ouverts par les départements, par les communes et même par les particuliers. Je vous invite à ne rien négliger pour seconder mes intentions à cet égard.

J'appellerai d'abord votre attention sur la formation d'un tableau dans lequel vous indiquerez les principaux caractères physiques de toutes les pierres qui fournissent les chaux employées dans votre département. Vous y consignerez également la nature et les propriétés de ces chaux diverses : vous les classerez, d'après les qualifications adoptées au commencement du Mémoire, et vous apprécierez leur énergie, en les soumettant à l'essai développé dans la page cinquième de l'ouvrage. La réunion des tableaux qui me seront transmis par tous les ingénieurs en chef pourra former une espèce de statistique de toutes les chaux naturelles (2) du royaume. Ensuite (et surtout si vous n'avez à votre disposition que des chaux de médiocre qualité, et si celles qui donnent les bons mortiers ne peuvent s'obtenir qu'à l'aide de transports lointains et dispendieux), je vous engage à essayer la fabrication des chaux artificielles, lorsque l'exécution de quelques travaux pourra vous en fournir l'occasion et les moyens. Je ne puis encore, sur ce point, vous tracer aucune règle précise. Je vous ferai seulement observer que, pour rendre plus sûre et plus commode la comparaison des divers résultats obtenus dans les différentes localités, il est convenable de ne pas s'écarter du mode indiqué par M. Vicat, de conserver les définitions et d'adopter les unités de mesure choisies par cet ingénieur. Si vos recherches vous conduisent à des perfectionnements, vous aurez soin de me les faire connaître, mais toujours subsidiairement, afin de ne pas

---

(1) Cet ouvrage est trop étendu pour être inséré dans cette collection.
(2) Le mot *naturelles* est employé ici par opposition avec le mot *artificielles*, dont on se servira plus bas.

renoncer à la conformité du langage, qui doit établir une correspondance facile entre les différents pays.

Un des détails les plus importants de la fabrication, c'est le mélange de la chaux et de l'argile. Une machine simple, économique, et qui, en épargnant la main-d'œuvre, pourrait produire une alliance parfaite des matières, serait une heureuse invention à laquelle je m'empresserais d'applaudir, et c'est avec une véritable satisfaction que je verrais vos efforts se diriger vers cet objet.

Il est encore indispensable que vous vous rendiez un compte bien détaillé de la dépense des mortiers faits avec la chaux artificielle, et que vous la compariez à celle des bétons, dans lesquelles on introduit les pouzzolanes pour ajouter à l'énergie de la chaux. Il est inutile de remarquer que les comparaisons ne seraient point exactes, si les circonstances n'étaient pas les mêmes de part et d'autre, et qu'il est nécessaire d'observer et d'estimer les différences, dans quelque sens qu'elles puissent se manifester.

Dans les endroits où l'on rencontre des matières calcaires à l'état crayeux ou tendre, on peut en essayer l'union avec l'argile, après les avoir réduites en poudre impalpable. Cet essai, s'il réussit, démontrera peut-être qu'une première cuisson n'est pas indispensable, et qu'il est possible d'effacer cette partie de la dépense, pour cette espèce de matériaux.

Dans quelques excursions minéralogiques, vous pourrez encore découvrir des pierres qui présentent réunis tous les éléments d'un bon mortier, et qui n'ont besoin d'aucun ingrédient étranger. M. Bruyère, inspecteur général des ponts et chaussées, a rencontré une matière de cette nature, aux environs de Paris; je vous invite à ne pas négliger ce genre de recherches : mettons à profit nos richesses minérales, et n'empruntons les ressources de l'art que lorsque les produits de la nature sont insuffisants, ou qu'il n'est possible de se les procurer qu'avec des frais considérables.

M. Vicat ne s'est point occupé seulement de la composition des chaux factices. Dans son ouvrage, qui signale un rare talent d'observation, il a donné, sur les différentes manières d'éteindre la chaux, sur les principes qui constituent, en général, les mortiers, sur l'alliance de ces principes et sur les mystères de leur combinaison, des considérations nouvelles que je livre à vos méditations.

Si l'analyse chimique vous fait arriver à des résultats curieux, il ne sera pas superflu de chercher à les reproduire par la synthèse. La synthèse est le moyen de jeter ces résultats dans la circulation, et de les rendre en quelque sorte populaires. Les constructeurs n'ont pas toujours sous la main les appareils de la chimie; ils n'ont pas tous acquis ou conservé l'habitude de s'en servir : mais des caractères physiques se reconnaissent sans peine, et des épreuves mécaniques sont faciles à répéter.

Le tableau statistique dont j'ai parlé plus haut et tous les procès-verbaux d'expérience devront être rédigés en trois expéditions : l'une sera déposée aux archives de la préfecture, la seconde restera dans vos bureaux, et vous m'adresserez la troisième.

Il suffira, sans doute, de vous avoir indiqué un but aussi utile, pour que vous vous efforciez de l'atteindre. J'examinerai soigneusement toutes les pièces qui me seront transmises, et je saurai reconnaître le zèle et les talents des ingénieurs qui auront le plus efficacement concouru à perfectionner et à propager les nouveaux procédés dont l'expérience aura justifié l'emploi.

Engagements volontaires pour l'armée (1).

20 juin 1818.

Le Ministre de l'intérieur aux Préfets.

Vous avez reçu, avec une circulaire du ministre de la guerre, du 1er de ce mois, une instruction du 20 mai dernier (2), approuvée par le roi, sur les engagements volontaires des jeunes gens qui sont animés du noble désir de parcourir la carrière militaire.

Ces instructions présentent l'*engagement volontaire* pour l'armée sous le nouveau caractère que la loi du 10 mars dernier lui a donné, et qui assure les garanties les plus fortes contre tous moyens arbitraires d'accroître les enrôlements.

Ce premier mode de recrutement, qui doit précéder les appels qui seront faits ultérieurement par une ordonnance royale, ne saurait être trop solennellement encouragé, dans l'intérêt direct de vos administrés, puisque les engagements volontaires diminueront la force du contingent que votre département devra fournir à l'armée : vous donnerez donc aux instructions que vous avez reçues la plus grande publicité.

Je n'ai rien de plus à ajouter à ces instructions, le ministre de la guerre s'étant appliqué à les rendre complètes. Les mesures qu'elles prescrivent ne semblent point devoir rencontrer de difficultés ; mais elles exigent, de votre part et de celle des fonctionnaires civils qui doivent suivre les opérations du recrutement de l'armée, une sérieuse attention et les plus grands soins dans leur exécution.

Je compte trop sur votre zèle, pour ne pas être certain que vous donnerez de nouvelles preuves de votre dévouement au service du roi, en dirigeant les enrôlements de manière à leur donner toute l'extension désirable.

Vous devrez faire dresser, dans les bureaux de la préfecture, un état nominatif des engagements volontaires qui seront contractés successivement dans le cours de chaque année, afin de constater le nombre d'hommes que votre département aura fournis à l'armée par ce moyen de recrutement.

De mon côté, j'ai besoin d'avoir sous les yeux un pareil tableau, pour l'ensemble des départements : à cet effet, je vous invite à ne pas omettre de m'envoyer, tous les trois mois, un état dans la forme du modèle n° 10, annexé à l'instruction générale, des enrôlements qui auront été reçus dans le département confié à votre administration. Ainsi, vous m'enverrez, le 20 juillet prochain, pour la première fois, un état de tous les engagements volontaires contractés depuis le 1er janvier 1818 ; et vous me ferez successivement un pareil envoi pour chaque trimestre, au plus tard le 20 du mois qui suivra le trimestre expiré.

---

(1) Voir, pour les engagements volontaires, la loi sur le recrutement du 21 mars 1832 (art. 31 et suivants), l'ordonnance du 28 avril de la même année et le décret du 10 juillet 1848.　　　　　　(*N. de l'Ed.*)
(2) *Bulletin des lois*, n° 215 ; 7e série, n° 4193.

Projets de tarif des douanes et de règlement de navigation.

20 juin 1818.

Le Sous-secrétaire d'État de l'intérieur aux Préfets.

J'ai l'honneur de vous inviter à me faire parvenir les observations que l'expérience peut vous avoir suggérées, sur le tarif des douanes et sur les rectifications que vous pourriez y désirer.

Je suis loin de vous inciter, par là, à proposer des changements : le vœu de l'administration, comme celui du commerce, est d'arriver à une législation exempte du reproche de versatilité; mais, même pour devenir stable, un tarif doit être, avant tout, dégagé des inconvénients qui peuvent s'y faire sentir encore : car c'est dans le bien seul que la fixité est désirable.

Dans cette intention, les pouvoirs qui concourent à la formation de la loi ont cherché, en dernier lieu, à l'amender dans les détails, et non point à en changer les principes. Je recevrai avec plaisir vos observations en ce sens; et, désirant être à temps d'en profiter pour comparer et discuter avec la maturité nécessaire les vues qui me seront fournies, je vous engage à me faire parvenir vos réponses avant la fin du mois d'août.

Répartition du fonds de secours pour les religieuses âgées et infirmes.

22 juin 1818.

Le Ministre de l'intérieur aux Préfets.

La somme affectée par Sa Majesté à secourir les religieuses âgées et infirmes, a été répartie d'après le dépouillement du tableau général des pensions, où sont inscrites toutes les religieuses pensionnaires, et suivant la proportion du nombre de celles qui sont âgées de soixante-dix ans et au-dessus.

Il existe, dans le tableau général des pensions, beaucoup de lacunes de domiciles, qui peuvent avoir produit quelque erreur dans le nombre des religieuses de chaque département; si vous aviez des moyens de me transmettre un relevé plus exact, il me servirait à rectifier la répartition pour l'année prochaine.

Ces secours sont destinés aux seules religieuses, et principalement à celles qui sont âgées et infirmes. Ils seront délivrés sur vos mandats individuels, d'après les états que vous adresseront les évêques.

Ecoles royales d'arts et métiers.

23 juin 1818.

Le Sous-secrétaire d'État de l'intérieur aux Préfets.

Le roi a prescrit, par son ordonnance du 26 février 1817 (1), que tous les départements seraient admis à participer aux bienfaits de l'instruction que répandent les écoles royales d'arts et métiers. Les dispositions générales que Sa Majesté a ordonnées à cet égard ne pouvaient et ne peuvent encore recevoir simultanément, ni d'une manière instantanée, leur complète exécution ; mais j'ai pris les mesures nécessaires pour que les intentions royales s'accomplissent, avec le temps et successivement, dans toute leur étendue. Un nouveau prospectus des écoles d'arts et métiers a été rédigé à cet effet : j'ai l'honneur de vous en adresser plusieurs exemplaires. Il me paraît convenable que vous en fassiez déposer deux à votre secrétariat, et qu'il en soit remis un à chaque sous-préfet et un au maire du chef-lieu du département dont l'administration vous est confiée. Les instructions qu'il renferme pourront ainsi être plus facilement suivies, soit pour les présentations aux places d'élèves des écoles royales d'arts et métiers qui sont affectées à votre département, soit pour les demandes particulières concernant les mêmes places, que vous serez dans le cas de recevoir, et que vous devrez me transmettre, en y joignant vos observations et votre avis.

PROSPECTUS DES ÉCOLES ROYALES D'ARTS ET MÉTIERS.

Du 31 juillet 1837.

Les écoles royales d'arts et métiers sont destinées à former des contre-maîtres et des chefs d'atelier instruits et habiles.

La durée des études est de trois ans.

L'instruction est à la fois théorique et pratique.

L'instruction théorique comprend les mathématiques, la grammaire française, l'écriture, le dessin des machines, des ornements, le lavis, etc.

L'instruction pratique est donnée dans quatre ateliers: Les élèves sont placés, à leur entrée à l'école, dans ceux des ateliers qui se rapprochent le plus de l'art ou du métier dont ils ont fait l'apprentissage, et, autant qu'il est possible, suivant leurs dispositions.

Ces quatre ateliers sont :

Les forges ;

La fonderie et les moulages divers ;

L'ajustage et la serrurerie ;

Les tours, modèles et menuiserie.

Il y a, dans les écoles, des élèves boursiers et des élèves payant pension entière et dits *pensionnaires*. Les premiers, au nombre de 300 à Châlons, de 150 à Angers, sont en partie ou en totalité à la charge du gouvernement. Un tiers a des bourses complétement gratuites ; un tiers des bourses gratuites à trois quarts, et un tiers a des demi-bourses. Ils sont désignés par le ministre des travaux publics, de l'agriculture et du commerce. Mais trois places sont affectées à chaque département : une gratuite à demi, une gratuite à trois quarts, une gratuite entièrement. Les pensionnaires, au nombre de 100 à Châlons, de 50 à Angers, ne peuvent être reçus qu'avec l'agrément du ministre.

---

(1) Les écoles d'arts et métiers ont été réorganisées par une ordonnance du 23 septembre 1832. Au lieu du prospectus imprimé à la suite de la circulaire ci-dessus, on a inséré ici le programme actuel, du 31 juillet 1837, pour l'admission des élèves. *(N. de l'Ed.)*

Le prix de la pension est de 500 francs, payable par trimestre et par avance. Le prix du trousseau, qui est toujours fourni par les écoles, est de 200 francs pour les élèves boursiers, et de 240 francs pour les élèves pensionnaires. L'élève devra se procurer à ses frais un étui de mathématiques, quelques instruments pour le dessin et les livres nécessaires à ses études. Il trouvera ces objets à l'école.

Mode et conditions d'admission.

L'admission des élèves n'a lieu qu'une fois l'an, au 1er octobre. Elle ne peut être prononcée qu'après un examen subi devant un jury départemental. Ce jury, dont la composition est réglée par l'article 5 de l'ordonnance royale du 23 septembre 1832, s'assemble tous les ans dans le courant d'août.

Tout candidat, soit à titre de boursier, soit à titre de pensionnaire, devra produire, au secrétariat de la préfecture, les pièces prouvant :

1o Qu'il a quatorze ans au moins et dix-sept ans au plus ;

2o Qu'il a été vacciné ou qu'il a eu la petite vérole.

Il doit justifier devant ce jury :

1o Qu'il est d'une bonne constitution et assez fort pour supporter les travaux des ateliers, forges, etc.

2o Qu'il sait lire et écrire, et qu'il possède les quatre premières règles de l'arithmétique.

Tout candidat pour les bourses doit justifier, en outre, qu'il a fait un an d'apprentissage dans un des métiers analogues à ceux qui sont enseignés dans les écoles.

Pour assurer l'exécution de cette dernière disposition, le candidat prétendant aux bourses doit se faire inscrire, dès le commencement de son apprentissage, sur un registre qui est tenu à cet effet au chef-lieu de la préfecture.

Tout candidat porté sur ce registre sera appelé par le préfet du département pour venir subir l'examen au moment où le jury sera assemblé.

Les jeunes gens qui se présentent pour être simplement pensionnaires, et qui, par conséquent, sont dispensés de s'inscrire d'avance au registre des apprentissages, seront tenus de se faire inscrire à la préfecture avant le 1er juillet, pour pouvoir être appelés devant le jury.

Le jury d'examen dresse une liste d'admissibilité sur laquelle les candidats sont placés par ordre de capacité.

Les candidats qui, outre les connaissances exigées plus haut, auraient démontré les premiers éléments de géométrie, ou qui posséderaient le dessin linéaire, seront portés par le jury en tête de la liste d'admissibilité.

Nul candidat ne pourra obtenir une bourse ou son admission à l'une des écoles, s'il n'a été déclaré admissible par le jury. Cette condition est de rigueur.

A son arrivée à l'école, il subit un nouvel examen, et, s'il ne possède pas les connaissances exigées, il sera, sur la proposition du directeur, renvoyé à ses parents et sa nomination annulée.

L'élève devra justifier, à son entrée à l'école, qu'il a versé à la caisse du receveur général ou particulier :

1o La somme de 200 ou de 240 francs, selon le cas, pour la valeur du trousseau qui lui sera fourni ;

2o La portion du 1er trimestre de la pension à la charge de sa famille.

Règlements de police pour les ouvriers et gens de peine.

3 juillet 1818.

Le Ministre de l'intérieur aux Préfets.

Dans un grand nombre de villes, l'autorité municipale a cru nécessaire, pour le bon ordre, de donner des règlements à certaines classes d'ouvriers et gens de peine au service du commerce et du public. La plupart de ces professions (celle de *portefaix*, par *exemple*) sont exemptes du droit de patente, la loi ayant voulu les rendre accessibles à tout le monde ; mais cela même peut exiger une surveillance plus spéciale sur ceux qui s'y livrent. De plus, l'exercice de ces professions suppose fréquemment des réunions de ceux qui s'y adonnent, sur la voie publique, dont la sûreté et la liberté doivent être garanties par la police municipale. La loi du 24 août 1790 lui a donné, pour attributions directes, l'autorité sur ce qui intéresse la sûreté, la commodité des rues et places, le maintien du bon ordre dans les foires, marchés, lieux publics, et partout où il se fait des rassemblements d'hommes ; ainsi que l'inspection sur la fidélité dans le débit des denrées et sur la salubrité des comestibles exposés en vente. L'article 29 du titre Ier de la loi du 22 juillet 1791 déclare maintenus, malgré la suppression des corporations et inspections, les règlements de sûreté publique applicables à l'exercice de certaines industries ; et l'article 46 reconnaît, dans l'administration municipale, « le droit, soit de pu- « blier de nouveau les lois et règlements de police existants, et de « rappeler les citoyens à leur observation ; soit d'ordonner les pré- « cautions locales sur les objets confiés à sa vigilance et à son auto- « rité. » Les maires, chargés de la police par l'article 13 de la loi du 28 pluviôse an 8, ont recueilli ces attributions et ces droits ; et c'est sur ces fondements qu'ils ont pu rendre des ordonnances au sujet de certaines classes d'ouvriers.

Mais plusieurs d'entre eux ont étendu cette faculté au delà de ses bornes légales : ils ont voulu rétablir, en quelque sorte, des corporations abolies par la législation de 1791 ; ils ont rendu difficile l'admission des travailleurs, ou établi des conditions arbitraires. En publiant de nouveau les anciens règlements, on n'a pas toujours distingué ceux qui sont, ou directement abrogés par quelque loi survenue depuis, ou évidemment en contradiction avec la législation moderne : souvent on a renouvelé des clauses pénales qui ne s'accordent pas avec le Code actuel ; ou l'on en a prononcé de nouvelles, ce qu'aucune autorité locale n'est en droit de faire.

Ces erreurs, causées par un zèle louable dans son principe, auraient été réparées à mesure, si ces sortes de règlements avaient été mis sous les yeux de l'autorité supérieure ; mais plusieurs préfets ont supposé que des dispositions de simple police ne sortaient pas du cercle de la compétence municipale, et ils les ont approuvées ou tolérées, sans consulter et sans rendre compte. Chaque exemple en ce genre a servi à en autoriser un grand nombre d'autres plus ou moins analogues. Dès lors il s'est établi, non cette variété de règles que les besoins et les habitudes de chaque pays peuvent demander ou justifier, mais une véritable confusion qui a excité de fréquentes plaintes. En effet, les restrictions arbitraires portent atteinte, et à l'industrie, dont l'exercice, sous les conditions déterminées par les lois, doit être libre d'un bout du royaume à l'autre, pour tous les Français, et au droit que chacun a de travailler dans sa propre commune, et de pourvoir par là aux besoins de son existence.

Ces plaintes seules ont fait connaître un grand nombre d'ordonnances ou règlements qui auraient dû être adressés au ministère de l'intérieur, et qui n'y sont jamais parvenus.

Il conviendrait cependant que ces sortes d'actes y fussent déposés, quand ce ne serait que comme des documents nécessaires pour le gouvernement, qui, devant protection aux individus et à l'industrie, comme à l'ordre public, a besoin de vérifier, dans l'occasion, ce que les autorités locales ont cru pouvoir ordonner pour concilier ces intérêts.

Mais le gouvernement est obligé, plus directement encore, de veiller à ce que les précautions prises dans chaque localité ne contrarient pas les lois générales ; et, sous ce rapport, son examen et son autorisation sont indispensables.

Il importe de remarquer que la loi de 1791 ne voulait pas même que les actes municipaux relatifs à la police pussent porter le nom de *règlement*. Celui de *délibération* qu'elle permettait, ne convient plus à une ordonnance qui émane aujourd'hui d'un maire seul ; mais cette observation suffit pour avertir que des règles permanentes, limitant ou dirigeant l'industrie des citoyens, ne doivent pas être imposées dans une commune sans le concours et l'approbation de l'autorité supérieure.

Les maires doivent remarquer, en particulier, que ce n'est pas à eux, mais au tribunal de police, c'est-à-dire aux juges de paix, que le Code d'instruction criminelle, article 139, défère le jugement des contraventions commises dans les communes chefs-lieux de canton. Les règlements dans lesquels on trouve que les maires s'attribuent le droit de juger et de prononcer des peines, soit judiciaires, soit administratives, sont donc en opposition avec la loi, et leur exécution rendrait passible des peines portées par l'article 131 du Code pénal contre l'empiétement sur l'autorité des tribunaux.

Enfin, je n'ignore point que, dans certaines occasions, quelques autorités municipales ont cru pouvoir admettre les contrevenants à une composition, en exigeant d'eux, en faveur des pauvres ou autrement, des amendes ou aumônes prétendues volontaires ; c'est un abus d'autorité que la bonne intention évidente ne suffirait pas toujours pour empêcher de qualifier de concussion.

Je vous prie de faire rechercher les ordonnances de police ou règlements des maires, relatifs aux professions d'ouvriers et gens de peine, qui peuvent avoir été publiés dans votre département et y être en vigueur, sans avoir reçu l'approbation ministérielle. Vous voudrez bien m'en faire passer des copies, à mesure qu'ils vous parviendront. Pour ceux qui auraient été autorisés par le ministère, dans un temps quelconque, il suffira de m'en indiquer la date et l'objet.

Et, pour l'avenir, je vous prie de ne munir de votre approbation aucun règlement de cette nature, sans me l'avoir communiqué, et sans avoir reçu mon autorisation.

Destruction des loups.

9 juillet 1818.

Le Ministre de l'intérieur aux Préfets.

Il paraît constant que le nombre des loups est augmenté en France, depuis quelques années. Parmi les causes qui ont pu y contribuer, on doit compter, comme une des principales, la négligence avec laquelle on a exécuté, dans ces derniers temps, les lois et règlements concernant la destruction de ces animaux. La suite de cette négligence a été funeste ; des accidents nombreux ont eu lieu ; non-seulement l'agriculture, mais l'humanité a eu à gémir sur les ravages causés par les loups, dont la hardiesse et la férocité se sont accrues, et qui attaquent les hommes plus fréquemment que par le passé.

Le roi, à la sollicitude de qui rien n'échappe, veut que l'on s'occupe promptement et avec suite de la destruction des loups, et
il a chargé le grand-veneur et moi des mesures à prendre à cet
effet.

Sur la demande officielle qui m'a été faite par le grand-veneur,
une commission présidée par lui, et composée de MM. *Huzard* et
Bosc, de l'académie des sciences et de la société royale et centrale
d'agriculture, *Fauchat*, chef de la 3e division de mon ministère,
membre de la même société, et *Bournonville*, chef du bureau d'agriculture, a été nommée pour rechercher et discuter ces mesures,
indiquer celles qu'elle jugerait les plus efficaces, et rédiger une instruction concernant leur emploi. Je vais vous faire part du résultat
de son travail. C'est vous spécialement qui, en qualité de chef de
l'administration dans votre département, devez diriger la mise en
exécution des moyens à employer. Cette exécution exige de l'activité
dans le principe, de la persévérance dans l'application : notre but
doit être, sinon de purger entièrement le royaume de loups, ce que
la position de la France ne permet guère d'espérer, au moins d'en
débarrasser entièrement les pays situés le long des côtes ou dans
l'intérieur, et d'en réduire le nombre, dans les autres départements
limitrophes de l'étranger, à un point tel, qu'avec un peu de surveillance on puisse les empêcher de pénétrer trop avant sur notre territoire. Je vous ai fait connaître les intentions de Sa Majesté à cet
égard ; vous vous empresserez de vous y conformer, et nous éprou-
verons, le grand-veneur et moi, beaucoup de plaisir à vous citer
avantageusement dans le compte qui sera rendu au roi de l'accomplissement de ses ordres.

La destruction des loups a été l'objet de mesures générales, qu'il
est à propos de rappeler ici, ainsi que les divers moyens dont on
fait usage pour opérer cette destruction.

Les mesures générales sont :

1° L'établissement des officiers de louveterie ;

2° Celui de primes décernées à toute personne qui a tué un loup,
suivant l'âge et le sexe de l'animal détruit ;

3° Des chasses générales ou battues ordonnées par les préfets, sur
les rapports qui leur sont faits.

Les moyens de destruction sont les chasses à courre et celles au
tir, faites, soit isolément, soit en battue ; les piéges, traquenards et
trappes ; et, dans quelques lieux, l'empoisonnement.

Il s'agit d'examiner et d'apprécier le parti qu'on tire et celui qu'on
peut espérer d'obtenir de ces différents moyens.

Le grand-veneur, dans ses instructions adressées aux officiers de
louveterie, leur a souvent rappelé les devoirs auxquels les oblige le
titre dont ils sont revêtus. Il ne leur a pas laissé ignorer que de leur
zèle et de leur activité à remplir ces devoirs dépendait la conservation de leurs commissions. Il s'est fait un plaisir de faire connaître
au roi ceux qui s'étaient distingués plus particulièrement par leurs
efforts et leurs succès ; et plusieurs ont reçu des marques de la
satisfaction de Sa Majesté.

Comme vous êtes dans le cas de correspondre avec le grand-
veneur, sur le résultat des chasses faites par ces officiers, il est à
propos qu'ils vous en rendent compte exactement. Il est également
à propos que, dès qu'ils sont informés qu'il existe des animaux nuisibles dans le département, ils vous en préviennent, afin que vous
prescriviez des mesures pour leur destruction. Lorsque des battues
générales sont ordonnées, il est naturel de leur en confier la direc-

tion. Il est de leur devoir d'y coopérer de tous leurs moyens, comme aussi de déférer à toutes les invitations que vous seriez dans le cas de leur faire, pour le service dont ils se sont chargés.

On ne peut guère espérer de détruire beaucoup de loups par les chasses particulières : cependant, suivant les états publiés en dernier lieu des animaux dont on s'est défait par ce moyen, il ne serait pas à négliger. Ainsi, vous exciterez l'émulation des officiers de louveterie ; vous constaterez les succès obtenus par eux, et vous en informerez le grand-veneur et moi.

Les primes d'encouragement ont aussi produit quelque effet, mais pas autant qu'il y avait lieu de l'espérer ; ce qui, d'après les renseignements qui me sont parvenus, doit s'attribuer surtout à la négligence et à la lenteur avec lesquelles les primes méritées se règlent et s'acquittent.

Elles se prélèvent sur les fonds des dépenses imprévues et, par conséquent, il dépend de vous d'en accélérer le payement ; il peut même s'effectuer de suite, si la prime demandée est conforme au taux fixé par la circulaire de l'un de mes prédécesseurs, du 25 septembre 1807, sauf à m'en informer ensuite, afin que je régularise l'emploi des fonds.

Si la prime doit excéder le taux ordinaire, à cause des circonstances qui ont accompagné la destruction de l'animal, vous m'en soumettrez la demande, et ma réponse ne tardera jamais à vous parvenir.

Si quelque personne est blessée par des loups, et qu'elle ait besoin de secours, vous pouvez lui faire toucher provisoirement un à-compte sur la somme que vous aurez jugée nécessaire, et vous me trouverez toujours disposé à approuver de pareilles dépenses.

Je suis convaincu, par l'expérience de beaucoup d'années, que cette exactitude à acquitter les primes contribuera à l'encouragement, plus que l'élévation de leur taux, qui n'a jamais eu, à ma connaissance, d'effet sensible pour la destruction d'un plus grand nombre de loups, et qui, ainsi que cela a déjà eu lieu, met l'administration dans l'impossibilité de tenir les promesses qu'elle a faites, ou surcharge le département d'une dépense trop forte, eu égard à ses ressources.

Voici les mesures dont je crois devoir vous recommander l'exécution, dans la vue de rendre à ce genre d'encouragement son efficacité, sans en augmenter les frais.

Vous donnerez toute la publicité convenable au tarif fixé pour les primes, qui sont de :

Dix-huit francs par louve pleine ;

Quinze francs par louve non pleine ;

Douze francs par loup ;

Et six francs par louveteau.

La circulaire précitée du 25 septembre 1807 ne portait qu'à trois francs la prime pour un louveteau : j'ai cru convenable de la doubler, d'après les observations qui m'ont été faites, à cet égard, par la commission. Cette nouvelle disposition recevra son exécution à compter du 1er juillet courant.

Vous annoncerez en même temps que dorénavant, et sauf les cas extraordinaires, ces primes seront payées régulièrement dans la quinzaine qui suivra la déclaration de la destruction de l'animal, déclaration faite dans la forme voulue et avec les preuves d'usage.

A cet effet, vous voudrez bien prendre les arrangements nécessaires pour que les payements dont il s'agit s'effectuent dans le délai indiqué, et, autant qu'il sera possible, sans déplacement de la part de la partie intéressée.

Il me semble que la présentation du loup détruit devrait se faire au maire de la commune, qui en dresserait un procès-verbal constatant le nom du destructeur, l'âge et le sexe de l'animal tué, et la quotité de la prime méritée. Il joindrait à ce procès-verbal, et au *contrôle* de l'animal détruit (1), une quittance pour le montant de la prime.

Le tout serait envoyé par le maire au chef d'administration de l'arrondissement, qui délivrerait un mandat appuyé de la quittance de la partie prenante, payable à vue sur le fonds des dépenses imprévues. La somme payée serait transmise, par la voie de la correspondance administrative, au maire de la commune, et vous vous assureriez qu'elle aurait été remise à sa destination.

Cette partie de service devant, au reste, être réglée suivant les localités, je m'en rapporte à vous pour l'organiser de la manière la plus convenable et la plus commode dans votre département.

Il est généralement reconnu que des battues bien combinées et bien conduites seraient un moyen très-efficace pour opérer la destruction des loups ; mais il est rare qu'elles réussissent complètement, et elles ne servent souvent qu'à déplacer ces animaux. Le désordre avec lequel elles s'opèrent, le peu d'habileté ou d'expérience des tireurs, quelquefois aussi des considérations particulières, sont les causes de ce défaut de succès. Il ne serait pas inutile de chercher les moyens de remédier à ces inconvénients, et de rendre ainsi les battues générales plus profitables pour l'intérêt commun. Je vous y invite, ainsi qu'à vous concerter, pour bien monter cette espèce de service public, avec les officiers des forêts, de la louveterie et de la gendarmerie.

D'après les ordonnances de 1600 et 1601, et celle de 1669, qui n'ont pas été abrogées, il était prescrit de faire des battues au loup, tous les trois mois, et plus souvent encore, suivant le besoin.

Ainsi, vous êtes légalement autorisé à ordonner des chasses générales ou battues, toutes les fois que cela vous paraîtra nécessaire, et les habitants des communes que vous désignerez, et dont vous aurez soin de prévenir les maires à l'avance, sont tenus d'y assister. Votre prudence vous suggérera les ménagements à apporter dans l'exécution de ces mesures : d'une part, pour que les battues ne soient pas tumultueuses, par le trop grand nombre d'hommes qui y seraient appelés ; et de l'autre, afin de ne pas fatiguer vos administrés par des appels trop fréquents, qui leur feraient perdre inutilement un temps précieux pour l'agriculture.

Je suis porté à penser que, sauf les cas extraordinaires, les battues générales pourraient se faire habituellement à deux époques de l'année ; savoir : au mois de mars, avant que la terre soit couverte, et vers le mois de décembre, aux premières neiges.

Pour les rendre plus utiles, il paraîtrait à propos qu'elles se fissent en même temps sur une grande étendue de territoire, afin que les animaux qui échapperaient à une battue retombassent dans une autre. Vous apprécierez jusqu'à quel point cette disposition serait applicable au département que vous administrez.

---

(1) Le contrôle peut varier suivant les usages et les distances ; mais, dans tous les cas, la patte droite antérieure et les deux oreilles de l'animal tué doivent en faire partie. Il sera pris des mesures pour que les mêmes contrôles ne puissent pas être produits plusieurs fois.

On est assez généralement dans l'usage de tendre des pièges pour les loups : cet usage peut être continué avec quelque espoir de succès, s'il est dirigé par des hommes expérimentés ; mais il exige qu'il soit pris, en même temps, des précautions pour que les pièges et les fosses qui seraient disposés ne deviennent pas préjudiciables aux hommes ou aux animaux domestiques.

Je pense que, dans les endroits ouverts, il ne doit être placé de pièges à loup qu'après en avoir prévenu le maire de la commune, et avoir obtenu sa permission. Celui-ci, lorsqu'il le jugerait utile pour la sûreté des habitants, ferait annoncer publiquement les lieux où devraient être tendus les pièges, afin que l'on pût les éviter.

Dans aucun cas, ils ne doivent être placés dans les chemins ou sentiers pratiqués.

Ces observations s'appliquent également, et à plus forte raison, aux chausses ou trappes, et surtout aux batteries.

Les divers ouvrages qui ont traité de la destruction des loups, et dont on donnera plus bas la notice, contiennent la description des embûches qu'on peut employer pour cet objet. Par exemple, il est fait mention, dans le Cours d'agriculture de M. l'abbé *Rozier*, d'un piége à loup qui n'aurait pas les inconvénients dont on vient de parler, et qui est usité dans certaines parties de la France. Voici comment il est décrit par l'auteur, d'après d'autres écrivains qui l'ont précédé.

« On forme, avec des pieux de cinq à six pieds de long, qu'on plante solidement en terre à la distance d'un demi-pied l'un de autre, une enceinte circulaire d'environ une toise de diamètre, et au milieu de laquelle on attache une brebis vivante, ayant une ou plusieurs sonnettes au cou. On plante ensuite d'autres pieux également espacés de six pouces entre eux, pour former extérieurement une seconde enceinte éloignée de la première d'environ deux pieds. On laisse à cette seconde enceinte une ouverture, avec une porte ouverte du côté gauche, qui permette au loup d'entrer seulement à droite. Une fois que l'animal est entré entre les deux enceintes, il va toujours en avant, comptant pouvoir saisir sa proie ; et quand il est parvenu à l'endroit par lequel il est entré, ne pouvant se retourner, les mouvements qu'il fait pour aller en avant font fermer la porte. »

Il est aussi parlé de ce piége dans le *Nouveau cours d'agriculture*, en 13 volumes, imprimé chez *Déterville*, en 1809.

Après avoir fait mention des différentes méthodes usitées plus ou moins généralement pour la destruction des loups, et dont la bonne direction peut, en effet, remplir l'objet demandé, il me reste à vous parler d'un dernier moyen qui a été jugé unanimement être préférable à tous les autres, en ce qu'il offre plusieurs avantages :

1° Parce qu'on peut s'en servir dans toutes les saisons de l'année ;
2° Parce qu'il n'occasionne aucun déplacement de personnes, et ne dérange en rien les travaux de la campagne ;
3° Parce qu'il est peu dispendieux ;
4° Parce qu'il peut, en conséquence, être employé simultanément dans tout le royaume, et être continué pendant le temps nécessaire, sans causer d'embarras.

Je veux parler de l'empoisonnement.

Il n'est pas aussi facile qu'on pourrait le croire d'empoisonner un loup. Quoique très-vorace, il est aussi très-méfiant ; il évente la moindre trace de l'homme, et il faut user de beaucoup de précautions dans la préparation de l'appât qu'on veut lui faire prendre; d'ailleurs, tous les poisons ne sont pas également dangereux pour lui. Quelques-uns, par leur activité même, ne produisent sur lui d'autre effet que de le faire vomir ; et l'animal, une fois manqué, est plus difficile à amorcer de nouveau. Par exemple, l'émétique et l'arsenic ne lui occasionnent que le vomissement. Le verre pilé n'est pas d'un effet certain, même pour le chien.

Il paraît prouvé que la noix vomique est la substance qui opère le plus sûrement la destruction du loup. Son emploi avait été indiqué par différents auteurs, qui ont parlé aussi de plusieurs autres appâts. Il a été, en dernier lieu, recommandé, d'après ces mêmes auteurs, par M. l'abbé *Rozier*, dans son Cours d'agriculture (article *Loup*). Ce savant assure en *avoir fait lui-même et fait faire plusieurs fois l'expérience avec le plus grand succès.* Voici ce qu'il en dit :

« Prenez un ou plusieurs chiens, ou plusieurs vieilles brebis ou chèvres, que vous faites étrangler. Ayez de la noix vomique râpée fraîchement (on trouve cette préparation chez tous les apothicaires) ; faites une quinzaine ou une vingtaine de trous avec un couteau dans la chair, suivant la grosseur de l'animal, comme au râble, aux cuisses, aux épaules, etc. Dans chaque trou, qui doit être profond, vous mettez un quart d'once ou une demi-once de noix vomique, le plus avant qu'il sera possible. Vous boucherez ensuite l'ouverture avec quelque graisse, et, encore mieux, vous rapprocherez, par une couture, les deux bords de la plaie, afin que la noix vomique ne puisse pas s'échapper. Liez ensuite l'animal par les quatre pattes, avec un osier, et non avec des cordes, qui conservent trop longtemps l'odeur de l'homme. Enterrez l'animal, ainsi préparé, dans un fumier qui travaille. Il doit y rester, en hiver, pendant trois jours et trois nuits, suivant le degré de chaleur du fumier, et vingt-quatre heures pendant l'été. Attachez une corde à l'osier qui lie les quatre pattes, et traînez l'animal, par de très-longs circuits, jusqu'à l'endroit le plus fréquenté par les loups ; alors, suspendez-le à une branche d'arbre, et assez haut pour que le loup soit obligé d'attaquer le chien par le râble.

« Le loup est un animal vorace ; il mâche peu la morceau qu'il arrache ; il avale de suite, et le poison ne tarde pas à faire son effet. On est sûr de le trouver mort le lendemain ; souvent il n'a pas le temps de gagner son repaire.

« Si l'on conseille de se servir d'un chien, ce n'est pas que cet animal attire les loups plus que les autres animaux ; mais, comme le chien ne mange pas de la chair de chien, on ne craint pas que ceux du voisinage viennent dévorer l'appât, comme ils feraient, si l'on avait placé une brebis ou une chèvre.

« On peut mettre ce procédé en pratique dans toutes les saisons, et tous les jours de l'année, dès qu'on est incommodé par le voisinage des loups ; cependant, la meilleure saison pour l'employer est l'hiver, lorsqu'il gèle bien.

« L'argent que le gouvernement accorde pour chaque tête de loup pourrait être employé à l'achat de la noix vomique. Chaque commune serait tenue de fournir les chiens ou les vieilles brebis, et les maires seraient chargés de faire exécuter l'opération, et de la répéter plusieurs fois, dans un même hiver. Je ne crains pas d'avancer que si l'opération était générale dans tout le royaume, et suivie avec soin et zèle pendant plusieurs années consécutives, on ne vînt à bout d'anéantir tous les loups. »

Tel est le procédé dont la commission a cru devoir recommander l'usage et que je désire voir pratiqué dans toute l'étendue du royaume. A cet effet, vous prescrirez aux maires des communes dont le territoire est fréquenté par les loups de faire préparer, par les gardes-chasses ou les gardes champêtres chargés de les remplacer, des appâts tels qu'ils viennent d'être décrits. Les frais peu considérables qu'ils feront pour cela seront remboursés sur le fonds des dépenses imprévues, d'après les mémoires qu'ils en fourniront et que vous réglerez.

Ce procédé devra être continué aussi longtemps que vous saurez qu'il existe des loups dans votre département, et principalement dans les temps de neige et de glace (1).

Vous recommanderez aux maires de s'informer et de vous rendre compte des faits concernant le plus ou moins d'efficacité de l'empoisonnement. Il est facile de reconnaître si les loups ont approché des amorces et s'ils y ont touché ; d'après cela, on peut juger s'il faut déplacer ces amorces ou les renouveler ; ou même varier, soit les amorces, soit les poisons. Car, quoique la préférence à donner à la noix vomique soit motivée sur des autorités recommandables, cependant les expériences à cet égard n'ont pas peut-être été encore assez multipliées ; et il est possible que l'on ait, dans le pays, connaissance d'autres poisons également propres à la destruction des loups, et qui pourraient donner lieu à des essais. Dans ce cas, vous demanderez à être informé exactement de ces autres méthodes employées et de leurs résultats, et vous voudrez bien me transmettre ces renseignements.

Vous recommanderez aussi aux maires de prendre toutes les précautions que la prudence commande, pour empêcher que l'emploi des appâts empoisonnés ne devienne fatal, soit aux chiens, soit aux bestiaux ; si, par exemple, les appâts étaient préparés avec de vieilles brebis ou des chèvres, ou d'autres animaux que des chiens, il serait nécessaire que les habitants des communes fussent prévenus, par publication et par affiches, des lieux où les appâts seraient placés, afin qu'ils prissent des mesures pour en préserver leurs chiens.

La présentation du *contrôle* des animaux détruits par l'empoisonnement donnera lieu à des primes au profit de la commune, réglées conformément au tarif adopté par le gouvernement, et dont il sera loisible aux maires d'attribuer un quart ou moitié, suivant les circonstances, à la personne qui amènera un animal mort ; le reste sera appliqué à l'achat des matières propres à l'empoisonnement, et porté en déduction, dans les mémoires de fournitures qui vous seront adressés par les maires.

En me résumant sur le contenu de la présente instruction, voici les points principaux qu'en conformité des intentions du roi je recommande à votre sollicitude :

1° La publicité des primes promises pour la destruction des loups et des mesures que vous êtes chargé de prendre pour leur prompt payement ;

2° Des battues générales, à deux époques de chaque année, et une bonne organisation à donner à ces sortes de chasses ;

3° De l'activité dans les chasses particulières, pendant le temps où elles sont praticables ;

4° L'emploi, avec les précautions requises, des piéges, fosses, enceintes et batteries ;

5° Enfin, et surtout, l'empoisonnement, qui devra être continué tant qu'on aura connaissance de loups existants dans le pays.

Je vous invite expressément à faire concourir ces différents moyens à la destruction, aussi complète que possible, des loups dans votre département ; et à donner de la suite à vos opérations,

---

(1) Les gardes ne doivent pas ignorer que les vieux loups sont beaucoup plus méfiants que les jeunes ; qu'on ne peut guère espérer de les voir donner de prime-abord sur un appât, et qu'il faut attendre, pour placer cet appât, que le loup ait *donné au carnage*.

jusqu'à ce que vous en ayez obtenu des résultats dont l'humanité et l'agriculture aient à s'applaudir.

Vous voudrez bien m'accuser réception de la présente instruction, aviser promptement aux mesures à prendre pour en faire l'application, et établir avec moi une correspondance suivie sur ce qui en fait l'objet.

Cette instruction a été concertée avec le grand-veneur, qui a approuvé le travail de la commission ; et il est convenu entre lui et moi qu'il en donnera connaissance à tous les agents qui dépendent de lui, pour qu'ils concourent à en assurer la plus complète exécution. Il sera donc à propos que vous instruisiez aussi le grand-veneur des résultats qu'elle aura pu produire, afin que, si elle ne remplit pas entièrement son objet, nous puissions, de concert, nous occuper des moyens à prendre pour lui donner, d'après vos observations et celles de vos collègues, toute la perfection dont elle est susceptible.

Je crois devoir ajouter ici la note des ouvrages où l'on a traité plus particulièrement de la destruction des loups, et qui peuvent être consultés avec avantage.

La Chasse du loup, par J. de Clamorgan. Paris, 1576, in-4°, avec figures, réimprimé plusieurs fois.
Nouvelle invention de chasse, pour prendre et ôter les loups de la France, par L. Cruau. Paris, 1613, in-8°, avec figures.
Mémoire sur l'utilité et la manière de détruire les loups dans le royaume, par Delisle de Moncel. Paris, 1765, in-4°.
Méthodes et projets pour parvenir à la destruction des loups dans le royaume, par Delisle de Moncel. Paris, imprimerie royale, 1768, in-12.
Mémoire sur la destruction des loups. Paris, imprimerie royale, 1770, in-4°. (Cet ouvrage ne contient que des indications générales.)
Résultat d'expériences sur les moyens les plus efficaces et les moins onéreux au peuple, pour détruire, dans le royaume, l'espèce des bêtes voraces. Paris, 1771, in-8°, avec figures ; par Delisle de Moncel.
Projet d'établissement de louveteries nationales, sans frais pour le gouvernement, nécessaires et très-peu coûteuses à l'agriculture; par Tirebarde et Frémont. Rouen, an VI, in-4°.
Moyens faciles de détruire les loups et les renards; par T. de C., lieutenant de louveterie du département de la Côte-d'Or. Paris, 1809.
Moyen à employer pour la destruction générale des loups en Europe; par de Maillet, ancien louvetier. Paris, 1810.

En général, presque tous les ouvrages concernant la chasse traitent de la destruction des loups.

Sociétés anonymes.

11 juillet 1818.

Le Sous-secrétaire d'État de l'intérieur aux Préfets et aux Chambres de commerce.

Les sociétés anonymes, et particulièrement les compagnies d'assurances, s'étant multipliées depuis quelque temps, elles ont donné lieu à quelques questions nouvelles pour l'administration.

J'ai l'honneur de vous en transmettre la série, accompagnée des solutions motivées dont le ministre les a jugées susceptibles, après avoir pris l'avis du conseil d'État. Les particuliers qui veulent former des sociétés anonymes, y trouveront d'utiles directions : guidés par la présente et par l'instruction du 22 octobre 1817, ils prépareront, en parfaite connaissance de cause, les statuts des associations pour lesquelles ils auront à solliciter l'autorisation du roi ; et l'expédition de ces affaires sera, par ce moyen, plus prompte et plus facile.

Du reste cette nouvelle instruction n'oblige pas les sociétés qui ont reçu précédemment l'autorisation de Sa Majesté, à apporter des changements dans les actes d'après lesquels elles sont régulièrement constituées.

SOCIÉTÉS ANONYMES EN GÉNÉRAL.

1re *Question*. — Convient-il que la durée des sociétés anonymes soit fixée par l'acte du gouvernement qui les autorise ?

Réponse. — La durée des sociétés anonymes établies pour une entreprise dont le terme n'est pas fixé par sa nature doit être déterminée par l'acte de société soumis à l'approbation de Sa Majesté.

Observations. — La confiance que méritent les premiers souscripteurs d'une société anonyme est une des conditions prises en considération par le gouvernement, au moment où il accorde son autorisation. Après un certain laps de temps, la mort ou les cessions volontaires doivent substituer de nouveaux intéressés à ceux-ci. Il est donc de l'intérêt public que, pour continuer, l'association soit expressément renouvelée à son terme, et soumise de nouveau à la sanction de l'autorité, afin que le gouvernement puisse la refuser, si les nouveaux sociétaires ne lui paraissent plus dignes de confiance.

D'ailleurs, par l'article 43 du Code de commerce, les sociétés commerciales étant présumées des sociétés à temps limité, l'article 46 de ce Code et l'article 1866 du Code civil exigent, pour toute prorogation ou continuation de société, les mêmes écrits, formalités et publications que pour leur établissement primitif.

2e *Question*. — Doit-on exiger que les sociétés anonymes fixent une proportion de perte du capital qui les oblige à se dissoudre ?

Réponse. — Cette fixation doit être exigée dans l'acte social, et la quotité doit en être discutée par l'autorité.

Observations. — Le gouvernement n'ayant autorisé la société anonyme qu'en raison du capital qu'elle offrait pour garantie de ses opérations, lorsque ce capital est détruit, la garantie n'existe plus, et le public serait induit à une confiance sans fondement, si, dans cet état de choses, la société était maintenue.

Il est vrai que le public court le même risque avec les sociétés ordinaires ; mais elles présentent les garanties de la responsabilité individuelle, indéfinie et solidaire des associés, ce qu'on ne trouve pas dans les sociétés anonymes. On ne saurait, d'ailleurs, demander à des particuliers, dont les opérations commerciales roulent sur l'opinion qu'on a de leur crédit, de rendre compte de la situation journalière de leur capital ; mais le capital étant la seule sûreté que présente la société anonyme, tout ce qui concerne son existence doit être public ; c'est sur la connaissance des choses, et non sur l'opinion, qu'en cette matière la confiance doit être réglée. Quand donc il est constaté que le fonds social est réduit au tiers, au quart, ou à telle autre proportion prévue et fixée d'avance dans l'acte d'association ; quand on est au point de ne pouvoir plus concilier la sûreté des créanciers futurs avec l'espérance de réparer les pertes par les bénéfices à venir, la compagnie doit être tenue de mettre fin à ses opérations, d'entrer en liquidation et de se dissoudre, à moins qu'elle ne soit reconstituée au moyen d'un nouveau capital.

Les sociétés qui courent des chances considérables, comme les compagnies d'assurances, doivent être surtout astreintes rigoureusement à une fixation du *minimum* des fonds nécessaires à la conservation de leur existence.

Du reste, cette proportion doit être mesurée sur la nature plus ou moins chanceuse des opérations entreprises, et principalement sur l'intérêt que peuvent avoir des tiers à l'existence réelle de tout ou partie du capital de l'association ; en d'autres termes, sur l'usage plus ou moins étendu que cette association aurait à faire de son crédit ; car, par exemple, une société formée pour une exploitation de mines, qui ne contracterait aucune dette et qui payerait au comptant ses ouvriers et ses fournisseurs, devrait être autorisée à employer la totalité du capital des actionnaires à la recherche d'un filon, et aurait droit de ne s'arrêter qu'au dernier moment. Des limites trop restreintes dans l'usage, même infructueux, de son capital, seraient dans le cas de l'exposer à perdre le prix de ses sacrifices, au moment où un dernier effort allait en procurer un ample dédommagement.

Ces considérations font voir que le principe émis ne [peut recevoir indistinctement une application absolue : c'est à la prévoyance des futurs sociétaires qu'il appartient de combiner de sages réserves à cet égard, et au gouvernement à apprécier le discernement dont ils auront usé.

3e *Question*. — Faut-il exiger que les sociétés anonymes fassent, chaque année, une réserve sur le montant des bénéfices, pour prévenir la réduction de leur capital primitif, ou même pour l'accroître ?

Réponse. — Une réserve annuelle sur les bénéfices doit être exigée, dans les sociétés anonymes qui ont pour objet des opérations de commerce.

Observations. — La conséquence de la réduction éventuelle du capital à un certain *minimum* étant la dissolution de la société, suivant l'article précédent, il convient à l'association de prévenir cet accident, en formant, sur ses bénéfices éventuels, une réserve pour éloigner toute décroissance de son fonds primitif.

En particulier, les compagnies d'assurances maritimes peuvent, suivant les circonstances, faire de très-grands bénéfices, ou être exposées à de très-grandes pertes. Il est convenable qu'une partie des avantages obtenus, dans le premier cas, vienne au secours des désastres qui peuvent succéder. En imposant la nécessité d'une réserve, le gouvernement ne fait aucun tort aux associés ; il ne fait que donner plus de valeur, et une valeur plus constante aux actions, et ménager au public une garantie plus certaine des engagements pris par la compagnie.

La réserve doit être proportionnée, soit à la grandeur des bénéfices, soit à celle des chances que court la société. Une compagnie d'assurances doit l'établir plus forte qu'une société occupée d'une exploitation régulière.

Les sociétés d'assurances mutuelles n'ont pas besoin d'y être astreintes, puisqu'elles n'ont pas de bénéfices, et qu'au surplus elles ne sont pas formées pour gérer des opérations commerciales ; mais, par une disposition relative, il doit être fixé un *minimum* des valeurs engagées dans l'assurance mutuelle, et au-dessous duquel la masse de ces valeurs venant à tomber, la société ne peut être maintenue.

4e *Question*. — Lorsque, la réserve étant épuisée, le capital a été entamé, doit-il être défendu aux sociétés anonymes de faire une répartition de dividendes, avant que le capital ait été réintégré en entier par une nouvelle réserve ?

Réponse. — Quand le capital a été entamé, tous les bénéfices doivent être d'abord consacrés à le rétablir ; et, pour cet effet, être mis en réserve, sans qu'il soit permis de distribuer de dividendes jusqu'au complétement du fonds social originaire. Cette réserve ne préjudicie en rien au payement des intérêts ordinaires.

Observations. — La garantie de l'entière mise de fonds est due au public. Si quelque malheur y porte atteinte jusqu'à un certain point, la société doit être dissoute. Mais lorsque, sans arriver à ce terme extrême, des événements ont entamé le capital, il serait injuste de le laisser réduit par les pertes passées, et de soustraire de la caisse sociale des bénéfices présents. Peu importe que les actions changent de possesseurs, la société est toujours une pour le public, et il ne saurait y avoir de distribution de bénéfices que sous la déduction des pertes.

Néanmoins, comme, par la supposition, il s'agit de compagnies au-dessus de leurs affaires, et dont le capital reste encore supérieur au *minimum*, les précautions se rapportent à la garantie due au public pour l'avenir, et non à aucun péril pour les créanciers actuels. Dans cette situation, la défense de distribuer des bénéfices ne doit pas empêcher les actionnaires de retirer l'intérêt simple de leur mise.

5e *Question.* — Par quel moyen doivent être assurées les dispositions qui précèdent, et qui sont relatives à la situation des sociétés anonymes, pendant leur durée?

Réponse. — Les sociétés anonymes doivent présenter, tous les six mois, leur état de situation, dont une copie sera remise au greffe du tribunal de commerce (ou du tribunal civil, là où il en fait les fonctions); une autre copie au préfet du département, et une troisième à la chambre de commerce, s'il en existe dans l'arrondissement.

Celles qui ont des actions au porteur publieront cet état de situation par la voie de l'impression.

Dans l'approbation des sociétés anonymes proposée à Sa Majesté, il sera inséré une clause portant qu'en cas d'inexécution des statuts ou de leur violation, l'autorisation pourra être révoquée par le gouvernement, sauf les actions à exercer par les particuliers devant les tribunaux, à raison des infractions commises à leur préjudice.

Dans les sociétés anonymes auxquelles il aurait été attaché un commissaire du gouvernement, sa mission est spécialement de faire connaître à l'autorité les contraventions aux statuts, qu'il serait dans le cas d'apercevoir.

6e *Question.* — Quel mode de publicité convient-il de donner aux sociétés anonymes?

Réponse. — Les autorisations des sociétés anonymes continueront à être publiées dans le *Bulletin des lois.*

Les révocations d'autorisation seront publiées de même.

Les statuts des sociétés anonymes doivent être insérés dans le journal de la ville ou du département où est le siège de la société, et dans le *Moniteur.*

Le tout sans préjudice des affiches prescrites par l'article 45 du Code.

SOCIÉTÉS D'ASSURANCES, EN GÉNÉRAL.

7e *Question.* — Convient-il de permettre à la même société anonyme d'entreprendre des genres d'assurances différents, ou dont les chances n'ont entre elles rien de commun?

Réponse. — La même société anonyme ne sera point autorisée à assurer des risques différents dont les chances n'ont rien de commun entre elles.

Observations. — Il pourrait résulter de l'autorisation accordée à la même société d'assurer des risques différents, qu'elle essuierait des pertes par un genre d'assurances, et obtiendrait par l'autre des bénéfices. Si le capital ne formait qu'une seule masse, en cas de malheurs propres à une des branches d'assurances, les parties intéressées dans la spéculation qui tournerait plus favorablement, et dont les primes produiraient des avantages aux assureurs, auraient à se plaindre de partager la perte résultant d'une spéculation moins prospère, à laquelle ils seraient étrangers, et de n'avoir pas, pour leur garantie, les profits que la société faisait sur eux. Si la même société imaginait de laisser deux capitaux distincts, elle pourrait se croire en droit de se liquider, d'un côté, et de partager, de l'autre, les dividendes, ce qui serait un scandale : il n'est donc ni naturel, ni juste, d'admettre la cumulation pour des genres d'assurances soumis à des chances qui n'ont point d'analogie.

Mais rien n'empêche les mêmes capitalistes de former des sociétés différentes pour des risques différents.

SOCIÉTÉS D'ASSURANCES MARITIMES.

8e *Question.* — Convient-il de fixer le *maximum* des assurances maritimes?

Réponse. — Les sociétés dont les spéculations portent sur des événements incertains, telles que les sociétés d'assurances maritimes, doivent exprimer dans leurs statuts le *maximum* de chaque assurance. Elles doivent le fixer en raison combinée du capital de la société et de la nature et de l'étendue du risque.

Observations. — Il importe à la sûreté du commerce que ces sociétés ne se livrent point à des entreprises disproportionnées avec les capitaux qu'elles engagent : ce n'est qu'en divisant les chances jusqu'à un certain point, en s'abstenant d'en courir de trop fortes sur une seule affaire, enfin en se mettant dans le cas de balancer les unes par les autres, que les sociétés peuvent se flatter d'arriver à d'heureux résultats.

9e *Question.* — Les sociétés d'assurances maritimes peuvent-elles assurer les risques de guerre ?

Réponse. — Il y a lieu d'autoriser ces sociétés à assurer les risques de guerre, même ceux de guerre survenante.

Observations. — Ces assurances sont prévues par le Code de commerce, et généralement usitées. On ne pourrait les interdire aux sociétés anonymes, sans porter un notable préjudice au commerce maritime, qui, au premier bruit de guerre, ne pouvant plus diviser son nouveau danger entre ses assureurs ordinaires, serait forcé d'interrompre ses opérations ou de se mettre dans la dépendance des assureurs étrangers. Si les compagnies peuvent être exposées à payer, en cas de guerre, des indemnités supérieures à leur capital, ce danger peut être prévenu par la précaution, déjà indiquée, de fixer le *maximum* de chaque assurance qu'elles seront autorisées à couvrir.

ASSURANCES SUR LA VIE.

10e *Question.* — Y a-t-il lieu d'autoriser les sociétés anonymes à s'engager à payer une somme déterminée, au décès d'un individu, moyennant une prestation annuelle à payer par cet individu ?

Réponse. — Cet engagement (en d'autres termes, *l'assurance sur la vie*) peut être autorisé ; mais il ne doit pas être permis d'assurer sur la vie d'autrui, sans son consentement.

Observations. — Ce genre de contrat peut être assimilé aux contrats aléatoires que permet le Code civil ; il est même plus digne de protection que le contrat de rente viagère : c'est un sentiment bienveillant et généreux qui porte le souscripteur à s'imposer des sacrifices annuels, pour assurer aux objets de son affection une aisance dont sa mort pourrait les priver.

La restriction proposée à l'égard de l'assurance sur la vie d'un tiers s'explique et se justifie d'elle-même.

Ce contrat est susceptible de plusieurs combinaisons. Le gouvernement jugera, d'après les principes ci-dessus, les divers modes que les compagnies d'assurances pourront se proposer.

ASSURANCES CONTRE L'INCENDIE.

11e *Question.* — Doit-on défendre aux compagnies d'assurances pour les incendies d'assurer le dernier dixième de la valeur ?

Réponse. — On ne doit pas exiger cette condition des compagnies qui ne voudraient pas en faire une règle ; mais il est désirable et avantageux pour elles de l'adopter dans leurs statuts.

Observations. — Il convient infiniment aux assureurs contre l'incendie que l'assuré reste intéressé à veiller avec plus de soin sur sa propriété. Néanmoins, on n'a pas cru nécessaire de prescrire une disposition trop facile à éluder dans les évaluations des effets soumis à l'assurance.

12e *Question.* Les effets mobiliers existant dans un édifice assuré contre l'incendie peuvent-ils être assurés séparément et auprès d'un autre assureur ?

Réponse. — Il dépend des sociétés qui assurent les maisons, de faire à cet égard, telles réserves qu'elles jugeront convenables dans leurs polices d'assurances.

Observations. — Il résulte de cette faculté que l'autorité n'a pas à intervenir et à poser des principes ou à prononcer des restrictions qui, dans une infinité de cas, pourraient avoir des inconvénients.

Impositions communales.

18 juillet 1818.

Le sous-secrétaire d'Etat de l'intérieur prévient les préfets que, les articles 39, 40 et 41 de la loi du 15 mai 1818 ayant donné lieu à diverses questions, le ministre, à qui il en a été rendu compte, a pensé qu'elles pouvaient être résolues dans le sens des éclaircissements qu'il leur envoie, par supplément aux instructions qui leur ont été transmises le 18 du même mois.

1re *Question.* — Lorsque les plus forts contribuables portés aux rôles d'une commune, et qui, à ce titre, se trouvent dans le cas d'être convoqués pour consentir, avec le corps municipal, les centimes extraordinaires dont l'urgence reconnue d'une dépense communale rend l'imposition nécessaire, sont absents, ils doivent être remplacés, en nombre égal, par les plus forts contribuables portés après eux sur le rôle.

Sous quelle acception doit-on considérer le mot *absent*, consacré par la loi, et d'après quelle règle doit-on réputer constante l'absence des contribuables ?

Réponse. — Il entre dans l'esprit de la loi de faire concourir les domiciliés et les non-résidants aux délibérations que les conseils municipaux ont à prendre, en matière d'impositions locales.

Ainsi, les contribuables, quoique ne résidant pas habituellement dans la commune, peuvent être choisis et convoqués, lorsque, sans retarder les délibérations à prendre, ils se trouvent momentanément, par leur présence ou leur proximité de la commune, à portée de se rendre, pour le jour indiqué par la convocation, à l'assemblée du conseil. Dans tous les cas, les contribuables ne peuvent être admis à se faire suppléer par des fondés de pouvoirs.

2e *Question.* — La présence des deux tiers des membres d'un conseil municipal suffit pour valider ses délibérations.

En sera-t-il de même pour les délibérations prises dans une assemblée composée des deux tiers des membres du conseil et des deux tiers des plus forts contribuables convoqués dans les termes de la loi ?

Réponse. — L'affirmative sur cette question ne peut faire la matière d'un doute.

3e *Question.* — Quelles seront les mesures à prendre, lorsque les contribuables légalement convoqués ne se présenteront point à l'assemblée; ou lorsque le nombre de ceux qui répondront à la convocation n'égalera pas les deux tiers des contribuables convoqués ?

Réponse. — En pareil cas, il conviendra d'ajourner la délibération, de faire une nouvelle convocation, et de choisir les plus forts imposés parmi les contribuables présents dans la commune.

4e *Question.* — Par qui doit être dressée la liste des plus forts contribuables ?

Réponse. — La loi charge le maire de la convocation; sous ce rapport, il semble que c'est à lui qu'il appartient de dresser la liste des plus forts imposés, de concert avec le percepteur des contributions.

Toutefois, la liste des plus forts imposés doit être par lui soumise à l'approbation du préfet, qui pourra, s'il y a lieu, faire faire aux listes les rectifications que l'exécution de la loi rendrait nécessaires.

5° *Question.* — La convocation et la réunion des plus forts contribuables aux conseils municipaux peuvent-elles servir de motifs pour affranchir les autorités locales de l'obligation où elles sont de produire une information *de commodo et incommodo?*

Réponse. — Cette question ne peut être résolue que négativement. La convocation et la réunion des plus forts contribuables aux conseils municipaux n'ont pour objet que de reconnaître l'urgence d'une dépense, et de consentir la levée des centimes extraordinaires qu'elle peut exiger. L'information, au contraire, a pour but d'appeler toutes les personnes qui peuvent avoir des intérêts plus ou moins opposés, ou plus ou moins conformes aux opérations qui donnent lieu à la dépense pour laquelle une imposition locale est demandée, à donner leur avis individuel sur l'avantage ou le désavantage de ces opérations. Ainsi, l'information *de commodo et incommodo* doit continuer d'être produite dans tous les cas où elle est exigée par les lois et règlements; il est même à désirer qu'elle précède la réunion du conseil municipal, puisqu'elle est une des pièces qui peuvent servir à l'éclairer. On doit, au surplus, y procéder par voie administrative, sans frais, et par le ministère d'un commissaire nommé par le préfet pour recevoir, dans les lieux et aux jours indiqués par affiches et publications, les dires et les déclarations individuelles de ceux qui se présentent.

6° *Question.* — Quelle mesure l'autorité administrative aura-t-elle à prendre, dans le cas où le conseil municipal et les plus forts contribuables refuseront de consentir l'imposition sur laquelle ils sont appelés à délibérer?

Réponse. — Lorsque les impositions ont pour objet de pourvoir à des charges imposées par des lois, des jugements ou des actes obligatoires, et à des dépenses jugées communes à plusieurs municipalités par les autorités qui doivent en connaître, le refus ne peut être sans appel: c'est au gouvernement qu'il appartient d'en juger les motifs, sur l'avis des autorités administratives. S'il en était autrement, il en résulterait que, par l'effet d'un coupable égoïsme et d'une aveugle résistance, l'action de l'administration locale pourrait être souvent compromise et paralysée dans ses mouvements.

Il importe donc que les maires veillent à ce que les motifs du refus soient consignés exactement dans les délibérations. Les délibérations seront par eux remises aux sous-préfets, qui les transmettront aux préfets pour être envoyées, avec leurs avis respectifs, au ministre de l'intérieur, afin qu'il puisse être pris, par le gouvernement, telle détermination qu'il appartiendra.

7° *Question.* — On a mis en question celle de savoir si les règles prescrites, et par la loi et par les instructions, devaient être appliquées aux impositions à établir pour dettes de l'invasion?

Réponse. — Le dernier paragraphe de l'article 94 de la loi du 15 mai répond à cette question. Les impositions établies, ou qui pourraient être proposées, en exécution des articles 4 et 6 de la loi du 28 avril 1816, pour remboursement des dépenses de l'occupation militaire de 1815, sont toutefois les seules impositions de cette nature qui puissent être considérées comme exceptées des règles prescrites. Ces mêmes impositions ne doivent point entrer dans l'état des impositions mises, chaque année, en recouvrement; les préfets doivent en rendre compte par un état distinct et séparé.

8° *Question.* — L'instruction du 15 mai indique, comme moyen de compléter le payement des salaires des gardes champêtres, des cotisations volontaires; ce moyen, tenté plusieurs fois, et réitéré à diverses époques, n'a pu obtenir de succès: tout porte à croire que les efforts des autorités locales ne seront pas plus heureux. En ce cas, quelles mesures auront-elles à prendre pour assurer le payement des salaires des gardes champêtres, et empêcher la dissolution d'une institution utile à la police des campagnes, et voulue, d'ailleurs, par les lois?

Réponse. — Les dispositions de l'instruction relatives aux gardes champêtres ne sont que le rappel des règles prescrites par les lois et les décrets relatifs à la matière, notamment par le décret du 23 fructidor an XIII, qui n'a point été révoqué, et doit, conséquemment, continuer d'être exécuté.

Ce décret, conforme d'ailleurs à la loi du 6 octobre 1791, a mis au rang des charges des communautés la dépense des gardes champêtres : elle est donc essentiellement municipale ; et, à ce titre, elle doit être portée au budget de la commune. Si les revenus communaux et le produit des amendes de police rurale ne suffisent pas pour acquitter les fonds alloués au budget pour cet objet, c'est au maire à chercher à compléter la somme nécessaire par des cotisations volontaires, et dont le rôle, basé sur le principal de la contribution foncière, doit être par lui présenté à l'acquiescement des contribuables, par voie d'émargement, et remis ensuite au garde, pour en suivre lui-même le recouvrement auprès des contribuables. Si le succès ne répond point aux efforts du maire, et s'il éprouve, dans le recouvrement libre et volontaire du rôle, des obtacles de quelques récalcitrants, il peut, sur votre autorisation, convoquer le conseil municipal et les plus forts contribuables, en nombre égal, pour reconnaître l'urgence de la dépense, la nécessité et la quotité des centimes extraordinaires à imposer pour y pourvoir. L'institution des gardes champêtres étant consacrée par les lois, et l'utilité de leur existence pour la police rurale, pour la conservation des récoltes, et comme agents de police judiciaire, étant reconnue, il est difficile de croire que les conseils municipaux, et les contribuables qui leur seront adjoints, puissent se refuser à consentir l'imposition. Si cependant il en arrive autrement, les préfets en rendront compte pour être statué sur la suppression des gardes, ou pris telle autre mesure qu'il appartiendra.

Les impositions votées pour les gardes champêtres continueront, au surplus, d'être réparties au moyen de rôles particuliers, après avoir été légalement autorisées.

Le ministre des finances a reconnu que, dans tous les cas où les impositions communales ne frappent point sur l'universalité des contribuables, et ne peuvent être réparties proportionnellement entre eux, on devait continuer à faire des rôles particuliers.

9e Question. — Les règles tracées par l'instruction, d'après un avis du comité de l'intérieur, sur ce que l'on doit entendre par *propriétés closes*, ont paru contraires aux dispositons de la loi du 6 octobre 1791.

Réponse. — Les dispositions de l'article 14 de la section IV de la loi du 6 octobre 1791 ne concernent en rien le mode de pourvoir au payement des gardes champêtres ; elles sont exclusivement relatives à l'exercice du droit de parcours et de vaine pâture : on peut d'autant moins s'en prévaloir, que les propriétés closes de la manière indiquée par la loi susdatée n'en restent pas moins soumises à la surveillance du garde champêtre. Ces clôtures ont pour but d'indiquer que le droit de parcours et de vaine pâture ne peut y être exercé ; mais elles ne sont pas de nature à les garantir des délits que les gardes champêtres sont appelés à constater ; et, dès-lors, elles doivent, dans les strictes règles de l'équité, contribuer au payement des salaires de ces gardes.

10e Question. — L'imposition autorisée pour les salaires des gardes champêtres est-elle à la charge des propriétaires ou des exploitants ?

Réponse. — Aux termes de la loi du 6 octobre 1791, la somme à imposer pour cette dépense doit être répartie au marc la livre de l'imposition foncière ; et elle ajoute que cette somme sera à la charge des exploitants.

La loi du 20 messidor an III veut également, article 3, que la somme nécessaire pour le traitement des gardes champêtres soit répartie au marc le franc de l'imposition foncière : elle ne parle point de l'exploitant, mais elle ne révoque pas non plus ce que la loi du 6 octobre 1791 a dit à cet égard. C'est, au surplus, une question dont l'autorité administrative n'a point à s'occuper ; l'usage des lieux ou les baux des propriétés exploitées par d'autres que les propriétaires semblent devoir faire la loi des parties ; et c'est par cette raison sans doute que le décret du 25 fructidor an XIII a statué que l'imposition serait répartie sur les propriétaires ou exploitants de fonds non clos, au centime le franc de la contribution foncière de chacun d'eux. S'il s'élève des débats, ils ne peuvent exister qu'entre le propriétaire et l'exploitant ; et, pour les faire juger, c'est à eux à se pourvoir ainsi qu'ils aviseront.

Dans tous les cas, c'est sur l'exploitant que le payement en doit être poursuivi ; sauf son recours, s'il y a lieu, contre qui il appartiendra.

11e Question. — Les contributions destinées à la conservation et à la réparation des digues et autres ouvrages d'art intéressant les communautés de propriétaires ou d'habitants, doivent-elles être délibérées dans les formes prescrites par la loi du 15 mai dernier?

Réponse. — Les règles admises par la loi du 15 mai dernier, en matière d'impositions communales, ne sont point applicables aux contributions relatives aux travaux à faire pour la conservation et la réparation des digues et autres ouvrages d'art mentionnés en l'article 132 de la loi du 25 mars 1817. Les dispositions de cet article ne sont point abrogées. On doit conséquemment continuer de s'y conformer, tant pour la dépense de ces travaux que pour tous ceux qui s'exécutent en conséquence des lois des 14 floréal an XI et 16 septembre 1807.

12e Question. — Les propriétaires forains peuvent-ils être exemptés des contributions extraordinaires votées par les communes pour subvenir aux dépenses ordinaires du culte et à l'augmentation du traitement des curés et desservants?

Réponse. — Cette question doit être résolue négativement. C'est ainsi, d'ailleurs, qu'en a pensé le comité de l'intérieur du conseil d'État, appelé à donner son avis. Ce comité a considéré que les distinctions établies par la loi du 14 février 1810 ne pourraient aujourd'hui recevoir d'application, attendu qu'on ne peut induire ni des articles de la loi du 15 mai dernier, ni du titre IX, qui maintient diverses lois antérieures, que les dispositions de la loi du 14 février 1810, qui avait établi un mode spécial d'imposer extraordinairement les communes, soient encore en vigueur; qu'il en était de même sous l'empire des lois des 28 avril 1816 et 25 mars 1817; que, par conséquent, il doit être procédé, relativement aux subventions dues par les communes pour les frais ordinaires du culte, comme pour toute autre dépense communale.

13e Question. — On demande si l'envoi des délibérations est tellement de rigueur qu'il ne puisse être suppléé, à l'égard des impositions permanentes et qui sont de nature à se renouveler chaque année, par l'état collectif qui en doit être dressé par les préfets et transmis au ministre, dans la forme indiquée par le modèle annexé aux instructions du 18 septembre 1816.

On demande également qu'en attendant l'approbation des impositions permanentes et accidentelles, ces impositions puissent être portées au rôle unique des contributions directes.

Réponse. — L'état collectif des impositions permanentes et de nature à se renouveler chaque année doit être justifié par les délibérations. La loi du 15 mai en prescrit l'envoi; elles doivent conséquemment être produites. Les préfets doivent, en outre, certifier, au pied de l'état collectif, que les impositions proposées ont été votées dans les formes prescrites.

Quant aux impositions de nature à être portées au rôle unique des contributions, l'autorisation demandée ne peut être accordée. Aucune imposition ne doit y être portée qu'après avoir été légalement approuvée.

14e Question. — Les taxes par abonnement établies et basées sur la consommation présumée des habitants, ou sur les bouchers, aubergistes et cabaretiers, dans les communes rurales où des taxes à l'effectif ne pouvaient être mises en perception, doivent-elles être définitivement considérées comme abolies, et à quelle époque doit-on en cesser la perception?

Réponse. — Le conseil d'État a considéré que le mode de perception de ces taxes n'était conforme à aucun des quatre modes de perception des octrois autorisés par l'article 147 de la loi du 28 avril 1816; et que, s'il était utile et nécessaire, il ne pouvait être autorisé que par une disposition législative. Mais il est résulté de la discussion qui s'est élevée depuis sur celle qui pourrait être proposée, qu'il n'existait aucun moyen d'asseoir, d'une manière équitable, des abonnements semblables; qu'une mesure législative pour l'établissement de ces abonnements consacrerait, en quelque sorte, l'arbitraire, et qu'il convenait d'y renoncer. C'est d'après ces différentes considérations que le roi a rendu, le 3 juin dernier, une ordonnance portant que les octrois par abonnement cesseront définitivement d'être perçus à dater du 1er janvier 1819.

Publicité des budgets et des comptes des villes qui ont plus de cent mille francs de revenu.

20 juillet 1818.

Le Ministre de l'intérieur aux Préfets.

Aux termes de l'article 44 de la loi du 15 mai dernier (1), les budgets des villes qui ont plus de cent mille francs de revenu doivent être imprimés.

Il est à désirer que les budgets et les comptes soient imprimés dans le même format et dans les mêmes dimensions. Les maires pourront suivre, à cet égard, le modèle annexé à l'instruction ministérielle du 24 mars 1808, en se conformant toutefois, pour les détails des recettes et des dépenses, à l'ordre et à la classification établis par le budget, et indiqués ou rappelés dans les instructions ministérielles et dans celle du procureur général de la cour des comptes.

Il est convenable de faire également imprimer, à la suite du compte, la délibération que le conseil municipal aura jugé convenable de prendre, tant sur le moral que sur la régularité du compte, avec toutes les observations dont il aura paru susceptible, et notamment en ce qui concerne les réductions que l'on pourrait opérer dans les dépenses, et les améliorations à faire dans les ressources et dans les diverses branches de l'administration communale.

Il ne sera pas moins utile que le tout soit rendu public par la voie de l'insertion au journal ordinaire du département.

Je désire que dix exemplaires des budgets et des comptes, imprimés ainsi que je viens de l'indiquer, me soient envoyés, avant l'ouverture de la session annuelle des chambres.

Serment des gardes champêtres et forestiers.

25 juillet 1818.

Le Ministre de l'intérieur aux Préfets.

La loi du 6 octobre 1791 veut que les gardes champêtres, en leur qualité d'officiers de police judiciaire, prêtent serment entre les mains du juge de paix de leur canton. Celle du 9 floréal an XI a réglé que les gardes des bois et forêts, soit du domaine, soit des communes, soit des particuliers, le prêteraient, en la même qualité, devant le tribunal civil de leur arrondissement.

Je suis informé que, dans quelques lieux, l'autorité administrative reçoit ces serments : il résulte de cette contravention que les procès-verbaux des gardes champêtres et forestiers ne pourraient faire foi en justice, et que le trésor se trouverait privé des droits de timbre et d'enregistrement auxquels sont soumis les actes de prestation de serment devant l'autorité judiciaire, attendu que l'ar-

---

(1) Article 69 de la loi du 18 juillet 1857. (*N. de l'Ed.*)

ticle 80 de la loi du 15 mai dernier en a affranchi tous les actes administratifs qui ne sont pas dénommés dans l'article 78.

Si cette contravention a été commise dans votre département, je vous invite à en prévenir le retour par des instructions aux sous préfets et aux maires placés sous votre autorité.

Enfants trouvés.

27 juillet 1818.

Le Sous-secrétaire d'État de l'intérieur aux Préfets.

Plusieurs fois les nourrices chargées d'enfants trouvés ont substitué à ces enfants, lorsqu'ils décédaient, des enfants légitimes, et elles ont ainsi continué à percevoir les rétributions qui ne devaient leur être allouées que pendant la vie des enfants qui leur avaient été confiés.

Diverses mesures ont été prises souvent pour prévenir un abus si condamnable sous le rapport de la morale, et si préjudiciable aux départements sous les rapports pécuniaires ; mais, de tous les moyens employés dans ce but, celui que vient d'adopter le conseil général d'administration des hospices de Paris me paraît l'emporter de beaucoup pour la simplicité et la sûreté. Ce moyen consiste à passer au cou de chaque enfant un collier que l'on scelle avec un morceau d'étain, au moyen d'une presse dans le genre de celle des notaires (1). L'étain porte, pour empreinte, la désignation des hospices auxquels appartient l'enfant, l'année dans laquelle il a été exposé, et son numéro d'ordre : le collier est serré au degré nécessaire pour ne pouvoir être enlevé à l'enfant, sans cependant le gêner pour sa croissance ; et l'on voit aisément que toute substitution est dès lors comme impossible.

J'ai cru devoir vous donner connaissance de ce moyen, et je vous prie d'inviter les commissions administratives des hospices de votre département à l'adopter pour les enfants trouvés qui sont à leur charge. Afin d'en faciliter l'usage, j'ai l'honneur de vous transmettre, avec cette lettre, deux des colliers dont se servent les hospices de Paris : l'un est frappé, et l'autre ne l'est pas.

Frais de transport et de traitement des aliénés (2).

27 juillet 1818.

Le Sous-secrétaire d'État de l'intérieur aux Préfets.

Diverses circulaires vous ont successivement autorisé à faire acquitter directement, sur les fonds départementaux, différentes dépenses dont le payement était auparavant subordonné à l'approbation préalable du ministre.

---

(1) Le collier est maintenant remplacé par une boucle d'oreille.
(N. de l'Ed.)

(2) Les instructions générales sur le service des aliénés sont aux dates des 3 juillet 1838, 6 août 1839 et 5 août 1840. **(N. de l'Ed.)**

Pour continuer à réduire autant que possible votre correspondance, le ministre vient de décider que vous pourrez, à compter de la présente année, acquitter, sans recourir à mon autorisation, soit sur le fonds des dépenses imprévus, soit sur les fonds spéciaux qui seraient compris au budget de votre département pour les insensés :

1° Les frais de transport des aliénés ;

2° Les frais de traitement, dans les hospices, des aliénés dont la pension ne peut être supportée, ni par leurs familles, ni par les communes auxquelles ils appartiennent.

Vous aurez soin seulement de régler ces dépenses avec toute l'économie désirable ; d'en rendre compte, chaque année au conseil général de votre département ; et de ne point dépasser, dans les payements que vous autoriserez, le montant des crédits qui vous seront ouverts pour cette sorte de dépense.

Contraventions en matière de simple police.

28 juillet 1818.

Le Ministre de l'intérieur aux Préfets.

Je dois appeler votre attention sur un abus que j'ai eu l'occasion de remarquer dans l'administration de quelques mairies, et qui ne peut être toléré.

Des individus, surpris en contravention à des règlements de police, au lieu d'être poursuivis dans les formes légales, sont contraints à des transactions pécuniaires, par forme d'amende, au profit des hospices et échappent, par ce moyen, aux condamnations judiciaires qu'ils ont encourues.

Je sais que les maires, en admettant ces conventions illicites, n'ont eu en vue que d'accroître les ressources communales pour secourir les pauvres malades, d'épargner à des contrevenants pères de famille les frais de poursuite judiciaires, et de les soustraire à la honte d'une condamnation publique.

Mais ces considérations ne peuvent les justifier, et ne les garantiraient pas des peines portées par l'article 131 du Code pénal, contre les administrateurs qui entreprendraient sur les fonctions judiciaires.

En vain les maires objecteraient-ils qu'institués, par le Code d'instruction criminelle, juges en matière de simple police, ils ont le droit de prononcer ces amendes ; ce serait une erreur de penser que des rétributions illégales sont assimilées à des amendes, qui ne peuvent être appliquées que par jugement, et dont le montant doit, d'ailleurs, être versé dans la caisse du domaine, et non dans celle d'un hospice.

D'un autre côté, il n'est pas vrai que les maires soient juges de police, dans tous les lieux où il y en a d'établis. Le Code d'instruction criminelle pose à cet égard un principe et des règles qui indiquent aux maires leurs devoirs comme administrateurs ou comme juges, et qu'il me paraît important de remettre sous leurs yeux.

Aux termes de ce Code, la connaissance des contraventions, en matière de police, appartient aux juges de paix : elle est dévolue aussi, concurremment avec eux, aux maires qui les représentent, mais seulement dans les communes où le juge de paix ne réside pas, et dans les cas spécifiés par l'article 166 du code.

Ainsi, dans les chefs-lieux de canton, les maires n'exercent que les fonctions d'administrateurs municipaux et celles d'officiers de police judiciaire; dans les autres communes, en leur qualité de juges de police, ils ne prononcent que sur les contraventions commises par des personnes prises en flagrant délit, par celles qui résident sur le lieu, ou qui y sont présentes, et lorsque les témoins y sont aussi résidants ou présens; enfin, lorsque la partie réclamante ne demande, pour ses dommages-intérêts, qu'une somme qui n'excède pas 15 francs.

Hors de ces cas, le juge de paix est investi exclusivement du pouvoir de statuer sur les contraventions, et, dans les unes comme dans les autres, les formalités prescrites par le Code, titre Ier, livre II, pour l'instruction et le jugement, doivent être exactement observées.

Telle est la distinction établie par cette loi entre les attributions de maires de chefs-lieux de canton et celles de maires dans les autres communes.

Il résulte de ces dispositions : 1° que les premiers ne sont que des officiers de police judiciaire; qu'ils ne peuvent se dispenser de remettre au juge de paix les procès-verbaux dressés pour contraventions aux règlemens de police; qu'ils ne peuvent se permettre de ne pas donner de suite à ces procès-verbaux, et de transiger avec les délinquans, sans encourir la peine portée par l'article 131 du Code pénal; 2° que les maires des communes autres que les chefs-lieux de canton, manqueraient à leurs devoirs s'ils exigeaient, sans jugement et par forme de transaction, des personnes traduites devant eux pour contraventions spécifiées dans l'article 166 du Code d'instruction criminelle, des sommes au profit des hospices ou de leur commune.

Rappeler le vœu de la loi aux maires, c'est m'assurer que, dans aucune circonstance et par quelque motif que ce soit, ils ne s'en écarteront, et que vous n'aurez pas à leur reprocher les abus qui m'ont été signalés.

Amendes pour contraventions en matière de grande voirie.

11 août 1818.

Le Directeur général des ponts et chaussées aux Préfets.

Les lois et règlemens accordent aux agens de l'administration qui constatent des contraventions en matière de grande voirie une portion des amendes encourues par les contrevenans; mais on s'est plaint souvent de ce que, les amendes étant versées au bureau d'enregistrement le plus voisin de la résidence de ceux à qui elles sont imposées, l'agent qui a verbalisé et dont la résidence se trouve éloignée de celle du receveur, ne peut toucher ce qui lui revient dans l'amende, qu'en dépensant, en frais de voyage, beaucoup plus qu'il ne doit recevoir. Cet inconvénient, bien propre à décourager les préposés à l'exécution des lois et règlemens de grande voirie, m'a porté à proposer au ministre des finances d'arrêter que le montant de toutes les portions d'amendes recouvrées par les receveurs

particuliers, pendant le cours de chaque trimestre, serait réuni, soit à
la recette générale du département, soit au bureau d'enregistrement
du chef-lieu de la préfecture, ou dans toute autre caisse que son
Excellence jugerait convenable pour cette centralisation, en sorte
que les ingénieurs, à portée de connaître les procès-verbaux qui
ont emporté condamnation à une amende, ainsi que les états des
amendes recouvrées par les receveurs de l'enregistrement, soient
en mesure de proposer, tous les trois mois, aux préfets, la délivrance des mandats de payement, et la distribution, entre les agents
des ponts et chaussées, des portions d'amendes qui leur seront dues
en raison des délits par eux constatés.

Le ministre des finances, après avoir pris l'avis du directeur général de l'enregistrement et des domaines, a adopté le mode que
j'avais proposé, et en a réglé l'exécution de la manière suivante :

« 1° Le directeur de l'enregistrement du département formera,
« tous les trois mois, d'après les états particuliers que lui fourni-
« ront à cet effet les receveurs des domaines, un état des sommes à
« payer pour le tiers du produit net des amendes recouvrées.

« 2° Le directeur vous remettra cet état, en vous désignant la
« caisse du chef-lieu sur laquelle pourra être ordonnancée la por-
« tion d'amendes revenant à chacun des agents des ponts et chaus-
« sées. »

Des instructions ont été adressées aux préposés de l'enregistrement et des domaines, pour que ces dispositions soient exécutées à
partir du 1er juillet 1818. Je vous prie de vouloir bien, tous les trois
mois, sur l'état des amendes recouvrées que doit fournir le directeur de l'enregistrement, faire payer aux agents de l'administration
qui auront constaté des contraventions aux lois et règlements de
grande voirie, la portion des amendes qui leur est allouée, et faire,
de concert avec l'ingénieur en chef et le directeur de l'enregistrement, toutes les dispositions nécessaires pour assurer l'exécution
d'une mesure que le bien du service réclamait depuis longtemps.

Moyens de prévenir les épizooties.

19 août 1818.

Le Sous-secrétaire d'État de l'intérieur aux Préfets.

Je suis informé que, dans plusieurs départements, les chaleurs
et la sécheresse, qui durent depuis trop longtemps, ont fait naître
parmi les bestiaux des maladies dont il importe de prévenir les
suites. J'avais d'abord pensé à faire rédiger et publier une instruction spéciale à cet égard, ainsi que cela a eu lieu à la suite de l'humidité qui a régné en 1816 et 1817 ; mais j'ai craint que cette instruction ne contint pas l'indication de tous les moyens préservatifs
appropriés aux localités : d'ailleurs, les précautions à prendre en
pareil cas sont consignées dans une foule d'ouvrages, et parfaitement connues des vétérinaires. Je vous invite, en conséquence, à
faire rédiger, par les médecins ou maréchaux-vétérinaires de votre
département, une instruction sur les moyens à employer par les
cultivateurs et propriétaires, pour préserver leurs animaux domestiques des accidents que pourraient leur occasionner la constitution sèche et brûlante de l'atmosphère, la disette d'eau salubre,

ou le défaut de fourrages de bonne qualité. Ces moyens doivent être simples, et tels que tous les cultivateurs puissent facilement les employer. Il faut surtout recommander l'emploi des acides ; mais le vinaigre est si cher qu'il serait à désirer qu'on y suppléât par les acides minéraux, dont le prix est bien moins élevé. Cependant ces acides ne doivent pas être mis indifféremment entre les mains de tout le monde ; c'est une excellente ressource dans les circonstances présentes, mais l'emploi doit en être dirigé par les vétérinaires ou par les propriétaires instruits.

Je n'ai pas besoin de vous recommander de donner immédiatement vos soins au travail dont il s'agit. Vous ferez en sorte que l'instruction qui sera rédigée reçoive une publication telle, que la connaissance puisse en parvenir à tous les cultivateurs, et vous stimulerez, à cet égard, le zèle des maires des communes et des ministres du culte.

J'espère que ces précautions, réunies à la surveillance que vous ferez exercer dans les foires et marchés, et sur la tenue des étables et écuries, suffiront pour empêcher qu'il ne se manifeste d'épizooties contagieuses, ou pour arrêter les progrès de celles qui existeraient. Mais, s'il en était autrement, vous auriez à indiquer aux agents de l'autorité sous vos ordres, et à faire exécuter rigoureusement les mesures de police administratives prescrites par les lois, règlements et instructions concernant les épizooties. Ces mesures, dont le succès dépend uniquement de la sévérité avec laquelle elles sont exécutées, sont rappelées dans l'ordonnance du roi du 27 janvier 1815, dont le directeur général de l'agriculture et du commerce vous a adressé plusieurs exemplaires, avec la circulaire du 1er février suivant ; elles consistent principalement dans la suspension des foires et marchés, l'interdiction de la circulation des animaux, l'isolement des bêtes malades, et l'abatage de celles reconnues incurables.

Je vous serai obligé de me faire part des ordres que vous aurez donnés, en exécution des dispositions indiquées dans la présente, et de me transmettre, en même temps, des renseignements sur la situation de votre département, relativement à l'état de santé des animaux domestiques.

Recrutement. — *Composition des conseils de révision* (1).

28 septembre 1818.

Le Ministre de l'intérieur aux Préfets.

Les dispositions de l'article 13 de la loi du 10 mars 1818, sur le recrutement, ont rendu nécessaire l'ordonnance du roi du 23 sep-

---

(1) Voir les articles 10, 11 et 12 de la loi du 21 mars 1832, relative au recrutement.—On croit devoir placer ici diverses solutions rendues antérieurement à cette loi par le ministre de la guerre, sur l'examen des listes de recensement et sur les opérations du tirage ; elles peuvent encore être consultées utilement. (*N. de l'Ed.*)

Examen des tableaux de recensement.

Il sera procédé à l'examen des tableaux de recensement de chaque canton aux

tembre dernier, qui vous autorise à désigner les membres civils du conseil de révision.

Je vous transmets cette ordonnance, en vous donnant des instructions à cet égard.

L'examen des listes de recensement et la désignation par le sort doivent être faits au chef-lieu de chaque canton, en séance publique, par le sous-préfet, assisté des maires du canton. (Art. 12 de la loi.)

Ces premières opérations, qui sont d'une grande importance, exi-

---

lieu, jour et heure indiqués dans les communes, conformément au dernier paragraphe de l'article 8 de la loi du 10 mars 1818. (*Art. 16 de l'instruction de 1818 sur les appels.*)

Cet avis sera publié le même jour que les tableaux de recensement ; il tiendra lieu de convocation pour les jeunes gens de la classe. (*Idem.*)

Les sous-préfets présideront à l'examen des tableaux des cantons de leur arrondissement. (*Idem, art. 17.*)

Dans cet examen, ainsi que pour les rectifications à faire, ils prendront l'avis des maires, dont ils devront être assistés aux termes de la loi. (*Idem.*)

En aucun cas, un sous-préfet ne pourra être suppléé par un secrétaire ou toute autre personne sans caractère public. (*Idem.*)

Pour les arrondissements de chef-lieu de département qui ont beaucoup de cantons, les préfets sont autorisés à désigner plusieurs conseillers de préfecture, qui opéreront simultanément. (*Solution donnée le 26 septembre 1818.*)

Aucun motif ne s'oppose à ce que les préfets président eux-mêmes à l'examen des tableaux de recensement des cantons formant l'arrondissement du chef-lieu du département, lorsque ces administrateurs jugent que le bien du service l'exige. (*Circ. du 11 juin 1819.*)

Chaque maire sera porteur de deux expéditions du tableau de recensement de la commune. (*Art. 19 de l'instruction de 1818 sur les appels.*)

Les préfets peuvent, lorsqu'ils le jugent convenable, prescrire aux maires d'envoyer aux sous-préfets une expédition des tableaux de recensement, à partir du jour fixé pour leur première publication, afin de faciliter les dispositions préparatoires que ces derniers fonctionnaires doivent faire pour assurer la régularité de l'examen. (*Circ. du 11 juin 1819.*)

Un officier de gendarmerie, et, suivant les circonstances, une ou deux brigades de cette arme devront, sur la réquisition du sous-préfet, se rendre au lieu de la réunion pour maintenir le bon ordre. (*Art. 20 de l'instruction de 1818 sur les appels.*)

Après avoir fait donner une lecture publique du tableau de recensement de chacune des communes du canton, le sous-préfet demandera aux personnes présentes, si elles connaissent des jeunes gens de la classe actuellement appelée qui n'aient pas été portés sur les tableaux, ou si les jeunes gens qui y ont été portés ont des réclamations à faire contre leur inscription. (*Idem, art. 21.*)

Les jeunes gens de la classe actuellement appelée, qui n'auraient pas été inscrits, seront portés à la suite du tableau de leur commune, avec tous les renseignements qui les concerneront. (*Idem, art. 22.*)

S'il y a contestation relativement à des exclusions prononcées par des maires, les sous-préfets pourront rectifier leurs opérations. (*Solution donnée le 27 novembre 1818.*)

Les jeunes gens qui auraient mal à propos été portés sur les tableaux, en seront rayés par le sous-préfet. (*Art. 22 de l'instruction de 1818 sur les appels.*)

Le sous-préfet annotera, dans la colonne ménagée à cet effet sur les tableaux, tous les changements et corrections auxquels l'examen donnera lieu ; il y fera connaître le motif de chacun de ces changements ou corrections. (*Idem, art. 23.*)

Les sous-préfets vérifieront si la taille de tous les jeunes gens inscrits au tableau de recensement y est indiquée ; et, dans le cas de négative, ils prendront des informations près des maires et jeunes gens de la commune, et rempliront les lacunes qu'ils auraient découvertes. (*Circ. du 6 avril 1821.*)

Lorsque les tableaux de recensement du canton auront été rectifiés, il ne pourra y être fait aucune addition. (*Idem.*)

Après avoir arrêté les tableaux de recensement, le sous-préfet en fera donner gent que les sous-préfets et maires ne soient remplacés que très-rarement. Je présume assez du zèle de ces fonctionnaires publics, pour ne pas douter de leur exactitude à suivre, avec le plus grand soin, les opérations du recrutement, qui vont devenir une partie intéressante de l'administration qui leur est déléguée. En cas d'empêchement légitime d'un sous-préfet, vous désignerez un conseiller de préfecture, ou vous choisirez un membre du conseil d'arrondissement, pour faire ses fonctions. Les maires pourront aussi être suppléés par leurs adjoints, si des motifs également légitimes les empêchaient d'assister aux séances du sous-préfet ou de son substitut.

« L'article 13 de la loi veut que les opérations préparatoires du
« recrutement, telles que l'examen des listes de recensement, les
« opérations des tirages, etc., soient examinées, en dernier ressort,
« par un conseil de révision composé, sous votre présidence, d'un
« conseiller de préfecture, d'un membre du conseil général du dé-
« partement, d'un membre de celui d'arrondissement et d'un offi-
« cier général ou supérieur. Ce conseil doit se transporter dans les
« chefs-lieux d'arrondissement, et même de canton, suivant les
« localités. »

Pour l'exécution d'une partie de ces dispositions, le ministre de la guerre a établi, *article 49 de son instruction générale*, après nous

---

une seconde lecture publique. (*Art. 25 de l'instruction de 1818 sur les appels.*)

Il préviendra les jeunes gens et leurs parents que les réclamations qu'ils auraient encore à faire, relativement à la formation et à la rectification de ces tableaux, doivent être portées devant le conseil de révision. (*Idem.*)

Opérations du tirage et formation de la liste du tirage.

Les opérations du tirage commenceront immédiatement après que les tableaux de recensement auront été définitivement arrêtés. (*Idem, art. 26.*)

La liste du tirage du canton sera préparée à l'avance par les soins du sous-préfet, et dressée en double expédition. (*Idem, art. 27.*)

Les numéros de tirage seront écrits ou imprimés sur des bulletins uniformes. (*Idem, art. 28.*)

Chaque bulletin devra porter un numéro différent, de manière que la totalité des bulletins forme une série continue de numéros depuis le n° 1, égale au nombre de jeunes gens appelés à tirer. (*Idem.*)

Le sous-préfet, après avoir reconnu publiquement que le nombre des bulletins est le même que celui des jeunes gens qui doivent prendre part au tirage, les parafera, les mêlera, et les jettera dans l'urne. (*Idem.*)

Il est recommandé aux sous-préfets de vérifier eux-mêmes la quantité de bulletins et le numéro de chacun d'eux, avant de les jeter dans l'urne. (*Circ. du 4 mai 1818.*)

Au fur et à mesure que les jeunes gens seront appelés, ils tireront de l'urne un numéro. (*Art. 30 de l'instruction de 1818 sur les appels.*)

Les parents des absents, ou, à leur défaut, le maire de leur commune, tireront à leur place. (*Idem.*)

A mesure que les bulletins seront tirés de l'urne, le sous-préfet inscrira sur la liste du tirage, en regard du numéro sorti, les nom, prénoms et surnoms de celui auquel le numéro appartiendra, ainsi que les noms et prénoms de ses père et mère. (*Idem, art. 31.*)

Le numéro sorti sera inscrit, en outre, sur le tableau de recensement, dans la colonne ouverte à cet effet, en regard de celui à qui il appartiendra. (*Idem.*)

L'ordre des numéros tirés par les jeunes gens de la classe, ou par ceux qui les auront représentés, déterminera toujours celui de leur appel pour la formation du contingent. (*Idem, art. 33.*)

être concertés à cet égard, que la présidence de ce conseil ne pourra être exercée, en cas d'absence du préfet, que par le conseiller de préfecture appelé à le remplacer dans ses fonctions. Il faut entendre qu'il s'agit du conseiller de préfecture que le préfet aura désigné *ad hoc*, de sorte que, dans ce cas, la composition du conseil comprendrait deux conseillers de préfecture, si vous ne jugiez mieux de désigner un second membre du conseil général, qui peut aussi remplacer le préfet.

L'officier militaire, quel que soit son grade, doit prendre la droite du président, comme représentant, à lui seul, l'administration militaire dans les opérations du conseil de révision. L'intendant ou sous-intendant de l'armée qui y est admis n'en fait point partie intégrante, mais il a voix consultative. Sa place, non plus que celles des sous-préfets et maires, n'a pas besoin d'être déterminée : il suffit que ces fonctionnaires ne prennent point rang parmi les membres du conseil.

Le conseiller de préfecture se placera à la gauche du président.

Les membres des conseils général et d'arrondissement, désignés par vous, conformément à l'ordonnance du 23 septembre, devront se placer dans l'ordre de l'article 13 de la loi, après le conseiller de préfecture qui ne sera point président ; c'est-à-dire, le membre du conseil général à la droite de l'officier militaire, et le conseiller d'arrondissement à la gauche du conseiller de préfecture.

Il faut vous occuper, dès à présent, de la désignation du conseiller de préfecture qui doit procéder à l'examen des tableaux de recensement des cantons de l'arrondissement chef-lieu, et au tirage dans cet arrondissement. Pour ce choix, comme pour celui du conseiller de préfecture qui devra vous accompagner dans la tournée du conseil de révision, il pourra vous paraître nécessaire d'éviter, autant que possible, de désigner le secrétaire général appelé à remplir les fonctions du préfet, en son absence ; mais je vous laisse à décider ce qui sera préférable, dans l'intérêt du recrutement et du service habituel de la préfecture.

Quant aux deux membres à désigner dans les conseils général et d'arrondissement, il est convenable, pour éviter des déplacements à des personnes dont les fonctions ou les affaires particulières pourraient en souffrir, de choisir, de préférence, ceux qui résident dans l'arrondissement où le conseil opérera, de sorte que l'absence de leur domicile et la tournée qu'ils feront dans un seul arrondissement, avec le conseil de révision, aient pour eux la moindre durée possible. Lorsque le conseil de révision aura achevé sa tournée, il devra rester en permanence pendant tout le temps que l'exigeront les affaires à décider, conformément aux articles 16 de la loi et 96 de l'instruction générale ; alors, vous pourrez désigner, pour terminer ses opérations, un membre du conseil général, et un membre du conseil d'arrondissement résidant au chef-lieu du département.

Ce que j'ai dit plus haut des sous-préfets et maires, qui ne sauraient être suppléés que très-rarement dans les premières opérations des levées, s'entend aussi de leur présence dans les conseils de révision, où l'on statuera définitivement sur la désignation des militaires, et l'exemption ou la dispense des autres jeunes gens.

Il importe également que les préfets se dispensent, le moins possible, de remplir les fonctions de président du conseil de révision ; leur influence, et les moyens persuasifs qu'ils sauront employer, devant avoir d'heureux résultats pour cette levée et des suivantes.

Les dépenses d'impression, les indemnités à accorder, et autres frais de levées, seront l'objet des dispositions spéciales d'une instruction que vous recevrez incessamment.

Marques sur les tissus français,

23 octobre 1818.

Le Ministre de l'intérieur aux Préfets.

Depuis la promulgation de l'ordonnance du roi, du 22 juillet dernier, il a été adressé au gouvernement, principalement de la part d'un assez grand nombre de manufacturiers et de marchands de bonneterie en coton ou en laine, des représentations motivées, tant sur l'insuffisance des délais précédemment accordés pour l'apposition de la marque d'origine prescrite par les lois et ordonnances antérieures, que sur les difficultés qui s'opposent à ce que cette marque puisse être séparément appliquée à chacun des articles provenant d'un tel genre d'industrie.

Ces réclamations ont été soumises au roi ; Sa Majesté a bien voulu rendre, sur mon rapport, une nouvelle ordonnance, le 23 septembre dernier. Je vais tracer l'analyse des dispositions des six articles dont elle se compose ; j'ajouterai ensuite les explications que m'ont paru nécessiter plusieurs questions adressées, en dernier lieu, de divers points du royaume, relativement au mode d'exécution, en général, des lois et ordonnances qui concernent cette importante matière.

Aux termes des articles 1er et 2 de la dernière ordonnance, différents produits des fabriques de bonneterie, tels que les bas, les chaussons, les gants, etc., qu'on est dans l'usage de vendre à la douzaine, pourront, à l'avenir, être rassemblés en paquets de douze articles de pareille nature ; il sera libre au manufacturier de réunir chaque douzaine sous un plomb ou cachet unique, portant l'empreinte de la marque adoptée par lui, et scellant une étiquette sur laquelle sera inscrit le numéro d'ordre.

L'article 3 proroge, jusqu'au 1er janvier 1819, le délai pour l'apposition des marques sur ceux desdits produits qui existent actuellement dans les magasins.

Enfin, d'après l'article 4, les facilités accordées aux manufactures de bonneterie par l'article 1er, quant à la nature de la marque, sont étendues au commerce des tulles et à celui des châles et mouchoirs de cou en laine, en coton, ou mélangés de coton, de laine, de soie ou d'autres matières, lesquels ne sont pas susceptibles de recevoir une marque tissue, brodée ou imprimée.

Telles sont, en résumé, les dispositions de cette ordonnance, dans laquelle le commerce ne manquera pas de voir une nouvelle preuve de la sollicitude de Sa Majesté envers les manufactures et l'industrie françaises.

Les observations suivantes, qui servent de réponse à diverses questions soumises à l'administration, s'appliquent également à cette même ordonnance, et aux actes dont elle a été précédée.

1re *Question.* — Dans l'alternative que présentent les dispositions de l'article 2 de l'ordonnance du 8 août 1816, portant les mots *de la ville ou de l'arrondisse-*

ment, et celles des instructions ministérielles (*circulaire* du 20 août suivant (1), où on lit *de la ville* ou *du département*, quel parti convient-il d'adopter?

Réponse. — Le mieux est de s'en tenir à ce qu'a prescrit le texte de l'ordonnance du 8 août 1816.

Ainsi, pour les articles qui sont susceptibles de recevoir une marque détaillée, tels que les pièces d'étoffes de laine ou de coton, le fabricant doit indiquer, sur le chef, 1° le nom de la ville ou de l'arrondissement où la fabrication a lieu (2) ; 2° son nom, ou tel chiffre ou signe qu'il déclarera choisir. A l'égard des objets de petite dimension, comme le sont, en général, les produits des fabriques de bonneterie, qui ne peuvent recevoir une telle estampille, il suffit que le fabricant indique, sur la marque, son nom, ou tel chiffre ou signe qu'il déclarera choisir. De là précisément résulte, pour le fabricant, la nécessité d'effectuer, au préalable, le dépôt de sa marque, afin qu'on puisse faire, en temps et lieu, les rapprochements et confrontations nécessaires.

2e Question. — Le numéro d'ordre exigé par l'article 1er de l'ordonnance du 8 août 1816, et par l'article 41 de la loi du 21 avril dernier, doit-il être indistinctement apposé sur toutes les pièces ou coupons de tissus quelconques, de la nature de ceux dont l'entrée dans le royaume se trouve prohibée ?

Réponse. — Le numéro d'ordre doit être apposé, par le manufacturier, en même temps que la marque, sur toute espèce d'étoffes en coton ou en laine qui se fabriqueront à l'avenir. Les marchands et détenteurs d'objets fabriqués, existant actuellement en magasin, ne sont tenus, de leur côté, d'appliquer un numéro d'ordre que sur ceux desdits objets qui, portant la marque du fabricant, n'auraient pas encore de numéros, ou qui, portant un numéro, n'auraient pas la marque de fabrique : tant que la marque et le numéro du fabricant seront conservés, il n'y a pas lieu d'exiger d'eux un numéro particulier, repris sur leurs registres d'entrée et de sortie.

3e Question. — Des difficultés se sont élevées à l'occasion du dépôt fait par quelques marchands, de la marque par eux adoptée, laquelle consiste en une seule lettre de l'alphabet (un B, par exemple), sans aucun entourage ni accessoire qui lui imprime un caractère particulier. De telles marques peuvent-elles être approuvées et reçues par l'administration ?

Réponse. — Il est bien évident que le but voulu par la loi serait manqué, si, pour se conformer aux obligations qu'elle leur impose, les manufacturiers et les marchands se contentaient d'apposer aux produits de leurs fabriques et aux marchandises existant dans leurs magasins une marque insignifiante, telle que celle qui vient d'être citée pour exemple. On a fait observer, dans la réponse à la question no 1, que le dépôt de la marque avait pour objet de fournir à l'administration le moyen de faire, en temps et lieu, les rapprochements et les confrontations nécessaires ; ces vues ne seraient point remplies, si l'on admettait pour signe distinctif une simple lettre moulée, qu'il est facile à tout le monde de contrefaire. On ne peut s'empêcher de remarquer, à ce sujet, que l'obstination de quelques personnes à ne pas vouloir adopter d'autre marque donne lieu de les soupçonner de mauvaise foi ; puisqu'elles semblent vouloir se ménager ainsi la faculté de nier la véritable provenance des marchandises qui viendraient à être saisies, plus ou moins de temps après qu'elles seraient sorties de leurs magasins. (*Voir*, au surplus, à ce sujet, les dispositions bien formelles de l'article 3 de l'ordonnance du 8 août 1816.)

4e Question. — 1° Les tissus *tout fil, sans mélange* ;
2° Ou *pure soie, sans mélange* ;
3° Ou *filoselle pure* ;
4° Ou *fil et laine mélangés* ;
5° Ou *fil et coton mélangés* ;

---

(1) Voir cette circulaire à sa date, page 110.
(2) Toutefois, là où l'on aurait adopté, de préférence, le nom du département, on pourra, sans inconvénient, persister dans cet usage.

18

6° Ou *soie et coton mélangés ;*
7° Ou *filoselle et coton mélangés ,*
sont-ils assujettis à la marque ?

Réponse. — Il a été adressé, le 30 mai dernier, aux préfets, une circulaire ministérielle contenant des instructions pour l'exécution de la loi du 21 avril précédent : les parties intéressées peuvent trouver dans ces instructions (auxquelles les préfets ont dû donner la plus grande publicité) tous les éclaircissements nécessaires sur l'objet de la question ci-contre. On a eu soin particulièrement d'y rappeler la nomenclature des marchandises prohibées. En fait de *coton,* de *laine* et de *soie* ou *filoselle,* on n'a spécifié que les *tissus et tricots de coton pur;* les *tissus de coton, mélangés de soie, de laine ou d'autres matières ;* les *tissus de laine,* et les *tulles de soie et tissus, étoffes, ou gazes, tant de soie que de fleuret, purs ou mélangés, qui seraient brochés ou mêlés d'or ou d'argent faux :* il en résulte bien clairement que, parmi les sept articles mentionnés ci-contre, les trois premiers sont seuls exempts de la marque ; les quatre autres, à cause du mélange de coton ou de laine, y sont assujettis.

5° Question. — Lorsque les marques d'origine française, déjà existantes sur les pièces, sont peu ou point lisibles, ou si les fabriques d'où elles sortent n'existent plus, faut-il estampiller de nouveau ?

Réponse. — Si les marques sont peu lisibles, c'est au détenteur à apprécier la possibilité de les déchiffrer ; si elles ne le sont pas, il doit en placer d'autres à côté : mais que les manufactures existent encore, ou non, la chose n'y fait rien ; la marque est bonne, si elle est suivie d'un numéro d'ordre, l'une et l'autre lisibles ; les vérifications étant possibles, dans cette supposition.

6° Question. — Le numéro d'ordre exigé doit-il s'entendre par espèce, ou bien chaque pièce ou coupon doit-il avoir un numéro différent, tant minutieux soit-il ? Par exemple, si l'on a sept à huit cents mouchoirs imprimés ou bonnets de même espèce, quoique de dessins un peu variés, est-on tenu d'établir un numéro différent pour chaque mouchoir (ce qui donnerait 7 à 800 numéros) ? ou bien peut-on numéroter d'un même numéro chacun ces sept à huit cents mouchoirs ou bonnets isolés, de mêmes espèce et laise ? ou bien, enfin, peut-on numéroter par douzaine ou paquet ?
Cette dernière interprétation est la plus naturelle, etc.

Réponse. — On peut induire de la nouvelle ordonnance que, par analogie à la bonneterie, les châles et mouchoirs aujourd'hui sortis des fabriques, et existant en magasin, peuvent être classés et numérotés par douzaine.

7° Question. — Comme, depuis le commencement de l'inventaire jusqu'à la fin, il surviendra nécessairement une différence en moins dans les magasins achalandés, faudra-t-il rectifier cette différence, lors de la déclaration et n'y porter que les quantités existantes ?

Réponse. — Cette question paraît sans objet : aucune des lois, ordonnances ou instructions ministérielles sur la matière, n'a parlé de la *déclaration* dont il est ici question ; l'inventaire formé en exécution de l'article 41 de la loi du 21 avril dernier est le seul acte que le détenteur des marchandises ait à produire, lorsqu'il en est requis ; si les quantités qu'il énonce n'ont point été vendues, la représentation doit en être faite ; si elles n'existent plus dans les magasins, il doit en être fait mention, en sortie, au même inventaire, et l'on continuera d'en agir ainsi jusqu'à l'épuisement des quantités inventoriées.

8° Question. — Un marchand domicilié, voyageant quelquefois avec ses marchandises, sera-t-il tenu d'être porteur d'une expédition double de sa déclaration enregistrée, ou devra-t-il simplement se munir d'une attestation municipale qui constate sa déclaration faite à temps et conforme aux lois ?

Réponse. — On a vu, par la réponse qui précède, que la loi ne prescrit point de *déclaration,* mais bien *un inventaire :* il n'y a donc pas lieu de faire accompagner d'une déclaration les marchandises assujetties à la marque ; seulement, d'après les lois générales, elles ne peuvent voyager sans une lettre de voiture et une facture régulière, indicatives de la marque et du numéro d'ordre. La lettre de voiture et la facture ne sont pas, du reste, nécessaires, lorsque le marchand accompagne et transporte lui-même ses propres marchandises.

9e *Question.* — Est-il nécessaire d'apposer une marque sur les draps et casimirs belges que le jury a déclarés pouvoir être vendus dans l'intérieur du royaume, en raison de leur importation antérieure au 30 mai 1814 ?

Réponse. — Les marchandises de l'espèce, c'est-à-dire, les draps et casimirs belges qui peuvent exister encore dans quelques magasins, et qui ont été importés en deçà des limites actuelles du royaume, au temps où le pays d'où ils tirent leur origine faisait partie de la France, doivent porter, non-seulement la marque du détenteur et le numéro d'ordre, mais une étiquette, scellée de son cachet, qui constate que la mise en consommation a été permise par autorisation spéciale, et qui rappelle la date de cette autorisation. La même mention doit être faite sur le registre-journal ou sur l'inventaire. Faute de ces précautions, le détenteur pourrait être considéré et poursuivi comme ayant apposé une marque d'origine sur des tissus étrangers.

10e *Question.* — Les articles ci-après spécifiés, tous fabriqués en coton ou en laine, sont-ils sujets à la marque ? On observe qu'il ne nous vient de l'étranger aucune de ces étoffes, savoir :

POUR LA LAINE,

Les *silésies, castors, marocs, toiles à doublures,* idem *pour robes de juges, cadis, blecourts, serges, escots, alépine, sommière, finettes, revêches, molletons, espagnolettes, satin turc, prunelles, pannes, peluches, camelots, bourracans, tricots pour militaires, étamines* et *callemandes ;*

POUR LE COTON,

Les *finettes, futaines, toiles à doublure, reps, prunelles, printanières, nankins de Rouen jaunes et autres couleurs ;* les *draps,* les *satins,* les *croisés pour doublure* et les *velours pour gilets.*

Réponse. — Il possible qu'il ne vienne de l'étranger aucune des étoffes en laine ou en coton mentionnées ci-contre : cependant, comme la loi des douanes a prohibé généralement l'entrée de *toute espèce de tissus et de tricots de coton pur* (le *nankin des Indes excepté*), ainsi que des *draps, casimirs , étoffes diverses de petite draperie, châles et autres tissus de laine (excepté les couvertures et le burail ou crépon de Zurich*), il en résulte bien évidemment que les divers articles énoncés ci-contre, qui peuvent se fabriquer en dehors et qu'on tenterait d'introduire en France, seraient susceptibles d'y être saisis. Les étoffes de ce genre qui ont été fabriquées dans le royaume, et celles qu'on pourra y fabriquer à l'avenir, doivent donc, aux termes de l'article 41 de la loi du 24 avril dernier, être assujetties à la marque indicative de leur origine.

11e *Question.* — Doit-on aussi estampiller les petites coupes de 7/8, 3/4 et de 1/2 aune ? On représente que l'accomplissement de cette formalité entraînerait un temps considérable.

Réponse. — Quant aux très-petites coupes dont il est ici question, le commerce sait que les agents de l'administration n'étendent point jusque-là leurs recherches. Mais il est bien entendu qu'une telle tolérance ne peut faire prescription, et que ces mêmes agents seraient tenus de faire l'application rigoureuse de la loi, si la subdivision des pièces de tissus avait pour objet de couvrir des opérations de contrebande.

Je n'ai pas besoin de vous faire remarquer que la plus grande partie des réponses qui précèdent se rattachent à des questions d'un intérêt commun aux diverses provinces du royaume. Indépendamment de ces questions, il m'en a été soumis plusieurs autres qui concernent uniquement des intérêts de localités ; elles feront la matière d'explications que j'aurai soin de donner particulièrement à ceux qui me les ont adressées.

Je terminerai par une observation générale, qui s'applique également au mode d'exécution des lois relatives à la répression de la contrebande. A en juger d'après divers rapports parvenus à l'administration, il y aurait lieu de croire que, dans quelques départements, la loi du 21 avril, en ce qui concerne l'apposition des marques, ne serait point exécutée : il importe que, par les soins des autorités locales, vous fassiez rappeler à vos administrés qu'indépendamment des peines auxquelles ils s'exposent, lorsque leurs marchandises sont dépourvues de marques, ils sont encore responsables des dommages que peuvent éprouver les acquéreurs de ces marchandises, dans quelque lieu et à quelque époque que la contravention soit constatée.

Enfin, les instructions relatives à l'exécution de cette même loi doivent être d'autant plus généralement répandues, que, suivant d'autres rapports, des agents de contrebande auraient cherché à induire en erreur des marchands établis dans les campagnes ; ils auraient livré à ceux-ci, et leur livreraient encore des tissus prohibés, en leur annonçant qu'ils peuvent, sans inquiétude, les mettre en consommation, après les avoir revêtus des marques prescrites ; ils seraient ainsi parvenus à tromper la crédulité de ces marchands, en donnant une fausse interprétation à la loi dont il s'agit. Une telle circonstance vous fera juger encore mieux de la nécessité d'éclairer, sur la nature de leurs obligations, tous ceux de vos administrés qu'intéressent plus ou moins les détails dont je viens de vous entretenir.

Octrois. — Caisses de retraite.

27 octobre 1818.

Le Sous-secrétaire d'État de l'intérieur aux Préfets.

Lors de la mise en exécution des baux à ferme des octrois de quelques villes du royaume, il s'est présenté la question de savoir si cette mesure pouvait former obstacle à l'établissement ou au maintien des caisses de retraite en faveur des préposés de ces droits.

Le comité de l'intérieur du conseil d'État a considéré que les employés de l'octroi, quoique nommés par les fermiers et révocables à leur volonté, exerçant leurs fonctions dans l'intérêt des villes, il était important que celles qui pourraient, à l'expiration des baux, reprendre l'administration de leurs octrois, conservassent les moyens d'assurer des pensions de retraite aux employés dont la bonne conduite aurait mérité cette récompense.

Il a, en conséquence, été d'avis qu'en cas de mise en ferme de l'octroi d'une ville où il existait une caisse de retraite en faveur des employés, le fermier de cet octroi serait tenu, par une clause du bail, de se conformer aux dispositions qui établissent des retenues sur les appointements des employés, pour servir à former un fonds de retraite.

Cette opinion est partagée par le directeur général des contributions indirectes et par les ministres des finances et de l'intérieur. Je vous invite, en conséquence, à tenir la main à ce que, dans le cas de la mise en ferme de l'octroi d'une ville de votre département où il existait une caisse de retraite en faveur des employés de ce droit, le cahier des charges impose la condition formelle de maintenir les retenues sur les appointements des employés.

Par les mêmes motifs, cette disposition devra être rétablie dans ceux des cahiers des charges des baux d'octrois affermés, d'où elle avait été provisoirement écartée.

Les observations que je viens de vous communiquer ne concernent que les préposés des octrois ; mais je pense qu'il ne serait pas moins important de soumettre aux mêmes retenues les autres employés des administrations municipales et des établissements publics ; vous aurez, en conséquence, à faire délibérer, sur cette utile mesure, les conseils municipaux et les autres administrations qui vous paraîtront devoir s'occuper de son application.

Vous devez donner d'autant plus d'attention à l'objet de cette lettre, que, depuis quelque temps, les demandes de pensions, de la part des employés communaux, se multiplient, et qu'à défaut d'un fonds de retenues les revenus des communes se trouveraient, en accordant ces pensions, successivement grevés de charges infiniment préjudiciables à leurs besoins ordinaires ; il importe, conséquemment, de chercher à prévenir cet inconvénient.

Je dois ajouter ici qu'un décret approbatif d'un avis du conseil d'État du 17 novembre 1811 a déclaré applicables aux employés des communes et des établissements publics les dispositions du décret du 4 juillet 1806, relatif aux pensions des employés du ministère de l'intérieur. C'est donc sur les dispositions de ce règlement que devront être basées les propositions que vous auriez à faire pour atteindre ce résultat.

Je profiterai de cette circonstance pour vous rappeler qu'aux termes de l'ordonnance royale du 3 juillet 1816, les fonds provenant des retenues faites sur les appointements des employés de tous les établissements publics doivent être versés à la caisse des dépôts et consignations, et que les receveurs ou préposés de ces établissements n'en peuvent être libérés que par un récépissé du caissier de ladite caisse.

Mise en ferme des biens communaux.

31 octobre 1818.

Le Sous-secrétaire d'État de l'intérieur aux Préfets.

(Extrait.)

Vous trouverez, dans l'ordonnance du 7 de ce mois, que je vous transmets avec la présente, une nouvelle preuve de l'intérêt que le gouvernement porte à la situation des communes, et du désir qu'il a de simplifier, autant que le permet le bien du service, les règles auxquelles l'administration municipale est soumise dans l'exercice de ses pouvoirs.

Aux termes d'un décret du 9 brumaire an XIII, les municipalités ne pouvaient changer, sans une autorisation spéciale du gouvernement, le mode de jouissance des biens qu'elles avaient jugé convenable de laisser en jouissance commune. Des dispositions de ce décret, on a conclu qu'elles ne pouvaient affermer, pour une durée ordinaire, aucune partie de ces biens, avant d'avoir obtenu cette autorisation.

L'ordonnance du 7 octobre vous délègue le pouvoir d'approuver les baux des biens de cette nature, lorsque leur durée n'excédera pas neuf années (1). Vous n'aurez désormais à référer au ministre de la mise en ferme de ces biens pour neuf années, qu'en cas d'opposition de quelques habitants au changement qu'elle doit introduire dans leur jouissance commune.

Je vous invite à donner à cette ordonnance toute la publicité dont elle est susceptible, et surtout à faire connaître aux administrations locales de votre département, que la nécessité de mettre les revenus des communes au niveau des dépenses, et de pourvoir aux charges extraordinaires dont elles sont grevées, est une des considérations principales sur lesquelles repose l'ordonnance. J'aime à croire que, dans tous les lieux où des locations avantageuses des biens restés en jouissance commune pourront atteindre ce but important et obvier à l'inconvénient des impositions locales, les conseils municipaux, éclairés par vos instructions particulières, se montreront disposés à profiter de la faculté que leur donnent les dispositions de l'ordonnance.

Vous veillerez à ce que les formalités qu'elle prescrit pour les adjudications soient régulièrement observées.

Vous remarquerez, à l'égard des baux des biens patrimoniaux et des biens restés en jouissance commune, dont la durée excéderait neuf années, qu'ils continuent d'être soumis aux règles et formalités prescrites par le décret du 7 germinal an IX.

Les baux d'une longue durée pouvant être plus favorables aux progrès de l'agriculture, et concourir plus facilement à tirer de leur état de stérilité les terrains restés, jusqu'à présent, incultes et sans produit, vous devrez diriger vers ce but l'attention des conseils municipaux ; avec d'autant plus de raison, que des baux de cette nature assureraient indubitablement aux communes des ressources plus importantes. Vous aurez toutefois à leur rappeler les instructions ministérielles du 12 floréal an IX.

Je désire, au surplus, que, tous les trois mois, vous m'adressiez l'état des adjudications des baux que vous aurez approuvés.

ORDONNANCE

Du 7 octobre 1818.

Louis, par la grâce de Dieu, roi de France et de Navarre ;

A tous ceux qui ces présentes verront, salut.

Sur le rapport de notre ministre secrétaire d'État au département de l'intérieur ;

Voulant faciliter la mise en ferme des biens communaux qui, n'étant pas nécessaires à la dépaissance des troupeaux, pourraient, par des locations avantageuses, suppléer à l'insuffisance des revenus affectés aux dépenses des communes, et obvier à l'inconvénient des impositions locales, dont le montant, onéreux aux contribuables, est également nuisible au recouvrement des contributions ordinaires ;

Voulant, d'ailleurs, favoriser tout ce qui peut concourir à l'augmentation de nos moyens de subsistance, par la mise en culture des terrains qui en sont susceptibles ;

---

(1) Les règles posées par cette ordonnance n'ont varié qu'en ce qui concerne la durée des baux (Voir l'article 17 de la loi du 18 juillet 1837.)

(N. de l'Ed.)

Vu l'article 13 du titre II de la loi du 5 novembre 1790, et les dispositions de la loi du 11 février 1791, relative aux établissements publics qui ont conservé l'administration de leurs biens;

Vu aussi les décrets des 7 germinal an IX, 9 brumaire an XIII, et 12 août 1807 ;

Notre conseil d'État entendu ;

Nous avons ordonné et ordonnons ce qui suit :

Art. 1er. Les biens des communautés d'habitants restés en jouissance commune, depuis la loi du 10 juin 1793, et que les conseils municipaux ne jugeront pas nécessaires à la dépaissance des troupeaux, pourront être affermés, sans qu'il soit besoin de recourir à notre autorisation, lorsque la durée des baux n'excédera pas neuf années; à l'effet de quoi, il est spécialement dérogé aux dispositions du décret du 9 brumaire an XIII.

2. La mise en ferme de ces biens ne pourra se faire qu'après avoir été délibérée par le conseil municipal, et sous les clauses, charges et conditions insérées au cahier des charges qui en sera préalablement dressé par le maire, et homologué par le préfet, sur l'avis du sous-préfet.

3. Il sera procédé par le maire à l'adjudication des baux desdits biens, en présence des adjoints et d'un membre du conseil municipal désigné par le préfet, à la chaleur des enchères et d'après affiches et publications faites dans les formes prescrites, tant par l'article 13 de la loi du 5 novembre 1790, et par les dispositions de la loi du 11 février 1791, que par le décret du 12 août 1807.

4. Conformément à l'article 1er du décret du 12 août 1807, il sera passé acte de l'adjudication par-devant le notaire désigné par le préfet.

5. L'adjudication ne sera définitive qu'après l'approbation du préfet, et le délai pour l'enregistrement sera de vingt jours, après celui où elle aura été donnée, conformément à l'article 78 de la loi du 15 mai dernier.

6. En cas d'opposition légale, de la part des habitants, au changement de jouissance, le préfet surseoira à l'approbation de l'adjudication, et il en rendra compte à notre ministre secrétaire d'État au département de l'intérieur, pour, sur son rapport, être par nous statué ce qu'il appartiendra.

7. Les baux des communaux et des biens patrimoniaux des communes, pour une durée excédant neuf années, continueront d'être soumis aux règles prescrites par le décret du 7 germinal an IX.

8. Notre ministre secrétaire d'État au département de l'intérieur est chargé de l'exécution de la présente ordonnance.

Mobilier des préfectures (1).

30 décembre 1818.

Le Ministre de l'intérieur aux Préfets.

J'ai l'honneur de vous envoyer une ampliation de l'ordonnance rendue par Sa Majesté, le 17 de ce mois, concernant le mobilier des préfectures.

A dater du 1er janvier prochain, ce mobilier sera entretenu et réparé au moyen des fonds alloués dans les budgets, et dont l'emploi sera justifié selon les formes établies pour les autres articles des dépenses départementales.

L'article 2 de l'ordonnance prescrit la formation d'un inventaire estimatif, dans lequel seront désignés et estimés tous les objets appartenant au département, et qui avaient été achetés ou repris comme devant être entretenus moyennant l'indemnité du dixième. On y portera aussi, mais pour mémoire seulement, les glaces et autres effets qui n'auraient point été compris dans les inventaires primitifs du mobilier soumis à l'entretien, ou qui en auraient été retirés comme tenant à l'immeuble.

---

(1) Voir les circulaires du 6 août 1838 et du 13 août 1840. (*N. de l'Ed.*)

Cet inventaire sera divisé en sept colonnes, intitulées :
Désignation des appartements ;
Nature et description des meubles ;
Date des achats ;
Valeur, d'après la dernière estimation ;
Valeur actuelle ;
Moins-value ;
Observations.

Les experts qui procéderont à l'estimation seront désignés, l'un par vous, et l'autre par le président du conseil général. Les frais de vacations du premier seront à la charge de l'abonnement : je ferai liquider et payer ceux du second sur le fonds des dépenses imprévues.

Je vous prie de m'envoyer une expédition certifiée de l'état estimatif, aussitôt qu'il vous aura été remis.

Les dispositions du décret du 25 mars 1811 qui ne sont point contraires à l'ordonnance sont maintenues. Il suit de là que, dans les départements où le mobilier n'aura pas encore été porté à la valeur d'une année du traitement du préfet, le conseil général pourra proposer des allocations spéciales pour le compléter : mais les fonds qui seront accordés ne seront employés qu'à l'achat d'objets de l'espèce de ceux que désigne l'article 2 du décret.

Les demandes de fonds seront accompagnées d'un état portant la désignation des meubles à acquérir, de leurs prix, et des appartements où ils seront placés.

En cas de décès ou de mutation, il sera procédé au récolement du mobilier, de la manière prescrite par les articles 7 et 8 du décret. Les meubles qui ne se retrouveront pas devront être remplacés par le préfet sortant, ou par les héritiers du préfet décédé.

ORDONNANCE

Du 17 décembre 1818.

Louis, etc. ;

Sur le rapport de notre ministre secrétaire d'État au département de l'intérieur ;
Notre conseil d'État entendu ;
Nous avons ordonné et ordonnons ce qui suit :

Art. 1er. L'indemnité allouée, par l'article 4 du décret du 25 mars 1811, aux préfets, pour l'entretien et le renouvellement du mobilier des préfectures, est supprimée à partir du 1er janvier prochain.

Les préfets cesseront, en conséquence, d'être responsables de la valeur des meubles, et seront seulement tenus de les représenter.

2. Il sera procédé, à la même époque et dans la forme prescrite par l'article 6 du même décret, à un état estimatif du mobilier. Si la valeur n'est pas égale à celle pour laquelle il a été remis, la moins-value sera versée par le préfet à la caisse du receveur général, et portée en recette dans le budget, pour être employée, s'il y a lieu, et ainsi qu'il sera dit ci-après, à la réparation du mobilier.

3. A l'avenir, il sera pourvu à l'entretien et au renouvellement des meubles, au moyen des sommes votées par le conseil général et allouées dans le budget du département, à la charge par le préfet de justifier de l'emploi.

4. Une commission du conseil général fera, chaque année, contradictoirement avec le préfet, le récolement du mobilier départemental.

5. Les dispositions du décret du 25 mars 1811 continueront d'être exécutées, en ce qui n'est point contraire à la présente ordonnance.

6. Notre ministre secrétaire d'État de l'intérieur est chargé de l'exécution de la présente ordonnance.

EXTRAIT DU DÉCRET DU 25 MARS 1811, CONCERNANT LE MOBILIER DES PRÉFECTURES.

Art. 1er. Les hôtels de préfecture seront meublés ainsi qu'il est réglé par l'article 5 ci-après.

2. Le mobilier d'un hôtel de préfecture se compose,

1º De meubles meublants servant à la représentation, tels que glaces, consoles, secrétaires, tentures, lustres, tapis, siéges et autres objets qui garnissent les salons de réception, la salle à manger, les salles d'audience et le cabinet du préfet ;

2º De l'ameublement d'un appartement d'habitation d'honneur ;

3º Des meubles nécessaires aux salles des séances du conseil général, du conseil de préfecture et des bureaux.

3. Il est alloué, pour le mobilier de chaque hôtel de préfecture, une somme équivalente à une année de traitement du préfet, tel qu'il a été réglé par le décret du 11 juin 1810.

6. Les meubles destinés à composer le mobilier d'un hôtel de préfecture sont désignés dans un état qui indique la forme, la nature et la valeur actuelle de chaque article. Cet inventaire est fait en présence du préfet, du secrétaire général, du président de la dernière session du conseil général, si le département a seul fourni le prix des meubles, ou du maire, si c'est la ville qui l'a donné, ou de l'un et de l'autre, si la ville et le département y ont concouru.

Il est signé par tous ces fonctionnaires, en triple expédition, dont l'une reste à la préfecture, une autre à la mairie, et la troisième est adressée au ministre de l'intérieur.

7. Si le préfet vient à quitter l'administration du département, il sera fait contradictoirement entre lui et son successeur un état estimatif des meubles de la préfecture, dans les formes établies par l'article précédent. Le préfet entrant sera chargé des meubles portés dans le nouvel inventaire.

8. En cas de décès du préfet, ou s'il vient à quitter avant que son successeur soit arrivé, le président du conseil général, ou, à son défaut, le maire de la ville du chef-lieu, recevra les meubles, comme l'eût fait le nouveau titulaire, en présence du conseiller de préfecture qui se trouvera remplir l'*intérim* et sera chargé de pourvoir à leur conservation, jusqu'à ce qu'on les remette au nouveau préfet.

Mines. — Projets d'affiches.

1er janvier 1819.

Le Directeur général des ponts et chaussées et des mines aux Préfets.

D'après l'article 24 du décret du 18 novembre 1810, les ingénieurs en chef des mines doivent dresser les projets d'affiches des demandes en concession de mines et en permission d'usines. Cette disposition n'a pas toujours reçu son exécution, et il en est résulté, dans l'expédition des affaires, des retards qu'il est désirable de ne pas voir se renouveler. Je ne puis donc, en vous la rappelant, que vous prier de veiller à ce qu'à l'avenir toute demande en concession ou en permission soit communiquée aux ingénieurs des mines, pour que ceux-ci rédigent les projets d'affiches, conformément à l'article 24 du décret.

J'ai eu aussi occasion de remarquer, plusieurs fois, que des propriétaires d'usines se sont présentés comme opposants à des demandes, quoiqu'ils ne fussent point eux-mêmes pourvus de permissions. Cette contravention aux articles 74 et 78 de la loi du 21 avril 1810 doit être constatée; elle peut servir à juger les motifs qui souvent ont déterminé les opposants, et à faire apprécier le mérite de leur opposition. Je vous prie, en conséquence, d'avoir soin que, dans l'instruction des demandes en permission d'usines, on mentionne si les propriétaires qui se portent opposants, sont eux-mêmes pourvus de permissions, ou s'ils sont en contravention, soit à l'article 74, soit à l'article 78 de la loi précitée.

Admission, aux écoles des arts et métiers, d'élèves choisis parmi les fils de conducteurs des ponts et chaussées.

2 janvier 1819.

Le directeur général des ponts et chaussées informe les préfets que le ministre de l'intérieur, d'après la demande qu'il lui en a faite, et en considération de l'admission qu'il a autorisée de plusieurs élèves des écoles des arts et métiers de Châlons et d'Angers parmi les conducteurs des ponts et chaussées, s'est montré disposé à accorder en échange, chaque année, quelques places gratuites d'élèves dans ces écoles aux fils des conducteurs des ponts et chaussées qui seraient hors d'état de pourvoir aux frais de l'éducation de leurs enfants, et qui se seraient rendus dignes de cette faveur par leurs bons services.

Le directeur général fait connaître aux préfets les conditions que doivent réunir les candidats, et les pièces qu'ils doivent produire à l'appui de leurs demandes.

Exposition des produits de l'industrie française.

26 janvier 1819.

Le Ministre de l'intérieur aux Préfets.

L'ordonnance du 13 de ce mois, par laquelle Sa Majesté fixe au 25 août de cette année l'exposition des produits de l'industrie française, vous est parvenue. Vous en aurez trop senti l'importance, pour n'avoir pas porté vos vues sur les moyens de concourir à son exécution, avant même de recevoir les instructions que je m'empresse de vous donner.

Le premier objet dont vous avez à vous occuper est la composition du jury. Vous en choisirez les membres parmi les hommes les plus éclairés dans les arts, et les plus capables d'en juger les produits.

Ce jury prononcera sur tous les objets qui seront présentés, et n'admettra que ceux qui lui paraîtront offrir une bonne fabrication ou une grande utilité ; il doit surtout s'attacher aux objets qui forment une industrie particulière au département : ceux-ci présentent toujours de l'intérêt, et caractérisent les localités.

Le jury observera surtout de ne pas rejeter les produits grossiers, lorsqu'ils sont à bas prix et d'un usage général.

Il excitera le zèle et l'émulation de tous les manufacturiers et fabricants, pour qu'ils donnent à leurs produits tous les degrés de perfection dont ils sont susceptibles ; il leur dira que c'est moins un produit très-soigné et fabriqué à grands frais, sans toutefois l'exclure, qu'un bel échantillon d'une fabrication ordinaire qu'il faut présenter à l'exposition.

Tous les articles d'industrie reçus par le jury doivent être rendus au Louvre avant le 1er août ; le gouvernement en payera le port.

Vous aurez l'attention de faire mettre un numéro à chacun des produits, ainsi que le nom du fabricant et celui du département.

Vous m'enverrez séparément une note détaillée, dans laquelle vous me ferez connaître l'étendue de la fabrication, les lieux de consommation, le nombre d'ouvriers employés, l'origine des matières premières, les encouragements qu'on pourrait accorder à chaque genre d'industrie, etc. Ces renseignements deviennent nécessaires au jury central de Paris, pour déterminer son jugement, et ils seront utiles au gouvernement pour fixer le degré d'intérêt qu'il doit accorder à chaque fabrique.

Vous remarquerez que l'ordonnance du roi n'a pas borné le nombre des prix dont elle annonce la distribution. L'intention de Sa Majesté est d'accorder des encouragements ou des récompenses à tout ce qui sera vraiment digne de sa munificence. Pour en donner une nouvelle marque, le roi a daigné permettre qu'indépendamment des médailles qui seront décernées, sur le rapport du grand jury, j'appelasse sa bienveillance spéciale sur ceux des manufacturiers ou fabricants désignés pour des prix, et qui, en ayant déjà obtenu dans les précédents concours, ou ayant, par des procédés nouveaux ou des découvertes importantes, fait faire un pas notable à l'industrie nationale, paraîtront mériter des témoignages plus éclatants de la satisfaction royale. Sa Majesté a bien voulu m'autoriser à solliciter pour eux la décoration de la Légion d'honneur, et la faveur de lui être présentés.

Sa Majesté a voulu aussi que l'exposition eût lieu dans les salles du palais du Louvre, au moment même où elles viennent d'être terminées, pour marquer d'une manière plus particulière l'intérêt dont elle honore les arts.

Encouragés par une bienveillance si auguste, les manufacturiers et fabricants français redoubleront d'efforts et de zèle pour s'en rendre dignes, et justifieront, par leurs travaux, le haut degré d'estime où déjà notre industrie est placée en Europe.

Etablissement d'un conseil d'agriculture.

9 février 1819.

Le Ministre de l'intérieur aux Préfets.

J'ai l'honneur de vous transmettre l'ordonnance rendue par Sa Majesté, le 28 janvier dernier, pour l'établissement d'un conseil d'agriculture. Le rapport qui précède cette ordonnance en expose suffisamment les motifs. Il me dispense d'insister sur le but de cette institution et sur les avantages que Sa Majesté a le droit d'en attendre. Mais je dois fixer particulièrement votre attention sur la part que vous êtes appelé à prendre aux mesures qui doivent compléter cette institution, l'approprier à votre département, et entretenir l'activité des travaux entrepris sous vos yeux.

Déjà, sans doute, vous avez porté vos regards sur l'état de l'agriculture dans le département dont l'administration vous est confiée; vous vous êtes fait une idée des méthodes que l'usage y a consacrées, et vous avez apprécié les produits qui en résultent. S'il s'y est introduit quelques améliorations, vous aurez jugé de leur importance et estimé, à cette mesure, le mérite des cultivateurs qui en ont donné l'exemple; vous aurez remarqué les propriétaires de terres qui, présidant eux-mêmes à leur exploitation, s'y dévouent par goût, y portent un esprit plus exempt de préjugés, s'enquièrent des méthodes accréditées ailleurs, se livrent avec sagesse et discernement à des essais plus ou moins heureux. Dans le nombre de ces derniers, vous aurez particulièrement distingué ceux qu'une fortune plus considérable, que des terres plus étendues mettent à portée de tenter l'expérience sur une plus grande échelle, et de procéder en grand au perfectionnement des diverses races de bétail, sans être arrêtés par l'impatience de voir rentrer leurs capitaux ; mais, surtout, vous aurez distingué ceux d'entre ces propriétaires qui, à toutes ces conditions de préférence, réunissent les avantages de la considération personnelle, de l'honorable renommée qui ajoute à l'autorité des conseils et à l'influence de l'exemple. Voilà les hommes que le roi appelle à seconder ses vues bienfaisantes ; voilà les noms que je désire rencontrer sur la liste de présentation à la formation de laquelle vous devez procéder, en exécution de l'article 8 de l'ordonnance.

Que si, et je me plais à concevoir cette espérance, votre département renferme plusieurs de ces cultivateurs distingués, également dignes de s'associer aux vues bienfaisantes de Sa Majesté, également animés du noble désir d'y concourir ; alors se présentent des considérations d'un autre ordre, et qui ne sauraient vous échapper dans l'application de la mesure générale aux intérêts spéciaux de la portion de territoire dont l'administration vous est confiée. Quelque circonscrite qu'elle puisse être, la nature peut n'y être pas du tout uniforme : le sol, je le suppose, offrira de grandes diversités, soit dans sa configuration, soit dans sa qualité ; et la culture variera comme les lieux où elle est assise. Ici, tous les soins seront dirigés vers l'éducation de telle ou telle sorte de bétail ; là, ils se concentreront dans la culture des productions consacrées à la nourriture de l'homme, ou destinées à alimenter nos manufactures. Vous sentirez aisément qu'aucune branche d'industrie agricole n'étant étrangère aux vues d'amélioration que le gouvernement a conçues, vous devez, en ce cas, préférer le propriétaire dont l'exploitation est assez étendue pour embrasser la majeure partie de ces diverses industries, ou qui, au moins, réunit les principales ; et enfin, si telles étaient, dans votre département, les dispositions de la nature et la division des industries agricoles, que celles-ci fussent, en quelque sorte, exclusives l'une de l'autre, il faudrait donner la préférence à celle qui occupe le plus de place et emploie le plus de bras, à celle qui intéresse la plus forte partie de la population, représente la plus grande masse de capitaux, et ouvre au pays la source la plus abondante de sa richesse.

C'est dans cet esprit que je vous invite à vous occuper, sans délai, de la liste de présentation dont la formation vous est déléguée. Ne craignez pas de trop étendre cette liste, si votre département est assez heureux pour offrir la concurrence de plusieurs cultivateurs à la fois empressés de briguer un titre honorable et jaloux de satisfaire aux obligations qu'il impose. Ne craignez pas de la restreindre, au contraire, si vous ne rencontrez ces dispositions que dans un petit nombre. Mais qu'en aucun cas cette liste ne se grossisse du nom de ceux qu'attirerait un intérêt étranger aux intérêts de l'agriculture, ou une ambition qui ne serait pas celle de concourir efficacement à ses progrès.

Si votre département possède une société d'agriculture, ses avis vous seront d'un grand secours pour la désignation des candidats, et je n'ai pas besoin de vous recommander des communications dont vous sentirez vous-même tous les avantages. C'est probablement dans le sein de cette société que vous rencontrerez les collaborateurs que nous cherchons, ces cultivateurs éclairés qui allient le savoir à l'expérience, et sont habitués à réduire en pratique les méthodes recommandées par les plus habiles agronomes; c'est là aussi que vous puiserez les renseignements les plus certains sur le zèle, l'intelligence et les moyens des divers candidats que vous me présenterez. J'ai besoin de ces renseignements pour déterminer mon choix. Au nom de chacun, vous joindrez une indication sommaire de l'étendue, de la nature et de la valeur de ses propriétés; de la situation et de la contenance de la portion qu'il se propose de consacrer à l'établissement d'une ferme expérimentale. Vous n'oublierez pas de me parler des ressources qu'il trouve dans sa fortune, ou dans l'économie, l'activité et l'intelligence qui la suppléent. Surtout, ne manquez pas d'exposer les titres qu'il peut avoir acquis à notre confiance par des améliorations effectuées dans quelqu'une des branches de l'économie rurale. S'il s'est déjà distingué par la suppression des jachères, la culture en grand des prairies artificielles, l'adoption d'un bon système d'assolement, l'introduction des irrigations; s'il a essayé la culture des plantes nouvelles et utiles au pays, fait des plantations, formé des pépinières; s'il s'est livré à l'éducation et au perfectionnement des diverses races de bétail; s'il possède des troupeaux, ou purs, ou du moins améliorés : alors assurément nous pourrons fonder de justes espérances sur les nouveaux efforts que nous devons attendre de son zèle.

Vous connaissez les obligations que s'imposent les membres correspondants du conseil d'agriculture; empressez-vous de les faire connaître aux personnes qui aspirent à ce titre honorable. Ces obligations sont exprimées dans les dispositions de l'article 6 de l'ordonnance, et développées dans le rapport qui la précède : elles se bornent à suivre le bel exemple que le roi ne dédaigne pas de nous donner. Sa Majesté, voulant concourir elle-même à l'exécution du plan qu'elle a conçu, a ordonné que, dans le département de la Seine et aux portes de Paris, un de ses domaines ruraux fût consacré à l'établissement d'une ferme d'expériences et d'améliorations, où sera réalisé, pour l'instruction des cultivateurs, le système complet d'une exploitation rurale la plus parfaite possible, tant sous le rapport de la culture, que sous celui des outils aratoires, de la tenue des bâtiments, du choix et de l'éducation des bestiaux.

Affecter une portion déterminée de sa propriété à une destination pareille est la condition fondamentale d'admission au titre de membre correspondant; parce que l'objet principal de l'institution est de présenter, dans chaque département, le modèle d'une exploitation régulière et complète, assujettie aux règles tracées par les meilleures méthodes, mais en même temps appropriée au climat, au sol, aux convenances des lieux, et forçant, par l'autorité de l'expérience, la conviction qui ne cède pas à l'autorité des préceptes.

Une ferme destinée à devenir normale pour les principales branches de l'économie agricole doit avoir une étendue proportionnée à la fin que l'on se propose. Il serait à désirer qu'elle fût d'une contenance de cinquante à soixante hectares; on ne peut guère la réduire à moins de vingt-cinq ou trente. Le propriétaire se soumettra à y établir le meilleur système d'assolement que comportent les lieux, à employer les meilleurs instruments aratoires, à entretenir les meilleures espèces de bétail; il y fera les essais qui lui seront indiqués par le conseil d'agriculture; il sèmera les graines et cultivera les plants qui lui auront été adressés; soit dans l'intention d'en soumettre la culture à l'expérience, soit dans le dessein d'en propager la connaissance et d'en accréditer l'usage : obligations légères, et que l'agronome éclairé sera loin de regarder comme une charge, à la vue des avantages incontestables qu'il retirera, pour ses propres intérêts, de l'adoption d'un bon système d'économie rurale, de la correspondance et des avis du conseil d'agriculture, et enfin des secours et des encouragements de tout genre qu'il recevra du gouvernement.

La correspondance établie entre ce propriétaire et le conseil d'agriculture sera un échange continuel de lumières et de bons offices, au profit de l'économie rurale. Celui-là nous fera connaître les besoins et les ressources de son département ; celui-ci fixera les incertitudes, résoudra les doutes, préviendra les tâtonnements, assurera la marche de l'entreprise nouvelle. De mon côté, je secourrai le zèle de tout ce qui peut en seconder les efforts. Il sera adressé à chacun des correspondants un exemplaire des *Annales d'agriculture*, et je fais graver, pour leur usage, un recueil des meilleurs instruments aratoires, qu'ils recevront accompagné de toutes les explications nécessaires. Ils auront droit, d'ailleurs, à toutes les distributions de graines, de plants, d'outils, qui se feront dans mon ministère. Mais de tous les encouragements qui peuvent leur être offerts, le plus digne, sans doute, d'exciter leur émulation, est l'espoir de se rendre utiles à leur pays, et l'honneur d'attirer un regard de bienveillance de Sa Majesté, à l'époque où il m'est permis de mettre sous ses yeux les noms de ceux qui se seront le plus distingués, dans le cours de l'année, par leurs travaux et leurs succès.

Pour satisfaire à ce devoir, vous savez que votre avis m'est nécessaire ; et c'est assez vous dire que vous ne pouvez perdre de vue la marche progressive de l'entreprise rurale à l'établissement de laquelle vous aurez concouru. Je trouverai sans doute, dans la correspondance du conseil d'agriculture, les premiers éléments du compte que j'ai à rendre au roi du zèle, de l'activité des correspondants, et des principaux résultats de leur exploitation. Mais ces résultats ont divers caractères, soit aux yeux du propriétaire, qui les envisage dans son système et ses vues particulières, soit à l'œil impartial de l'administrateur, qui les considère sous les divers rapports de leur importance, ou générale, ou locale. Vous les apprécierez surtout dans l'intérêt de votre département, et dans l'influence qu'ils peuvent exercer sur sa culture ; circonstances entièrement dépendantes et de la facilité que le cultivateur trouve à imiter les procédés, et de l'évidence des avantages attachés à leur adoption. La société profite toujours de beaux résultats, dussent-ils être chèrement achetés : mais l'exemple est sans vertu, s'il n'est que l'exemple des sacrifices ; et le produit net d'une entreprise nouvelle est, en dernière analyse, la seule de ses conséquences qui décide à l'imitation.

ORDONNANCE

Du 28 janvier 1819.

Louis, etc. ;

Sur le rapport de notre ministre secrétaire d'État au département de l'intérieur ;

Nous avons ordonné et ordonnons ce qui suit :

Art. 1er. Il sera établi, auprès de notre ministre secrétaire d'État au département de l'intérieur, un conseil d'agriculture.

2. Ce conseil donnera son avis sur les questions de législation et d'administration, et sur les projets et mémoires relatifs à l'agriculture, qui lui seront renvoyés par notre ministre, à qui il présentera également ses vues sur les améliorations et perfectionnements qui pourraient contribuer aux progrès de l'agriculture, et sur les encouragements et récompenses à accorder.

3. Le conseil d'agriculture sera composé de dix membres, à la nomination de notre ministre secrétaire d'État au département de l'intérieur, et sous notre approbation.

4. Notre ministre secrétaire d'État au département de l'intérieur désignera celui des membres du conseil qui présidera, en son absence.

5. Il y aura, dans chaque département, un membre correspondant du conseil d'agriculture, choisi parmi les propriétaires cultivateurs qui se livrent avec le plus de zèle et d'intelligence aux travaux agricoles.

6. Les membres correspondants mettront en pratique, dans une portion de leur propriété, les meilleures méthodes de culture : ils feront les essais et les expériences qui leur seront indiqués par le conseil, à qui ils rendront compte, par l'intermédiaire du ministre de l'intérieur, du résultat de leurs travaux.

7. Lorsque les membres correspondants seront à Paris, ils auront le droit d'assister au conseil, avec voix consultative.

8. Notre ministre secrétaire d'Etat au département de l'intérieur nomme les membres correspondants du conseil d'agriculture, sur la présentation des préfets.

La liste des membres correspondants nous sera présentée, tous les ans, par notre ministre, qui nous fera connaître ceux qui se seront le plus distingués, dans le cours de l'année, par leurs travaux et par leurs succès.

9. Notre ministre secrétaire d'Etat au département de l'intérieur est chargé de l'exécution de la présente ordonnance.

Attributions des courtiers conducteurs de navires.

17 février 1819.

Le Ministre de l'intérieur aux Préfets.

Les attributions des courtiers interprètes conducteurs de navires ont fait le sujet d'une circulaire en date du 25 octobre 1817.

Après y avoir établi que le capitaine, *s'il agit par lui-même*, et s'il peut se faire entendre sans truchement, est fondé à se dispenser de recourir au ministère des courtiers, on avait ajouté, sur la demande de quelques-uns des consuls étrangers, que l'assistance des agents consulaires ne nuirait pas à ce que l'étranger fût censé *agir par lui-même* encore qu'il ne parlât pas la langue française.

Mais plusieurs réclamations s'étant élevées, l'administration n'a rien de mieux à faire que de se renfermer, en ce qui la concerne, dans la disposition de l'article 80 du Code de commerce, suivant laquelle les courtiers *servent seuls de truchements à tous étrangers maîtres de navires marchands, équipages et autres personnes de mer.*

Les directeurs généraux des douanes et des contributions indirectes seront invités, en conséquence, à n'admettre que les courtiers pour truchements, lorsque les capitaines ne parleront pas français.

J'ai voulu vous prévenir de cette décision. Je vous invite à tenir la main à ce qu'elle soit exécutée. Si les consuls croient devoir faire quelques observations sur cette exécution, c'est par les voies diplomatiques qu'ils pourront demander et qu'ils recevront les éclaircissements dont leurs réclamations pourraient être susceptibles.

Les autres dispositions de la circulaire précitée du 25 octobre 1817 doivent être suivies sans aucune dérogation.

Enseignement primaire. — Congrégation des frères de la doctrine chrétienne.

16 mars 1819.

Le Ministre de l'intérieur aux Préfets.

L'enseignement primaire, qui doit donner au peuple des villes et des campagnes les connaissances nécessaires à son bien-être, et l'instruire principalement de ses devoirs, a fixé depuis longtemps l'attention du gouvernement du roi. Sa Majesté l'a réglé par son ordonnance du 29 février 1816 (1), qui établit en détail tout ce qui concerne l'examen, la présentation et l'institution des maîtres d'école, ainsi que la surveillance à laquelle ils sont soumis dans l'exercice de leurs fonctions. Les recteurs des académies, préposés par la commission de l'instruction publique, s'assurent de la capacité des aspirants et la constatent par des brevets; le maire et le curé de chaque commune choisissent, parmi les sujets brevetés, ceux qu'ils croient les plus propres à tenir les écoles communales, et les présentent au recteur qui les institue, après avoir pris l'avis du comité cantonal chargé, sous son autorité, de la surveillance des écoles. L'institution doit être agréée par le préfet.

Ces précautions sont la garantie de la religion, de l'Etat et des familles contre des maîtres incapables ou indignes, et il est important qu'aucune ne soit négligée. L'ordonnance du 29 février y soumet les associations religieuses ou charitables qui se dévouent, ou se dévoueront, par la suite, à l'enseignement primaire; et, en cela, elle ne fait que suivre les anciennes maximes de la monarchie, et les principes du droit public général et d'une saine politique. Les gouvernements ne peuvent, sans se trahir eux-mêmes, reconnaître, dans aucune société ou congrégation, de quelque nature qu'elle soit, le pouvoir de créer des établissements publics sans observer, pour chacun de ces établissements, les formes particulières qui le régissent. Toute corporation qui déclarerait ces formes incompatibles avec ses propres statuts, se déclarerait elle-même incompatible avec l'Etat qui l'aurait imprudemment admise dans son sein.

Cependant, il s'est élevé quelques difficultés sur l'application de l'ordonnance du 29 février à la congrégation des frères de la doctrine chrétienne.

Cette congrégation a cru s'apercevoir qu'elle n'était point comprise dans les termes de l'ordonnance, et, pendant quelque temps, elle a défendu à ses membres de se pourvoir du brevet et de l'institution, qui sont les conditions de l'enseignement public, ne voulant plus tenir sa mission que d'elle-même.

Une telle exception, si elle eût été reconnue et consacrée, aurait porté une atteinte grave à l'autorité du roi, comme à la législation actuelle de l'instruction publique; législation qui est cependant le seul titre sur lequel se fonde l'existence légale de la congrégation des frères. Aussi le gouvernement s'est-il appliqué à faire cesser une contravention dont les fâcheuses conséquences sont évidentes:

---

(1) Abrogée par la loi du 28 juin 1833 sur l'instruction primaire.

(*N. de l'Ed.*)

ses efforts, pour éviter la nécessité de recourir à des mesures rigoureuses, ont obtenu le succès que j'en avais espéré; la congrégation des frères, dont le zèle et les services méritent d'ailleurs tant d'estime, a reconnu l'erreur où elle avait été momentanément induite. J'ai la certitude que les frères, tant ceux qui enseignent actuellement, que ceux qui seront, à l'avenir, appelés à enseigner, se présenteront au recteur de l'académie, pour recevoir de lui, sur le vu de leur lettre d'obédience, le brevet et l'autorisation dont tous les instituteurs primaires ont besoin (1). Après cette présentation, le brevet sera envoyé, par le recteur, au supérieur général des frères. D'ici à un mois, des ordres seront donnés par le supérieur général à tous les membres de la congrégation, pour qu'ils aient à remplir ces formalités. Je vous invite donc à suspendre, pendant ce délai, les poursuites que vous pourriez avoir exercées contre les écoles de frères qui ont contrevenu aux dispositions des lois, afin qu'ils aient le temps de s'y conformer, ainsi que le supérieur général s'est engagé à le leur prescrire. Vous me rendrez compte de ce qui aura été fait à cet égard.

Police du roulage. — Attributions des maires et des conseils de préfecture (2).

17 mars 1819.

Le Directeur général de l'administration communale et départementale aux Préfets.

J'ai eu l'occasion de remarquer que, dans plusieurs départements, les maires jugeaient en premier ressort les contraventions aux règlements sur la police du roulage, et que le conseil de préfecture en connaissait seulement lorsque les contrevenants exerçaient leur recours devant lui.

Dans d'autres départements, le conseil de préfecture prononce définitivement sur toutes les affaires de cette espèce.

Cette différence dans le mode de procéder a donné lieu d'examiner, 1° si les décisions des maires n'étaient que provisoires, 2° si les conseils de préfecture devaient seuls rendre un jugement définitif; et ces deux questions en ont fait naître une troisième, celle de savoir si, en vertu de l'article 475 du Code pénal, ces sortes de contraventions étaient actuellement dévolues aux tribunaux de simple police; dans ce cas, si la peine était réduite à la simple amende de 6 à 10 francs; ou bien si cette amende devait être infligée par le juge compétent, en sus de la somme exigée pour dommages, par la loi du 29 floréal an X, relative au poids des voitures employées au roulage.

---

(1) Avant l'ordonnance du 18 avril 1851, les frères obtenaient l'autorisation de se livrer à l'enseignement sur le vu de la lettre d'obédience à eux délivrée par leurs supérieurs. Ils sont aujourd'hui dans le droit commun.—Voir la loi organique de l'enseignement, du 15 mars 1850, articles 25 et 31.   (*N. de l'Ed.*)
(2) Voir une circulaire du 22 janvier 1840 (*Rec. des circ. de 1831 à 1839*, t. III, p. 525.)   (*N. de l'Ed.*)

Les doutes sur cette dernière question provenaient de ce qu'on n'avait pas fait attention que le Code pénal statue seulement sur les contraventions attribuées, par le Code d'instruction criminelle, aux tribunaux de simple police ; que ces tribunaux ne sont compétents qu'en matière de petite voirie ; tandis que les questions proposées étaient relatives à des objets de grande voirie.

Le Code pénal ne présente aucune disposition qui puisse faire supposer qu'il soit applicable aux contraventions de grande voirie.

Il porte, au contraire, article 484, que, « dans toutes les matières « qu'il n'a pas réglées et qui sont régies par des lois et règlements « particuliers, les cours et les tribunaux continueront de les obser- « ver. » Or, la loi du 28 pluviôse an VIII attribue aux conseils de préfecture exclusivement le pouvoir de statuer sur les difficultés qui pourraient s'élever en matière de grande voirie : celle du 29 floréal an X dit que ces conseils statuent définitivement sur toutes les contraventions de cette espèce ; enfin, celle du même jour 29 floréal, sur le poids des voitures, et celle du 7 ventôse an XII, qui règle la largeur des jantes des roues des voitures de roulage, ordonnent que les condamnations pour contravention à ces lois seront prononcées administrativement, et que les sommes à payer par les contrevenants, à titre de dommages, seront fixées dans la proportion qu'elles ont déterminée.

Ainsi, l'autorité administrative, et non les tribunaux, réprime seule toute infraction à ces lois sur les grandes routes ; elle ne peut appliquer que la peine qu'elles ont indiquée, et non l'amende énoncée dans l'article 475 du Code pénal, parce que ce code n'attribue pas de juridiction, et que l'article 475 ne punit que les contraventions en matière de simple police, dont l'administration ne peut connaître.

Il reste à décider si les maires jugent en premier ressort les contraventions par excès de chargement commis sur les grandes routes, ou si les conseils de préfecture doivent seuls rendre un jugement définitif.

La loi du 29 floréal an X, relative au poids des voitures de roulage, celle du 7 ventôse an XII, qui a déterminé la largeur des jantes pour les roues de ces voitures, ne font pas mention des maires ; elles portent seulement que les contraventions seront jugées par voie administrative. Le décret du 23 juin 1806 donne des règles pour l'exécution de ces lois ; mais il n'a pu altérer ou changer l'ordre des juridictions.

Le juge en matière de grande voirie est le conseil de préfecture. Aux termes de la loi du 28 pluviôse an VIII et de celle du 29 floréal an X, il statue définitivement : ses arrêtés sont exécutés sans visa ni mandement des tribunaux ; ils sont exécutoires par contrainte, et ils emportent hypothèque. A la vérité, le décret du 23 juin 1806 dit, article 38, que les contestations qui pourraient s'élever sur le poids des voitures, sur l'amende et sur sa quotité, seront jugées sommairement, sans frais et sans formalités, sauf le recours au conseil de préfecture ; mais c'est improprement que le mot jugé a été employé dans ce décret, qui n'a voulu que procurer une exécution de la loi plus assurée et plus prompte.

Le maire n'est appelé, dans ces contestations, que comme officier public qui interpose son autorité pour arrêter la contravention et faire déposer l'amende qu'il croit encourue : il ne condamne pas, il ne juge pas le fond des contestations ; il assure seulement l'effet de la condamnation, et les droits du voiturier restent entiers. On ne pourrait donner au décret une autre interprétation, car ce serait admettre que les maires, qui n'ont pas de juridiction en matière d'administration, auraient le droit de rendre un jugement proprement dit ; ce serait, contre toutes les règles de l'ordre judiciaire, établir trois jugements ; celui du maire, celui du conseil de préfecture, et celui du conseil d'Etat, juge d'appel des arrêtés des conseils de préfecture.

Il faut donc reconnaître que l'arrêté d'un maire, en pareil cas, n'ordonne qu'une consignation provisoire ; qu'il n'est pas un jugement, que le conseil de préfecture peut seul prononcer, parce que nul ne peut être condamné que par une autorité compétente, et que le maire n'est ici qu'un agent d'exécution provisoire, dont le conseil de préfecture doit nécessairement confirmer ou infirmer l'acte, soit que le contrevenant exerce ou n'exerce pas son recours devant lui.

Tels sont les principes que le comité de législation du conseil d'Etat, consulté sur les questions dont il s'agit, a rappelés dans une délibération qu'il vient de prendre.

En résumé, le Code pénal n'est point attributif de juridiction ; il détermine seulement les peines que les tribunaux compétents peuvent appliquer.

Les peines prononcées par l'article 475 de ce code sont celles dont il punit les contraventions de simple police.

En statuant sur ces contraventions, dans lesquelles se classent celles de petite voirie, il n'a pas entendu abroger la loi du 29 floréal an x et celle du 7 ventôse an xii, sur le poids des voitures de roulage et sur la dimension des jantes de leurs roues, ni la distinction essentielle entre la petite et la grande voirie.

Celle-ci est restée dans la compétence administrative des conseils de préfecture, auxquels les lois des 28 pluviôse an viii et 29 floréal an x l'ont attribuée.

L'article 38 du décret du 23 juin 1806 n'a pu vouloir donner aux maires une juridiction administrative, en matière de grande voirie, qui ne saurait leur appartenir, et qui établirait trois degrés de juridiction.

En se servant du mot *jugé*, il a entendu une décision sommaire et sans frais, non sur la contravention elle-même, mais sur l'exécution *provisoire* du règlement, sauf les droits de la partie saisie et le jugement à rendre par le conseil de préfecture ; jugement nécessaire pour acquérir l'amende au fisc, soit que le roulier se pourvoie, ou qu'il n'exerce pas son recours.

Enfin, le conseil de préfecture n'a point à prononcer à la fois, en cas de contravention reconnue, les dommages réglés par la loi du 29 floréal an x et celle du 7 ventôse an xii, ainsi que par le décret du 23 juin 1806, et l'article 475 du Code pénal, car ce code lui est tout à fait étranger.

Je vous prie de faire part de cette lettre au conseil de préfecture de votre département.

Veuillez aussi la faire connaître aux maires, et les avertir que, dans les décisions provisoires qu'ils auraient à rendre en matière de police de roulage sur les grandes routes, ils devront déclarer que le voiturier contrevenant pourra recourir au conseil de préfecture, auquel la décision serait transmise.

Correspondants du conseil d'agriculture.

2 avril 1819.

Le Ministre de l'intérieur aux Préfets.

Je vois, par les rapports qui me parviennent, que plusieurs propriétaires cultivateurs n'ont pas compris le véritable sens d'un article de ma circulaire du 9 février dernier. Ils ont cru qu'une des obligations imposées par le titre de membre correspondant du conseil d'agriculture était de laisser à la disposition du gouvernement une partie considérable de leurs terres, qu'ils ne pourraient plus exploiter à leur profit; c'est une erreur qu'il est facile de détruire.

Le service que l'on attend des membres correspondants, c'est qu'ils repoussent les préjugés de la routine, et se livrent à un bon système de culture; qu'ils s'appliquent à rendre leur domaine plus productif, par l'usage des meilleures méthodes; qu'ils aient une exploitation de 50 hectares au moins; qu'ils ne craignent pas d'en employer, au besoin, quelque portion pour des expériences qu'on les inviterait à faire, sans que jamais, d'ailleurs, on prétende exiger d'eux qu'ils se livrent à des opérations agricoles préjudiciables à leurs intérêts; qu'ils éclairent les habitants des campagnes par leurs conseils et leur exemple; et qu'enfin ils veuillent bien nous faire connaître les résultats de leurs essais. Tel est l'esprit dans lequel il a été décidé qu'il y aurait des membres correspondants du conseil d'agriculture; telle est la tâche, à la fois honorable et facile, qu'ils auront à remplir.

Je vous invite à rectifier, dans ce sens, l'idée inexacte qu'auraient pu concevoir quelques-uns des propriétaires de votre département. Rappelez-leur, surtout, que l'intention de Sa Majesté n'a point été de leur imposer une obligation onéreuse, mais de les admettre à concourir avec elle à une entreprise non moins avantageuse pour leurs intérêts privés que pour la prospérité nationale.

Recherches sur les antiquités de la France (1).

8 avril 1819.

Le Ministre de l'intérieur aux Préfets.

Au mois de mai 1810, une circulaire fut adressée aux préfets, pour leur demander des renseignements sur les vieux châteaux, les abbayes, les inscriptions, et, en général, sur les monuments du moyen âge.

Un appel fut fait aux hommes instruits des départements par les administrateurs; et de différentes parties de la France vinrent alors successivement des mémoires, intéressants pour la plupart, sur les arts, l'histoire, les antiquités. Mais le recueil est encore incomplet. L'académie royale des inscriptions et belles-lettres, à laquelle le

---

(1) C'est surtout depuis 1830 que ces études ont reçu la direction que réclamait l'intérêt de la conservation de nos anciens monuments. Parmi les mesures prises par l'administration, il faut citer l'institution de la commission des monuments historiques créée par arrêté du 29 septembre 1837. *(N. de l'Ed.)*

commencement du travail a été soumis, l'a jugé éminemment utile, et a témoigné le désir de le voir étendre et achever.

Dans une série de questions qu'elle a rédigées, elle ne se borne plus aux seuls objets dont il avait été fait mention dans le principe; elle y comprend aussi les monuments grecs, romains, gaulois, les tombeaux, les épitaphes, les titres, les chartes, les chroniques, et enfin tout ce qui peut fournir des éclaircissements sur les traits principaux de nos annales, l'illustration des familles, les institutions de la patrie.

J'ai fait imprimer le rapport de l'académie et les questions qui le terminent; je vous envoie ces pièces; elles serviront de guides pour les recherches à faire dans les lieux où l'on n'a point répondu à la circulaire de 1810, et pour la nouvelle direction à donner aux investigations, dans les villes qui ont satisfait à la première demande.

Vous choisirez, dans votre département, une personne habile et zélée, qui puisse et veuille bien se charger de cet ouvrage: l'objet est important, et ne doit plus être abandonné. Les mémoires et matériaux que vous me communiquerez ne resteront point ensevelis dans des dépôts ignorés; ils seront au contraire, aussitôt après leur arrivée, transmis à l'académie, et de suite livrés à l'examen de la commission formée dans son sein pour le dépouillement et le classement des notices et documents. Cette commission se mettra en relation avec les auteurs des mémoires, et chacun jouira de la part de gloire et de reconnaissance due à sa coopération.

On formera, par ce moyen, des archives précieuses de nos antiquités nationales; et, plus riche en ce genre que l'Espagne et l'Angleterre, la France ne demeurera pas en arrière pour la connaissance et la description de ses monuments. Il y aura quelques frais à faire pour les déplacements, les copies, les plans à dessiner: ces dépenses seront aisément prélevées sur les fonds ordinaires de votre budget. Ces payements se diviseront sur plusieurs exercices, et ne demanderont jamais que de modiques sommes chaque année. Dans un assez grand nombre de départements, les conseils généraux, allant au-devant des demandes de l'administration, ont voté, l'an dernier, des crédits pour des objets de cette nature. Je ne doute pas que vous ne soyez disposés à vous procurer les ressources dont vous aurez besoin pour l'accomplissement du projet que je viens de développer, conformément aux vues de l'académie.

Je vous recommande cette affaire, et je vous prie de me tenir informé du résultat des mesures que vous aurez prises pour exécuter les dispositions que je vous ai indiquées.

ACADÉMIE ROYALE DES INSCRIPTIONS ET BELLES-LETTRES.

(Extrait du procès-verbal de la séance du 20 novembre 1818.)

Par une lettre du 8 juin 1818, son Excellence le ministre de l'intérieur fit connaître à l'académie qu'il se trouvait à son ministère une collection de mémoires concernant les anciens édifices et les antiquités de la France, qu'il offrait de déposer à la bibliothèque de l'institut, si l'académie jugeait que ce recueil pût présenter quelque intérêt, et être placé avec avantage dans ses archives.

L'académie, en témoignant sa reconnaissance au ministre des offres qu'il voulait bien lui faire, désira, avant de les accepter, savoir en quoi consistaient ces mémoires, et elle nomma deux commissaires chargés de se transporter au ministère, et de prendre connaissance de ces objets. M. *Walckenaer*, un de ces commissaires, fit un premier rapport succinct, qui amena plusieurs propositions tendant à donner plus d'extension aux recherches archéologiques en France, et à solliciter du ministre plusieurs mesures relatives à la conservation des monuments, dans chaque département. Ces propositions furent alors renvoyées à une commission nouvelle, chargée d'entrer dans plus de détails à ce sujet, et de déterminer, d'une manière précise, les propositions qu'il était convenable de faire au ministre.

Dans l'intervalle de cette discussion, les mémoires furent envoyés au secrétariat de l'institut, et tous les jours il en parvint de nouveaux. La commission, après avoir procédé à leur examen, a cru devoir, dans le compte qu'elle va rendre à l'académie, diviser son rapport en trois parties, concernant, 1º l'origine de ces mémoires et le plan d'après lequel ils ont été rédigés; 2º l'état sommaire de ce qu'ils contiennent; 3º l'utilité dont ils peuvent être, et les propositions à faire, à cet égard, au ministre.

Iʳᵉ PARTIE. — De l'origine de ces mémoires.

La France aurait pu être considérée autrefois comme le pays le plus riche en monuments de tous les âges, et celui qui présentait, dans son ensemble et dans ses détails, le tableau chronologique le plus complet du progrès des arts en Europe. En effet, depuis les pierres informes de Carhac et de Dessé, jusqu'aux édifices élégants de François Iᵉʳ, il n'est peut-être pas une époque qui ne soit retracée par un monument curieux et d'une belle conservation. L'Italie même ne présente pas une suite aussi riche de souvenirs nationaux; car, si elle possède plus de monuments romains et de palais modernes, elle a moins d'ouvrages du moyen âge, moins de traces de ce passage du style roman aux *voûtes à tiers point*, moins surtout de ce genre élégant d'architecture vulgairement nommée *gothique*. Mais ce qui a toujours manqué à la France, c'est d'attacher à cette sorte de richesses l'importance qu'elle mérite, de veiller à sa conservation, et de chercher, sous le rapport de l'instruction et de l'histoire nationale, à en tirer parti. Il n'a jamais existé d'ouvrage méthodique qui présentât la nomenclature des monuments de tous les temps; à plus forte raison, d'ouvrage destiné à en offrir la représentation. Les principaux édifices se trouvent seulement énoncés dans le Dictionnaire d'*Expilli*, dans les écrits de *Piganiol de la Force*, dans quelques parties des voyages pittoresques de la France, dans les mémoires de l'académie des inscriptions et les histoires particulières des provinces. Le père *Montfaucon*, le fondateur du goût pour ce genre d'étude, annonça, dans le discours préliminaire de ses *Monuments de la monarchie française*, que son second volume serait consacré à la description chronologique des châteaux, églises et autres monuments historiques; mais la mort l'empêcha de terminer cette entreprise, et l'on n'a rien trouvé d'intéressant dans les manuscrits qu'il a laissés.

Les ouvrages publiés depuis, tels que ceux de MM. *Millin* et *Clerisseau*, ne renferment que des détails partiels incomplets. Pendant qu'on perdait ainsi un temps précieux pour constater les travaux des siècles, les siècles détruisaient les travaux; et la révolution, plus habile encore que le temps, leur portait un coup mortel. On estime que la moitié au moins des constructions monumentales relatives aux événements de notre histoire, a été détruite, pendant ce court espace de temps, sans qu'il en reste, du moins pour la plupart, aucun dessin, aucun plan qui indique leur forme; sans qu'on ait même conservé, dans aucun ministère, de notion de ce qui s'est passé à cet égard. Une des causes qui ont contribué sans doute à la destruction rapide de ces édifices a été le peu d'intérêt qu'on était habitué à leur accorder. C'est dans cet état de choses qu'un de vos confrères, M. de la Borde, entreprit, en 1810, de réunir, dans un grand ouvrage et par ordre chronologique, la description et les dessins de tout ce qui nous reste encore de précieux dans ce genre d'édifices, et d'y joindre les renseignements qu'il pourrait se procurer sur ceux qui avaient été détruits.

Il pensa que le meilleur moyen pour parvenir à ce but était d'y faire coopérer les administrations locales, qui auraient sans doute connaissance de ce qui s'était passé, et pourraient suppléer, par la tradition, au défaut de documents positifs. En conséquence, il pria le ministre de l'intérieur de vouloir bien proposer aux différents préfets des départements les questions suivantes :

Quels sont les châteaux intéressants, soit par des faits historiques ou des traditions populaires, soit par la forme de leur architecture? Dans quelles communes sont-ils situés?

Quelles sont les anciennes abbayes qui existent encore dans le département? Où sont-elles situées? Dans quel état sont-elles? A quoi servent-elles maintenant?

Que sont devenus, où ont été transportés les dessins, tombeaux, ornements ou débris curieux qui existaient, au moment de la révolution, dans chacun des châteaux ou abbayes?

Est-il quelque particulier, dans le département, avec lequel on puisse correspondre sur ces différents objets ?

On voit que les trois premières questions avaient pour but de former un fonds d'archives nationales ; et la quatrième, d'établir un moyen de correspondance pour compléter, à mesure, cette collection. Il ne fut pas question, dans ces demandes, de monuments grecs et romains, parce que l'auteur de la circulaire craignit de trop exiger de l'administration, pour son intérêt particulier : il pensa, d'ailleurs, que ces monuments devaient avoir peu souffert dans la révolution ; qu'ils sont en général plus connus, et qu'ils appartiennent à un genre d'étude qui n'est pas aussi répandu dans les provinces, ni aussi familier aux personnes uniquement occupées d'administration.

Plusieurs préfets s'empressèrent de répondre aux différentes questions, et envoyèrent des mémoires ; d'autres, après s'être fait longtemps presser, firent parvenir des renseignements incomplets ; d'autres, enfin, ne répondirent point du tout.

Au bout d'un an, on cessa toute correspondance sur cet objet, et l'on parut ne s'en plus occuper. Enfin, après six ans de silence absolu, le ministre de l'intérieur, vers le milieu de l'année dernière, rappela aux préfets la circulaire de l'année 1810, et les engagea à y faire droit ; mais la plus grande partie resta encore en retard.

Il est facile d'expliquer les causes du faible résultat de ces efforts, sous deux gouvernements différents, et pour un objet qui intéressait cependant l'utilité publique et la gloire nationale. En administration, il ne suffit pas de vouloir et d'ordonner ; il faut encore assurer les moyens d'exécution. Pour répondre aux questions qui leur étaient adressées, les préfets ne pouvaient se servir des moyens ordinaires de correspondance ; et de même qu'il n'existe au ministère de l'intérieur aucun document sur les édifices détruits, il en existe presque aussi peu dans les chefs-lieux de préfecture. Il fallait donc nécessairement que les préfets fissent parcourir leurs départements par quelques personnes suffisamment instruites, et chargées spécialement de ce travail. C'était une dépense extraordinaire, non prévue dans leur budget, et pour laquelle il n'était alloué aucun fonds. Une somme très-faible eût suffi sans doute pour obtenir des résultats satisfaisants ; mais, en la supposant seulement de 1,000 francs par département, cela eût augmenté de près de 100,000 francs le budget du ministère ; ce qui, dans tous les temps, eût été difficile à obtenir pour des objets purement scientifiques. On aurait obtenu plus facilement ce léger secours sur les fonds départementaux, si l'on eût autorisé les conseils généraux à les voter, et si les ministres eussent fait pressentir qu'ils approuveraient cette mesure, en mettant ainsi en action l'émulation, et en intéressant les principaux habitants d'un département à l'illustration du sol qui les avait vus naître, on n'aurait manqué ni de coopération, ni de moyens de pourvoir aux frais qu'exigerait la réunion des matériaux. Il est des préfets qui ont heureusement imaginé de donner un titre à ceux qui les ont secondés dans ces recherches, et c'est ainsi qu'on a créé, dans quelques départements, des inspecteurs ou conservateurs de monuments, disposition qui devrait être adoptée généralement, et à laquelle la ville de Rome doit la conservation de la plupart de ses monuments (1).

Quelques conseils généraux ont voté, de leur propre mouvement, des fonds pour l'impression des ouvrages destinés à illustrer les antiquités de leurs départements.

IIe PARTIE. — *État des mémoires envoyés.*

La totalité des mémoires envoyés par le ministre remplit deux cartons, dont il a été fait un examen attentif. Il en résulte que, sur les quatre-vingt-six départements qui composent aujourd'hui la France, quarante et un ont fourni des renseignements complets, six ont seulement répondu sommairement, et trente-neuf n'ont absolument rien envoyé.

Nous allons jeter un coup d'œil rapide sur les uns et les autres.

En commençant par le midi de la France, où se trouvent les monuments les plus importants des différents âges, nous trouvons les départements du Rhône, des Bouches-du-Rhône, du Var, de la Lozère, des Hautes et Basses-Alpes, de la Drôme, de l'Ardèche, de la Haute-Loire, du Gard, du Cantal, du Lot, de l'Aveyron, du Tarn, de l'Ariége, des Pyrénées-Orientales, de l'Aude, des Hautes et Basses-Pyré-

---

(1) Il existe à Rome un préfet des antiquités ; et rien ne peut être détruit des constructions antiques, sans que ce magistrat ait été consulté.

nées, du Gers, des Landes, qui ont fourni des mémoires fort intéressants et la plupart très-détaillés. On en distingue même dans le nombre, qui sont de véritables traités complets, tels que ceux de M. *Penchaud*, architecte à Marseille, sur le département des Bouches-du-Rhône ; ceux de M. *Niel*, sur la Drôme. Ils renferment tous des renseignements précieux sur les habitations des principales familles de France, sur les comtes *d'Armagnac, de Mirepoix, d'Adhémar, de Grignan, de Brissac, de Biron, de Caumont*, sur les guerres de *Simon de Montfort*, dans l'Albigeois, et sur les édifices religieux du moyen âge. Cette collection serait complète, pour le midi, si l'on y joignait les départements de l'Hérault, de Lot-et-Garonne et de la Haute-Garonne, qui manquent entièrement.

Parmi les départements de l'ouest qui ont envoyé des mémoires intéressants, on distingue celui de la Dordogne, les deux Charentes, la Loire-Inférieure, les Deux-Sèvres, Ille-et-Vilaine, la Manche. Ceux de la Dordogne surtout présentent des détails curieux sur les antiquités de Sarlat et de Périgueux, et sur les châteaux de *Montaigne*, de *Fénélon*, de *Bourdeilles*, des comtes *de Périgord*, etc., etc.

Les départements du milieu de la France, tels qu'Indre-et-Loire, Allier, Puy-de-Dôme, le Cher, la Nièvre, le Loiret, Eure-et-Loir, Aube, la Haute-Marne, la Mayenne, l'Orne, ne laissent rien à désirer, et sont particulièrement utiles pour l'histoire des deux premières races de nos rois, les guerres de la France, pendant le règne de Charles VII, et la renaissance des arts, sous François Ier.

On ne peut en dire autant des départements de l'est, tels que le Haut et le Bas-Rhin, les Vosges, le Jura, Saône-et-Loire, et même la Côte-d'Or, qui n'ont rien envoyé. En revanche, les départements de l'Ain, de la Haute-Saône et du Doubs sont complets ; et ce dernier, qui comprend une description très-détaillée de la Séquanie, formerait, à lui seul, un gros volume.

Les départements du nord sont également en retard : il est vrai qu'ils contiennent moins de monuments importants. Dans ce nombre, cependant, le département de l'Aisne et du Pas-de-Calais ont fourni quelques détails. Quoique, dans les renseignements demandés, il ne fût pas question des monuments gaulois et romains, la plupart des descriptions bien faites contiennent des recherches sur ce genre de monuments ; il en est même, dans ce nombre, de très-importantes, telles qu'une notice sur les fouilles faites à Montfalcou-la-Batie, et à *Tarento*, l'ancien *Taurentum ;* à Capedenau, arrondissement de Figeac, pour prouver que ce lieu est l'ancien *Uxellodunum* des Commentaires de César. Plusieurs dessins accompagnent cette collection, et méritent d'être placés dans des portefeuilles séparés : tels sont les dessins du château de Saint-Ouen, arrondissement de Château-Gontier ; ceux du pont de Saint-Chamas, etc.

Tous ces mémoires ne sont pas également intéressants : on voit même que la plupart sont des compilations, dont les auteurs ont seulement évité d'indiquer les sources. Il serait convenable, si ce travail devait se continuer, d'inviter les personnes qui s'en occuperont, à s'attacher surtout à donner des détails matériels sur les édifices, à recueillir toutes les notions locales, et, en quelque sorte, populaires, qui auraient rapport à leur état actuel et aux changements qu'ils ont éprouvés ; et, lorsqu'ils voudront y joindre des recherches plus étendues, de choisir les notices inédites, les chartes manuscrites, de préférence aux ouvrages déjà imprimés sur les provinces.

IIIe PARTIE. — *Utilité de cette collection, et moyen de la compléter.*

L'académie a vu, par les détails qui viennent de lui être soumis, qu'une partie des mémoires envoyés par le ministre contient des renseignements intéressants, qu'une autre partie est attendue ; que, si la collection était complète, elle formerait un dépôt précieux d'archives nationales et scientifiques, et qu'enfin il est à désirer que le travail se continue. La commission pense que, pour atteindre ce but, il faudrait désigner un emplacement où l'on mettrait, dans des cartons étiquetés, ces matériaux, à mesure qu'ils arriveraient ; qu'il serait utile de les classer et d'en établir le sommaire, et de faire à l'académie un rapport annuel sur leur accroissement. L'académie continuerait à se servir des moyens de correspondance du ministre, ainsi que son Excellence le lui propose dans sa lettre, pour recueillir les matériaux qui n'auraient point été envoyés. Seulement, elle agrandirait le cercle de ses recherches à cet égard, et ne les bornerait plus aux renseignements relatifs aux travaux d'un simple particulier et pour un seul ouvrage, ainsi que la chose a eu lieu d'abord. Elle rédigerait une nouvelle série de questions plus générales, plus étendues, qu'elle prierait le ministre de faire imprimer et d'envoyer aux différents préfets. Ces questions comprendraient ce qui a rapport aux antiquités gauloises, grecques et romaines, les vestiges des voies antiques, les bornes milliaires, et la liste sommaire des chartes, titres ou autres instruments diplomatiques qui peuvent exister dans les départements. Il est facile de remarquer que la brièveté des questions insérées dans la première circulaire, et le défaut d'explication sur la nature de ces questions, sont, en partie, cause que plusieurs des mémoires envoyés n'ont pas atteint le but qu'on s'était proposé. Les préfets ayant d'ailleurs été changés depuis cette époque, ce sera pour ceux qui administrent aujourd'hui un travail, en quelque sorte, nouveau, auquel ils aimeront à se livrer avec plus de zèle que pour le premier, lorsqu'ils verront qu'on y attache plus d'importance, et que leurs mémoires, ainsi que ceux des hommes instruits de leurs départements, seront adressés à un corps savant et à un ministre en état de les apprécier. C'est ainsi que l'académie d'histoire de Madrid et la société des antiquaires de Londres, instituées à cet effet, ont réuni, en peu de temps et presque sans dépense, les archives les plus intéressantes sur les monuments de tous les âges, dans leur pays. L'académie des inscriptions embrasse les mêmes travaux ; et il est dans ses devoirs, comme dans ses droits, d'être chargée de ce soin, surtout lorsqu'il est question de monuments nationaux. Avant la révolution même, elle avait commencé un travail de ce genre, pour lequel elle avait obtenu quelques fonds. Ce fut M. *Beaumont* qui en fut chargé, et qui rassembla un assez grand nombre de dessins de bas-reliefs, statues, etc., qui sont passés depuis à la bibliothèque Mazarine. Il n'y a aucun doute que le recueil des mémoires archéologiques, aujourd'hui assez imparfait, s'enrichirait bientôt de matériaux précieux, envoyés de tous côtés, surtout si le ministre, ainsi qu'on doit l'espérer, partageait à cet égard le vœu que l'académie pourrait lui manifester ; s'il voyait, comme elle, l'importance de cette concentration de travaux, de cette fondation utile et peu dispendieuse, il pourrait alors autoriser, ainsi que nous l'avons indiqué plus haut, les conseils généraux de département à voter quelques fonds pour activer les recherches utiles. Il pourrait également réunir à cette collection les matériaux épars qui s'y rattachent, tels que plusieurs très-beaux plans et coupes des églises d'Amiens, de Corbie et de Gisors, qui sont au dépôt des bâtiments civils ; tels que les bas-reliefs et notices de la bibliothèque Mazarine, et une partie des églises de Paris, qui existent à la préfecture de la Seine, et dont on pourrait demander des calques, s'il n'était pas possible d'avoir les originaux. M. le secrétaire perpétuel de l'académie s'empressera sans doute de rendre compte, dans les mémoires de la classe, de l'état progressif de ce recueil ; et ce serait un moyen de donner aux personnes qui auront contribué à l'enrichir, un témoignage flatteur de satisfaction, auquel elles seront sensibles, et qui les encouragera dans leurs travaux.

CONCLUSIONS.

La commission a l'honneur, en conséquence, de proposer à l'académie les conclusions suivantes : 1° de continuer de renvoyer à la commission qu'elle a nommée, tous les écrits, plans ou mémoires relatifs aux monuments de la France, qu'elle aurait soin de classer et de déposer, dans des cartons particuliers, au secrétariat ; 2° d'envoyer au ministre copie ou extrait de ce rapport, avec invitation de vouloir bien donner suite aux excellentes intentions qu'il a manifestées par la remise des premiers mémoires, et de permettre que l'académie, par son entremise, donne une nouvelle extension à ce travail, afin d'en former un dépôt intéressant de renseignements utiles pour l'histoire et les monuments de la France.

Signé WALCKENAER, PETIT-RADEL, et LA BORDE, *rapporteur.*

L'académie approuve le rapport et en adopte les conclusions.

Questions jointes au rapport de la commission des mémoires et des antiquités de la France.

Rechercher et décrire, dans chaque département :
1° Tous les monuments en pierres simplement posées ou superposées, connus du vulgaire, dans divers endroits, sous les noms de *pierres aux fées*, de *pierres levées*, etc., et auxquels on a attribué la dénomination de *monuments celtiques.*
2° Toutes les éminences ou terres rapportées, connues sous le nom de *tumuli* ;

indiquer ceux qui n'ont pas été fouillés, et les objets qu'on a trouvés dans ceux qui l'ont été.

3° Les vestiges de toutes les routes anciennes ou du moyen âge, soit même des routes moins anciennes, qui auraient été abandonnées depuis longtemps. Citer les lieux par où elles passent, et dresser une carte de ces routes. Indiquer exactement les villages, ou même les édifices, ponts ou autres constructions qui se trouvaient sur ces routes et qui n'existent plus ; donner les détails les plus circonstanciés sur ces lieux ou ces édifices, lorsqu'ils n'auront pas été décrits dans quelque ouvrage imprimé ; s'ils ont été décrits, donner le titre de ces ouvrages et indiquer les pages où se trouve la description : se contenter ensuite de décrire leur état actuel, et, s'ils appartiennent à des particuliers, faire connaître le nom des propriétaires.

4° Toutes les bornes milliaires antiques qui existent encore, ou qui ont été trouvées autrefois. Faire connaître, par des cartes dressées ad hoc, ou par une distance donnée à un lieu marqué sur les cartes gravées, l'emplacement précis où elles ont été trouvées, et indiquer ce que sont devenues celles qui ont été déplacées ; donner les titres des ouvrages où elles ont été décrites, et indiquer les pages où se trouvent ces descriptions.

5° Tous les monuments, édifices, colonnes, fondations, murs de villes. Il faut surtout remarquer, dans ces murs de villes, ceux qui attestent diverses époques, par des constructions différentes, savoir : avec ou sans ciment ; en pierres grandes ou petites, carrées, parallélogrammes, ou en losange. Décrire les tours rondes ou carrées, les portes.

Dans les murs qui passent pour être de construction romaine, examiner attentivement s'ils ne sont pas fondés sur des *substructions* plus anciennes, gauloises peut-être, ou grecques, dans les villes du midi.

Remarquer encore s'il n'existe pas de monuments de leurs agrandissements successifs ; remarquer toutes les constructions antiques ou du moyen âge, toutes celles qu'on croit antérieures au dixième siècle ; indiquer bien exactement leur emplacement, et faire connaître la configuration du terrain qui les environne ; donner des dessins et des descriptions détaillées de celles qui seraient inconnues ; et pour celles qui auraient déjà été décrites, indiquer le titre des ouvrages qui en font mention, et citer les pages qui contiennent tout ce qui leur est relatif.

6° Indiquer exactement tous les emplacements où l'on a trouvé, à différentes époques, des antiquités quelconques, et la nature de ces antiquités ; faire connaître les traditions relatives à ces lieux, et les ouvrages qui en ont parlé.

7° Rechercher et décrire toutes les inscriptions ou fragments d'inscriptions, soit grecques, soit latines, soit du moyen âge, qu'on croit antérieures au dixième siècle, et qui se trouveraient dans le département. Donner des *fac simile*, d'après les procédés suivants :

Pour obtenir ce qu'on appelle un *fac simile*, il faut se munir d'une boîte d'encre d'imprimerie, et d'une feuille de papier peu collée et flexible. Au moyen d'un tampon ou balle d'imprimeur on tamponne le marbre ou la pierre de l'inscription, et l'on applique la feuille de papier, ou successivement plusieurs feuilles, sur la pierre, en appuyant la main. Il résulte de cette opération, faite avec soin, que les lettres se marquent en blanc sur la feuille noircie. Ce moyen est plus sûr que de copier.

Une autre méthode, qui s'applique aussi aux sculptures, consiste à fixer sur le modèle un papier très-fin et très-compact à la fois ; on a un large tampon en peau retournée, et rembourré, qu'on charge de bonne mine de plomb, mise en poudre impalpable. Il suffit de passer avec légèreté le tampon sur le papier et une seule fois, en appuyant cependant d'une manière convenable. L'empreinte est marquée nettement par-dessus, et du premier coup. Si les figures sont sculptées en creux, elles se dessinent en blanc sur un fond noir ; si elles sont en relief, elles se dessinent en noir sur un fond blanc. Le tampon, en passant sur les parties pleines et trouvant de la résistance, laisse nécessairement le noir, et quand il vient à rencontrer un creux, il ne marque plus, faute d'un point d'appui. A la vérité, il faut que le papier ait, en même temps, assez de finesse, de ténacité, même de souplesse, pour se prêter à toutes les formes et résister à la pression ; autrement, on ne réussirait pas, ou très-imparfaitement, et on n'obtiendrait pas des contours très-arrêtés. Mais, en opérant avec soin, on a, par ce moyen, et en quelques minutes, l'empreinte d'une surface de trois à quatre mètres carrés, quelque chargée qu'elle soit de caractères ou de figures.

Indiquer tous les ouvrages où les inscriptions seraient déjà rapportées, et les pages de ces ouvrages où elles se trouvent relatées.

8° Rechercher et décrire toutes les anciennes abbayes, tous les anciens châteaux, et toutes les constructions faites depuis le commencement du dixième siècle jusqu'à la fin du quatorzième; donner des dessins de celles qui sont suffisamment conservées; faire connaître les ouvrages où elles sont décrites, et citer les pages où se trouvent ces descriptions.

9° Les châteaux, abbayes, ou autres constructions, depuis la fin du quatorzième siècle jusqu'à nos jours, qui se font remarquer, soit par les formes de leur architecture, soit par des traditions populaires. Faire connaître celles qui ont été détruites, la destination actuelle de celles qui existent; dire ce que sont devenus et où ont été transportés les tombeaux, ornements ou débris curieux qui y existaient; donner les titres des ouvrages qui en auraient parlé.

10° Rechercher les épitaphes ou inscriptions les plus remarquables qui pourraient être utiles pour l'histoire, et qui se trouvent sur tous les monuments modernes.

11° Rechercher particulièrement, parmi les titres, les noms que les différents lieux ont portés, soit en latin, soit en français ancien ou dialecte vulgaire, et étendre ces recherches jusqu'aux petits lieux ou hameaux qui pourraient dépendre d'une commune.

12° Donner la liste des anciennes chartes, des anciens titres, des anciennes chroniques, des mémoires, des vies de personnages célèbres, et enfin de tous les documens manuscrits utiles pour l'histoire, qui existent dans le département, soit dans des bibliothèques ou dépôts publics, soit entre les mains des particuliers; et, lorsqu'il sera possible, faire dresser, des plus intéressants, des notices plus ou moins étendues.

Sociétés anonymes.

9 avril 1819.

Le Ministre de l'intérieur aux Préfets.

Les succès de certaines associations, et particulièrement de quelques compagnies d'assurances, n'ont pas seulement multiplié les sociétés anonymes, dignes de l'approbation du gouvernement; ils ont encore donné lieu, depuis quelque temps, à de fréquentes annonces de compagnies présentées comme existantes, tandis qu'elles ne sont encore que projetées, ou même imaginaires. Le public a besoin d'être averti que celles qui, sans attendre l'autorisation, ou sans prendre la peine de la demander, commencent leurs opérations et perçoivent des contributions ou des primes, sont coupables de contravention aux lois, ne fournissent aucune garantie légale, et tendent probablement un piége à ceux qui traitent avec elles.

En effet, si les commerçants peuvent se passer d'autorisation pour toute espèce de spéculations licites, c'est lorsqu'ils agissent sous leur propre nom, sous leur responsabilité, ou en se liant dans des sociétés *collectives*. Suivant les articles 20 et 21 du Code de commerce, de semblables sociétés ne peuvent s'appeler *administration, direction, compagnie, chambre*, etc., ni leurs agents signer en simple qualité de *directeur* ou d'*administrateur*; car leur dénomination et leur signature doivent former une *raison sociale* qui ne peut contenir que des noms d'associés. Par cette forme, tous les associés gérants sont indéfiniment engagés, solidaires et contraignables par corps.

La société anonyme, au contraire, n'a point de *raison sociale*, soit pour dénomination, soit pour signature; elle n'est désignée par aucun nom de sociétaire, et elle se qualifie par l'objet de son entreprise. Quand elle est régulière, les associés ne sont engagés que jusqu'à concurrence de leurs actions ; ils ne sont pas solidaires ; les gérants ne sont que des mandataires qui ne s'obligent point personnellement.

Mais aussi cette société *ne peut exister* qu'avec l'autorisation du roi et avec son approbation pour l'acte qui la constitue.

Ainsi, quand on voit une entreprise sous un titre d'*administration* ou autre semblable, dont le gérant ne signe pas *un tel et compagnie*, mais se qualifie de *directeur, etc.*, par cela seul, l'entreprise se donne pour une *société anonyme*. Or, en ce cas, on doit s'assurer si elle est *autorisée* ; car, sans cela, elle est nulle, comme anonyme. Ceux qui y prendraient des actions auraient à redouter de partager la peine de cette nullité, en se trouvant engagés et solidaires pour tous ; et le public aurait à craindre, de son côté, de ne rencontrer que des garanties imaginaires ; car l'un des principaux motifs que la loi a en vue, en exigeant l'autorisation du gouvernement, c'est de s'assurer préalablement de la réalité d'un fonds capital mis dans la société. On ne peut être sûr qu'il existe, si cette autorisation ne le certifie ; et quand des associés évitent de la demander, c'est qu'apparemment ils ne sont par en état de justifier d'une mise réelle.

Dans certaines entreprises, c'est leur nature même qu'on a voulu soumettre à l'approbation, afin que le public, à qui elles offrent leurs services, ne fût pas trompé. Ainsi, indépendamment de ce qu'exige la forme des sociétés anonymes, une autorisation du gouvernement serait encore requise,

1° Suivant la loi du 24 germinal an xi, pour les *banques publiques* ;

2° Selon l'avis du conseil d'Etat du 25 mars 1809, approuvé le 1er avril suivant, pour les *tontines et autres établissements du même genre* ; ce qui comprend les caisses de prévoyance, d'accumulation, et les assurances sur la vie des hommes ;

3° Selon l'avis du conseil d'Etat du 30 septembre 1809, approuvé le 15 octobre suivant, pour les *assurances mutuelles* contre les incendies ou contre les autres fléaux. Par les assurances mutuelles, on entend celles où les propriétaires mettent en commun les risques qu'ils courent, et s'associent, non pour gagner, mais pour répartir entre eux les pertes accidentelles qui tomberaient sur leurs propriétés.

Les auteurs de plusieurs projets se hâtent d'annoncer que leurs plans ont obtenu l'approbation ; ils font quelquefois passer pour telle un *accusé de réception* pur et simple. Mais l'autorisation légale consiste exclusivement dans une ordonnance du roi, conformément aux articles 37 et 45 du Code de commerce. Ces ordonnances sont insérées très-exactement au *Bulletin des lois* et au *Moniteur* ; ainsi, nul ne peut supposer une autorisation qui admet de telles preuves et une telle publicité.

Vous devez prévenir le public de votre département contre les erreurs où des entrepreneurs sans caractère et sans consistance pourraient entraîner les particuliers. Vous devez aussi déférer à la justice, quand il y a lieu, ceux qui essaieraient d'agir contre la disposition de la loi, ou en vertu de sociétés imaginaires ; puisque, suivant l'expression du code, sans l'autorisation royale, *elles n'existent pas*.

Dons et legs faits à des établissements ecclésiastiques (1).

12 avril 1819.

Le Ministre de l'intérieur aux Préfets.

D'après la loi du 2 janvier 1817, tout établissement ecclésiastique reconnu par la loi pourra, avec l'autorisation du roi, accepter les biens meubles, immeubles, ou rentes, qui lui seront donnés par actes entre-vifs, ou par actes de dernière volonté, et acquérir des biens immeubles ou des rentes.

Cette loi dispose encore que les biens appartenant à un établissement ecclésiastique seront inaliénables, à moins que l'aliénation n'en soit autorisée par le roi.

Aux termes de l'ordonnance du 2 avril 1817, cette autorisation ne sera accordée que sur l'avis préalable des évêques et des préfets.

J'ai eu lieu de me convaincre que la marche suivie jusqu'à présent, pour instruire ces sortes d'affaires, entraîne des délais préjudiciables aux établissements intéressés.

Pour obvier à cet inconvénient grave, et éviter les renvois, d'abord à l'évêque, ensuite à vous, des demandes qui me sont adressées directement, il est à désirer que les dossiers me parviennent complets, et qu'ils ne me soient transmis qu'après que les pièces ci-dessous indiquées auront été produites et réunies dans vos bureaux ; savoir : pour les legs,

1° Testament ;

2° Acte de décès du testateur ;

3° Evaluation de l'objet légué ;

4° Acceptation provisoire faite conformément à l'article 3 de l'ordonnance du 2 avril 1817 ;

5° Avis de l'évêque ;

6° Avis du sous-préfet ;

7° Renseignements sur la position des héritiers, et assurance qu'ils ne sont pas dans l'intention de réclamer ; au cas contraire, joindre leur mémoire, en faisant connaître le nombre des réclamants, le montant de l'hoirie, et la portion afférente à chacun d'eux ;

8° Votre avis et vos observations particulières.

Pour les donations,

1° Acte de donation ;

2° Evaluation de l'objet donné ;

3° Certificat de vie ;

4° Acceptation provisoire, faite conformément à l'article 3 de l'ordonnance du 2 avril 1817 ;

5° Avis de l'évêque ;

6° Vos renseignements ayant pour objet de faire connaître si la libéralité n'a été produite par aucune suggestion.

A l'égard des baux, échanges, aliénations, etc., etc., des biens immeubles appartenant aux fabriques, l'article 3 de l'arrêté du 7 thermidor an XI porte que les biens des fabriques seront administrés dans la forme particulière *aux biens communaux.*

L'article 62 du décret du 30 décembre 1809 veut que les biens immeubles de l'Eglise ne puissent être vendus, aliénés, échangés, ni

(1) Voir l'ordonnance du 14 janvier 1831 relative aux donations et legs aux établissements ecclésiastiques et aux communautés religieuses de femmes, et une circulaire du ministre de l'instruction publique et des cultes du 29 du même mois. (*N. de l'Ed.*)

même loués, pour un terme plus long que neuf ans, sans une délibération du conseil, l'avis de l'évêque diocésain, et l'autorisation du gouvernement.

Par conséquent, et en exécution de l'article 3 dudit arrêté du 7 thermidor an XI et de l'article 62 du décret du 30 décembre 1809, toutes les formalités à remplir par les maires, à l'égard de la location, de l'échange ou de la vente d'un bien communal, doivent être également remplies par les fabriciers, lorsqu'il s'agit de louer, d'échanger ou d'aliéner des biens quelconques, appartenant à la fabrique qu'ils administrent.

Ces formalités sont déterminées, tant par l'arrêté du gouvernement du 7 germinal an IX, que par la jurisprudence du ministère de l'intérieur et du conseil d'État.

L'estimation de l'immeuble ou des immeubles à acquérir, aliéner, concéder ou échanger, doit d'abord être faite contradictoirement par deux experts nommés, l'un par le maire, l'autre par le particulier qui se propose de devenir vendeur, acquéreur, concessionnaire ou échangiste; un plan figuré et détaillé des lieux doit accompagner le procès-verbal, au bas duquel le soumissionnaire met son consentement.

Une information de *commodo et incommodo* se fait ensuite par un commissaire au choix du sous-préfet, et le tout est mis sous les yeux du conseil de fabrique, pour en délibérer.

Le conseil de fabrique exprime son vœu; le sous-préfet émet son opinion; l'évêque donne l'avis prescrit par l'article 62 du décret du 30 décembre 1809; et vous avez ensuite à me transmettre ces pièces, avec votre avis particulier.

Je vous prie de donner connaissance de cette circulaire aux sous-préfets et aux maires de votre département, afin qu'ils évitent désormais l'inconvénient de m'adresser isolément des pièces que je suis obligé de vous renvoyer.

J'écris à l'évêque pour l'inviter à vous transmettre, avec son avis, toutes les demandes qui pourraient lui parvenir directement.

Ressources affectées aux fabriques.

12 avril 1819.

Le Ministre de l'intérieur aux Évêques.

Il est quelquefois arrivé que le ministre de l'intérieur ou les préfets ont cru devoir rayer des budgets communaux des sommes votées en faveur des fabriques, sur le motif que ces établissements ne tiraient point parti des ressources qu'ils pouvaient se procurer par l'exécution ponctuelle des décrets qui les concernent, notamment de l'article 7 du décret du 18 mai 1806 sur les pompes funèbres et des articles 72 et 73 de celui du 30 décembre 1809, sur les concessions dans les églises.

L'article 7 du décret précité du 18 mai 1806 sur les pompes funèbres porte que les fabriques feront elles-mêmes, ou feront faire, par entreprise aux enchères, toutes les fournitures nécessaires au service des morts, dans l'intérieur des églises; qu'il sera établi, à cet effet, des tarifs gradués par classe, et que les tarifs seront approuvés par le gouvernement.

Je vous prie de les faire dresser, dans toutes les paroisses qui en sont susceptibles.

Vous pourriez, en même temps, exhorter les fabriques de votre diocèse à s'occuper des concessions de bancs, chapelles, cénotaphes, monuments, inscriptions funèbres, et autres, et leur rappeler que celles qu'elles ont accordées, ou qu'elles accorderaient à l'avenir, ne seront *régulières* qu'autant qu'elles auront reçu, conformément au décret du 30 décembre 1809; votre approbation et celle du gouvernement.

Il est difficile d'établir, au juste, des tarifs de chacune de ces concessions. On sent qu'elles doivent dépendre des localités, de l'étendue et de la richesse des communes, ou des besoins des églises. L'usage les a fixés, pour les chapelles, et autres, de 25 à 100 francs de rente ; pour les tribunes, de 15 à 60 francs ; et pour les bancs, de 5 à 25.

Je suis informé que, dans plusieurs églises, et particulièrement dans celles de campagne, des chapelles, des tribunes ou des bancs sont occupés gratuitement par des personnes qui croient y avoir un droit d'ancienne possession.

Cet usage, contraire à la législation actuelle, excite des réclamations, prive les fabriques d'une ressource indiquée par le décret du 30 décembre 1809, et qui leur est nécessaire dans l'état de détresse où elles se trouvent.

Lorsque, malgré cette ressource, elles ont éprouvé du déficit dans leurs recettes, les communes ont été autorisées à voter des sommes pour y suppléer.

Je ne saurais donc trop vous recommander de prendre les mesures nécessaires pour qu'il n'existe d'autres concessions, dans les églises de votre diocèse, soit par bail, soit par prestation annuelle, soit à perpétuité, que dans les formes déterminées par le décret précité, article 68 à 73 inclusivement.

Vous pouvez encore mettre au nombre des moyens qui sont à votre disposition, pour accroître les ressources des fabriques, celui que présente l'exécution du décret du 26 décembre 1813, relatif au partage, entre les fabriques et le clergé, de la cire offerte aux enterrements.

Les recettes et les dépenses des fabriques formeront un des tableaux d'administration générale que je serai dans le cas de soumettre au roi.

Mobilier des archevêchés et évêchés (1).

25 avril 1819.

Le Ministre de l'intérieur aux Préfets.

J'ai l'honneur de vous transmettre une ampliation de l'ordonnance royale du 7 de ce mois, concernant le mobilier des évêchés et archevêchés.

Cette ordonnance règle le taux auquel chaque ameublement pourra s'élever, la nature des objets dont il devra se composer, et la manière dont il devra être pourvu à leur achat et à leur entretien.

Dans quelques diocèses, les fonds affectés à l'ameublement

---

(1) Voir la note de la page 212.   (*N. de l'Ed.*)

du palais épiscopal ont été employés, en partie, à meubler des pièces non désignées par l'ordonnance; telles sont dès chambres de domestiques, le secrétariat de l'évêché, ou autres pièces faisant partie du logement particulier du prélat, etc. Ailleurs, on a compris dans les inventaires des objets d'usage personnel et des habits pontificaux.

A l'avenir, aucune partie des fonds qui seront accordés ne devra être employée de cette manière; mais, pour le moment, l'intérêt de l'administration étant que ces meubles ou objets acquis soient entretenus, ils continueront d'être compris au récolement annuel prescrit par l'article 5 de l'ordonnance; ils devront toutefois former un article séparé, afin de laisser toujours connaître la valeur réelle du mobilier de l'évêché proprement dit, et qui ne doit se composer que de celui indiqué par l'article 1er.

L'article 4 portant que les sommes allouées pour nouveaux achats ou pour entretien seront mises à la disposition des archevêques, évêques, ou vicaires capitulaires, en cas de vacance du siége, à la charge de rendre compte de leur emploi, vous pourrez mandater, sous cette dénomination, aussitôt le règlement des budgets et dans la proportion des fonds qui seront mis à votre disposition, le montant des crédits affectés à ces dépenses, sauf à l'évêque à produire plus tard au payeur les pièces et quittances comptables.

Cependant, lorsque la dépense ou la fourniture aura été faite au moment de la demande du payement, ces pièces et quittances seront remises au payeur, à l'appui de votre mandat.

L'état général d'emploi vous sera remis, à la fin de l'exercice, pour faire partie du compte général des dépenses fixes du département. Cet état se composera, 1° du bordereau des objets achetés; 2° de celui des dépenses de main-d'œuvre, de fournitures, ou de réparations des objets déjà existants; attendu qu'aucune somme ne sera délivrée à l'avenir pour entretien à titre d'abonnement, et que toutes les dépenses, sans exception, devront être justifiées par pièces.

Vous me transmettrez, à l'appui des propositions qui seront faites au budget départemental pour nouveaux achats, ou pour entretien, le relevé sommaire du récolement annuel, conforme au modèle qui vous a été transmis par mon prédécesseur, et l'extrait du procès-verbal dudit récolement, en ce qui concerne l'évaluation des sommes jugées nécessaires.

Ce n'est que dans les cas prévus par l'article 6 que vous aurez à m'adresser une expédition de l'état du récolement.

Formation de jurys dans les départements manufacturiers.

28 avril 1819.

Le Ministre de l'intérieur aux Préfets.

Vous connaissez l'ordonnance royale du 9 de ce mois, qui prescrit, dans les départements où il existe une ou plusieurs branches d'industrie manufacturière, la formation d'un jury de sept fabricants, chargé de désigner les artistes qui ont le plus contribué au perfectionnement des manufactures, pendant les dix années qui viennent de s'écouler. C'est sur cette ordonnance que j'appelle aujourd'hui votre attention. Elle est le complément de celle du 13 janvier dernier, qui vous a été notifiée le 26 du même mois.

L'ordonnance du 13 janvier assure d'honorables récompenses aux fabricants qui ont porté les produits de leurs manufactures à un degré remarquable de perfection et d'économie. Mais la supériorité dans les arts industriels n'est pas due seulement au mérite des manufacturiers; si leur zèle, leur activité, leur intelligence, et l'emploi bien raisonné qu'ils savent faire de leurs capitaux, contribuent puissamment au succès de leurs opérations, on ne peut se dissimuler qu'ils trouvent aussi de grandes ressources dans le génie inventif de certains hommes qui découvrent d'utiles applications des connaissances physiques et mathématiques aux besoins des manufactures. Les savants de profession négligent, en général, les applications : le temps qu'ils y consacreraient serait enlevé au perfectionnement théorique de la science, but principal de leurs profondes méditations. Les manufacturiers, occupés presque exclusivement de la conduite de leurs fabriques, ne peuvent suivre des expériences qui les détourneraient du soin de leurs entreprises commerciales. Mais il existe, entre les savants et les fabricants, une classe d'artistes qui transmettent à ceux-ci le résultat des recherches et de la sagacité des premiers. Un mécanicien, un simple contre-maître, ou même un ouvrier doué d'un esprit observateur, a quelquefois, par d'heureuses découvertes, élevé tout à coup des manufactures au plus haut degré de prospérité. Le fabricant leur doit les moyens de ménager le combustible, d'abréger le travail, d'épargner la main d'œuvre, de donner aux couleurs plus de fixité et d'éclat, de tirer parti de matières auparavant rebutées et tombées en pur déchet, etc. Ces hommes industrieux cherchent rarement la fortune ; ils s'oublient eux-mêmes et ne songent qu'au progrès de l'industrie. Le plus modique salaire est, pour l'ordinaire, tout le prix qu'ils recueillent de leurs importants travaux. Ce sont ces artistes que le roi a voulu honorer, par son ordonnance du 9 de ce mois ; il n'ignore pas les services multipliés que rend, chaque jour, à nos manufactures, cette classe laborieuse et modeste, qui sera constamment l'objet de sa sollicitude et de ses encouragements. Un si noble exemple ne saurait être perdu pour vous.

Faites-vous rendre compte des découvertes qui pourraient avoir amené, depuis dix ans, une amélioration notable dans une branche quelconque de l'industrie manufacturière de votre département, et signalez-moi les savants, les artistes, les ouvriers auxquels on en est redevable. Il y a peut-être tel procédé nouveau qui n'a servi qu'à perfectionner des produits d'un usage vulgaire, et à en faire baisser le prix : loin que les inventeurs de ces procédés doivent rester dans l'oubli, j'appelle particulièrement votre attention sur eux. Il faut, surtout, exciter le zèle des artistes qui travaillent au bien-être de la classe indigente : c'est la volonté du roi, et vous vous empresserez de vous y conformer.

Pour vous seconder dans vos recherches, vous réunirez auprès de vous, d'ici au 15 mai, un jury de sept fabricants, parmi lesquels pourront figurer plusieurs des membres du jury départemental chargé de l'examen des produits destinés pour l'exposition.

Les notices que vous rédigerez, de concert avec ce jury, et que vous voudrez bien me faire parvenir, dans la première quinzaine de juillet, devront indiquer les noms et prénoms des artistes qui auront des droits à cette distinction ; la date et le lieu de leur naissance ; le lieu de leur résidence actuelle ; la découverte, le perfectionnement ou l'amélioration qu'on leur doit, et dont les preuves seront bien constatées ; son importance, l'étendue de son application et des résultats qui en sont la suite; enfin, l'époque précise à laquelle la découverte a eu lieu, ou a commencé à être mise en partique dans votre département.

Il est indispensable de constater avec précision cette dernière circonstance, puisque l'ordounance de Sa Majesté n'a pas en vue de récompenser les inventions qui auraient été faites il y a plus de dix ans; vous devez donc négliger tout ce qui serait antérieur au 1er janvier 1809.

Je ne doute pas que vous ne vous estimiez heureux d'avoir à vous occuper d'objets si dignes d'intérêt, et à concourir à des actes d'une munificence vraiment royale.

Caisse d'épargne et de prévoyance.

30 avril 1819.

Le ministre de l'intérieur transmet aux préfets plusieurs exemplaires d'un rapport fait à la société d'encouragement pour l'industrie nationale, sur la caisse d'épargne et de prévoyance.

Le but que se propose cette caisse devant avoir, sur le sort et les mœurs de la classe ouvrière, une influence notable, et l'autorité ne pouvant trop appeler l'attention publique sur un établissement dont les fondateurs semblent s'être oubliés eux-mêmes, pour ne songer qu'aux intérêts des actionnaires, le ministre invite les préfets à communiquer ce rapport aux chambres de commerce, aux chambres consultatives, et aux chefs des manufactures des villes de fabrique de leur département.

RAPPORT SUR LA CAISSE D'ÉPARGNE ET DE PRÉVOYANCE , FAIT A LA SOCIÉTÉ D'ENCOURAGEMENT , LE 27 JANVIER 1819 ,

Par une commission spéciale composée de MM. de Gérando, Francœur, et Jomard, rapporteur.

La nouvelle caisse d'épargne et de prévoyance, autorisée par ordonnance royale du 29 juillet dernier, n'a presque aucun point de ressemblance avec les caisses et tontines qui se sont succédé, en France, depuis trente ans. Le résultat de ces tontines a été si peu satisfaisant, et quelquefois si désastreux, qu'il est indispensable de rappeler la confiance publique en faveur d'un genre d'établissement si utile à l'industrie. Celui dont nous allons avoir l'honneur de vous entretenir n'a guère rien de commun avec les autres que son titre; et notre premier devoir est de prémunir les esprits contre des rapprochements qui ne seraient point fondés. Plus on attend d'heureux effets de la nouvelle création, plus on doit s'assurer rigoureusement qu'elle est combinée de manière à atteindre son but. En effet, les épargnes des ouvriers sont une chose sacrée ; autant un système bien entendu de placement peut leur être utile, autant une imprudente combinaison pourrait leur être funeste ; elle aurait, de plus, le fâcheux effet d'accroître encore leurs préventions contre tout moyen de réaliser une prévoyance si nécessaire. La société d'encouragement ne doit pas, aux yeux de l'industrie française, engager une opinion qui est une sorte de garantie morale, sans avoir une conviction pleine et approfondie de la solidité du système qu'elle conseille de suivre. Les commissaires que vous avez chargés de vous faire un rapport sur cette question importante, ont fait leurs efforts pour l'examiner sous toutes ses faces. Le travail qu'ils ont l'honneur de vous soumettre est divisé en quatre articles, qui sont les points principaux que comporte la matière, en ce qui touche les vues philanthropiques de la société d'encouragement.

Le premier sera destiné à examiner l'influence que peut exercer, en général, sur les progrès de l'industrie, un bon système d'épargnes pour les ouvriers ;

Le deuxième, les conditions que ce système doit remplir pour atteindre son but;

Le troisième, comment la nouvelle caisse d'épargne remplit ces conditions;

Le quatrième et dernier, de quelle manière la société d'encouragement peut intervenir pour étendre l'influence de cette institution, si elle est, en effet, reconnue éminemment bienfaisante.

Art. 1er. Il ne saurait exister le moindre doute sur les avantages qui seront acquis à l'industrie, si l'on donne aux artisans les moyens de s'assurer, par une sage prévoyance, un asile contre la misère. Quand ils ne feraient que contracter, avec l'habitude des épargnes, celle de l'ordre et de la régularité dans la conduite, qui peut contester l'influence qu'elles auraient et sur la qualité et sur la quantité de la main-d'œuvre? N'est-il pas évident que la quantité de travail serait plus grande, puisque l'ouvrier ne pourrait pourvoir aux mêmes besoins sans travailler davantage, et que, pour augmenter son bien-être, il serait conduit à faire des efforts pour améliorer son ouvrage? Abandonnant les funestes pratiques, trop communes parmi le peuple, de consommer en un jour une grande partie du gain de la semaine, il économiserait avec soin tout ce qui ne serait pas rigoureusement nécessaire à l'existence de sa famille; il cesserait de fréquenter les lieux où la santé et l'existence ne sont pas moins menacées que la fortune: on verrait les habitudes vicieuses se déraciner peu à peu, et peut-être les maladies dont elles sont la source finiraient par être moins fréquentes et moins meurtrières; ce qui tendrait à augmenter encore la quantité de travail produite par la classe ouvrière. Mais une si grande amélioration morale ne sera-t-elle pas traitée de chimère? Le peuple, dira-t-on, est courbé sous le joug d'anciennes habitudes; il se console de sa misère par l'usage immodéré d'une boisson qui lui plaît d'autant plus, qu'elle lui fait oublier ses maux et ses fatigues, qu'elle l'étourdit et l'endort, en quelque sorte, sur un avenir douloureux. Sans doute, il est difficile de corriger tout d'un coup cette partie de la population qui est abrutie par le vice et la débauche; mais est-ce une raison pour renoncer à en préserver la génération qui s'élève? Bien plus, s'il est un moyen d'agir sur la multitude, c'est sans doute en s'adressant au sentiment de l'intérêt personnel: et qu'on n'objecte pas qu'il faut craindre de lui inspirer l'avarice; elle aura toujours assez de tendance à la prodigalité, à une insouciance aveugle sur les besoins à venir. Or, vous exciterez, à coup sûr, l'attention du peuple, en lui montrant des bénéfices certains, considérables même relativement, en lui faisant voir qu'il peut doubler un capital en une douzaine d'années; et qu'en continuant, pendant le même temps, et tous les mois, une petite épargne de 12 francs, par exemple, il peut se procurer une somme de 2,400 francs pour un dépôt total qui n'aura pas excédé 1,700 francs. Si l'on réfléchit bien sur le caractère de l'habitant des campagnes, on peut croire qu'un seul exemple pareil, dans un village, en entraînerait beaucoup d'autres. Dans les villes, on éprouvera plus d'obstacle, parce qu'elles présentent plus d'attraits au goût du plaisir, plus de pièges à l'imprévoyance; mais, avec le temps, on peut les surmonter. D'autres moyens, qu'on ne peut développer ici, serviront d'auxiliaires pour en triompher. Revenons aux classes ouvrières. Quel avantage les manufacturiers qui les conduisent ne retireront ils pas du système des épargnes? S'ils se chargent eux-mêmes de les opérer, au moyen de retenues, ils attachent leurs ouvriers à leurs maisons, à leurs intérêts; ils leur donnent, non pas seulement l'espoir, mais la garantie assurée, d'un sort meilleur, d'une augmentation de bien-être qui ne peut aller qu'en croissant, des soins qui seront prodigués à leur vieillesse et à leurs familles, des secours qu'ils recevront pendant leurs maladies. De là une affection réciproque entre les artisans et leurs chefs, et une plus grande union dans les familles des premiers. De là aussi plus d'attachement des ouvriers pour leur profession, plus de confiance dans leur sort, plus de décence et de dignité dans leur conduite. Une fois le sentiment de l'honneur excité dans leur âme, que ne doit-on pas en attendre, non-seulement sous le rapport moral, mais sous le rapport de l'avancement de l'industrie?

2. Mais s'il est impossible de révoquer en doute l'influence que les habitudes de prévoyance et d'économie auront nécessairement sur la condition de la classe manufacturière et sur les progrès des arts, il n'est pas aussi facile de fixer ses idées sur le meilleur mode à suivre pour organiser un système d'épargnes. C'est ce que l'expérience a prouvé. Combien n'a-t-on pas vu, en France et dans le reste de l'Europe, d'essais infructueux, ou même funestes, tentés par la spéculation, par l'imprudence ou par une philanthropie peu éclairée. Il faut l'avouer, ce n'est pas sans de justes motifs que l'on éprouve de la défiance contre les placements des tontines. Il serait au moins superflu de faire ici l'énumération de celles qui ont échoué ou complètement manqué leur but, malgré les annonces fastueuses des fondateurs, et le spécieux prétexte de la bienfaisance et de l'utilité générale. Mais il est permis d'examiner les bases sur lesquelles on avait assis ces établissements, afin de mar-

quer les écueils qu'il faut fuir, et de trouver la véritable route qui doit conduire au but.

Trois modes principaux ont été suivis pour recueillir les épargnes et les faire fructifier. Dans le premier, elles produisent une rente viagère qui s'éteint avec l'individu, ou profite à un autre ; c'est le cas des tontines ordinaires. Dans le second, les épargnes sont versées pendant toute la durée de la vie, et à la mort elles ont produit un capital déterminé ; c'est le principe des *assurances à vie*.

Dans le troisième, on reçoit aussi les épargnes pendant toute la vie ; mais le capital qu'elles produisent est disponible à chaque moment. Les chances de la mortalité n'ont aucune influence sur la quotité de ce capital ; et l'on connaît toujours avec certitude le produit auquel on a droit par ses mises continuées. Tandis que, dans les deux autres méthodes, on combine les effets qui résultent du prolongement plus ou moins long de la vie des actionnaires : ici, aucun des prêteurs ne profite ni ne gagne à la mort des autres ; et l'on voit quel avantage présente ce troisième mode, sous le rapport moral.

Les tontines établies successivement en France, depuis 1653, ont toutes fini malheureusement. C'était pour assurer les calculs sur lesquels repose ce genre d'institution, qu'il avait été dressé avec soin plusieurs tables de mortalité ; mais, presque toujours, on a exagéré les résultats de ces calculs, et c'est la principale cause qui a fait tomber ces institutions, sans parler de l'esprit de spéculation qui souvent a dirigé les fondateurs. On a reconnu que les probalités les plus raisonnables sur la durée de la vie humaine ne s'appliquent point justement aux actionnaires des tontines ; parce que ces probabilités embrassent toute la population, c'est-à-dire une multitude d'individus qui ne peuvent ou ne veulent point être actionnaires. Ainsi, quelque avantageuses et même quelque sages que soient les combinaisons d'une tontine, on aura toujours à redouter les effets d'un usage imprudent des tables de mortalité, à moins qu'on n'en construisit d'après les observations faites uniquement dans la classe des rentiers viagers.

Les assurances à vie ne furent autorisées, en France, qu'en 1787, et une compagnie spéciale fut créée en 1788. Mais, par un décret du 17 frimaire an II, le privilège de la compagnie fut aboli, et aucun autre établissement du même genre n'a été formé depuis cette époque. En Angleterre et en Allemagne, au contraire, il existe un assez grand nombre de ces sociétés, dont le but, ainsi qu'on l'a dit, est de faire fructifier les épargnes de l'actionnaire, malgré son décès, tandis que, dans celles des tontines, le fruit expire avec la vie.

Mais elles ont un reproche grave à combattre. En effet, le taux du bénéfice des actionnaires est calculé sur la durée de la vie. N'est-il pas fâcheux que l'on soit dans le cas de fonder une spéculation sur l'espérance de la mort d'autrui ? A la vérité, la morale n'est pas blessée davantage dans les assurances que dans les stipulations des testaments et dans les successions ordinaires.

Il est d'autres inconvénients encore, dans ce système : en premier lieu, l'assuré perd d'autant plus qu'il vit plus longtemps ; en second lieu, si une mortalité plus grande que les calculs ne la supposent, vient à régner parmi les actionnaires, il faut que l'établissement rembourse, tout d'un coup, de grands capitaux, et il en résulte des pertes considérables.

Tels sont les inconvénients principaux des tontines et des caisses d'assurances à vie, et les causes qui ont fait échouer parmi nous ces divers genres d'établissements. Si l'Angleterre a obtenu plus de succès, il faut l'attribuer à ce que l'on y a d'abord introduit un mode qui se rapproche du troisième système, que nous n'avons encore fait qu'indiquer. Ce qu'on appelle *remote annuity*, les annuités différées, procure à l'actionnaire la certitude d'obtenir, à un certain âge, une rente perpétuelle ; mais s'il meurt auparavant, la perte est totale. En outre, les Anglais ont formé des institutions de prévoyance, proprement dites, *saving banks*, qui remplissent toutes les conditions, préviennent tous les dangers, et réunissent tous les avantages qu'on peut raisonnablement désirer. La solidité et l'excellence de ces institutions sont tellement reconnues, que le gouvernement anglais et le parlement leur ont donné une entière sanction. L'opinion unanime en avait déjà consacré les résultats. Nous passons sous silence plusieurs essais analogues tentés parmi nous depuis trente ans, et nous arrivons à l'exposition des principes sur lesquels repose une institution bien entendue d'épargnes et de prévoyance, et exempte de tous les défauts que nous avons signalés : 1º l'équité rigoureuse doit présider à l'établissement, et chaque sociétaire doit retirer un produit exactement proportionnel à l'étendue et à la durée de ses placements ; 2º les versements successifs, quelque faibles qu'ils soient, doivent être reçus, et s'ajouter au capital ; 3º l'administration doit être simple et peu dispendieuse ; 4° l'actionnaire doit avoir la faculté de retirer ses fonds, dès qu'il en a besoin ; 5° les intérêts doivent se cumuler et se capitaliser à des périodes plus rapprochées que le cours d'une année ; 6° enfin, l'institution doit présenter toute la sûreté, toutes les garanties nécessaires pour dissiper jusqu'à l'ombre de l'inquiétude. En effet, c'est un devoir que de ne laisser aucun prétexte aux appréhensions de la classe ouvrière, qui va porter à l'établissement les fruits de son économie. Que veut-on obtenir de la classe malaisée? Des sacrifices, il ne faut pas se le dissimuler. Or, pour en venir à bout, ce n'est pas assez de promettre un gain, un avantage ; il faut encore en assurer la jouissance imprescriptible, en garantir la durée indéfinie.

L'obstacle qui s'oppose le plus (et l'expérience l'a prouvé) à la solidité du placement, c'est la dépense, trop souvent ruineuse, des frais d'administration. Les bénéfices des actionnaires sont variables, bornés, incertains ; la dépense des agents est permanente, continue, inévitable, et quelquefois progressive. Il faut donc s'attacher surtout à un mode qui entraîne le moins de frais possible ; ou, ce qui revient au même, aider à ces frais par des moyens séparés, qui ne soient pas à la charge de l'entreprise.

Si l'on n'offrait pas à l'actionnaire un produit de ses fonds, du moment même qu'il les a déposés, alors il n'aurait aucun intérêt à verser dans la caisse à toutes les époques, et à mesure que ses épargnes sont réalisées. Alors aussi la tentation aurait le temps d'agir, et les épargnes seraient presque toujours détruites en naissant. Il faut, en quelque sorte, une force capable de les saisir ; et cette force réside dans l'appât d'un intérêt immédiat et certain. En réglant, par exemple, cet intérêt tous les mois, il se cumule progressivement ; et celui qui a versé un petit capital, le voyant accroître rapidement, sans prendre aucune peine et sans courir aucune chance, n'est pas plus tenté de le retirer que de garder chez lui les nouvelles épargnes qu'il rassemble, ou de les consommer en pure perte.

Cependant ce serait un vice de l'institution que d'enchaîner sans retour l'actionnaire. Des motifs impérieux, des devoirs sacrés, peuvent lui faire désirer son capital, et même sur-le-champ. Si cette faculté n'existe pas, il regrettera quelquefois ses calculs d'économie et une prévoyance funeste ; si elle existe, au contraire, il satisfera, au jour du besoin, à des obligations rigoureuses. Il laisse même, s'il le veut, une partie de son capital, pour continuer à fructifier. Ainsi le fonds et le revenu accumulé seront toujours disponibles ; et quels que soient ou puissent devenir la destination du capital et le vœu du possesseur, il pourra, dans tous les cas, les réaliser.

Quel sera le meilleur mode à suivre pour l'emploi des sommes versées par les actionnaires ? C'est une question qu'on a dû se faire déjà, et qui cependant ne peut être traitée ici qu'en passant. Il y a une foule de placements plus ou moins sûrs, plus ou moins utiles ; mais s'il existe un mode fructueux, et en même temps propre à fortifier le crédit public, à développer l'esprit national, c'est à celui-là qu'il faut s'attacher de préférence. On trouve que ces avantages appartiennent au placement dans les fonds publics. D'abord, l'intérêt est toujours supérieur à 5 pour 0/0. La caisse d'épargne, acquérant journellement des rentes sur l'État, contribue à les soutenir sur la place. Les actionnaires sont ainsi intéressés à la stabilité des fonds, qui assure le payement des annuités ; ainsi leur cause est liée à celle de la prospérité publique. Au reste, quelques objections qu'on puisse faire contre la solidité du placement, il ne faut pas perdre de vue que, dans un bon système, le prêteur doit avoir constamment la faculté de retirer ses fonds sur-le-champ et sans aucun frais.

Avant de passer à l'exposition du nouveau mode d'épargnes qui vient d'être adopté, qu'il nous soit permis d'insister sur les immenses avantages qui sont attachés à une institution bien conçue. Tous sont dans l'intérêt des mœurs publiques. Qui pourrait nier que l'aisance, plus généralement répandue, conduit à l'amélioration des mœurs? De ce bien-être individuel découle la richesse publique. Puisque le trésor de l'État se remplit avec une portion de la fortune des individus, tout ce qu'on fera pour augmenter celle-ci doit refluer sur celui-là. Où l'impôt se paye-t-il mieux que dans les contrées où le commerce et l'industrie s'efforcent d'enrichir les particuliers. Mais un bon mode d'épargnes est aussi un moyen d'augmenter considérablement la fortune des individus, puisqu'un accroissement de capitaux permet d'en consacrer une plus grande partie aux manufactures, aux opérations commerciales, aux spéculations agricoles. De là aussi plus de choix dans les plaisirs, plus de douceur dans les habitudes, plus de moralité dans la conduite. La misère est prévenue, la bienfaisance est guidée, et le bienfait n'est plus l'auxiliaire du vice. En vain des asiles nombreux sont ouverts à l'infortune, si le faux indigent usurpe la place du véritable pauvre ; en vain le mendiant est enfermé, si la mendicité est une ruse de la paresse. Des hommes valides recevront les secours destinés au malheur et aux infirmités ; et tous les sacrifices du trésor public, de l'opulence et de la charité, seront insuffisants pour pourvoir à tous les besoins. Mais le secours de l'épargne est toujours présent ; il soulage avec le fruit seul de l'économie, tandis que le fonds subsiste pour une autre fin : il n'avilit pas, comme l'aumône ou la prison ; il élève au contraire, et donne un sentiment de dignité personnelle. Celui qui possède, parce qu'il a travaillé, sent qu'il ne doit son bien qu'à lui seul : il a la conscience de sa force et de son intelligence ; il en recueille le prix, honorable autant que salutaire.

3. Je viens à expliquer le système simple et ingénieux au moyen duquel les créateurs de la nouvelle caisse d'épargne se proposent de réaliser cette grande amélioration. Il sera facile de voir, dans ce simple exposé, s'il réunit les conditions exigées : la sûreté des placements, l'avantage des actionnaires et l'accumulation du produit ; la disponibilité de ces fonds, les garanties morales ; enfin, l'économie des dépenses. Il suffit, en quelque sorte, de citer le règlement adopté par la *société anonyme*, le 22 mai dernier.

Par l'article 1er, la caisse est obligée de recevoir jusqu'à un franc de dépôt.

Par les articles 2, 15, 19, on voit, 1° que l'emploi des versements se fait en rentes sur l'Etat, aussitôt que le montant collectif des épargnes s'est élevé à 50 francs de rente, au moins ; 2° que tous les dépôts sont remboursables, avec les fruits acquis et les bénéfices, au cas échéant de la cessation de la société.

Les articles 9, 10, 11, 12, 16, 18 et 20, sont relatifs au taux de l'intérêt : ce taux est fixé toutes les années. L'intérêt se règle, à la fin de chaque mois, pour chaque somme de 12 francs. Le prêteur est libre de laisser à la caisse d'épargne chaque inscription de 50 francs, aussitôt qu'elle lui est acquise par les économies successives ; dans ce cas, la caisse en perçoit les arrérages au profit du titulaire. Les bénéfices que fait l'entreprise contribuent à augmenter le taux de l'intérêt. Enfin, ce qui est directement le contraire de tous les anciens établissements, les créateurs de celui-ci le dotent, chacun, de 50 francs de rente ; ce qui accroît d'autant le capital, et aide aux frais d'administration.

Les dépôts sont restitués au prêteur qui les demande sur-le-champ, ou sous huit jours, au plus tard ; ou intégralement, ou jusqu'à concurrence de la somme dont il a besoin. Quand il a droit à une inscription de 50 francs, elle est faite à son nom, et il peut la retirer. (*Art.* 13-15.)

Les articles 7, 8, 17, offrent des garanties certaines, quant au choix des administrateurs et aux précautions à prendre pour assurer une bonne gestion, surtout par la publicité annuelle des comptes qui se rendent, tous les six mois, à l'autorité.

Enfin, dans les articles 3, 4, 5, 6, on voit que l'administration ne sera point dispendieuse, comme il arrive toujours ; puisque la caisse est dotée, que le local est gratuit, enfin que la gestion est faite gratuitement par vingt-cinq directeurs, qui s'obligent pour cinq ans.

C'est du sein de la compagnie royale d'assurances qu'est sortie cette grande pensée ; c'est elle qui concède le local aux bureaux. Les fondateurs de la caisse d'épargne, qui appartiennent tous à cette compagnie, ont déposé 1,000 francs de rente en faveur de l'entreprise. Tous sont connus, à Paris, par un crédit justement mérité, par l'habitude de la bienfaisance, et la plupart des noms qu'on voit figurer sur cette liste de bienfaiteurs, appartiennent, soit aux institutions philanthropiques de cette capitale, soit à la respectable administration des hospices ; de manière qu'aucune association charitable n'a jamais présenté plus de sûretés morales et réelles. Par surcroît de garantie, les fondateurs se sont soumis aux formes prescrites par les lois pour les sociétés commerciales, bien qu'il n'en puisse résulter pour eux aucun bénéfice, que la satisfaction d'avoir fait le bien et concouru à une œuvre de libéralité.

Nous avons encore à faire connaître quel est le produit de l'épargne, cumulé mois par mois, selon les statuts de la caisse. Il serait facile de donner des tables, calculées d'avance, pour toute espèce de placement, si le taux était constamment le même, et si le prêteur renouvelait le même dépôt tous les mois ou périodiquement. Mais le taux de l'intérêt doit être fixé chaque année. En second lieu, on a voulu, avec raison, laisser la plus grande latitude pour les époques, ainsi que pour la quotité des versements. Cependant, pour fournir une idée du montant des produits cumulés, on donnera ici deux tables calculées par M. Francœur, dans les suppositions précédentes. La première fait connaître le montant de l'accumulation d'un dépôt périodique de 12 francs, chaque mois, pendant quarante-cinq ans, l'intérêt étant fixé sur le pied de 5 p. 0/0, et réglé mois par mois. La seconde donne le produit de 50 francs déposés une fois pour toutes, et calculé pour douze années. Une troisième table fournit le produit d'une somme de 25 francs renouvelée tous les semestres, avec les intérêts cumulés de mois en mois, toujours au taux de 5 p. 0/0. Ce cas rentre dans celui du nouvel établissement, puisqu'une fois le capital élevé jusqu'à la valeur de 50 francs de rente, on ne règle plus les intérêts que tous les six mois, dans le cas où ce capital est laissé à la caisse; et cela de la même manière que les rentes sont servies par le trésor: à la vérité, ces dernières ne sont pas acquittées en un seul jour.

RÉSULTATS *de l'accumulation d'un dépôt périodique de 12 francs, chaque mois, avec les intérêts à 5 p. 0/0 par an, mais réglés et calculés pour chaque mois.*

Dépôt en				produit			Dépôt en			produit		
1 an	144f			147f	966		24 ans	5,456f		6,686f	500
2	288			303	486		25	3,600		7,176	583
3	432			467	006		26	3,744		7,691	742
4	576			658	866		27	3,888		8,255	255
5	720			819	324		28	4,032		8,802	468
6	864			1,009	424		29	4,176		9,400	824
7	1,008			1,209	058		30	4,320		10,029	780
8	1,152			1,418	867		31	4,464		10,690	632
9	1,296			1,639	429		32	4,608		11,585	888
10	1,440			1,871	280		33	4,752		12,116	411
11	1,584			2,114	996		34	4,896		12,884	353
12	1,728			2,371	177		35	5,040		13,691	503
13	1,872			2,640	466		36	5,184		14,540	000
14	2,016			2,923	553		37	5,328		15,431	900
15	2,160			3,221	085		38	5,472		16,369	443
16	2,304			3,533	857		39	5,616		17,354	940
17	2,448			3,862	634		40	5,760		18,390	876
18	2,592			4,208	237		41	5,904		19,479	815
19	2,736			4,571	502		42	6,048		20,624	461
20	2,880			4,953	583		43	6,192		21,827	680
21	3,024			5,354	582		44	6,336		23,092	438
22	3,168			5,776	742		45	6,480		24,422	080
23	3,312			6,220	276						

PRODUIT *d'un dépôt unique de 50 francs, fait une fois pour toutes, avec ses intérêts cumulés par mois, à cinq p. 0/0 par an.*

1 mois	50f	208	13 mois	52f	777	25 mois	55f	477	4 ans	61f	046
2	50	418	14	52	997	26	55	709	5	64	169
3	50	628	15	53	218	27	55	940	6	67	452
4	50	839	16	53	440	28	56	174	7	70	903
5	51	030	17	53	662	29	56	408	8	74	551
6	51	143	18	53	886	30	56	643	9	78	344
7	51	477	19	54	111	31	56	879	10	82	353
8	51	691	20	54	336	32	57	116	11	86	566
9	51	907	21	54	562	33	57	354	12	90	995
10	52	123	22	54	789	34	57	595			
11	52	340	23	55	018	35	57	853			
12	52	559	24	55	248	36	58	074			

PRODUIT *d'un dépôt de 25 francs, opéré à chaque semestre, avec les intérêts cumulés de mois en mois, à 5 p. 0/0 par an.*

Dépôt en		produit			Dépôt en		produit		
1 semestre	25f	25f	650		7 semestres	175f	195f	600
2	50	51	908		8	200	224	151
3	75	78	847		9	225	253	422
4	100	106	475		10	250	287	523
5	125	134	793		11	275	320	768
6	150	163	851		12	300	354	126

Nous nous abstenons de présenter ici les calculs par lesquels on peut trouver le produit d'une somme donnée, dont les versements seraient renouvelés à des époques quelconques, ou interrompus tout à fait, ou enfin différents du dépôt primitif. Il n'est pas très-difficile de ramener tous ces cas à ceux des tables ci-dessus ; bornons-nous à donner, d'après les mêmes tables, des exemples des produits cumulés.

Qu'un ouvrier mette, chaque jour, de côté, six à sept centimes : au bout de quarante ans, il a gagné 5,000 fr. S'il est en état d'épargner 12 francs par mois, c'est-à-dire six fois autant, au bout de l'année, il a 148 francs pour un dépôt total de 144 francs ; mais, au bout de quarante-cinq ans, il a acquis un capital de 24,422 fr. pour un dépôt de 6,480 francs, c'est-à-dire que son fonds a presque quadruplé.

Que cet ouvrier dépose 50 francs, une fois pour toutes, sans plus faire aucun versement : en douze ans, il a 91 francs ; en quatorze ans environ, la somme est doublée.

Enfin, si cet homme verse 25 francs tous les six mois, après six ans, il a 354 fr. 15 c., pour un dépôt total de 300 francs seulement.

4. Maintenant que nous avons fait voir quels rapports existent entre la prospérité de l'industrie et la nature du nouvel établissement, il nous reste à chercher comment les vues de la société d'encouragement peuvent se concilier avec quelques mesures propres à contribuer à son succès. Ici, un exemple tout récent, et bien digne d'être imité, vient se présenter à notre esprit. Cet exemple a été donné par l'un de nos collègues, aussi recommandable par ses lumières, par son zèle philanthropique et par de grands services, que par un nom illustre. Placé par le gouvernement à la tête de deux grands établissements d'industrie, pépinières d'habiles artistes, il a encore sous sa tutelle de nombreux ateliers qui ont changé la face du pays où il les a fait naître. Ayant naguère des récompenses à décerner aux ouvriers les plus habiles et les meilleurs, il a conçu l'heureuse idée de convertir ces récompenses en placements sur la caisse d'épargne. Grande leçon donnée à tous les manufacturiers, qui sentiront l'avantage de s'attacher ainsi les familles ouvrières ! L'autorité de l'exemple donné par M. le duc de la Rochefoucauld est sans doute propre à inspirer une grande confiance, à éclairer l'opinion des chefs de manufacture, et à diriger leur conduite. Que n'est-il permis ici de présenter l'intéressant tableau de la distribution solennelle des récompenses accordées aux ouvriers de Liancourt, et de répéter les paroles paternelles que leur a adressées notre collègue, pour leur faire sentir le mérite de la nouvelle institution ! Il semble, en effet, que c'est le complément de toutes les améliorations de l'ère actuelle. L'instruction première appartient désormais à tous les enfants du peuple, tous pourront acquérir, par la pratique des éléments du dessin, une plus grande aptitude aux arts utiles ; ils feront, dans une petite bibliothèque populaire, des lectures choisies ; enfin, après avoir acquis, par des leçons salutaires, l'habitude et le goût du travail, ils seront sûrs de pouvoir en conserver et en augmenter le fruit.

Ponts et chaussées. — Travaux mixtes.

7 mai 1819.

Le Directeur général des ponts et chaussées aux Préfets.

La nature des affaires qui ressortissent à la commission mixte des travaux publics exige qu'elles n'éprouvent point des lenteurs qui deviendraient préjudiciables aux services qu'elles intéressent. Je désire donc que l'ingénieur en chef s'occupe d'urgence de tous les projets qui peuvent donner lieu à des conférences avec les officiers du génie. Conformément à l'article 4 de l'ordonnance royale du 18 septembre 1816, relative à la réorganisation de la commission mixte, le concert entre les directeurs ou ingénieurs en chef des divers services s'établit dès l'époque de la rédaction primitive des projets ; et les ingénieurs ne doivent pas attendre, pour entrer en conférence, qu'ils en aient reçu l'ordre ou l'invitation : l'initiative, à cet égard, leur appartient de droit et par devoir.

Aussitôt après la clôture de ces conférences, l'ingénieur en chef s'empressera de vous adresser immédiatement les procès-verbaux qui constatent l'unanimité ou le dissentiment des opinions, ainsi que les rapports, plans, devis, détails, etc., qui auront servi de base à la discussion. Il est surtout indispensable, pour déterminer ma décision, que l'on joigne aux pièces un mémoire spécial qui développe les motifs des dispositions réclamées ou combattues sous les rapports civils, et qui fasse connaître, au moins par aperçu, l'appréciation des différents ouvrages, si l'on n'a pas eu le temps de rédiger une évaluation détaillée.

Il importe que la marche des affaires mixtes soit aussi prompte dans l'administration civile que dans l'administration militaire, et que, de part et d'autre, elles puissent parcourir en même temps les mêmes degrés d'instruction.

Lorsque les intérêts se compliquent, et quand cependant il est nécessaire d'arriver promptement à des solutions définitives, il faut que les deux administrations soient également éclairées, pour que les mêmes objets ne soient pas remis plus d'une fois en question, ou qu'on ne s'expose pas à des concessions que des renseignements plus précis auraient empêché d'admettre, ou du moins auraient fait modifier.

Lorsque l'ingénieur en chef vous aura transmis les différentes pièces dont je viens de vous parler, je vous prie de les envoyer, sans délai, avec votre avis particulier, à l'inspecteur divisionnaire, qui me les adressera sur-le-champ, accompagnées de son rapport.

Ce mode d'instruction, prescrit par les règles qui régissent l'administration des ponts et chaussées, et dont on ne doit jamais s'écarter, occasionnera encore quelques délais inévitables; mais on les abrégera autant qu'il est possible, et nous nous rapprocherons davantage des formes plus expéditives de l'administration militaire, si les ingénieurs des ponts et chaussées regardent toutes les affaires mixtes comme urgentes, et s'ils mettent à leur expédition l'exactitude et l'empressement que j'attends d'eux.

Enrôlements volontaires.

7 mai 1819.

Le Directeur général de l'administration communale et départementale aux Préfets.

Vous m'avez adressé les états des enrôlements volontaires qui ont été contractés pour l'armée, dans votre département, en 1818, et dont la circulaire du 20 juin dernier a prescrit l'envoi, par trimestre, au ministère de l'intérieur : vous aurez à faire un pareil envoi pour 1819 et les années suivantes.

Mais, comme j'ai eu lieu de remarquer que plusieurs préfets ont compris dans leurs relevés, des hommes appartenant aux classes de 1816 et 1817, qui, après avoir été désignés par les tirages, ont usé de la faculté de s'enrôler, avant la mise en activité, dans un corps de leur choix, je crois nécessaire de vous faire observer que ces états doivent comprendre seulement les engagés volontaires que le désir d'embrasser la profession des armes aura conduits à prévenir les chances du tirage, et ceux qui n'étaient plus d'un âge à participer aux levées, ou que le sort n'avait pas désignés pour en faire partie.

Cette distinction est nécessaire pour que le ministre de l'intérieur, en rapprochant les résultats numériques de ces tableaux et ceux des levées, connaisse exactement le nombre d'hommes fourni à l'armée par chacun des départements.

Emploi, en rentes sur l'Etat, des fonds libres appartenant aux communes, aux hospices et aux fabriques.

12 mai 1819.

Le Directeur général de l'administration communale et départementale aux Préfets.

(Extrait.)

Je profite du moment où, d'après votre autorisation, la session des conseils municipaux des communes est probablement ouverte, à l'effet de délibérer sur leurs budgets de 1820 et sur leurs besoins extraordinaires, pour vous recommander d'appeler l'attention spéciale et particulière de ces conseils sur l'avantage qu'il y aurait, pour les communes, de faire l'emploi des fonds qu'elles ont dans la caisse des dépôts en acquisition de rentes sur l'État, autant qu'elles n'auraient pas à pourvoir à des dépenses extraordinaires, ou que les dépenses extraordinaires qu'elles auraient projetées pourraient être ajournées.

Cette opération serait d'autant plus conforme à leurs intérêts, qu'en augmentant leurs revenus, elle pourrait prévenir l'inconvénient grave où elles sont, en plusieurs lieux, de requérir la faculté de s'imposer extraordinairement pour les besoins du culte, ou pour le payement du salaire des gardes champêtres et forestiers.

Vous ne laisserez point, au surplus, ignorer aux conseils que l'opération indiquée me paraît devoir éprouver d'autant moins d'opposition, que les communes obtiendront, sans obstacle et sans difficulté, l'autorisation d'aliéner tout ou partie des inscriptions acquises avec ces capitaux, lorsque des besoins extraordinaires l'exigeront.

L'emploi, sur lequel vous voudrez bien faire délibérer les conseils municipaux, devra faire l'objet d'une délibération spéciale, que vous m'adresserez avec votre avis et celui du sous-préfet.

Vous aurez également à faire délibérer les administrations des hôpitaux, des bureaux de charité et des fabriques, sur l'opération dont je viens de vous entretenir, en ce que les avantages qu'elle présente ne seraient pas moins importants pour le service de ces administrations.

Vous ne laisserez point ignorer aux maires des communes et aux administrateurs des établissements publics qui ont versé des fonds dans la caisse des dépôts, que la remise de ces fonds est subordonnée à des distributions qui ne peuvent se faire que lorsque la caisse des dépôts, après en avoir opéré le recouvrement, a pu transmettre au ministre les états de sa situation ; que des mesures seront prises pour qu'une distribution puisse avoir lieu dans le cours de chaque trimestre ; qu'il n'est pas nécessaire d'entretenir et de salarier des agents particuliers pour obtenir la remise de ces fonds ; que cette

remise, sauf les retards inévitables qu'entraîne l'ordre de la compt-
tabilité, ne peut éprouver aucune difficulté ; que les communes et
les établissements publics n'ont à recourir à d'autres influences
qu'à celle des autorités sous la protection desquelles ils sont placés, et qu'en conséquence toute dépense faite pour rétribution à
des agents chargés de solliciter dans les bureaux, sera rigoureusement écartée des budgets et ne sera point admise dans les comptes
de leurs receveurs.

Écoles primaires de filles (1).

3 juin 1819.

Le Ministre de l'intérieur aux Préfets.

Trois années se sont à peine écoulées depuis qu'un acte du gouvernement a placé l'instruction primaire au rang qu'elle doit occuper parmi les institutions sociales, et déjà les bons effets des nouvelles dispositions se font sentir de toute part.

Exiger des garanties de la moralité et de la capacité des individus
auxquels on confie l'éducation des enfants, soumettre les écoles à
une surveillance éclairée et de tous les moments, tels étaient les
principes auxquels on devait tout rapporter ; ils ont servi de bases
à l'ordonnance royale du 29 février 1816.

Mais plus les résultats obtenus par l'application des dispositions
de cette ordonnance ont été heureux, plus on regrette que celles de
ces dispositions qui en étaient susceptibles n'aient point été étendues aux écoles de filles qui, moins nombreuses que les premières,
mais non moins intéressantes, appellent aussi la sollicitude de
l'autorité.

J'ai lieu de penser que si les préfets ont hésité à appliquer à ces
écoles les dispositions générales de l'ordonnance, c'est qu'ils atten-
daient que des instructions de l'autorité supérieure vinssent indiquer une marche uniforme pour tous les départements, et suppléer,
en quelques points, au silence de cette ordonnance.

Je me suis proposé de remplir ce double but, en rédigeant la circulaire que je vous adresse aujourd'hui. Les trois objets qui doivent vous occuper sont : 1o le choix des institutrices ; 2o la surveillance des écoles ; 3o l'augmentation de leur nombre.

La surveillance de ces institutions devant être attribuée aux
comités cantonaux, et l'ordonnance du 29 février indiquant assez
de quelle manière cette surveillance doit être exercée, je crois inutile de m'étendre sur ce point.

Vous savez également quels sont les moyens à employer pour
multiplier le nombre des écoles, dans les communes où il est insuf-
fisant : je vais donc m'attacher surtout à vous guider dans le choix
des institutrices ; opération d'une grande importance, et qui est
confiée à vos soins immédiats.

La première mesure à prendre sera la formation d'une commission, composée de cinq membres, dans le chef-lieu du département :

---

(1) Voir l'ordonnance du 23 juin 1836, portant règlement pour les écoles primaires de filles. (*N. de l'Ed.*)

cette commission sera chargée d'examiner, sous le rapport de l'instruction, les personnes qui désireront se vouer aux fonctions d'institutrice.

Aucune postulante, fille, mariée ou veuve, ne sera admise devant le jury d'examen, si elle n'est âgée de vingt ans, au moins, et si elle n'est munie des pièces suivantes, dont vous ferez la vérification :

1° Un acte de naissance, et, si elle est mariée, un extrait de l'acte de célébration de son mariage ;

2° Un certificat de bonne conduite et de bonnes mœurs des curés et maires de la commune ou des communes où elle aura habité depuis trois ans au moins.

D'après le rapport du jury d'examen, vous délivrerez, s'il y a lieu, à la postulante, un brevet de capacité.

Ces brevets seront de deux degrés : ceux du deuxième degré ou degré inférieur seront accordés aux personnes qui sauront suffisamment lire, écrire et chiffrer, pour en donner des leçons.

Les connaissances exigées des institutrices du premier degré seront les principes de leur religion, la lecture, l'écriture, les quatre premières règles de l'arithmétique, celles de trois et de société, et les éléments de la grammaire.

Pour avoir le droit d'exercer, il faudra, outre le brevet de capacité, une autorisation spéciale pour une commune déterminée, autorisation que vous délivrerez sur la proposition qui vous sera adressée par le maire et le curé ou desservant, ou par le fondateur de l'école, avec l'avis du comité cantonal.

Lorsqu'une institutrice, munie d'un brevet de capacité obtenu dans un autre département, se présentera pour exercer sa profession dans celui que vous administrez, elle sera dispensée de subir l'examen, mais elle n'en sera pas moins tenue de produire les certificats de bonnes mœurs exigés des personnes qui entrent dans la carrière de l'enseignement.

Dans le cas où les certificats présentés ne vous paraîtraient pas offrir toutes les garanties désirables, vous devriez, autant que possible, vous procurer directement des renseignements plus complets.

Lorsqu'une institutrice demandera l'autorisation de passer d'une commune du département dans une autre, elle devra vous présenter des certificats de bonne conduite du maire et du curé de la commune qu'elle va quitter. En cas de refus du maire, ce magistrat devra vous rendre compte de ses motifs, et vous prendrez aussi l'avis du comité cantonal.

Les articles 7, 8, 9, 14, 15, 16, 17, 18, 19, 20, 21, 22, 23, 25, 26, 27, 28, 31, 39 et 40 de l'ordonnance du 29 février 1816, sont applicables aux écoles primaires de filles, en substituant toutefois à l'intervention du recteur celle de l'autorité administrative.

Les institutrices actuellement en exercice devront se pourvoir de nouvelles autorisations. Vous ferez fermer les écoles de celles qui n'en seront point munies à l'époque du 1er janvier 1820.

Aucune institutrice ne pourra, sous quelque prétexte que ce soit, recevoir des garçons dans son école.

Je vous invite à prendre des mesures pour que toutes les dispositions prescrites par la présente circulaire soient, sans délai, mises à exécution, et pour qu'elles soient connues des personnes qu'elles peuvent concerner.

Application d'une marque et d'un numéro de fabrication aux cotons filés provenant de manufactures françaises.

17 juin 1819.

Le Ministre de l'intérieur aux Préfets.

Je m'empresse d'appeler votre attention sur un acte du gouvernement qui tend à compléter les mesures importantes prescrites par les lois de douane des 28 avril 1816 et 21 avril 1818, relativement à l'apposition d'une marque et d'un numéro de fabrication sur les cotons filés provenant de manufactures françaises.

L'article 46 de la seconde de ces lois porte expressément « qu'en « ce qui concerne les cotons filés, la marque voulue par l'article 59 « de la première sera suppléée au moyen d'*un mode de dévidage et* « *d'enveloppe* à déterminer ultérieurement par une ordonnance « spéciale. »

S'il n'a pas été statué plus tôt sur un objet aussi digne d'intérêt, c'est qu'avant tout l'administration a cru devoir consulter les lumières et l'expérience de fabricants et d'artistes le plus en état de l'éclairer sur la question qu'elle avait à résoudre. L'examen et la discussion des divers moyens proposés ont dû entraîner nécessairement d'assez longs retards ; ce n'est qu'en dernier lieu que les commissaires chargés de l'opération ont pu me communiquer le résultat de leurs travaux et de leurs recherches. J'en ai rendu compte au roi. Sa Majesté, par une ordonnance en date du 26 mai dernier, a bien voulu déterminer définitivement le nouveau mode de dévidage et d'enveloppe auquel devront se conformer désormais toutes les filatures du royaume (1).

J'ai l'honneur de vous transmettre copie de cette ordonnance, ainsi que de celle qui a été rendue, par forme d'addition, le 16 juin suivant. Je vous invite à ne rien négliger pour en faire parvenir la connaissance à vos administrés, et pour en assurer l'entière exécution.

Vous remarquerez que, aux termes de l'article 1er, le délai précédemment assigné au 1er juillet, pour l'adoption générale du nouveau mode, est prorogé encore de trois mois, et demeure, en conséquence, irrévocablement fixé à l'époque du 1er octobre prochain.

Les détails circonstanciés que présentent les autres articles me dispensent d'entrer ici dans de plus amples explications. Je ne crois pas, d'ailleurs, qu'il puisse s'élever de difficultés sur les moyens d'exécution d'une telle mesure, d'après l'attention qu'a eue Sa Majesté d'ordonner, en même temps, la publication d'une instruction spéciale, destinée à faciliter aux entrepreneurs de filatures, ainsi qu'aux fabricants de tissus, l'adoption du nouveau système.

J'aime à me flatter que le nouveau système, loin de rencontrer, dans son adoption, des obstacles de la part des entrepreneurs de filatures, sera, au contraire, accueilli par eux avec empressement : l'uniformité métrique dans la manière d'évaluer le degré de finesse des fils de coton est, sans contredit, l'une des améliorations que

---

(1) Voir l'ordonnance du 28 avril 1829.　　　　　(N. de l'Ed.)

provoquaient, depuis longtemps, avec le plus d'instance, les vœux réunis du commerce et de l'industrie.

INSTRUCTION, APPROUVÉE PAR LE MINISTRE DE L'INTÉRIEUR, POUR LE NUMÉROTAGE DES FILS DE COTON, EN EXÉCUTION DE L'ORDONNANCE DU ROI, DU 26 MAI 1819.

Depuis plusieurs années, le gouvernement ne voyait pas sans peine que, tandis que l'uniformité des mesures était généralement établie, les filatures de coton seules continuaient à prendre pour règle de la longueur et du poids de leurs écheveaux, l'ancienne aune de Paris et l'ancienne livre, poids de marc.

Mais ce qui ne contribuait pas moins à appeler sa sollicitude sur la nécessité de faire cesser les difficultés qui résultaient de cet état de choses, contraire au vœu de la loi, c'était l'embarras qu'y ajoutait encore la diversité des méthodes suivies dans les fabriques pour régler la longueur des fils dont se composaient les écheveaux, et la confusion que jetait dans le commerce le défaut d'uniformité dans le numérotage.

Le roi a pourvu à ces inconvénients par son ordonnance du 26 mai 1819, en exécution de laquelle on va expliquer ici les règles qui doivent être observées dorénavant, dans les filatures, pour fixer la longueur et le poids des écheveaux des fils de coton, et les soumettre à un mode uniforme de numérotage, qui, de quelque fabrique que proviennent ces fils, fera connaître immédiatement leur degré de finesse.

On peut déterminer la finesse d'un fil, ou par le poids d'une longueur indiquée, ou par la longueur contenue dans un poids donné.

Dans le premier cas, le numéro est d'autant plus petit que le fil est plus fin ; et, dans le second, au contraire, le numéro augmente à mesure que le fil est d'une plus grande ténuité.

C'est ce dernier moyen qui est généralement suivi, et qui est établi définitivement par l'ordonnance du roi.

Par une des dispositions de cette ordonnance, il est dit que l'écheveau sera composé de dix échevettes de 100 mètres chacune, en sorte que sa longueur totale sera de 1,000 mètres ; ainsi, toutes les fois qu'on parlera d'un écheveau de fil de coton, on aura l'idée d'un fil de la longueur de 1,000 mètres.

La livre métrique, égale au demi-kilogramme ou 500 grammes, sera l'unité de poids pour le numérotage des fils, et le numéro, en indiquant désormais le degré de finesse, fera connaître aussi combien il en faut d'écheveaux de 1,000 mètres pour peser une livre nouvelle ou 500 grammes.

Ainsi, par exemple, le n° 50 indiquera que le fil est d'une finesse telle, qu'il en faut 50 écheveaux de 1,000 mètres pour peser une livre métrique ou 500 grammes, et de même pour tous les autres numéros.

Si tous les établissements qui fabriquent les fils avaient adopté une égale longueur pour leurs écheveaux, le même numéro indiquant, dans toutes les filatures, le même degré de finesse, il n'y aurait pas eu de difficulté ; mais les unes ont fait leurs écheveaux de 600 aunes, de 625, de 650, et d'autres de 700 ; d'autres encore les ont fait de 750 ; et, enfin, dans plusieurs manufactures, leur longueur est de 840 et de 1,000 aunes.

Cette diversité de longueur dans les écheveaux formait une pluralité de systèmes de numérotage qui exposait les acheteurs à être trompés, ou à se tromper eux-mêmes, sur le degré de finesse dont ils avaient besoin : en effet, la simple inspection ne suffit pas pour reconnaître la finesse d'un fil ; et, pour la juger sur le numéro, on était obligé d'avoir recours à des tableaux de comparaison des numéros dans les divers systèmes, ou à faire les réductions nécessaires pour savoir exactement quel était, dans tel système, le numéro correspondant à celui que l'on désirait.

Le nouveau mode remédie à tous les inconvénients, puisqu'il doit être uniforme. Il est déduit immédiatement des mesures métriques, et, comme elles, il doit être observé dans toutes les fabriques françaises.

L'adoption de ce nouveau mode présente d'autant moins de difficultés, que les propriétaires des filatures de coton pourront se servir des dévidoirs hexagones actuellement en usage, sans y faire d'autres changements que, 1° de diminuer chaque rayon de l'hexagone d'une quantité suffisante pour que son périmètre soit de millimètres 1428.57, c'est-à-dire un peu plus de 1428 millimètres et demi, et 2° de substituer à la roue de 80 dents, une roue de 80.

Par ce moyen, 70 tours du dévidoir donneront une échevette de 100 mètres ;

10 de ces échevettes composeront un écheveau de 1,000 mètres; et le nombre de ces écheveaux, pesant ensemble 500 grammes, donnera le numéro qui, à son tour, désignera le degré de finesse du fil.

Mais, pour que le numérotage soit exact, il faut que chaque écheveau soit d'un degré de finesse semblable, et, par conséquent, du même poids. Il est donc essentiel de s'assurer d'abord de cette condition, en pesant comparativement plusieurs écheveaux pris au hasard dans les produits d'une même fabrication, et en déterminant en grammes, dixièmes, centièmes et millièmes de gramme, le poids moyen de chaque écheveau. On divisera ensuite par ce poids moyen le poids total, 500 grammes, et l'on aura dans le quotient de la division l'expression du numéro qui indiquera le degré de finesse du fil, résultat dont il faudra que l'exactitude soit confirmée par la pesée du nombre d'écheveaux donné par le numéro, et qui devront, en effet, être ensemble du poids de 500 grammes.

Ces opérations, au surplus, recevront beaucoup de facilité de l'emploi de la première des tables ci-jointes, dont nous expliquerons tout à l'heure l'usage.

On se sert, pour déterminer le poids des écheveaux, d'une romaine à quart de cercle destinée spécialement à cet usage ; mais, à défaut d'un instrument de ce genre, on peut aussi employer une petite balance ordinaire assez sensible pour marquer les milligrammes.

Les poids qui conviennent le mieux, dans ce dernier cas, sont les poids de forme parallélipipède, de la fabrique de *Fortin*, ajustés comme modèles et sans tolérance ; car ce serait en vain que l'on espérerait pouvoir tenir compte des milligrammes dans le poids d'un ou de plusieurs écheveaux, si chaque poids employé à la pesée avait lui-même quelque léger excès, comme il est d'usage d'en laisser dans les poids du commerce, sous le nom de *tolérance*.

Explication et usage de la table.

Cette table présente l'ordre du numérotage des fils de coton, suivant le nouveau système établi par l'ordonnance du roi ; elle est formée de deux colonnes : la première contient les numéros des fils, et chacun de ces numéros indique le nombre des écheveaux qui doivent peser ensemble une livre métrique, ou 500 grammes.

Ainsi, par exemple, le n° 113 indique qu'il faut 113 écheveaux de fil d'une même ténuité pour peser 500 grammes : il fait connaître, en même temps, que la finesse de ce fil est d'un degré de plus que celle du n° 112, puisqu'il ne faut que 112 écheveaux de celui-ci pour former le même poids de 500 grammes.

Les nombres contenus dans la seconde colonne marquent le poids de chaque écheveau.

Ainsi, le nombre 4.425 qui se trouve à côté du n° 113, fait connaître que chacun des 113 écheveaux, qui doivent peser ensemble 500 grammes, doit lui-même être du poids de grammes 4.425, c'est-à-dire 4 grammes et 425 millièmes, ou 4 grammes 4 décigrammes 2 centigrammes et 5 milligrammes.

Supposons maintenant qu'un fabricant de fils ait à déterminer le numéro des fils dont il vient de faire filer un certain nombre d'écheveaux.

Après s'être assuré du poids moyen des écheveaux, en en pesant successivement plusieurs pris au hasard, et l'avoir trouvé, par exemple, de grammes 4.429, il cherchera dans la table, colonne 2, le nombre 4.429, ou celui qui en diffère le moins, qui est 4.425, et le nombre 113. qui est à côté, dans la première colonne, sera le numéro qui annoncera le degré de finesse de ce fil.

Il vérifiera le fait, en plaçant dans la balance autant d'écheveaux qu'il en faudra pour peser 500 grammes, et il sera convaincu que le n° 113 est juste, s'il ne peut en effet en mettre ni plus ni moins de 113 sans rompre l'équilibre.

Cette table a été formée en divisant 500 par chacun des nombres qui expriment les numéros ; en sorte, par exemple, que 4.425 est le quotient de la division de 500 par 113, et ainsi des autres.

Nous indiquons ici la règle selon laquelle cette table a été dressée, afin que chacun puisse, au besoin, en vérifier les nombres qui pourront l'intéresser, et rectifier les erreurs qui s'y seraient glissées, malgré les soins qui ont été donnés à sa rédaction et à la correction des épreuves de l'impression.

Le numérotage n'a été conduit que jusqu'à 230 ; mais nous n'avons pas voulu par là fixer des bornes à l'industrie ; et s'il arrivait que l'on parvînt à porter la finesse des fils à un plus haut degré, rien ne serait plus facile que d'ajouter à la table les numéros nécessaires pour indiquer et le nombre des écheveaux qui devraient alors peser 500 grammes, et le poids de chacun de ces écheveaux.

TABLE.

NUMÉROTAGE DES FILS DE COTON,					
RÉGLE EN EXÉCUTION DE L'ORDONNANCE DU ROI, DU 26 MAI 1819.					
Nos	POIDS de l'écheveau.	Nos	POIDS de l'écheveau.	Nos	POIDS de l'écheveau.
	Gramm.		Gramm.		Gramm.
1	500 000	52	9 615	103	4 854
2	250 000	53	9 434	104	4 808
3	166 667	54	9 259	105	4 762
4	125 000	55	9 090	106	4 755
5	100 000	56	8 928	107	4 673
6	83 333	57	8 772	108	4 629
7	71 429	58	8 621	109	4 587
8	62 500	59	8 475	110	4 545
9	55 556	60	8 333	111	4 505
10	50 000	61	8 197	112	4 464
11	45 454	62	8 065	113	4 425
12	41 667	63	7 936	114	4 386
13	38 461	64	7 813	115	4 348
14	35 714	65	7 698	116	4 310
15	33 333	66	7 576	117	4 274
16	31 250	67	7 463	118	4 257
17	29 412	68	7 353	119	4 202
18	27 778	69	7 246	120	4 167
19	26 316	70	7 143	121	4 132
20	25 000	71	7 042	122	4 099
21	23 809	72	6 944	123	4 065
22	22 727	73	6 843	124	4 032
23	21 739	74	6 757	125	4 000
24	20 833	75	6 667	126	3 968
25	20 000	76	6 566	127	3 957
26	19 231	77	6 493	128	3 906
27	18 514	78	6 410	129	3 876
28	17 851	79	6 329	130	3 866
29	17 241	80	6 250	131	3 817
30	16 667	81	6 173	132	3 788
31	16 129	82	6 097	133	3 759
32	15 625	83	6 024	134	3 751
33	15 152	84	5 952	135	3 704
34	14 706	85	5 882	136	3 676
35	14 286	86	5 814	137	3 650
36	13 889	87	5 747	138	3 623
37	13 514	88	5 682	139	3 597
38	13 158	89	5 618	140	3 572
39	12 820	90	5 556	141	3 546
40	12 500	91	5 494	142	3 521
41	12 195	92	5 435	143	3 496
42	11 905	93	5 376	144	3 472
43	11 628	94	5 319	145	3 458
44	11 364	95	5 263	146	3 424
45	11 111	96	5 208	147	3 408
46	10 869	97	5 155	148	3 378
47	10 638	98	5 102	149	3 356
48	10 417	99	5 051	150	3 333
49	10 204	100	5 000	151	3 311
50	10 000	101	4 951	152	3 289
51	9 804	102	4 902	153	3 268

Nos	POIDS de l'écheveau.	Nos	POIDS de l'écheveau.	Nos	POIDS de l'écheveau.
	Gramm.		Gramm.		Gramm.
154	5 247	187	2 673	220	2 273
155	5 219	188	2 659	221	2 262
156	5 205	189	2 645	222	2 252
157	5 185	190	2 632	223	2 242
158	5 164	191	2 618	224	2 232
159	5 145	192	2 604	225	2 222
160	5 125	193	2 590	226	2 212
161	5 106	194	2 577	227	2 203
162	5 086	195	2 564	228	2 193
163	5 067	196	2 551	229	2 183
164	5 049	197	2 538	230	2 174
165	5 030	198	2 525	231	2 164
166	5 012	199	2 513	232	2 155
167	2 994	200	2 500	233	2 146
168	2 976	201	2 487	234	2 137
169	2 958	202	2 475	235	2 128
170	2 942	203	2 463	236	2 119
171	2 934	204	2 451	237	2 110
172	2 907	205	2 439	238	2 108
173	2 890	206	2 427	239	2 092
174	2 873	207	2 415	240	2 083
175	2 857	208	2 404	241	2 075
176	2 841	209	2 392	242	2 066
177	2 825	210	2 381	243	2 058
178	2 809	211	2 370	244	2 049
179	2 793	212	2 358	245	2 041
180	2 778	213	2 347	246	2 032
181	2 762	214	2 336	247	2 024
182	2 747	215	2 326	248	2 016
183	2 732	216	2 315	249	2 008
184	2 717	217	2 304	250	2 000
185	2 703	218	2 295		
186	2 684	219	2 285		

Payement des frais de route et de séjour des forçats libérés (1).

18 juin 1819.

Le Ministre de l'intérieur aux Préfets.

Une circulaire de l'ancien ministère de la police générale, en date du 18 juillet 1812, avait réglé le mode d'après lequel devaient être constatés et ordonnancés les frais de route et de séjour des forçats libérés.

Les préfets adressaient, à la fin de chaque trimestre, un état de ces frais, conforme au modèle qui leur avait été envoyé, et le minis-

---

(1) Voir le règlement du ministre de la marine, en date du 26 octobre 1840, sur les formalités à suivre pour constater la sortie des bagnes des forçats libérés (*N. de l'Éd.*)

tre de la police générale mettait, par des ordonnances, à la disposition de ces administrateurs, les fonds nécessaires pour rembourser les avances qui avaient été faites par les communes.

Ce mode entraine avec lui trop de lenteurs et exige trop de formalités. Les dépenses sont d'ailleurs fort modiques, et leur analogie avec l'indemnité de 15 centimes par lieue, payée par les départements aux voyageurs indigents, m'a décidé à admettre le principe de leur imputation, à compter de 1819, sur le fonds réservé pour dépenses diverses ou imprévues, dans les budgets des dépenses variables départementales.

Je vous autorise, en conséquence, à faire rembourser, à l'avenir, sur ce fonds, et sans autre autorisation de ma part, les avances qui auraient lieu pour frais de route et de séjour, dans votre département, des forçats libérés sortant des bagnes et dirigés sur les lieux indiqués pour leur résidence. Ces frais, du reste, continueront à être réglés à raison de 30 centimes par myriamètre (1), sauf le cas où le voyageur, étant estropié ou infirme, ne pourrait continuer sa route à pied.

D'après cette nouvelle disposition, il n'y aura plus lieu à m'adresser les états trimestriels exigés par la circulaire du 18 juillet 1812.

Livres auxiliaires du grand-livre de la dette publique (2).

21 juin 1819.

Le Ministre de l'intérieur aux Préfets.

Vous êtes appelé, par la loi du 14 avril dernier et par l'ordonnance du roi, du même jour, relatives à l'établissement des livres auxiliaires du grand-livre de la dette publique, à concourir à l'exécution de plusieurs des dispositions qu'elles renferment. Le ministre des finances, par ses instructions du 1er mai, vous a fait connaître la nature et l'importance des obligations qu'elles vous imposent.

Dans cet état de choses, je pourrais me borner à vous prier de m'instruire des mesures que vous aurez prises, conformément à ces instructions, pour l'exécution des dispositions de la loi et de l'ordonnance qui exigent votre intervention.

Mais, en considérant le but de l'établissement des livres auxiliaires du grand-livre, j'ai reconnu que, pour concourir, autant qu'il est en vous, au succès de la loi qui les a créés, vos soins ne devaient pas se borner au visa que prescrit l'article 3 de cette loi, et à la tenue du registre contrôle qui, aux termes de l'article 3 de l'ordonnance, doit être ouvert dans chaque préfecture.

Vous connaissez les tristes causes qui ont placé le gouvernement du roi dans la nécessité d'accroître, à diverses reprises, le montant de la dette publique, par l'émission de nouvelles rentes. Vous savez, en même temps, que la concentration de ces rentes sur un seul point, où elles demeurent nécessairement flottantes, ne trouvant

---

(1) En vertu de l'article 11 du décret du 17 juillet 1806.   (*N. de l'Ed.*)
(2) Voir, pour les achats et ventes de rentes sur l'État, l'instruction générale du ministre des finances, de juin 1840.   (*N. de l'Ed.*)

pas une masse correspondante de capitaux suffisants pour les absorber et les fixer, y produit un encombrement qui a pour effet d'en déprécier la valeur et fournit ainsi de l'aliment à un agiotage dont les résultats peuvent souvent devenir funestes.

La loi du 14 avril a pour objet principal de lutter contre ce double danger. Le gouvernement s'est proposé par là, d'une part, de disperser les rentes, pour en faire cesser l'encombrement à Paris, et, d'autre part, de les fixer, pour diminuer la matière de l'agiotage. Vos fonctions vous fournissent plusieurs moyens de le seconder efficacement dans le succès de cette grande entreprise, et je vous recommande, de la manière la plus pressante comme la plus formelle, de ne rien négliger pour les mettre en usage.

Et d'abord, les communes, les hôpitaux, les bureaux de charité, les fabriques, les collèges, les congrégations hospitalières, et généralement tous les établissements connus précédemment sous la dénomination de *corps de mainmorte*, sont, dans la plupart des départements, propriétaires d'une portion assez considérable de la dette inscrite au grand-livre.

Déjà plusieurs de ces établissements reçoivent, dans leurs départements respectifs, les rentes qui leur sont dues : l'échange de leurs inscriptions au grand-livre en inscriptions départementales en devient, par conséquent, plus facile.

Je vous prie donc de vous occuper immédiatement, et de concert avec le receveur général du département, ainsi qu'avec les administrateurs et les receveurs comptables des communes et des établissements publics, des mesures qui vous paraîtront nécessaires pour réaliser l'échange et la conversion de toutes leurs inscriptions dans le plus bref délai, et de manière que l'opération puisse être terminée avant l'ouverture du semestre à payer au 22 septembre prochain.

Les communes, les hôpitaux et les autres établissements, trouveront, dans cette opération, de grands avantages pour les services auxquels ils ont à pourvoir ; ces avantages seront d'autant plus sensibles, que le ministre des finances leur fera toucher les rentes qui leur appartiennent, au lieu de perception le plus rapproché de leur situation ; qu'il est d'ailleurs disposé à prendre des mesures pour que, chaque mois, ils puissent recevoir le douzième de ces rentes ; que les communes et les établissements publics auront, à l'instar des particuliers, la faculté de compenser ce qui leur sera dû avec le montant de leurs impositions ; et qu'enfin ils pourront, avec plus de célérité et d'une manière beaucoup moins onéreuse, faire opérer sans déplacement, et en quelque sorte sous leurs yeux, la vente et le transfert de leurs inscriptions, lorsque des besoins extraordinaires en rendront la négociation nécessaire, et que les négociations de cette nature *auront été autorisées par le roi, dans les formes accoutumées.*

J'ai donc lieu d'espérer que vous n'éprouverez aucun obstacle pour l'échange et la conversion des inscriptions au grand-livre, appartenant aux communes, hospices et autres établissements publics, en inscriptions départementales, et qu'incessamment j'en recevrai de vous l'assurance, par l'envoi des états conformes au modèle que vous trouverez ci-joint.

Toutefois vous aurez à veiller à ce que, dans la conversion en inscriptions départementales, on se conforme aux inscriptions primitives, et à ce que, sous le prétexte de la situation dans un même lieu des hôpitaux propriétaires, on ne confonde point, sous un seul et même titre et en nom collectif, des rentes inscrites par division et au nom de chacun de ces établissements.

Cette mesure, en plaçant les rentes, pour ainsi dire, à côté des établissements possesseurs, et en procurant à ceux-ci de grandes facilités pour les divers emplois qu'ils auront à en faire, pourra contribuer à naturaliser la rente dans les départements ; elle donnera, dès l'abord, aux livres auxiliaires départementaux, une certaine consistance propre à attirer vers ce genre de placement les capitaux oisifs entre les mains des administrés : par là seulement peut être atteint le but de la loi. Je n'ignore pas qu'en général les habitants des villes, et surtout ceux des campagnes, ont été jusqu'à présent peu familiarisés avec ce genre de placement, et que, manquant souvent d'occasions favorables pour faire fructifier leurs économies, ils en dissipent sans fruit le montant, ou thésaurisent, en plusieurs lieux, des capitaux qui demeurent improductifs, et qu'il est dans l'intérêt des propriétaires, comme dans celui de l'État, de rendre à la circulation. Si cette ignorance ou ces préjugés n'existaient pas dans les départements, tous les capitaux dont je parle viendraient d'eux-mêmes chercher la rente que la loi du 14 avril va leur offrir.

C'est à vous qu'il appartient de propager, sur cette matière, des vérités d'ailleurs très-simples ; vous devez vous appliquer à faire comprendre à vos administrés quel avantage ils trouveront, soit pour le taux des intérêts, soit pour la facilité des recouvrements, à placer en rentes les capitaux qu'ils laissent oisifs ou dont ils projettent un emploi qui ne peut être immédiat. Sans doute, en pareille matière, des exemples seront toujours plus puissants que des démonstrations théoriques ; mais les communes, les hôpitaux, les fabriques et les autres établissements publics, que les lois ont placés sous votre surveillance et sous votre autorité, sont encore là pour vous en fournir.

Il est peu de ces établissements qui, dans le cours de chaque année, n'aient, dans les remboursements qui leur sont faits, dans le montant des aliénations de quelques propriétés plus onéreuses que profitables, dans le produit des legs et donations, dans le résultat des économies opérées dans leurs dépenses, des capitaux dont ils ne peuvent faire un emploi plus convenable que d'en faire le placement en acquisition d'inscriptions départementales. Vous devez veiller à ce que partout ces capitaux reçoivent cette utile et profitable destination ; elle contribuera, soit par ses effets propres et directs, soit par l'influence de l'exemple, à assurer le succès de la loi du 14 avril, dont le but est, je le répète, de disperser et de fixer un aussi grand nombre de portions de rentes qu'il pourra se présenter de capitaux attirés vers cet emploi.

Diverses instructions ministérielles ont souvent appelé l'attention des préfets sur l'avantage et sur l'utilité des placements de cette nature. En vous reportant à celle du 23 août 1813, vous remarquerez que ces placements n'ont pas besoin d'être autorisés, qu'ils le sont de droit par la règle générale établie de tout temps ; que le principe en est d'ailleurs consacré par un avis du conseil d'État du 22 novembre 1808, approuvé le 21 décembre suivant ; que le décret du 16 juillet 1810 n'a point eu pour objet d'y déroger ; qu'il suffit d'une délibération des administrateurs, revêtue de votre approbation, et qu'enfin l'intervention de l'autorité supérieure et d'une ordonnance royale n'est nécessaire que pour le placement, en biens-fonds ou sur particuliers, des capitaux disponibles.

Aux termes des instructions que je viens de citer, l'emploi, en acquisition de rentes sur l'Etat des capitaux libres des établissements publics, devait se faire par l'entremise du directeur de l'ancienne caisse d'amortissement. Il suffisait, à cet effet, de verser les capitaux dont il s'agit dans les mains du receveur général du département. Aujourd'hui, l'entremise de la caisse des dépôts est inutile ; les receveurs généraux sont là pour faire faire, au profit des établissements propriétaires des fonds qui seront versés dans leurs mains, les acquisitions requises, sans autres frais que ceux de courtage.

Ces mêmes instructions ont signalé à l'attention des préfets l'inexécution, en plusieurs lieux, des dispositions qui prescrivent l'emploi, en acquisition de rentes sur l'Etat, des capitaux libres et disponibles des établissements publics.

Elles ont également indiqué, comme moyen de prévenir cet abus, l'ouverture et la tenue d'un registre des capitaux dont l'emploi, en acquisition de rentes sur l'Etat, est prescrit, ou par les lois, ou par des décrets ou ordonnances, ou par des décisions ministérielles, ou par des actes des autorités administratives.

Je pense que ce registre existe au secrétariat de votre préfecture, ainsi qu'au chef-lieu de chaque sous-préfecture et de chaque administration locale : si cependant il en était autrement, vous auriez à prendre des mesures pour assurer l'exécution complète des instructions du 23 août 1813.

Il ne sera pas moins important de rappeler aux receveurs des communes, et à ceux des hôpitaux et des établissements publics, les obligations que ces mêmes instructions leur imposent, relativement aux versements qu'ils ont à faire, dans la caisse du receveur général, des fonds destinés à être employés en acquisition de rentes ; et de les prévenir de nouveau que, à défaut par eux d'opérer ces versements dans les délais qu'elles indiquent, ils seront constitués en recette des intérêts des capitaux dont ils auraient retardé l'emploi, sans préjudice de toutes les autres mesures auxquelles ce retard pourrait donner lieu contre eux.

A ces observations, je dois ajouter que, s'il est vrai de dire que l'emploi des capitaux disponibles des communes et des établissements publics en acquisition de rentes sur l'État est de nature à leur assurer des avantages dont on ne peut contester l'évidence et la réalité, il n'est pas moins constant aujourd'hui que, par l'effet de l'institution des livres auxiliaires du grand-livre à chaque recette générale, et des mesures que le ministre des finances est dans l'intention de prendre pour faire opérer, dans le cours de chaque mois, et au lieu de perception le plus rapproché de leur situation, le payement du douzième du montant des rentes qui leur appartiennent, ces avantages vont nécessairement acquérir un nouveau degré d'importance, qui doit être, pour les communes, pour les hôpitaux et pour les autres établissements publics, une considération de plus pour saisir tous les moyens de réaliser et de multiplier les capitaux susceptibles de recevoir cette destination.

C'est aussi d'après cette puissante considération qu'en vous reportant aux instructions précédemment transmises aux préfets, et notamment à celles du 18 mai 1818, vous vous empresserez d'appeler, dans l'occasion, l'attention des administrations locales et des conseils municipaux sur l'utilité de rendre à la circulation, par la voie des aliénations, les biens dont elles ont repris la possession, en exécution de la loi du 28 avril 1816, pour en convertir le prix en acquisition d'inscriptions départementales : rien, sans doute, ne doit leur être imposé à cet égard ; l'administration n'en a point le droit, et la loi du 20 mars 1813, en se l'arrogeant, avait commis une injustice, que la loi du 28 avril 1816 a eu pour objet de faire cesser. Je ne pense même pas que les administrateurs doivent tenter d'exercer, à cet égard, une influence directe et positive ; toute aliénation de biens communaux doit être l'effet de la conviction éclairée et du vœu libre des propriétaires ; le droit et le devoir de l'administration se bornent à les éclairer, selon les localités et les circonstances, sur leurs véritables intérêts. Or, il est évident que, dans la plupart des cas, rien n'est plus vicieux, ni plus abusif, ni plus onéreux aux communes, que l'administration des biens qui leur appartiennent, soit à raison des usurpations continuelles qu'elles ont à faire réprimer, des procès dispendieux qu'il faut entreprendre et soutenir, dans les différents degrés de l'ordre judiciaire, des contributions dont elles sont grevées, des hypothèques et privilèges à conserver, des prescriptions à prévenir, de l'insolvabilité fréquente des fermiers et locataires ; soit encore à raison de ce que des administrateurs amovibles ne peuvent égaler, par leurs soins, le zèle et l'activité de l'intérêt personnel, et de ce que ces biens n'étant jamais surveillés dans leur exploitation, ainsi qu'ils le seraient s'ils étaient la propriété individuelle des particuliers, ils dépérissent insensiblement, et finissent par ne rendre que de faibles revenus.

L'aliénation volontaire de ces biens, de ceux que les communes ont conservés en jouissance commune, mais qui ne sont pas d'une nécessité absolue pour le pâturage des bestiaux ; celle des bois, et surtout des terres incultes, landes et bruyères, qui ne rapportent presque aucun produit, assurerait donc aux communes des revenus plus considérables et plus sûrs, en même temps qu'elle ouvrirait à la rente un important débouché, et concourrait, plus efficacement qu'aucune autre mesure, à l'immobilisation successive d'une grande partie de la dette publique.

———————

Secours aux colons réfugiés.

21 juin 1819.

Le Ministre de l'intérieur aux Préfets.

Pour établir, d'une manière aussi uniforme que régulière, le service relatif au payement des secours aux colons, dans les départements, il m'a paru utile de vous transmettre les instructions suivantes :

1° Il est nécessaire que les mandats délivrés aux colons par les préfets, acquittés par les parties intéressées, soient délivrés intégralement, c'est-à-dire sans réduction ni aucune coupure, et surtout que les noms et prénoms des chefs de famille soient en tout conformes à ceux portés aux extraits de distribution qui vous seront adressés, sauf par vous à me communiquer vos observations sur les changements à apporter dans la rédaction des feuilles de distribution, lorsqu'ils seront reconnus nécessaires pour le règlement des secours ultérieurs.

S'il arrivait que, dans un des extraits de distribution, les noms ou prénoms d'un colon fussent inexacts, votre mandat devra être délivré sous les véritables noms, en ayant soin d'y placer d'une manière ostensible l'observation suivante :

« Le préfet certifie que M. .... est bien celui qui a véritablement droit aux secours, et que ce n'est que par erreur qu'il a été porté, dans l'extrait de distribution arrêté par le ministre, sous le nom d...... »

J'aurai encore à vous faire remarquer que, dans le cas d'une discussion sur le partage de la somme allouée à plusieurs membres d'une même famille, il devra m'en être référé, pour la demande en séparation ; mais, jusque-là, le chef de la famille, ou l'aîné des frères ou sœurs compris sur le même mandat, ou le second, en cas d'absence, aura toujours qualité suffisante pour acquitter et toucher le mandat.

2° Il résulte de nouvelles dispositions, que les certificats d'existence et de non-fortune en France, que les maires sont dans l'usage de délivrer tous les six mois, devront l'être exactement, à l'avenir, aux époques du 1er janvier et du 1er juillet de chaque année ; et comme ils servent de pièces de comparaison pour l'inscription des noms des colons sur les registres-matricules, je vous recommande de prescrire à ces fonctionnaires d'apporter un soin scrupuleux dans la rédaction de ces actes. Vous remarquerez que ces certificats, dans lesquels il sera toujours fait mention du nombre d'individus à la charge de chaque chef de famille, ne devront point être joints aux mandats de payement. Je vous invite, en conséquence, à me les adresser directement, revêtus de votre légalisation, dans la quinzaine de leur délivrance ; vous les accompagnerez d'un état indicatif des différentes sommes payées en exécution des distributions dont il n'aura pas encore été rendu compte : cet état pourra encore contenir toutes les observations relatives, soit au changement de domicile, soit à la diminution ou augmentation des secours, soit enfin à la rectification des noms.

Ayant remarqué que les maires des communes rurales surchargent ces certificats de notes et de renseignements entièrement inutiles, vous trouverez ci-joint le modèle d'après lequel il convient de les rédiger.

3° Quant aux mandats remis à des tiers, pour cause de maladie ou d'absence, il est de toute nécessité, attendu les difficultés qui s'opposent à la recherche des anciennes procurations qui sont jointes à la comptabilité des payeurs, d'en exiger de nouvelles, soit notariées, soit sous seing privé, dûment enregistrées et légalisées, en ayant soin d'en délivrer un récépissé au fondé de pouvoirs. Ce récépissé, que le procureur fondé sera tenu de représenter chaque fois, devra indiquer clairement le mandat auquel la procuration aura été annexée, afin de faciliter le moyen de relater la même indication sur les mandats qui seront ultérieurement délivrés au profit du même colon.

Vous remarquerez à cet égard que, lorsqu'un colon qui a constitué un fondé de pouvoirs se présente pour toucher par lui-même, il est d'usage de considérer ce payement comme révoquant la procuration, à moins qu'il n'ait le soin de déclarer, dans la quittance, qu'il ne prétend pas déroger à la procuration qu'il a délivrée.

Autant pour simplifier ce mode de payement que pour rendre les secours plus efficaces, en évitant toutes dépenses qui ne seraient pas jugées indispensables, le payement des secours pourra encore s'effectuer à des tiers, sur de simples pouvoirs, conformes au modèle ci-joint ; mais alors la légalisation de leurs signatures, par les maires du lieu de leur domicile, sera de rigueur. Dans ce cas, ces pouvoirs devront être renouvelés tous les six mois ; et la formalité relative au récépissé de dépôt sera également observée, comme pour les procurations mentionnées au paragraphe précédent.

4° Lorsqu'un colon ne pourra signer, par un empêchement quelconque, il devra en être fait mention au bas du mandat, en présence de deux témoins dont on aura réclamé la signature pour attester le payement du mandat.

Formules de passe-ports et de ports d'armes de chasse (1).

22 juin 1819.

Le Ministre de l'intérieur aux Préfets.

L'obligation de verser directement à la caisse du receveur du chef-lieu du département le prix des formules de port d'armes, avait donné lieu à différentes réclamations. Cette disposition réglementaire, déduite, par une interprétation trop rigoureuse, du décret du 11 juillet 1810, exigeait des voyages plus ou moins dispendieux, plus ou moins incommodes ; et, dans certaines localités, les propriétaires se privaient de sortir avec des armes de chasse, ou chassaient sans permis. Le ministre des finances, déterminé par mes observations, a donné de nouvelles instructions aux agents de l'administration de l'enregistrement : les receveurs d'arrondissement seront chargés de faire la perception de la taxe, et les permis pourront être délivrés sur la représentation de leur récépissé. Cette mesure ôtera désormais tout prétexte de frauder les droits.

Les passe-ports pour cause d'indigence ont été également l'objet de mes rapports avec le ministre des finances. Les receveurs d'arrondissement ne pouvaient remettre des formules pour cette espèce de passe-ports qu'aux individus porteurs d'un certificat du maire de leur commune, d'une attestation du percepteur et d'une autorisation du sous-préfet. Ces conditions rendaient le bienfait illusoire ; le but de l'institution était manqué ; la perte de temps qu'elles occasionnaient devenait, surtout dans les campagnes, plus onéreuse que le prix d'une des formules ordinaires ; il en résultait les plus graves inconvénients. Quelques maires, pour éluder la difficulté, se permettaient de faire confectionner des formules particulières, qui, sous diverses dénominations, servaient de passe-ports aux indigents ; c'était une violation formelle de la loi, excusable peut-être par l'intention, mais dont les effets n'étaient pas moins dangereux, et que l'autorité supérieure ne pouvait tolérer.

Le ministre des finances a reconnu avec moi que les fonctionnaires administratifs étaient les seuls juges compétents de l'état d'indigence de leurs administrés, qu'une entière confiance était due à leur opinion, et que leur témoignage offrait une garantie suffisante. Le principe a été consacré par une décision spéciale, et les receveurs de l'enregistrement sont aujourd'hui autorisés à remet-

---

(1) Voir, sur la consignation des droits pour permis de chasse, la circulaire du 22 novembre 1844, relative à l'exécution de la loi du 3 mai de la même année.
(*N. de l'Éd.*)

tre des formules de passe-ports pour indigents, sur la présentation des certificats donnés, soit par les maires, soit par les sous-préfets, soit par les préfets.

Cette faculté accordée aux maires, sans restriction, peut, sans doute, donner lieu à quelques abus; il est à craindre que quelques-uns de ces fonctionnaires ne la considèrent comme un moyen de débarrasser leur commune des malheureux qui sont à sa charge, ou d'éloigner certains individus turbulents et mal famés. La facilité avec laquelle des indigents, ou prétendus tels, avaient obtenu des passe-ports avec indemnité de route, a souvent excité des plaintes ; ils étaient devenus entre leurs mains des brevets de mendicité, ou plutôt de vagabondage, à l'aide desquels ils parcouraient la France dans tous les sens. Mais le mal n'est pas sans remède ; des instructions clairement développées et une exacte surveillance peuvent le prévenir ou en arrêter le cours.

Un passe-port est un acte de reconnaissance qui, en attestant la qualité du porteur, certifie implicitement qu'au moment où il a quitté sa résidence habituelle, il n'était prévenu d'aucun crime, délit ou contravention dénoncé à l'autorité. La faculté de voyager étant de droit commun, il en résulte que les passe-ports ne peuvent être refusés à ceux qui ne sont point l'objet de poursuites judiciaires. Les passe-ports pour cause d'indigence ne diffèrent point, sous le rapport de la garantie, des passe-ports ordinaires, mais ils sont délivrés gratuitement ; c'est le trésor public qui en fait les frais ; ils constituent, par conséquent, une faveur. Or l'admission à une faveur n'est pas arbitraire ; il ne suffit pas que celui qui la réclame soit dans la classe de ceux pour qui elle est établie, il faut qu'il se trouve dans le cas particulier déterminé par le but de l'institution. Ici, le but est évident : on n'a pas voulu que l'indigent, parce qu'il était dans l'impuissance d'acquitter le prix d'une formule de passe-port, fût privé des avantages que peut lui procurer son transport d'un lieu dans un autre; on lui donne un passe-port *gratis*. La prévoyance va plus loin encore; on lui fournit des moyens d'existence pendant la route qu'il a à parcourir. C'est un acte de bienfaisance nationale : appliqué inconsidérément, prodigué sans cause, il tournerait au détriment de la société, en alimentant le double fléau de la mendicité et du vagabondage. Pour obtenir un passe-port *gratis* et le secours de trois sous par lieue, il ne suffit pas que le réclamant soit réellement dans l'indigence, il faut que des affaires d'intérêt l'appellent au lieu où il demande à se rendre, que le déplacement soit jugé nécessaire, qu'il puisse lui être utile, qu'il présente du moins la perspective probable d'une amélioration dans son sort. Tel est le principe moral destiné à diriger les fonctionnaires administratifs dans l'exercice de cette partie de leurs attributions; il fixe les limites du pouvoir qui leur est délégué : ils ne peuvent les dépasser sans manquer à la confiance dont ils sont investis, sans se rendre responsables des effets de leur négligence, de leur faiblesse ou d'une commisération mal entendue.

Les règles positives d'ordre et de surveillance propres à prévenir les abus se déduisent immédiatement et comme une conséquence du principe fondamental; elles sont simples et d'une exécution facile.

Un passe-port pour cause d'indigence, avec ou sans indemnité de route, indique le motif du voyage du porteur, et contient l'itinéraire qu'il doit suivre pour arriver à sa destination.

Si quelque circonstance imprévue paraît exiger un changement dé direction, le fonctionnaire qui l'autorise fait connaître, dans son *visa*, les causes qui ont déterminé ce changement.

L'indigent trouvé hors de la direction tracée dans son passe-port reçoit, par *un visa spécial*, l'ordre de rétrograder ; s'il s'en écarte une seconde fois, il est dénoncé aux tribunaux comme vagabond.

En prescrivant ces mesures de précaution et de surveillance aux maires de votre département, vous aurez soin de leur recommander de les employer avec toute la sagesse et la modération possibles. Dans l'itinéraire, on doit se borner à citer les principales villes situées sur la route, sans fixer ni le temps, ni les stations. Le renvoi devant les tribunaux ne doit avoir lieu qu'à l'égard des indigents qui, en s'écartant sensiblement de la ligne, ne peuvent fournir aucun prétexte plausible pour justifier leur détour, et paraissent n'avoir d'autre objet que de mendier ou de vivre dans la fainéantise, au moyen de trois sous par lieue. J'appelle particulièrement votre attention et votre sévérité sur ces liaisons entre les personnes de sexe différent, qui, se disant mari et femme, portent le scandale dans les campagnes. Que les maires soient inexorables à cet égard, qu'ils ne délivrent de passe-ports collectifs qu'en étant bien certains de l'état civil des individus. Les attentats aux mœurs ne méritent aucun ménagement ; il n'est point de considération qui puisse les excuser. Pour prévenir les abus auxquels ces passe-ports collectifs peuvent donner lieu, il est nécessaire que les signalements soient très-exacts, en sorte qu'on ne puisse se méprendre sur l'identité.

Les receveurs de l'enregistrement tiennent un état numérique des formules distribuées pour le service de chaque commune, sur les demandes ou certificats des maires ; vous exigerez qu'extrait de cet état soit remis, tous les trois mois, aux sous-préfets, qui devront vous les transmettre, avec des observations, s'il y a lieu. Leur examen vous fera connaître, par les rapports des quantités avec la population, ceux des maires qui paraîtraient avoir abusé de la faculté de délivrer des passe-ports pour cause d'indigence ; vous serez ainsi à même de les rappeler à leur devoir par de nouvelles instructions. La faculté étant d'ailleurs purement administrative, l'autorité supérieure peut la restreindre, et même la retirer, si les circonstances rendaient nécessaire cette mesure de sévérité.

Si des indigents étrangers circulaient dans votre département avec des passe-ports irréguliers ou non motivés, vous les feriez retirer, et vous me les adresseriez immédiatement.

Églises réunies, ouvertes à l'exercice du culte.

Juin 1819.

Le Ministre de l'intérieur aux Évêques.

Le gouvernement est informé qu'il existe encore un grand nombre d'églises ouvertes à l'exercice de la religion, en vertu d'autorisations des supérieurs diocésains, et sans que leur érection en cures, succursales, chapelles ou annexes, ait été approuvée par décrets ou par ordonnances royales.

Cet état de choses, par son irrégularité, a l'inconvénient de compromettre les intérêts des églises ainsi ouvertes, ceux des communes où elles sont situées, et ceux même des ecclésiastiques qui y exercent le culte,

En effet, d'une part, ces établissements non reconnus ne peuvent jouir des avantages de la loi du 2 janvier 1817, et plusieurs libéralités par testament ou donations sont ainsi devenues caduques.

De l'autre part, les communes, ne pouvant recourir à aucune voie extraordinaire pour les dépenses des réparations, presque partout urgentes, de ces églises et de ces presbytères, voient, chaque jour, s'accroître les dégradations.

Enfin, les engagements des communes ainsi desservies envers leurs ecclésiastiques ne pouvant être rendus exécutoires, il arrive fréquemment que ces derniers, au bout d'une ou de plusieurs années, sont frustrés de la modique rétribution qui leur avait été promise.

Quelques-unes de ces communes ont demandé à être érigées en succursales.

Leurs demandes ont été écartées, par le motif que le décret du 30 septembre 1807 limitait le nombre de ces établissements.

Deux causes principales ont, à ce qu'il paraît, empêché d'ailleurs un grand nombre de ces mêmes communes de se mettre en réclamation pour obtenir l'érection de leurs églises en chapelles ou annexes, ou de s'occuper de la régularisation des réclamations qu'elles avaient formées.

La première de ces causes était la fausse opinion que les formalités exigées pour l'érection de ces établissements sont tellement compliquées et multipliées, qu'il est impossible *à des communes rurales* d'y satisfaire.

On se convaincra combien cette idée est inexacte, lorsqu'on observera que les seules formalités à remplir par les communes mêmes se réduisent à la délibération du conseil municipal, à l'information *de commodo et incommodo*, et à l'estimation de la dépense d'entretien annuel du presbytère, de l'église et de son mobilier. Les autres pièces demandées sont ordinairement produites par la préfecture.

La seconde cause est l'impuissance où se trouvent beaucoup de communes d'assurer la totalité du traitement d'un chapelain.

La sollicitude du roi pour tout ce qui intéresse la religion me donnerait la confiance de supplier Sa Majesté d'examiner si les dispositions de la loi et les ressources du budget offriraient quelques moyens de venir au secours de ces communes, suivant qu'elles se trouveraient, plus ou moins, dans l'impossibilité de faire la totalité de la dépense d'une chapelle.

Mais cette proposition ne pourrait être que le résultat d'une situation générale et exacte des besoins.

Je ne doute pas de votre empressement à me fournir tous les renseignements nécessaires pour établir cette situation.

Déserteurs et retardataires (1).

26 juin 1819.

Le Ministre de l'intérieur aux Préfets.

Les circulaires du ministre de la guerre en date des 20 mars et

---

(1) Voir une instruction générale du ministre de la guerre, du 16 février 1847.
(N. de l'Ed.)

7 mai derniers renferment des instructions sur les mesures que doivent prendre, de concert, les fonctionnaires civils et les chefs militaires envers les hommes qui ont abandonné leurs drapeaux, et les jeunes soldats qui ne les ont pas rejoints dans les délais accordés, et qui ne peuvent d'ailleurs justifier d'une autorisation ou d'un empêchement légitime. Vous concourrez sans doute de tout votre zèle et de tous vos moyens à l'exécution de ces mesures, qui ont le double avantage d'assurer le succès du recrutement et la tranquillité des familles.

Je crois devoir fixer particulièrement votre attention sur ce principe de l'article 19 de la loi du 10 mars 1818, que les jeunes gens désignés par le sort, qui sont laissés dans leurs foyers pour être mis en activité au fur et à mesure des besoins, sont assimilés aux militaires en congé. Il résulte de ce principe que, dès l'instant de l'appel, ils sont soumis à la même législation que tous les autres militaires, et susceptibles, comme eux, d'être déclarés déserteurs, et poursuivis comme tels, s'ils ne se sont point rendus à leurs corps après l'expiration des délais fixés.

Néanmoins les jeunes soldats qui, retenus dans leurs familles par leurs affections, hésitent à s'en éloigner pour la première fois, et qui, d'ailleurs, en entrant dans la carrière militaire, n'ont point encore l'habitude de cette prompte et entière obéissance qu'exige la discipline, sont moins coupables et ont plus de droits à l'indulgence que ceux qui désertent leurs drapeaux après la durée de service déterminée par l'arrêté du 19 vendémiaire an XII.

C'est cette considération qui a fait juger convenable de se relâcher à leur égard de la sévérité des lois sur la désertion, en y apportant quelques adoucissements, tels que ceux résultant de l'article 25 de la loi du 10 mars 1818, et surtout des délais accordés par les articles 213, 214, 215 et 216 de l'instruction sur les appels approuvée par le roi le 21 octobre 1818, et, pour les enrôlés volontaires, par l'article 19 de celle du 20 mai de la même année, lesquels délais doivent précéder ceux que fixe déjà l'article 74 de l'arrêté du 19 vendémiaire an XII sur les déserteurs. Cette faveur accordée *aux jeunes soldats et aux hommes admis comme remplaçants, substituants, ou comme enrôlés volontaires*, a montré l'intention paternelle du roi de ne punir que l'insoumission prolongée et le délit bien caractérisé. Sa Majesté a même voulu qu'à l'égard des *jeunes soldats* qui ne sont *ni remplaçants, ni substituants, ni enrôlés volontaires*, ce délit militaire eût acquis un caractère si prononcé de résistance ouverte à la loi, qu'il dût exclure tout intérêt et toute indulgence; c'est pourquoi les instructions du ministre de la guerre des 20 mars et 7 mai derniers permettent de donner en outre *à ceux-ci, qu'ils aient été incorporés ou non*, un dernier délai d'un mois, après l'arrivée à la préfecture de leurs signalements, qui vous auront été adressés *directement* par son Excellence. Mais ni la loi, ni ses instructions, toutes généreuses qu'elles sont, ne restreignent les garanties du recrutement; et l'on ne doit point, ainsi qu'il est observé dans la circulaire du 7 mai, considérer ce *dernier délai d'un mois* comme une prolongation *pendant laquelle ils ne seraient point susceptibles d'être poursuivis par la gendarmerie*, mais seulement comme une dernière voie ouverte au repentir, et comme un délai de grâce spéciale qui leur est laissé pour prévenir la punition encourue par les déserteurs. Ils n'en doivent donc pas moins être recherchés par les agents de l'autorité, et conduits à leur destination sous l'escorte de la gendarmerie, même pendant la durée de ce dernier délai de grâce, s'ils ne rejoignent point volontairement, sauf à justifier, en arrivant au corps, qu'ils ont été arrêtés avant l'expiration du délai définitif d'un mois, et qu'ils ne sont pas, par conséquent, coupables de désertion.

C'est dans les soins à prendre pour faire rejoindre les jeunes militaires, que votre concours et celui des magistrats qui vous sont subordonnés deviennent essentiels.

Vous ne devez point vous borner à transmettre aux sous-préfets et aux maires les instructions du ministre de la guerre; il faut leur expliquer les obligations qu'elles leur imposent : il importe surtout que les maires en soient bien pénétrés; ils doivent seconder avec zèle les recherches de la gendarmerie, et s'empresser de communiquer à cette force armée tous les renseignements et tous les indices parvenus à leur connaissance sur le lieu présumé de la retraite des jeunes soldats retardataires ou des déserteurs.

Si parmi les maires il s'en trouvait quelques-uns qui, soit par insouciance, soit par un sentiment de bienveillance mal entendu pour leurs administrés, fussent disposés à négliger de donner ces renseignements, ou à protéger même l'insoumission des déserteurs, vous leur représenteriez combien une pareille conduite serait coupable, et les conséquences fâcheuses qui en résulteraient pour leurs administrés et pour eux-mêmes. Persuadez ces magistrats qu'en contribuant, au contraire, à faire rejoindre les militaires dans les délais de grâce, et en les faisant même arrêter par la gendarmerie, ils les sauvent de la honte de trahir les lois de l'honneur, et des condamnations graves qu'ils auraient subies quelques jours plus tard; c'est d'ailleurs pour eux un devoir impérieux d'observer d'autant plus fidèlement la loi du recrutement, qu'elle est équitable et juste. N'hésitez point, au surplus, à me signaler les maires qui auraient pu oublier leur caractère et trahir la confiance du roi, jusqu'à favoriser ouvertement la désertion, afin qu'ils soient réprimés dans leur conduite.

Enfin je vous invite à aider de tous vos moyens les agents militaires, pour assurer l'entier succès des mesures ordonnées par le ministre de la guerre dans l'intérêt du recrutement.

Révision de la classification des minières de fer d'alluvion, imposées aux redevances.

30 juin 1819.

Le Directeur général des ponts et chaussées et des mines aux Préfets.

L'époque à laquelle les ingénieurs des mines doivent procéder à la visite annuelle des exploitations, et préparer l'assiette des redevances, étant arrivée, je dois appeler votre attention sur quelques parties du service qui n'ont point atteint la perfection dont elles sont susceptibles.

M'étant fait rendre compte de plusieurs réclamations présentées par des maîtres de forges exploitant des minières de fer d'alluvion imposées aux redevances, j'ai reconnu que ces réclamations n'étaient point motivées sur la surtaxe, auquel cas elles eussent été du ressort des conseils de préfecture, mais qu'elles dérivaient de l'irrégularité de la classification du gîte minéral, classification qui est du ressort purement administratif.

La discussion des réclamations fondées sur ce second motif a fait voir que les articles 68 et 69 de la loi du 21 avril 1810 sont susceptibles de deux interprétations différentes, suivant le sens que l'on attache aux expressions de puits, galeries, travaux d'art, travaux réguliers, qui s'y trouvent employées.

Comme ces deux interprétations sont presque également soutenables, il n'est pas étonnant que, dans les anciennes instructions de la direction générale des mines, on ait adopté celle qui classait parmi les minières concessibles, tous les gîtes d'alluvion qui étaient exploités autrement qu'à ciel ouvert. Cette manière de procéder avait paru plus favorable aux intérêts des maîtres de forges; elle permettait de leur concéder les minières en toute propriété, et elle les exemptait de la patente, au moyen de redevances extrêmement modérées.

Mais, soit que ces avantages généraux n'aient point été sentis, soit qu'ils se trouvent balancés par quelques inconvénients particuliers, il paraît que la très-grande majorité des maîtres de forges, qui ne se sont point ouvertement mis en réclamation, forment des vœux pour que la seconde interprétation soit substituée à la première, et qu'il y ait une révision de la classification des minières de fer d'alluvion qui ont été déclarées concessibles, en vertu des articles 68 et 69 de la loi du 21 avril 1810.

Le ministre des finances, auquel j'ai soumis cette question, ne mettant aucun obstacle à ce que la révision soit opérée, je vous invite à vous faire rendre compte, par l'ingénieur des mines de votre département, des circonstances qui caractérisent le gisement des minières de fer d'alluvion qui ont été imposées jusqu'à présent, et de la nature des travaux d'exploitation qu'on y pratique. Vous voudrez bien ne maintenir dans la classe des minières concessibles et imposables, que celles où l'extraction est poussée par travaux souterrains réguliers, ou dans lesquels l'établissement de ces travaux est devenu indispensable pour assurer la durée de l'exploitation.

Par cette expression de *travaux réguliers*, il ne faut point entendre des fouilles de quelques mètres de profondeur, pratiquées çà et là, au moyen de petits puits de toute dimension, soutenues par un boisage provisoire, ou souvent même sans boisage, et destinées à être abandonnées au bout de quelques semaines ou de quelques mois. Cette expression ne s'applique pas non plus à des chambres sans suite, à des boyaux étayés par un boisage volant, et à de petites galeries non coordonnées entre elles, dont la direction se règle au hasard, suivant la rencontre des nids de minerai. A plus forte raison ne devez-vous point considérer comme travaux d'art de véritables excavations à ciel ouvert, parce qu'elles se combineraient avec quelque fouille souterraine momentanée, ou parce que les entailles auraient lieu par banquettes étagées, ou bien encore parce que l'extraction s'exécuterait au moyen de treuils ou de tout autre mécanisme.

Vous remarquerez que cette révision du classement des minières de fer d'alluvion ne saurait porter sur celles qui ont été concédées, soit avant, soit après la loi de 1810, non plus que sur celles qui seraient actuellement l'objet de demandes en concession. Il est aisé de sentir qu'elles doivent continuer à payer les redevances comme par le passé.

Déserteurs.

Juillet 1819.

Le Ministre de l'intérieur aux Préfets.

C'est sur les maires que repose, en grande partie, la garantie de l'exécution des lois et des dispositions administratives relatives au recrutement de l'armée. S'ils ne concouraient pas franchement à réprimer la désertion, si le sentiment du devoir ne prévalait point en eux sur toute autre considération, c'est en vain que la force armée multiplierait les recherches, et le mal ne pourrait que faire des progrès toujours croissants. Vous ne sauriez donc leur rappeler trop sérieusement qu'ils sont tenus, sur leur responsabilité personnelle, de coopérer de tout leur pouvoir à assurer l'effet des mesures prises pour faire rejoindre les déserteurs, soit en fournissant à la gendarmerie toutes les indications propres à seconder son action, soit en employant toutes les ressources de leur influence pour vaincre une résistance d'autant plus dangereuse qu'elle pourrait compromettre les résultats des levées subséquentes, et, enfin, en portant plus que jamais une attention sévère sur tout étranger qui vient s'établir dans le ressort de leur commune. Il est à remarquer, en effet, que des déserteurs, au lieu de retourner dans leur domicile, où leur présence serait promptement connue, vont chercher asile dans d'autres localités; mais, comme ces jeunes gens ne sont point munis de passeports, ou n'en peuvent avoir qui leur soient propres, ils ne sauraient tromper longtemps une surveillance assidue et dirigée avec zèle.

Je ne parlerai pas des peines auxquelles s'exposerait un fonctionnaire en protégeant ouvertement le crime de désertion. Jamais, j'aime à le croire, aucun d'eux ne portera jusqu'à ce point l'oubli de ses devoirs; mais la négligence même serait, de leur part, une sorte de protection et un tort inexcusable. Vous ne laisserez pas ignorer, dans vos instructions, que l'intention formelle du gouvernement est de sévir sans ménagement contre ceux auxquels on serait fondé à faire un pareil reproche, et vous saurez, au besoin, saisir l'occasion de faire les exemples nécessaires.

Plusieurs préfets ont demandé si l'on pouvait refuser des passeports aux jeunes gens que leur âge appelle à tirer au sort. Un jeune homme, tant qu'il n'est point définitivement désigné pour le contingent, n'est soumis qu'à la loi commune : celle du 10 mars 1818 ne contient à cet égard aucune disposition restrictive, et l'on ne saurait chercher une règle de conduite dans les actes du dernier gouvernement. Les absents sont portés, comme les autres, sur le tableau de recensement. Leurs parents, ou le maire de la commune, tirent à leur place. Ceux qui sont définitivement appelés sont inscrits de suite sur les registres matricules des corps de l'armée, et peuvent, s'ils ne paraissent pas, être poursuivis comme déserteurs.

Cependant on ne saurait se dissimuler qu'en donnant des passeports aux jeunes gens dont il s'agit, on peut faciliter à quelques-uns d'entre eux les moyens de se soustraire à l'obligation de concourir au recrutement. Il est vrai, d'ailleurs, que, dans certains pays où il se fait chaque année une émigration considérable d'hommes, et de jeunes gens surtout, qui vont au loin exercer différentes professions, la plupart de ces derniers ne prennent pas de passe-ports, ou trafiquent de ceux qu'ils ont obtenus et en disposent en faveur d'individus soumis à l'action des lois militaires. Il est vrai encore que, ces jeunes gens séjournant peu de temps dans le même lieu, il devient difficile de suivre leur trace, et que les parents, assurés de l'impunité, refusent le plus souvent de donner des renseignements sur leur résidence.

Ces inconvénients sont graves, et l'on a demandé si, pour les faire cesser, il ne serait pas possible de donner l'ordre de renvoyer devant leur préfet tous les individus qui, paraissant appartenir au recrutement, ne justifieraient pas y avoir satisfait.

Il faut observer, à cet égard, que beaucoup d'individus qui ont répondu aux appels, que le sort n'a point désignés, et qui voyagent maintenant avec des passe-ports réguliers, ne pourraient faire cette justification, dont la loi, d'ailleurs, ne leur a point imposé l'obligation. La mesure dont il s'agit serait donc voisine de l'arbitraire, et il en résulterait infailliblement des réclamations multipliées, et qui ne seraient point sans fondement. Il ne faut pas perdre de vue, d'un autre côté, que les jeunes gens désignés définitivement pour le contingent ne peuvent obtenir de passe-ports, et que celui dont tel d'entre eux se trouverait porteur, serait ou faux ou irrégulier. Ainsi, ce qu'il est convenable et important de faire, c'est de tenir sévèrement la main à l'exécution des lois relatives aux individus voyageant sans papiers ; c'est de recommander à la gendarmerie, ainsi qu'à tous les agens de l'administration, de vérifier, avec un soin plus que jamais nécessaire, les passe-ports des voyageurs qui, par leur âge et leur physique, paraissent appartenir aux classes appelées.

Trop souvent on se borne à reconnaître l'existence de cet acte : c'est par l'examen attentif du signalement, et, s'il reste quelque doute, par la confrontation de la signature, qu'il est à propos de s'assurer s'il appartient réellement à celui qui en est porteur. Indépendamment de ces précautions, qui peuvent remédier à beaucoup d'abus, il en est une que, dans le même but, il me paraît utile d'adopter pour l'avenir ; c'est de mentionner sur tous les passe-ports délivrés à des jeunes gens qui ont dû concourir au recrutement, qu'ils ont satisfait à leurs obligations, et d'y désigner positivement leur âge, ainsi que les motifs pour lesquels ils n'ont pas été compris dans le contingent. Ces énonciations, loin de gêner la liberté individuelle, seront une sorte de protection pour ceux qui en deviendront l'objet, puisqu'elles auront pour effet de délivrer les jeunes gens, régulièrement libérés, de la crainte de toute méprise ; elles auront, de plus, l'avantage de rendre moins pénible la tâche de la gendarmerie, et d'épargner à cette arme, lorsque par la suite elles seront généralement usitées, le désagrément de se livrer à des recherches qu'on pourrait, en certaines occasions, considérer comme inquisitoriales et vexatoires. Je vous invite à donner les instructions nécessaires à cet effet dans l'étendue de votre département.

Biens communaux usurpés.

Juillet 1819.

Le Directeur général de l'administration communale et départementale aux Préfets.

Les communautés d'habitants n'ont pas toujours eu à s'applaudir des effets de la loi du 10 juin 1793, qui a autorisé le partage des biens communaux. Vous n'ignorez pas de combien d'abus son exécution a été suivie.

Non-seulement un grand nombre de partages ont été délibérés et opérés sans l'accomplissement des formalités prescrites, et souvent même sans qu'il en ait été dressé acte; mais des individus, agissant isolément, et dont les entreprises n'étaient ni justifiées par les lois, ni autorisées par les administrations locales, se sont emparés, de leur propre mouvement, d'une partie des terrains soustraits au partage, et ce système d'envahissement, favorisé par la négligence des autorités, n'a fait que s'étendre et se fortifier, jusqu'à la publication de la loi du 9 ventôse an XII.

Il y a entre ces deux cas une différence essentielle, et qu'il ne faut pas perdre de vue.

Le premier ne présente qu'un vice de forme dans une entreprise légale; le second constitue une véritable usurpation.

La loi du 9 ventôse a validé la possession des détenteurs de communaux à titre de partage, et prescrit des obligations à ceux dont la jouissance n'était légitimée par aucun acte existant.

Mais, spécialement destinée à réprimer les abus et à régulariser les effets des lois antérieures sur le partage, la loi du 9 ventôse ne pouvait convenablement s'appliquer aux occupations résultant d'une usurpation manifeste.

Outre qu'elle ne contient aucune disposition explicite sur les communaux usurpés, la raison et l'équité ne permettaient pas de l'interpréter en ce sens qu'elle aurait compris dans une même catégorie et fait participer au même bénéfice le possesseur de bonne foi, qui n'avait fait que concourir à l'exercice d'un droit reconnu, et le détenteur, dont la jouissance, fruit d'une spoliation réelle, ne pouvait lui constituer aucun droit.

Néanmoins les autorités locales ont pu ne pas apprécier exactement cette différence.

On conçoit aussi qu'admettant une distinction, le silence de la loi et le défaut de règle ont dû souvent les arrêter dans les mesures qu'elles auraient pu prendre ou proposer pour la conservation des droits des communes contre les usurpateurs.

Ce n'est pas que, parmi ces derniers, ceux dont l'occupation, plus ou moins ancienne, a été suivie d'une jouissance laborieuse et paisible, n'aient pu invoquer l'indulgence de l'autorité et le bénéfice d'une amiable composition.

On ne pourrait pas dire, non plus, que les moyens eussent manqué à l'administration pour réprimer les envahissements notoires, et faire rentrer les communes dans leurs droits. Les lois ont depuis longtemps investi les conseils de préfecture du pouvoir de juger les causes de cette espèce, et d'ordonner une juste restitution.

Mais il est souvent arrivé que l'autorité municipale, ayant bien moins en vue de provoquer une restitution rigoureuse que de s'ouvrir une voie de conciliation, s'est abstenue de toutes poursuites, soit par ménagement pour ses administrés, soit parce qu'elle ignorait jusqu'à quel point et à quelles conditions le détenteur d'un bien usurpé pourrait être maintenu dans sa jouissance.

L'ordonnance du 23 juin dernier établit, à ce sujet, des règles qui, puisées dans les maximes d'une administration paternelle, semblent devoir lever toutes difficultés, ou du moins ôter tout prétexte à la négligence et à la mauvaise foi.

Ses dispositions ont principalement pour objet de modérer l'exercice du droit rigoureux des communes, dans l'intérêt des détenteurs qui déclareront leur usurpation; elles déterminent les bases des transactions qui pourraient être admises; elles laissent à l'autorité municipale toute la latitude désirable pour encourager la soumission, par l'assurance d'un bénéfice réel; elles donnent à l'usurpateur les moyens de conserver, à des conditions avantageuses, le fruit de son industrie et de ses dépenses; l'effet de leur exécution doit être enfin d'assurer le droit de chacun, sans froissement et sans contrainte pour celui qui n'aurait fait que s'abuser sur la légitimité de son titre.

Mais, autant ces dispositions seraient favorables aux détenteurs qui s'empresseraient d'y satisfaire, autant l'administration devra s'armer de sévérité contre ceux qui, refusant de s'y soumettre, s'exposeraient à des poursuites qu'aucune considération ne pourrait plus empêcher.

Vous remarquerez qu'il s'agit ici d'une mesure qui intéresse personnellement chaque détenteur, et que l'ordonnance ne saurait recevoir trop de publicité, surtout dans les communes où la dispersion des habitants donnerait toujours lieu de craindre qu'elle ne fût pas généralement connue, si l'on ne prenait toutes les précautions nécessaires en pareil cas.

Dans les instructions que vous adresserez aux maires, vous insisterez sur ce point essentiel, en leur rappelant les voies de publication accoutumées.

Il est des localités où vous aurez à combattre d'anciennes résistances de la part des détenteurs, et peut-être aussi les fausses interprétations que l'autorité municipale pourrait donner à l'article 3 de l'ordonnance dont nous nous occupons.

Vous représenterez aux maires, dans l'intérêt des communes, qu'il n'est point question de contraindre le vœu des conseils municipaux, mais seulement de leur laisser la faculté de transiger, quand ils le jugeront convenable, sauf l'approbation, par le roi, des concessions qu'ils auraient consenties.

Vous leur ferez remarquer, dans l'intérêt des détenteurs, que ceux-ci ne seraient fondés, ni en droit, ni en raison, à refuser de se soumettre aux conditions de l'espèce d'amnistie qui leur est offerte; qu'exposés, par une insoumission qui deviendrait sans excuse, à des poursuites non moins onéreuses que désagréables, ils ne sauraient hésiter à acquérir, au prix d'un léger sacrifice, la possession paisible d'un bien qu'ils ne peuvent plus espérer de retenir à titre purement gratuit; et que, loin de leur être profitable, le refus de se déclarer dans les délais prescrits leur ferait perdre jusqu'à l'avantage de conserver le fruit de leur usurpation moyennant l'indemnité fixée par l'article 3.

Vous ajouterez à ces observations celles que vous fournirait la connaissance particulière que vous avez de la situation des communes de votre département, et des circonstances locales qui pourraient entraver ou favoriser le succès des mesures dont il s'agit. Vous ne négligerez aucun des moyens de confiance et de persuasion qui sont en vous, pour faire sentir aux maires la nécessité d'une coopération franche et assidue à l'exécution de ces mesures. Pour peu qu'ils considèrent les ressources précieuses et plus ou moins indispensables que les communes peuvent en retirer, ils apprécieront l'importance de leurs obligations et le mérite des services que l'administration attend de leur vigilance et de leur fermeté.

Les communautés d'habitants et les établissements publics étant, ainsi que les particuliers, soumis aux lois sur la prescription, les maires s'attacheront à en prévenir l'effet; ils arrêteront la marche des détenteurs vers ce but où le droit légitime devient impuissant, et la spoliation légale; et plus la durée de l'usurpation approchera du terme de trente années, plus ils mettront d'empressement à ressaisir leurs communes d'un droit prêt à leur échapper.

Je ne veux pas supposer qu'il a existé, parmi ces fonctionnaires et dans les conseils municipaux, des hommes personnellement intéressés au maintien des usurpations, qui n'auraient pas usé de toute leur influence pour les réprimer, qui se seraient même opposés à leur répression. Si pourtant on avait eu des exemples d'une telle conduite, j'aime à me persuader qu'ils ne se renouvelleraient plus, et que, désormais pénétré du sentiment de ses devoirs, un dépositaire infidèle de l'autorité saisirait avec empressement cette occasion de réparer des torts aussi graves.

D'ailleurs, les maires qui auraient à se reprocher d'anciennes erreurs comprendront combien il serait désagréable pour vous et peu honorable pour eux, de vous mettre dans la nécessité de déléguer des commissaires qui seraient chargés de les suppléer dans l'accomplissement de leurs premiers devoirs, et de procéder à la reconnaissance des usurpations célées, protégées et toujours croissantes sous les yeux d'une autorité sans caractère et sans vigueur.

C'est, en effet, le dernier parti qui vous resterait à prendre à l'égard des communes présumées victimes d'envahissements, où l'ordonnance du 23 juin serait demeurée sans résultat.

En pareille conjoncture, vous auriez à examiner s'il ne conviendrait pas de proroger les délais prescrits par l'article 2 en faveur des détenteurs qui n'auraient pas été mis à même de faire leurs déclarations, et vous me proposeriez, par un projet d'arrêté spécial, les mesures d'exception qui vous paraîtraient nécessaires.

L'article 3 porte que les terrains soumissionnés pourront être acquis, moyennant les quatre cinquièmes de leur valeur intrinsèque, au moment de l'occupation.

Rien n'empêcherait que les détenteurs ne fussent admis à servir une redevance représentative de cette valeur, ou à payer le prix principal, pour être employé par les maires au profit de leurs communes, en acquisitions de rentes sur l'Etat.

Il n'est point, au surplus, dérogé, par l'article 4, aux lois et actes du gouvernement, notamment à l'article 6 de la loi du 9 ventôse an XII et à l'avis du conseil d'Etat du 18 juin 1809, qui attribuent aux conseils de préfecture la connaissance des contestations en matière d'usurpations communales.

Mais on ne doit point perdre de vue cette règle consacrée par l'ordonnance du 10 février 1816, et précédemment rappelée dans le décret du 30 juin 1813, d'où il résulte que, l'interprétation des titres de propriété et l'application des maximes du droit civil étant du ressort exclusif des tribunaux ordinaires, le conseil de préfecture cesse d'être compétent, dès que la qualité du communal est contestée par le prévenu d'usurpation.

Néanmoins, soit qu'avant l'expiration des délais prescrits, et dans le cours des déclarations, il s'élève des difficultés sur l'origine d'un bien réputé usurpé, ou signalé comme tel; soit qu'il s'agisse de poursuivre, après l'expiration des mêmes délais, un prévenu d'usurpation qui ne se serait point conformé aux dispositions de l'article 2 de l'ordonnance du 23 juin dernier, les parties devront être renvoyées devant le conseil de préfecture, qui, suivant la nature de la cause, statuera sur le fond, ou déclarera que le jugement en appartient aux tribunaux.

Dans le premier cas, le conseil de préfecture décidera la question de l'envahissement, et ordonnera la restitution du terrain litigieux, s'il est retenu par un récalcitrant.

Dans le second cas, il autorisera, s'il y a lieu, la commune à soutenir ses prétentions en justice réglée.

Tels sont les moyens que les lois mettent à la disposition de l'autorité municipale, pour faire juger les questions élevées de bonne foi, ou vaincre des résistances mal entendues.

Je me plais à penser que les récalcitrants ne formeront pas le plus grand nombre. Les dispositions conciliatrices de l'ordonnance du 23 juin promettent des résultats plus satisfaisants ; et je ne doute pas que vous ne parveniez à en assurer le succès par tout ce qu'on peut attendre d'un zèle empressé et de sages directions.

Quoi qu'il en soit, je désire que vous me teniez exactement instruit des mesures que vous aurez prises d'après ces instructions.

Amélioration du sort des aliénés (1).

16 juillet 1819.

Le Ministre de l'intérieur aux Préfets.

La situation des aliénés en France m'a paru mériter toute l'attention du gouvernement.

J'ai chargé, il y a plusieurs mois, une commission spéciale d'examiner quels seraient les meilleurs moyens d'améliorer le sort de ces infortunés, qui, privés de la raison, ne sont qu'un plus digne objet de la sollicitude de l'administration.

La commission que j'ai nommée n'a pas encore terminé son travail, mais elle a unanimement reconnu que la situation des aliénés ne pourra recevoir les améliorations désirables, qu'autant qu'ils seront placés dans des établissements qui leur soient exclusivement consacrés.

Quelques établissements de ce genre existent déjà en France ; et, malgré leurs imperfections, ce sont ceux où les insensés sont le mieux soignés, le mieux traités : ce sont, pour ainsi dire, les seuls ; car on peut comprendre au nombre de ces établissements les quartiers des aliénés des hospices de Bicêtre et de la Salpêtrière, qui forment presque des hospices distincts ; ce sont, pour ainsi dire, les seuls qui offrent quelques chances de guérison aux malheureux qu'ils reçoivent.

Des logements salubres et aérés, des divisions et des subdivisions nombreuses, de vastes promenoirs, un grand isolement, des soins constants et assidus, voilà les conditions premières qu'exige le traitement des aliénés ; voilà les conditions qu'il sera presque impossible de leur assurer dans les établissements qui reçoivent d'autres classes d'individus, et qu'ils ne trouveront que dans des hospices spéciaux. On pourrait, sans doute, assainir et améliorer les quartiers que les aliénés occupent aujourd'hui dans des hospices de malades, dans des dépôts de mendicité, dans des maisons de force :

(1) Les améliorations recommandées dans cette circulaire ont été réalisées par la loi du 30 juin 1838. (*N. de l'Éd.*)

mais la situation et la distribution de ces quartiers resteraient presque toujours peu favorables à la classification des insensés, et ces infortunés n'y seraient toujours l'objet que d'une attention fort secondaire.

Si l'on admet la nécessité de placer les aliénés dans des établissements spéciaux, on reconnaîtra facilement qu'il est presque impossible d'avoir un établissement de ce genre par département, que leur multiplicité les rendrait beaucoup plus dispendieux et moins propres à atteindre le but de leur destination; et de là découle la conséquence que des maisons centrales communes à plusieurs départements seraient, sous beaucoup de rapports, les établissements qui conviendraient le mieux pour la réunion et le traitement des aliénés.

Plusieurs conseils généraux, frappés de l'état déplorable où se trouvent les aliénés dans leurs départements, ont, dans la dernière session, voté des fonds pour améliorer cette situation : mais, limités par la modicité des ressources dont ils pouvaient disposer, ils ont la plupart proposé d'appliquer les sommes qu'ils votaient à assainir ou augmenter les quartiers occupés par les aliénés dans les hospices ou les dépôts de mendicité.

Vous sentirez facilement que ces dépenses partielles n'amélioreraient que faiblement la situation des aliénés, et qu'elles seraient en pure perte si le gouvernement se détermine à créer pour les insensés des maisons centrales. Aussi ai-je invité les préfets des départements dans lesquels des fonds avaient été votés pour des constructions ou réparations relatives aux aliénés, à suspendre l'emploi de ces fonds.

Dans cet état de choses, il me paraîtrait à désirer que les conseils généraux consentissent à ce que les fonds qu'ils ont votés l'année dernière pour l'amélioration du sort des aliénés, et qui n'ont point été employés, et les fonds qu'ils pourraient voter cette année pour la même destination, soit sur les centimes affectés aux dépenses variables, soit sur les centimes facultatifs, fussent affectés à concourir aux frais de l'établissement de maisons centrales d'aliénés. Dans le cas où la création de ces maisons serait arrêtée en principe, j'examinerais si dans le prochain budget je pourrais demander des fonds pour leur établissement sur les crédits généraux du ministère de l'intérieur, ou si je pourrais disposer pour cette destination de quelques ressources sur le produit des centimes affectés aux dépenses fixes et communes des départements : mais la création des maisons d'aliénés ne pourrait marcher avec quelque activité, qu'autant que les départements y concourraient avec leurs propres ressources; et les fonds qu'ils auraient affectés à agrandir ou améliorer les mauvais établissements qui existent, seraient sans doute beaucoup plus utilement employés en aidant à former des établissements nouveaux, qui réuniraient, pour le traitement des aliénés, tous les avantages que réclament l'humanité et la science médicale.

Je vous prie de présenter ces considérations au conseil général de votre département, à sa prochaine session, avec tous les développements dont vous les jugerez susceptibles, et de l'engager à les peser avec attention.

Toutefois, en admettant que l'on doive décidément créer des maisons centrales d'aliénés, en admettant que les fonds que le gouvernement pourra affecter à cet objet, et ceux que voteront les conseils généraux des départements, permettent de s'occuper prochainement de leur établissement, il s'écoulera nécessairement de longs délais avant que ces maisons soient formées et soient en état de recevoir les aliénés de tout le royaume.

Et si, comme je le disais plus haut, on doit éviter de faire, dans les établissements d'aliénés qui existent aujourd'hui et qui ne seraient pas conservés dans le plan que je viens d'indiquer, des dépenses considérables qui seraient en pure perte, il est des améliorations que l'on peut apporter, à peu de frais, dans la situation et le régime des aliénés. Loin d'ajourner ces améliorations, on ne saurait trop se hâter de les introduire, autant que possible, dans les établissements existants, et je m'empresse de les indiquer à votre sollicitude.

1° Il est des départements où les aliénés sont disséminés dans plusieurs hospices, et même dans des prisons.

S'il est possible de les réunir, à peu de frais, dans un même établissement, ils y seront mieux, et leur traitement pourra y être plus facilement surveillé.

2° Dans plusieurs établissements, les cellules ou loges destinées aux furieux sont petites, humides et mal aérées. Les loges souterraines doivent être entièrement abandonnées. Lorsque le sol des cellules est au-dessous du niveau des terrains environnants, on peut, à peu de frais, l'exhausser et le faire garnir de dalles et de planches, pour que les aliénés n'aient jamais les pieds sur la terre nue et souvent humide.

3° Les portes des loges n'ont quelquefois que quatre à cinq pieds de hauteur, et, dans quelques endroits, les cellules n'ont d'autre ouverture que la porte. Si la chose est possible, il faut donner aux portes plus d'ouverture, et pratiquer dans les loges une fenêtre placée en face de la porte; elle rendrait le renouvellement de l'air plus facile.

On ne doit pas négliger, si on le peut, de rendre la cour dont les aliénés jouissent, un peu plus grande en supprimant le mur de clôture qui sépare quelquefois leur promenoir d'une autre cour ou jardin.

4° Les aliénés, même les plus furieux, ne doivent jamais être laissés couchés sur la terre ou sur le pavé; il faut leur procurer de fortes couchettes scellées dans le mur.

L'état déplorable de quelques-uns d'entre eux peut ne pas permettre de garnir leurs lits comme ceux des autres malades; mais il faut, au moins, renouveler la paille qui doit leur être donnée, aussi souvent qu'elle est salie.

On diminuerait peut-être la dépense des administrations charitables, en autorisant, en invitant même les parents qui sont en état de le faire, à fournir aux aliénés le lit, les fournitures de lit, et les vêtements dont ils ont besoin.

5° La distribution des aliments doit être renouvelée plusieurs fois le jour : il est à désirer qu'on donne aux aliénés le régime des hôpitaux ou des infirmeries. La distribution des aliments doit être réglée, chaque jour, d'après les cahiers de visite des médecins. Si l'on ne peut pratiquer une fontaine à portée des aliénés, il faut que l'infirmier chargé de les soigner ait toujours à sa disposition une tisane commune, pour qu'elle puisse, en tout temps, étancher leur soif.

6° On attribue généralement au défaut d'un nombre suffisant de serviteurs une partie des maux dont gémissent les aliénés. Il doit ordinairement y avoir au moins un serviteur pour quinze malades. Dans le quartier des furieux, quelque peu considérable qu'il soit, il faut au moins deux serviteurs. Ils doivent être vêtus décemment et n'être jamais armés de bâtons, de nerfs de bœuf, de trousseaux de clefs, ni accompagnés de chiens. Ils doivent être surveillés sévèrement par le médecin et par les administrateurs de l'établissement.

7° S'il est des établissements d'aliénés auxquels ne soit point attaché un médecin chargé de visiter ces malheureux au moins une fois par jour, on ne saurait trop se hâter d'en nommer un. Le médecin chargé du service des aliénés doit les visiter, non-seulement lorsqu'ils sont atteints de maladies accidentelles et graves, mais aussi dans la vue de traiter leur maladie mentale. Le médecin fera la visite tous les matins, assisté d'un élève qui tiendra le cahier, et qui écrira les prescriptions alimentaires et pharmaceutiques. Cet élève, résidant dans l'établissement, surveillera les distributions des aliments, des médicaments, et la conduite des serviteurs. Le médecin éclairera l'administration sur toutes les améliorations locales qui pourront être faites, sans excéder les ressources de l'établissement, et il serait bon de l'investir d'une grande autorité pour tout ce qui est relatif au service et au bien-être des malheureux confiés à ses soins. J'aime à croire que, dans beaucoup de départements, il se trouvera des médecins instruits qui brigueront de remplir gratuitement ces honorables fonctions.

8° L'exemple des hospices de Paris, où plus de deux mille aliénés sont contenus sans fers et sans qu'on exerce envers eux de mauvais traitements, doit faire abandonner partout ces moyens de répression. Partout la camisole ou gilet de force doit être substituée aux chaînes, aux colliers, dont on pourrait encore faire usage dans quelques établissements. La crainte d'une augmentation de dépense doit céder à l'idée d'avilir des malheureux avec des chaînes qui les irritent, les humilient, et leur fournissent des moyens de destruction ou d'évasion.

C'est au médecin seul à prescrire la réclusion, l'usage du gilet de force, et à autoriser la visite des parents. Nul ne doit pénétrer dans le quartier des aliénés, s'il n'est conduit par le médecin, ou s'il n'a une permission de lui ou de l'autorité supérieure.

9° Enfin il convient que les administrateurs des établissements où sont placés les aliénés, se concertent pour que l'un d'eux visite au moins une fois par semaine le quartier des insensés, et se fasse rendre compte de tous les détails relatifs à leur service.

Dépenses diocésaines.

29 juillet 1819.

Le Ministre de l'intérieur aux Préfets.

La loi ne permet plus de porter au budget des dépenses communes départementales les suppléments de traitement alloués antérieurement à 1818 aux évêques, vicaires généraux, chanoines et provicaires généraux ; il en est de même à l'égard des directeurs et professeurs des séminaires.

L'année dernière, dans un grand nombre de départements, les conseils généraux ont reconnu convenable de voter, sur les centimes facultatifs, des indemnités, à raison de la suppression des suppléments dont il s'agit.

Mais, à part ce qui concerne les provicaires généraux, les sommes allouées ont été fort au-dessous des anciens suppléments de traitement.

L'empressement avec lequel les conseils généraux sont venus, en cette circonstance, au secours du clergé diocésain, ne se ralentira pas cette année; j'y puise même la certitude qu'ils seront disposés à accorder les augmentations que les ressources permettront.

Ceux que d'autres besoins, ou le défaut de direction sur cet objet, auraient empêché de voter, seront jaloux de ne point demeurer en arrière, lors même que le département ne posséderait pas le chef-lieu de l'archevéché ou évêché.

Ils considéreront, les uns comme les autres, que les anciens suppléments étaient supportés par tous les départements compris dans la circonscription diocésaine, et que ce sont les votes réitérés de ces mêmes conseils généraux qui avaient reconnu la convenance et fixé le taux de ces indemnités.

Les écoles secondaires ecclésiastiques, appelées improprement *petits séminaires*, ne méritent pas moins d'exciter la sollicitude des conseils généraux.

Ces établissements étant particuliers, par la nature même de leur institution, aux départements où ils sont situés, ne sont pas compris au nombre des établissements diocésains; leurs dépenses de reconstructions, de réparations ou d'entretien, ne peuvent être dès lors imputées, ni sur le budget des dépenses communes à plusieurs départements, ni sur les fonds spéciaux affectés aux travaux extraordinaires des évêchés, cathédrales et grands séminaires.

Cependant la plupart des bâtiments qu'ils occupent exigent des travaux imminents, et le défaut d'entretien augmente les dégradations. Les évêques y consacrent, j'en ai la certitude acquise, une partie de leurs propres ressources; mais on sent assez que de tels efforts seraient insuffisants, si les départements négligeaient de venir au secours de ces utiles établissements, par des votes, soit sur les centimes variables, s'ils sont suffisants; soit, en cas d'insuffisance, sur les centimes facultatifs.

Il existe enfin, dans certaines localités, une autre classe d'édifices qui réclament l'intérêt des conseils généraux, ce sont:

1º Les anciennes églises cathédrales conservées à l'exercice de la religion comme simples églises paroissiales;

2º Celles qui, n'ayant jamais été que paroissiales, sont remarquables par de vastes proportions, la beauté ou le style de leur architecture.

L'entretien et la restauration de ces édifices sont régulièrement une charge des communes; mais il est facile de sentir, et l'expérience l'a démontré, que ces dépenses, souvent très-considérables, sont hors de toute proportion avec les ressources communales.

L'importance de la conservation de ces édifices, comme monuments religieux, historiques ou des arts, a déjà engagé, ces années dernières, quelques conseils généraux à voter des fonds pour leurs travaux extraordinaires.

Les considérations majeures qui ont déterminé ces votes sont de nature à être appréciées dans les autres départements qui possèdent de semblables édifices.

C'est un objet que je vous invite à mettre, s'il y a lieu, sous les yeux de votre conseil général, dans sa session actuelle.

Dépenses diocésaines.

29 juillet 1819.

Le Ministre de l'intérieur aux Evêques.

J'ai l'honneur de vous transmettre copie de ma circulaire aux préfets, concernant les votes *facultatifs* des conseils généraux, pour indemnités aux archevêques ou évêques, vicaires généraux, chanoines, provicaires généraux, supérieurs et professeurs des séminaires, à raison de la suppression des suppléments de traitement qui leur étaient alloués dans les budgets départementaux, antérieurement à 1818.

J'appelle, par la même lettre, comme vous le verrez, l'attention des conseils généraux sur les besoins des écoles secondaires ecclésiastiques, et sur la situation de quelques églises paroissiales remarquables par leur grandeur ou leur beauté.

Les dépenses des travaux extraordinaires des archevêchés ou évêchés, des cathédrales et des séminaires, étant, d'ailleurs, assurées sur un fonds spécial affecté à cette destination par la loi de finances de cette année, le budget des dépenses fixes et communes à plusieurs départements ne devra plus comprendre, pour le culte diocésain, que les articles suivants :

Maîtrise, bas-chœur et entretien de la cathédrale ;

Entretien du palais épiscopal et du séminaire ;

Les dépenses relatives à l'ameublement des évêchés, en exécution de l'ordonnance royale du 7 avril dernier ;

Enfin, celles pour achats d'ornements pontificaux et autres besoins intérieurs de l'église cathédrale, auxquels il ne pourrait être pourvu sur les revenus de la fabrique.

Je vous engage, en conséquence, à adresser immédiatement au préfet du département chef-lieu de votre diocèse, si vous ne l'avez déjà fait, l'état motivé des sommes qui vous paraissent nécessaires pour ces divers articles en 1819 ; en observant que toute proposition de secours ou d'augmentation de dépense pour la cathédrale doit être appuyée du budget régulier de la fabrique, afin de constater l'insuffisance de ses ressources.

Budgets et impositions communaux (1).

31 juillet 1819.

Le Directeur général de l'administration communale et départementale aux Préfets.

La loi du 14 de ce mois, relative au budget des dépenses, ne contient aucune disposition applicable aux communes.

Quant à celle du 17 du même mois, relative aux recettes destinées à pourvoir aux dépenses, vous ne laisserez point ignorer aux

---

(1) Voir l'article 40 de la loi du 18 juillet 1837, et la circulaire du 27 mars de la même année. *(N. de l'Ed.)*

autorités locales qu'aux termes de l'article 5 de cette loi, l'établissement des droits de péage pourra être autorisé, dans les formes accoutumées, et dans les cas où ils seront reconnus nécessaires à la construction ou à la réparation des ponts, des écluses et des ouvrages d'art à la charge de l'Etat, des départements et des communes. Je me bornerai, quant à l'établissement de ces droits dans l'intérêt des communes, à m'en référer aux instructions qui vous ont été précédemment données sur cette matière, et notamment par les circulaires des 6 juin 1816 et 16 avril 1817.

Vous remarquerez qu'aux termes de l'article 10, les taxes imposées avec l'autorisation du gouvernement, pour la conservation et la réparation des digues et autres ouvrages d'art intéressant les communautés de propriétaires et d'habitants, doivent continuer d'être perçues.

Vous remarquerez aussi que les communes, aux termes de l'article 25, doivent continuer de concourir à la dépense des enfants trouvés et des enfants abandonnés, soit au moyen d'un prélèvement proportionnel à leurs revenus, soit au moyen d'une répartition qui sera proposée par le conseil général, sur l'avis du préfet, et approuvée par le ministre.

Vous remarquerez enfin que, par le dernier paragraphe de l'article 34 de la loi susdatée, les articles 39, 40, 41, 42 et 43 de la loi du 15 mai 1818, relatifs aux impositions extraordinaires des communes, sont maintenus, et qu'en conséquence vous avez à vous occuper d'assurer l'exécution de ces articles et des instructions qui vous ont été données à cet égard par la circulaire du 18 septembre 1816, et par celles des 18 mai et 18 juillet 1818.

En vous confirmant de nouveau ces instructions, je vous rappellerai que, pour l'adjonction des plus forts contribuables aux conseils municipaux, en matière d'impositions communales, les contribuables doivent être pris parmi les domiciliés et parmi les non résidants; mais, pour obvier aux difficultés que peut éprouver leur réunion, on peut restreindre leur appel à ceux qui se trouvent momentanément sur les lieux, ou qui font leur résidence habituelle dans l'étendue de l'arrondissement de la sous-préfecture. Toutefois, il importe de donner à la convocation la plus grande publicité, tant par la voie des affiches que par celle des avertissements à domicile, et de laisser entre l'époque de la convocation et celle de la réunion le temps qui peut être nécessaire aux contribuables pour se rendre aux assemblées.

En cas de refus de quelques conseils municipaux et des plus forts imposés qui doivent leur être adjoints, de voter et consentir les impositions requises, à l'effet de pourvoir aux charges obligées des communes et classées par les lois au rang de leurs dépenses ordinaires et extraordinaires, vous continuerez d'exiger que leur refus soit consigné dans des délibérations motivées, et de m'adresser ces délibérations, avec un état distinct et particulier des impositions qui n'auront pas été consenties, et que vous jugerez néanmoins indispensable de faire autoriser afin que le ministre puisse en rendre compte au roi, et soumettre à son approbation telles dispositions qu'il appartiendra.

Les impositions destinées à pourvoir au payement des salaires des gardes champêtres et au payement des suppléments de traitement accordés aux curés et desservants, ayant été l'objet principal des refus et des réclamations des conseils municipaux et des contribuables, je pense que, dans plusieurs lieux, vous pourriez en prévenir le retour, en rendant aussi publics qu'il est possible les éclaircissements qui vous ont été donnés par la circulaire précitée du 18 juillet, et qui sont consignés dans les sixième, huitième, neuvième, dixième et douzième paragraphes de cette circulaire.

Les communes réunies pour le culte ne peuvent être affranchies de l'obligation où elles sont de concourir aux dépenses des succursales dont elles dépendent, et au supplément de traitement du desservant, qu'autant que des chapelles y seraient établies, dans les formes prescrites par les articles 8, 9 et 10 du décret du 30 septembre 1807.

Je dois vous faire observer, à cet égard, que l'avis du comité de l'intérieur, du 2 juin 1818, et dont il est question au douzième paragraphe de la circulaire du 18 juillet de la même année, n'est applicable qu'aux communes érigées en paroisses ou succursales.

Quant aux communes dans lesquelles des chapelles ont pu ou peuvent être établies, en exécution du décret du 30 septembre 1807, ces communes doivent continuer de pourvoir à leurs dépenses et au traitement du chapelain, conformément aux dispositions des ordonnances institutives de ces chapelles.

C'est également d'après les dispositions des ordonnances d'érection des annexes permises par l'article 11 du décret susdaté, qu'il doit être pourvu à leurs dépenses et au traitement du vicaire.

En ce qui concerne le mode de répartition entre les habitants du montant de la contribution foncière dont peuvent être grevés les biens qu'ils ont conservés en jouissance commune, l'obligation où ils sont de pourvoir au payement de cette contribution est une charge inhérente à leur jouissance, et dont la répartition ne peut être soumise qu'aux règles et formalités prescrites par la loi du 26 germinal an XI.

Il en doit être de même pour les perceptions établies, sous le titre de *droits de pâturage des bestiaux*, dans les biens restés en jouissance commune. Les perceptions de cette nature ne peuvent être considérées que comme un prix de location, avec d'autant plus de raison que, par l'ordonnance du 7 octobre 1818, les communes sont autorisées à mettre en ferme et location tout ou partie des pâturages.

Rapports présentés aux conseils généraux, sur l'administration des départements.

31 juillet 1819.

Le ministre de l'intérieur invite les préfets à lui adresser une copie du rapport, qu'ils doivent, selon l'usage, présenter au conseil général, sur l'administration de leur département. Déjà, les années précédentes, plusieurs préfets ont pris soin d'envoyer ce travail, et il a été utile de le consulter pour connaître quelle était la situation des départements au moment où le conseil général s'est assemblé.

La communication de ce rapport ne dispense pas les préfets d'adresser au ministre le compte annuel de situation et d'administration que son prédécesseur a demandé par sa circulaire du 7 mars 1818, et qui remplace les anciens comptes trimestriels.

Nouveau Codex.

6 août 1819.

Le Directeur général de l'administration communale et départementale aux Préfets.

Suivant l'article 38 de la loi du 21 germinal an XI, les professeurs des écoles de médecine et de pharmacie devaient être chargés, par le gouvernement, de rédiger un *Codex* ou formulaire contenant les préparations médicales et pharmaceutiques qui doivent être tenues chez les pharmaciens.

En exécution de cette disposition, une commission prise parmi les professeurs de la faculté de médecine et de l'école de pharmacie de Paris a été chargée de la rédaction d'un nouveau *Codex*; et la commission ayant achevé cet ouvrage, une ordonnance du roi, du 8 août 1816, en a autorisé la publication.

Le nouveau *Codex* a paru au mois de septembre dernier.

L'article 32 de la loi précitée du 21 germinal an XI porte que les pharmaciens se conformeront, pour les préparations et compositions qu'ils devront exécuter et tenir dans leurs officines, aux formules insérées et décrites dans les dispensaires ou formulaires qui ont été rédigés, ou qui le seront dans la suite par les écoles de médecine.

Vous voudrez bien recommander aux membres des écoles de pharmacie ou des jurys de médecine qui seront dans le cas de faire, cette année, l'inspection des pharmacies de votre département, de s'assurer si, suivant la disposition que je viens de citer, chaque pharmacien se conforme, dans la préparation et la composition des médicaments, au nouveau *Codex* qui a été récemment publié avec la sanction du roi.

Cours de dessin linéaire.

8 août 1819.

Le Ministre de l'intérieur aux Préfets.

Il existe, dans la plupart des villes de France, des écoles où l'on enseigne le dessin de la figure et des fleurs, la peinture même et la sculpture. Il en sort, tous les ans, des artistes habiles, et ces établissements méritent, sous tous les rapports, encouragement et protection.

Mais un objet essentiel et jusqu'à ce jour négligé, c'est le *dessin linéaire*, qui fait cependant la base de tous les arts mécaniques, et qui est indispensable dans presque toutes les professions. Le géomètre et le charpentier, le jardinier et le voyageur, tous ont un égal besoin de ce moyen prompt et facile, qui sert à arrêter et fixer les formes, ainsi que les idées.

Frappé de cette lacune dans le système de nos études, j'ai voulu la faire disparaître; et, dans ce but, j'ai fait composer un ouvrage qui, par les méthodes simples qu'il indique, doit bientôt remédier au mal, en complétant l'instruction première que l'on donne aux enfants de toutes les classes, dans les écoles qui se sont, depuis peu, formées partout, et si heureusement multipliées.

Je vous envoie ce livre, que M. Francœur, professeur à la faculté des sciences de Paris, a rédigé, et qui renferme les planches et explications nécessaires pour l'organisation d'*un cours d'éléments de dessin*.

Les cours de ce genre doivent être ouverts dans les écoles d'enseignement mutuel, par un mode semblable à celui qui est adopté pour la lecture, l'écriture et le calcul. L'emploi des mêmes agents fait que les dépenses sont très-peu augmentées. Il ne faut que des instruments d'un prix modique pour conduire jusqu'à la fin ces intéressantes leçons. L'essai en a été fait avec le plus grand succès à l'école d'enseignement mutuel de Libourne, composée de près de quatre cents élèves. Il a été répété, depuis, avec les mêmes résultats, dans diverses autres écoles.

Je vous prie de prendre des mesures pour l'introduction de ces cours dans votre département et dans le plus grand nombre possible de vos écoles. Les arts et l'industrie ne tarderont pas, je n'en saurais douter, à en ressentir les effets. Le goût des ouvriers se perfectionnera, les travaux de construction et d'ameublement, ceux des fabriques et des manufactures, s'amélioreront de toute manière, et de la sage application des procédés nouveaux naîtront une foule d'avantages propres à influer sur la prospérité du pays et sur l'aisance de ses habitants.

Grains.

9 août 1819.

Le Ministre de l'intérieur aux Préfets.

Vous avez connaissance des dispositions de la loi du 16 du mois dernier, concernant les grains (1).

Vous y aurez remarqué qu'elle assujettit à certaines règles l'importation et l'exportation des grains et farines par les frontières de terre et de mer, et que les conditions varient, suivant la position topographique des départements limitrophes de l'étranger, et selon les circonstances, qui contribuent habituellement à y entretenir, ainsi que dans les départements contigus, les prix à un taux plus ou moins élevé, plus ou moins modéré. C'est cette considération de la différence habituelle des prix de la denrée, qui a déterminé à diviser, pour l'exécution de la loi, les départements frontières en plusieurs classes, et chaque classe en plusieurs sections.

Vous aurez vu, en outre, que l'importation et l'exportation auront pour régulateur, dans chaque section, les prix moyens de l'hectolitre de chaque espèce de grains indigènes, lesquels prix seront formés tous les mois, et arrêtés par moi, d'après les mercuriales d'un certain nombre de marchés désignés par la section à laquelle ils appartiendront.

Les dispositions de la loi n'ayant point appelé les mercuriales de votre département à entrer comme éléments dans la formation de

----

(1) Voir aussi les lois des 4 juillet 1821 et 15 avril 1832. (*N. de l'Éd.*)

ces prix moyens, vous n'aurez personnellement aucune mesure à prendre pour cet objet. Le motif des présentes instructions est uniquement de vous inviter à observer, avec tout le soin possible, les effets que produira, dans votre département, l'exécution de la loi dont il s'agit, et à me donner, à la fin de chaque mois, des informations précises à ce sujet.

Ce qui mérite encore constamment votre attention, c'est de veiller à ce que la circulation des grains jouisse, dans toute l'étendue de ce même département, de la plus grande liberté; et si elle venait à y éprouver la moindre atteinte, vous voudriez bien user, sans délai, de tous les moyens légaux que votre autorité vous donne, pour faire disparaître ces entraves. Peut-être, et je l'espère, n'aurez-vous jamais à réprimer de pareilles tentatives; mais si seulement il se présentait quelques symptômes d'opposition, vous jugeriez sans doute nécessaire d'éclairer vos administrés sur les avantages qui doivent résulter de l'exécution simultanée des deux lois des 2 décembre 1814 et 16 juillet 1819, dont le but est d'entretenir l'équilibre entre les importations et les exportations, de manière à prévenir le retour des grandes chertés dont la France a eu tant à souffrir dans les années précédentes. Je ne m'oppose pas à ce que vous fassiez usage de ce moyen de précaution; cependant je vous recommande de ne jamais perdre de vue qu'en matière de subsistances, il ne faut se livrer qu'avec la plus grande réserve, et d'après la plus indispensable nécessité, à des actes imprimés, qui exercent une si grande influence sur l'opinion.

Mémoires sur les travaux publics de l'Angleterre.

12 août 1819.

Le Directeur général des ponts et chaussées aux Préfets.

J'ai désiré obtenir des notions certaines sur les travaux publics de l'Angleterre, sur les formes de leur administration, et particulièrement sur le système de navigation intérieure suivi dans ce royaume, et j'ai chargé M. *Dutens*, ingénieur en chef des ponts et chaussées, directeur du canal de Berri, de visiter ce pays, et d'y recueillir tous les renseignements propres à étendre les connaissances que nous avions déjà sur cet objet. M. *Dutens* a rempli la mission qui lui était confiée avec un talent d'observation dont vous ne tarderez pas à vous convaincre par la lecture des mémoires où il a consigné les résultats de ses recherches; vous y remarquerez la précision des idées unie à la justesse des aperçus, et cette rare sagacité qui a su reconnaître les causes, expliquer les effets et démêler les différences que comportaient la situation géographique de la France, ses lois et ses habitudes. Ce travail dissipera des illusions, effacera des préjugés; et, en nous découvrant la véritable source de la prospérité de l'Angleterre dans cette partie de son administration intérieure, il nous donne les moyens d'apprécier avec plus de certitude les avantages du même genre qu'il est possible de procurer à la France. Il est destiné à la fois au savant et à l'administrateur. Les ingénieurs verront avec plaisir, sans doute, que, sous le rapport de la perfection des ouvrages et de la hardiesse des constructions, la France peut soutenir avec l'Angleterre une honorable comparaison; que souvent même le parallèle est en notre faveur, et que si, dans le développement des grandes entreprises industrielles, nous sommes encore dans une sorte d'infériorité, il est juste de reconnaître que nous n'avons pu disposer des mêmes ressources, et que la difficulté et le prix des transports ne nous ont pas permis, jusqu'à présent, d'employer aussi généralement ce précieux combustible que la nature a si généreusement placé sur presque tous les points du territoire de nos voisins, et qui est devenu chez eux, comme il pourra le devenir chez nous, l'élément principal de la prospérité de leurs manufactures et de leur commerce.

Ce n'est donc pas à une science plus avancée qu'il faut attribuer cette multiplicité de canaux qui sillonnent le sol de l'Angleterre, le bon état des routes qui traversent ce royaume dans tous les sens, l'existence de ces vastes bassins qui, distribués en si grand nombre sur ses côtes, offrent aux bâtiments qui arrivent sous tous les vents, de toutes les parties du monde, des lieux de refuge et de station. C'est dans des moyens pratiques d'un succès plus rapide et qu'il nous sera facile d'imiter; mais c'est surtout dans les formes de l'administration des travaux, dans les différents modes de concessions, où se manifeste une connaissance approfondie de tous les intérêts; c'est dans les fréquents appels faits aux capitaux particuliers, dans la confiance qu'on a su inspirer aux spéculateurs; en un mot, c'est dans l'esprit d'association qu'il faut chercher l'origine de tous ces établissements.

A d'anciennes époques, la France avait donné cet exemple aux autres peuples, et, récemment, sous le gouvernement du roi, des lois ont autorisé diverses concessions pour des travaux éminemment utiles, qui s'exécutent en ce moment avec succès par des capitalistes. L'administration ne peut trop favoriser ces sortes d'entreprises. L'ouvrage de M. *Dutens* renferme, sur ce sujet, des notions précieuses, dont on peut faire les plus heureuses applications dans notre pays.

Les ingénieurs y trouveront des vues sur le perfectionnement des machines et sur divers procédés de construction; mais c'est à vous qu'il appartient, comme administrateur, d'éclairer, d'encourager les spéculations dans votre département, de les diriger vers les entreprises d'intérêt public, et de provoquer ces heureuses associations qui ont procuré à l'Angleterre les avantages que nous admirons aujourd'hui, et qui, multipliées sur le sol de la France, n'y produiront pas des résultats moins féconds.

Je ne vous entretiendrai pas avec détail des divers systèmes que M. *Dutens* a développés dans son ouvrage; je livre ces importantes matières à vos méditations. Vous aurez à apprécier les différences qu'il faut nécessairement établir entre l'Angleterre, entièrement isolée du reste de l'Europe et circonscrite par l'Océan, et la France, qui, par sa position continentale, se trouve en contact immédiat avec d'autres puissances. Chez nous, les routes, comme les canaux, doivent satisfaire aux besoins de la circulation, sans nuire à la défense militaire. De ces deux conditions, la dernière, ou n'existe pas, ou n'est que faiblement considérée chez nos voisins. Mais, en tenant compte de ces différences, nous pouvons toujours tirer de grands avantages des exemples que nous offre l'Angleterre, dans le système des spéculations qui se rapportent aux constructions des ouvrages d'art, à l'ouverture des canaux, à l'établissement des grands ponts, à l'amélioration des ports de commerce, ainsi qu'aux desséchements de marais.

Les canaux, considérés comme des machines destinées à livrer des matières premières à l'industrie, et les produits de l'industrie à la consommation, peuvent, dans certains cas, devenir des propriétés privées. Une concession perpétuelle encourage la spéculation par l'attrait de la propriété ; elle associe la fortune du capitaliste à la destinée du pays ; elle écarte toute nécessité d'amortissement, et par là permet de n'imposer, dès le principe, que de très-légers sacrifices au commerce, en compensation des jouissances nouvelles que lui procure une nouvelle communication.

Les ponts, situés sur des emplacements qu'il ne convient jamais de distraire du domaine public, ne peuvent être soumis qu'à des concessions temporaires. Vous remarquerez cette sage prévoyance, qui, déterminant d'avance le *maximum* du bénéfice, sait offrir à l'industrie un appât suffisant, sans faire naître le désir peu moral d'un gain excessif. Il ne me semble pas moins indispensable de fixer une limite au-dessous de laquelle le bénéfice ne pourrait descendre, sans que le déficit ne fût comblé, soit par les fonds de l'Etat, soit par d'autres ressources. Cette précaution préviendrait les méprises et les mécomptes de l'esprit aventureux, le premier et le plus grand ennemi des associations financières et industrielles.

Pour les ports de commerce, c'est dans le sein des administrations municipales, des chambres de commerce, parmi les négociants du lieu, qu'il importe de trouver les compagnies qui seront les avances nécessaires à l'exécution des ouvrages, ou qui seront autorisées à contracter des emprunts dont le remboursement trouverait une hypothèque naturelle sur les droits de tonnage, de bassin, de sauvetage, et sur les autres perceptions du même genre.

Enfin, quant aux desséchements de marais, vous devez surtout vous attacher à éclairer les propriétaires sur leurs véritables intérêts, et les exciter à entreprendre eux-mêmes l'amélioration de leurs terrains, ou, au moins, à faire partie des sociétés qui voudraient se livrer à ces opérations. Vous détruirez ainsi les résistances qu'on se plaît trop souvent à opposer à l'intervention des spéculateurs étrangers aux localités. La loi du 16 septembre 1807 a singulièrement amélioré toutes les législations antérieures sur cette partie de l'administration, et la commission spéciale que crée le titre X de cette loi, pour le jugement des contestations, représente assez facilement le jury que nous retrouverons dans tous les modes de concessions anglaises.

Je ne m'étendrai pas davantage sur ces matières ; je n'ai voulu que vous indiquer la voie, et je ne doute pas de l'empressement que vous mettrez à seconder les efforts du gouvernement pour multiplier sur notre sol des entreprises nécessaires à la prospérité de la France, et profitables à ceux qui s'y livrent, en même temps qu'elles les honorent, parce que leurs travaux et leurs succès se rattachent à un grand intérêt public.

Etablissement d'une société d'agriculture dans chaque arrondissement.

14 août 1819.

Le Ministre de l'intérieur aux Préfets.

Parmi les moyens propres à accélérer les progrès de l'économie rurale, l'institution des sociétés d'agriculture est un de ceux dont l'action, toujours continue et progressive, est le plus efficace. C'est de la première formation de quelques-unes de ces sociétés en France, vers le milieu du siècle dernier, que datent les principales améliorations introduites dans notre système agricole, telles que la culture des prairies artificielles, des assolements mieux combinés, le perfectionnement de quelques races de bestiaux, etc. Partout, en effet, où il existe des réunions de ce genre, bien composées et constituées d'une manière stable, les bonnes pratiques rurales se propagent successivement par leurs instructions et leurs exemples, et l'agriculture fait chaque jour de nouveaux progrès.

Des avantages aussi précieux devaient faire désirer leur multiplication : en effet, elle a été provoquée à diverses époques ; plusieurs sociétés nouvelles ont été successivement formées, et chaque département, à quelques exceptions près, en a possédé au moins une dans son sein.

Ces sociétés, dans les premiers temps de leur institution, se sont généralement occupées avec zèle des moyens d'en remplir l'objet, et d'utiles résultats sont dus à leurs travaux. Un petit nombre d'entre elles n'a pas même cessé, au milieu des circonstances les plus défavorables, et continue encore de suivre cette première impulsion imprimée à leur zèle. Mais la plupart, cédant à l'influence fâcheuse de ces mêmes circonstances, ou n'ayant pas été suffisamment encouragées dans leurs efforts, ont cessé de se réunir et n'existent plus que de nom. Quelques-unes cependant viennent, dans ces derniers temps, de recevoir une nouvelle vie par les soins des préfets, d'après les vœux des conseils généraux ; et il y a lieu d'espérer que leurs travaux n'éprouveront plus d'interruption.

Les bienfaits de la paix et la sécurité générale, dus au rétablissement du trône légitime et à l'affermissement de nos institutions nouvelles, rappellent de toutes parts, en ce moment, les propriétaires vers le goût des améliorations rurales. Il importe de seconder ces dispositions favorables, et de fournir aux agriculteurs les moyens de s'éclairer mutuellement, en se communiquant les résultats de leurs observations et de leurs expériences. Dans cette vue, il me paraîtrait désirable qu'il fût établi, dans chaque arrondissement de sous-préfecture, une société d'agriculture, pour la formation de laquelle on prendrait, autant que possible, un membre au moins par canton. Les sociétés de chaque arrondissement correspondraient avec celle du chef-lieu, qui leur servirait de centre commun. Elle réunirait à ses propres recherches celles qui lui seraient communiquées par ces diverses sociétés, et celles-ci, à leur tour, serviraient à propager plus immédiatement parmi les cultivateurs les méthodes reconnues préférables et susceptibles de recevoir une application journalière. Ce concours d'efforts sagement combinés hâterait les progrès de l'agriculture sur un plus grand nombre de points à la fois, et la France verrait ainsi s'accroître de jour en jour la source la plus importante de sa prospérité.

J'ai l'honneur de vous inviter à vous occuper, sans retard, des moyens d'établir ou de compléter dans votre département un système de sociétés agricoles, dans le sens que je viens d'indiquer, et à me faire part des dispositions que vous aurez prises à cet effet. A mesure que de nouvelles sociétés se formeront, vous aurez soin de m'en informer, pour que je puisse les faire participer aux distributions d'ouvrages agronomiques que reçoivent les sociétés déjà existantes.

Population des hospices.—Situation financière de ces établissements.

24 août 1819.

Le Directeur général de l'administration communale et départementale aux Préfets.

D'après les circulaires des 2 avril et 28 juin 1816, les préfets doivent adresser au ministre, dans le cours du 1er trimestre de chaque année, l'état du mouvement de la population des hospices, et les tableaux de situation de caisse de ces établissements, pour l'année précédente.

Peu de préfets ont satisfait, depuis 1816, à cette disposition, et cependant le ministre devait espérer qu'en ne demandant plus qu'une fois par an des états qui, d'après les instructions précédentes, devaient être transmis tous les trimestres, il obtiendrait exactement un travail ainsi abrégé.

Vous pouvez vous dispenser d'envoyer au ministre, si vous ne l'avez pas encore fait, les états de mouvement et de situation des années antérieures à 1818; mais je vous prie de m'adresser, dans le plus court délai, les états relatifs à l'année dernière, et je vous recommande de veiller à ce que ces tableaux soient, à l'avenir, transmis régulièrement au ministre dans le délai prescrit par la circulaire du 2 avril 1816. Vous veillerez aussi à ce qu'ils soient rédigés conformément aux modèles annexés à la circulaire du 28 juin 1816.

Vous ne perdrez pas de vue que le mouvement de la population de tous les hospices de votre département doit être porté sur une seule feuille; et je désirerais que les états de situation de caisse des mêmes établissements fussent réunis dans un même cahier : cette méthode, déjà suivie par quelques préfets, offre plus de régularité et rend les vérifications plus faciles.

Conseils généraux du commerce et des manufactures (1).

Août 1819.

Le Ministre de l'intérieur aux Chambres de commerce.

J'ai l'honneur de vous adresser un exemplaire des ordonnances du roi, en date du 23 de ce mois, dont l'objet est de donner une nouvelle organisation aux deux conseils généraux du commerce et des manufactures. Vous verrez dans ces actes un témoignage éclatant de la protection de Sa Majesté, et du rang honorable où sont placées dans son esprit vos entreprises, puisque le résultat en est envisagé comme un des éléments de la prospérité publique, et que des dispositions sont prescrites pour que les vœux du commerce puissent être entendus jusque dans le sein du conseil d'État, de la bouche même des négociants qui auront mérité cette distinction.

---

(1) En 1831, ces conseils ont reçu une organisation plus complète. On institua alors trois conseils généraux qui devaient être convoqués en même temps. A partir de 1836, les sessions prirent plus de solennité. En 1830, on a aboli la distinction des trois conseils généraux délibérant et votant séparément. (*N. de l'Éd.*)

Au nombre des avantages qui sont préparés au commerce par celle des deux ordonnances qui le concerne plus spécialement, vous remarquerez que les chambres de commerce, auxquelles il appartient naturellement de faire valoir les intérêts des localités diverses, sont appelées à désigner la plus grande partie des membres du conseil général. Les membres choisis par suite de cette désignation seront, même en leur absence, tenus, chaque mois, ainsi que les chambres de commerce, au courant des travaux importants du conseil.

Sans doute, ces communications vous suggéreront souvent l'idée de m'adresser des mémoires qui serviront à éclairer les délibérations; et lorsque le membre qui, sur votre présentation, aura été introduit au conseil, ne pourra se rendre à Paris pour une discussion qui vous intéresserait d'une manière notable, vous aurez toute latitude pour déléguer un suppléant pris dans votre sein.

L'intention du roi est que le ministre de l'intérieur préside, aussi souvent que les autres parties du service de Sa Majesté le permettront, les séances où seront portées les questions qui doivent composer le grand ordre du jour, qui sera formé tous les mois. Je serai d'autant plus empressé de remplir cette intention de Sa Majesté, que j'espère avoir souvent l'occasion d'y être éclairé par les lumières des membres délégués par les chambres de commerce. Ils croiront sans doute utile de ne pas négliger les occasions de discuter au conseil les questions importantes qui y seront portées, et qui intéresseraient plus particulièrement le genre de commerce de la place à laquelle ils appartiennent.

Il ne suffisait pas d'avoir pris les moyens les plus convenables pour recueillir les lumières de tous les points du royaume; il fallait aussi s'assurer l'avantage de pouvoir consulter journellement et obtenir de prompts avis sur les questions qui se présenteraient avec quelque degré d'urgence : c'est ce qui a déterminé à prendre un certain nombre de délibérants, plus particulièrement parmi les négociants établis à Paris.

Les besoins de chaque classe distincte des manufactures sont assez généralement indépendants des positions locales, et chacune d'elles peut trouver dans la capitale, ou dans ses environs, des organes de ses intérêts, que tous les fabricants du royaume avoueront avec confiance. Cette différence a indiqué une organisation spéciale pour le conseil général des manufactures. Le *grand ordre du jour* de ce conseil sera expédié aux chambres de commerce qui exercent en même temps les fonctions des chambres consultatives des arts. Elles sont chargées de recueillir, dans leur arrondissement, les observations qui leur paraîtront utiles. Je recevrai leurs mémoires sur cette partie, et je m'empresserai d'en donner connaissance au conseil général des manufactures.

Formation de commissions pour les prisons.

3 septembre 1819.

Le Directeur général de l'administration communale et départementale aux Préfets.

L'ordonnance du roi du 9 avril dernier charge le ministre de l'intérieur de nommer, dans chaque ville où il se trouve une ou plusieurs prisons, une commission composée de trois à sept membres, qui surveillera le service de ces établissements, proposera les améliorations à faire, et donnera à l'autorité supérieure les informations dont elle aura besoin (1).

Des commissions de cette espèce avaient été créées, en vertu d'un arrêté du 20 octobre 1810; mais les comptes qui ont été rendus font voir que, dans un grand nombre de villes, les conseils charitables des prisons n'ont pas rempli leurs fonctions avec le zèle qu'on en attendait, ou même qu'ils sont dissous depuis longtemps. Il est donc nécessaire de les organiser de nouveau, dans le système et selon les dispositions de l'ordonnance du 9 avril dernier.

Je vous prie de vouloir bien proposer au ministre, pour faire partie des commissions, les personnes qui vous paraîtront les plus capables de concourir à l'amélioration du régime des prisons, et qui seront disposées à y donner tous leurs soins. Les maires des villes et les curés des paroisses où les prisons sont situées me paraissent être les premiers candidats à mettre sur votre liste. Vous examinerez s'il ne serait pas à propos de choisir des membres du bureau de bienfaisance ou de l'administration des hospices. Vous me ferez connaître en même temps votre avis sur le nombre des membres qui devront former chacune des commissions, dans les limites fixées par l'ordonnance, en ayant égard à l'étendue et à la population des prisons, et à la surveillance plus ou moins assidue qu'elles exigent.

En attendant que les commissions soient établies, vous ne devez pas moins faire tous vos efforts pour réprimer les abus qui se seraient introduits dans le régime des prisons, pour adoucir le sort des détenus, autant que les circonstances et les localités le permettent, et pour maintenir le bon ordre.

Je vous recommande particulièrement de faire supprimer les cachots et cabanons placés au-dessous du sol, ou même au rez-de-chaussée, lorsqu'ils seront insalubres; d'interdire aux geôliers l'usage des fers, à moins que les prisonniers n'aient commis des violences, et que le maire n'ait autorisé ce moyen de répression; de défendre la vente ou l'introduction de l'eau-de-vie, et de ne permettre à aucun détenu d'acheter plus d'un demi-litre de vin par jour; enfin, de veiller à ce que les sexes soient toujours séparés et n'aient de communications d'aucune espèce.

Il sera difficile d'empêcher les geôliers de vendre ou de procurer aux détenus des liqueurs fortes, et de faire sur eux des profits illicites, aussi longtemps que ces employés auront la cantine et seront poussés par leur intérêt à favoriser les contraventions. Je vous invite, en conséquence, à examiner s'il serait possible de prendre des arrangements pour que les prisonniers pussent acheter des objets de consommation autrement que par l'intermédiaire des employés des prisons, qui alors n'auraient plus qu'à surveiller l'introduction et la vente des boissons et des aliments.

ORDONNANCE

(1) Cette ordonnance est tombée en désuétude depuis 1830, sauf le titre III, relatif aux commissions de surveillance, lequel a continué d'être exécuté.

(N. de l'Ed.)

ORDONNANCE PORTANT APPROBATION DE LA SOCIÉTÉ ROYALE POUR L'AMÉLIORATION DES PRISONS.

9 avril 1819.

TITRE 1er. — De la société royale pour l'amélioration des prisons.

Art. 1er. La société royale pour l'amélioration des prisons est et demeure approuvée. Nous autorisons ladite société à inscrire notre nom, en qualité de protecteur, en tête de la liste de ses membres, et nous consentons à ce que notre bien-aimé neveu le duc d'Angoulême agrée le titre et les fonctions de président.

2. Les statuts et règlements de ladite société, ainsi que la liste de ses fondateurs, seront soumis à notre approbation.

3. A l'avenir, quiconque désirera être reçu dans la société royale pour l'amélioration des prisons devra être présenté par quatre de ses membres, être admis par la société, et agréé par nous.

4. Les fonds et revenus provenant des dons de la société et de ses membres seront exclusivement affectés à l'amélioration des prisons du royaume.

TITRE II. — Du conseil général des prisons.

5. Il sera formé près de notre ministre de l'intérieur un conseil général des prisons, composé de vingt-quatre membres, lesquels seront choisis par notre ministre parmi les membres de la société royale pour l'amélioration des prisons, et agréés par nous.

6. Les membres du conseil général des prisons seront renouvelés par tiers tous les cinq ans.

Les nominations nouvelles auront lieu sur une liste triple de candidats, présentée par ledit conseil à notre ministre de l'intérieur.

Les membres sortants seront désignés par la voie du sort. Ils pourront être réélus.

7. Le conseil des prisons est chargé de présenter à notre ministre de l'intérieur ses vues sur toutes les parties de l'administration et du régime intérieur des prisons du royaume, et notamment en ce qui concerne le classement des détenus selon l'âge, le sexe et la nature des délits; les divers systèmes de travail à introduire dans les prisons, la distribution des profits du travail; la discipline intérieure des prisons; la salubrité, la sûreté, l'instruction religieuse et la réforme morale des détenus; la nourriture, le vêtement; enfin, les agrandissements, constructions et changements de distribution qui pourraient être reconnus nécessaires ou utiles dans les enceintes ou bâtiments des prisons.

8. Indépendamment des vues générales ci-dessus énoncées, et qui, après avoir été soumises à l'approbation de notre ministre de l'intérieur, devront servir de base à l'établissement du système général d'administration et de régime intérieur des prisons, le conseil général des prisons sera chargé de reconnaître et de constater l'état actuel de toutes les prisons du royaume, et d'indiquer à notre ministre de l'intérieur les moyens d'appliquer successivement aux diverses prisons les principes généraux dont il aura reconnu la convenance et l'utilité.

9. A cet effet, notre ministre de l'intérieur fournira au conseil général des prisons tous les renseignements et documents qui seront recueillis sur l'état des prisons du royaume, tant ceux qui existent actuellement, que ceux qui seront ultérieurement transmis par les commissions des prisons départementales, dont la formation est ordonnée par les articles 13 et suivants.

10. Les membres du conseil général des prisons seront chargés, en outre, toutes les fois qu'il en sera besoin, et sous l'autorité de notre ministre de l'intérieur, de l'inspection des prisons du royaume.

En ce cas, il leur sera remis, par notredit ministre, des instructions et pouvoirs spéciaux.

11. Le conseil général sera présidé par notre ministre de l'intérieur, et, en son absence, par un vice-président, choisi parmi les membres dudit conseil, et nommé tous les trois mois, par le ministre.

12. Un des membres du conseil, désigné par notre ministre de l'intérieur, fera les fonctions de secrétaire général, et sera chargé, en cette qualité, de la correspondance et de la garde des papiers.

TITRE III. — Des commissions des prisons départementales.

13. Dans chacune des villes du royaume où se trouvent une ou plusieurs prisons'

maisons d'arrêt ou de détention, il sera formé une commission spéciale, composée de trois à sept membres, sous le nom de *commission pour la prison de*.....

14. Les membres de ces commissions seront nommés par notre ministre de l'intérieur, pour la première fois, sur la présentation des préfets, et dans la suite, selon le mode prescrit par l'article 6 pour le renouvellement du conseil général des prisons.

15. Le premier président et le procureur général, dans les villes où siége une cour royale, et dans les autres villes, le président du tribunal de première instance et le procureur du roi, seront, de droit, membres supplémentaires de ces commissions, qui seront présidées par le préfet dans les chefs-lieux de département, et par le sous-préfet, dans les chefs-lieux d'arrondissement.

16. Les commissions pour les prisons, dans les départements, seront chargées, 1° de la surveillance intérieure des prisons, en tout ce qui concerne la salubrité, la discipline, la tenue régulière des registres d'écrou, le travail, la distribution des profits du travail, l'instruction religieuse et la réforme morale des détenus, et la conduite, envers ceux-ci, des concierges ou gardiens.

2° Elles dresseront les cahiers des charges pour les marchés des fournitures relatives aux différents services de la prison, et passeront lesdits marchés, lesquels, faits par soumissions cachetées et sur échantillons, ne seront valables qu'autant qu'ils auront reçu l'approbation du préfet.

3° Elles dresseront, chaque année, à l'époque déterminée par les instructions, l'état des détenus qui, par leur bonne conduite et leur assiduité au travail, leur paraîtront avoir acquis des titres à notre clémence. Elles transmettront ces états aux préfets, qui les enverra, avec son avis, à notre ministre de l'intérieur, pour être par lui transmis à notre garde des sceaux, ministre de la justice.

4° Elles transmettront, en outre, au préfet, pour être par lui envoyés à notre ministre de l'intérieur, et mis sous les yeux du conseil général des prisons, tous les renseignements et documents relatifs à l'état et au régime de chaque prison, ainsi que leurs vues, propositions et demandes sur les améliorations dont cet état serait susceptible.

Les époques et les formes de la correspondance sur toutes ces matières seront déterminées par des instructions particulières de notre ministre de l'intérieur.

17. Les membres des commissions des prisons départementales, qui se rendraient à Paris, seront, sur leur demande, admis aux séances du conseil général, s'ils ont quelque proposition à soumettre ou quelque renseignement à donner dans l'intérêt de leurs prisons.

TITRE IV. — *De l'administration des prisons de Paris.*

18. Le préfet de police de notre bonne ville de Paris, auquel la police des prisons, maisons de dépôt, d'arrêt, de justice, de force et de correction, ainsi que celle de la maison de Bicêtre, a été attribuée par l'arrêté du gouvernement du 12 messidor an VIII, est, en outre, et demeure seul chargé, sous l'autorité de notre ministre secrétaire d'État au département de l'intérieur, de tout ce qui est relatif au régime administratif et économique, tant de ces établissements, que de la maison de répression située à Saint-Denis, et du dépôt de mendicité du département de la Seine.

Il exercera, en cette partie, la totalité des attributions qui avaient été dévolues au préfet de ce département, sauf les modifications suivantes.

19. Il sera formé, dans le conseil général des prisons, un conseil spécial d'administration pour les prisons de Paris (1).

Ce conseil sera composé de douze membres choisis par nous, sur la proposition de notre ministre de l'intérieur, parmi les membres du conseil général des prisons, dont ils ne cesseront pas de faire partie.

Le premier président et le procureur général près la cour royale de Paris, le président et le procureur du roi près le tribunal de première instance, et le préfet du département de la Seine, seront, ainsi que le préfet de police, membres dudit conseil spécial d'administration, lequel sera présidé par notre ministre de l'intérieur, et, en son absence, par le préfet de police.

20. Le conseil spécial dressera, chaque année, le projet de budget pour le ser-

_____

(1) Une commission de surveillance des prisons de la Seine a été instituée par décret du 29 août 1849. (*N. de l'Éd.*)

vice des prisons de Paris, lequel devra être soumis, comme le budget des hospices, à la délibération du conseil général du département, à l'examen du ministre de l'intérieur, et à notre approbation.

Il désignera les dépenses et l'emploi des fonds, dans les limites et conformément aux allocations dudit budget.

Il surveillera, sous tous les rapports matériels et moraux, le régime intérieur des prisons de Paris, et délibérera sur tout ce qui peut intéresser l'état des prisons et le sort des détenus.

Il rendra compte, chaque mois, à notre ministre de l'intérieur et au conseil général des prisons, de l'état des divers établissements confiés à ses soins, des améliorations exécutées et de celles qu'il pourrait être utile d'entreprendre.

Il dressera, chaque année, ainsi qu'il est dit article 16, titre III, l'état motivé des détenus qui lui paraîtront avoir acquis des titres à notre clémence.

Les arrêtés dudit conseil, pris à la majorité des voix, et revêtus, s'il y a lieu, de l'approbation de notre ministre de l'intérieur, seront exécutés par les soins du préfet de police et des agents ordinaires de l'administration.

21. La surveillance directe et habituelle de chacune des prisons de Paris, et de chacun des services généraux des prisons, sera répartie par notre ministre de l'intérieur entre les membres du conseil spécial d'administration.

Dans chaque prison, tous les détenus, même les détenus au secret, devront être présentés au membre du conseil spécial chargé de l'inspection de la prison, lequel recevra leurs réclamations, et en rendra compte au ministre.

22. Chaque année, une députation composée du bureau de la société royale pour l'amélioration des prisons, et de vingt membres pris dans le sein de la société et du conseil général, nous présentera le compte des travaux de la société et du conseil, et de l'emploi des fonds mis à leur disposition.

23. Il sera pourvu, par des instructions de notre ministre de l'intérieur, aux mesures de détail nécessaires pour assurer l'exécution de la présente ordonnance.

Congés des préfets.

6 septembre 1819.

Le Ministre de l'intérieur aux Préfets.

J'ai eu plusieurs fois occasion de remarquer qu'en m'adressant des demandes de congé, les préfets omettent de désigner le conseiller de préfecture à qui ils se proposent de déléguer leurs fonctions, dans le cas où leur demande serait accueillie. Il résulte de cet inattention, que l'intérimaire ne m'est connu que longtemps après le départ du titulaire, et cet état de choses peut n'être pas sans inconvénient. Je vous recommande expressément, soit que vous prévoyiez devoir vous absenter du chef-lieu, soit que vous formiez la demande d'un congé, d'avoir soin de me faire connaître le conseiller de préfecture à qui vous auriez l'intention de remettre vos pouvoirs, et d'attendre ma réponse pour faire cette délégation, qui devra toujours porter, indépendamment de l'ancienneté et de toute autre considération, sur le conseiller qui vous paraîtra le plus capable de remplir ces fonctions.

Conseils généraux du commerce et des manufactures.

7 septembre 1819.

Le Ministre de l'intérieur aux Préfets.

J'ai l'honneur de vous adresser un exemplaire des ordonnances de Sa Majesté, du 23 août dernier, portant organisation des conseils généraux du commerce et des manufactures.

Je vous invite à me faire connaître les observations ou les demandes que les commerçants et manufacturiers de votre département auraient à former, dans l'intérêt de l'industrie générale ou locale, et qui seraient de nature à être portées à l'examen de l'un des deux conseils généraux. Cette invitation est plus essentiellement encore pour les départements dans lesquels il ne se trouverait point de chambre de commerce, ainsi que pour ceux où l'habitude ne se serait pas établie de regarder ces chambres comme communes à leur département ou arrondissement, ce qui cependant est dans la nature de leur institution. Les chambres consultatives des manufactures qui correspondent avec vous doivent aussi être encouragées à vous fournir leurs observations, que vous me transmettrez et que je communiquerai au conseil général des manufactures. Si une confiance réciproque les engageait à communiquer leurs vœux à la chambre de commerce, dans les départements qui en ont une, vous pourriez favoriser cet usage, qui me paraîtrait utile.

Routes départementales (1).

10 septembre 1819.

Le Directeur général de l'administration communale et départementale aux Préfets.

En examinant la correspondance relative au service des routes départementales, je me suis convaincu de la nécessité d'établir, pour tout ce qui concerne ces routes, un mode uniforme et fondé sur les règlements existants. Il m'a paru d'autant plus urgent de porter dans cette partie de l'administration une grande activité, que les conseils généraux se sont montrés partout disposés à des sacrifices considérables, afin de faire jouir leurs départements des avantages qu'assurent à l'agriculture et au commerce des routes en bon état.

Vous savez que depuis que la loi des finances de 1816 a assigné des fonds particuliers aux dépenses variables des départements dont les routes départementales font partie, le service de ces routes a été séparé de celui des ponts et chaussées. La circulaire ministériel du 30 avril 1816, et celle du 4 juin de la même année, du directeur général des ponts et chaussées, vous ont fait connaître de quelle manière cette séparation a dû s'opérer : il en est résulté que l'intervention du conseil des ponts et chaussées s'est bornée à l'examen des travaux d'art et des questions qui s'y rattachent, et que tout le reste a dû être traité dans les bureaux du ministère. C'est donc à moi que vous devez adresser directement tout ce qui concerne les routes départementales, puisqu'elles font partie de l'administration qui m'a été confiée. Je provoquerai, lorsqu'il y aura lieu, l'examen du conseil des ponts et chaussées.

Afin de vous diriger dans les envois que vous aurez à me faire, je crois devoir vous rappeler, 1° que, d'après les instructions relatives aux travaux départementaux, vous êtes autorisé à approuver les devis des travaux de réparation et d'entretien qui n'excèdent pas 5,000 fr. ; 2° que l'approbation ministérielle est nécessaire pour ceux qui excèdent cette somme, et pour les travaux neufs, quel qu'en

---

(1) Voir le règlement du 28 septembre 1849 sur la comptabilité du ministère des travaux publics, art. 8.   (*N. de l'Ed.*)

soit le montant ; 3° que, d'après le décret du 16 décembre 1811, toutes les adjudications doivent être soumises à l'approbation ministérielle, comme elles l'étaient précédemment à celle du directeur général des ponts et chaussées ; 4° que, conformément au décret du 19 ventôse an XI, qui règle la forme de ces adjudications, vous êtes autorisé à faire exécuter les travaux urgents de la manière qui vous paraîtra la plus convenable, pourvu qu'ils n'excèdent pas 3,000 fr. : hors ce cas, je vous prie de m'en référer.

Je vous invite à ne pas perdre de vue que, d'après le décret du 16 décembre 1811, rappelé dans la circulaire du 12 juillet 1817, les travaux des routes départementales n'ont pas cessé de faire partie des obligations des ingénieurs des ponts et chaussées, et que c'est par eux qu'ils doivent être dirigés, surveillés et exécutés.

Rapports des chambres de commerce avec le département de l'intérieur. (1).

12 septembre 1819.

Le Ministre de l'intérieur aux Chambres de commerce.

Dans ma circulaire relative à la réorganisation des deux conseils généraux du commerce et des manufactures, je vous ai annoncé quelques développements de vues dont l'objet était d'établir, pour les matières de commerce, une certaine unité dans le sein de l'administration. Je viens aujourd'hui vous entretenir de ce sujet intéressant.

Vous avez vu quel soin j'ai mis à lier, autant qu'il était possible de le faire, les chambres de commerce au conseil général, soit en obtenant du roi qu'elles puissent exercer une grande influence sur le choix des membres qui le composent, soit en leur donnant communication des questions mises au grand ordre du jour, et à la discussion desquelles elles pourront ainsi prendre part.

Le reste dépend, en quelque sorte, des chambres elles-mêmes ; et d'abord elles sentiront qu'il serait aussi contraire à mes intentions qu'à leurs propres droits, que les nouveaux rapports qui les unissent au conseil général du commerce, privassent le ministre de quelque partie de la correspondance qu'elles doivent entretenir avec lui, et à laquelle j'attache un prix très-réel.

Mais surtout les chambres ne perdront pas de vue que cette correspondance immédiate, qui est un des objets de leur établissement, et qui est indispensable pour éclairer le département de l'intérieur et lui faire connaître les idées d'amélioration qu'elles auraient conçues et les vœux qu'elles formeraient, ne peut, sans de graves inconvénients, être intervertie, ou changer de direction.

Quelle autre administration que celle qui est chargée de protéger tous les intérêts commerciaux recevrait plus naturellement, et avec plus d'utilité pour les négociants, les communications des chambres, spécialement placées sous l'autorité tutélaire du département de l'intérieur ?

C'est donc à moi que vous devez recourir, soit dans le but même de votre institution, soit par la nature des vœux que vous êtes dans le cas d'émettre.

---

(1) Actuellement avec le ministère de l'agriculture et du commerce.
(N. de l'Ed.)

Il arrive assez fréquemment que des négociants s'adressent à d'autres administrations ou à d'autres ministères ; et les chambres de commerce suivent quelquefois cet exemple. Outre le déplacement d'attributions et de correspondance qu'elles prennent alors sur elles, il en résulte aussi que les réclamations, n'étant considérées que comme autant d'affaires individuelles, restent privées de l'appui que je pourrais leur prêter, et sont isolées des principes généraux qui lient les questions et qui souvent expliquent une disposition par une autre. Les décisions sont-elles défavorables, c'est alors qu'on a recours à mon intervention devenue trop tardive ; les autorités auxquelles on s'est adressé ne sont plus à temps de changer leurs déterminations, ou si, par hasard, elles le peuvent encore, elles éprouvent une certaine répugnance à revenir sur leurs pas : tandis que, si la marche naturelle eût été suivie, on aurait au contraire prévenu cette nécessité et entouré les réclamations de plus de chances de succès.

Enfin, il a paru à la tribune de la chambre des députés, des pétitions de quelques chambres de commerce. Le désir de laisser une très-grande latitude aux discussions m'a fait passer sur cette irrégularité ; mais, soit que les chambres de commerce demandent ce que le gouvernement croit nécessaire d'ajourner ou de refuser, soit qu'elles réclament contre ses propositions de loi, ne donnent-elles pas, dans ce cas, puisqu'elles ne sont que des conseils du gouvernement, le spectacle, ou d'une opposition au sein même de l'administration, ou d'une sorte de dénonciation pour déni de justice ? N'est-ce pas un conseil qui en appelle aux chambres législatives, lorsque l'autorité qui le consulte a cru ne pouvoir suivre l'avis qu'il a émis ? Vous sentirez ce que cet ordre de choses a de vicieux, et vous apercevrez vous-mêmes qu'il ne peut subsister : le petit nombre de chambres qui ont prêté à ces observations, n'y avaient sans doute pas suffisamment réfléchi. Si votre devoir est d'exposer sans cesse ce que vous jugez nécessaire au commerce et de réclamer franchement contre ce qui vous paraît nuisible, d'un autre côté aussi, comme réunion délibérante et comme conseil de ministère, ce n'est qu'auprès de lui que vous êtes appelés à remplir ce devoir : les moyens d'y parvenir sont votre correspondance avec le département de l'intérieur, et les utiles avis que vous émettez, mais non des pétitions. Le droit d'en présenter est individuel ; il appartient à chaque citoyen, à chacun de vous, en son nom propre : mais la loi du 22 mai 1791 a sagement défendu les pétitions collectives, c'est-à-dire, celles des corps ou assemblées parlant en nom commun, et cette loi est toujours existante.

Je dois, au reste, des éloges au zèle avec lequel les chambres de commerce ont généralement répondu à l'attente du gouvernement, et ont rempli l'objet de leurs attributions, telles qu'elles sont tracées par l'article 4 de l'arrêté du 3 nivôse an XI. Une seule de ces attributions, dans un très-petit nombre de cas, a excité quelques doutes sur les rapports des chambres de commerce avec les officiers des ponts et chaussées, au sujet de la surveillance des travaux publics, tels que le curage des ports et la navigation des rivières. Quelques difficultés survenues dans un de nos ports m'ayant obligé à consulter à ce sujet le comité du conseil d'État pour l'intérieur et le commerce, son avis que j'adopte, porte :

« Que les chambres de commerce doivent être consultées sur les
« projets de ces travaux ;

« Qu'elles peuvent adresser, soit au ministère, soit aux préfets,

« toutes les observations qu'elles jugent utiles sur l'exécution de
« ces travaux ;

« Qu'elles doivent être invitées par les préfets à assister, ou à se
« faire représenter par un de leurs membres, à la réception des ou-
« vrages, sans que néanmoins leur assistance fût indispensable, et
« que leur absence pût en arrêter les vérifications, si elles négli-
« geaient de se conformer à l'invitation qui leur en aurait été faite. »

En approuvant ces règles, je ne prétends pas vous faire un devoir
de les substituer aux usages que la bonne harmonie entre les diverses institutions et la conformité des vues de bien public me paraissent avoir établis en plusieurs localités, si j'en juge par l'absence
de toute trace d'opposition et de toute espèce de plainte ; mais j'ai
cru devoir vous en donner connaissance, pour que ces règles reçoivent leur application, dans les circonstances qui l'exigeraient.

Travaux projetés dans la zone militaire du royaume.

13 septembre 1819.

Le Directeur général de l'administration communale et départe-
mentale aux Préfets.

L'ordonnance royale du 18 septembre 1816 porte, article 7 : « Cha-
« que année, nos ministres de l'intérieur et de la marine donneront
« connaissance à notre ministre de la guerre de tous les projets de
« construction ou démolition nouvelle, dépendant de leur départe-
« ment, qu'ils se proposeraient de faire exécuter dans les limites
« militaires fixées sur une carte qui leur sera adressée, à cet effet,
« par notre ministre secrétaire d'État au département de la guerre,
« et aucuns travaux, excepté ceux de réparation et d'entretien, ne
« pourront être exécutés, dans l'étendue de ces limites, qu'autant
« qu'ils auront été jugés sans inconvénient pour la défense du ter-
« ritoire. »

Le ministre de la guerre s'est plaint de ce que, dans un grand
nombre de départements dont le territoire est, en tout ou en partie,
compris dans la zone militaire du royaume, on a exécuté beaucoup
de travaux de la nature de ceux qui sont prévus par l'ordonnance
du 18 septembre, sans que les chefs de l'administration militaire
en aient été prévenus.

D'un autre côté, les préfets m'ont adressé des représentations sur
les inconvénients qui leur semblaient résulter de la stricte exécution
des ordres transmis par le ministre de la guerre, et de la trop
grande extension donnée au sens de l'article 7 de l'ordonnance, qui
détermine la nature des travaux dont les projets doivent être examinés et discutés par l'administration militaire, et soumis ensuite
à la commission mixte des travaux publics.

Je crois superflu de vous faire remarquer combien il importe,
dans l'intérêt de la défense générale du royaume, de se conformer
soigneusement aux dispositions de l'ordonnance du 18 septembre ;
toutefois, en les rappelant à votre attention la plus sérieuse, j'ai
cru devoir vous adresser en même temps des instructions propres
à prévenir les difficultés qui pourraient naître entre les administrations civiles et militaires ; et, dans cette intention, j'ai provoqué les
explications du ministre de la guerre, à qui je n'ai pas laissé ignorer
les représentations des préfets.

L'ordonnance du 18 septembre n'exceptant de la discussion que les travaux de réparation et d'entretien, il est évident qu'il s'agissait de fixer avec précision le sens de ces expressions, puisqu'il ne peut s'élever aucun doute au sujet des constructions ou des démolitions nouvelles.

Il résulte des observations qui m'ont été adressées par le ministre de la guerre, qu'on ne peut considérer comme travaux de réparation et d'entretien que ceux qui ont pour objet, en ce qui concerne les chemins publics, de maintenir la viabilité actuelle des routes de terre et d'eau, sans modifications quelconques, et que tout changement dans le tracé, la largeur, l'inclinaison des pentes, les empierrements et les pavés de ces mêmes routes, ainsi que tous les travaux analogues dans les cours d'eau, rentrent dans la classe des améliorations qui ne peuvent être autorisées qu'autant qu'elles ont été jugées sans inconvénient pour la défense du royaume.

Ce serait donc une erreur de croire que l'autorité militaire doit se borner à examiner les projets relatifs à l'ouverture et à la création d'une route nouvelle. Il importe beaucoup à la défense, que les chemins qui n'étaient jusqu'à présent praticables que pour des mulets, le deviennent pour des voitures; que ceux qui ne pouvaient être parcourus que par des voitures légères, deviennent praticables pour les grosses voitures, et même pour l'artillerie. Des changements de cette nature ne doivent être projetés que de concert avec l'autorité militaire.

Je vous engage à prendre ces explications pour base des instructions que vous aurez à donner aux ingénieurs des ponts et chaussées, pour provoquer les conférences qu'ils doivent avoir avec les officiers du génie. Et, afin d'éviter les retards qui ont occasionné les plaintes de quelques préfets, je vous invite à communiquer, chaque année, aux directeurs des fortifications dont dépend le territoire de votre département, un état descriptif, accompagné d'observations, de tous les travaux qui seraient projetés par les communes ou le département, afin que vous puissiez, d'avance et d'un commun accord, classer à part ceux qui devront être concertés et discutés suivant les formes prescrites par l'ordonnance précitée du 18 septembre 1816.

Mesures à prendre contre la ladrerie des porcs.

16 septembre 1819.

Le Ministre de l'intérieur aux Préfets.

Parmi les porcs livrés par le commerce à la consommation, il se trouve un certain nombre de ces animaux qui sont atteints de la maladie connue sous le nom de *ladrerie*.

D'après les expériences qui ont été faites, il paraît que la viande du porc ladre, sans être absolument malsaine, a tous les caractères d'un aliment plus ou moins détérioré ou avarié, et qu'il peut devenir dangereux d'en faire un usage habituel : ainsi, l'administration doit faire tous ses efforts pour parvenir à détruire la maladie dont il s'agit.

La vente de la viande de porc ladre est interdite à la halle de Paris; et c'est une mesure qu'il serait à désirer de voir mettre en usage sur tous les marchés, parce que les propriétaires auraient intérêt à n'avoir que des porcs sains, ne pouvant trouver à les vendre malades. Mais l'autorité administrative doit, au moins dans l'intérêt public, faire visiter par des vétérinaires les porcs amenés sur les marchés, et ne permettre la vente de ceux qui seraient reconnus affectés de ladrerie, que dans un lieu désigné à cet effet, de manière que les acheteurs et consommateurs ne soient pas exposés à être trompés.

Je désire qu'en outre vous chargiez un ou plusieurs vétérinaires instruits d'étudier la maladie, dans les parties de votre département où elle se montre le plus communément, et de vous adresser leurs observations sur les causes qui disposent les porcs à la ladrerie, ou qui la développent. Ces observations vous mettront à même de rédiger et de répandre, parmi les propriétaires et les cultivateurs, une instruction sur les moyens de prévenir la maladie dont il s'agit ; car il paraît certain qu'elle est incurable, excepté chez les jeunes animaux. Ce dernier fait n'a même pas été constaté par des expériences assez nombreuses.

Je vous invite également à appeler, dans la même instruction, l'attention des cultivateurs sur les avantages qui résulteraient pour eux, sous le rapport de leurs intérêts, et même de leur santé, de châtrer ou de détruire les verrats et les truies employés à la reproduction, lorsque ces animaux sont atteints de ladrerie, puisque cette maladie est héréditaire et organique, comme paraissent le prouver les expériences dont elle a été l'objet jusqu'à ce jour.

Expériences sur le poids du blé.

16 septembre 1819.

Le Ministre de l'intérieur aux Préfets.

L'article 30 de la loi du 22 juillet 1791 autorise les maires de toutes les communes du royaume à taxer le prix du pain, mais ne leur en fait pas une obligation. On entend par ces mots, *taxer le prix du pain*, déterminer le plus haut prix auquel il est permis aux boulangers de vendre chaque espèce de pain, mais qu'il leur est défendu d'excéder, sous peine de contravention punissable, en vertu de jugement du tribunal de police municipale. Cette fixation doit être faite d'après le prix du blé, constaté par les mercuriales des marchés sur lesquels les boulangers de chaque commune se pourvoient habituellement des grains nécessaires à leurs approvisionnements, et elle doit suivre les variations du prix de la denrée.

Il existe en France beaucoup de villes et de petites communes où les maires usent de la faculté qui leur est accordée par la loi, et qui taxent périodiquement le prix de chaque espèce de pain. A cet effet, ils prennent simplement pour base de leurs calculs le prix des blés employés ordinairement par la boulangerie, et les frais de fabrication, calculés selon les localités. Quelques-uns y font entrer, en outre, le poids d'un hectolitre de blé, mais évalué approximativement d'après une année moyenne, et dont le terme devient ainsi invariable.

Il en est, et c'est le plus petit nombre, qui déterminent annuellement, par des expériences soigneusement faites, le poids du blé de la dernière récolte, et le prennent encore pour élément de leurs calculs. Il me paraît d'autant plus nécessaire d'adopter cette dernière opération dans les calculs de la taxe du pain, que le poids du froment, par exemple, est sujet à de grandes variations, selon les circonstances atmosphériques qui ont précédé et accompagné la moisson, et peut offrir, d'une année à l'autre, une différence de dix à douze kilogrammes au moins par hectolitre ; et comme le nombre des années où le poids reste au-dessous du terme moyen n'est pas identique avec le nombre de celles où il s'élève au-dessus, il s'ensuit qu'un terme moyen constant pour toutes les années pourrait être une source de lésion préjudiciable, la plupart du temps, au consommateur, et quelquefois au boulanger.

Il est encore reconnu que la farine rend plus ou moins de pain, dans une proportion qui n'est pas toujours en rapport avec le poids du blé, mais qui dépend encore de la qualité que la saison lui a donnée. Il est à désirer que toutes ces combinaisons soient prises en considération dans les calculs de la taxe du pain, et que leurs résultats soient constatés par des expériences faites annuellement, même sur la panification.

Mais, pour me borner ici au mode le plus simple, dans le cas où de plus rigoureux ne pourraient être employés, j'ai décidé que, dans toutes les villes et communes où l'autorité municipale est dans l'habitude de taxer le prix du pain, le maire ferait procéder, tous les ans, au mois de septembre ou d'octobre, en présence des syndics et adjoints de la boulangerie, si elle est constituée en syndicat par un règlement spécial de l'autorité supérieure, ou seulement en présence de trois des principaux boulangers désignés par le maire, au pesage du blé froment de la récolte de l'année, pour en constater le poids d'une manière légale. A cet effet, on réunira trois hectolitres de froment de première qualité pris au marché chez trois vendeurs différents : ces trois hectolitres seront pesés ensemble, et leur poids sera constaté par un procès-verbal signé de toutes les personnes appelées à l'expérience. La même épreuve sera faite à trois marchés consécutifs, et de manière qu'il y ait au moins sept à huit jours entre chaque épreuve. Au dernier pesage, le résultat des deux précédents sera ajouté à celui-ci ; et le tout, divisé par neuf, formera le poids d'un hectolitre de froment de l'année, légalement constaté, pour servir d'élément à la taxe du pain, jusqu'à pareille époque de l'année suivante.

Je vous invite à donner des instructions en conséquence aux maires de votre département, et à en prescrire l'exécution dans toutes les communes où l'on est dans l'usage de procéder à la taxe du pain.

Désormais, à partir du 15 novembre, le poids légal de l'hectolitre de froment figurera toujours à la colonne d'observations, écrit en toutes lettres, dans les mercuriales que vous m'adressez périodiquement. Je vous recommande de veiller personnellement, pendant les premiers mois, à l'exécution d'une mesure qui concilie les intérêts du consommateur et ceux du boulanger, et qui peut avoir des applications si utiles dans l'emploi journalier des mercuriales.

Lorsque vous m'adresserez l'état des récoltes, je désire trouver, à la colonne d'observations, le poids moyen de l'hectolitre de froment dans votre département. Vous le composerez de la réunion des pesages qui auront eu lieu dans les communes où cette opération aura été faite.

Passe-ports et secours délivrés aux indigents.

Septembre 1819.

Le Ministre de l'intérieur aux Préfets.

La délivrance des passe-ports, ou plutôt la remise des formules de passe-ports pour cause d'indigence, était soumise à des conditions difficiles à remplir et qui avaient excité de nombreuses réclamations. Je me suis concerté avec le ministre des finances, et j'ai dû vous donner connaissance des dispositions qui ont été ordonnées pour simplifier cette partie de l'administration. Tel est le véritable objet de ma circulaire du 22 juin dernier; mais comme la suppression de quelques-unes des formalités en usage pouvait donner lieu à des abus, j'ai joint, à la suite de l'avis, les instructions qui m'ont paru propres à les prévenir.

Quelques préfets ont cru que ces nouvelles instructions révoquaient implicitement celles qui leur avaient été précédemment adressées sur la même matière; c'est une erreur que je m'empresse de rectifier : rien n'est changé, ni dans les mesures de précaution et de surveillance, ni dans la distribution des secours de route qui peuvent être accordés aux indigents, en vertu de la loi du 13 juin 1790 : le mode de comptabilité, la forme des états, la responsabilité des fonctionnaires, restent également les mêmes; et si, comme certains rapports l'indiquent, il est de ces mesures *qui soient tombées en désuétude*, vous devez les rappeler aux sous-préfets et maires de votre département, et leur faire connaître qu'une fausse application des bienfaits du gouvernement pourrait, suivant les circonstances, être considérée comme une dilapidation.

De tous les abus qui me sont signalés par la correspondance, la fourniture des chevaux et des voitures pour le transport des indigents malades ou infirmes est celui sur lequel je crois devoir fixer plus particulièrement votre attention. Cette fourniture n'est autorisée par aucune loi, et une circulaire du 11 septembre 1813 la prohibe formellement. *Lorsque l'indigent*, portent ces instructions, *se trouve dans l'impossibilité de continuer sa route, il doit être reçu dans l'hôpital le plus voisin, jusqu'à ce qu'il soit en état de marcher.* On sait d'ailleurs que les moyens de transport ne sont presque jamais fournis en nature; et, dans plusieurs mairies, on a vu des intermédiaires traiter avec l'indigent lui-même, qu'ils séduisent facilement par l'appât d'une légère indemnité, tandis que le prix entier de la fourniture est ensuite ordonnancé à leur profit. Le transport d'un indigent aux frais de l'État n'est admissible que dans un cas déterminé : lorsque, surpris par une maladie accidentelle, dans une commune qui n'a point d'hôpital, sa situation ne lui permet pas d'atteindre l'hôpital le plus voisin.

D'autres abus plus ou moins réels ont été signalés : mais si les passe-ports pour cause d'indigence énonçaient positivement l'objet du déplacement; s'ils contenaient, avec les nom, prénoms et qualités, le signalement de chacun des individus qui en sont porteurs; s'ils indiquaient le lieu de la destination, les principales villes par où ils doivent passer, celles où l'indemnité de route leur sera payée; si ces individus recevaient l'injonction de rétrograder, toutes les fois qu'ils changent de destination ou suivent une ligne qui n'est point celle tracée sur les passe-ports; si, en cas de récidive, on leu

retirait les secours de route, les abus dont on se plaint n'existeraient pas, ou du moins ne se représenteraient pas aussi souvent.
Plus de fermeté et de suite dans l'exécution de ces mesures aurait
suffi pour arrêter le mal dans son origine.

Ce n'est point assez que les préfets exercent une surveillance plus
ou moins rigide sur les passe-ports qui se délivrent dans leurs départements respectifs, il faut que cette surveillance s'étende également sur ceux qui sont délivrés dans les autres départements ; que
les sous-préfets, les maires et la gendarmerie soient chargés d'y
concourir ; qu'il s'établisse, entre tous les fonctionnaires administratifs du royaume, une espèce de contrôle général et réciproque. Tout
passe-port d'indigent qui n'est pas conforme aux instructions doit
être retiré, et le porteur renvoyé, s'il y a lieu, avec un nouveau
passe-port qui fasse connaître la cause pour laquelle on l'a empêché de continuer son voyage. Le passe-port irrégulier me sera transmis ; et mes avis au préfet du département dans lequel il aura été
délivré le mettront à même d'adresser au maire qui l'a signé, soit
des invitations, soit des reproches, suivant que la nature de l'irrégularité lui paraîtra l'exiger.

Cette mesure, si elle est exécutée avec sagesse, et surtout avec
ensemble, produira indubitablement l'effet qu'on désire obtenir ;
elle dissipera bientôt cette masse de vagabonds dont la circulation,
à l'aide d'un titre légal, mais d'une authenticité souvent équivoque,
et toujours arraché à la faiblesse par l'importunité ou l'imposture,
est un scandale et un danger dans la société. Repoussés partout où
ils se présenteront, ils ne tarderont pas à se lasser d'un métier qui
aura cessé de leur apporter de quoi alimenter une existence vaga-
bonde, et qui les exposerait à des poursuites judiciaires : ils se fixe-
ront ; et plusieurs, du moins, forcés de se livrer au travail, en re-
prendront le goût et l'habitude. Le véritable indigent, qui a un intérêt réel à se déplacer, pourra être secouru plus efficacement ; accueilli sur sa route, il ne sera plus l'objet du mépris public. Enfin,
les institutions bienfaisantes du gouvernement seront remplies ; les
fonds destinés à subvenir aux besoins des malheureux cesseront
d'être le partage de quelques individus qui n'ont aucun droit de
participer à leur distribution.

J'aime à croire que tous les fonctionnaires sentiront l'importance
et l'avantage de ces résultats, et qu'ils s'empresseront, chacun en
ce qui le concerne, de coopérer à des mesures qui doivent y conduire. Recommandez à vos subordonnés d'être sévères, mais sans
aigreur et sans violence ; invitez particulièrement les maires à être
circonspects dans la délivrance de ces passe-ports ; annoncez-leur
qu'ils s'exposeraient au refus d'approbation du remboursement des
frais de route qu'ils auraient alloués sans motifs déterminés, ou
dont les motifs n'auraient pas été exposés dans le dispositif. Du moment que l'administration marchera d'accord et uniformément, les
charges seront allégées, les véritables indigents seront secourus, et
les abus auront disparu en grande partie.

Élèves bergers admis dans les bergeries du gouvernement.

28 septembre 1819.

Le Ministre de l'intérieur aux Préfets.

Des dispositions administratives, prises en 1807, autorisaient les propriétaires ou les conseils généraux à envoyer, dans quelques-unes des bergeries du gouvernement, des élèves bergers, moyennant une rétribution de 36 francs par mois, ou 400 francs par an. Peu de personnes avaient profité de ces dispositions.

Une circulaire du 29 août 1812 les rappela aux préfets. Elle ajoutait que, pour donner une plus grande impulsion à cette branche de l'économie rurale, il serait reçu dorénavant vingt élèves bergers aux frais du gouvernement, soit à Rambouillet, soit dans les autres bergeries de l'État, et invitait les préfets à présenter des candidats. Cet appel n'a eu que de faibles résultats.

Le nombre des bergeries était alors de huit, dont six au moins pouvaient recevoir des élèves. Aujourd'hui, soit par suite de la suppression forcée de quelques-uns de ces établissements, soit par l'effet de modifications apportées dans la régie de quelques autres, il n'est plus guère possible de recevoir d'élèves que dans les bergeries royales de Perpignan et de Nantes (1). Celle de Saint-Genest, près Clermont-Ferrand, pourrait bien, à la rigueur, en recevoir un ou deux ; mais ils ne devraient y être envoyés qu'autant qu'il n'y aurait plus de place dans les autres. Indépendamment de ces bergeries royales, une école pratique de bergers existe toujours à l'établissement de Rambouillet ; mais il est douteux qu'il puisse en recevoir au delà de trois ou quatre.

D'après ces circonstances, vous concevrez que j'aie été obligé de réduire le nombre des places d'élèves gratuits. Je l'ai fixé provisoirement à dix. Je verrais avec beaucoup de plaisir que les dispositions du gouvernement à cet égard fussent mises à profit, et que les dix places dont il s'agit fussent remplies.

Je vous invite donc à appeler sur cet objet l'attention des principaux cultivateurs et propriétaires de votre département. Après leur avoir fait sentir les avantages particuliers et généraux qui résultent de l'éducation et de l'amélioration des bêtes à laine, et la nécessité d'avoir de bons bergers pour y réussir, vous leur ferez connaître les facilités que donne à cet égard l'administration. Vous leur rappellerez les dispositions qui permettent le placement d'élèves bergers dans les bergeries royales, ainsi qu'à l'établissement de Rambouillet, moyennant 36 fr. par mois, ou 400 fr. par an ; et celles qui autorisent la réception dans les mêmes écoles, d'un certain nombre d'élèves gratuits pour y être entretenus aux frais du gouvernement. Vous voudrez bien vous occuper de la recherche et de la présentation d'un candidat de cette dernière classe, qui réunisse les qualités requises. Pour les détails et les conditions de leur admission et de leur réception, je vous invite à vous reporter à la circulaire précitée du 29 août 1812. L'acte de naissance devra être joint à la présentation. La durée de l'apprentissage sera d'au moins une année, à compter du jour de l'entrée du sujet à l'école. Pendant ce temps, il fera à l'établissement tout le service qui pourrait être exigé de lui, comme berger. Il devra s'y rendre à ses frais.

Je ne crois point convenable de lui faire signer aucun engagement ; mais, comme il est à désirer que son instruction tourne principalement à l'avantage du département qui l'aura présenté, les préfets devront me désigner préférablement des sujets dont les rela-

---

(1) Actuellement, les bergeries nationales, au nombre de trois, sont situées à Rambouillet, à Montcavrel (Pas-de-Calais) et à Gevrolles (Côte-d'Or).
(N. de l'Éd.)

tions de famille ou d'intérêt soient un lien puissant qui les rattache à leur pays natal.

Exportation des grains (1).

10 octobre 1819.

Le Ministre de l'intérieur aux Préfets.

Sa Majesté a rendu, le 6 de ce mois, une ordonnance pour autoriser l'exportation des grains de toute espèce, dans les limites déterminées par les lois des 2 décembre 1814 et 16 juillet 1819. A la suite est imprimé le tableau des ports et bureaux de douane par lesquels l'exportation comme l'importation des grains, farines et légumes, aura lieu exclusivement, dans les cas prévus par ces mêmes lois.

L'exportation des grains était devenue si nécessaire, par la surabondance dans différentes parties du royaume, où le prix du froment est descendu à 13, 12, 11, et même 10 francs l'hectolitre, et les autres céréales en proportion, que résister plus longtemps aux vives instances des cultivateurs, des propriétaires et des conseils généraux de département qui la sollicitaient, c'eût été compromettre l'intérêt de l'agriculture et les sources de la reproduction; c'eût été, par une application mal entendue des intérêts de la classe pauvre, encourager la paresse, favoriser ainsi la diminution de la masse du travail, et préparer la disette dans l'avenir, par les gaspillages de localité, qui, en résultat, consomment plus que ne peut le faire l'exportation tempérée par la loi du 16 juillet.

Sa Majesté a reconnu qu'il était temps d'apporter remède à ces inconvénients multipliés.

Déjà, par diverses ordonnances précédentes, elle avait levé, en ce qui concerne les farines, le biscuit de mer, les légumes, les pommes de terre, et, dans quelques localités, pour les maïs et les millets, la suspension de sortie résultant de son ordonnance du 3 août 1815. L'ordonnance du 6 du courant s'applique aux grains de toute espèce, et par conséquent comprend ceux sur lesquels portait encore la prohibition.

Les versements de grains étrangers dans la consommation nationale sont suspendus dans toutes les sections départementales du royaume, à l'exception d'une seule; vous l'aurez remarqué, en voyant le tableau des prix régulateurs, que j'ai constatés dans mon arrêté du 30 du mois dernier. Cette circonstance concourra à relever le prix des grains indigènes; mais il n'est point à craindre qu'en voulant éviter les effets de l'avilissement de la denrée, on tombe dans un danger opposé. Les deux leviers posés par la loi du 16 juillet dernier, pour balancer continuellement les effets de la trop grande importation et de la trop grande exportation, les contiendront toutes les deux dans des bornes salutaires; et, grâce à ces règles, nous ne pouvons plus voir le prix de la denrée s'élever au-dessus de la portée du plus grand nombre, par le fait seul de l'exportation.

---

(1) La prohibition éventuelle à la sortie des grains et farines, établie par les lois des 16 juillet 1819 et 4 juillet 1821, a été abolie en vertu de la loi du 15 avril 1832, art. 7.　　　　　　　　　　　　　　　　　　　(*N. de l'Éd.*)

Après vous avoir entretenu des effets à attendre de l'ordonnance du 6 de ce mois, je vais vous parler de son exécution.

Les préfets des départements de l'intérieur n'auront aucune mesure à prendre pour y intervenir; ils se borneront à donner la plus grande publicité à cette ordonnance, et à veiller particulièrement au maintien de la libre circulation des grains, conformément à la loi du 21 prairial an v.

Quant à ceux des départements frontières, outre cette publicité, ils auront encore à notifier avec exactitude aux directeurs des douanes de leur ressort, immédiatement après la réception du *Bulletin officiel* où je fais insérer, le 1er de chaque mois, l'état des prix régulateurs, l'extrait de cet état, en ce qui concerne la section à laquelle appartient leur département. Leur action administrative se bornera à cette notification.

Les personnes qui voudront se livrer aux exportations n'auront pas besoin de prendre des permis des autorités administratives : il suffira qu'elles se présentent à la douane du port, ou au bureau de terre par lequel elles seront dans l'intention d'expédier des grains à l'étranger ; qu'après s'être assurées que l'état des prix régulateurs permet la sortie, elles déclarent au receveur les espèces et les qualités qu'elles comptent expédier ; qu'elles acquittent les droits de balance prescrits par les lois, et qu'elles se munissent des papiers d'usage.

Quelques préfets ont conçu des doutes sur l'exécution à donner, depuis que la loi du 16 juillet dernier a été rendue, à la dernière partie de l'article 5 de la loi du 2 décembre 1814. Cet article s'exprime ainsi :

« *La suspension* (de l'exportation) *ne sera levée que lorsque les prix seront redescendus au-dessous des limites fixées dans l'article précédent*, et d'après un ordre de notre ministre secrétaire d'Etat de l'intérieur. »

Cet *ordre*, quoique la loi du 16 juillet dernier n'en ait pas parlé textuellement, existe implicitement dans la publication que je suis chargé de faire, chaque mois, par le *Bulletin officiel*, de l'état des prix moyens régulateurs, en conformité de l'article 6 de la dernière des deux lois.

En conséquence, toutes les fois que de cet état il résultera que, dans une section quelconque, le prix moyen régulateur de l'hectolitre de froment ne se sera pas élevé à 23, 21 ou 19 francs, selon la classe à laquelle appartiendra cette section, il y aura lieu à l'exportation des grains de toute espèce, farines et légumes ; et, dans le cas où l'exportation aurait été suspendue précédemment, à cause de l'élévation des prix, la nouvelle notification de l'état mensuel équivaudra à l'ordre spécial dont il est fait mention à la fin de l'article 5 de la loi du 2 décembre 1814.

Je dois encore faire aux préfets des départements frontières une observation au sujet de l'exécution des ordonnances royales qui ont levé la suspension de l'exportation des farines, biscuits, pommes de terre, et, en quelques endroits, des maïs et des millets. Comme ces ordonnances soumettaient la sortie de ces denrées aux règles prescrites par la loi du 2 décembre 1814 et par l'ordonnance du 18 du même mois, quelques-uns de ces magistrats n'ont pas remarqué que plusieurs de ces règles ont été changées postérieurement par les dispositions de la loi du 16 juillet 1819, et que, celle-ci ayant abrogé les articles 6 et 7 de la première, il n'y a plus lieu pour eux à constater, toutes les semaines, les prix résultant des trois marchés désignés en 1814 pour servir de régulateurs de l'exportation par les frontières de leurs départements.

J'invite ceux des préfets qui pourraient être encore dans l'erreur à cet égard à faire attention que toute exportation de grains et farineux (excepté les marrons et châtaignes, dont la sortie est entièrement libre, moyennant le droit du tarif) ne peut avoir maintenant, conformément à l'ordonnance du 6 du courant, d'autres règles que celles de la loi du 2 décembre 1814, modifiées par la loi du 16 juillet dernier.

Frais de traitement des épizooties.

18 octobre 1819.

Le Ministre de l'intérieur aux Préfets.

J'ai remarqué que les préfets de quelques départements m'adressaient souvent des demandes tendant à obtenir l'autorisation de faire payer de petites sommes, montant de dépenses faites par suite des mesures que les agents de l'autorité administrative ont dans le cas de prescrire à l'effet de prévenir les épizooties contagieuses ou d'arrêter les progrès de celles qui viennent à se manifester. Ces demandes, et les réponses auxquelles elles donnent lieu, multiplient la correspondance, sans utilité, et occasionnent souvent, dans le payement des dépenses, des retards qu'il est à propos d'éviter. En conséquence, j'ai décidé qu'à l'avenir les préfets pourront faire acquitter immédiatement, et sans autorisation spéciale de ma part, les dépenses dont il s'agit, lorsqu'elles n'excéderont pas 100 francs, sur les fonds affectés par les budgets départementaux aux dépenses imprévues. Quant aux dépenses au dessus de 100 francs, vous continuerez à m'en soumettre les éléments, et à m'adresser les pièces qui les justifient, pour que je les examine et que j'en autorise ensuite le payement, s'il y a lieu.

Je crois devoir vous rappeler, en même temps, les bases d'après lesquelles doivent être réglées les dépenses qui font l'objet de cette lettre.

D'après la décision ministérielle du 13 février 1808, les vétérinaires, requis par l'autorité administrative pour combattre les épizooties contagieuses, doivent joindre à leur rapport sur les maladies des certificats des maires ou adjoints des communes où ils ont été appelés, indiquant les dates des jours qu'ils ont passés dans ces communes, et leurs honoraires sont réglés à raison de 8 francs, pour chacun de ces jours. Ces frais sont les seuls auxquels doive donner lieu l'exécution des mesures de police administrative prescrites par les lois, règlements et instructions sur les épizooties. Plusieurs vétérinaires comprennent dans leurs mémoires, des frais de voyage, de nourriture en route, et même de fourniture de médicaments aux animaux malades : ces frais doivent être rejetés. L'administration peut inviter les vétérinaires à indiquer les moyens préservatifs ou curatifs à employer; mais les frais du traitement proprement dit des maladies restent à la charge des propriétaires des animaux. Les vétérinaires ne sont chargés, par l'autorité administrative, que de concourir à l'exécution des mesures de police propres à prévenir ou à arrêter la contagion, comme la visite des écuries et étables, la marque et l'isolement des bestiaux atteints de la contagion, l'abatage de ceux reconnus incurables, et l'inspection des foires et marchés, sous le rapport de la salubrité.

Casernement de la gendarmerie (1).

20 octobre 1819.

Le Directeur général de l'administration communale et départementale aux Préfets.

Dans une circulaire du 7 juillet 1814, le ministre de l'intérieur a demandé aux préfets une notice sur le casernement de la gendarmerie, qui fît connaître, « au 1er août de la même année, la résidence « de chaque brigade, l'origine des bâtiments y affectés, et les actes « qui leur avaient donné cette destination ; et, pour les brigades éta- « blies dans des maisons à location, le nom des propriétaires, ainsi « que le prix des loyers. »

Je vous ferai observer qu'il est nécessaire, pour l'ordre de la comptabilité départementale, que les termes des locations soient ramenés à courir du 1er janvier, et qu'il importe que les baux me soient soumis avant l'entrée en jouissance des localités : autrement, le refus que je pourrais faire d'en approuver des conditions trop onéreuses pour le département, causerait des difficultés qu'il faut éviter d'avoir avec les propriétaires. Les prix des baux doivent se rapprocher du taux fixé par l'administration de la guerre à l'époque où elle était chargée de ce casernement, c'est-à-dire de 480 francs pour une brigade à cheval, et de 240 francs pour une brigade à pied : ce taux ne pourra être dépassé que pour les brigades composées de plus de six gendarmes, ou s'il y avait impossibilité réelle de trouver un logement à ce prix dans la commune.

J'ajouterai que les dispositions de l'article 5 de la loi du 4 frimaire an VII, sur la contribution des portes et fenêtres, dispensent de cette contribution les bâtiments employés à un service public : or, le ministre des finances, à l'occasion de quelques difficultés élevées à cet égard, vient de reconnaître que les propriétaires des maisons servant de casernes à la gendarmerie ne devaient pas y être assujettis. Ainsi la loi du 4 frimaire an VII et la décision du ministre des finances vous serviront de règle.

Je dois vous dire aussi que le ministre des finances a chargé le directeur général de l'enregistrement, dès le mois d'avril 1818, de faire connaître que le délai de vingt jours accordé pour l'enregistrement des baux commence à courir de la date de celle des deux approbations données par les ministres de la guerre et de l'intérieur qui est arrivée la dernière à la préfecture.

Je ne saurais trop vous engager à ne jamais autoriser, avant de m'en avoir référé, que la gendarmerie change de caserne pendant la durée d'un bail, attendu que cette circonstance donne toujours lieu au payement d'une indemnité à la charge du département : il arrive souvent d'ailleurs que cela ne se fait que dans l'intérêt des officiers, et nullement pour le bien du service, et que le loyer de la nouvelle caserne est plus élevé que celui du local que l'on veut quitter. Ne permettez pas non plus qu'il soit fait aux casernes, sans autorisation

---

(1) Voir le règlement de comptabilité du ministère de l'intérieur, du 30 novembre 1840. (*N. de l'Éd.*)

préalable, des réparations pour lesquelles des fonds ne seraient pas crédités au budget. Je vous recommande, en général, d'apporter la plus grande surveillance dans cette partie des dépenses départementales, à laquelle peut-être on n'a pas donné jusqu'à présent tous les soins désirables.

Comme j'ai besoin de connaître tous les détails de la dépense annuelle du casernement de la gendarmerie, vous ferez porter dans la notice l'évaluation des réparations d'entretien des maisons appartenant au département, ou qui sont occupées à titre gratuit, ainsi que l'indemnité de logement due aux gendarmes non casernés, et les frais accessoires du casernement à la charge des départements, tels que loyer et entretien des lits du dépôt, indemnité de literie aux gendarmes qui y ont droit, d'après les règlements militaires, pour les deux premières années de leur service dans cette arme, etc.

Ces instructions complètent celles qui vous ont été données par la circulaire du 2 mars 1818.

***

Sociétés d'assurances réciproques ou mutuelles.

25 octobre 1819.

Le Ministre de l'intérieur aux Préfets.

Des avis motivés du comité de l'intérieur et du commerce du conseil d'Etat ont donné lieu d'établir, sur les sociétés d'assurances mutuelles, quelques principes d'une application générale, et qu'il me paraît utile, par cette raison, de faire parvenir, par votre intermédiaire, à la connaissance du public.

En premier lieu, ces assurances sont soumises à l'approbation et à la surveillance du gouvernement, non pas simplement à raison de l'article 37 du Code de commerce, et comme assimilées aux sociétés anonymes dont elles empruntent, en effet, quelques formes; mais principalement pour le fond et pour l'objet même de l'association, dont la nature est telle, que l'autorité a dû se réserver d'en prendre connaissance et de les approuver. Les titres de cette disposition se trouvent dans les avis du conseil d'Etat, dûment approuvés, du 1er avril 1809, sur les sociétés du genre des tontines, et du 15 octobre suivant(1), sur les assurances mutuelles contre les ravages de la grêle et contre la mortalité des bestiaux. Les assurances qui ont pour objet de mettre en commun les pertes et de les rendre légères à chacun par la répartition, excluent tout profit, toute spéculation, et n'ont rien de commercial. C'est dans l'intérêt de l'ordre public que l'autorité agit, lorsqu'elle exerce sa surveillance sur les associations qui s'en occupent, parce qu'un système d'assurances mal combiné, soit aux propriétés, soit à la vie, pourrait compromettre la sûreté publique, et même encourager à certains crimes.

En second lieu, il ne sera point donné d'approbation pour des sociétés d'assurances mutuelles ou réciproques, qu'on voudrait rendre générales ou étendre à une vaste circonscription. Il convient, sans doute, que de telles assurances réunissent beaucoup de propriétés associées; et c'est une condition essentielle: sans quoi, la répartition

***

(1) *Bulletin des lois*, n° 491, 7° série, n° 11676. Ces deux avis du conseil d'Etat sont annexés à l'ordonnance du 14 novembre 1821.

des dommages fortuits, pesant sur un petit nombre, pourrait être trop onéreuse. Mais c'est une autre condition non moins attachée à la nature de ces réunions, que les propriétés assurées soient connues de tous les intéressés, que chacun puisse y surveiller, de ses yeux, l'existence, la valeur des objets, la vérité et l'intensité des accidents, la nécessité et l'exactitude des répartitions. Tout cela exige une circonscription de médiocre étendue, où les associés puissent s'accorder une confiance personnelle et réciproque. Un département peut suffire, si les principaux propriétaires y concouraient. Si ceux de deux départements ou de telle autre localité concentrique et naturellement limitée désiraient se lier, que leurs magistrats n'y vissent pas d'inconvénient, et qu'il fût constant que leurs risques sont identiques, il y aurait lieu à consentir à cette réunion : mais il n'en peut être approuvé, ni de plus étendue, ni dans aucun autre intérêt. La prudence le commande, et l'administration est obligée de s'imposer cette règle.

3° Aucune administration générale ou centrale ne sera autorisée à gérer, de Paris, les affaires des sociétés d'assurances mutuelles établies dans des départements autres que celui de la Seine et les départements qui y confinent. Ce serait une superfétation coûteuse, sans but et contraire à l'essence de la mutualité. Pour vérifier la valeur de leurs maisons, pour constater un incendie, pour répartir le dommage, les propriétaires coassociés d'un département ou de quelques départements qui se touchent n'ont à dépendre de personne. Ils peuvent avoir un directeur parmi eux, lequel est leur mandataire et leur agent; ils peuvent s'abonner avec lui pour les frais de gestion, ou le salarier de toute autre manière : mais ils n'ont aucune affaire hors de l'arrondissement qu'embrasse leur association, aucune occasion de correspondre avec une direction générale étrangère à cet arrondissement, aucun besoin d'en supporter l'action et les frais.

4° C'est la notoriété de la valeur et des accidents dans les propriétés immobilières, qui permet à des voisins de mettre leurs risques d'incendie en commun. Il n'en est pas de même des effets mobiliers, dont les coassociés ne sauraient vérifier par eux-mêmes ni l'existence, ni l'appréciation, ni la destruction. Ceux qui ne s'unissent point dans la vue de faire aucun bénéfice ne doivent pas courir la chance d'ajouter au risque de l'incendie celui d'être trompés sur la sincérité des dommages : ce double risque ne convient qu'aux assurances à primes, entreprises par spéculation. En conséquence, il ne sera accordé aucune approbation pour l'assurance mutuelle du mobilier; excepté toutefois pour les machines propres aux manufactures, dans les pays où elles sont communes, en se bornant à celles d'un déplacement difficile, et en établissant des précautions pour que la continuation de leur existence en place soit constatée.

Ces principes vous indiqueront quelles sociétés d'assurances mutuelles, qui se diraient en instance, seront nécessairement rejetées. Toutes les fois qu'elles ne seront pas contractées entre les propriétaires de votre département et des départements contigus, qu'elles supposeront des directeurs ou agents hors de leur arrondissement ainsi circonscrit, vous devrez en conclure qu'elles ne seront jamais approuvées. Vous aurez à repousser leurs employés ou délégués, et à vous opposer à ce que la confiance du public soit sollicitée pour des plans que vous saurez être inadmissibles. Les décisions que je vous indique ici ayant été notifiées aux pétitionnaires qui jusqu'à ce moment s'étaient mis en instance pour de semblables projets, les démarches qu'ils auraient pu se permettre pour donner à leurs établissements, sous prétexte du provisoire, une sorte d'existence anticipée, doivent cesser, dès cet instant même. Si leurs agents continuaient à opérer, vous voudriez bien leur rappeler qu'en agissant au nom et au profit de sociétés qui ne peuvent exister sans l'approbation du gouvernement, et qui ne peuvent compter sur cette approbation, ils tomberaient sous la disposition de l'article 405 du Code pénal, qui a en vue l'usage des fausses qualités et les manœuvres employées pour faire croire à l'existence d'entreprises imaginaires.

Cours de culture des arbres fruitiers.

29 octobre 1819.

Le Ministre de l'intérieur aux Préfets.

La culture des arbres fruitiers est une des branches les plus importantes du jardinage. Cependant, à l'exception des environs de Paris, où elle est pratiquée avec beaucoup d'intelligence, cette culture est généralement négligée ou peu soignée en France. La cause doit en être attribuée, en grande partie, au défaut d'instruction des jardiniers auxquels elle est confiée.

Dans la vue d'y remédier et de propager insensiblement la connaissance des bonnes méthodes en ce genre, il avait été institué, en 1809, un cours pratique gratuit de la culture des arbres fruitiers, à la pépinière du Luxembourg, à Paris, dans laquelle sont réunies toutes les espèces et variétés d'arbres susceptibles d'être cultivées en France avec avantage. Ce cours a eu lieu pendant quelques années, et il a été suivi par plusieurs élèves venus de différentes parties de la France. Malheureusement, des circonstances qu'il est inutile de rappeler, l'avaient fait interrompre, depuis cinq ou six ans. Sa Majesté, à qui rien de ce qui peut contribuer au perfectionnement de notre économie rurale ne saurait être indifférent, a prescrit qu'il fût rétabli.

Je vous adresse ci-joint une ampliation de l'ordonnance qu'elle a rendue, à ce sujet, le 22 septembre dernier.

Vous y verrez que le cours de culture des arbres fruitiers sera repris au 15 février prochain, pour finir au 1er octobre, et ainsi successivement chaque année.

J'ai l'honneur de vous inviter à donner à cet arrêté toute la publicité nécessaire, pour qu'il puisse arriver à la connaissance de ceux de vos administrés qui sont plus particulièrement appelés à en profiter. Il est à désirer que quelques-uns d'entre eux se déterminent à venir suivre ce cours; vous ne manquerez pas, sans doute, de les y engager, dans l'intérêt de votre département.

Passe-ports pour les colonies françaises.

Décembre 1819.

Le Ministre de l'intérieur aux Préfets.

Les passe-ports pour les colonies françaises ont été jusqu'aujourd'hui délivrés sur des formules de passe-port à l'étranger. Cet usage n'est fondé sur aucune disposition législative ; il fut établi dans des circonstances qui ont cessé d'être les mêmes, et pour des causes qui ne subsistent plus. En conséquence, j'ai décidé que les passe-ports pour les colonies seraient désormais délivrés sur des formules de passe-port à l'intérieur. Les conditions pour les obtenir seront les mêmes que précédemment, et les préfets continueront à être chargés exclusivement de les délivrer, après avoir obtenu mon autorisation. En cas d'urgence constatée, ils me rendront compte. La prudence ne permet pas de se relâcher des mesures de précaution et de surveillance qui avaient été jugées nécessaires, et dont chaque jour constate l'utilité. Les banqueroutiers frauduleux, les malveillants de toute couleur, les prévenus de délits et de crimes, ne manqueraient pas de profiter des facilités qu'ils trouveraient à se procurer des passe-ports pour les colonies, afin de se soustraire aux poursuites dirigées contre eux. L'éloignement des lieux, le retard des communications, le moyen de passer dans des états étrangers, seraient une garantie et leur assureraient l'impunité. En laissant toute latitude désirable à cet égard, je ne puis que vous recommander, d'une manière plus particulière encore, l'observation des précautions dont je viens de vous rappeler la nécessité.

Vous savez que les passe-ports pour les colonies sont ordinairement soumis à la formalité du visa d'embarquement, lequel est apposé, soit par le ministre de la marine en certains cas, soit par les administrateurs des ports. Il ne doit être apporté aucun changement à ces dispositions.

Application d'une marque et d'un numéro de fabrication aux cotons filés provenant de manufactures françaises.

11 décembre 1819.

Le Ministre de l'intérieur aux Préfets.

Ma circulaire du 17 juin dernier vous a donné connaissance de deux ordonnances du roi, en date des 26 mai et 16 juin précédents, lesquelles avaient pour objet de compléter les mesures prescrites par les lois de douane des 28 avril 1816 et 21 avril 1818, sous le rapport des marques et numéros de fabrication à apposer aux *cotons filés* provenant de manufactures françaises.

Dans la première desdites ordonnances, le nouveau *mode de dévidage et d'enveloppe*, qui, aux termes de l'article 46 de la deuxième des lois précitées, devait suppléer la marque prescrite par l'article 59 de la première, a été déterminé conformément à l'avis d'une réunion de fabricants et d'artistes préalablement consultée sur cette question importante.

Une commission, nommée dans le sein du conseil général des manufactures, a été chargée d'examiner les réclamations assez nombreuses parvenues au ministère de la diverses parties intéressées. A la suite d'une longue et mûre discussion, l'administration s'est convaincue de la nécessité d'apporter aux dispositions des ordonnances des 26 mai et 16 juin quelques modifications qui ne portent aucune atteinte au principe arrêté d'un mode uniforme de dévidage et d'enveloppe, encore moins aux bases adoptées quant à la fixation de ce système, mais qui concernent seulement les détails d'exécution, et principalement le mode transitoire des anciennes dispositions aux nouvelles.

C'est dans la vue d'accorder à l'industrie française ces modifications sollicitées avec instance, que Sa Majesté vient de rendre, sur mon rapport, à la date du 1er de ce mois, la nouvelle ordonnance dont je vous transmets ci-joint une copie. Vous remarquerez que, par une disposition de cet acte, Sa Majesté a bien voulu proroger jusqu'au 1er *mars prochain* l'époque de rigueur, précédemment fixée au 1er *octobre dernier*, pour la mise à exécution du nouveau mode.

Après cette importante modification, la plus notable est celle qui résulte de l'article 7. Suivant cet article, « toutes les dispositions « concernant le nouveau système de dévidage et de numérotage à « la mesure métrique des cotons filés, ainsi que le mode d'enve-« loppe des paquets, ne seront rigoureusement applicables qu'à « ceux desdits cotons filés qui sont livrés au commerce *en écru*, et « dont le degré de finesse est au-dessous de seize mille mètres, cor-« respondant au *n° 20*, à peu près, de l'ancien écheveau de six cent « cinquante aunes. »

Il est bien entendu que par ces mots, *en écru*, on a voulu désigner les fils de coton dans l'état où ils sortent de dessus les métiers de filature, et avant qu'ils aient été soumis à aucune préparation subséquente de teinture ou de blanchiment.

Par les exceptions assez nombreuses que présente cet article, l'administration a eu surtout en vue de favoriser certaines branches d'industrie locales, telles que *la filature à la main ou au rouet*, dont s'occupent, pendant l'hiver, un grand nombre de petits ateliers disséminés dans les campagnes, ou *quelques fabriques particulières*, dont les produits, destinés au commerce avec l'étranger, se composent, le plus souvent, de gros fils de coton, teints en rouge, en bleu, ou en autres couleurs. Mais, à cela près de ces cas spéciaux, je dois vous faire observer que, partout ailleurs où ils ne se présenteront pas, on ne peut que souhaiter de voir les entrepreneurs de filature adopter, même pour les numéros inférieurs, le nouveau système de dévidage et de numérotage. L'uniformité métrique dans la manière d'évaluer le degré de finesse des fils de coton, est, sans contredit, ainsi que je vous l'ai déjà fait remarquer, l'une des améliorations que provoquaient, depuis longtemps, avec le plus d'instances, les vœux réunis du commerce et de l'industrie ; et l'administration ne doit négliger aucun des moyens mis à sa disposition, pour généraliser, autant qu'il sera possible, l'adoption d'une mesure si utile.

Les fabricants et les commerçants, en général, qui s'occupent de l'objet des cotons filés, ne manqueront pas, sans doute, d'apprécier aussi les facilités que leur donne la nouvelle ordonnance, soit pour la ligature des écheveaux, soit pour la substitution du numéro indiquant la finesse du fil *au numéro d'ordre* dont il avait été question en premier lieu, soit enfin par l'aplanissement des difficultés que présentait l'article 7 de l'ordonnance du 26 mai, relativement aux mesures transitoires de l'ancien ordre de choses au nouveau.

Du reste, il n'est pas besoin de vous faire observer que les autres dispositions de ladite ordonnance du 26 mai, qui n'ont point été formellement rapportées par celle du 1er de ce mois (particulièrement celles que contiennent les articles 4, 6 et 8), subsistent dans toute leur force, et doivent être régulièrement exécutées.

L'instruction qui a été publiée, en exécution de l'article 9 de la première de ces ordonnances, et dont j'ai eu soin de vous adresser un nombre d'exemplaires proportionné à la quantité d'établissements situés dans votre ressort, continuera, par conséquent, de remplir les vues de l'administration, en facilitant aux fabricants la formation des écheveaux, et en leur faisant connaître bien exactement la concordance entre les anciens et les nouveaux numéros du fil.

Ecoles clandestines (1).

Décembre 1819.

Le Ministre de l'intérieur aux Préfets.

Les lois et actes du gouvernement, en plaçant sous l'autorité universitaire les établissements d'instruction publique (les séminaires exceptés), ont déterminé les conditions auxquelles doivent satisfaire les personnes qui désirent se livrer à l'enseignement de la jeunesse.

Une disposition de ces actes, dont l'oubli entraînerait les plus grands désordres, est celle qui prescrit à tout instituteur de se pourvoir, près de l'université, de l'autorisation d'enseigner.

Les préfets ont été invités à seconder les efforts des recteurs, pour découvrir les individus qui cherchent à se soustraire à cette obligation, et les lois fournissent les moyens de punir un délit, souvent aussi préjudiciable à la morale qu'au bon ordre.

Cependant les rapports qui me parviennent journellement m'apprennent qu'il existe, dans beaucoup de départements, des écoles clandestines tenues par des ecclésiastiques, respectables sans doute, mais qui ne sont point, pour cela, dispensés de se soumettre aux lois et aux règlements.

Ces ecclésiastiques, réunissant près d'eux huit, dix, et quelquefois jusqu'à trente élèves de tout âge, qu'ils enseignent gratuitement, ou moyennant rétribution, sont de véritables instituteurs, rentrant de droit dans la classe commune, comme ils y rentrent de fait. Ils doivent se munir de diplômes, ou cesser des fonctions que les instituteurs légalement autorisés peuvent seuls remplir.

Les écoles clandestines sont connues des recteurs : veuillez bien vous entendre avec ces fonctionnaires ; ils vous donneront tous les renseignements dont vous aurez besoin pour suivre l'exécution des règlements.

Il est un autre abus non moins grave, sur lequel je dois appeler toute votre attention : c'est l'extension illégale que prennent journellement les établissements connus sous la dénomination de *petits séminaires*.

Il suffira, pour vous faire sentir combien ces écoles se sont écartées du but de leur institution, de vous rappeler ce qu'elles devraient être.

Les petits séminaires sont des maisons d'éducation exclusivement réservées aux enfants qui se destinent à l'état ecclésiastique.

Le gouvernement, en les laissant sous la direction immédiate des évêques, en ne les soumettant à aucune autre surveillance, en dispensant les enfants qu'elles renferment du payement de la rétribution universitaire imposée aux élèves de toutes les autres écoles, a eu

---

(1) Voir la loi sur l'enseignement, du 15 mars 1850.　　(N. de l'Ed.)

l'intention de donner aux prélats un témoignage éclatant de sa confiance, et de favoriser la vocation des enfants pauvres. Les autres dispositions relatives aux petits séminaires, indispensables pour fixer les limites qui distinguent ces pensionnats des colléges communaux n'affaiblissent en rien ce que les premières ont de favorable à la religion et à ses ministres.

Cependant on se plaint que des externes soient admis dans quelques séminaires, et que le règlement qui prescrit de faire prendre aux enfants l'habit ecclésiastique après deux années d'études, ne soit observé que dans un petit nombre de maisons.

Des motifs de spéculation, ou d'autres encore plus répréhensibles, portent les chefs de ces établissements à se soustraire à l'application des règlements ; mais c'est à vous à les faire exécuter. Une infraction tolérée en amène une autre, et c'est ainsi que, par un inconcevable oubli des ordonnances royales, on s'est permis, dans quelques départements, de donner à des institutions ecclésiastiques le nom de *colléges séminaires.*

La première mesure à prendre doit être de notifier aux chefs d'établissements semblables, qui résideraient dans votre département et qui s'écarteraient des prescriptions légales, la nécessité où ils sont de s'y conformer, en supprimant le titre de collége, en obligeant leurs élèves à prendre l'habit ecclésiastique, aux termes de l'ordonnance précitée, etc. Tout refus et tout retard vous obligerait d'en référer au procureur du roi chargé de poursuivre les infractions aux lois.

Assemblées agricoles.

27 décembre 1819.

Le Ministre de l'intérieur aux Préfets.

J'ai l'honneur de vous transmettre des exemplaires d'une notice sur les assemblées agricoles qui se tiennent en Angleterre. Dans ces sortes de comices, formés volontairement par des souscripteurs de tout rang, et principalement par des propriétaires et des cultivateurs ; tenus avec ordre, mais sans appareil, souvent en plein air ou dans des champs de foires, s'établissent les vrais intérêts de l'agriculture, les meilleures méthodes à suivre pour obtenir des récoltes abondantes et de bonne qualité, le choix des grains et des plantes les plus utiles, la composition et l'emploi des amendements, les bons procédés, soit pour l'amélioration, soit pour l'engrais des bestiaux. Les concurrents y sont jugés par leurs pairs, en présence de tous, et les décisions des juges ne sont que l'expression de l'opinion générale. Le 9 décembre dernier, une assemblée de ce genre a eu lieu dans l'emplacement servant de grand marché pour l'approvisionnement de Londres en bestiaux. Il y a été distribué en prix environ 4,000 francs, et des médailles pour la valeur de plus de 600 francs, aux particuliers qui ont présenté les bœufs, les moutons ou les cochons les plus gras, engraissés de la manière la plus économique. Personne ne dédaigne de se présenter à ces concours, et un pair d'Angleterre s'est honoré d'avoir obtenu, à celui dont je parle, une prime de 150 francs, pour un bœuf de quatre ans nourri dans ses étables.

Il m'a semblé que si de pareilles institutions pouvaient s'acclimater dans un état aussi avantageusement situé que la France, notre agriculture en retirerait des fruits précieux ; nos cultivateurs, mettant ainsi en commun leurs connaissances pratiques et leur expérience, seraient mieux appréciés et s'attacheraient davantage à leur état. L'émulation s'augmenterait chez les propriétaires ; ils sauraient mieux tout le parti qu'ils peuvent tirer de leurs domaines, en y donnant eux-mêmes les soins qu'exige leur amélioration.

Tout ce qui sert à la nourriture de l'homme se perfectionnerait en qualité, et s'accroîtrait en quantité. Nos marchés s'approvisionneraient mieux et plus abondamment, et un surcroît d'aisance générale serait un des résultats heureux des associations agricoles que nous aurions eu le bon esprit d'emprunter à nos voisins.

Ces considérations me font désirer que vous examiniez attentivement jusqu'à quel point et par quels moyens les institutions qui font l'objet de cette lettre pourraient s'introduire parmi vos administrés. Il sera à propos de répandre, autant que possible, la notice que je vous adresse, en la faisant insérer dans les journaux de votre département, et en distribuant les exemplaires ci-joints de la manière la plus convenable.

Société d'encouragement pour l'industrie nationale.

14 janvier 1820.

Le Ministre de l'intérieur aux Préfets.

Les bulletins publiés, chaque mois, par la société d'encouragement pour l'industrie nationale, ont dû vous faire apprécier, depuis longtemps, l'importance et l'utilité des travaux d'une institution qui s'occupe, avec tant de persévérance et de zèle, du soin d'améliorer tous les procédés relatifs aux diverses branches des arts et des manufactures.

Cette société a déterminé la nature et la quotité des nouveaux prix qu'elle a dessein de distribuer. Sans doute il n'existe, dans le royaume aucune association particulière qui consacre à un pareil but des sommes aussi considérables ; cependant, chaque année, je remarque avec peine combien est petit le nombre des personnes qui travaillent à résoudre les problèmes qu'elle a proposés. Je ne puis attribuer ce peu d'empressement qu'à l'ignorance où l'on est, assez généralement, des questions qu'elle agite, comme des récompenses attachées à leur solution. Aussi, en vous adressant aujourd'hui un certain nombre des nouveaux programmes, crois-je devoir insister sur les recommandations que je vous fis l'année dernière, à pareille époque, afin que l'annonce de ces prix reçoive par vos soins la plus grande publicité. Je me flatte que le zèle des autorités locales vous secondera dans l'exécution des mesures que vous prendrez pour en répandre la connaissance. Il importe que cet objet ne soit ignoré ni des chambres de commerce, ni des chambres consultatives d'arts et manufactures, ni d'aucune société savante, ni même des individus isolés que de telles questions auraient droit d'intéresser. A cet effet, il sera bien que vous employiez la voie des affiches et celle des journaux qui appartiennent spécialement aux villes de votre ressort. En un mot, vous ne pouvez mieux répondre aux vues du gouvernement, qu'en propageant parmi tous vos administrés des instructions si utiles.

Agriculture. — Travaux utiles.

10 février 1820.

Le Ministre de l'intérieur aux Préfets.

Tandis que le roi s'occupe, avec une active sollicitude, de développer les institutions que nous devons à sa haute sagesse, et d'assurer ainsi la sécurité de l'avenir de la France, Sa Majesté porte ses regards sur tout le bien qui reste à faire dans l'administration intérieure de son royaume : elle veut que son règne soit marqué par un accroissement de prospérité nationale, qui soit le fruit du plus grand développement de l'agriculture et de l'industrie ; que ces heureuses conquêtes de la paix fassent oublier à ses peuples des conquêtes plus fragiles, et fassent ainsi tourner à leur bonheur, le génie et l'activité qui les distinguent. Des capitaux nombreux sont demeurés oisifs ; ils appellent la population à accroître la masse du travail : mais il faut une direction à d'honorables et lucratives spéculations. De vastes terrains sont encore incultes, malgré les progrès si marquants de notre agriculture ; mais des questions de limites, souvent même de propriété, des obstacles de localités qui ne sont pas insurmontables, des exemples, des notions qui manquent, arrêtent quelquefois les hommes les plus portés à faire concourir leur fortune particulière à l'accroissement de la fortune publique.

Il en est de même des desséchements, des canaux de navigation ou d'irrigation, des ponts, des bacs, des mines, etc. Si l'administration ne s'occupe pas des opérations préliminaires, des premières difficultés qui se présentent à toute amélioration projetée, rarement le spéculateur le plus zélé osera-t-il entreprendre de s'y livrer avec le seul appui de son zèle et de ses capitaux.

Sa Majesté m'ordonne, en conséquence, d'appeler toute votre attention sur les objets dont je vais m'entretenir avec vous.

Agriculture. — Défrichements.

Si votre département renferme des terrains considérables, susceptibles d'être défrichés, vous en avez, à diverses époques, fourni des états plus ou moins détaillés. Demandés, le plus souvent, dans des vues de statistique générale, ces états sont non-seulement insuffisants pour éclairer aujourd'hui l'administration supérieure, mais plus encore pour guider l'administrateur, par les soins duquel il faut arriver à mettre en valeur tout ce qui peut être susceptible de culture. Un préfet doit aujourd'hui savoir qu'il y a dans le département confié à ses soins tels terrains appartenant à l'Etat, aux communes ou aux particuliers, dont il connaît l'étendue, la nature, le bornage, les droits d'usage, les discussions de limite ou même de propriété ; il doit avoir le plan figuré des trois ou quatre portions de la plus grande étendue, avec l'indication de la valeur vénale, celle des eaux ou rivières qui les traversent ou qui les avoisinent, celle de la nature du sol et de ses couches inférieures, celle des cultures existant dans les environs, et enfin une opinion raisonnée sur le meilleur parti à tirer de ces terrains.

Avec de tels renseignements, il devient facile d'atteindre ce but, et de provoquer des encouragements aux particuliers, des ventes au profit des communes qui y trouveraient leur avantage, et des concessions de la part du gouvernement pour les terrains appartenant à l'Etat.

Les sociétés d'agriculture, les agents du domaine et du cadastre, le grand nombre de propriétaires éclairés qui habitent les campagnes, vous fourniront bientôt tous les matériaux du travail que je vous demande sur les défrichements. Mais vous ne perdrez jamais de vue, dans les projets que vous seriez dans le cas de préparer, qu'il ne peut être question de défricher les lieux élevés ou montagneux, encore moins les terrains offrant des portions de bois à restaurer ; que ceux-là ne doivent vous occuper, que pour reboiser par des semis, et que ceux-ci doivent être religieusement conservés, dans toute modification de propriété, dans toute concession à proposer.

Desséchements.

Les desséchements ont été, de même que les terrains incultes, l'objet d'états souvent fournis par les départements. L'administration supérieure possède, à cet égard, des renseignements beaucoup plus complets, et la législation intervenue en 1817 sur cette matière semblait avoir pour but de donner une grande impulsion à cette branche d'amélioration agricole. Je sais qu'on s'est quelquefois plaint de la lenteur des formalités qui sont prescrites par cette législation ; mais, d'un autre côté, les concessionnaires n'ont-ils pas été aussi souvent rebutés par le défaut de concours des autorités locales. C'est à produire cet utile concours que vous devez surtout vous attacher, s'il y a dans votre département des desséchements à entreprendre ; c'est à aplanir les difficultés, à hâter les décisions, que vous ferez consister votre intervention efficace, si vous voulez déterminer les concessionnaires qui se présenteraient. Mais cela ne suffirait pas encore ; il faut que vous les provoquiez, en recueillant vous-même les premiers éléments d'un travail propre à faire connaître les avantages locaux d'un desséchement.

En principe, tout ce qui est couvert d'eau ne doit pas être desséché. Il faut, avant tout, considérer la salubrité publique ; dans ce cas, il n'y a pas à hésiter : mais si une contrée est généralement privée d'eau, si cette privation est due à son déboisement, les étangs ou marais qui ne seraient pas nuisibles aux hommes ou aux animaux sont une véritable ressource pour l'agriculture, par le moyen de l'évaporation. Le plus utile desséchement de cette nature serait celui qui ferait un sage emploi des eaux, en les destinant à alimenter des canaux d'irrigation.

Canaux d'irrigation.

L'irrigation en France n'a fait pour ainsi dire aucun pas, au milieu des nombreuses conquêtes de notre agriculture ; et cependant nos contrées méridionales surtout en réclament le bienfait avec instance. Partout elle offrirait d'immenses avantages. Occupez-vous donc d'en encourager l'emploi dans votre département ; recherchez les eaux qui pourraient y servir, en conciliant tous les intérêts privés ; faites faire un premier projet, avec les plans, devis et détails de la dépense, et avec l'aperçu des moyens de la couvrir par une concession à long terme ; recherchez ensuite un capitaliste ou des associations de propriétaires intéressés. Je ne doute pas que de tels efforts ne fussent couronnés d'un succès qui ferait chérir votre administration et bénir le gouvernement du roi.

Industrie et commerce. — Canaux de navigation.

L'agriculture et le commerce sont ici d'accord sur l'insuffisance de nos moyens de transport par eau. C'est surtout dans les années où les besoins d'une province réclament le superflu des récoltes d'une autre, que nous éprouvons en France combien il serait important d'y multiplier les canaux ; le prix du transport par terre est un des principaux éléments de la cherté, qui, pour le peuple, ressemble si fort à la disette. C'est particulièrement ici que le résultat de vos soins serait apprécié par le cœur même de Sa Majesté, tout occupée du bien-être de ses sujets pauvres. Recherchez, dans votre département, quels seraient les petits canaux que l'on pourrait faire communiquer avec nos grands fleuves ou leurs affluents ; adressez-moi, sur ce sujet, de premiers mémoires raisonnés. Je donnerai au directeur général des ponts et chaussées les instructions nécessaires pour faire étudier les projets sur le terrain. Lorsque la possibilité d'exécution sera démontrée, la dépense appréciée, le projet de péage dressé pour la couvrir, nous appellerons des entrepreneurs, et nous devons espérer en trouver.

Routes et ponts d'intérêt local.

L'État ne peut faire les frais que des grands ouvrages qui intéressent la société tout entière. Si ce principe n'était pas depuis longtemps reconnu, le régime constitutionnel l'aurait fait éclore. Le gouvernement doit donc rechercher avec soin tous les intérêts de localité, et les faire concourir à la richesse générale. De grandes contrées manquent de communications pour entrer en partage des bénéfices de l'agriculture et du commerce : telle forêt n'a que des bois d'une valeur presque nulle, parce qu'on ne saurait arriver à la ville voisine ou au fleuve qui conduit sur les points de grande communication ; un bac peut être le seul obstacle au perfectionnement d'une communication déjà existante.

Dans de telles circonstances, vous devez vous rendre compte des moyens à employer pour enrichir cette contrée, en provoquant des agrégations d'intérêts de communes ou de propriétaires ; mais, pour réussir, il vous faut recueillir les données propres à évaluer la dépense et les profits de l'opération. Un mémoire, un plan, un devis, sont encore des matériaux indispensables. L'administration doit aux administrés la faible dépense qui peut en résulter, et qui seule les déterminera à des sacrifices, à des spéculations.

Pour mieux vous faire comprendre ma pensée, je choisis un exemple que m'offre une entreprise qui est, en ce moment, soumise à l'approbation du gouvernement. Il existe sur une rivière un bac affermé 3,000 fr. par an. Le service de ce bac emploie trois bateaux et deux hommes, dont le salaire annuel ne coûte pas moins de 1,000 francs à l'entrepreneur. Si à ce salaire nous ajoutons l'entretien des trois bateaux à l'usage du bac, plus le bénéfice du fermier et le prix du bail, on peut dire qu'une somme de 6,000 francs au moins est annuellement supportée par les voyageurs qui traversent la rivière. Cependant un pont solide peut être construit sur cette rivière moyennant 60,000 francs. N'est-il pas évident que des capitaux trouveraient ici un emploi avantageux par la concession d'un péage, et qu'un pont, utile à la localité, lui ouvrirait des moyens de transport qu'elle n'a pas ?

Mines et carrières.

Tout ce qui précède peut s'appliquer à l'exploitation des mines et carrières que votre département peut renfermer, et dont les trésors restent souvent enfouis, faute de quelques recherches, de quelques expériences rendues publiques pour appeler l'attention des spéculateurs et des capitalistes.

Il n'est pas question de ressusciter un système de centralisation de tous les intérêts de localité, avec la prétention de les gouverner à Paris. La part que le roi m'ordonne d'y prendre se réduit à provoquer toute votre sollicitude, à appeler vos soins de tous les jours sur le bien qui reste à faire à votre département, à concourir avec vous à une publicité qui réunisse les intérêts semblables et les capitaux recherchant un emploi, enfin, à vous seconder dans les moyens d'exécution, qui doivent varier comme les localités, et dans les mesures à prendre pour aplanir tous les obstacles. Dans les recherches auxquelles vous allez vous livrer, vous ne vous laisserez point arrêter par les premières difficultés qui se présenteraient ; mais vous ne vous laisserez pas séduire par de premières données, par des avantages incertains ou impossibles à réaliser. Tous les projets qui vous seront présentés devront être jugés par vous avec une critique sévère ; tous les intérêts sont pesés avec une égale impartialité. Si une entreprise favorable à un nouveau genre d'industrie devait nuire à un autre préexistant, vous devez faire informer régulièrement *de commodo et incommodo*, suivant les formes voulues par les lois.

Vous ne perdrez pas de vue que les projets formés par vos soins ou accueillis par vous doivent toujours se fonder sur trois points principaux :

1º L'utilité réelle de l'entreprise ;
2º Les dépenses qu'elle nécessitera ;
3º Les moyens de subvenir à ces dépenses.

A mesure qu'un projet sera complété, vous m'enverrez une copie de toutes les pièces qui le composeront ; mon intention est d'en former un recueil, qui puisse, en même temps, servir à la participation de l'administration supérieure, et être consulté, en toute liberté, par les spéculateurs qui voudraient venir au secours des capitaux manquant dans un département. Lorsque cette ressource serait le seul obstacle à l'exécution d'un projet utile et dont les avantages seraient bien démontrés, il est à croire que des capitalistes, avertis par la publicité que je compte donner au travail des préfets, ne nous manqueront pas : de toutes parts l'industrie annonce le besoin de prendre un grand essor ; l'activité des Français, dirigée pendant vingt-cinq ans vers la guerre, va s'ouvrir des routes plus heureuses, sous l'influence du monarque qui veut léguer à ses successeurs la stabilité et la liberté publique, source de toutes les prospérités.

Haras. — *Abus dans la distribution des fourrages.*

20 février 1820.

Le Ministre de l'intérieur aux Directeurs de haras et aux Chefs de dépôts d'étalons.

D'après les comptes qui m'ont été rendus sur le régime intérieur des haras et dépôts d'étalons, il existerait, dans plusieurs de ces établissements, certains abus dont il importe de prévenir au plus tôt le retour ; et c'est l'objet de cette lettre.

Les abus dont j'entends parler ici sont principalement relatifs,

1º Aux rations allouées à ceux des officiers de haras que les règlements assujettissent à avoir des chevaux ;

2º Aux distributions journalières de fourrages.

Sur le premier objet, on voit, en se reportant au 1er règlement du 7 novembre 1806 sur les haras, articles 15 et 18, que ces rations sont destinées à l'*entretien* des chevaux que les chefs de dépôt, les inspecteurs, etc., sont tenus d'acheter à leur compte : il en résulte que, si ces chevaux n'existent pas, les rations ne sont pas dues. Et cependant, suivant ce que j'ai eu occasion d'apprendre, plusieurs se les font payer, quoiqu'ils n'aient réellement pas de chevaux. Il m'en coûterait de présumer que les officiers qui sont dans ce cas joignent au tort de recevoir ce qui ne leur appartient pas celui de ne pas faire les tournées auxquelles ils sont obligés ; mais si, comme j'aime mieux me le persuader, ils remplissent cette partie de leurs devoirs, il ne faut pas qu'ils croient, pour cela, que l'excédant des frais de voyage qu'ils supportent, faute d'avoir un cheval, suffise pour rassurer leur délicatesse ; il y a toujours ici une fiction condamnable, et que je réprouve formellement.

Quant aux officiers de haras qui se sont oubliés jusqu'à faire nourrir, en tout ou en partie, leurs chevaux aux frais des établissements, tandis qu'ils recevaient leurs rations en argent, j'ai dû faire une justice sévère d'un tel abus, dès qu'il m'a été connu ; et une révocation récente, dont je vous donne avis ici, sans nommer personne, vous apprendra suffisamment que je considère cet abus comme des plus graves et des plus dignes d'une répression exemplaire.

Relativement aux distributions de fourrages, il paraît que plusieurs chefs d'établissement, reléguant les régisseurs et les officiers comptables dans le bureau, prétendent les borner aux soins de la caisse, de la comptabilité et des écritures : ils les écartent ainsi de la réception, de l'emmagasinement et des distributions journalières.

Cette conduite est évidemment contraire à la lettre et à l'esprit du règlement précité du 7 novembre 1806, qui s'exprime en ces termes, article 12, titre II :

« Le régisseur (et l'agent ou officier comptable qui lui est assi« milé par l'article 19, même titre, section xi) tiendra, jour par « jour, l'état des recettes et dépenses ; il prendra note de l'entrée « des fourrages et de la consommation ;........il aura la conser« vation et la délivrance de tous les objets de consommation du « haras ; il tiendra note de l'entrée et de la sortie des objets confiés « à sa garde, et ne pourra faire aucune délivrance que sur un bon « du directeur (1). »

L'intention qui a dicté cet article n'a pas été, sans doute, que l'officier du grade dont il s'agit ici fût regardé comme simplement tenu d'enregistrer les notes des entrées et des sorties qui lui seraient fournies par le chef de l'établissement : ce rôle, entièrement passif, n'est pas celui qui lui a été assigné ; autrement, le règlement aurait dit *il recevra et gardera note* de l'entrée et de la sortie, et non *il prendra* ou *il tiendra note* ; ce qui est fort différent.

_____

(1) Voir le règlement du 1er février 1850 sur la comptabilité des matières appartenant au département de l'agriculture et du commerce.   (*N. de l'Ed.*)

Le régisseur ou l'officier comptable a, en effet, un contrôle à exercer sur les quantités des fourrages et autres objets réellement reçus et consommés ou sortis, et dont il constate le mouvement. Ce contrôle ne se borne pas à la reconnaissance du poids, de la mesure ou du nombre des objets ; il doit porter aussi sur les qualités, et ces officiers sont autorisés et invités à faire, au besoin, des observations au chef, lorsque ces qualités ne sont pas telles que les règlements l'exigent et que les marchés ou traités le déterminent. L'administration a voulu trouver une garantie complète dans le concours et la critique exercée par les deux principaux officiers de l'établissement, sur les objets de fourniture et d'achat ; ce qui n'empêche pas que l'inspecteur, dans les haras, ne doive aussi s'assurer de la bonté des fourrages et des avoines, comme chargé des détails de l'écurie.

La santé, le bon état des chevaux, la conservation des qualités qu'ils doivent avoir pour le but auquel ils sont destinés, exigent ces garanties : et je vous déclare ici formellement que, partout où les chefs auront écarté les régisseurs et les officiers comptables de ce contrôle essentiel, je considérerai, par cela seul, les premiers comme suspects de prévarication.

Mais j'espère que, sans avoir besoin de recourir à aucun acte de sévérité, il suffira de ce simple avis, partout où quelque relâchement se serait introduit dans cette partie de la surveillance confiée aux régisseurs et aux officiers comptables.

En rappelant, à cet égard et au sujet des rations allouées à certains grades, les dispositions puisées dans les règlements, je n'ai point entendu vous adresser de reproches en particulier, mais retracer leurs devoirs à ceux qui s'en seraient écartés.

Le bien du service et l'honneur des officiers des haras tiennent à l'accomplissement scrupuleux de ces devoirs. Les comptes qui me sont présentés, et qui sont certifiés sincères et véritables, ne doivent contenir aucun déguisement, aucune fiction. Toute consommation de fourrages qui ne serait pas exactement accusée, toute recette qui serait dissimulée, toute dépense qui serait présentée sous une autre désignation que sous la véritable, blessent la délicatesse et portent atteinte à la sincérité qui vous est strictement prescrite. Si, dans des intentions qui ne seraient pas coupables au fond, quelques économies faites sur les rations des étalons avaient été converties en argent pour être employées ensuite, dans l'intérieur des haras ou dépôts, à des dépenses d'embellissement ou d'agrément dont l'approbation aurait été douteuse, partout où un semblable écart aurait eu lieu, les recettes dues à un pareil motif devraient, dans vos prochains comptes, être comprises à l'article de vos recettes diverses.

Les inspecteurs généraux, dans la prochaine tournée, auront ordre de s'assurer de l'exactitude des directeurs et chefs de dépôts à se conformer à la présente invitation.

Recrutement.

Février 1820.

Le Ministre de l'intérieur aux Préfets.

J'ai reconnu qu'il était nécessaire de donner des instructions spéciales pour l'entière exécution des dispositions de l'article 15 de la loi du 10 mars 1818, sur le recrutement de l'armée (1). Cet article porte :

« *Sont dispensés, considérés comme ayant satisfait à l'appel, et* « *comptés numériquement en déduction du contingent à fournir par* « *chaque département respectif, lorsqu'ils sont désignés par leur* « *numéro pour faire partie du contingent,*

« 1° Les jeunes gens régulièrement autorisés à continuer leurs « études ecclésiastiques, sous condition qu'ils perdront le bénéfice « de la dispense s'ils n'entrent point dans les ordres sacrés ;

« Cette disposition est applicable aux divers cultes dont les mi-« nistres sont salariés par l'Etat ;

« 2° Les élèves de l'école normale et les autres membres de « l'instruction publique qui contractent, devant le conseil de l'uni-« versité, l'engagement de se vouer, pendant dix années à ce ser-« vice ;

« (Cette disposition est applicable aux frères des écoles chré-« tiennes);

« 3° Les élèves de langue ;

« 4° Les élèves de l'école polytechnique et des écoles de services « publics ;

« 5° Les élèves des écoles spéciales militaires et de la marine ;

« Soit que lesdits élèves suivent encore leurs études, soient qu'ils « aient été admis dans le service auquel elles préparent ; sous con-« dition qu'ils perdront le bénéfice de la dispense s'ils abandon-« nent lesdites études ou ne sont point admis dans ledit service, « ou s'ils le quittent avant le temps fixé pour la durée du service « des soldats. »

En conséquence de ces dispositions, les articles 85 et 129 de l'in-struction générale du 12 août 1818, sur les appels, ont expliqué que les jeunes gens compris dans l'une ou l'autre des cinq catégories ci-dessus, perdant leurs droits *à la dispense*, seront repris pour le service de l'armée, et tenus d'y rester jusqu'au renvoi de la classe à laquelle ils appartiennent, si, avant cette époque, ils quittent leurs études, ou abandonnent leur état, profession ou emploi, etc.

A cet effet, l'article 129 prescrit aux préfets, lorsqu'ils ont été in-formés que des jeunes gens se trouvent dans ce cas, de les faire comparaître devant les conseils de révision, pour être examinés et déclarés bons pour le service de l'armée, s'ils n'ont d'ailleurs aucun droit *à l'exemption.*

Il importe donc que les chefs ou directeurs des écoles ou des éta-blissements désignés à l'article 15 de la loi de recrutement fassent connaître exactement aux préfets ceux des élèves qui, avant l'expi-ration de la durée du service des soldats de leur classe, abandon-nent leurs études ou ne sont pas admis dans le service auquel ils se destinaient, ou qui renoncent à ce service ; car, s'ils négligeaient de prendre ce soin, les préfets et les conseils de révision pourraient ignorer le changement survenu dans la position de ces jeunes gens, et leur croire toujours les mêmes droits à la dispense : ceux-ci, quoique les ayant perdus, ne seraient point recherchés et continue-

---

(1) Cet article correspond à l'article 14 de la loi du 21 mars 1832, qui le mo-difie et impose des conditions aux dispensés dans les cas prévus aux paragra-phes 1, 2 et 4 ci-dessus. (*N. de l'Ed.*)

raient de jouir, au préjudice de l'armée, du bénéfice de l'article 15 de la loi.

Or j'ai déjà eu occasion de remarquer que les avertissements nécessaires ne sont pas exactement donnés.

Pour prévenir les abus qui résulteraient de cette négligence, et pour que les intentions de la loi puissent être entièrement remplies, je donne à ceux des chefs ou directeurs des différents établissements ou écoles de services publics qui ressortissent au ministère de l'intérieur l'ordre de faire connaître soigneusement aux préfets les motifs pour lesquels des jeunes gens désignés pour l'armée, mais dispensés à raison de leurs études, profession ou emploi, etc., les auraient quittés avant le terme de la durée du service des soldats de leur classe. Les ministres de la guerre et de la marine vont adresser des instructions dans le même sens aux chefs ou directeurs des écoles spéciales dépendant de leurs ministères.

De votre côté, il est essentiel que vous soyez exact à désigner à tous les directeurs ou chefs des écoles publiques, aussitôt après la clôture de la liste départementale du contingent de votre département, ceux des jeunes gens qui auront été dispensés du service en vertu de l'article 15 de la loi du 10 mars 1818.

Les écoles vétérinaires de Lyon et d'Alfort ne sont pas considérées comme écoles de services publics. Ceux des élèves de ces écoles désignés par le sort comme jeunes soldats doivent être immatriculés ; cependant ils peuvent obtenir des autorisations particulières de continuer leurs études, et si, après le délai accordé pour les terminer, ils ne sont pas employés au service de l'État dans leur profession de vétérinaire, ils demeurent à la disposition du ministre de la guerre. En conséquence, il sera nécessaire que vous soyez informé aussi, par les chefs des écoles vétérinaires, de la destination donnée aux élèves qui auront été désignés par le tirage dans votre département. Je viens de leur écrire à ce sujet, et je vous invite à vous concerter avec eux.

Haras. — Étalons approuvés et autorisés (1).

26 février 1820.

Le Ministre de l'intérieur aux Préfets.

Dès mon arrivée au ministère de l'intérieur, mon attention s'est portée, d'une manière toute particulière, sur le service des haras, partie d'administration à laquelle je prends un très grand intérêt, et dont j'ai à cœur d'assurer les succès, au moins autant que le permettront les circonstances et les moyens dont je pourrai disposer.

Depuis deux ans, tous les fonds que le budget de chaque exercice a mis à la disposition du département de l'intérieur pour la remonte des haras et des dépôts d'étalons ont été entièrement employés à l'acquisition, soit de chevaux étrangers et de grand prix, soit de chevaux indigènes propres à améliorer l'espèce dans les diverses localités où ils ont été placés. D'importantes opérations en

---

(1) Un arrêté de M. le ministre de l'agriculture et du commerce, en date du 27 octobre 1847, fixe le tarif des encouragements accordés aux détenteurs d'étalons approuvés.　　　　　　　　　　　　　　　　(N. de l'Ed.)

ce genre, entreprises au loin, ne sont pas encore consommées ; mais les résultats en sont attendus prochainement : je me propose d'y donner toute la suite possible, et de prendre d'ailleurs toutes les mesures propres à assurer à nos établissements de haras une composition qui laissera peu à désirer.

Cependant je ne me dissimule pas les difficultés qu'oppose la pénurie extrême de bons étalons, pénurie qui est presque générale, et qui est la suite inévitable des guerres ruineuses qui ont affligé l'Europe.

Dans une semblable circonstance, s'il existe un moyen de donner aux sacrifices que fait le gouvernement une direction plus immédiate vers les véritables éléments de l'amélioration, et de consacrer presque exclusivement à cette destination principale les ressources que la loi met sous sa main, il n'est pas douteux que ce moyen ne doive être saisi avec empressement.

Ainsi l'administration, qui, dans des vues paternelles, embrasse les divers besoins qu'éprouvent l'agriculture et le commerce, en chevaux de trait, etc., pourrait, moyennant de certaines combinaisons, se dispenser d'acheter et d'entretenir dans ses établissements des animaux de cette classe, qui, sans travailler, consomment, dans le cours de l'année, proportionnellement à leurs forces et à leur développement physique.

De telles combinaisons dépendent surtout des particuliers ; ils peuvent concourir aux vues du gouvernement, et diminuer ses charges, par un choix bien entendu des étalons et des juments qu'ils consacrent à la reproduction, par un bon système d'éducation des produits qui en résultent, et par l'emploi sage et ménagé des uns et des autres, à quelque service ou à quelque usage qu'on les destine.

Je me bornerai aujourd'hui à parler des étalons. Il convient que vous rappeliez aux propriétaires et aux agriculteurs qu'elles peuvent intéresser les dispositions du décret du 4 juillet 1806, en ce qui regarde les primes que le gouvernement accorde à ceux de ces animaux qui sont jugés dignes d'être approuvés.

Je désire donc qu'en exécution de ces dispositions vous me fassiez connaître, dès ce moment, et avant la tournée des inspecteurs généraux des haras, s'il existe dans votre département des étalons susceptibles d'être approuvés, *particulièrement dans l'espèce des chevaux de trait*, et quel peut en être le nombre. Je dois vous faire observer que le gouvernement ne doit admettre à l'approbation que des chevaux entiers, sans tares, et réunissant les formes et les autres qualités nécessaires pour améliorer sensiblement l'espèce du pays. Vous me donneriez, d'accord avec les chefs de dépôts et directeurs de haras, votre avis sur la quotité de la prime qu'il vous paraîtrait convenable d'accorder, en général, aux propriétaires qui se procureraient et qui emploieraient à la reproduction de semblables étalons, pour que l'encouragement qui leur serait ménagé, fût combiné avec le prix du saut et le travail de l'animal dans le temps où il n'est pas employé à la monte. On aurait de plus égard, dans cette fixation, à l'origine des étalons ; car, si le propriétaire, pour se procurer de meilleurs animaux, les avait achetés au loin, il conviendrait de prendre en considération le zèle dont il aurait fait preuve en cette occasion, et le surcroît de dépense qu'il aurait supporté.

Les approbations que, sur votre proposition, j'aurais ainsi prononcées, seraient provisoires, et ne deviendraient définitives qu'après la tournée des inspecteurs généraux, qui s'entendraient avec vous pour visiter les animaux proposés à l'approbation, et me feraient ensuite leur rapport.

Il y a encore une autre classe d'étalons à laquelle il convient aussi d'accorder quelque faveur, surtout pour discréditer et faire tomber, s'il est possible, la multitude de chevaux tarés et défectueux qu'on emploie presque partout à la reproduction : ce sont les chevaux entiers qui, sans avoir rien de distingué ni qui puisse avancer l'amélioration, n'ont cependant ni tares ni défauts qui puissent la faire reculer, et qui, par conséquent, sont au moins propres à conserver l'espèce. A cet effet, on pourrait adopter la mesure déjà en usage dans plusieurs départements, où les préfets ont nommé un ou plusieurs inspecteurs exerçant gratuitement, qui sont chargés de visiter, dans leurs arrondissements respectifs, les chevaux consacrés à la reproduction ; de dresser un état de ceux qui leur paraissent propres à cet emploi, état qui est communiqué par le préfet au chef de l'établissement de haras qui dessert le département, et renvoyé ensuite par celui-ci, avec ses observations. C'est sur ces documents réunis que le préfet arrête la liste, par arrondissement, des étalons de ce genre, que j'appellerais seulement *autorisés* ; il transmet ces listes aux maires des communes, qui les font publier et afficher. La publication, l'affiche, doivent avoir lieu assez à temps pour que les propriétaires et les cultivateurs intéressés en aient connaissance avant la monte. Il en résulte nécessairement, pour les possesseurs des chevaux ainsi signalés à la confiance du public, un avantage qui est encore augmenté par la faveur qui sera accordée aux juments saillies par ces étalons, d'être admises à concourir pour les primes avec celles qui ont été saillies par ceux du gouvernement et par les étalons approuvés.

Haras.—Distribution des primes.

20 mars 1820.

Le Ministre de l'intérieur aux Préfets.

L'expérience qu'a faite l'administration, jusqu'à ce jour, des divers modes appliqués à la distribution des primes d'encouragement pour l'amélioration de nos races de chevaux, a dû la mettre à même de donner à ce mobile la direction la plus utile. C'est vers ce but qu'ont tendu ses efforts, particulièrement dans ces dernières années ; et ils paraissent l'avoir atteint assez généralement, partout où ses vues ont été convenablement secondées.

Cependant, il est des départements, en assez grand nombre, où l'on s'est formé sur ce point des opinions qui s'écartent de celles que l'expérience semble avoir justifiées ; il en est aussi où les encouragements dont il s'agit n'ont pas encore été établis, et quelques autres où ils ont souffert une assez longue interruption.

J'ai l'intention, en étendant ces moyens d'amélioration à toutes les contrées où elles peuvent être utilement introduites, d'en régler partout l'usage, de concert avec les préfets, sur des principes positifs et dont la fixité puisse provoquer les spéculations des cultivateurs et des propriétaires.

Des renseignements complets et appropriés à chaque contrée

peuvent seuls me mettre à même de réaliser ce projet; et, pour vous rendre plus facile le travail que j'attends de vous à cet égard, je crois devoir retracer ici des considérations générales dont il est nécessaire que les préfets soient tous également pénétrés.

L'amélioration des chevaux s'obtient, 1° par un bon choix et par l'emploi judicieux des éléments de reproduction; 2° par l'éducation soignée et bien entendue des poulains et pouliches. De là suit la nécessité de diviser les encouragements en deux classes principales, embrassant, l'une les contrées où l'on fait naître, l'autre celles où l'on élève les poulains jusqu'à l'âge de chevaux faits.

Il est peu de départements qui ne puissent être rangés dans une de ces classes. Dans la première, où il s'agit d'encourager les soins tendant à la propagation des juments poulinières et au développement de la beauté de leurs formes, l'expérience a prouvé que les fonds consacrés à l'amélioration des chevaux en général devaient être principalement affectés aux juments dont il s'agit, et répartis en petites primes, de deux ou trois classes au plus, afin d'y faire participer le plus grand nombre de juments possible, en ayant toutefois égard aux qualités relatives qui doivent motiver les préférences à accorder dans les concours.

Un des moyens de parvenir à multiplier les naissances paraît être d'accorder aux mêmes juments le droit de participer aux primes successivement chaque année, tant qu'elles mériteront d'être classées parmi les plus belles et les meilleures poulinières; et comme les précautions prises pour la saillie des juments qui aspirent aux primes offrent, dans le choix du père et de la mère, la garantie de la bonté des productions, il semble superflu d'affecter un encouragement spécial aux jeunes animaux résultant de ces accouplements. Dans tous les cas, cet encouragement devrait se borner, pour chaque département, à deux prix un peu considérables, qui seraient accordés aux élèves parvenus à l'âge de quatre ou cinq ans, et dont la beauté et les qualités répondraient aux soins qu'ils auraient reçus pendant leur enfance.

En général, les avantages accordés aux étalons approuvés, et qui font l'objet de ma circulaire du 26 février dernier, sont un motif assez puissant pour engager à faire des élèves mâles et à les conserver entièrement. L'extension que je donnerai aux dispositions déjà prises à cet égard partout où le bien de la chose l'exigera, me paraît devoir compléter, avec le mode ci-dessus exposé de répartition de primes aux juments, le système d'encouragement le plus convenable aux contrées où l'on fait naître.

Quant à celui qui peut être appliqué aux contrées qui s'adonnent à l'élève des chevaux, il doit consister principalement en une répartition de primes plus nombreuses que considérables entre les plus beaux poulains de deux, trois et quatre ans, successivement admissibles aux primes de ces différents âges, tant qu'ils conservent leurs premiers avantages, et qu'ils n'ont été ni employés à la reproduction, ni soumis à un travail pénible.

A cette espèce d'encouragement se joint celui qui résulte des achats faits tant pour la remonte des haras royaux que pour celle des différentes armes de cavalerie.

Entre ces deux grandes divisions, une troisième paraît se présenter, qui participe presque également de l'une et de l'autre; je veux parler des contrées où la propagation et l'éducation entrent dans les habitudes communes. Convient-il d'adopter pour ces contrées un système d'encouragement mixte, basé sur les principes ci-dessus développés? Mais il n'est qu'un très-petit nombre de départements où il puisse être avantageux d'encourager à la fois les deux spéculations dont il s'agit; et d'ailleurs favoriser, sur le même point, l'éducation des poulains et des poulinières, n'est-ce pas ôter aux uns ce qui pourrait être affecté aux autres?

Tout considéré, l'existence simultanée de ces deux éducations est à mes yeux un état de choses sur lequel j'ai besoin d'être fixé par les renseignements de ceux des préfets qui peuvent l'avoir observé.

Il importe aussi de remarquer que les primes, pour être aussi nombreuses que possible, et pour ne point exciter la cupidité et l'intrigue aux dépens de l'émulation, ne peuvent être que modiques, et qu'il convient conséquemment de pourvoir à ce que les citoyens qui sont dans le cas d'y prétendre, ne soient pas astreints à des déplacements trop dispendieux, ni distraits de leurs travaux agricoles.

Il faut également que les concours soient, autant que possible, placés au centre des contrées où ils doivent produire le plus d'effet, et fixés, du moins pour les juments poulinières, à une époque qui permette aux poulains d'accompagner leurs mères.

Vos observations seront immédiatement l'objet de mon attention; et, soit qu'elles donnent lieu à modifier ou à maintenir les dispositions actuelles, soit qu'elles me fassent sentir la nécessité de rétablir des concours interrompus ou d'en créer de nouveaux, j'aurai soin que les règles établies le soient pour cinq ans au moins, et que, même après ce laps de temps, elles ne puissent être modifiées qu'après un examen approfondi des motifs qui réclameraient un changement; motifs sur lesquels votre avis et celui d'une commission semblable à celle qu'il s'agit d'organiser seraient nécessairement pris.

Amendes de police.

29 mars 1820.

Le Directeur général de l'administration départementale et de la police aux Préfets.

Depuis longtemps on a mis en question si le produit des amendes attribuées aux communes, pour délits de la compétence des tribunaux de police correctionnelle, et pour contraventions aux lois et aux règlements de simple police rurale et municipale, devait, aux termes du décret du 17 mai 1809, continuer de former un fonds commun, applicable, pour un tiers, aux dépenses des enfants trouvés, et, pour les deux autres tiers, aux communes qui éprouvent le plus de besoins.

Conformément à l'avis du conseil d'État, approuvé par le roi le 9 novembre 1814, le décret du 17 mai 1809 a dû continuer de recevoir son exécution pour les amendes prononcées par les tribunaux de police correctionnelle, parce qu'il n'a été dérogé aux dispositions qu'il contient par aucun article du Code pénal.

Quant aux amendes de simple police rurale et municipale, le conseil d'État avait pensé que l'article 466 du Code pénal était trop positif, pour ne pas en faire jouir exclusivement les communes où les contraventions ont eu lieu, et que, d'après cet article, le décret du 17 mai 1809 ne pouvait plus servir de règle pour l'application des amendes de cette nature.

Néanmoins la régie des domaines, chargée de faire procéder au recouvrement des amendes, ayant toujours objecté que l'exécution rigoureuse de cette disposition obligerait ses agents à tenir, par commune, une comptabilité beaucoup trop minutieuse et compliquée, et que les frais de registres et d'écritures qui en résulteraient absorberaient, en plusieurs lieux, les produits, l'article 466 du Code pénal et l'avis du conseil d'État qui le rappelle, n'ont pu recevoir jusqu'à présent leur exécution.

Une correspondance est ouverte avec le ministre des finances sur les moyens d'y parvenir ; mais, en attendant qu'une mesure définitive ait pu être adoptée pour l'avenir, il était urgent de statuer, dans l'intérêt des communes, sur l'emploi des amendes prononcées par des jugements définitifs, antérieurs au 1er janvier dernier.

Tel est l'objet de l'ordonnance rendue par le roi, le 19 février, et dont vous trouverez une ampliation ci-jointe (1).

Les propositions que vous aurez à faire pour l'application des produits disponibles devront être appuyées de l'état de ces produits et des budgets des communes que vous jugerez convenable d'appeler à la répartition. Les états de proposition devront indiquer l'objet principal de la dépense à laquelle les fonds devront être appliqués.

Je ne vous prescrirai rien sur la nature des dépenses auxquelles on pourrait, de préférence, appliquer les produits ; toutefois je vous ferai remarquer qu'il est des dépenses communes à plusieurs municipalités, telles que celles qui concernent les justices de paix, les dépôts de sûreté et les prisons communes de police municipale, auxquelles on pourrait en faire une juste et convenable application.

ORDONNANCE

Du 19 février 1820.

Louis, etc. ;

Notre ministre secrétaire d'État au département de l'intérieur nous ayant exposé que les amendes prononcées par jugements, antérieurs au 1er janvier 1820, des tribunaux de police correctionnelle et de simple police rurale et municipale, ont été perçues par les receveurs des domaines et versées dans les caisses des receveurs généraux sans distinction des communes où les délits et contraventions ont eu lieu ; que, dans cet état de choses, l'article 466 du Code pénal ne peut recevoir son exécution pour les amendes antérieures au 1er janvier 1820, et qu'en conséquence il y a lieu d'en faire l'application conformément aux règles établies par le décret du 17 mai 1809 ;

Nous avons ordonné et ordonnons ce qui suit :

Art. 1er. Les amendes prononcées par jugements définitifs, antérieurs au 1er janvier dernier, des tribunaux correctionnels et de simple police rurale et municipale, continueront d'être perçues par les receveurs des domaines, à la charge par eux d'en faire, avec celles dont ils ont opéré le recouvrement, le versement dans la caisse de service, pour être ensuite employées, avec les intérêts qui en proviendront, savoir : un tiers aux dépenses des enfants trouvés, et les deux autres tiers aux dépenses communales indiquées dans les états de répartition qui en seront soumis par les préfets à l'approbation de notre ministre secrétaire d'État de l'intérieur.

Nos ministres secrétaires d'État de l'intérieur et des finances se concerteront pour assurer, à l'avenir, l'exécution de l'article 466 du Code pénal, et pour en soumettre les moyens à notre approbation.

2. Nos ministres secrétaires d'État aux départements de l'intérieur et des finances sont chargés, chacun en ce qui le concerne, de l'exécution de la présente ordonnance.

---

(1) Abrogée par l'ordonnance du 30 décembre 1823, qui a posé une règle définitive à cet égard. (Voir la circulaire du 29 janvier 1824.) (N. de l'Éd.)

Révision des tarifs des droits de navigation (1).

1er avril 1820.

Le Directeur général des ponts et chaussées aux Préfets.

Le droit de navigation est, depuis quelque temps, l'objet de réclamations assez vives : elles portent moins sur l'impôt en lui-même, que sur la variété et l'incohérence des tarifs, l'inégalité des taxes, le défaut d'uniformité dans le mode de perception, et quelques autres inconvénients particuliers à certaines localités. Ces réclamations paraissent fondées ; et le gouvernement a recherché par quelles modifications il était possible d'y faire droit, sans que le revenu public fût altéré.

Cet impôt, dont le but *spécial* était, dans l'origine, de subvenir aux dépenses qu'exige l'exécution des travaux nécessaires à la navigation, dut être calculé d'après les besoins de chaque localité. De là l'inégalité des taxes et la diversité des modes de perception.

Les tarifs de chaque bassin, de chaque arrondissement, de chaque bureau même, présentent, dans l'assiette comme dans le taux du droit, des discordances qui donnent lieu à des plaintes. Là, le droit est fixé par espèce de bateaux, désignés par les dénominations que l'usage leur a données, et, quelque changement qui ait pu être fait à leurs dimensions, la taxe est demeurée invariable ; ici, les bateaux sont divisés par classes suivant leur longueur seulement, et là la largeur a pu être augmentée ; les formes ont pu être altérées de manière à accroître la capacité, sans que la taxe ait été élevée en proportion ; ailleurs, la longueur est combinée avec la largeur ; quelquefois, elle l'est avec la nature du chargement ; plus rarement, le droit est établi par tonneau, mais à raison de la contenance possible du bâtiment ; et, dans toutes ces suppositions, c'est toujours la capacité, c'est-à-dire la charge possible, et jamais la charge réelle qui est imposée.

Il est désirable que ces inconvénients disparaissent, et l'on peut atteindre ce but par l'application de deux règles fort simples : taxe uniforme par tonneau, en raison de la distance parcourue, et perception opérée d'après la contenance réelle du bateau, constatée par le volume d'eau déplacé.

Pour justifier cette uniformité de taxe, appliquée à toute sorte de chargements, sans égard pour leur plus ou moins de valeur, il est à propos de montrer sous quel point de vue le droit de navigation doit être considéré.

Ce n'est point un droit de consommation proprement dit, 1° parce qu'il n'atteint les objets de consommation que dans un seul cas donné, celui du transport par eau, tandis qu'il devrait peser sur tous indistinctement : 2° parce qu'il porte indifféremment sur les marchandises qui vont à l'étranger comme sur celles qui restent à

---

(1) Les vues développées dans cette circulaire ont été réalisées par la loi du 9 juillet 1836, qui a établi un droit fixé de navigation sur les fleuves et rivières. Quant aux canaux, les droits sont fixés par des tarifs particuliers, en vertu de décrets, d'ordonnances ou des actes de concession. (*N. de l'Ed.*)

l'intérieur, tandis qu'il est de l'essence des taxes de consommation d'affranchir complétement les premières. C'est un impôt assis sur une branche particulière d'industrie, et fondé sur les avantages que retire cette industrie des dépenses que fait l'Etat pour la rendre plus facile, par l'entretien des fleuves et des canaux. Ainsi ce n'est pas la marchandise transportée qui doit contribuer, mais bien celui qui effectue le transport; et la base du droit ne saurait être, dès lors, la valeur de l'objet transporté, mais le profit retiré du transport, comparativement à ce qu'il coûterait s'il était opéré par terre; or, ce bénéfice étant le même pour des objets de prix fort différents, il s'ensuit nécessairement que la taxe doit être égale.

Cette taxe doit donc être une fraction du bénéfice qu'obtient un mode de transport sur l'autre, ou, ce qui revient au même, de la différence entre le prix du transport par les deux voies; et cette fraction doit être calculée de manière à ne point détruire la concurrence entre l'une et l'autre.

On pourrait tirer de cette définition la conséquence que nulle exception ne doit être posée au principe de l'uniformité de la taxe : mais, pour aller jusque-là, il faudrait que le droit pût être fixé de manière à n'empêcher jamais le transport d'aucune matière : or, il en est qui ne pourraient être déplacées si elles devaient être voiturées par terre, et qui ne peuvent parvenir à de certaines distances qu'au moyen de tout l'avantage qu'offre la navigation. Or, comme, d'une part, les tarifs doivent être maintenus assez haut pour conserver le revenu actuel, et que, d'une autre part, il ne peut entrer dans les vues du gouvernement d'entraver l'échange d'aucun des produits du sol ou de l'industrie, on ne peut s'empêcher de prononcer une modération de taxe pour les matières qui, sans cette faveur, ne pourraient sortir du lieu de production.

Telles sont les idées arrêtées sur le droit de navigation. Il s'agit maintenant d'arriver à leur application.

Pour y parvenir, il a été convenu entre les ministres de l'intérieur et des finances, de l'avis du directeur général des contributions indirectes et du mien, que des conseils ou des commissions, organisées dans l'esprit de l'article 3 de la loi du 30 floréal an x, seraient appelées à proposer les tarifs qui, d'après les nouvelles bases, doivent être substitués à ceux qui sont actuellement en vigueur.

Ces commissions, réunies auprès de ceux des préfets qui, au moment de la création du droit, ont été désignés comme préfets de chef-lieu d'arrondissement, et sous leur présidence, devront être composées de douze négociants, marchands, mariniers et entrepreneurs de transports par eau et par terre, de l'ingénieur en chef des ponts et chaussées, du directeur des contributions indirectes, et des inspecteurs de navigation, dans les lieux où s'en trouve.

Elles prendront connaissance de l'état actuel des tarifs, des produits qu'ils offrent à l'Etat, pour l'ensemble de l'arrondissement de navigation, et détermineront le taux unique à percevoir, par tonneau de mille kilogrammes, et par distance de cinq kilomètres, pour arriver à un produit égal. Elles indiqueront quelles matières leur paraîtront susceptibles de l'exception dont j'ai parlé plus haut, et de combien la taxe doit être modérée à leur égard, en s'attachant à la définition qui a été donnée de ces matières, en observant que le nombre en doit être très-circonscrit, que cette exception ne pourra s'appliquer qu'aux bateaux complétement chargés des objets désignés, et que toute extension qui aurait pour motif des intérêts de localité ou une préférence pour telle ou telle autre branche de commerce, doit être sévèrement évitée. Elles diront dans quelle proportion se trouvera atteinte, au moyen des tarifs qu'elles proposeront, la différence habituelle entre les prix moyens du transport par eau et du transport par terre. Enfin elles émettront leurs vues sur la convenance ou la nécessité de modifier la taxe, de manière à affaiblir ou à élever cette proportion ; et elles accompagneront, s'il y a lieu, leurs réflexions d'un second projet de tarif, dans lequel, sans s'astreindre à la condition du produit égal, on aurait particulièrement égard aux intérêts généraux du commerce ou de la localité.

Lorsque le gouvernement aura recueilli de toutes parts ces données et ces observations, il déterminera, avec connaissance de cause, ce que doit être le tarif de chaque bassin, pour atteindre partout la même fraction du bénéfice présumé du transport, et assurer à l'État le même revenu que celui qu'il tire aujourd'hui de l'impôt.

Afin de justifier leur opération, les commissions accompagneront le compte qu'elles en rendront, d'un tableau particulier indiquant, 1° quelle est, en calculant les sinuosités des rivières, la distance entre chaque bureau de perception ; 2° quelle est cette même distance, par la route ordinaire de terre, de chacun des bureaux aux bureaux inférieurs, et des deux points extrêmes de la navigation ; 3° Quelles sont, pour toute l'étendue du trajet, et pour chacune de ses fractions les plus marquées, les prix moyens du transport d'un quintal ou d'un tonneau de marchandise voituré par terre, et de la même quantité voiturée par eau ; 4° enfin quelle est la distance par terre, pour chacune des fractions du trajet qui aura fait l'objet du renseignement qui précède.

Un autre tableau devra être formé par les commissions ; il indiquera la capacité réelle, en tonneaux de mille kilogrammes, de chacune des espèces de bateaux actuellement comprises aux tarifs et qui naviguent habituellement sur les bassins dont on s'occupera. Ces bateaux seront désignés par la dénomination particulière qu'ils ont aux tarifs, et par leur longueur, s'ils sont taxés d'après cette dimension.

Lorsqu'il sera reconnu que les bateaux ne transportent *ordinairement* qu'une portion de leur chargement *possible*, on indiquera encore quel nombre de tonneaux ils transportent *réellement*.

Les commissions auront à examiner si la navigation ascendante et descendante doit être traitée de la même manière, ou s'il doit être formé deux tarifs ; elles diront les motifs qui les décideront pour l'un ou l'autre parti : elles indiqueront comment elles estiment que les bateaux vides doivent être taxés. On pense qu'en prenant le volume d'eau déplacé pour unique régulateur de la quotité du droit à payer, on doit fixer un *minimum* auquel doit s'arrêter la perception, et qui atteindra de même les bateaux vides. Les commissions feront connaître à quelle fraction de la charge possible elles pensent que doit être fixé ce *minimum*.

Elles examineront encore, et par suite du principe posé plus haut, si les trains de bois de chauffage et de construction ne doivent pas être taxés au mètre cube ou au stère, et elles les comprendront dans le projet de tarif, en conséquence, en indiquant quel moyen pratique leur paraît le meilleur pour constater les cubes.

A ces divers documents, les commissions s'empresseront sans doute de joindre toutes les observations qu'elles auront recueillies sur les abus ou les inconvénients que l'expérience a pu faire reconnaître ; comme aussi d'indiquer si les bureaux de perception sont convenablement placés, et si la navigation est exactement taxée, depuis les points où elle est ouverte au commerce.

***

Passe-ports.

Avril 1820.

Le Directeur général de l'administration départementale et de la police aux Préfets.

Des faits nombreux et récents attestent que la surveillance relative aux Français et aux étrangers qui traversent les frontières du royaume, ou qui circulent dans l'intérieur, est loin d'être exercée avec toute l'exactitude désirable. Les dispositions prescrites et périodiquement rappelées à cet égard ne sont trop souvent considérées que comme de simples formalités, tandis qu'elles deviennent, suivant la gravité des circonstances, un des premiers moyens de sûreté publique. Sous ce rapport, toutes les personnes amies de l'ordre et de leur propre sécurité doivent s'empresser de se soumettre à des obligations qui en sont la garantie.

L'instruction sur les passe-ports émanée du ministère de la police générale a eu pour but de faire disparaître ce qui pouvait n'être point en harmonie avec le régime administratif organisé depuis la restauration. Il suffit d'en rappeler ici les dispositions principales. Les passe-ports nationaux sont de trois espèces :

Pour l'intérieur,
Pour l'étranger,
Pour cause d'indigence.

Les maires expédient les passe-ports à l'intérieur, et, sauf l'approbation des préfets, ceux pour cause d'indigence, aux habitants de la commune dont l'administration leur est confiée. Les passe-ports à l'étranger sont délivrés par les préfets, sous l'autorisation du ministre ou directeur chargé de la police générale. En cas d'urgence, l'expédition n'est point retardée, et il suffit d'en rendre compte.

Un mode nouveau vient d'être adopté à l'égard des officiers en disponibilité et en non-activité ; ce mode est l'objet d'une circulaire spéciale.

Il y a des formules pour chaque espèce de passe-ports ; mais elles sont invariablement déterminées, et il est du devoir des préfets de vérifier, en cas de soupçon, l'état des dépôts des receveurs d'arrondissement et des percepteurs de contributions.

On a prévenu, au moyen des passes provisoires, en faveur des étrangers, le grave inconvénient d'obliger ces derniers d'attendre, au lieu même de leur arrivée, le permis nécessaire pour continuer leur route. Leurs passe-ports ne deviennent valables que lorsqu'ils ont été revêtus du *visa* ministériel.

Lorsqu'un voyageur français ou étranger est dépourvu de passeport ou d'une pièce authentique qui en tienne lieu, il doit être conduit devant l'autorité municipale la plus prochaine, qui l'interroge et prend à son égard les mesures que les lois prescrivent.

Les recommandations de surveillance sont claires et précises ; mais l'exécution en est de plus en plus incertaine, et trop fréquemment éludée. Il est dans l'intérêt comme dans la volonté du gouvernement qu'elle reprenne toute sa vigueur. Vous avez pour vous seconder tous les fonctionnaires appartenant à l'ordre administratif, les commissaires de police, les gardes champêtres, la gendarmerie surtout, et, dans certaines localités, les préposés des douanes. Les agents civils et militaires doivent, sans doute, s'abstenir de rigueurs déplacées et de vexations inquisitoriales; mais il faut du zèle et de la fermeté. L'exhibition et l'inspection d'un passe-port sont également faciles. La reconnaissance d'identité entre le signalement et la personne demande une attention particulière. Des instructions ont été spécialement transmises pour la visite des passe-ports des personnes voyageant dans les voitures publiques et en poste : rien n'est changé à cet égard ; et vous avez eu plus d'une occasion de reconnaître combien il importe de veiller à ce que les maîtres de poste et les loueurs de voitures remplissent exactement les obligations qui leur sont imposées.

Un objet que je ne recommande pas moins à votre sollicitude, c'est la police des hôtels garnis et des auberges, principalement dans les grandes villes. Peu sensibles à leur naissance, les abus s'invétèrent, et finiraient, si une police vigilante n'y apportait remède, par devenir la source des plus grands désordres. Je compte sur vous pour ranimer le zèle des fonctionnaires qui vous sont subordonnés, pour exciter celui de la gendarmerie, de ce corps destiné au maintien de la sûreté générale, et dont la surveillance et l'action sont les plus puissants auxiliaires de l'administration. Vous pouvez, au besoin, vous concerter avec les commandants militaires; mais je vous prie surtout de me faire connaître la nature des difficultés que vous pourriez prévoir, et ce que vous croiriez devoir faire pour les vaincre.

Ecole des mineurs de Saint-Etienne.— Elèves disponibles.

13 avril 1820.

Le Directeur général des ponts et chaussées et des mines aux Préfets.

En exécution d'une ordonnance du roi, du 2 août 1816, il a été établi dans le département de la Loire, à Saint-Etienne, une école de mineurs pour l'enseignement gratuit des jeunes gens qui se destinent à l'exploitation des mines. L'objet de l'institution est de former des conducteurs de travaux souterrains, des maîtres mineurs habiles et des chefs d'atelier capables de suivre tous les détails d'exécution. Quelques Etats d'Allemagne, qui ont formé de pareils établissements, leur doivent en partie l'état de prospérité où sont parvenues la plupart de leurs exploitations.

Chaque année, plusieurs élèves de l'école de Saint-Etienne pourront être attachés à des exploitations.

Si quelques établissements désirent s'attacher de ces élèves, je vous prie de les inviter à m'adresser, ou à faire parvenir directement au conseil de l'école des mineurs, à Saint-Etienne, leur demande, où ils feront connaître la nature des travaux qu'ils se proposent de leur confier, et les avantages qu'ils leur offriront.

Les sujets seront envoyés sur telle ou telle mine, selon les connaissances plus particulières qu'ils auront acquises, et en accordant aux premières demandes les élèves mineurs les premiers placés sur la liste.

L'administration ne s'immiscera en rien dans la détermination des élèves de l'école des mineurs ni dans la discussion des conditions qui pourraient leur être offertes, cette affaire devant se traiter absolument de gré à gré entre les concessionnaires ou propriétaires d'exploitation ou d'usines et les élèves.

Ecole royale des mines à Paris. — *Elèves disponibles.*

13 avril 1820.

Le Directeur général des ponts et chaussées et des mines aux Préfets.

Depuis longtemps on avait senti en France la nécessité de créer, à l'instar de plusieurs Etats d'Allemagne, des établissements gratuits et particuliers pour l'instruction des jeunes gens qui se destinent à l'exploitation des mines.

Le roi, dont la haute prévoyance assure toutes les améliorations, désirant procurer à cette branche importante de l'industrie française les développements et la prospérité dont elle est susceptible, et donner en même temps à ceux de ses sujets qui la cultivent un témoignage spécial de sa protection, a institué, par l'article 14 de son ordonnance du 5 décembre 1816, relative à l'organisation de l'école royale des mines, neuf places d'élèves externes à cette école.

Ces places sont principalement données aux fils de directeurs et de concessionnaires de mines, de chefs ou de propriétaires d'usines métallurgiques. Les élèves sont admis aux mêmes cours et aux mêmes exercices que les élèves ingénieurs, et ils sont particulièrement destinés à remplir les fonctions de directeurs d'exploitations et d'usines. Les connaissances variées et étendues que l'on a exigées d'eux lors de leur admission, et l'éducation qu'ils reçoivent pendant le cours de trois années, à l'expiration desquelles ils sont encore soumis à une dernière épreuve, donnent toutes les garanties que l'on peut désirer de leur capacité et de leur aptitude au genre de travaux qu'ils sont appelés à diriger. Une fois sortis de l'école, ils sont entièrement étrangers à l'administration, qui s'est bornée à leur donner gratuitement une instruction forte et semblable à celle que reçoivent les ingénieurs des mines.

Les élèves sont autorisés, pendant l'intervalle des cours, à visiter les plus importantes exploitations du royaume, afin qu'ils puissent se familiariser avec les divers procédés en usage, et acquérir la pratique de l'art.

Un grand nombre d'établissements d'industrie minérale manquent de directeurs : ils pourront trouver leur accroissement et leur prospérité dans les connaissances et le zèle éclairé des sujets formés à l'école des mines ; et, dès aujourd'hui, ces jeunes gens sont en état de rendre des services aux établissements qui se les attacheraient.

Chaque année, plusieurs de ces élèves seront disponibles.

Lorsqu'un établissement désirera s'attacher un élève externe, je vous serai obligé de l'inviter à faire parvenir directement au conseil de l'école royale des mines, rue d'Enfer, hôtel de Vendôme, nº 34, à Paris, sa demande, dans laquelle il fera connaître les premiers avantages qu'il offrira à cet élève ; ou à me l'adresser, s'il le juge convenable. Ces propositions seront portées à la connaissance de l'élève, et je m'empresserai d'informer le demandeur de sa détermination, sur laquelle l'administration n'influe en aucune manière, cette affaire devant se traiter de gré à gré entre les parties contractantes.

Les sujets choisiront telle ou telle mine, selon la nature des connaissances plus particulières qu'ils auront acquises, et les premières demandes s'adresseront nécessairement aux élèves les premiers placés sur la liste, et, par conséquent, les plus instruits.

Admission des élèves dans les séminaires protestants.

27 avril 1820.

Le Ministre de l'intérieur aux Préfets.

L'intention du roi, en fondant des bourses près les facultés de théologie des confessions protestantes, a été de favoriser spécialement les études théologiques. Cependant l'état des élèves qui suivent maintenant les cours de ces facultés me prouve que les consistoires ne se sont pas toujours conformés à cette vue dans la présentation des candidats pour lesquels ils ont demandé des bourses. Je trouve en effet parmi les boursiers actuels un assez grand nombre d'élèves qui sont encore dans les classes de belles-lettres et de philosophie. J'ai cru devoir prendre des mesures pour prévenir désormais cet abus ; et le moyen qui me paraît le plus propre à y réussir est d'exiger de tous les candidats, pour lesquels il sera demandé des bourses ou des demi-bourses, l'exhibition d'un diplôme de bachelier ès lettres. La possession de ce grade, qui s'accorde après un examen sur les matières de haut enseignement des colléges royaux, prouvera que les candidats qui en seront revêtus auront fait des études suffisantes pour être en état d'entrer immédiatement dans le cours de théologie proprement dite.

Vous voudrez donc bien à l'avenir veiller à l'accomplissement de cette formalité, sans laquelle il me serait impossible de m'occuper des demandes que vous m'adresserez.

Usage du plâtre pour amender les terres.

Avril 1820.

Le Ministre de l'intérieur aux Correspondants du conseil général d'agriculture.

Des cultivateurs distingués m'ont adressé leurs observations sur les bons effets que l'on retire dans les Etats-Unis d'Amérique de l'usage du plâtre, employé cru et en poudre pour rendre la fertilité aux terres épuisées. L'emploi du plâtre a déjà lieu dans plusieurs parties du royaume. Il ne paraîtrait pas toutefois également répandu dans un grand nombre de nos départements : il ne me semble pas du moins que cette espèce d'amendement y soit, sous le rapport de la végétation, appréciée à sa juste valeur. Je désirerais que vous me fissiez connaître ce que vos propres essais auraient pu vous apprendre à cet égard ; je vous inviterais même, dans le cas où vous n'auriez pas fait usage du plâtre pour amender vos propriétés, à tenter aujourd'hui quelques expériences, et à me communiquer les résultats qu'il vous serait possible d'obtenir.

Vous n'ignorez pas que l'on peut employer, pour fertiliser les terres, plusieurs espèces de plâtre : le plâtre que l'on trouve principalement aux environs d'Aix et de Paris, et le plâtre dit *primitif*, qui se montre surtout dans les pays de montagnes, tels que les Hautes-Alpes, l'Isère, la Drôme, et même la Côte-d'Or.

Vous pourriez d'abord juger convenable de faire des essais comparatifs et raisonnés sur les résultats donnés par le plâtre primitif et le plâtre des environs de Paris et d'Aix.

Il vous semblerait sans doute utile, après ces premiers essais, d'établir avec précision l'avantage de l'emploi du plâtre en poudre cru, ou cuit et recuit ;

Vous direz ensuite l'espèce de terre à laquelle le plâtre convient le mieux ;

Combien il en faut de l'une ou de l'autre espèce par hectare ;

L'effet qu'il produit

Sur les terres argileuses ;

Sur les terres fortes, les terres humides ;

Sur les terres amendées déjà par la chaux ;

Son action sur les prairies naturelles ou artificielles ;

Ses effets avant ou après la gelée ;

La saison où il convient de le répandre ;

Les plantes qui en profitent le plus.

Il serait encore essentiel de savoir comment le plâtre agit. Serait-ce comme stimulant ? ou bien agirait-il en attirant l'humidité de l'atmosphère ?

Tels sont les principaux points sur lesquels j'ai cru devoir fixer votre attention.

Correspondance des gouvernements cantonaux de la Suisse avec les autorités françaises.

5 mai 1820.

Le Directeur général de l'administration départementale et de la police aux Préfets.

Le ministre des affaires étrangères a été informé que plusieurs gouvernements cantonaux de la Suisse correspondent directement avec les autorités administratives de France. Souvent cette correspondance n'a pas pour objet des intérêts de localité ; elle est relative à des questions dont l'examen appartient au gouvernement. C'est principalement à l'égard de plusieurs familles françaises établies en Suisse qu'elle a lieu. Ces familles y supportent toutes les charges du pays ; et les cantons, qui cessaient de les regarder comme étrangères lorsqu'ils avaient à leur imposer des obligations personnelles ou lorsqu'ils en espéraient des services, veulent aujourd'hui les considérer comme telles, et les renvoyer en France, quand elles tombent dans l'indigence, ou que leur industrie et leurs relations commerciales sont pour les nationaux un sujet d'ombrage ou de jalousie.

A cet effet, ils invitent les maires des communes de France d'où ces familles sont sorties à leur délivrer des certificats d'origine, dont ils se servent pour leur appliquer une loi cantonale en vertu de laquelle tout habitant qui quitte un canton pour s'établir dans un autre peut être renvoyé dans le lieu de son premier domicile.

Les inconvénients graves de pareilles dispositions se conçoivent aisément.

Si, dans des cas d'urgence, la correspondance directe des gouvernements cantonaux avec les préfets et les autorités municipales du royaume peut être tolérée, dans tous les autres elle ne doit avoir lieu que par l'intervention des légations accréditées auprès des gouvernements respectifs.

Ainsi vous devez vous abstenir de répondre aux demandes de certificats d'origine de familles françaises, ainsi qu'à toute autre demande que vous adresseraient les gouvernements cantonaux, et donner à cet égard aux maires de votre département les instructions nécessaires.

Vous voudrez bien me transmettre les demandes qui pourraient encore vous être adressées, pour que je puisse en référer au ministre des affaires étrangères.

Dispense du service militaire pour les élèves ecclésiastiques.

18 mai 1820.

Le Ministre de l'intérieur aux Evêques.

J'ai l'honneur de vous rappeler qu'aux termes de l'article 15 de la loi du 10 mars 1818, sur le recrutement de l'armée, les jeunes gens « régulièrement autorisés à continuer leurs études ecclésiastiques « sont dispensés du service militaire, sous condition de perdre « le bénéfice de la dispense s'ils n'entrent pas dans les ordres « sacrés. »

L'instruction sur les appels, publiée sous la date du 12 août 1818, porte que ces jeunes gens devront produire au conseil de révision un certificat de l'évêque diocésain, constatant qu'ils se destinent à l'état ecclésiastique et qu'ils sont régulièrement autorisés à continuer leurs études.

C'est encore au témoignage de l'évêque diocésain que l'autorité chargée du recrutement doit recourir pour s'assurer que les élèves précédemment dispensés et appartenant à des classes non libérées ont suivi leur vocation et ne sont pas rentrés sous l'empire de la loi.

Je charge en conséquence le préfet de faire relever la liste des élèves ecclésiastiques de son département provisoirement exemptés du service militaire dans les années antérieures, et de vous l'adresser, en vous priant de vouloir bien y faire noter, dans une colonne d'observations, en regard du nom de chaque individu, s'il est entré dans les ordres, s'il continue ses études, ou s'il a changé de destination.

Je crois entrer dans les convenances des évêques en leur évitant ainsi l'initiative de ces informations qui, par là même qu'elles peuvent quelquefois contrarier des intérêts ou des affections de famille, s'accordent moins avec la douceur et la dignité de leur ministère.

Mais le plus sûr moyen de prévenir ce qu'elles auraient de pénible, c'est d'apporter une grande circonspection dans la délivrance des certificats de vocation au sacerdoce.

S'il suffisait de déclarer cette vocation pour se procurer la dispense du service, comment l'autorité diocésaine pourrait-elle se défendre de l'abus qu'on ferait de son indulgence naturelle, et de son empressement à accueillir et à encourager ceux qui annoncent l'intention de se destiner à l'état ecclésiastique ? Souvent, faute de pouvoir constater et garantir la sincérité de leurs déclarations, elle demeurerait partagée entre la crainte de les éloigner et celle de se prêter à leur désir d'éluder une obligation commune à toute la jeunesse française.

Il est donc nécessaire de chercher dans le sens même de la loi un moyen uniforme d'écarter les demandes indiscrètes. L'article 15 n'exige pas seulement que les élèves soient autorisés à continuer leurs études religieuses, mais encore qu'ils le soient régulièrement, ce qui suppose certaines conditions propres à motiver cette autorisation.

Ainsi un jeune homme n'est fondé à demander la continuation des études ecclésiastiques qu'autant qu'il les a commencées et qu'il s'en occupe actuellement dans l'un des établissements qui y sont consacrés.

La présence au séminaire du diocèse, ou dans les écoles ecclésiastiques qui y sont légalement établies, est donc un préliminaire indispensable pour obtenir le certificat de vocation à la prêtrise.

Néanmoins ceux qui, dans quelque institution que ce soit, auraient participé aux secours du diocèse pour les frais de leur éducation, peuvent aussi prétendre au certificat, parce qu'il est certain que ces secours ne leur auraient pas été accordés si l'on n'avait eu lieu de croire qu'ils se destinaient au saint ministère.

Quant aux jeunes gens qui, ayant eu assez d'aisance pour être élevés entièrement à leurs frais et ailleurs que dans les écoles ecclésiastiques, seraient parvenus à l'âge de vingt ans sans entrer au séminaire, on peut présumer que leur vocation n'est que le désir d'éviter la chance du service, ou qu'elle sera assez décidée pour leur faire supporter le léger sacrifice qu'exigent aujourd'hui les remplacements ou les substitutions, lorsqu'on est appelé par le sort à faire partie du contingent.

Ces règles se sont, au reste, établies d'elles-mêmes par le discernement et la sagesse avec lesquels les évêques usent du droit d'exemption que la loi leur confie ; elles ont pour objet de concilier ce pouvoir discrétionnaire avec la régularité désirable dans une partie très-essentielle du service (1).

---

(1) En ce qui concerne les étudiants ecclésiastiques, la dispense n'est accordée par la loi de 1832 qu'aux élèves des *grands séminaires*. Le certificat de l'évêque diocésain ne devra donc pas attester seulement que le jeune homme continue ses études ecclésiastiques, mais qu'il en poursuit le cours dans un grand séminaire. L'étudiant placé dans d'autres établissements, ou auprès d'un curé, ne serait pas dans la position prévue par la loi. (*Extrait de l'instruction du ministre de la guerre, du 30 mars 1832.*) (N. de l'Ed.)

Comices agricoles.

22 mai 1820.

Le Ministre de l'intérieur aux Correspondants du conseil général d'agriculture.

Déjà plusieurs sociétés d'agriculture ont été formées dans un grand nombre de départements, et l'on continue de réunir tous les éléments nécessaires pour faire participer ceux qui n'en ont point encore au bienfait de ces utiles institutions. Toutefois il a été assez généralement reconnu que la difficulté de se réunir souvent aux chefs-lieux de préfecture, et même de sous-préfecture, la perte de temps, dont l'appréciation est incalculable, la peine qu'on éprouve à faire recevoir à l'agriculteur praticien, à l'homme des champs proprement dit, les leçons de la théorie, opposaient quelquefois des obstacles au bien que ces sortes d'établissements devaient produire. Des agronomes distingués ont été d'avis, d'après ces considérations, qu'il restait encore quelque chose à faire pour compléter le système améliorateur de l'agriculture ; et le dernier moyen proposé a été la création des comices agricoles ou ruraux.

Ces comices, analogues à des réunions existantes en Angleterre, seraient des associations volontaires, composées d'hommes qui pratiquent eux-mêmes, dans un ordre peu élevé, l'art honorable et difficile de la culture, et dont le président, sans sortir, si l'on voulait, de la classe des cultivateurs ordinaires, serait jugé capable de rédiger, je ne dis pas quelques mémoires, mais une simple note des travaux de l'association. Les comices s'assembleraient, le plus souvent, dans un village, ou même dans un champ. L'époque de leur réunion coïnciderait, autant que possible, avec les jours de marchés et de foires périodiques.

Leur but serait de se concerter sur les prix à distribuer au cultivateur qui aurait, à une époque déterminée, obtenu le plus de succès dans un genre quelconque de culture, présenté les plus beaux taureaux, les meilleurs troupeaux, le plus bel étalon, perfectionné les instruments aratoires ou fait l'application la plus heureuse de ceux qui sont en usage.

Pour établir ensuite un point de contact entre le gouvernement et ces comices, trois personnes, que l'on pourrait choisir dans les sociétés d'agriculture départementales, suffiraient, au chef-lieu, pour recueillir les notes adressées par le président de chaque comice rural. Ce comité deviendrait le lien qui réunirait entre elles les diverses associations de ce genre, disséminées dans l'étendue du département, en les faisant profiter toutes des travaux de chacune d'elles. Il serait l'intermédiaire, auprès des préfets, du conseil général d'agriculture et du ministère.

On a agité la question de savoir si l'on pouvait les établir sur-le-champ et simultanément en France. Mais on s'est bientôt aperçu (et cette observation vous paraîtra sans doute fondée) que de pareilles institutions devaient être l'œuvre de la persuasion, de l'opinion et du temps, qu'il était indispensable ici de procéder pas à pas, de préparer les esprits ; et que s'il s'établissait d'abord une seule association de ce genre dans un département, ce serait déjà beaucoup pour l'influence de l'exemple.

Une difficulté s'est présentée : Une association quelconque, surtout quand il y a des prix à distribuer, demande une mise de fonds. Comment déterminer de simples villageois à commencer par faire ce premier sacrifice? Ou a répondu en disant que la commune où la réunion aurait lieu pourrait très-bien, puisqu'elle retirait un profit du séjour plus ou moins prolongé des membres de l'association, allouer quelques fonds pour cet objet important; que le conseil général du département aurait, en partie, la faculté d'y pourvoir; que peut-être le gouvernement ne resterait pas tout à fait étranger aux premières dépenses; que d'ailleurs la mise de fonds serait en raison du nombre des associés, qu'elle serait peu considérable, et que les cultivateurs qui feraient partie de cette association, devant avoir droit eux-mêmes, s'ils l'entendaient ainsi, au prix proposé, l'espérance de l'obtenir rendrait supportable, s'il le fallait, un sacrifice assez modique.

Telles sont les premières idées que j'ai recueillies sur l'institution des comices ruraux. Je suis loin de prétendre qu'elles ne soient point susceptibles de discussion ou de nouveaux développements. C'est précisément cette pensée qui m'a décidé à vous les soumettre. J'ai cru que vous consentiriez bien volontiers à éclaircir les propositions dont vous pourriez douter, et que vous vous feriez un plaisir d'y ajouter les données résultant de votre propre expérience. Il m'importe beaucoup de connaître la nature des productions rurales et l'espèce d'animaux qu'on présenterait au comice; le genre d'encouragement que le gouvernement pourrait accorder; le lieu où se tiendrait l'assemblée; les époques de la réunion. Ce serait là les premiers renseignements que je vous inviterais à m'adresser. Je vous prierais encore, si l'exécution d'un tel plan semblait possible dans vos communes, de préparer, de disposer les agriculteurs avec lesquels vous êtes en rapport, à le recevoir. Si vous réussissiez à en réunir plusieurs, ou plutôt si vous obteniez leur assentiment pour se former en comices, vous en feriez part au préfet, vous lui adresseriez vos mémoires, en m'en remettant, dans le plus court délai, des copies. Lorsque j'aurais reçu l'avis de ce magistrat, ainsi que vos réponses, je les mettrais sous les yeux du conseil général d'agriculture, et le comice, s'il y avait lieu, serait autorisé.

Je finirai par une seule réflexion, le conseil général d'agriculture est, dans cet ordre d'idées, le sommet où tout vient aboutir. Les sociétés d'agriculture actuellement existantes se placent naturellement à la suite du conseil. Les comices agricoles composeront le dernier anneau qui unira la pratique à la théorie; ils seront le lien de la science avec son application.

Devoirs des commissaires de police envers le ministère public.

26 mai 1820.

Le Directeur général de l'administration départementale et de la police aux Préfets.

Les commissaires de police sont tenus, aux termes du Code d'instruction criminelle, de donner avis sur-le-champ aux procureurs du roi des crimes et délits dont ils acquièrent la connaissance dans l'exercice de leurs fonctions, et de transmettre à ces magistrats tous les renseignements, procès verbaux et actes qui y sont relatifs.

Cette disposition ne paraît pas être exécutée partout avec l'exactitude désirable. Je suis informé que, dans quelques villes, les commissaires remettent les procès-verbaux qu'ils ont dressés, et plus spécialement ceux de délits politiques, à la mairie, d'où ces procès-verbaux, après avoir été discutés et appréciés, ne sont transmis au procureur du roi que lorsque l'administration municipale, qui en réfère quelquefois au préfet, estime que l'autorité judiciaire doit être saisie.

Je n'ai pas besoin de vous faire sentir les inconvénients qui résultent de cette manière de procéder ; mais je crois devoir ajouter aux instructions contenues dans la circulaire que je viens de rappeler, que les commissaires de police compromettent gravement leur responsabilité, toutes les fois qu'ils manquent aux obligations que la loi leur impose envers les membres du ministère public, et que cette responsabilité serait partagée par les fonctionnaires qui autoriseraient une semblable violation des règles établies.

Je vous prie de veiller, avec une attention particulière, à ce que les instructions déjà données sur ce sujet soient ponctuellement suivies ; et si quelques commissaires négligeaient de s'y conformer, je vous prierais de m'en rendre compte aussitôt.

D'un autre côté, les préfets doivent adresser tous les six mois un état présentant des renseignements sur les commissaires de police de leur département, et notamment sur la manière dont chacun d'eux remplit les devoirs de sa place. Ces états n'étant point régulièrement adressés, je dois vous informer que j'attache beaucoup d'importance à les recevoir aux époques déterminées. Le traitement de ces fonctionnaires a été primitivement fixé par un arrêté du 23 fructidor an ix ; mais, quelques changements ayant eu lieu dans certaines villes, je désire qu'une colone particulière fasse connaître avec exactitude le traitement et les frais de bureau alloués actuellement à chaque commissaire.

Répression de la fraude en matière de cotons filés et de tissus de coton ou de laine.

26 mai 1820.

Le Ministre de l'intérieur aux Préfets.

D'après le compte qui m'a été rendu des mesures adoptées pour l'exécution de la loi de douane du 28 avril 1816, j'ai remarqué avec satisfaction que dans un certain nombre de départements, particulièrement de ceux qui se trouvent situés sur la ligne des frontières du royaume, il s'était établi entre les autorités locales et les agents supérieurs de l'administration des douanes un heureux concert d'efforts et de zèle à l'effet d'arrêter l'importation frauduleuse des articles préjudiciables à notre industrie. Plusieurs préfets ont paru se pénétrer de l'importance des devoirs qui leur étaient tracés par la législation sur la matière : c'est dans la vue d'atteindre plus sûrement le but désiré qu'ils ont pris à cet égard des arrêtés spéciaux, ayant pour objet d'assurer de la part des divers fonctionnaires administratifs le concours exigé par les articles 60 et 62 de la loi précitée aux opérations ordonnées pour la répression de la contrebande. Toutefois, après m'être fait représenter l'ensemble de la correspondance relative à cet objet important, je n'ai pu me dissimuler que si sur plusieurs points de notre territoire des mesures efficaces ont été prises pour la recherche et la saisie des marchandises étrangères, il n'en est pas de même dans beaucoup d'autres départements, surtout de l'intérieur de la France. Des plaintes portées en dernier lieu à l'administration, par plusieurs chefs de fabriques de nos principales villes manufacturières, contre l'introduction et la circulation des produits désignés dans l'article 59 de la loi du 28 avril 1816, me déterminent à reporter votre attention, comme celle de tous vos collègues en général, sur la nécessité de veiller constamment et sans relâche à la stricte exécution des dispositions prescrites, non-seulement par les articles 60, 61 et 62 de ladite loi, 40 à 47 de celle du 21 avril 1818, et par les ordonnances du roi des 8 août 1816, 23 septembre 1818, 26 mai, 16 juin et 1er décembre 1819, mais encore par les circulaires et instructions ministérielles en date des 20 août 1816, 30 mai et 23 octobre 1818, 17 juin et 11 décembre derniers.

Je ne puis que vous engager à méditer de nouveau sur les nombreux détails que contiennent ces divers documents, et qui ont dû vous faire sentir l'importance attachée par le gouvernement à un objet d'où dépend d'une manière si intime la prospérité du commerce et de l'industrie française. Je me contenterai d'y ajouter ici une seule observation : c'est que, dans la nécessité où vous êtes de ne rien négliger pour parvenir à rendre plus efficace le régime prohibitif des fils et tissus de coton ou de laine provenant de l'étranger, il me paraît essentiel de bien rappeler aux autorités civiles et judiciaires, c'est-à-dire aux sous-préfets, maires, officiers municipaux, juges de paix et commissaires de police, dans les villes et endroits de l'intérieur où il n'y a point de bureau de douane, l'étendue des obligations qui leur sont spécialement imposées par l'article 62 de la loi du 28 avril 1816 : vous leur ferez observer aussi que si les préposés des douanes, ou autres officiers que la loi autorise, ne doivent pas faire de visites sans motif, c'est-à-dire sans un soupçon probable de fraude, il n'est pas nécessaire qu'ils fassent connaître la dénonciation ou l'indication qui les détermine : la loi ne l'exige point : et l'on se priverait de ce puissant moyen de découvrir la fraude, si le nom des dénonciateurs ou indicateurs était inscrit dans les procès-verbaux, ou porté, en quelque façon que ce fût, à la connaissance de la partie saisie ou des personnes chez qui les visites ont été faites. La crainte de leur ressentiment refroidirait le zèle, et même froisserait l'intérêt de ceux à qui il importe que la contrebande soit réprimée.

Diplôme de bachelier en théologie exigé des candidats appelés pour la première fois aux fonctions de pasteur.

30 mai 1820.

Le Ministre de l'intérieur aux Présidents des consistoires protestants.

Les règlements des facultés de théologie protestantes obligent les étudiants qui désirent obtenir le certificat d'aptitude au ministère évangélique à produire le diplôme de bachelier en théologie. Cette condition, qui elle-même en suppose d'autres également destinées à prouver la capacité des candidats, importe trop à la dignité des fonctions ecclésiastiques, pour que le gouvernement ne prenne pas des moyens de s'assurer qu'elle se remplit exactement.

J'ai en conséquence l'honneur de vous prévenir que je ne présenterai désormais à la confirmation de Sa Majesté les nominations des ministres qui seront appelés pour la première fois aux fonctions de pasteurs, que sur le vu du diplôme dont il s'agit.

Amendes pour contraventions en matière de grande voirie.

7 juin 1820.

Le Directeur général des ponts et chaussées aux Préfets.

J'ai eu l'honneur de vous informer, par ma lettre du 11 août 1818, des mesures arrêtées par le ministre des finances pour faciliter aux agents des ponts et chaussées qui constatent les contraventions en matière de grande voirie les moyens de toucher la portion qui leur est attribuée dans le produit des amendes encourues par les contrevenants.

Informé que l'exécution de ces mesures éprouvait des difficultés, que dans quelques départements même on ne voulait payer qu'au chef-lieu, ce qui obligeait les préposés saisissants à des frais de déplacement que la modique somme qu'ils ont à recevoir est souvent loin de couvrir, j'ai dû prier le ministre des finances de remédier aux inconvénients qui m'étaient signalés. Son Excellence, de concert avec le directeur général de l'administration de l'enregistrement et des domaines, vient d'arrêter de nouvelles mesures à l'effet de faire payer, comme je l'avais demandé, chez les receveurs de l'enregistrement les plus rapprochés du domicile des agents des ponts et chaussées, le tiers qui leur est attribué dans les amendes de grande voirie.

Par suite de ces nouvelles mesures, il faut, « lorsqu'un délit aura « été constaté par un agent des ponts et chaussées, que cet agent « fasse connaître au receveur de l'enregistrement chargé de perce- « voir l'amende à payer par le contrevenant, quel est le lieu où il « désire que lui soit remis le tiers qui lui revient dans le produit de « l'amende. Le receveur de l'enregistrement prendra note de cette « indication, et la fera connaître au directeur des domaines du dé- « partement, afin que celui-ci puisse, en formant l'état trimestriel « de distribution à remettre au préfet, demander à cet administra- « teur de délivrer ses mandats sur la caisse du receveur de l'enre- « gistrement de la résidence de l'ayant-droit, ou sur la caisse du re- « ceveur le plus voisin. »

Son Excellence me fait connaître, en même temps, que ces nouvelles dispositions vont être notifiées aux préposés de l'enregistrement, par une circulaire spéciale du directeur général de l'administration des domaines, et qu'elles seront mises à exécution à partir du trimestre de juillet prochain.

Je vous prie d'informer de ces dispositions l'ingénieur en chef, ainsi que tous les agents chargés de veiller à l'exécution des lois et règlements touchant la grande voirie. Vous savez combien il est nécessaire de soutenir leur zèle. J'ai lieu d'espérer que vous ne négligerez rien pour assurer la pleine et entière exécution des mesures qui ont été prises dans leur intérêt comme dans celui du service qui leur est confié.

Ponts et chaussées. — Projets de travaux.

8 juin 1820.

Le Directeur général des ponts et chaussées aux ingénieurs en chef.

J'ai eu plus d'une fois occasion de remarquer que plusieurs ingénieurs en chef omettaient de communiquer aux inspecteurs divisionnaires, pendant leurs tournées, les projets de travaux qu'ils sont chargés de rédiger.

Cependant l'article 12 du décret du 7 fructidor an XII contient à cet égard une disposition précise. Le second paragraphe est conçu en ces termes :

« Les inspecteurs divisionnaires discuteront avec les ingénieurs « en chef les projets de dépenses de l'année, les bases de l'adjudi- « cation des travaux, et les plans et devis des ouvrages projetés. »

Il est donc du devoir des ingénieurs en chef de communiquer leurs projets aux inspecteurs divisionnaires.

Il est évident en effet que lorsque ces derniers ont préalablement pris connaissance, dans les départements, des projets sur lesquels ils sont appelés à donner leur avis, soit en cette qualité, soit comme membres du conseil général, ils se trouvent alors plus à même d'en apprécier la régularité et le mérite, que s'ils n'en jugeaient que sur la seule vue des plans qui accompagnent ces projets. Ils sont en outre, lors des discussions du conseil, plus en état de fournir des documents utiles et de résoudre beaucoup de difficultés qui naissent souvent de l'insuffisance des pièces produites et du défaut de connaissance des localités.

Les avantages de cette disposition, qui est d'ailleurs conforme aux règles de la hiérarchie, sont depuis longtemps appréciés, et je n'ai pas besoin d'insister pour vous en faire sentir l'utilité. J'attache de l'importance à son exécution, et je ne puis que vous inviter à vous conformer entièrement à toutes les obligations que l'article 12 vous a imposées, dans vos relations de service avec les inspecteurs divisionnaires.

Recueil des actes administratifs.

17 juin 1820.

Le Directeur général de l'administration départementale et de la police aux Préfets.

Une circulaire du ministre de l'intérieur, en date du 21 septembre 1815, a prescrit l'établissement dans chaque département d'un recueil imprimé des actes de l'administration, destiné à reproduire les lois, ordonnances et règlements non insérés au *Bulletin des lois*, les instructions ministérielles, et les arrêtés et instructions particulières des préfets.

L'examen des divers recueils qui me parviennent a donné lieu à des observations dont quelques-unes peuvent être applicables à votre département.

Lorsque les préfets publient des instructions pour rappeler à leurs agents inférieurs les dispositions des lois sur les travaux de l'administration, ils doivent avoir soin d'en citer le texte sans altération et en le distinguant de la teneur de leurs instructions, afin que les administrateurs inférieurs sachent que ces dispositions sont impératives, tandis qu'ils pourraient négliger les formalités qu'elles prescrivent, s'ils ne les considéraient que comme un avertissement de l'administration supérieure. Il doit en être de même lorsque les ministres transmettent des instructions ou des ordres généraux dont le but est d'appliquer les lois et les ordonnances : lors de leur publication dans le *Mémorial*, en tout ou en partie, il faut éviter d'en altérer la substance, et ne point mêler ce qu'elles prescrivent aux développements dont on croit devoir les accompagner.

Je remarque qu'en annonçant dans les bulletins des ouvrages de sciences ou d'utilité publique, ou des souscriptions ouvertes pour des monuments, les préfets insistent quelquefois auprès des maires pour provoquer les dons ou les offres des communes et des particuliers. L'administration doit user avec circonspection d'un moyen qui a pour résultat d'imposer des charges aux communes, dont une grande partie est doit déjà fort obérée; elle doit réserver son intervention, dans ce cas, pour des ouvrages essentiellement utiles, soit aux départements, soit aux communes, et se borner à en indiquer l'utilité, sans rien imposer, ni même déclarer une volonté expresse, à cet égard.

Il serait à désirer que l'on donnât à ce recueil un titre uniforme, pour tous les départements : celui de *Recueil des actes administratifs*, assez généralement adopté, me paraît remplir le mieux l'objet auquel il est destiné. Je vous recommande aussi d'employer *le format et la justification du Bulletin des lois*. Quelques préfets font insérer dans leur recueil les dates de l'arrivée du *Bulletin des lois* au chef-lieu de la préfecture. Cette mesure est superflue, puisqu'elle ne peut servir à fixer l'époque à laquelle les lois deviennent exécutoires dans le département.

Maisons d'éducation de filles (1).

19 juin 1820.

Le Ministre de l'intérieur aux Préfets.

La circulaire que mon prédécesseur vous a écrite le 3 juin 1819, vous a fait connaître les règlements auxquels les écoles primaires de filles devaient être soumises, et vous a chargés de leur exécution.

L'état déplorable de l'instruction élémentaire, dans les campagnes, fixait, depuis longtemps, l'attention du gouvernement, et l'on a dû s'occuper d'abord de cet important objet.

Mais les écoles de filles, de degrés supérieurs, ont aussi des titres à l'intérêt de l'autorité, et nous allons maintenant nous efforcer

(1) Voir l'ordonnance du 23 juin 1856, qui régit l'instruction primaire des filles. (*N. de l'Ed.*)

d'apporter dans le régime de ces institutions toutes les améliorations dont il est susceptible.

Nous nous conformerons ainsi aux intentions du roi, exprimées dans son ordonnance du 3 avril dernier.

Nous aurons rempli les devoirs qui nous sont imposés, si nous parvenons,

1° A soumettre les maîtresses de pension et les sous-maîtresses à un examen rigoureux, qui tende principalement à faire bien connaître leurs mœurs, l'éducation qu'elles ont reçue, les divers états qu'elles ont exercés, les vraies causes qui les leur ont fait abandonner, et enfin la conduite, les mœurs et les principes des hommes auxquels elles sont attachées par les liens du mariage :

2° A établir sur les maisons tenues par ces institutrices une surveillance continuelle, qui mette l'administration à même de connaître la direction donnée à l'éducation des jeunes personnes, de suivre et d'éclairer la conduite des institutrices elles-mêmes et des sous-maîtresses, dans tout ce qui a rapport à leur profession ; enfin, de juger si elles méritent la louange et la protection, ou le blâme et l'interdiction.

Vous sentez que les règlements établis pour les écoles primaires de filles ne rempliraient en aucune manière l'objet que nous nous proposons ici. Les maîtresses de pension exercent sur les mœurs et sur le caractère de leurs élèves une trop grande influence, le bonheur des familles dépend trop immédiatement de l'usage que ces personnes ont fait de l'autorité qu'on leur a confiée, pour qu'on ne leur demande pas d'autres garanties que celles exigées des institutrices primaires.

L'autorisation du gouvernement semble recommander à la confiance publique les maisons d'éducation dont il permet l'ouverture ; il doit donc prendre des mesures pour que cette confiance ne soit point trompée.

Une commission composée de sept membres, et formée par vous, sera chargée de vous seconder dans les soins auxquels vous aurez à vous livrer pour arriver au but que nous voulons atteindre.

Cette commission, dont les membres se réuniront au moins une fois par mois, vous donnera son avis sur toutes les questions relatives aux maisons d'éducation de filles.

Vous lui communiquerez les différents rapports qui vous seront adressés ; vous lui procurerez les renseignements dont elle aura besoin pour éclairer son opinion sur les individus et sur les choses, et vous la mettrez ainsi à même de vous proposer des améliorations et des mesures utiles.

Elle sera en outre chargée d'examiner, sous le rapport de l'instruction, les personnes qui se présenteraient pour obtenir des diplômes de maîtresse ou de sous-maîtresse de pension.

C'est sur le choix et l'admission de ces maîtresses que j'appellerai d'abord votre attention. Je ne saurais trop vous répéter que la plus grande sévérité doit présider à cette opération : le succès de tous nos efforts dépend de la manière dont elle sera exécutée.

Aucun individu ne pourra tenir une maison d'éducation, sans être préalablement pourvu d'un diplôme et d'une autorisation de s'établir dans un lieu déterminé.

Aucune personne ne pourra remplir les fonctions de sous-maîtresse ou de maîtresse d'études, si elle n'a obtenu un diplôme.

Les filles ou parentes des directrices ne sont point dispensées de cette obligation.

Aucune personne, fille, mariée ou veuve, ne pourra être admise comme directrice d'une maison d'éducation avant l'âge de vingt-cinq ans accomplis.

Il faudra avoir dix-huit ans accomplis pour obtenir le diplôme de sous-maîtresse ou maîtresse d'études.

Vous n'enverrez devant le jury d'examen que les personnes qui rempliront ces conditions d'âge, et qui seront munies des pièces suivantes, dont vous ferez avec soin la vérification, savoir :

Un acte de naissance ;

Un certificat de bonnes mœurs délivré, sur l'attestation de trois témoins, par le maire de la commune qu'habite la postulante.

Si elle est mariée, elle fournira un extrait de l'acte de célébration de son mariage, et le certificat de bonnes mœurs devra être commun à elle et à son mari.

Si elle est veuve, elle devra se pourvoir de l'acte de décès de son mari.

Si elle est séparée de corps, elle produira un extrait du jugement qui prononce la séparation, afin que vous puissiez connaître si les motifs de cette mesure ne témoignent rien contre ses mœurs.

Les connaissances exigées des personnes qui se présenteront pour obtenir le diplôme de maîtresse de pension seront les principes de la religion, la lecture, l'écriture, la grammaire française et l'arithmétique.

Les personnes qui voudraient être sous-maîtresses devront savoir lire et écrire correctement, et justifier qu'elles sont en état de montrer au moins l'une des parties de l'enseignement dont suit l'énoncé :

Les principes de la religion, la lecture, l'écriture, la grammaire française, l'arithmétique, l'histoire ancienne et moderne, et la géographie.

Indépendamment des bons témoignages renfermés dans les certificats fournis par les postulantes, vous vous procurerez, par tous les moyens qui sont à votre disposition, des renseignements plus complets sur leur compte. Ces renseignements devront particulièrement avoir pour objet les différents points que je vous ai indiqués au commencement de cette lettre.

Vous vous adresserez, pour les obtenir, soit aux préfets des départements, soit aux maires des communes, que les postulantes auront habités.

D'après les résultats de ces recherches et le rapport du jury d'examen, vous délivrerez, s'il y a lieu, le diplôme sollicité.

Ce diplôme n'aura de valeur que dans l'étendue du département.

Vous donnerez ensuite à celle qui l'aura obtenu, et qui voudra se mettre à la tête d'une maison d'éducation, l'autorisation de s'établir dans le lieu qu'elle aura choisi, si toutefois ce lieu ne présente aucun danger, sous le rapport de la salubrité ou du voisinage des autres habitations.

Les maîtresses de pension déjà établies, et les sous-maîtresses déjà placées devront se munir de diplômes et d'autorisations avant le 1er octobre prochain : mais les premières ne seront point tenues de subir un examen ; elles devront seulement fournir les certificats exigés des personnes qui entrent dans la carrière de l'enseignement.

La cession d'une maison d'éducation ne pourra être faite qu'à une personne préalablement autorisée à diriger l'établissement.

Les maîtresses et sous-maîtresses appartenant à des congrégations religieuses autorisées par le roi seront dispensées de subir l'examen ;

vous pourrez leur remettre le diplôme et l'autorisation d'enseigner d'après l'exhibition de leur lettre d'obédience ; et si, dans quelques cas particuliers, vous voyiez des inconvénients à leur confier l'éducation de jeunes filles, vous devriez m'en référer, et je déciderais si le diplôme doit ou ne doit pas être délivré.

Vous pourrez, pour des motifs graves et par un arrêté, révoquer le diplôme et l'autorisation accordés à une institutrice ; mais cet arrêté devra être soumis à mon approbation, avant de recevoir son exécution.

Le maire de chaque commune s'assurera si les institutrices qui y résident, ou qui viendraient s'y établir, sont munies de diplômes et d'autorisations.

Vous aurez recours aux procureurs du roi pour faire fermer les maisons des individus qui ne seraient point en règle.

Le décret du 15 novembre 1811, les ordonnances des 29 février 1816 et 3 mai 1820 vous assurent l'appui des tribunaux dans ces circonstances.

Toutes les mesures que je viens d'indiquer me semblent indispensables pour empêcher que les jeunes personnes ne tombent entre les mains de maîtresses indignes et incapables de diriger leur éducation ; mais elles n'auraient que peu d'effet, si les institutions n'étaient soumises à une surveillance active et continuelle.

Convaincu de la nécessité de cette surveillance, je sens cependant qu'elle ne peut être exercée qu'avec une extrême circonspection ; et, pour cet objet, il me paraît encore impossible d'étendre aux pensions les dispositions appliquées aux écoles primaires.

L'opinion publique pourrait s'alarmer de voir les pensionnats de filles sans cesse inspectés par des hommes, qui ne pourraient d'ailleurs entrer dans tous les détails nécessaires.

Pour que les visites qui doivent avoir lieu dans l'intérieur des maisons ne fassent naître aucune idée étrangère à leur véritable but, il est indispensable qu'elles soient faites par des personnes du sexe.

Je crois donc convenable de désigner à cet effet deux ou trois personnes dans chaque arrondissement communal.

Elles devront être choisies par vous entre les mères de famille les plus recommandables par leur rang, leur caractère, et surtout par la pureté de leur mœurs et de leurs principes religieux.

Elles auront le titre de *dames inspectrices.*

Elles visiteront, de temps en temps, et à l'improviste, les maisons d'éducation placées sous leur surveillance.

Elles s'assureront de l'exécution des règlements, en ce qui concerne les directrices d'établissement et les maîtresses d'études.

Elles examineront si les maisons sont suffisamment vastes pour le nombre d'élèves qui s'y trouvent, et si les dispositions intérieures ne laissent rien à désirer sous les rapports de la salubrité et de la décence.

Elles s'informeront s'il n'y a point de voisinage dangereux pour les mœurs ou la santé des enfants.

Elles auront soin de visiter les infirmeries ; et dans le cas où il y aurait des maladies contagieuses, elles se feront rendre compte des mesures prises pour éviter toute communication entre les malades et les autres personnes de la maison.

Elles recommanderont la pratique de la vaccine.

Elles examineront si la nourriture est suffisante et de bonne qualité, et s'informeront si les heures de repas, d'étude, de repos et de récréation sont convenablement réglées ; si l'on n'inflige aux jeunes personnes aucune punition, si on ne leur permet aucun jeu, qui puisse nuire à leur santé.

Les inspectrices s'assureront encore si l'on fait pratiquer exactement aux élèves les exercices de leur religion.

Elles tâcheront de connaître, d'une manière certaine, quelle est la direction donnée à l'éducation, et si elle ne tend pas, soit à relâcher les mœurs des élèves, soit à leur inculquer des principes erronés.

L'unique but que les institutrices doivent se proposer est de former des mères de famille estimables ; on ne doit point tolérer tout ce qui tendrait à détourner les jeunes personnes de cette vocation naturelle et respectable.

Les pensionnats tenus par des religieuses seront, comme les autres établissements, soumis à la surveillance des dames inspectrices, en tout ce qui concernera les jeunes élèves.

Les dames inspectrices vous feront leur rapport sur tout ce qu'elles auront remarqué dans leurs visites.

Les fonctions qui leur sont confiées sont aussi délicates qu'elles sont honorables ; elles imposent de grandes obligations. Vous ferez connaître d'avance ces obligations aux personnes que vous voudriez désigner, et vous leur ferez observer qu'elles ne doivent accepter une mission aussi importante qu'avec la ferme intention de la remplir scrupuleusement dans tous ses détails. Votre choix ne doit d'ailleurs tomber que sur les dames que vous croirez bien capables de s'acquitter convenablement de pareils soins.

Les sous-préfets et les maires vous communiqueront directement les renseignements qu'ils seront à même de recueillir sur les maisons placées dans l'étendue de leur arrondissement ou de leur commune.

En terminant ces instructions, qui, j'espère, ne vous laisseront aucune incertitude sur la conduite que vous avez à tenir avec les maîtresses et sous-maîtresses de pension, il n'est peut-être pas inutile de vous rappeler qu'un arrêté ministériel relatif aux maisons d'éducation de filles interdit les jeux, les danses, les concerts, et les représentations théâtrales, dans les distributions de prix.

Ces distributions ne peuvent être faites qu'en présence des maîtresses d'établissement, des pères, des tuteurs, et des mères ou correspondantes des élèves, de leurs parentes et des dames inspectrices.

Recensement général de la population.

26 juin 1820.

Le Directeur général de l'administration départementale et de la police aux Préfets.

La population des communes et des départements servant de règle à plusieurs opérations administratives, il importe qu'elle soit établie par des dénombrements exacts : mais, comme elle éprouve des variations d'un jour à l'autre, l'état en doit être fixé par le gouvernement pour un temps déterminé.

Jusqu'à présent, le tableau de la population des communes du royaume approuvé en 1806 a été considéré comme seul authentique : cependant, depuis cette époque, le nombre des habitants a augmenté ou diminué dans quelques lieux, et il est nécessaire de procéder à un nouveau recensement général.

Je vous prie de le faire faire dans toutes les communes de votre département, et de m'en adresser le résultat, que vous certifierez, au bas du tableau dont je vous envoie le cadre au nombre de trois exemplaires.

Lorsqu'ils seront remplis, vous m'en renverrez deux, pour être, l'un annexé à l'ordonnance royale qui sera rendue, l'autre déposé dans mes bureaux : le troisième restera aux archives de votre préfecture.

Ce cadre est semblable à celui qui a été dressé en 1806, avec cette seule différence, qu'il y est ajouté une colonne pour indiquer la population agglomérée de quinze cents âmes et au-dessus, non compris la population éparse, à l'article de chacune de celles des communes de votre département qui offriraient cette population agglomérée.

Il est inutile de vous rappeler que les arrondissements devront être désignés, sur le tableau, non par un numéro, mais par le nom du chef-lieu ; que l'ordre alphabétique devra être observé pour les dénominations tant des arrondissements que des cantons et des communes ; à la fin de chaque canton sera le total, par colonnes, de la population des communes qui le composent ; la même récapitulation par cantons sera placée à la suite de chaque arrondissement ; la fin du tableau offrira celle des arrondissements ; et sur le feuillet suivant, après la récapitulation générale, vous porterez le relevé de la population totale de chacune des villes de votre département qui sont divisées en plusieurs cantons ou justices de paix.

Il est essentiel que le tableau soit exactement dressé comme je viens de l'indiquer : vous entretenir de l'importance et de l'utilité de ce travail, c'est m'assurer qu'il sera fait avec toute l'exactitude désirable, et que vous me l'enverrez promptement.

Mines. — Visites des exploitations ; travail des redevances, et envois d'états.

28 juin 1820.

Le Directeur général des ponts et chaussées et des mines aux Ingénieurs en chef des mines.

L'époque à laquelle les ingénieurs des mines doivent procéder à la visite annuelle des exploitations et au travail des redevances étant arrivée, je crois convenable d'appeler leur attention sur les objets suivants.

Les états d'exploitation ne sauraient contenir trop de détails sur les recettes et les dépenses, puisqu'ils sont principalement destinés à éclairer les comités d'évaluation : mais depuis longtemps ces états ont encore un autre objet, celui de faire connaître à l'administration la situation des établissements sous le rapport technique et statistique, le mouvement des exploitations depuis l'année précédente, les améliorations qui ont eu lieu et les obstacles qui ont été éprouvés. En prescrivant aux ingénieurs de porter sur ces états les renseignements divers qu'ils sont d'ailleurs dans l'obligation de recueillir annuellement, on a eu en vue de leur éviter de les transmettre à la direction générale sous la forme d'un travail particulier, et de prévenir ainsi les doubles emplois sous plusieurs points de vue. Ces renseignements peuvent être inscrits, soit à la marge ou au revers des états, soit même sur des feuilles supplémentaires, dans les cas où l'ingénieur aurait à faire connaître quelques détails qui ne seraient point de nature à être soumis au comité.

En m'adressant copie des pièces du travail des redevances, il est essentiel que les ingénieurs me communiquent leurs observations sur les appréciations du revenu net, arrêtées par les comités d'évaluation. Il importe que je sois toujours en mesure d'éclairer le ministre des finances à cet égard, et que je puisse surtout lui soumettre mes propositions motivées, dans le cas où les intérêts du trésor n'auraient pas été convenablement pris en considération.

Parmi les réclamations qui peuvent être formées par les exploitants, il ne faut pas confondre les demandes faites à l'effet d'obtenir des secours pour pertes considérables, éprouvées par suite d'accidents majeurs, avec les réclamations en dégrèvement pour cause de surtaxe. Ces dernières doivent être jugées par les conseils de préfecture, et instruites d'après les formes prescrites par les articles 44 à 53 du décret du 6 mai 1811. Les premières, au contraire, doivent être instruites conformément à l'article 54 du même décret, et elles peuvent donner lieu à trois espèces de décisions différentes; savoir :

1° Si la perte est peu considérable; il y a lieu seulement à accorder une remise ordinaire, à prendre sur les cinq centimes départementaux dont le préfet peut disposer, et qui proviennent de la moitié des dix centimes imposés en sus des redevances, pour fonds de non-valeurs. Le préfet prend, à cet égard, un arrêté qui m'est adressé, pour être, s'il y a lieu, proposé par moi à l'approbation du ministre des finances.

2° Si la perte est considérable, il y a lieu à deux décisions distinctes : la première épuise, dans la forme qui vient d'être expliquée ci-dessus, les cinq centimes du préfet; la seconde a pour objet d'accorder une remise extraordinaire sur les cinq centimes généraux, réservés par l'article 57 du décret cité ci-dessus au ministre de l'intérieur. Le préfet donne son avis, en forme d'arrêté, sur les propositions des ingénieurs; et, après que les formalités prescrites par l'article 54 du même décret ont été remplies, son Excellence, sur mon rapport, accorde le secours, s'il y a lieu.

3° Lorsque les deux modes précédents n'offrent pas des moyens de secours suffisamment proportionnés à l'énormité des pertes éprouvées, l'ingénieur peut présenter une troisième proposition, distincte et séparée des premières; savoir : de faire à l'exploitant l'application de la faveur spécifiée en l'article 38 de la loi du 21 avril 1810, c'est-à-dire d'une remise de la redevance proportionnelle pour un nombre d'années déterminé. Cette remise est accordée par Sa Majesté, dans les formes ordinaires.

Relativement à tous les autres objets concernant le service des ingénieurs, je ne puis que les inviter à se pénétrer de nouveau des dispositions énoncées dans les précédentes circulaires, et surtout dans l'instruction générale du 1er septembre 1814.

J'insisterai seulement sur l'obligation où ils sont de veiller à l'exécution du décret du 3 janvier 1813, et je leur rappellerai qu'aucun motif ne peut les dispenser de laisser aux exploitants de mines et minières concessibles, copie du procès verbal de la visite des travaux, et des observations qui en ont été le résultat; comme aussi d'y ajouter, lorsque cela est nécessaire, une instruction contenant les mesures à prendre pour la sûreté des hommes et des choses, le tout en conformité de l'article 6 du décret précité du 3 janvier 1813; le procès-verbal, ainsi que les observations et la copie des instructions, est ensuite adressé au préfet du département, et l'ingénieur m'en donne avis. Dans le cas où la reconnaissance des lieux ferait apercevoir la nécessité de prendre quelques-unes des mesures prescrites par le décret qui vient d'être cité, l'ingénieur doit en faire immédiatement la proposition au préfet, et m'en informer sur-le-champ.

Je recommande en outre aux ingénieurs de se mettre en mesure de pouvoir me rendre compte, avant la fin de la présente année, de la situation, 1º des tourbières de chaque département; 2º des minières non concessibles de lignites, d'alun, de couperose ou de fer; 3º des usines qui dépendent de ces minières.

Recrutement. — Exemption des jeunes gens qui se destinent à l'enseignement public.

30 juin 1820.

Le Directeur général de l'administration départementale et de la police aux Préfets.

Le ministre de l'intérieur vous a indiqué, dans une circulaire du 17 mars dernier, les mesures qui pouvaient assurer l'exécution de l'article 15 de la loi du recrutement envers les jeunes gens que ce même article dispense du service militaire à raison de leurs études, vocation ou emploi, à la condition qu'ils seront admis dans le service public auquel ils se destinent, et qu'ils ne le quitteront pas avant l'expiration du temps fixé pour la durée des enrôlements.

Il est nécessaire d'y ajouter quelques dispositions de simple formalité à l'égard des frères des écoles chrétiennes.

D'après l'article 83 de l'instruction générale sur les appels, approuvée par le roi le 12 août 1816, les membres de cette congrégation, lorsqu'ils réclament la dispense, doivent produire un certificat constatant qu'ils ont contracté l'engagement de se vouer pendant dix ans à l'instruction publique; mais, comme il était à craindre qu'une indulgence abusive ne portât les supérieurs particuliers de quelques écoles locales à accorder trop facilement cette attestation à des jeunes gens dont l'intention aurait été d'échapper par ce moyen au recrutement, en renonçant ensuite à leur vocation, des mesures, approuvées par le ministre, ont été concertées entre le supérieur général de la congrégation et la commission de l'instruction publique pour prévenir cet abus.

Il a été convenu que le supérieur général enverra à la commission une liste annuelle sur laquelle seront portés les jeunes frères et novices qu'il jugera devoir mériter d'être dispensés du service militaire. La commission, d'après cette liste, adressera au supérieur général, pour être distribués aux sujets qu'il aura désignés, des certificats conformes à ceux qui sont donnés aux instituteurs ordinaires qui se trouvent dans le même cas.

En conséquence, les conseils de révision ne devront dispenser du service militaire aucun frère des écoles chrétiennes qui réclamerait cette faveur, que sur la production du certificat. De cette manière, on aura la certitude de n'accorder de dispense qu'à ceux que le supérieur général et la commission d'instruction publique auront reconnus avoir pris les engagements exigés par la loi du recrutement.

Vous veillerez à ce que cette formalité, qui doit être remplie également par tous les jeunes gens qui se destinent à l'enseignement public ou qui en exercent déjà les fonctions, soit exactement observée.

Sociétés d'assurance contre l'incendie (1).

14 juillet 1820.

Le Directeur général de l'administration départementale et de la police aux Préfets.

Il s'est formé, avec l'autorisation du roi, plusieurs compagnies et sociétés d'assurance contre l'incendie. Les unes se composent d'un certain nombre de propriétaires qui sont en même temps assureurs et assurés; on les désigne sous le nom d'*assurances mutuelles* : les autres sont des entreprises commerciales : on les nomme *assurances à prime*.

De ce que ces établissements ont été jugés utiles pour les particuliers, quelques fonctionnaires publics ont inféré qu'ils pourraient offrir les mêmes avantages aux départements, et qu'il y avait lieu de faire assurer, suivant l'un ou l'autre mode, les bâtiments affectés au service public. Je crois que cette opinion n'est pas fondée.

Dans les assurances mutuelles, les associés s'obligent à supporter, en commun et au marc le franc des valeurs assurées, les dommages causés par le feu. Avant de se soumettre à cette réciprocité de garantie, il faut examiner s'il y a parité d'intérêt et égalité de risques.

Le particulier qui fait assurer sa maison a principalement en vue de conserver une propriété dont la destruction entraînerait sa ruine ou ébranlerait sa fortune. Un département n'est pas exposé au même danger; il a toujours les moyens de rétablir un bâtiment qui aurait été endommagé par l'incendie. Si l'édifice était assuré, la perte se répartirait sur les propriétaires des maisons comprises dans l'association; s'il n'y a pas d'assurance, elle est réparée au moyen d'une imposition de centimes facultatifs qui atteint, outre les maisons assurées et non assurées, toutes les propriétés foncières du département; ce qui donne une base de répartition infiniment plus large, et rend presque insensible le contingent de chaque contribuable. L'intérêt qui porte à entrer dans l'association n'est donc pas pour les départements aussi pressant que pour les particuliers.

Les bâtiments publics sont, en général, solidement construits; leur isolement les préserve de la communication du feu; ils sont moins exposés à l'incendie, à raison de l'usage auquel ils sont affectés, ou de la surveillance qui s'y exerce. Les risques ne sont donc pas les mêmes.

Mais ce qui s'oppose surtout à ce que les départements participent

---

(1) Voir la circulaire du 10 août 1836, qui trace la marche à suivre pour les traités avec les compagnies d'assurances à prime.   (*N. de l'Éd.*)

aux assurances mutuelles, c'est que les cotisations sont éventuelles et indéterminées. Les édifices publics ayant une grande valeur, la somme à payer pourrait, si les incendies étaient fréquents, devenir très-considérable; et, comme il serait impossible de la connaître d'avance et de la porter dans les budgets, l'administration se trouverait dans l'alternative, ou de différer le payement, ce qui serait contraire aux conventions et aux intérêts de l'association; ou de disposer de fonds qui auraient une autre destination, ce qui serait souvent nuisible au service, et toujours irrégulier.

Dans les assurances à prime, une compagnie de capitalistes se charge d'indemniser les propriétaires, à condition qu'ils payeront annuellement une somme proportionnée aux risques et à la valeur des bâtiments assurés; mais elle ne répond de la totalité du dommage que dans le cas où la prime est payée pour la valeur entière de l'immeuble. Si l'estimation qui sert de base au contrat d'assurance est au-dessous de la valeur réelle, la compagnie ne concourt à la réparation des pertes que pour une part proportionnelle. Ainsi l'on n'a la certitude d'être complétement indemnisé qu'en payant la prime pour les gros murs et les pierres de taille, qui ne périssent presque jamais, et qui forment toujours une partie importante de la valeur d'un bâtiment public. Cette circonstance et l'inégalité des risques, dont j'ai parlé plus haut, rendent la position de l'administration moins favorable que celle des particuliers.

Une compagnie établit la prime de manière qu'elle couvre les dommages et les frais de régie, et qu'elle rende encore un profit aux actionnaires. Comme les frais et les bénéfices absorberont une forte partie des recettes, il est certain que, après une période assez longue pour compenser toutes les chances, les départements auront payé une somme bien supérieure à celle qu'ils auront reçue en indemnité. En effet, les dommages résultant de l'incendie ne s'élèvent pas, année commune, à la moitié de ce que les primes coûteraient aux départements.

Le motif le plus spécieux que l'on puisse alléguer en faveur du système des assurances est que, moyennant une dépense fixe et modique, les départements ne seront pas obligés, en cas d'incendie, à fournir dans une seule année une somme considérable qui excéderait quelquefois leurs ressources; mais il arrive bien rarement qu'un édifice public soit consumé tout entier. Si la dégradation est partielle, les recettes ordinaires suffiront pour y remédier : si elle est générale, la restauration ne peut s'effectuer promptement; elle est d'ailleurs subordonnée à des formalités qui exigent des délais, pendant lesquels on a le temps, ou de créer des fonds, ou de traiter avec des entrepreneurs pour qu'ils fassent des avances.

J'ai jugé nécessaire de vous adresser ces observations, afin que vous les communiquiez au conseil général de votre département, à sa prochaine session. Si, après en avoir pris connaissance, ce conseil pensait qu'il convint de faire assurer les bâtiments départementaux, les motifs de sa délibération seraient examinés avec soin, et il serait statué ensuite : mais, quelles que soient votre opinion et celle du conseil général, je vous prie de ne prendre aucun engagement, même provisoire ou conditionnel, avec une compagnie d'assurances, avant de connaître la décision du ministre.

Jurys de médecine.

14 juillet 1820.

Le Ministre secrétaire d'État au département de l'intérieur,

Vu les lois du 19 ventôse et du 21 germinal an XI, et les arrêtés du gouvernement des 20 prairial et 25 thermidor même année, sur l'exercice de la médecine et de la pharmacie;

Vu également l'arrêté du 21 mai 1812, relatif aux jurys de médecine;

Arrête ce qui suit (1):

....

4. Les aspirants aux titres d'officier de santé, de pharmacien, de sage-femme et d'herboriste, qui voudront se présenter aux examens devant le jury de médecine, devront se faire inscrire à la préfecture de leur département, du mois d'avril au mois de juillet. Au commencement du mois de juillet de chaque année, les préfets feront dresser la liste des candidats, et la communiqueront au président des jurys.

5. Lorsque le président aura reconnu que le produit des réceptions pourra être suffisant pour couvrir les dépenses dont il sera parlé aux articles 8 et 9 du présent arrêté, il nous en informera; nous ordonnerons alors, s'il y a lieu, la réunion des jurys : le président indiquera ensuite au préfet l'époque où il devra se rendre successivement au chef-lieu de chaque préfecture pour assister aux examens. Le même ordre sera aussi observé dans les départements où siégent les facultés de médecine.

6. Aussitôt que les préfets connaîtront l'époque de la réunion du jury de leur département, ils en donneront avis aux examinateurs et aux candidats inscrits pour les examens. Ils feront imprimer et tenir prêts les titres dans la forme usitée jusqu'à ce jour : ils feront aussi préparer l'extrait des procès-verbaux des jurys, conformément au modèle annexé à l'arrêté du 21 mai 1812.

7. Dans les départements où les jurys ne pourront être réunis, faute du nombre prescrit d'aspirants, les préfets, après avoir pris l'avis des présidents, autoriseront les candidats qui se seront fait inscrire à se présenter, s'ils le jugent convenable, au jury qui devra s'assembler dans l'un des départements les plus voisins et compris dans l'arrondissement de la même faculté de médecine. Aucun candidat ne pourra être admis aux examens, dans un département autre que celui où il se propose de s'établir, s'il n'est muni d'une autorisation expresse, qui ne pourra lui être accordée que par le préfet de son département, pour le motif ci-dessus énoncé.

8. Sur la somme payée par les aspirants au titre d'officier de santé, pour chacun de leurs examens, il sera prélevé 24 francs, qui seront partagés, par égale portion, entre le commissaire président et les autres membres du jury, pour droit de présence.

Sur la somme payée par les aspirants au titre de pharmacien, pour chacun de leurs examens, il sera prélevé 35 francs, qui seront partagés, par égale portion, entre le commissaire président et les autres membres du jury, pour droit de présence.

---

(1) Les articles 1 à 3 de cet arrêté nommaient les présidents des jurys de médecine pour la prochaine réunion des jurys. Ils sont actuellement sans objet.

(N. de l'Éd.)

La totalité de ce qui sera payé par les aspirants au titre d'herboriste est allouée aux examinateurs.

9. Après avoir pourvu aux droits de présence des membres du jury, le restant du produit des droits de réception servira :

1° A payer les frais de voyage et l'indemnité extraordinaire assignés au président des jurys par l'article 50 de l'arrêté du 20 prairial an XI; ces frais et indemnités sont fixés, en totalité, à 10 francs par poste ou myriamètre, pendant la route, et à 12 francs par jour, pendant le séjour;

2° A payer les frais mentionnés par l'article 6 du présent arrêté.

10. Dans le cas où les dépenses dont il est question aux deux articles précédents n'absorberaient pas la totalité du produit des réceptions faites par les jurys, il pourra être payé des indemnités, 1° à ceux des professeurs d'accouchement dont les cours sont établis en vertu de notre autorisation ou de celle de nos prédécesseurs; 2° aux membres des jurys, pour frais de voyage dans la visite des pharmacies. Ces deux espèces de dépenses ne seront acquittées que sur des propositions spéciales, qui nous seront faites par les préfets.

L'excédant, s'il y en a, sera versé dans la caisse du mont-de-piété de Paris.

11. Un extrait du procès-verbal des opérations du jury, dressé suivant la forme indiquée au modèle annexé à l'arrêté du 21 mai 1812, et certifié par le préfet du département, sera remis au commissaire président, pour nous être transmis avec le compte de sa mission. Une copie du même extrait nous sera adressée par le préfet. Le procès-verbal original sera déposé à la préfecture.

Les préfets et les jurys des départements où il y a des facultés de médecine suivront la même marche.

Dépenses diocésaines (1).

23 juillet 1820.

Le Ministre de l'intérieur aux Evêques.

(Extrait.)

Au moment où les préfets vont s'occuper de la formation des budgets des dépenses départementales, je crois utile de vous rappeler l'ensemble du nouveau système établi par les dernières lois de finances pour l'acquittement de ces dépenses, notamment en ce qui concerne celles qui sont relatives aux établissements diocésains.

Les dépenses départementales sont divisées en quatre classes; savoir : (2)

Fixes ou communes à plusieurs départements;

Variables;

Facultatives;

Travaux d'intérêt général.

---

(1) Cette circulaire est sans application aujourd'hui ; il est pourvu par le budget des cultes à la plupart des dépenses énumérées ci-après.

(2) La loi du 12 mai 1858, article 12, a changé cette classification des dépenses départementales. (N. de l'Éd.)

Dans les premières sont comprises les dépenses diocésaines dont le détail suit :

Frais de tournées et de secrétariat aux évêques ;

Dépenses des maîtrises et bas-chœurs ;

Entretien des bâtiments des cathédrales, évêchés et séminaires diocésains ;

Entretien et achat du mobilier des évêchés ;

Achat d'ornements pontificaux, de cloches et autres objets pour la cathédrale ;

Supplément aux revenus de la fabrique ;

Loyer des maisons servant au logement des évêques ou des séminaristes dans les diocèses qui n'ont pas encore de palais épiscopal ou de séminaire.

Aux termes exprès de la loi, on ne doit comprendre dans ces dépenses aucun article pour le personnel des ministres de la religion. Cette exclusion s'étend naturellement aux supérieurs, directeurs et professeurs des séminaires.

Il est pourvu aux dépenses fixes ou communes sur un fonds de centimes centralisés au trésor royal, et répartis par le ministre entre tous les diocèses, dans la proportion des besoins généraux établis par les propositions des préfets.

Vous concevrez facilement, d'après cet exposé, qu'il était impossible que les conseils généraux, ignorant ce que les ressources permettraient d'accorder pour chaque objet de dépense, continuassent de voter les allocations. Cependant les budgets leur sont toujours présentés, mais comme simple communication ; et les vœux qu'ils expriment quelquefois ne peuvent plus être considérés que comme un nouveau renseignement, servant à corroborer la proposition du préfet, mais dont le succès est entièrement subordonné à ce que les ressources permettent de faire.

Les dépenses dites *variables* s'imputent sur un autre fonds de centimes, qui reste à la disposition du département, et dont le conseil général vote réellement l'emploi. Ce budget ne contient aucun article relatif aux dépenses diocésaines.

Les dépenses facultatives, imputées sur le produit d'une imposition extraordinaire, qui ne peut s'élever à plus de 5 centimes, se composent de tous les objets de dépense extraordinaire d'utilité départementale que les conseils généraux consentent à voter. Ils sont libres d'y comprendre des secours, soit pour les établissements ecclésiastiques, soit même pour le personnel du clergé. Ces votes sont nécessairement approuvés par le ministre.

C'est ainsi que, les années dernières, et principalement en 1819, il a été accordé, dans plusieurs diocèses, des indemnités aux évêques, vicaires généraux, provicaires généraux et chanoines, aux supérieurs et directeurs des séminaires, et des secours en faveur des écoles ecclésiastiques et pour la restauration d'anciennes églises monumentales dont les communes sont hors d'état de faire la dépense. Dans quelques endroits, il a même été voté des allocations pour supplément de traitement aux desservants, et pour réparations d'églises et de presbytères dans les communes rurales.

Les travaux d'intérêt général dans les départements, comprenant les réparations extraordinaires des cathédrales, évêchés et séminaires, et les acquisitions de bâtiments, pour ces deux derniers usages, dans les diocèses où il n'a pas été encore pourvu au logement de l'évêque ou à celui des séminaristes, sont imputés sur un crédit spécial ouvert au budget du ministère de l'intérieur. Les allocations sont réglées par le ministre, sur les propositions des préfets, justifiées par la production des plans et devis des travaux à exécuter. Ces propositions sont mises sous les yeux du conseil général, comme celles qui sont relatives aux dépenses fixes ou communes, à titre de simple renseignement.

D'après ces diverses explications, il vous sera facile de distinguer maintenant celles de vos demandes, pour dépenses diocésaines, qu'il suffira d'adresser aux préfets des départements composant votre diocèse, et celles qui devront être soumises aux conseils généraux : vous sentirez combien il est important d'en accélérer l'envoi, si vous ne l'avez déjà fait.

Je vous prie d'observer d'ailleurs qu'il ne pourra être accordé aucune allocation, soit pour supplément aux revenus de la fabrique cathédrale (y compris achats de cloches, d'ornements pontificaux, etc.), ou du séminaire, soit pour entretien ou complément du mobilier de l'évêché, que sur la production, ou du budget de la fabrique, rédigé dans la forme accoutumée, et non autrement, ou du compte des recettes et des dépenses du séminaire, pour l'exercice précédent, si vous ne me l'avez déjà transmis, ou enfin de l'inventaire du mobilier de l'évêché, dressé comme il est prescrit par l'ordonnance royale du 7 avril 1819.

Champs de manœuvres.

24 juillet 1820.

Le Directeur général de l'administration départementale et de la police aux Préfets.

Un décret avait imposé aux villes de garnison l'obligation de fournir un champ de manœuvres, et d'en supporter la dépense.

Elles ont été déchargées de cette obligation par l'article 46 de la loi du 15 mai 1818, et par l'article 8 de l'ordonnance du 5 août de la même année. Toutefois, par l'article 11 de cette ordonnance, le roi s'est réservé « d'admettre les votes des conseils municipaux qui, « à raison des bénéfices que les villes retirent du séjour des troupes, « auraient pour but de contribuer, volontairement et pour une « somme déterminée, à la dépense d'un établissement militaire « destiné à leur assurer une garnison habituelle dans l'assiette du « casernement.

Le ministre de la guerre a fait observer au ministre de l'intérieur que les consommations des troupes ont le double avantage d'accroître les revenus des villes et de procurer plus d'aisance à leurs habitants et à ceux des campagnes, soit par la vente des fourrages et autres denrées, soit par les profits que la présence des garnisons assurent aux classes ouvrières et à celle des commerçants.

Il pense qu'il y a lieu d'étendre les dispositions de l'article 11 de l'ordonnance du 5 août aux conseils généraux de département, qui, placés dans une sphère de vues et d'intérêts plus élevée que les autorités municipales, peuvent mieux apprécier les véritables intérêts de leurs concitoyens, et se montrer plus disposés à concourir aux dépenses qui sont de nature à profiter à l'ensemble du département.

Ces considérations m'ont paru assez importantes pour être communiquées au conseil général de votre département; je vous invite, en conséquence, à l'en entretenir, et à lui développer l'avantage qu'il y aurait à voter des fonds sur les centimes facultatifs pour fournir, en certains cas, aux chefs-lieux de garnison, les terrains nécessaires à l'instruction et aux manœuvres de l'infanterie et de la cavalerie. La dépense qui en résultera ne peut être considérable. Vous ne lui laisserez point ignorer, d'ailleurs, que le département en trouvera une juste compensation dans les profits que les villes et communes retirent de la permanence des garnisons, et qu'au surplus c'est un moyen de leur conserver ces avantages, à raison de la faculté dont le gouvernement peut user de donner la préférence, pour l'emplacement des troupes, aux départements dont l'administration ne se refusera point à concourir aux dépenses qui en résultent.

Jurys de médecine.

18 août 1820.

Le Conseiller d'Etat chargé de l'administration des hospices et des établissements de bienfaisance aux Préfets.

Je vous ai invité à vous occuper de la nomination des pharmaciens qui doivent être adjoints au jury médical de votre département, et je vous ai rappelé que, d'après le dernier paragraphe de l'article 13 de la loi du 21 germinal an XI, ces membres adjoints devaient être choisis maintenant parmi les pharmaciens qui ont été reçus dans l'une des écoles spéciales de pharmacie.

J'apprends que dans plusieurs départements le nombre de pharmaciens reçus dans les écoles spéciales n'est pas suffisant pour que cette disposition de la loi soit exécutée.

Comme cette difficulté pourrait retarder l'organisation définitive des jurys, je crois devoir vous faire connaître que, s'il n'y a pas dans votre département quatre pharmaciens reçus dans les écoles spéciales et qui puissent d'ailleurs remplir convenablement les fonctions de membre adjoints au jury médical, vous pouvez fixer votre choix sur des pharmaciens reçus par les jurys.

Travaux des édifices diocésains. — Rédaction et exécution des devis.

12 septembre 1820.

Le Ministre de l'intérieur aux Préfets.

Les règlements administratifs prescrivent de n'exécuter aucune dépense de grosses réparations, constructions nouvelles ou reconstructions aux bâtiments affectés ou employés à un service ou établissement public, sans l'autorisation préalable du ministre, sauf les cas extraordinaires de péril imminent.

Les articles 107 et suivants du décret du 30 décembre 1809, en appliquant spécialement ce principe aux travaux des évêchés, cathédrales et séminaires diocésains, ont en outre exigé le concert de l'administration ecclésiastique et du préfet pour la formation des projets.

Une circulaire du 22 octobre 1812 a tracé les règles qui devaient être suivies dans la rédaction des plans et devis des travaux relatifs aux bâtiments civils en général.

J'ai occasion de me convaincre, chaque année, combien l'exécution de ces diverses dispositions est négligée dans plusieurs départements.

Des devis me sont envoyés par des évêques à l'insu de leurs préfets, qui ne se trouvent plus en mesure d'établir les demandes d'allocations nécessaires pour la dépense au budget de leur département.

D'autres fois, ce sont les préfets qui me les transmettent sans avoir consulté l'évêque sur la convenance, soit des travaux projetés, soit de l'époque où ils peuvent être entrepris.

Il arrive aussi que des devis sont déjà en partie ou même entièrement exécutés lorsqu'ils me parviennent ; et je n'ai quelquefois connaissance qu'une dépense considérable a été entreprise, ou effectuée, que par la proposition qui m'est faite d'allouer au budget de l'exercice la somme destinée à l'acquitter, ou par les demandes en remboursement des entrepreneurs, leurs réclamations en indemnités pour devis outrepassés, etc.

Dans quelques diocèses, on a cru justifier ces irrégularités par la considération que les dépenses avaient été couvertes en partie avec les revenus propres de l'établissement ou avec des libéralités. Cette circonstance ne peut dispenser de satisfaire aux formes administratives que le décret précité du 30 décembre 1809 prescrit sans exception.

Ces infractions aux règles établies ont les plus grands inconvénients pour l'administration supérieure, qui ne peut plus exercer sa surveillance, et pour ceux qui, en ordonnant ces travaux, engagent leur responsabilité.

La surveillance du ministre sur les travaux qui s'exécutent dans les départements n'est ni une vaine formalité, ni une mesure insignifiante de centralisation.

Sous le rapport de l'art, elle a eu plusieurs fois pour heureux résultat de repousser des projets que le goût ne pouvait avouer, ou d'en améliorer d'autres qui eussent pu compromettre la solidité et la conservation des édifices.

Sous celui des convenances, elle isole les besoins réels de la chose de cette foule de petites considérations accessoires qui ne cherchent que trop souvent à s'y rattacher.

Sous celui de l'économie, elle apprécie, d'après la comparaison des besoins généraux, ce que les ressources permettent d'entreprendre ; elle fait la part de la nécessité et celle du luxe.

Le ministre, faute d'avoir été mis à portée d'exercer cette surveillance, et d'ailleurs restreint dans les limites du crédit qui lui est ouvert chaque année pour cet objet spécial, s'est vu forcé, dans plusieurs occasions, soit d'ajourner le payement de dépenses effectuées, soit de différer des travaux de la plus grande urgence, pour en solder de beaucoup moins pressants, qu'on avait fait exécuter ainsi irrégulièrement avec précipitation.

Enfin il s'est trouvé quelquefois dans l'impossibilité d'admettre des dépenses qui avaient eu lieu sans son autorisation, et qui ont dû rester à la charge de ceux qui les avaient ordonnées.

Ces mesures rigoureuses, quoique justes et nécessaires, n'en sont pas moins pénibles : c'est pour éviter d'y revenir que je me crois obligé de vous rappeler expressément qu'il ne doit être entrepris aucuns travaux de réparations, de constructions neuves ou de reconstructions aux édifices diocésains, sans une autorisation spéciale et préalable du ministre, hors les cas suivants, déjà établis, soit par la circulaire du 22 juillet 1816, soit par les instructions transmises, chaque année, avec les budgets approuvés :

1° Lorsque l'urgence sera telle, qu'il y aurait du péril à attendre cette autorisation pour commencer les ouvrages ; mais alors vous m'en donnerez avis immédiatement, en m'adressant un procès-verbal ou rapport de l'architecte constatant l'urgence ;

2° Lorsqu'il ne s'agira que de réparations de simple entretien. Celles qui n'excéderont pas 3,000 francs pourront s'exécuter, même avant le règlement du budget de l'exercice ; celles qui s'élèveraient jusqu'à 5,000 francs n'auront point besoin d'autorisation préalable, lorsque le montant en aura été alloué au budget : cette allocation emportera approbation définitive.

Mais les réparations et entretiens qui dépasseraient, y compris la somme à valoir pour objets imprévus, les deux taux qui viennent d'être rappelés avec les circonstances auxquelles ils se rapportent ; les constructions neuves, les reconstructions et les grosses réparations, à quelques sommes que s'élèvent les projets de ces trois espèces de travaux ; enfin tous les changements, augmentations ou diminutions que l'architecte proposerait d'opérer dans un projet arrêté par moi, ne pourront s'exécuter qu'après que j'y aurai donné mon approbation : il en sera de même lorsqu'une réparation évaluée à moins de 3,000 francs, ou de 5,000 francs, suivant les cas précités, sera portée au-delà par un projet supplémentaire contenant des additions ou des modifications à un projet primitif.

A l'avenir, toutes dépenses de cette sorte, pour lesquelles il n'aurait pas été satisfait aux formalités qui viennent d'être indiquées, seront rejetées, ainsi que toute proposition d'allocation sur quelque nature de fonds que ce soit : elles demeureront personnelles à ceux qui auraient donné les ordres pour les effectuer.

Je n'attache pas une importance moindre à l'exécution exacte des dispositions de la circulaire du 22 octobre 1812 sur les règles à suivre pour la rédaction des plans et devis, et de celles du décret du 30 décembre 1809, qui exige que le préfet se concerte avec l'administration ecclésiastique pour la formation des projets.

Les évêques sont les premiers et les meilleurs juges, sinon de ce que la conservation du bâtiment ou la perfection du goût peut réclamer, du moins de ce qui est convenable, soit pour les cérémonies religieuses dans leurs cathédrales, soit pour le logement épiscopal, soit enfin pour celui des élèves et pour les exercices du séminaire.

En négligeant de les consulter sur la formation d'un projet, on s'expose donc, ou à manquer à des convenances essentielles, en augmentant, supprimant ou ajournant hors de propos ; ou à choisir, pour l'exécution des travaux, des époques inopportunes.

La nécessité de prendre l'avis de l'administration ecclésiastique ramène naturellement à la mesure recommandée tant de fois par mes prédécesseurs, celle de faire précéder tout projet, hors ceux relatifs à des réparations de simple entretien, de la rédaction d'un programme indiquant les divers objets dont l'architecte devra s'occuper dans son travail : c'est le seul moyen d'obtenir des projets complets, où tout ce qui est nécessaire aura été prévu, et de mettre un terme à ces nombreux devis supplémentaires, qui viennent, à chaque instant, augmenter, les uns après les autres, une dépense toujours annoncée comme définitive à chaque nouvelle augmentation.

Ces programmes devront être arrêtés par vous et par l'évêque, et me seront adressés avec le travail de l'architecte.

Je vous réitère d'ailleurs l'invitation de faire observer exactement pour la formation des plans et devis les dispositions prescrites par la circulaire précitée du 22 octobre 1812, autant dans l'intérêt des établissements mêmes que dans celui de l'administration. D'un côté, la correspondance relative à leur régularisation entraîne la perte d'un temps précieux pour les bureaux ; de l'autre, les renvois et les retours, en multipliant les délais qui s'écoulent jusqu'au moment de l'approbation définitive, laissent faire aux dégradations des progrès aussi nuisibles aux édifices qu'à l'économie.

Expériences sur le poids du blé.

21 septembre 1820.

Le Ministre de l'intérieur aux Préfets.

Mon prédécesseur vous a recommandé, par la circulaire du 16 septembre de l'année dernière, de faire procéder, tous les ans, dans chacune des villes ou communes de votre département où l'autorité municipale est dans l'usage de taxer le prix du pain, au pesage du blé-froment de la récolte de l'année, pour en constater légalement le poids. Il vous a indiqué la marche et les formalités à observer afin d'arriver au résultat définitif, qui doit donner l'élément le plus important et le plus variable de la taxe.

L'application que l'on a dû faire de ce système depuis l'année dernière vous a sans doute mis à portée d'en apprécier l'utilité ; et je pourrais me dispenser de vous engager à rappeler aux maires ce qu'ils auront à faire, pour constater pareillement le poids du froment de la récolte de 1820.

Mais il est bon de remarquer qu'en exécutant trop tôt les expériences du pesage, on s'expose à des erreurs, en ce qu'immédiatement après la récolte les blés ne sont point encore assez ressuyés pour que leur poids ait acquis le degré de fixité dont il pourrait approcher bien davantage quelques mois plus tard. Ainsi, au lieu d'y procéder à la fin de septembre ou au commencement d'octobre, comme mon prédécesseur l'avait demandé, je désirerais qu'elles n'eussent lieu que dans le courant de décembre ; en sorte que le dernier pesage répondît à la fin de ce mois, et que le résultat moyen de trois expériences pût servir de régulateur de la taxe, à partir du commencement de la nouvelle année.

Je vous serai obligé de donner aux maires des instructions en conséquence de cette observation, et de m'envoyer, aussitôt que vous aurez réuni les procès-verbaux de toutes les opérations, une note spéciale et détaillée du poids qu'elles auront constaté dans chaque ville ou commune.

Néanmoins, en attendant que vous soyez en état de la produire, je vous invite à ne pas omettre de consigner sur votre tableau général de récolte, dans la colonne à ce destinée, le poids moyen du froment et du seigle de première et de deuxième qualité, tel que vous pourrez l'établir d'après les données sommaires qui vous seront fournies par les sous-préfets, et que vous voudrez bien discuter, comme tous les autres éléments du tableau de récolte.

Police médicale.

26 septembre 1820.

Le Conseiller d'État chargé de l'administration des hospices et des établissements de bienfaisance aux Préfets.

Le premier paragraphe de l'article 17 de la loi du 23 juillet 1820, relative à la fixation du budget des recettes de 1820, maintient les droits précédemment établis pour les frais de visite chez les pharmaciens, droguistes et épiciers ; mais il dispense du payement de ces droits les épiciers chez lesquels il ne sera pas trouvé de drogues appartenant à l'art de la pharmacie.

Une partie des substances employées par la médecine servant à des usages très-nombreux dans la vie commune et dans les arts, l'application de cette dernière disposition de la loi pouvait donner lieu à quelques difficultés : afin de les prévenir, les professeurs de l'école de pharmacie de Paris ont dressé la liste des substances qui doivent être particulièrement considérées comme drogues médicinales, et dont la vente doit être soumise à une surveillance spéciale, dans l'intérêt de la santé publique.

Le roi vient de décider, par une ordonnance du 20 de ce mois, que les substances énoncées dans cette liste seront réputées drogues, et que les épiciers chez lesquels on trouvera quelqu'une de ces substances seront assujettis au payement des droits maintenus par l'article 17 de la loi du 23 juillet 1820.

Je vous prie de communiquer cette ordonnance aux membres du jury médical de votre département, pour qu'ils se conforment aux dispositions qu'elle renferme, lorsqu'ils feront la visite des pharmacies et des magasins ou boutiques d'épiceries et de drogueries.

Pensions aux employés des hospices.

26 sepembre 1820.

Le Conseiller d'État chargé de l'administration des hospices et des établisssements de bienfaisance aux Préfets.

Aucun acte du gouvernement n'avait, jusqu'à présent, déterminé d'une manière positive les bases à suivre pour la liquidation des pensions que les administrations des hospices et autres établissements de charité proposent en faveur des employés de ces établissements.

Il était nécessaire de remplir cette lacune ; et, dans ce but, il a paru qu'on ne pouvait adopter de meilleures bases que celles qui ont été consacrées par le décret du 7 février 1809 pour les employés des hospices de Paris.

Sa Majesté a rendu en conséquence, le 6 de ce mois, une ordonnance à laquelle est annexé un extrait du décret du 7 février 1809.

En donnant connaissance de ces dispositions aux administrations des hospices et établissements de charité de votre département, vous voudrez bien leur faire remarquer que l'ordonnance de Sa Majesté n'accorde pas à leurs employés un droit qu'ils n'avaient point ; qu'elle ne fait qu'établir une règle pour liquider les pensions qui leur seront désormais accordées. Ce n'est que dans ce sens que le décret du 7 février 1809 est rendu applicable.

Les employés des hospices de Paris subissent des retenues qui servent à leurs pensions; ils ont, par conséquent, à les obtenir, un droit établi par les retenues, et non par le décret, qui n'a fait qu'en déterminer l'accomplissement : il n'y a donc en cela aucune analogie entre ces employés et les employés des autres hospices ou établissements de charité, qui ne subissent aucune diminution de traitement pour former un fonds de retraite. Les pensions de ces derniers continuant à n'être prises que sur les fonds propres des établissements, les administrations conservent la liberté de les accorder ou de les refuser, selon qu'elles croient le devoir, d'après les ressources disponibles ; seulement, celles qui seront désormais données devront être liquidées d'après les bases régulières et uniformes résultant de l'ordonnance du 6 de ce mois et les dispositions du décret du 7 février 1809.

Fonds versés à la caisse des dépôts, pour le compte des communes, des hospices et des fabriques (1).

10 octobre 1820.

Le Directeur général de l'administration départementale et de la police aux Préfets.

(Extrait.)

Je vous prie de rappeler aux maires que le prix des adjudications des coupes accordées dans les quarts de réserve n'est payable qu'en traites à cinq échéances, et que la caisse des dépôts ne peut en faire écriture que dans le cours du mois postérieur au recouvrement.

Ce n'est donc que dans le cours du trimestre postérieur à l'échéance et au recouvrement de chaque traite que les communes et les établissements crédités à la caisse des dépôts peuvent utilement réclamer la réintégration des à-compte qui leur sont nécessaires, à l'effet de pourvoir aux dépenses régulièrement autorisées.

Il importe, en conséquence, pour les communes et les établissements publics qui ne se trouvent pas crédités à la caisse des dépôts, mais qui pourront l'être successivement pour les quarts de réserve accordés à l'avenir, de veiller à ce que, dans les marchés et conventions qu'ils seront dans le cas de souscrire pour acquisitions,

(1) Voir l'ordonnance du 22 novembre 1826. (*N. de l'Ed.*)

constructions et réparations, les époques de payement soient divisées de manière que les à-compte payables sur le montant d'une traite, à l'échéance du 31 mars, ne soient exigibles que dans le cours du trimestre suivant. L'application de cette règle aux divers à-compte à payer par les communes et les établissements publics est le seul moyen de prévenir le retour des plaintes que l'on a souvent renouvelées sur la disposition des fonds dont les lois et règlements ont prescrit le versement à la caisse des dépôts.

Détenus pour dettes.

6 novembre 1820.

Le Directeur général de l'administration départementale et de la police aux Préfets.

Les informations recueillies par le ministre sur les usages suivis à l'égard des personnes détenues pour dettes lui ont appris qu'il n'y avait ni ordre ni uniformité dans cette partie du service des prisons. Plusieurs concierges perçoivent plus de 20 francs pour la consignation mensuelle des aliments ; d'autres se croient autorisés à prélever à leur profit, et comme représentant l'indemnité de gîte et geolage, une partie de la somme consignée. Le loyer des lits est fixé à un taux très-inégal et souvent excessif ; dans quelques prisons les détenus n'ont pas la permission de se servir des lits qui leur appartiennent ; ailleurs on s'oppose à ce qu'ils fassent apporter leur nourriture ; quelquefois les concierges retiennent la totalité de la consignation et ne fournissent que les vivres ordinaires de la prison.

Pour remédier à ces abus, le ministre a pris l'arrêté que vous trouverez ci-joint.

L'article 1er défend aux concierges de rien recevoir, à titre de consignation pour aliments, en sus de la somme de 20 francs qui a été fixée par la loi.

L'article 2 pourvoit à ce que la consignation soit remise aux détenus, par dixième, tous les trois jours. Cette disposition a pour but d'empêcher que le prisonnier imprévoyant ne consomme en peu de temps la somme déposée, et ne se trouve ensuite dans le dénuement.

En permettant de faire apporter des lits dans la prison, l'article 3 exige que le loyer de ceux que fourniront les concierges soit fixé par un tarif.

L'article 4 laisse aux détenus la liberté de traiter pour leur nourriture avec les personnes du dehors ou avec le concierge, ou de prendre les vivres de la prison, aux prix des marchés.

Enfin il était nécessaire de prévoir le cas où un détenu qui n'aurait d'autre ressource que la somme consignée pour ses aliments tomberait malade dans la prison. Comme on ne peut contraindre le créancier à payer l'excédant de dépense causé par le traitement, et comme il y aurait de l'inhumanité à refuser à un prisonnier les secours de l'art et le régime qu'exigerait le rétablissement de sa santé, il est indispensable que l'administration en fasse les frais : tel est l'objet de l'article 5.

Le ministre a pensé qu'en diminuant les bénéfices qui étaient assurés aux concierges, soit par des règlements locaux, soit par l'usage, il pourrait être convenable d'augmenter dans la même proportion les traitements fixes ou les indemnités accordées à ces employés : en conséquence, il vous a laissé, par l'article 6, la faculté de proposer ces augmentations.

Je vous prie de notifier l'arrêté du ministre aux maires des villes où il y a des maisons d'arrêt et aux commissions qui sont chargées de la surveillance de ces établissements, et de m'envoyer copie des tarifs que vous aurez adoptés.

ARRÊTÉ

Du 4 novembre 1820 (1).

Art. 1er. Les concierges et gardiens des maisons d'arrêt ne peuvent, sous peine de destitution, rien exiger ni recevoir, à titre de consignation d'aliments, en sus de la somme de 20 francs qui a été fixée, par la loi du 15 germinal an VI (2), pour la subsistance, pendant trente jours, des personnes incarcérées pour dettes.

2. Les concierges et gardiens remettront aux détenus pour dettes 2 francs tous les trois jours ; il leur est défendu de faire à leur profit aucune retenue sur le montant de la consignation.

3. Il est libre aux débiteurs incarcérés de faire apporter leur coucher dans la prison, ou de louer celui que leur fournira le concierge. Dans ce cas, le prix de location du lit sera réglé par un tarif, que le préfet arrêtera, sur la proposition du maire, et ne pourra excéder 4 francs 50 centimes par mois, pour les détenus qui coucheront seuls, et 3 francs pour ceux qui occuperont un lit à deux.

4. Les débiteurs auront la faculté de recevoir leur nourriture du dehors, ou de traiter de gré à gré avec le concierge, ou de prendre les vivres de la prison, qui leur seront fournis par les entrepreneurs, aux prix de leurs marchés.

5. En cas de maladie, les débiteurs détenus seront admis à l'infirmerie de la prison, ou à l'hospice. Si les frais de médicaments et de nourriture excèdent le taux de la consignation, l'excédant sera payé sur les fonds départementaux. Ceux qui occuperont des chambres particulières, et qui ne voudront pas entrer à l'infirmerie ou à l'hospice, devront pourvoir par eux-mêmes à la dépense de leur traitement ; il ne leur sera accordé aucun supplément sur les fonds départementaux.

6. Dans les lieux où il était d'usage que les concierges prélevassent une partie de la consignation, pour frais de gîte et geolage, il pourra leur être accordé sur les fonds départementaux, et d'après la demande motivée des autorités locales, soit une augmentation de traitement, soit une indemnité par journée de détenu.

Etats du personnel du clergé et des séminaires de chaque diocèse.

11 décembre 1820.

Le Ministre de l'intérieur aux Évêques.

J'ai l'honneur de vous rappeler qu'à cette époque de l'année les

---

(1) Cet arrêté reçoit encore son exécution, sauf les modifications contenues dans le règlement du 30 octobre 1841.
(2) Voir la loi du 17 avril 1832.   (N. de l'Ed.)

évêques sont dans l'usage d'adresser au ministère de l'intérieur l'état sommaire du personnel du clergé de leur diocèse, ainsi que de celui des ordinations et des élèves ecclésiastiques dans les grands et petits séminaires, conformément aux deux modèles imprimés que je joins ici.

Ces documents me sont indispensables pour pouvoir mettre sous les yeux du roi le tableau complet du clergé du royaume, les pertes qu'il éprouve chaque année, et les espérances prochaines que lui donnent un assez grand nombres d'élèves ecclésiastiques.

Il importe aussi beaucoup de connaître enfin la proportion vraie qui existe entre les ressources actuelles du budget du clergé et le nombre total des ecclésiastiques qui remplissent effectivement les fonctions de desservant et de vicaire. S'il était prouvé, comme je l'espère, que, sans excéder les limites du crédit accordé pour cette nature de dépense, il y a moyen d'acquitter, sans confusion et sans double emploi, un traitement de 750 francs à tous les desservants, et un secours de 250 francs à tous les vicaires que les diocèses sont en état de fournir, l'administration pourrait d'abord faire cesser l'inégalité qui pèse encore sur plusieurs communes, où ces ecclésiastiques sont entièrement à la charge des habitants : elle lèverait aussi la principale difficulté qui a, jusqu'ici, rendu si rare la concession des titres de succursale ou de chapelle vicariale, dans la crainte qu'ils ne multipliassent indéfiniment les engagements du trésor. On reconnaîtrait que ces titres, en satisfaisant au vœu des communes, en assurant la conservation et l'entretien des églises qu'elles ont réparées à leurs frais, en leur conférant la faculté de recueillir des legs et donations pour la dotation future de leur service religieux, n'entraînent d'ailleurs aucun surcroît de charge pour le trésor.

En effet, aussi longtemps qu'il manquera des prêtres pour en attacher à toutes ces églises, la dépense de leurs traitements demeure forcément limitée à leur nombre effectif ; elle ne peut être que stationnaire comme lui, ou lentement progressive, ce qui en rendra le poids presque insensible, dans l'avenir, pour les finances du royaume.

Cette considération vous fera sentir quel intérêt je mets à connaître exactement le mouvement du personnel du clergé, puisque ce mouvement doit être désormais la seule base incontestable des propositions à faire pour maintenir ou augmenter, à mesure du besoin, le budget des dépenses ecclésiastiques.

Etats du personnel du clergé et des séminaires de chaque diocèse.

12 décembre 1820.

Le Ministre de l'intérieur aux Préfets.

Je joins ici la circulaire que je viens d'adresser aux évêques pour leur rappeler l'envoi annuel qu'ils ont à me faire de l'état sommaire du personnel du clergé dans leurs diocèses, ainsi que de l'état des ordinations, des professeurs et élèves ecclésiastiques dans les grands et petits séminaires.

Quelques diocèses ne me faisant point parvenir ces états, malgré des demandes réitérées, ou n'y mettant pas assez de régularité et

CIRC. II. — 1re SÉRIE.   28

d'exactitude, je prends le parti de charger les préfets d'y suppléer, chacun en ce qui concerne son département. Je vous adresse, en conséquence, deux modèles imprimés de ces états, que vous voudrez bien faire remplir pour votre département.

Il vous sera d'abord facile de connaître le nombre des ecclésiastiques qui reçoivent un traitement ou un secours du trésor, ordonnancé par vous; et, pour peu que vous y prêtiez une nouvelle attention, vous aurez occasion de démêler s'il n'y a point eu d'erreurs ou de doubles emplois dans les états de payement qui vous auraient présenté le même individu comme vicaire dans une commune et comme desservant dans une autre où il ne réside pas; d'où il résulterait que vous auriez été induit à mandater plus de traitements qu'il n'y a de titres ecclésiastiques effectivement remplis.

Quant aux membres du clergé qui ne reçoivent rien du trésor, tels que les desservants de chapelles et d'annexes, les vicaires des villes de grande population, les habitués de paroisse et les prêtres non susceptibles d'emploi, il dépendra de vous d'en savoir le nombre, très-approximativement, par des informations administratives, ainsi que celui des ordinations et des élèves ecclésiastiques.

Traverses des villes qui font partie des routes royales.

21 février 1821.

Le Directeur général des ponts et chaussées aux Préfets.

J'ai eu souvent occasion de remarquer que les ingénieurs comprennent dans les travaux d'entretien et de réparation des rues qui, dans les villes, bourgs et villages, font partie des routes royales, des règlements de pente dont l'exécution entraîne des changements dans le profil de ces rues et exige des déblais ou remblais, qu'on ne peut opérer sans donner lieu à des répétitions en indemnités, de la part des propriétaires riverains dont les maisons éprouvent des dommages, soit parce que les remblais les enterrent en partie, soit parce que les déblais déchaussent leurs fondations. Ces règlements de pente s'exécutent ordinairement autant dans l'intérêt des communes que dans celui de la viabilité générale; et cependant c'est l'État seul qui supporte la dépense que ces travaux nécessitent, ainsi que le payement des indemnités qui en sont la suite : il arrive même quelquefois qu'on porte dans les projets de travaux les frais de raccordement de la rue grande route avec les rues de petite voirie qui y prennent naissance et y aboutissent. Toutes ces dispositions grèvent les fonds affectés au service des ponts et chaussées de dépenses qui sont pour lui sans aucune utilité, et le privent de ressources précieuses qu'il est de mon devoir de lui réserver.

À l'avenir, il conviendra, lorsque des règlements de pente qui porteraient dommage aux riverains des rues seront jugés nécessaires dans les traverses des villes, bourgs et villages qui font partie des routes royales, que les ingénieurs en dressent les projets séparément des travaux d'entretien et réparation; que ces projets soient ensuite mis sous les yeux des conseils municipaux, pour qu'ils fassent connaître s'ils consentent à payer la portion de dépense à faire dans l'intérêt de leurs communes, y compris les indemnités. En cas de refus de leur part, je me réserve d'examiner en conseil des ponts et chaussées, lorsque les projets des travaux et les délibérations des conseils municipaux me seront parvenus, si les travaux sont indispensables dans l'intérêt de la circulation, et s'il y a lieu de les faire exécuter aux frais de mon administration.

J'adresse aux ingénieurs une ampliation de la présente, afin qu'ils se conforment exactement à ses dispositions, d'après lesquelles ils ne pourront désormais comprendre parmi d'autres travaux ceux qui auront pour objet de changer des pentes de traverses et dont l'exécution donnerait lieu à des indemnités.

Je vous prie de vouloir bien veiller à l'exécution de cette circulaire, et d'avoir soin, toutes les fois que des projets de règlement de pente pour les traverses des villes, bourgs et villages, susceptibles d'occasionner des dommages aux propriétés riveraines, vous seront remis, de les communiquer aux conseils municipaux des communes où l'on doit les exécuter, et de me les transmettre ensuite, avec l'avis de ces conseils et le vôtre.

Remises ou réductions de peine à accorder aux condamnés.

17 mars 1821.

Le Directeur général de l'administration départementale et de la police aux Préfets.

L'ordonnance du roi du 6 février 1818 porte que, *tous les ans, avant le 1er mai, les préfets adresseront au ministre de l'intérieur la liste de ceux des condamnés qui se seront fait particulièrement remarquer par leur bonne conduite et leur assiduité au travail, et qui seront jugés susceptibles de participer aux effets de la clémence de Sa Majesté.*

La liste de ces condamnés doit être divisée en deux tableaux, dont l'un comprendra les individus condamnés à des peines afflictives ou infamantes ; l'autre, ceux qui n'ont encouru que des peines correctionnelles. Voici l'ordre et l'intitulé des colonnes que vous aurez à faire remplir :

1o Numéro d'ordre ;

2o Désignation des prisons où les condamnés sont actuellement détenus;

3o Villes où les prisons sont situées ;

4o Noms des détenus ;

5o Leur âge ;

6o Leur profession ;

7o Motifs de la condamnation;

8o Peines prononcées ;

9o Dates des jugements;

10o Cours et tribunaux qui les ont rendus ;

11o Avis et renseignements donnés par la commission des prisons ;

12o Proposition du préfet pour remise entière ou partielle du restant de la peine ;

13o Une colonne, à la fin du tableau, restera en blanc.

Je vous rappelle qu'il est nécessaire de caractériser les faits qui ont motivé les condamnations : à l'égard des vols, par exemple, il faudra faire connaître s'ils ont été commis avec escalade, fausses clés, violences, etc. Je vous prie de veiller à ce que ces circonstances soient rapportées, toutes les fois que l'extrait du jugement en fera mention.

Session annuelle des conseils municipaux.

14 avril 1821.

Le Directeur général de l'administration départementale et de la police aux Préfets.

(Extrait.)

L'article 46 de la loi du 15 mai 1818 a restreint les obligations des villes de garnison, et où il existe des octrois en perception, à celle de concourir aux frais de casernement, jusqu'à concurrence de sept francs par homme et de trois francs par cheval.

L'ordonnance du roi du 5 août de la même année, et les instructions du ministre de la guerre du 12 du même mois, ont fixé le mode d'exécution de cette disposition.

Le ministre des finances, chargé d'assurer le recouvrement de la part contributive des communes, désire qu'il soit pris des mesures pour faire cesser les retards que ce recouvrement éprouve, chaque année, dans plusieurs départements.

Je dois donc vous recommander de veiller exactement à l'exécution des instructions transmises aux préfets par le ministre de l'intérieur, le 3 août 1816. Je vous invite à vous faire représenter ces instructions et à faire de nouveau connaître aux maires des villes soumises à l'obligation de concourir aux frais de casernement que l'insuffisance ou le défaut d'allocation de cette dépense dans les budgets ne doit point les empêcher d'ordonner sur les fonds libres de l'exercice courant, et sauf régularisation au budget de l'exercice suivant, le payement intégral de ce qui, par l'effet des décomptes, pourrait encore être dû sur le service de l'exercice expiré. Des instructions seront données dans le même sens par le ministre des finances aux receveurs des communes.

Son Excellence pense qu'il serait conforme aux intérêts du trésor, et plus encore à ceux des communes, de substituer un abonnement fixe au payement de sept francs par homme et de trois francs par cheval. Les communes trouveraient en effet dans l'adoption de cette mesure un avantage d'autant plus important que c'est le seul moyen de leur éviter l'embarras, les difficultés et les contestations que présente la vérification, souvent impossible, des décomptes qui doivent leur être fournis par les intendants militaires.

Vous aurez donc à fixer l'attention particulière des conseils municipaux sur cette proposition du ministre des finances.

Le ministre de la guerre et le ministre des finances ont admis en principe que l'obligation imposée aux villes de garnison, et où il existe des octrois, doit être considérée comme une indemnité qui représente l'augmentation des produits de l'octroi provenant de la consommation faite par les troupes d'objets soumis à la perception de ces taxes : c'est conséquemment sur ce bénéfice que doit être basé l'abonnement que les villes jugeraient convenable et conforme à leurs intérêts de substituer à l'obligation qui leur est imposée. Pour justifier les délibérations qui seront prises, et que vous aurez à me transmettre avec votre avis et celui des sous-préfets, il sera nécessaire de joindre un état indicatif, pour chacune des trois années antérieures à 1821, du montant des frais de casernement, de la population de la ville, de la force de la garnison, du produit de l'octroi, de la quotité afférente à chaque consommateur, et enfin du terme moyen de la portion de bénéfice qui résulte de la consommation de cette garnison (1).

Recrutement.

19 avril 1821.

Le Directeur général de l'administration départementale et de la police aux Préfets.

(Extrait.)

Je n'ai pas besoin de vous faire remarquer que, conformément aux ordonnances des 1er août 1820 et 29 mars dernier, vous pouvez, toutes les fois que vous le jugerez convenable, charger le secrétaire général d'assister en votre place à l'examen des tableaux de recensement et aux opérations des tirages dans l'arrondissement chef-lieu du département.

Les conseils de révision étant institués pour prononcer sur le sort des jeunes gens, et sans recours, ainsi que le conseil d'État l'a reconnu dans son avis du 27 juillet 1820, qui vous a été notifié par M. le ministre de la guerre, l'absence des signes extérieurs qui distinguent ses membres ne pourrait que leur faire perdre de la dignité qu'ils doivent avoir et nuire à la solennité de leur décision : je vous invite donc à recommander aux membres civils du conseil de révision, et aux maires qui y sont appelés, de n'y assister que revêtus du costume et des signes extérieurs auxquels on peut reconnaître le caractère et les pouvoirs qu'ils tiennent du roi dans leurs fonctions publiques et habituelles. Vous êtes, au reste, certainement bien pénétré de l'importance des opérations de ce conseil, et je ne doute pas que vous ne fassiez en sorte de vous trouver, à cette époque, dans votre département, afin d'en présider vous-même les séances.

Les nombreuses réunions occasionnées par les opérations du recrutement rendent nécessaire de concerter à l'avance les moyens d'assurer le maintien de l'ordre et de la tranquillité. Les individus qui tenteraient de fomenter des troubles ou de porter les jeunes gens à l'insoumission devront être saisis sur-le-champ par la gendarmerie, pour être jugés et punis d'après toute la rigueur des lois. Vous ne sauriez poursuivre avec trop de sévérité par-devant les tribunaux ceux qui abuseraient de la crédulité des jeunes gens par des manœuvres frauduleuses, ou qui se prévaudraient d'une prétendue influence sur les décisions des conseils de révision.

Dépenses diocésaines.

14 mai 1821.

Le Ministre de l'intérieur aux Préfets et aux Évêques.

Les difficultés qui se sont présentées, concernant plusieurs arti-

---

(1) Voir la circulaire du 7 septembre 1836.   (*N. de l'Ed.*)

cles des dépenses diocésaines, m'ont paru exiger quelques explications générales.

Ces dépenses ayant cessé, en 1819, d'être soumises aux votes des conseils généraux, et le ministre les réglant aujourd'hui, sur la simple proposition des préfets, un de ses premiers soins a dû être de mettre, dans cette partie, tout l'ensemble dont elle était susceptible, et de faire disparaître surtout les inégalités extrêmes que l'on avait remarquées jusque-là entre les allocations accordées dans les divers départements pour les mêmes articles.

Ces inégalités portaient notamment sur les frais de tournées et de secrétariat. Plusieurs évêques ne recevaient aucune indemnité pour cet objet; un assez grand nombre d'autres étaient traités peu favorablement, soit à cause du défaut de ressources des départements, soit parce que les conseils généraux ne faisaient pas, à cet égard, tout ce que les ressources leur permettaient et ce que les convenances exigeaient. Mais le ministre ne pouvant dépasser les crédits qui lui sont ouverts par la loi, il ne lui a été possible d'obtenir une égalité proportionnelle qu'en adoptant un terme moyen calculé tant sur ce qui était alloué précédemment que sur les besoins présumables, à raison du nombre des départements qui composent chaque diocèse. Plusieurs améliorations ont en lieu en conséquence, l'année dernière, en faveur des évêques qui étaient trop au-dessous du terme moyen, et des réductions ont été opérées à l'égard de ceux qui dépassaient la proportion.

J'ai rappelé, à cette occasion, que l'indemnité n'est applicable qu'aux seuls frais de tournées, et que le secrétariat de l'évêché, étant productif au moyen des droits autorisés qu'il perçoit pour les dépenses et la délivrance des expéditions, est naturellement tenu de pourvoir lui-même à ses dépenses, d'ailleurs beaucoup diminuées par l'effet de la franchise que l'ordonnance royale du 6 août 1817 accorde aux évêques pour leur correspondance.

Ainsi l'article du secrétariat doit cesser absolument de figurer au budget des dépenses fixes et communes départementales.

La maîtrise et le bas-chœur ne sont encore organisés que très-incomplètement dans beaucoup de cathédrales. Des augmentations de crédits ont été demandées pour les établir sur un pied plus analogue au besoin : j'en ai accordé quelques-unes là où l'on s'était empressé d'augmenter la dépense, sans attendre le règlement du budget, parce qu'il m'a paru que les employés ou gagistes nouvellement admis, et qui avaient exercé leurs fonctions pendant les trois quarts de l'année, ne pouvaient, à cette époque, être privés du salaire sur lequel ils avaient dû compter. Mais, tout en reconnaissant que d'autres augmentations pourraient être également nécessaires, principalement pour l'organisation définitive des maîtrises de musique dans les cathédrales où il n'en existe pas encore, j'ai invité les évêques à ne les point effectuer avant d'en avoir obtenu l'autorisation, afin de prévenir ces accroissements imprévus de dépenses, qui, se présentant fortuitement, lorsqu'il n'est plus possible, ni de les rejeter, ni de les ajourner, viennent absorber des ressources précieuses réclamées par d'autres besoins plus urgents, qu'on est obligé de laisser en souffrance.

C'est donc maintenant un principe, que toute dépense excédant les allocations de l'année précédente, concernant la maîtrise ou le bas-chœur, et qui n'aurait pas été préalablement autorisée, sera rejetée, sans autre examen.

Au reste, les préfets auront toujours le soin de joindre au budget, à l'appui de leurs propositions pour ces deux articles, le projet détaillé de répartition ou d'emploi des sommes demandées. Cet état sera signé par l'évêque.

L'ameublement des palais épiscopaux est une des questions qui ont paru offrir le plus de difficultés pour l'exécution des règlements. L'article 1er de l'ordonnance royale du 7 avril 1819, qui détermine la nature de cet ameublement, y a compris la *chapelle de l'archevêché ou évêché.*

Dans quelques endroits, on a cru pouvoir ranger sous cette dénomination les vases sacrés et autres objets qui composent ce qu'on appelle proprement la *chapelle de l'évêque*, et que ce prélat porte avec lui, dans ses tournées et ses visites pastorales, pour administrer les sacrements sur son passage.

Il est facile de juger, d'après le taux auquel l'ordonnance a limité la valeur totale du mobilier, qu'en désignant celui de *la chapelle*, elle n'a pu avoir en vue ces objets, dont la richesse varie plus ou moins, et qui, dans tous les temps, ont été considérés comme personnels au titulaire. Les évêques ont les moyens de pourvoir à cet article de dépense sur l'indemnité que le roi leur accorde à titre de frais de premier établissement (ordonnance royale du 4 septembre 1820). *L'ameublement de la chapelle du palais épiscopal ne s'entend que des tentures, tapis, sièges, chandeliers d'autels et autres objets semblables.*

On a pensé aussi que l'article porté au budget des dépenses fixes et communes départementales, et intitulé *Achat d'ornements pontificaux*, s'appliquait, par supplément, à cette même chapelle. *Cet article n'a rapport qu'aux ornements qui appartiennent à la fabrique de la cathédrale.*

L'article 5 de la même ordonnance porte que deux membres du conseil général, désignés d'avance par ce conseil, seront chargés, collectivement avec le préfet et avec l'administration diocésaine, de procéder au récolement annuel du mobilier de l'archevêché ou évêché. Il est indispensable que, dans les départements chefs-lieux de diocèse, où la désignation ordonnée n'a pas encore été faite, les conseils généraux s'en occupent, dans leur prochaine session, et assez à temps pour que les récolements puissent encore leur être soumis avec les propositions relatives à l'entretien et au complément du mobilier.

L'époque à laquelle le récolement annuel doit être ordinairement fait n'est pas prévue : l'ordonnance laisse toute latitude à ce sujet. *Il est à désirer que l'opération ait toujours lieu avant l'ouverture de la session du conseil général, afin qu'il ait le loisir d'examiner et de faire ses observations.* J'invite les préfets à prendre les mesures nécessaires à cet effet.

L'article 6 de l'ordonnance précitée statue qu'en cas de mutation par décès ou autrement, il sera procédé, dans les mêmes formes, à l'inventaire et au récolement estimatif du mobilier. Quelques personnes ont interprété ces dispositions dans ce sens, qu'à chaque mutation on devait régler de nouveau la valeur actuelle du mobilier, pour être ensuite recomplétée, si elle se trouvait inférieure au taux fixé par l'ordonnance.

J'ai détruit cette erreur, en faisant observer aux réclamants que *la valeur d'un ameublement, une fois arrêtée, n'est plus susceptible de décroître* (à moins d'accidents majeurs), *au moyen des allocations annuelles accordées pour son entretien, dans la proportion de ce qui est jugé nécessaire, à chaque nouveau récolement;* et j'ai expliqué que *l'estimation n'avait d'autre but que celui de déterminer le montant des objets qui ne seraient pas représentés, et dont l'évêque démissionnaire, ou la succession de l'évêque décédé, est responsable.*

Les dépenses extraordinaires pour nouveaux achats, dont il est fait mention à l'article 4, ne peuvent dès lors avoir lieu que dans les évêchés où le mobilier n'a pas encore été porté au taux fixé par l'ordonnance.

Cet article veut que l'état estimatif des meubles à acheter soit soumis au conseil général, et ensuite transmis au ministre de l'intérieur, pour être définitivement approuvé. Cependant les préfets négligent, le plus ordinairement, de joindre l'état dont il s'agit au budget où ils proposent d'en allouer le montant, et ne me l'adressent ensuite que sur la condition itérative qui leur en est imposée par l'allocation. Il résulte de cette manière d'agir des retards et une multiplication de travail et de correspondance qu'il serait extrêmement facile et qu'il est nécessaire d'éviter.

Je rappelle donc positivement aux préfets qu'il est essentiel que toutes propositions d'allocation pour achat de nouveaux meubles, dans les diocèses où l'ameublement du palais épiscopal n'est pas encore complet, soient accompagnées de l'état estimatif des objets à acheter, et que celles relatives à l'entretien du mobilier existant soient appuyées d'une expédition du dernier récolement et de l'avis du conseil général.

Ils justifieront de même, de concert avec les évêques, par l'envoi du budget de la fabrique de la cathédrale (1)*, ou du compte en recettes et dépenses du séminaire diocésain, pour l'année précédente, la nécessité des sommes demandées pour travaux aux édifices, ou pour dépenses intérieures, en observant toutefois que ces dernières, en ce qui concerne les séminaires, se réduisent au seul mobilier.* Les crédits affectés à ces diverses dépenses sur les fonds, soit des départements, soit du trésor royal, ne sont appelés à y pourvoir qu'à défaut de revenus suffisants des fabriques (articles 37, 92, 94 et 106 du décret du 30 décembre 1809), et les allocations faites aux séminaires ne sont que de simples secours. Dans l'un comme dans l'autre cas, les demandes d'allocations ne sauraient être accueillies par le ministre, si l'insuffisance des ressources de l'établissement pour lequel on sollicite n'a pas été préalablement constatée, dans la forme rappelée ci-dessus.

Les sommes considérables qui sont demandées, dans plusieurs budgets, *pour simple entretien de bâtiments* et les augmentations que l'on propose fréquemment dans quelques autres, m'engagent à subordonner pareillement *les allocations de plus de 3,000 francs à la production d'un devis ou d'un rapport explicatif de l'architecte, pour chaque édifice. Ces pièces, comme celles indiquées au précédent alinéa, me seront adressées avec le budget départemental.*

Ma dernière observation portera sur la délivrance des crédits ouverts pour dépenses diocésaines.

Suivant l'article 4 de l'ordonnance royale du 7 avril 1819, « les « sommes nécessaires pour les nouveaux achats de meubles, « ainsi que pour l'entretien annuel des ameublements, seront mises « à la disposition des archevêques et évêques, ou vicaires capitulai- « res en cas de vacance du siége, à charge de rendre compte de « leur emploi. »

---

(1) Ce budget doit être rédigé dans la forme du modèle imprimé transmis en 1812 aux évêques, et non autrement.

La circulaire de mon prédécesseur, du 23 du même mois, relative à l'exécution de la même ordonnance, explique, d'un autre côté, que, d'après l'article en question, « les préfets peuvent mandater « le montant des crédits affectés aux dépenses dont il s'agit aussitôt « après le règlement du budget départemental, sauf à l'évêque à « produire plus tard au payeur les pièces et quittances comptables. »

Des préfets en ont inféré qu'ils pouvaient, dès que l'allocation leur était connue, remettre la somme entre les mains de l'évêque ou des vicaires capitulaires, pour en faire l'emploi, sous condition d'en rendre compte ultérieurement.

Des inconvénients graves ont été le résultat de cette interprétation fautive.

L'ordonnance n'a exprimé nulle part que les fonds seraient réalisés entre les mains de l'administration épiscopale. En statuant qu'ils seraient mis à sa disposition, son intention s'est bornée à lui laisser la faculté d'effectuer ou d'ordonner les achats jusqu'à concurrence du crédit ouvert, en se renfermant dans les termes de l'article 1er, quant à leur nature et de rendre les fonds disponibles dans la caisse du payeur général, pour être délivrés ensuite aux fournisseurs et marchands, sur le simple certificat ou récépissé de l'évêque, qui demeure, en ce cas, chargé de produire, plus tard, les pièces et quittances comptables.

Cet ordre a l'avantage de faciliter les marchés, en donnant aux fournisseurs l'assurance que leur payement suivra immédiatement la livraison des fournitures.

Le sens de l'instruction ministérielle est tellement manifeste, que, dans l'alinéa suivant, elle indique que les pièces justificatives de l'emploi des sommes seront transmises au payeur, *à l'appui des mandats du préfet, lorsque les dépenses auront été faites au moment de la demande de payement.*

Il y aurait, au surplus, une sorte d'inconvenance personnelle, qu'il est facile de sentir, à rendre l'évêque dépositaire et distributeur des sommes allouées, outre que le maniement des deniers publics ne peut être attribué qu'à des agents comptables.

Le principe que je viens de vous remettre sous les yeux s'applique à toutes les autres allocations accordées pour dépenses diocésaines, tant sur les fonds départementaux que sur ceux du trésor royal.

J'en excepte néanmoins, 1° les indemnités allouées pour frais de tournées aux évêques, ainsi que les indemnités personnelles votées par les conseils généraux ;

2° Les sommes qui sont allouées quelquefois aux séminaires ou aux fabriques, sous la simple dénomination de *secours* ou de *supplément aux revenus ordinaires*, et qui doivent être délivrées au trésorier de l'établissement, sur sa simple quittance, à moins que les termes de l'allocation n'imposent quelque obligation préalable particulière.

Secours aux vicaires.

28 juin 1821.

Le Ministre de l'intérieur aux Préfets.

Les comptes qui me sont successivement adressés des dépenses du clergé des départements présentent, soit dans le nombre, soit dans la désignation des vicariats établis, des différences remarquables avec les états tenus dans mes bureaux. Ce défaut d'harmonie, qui peut entraîner des désordres dans la comptabilité, a fixé toute mon attention, et il me paraît instant de prévenir les abus préjudiciables qui en seraient la suite.

Je vous prie, en conséquence, de me transmettre, *en double expédition*, la liste des vicariats de votre département, occupés ou vacants jusqu'à ce jour, pour l'admission desquels vous avez reçu mon autorisation, ou celle de mes prédécesseurs; vous aurez soin d'y mentionner la date précise de cette autorisation, et celle de l'entrée des titulaires en exercice. Vous indiquerez clairement encore si la commune où le vicariat est admis et doit être exercé a le titre de *cure*, de *succursale*, de *chapelle*, d'*annexe*, ou de *chapelle de secours*; et, pour ces trois dernières catégories, la date de l'ordonnance royale qui a autorisé l'érection.

Cette liste sera comparée avec les registres tenus dans mes bureaux, et vous sera renvoyée rectifiée et arrêtée définitivement.

Au moyen de cette mesure, j'espère que je n'aurai plus à relever les erreurs que des admissions irrégulières m'ont souvent fourni l'occasion de signaler, et que des vicaires ne seront pas exposés à la restitution des sommes qui leur auraient été indûment payées.

J'ajoute que, sous aucun prétexte, un vicaire ne saurait participer au secours de 250 francs, si le vicariat qu'il dessert n'est pas compris sur l'état de ceux admis par mes prédécesseurs ou moi.

Ce qui me porte à insister sur ce point, c'est que plusieurs préfets ont pensé que leurs payements étaient réguliers, pourvu que le nombre des vicariats fixé dans leurs départements ne fût point dépassé: c'est une erreur. Le secours est attaché à la commune qui jouit du vicariat, et non au vicaire. Si ce dernier change de résidence, le secours est appliqué à son successeur, sauf le décompte du temps de la vacance; d'où il résulte que les mêmes règles et les mêmes principes qui concernent les cures et succursales, les curés et les desservants, touchant le titre et le traitement, s'appliquent aux vicariats et aux vicaires.

Il n'est pas inutile d'observer, en outre, à l'égard des vicariats non encore autorisés, que le droit des vicaires au secours de 250 francs ne date que du jour de l'admission légale de ces vicariats, bien que l'entrée en fonctions des vicaires puisse avoir été antérieure.

Quant aux vicaires appelés à exercer dans les vicariats autorisés et qui seraient vacants, ledit secours doit leur être payé à partir de l'entrée en fonctions.

Dépenses diocésaines.

1er août 1821.

Le Ministre de l'intérieur aux Préfets.

Les observations contenues dans mes circulaires des 29 juillet 1819 et 23 juillet 1820 relativement aux diverses parties des dépenses diocésaines auxquelles la loi n'a pourvu, ni sur le fonds des centimes centralisés, ni sur celui affecté aux travaux d'intérêt général, ont déterminé les conseils généraux de plusieurs départements à voter, sur les centimes facultatifs, des secours pour ces dépenses. Ceux qui avaient prévenu, à cet égard, les recommandations du ministre, ont depuis redoublé leurs efforts.

Cependant je dois dire qu'il existe encore un assez grand nombre de départements, même parmi ceux qui possèdent le chef-lieu du diocèse, où l'on s'est totalement abstenu jusqu'ici de suivre cet exemple, et où des besoins urgents restent en souffrance: autre part, on n'y a pourvu que d'une manière imparfaite. Je sais que les votes des conseils généraux sont essentiellement libres et volontaires, d'après la loi; et la réflexion que je fais ici n'a nullement pour but de les faire envisager comme obligatoires. Je sais aussi qu'en beaucoup d'endroits, les votes pour dépenses diocésaines ont été paralysés par l'insuffisance du produit des centimes et la multitude des autres objets d'utilité départementale, dont l'urgence imminente, en exigeant l'emploi de la totalité des ressources, ne permettait d'ailleurs aucun retard.

Mon unique intention, en insistant avec de nouveaux détails sur les besoins relatifs aux dépenses diocésaines non comprises au budget, est d'en bien faire sentir la réalité, l'étendue et l'importance, là où on ne les aurait pas encore justement appréciés; de soutenir, par un tableau exact de ces besoins, le zèle qui s'est déjà manifesté, et de déterminer celui que des notions peu exactes avaient laissé languissant ou inactif.

Depuis 1817, la loi a retranché du budget des dépenses communes départementales les suppléments de traitement précédemment accordés aux archevêques et évêques, aux vicaires généraux et chanoines, ainsi que les traitements des provicaires généraux, des supérieurs, directeurs et professeurs des séminaires.

Il est vrai que dans l'intervalle le traitement des archevêques et évêques, des vicaires généraux et des chanoines, a reçu quelque augmentation.

Cette augmentation, qui a été de 10,000 francs pour les archevêques et de 5,000 francs pour les évêques, n'a pas toujours rempli la différence occasionnée par la suppression du supplément. Plusieurs se trouvent ainsi moins bien traités que lorsque leur traitement était fixé à un taux inférieur et qu'ils jouissaient de l'allocation supplémentaire votée par les conseils des départements composant leur diocèse.

Cette situation défavorable ne peut manquer d'être appréciée par ces mêmes conseils.

Leurs anciens votes avaient pour motifs les nombreuses aumônes et autres dépenses de même nature auxquelles un évêque est tenu, principalement dans ses tournées diocésaines, où les pauvres de toutes les classes se pressent autour de lui.

Dans un assez grand nombre de départements, il était alloué, outre le supplément de traitement, une indemnité pour les frais de ces mêmes tournées; mais celle-ci n'avait pour objet que les frais du voyage. Cette allocation, qui a été maintenue, a éprouvé, l'année dernière, des réductions plus ou moins fortes, suivant les localités. Elles ont été commandées par la nécessité et la justice d'étendre l'indemnité aux diocèses où elle n'était pas encore accordée, surtout lorsque les conseils généraux n'avaient émis aucun vote sur leurs centimes facultatifs; par la convenance de faire disparaître les dissemblances qui existaient entre les diverses allocations accordées pour une même nature de dépense; enfin, par l'impossibilité de rien ajouter à la somme totale qui y était affectée sur le fonds des centimes centralisés.

S'il est permis de préjuger des dispositions présentes des conseils généraux d'après ce qu'elles étaient avant 1817, on en peut tirer l'augure favorable qu'ils ne voudront pas rester au-dessous de ce qu'ils faisaient alors.

Le traitement des vicaires généraux est aujourd'hui de 2,000 fr. Un seul, par archevêché, jouit de 3,000 fr. C'est, pour chacun de ces deux taux, 500 fr. de plus qu'en 1818.

Cette légère augmentation n'a pas non plus compensé, pour la plupart, la perte du supplément de traitement.

Il est facile de voir d'ailleurs que ces ecclésiastiques, chargés de fonctions importantes pour l'administration spirituelle et temporelle du diocèse, obligés de se loger à leurs frais dans une grande ville où les loyers sont toujours chers, se trouvent, avec un traitement supérieur, dans une position pire que celle du curé, auquel la commune est tenue de fournir un presbytère, et qui a les produits de son casuel.

On peut répondre qu'assez souvent les évêques réservent dans leur palais un logement pour leurs vicaires généraux, et les nourrissent à leur table. Mais ces faveurs sont entièrement éventuelles : elles dépendent de la possibilité qu'offrent les lieux, et de la volonté du prélat.

Le traitement des chanoines, également privés de la ressource du casuel, qui ne logent point à l'évêché, et qui, partout où l'on célèbre l'office canonial, sont astreints, malgré leur grand âge, à passer la journée entière à l'église, quelle que soit la rigueur de la saison, n'est que de 1,500 francs, comme celui des curés de première classe. Ils sont loin de trouver dans un si modique traitement les moyens de subsister et de se loger comme il convient à des ecclésiastiques de ce rang.

Ils ont, ainsi que les vicaires généraux, excité, dans plusieurs diocèses, l'intérêt des conseils de département. J'aime à croire que l'humanité plaidera partout pour eux cette année.

Les provicaires généraux forment une classe distincte. Si presque tous sont, en même temps, curés ou desservants, il faut remarquer qu'ils ne reçoivent aucune rétribution de l'État, à raison des fonctions qui leur sont déléguées par l'évêque dans l'administration du diocèse. L'établissement de ces provicaires n'ayant eu lieu que pour la plus grande commodité et le plus grand avantage du département où ils résident, il est dans l'équité que ce département les indemnise de leurs soins et de leurs dépenses. Les conseils généraux qui n'ont encore rien voté pour cet objet s'empresseront sans doute d'autant plus de réparer un pareil oubli, contraire à toute justice, que, d'après les mesures arrêtées par la loi du 4 du mois dernier pour proportionner le nombre des diocèses aux vœux et aux besoins des fidèles, l'institution des provicaires généraux n'est plus que temporaire.

Une autre classe d'ecclésiastiques non moins souffrante est celle des directeurs et professeurs des séminaires. La loi, en retranchant également cet article du budget des dépenses fixes et communes départementales, le laissa retomber à la charge des séminaires. Il est facile de concevoir que ces établissements, où, en général, les ressources se réduisent au produit des quêtes et des faibles pensions de quelques élèves (le plus grand nombre étant reçu gratuitement), sont hors d'état de supporter des accroissements de dépenses.

En 1819, des fonds restés sans emploi sur les exercices précédents ont permis au roi d'en affecter une partie pour être distribuée en secours aux séminaires. Ces fonds, épuisés depuis longtemps, n'ont pu suffire à acquitter la totalité des dettes contractées pour la nourriture, l'entretien et l'éducation de ces jeunes gens, le seul espoir de la religion en France, où tant de paroisses sont privées de pasteurs, et tant d'autres desservies par des vieillards tout proches de la fin de leur carrière. Cependant le gouvernement n'a aucun moyen de renouveler les secours qu'il a accordés les années dernières. Ce n'est donc qu'à la bienveillance des conseils généraux que les séminaires peuvent avoir recours.

Il est à désirer que partout les conseils généraux se pénètrent de l'importance des séminaires, dans l'intérêt de la religion comme dans celui de la société. De tous les côtés, on gémit de ce que le manque de prêtres laisse beaucoup de communes rurales dépourvues de toute instruction religieuse et abandonnées à toutes sortes de dérèglements. Un autre malheur serait de n'avoir que des prêtres peu instruits et au-dessous des devoirs de leur état. On ne peut éviter ces deux funestes inconvénients qu'en encourageant les vocations et les études ecclésiastiques. Mais ces études ne peuvent être fructueuses qu'autant qu'elles sont dirigées par des hommes habiles et recommandables, qui ne persisteront dans des fonctions aussi pénibles, quelque honorables qu'elles soient, qu'autant qu'ils auront la certitude de ne pas y être assaillis par la misère la plus absolue; et les jeunes gens sans fortune, qui forment la plus grande partie des élèves des séminaires, ne pourront continuer d'y être reçus, si l'établissement n'est pas assez riche pour faire leur éducation et les entretenir à ses frais.

Les écoles secondaires se placent immédiatement à côté des séminaires diocésains pour attirer l'attention des conseils généraux. Elles sont les utiles pépinières qui repeuplent les séminaires, à mesure des ordinations.

L'insuffisance des ressources et l'étendue des besoins de ceux-ci ont toujours fait une loi à l'administration de venir de préférence à leur secours, autant qu'il était en son pouvoir. Elle ne pourvoit, conséquemment, en aucune manière, ni aux réparations, ni à l'entretien des bâtiments des écoles secondaires. Ces écoles ne sont pas non plus comprises dans la répartition des secours affectés aux séminaires. Réduites à leurs propres moyens, presque nuls, il en est plusieurs qui ne sauraient se soutenir, si les départements ne viennent point à leur aide.

J'ai cru devoir recommander encore, par mes deux circulaires précitées, les anciennes cathédrales et les églises qui, sans avoir eu ce titre, sont remarquables sous le rapport de l'art, ou sous celui des souvenirs historiques.

« Les églises monumentales, disais-je dans ma lettre du 23 juillet » 1820, excitent par elles-mêmes un intérêt auquel on ne peut » supposer que l'administration départementale soit étrangère; elles » sont une partie de la richesse du pays : et la conservation de ces » édifices est fortement compromise, si elle est abandonnée aux » ressources absolument insuffisantes des communes où ils sont » situés. »

Les conseils généraux ajouteront aujourd'hui à ces considérations celle que le gouvernement, dans la distribution des nouveaux siéges à créer d'après la loi du 4 juillet, ne pourra s'empêcher d'avoir égard aux efforts faits par tel ou tel département pour tenir ou remettre son ancienne cathédrale en bon état.

Je ne me dissimule pas, ainsi que je l'ai déjà exprimé au commencement de ma lettre, que beaucoup de départements sont loin de trouver dans l'imposition de leurs cinq centimes facultatifs une ressource proportionnée aux objets urgents auxquels ils ont à pourvoir ; je reconnais aussi que le dégrèvement qui va avoir lieu en 1821, dans les départements surchargés, sur le principal des contributions foncière et personnelle. diminuera encore cette ressource. Mais les conseils généraux seront à même de juger si, parmi les différents articles indiqués dans ma circulaire, il n'en est pas quelques-uns de nature à être portés en première ligne au nombre des dépenses que la justice et l'urgence leur recommandent de prendre plus particulièrement en considération (1).

Travaux des routes départementales (2).

20 août 1821.

Le Directeur général de l'administration départementale et de la police aux Préfets.

Les retards qu'éprouve l'exécution des travaux des routes départementales ont appelé l'attention du gouvernement : on s'est plaint de ce que souvent ils restaient suspendus par l'obligation d'attendre l'autorisation du ministre, d'où il résultait que les travaux ne pouvaient être exécutés dans la saison favorable et que les fonds votés par les conseils généraux demeuraient sans emploi. Désirant obvier à ces inconvénients, le ministre s'est fait rendre compte des règles établies dans cette partie de l'administration, et s'est convaincu qu'il était possible de les simplifier sans nuire à la bonne exécution des travaux. Son Excellence a proposé en conséquence à l'approbation du roi diverses mesures qui font l'objet de l'ordonnance du 8 de ce mois.

D'après l'article 1er, votre approbation suffira désormais pour faire exécuter les travaux de simple entretien, à quelques sommes qu'ils s'élèvent, sur la présentation des projets dressés régulièrement par les ingénieurs en chef. Vous pourrez en ordonner l'adjudication dans les limites des sommes votées par le conseil général et allouées par le ministre.

Conformément à l'article 2, votre approbation suffira également pour les travaux d'art dont la dépense n'excédera pas 5,000 francs, toutes les fois qu'ils n'exigeront, ni acquisitions de terrains, ni changements dans la direction ou les alignements des routes. Ces projets ne devant plus être soumis au conseil des ponts et chaussées, vous verrez sans doute dans cette mesure un nouveau motif de les examiner avec une scrupuleuse attention, afin d'éviter qu'il ne s'y glisse quelques erreurs que, dans la marche suivie précédemment, un second examen aurait pu faire disparaître. Lorsque les travaux à exécuter vous paraîtront présenter quelques difficultés, ou quelque question importante à résoudre, vous vous empresserez de m'en prévenir, afin que je puisse les déférer au conseil des ponts et chaussées.

Vous voudrez bien me donner avis de toutes les autorisations

---

(1) Plusieurs de ces articles ont été, depuis lors, portés au budget de l'Etat.
(*N. de l'Ed.*)

(2) Voir le règlement de comptabilité du ministère de l'intérieur du 30 novembre 1840, art. 195 et 196. (*N. de l'Ed.*)

que vous aurez accordées pour les travaux d'art, en indiquant avec soin les routes et parties de route, l'objet des travaux et le montant de la dépense.

L'article 3 vous autorise à faire exécuter sur-le-champ les adjudications que vous aurez passées régulièrement et après deux publications d'affiches, conformément à l'arrêté du 19 ventôse an xi, à moins qu'il ne s'élève quelque réclamation : dans ce cas, vous aurez à demander et à attendre la décision du ministre. Je vous prie de m'informer exactement de ces opérations, en me faisant connaître la date de l'adjudication, l'objet des travaux, le montant du devis, et le rabais obtenu.

Quant aux travaux qu'il serait nécessaire de faire exécuter par urgence, soit par régie, soit sur simple soumission et sans publication d'affiches, vous continuerez à demander l'autorisation du ministre pour ceux qui excéderont 3,000 francs, ainsi que le prescrit l'arrêté précité du 19 ventôse an xi.

Enfin, l'article 4 vous autorise à ordonner, après avoir pris l'avis de l'ingénieur en chef, l'abatage des arbres qui sont plantés sur les routes et sur les terres riveraines ; vous n'aurez donc plus à demander d'approbation à cet égard.

Bourses et demi-bourses fondées dans les séminaires protestants.

24 août 1821.

Le Ministre de l'intérieur aux Présidents des églises consistoriales.

Je crois utile de rappeler aux consistoires les diverses formalités à remplir pour l'obtention des bourses et demi-bourses fondées dans les séminaires protestants de Montauban et de Strasbourg, ainsi que les pièces qui doivent accompagner ces demandes.

Elles doivent être faites en vertu d'une délibération du consistoire dont dépendent les candidats, et après s'être assuré de leur vocation bien décidée pour la carrière évangélique. La délibération devra énoncer les noms, prénoms et l'âge du sujet présenté, la profession, le nombre d'enfants de ses père et mère : cette pièce devra toujours être signée par le président et le secrétaire du consistoire.

Vous aurez soin de joindre à la délibération, 1° le diplôme de bachelier ès lettres, ou une déclaration faite par le doyen de la faculté près de laquelle le candidat suivra son cours de théologie, et constatant qu'il est muni de ce diplôme ;

2° Un extrait certifié des contributions que payent ses père et mère, afin que le bienfait ne puisse profiter qu'à ceux dont les parents seraient dans l'impossibilité de supporter les frais qu'entraînent les études théologiques, conformément au but de la fondation.

Je saisis avec plaisir cette occasion pour vous annoncer que, par ordonnance royale du 31 juillet dernier, le nombre des bourses fondées à Montauban a été porté à quatorze, et celui des demi-bourses à vingt-huit.

La même ordonnance a porté à douze le nombre des bourses fondées à Strasbourg, et celui des demi-bourses à vingt-quatre, indépendamment des quatre bourses et huit demi-bourses déjà attribuées, dans le séminaire de cette ville, aux élèves de la communion réformée.

Propagation de la vaccine.

4 septembre 1821.

Le Conseiller d'Etat chargé de l'administration générale des hospices aux Préfets.

Dès l'époque où la vaccine a été introduite en France, le gouvernement n'a rien négligé pour en favoriser la propagation et pour en faire apprécier les avantages. La voix des ministres du culte s'est réunie à celle des autorités civiles pour recommander aux citoyens la pratique de cette méthode salutaire. Des dépôts de vaccin ont été établis, des vaccinateurs salariés ou animés d'un zèle désintéressé parcourent les campagnes, et le succès de leurs efforts est récompensé par les prix que l'on décerne chaque année.

Mais, parmi les moyens que l'on a employés dans quelques départements pour propager la vaccine, il en est qui me semblent devoir produire des effets opposés à ceux qu'on se propose d'obtenir, et qui répugnent d'ailleurs aux principes du gouvernement sous lequel nous avons le bonheur de vivre. Je veux parler ici de ces arrêtés qui ferment l'entrée des hôpitaux et des autres établissements de bienfaisance aux individus non vaccinés, qui excluent de toute participation aux secours publics les parents qui refusent de faire vacciner leurs enfants.

On conçoit que, dans les premières années qui ont suivi la découverte de la vaccine, de semblables moyens aient pu paraître nécessaires pour surmonter les résistances que les préjugés opposent toujours aux progrès des méthodes nouvelles : mais ce n'est pas après vingt-cinq années de succès que la vaccine peut avoir besoin d'un tel appui pour maintenir et étendre son heureuse influence sur la population et sur la santé publique.

C'est exercer une véritable contrainte que de placer un malheureux dans l'alternative de renoncer aux secours nécessaires à son existence, ou de se soumettre à une opération qu'il regarde comme dangereuse ou illicite. Le retour aux idées conservatrices de l'ordre et de la liberté doit donc nous faire repousser de plus en plus des mesures semblables à celles que je viens de signaler à votre attention. Il faut chercher à éclairer les hommes sur leurs vrais intérêts : mais c'est la persuasion, et non la contrainte, qui peut dissiper les préjugés et assurer le succès des découvertes utiles.

L'administration doit se borner désormais aux mesures qui peuvent engager et persuader les citoyens, et stimuler le zèle des vaccinateurs : je ne doute pas qu'elles ne suffisent pour vaincre les obstacles qui arrêtent encore les progrès de la vaccine, et pour en étendre les bienfaits à la totalité de la population.

Emploi du produit des coupes extraordinaires de bois.

18 septembre 1821.

Le Directeur général de l'administration départementale et de la police aux Préfets.

Aux termes de l'ordonnance du 7 mars 1817, les fonds provenant des coupes extraordinaires accordées aux communes et aux établissements publics dans les quarts de réserve des bois qui leur appartiennent doivent être versés par les receveurs généraux, chargés du recouvrement des traites, à la caisse des dépôts volontaires.

Le gouvernement, occupé des moyens d'améliorer les diverses branches de l'administration publique, a reconnu qu'une disposition aussi générale, sans réserve et sans distinction relative à l'importance et à la modicité du prix des adjudications, n'était pas sans inconvénient, et qu'il était utile et convenable de la modifier, de manière à simplifier les écritures multipliées qu'elle impose à la caisse des dépôts, et à rendre à la fois plus prompt et plus facile l'emploi des fonds de cette nature.

Tel est, à cet égard, le but de l'ordonnance rendue par le roi le 5 de ce mois (1).

Il résulte de l'article 1er de cette ordonnance que les fonds provenant de coupes extraordinaires ne seront plus versés à la caisse des dépôts, lorsque, par l'effet de l'adjudication, la totalité du prix de la coupe adjugée n'excédera pas la somme de 1,000 francs.

Vous remarquerez toutefois que, pour éviter la stagnation des fonds dans les caisses des communes et des établissements propriétaires, et prévenir les abus et les désordres qu'elle a fait naître, le même article impose aux receveurs généraux des finances l'obligation de faire le recouvrement du prix de ces adjudications à titre de placement en compte courant au trésor royal.

Vous remarquerez aussi qu'aux termes de l'article 2, et pour ménager aux établissements propriétaires les moyens de pourvoir aux premiers à-compte qu'ils peuvent avoir à payer par urgence sur les dépenses auxquelles le produit des coupes est affecté, les receveurs généraux auront à recevoir et à réserver, au même titre et sous les mêmes conditions,

1° La somme de 1,000 francs sur les coupes extraordinaires dont la vente n'excédera pas 5,000 francs;

2° Le cinquième du produit des coupes de même nature dont l'adjudication excédera 5,000 francs.

Le surplus du prix des ventes continuera d'être versé à la caisse des dépôts volontaires.

Ces modifications à l'ordonnance du 7 mars 1817 ne me paraissent point exiger d'instructions particulières.

Ainsi donc, en m'en rapportant aux mesures que vous croirez devoir prendre pour assurer et régulariser l'exécution de l'ordonnance du 5 septembre, je me bornerai à vous faire observer que, le prix des coupes étant payable en traites, il conviendra de faire opérer sur les premiers recouvrements du montant de ces traites les réserves autorisées par l'article 2 de cette ordonnance.

J'ajouterai à cette observation que les placements qu'elle prescrit doivent être faits conformément aux règlements relatifs au mode et aux conditions des placements de cette nature.

Vous remarquerez que les fonds placés de cette manière doivent être constamment tenus, avec les intérêts qui en proviendront, à la disposition des communes et des établissements propriétaires, et que désormais il suffira de votre simple autorisation pour en faire opérer la remise et la réintégration dans leurs caisses. Vous aurez

---

(1) Cette ordonnance a été modifiée par celles des 31 mars 1825 et 22 novembre 1826.   (N. de l'Éd.)

toutefois à vous rappeler qu'aux termes de l'ordonnance du 7 mars 1817, les fonds provenant des coupes extraordinaires ne peuvent être employés qu'aux dépenses extraordinaires qui ont motivé les coupes accordées, ou à celles qui pourraient être ultérieurement et régulièrement approuvées.

Quant aux fonds de même nature qui doivent continuer à être versés à la caisse des dépôts, et à ceux dont les communes sont actuellement créditées à cette caisse, la marche suivie jusqu'à présent pour obtenir la réintégration des sommes qu'exigent les besoins compliquant inutilement le travail des bureaux, et donnant lieu à des retards, par la multiplicité des demandes isolées et partielles qui me sont successivement transmises, il importe de prendre des mesures pour en faire cesser les inconvénients.

Pour atteindre ce but, il convient de réunir, dans le cours de chaque trimestre, les demandes qui vous seront adressées par les communes en un état collectif, et de m'en faire l'envoi, en *triple exemplaire*, dans la forme du modèle ci-joint. Vous aurez soin de produire à l'appui de l'état les pièces tendant à justifier les dépenses auxquelles devront être appliqués les fonds dont la réintégration vous sera demandée. Vous ferez en outre certifier par le receveur général que les sommes dont les communes sont créditées à la caisse des dépôts permettent la réintégration proposée.

Vous transmettrez, en triple exemplaire, un état semblable pour les hospices et les autres établissements propriétaires de fonds à la caisse des dépôts.

Vous veillerez au surplus à ce que l'ordonnance précitée du 7 mars 1817 et les instructions du 11 juin de la même année soient exécutées dans toutes les dispositions qui ne se trouvent pas modifiées, et notamment en ce qui concerne l'état des coupes adjugées, dont l'envoi vous est prescrit par l'article 3 de cette ordonnance.

Emploi des secours accordés pour grêle, incendie et autres cas fortuits.

24 octobre 1821.

Le Conseiller d'Etat chargé de l'administration générale des hospices et établissements de bienfaisance aux Préfets.

De toutes les allocations portées au budget de l'État, il n'en est point, sans doute, dont l'emploi exige plus de soins et d'attention que le produit du centime affecté à des *secours pour grêle, incendie et autres cas fortuits.*

Ce fonds, entièrement séparé dès 1819 du fonds alloué pour *dégrèvements et non-valeurs,* a désormais reçu de la loi elle-même, dont je viens de citer les expressions, une destination précise et obligée.

Des instructions données en 1812 ont jusqu'à présent servi de guide pour la distribution de ces secours : mais, soit qu'on néglige de les consulter, soit que, faites dans un temps où les règles à suivre n'étaient point aussi obligatoires, elles les aient conseillées beaucoup plus que prescrites, je remarque qu'en général on ne s'y conforme point assez, et que quelquefois on s'en écarte entièrement.

Afin de faire cesser ces inconvénients, je vais entrer dans quelques explications qui mettront en évidence la véritable destination de ce centime.

Je commencerai par vous faire observer qu'il s'agit d'un *secours* et non d'une indemnité, et que le secours n'est accordé que pour *grêle, incendie et autres cas fortuits*, c'est-à-dire pour réparer des pertes résultant d'accidents imprévus, et non des pertes qui tiendraient au cours ordinaire des choses.

Il ne peut donc pas être question d'indemniser tous ceux qui ont perdu, par suite de *grêle, d'incendie et autres cas fortuits*, mais bien de secourir ceux d'entre eux qui ont besoin de l'être parce qu'ils sont dépourvus de ressources suffisantes pour pouvoir se relever de leurs pertes. Cette intention est manifestée par les propres expressions de la loi, qui ne parle que de *secours*, et ne l'est pas moins par la modicité de la somme qu'elle y consacre. En effet, quels avantages pourrait-on retirer du produit d'un seul centime, s'il devait être proportionnellement réparti en indemnités de toutes les pertes occasionnées, dans le courant d'une année, par des accidents imprévus?

Si, au contraire, l'application en est faite ainsi qu'elle est ordonnée et avec le discernement qu'elle exige, le bienfait portera tous ses fruits, puisque les petits cultivateurs, à qui la grêle, la gelée, les inondations, enlèvent si souvent leurs récoltes, leurs plantations, ou les ouvrages d'art qui les protégent, pourront être efficacement aidés à reprendre des travaux qui, sans cela, seraient, la plupart du temps, perdus pour eux et pour l'agriculture. De même, lorsqu'un incendie aura consumé l'habitation d'une famille indigente, la manufacture ou l'atelier de l'homme industrieux, le même secours pourra contribuer à rendre, à l'une, sa demeure, et, à l'autre, les moyens de travailler et de produire.

Toutefois il ne faudrait pas induire de ce qui précède qu'il y ait analogie entre cette allocation et la taxe des pauvres établie dans un pays voisin; ce serait sortir d'une erreur pour tomber dans une autre, et méconnaître l'intention du législateur.

Sans doute, il a voulu par là secourir le pauvre, mais le pauvre qui travaille et qui produit, afin de l'aider à se relever des pertes qui pourraient, non-seulement le priver du travail qui le fait vivre, mais priver la société des produits de ce travail, qui forment une portion plus ou moins grande de la richesse publique; et c'est en quoi ce secours, qui n'a point le caractère d'une indemnité, n'a pas non plus celui d'une aumône.

Après les observations que je viens de vous présenter, il serait superflu de vous dire que les individus qui ont fait assurer leurs récoltes, leurs maisons, leurs usines ou leurs ateliers, par des compagnies d'assurance, et qui, en cas de sinistre, doivent en être dédommagés par elles, n'ont aucun droit aux secours du gouvernement, qui, je le répète, n'appartiennent qu'aux malheureux qui n'ont point les moyens de réparer leurs pertes.

Il me reste à vous parler d'une autre destination du fonds de secours.

Toutes les fois que des accidents imprévus frappent l'agriculture ou l'industrie, beaucoup d'individus que l'une et l'autre employaient, restent inoccupés et se trouvent ainsi enveloppés dans les effets de ces désastres: il est donc également juste, également conforme aux intentions de la loi, de les secourir, en leur procurant d'autres travaux; mais cette partie du secours doit être proportionnée au dommage, bien moindre pour cette classe, qui n'est frappée qu'indirectement, que pour celle qui l'est directement.

Il ne s'agit ici que d'ateliers de charité à établir comme dédommagement des pertes causées à la classe ouvrière par des accidents imprévus, et non des ateliers de charité ordinaires, qu'on établit dans des vues générales de bienfaisance et d'utilité publique. Ceux-ci sont classés, par les lois de finances, au nombre des dépenses départementales, et leurs frais imputés sur le produit des centimes variables. Sans doute, les uns et les autres ateliers ont des résultats semblables; mais ils diffèrent par leurs causes, et il importe de ne point les confondre.

Ces explications suffiront, je n'en doute pas, pour vous faire sentir dans quel esprit, avec quelle prévoyance, doivent être faites les répartitions dont vous êtes chargé, et combien il serait fâcheux de vous en écarter, puisque ce serait à la fois, et agir irrégulièrement, et rendre infructueux les effets d'une haute bienfaisance.

Je ne me dissimule aucune des difficultés que présentent les distributions à faire, soit par Son Excellence le ministre de l'intérieur, soit par les préfets; mais plus ces difficultés sont réelles, plus il importe de bien s'entendre pour les surmonter.

Vous êtes sûrement persuadé qu'un tel bienfait a pour première condition d'être promptement appliqué, et que tout retard nuit à ses utiles effets; vous mettrez donc toute votre activité, tous vos soins, à procurer cette indispensable promptitude.

Aussitôt que vous êtes informé d'un désastre survenu, vous devez en avertir le ministre, et joindre à cet avis une évaluation approximative des pertes qu'il a occasionnées. Cette démarche, dans laquelle tout retard serait si justement blâmable, a pour résultat d'obtenir un secours provisoire, que vous devez faire immédiatement distribuer.

En transmettant ce premier avis, vous avez dû donner vos ordres pour faire évaluer le dommage, conformément à l'arrêté du 24 floréal an VIII. C'est d'après cette évaluation que Son Excellence détermine les sommes définitives à accorder.

Vous avez procédé ou dû procéder, jusqu'à présent, ainsi que je viens de le dire : il conviendra d'y ajouter désormais un état de fin d'année, conforme au modèle ci-joint, pour faire connaître l'étendue des pertes éprouvées dans le cours de l'année. Cet état, qui devra être adressé au ministre avant le 1er février de l'année suivante, servira à compléter les distributions, à les mieux proportionner à l'étendue des pertes, en y employant le reliquat de fonds qui restera disponible à cette époque.

Il est nécessaire que les évaluations, soit provisoires, soit définitives, comprennent, pour chaque accident imprévu, l'ensemble des pertes qu'il a occasionnées, sans égard à ceux qui, par leur position, ont ou n'ont pas droit à être secourus : c'est d'après cet ensemble, que Son Excellence règle la somme à accorder, laquelle, en raison de sa destination, et surtout de la limite mise par les lois de finances au fonds général qu'elles allouent pour cela, est nécessairement fixée à une proportion bien inférieure à l'évaluation des pertes, mais qui est toujours déterminée d'après cette évaluation, comme étant la seule base positive.

Vers le neuvième mois de chaque année, c'est-à-dire à une époque où la plupart des désastres à craindre se sont ordinairement réalisés, vous ferez connaître quel nombre plus ou moins grand d'ouvriers non propriétaires en a indirectement souffert; si vous croyez qu'il y ait lieu d'allouer, pour les secourir, des fonds pour être employés en ateliers de charité, et à quelle proportion, comparée à la somme des pertes, il convient de porter ces allocations. Les notions parvenues jusqu'à présent à Son Excellence ne permettent pas de penser qu'elles puissent jamais s'élever à plus d'un quart des sommes à accorder pour secours directs et effectifs. Si l'époque que je vous assigne pour cette demande ne convenait point aux besoins ou aux habitudes de votre département, vous pourriez ne l'adresser qu'en même temps que l'état de fin d'année dont j'ai parlé plus haut.

Il me reste à entrer dans les détails des distributions locales.

Vous savez, et je viens de vous rappeler, dans quelles formes les pertes doivent être évaluées; mais ces évaluations ne sont qu'un des éléments qui doivent servir à régler la répartition des secours, puisqu'elle ne doit être faite qu'en faveur de ceux qui, si on ne les secourait pas, ne pourraient se relever de leurs pertes.

Les diverses contributions payées par chacun d'eux vous feront, en général, connaître leur aisance et leurs besoins; mais, comme ce moyen n'est ordinairement vrai que pour les propriétaires cultivateurs, il faudra nécessairement chercher d'autres régulateurs et d'autres renseignements.

Il me semble que ce qu'il y a de mieux à faire est de former, dans chaque commune frappée par un accident imprévu, une commission composée du maire, qui la présidera, des répartiteurs et des membres du bureau de bienfaisance.

Cette commission dresserait un état des individus à secourir, et déterminerait la proportion dans laquelle ils devraient être secourus, en prenant pour base, d'une part, l'évaluation, d'abord approximative, ensuite définitive, de leurs pertes, et, d'autre part, leur cote contributive; sauf les cas qui ne permettraient point de se servir de cette dernière base, ou qui exigeraient des exceptions; auxquels cas la commission devrait suivre la marche que vous lui auriez tracée, d'après la connaissance des localités, et arbitrer dans son équité la proportion des secours à accorder, sauf toutefois votre approbation.

Les commissions ainsi formées seraient chargées de régler, sous votre autorité, les répartitions provisoires et les répartitions définitives; les unes et les autres seraient faites désormais sur leur proposition. Et en vous prescrivant ces formalités, Son Excellence le ministre de l'intérieur, dont je ne fais que vous exprimer les intentions, vous dispenserait de lui soumettre les états de répartition que vous auriez arrêtés : il exigerait seulement que vous en rendissiez compte, tous les ans, ainsi que des portions du fonds de secours allouées pour ateliers de charité, au conseil général, dans sa session ordinaire; et qu'après que le compte aurait été arrêté par ce conseil, vous lui en transmissiez un relevé sommaire, conforme au modèle ci-joint.

Le ministre sera bien aise de recevoir vos observations sur les divers moyens de répartition qu'il m'a chargé de vous prescrire ou de vous proposer; et, après les avoir examinées, il déterminera définitivement ceux que vous serez désormais tenu de suivre. Vous pourrez toutefois, dès la réception de cette circulaire, si vous n'avez point d'objections à opposer, vous conformer aux diverses dispositions qu'elle renferme, et procéder désormais d'après ces dispositions.

Administration des hospices et des bureaux de bienfaisance (1).

2 novembre 1821.

Le Conseiller d'Etat chargé de l'administration générale des hospices et des établissements de bienfaisance aux Préfets.

J'ai l'honneur de vous adresser une ampliation de l'ordonnance du 31 octobre dernier, par laquelle le roi vient d'opérer diverses améliorations dans le service des hospices et des bureaux de bienfaisance.

Les règles d'ordre et de comptabilité qu'elle renferme étaient, dès longtemps, indiquées par l'expérience, par le désir de faire cesser les lenteurs et la gêne que d'inutiles formes causaient à ces établissements, et par le besoin de porter dans leur comptabilité des garanties d'autant plus nécessaires qu'il s'agit des intérêts des pauvres.

Sans doute le gouvernement avait à se louer du zèle des personnes estimables qui se consacrent gratuitement à ces fonctions ; mais, plus il leur devait de reconnaissance, plus il éprouvait le désir de rendre leur tâche facile, d'en alléger les soins et la responsabilité, en lui traçant une marche plus précise et plus régulière.

L'article 1er rétablit à cinq le nombre des membres des commissions des hospices et des bureaux de bienfaisance, et abroge par conséquent les dispositions qui avaient, pour quelques localités, augmenté ce nombre de cinq, qui est non-seulement le nombre légal, mais qui est généralement reconnu comme le plus approprié à ces sortes d'administrations.

Toutefois, en leur conservant l'administration proprement dite, telle qu'elles l'ont actuellement, et même avec plus de pouvoir, Sa Majesté a jugé qu'il convenait à la nature des intérêts qui leur sont confiés, à l'émulation, à la sollicitude qu'ils inspirent, de faire intervenir dans celles de leurs délibérations qui, disposant de ces intérêts, ne sont point de simples faits d'administration, des conseils qui, par leur composition, associeront à l'examen et à la sanction de ces actes les plus utiles comme les plus honorables influences.

Tel a été l'objet des articles 2, 3 et 8, qui appliquent à tous les établissements charitables du royaume des dispositions déjà essayées avec succès.

La partie de l'article 5 qui permet que les mêmes personnes soient en même temps membres des commissions des hospices et des bureaux de bienfaisance a eu en vue de rapprocher de plus en plus deux services entre lesquels il existe tant d'analogie, d'en favoriser la réunion là où elle sera jugée utile, et par conséquent de la maintenir partout où elle existe déjà.

Le roi n'a pas voulu seulement que les administrations charitables reçussent toutes les améliorations dont elles étaient susceptibles ; il a voulu aussi, par l'article 7, que les services dans ces

---

(1) L'ordonnance du 31 octobre 1821 à laquelle s'applique cette circulaire est en grande partie abrogée aujourd'hui. (Voir les ordonnances des 23 avril 1823, 6 juin 1830, 2 avril 1831, 1er mars 1835, 17 septembre et 14 novembre 1837, 17 avril et 23 mai 1839, et les instructions rendues pour l'exécution de ces ordonnances.) (*N. de l'Ed.*)

administrations donnassent droit aux distinctions qu'il accorde aux services publics.

La pensée qui a présidé à cette ordonnance ne se montre pas moins dans les articles 14 et 15, qui dispensent de l'intervention du gouvernement pour une infinité d'objets qui y étaient jusqu'à présent soumis, et dont il serait superflu de faire ici l'énumération. Le même désir de faciliter la marche des affaires, d'accorder davantage à la juste confiance méritée par ces administrations, a aussi dicté les articles 16 et 17. Sa Majesté, en donnant ces facilités, en retranchant des formes qui, tout en causant de l'embarras, procuraient cependant des garanties, a beaucoup compté sur votre surveillance; et vous devez mettre d'autant plus de soin à l'exercer, que la confiance a été plus grande, et que toute négligence transformerait en abus d'utiles concessions. Vous sentirez surtout que les premiers moments exigeront de votre part plus d'investigations, je dirai même plus de rigueur, dans l'examen des affaires dont la décision et le contrôle s'arrêtent désormais à vous, afin d'éviter que le désordre ne se glisse dans ce passage d'un régime plus compliqué à un régime plus simple.

Il vous sera envoyé des modèles de tableaux pour les comptes sommaires que vous devez rendre de vos approbations; ces modèles seront joints aux instructions qui ne tarderont pas à vous parvenir, pour l'exécution de l'ordonnance. Je ne fais aujourd'hui que vous adresser des observations générales, afin de bien vous faire connaître l'esprit dans lequel elle a été faite.

Toutes les dispositions du titre III, consacré aux règles de comptabilité, vous prouveront encore l'importance que le gouvernement attache aux précieux intérêts qu'elles concernent, et à la responsabilité que lui impose leur conservation. Sans doute ils étaient jusqu'à présent gérés avec une entière loyauté; mais les hommes les plus estimables ne sont pas toujours les plus exempts de négligence et de laisser-aller, et il n'est arrivé que trop souvent que des portions plus ou moins considérables de ces intérêts ont péri, faute de précautions et de soins obligés. Il n'en sera plus de même désormais, les divers articles de ce titre y auront suffisamment pourvu; la rigoureuse attention que le ministère ne cessera de mettre à leur exécution en complétera les effets. Les fruits que les pauvres recueilleront de cette sévère prévoyance suffiront à son éloge, et les hommes de bien dont elle secondera les louables efforts, dont elle allégera la responsabilité, s'empresseront aussi d'y applaudir, car elle ne sera que tutélaire.

Les instructions que je vous ai déjà annoncées traiteront longuement de ce titre: en attendant, les dispositifs de l'ordonnance sont assez évidents et s'appliquent à des matières qui vous sont assez connues pour que vous puissiez en commencer l'exécution.

Le titre IV et dernier renferme diverses dispositions exceptionnelles dont il serait superflu de vous entretenir, puisqu'elles ne regardent que les établissements charitables de la ville de Paris. Il renferme aussi des dispositions transitoires, dans lesquelles vous remarquerez les égards dus aux membres actuels des administrations charitables et le désir de conserver leur utile coopération.

Le dernier article n'est relatif qu'aux comptables, et a pour objet de respecter envers eux ce qu'on doit à des droits acquis.

Administration communale.

10 novembre 1821.

Le Ministre de l'intérieur aux Préfets.

Depuis longtemps l'expérience avait prouvé la nécessité de porter remède aux inconvénients qui résultaient de l'obligation où se trouvaient les communes de recourir trop fréquemment à l'approbation du souverain ou à la décision de ses ministres pour des objets d'un intérêt purement local et souvent même de très-peu d'importance.

Le roi a pensé qu'il était utile de rapprocher la décision du lieu même de la délibération, d'accélérer ainsi la marche de l'administration, et de faciliter l'exécution des projets formés dans l'intérêt des communes de son royaume.

C'est dans ces vues que Sa Majesté a jugé convenable de rendre, le 8 du mois d'août, une ordonnance portant, entre autres dispositions, que « les délibérations des conseils municipaux seront exé« cutées sur la seule approbation des préfets, toutes les fois qu'elles « seront relatives à l'administration des biens de toute nature ap« partenant à la commune, à des constructions, travaux et autres « objets d'intérêt communal, et que les dépenses pour ces objets « devront être faites au moyen des revenus propres à la commune, « ou au moyen des impositions affectées par la loi aux dépenses « ordinaires des communes. »

Cette délégation de pouvoirs vous impose de nouvelles obligations, à l'occasion desquelles je crois devoir vous adresser quelques instructions générales.

Attributions des conseils municipaux.

En usant des pouvoirs qui vous sont délégués par l'ordonnance du 8 août, vous ne perdrez point de vue que les attributions des conseils municipaux restent telles qu'elles ont été fixées par les lois.

Les délibérations de ces conseils qui concernent les intérêts communaux, même lorsqu'elles ne s'étendent pas hors de cet intérêt et qu'elles se renferment dans les limites des fonctions propres au pouvoir municipal, n'en sont pas moins soumises à votre surveillance, parce qu'il n'est pas dans les attributions des autorités municipales de déterminer les principes et les formes de l'administration, et que, si le premier magistrat chargé par le roi de l'autorité supérieure dans le département ne veillait pas à ce que les délibérations fussent toujours conformes aux principes des lois et des règlements généraux de l'Etat, les communes formeraient autant de cités indépendantes, qui, par la divergence de leurs mouvements partiels, détruiraient bientôt l'harmonie générale, et produiraient nécessairement le désordre et la confusion.

Il résulte de ce principe, établi par la loi du 28 décembre 1789 et par celle du 28 pluviôse an VIII, que vous devez veiller à ce qu'en aucun cas les maires et les conseils municipaux ne s'écartent des limites que les lois leur ont prescrites ; et modifier, rectifier, annuler même, les actes et délibérations qui seraient contraires aux lois et aux règles d'une sage administration, comme ceux qui prononceraient sur des objets hors de leur compétence respective.

Dans tous les cas, vous n'oublierez jamais que les communes ne sont que usufruitières des biens dont elles sont en possession; que les administrateurs chargés de les gérer en doivent compte à ceux qui viendront après eux, et que ce n'est pas à tels et tels individus qu'ils appartiennent, mais bien à la communauté, qui comprend la génération présente et les générations qui lui succéderont; que la tutelle en appartient essentiellement au gouvernement, et que cette tutelle fut, dans tous les temps, mise au rang des règles fondamentales de la monarchie. Vous n'oublierez pas non plus que, conformément aux dispositions du dernier paragraphe de l'article 1er de l'ordonnance, vous aurez à me rendre compte de toutes les délibérations que vous aurez approuvées, annulées ou modifiées.

La dissimulation malheureusement trop fréquente des revenus, et l'existence de comptabilités cachées, contre lesquelles le gouvernement s'est vu plusieurs fois obligé de sévir, devront être particulièrement l'objet de votre attention et de votre surveillance.

Vous vous rappellerez que la tutelle des communes fut toujours pour elles une garantie contre ceux de leurs administrateurs qui pouvaient abuser de leur influence, et qu'elles doivent retrouver le même avantage dans la délégation partielle de cette tutelle que le roi vous a faite.

Constructions et reconstructions.

C'est principalement lorsqu'il s'agira de constructions et de reconstructions que vous aurez à faire l'application rigoureuse des règles et des principes que je viens de rappeler.

Aux termes de l'ordonnance, les délibérations des conseils municipaux relatives à des travaux et constructions d'un intérêt communal pourront désormais recevoir leur exécution sur la seule approbation des préfets, lorsque, d'une part, les fonds nécessaires auront été régulièrement assurés, et que, de l'autre, les travaux à entreprendre n'excéderont pas 20,000 francs (1).

De ces dispositions il ne faut pas conclure que, dans tous les cas où les communes auront le moyen de pourvoir aux dépenses qui n'excéderont pas cette somme, vous devrez approuver les délibérations de leurs conseils : ce serait donner aux termes de l'ordonnance une extension contraire à son esprit. La seule conséquence qu'on en puisse tirer, c'est que l'intervention du gouvernement doit être remplacée par la vôtre. Dès lors, vous avez à prendre les mesures convenables pour constater l'utilité, l'urgence et la nécessité des travaux projetés, et vous devez veiller à ce que la dépense n'excède point les limites des crédits alloués dans les budgets, en même temps que vous préviendrez les dépenses abusives auxquelles pourraient inconsidérément se livrer des administrateurs entraînés par le goût immodéré des constructions, le désir de la popularité, ou un zèle mal entendu.

Vous recommanderez de produire, à l'appui des délibérations qui vous seront transmises, un programme ou mémoire qui expose les vues à remplir, les plans et devis des travaux à exécuter, et l'avis du sous-préfet, si la commune est située hors de l'arrondissement du chef-lieu de la préfecture.

L'imperfection des plans dressés dans les départements a, plus d'une fois, prouvé l'inexpérience et l'incapacité des personnes char-

---

(1) 50,000 francs d'après la loi du 18 juillet 1837 (art. 45).   (N. de l'Ed.)

gées de les rédiger. Le conseil placé près de mon ministère, auquel ils étaient tous soumis, offrait le moyen de rejeter ceux qui n'étaient point admissibles ; mais il retardait souvent des constructions qui n'étaient pas assez importantes pour mériter un examen recherché de si loin. Vous pourrez veiller vous-même à leur solidité, et à ce qu'elles ne s'écartent pas des règles du bon goût, en consultant les architectes et les ingénieurs qui seront à votre portée et qui auront votre confiance.

Il peut d'ailleurs se présenter des circonstances où vous reconnaîtrez le besoin de consulter des hommes d'un talent plus exercé : dans ce cas, rien n'empêchera que vous me fassiez l'envoi des plans et devis sur lesquels vous jugeriez convenable d'en référer au conseil des bâtiments du ministère. Je m'empresserai de les renvoyer à son examen, et de vous faire connaître le jugement qu'il en aura porté.

Quand les communes n'auront pas dans leurs revenus ordinaires les moyens de pourvoir aux dépenses des constructions et reconstructions qui vous seront proposées, vous les approuverez en principe ; mais vous ajournerez l'exécution des travaux, jusqu'à ce qu'il ait été statué par le gouvernement sur les moyens qui pourraient être indiqués pour y pourvoir. Les propositions que vous aurez à me faire devront toujours être appuyées de l'avis du sous-préfet, de la délibération du conseil municipal, du budget de la commune, et des plans et devis que vous aurez adoptés.

Constructions et reconstructions dont la dépense excède 20,000 francs.

En fixant à 20,000 francs les constructions et reconstructions que vous pouvez désormais approuver sans le concours de l'administration supérieure, le gouvernement a fait cesser une cause de retards préjudiciables aux intérêts des communes ; mais on a considéré que des constructions et reconstructions excédant 20,000 francs présentaient, relativement à l'art et relativement aux finances des communes, une importance qui ne permettait pas au gouvernement de rester indifférent à l'érection des édifices qu'elles ont pour objet, non plus qu'à l'emploi des fonds destinés à la dépense qu'ils exigent.

C'est par ces motifs que le gouvernement, en maintenant les dispositions des décrets des 10 brumaire an XIV et 17 juillet 1808, s'est réservé de statuer sur les constructions dont la dépense excédera 20,000 francs, et que vous devrez, en exécution du dernier paragraphe de l'article 4 de l'ordonnance du 8 août, m'en soumettre les plans et devis.

Cette réserve est tout entière dans l'intérêt des communes ; dès lors on doit croire qu'elles ne chercheront point à se soustraire à une intervention tutélaire. Je n'ignore pas que, resserrées, par les décrets que je viens de citer, dans des limites beaucoup trop étroites, elles ont souvent tenté d'en éluder les dispositions, en dissimulant les dépenses, et en ne présentant que des plans et devis partiels et incomplets ; mais il y a lieu d'espérer que de semblables tentatives ne se renouvelleront pas : elles seraient aujourd'hui d'autant plus inexcusables que le roi vient d'apporter à ces décrets les modifications nécessaires pour donner aux autorités locales une latitude suffisante.

Toutefois, en appelant votre attention sur un abus aussi répréhensible, je vous engage à apporter tous vos soins à le prévenir.

Vous voudrez bien faire connaître que les travaux qu'on se permettrait d'exécuter sans qu'ils eussent été préalablement autorisés dans les formes prescrites resteront à la charge de ceux qui les auraient entrepris, ou de ceux qui les auraient ordonnés, ou des comptables qui en auraient acquitté le montant, sans allocation dans les budgets.

Je ne saurais trop vous recommander de faire exactement observer les dispositions des articles 3 et 4 du décret précité du 10 brumaire an XIV, qui concernent l'adjudication des travaux, et les formes auxquelles elle est subordonnée, tant pour les constructions et reconstructions que pour les réparations ordinaires et de simple entretien (1).

Vous remarquerez que, aux termes de l'article 5 de ce décret, les réparations ordinaires et de simple entretien qui n'excèdent pas 1,000 fr. sont exceptées de la forme de l'adjudication publique, et que vous pouvez les autoriser, sans autre formalité qu'une visite et un devis estimatif de l'architecte de la commune.

Vous remarquerez encore que, lorsque ces réparations n'excèdent pas 300 fr., elles sont ordonnées et exécutées sans que votre approbation préalable soit nécessaire.

Il est dit par l'article 3 de ce décret que les adjudications auront lieu en présence du préfet, du sous-préfet, ou du maire. La désignation à faire en pareil cas vous appartient; et c'est d'après la connaissance des localités, la nature et l'importance des travaux, que vous aurez à prendre vos décisions. Je dois, au surplus, vous faire observer que, lorsqu'il vous paraîtra convenable qu'une adjudication soit faite devant vous ou devant le sous-préfet, il doit cependant toujours y être procédé au nom et par les maires des communes intéressées : dans tous les cas, il conviendra d'appeler à ces adjudications les adjoints et un membre des conseils municipaux, ainsi qu'il est déjà prescrit, pour les baux à ferme des biens communaux, par l'ordonnance du 7 octobre 1818.

Règlement des budgets.

L'ordonnance du 16 mars 1816 réservait au roi le règlement des budgets des communes ayant 30,000 fr. de revenu; cette disposoposition est restreinte, par l'ordonnance du 8 août, aux budgets des villes dont les revenus ordinaires s'élèvent à plus de 100,000 fr. Les préfets ont l'obligation de pourvoir au règlement des budgets des villes dont les revenus n'excèdent pas cette somme, et de m'adresser ceux des autres villes, dans la forme accoutumée, pour qu'ils soient soumis à l'approbation du roi.

Je vous rappelle que les budgets doivent être réglés avant l'ouverture de l'exercice auquel ils appartiennent, et qu'en conséquence les budgets à soumettre à l'approbation du roi doivent me parvenir, en triple expédition, avant le 1er octobre de chaque année. Il importe de prendre des mesures pour assurer l'exécution des instructions qui ont été souvent renouvelées à cet égard.

Toutes les allocations qui seraient proposées pour des dépenses étrangères à celles que les lois ont mises à la charge des communes

---

(1) Ces dispositions doivent ici être combinées avec celles de l'ordonnance du 14 novembre 1837. (N. de l'Ed.)

doivent être écartées, conformément à l'article 3 de l'ordonnance du 8 août, des budgets dont le règlement vous est confié, jusqu'à ce que j'aie prononcé à cet égard.

Vous aurez également à veiller à ce que les receveurs municipaux se renferment dans les crédits spéciaux ouverts aux budgets, et à les prévenir que les sommes acquittées par eux hors des limites de ces crédits seront rejetées de leurs comptes, et qu'ils en seront constituées en débet, sauf leur recours contre qui il appartiendra.

Si, dans le cours de l'année, il y a lieu de pourvoir à des dépenses urgentes et non prévues au budget, vous pourrez, si elles font partie des dépenses communales, et si elles sont consenties par le conseil municipal, autoriser le maire à les ordonnancer sur les fonds alloués pour les dépenses imprévues, ou sur les fonds disponibles, sauf régularisation au budget de l'année suivante : ces allocations seront soumises à mon approbation, si le règlement du budget est hors de votre compétence.

Vous voudrez bien, dans tous les cas, m'envoyer, immédiatement après leur règlement, une expédition des budgets que vous aurez approuvés pour toutes les villes qui ont 30,000 francs de revenu.

Quant aux budgets des villes et communes dont le revenu est au-dessous de ce taux, je désire que vous m'en fassiez connaître les résultats, en m'adressant, à la fin de chaque trimestre, l'état des budgets que vous aurez réglés.

Vous continuerez de rendre publics par la voie de l'impression, conformément à la loi du 15 mai 1818, les budgets des villes dont les revenus s'élèvent à 100,000 francs, ainsi que le compte que les maires de ces villes ont à rendre pour chaque année de leur gestion ; et vous aurez soin de m'en transmettre dix exemplaires.

Vous remarquerez enfin que l'article 5 de l'ordonnance du 8 août en maintenant les dispositions de celle du 28 janvier 1815, a eu principalement pour objet de conserver à la cour des comptes les attributions dont elle est actuellement investie, relativement aux comptes des communes ayant au moins 10,000 francs de revenu, et à la révision, en cas d'appel, de ceux qui sont réglés par vous en conseil de préfecture. Je me bornerai à vous recommander de veiller à ce que les receveurs justiciables de cette cour rendent et produisent leurs comptes dans les délais fixés par les règlements, dont la stricte exécution a déjà été plusieurs fois rappelée.

Biens des communes.

Les biens qui n'étaient pas en jouissance commune avaient été mis, par une loi du 20 mars 1813, à la disposition de la caisse d'amortissement, à la charge de les remplacer par une rente au grand-livre, égale au produit net desdits biens. Cette loi a été révoquée par celle du 28 avril 1816. En exécution de celle-ci, les communes sont rentrées en possession des biens qui n'avaient point encore été aliénés. Toutefois on doit reconnaître que dans tous les temps les biens des communes ont été en général mal administrés, et que leur intérêt est de les vendre, de les concéder, ou de les partager entre les habitants.

Je dois ici vous faire remarquer que les règles actuellement admises en matière d'aliénations, d'échanges, de baux emphytéotiques et d'acquisitions, sont maintenues par l'ordonnance du 8 août, et que vous aurez à me transmettre, comme par le passé, avec les propositions que vous seriez dans le cas de faire, les délibérations des conseils municipaux, et toutes les pièces qu'il est d'usage de produire pour justifier l'utilité des opérations de cette nature.

Indépendamment des biens dont je viens de parler, les communautés d'habitants sont propriétaires d'autres biens affectés à la jouissance commune. Une ordonnance du 7 octobre 1818, en modifiant les règles imposées aux communes pour les changements qu'elles voudraient opérer dans le mode de jouissance qu'elles ont conservé pour leurs propriétés de cette nature, vous a délégué le pouvoir d'approuver la mise en ferme de tout ou partie de ces biens, dans tous les cas où les baux n'excéderaient pas neuf années. Ces opérations étant d'ailleurs soumises aux règles prescrites pour les autres biens des communes, les observations qui précèdent y sont applicables, et vous me soumettrez les propositions qui demanderaient l'approbation du roi, ou qui dépasseraient les limites des pouvoirs qui vous sont délégués par l'ordonnance que je viens de vous rappeler.

Octrois municipaux et de bienfaisance.

Les lois ont mis, au rang des revenus qui peuvent être créés dans l'intérêt des communes, des droits d'octroi sur les consommations, des droits de pesage et mesurage publics, et des droits de place dans les halles, foires et marchés. Les communes doivent avoir la libre administration des droits de cette nature ; mais leur création et leur établissement excèdent les bornes de l'autorité municipale, ou de celle qui vous est confiée. Les délibérations prises par les conseils municipaux à cet égard devant être considérées comme s'étendant hors de l'intérêt de la commune, attendu leur influence sur les intérêts commerciaux, vous aurez à m'en référer, conformément à l'article 3 de l'ordonnance du 8 août, et à suivre, tant pour l'établissement des droits que pour l'homologation des tarifs, les règles qui ont été imposées jusqu'à présent.

Je vous rappellerai qu'aux termes de l'ordonnance du 9 décembre 1814, conforme aux dispositions des lois antérieures, je dois concourir avec le ministre des finances à l'établissement des droits d'octroi sur les consommations.

Les projets de tarifs et de règlements délibérés par les conseils municipaux, et les états justificatifs des besoins qui obligent les communes à recourir à l'établissement de ces droits, doivent donc être adressés directement et simultanément aux deux ministères.

Cette obligation n'a pas toujours été régulièrement remplie, et il en est souvent résulté des retards préjudiciables. Je vous invite à prendre des mesures pour obvier désormais à cet inconvénient.

Les règles que je viens de rappeler doivent être observées tant pour l'adjudication des droits que pour la révision des tarifs et les modifications dont ils sont susceptibles. Il en est de même lorsqu'une commune demande la suppression d'un octroi déjà établi.

Location des places dans les halles, foires, etc.

A l'égard des droits de location de places dans les halles, foires et marchés, sur les rivières, les ports et les promenades publiques, ils ne doivent être autorisés que lorsqu'il a été reconnu qu'ils peuvent être perçus sans gêner la voie publique, la navigation et la liberté du commerce. J'ai lieu de croire qu'ils ne sont pas encore établis dans toutes les communes où ils concourraient avantageusement à mettre les recettes au niveau des dépenses.

. Les droits de cette nature ne sont, au surplus, autorisés que sur la production d'un tarif, appuyé de l'état présumé de leurs produits, et du budget de la commune. Ils ne doivent jamais être réglés que sur les emplacements occupés par les objets mis en vente ; s'ils portaient directement sur les marchandises, ils seraient considérés comme droits d'octroi.

Bureaux de pesage et de mesurage.

Quant aux bureaux de pesage et de mesurage publics, l'établissement en est consacré par un arrêté du 7 brumaire an IX, et par une loi du 29 floréal an X, portant que les tarifs des droits à percevoir, et les règlements qui les concernent, seront proposés par les conseils des communes, adressés aux sous-préfets et aux préfets, qui donneront leur avis, et soumis ensuite au gouvernement, qui les approuvera, s'il y a lieu, dans la forme prescrite pour les règlements d'administration publique.

Il est depuis intervenu, sous la date du 2 nivôse an XII, un décret portant que le ministre de l'intérieur pourra faire exécuter les tarifs et règlements présentés par les conseils des communes, avec les modifications qu'il jugera convenables, conformément aux principes déterminés par la loi et par les règlements rendus sur la matière, et que son autorisation sera considérée comme une décision provisoire du gouvernement. L'ordonnance du 8 août ne change rien à cet état de choses ; vous continuerez donc à vous y conformer.

Emprunts.

L'ordonnance ne parle point des emprunts ; mais ce silence ne peut être interprété comme dispensant de l'application des principes admis et consacrés par les lois et règlements antérieurs. En conséquence il y aura lieu de me transmettre les délibérations relatives aux emprunts que les communes pourraient être dans la nécessité de contracter.

Impositions extraordinaires.

Je dois vous rappeler que, jusqu'à ce que les lois qui régissent les impositions communales aient subi les modifications dont elles seraient jugées susceptibles, vous devrez continuer de soumettre au gouvernement les impositions votées et consenties dans les formes qu'elles prescrivent. Les demandes de cette nature ont été très-nombreuses dans le cours de cette année et des années antérieures. Quelques préfets ont cherché à les restreindre dans de justes bornes ; mais on a remarqué que, dans plusieurs départements, les budgets des communes n'étaient pas toujours réglés d'après les principes d'une sage économie, que certaines dépenses étaient admises avec beaucoup trop de facilité, que l'on ne se pénétrait pas assez de la nécessité d'appliquer exclusivement aux dépenses extraordinaires les fonds réservés pour les dépenses imprévues, et qu'enfin on oubliait qu'on ne doit recourir à la voie des impositions que quand les communes n'ont aucun autre moyen de se procurer les fonds que leur service réclame.

Je vous rappellerai également que les impositions dont vous avez à transmettre les propositions doivent toujours être divisées en deux classes. La première classe doit comprendre toutes celles qui ont pour objet de suppléer au déficit des revenus affectés aux dépenses annuelles et ordinaires des communes, telles que celles qui concernent les indemnités de logement à donner aux curés et desservants, dans les communes où il n'y a pas de presbytère, les suppléments de traitement qui leur sont alloués, et les salaires des instituteurs et des gardes champêtres et forestiers.

La deuxième classe doit comprendre les impositions nécessitées par des dépenses extraordinaires, telles que celles qui sont relatives à des acquisitions, constructions, dettes exigibles, frais de procès et autres objets de cette nature.

Cette distinction n'a pas été assez régulièrement observée.

Dans plusieurs départements, on a confondu des impositions de la dernière classe avec des impositions de la première. Cette confusion nuit à la vérification du travail, et retarde, d'une manière très-préjudiciable, l'approbation des délibérations.

Il suffit sans doute de vous signaler cet inconvénient pour que vous veilliez à ce que désormais on n'insère dans l'état collectif des impositions annuelles aucune imposition appartenant à la deuxième classe.

Il n'est pas moins important de justifier la nécessité des impositions proposées par la production des budgets, ainsi que de veiller à la régularité des délibérations, et à ce que la présence et le concours des plus forts contribuables, en nombre égal à celui des membres des conseils, soit régulièrement constatée. J'appelle particulièrement votre attention sur ce point; j'ai été fréquemment dans la nécessité de renvoyer aux préfets des délibérations qui n'étaient pas revêtues des formes que les lois ont prescrites.

Vous ne perdrez pas de vue que vous avez à m'envoyer, chaque année, l'état des impositions autorisées et mises en perception. L'état des emprunts qui auraient été autorisés doit être joint à cet envoi.

Je terminerai ces instructions en vous rappelant, relativement aux dépenses communes à plusieurs municipalités, que vous devez continuer à vous conformer, tant pour les moyens d'y pourvoir que pour leur répartition, aux dispositions des lois antérieures, et notamment à l'article 42 de la loi du 15 mai 1818.

Loteries particulières et loteries étrangères.

25 novembre 1821.

Le directeur général de l'administration départementale et de la police invite les préfets à veiller à ce que les feuilles d'annonces et autres n'insèrent pas, en contravention aux lois qui prohibent formellement les loteries particulières et les loteries étrangères, des avis pour faire connaître la mise en vente, par voie de loterie, d'immeubles situés dans les États autrichiens, et n'indiquent pas leur bureau comme un dépôt où l'on peut se procurer des billets de ces loteries. Le directeur général pense que cette publication, si elle était dénoncée aux tribunaux, serait de nature à provoquer l'application des lois prohibitives des loteries étrangères.

Entreprises de remplacement pour l'armée.

28 novembre 1821.

Le Ministre de l'intérieur aux Préfets.

J'ai l'honneur de vous adresser une ampliation de l'ordonnance du roi, en date du 14 de ce mois, qui décide qu'aucune entreprise ayant pour objet le remplacement des jeunes gens appelés à l'armée en vertu de la loi du 10 mars 1818 ne pourra exister qu'avec l'autorisation de Sa Majesté.

A cette ordonnance sont annexés deux avis du conseil d'Etat, approuvés les 1er avril 1809 et 15 octobre suivant, qui lui servent de base, et dans lesquels sont spécifiés les caractères généraux des associations de la nature des tontines et des compagnies d'assurances qui intéressent l'ordre public. L'ordonnance du roi s'applique à toutes les entreprises de remplacement qui offrent ces caractères, quelle que soit leur forme ; et, sous ce rapport, les avis du conseil d'Etat en sont aussi le complément.

Le préambule de l'ordonnance et les considérations exposées dans les avis du conseil d'Etat indiquent assez que Sa Majesté veut également écarter les entreprises qui pourraient avoir une fâcheuse influence sur la composition et la discipline de l'armée, et celles dont les combinaisons décéleraient un esprit de cupidité et de déception préjudiciable aux intérêts des familles.

C'est sous ce double rapport que les entreprises de ce genre seront examinées.

Si le roi autorise des entreprises pour le remplacement qui agissent dans votre département, c'est à vous que Sa Majesté confie le soin de veiller à l'exécution des clauses et conditions sous lesquelles l'autorisation aura été accordée, et de me faire connaître les faits qui pourraient donner lieu à sa révocation.

Si l'autorisation est refusée, ce refus rendra illicites tous les actes et l'existence même de l'entreprise : et dans ce cas vous avez à remplir des devoirs que l'ordonnance indique, et sur lesquels je dois vous adresser de premières instructions.

1° Vous devez, par tous les moyens administratifs et de police qui sont en votre pouvoir, vous opposer aux publications qui ne peuvent avoir lieu sans une permission, et dénoncer aux procureurs du roi toutes publications contraires, soit aux règlements de police, soit aux règlements sur la presse ou la librairie.

2° C'est à vous d'opposer aux publications clandestines et à celles que vous ne pourrez empêcher les avis et les informations que vous jugerez utiles pour prémunir les familles des déceptions des entreprises illicites, en appelant sur ce point à votre secours le zèle des autorités locales et de toutes les personnes à qui leur position sociale et leur mérite personnel donnent quelque influence sur les classes moins éclairées de la société.

3° Vous devez déférer plus spécialement aux procureurs du roi, outre les contraventions que j'ai déjà signalées, les actes des entreprises illicites qui porteraient des caractères d'escroquerie ou de tous autres délits prévus par les lois pénales.

4° Il est utile que vous les informiez de ces actes, alors même qu'ils n'auraient pas à vos yeux le caractère d'un délit ou d'une contravention prévue par les lois ; car il peut arriver que le ministère public n'en juge pas de même. Il peut se faire qu'il croie devoir, dans certains cas, intervenir pour faire prononcer par les tribunaux la suppression, comme illicite, de l'entreprise non autorisée ; il peut enfin avoir à porter la parole dans les demandes des familles en nullité des stipulations illusoires ou frauduleuses que les entrepreneurs les auraient amenées à souscrire. Quelles que soient les limites de l'action que le ministère public peut exercer, c'est à vous de lui déférer tous les actes et de lui transmettre tous les documents qui pourraient être pour lui un sujet d'examen. Si les avis du conseil d'état qui servent de base à l'ordonnance n'attachent aucune peine spéciale à l'infraction des règles qu'ils prescrivent, c'est un motif de plus d'offrir au ministère public les moyens de requérir l'application des lois ordinaires, dans tous les cas où elles peuvent servir à réprimer ces infractions et à défendre de leurs suites l'Etat et les familles. C'est en épuisant tous les moyens que peut offrir la législation existante que Sa Majesté reconnaîtra s'il est nécessaire de provoquer par une loi pénale d'autres mesures de répression.

Voilà ce que vous avez à faire comme administrateur (1).

Comme président du conseil de révision, je vous invite à lui faire donner lecture, dans sa plus prochaine réunion, de l'ordonnance et des avis qui s'y trouvent joints. Vous appellerez en même temps l'attention du conseil sur les points suivants :

1° Dans le cas où *une entreprise serait autorisée*, il ne s'ensuivrait pas qu'elle pût intervenir, par elle-même ou par ses agents, dans les contrats administratifs qui se forment devant les conseils de révision entre le remplaçant et le remplacé, entre le substituant et le substitué. Ceux-ci sont les seuls contractants que la loi reconnaisse, et l'intervention des tiers dans les *stipulations particulières* ne leur donne aucun droit d'intervenir dans les contrats administratifs.

2° Lorsque le conseil de révision sera instruit par vos soins, ou par ceux des membres qui le composent, de l'intervention des entreprises, autorisées ou non, dans les remplacements, vous l'inviterez à donner une attention plus spéciale à l'examen des remplaçants, parce qu'il aura, dans ce cas, à se défendre contre les combinaisons des entreprises pour tromper sa religion et obtenir de fausses attestations ; combinaisons d'autant plus dangereuses qu'elles seraient formées par des hommes plus riches et plus déliés, et qui s'en feraient une étude suivie.

Moulins et usines sur terrain soumis aux servitudes militaires.

30 janvier 1822.

Le Directeur général des ponts et chaussées et des mines aux Préfets.

Une ordonnance royale du 1er août 1821 fixe le mode d'exécution de la loi du 17 juillet 1819 sur les servitudes imposées à la propriété pour la défense de l'Etat.

---

(1) L'administration doit rester complètement étrangère à toutes les entreprises ou associations ayant pour but le remplacement militaire. (*Circulaire du ministre de la guerre du 14 janvier 1843.*) (N. de l'Ed.)

L'article 7 de cette ordonnance est ainsi conçu : « Notre ministre « de la guerre pourra permettre, par exception aux articles précé- « dents, la construction de *moulins et autres semblables usines* en « bois, et même en maçonnerie, à condition que lesdites usines ne « seront composées que d'un rez-de-chaussée, et à charge par les « propriétaires de ne recevoir aucune indemnité pour démolition, « en cas de guerre. Les permissions de cette nature ne pourront « toutefois être accordées qu'après que le chef du génie, l'ingénieur « des ponts et chaussées et le maire auront reconnu de concert, et « constaté par procès-verbal, que l'usine qu'on se propose de con- « struire est d'utilité publique, et que son emplacement est déter- « miné par quelque circonstance locale qui ne peut se rencontrer « ailleurs. »

Cet article, s'il était entendu d'une manière absolue, pourrait faire croire que le ministre de la guerre peut autoriser les établissements d'usines sur les terrains militaires, et que, dans ces cas d'exception, il n'y aurait d'autres formalités à remplir que celles qui sont énoncées audit article.

Cependant les lois et règlements généraux en vigueur, et la jurisprudence constante du conseil d'État, ont déterminé les formalités à suivre pour obtenir l'autorisation de construire une usine. Cette autorisation ne peut être accordée que par le roi, sur le rapport du ministre de l'intérieur, après une information *de commodo et incommodo*, et après qu'il a été reconnu que l'établissement de l'usine ne nuira ni à la navigation, ni au service des ponts et chaussées, ni aux intérêts privés des propriétaires voisins.

Lorsqu'une usine doit être établie sur un terrain frappé de la servitude militaire, on conçoit qu'il faut que l'ordonnance royale portant autorisation ait été précédée d'une permission ou consentement émané du département de la guerre. C'est dans ce sens que l'article 7 précité doit être entendu ; et c'est ainsi que le ministre de la guerre se propose d'en assurer l'exécution. Son Excellence développera le véritable sens de cet article, dans une circulaire qui sera adressée à tous les agents militaires, et, en attendant, elle ne délivrera aucune permission d'usines sans y insérer la clause expresse que *la permission est accordée uniquement en ce qui touche les intérêts du département de la guerre, et sauf à l'impétrant à se retirer par-devers qui de droit, pour obtenir, s'il y a lieu, conformément aux lois et règlements de la matière, l'autorisation nécessaire à l'établissement de l'usine projetée; n'entendant, par ladite permission, rien préjuger sur ce que cette usine pourrait avoir de contraire au service de la navigation, des ponts et chaussées, aux intérêts privés des propriétaires riverains, et généralement à tout autre intérêt étranger au département de la guerre.*

Cette détermination du ministre de la guerre est le résultat d'une conférence ouverte entre Son Excellence et le garde des sceaux, sur l'interprétation de l'article 7 ci-dessus rapportée ; et je crois devoir vous prier de veiller avec les ingénieurs à ce que la nouvelle disposition de l'ordonnance du 1er août 1821, sur les propriétés frappées de la servitude militaire, ne soit pas un obstacle à l'accomplissement des autres formalités prescrites par les lois et règlements généraux en matière d'usines.

Sourds-muets de naissance.

8 février 1822.

Le Conseiller d'État chargé de l'administration des hospices et des établissements de bienfaisance aux Préfets.

Il existe en France, et particulièrement dans certains départements, un nombre considérable de sourds-muets de naissance, dont la position malheureuse mérite de fixer l'attention d'une administration bienfaisante.

Privés, par la nature de leurs infirmités, des moyens d'exprimer et leurs besoins et leurs idées, ces infortunés, qui appartiennent pour la plupart à la classe indigente, restent souvent pendant toute leur vie à charge à eux-mêmes et à la société. Ils ne peuvent jouir des bienfaits de l'éducation publique ou domestique, puisqu'il faut un art particulier pour développer leur intelligence, rendre leur esprit accessible aux premières notions de la morale et de la religion, et leur apprendre un métier à l'aide duquel ils puissent pourvoir à leur existence.

C'est afin de leur procurer ces avantages qu'on a établi des institutions pour les sourds-muets à Paris et à Bordeaux : un certain nombre d'élèves y sont entretenus aux frais du gouvernement ; mais ce nombre est nécessairement fort restreint, lorsqu'on le compare à celui des sourds-muets qui auraient droit au même bienfait.

Les deux établissements de Paris et de Bordeaux sont cependant susceptibles d'une plus grande extension, et leur développement n'est borné que par la modicité des fonds que le gouvernement peut y affecter. D'autres institutions particulières se sont d'ailleurs formées à Rhodez, à Angers, Marseille, Caen, Auray, et sont soutenues soit par les dons de la charité, soit par les pensions que payent plusieurs départements pour les élèves qu'ils y ont envoyés.

Ces utiles fondations pourraient être multipliées, et il serait à désirer que chaque département pût aussi créer quelques bourses dans celle des écoles de sourds-muets qui serait le plus à sa portée. J'ai cru devoir vous communiquer cette idée, et je vous invite à la soumettre au conseil général de votre département, dans sa prochaine session, si toutefois il n'a pas déjà voté des fonds pour l'une des écoles de sourds-muets déjà établies. Je vous serai obligé de me faire connaître la détermination qu'il aura prise sur les propositions que vous croirez devoir lui faire à cet égard.

Formules des actes de l'état civil.

22 février 1822.

Le Ministre de l'intérieur aux Préfets.

Je suis informé que, dans plusieurs communes rurales du royaume, les actes de naissance, de mariage et de décès, ne sont pas rédigés par les officiers publics avec l'exactitude désirable. Cela provient, dit-on, de ce que les formules de ces actes, qui furent adoptées par le conseil d'État et qui furent adressées aux préfets par circulaire ministérielle du 12 septembre 1804, avec recommandation d'en faire passer au moins un exemplaire dans chaque commune, pour servir de modèle, ne se trouvent plus dans les mairies, ou ne sont plus consultées.

Il importe, dans l'intérêt des familles, que les maires soient à même d'y recourir pour les actes de naissance, de mariage et de décès, qu'ils sont chargés de dresser ; et je vous prie de leur faire distribuer deux nouveaux exemplaires de ces formules qui seraient imprimées et insérées dans le recueil de vos actes : l'un resterait déposé dans les archives de la mairie ; l'autre serait à la disposition de l'officier public pour son usage.

Vous aurez le soin de rappeler aux maires, comme l'énonçait la circulaire ministérielle du 12 septembre 1804, que l'administration, en les adoptant, n'a pas entendu en prescrire textuellement la rédaction, de manière que l'emploi de toute autre fût interdit, et qu'elles doivent tenir lieu de conseil et non de préceptes, d'exemple et non de dispositions strictement obligatoires.

Nº 1.

Déclaration de naissance d'un enfant légitime faite par le père.

L'an mil huit cent   le   du mois d
à   heure du   par-devant nous (*énoncer ici la qualité du fonctionnaire public, s'il est maire ou adjoint de maire, ou s'il les remplace*), officier de l'état civil de la commune d   canton d   département d
est comparu N. (*mettre les nom, prénoms, âge, profession et domicile du déclarant*), lequel nous a présenté un enfant du sexe (masculin *ou* féminin), né (*indiquer le jour et l'heure*) de lui déclarant et de (*prénoms et nom de la femme*) son épouse, et auquel il a déclaré vouloir donner les prénoms de
Lesdites déclaration et présentation faites en présence de (*prénoms, nom, âge, profession, domicile du premier témoin*), et de (*même formalité pour le second témoin*); et ont les père et témoins signé avec nous le présent acte de naissance, après qu'il leur en a été fait lecture. (*Si un des comparants ne sait ou ne peut signer, il en sera fait mention.*)

(Suivent les signatures.)

Nº 2.

Déclaration de naissance d'un enfant légitime faite par l'accoucheur, ou la sage-femme, ou l'officier de santé, ou la personne chez qui la femme est accouchée ; le déclarant connaissant la mère de l'enfant.

L'an mil huit cent   le   du mois d
à   heure du   par-devant nous (*énoncer ici la qualité du fonctionnaire public, s'il est maire ou adjoint de maire, ou s'il les remplace*), est comparu N. (*mettre les nom, prénoms, profession, domicile du déclarant*), lequel (*ou* laquelle) nous a déclaré que le   du mois d
an   heure de   est né un enfant du sexe (masculin *ou* féminin), en sa maison sise (*désigner la rue, la section, l'arrondissement dans lequel se trouve la maison*), qu' (il, *ou* elle) nous présente et auquel (il *ou* elle) a déclaré donner les prénoms d   lequel enfant est né de (*nom, prénoms, profession, demeure de la mère*), épouse ou veuve de (*nom, prénoms, demeure profession du mari*); ladite déclaration faite en présence de (*prénoms, nom, âge, profession, domicile du premier témoin*), et de (*même formalité pour le second témoin*); et ont les déclarant et témoins signé avec nous le présent acte de naissance, après qu'il leur en a été fait lecture. (*Si un des comparants ne sait ou ne peut signer, il en sera fait mention.*)

(Suivent les signatures.)

N° 3.

Déclaration de naissance d'un enfant naturel faite par le père.

L'an mil huit cent   le   du mois d
à   heure du   par-devant nous (*énoncer ici la qualité du fonctionnaire public, s'il est maire ou adjoint de maire, ou s'il les remplace*), officier de l'état civil de la commune d   canton d   département d
est comparu N. (*mettre les nom, prénoms, âge, profession, demeure*), lequel nous a déclaré que le   heure
de   il est né un enfant du sexe (masculin *ou* féminin), qu'il nous présente, et auquel il déclare donner les prénoms de   se reconnaissant pour être le père de cet enfant et l'avoir eu de (*prénoms, nom, demeure, âge de la mère. Si le père déclare les noms de la mère, il en sera fait mention comme ci-dessus ; mais s'il les tait, on ne peut le forcer à les déclarer*); lequel enfant est né en la maison sise (*désigner la rue, la section ou l'arrondissement*) : les présentes déclaration et présentation faites en présence de (*prénoms, nom, âge, profession, domicile du premier témoin*), et de (*même formalité pour le second témoin*); et ont les père et témoins signé avec nous le présent acte de naissance, après qu'il leur en a été fait lecture. (*Si un des comparants ne sait ou ne peut signer, il en sera fait mention.*)

(Suivent les signatures.)

N° 4.

Déclaration de naissance d'un enfant naturel faite par toute autre personne que le père, le nom et l'état de la mère étant connus.

L'an mil huit cent   le   du mois d
à   heure du   par-devant nous (*énoncer ici la qualité du fonctionnaire public, s'il est maire ou adjoint de maire, ou s'il les remplace*), officier de l'état civil de la commune d   canton d   est comparu N. (*prénoms, nom, âge, profession, demeure du déclarant*), lequel nous a déclaré que le   heure d
la dame *ou* demoiselle (*prénoms, nom, profession, demeure de la mère*) est accouchée dans la maison (*désigner la maison*), d'un enfant du sexe (masculin *ou* féminin), qu' (il *ou* elle) nous présente, et auquel (il *ou* elle) donne les nom et prénoms de   : lesdites déclaration et présentation faites en présence de (*prénoms, nom, âge, profession, domicile du premier témoin*), et de (*même formalité pour le second témoin*); et ont les déclarants et témoins signé avec nous le présent acte de   après qu'il leur en a été fait lecture. (*Si un des comparants ne sait ou ne peut signer, il en sera fait mention.*)

N° 5.

Déclaration de naissance d'un enfant naturel faite par un fondé de procuration du père.

L'an mil huit cent   le   du mois d
à   heure du   par-devant nous (*énoncer ici la qualité du fonctionnaire public, s'il est maire ou adjoint de maire, ou s'il les remplace*), officier de l'état civil de la commune d   canton d   département d
est comparu N. (*mettre les nom, prénoms, âge, profession et domicile du déclarant*), lequel, en vertu de la procuration spéciale et authentique du   passée à
le   du mois d   an   par-
devant   notaire à   enregistrée à
le   de lui parafée et annexée au présent registre,
nous a déclaré que le   heure de   il est
né en la maison (*désigner la maison, la rue, la section et l'arrondissement*), un enfant naturel du sexe (masculin *ou* féminin), né de   lequel enfant il nous présente, et auquel il donne les nom et prénoms d   :
lesdites déclaration et présentation faites en présence de (*prénoms, nom, âge, profession et domicile du premier témoin*), et de (*même formalité pour le second témoin*), et ont les déclarants et témoins signé avec nous le présent acte, après que lecture leur en a été faite.

N° 6.

Déclaration faite au sujet d'un enfant trouvé. Formule du procès-verbal.

L'an mil huit cent   le   du mois d
à   heure du   par-devant nous (*énoncer ici la qualité du fonctionnaire public, s'il est maire ou adjoint de maire, ou s'il les remplace*), officier de l'état civil de la commune d   canton d   département d
est comparu N. (*prénoms, nom, âge, demeure et profession*), qui nous a déclaré que le   heure d   étant seul (*ou en compagnie de*) (*désigner les noms, prénoms, etc., de ceux qui étaient présents*), il (*ou elle*) a trouvé dans la rue (*ou au lieu d*   ) (*désigner avec exactitude la rue, la place ou le lieu où a été trouvé l'enfant*), un enfant, tel qu' (il *ou elle*) nous le présente, emmaillotté ou vêtu des (*détailler les vêtements*) et du linge marqué des lettres   (*ou des* chiffres   ). Après avoir visité l'enfant, avons reconnu qu'il était du sexe   qu'il paraissait âgé de (*désigner l'âge apparent, vérifier si l'enfant a quelques marques sur le corps, ou s'il se trouve dans ses vêtements quelque écrit ou marque destinés à le faire reconnaître ; dans ce cas, désigner ce qu'on y a trouvé, ou exprimer qu'on n'y a rien trouvé*): de suite avons inscrit l'enfant sous les nom et prénoms de   et avons ordonné qu'il fût remis à
De quoi nous avons dressé procès-verbal, en présence de   et de   qui ont signé avec nous, après que lecture leur a été faite du contenu au présent procès-verbal.

N° 7.

Reconnaissance d'enfant faite par le père ou la mère après l'inscription de l'enfant sur les registres des actes de l'état civil.

L'an mil huit cent   le   du mois d
à   heure du   par-devant nous (*énoncer ici la qualité du fonctionnaire public, s'il est maire ou adjoint de maire, ou s'il les remplace*), officier de l'état civil de la commune d   canton d   département d
est comparu N. (*nom, prénoms, âge, profession et domicile*), lequel (*ou laquelle*) nous a déclaré qu' (il *ou elle*) se reconnaît père (*ou mère*) d'un enfant du sexe   qui nous a été présenté le   et que nous avons inscrit sur les registres de l'état civil, sous les noms de   lequel il (*ou elle*) a eu avec N. (*nom, prénoms, âge, profession et demeure. Le déclarant est libre de ne pas désigner la personne avec laquelle il a eu l'enfant*) : ladite déclaration faite en présence de (*prénoms, nom, âge, profession et domicile du premier témoin*), et de (*même formalité pour le second témoin*) ; et ont les déclarants et témoins signé avec nous le présent acte, après qu'il leur en a été fait lecture. (*Si un des comparants ne sait ou ne peut signer, il en sera fait mention.*)

N° 8.

Reconnaissance d'enfant faite par le père et la mère conjointement.

L'an mil huit cent   le   du mois d
à   heure du   par-devant nous (*énoncer ici la qualité du fonctionnaire public, s'il est maire ou adjoint de maire, ou s'il les remplace*), officier de l'état civil de la commune d   canton d   département d
sont comparus N. (*prénoms, nom, etc.*), et la N. (*prénoms, nom, etc.*), lesquels ont déclaré qu'ils se reconnaissent père et mère d'un enfant du sexe   qui nous a été présenté le   et que nous avons inscrit sur les registres de l'état civil, sous les noms d
lequel enfant est né d'eux le   du mois d
l'an   : ladite déclaration faite en présence de (*prénoms, nom, âge, etc., du premier témoin*), et de (*même formalité pour le second témoin*) ; et ont les père, mère et témoins, signé avec nous le présent acte, après qu'il leur en a été fait lecture. (*Si un des comparants ne sait ou ne peut signer, il en sera fait mention.*)

N° 9.

Formules des publications de mariage entre majeurs.

L'an mil huit cent   le   dimanche du mois d   nous (*qualité du fonctionnaire*), officier de l'état civil de la commune d   département d   canton et municipalité d   après nous être transporté devant la principale porte d'entrée de la maison commune, à l'heure de   avons annoncé et publié pour la première fois (*si c'est la seconde publication*, pour la seconde publication) qu'il y a promesse de mariage entre (*prénoms, nom, âge, profession, domicile de l'homme*) majeur, fils de (*prénoms, nom, profession du père*), et de (*même formalité pour la mère*) (*s'il est veuf, il sera fait mention de son précédent mariage*), et demoiselle (*prénoms, nom, âge, profession et demeure*) fille majeure, née de (*prénoms, noms, professions des père et mère*); laquelle publication, lue à haute et intelligible voix, a été de suite affichée à la porte de la maison commune. De quoi avons dressé acte.

N° 10.

Formules des publications pour des mineurs assistés de leurs père et mère ou de l'un d'eux.

L'an mil huit cent   le   dimanche du mois d   nous (*qualité du fonctionnaire*), officier de l'état civil de la commune d   département d   canton et municipalité d   après nous être transporté devant la principale porte d'entrée de la maison commune, à l'heure de   avons annoncé et publié pour la première fois (*si c'est la seconde publication*, pour la seconde publication) qu'il y a promesse de mariage entre (*prénoms, nom, profession, âge, domicile de l'homme*), mineur, assisté de (*prénoms, nom, âge, domicile, profession*), son père, et de (*même formalité*), sa mère (*s'il n'y a que le père présent, il ne sera fait mention que de lui; si le père était décédé, l'officier de l'état civil se fera représenter l'acte de décès et en fera mention; si le père et la mère sont décédés, et que l'aïeul ou l'aïeule soient encore vivants, il sera fait mention du consentement de ceux-ci; il en sera de même si les époux ne sont assistés que par des tuteurs*); et demoiselle (*nom, prénoms, etc.*), fille de (*même formalité pour les parents de la future épouse*); laquelle publication, lue à haute et intelligible voix, a été de suite affichée à la porte de la maison commune. De quoi avons dressé acte.

N° 11.

Formule de l'acte de mariage entre majeurs dont les père et mère sont consentants ou décédés.

L'an mil huit cent   le   du mois d   par-devant nous (*la qualité du fonctionnaire public*), officier de l'état civil de la commune d   canton et municipalité d   département d   sont comparus N. (*prénoms, nom, âge, lieu de naissance, profession, domicile*), majeur, fils de (*nom, prénoms, profession du père*), ci présent et consentant (*ou bien consentant, ainsi qu'il résulte de sa procuration passée à* le   *devant N., notaire, laquelle sera annexée au présent acte. Si le père est mort, mettre* décédé à le   comme il est constaté par l'acte de décès délivré à   le   *ou par acte de* notoriété dressé à   par le juge de paix, le   et homologué par le président du tribunal de première instance séant à   ), et de dame (*nom, prénoms de la mère. En cas de décès du père, mentionner de la même manière le consentement ou le décès de la mère*), et demoiselle (*nom, prénoms, âge, lieu de naissance, profession, domicile*), fille majeure de N. et N. (*noms, prénoms, etc., du père et de la mère de la femme, avec les énonciations et distinctions indiquées ci-dessus pour les père et mère du mari*); lesquels nous ont requis de procéder à la célébration du mariage projeté entre eux, et dont les publications ont été faites devant la principale porte de notre maison commune ; savoir : la première, le du mois d de l'an à l'heure d et la seconde, le du mois d de l'an à l'heure de (*s'il a été fait des publications en d'autres lieux que dans la commune où se célèbre le mariage, il en sera fait mention*). Aucune opposition audit mariage ne nous ayant été signifiée, faisant droit à leur réquisition, après avoir donné lecture de toutes les pièces ci-dessus mentionnées, et du chapitre VI du titre du Code civil intitulé *du Mariage*, avons demandé au futur époux et à la future épouse s'ils veulent se prendre pour mari et pour femme : chacun d'eux ayant répondu séparément et affirmativement, déclarons au nom de la loi que N. et la demoiselle sont unis par le mariage. De quoi avons dressé acte, en présence de (*prénoms, nom, âge, domicile du premier témoin*), et de (*même formalité pour le second, le troisième et le quatrième témoin ; si les témoins sont parents, il sera fait mention du degré de parenté, et duquel des époux ils sont parents ou alliés*) ; lesquels, après qu'il leur en a été aussi donné lecture, l'ont signé avec nous et les parties contractantes.

N° 12.

Formule de célébration pour des mineurs assistés de leurs père et mère ou de l'un d'eux.

L'an mil huit cent le jour du mois d par-devant nous (*qualité du fonctionnaire*), officier de l'état civil de la commune d département d canton et municipalité d sont comparus N. fils mineur, assisté de son père, et de dame sa mère, et demoiselle fille mineure, assistée de son père, et de sa mère (*si le père de l'un des deux époux est mort, on mettra assistée de sa mère seulement, son père étant décédé, comme il est constaté par acte de décès délivré à le ou par acte de notoriété dressé à par le juge de paix de et homologué par le président du tribunal de première instance séant à*) : lesquels nous ont requis de procéder à la célébration du mariage projeté entre eux, et dont les publications ont été faites devant la principale porte de notre maison commune ; savoir : la première, le du mois d l'an à l'heure de et la seconde, le (*s'il a été fait des publications dans d'autres lieux que dans la commune où se célèbre le mariage, il devra en être fait mention*). Aucune opposition audit mariage ne nous ayant été signifiée, faisant droit à leur réquisition, après avoir donné lecture de toutes les pièces ci-dessus mentionnées, et du chapitre VI du titre du Code civil intitulé *du Mariage*, avons demandé au futur époux et à la future épouse s'ils veulent se prendre pour mari et pour femme : chacun d'eux ayant répondu séparément et affirmativement, déclarons, au nom de la loi, que N. et N. sont unis par le mariage. De tout ce avons dressé acte en présence de (*prénoms, noms, etc., des quatre témoins ; si les témoins sont parents, il sera fait mention du degré de parenté, et duquel des époux ils sont parents ou alliés*), lesquels, après qu'il leur en a aussi été donné lecture, l'ont signé avec nous et les parties contractantes.

N° 13.

Formule de célébration de mariage pour un mineur né de parents inconnus.

L'an mil huit cent le du mois d devant nous (*qualité du fonctionnaire*), officier de l'état civil de la commune d département d canton et municipalité d sont comparus N. mineur, fils de parents inconnus, suivant son acte de naissance inscrit sur le registre de la commune d le accompagné de N. nommé par jugement du du mois d

de l'an   rendu par le tribunal de première instance d
département d   tuteur pour assister ledit mineur
dans la célébration de son mariage, et N.   assisté de N.
(*nom, prénoms, âge, profession, domicile*), son père, et de
N. (*nom, prénoms*), sa mère; lesquels nous ont requis de procéder au mariage projeté entre eux, et dont les publications ont
été faites devant la principale porte de notre maison commune :
savoir : la première, le   du mois d   l'an   à
l'heure de   et la seconde, le (*s'il a été fait des publications
dans d'autres lieux que la commune où se célèbre le mariage, il
en devra être fait mention*). Aucune opposition audit mariage ne
nous ayant été signifiée, faisant droit à leur réquisition, après
avoir donné lecture de toutes les pièces ci-dessus mentionnées
et du chapitre VI du titre du Code civil intitulé *du Mariage*,
avons demandé au futur époux et à la future épouse s'ils veulent
se prendre pour mari et pour femme : chacun d'eux ayant répondu séparément et affirmativement, déclarons, au nom de la
loi, que N.   et N.   sont unis par le mariage.
    De tout ce avons dressé acte en présence de (*prénoms,
nom, etc., des témoins*), lesquels, après qu'il leur en a été aussi
donné lecture, l'ont signé avec nous et les parties contractantes.

L'an mil huit cent   le   du mois d
devant nous (*la qualité du fonctionnaire*), officier de l'état civil
de la commune d   département d   canton
et municipalité d   sont comparus N. (*prénoms, nom,
âge, profession, domicile*), fils de (*nom, prénoms, profession
du père*) et de dame (*nom, prénoms de la mère*), et N. (*nom,
prénoms, âge, profession, domicile*), fille de   et de
(*mettre les énonciations ordinaires comme dans les formules
précédentes*); lesquels nous ont requis de procéder à la célébration du mariage projeté entre eux, et dont la première publication a été faite devant la principale porte de notre maison commune, le   du mois d   l'an   à l'heure de
    et dont la seconde n'a pas eu lieu, en vertu de la dis-
pense délivrée, au nom du gouvernement, par le procureur du
roi près le tribunal de première instance de l'arrondissement
d   laquelle dispense, nous ayant été présentée,
est restée déposée au secrétariat de la commune. Aucune opposition audit mariage ne nous ayant été signifiée, faisant droit à
leur réquisition, après avoir donné lecture de toutes les pièces
et du chapitre VI du titre du Code civil intitulé *du Mariage*,
avons demandé au futur époux et à la future épouse s'ils veulent
se prendre pour mari et pour femme; chacun d'eux ayant répondu séparément et affirmativement, déclarons, au nom de la
loi, que N.   et N.   sont unis par le mariage. De
tout ce avons dressé acte, en présence de (*noms, prénoms, âge
et domicile des témoins; si les témoins sont parents, il sera fait
mention du degré de parenté, et duquel des époux ils sont parents ou alliés*); lesquels, après qu'il leur en a aussi été donné
lecture, l'ont signé avec nous et les parties contractantes.

L'an mil huit cent   est comparu N.   fils
de   et de dame   lequel nous a exhibé l'acte
respectueux fait le   du mois d   an   par
    notaire, adressé à   et le second, fait le
du mois d   an   par   notaire, adressé à
(*mettre le nom de l'ascendant, et s'il est père, aïeul ou bisaïeul*),
est aussi comparue N. (*prénoms, nom, âge, lieu de naissance
et domicile de la future épouse*), assistée de
et de (*son père, sa mère, ou l'ascendant, ou le tuteur qui l'as-
sistera; ou s'il y a eu des actes respectueux, en faire mention*

dans les mêmes termes que de ceux du futur époux), lesquels nous ont requis de procéder à la célébration du mariage projeté entre eux, et dont les publications ont été faites devant la principale porte de notre maison commune; savoir : la première, le   et la seconde, le   Nulle autre opposition n'étant survenue audit mariage, nous (*la qualité du fonctionnaire public*), officier de l'état civil de la commune d   vu les actes respectueux mentionnés ci-dessus, desquels il résulte que les formalités requises par la loi ont été remplies, et que les délais sont expirés; après avoir donné lecture aux parties contractantes et aux quatre témoins ci-dessous dénommés des actes ci-dessus relatés et du chapitre VI du titre *du Mariage* du Code civil ; faisant droit aux réquisitions des parties, déclarons, au nom de la loi, que N.   et N.   sont unis par le mariage. De tout ce avons dressé acte en présence de (*noms, prénoms, âge et domicile des témoins; si les témoins sont parents, il sera fait mention du degré de parenté, et duquel des époux ils sont parents ou alliés*); lesquels, après qu'il leur en a été aussi donné lecture, ont signé avec nous et les parties contractantes.

<table>
<tr><td>

N° 16.

Formule d'acte de mariage à la célébration duquel sera survenue quelque opposition dont mainlevée aura été obtenue, soit par consentement, soit par jugement.

</td><td>

L'an mil huit cent   le   du mois d par-devant nous (*la qualité du fonctionnaire*), est comparu N.   fils de   et de   est aussi comparue N.   fille de   et de (*mettre les énonciations ordinaires, comme dans les formules précédentes*); et vu l'opposition à nous signifiée le   par   huissier près le tribunal   au nom de   ou de   (*prénoms, nom, profession et domicile de l'opposant*), par laquelle il (*ou elle*), nous déclare s'opposer à ce qu'il soit procédé à la célébration du mariage de   laquelle opposition a été levée par sa déclaration en date du   passée devant   notaire à   (*ou, si l'opposition a été levée par jugement*, a été levée par jugement du tribunal de   en date du   signifié à nous le   par   huissier). Après avoir donné lecture aux parties et aux témoins de toutes les pièces ci-dessus mentionnées, et du chapitre VI du titre du Code civil intitulé *du Mariage*, avons demandé au futur époux et à la future épouse s'ils veulent se prendre pour mari et pour femme : chacun d'eux ayant répondu séparément et affirmativement, déclarons, au nom de la loi, que N.   et N.   sont unis par le mariage. De tout ce avons dressé acte, en présence de (*noms, prénoms, âge et domicile des témoins; si les témoins sont parents, il sera fait mention du degré de parenté, et duquel des époux ils sont parents ou alliés*), lesquels ont signé avec nous et les parties contractantes, après que lecture du tout leur a été faite.

</td></tr>
<tr><td>

N° 17.

Formule de mariage à la suite duquel est faite la reconnaissance d'enfants nés précédemment.

</td><td>

L'an mil huit cent   le   du mois d devant nous (*la qualité du fonctionnaire*), officier de l'état civil de la commune d   sont comparus N. (*prénoms, nom, âge, professions et domicile*), fils de   (*nom, prénoms et profession du père*), et de   (*nom et prénoms de la mère*), et N. (*nom, prénoms, âge, profession et domicile*), fille de   et de   (*mettre les énonciations ordinaires, comme dans les formules précédentes, et selon les espèces auxquelles elles s'appliqueront*); lesquels nous ont requis de procéder à la célébration du mariage projeté entre eux, et dont les publications ont été faites devant la principale porte de notre maison commune; savoir : la première, le   du mois d   de l'an   à l'heure

</td></tr>
</table>

de   et la seconde, le   (*s'il a été fait des publications en d'autres lieux que dans la commune où se célèbre le mariage, il en devra être fait mention*). Aucune opposition audit mariage ne nous ayant été signifiée, faisant droit à leur réquisition, après avoir donné lecture de toutes les pièces ci-dessus mentionnées et du chapitre VI du titre du Code civil intitulé *du Mariage*, avons demandé au futur époux et à la future épouse s'ils veulent se prendre pour mari et pour femme : chacun d'eux ayant répondu séparément et affirmativement, déclarons, au nom de la loi, que N.   et N.   sont unis par le mariage. Et aussitôt lesdits époux ont déclaré qu'il est né d'eux un *ou* des enfants inscrits sur le registre de l'état civil de la commune d   en date du   et sous les noms de   lequel (*ou* laquelle *ou* lesquels) ils reconnaissent pour leur fils (*ou* leur fille *ou* leurs filles).

De tout ce avons dressé acte, en présence de (*noms, prénoms, âge et domicile des témoins; si les témoins sont parents, il sera fait mention du degré de parenté, et duquel des époux ils sont parents ou alliés*); lesquels, après qu'il leur en a été aussi donné lecture, ont signé avec nous et les parties contractantes.

N° 18.

Formule de mariage contracté avec dispense de degrés.

L'an mil huit cent   le   du mois d   devant nous (*la qualité du fonctionnaire*), officier de l'état civil de la commune d   département d   canton et municipalité d   est comparu N. (*prénoms, nom, âge, profession et domicile*), fils de (*nom, prénoms et profession du père*), et de (*nom et prénoms de la mère; les détails ordinaires comme aux formules précédentes*), lequel nous a déclaré qu'il est dans l'intention de s'unir en mariage avec N.   sa nièce ou tante, avec l'autorisation de la dispense de degré que lui a accordée S. M. le   enregistrée au greffe du tribunal de première instance de l'arrondissement d   et dont il nous a présenté une expédition délivrée par le greffier dudit tribunal, le

Est aussi comparue N. (*prénoms, nom, âge, profession et domicile*), fille de (*nom, prénoms et profession du père*), et de (*nom et prénoms de la mère*); laquelle nous a déclaré qu'elle est dans l'intention de s'unir en mariage avec N.   en vertu de la dispense de degré ci-dessus mentionnée, lesquels nous ont requis de procéder à la célébration du mariage projeté entre eux, et dont les publications ont été faites devant la principale porte de notre maison commune; savoir : la première, le   du mois d   de l'an   à l'heure d   et la seconde, le   (*S'il a été fait des publications en d'autres lieux que dans la commune où se célèbre le mariage, il en devra être fait mention.*) Aucune opposition audit mariage ne nous ayant été signifiée, faisant droit à leur réquisition, après avoir donné lecture de toutes les pièces ci-dessus mentionnées et du chapitre VI du titre du Code civil intitulé *du Mariage*, avons demandé au futur époux et à la future épouse s'ils veulent se prendre pour mari et pour femme : chacun d'eux ayant répondu séparément et affirmativement, déclarons, au nom de la loi, que N.   et N.   sont unis par le mariage De tout ce avons dressé acte, en présence de (*noms, prénoms, âge et domicile des témoins; si les témoins sont parents, il sera fait mention du degré de parenté, et duquel des époux ils sont parents ou alliés*); lesquels après qu'il leur en a été aussi donné lecture, ont signé avec nous et les parties contractantes.

N° 1°.

ACTE DE DÉCÈS.

La loi défend qu'en cas de mort violente il en soit fait mention dans l'acte de décès; ainsi il ne peut y avoir, dans tous les cas, qu'une même formule.

L'an mil huit cent le du mois d par-devant nous (*qualité du fonctionnaire public*), officier de l'état civil de la commune d département d canton et municipalité d sont comparus N. et N. (*on fera mention si les déclarants sont parents ou voisins*), lesquels nous ont déclaré que, le du mois d heure de N. (*nom, prénoms, âge, profession et domicile; si le défunt était garçon, marié ou veuf; mettre, s'il se peut, les noms, prénoms et domicile de ses père et mère*), est décédé le du mois d heure de en la maison n° rue (*ou* arrondissement *ou* section); et les déclarants ont signé avec nous le présent acte, après que lecture leur en a été faite.

N° 2°.

Formule d'adoption.

L'an mil huit cent le du mois d par-devant nous (*qualité du fonctionnaire*), officier de l'état civil de la commune d département d canton et mairie d sont comparus N. (*noms, prénoms, etc. de l'adoptant*) et N. (*même formalité pour l'adopté*) : lesquels nous ont représenté le jugement du tribunal de première instance séant à rendu le portant homologation de l'acte fait devant le juge de paix d canton d mairie d le par lequel N. déclare adopter N. et ledit N. accepte l'adoption à lui offerte par N. ensemble le jugement de la cour d'appel séant à rendu le portant confirmation du jugement du tribunal de première instance; et lesdits N. et N. nous ayant requis de procéder à la célébration de l'adoption qui doit avoir lieu entre eux en conformité des jugements ci-dessus relatés; nulle opposition ne nous étant survenue, nous déclarons, au nom de la loi, que N. a adopté et adopte N. ici présent et acceptant, dont acte en présence d et de lesquels ont signé avec nous, après que lecture en a été faite.

Police : Conducteurs d'animaux malfaisants.

24 février 1822.

Le Ministre de l'intérieur aux Préfets.

Plusieurs de vos collègues ont signalé, à diverses époques, les conducteurs d'ours comme des hommes dangereux, sur lesquels il convient d'exercer une active surveillance. Ces individus ont souvent commis des vols, et même des délits plus graves encore, sur des routes peu fréquentées ou dans les campagnes isolées. Des faits récents me paraissent imposer à l'autorité l'obligation de prescrire, dans toute l'étendue du royaume, des mesures propres à contenir, autant que possible, ceux d'entre eux qui auraient des intentions malveillantes. Je désire, en conséquence, que vous preniez et que vous fassiez publier dans toutes les communes de votre département, un arrêté portant injonction aux conducteurs d'ours, ou de tous autres animaux malfaisants, de suivre les grands chemins sans jamais s'en écarter, avec défense d'aller dans les bourgs et hameaux, d'entrer dans les bois et de se trouver sur les routes avant le lever et après le coucher du soleil.

Vous rappellerez dans le préambule de cet arrêté :

Les articles 3 et 5, titre XI de la loi du 16-24 août 1790, sur l'organisation judiciaire;

L'article 46, titre Ier de la loi du 22 juillet 1791, sur l'organisation de la police municipale et correctionnelle;

L'article 125 de la loi du 17 avril 1798;

L'article 179 de l'ordonnance royale du 29 octobre 1820, sur l'organisation et le service de la gendarmerie;

Les articles 276, 475, 478, 479 et 482 du Code pénal.

Vous mentionnerez la présente circulaire.

Vous prescrirez aux maires, aux commissaires de police, aux gardes champêtres et forestiers et à la gendarmerie, de tenir sévèrement la main à l'exécution dudit arrêté, de constater les contraventions par des procès-verbaux réguliers et d'arrêter les contrevenants, qui devront être immédiatement traduits devant le tribunal de *simple police*.

Enfin, vous ordonnerez qu'en cas de vols, violences, mendicité avec menaces, ou autres circonstances aggravantes, les conducteurs de bêtes féroces soient mis à la disposition du procureur du roi de l'arrondissement, pour être poursuivis correctionnellement ou criminellement, suivant la nature du délit dont ils seront prévenus.

Instruction sur les conseils de discipline de la garde nationale (1).

15 mars 1822.

§ 1er. — *Législation.*

I. Aucune portion de la force publique ne peut subsister sans discipline. L'organisation militaire ne suffit pas pour faire d'une aggrégation d'individus un corps mobile à la voix d'un chef, en vertu d'une seule volonté : c'est la discipline qui anime et conserve cette organisation; c'est elle qui donne aux corps militaires une direction toujours utile à l'État, qui les empêche de tomber dans le désordre et la sédition, et d'employer à la destruction même de l'ordre social cette vitesse et cette unité d'action qu'ils ont reçues pour le conserver.

Mais, si la discipline est pour toute force armée une condition même de son existence, celle de la garde nationale doit être maintenue avec d'autant plus de soin, qu'elle est moins sévère et n'agit que par intervalles sur des citoyens qui sont habituellement soumis à la loi commune.

En effet, lorsqu'en vertu d'un appel, d'un engagement, d'un brevet ou d'une commission, un citoyen passe de la vie civile dans l'armée, il cesse d'être régi, comme militaire, par la loi commune, et demeure habituellement soumis, pour les délits militaires, à la juridiction des conseils de guerre; pour les fautes de discipline, à l'autorité des chefs militaires. Les punitions de discipline lui sont infligées en vertu de cette seule autorité : ce n'est qu'après avoir obéi

---

(1) Cette instruction rendue pour l'exécution d'une ordonnance du 6 février 1822 et rédigée par M. le chevalier *Allent*, a été longtemps le seul guide à suivre en matière de discipline de la garde nationale, avant que la législation de 1831 vint poser à cet égard des règles fixes. On a conservé ici cette instruction comme document utile encore à consulter.

qu'il peut réclamer auprès du chef supérieur, qui prononce également sans formes et en vertu de son autorité personnelle.

Mais les gardes nationaux ne sont soumis à la *discipline de l'armée* que dans les cas, prévus par les lois, où ils sont appelés à un *service d'activité militaire ou de siège*, cessent d'agir sous la direction de l'autorité civile, et passent entièrement sous l'autorité militaire du roi ou des commandants qui l'exercent au nom de Sa Majesté.

Dans tout autre service que celui d'activité militaire ou de siège, la *discipline de la garde nationale* n'est pas la même que celle de l'armée. Les gardes nationaux, dans ce service et pendant sa durée, cessent d'être régis par la loi commune, et demeurent soumis aux lois, règlements et usages militaires communs à toute espèce de force publique. Le chef est investi de toute l'autorité qui lui est nécessaire pour maintenir ses subordonnés dans l'obéissance et leur faire observer les règles de la subordination et du service : il peut les réprimander, les consigner, les faire arrêter même et traduire devant qui de droit ; mais il ne peut leur infliger les peines que les lois et règlements sur la garde nationale ont mises au rang des *punitions de discipline*. Il se borne à constater, dans un rapport, les *fautes de discipline* qui donnent lieu d'appliquer ces punitions. Cette application ne peut être faite que par les *conseils de discipline*. Enfin, lorsque les infractions aux règles de la discipline ou du service sont graves et de nature à entraîner des *peines* autres ou plus grandes que les punitions de discipline, ces infractions constituent des *délits militaires*, et, dans ce cas, les gardes nationaux ne sont justiciables que des *tribunaux ordinaires*.

II. Telles sont, en général, les règles qui distinguent la discipline de la garde nationale.

Ces règles sont écrites dans une série de lois et de règlements particuliers.

Exposer l'état actuel de cette législation ; y ramener la composition et l'action des conseils de discipline ; écarter de cette institution tout reproche d'illégalité ou d'arbitraire, et lui donner plus de force réelle avec plus de régularité : tel est l'objet de la présente instruction.

III. Avant la restauration, les gardes nationales étaient régies :
1° par le sénatus-consulte du 2 vendémiaire an XIV, et par les règlements d'administration publique rendus en vertu de cet acte législatif, qui en avait conféré le pouvoir au chef de l'État ;
2° Par les lois antérieures à ce sénatus-consulte, dans tout ce à quoi il n'a pas été dérogé par cet acte législatif et par les règlements auxquels il a servi de base.

La jurisprudence avait été fixée à cet égard par un décret du 29 août 1809, inséré au *Bulletin des lois*. Ce décret, rendu dans une instance contentieuse où l'on avait mis en question l'existence des anciennes lois sur la garde nationale, établissait que ces lois, et notamment celle du 14 octobre 1791, subsistaient dans tout ce qui n'était pas contraire au sénatus-consulte et aux règlements qui en dérivent.

Après la restauration, cette législation continua d'être en vigueur : l'examen qui en fut fait par le conseil du roi, fit connaître qu'elle n'avait rien de contraire aux lois et aux institutions de la monarchie constitutionnelle, telles que la charte venait de les établir ou de les maintenir.

Il appartenait d'ailleurs au roi de déclarer les lois sur la garde nationale qui devaient être considérées comme maintenues par l'article 68 de la Charte constitutionnelle. Sa Majesté l'a fait dans le préambule de son ordonnance du 30 septembre 1818 : « Nous nous « sommes convaincu, dit Sa Majesté, que les lois des 12 septembre « et 12 décembre 1790, 3 août et 14 octobre 1791, modifiées par « l'acte législatif du 24 septembre 1805, avaient servi de base aux di- « vers règlements qui ont été publiés; que ces lois subsistaient, dans « celles de leurs dispositions qui ne sont point contraires à la Charte « et aux institutions qu'elle a formées; qu'elles conservaient spé- « cialement leur force en ce qui concerne le rang, le service et la « *discipline* des gardes nationales. »

Par une ordonnance récente, celle du 6 février 1822, intervenue sur un conflit négatif entre l'autorité administrative et l'autorité judiciaire, au sujet de plusieurs jugements rendus par des conseils de discipline, le roi, statuant sur le recours légal dont ces jugements peuvent être susceptibles, se réfère à l'ordonnance du 30 septembre 1818, comme ayant spécifié « les lois sur la garde nationale comprises « au nombre de celles que maintient l'article 68 de la Charte, » vise les dispositions de ces lois relatives aux *conseils de discipline*, et rappelle en particulier celles qui servent de base à sa décision.

La législation des gardes nationales n'est donc pas moins bien établie que celle des autres institutions civiles et militaires qui ne sont point contraires à la Charte, et sur lesquelles il n'est intervenu, depuis la Charte, aucune loi qui ait dérogé aux lois antérieures.

A la vérité, cette législation, formée et modifiée sous des gouvernements divers, offre des lacunes et des incohérences qu'une loi nouvelle ferait disparaître; mais, indépendamment des circonstances, une loi nouvelle sur la garde nationale a des difficultés qui lui sont particulières et qui dérivent de sa nature et de ses rapports avec d'autres lois qui sont également à faire. En attendant, il importe d'appliquer à cette institution la législation qui la régit. Les imperfections qu'elle présente, comme beaucoup d'autres branches de législation, prescrivent seulement d'en bien étudier le sens et l'esprit. C'est un motif pour montrer à ceux qui doivent en faire l'application, la chaîne qui rattache l'une à l'autre les dispositions légales ou réglementaires qui la composent.

C'est plus spécialement le but de ce paragraphe Ier. Il convient, pour l'atteindre, de rappeler d'abord, en peu de mots et dans l'ordre des dates, l'objet des lois citées dans l'ordonnance du 30 septembre 1818, en indiquant celles qui sont visées dans l'ordonnance du 6 février 1822, et les dispositions qu'elles renferment sur la discipline. Il sera facile ensuite d'extraire de ces lois et de ces règlements le texte même des dispositions qui ont créé, maintenu ou reconnu les conseils de discipline, et fondé leur juridiction.

IV. La *loi du 12 septembre* 1790 n'est relative à la discipline des gardes nationales que dans la disposition qui leur défend de faire spontanément aucune assemblée fédérative, et cette défense se trouve reproduite, avec plus de généralité, dans la loi du 14 octobre 1791.

La *loi du 12 décembre* 1790, sur l'organisation de la force publique, la distingue en deux grandes divisions, la garde nationale et l'armée, et pose des bases de leur organisation, de leur service et de leur discipline. C'est là que se trouve cette maxime fondamentale de tout ordre social : « Nul corps armé ne peut exercer le droit de « délibérer. La force armée est essentiellement obéissante. » C'est encore dans cette loi que se trouve cette règle, non moins essentielle, qui défend aux citoyens « d'exercer le droit de suffrage dans « aucune des assemblées politiques, s'ils sont armés, ou seulement « vêtus d'un uniforme. » C'est enfin là que se trouve, pour la première fois, cette double défense aux citoyens « d'exercer aucun acte « de la force publique sans en avoir été requis, et de refuser le ser- « vice dont ils seront légalement requis, lorsque l'ordre public « troublé ou la patrie en péril demanderont l'emploi de la force « publique. » Mais cette loi pose des règles applicables dans les jugements de discipline, et ne détermine pas le mode de cette application.

La loi *du 3 août* 1791, sur l'action de la force publique contre les attroupements, indépendamment des dispositions qui la caractérisaient comme loi martiale, contient des règles générales sur le service extraordinaire de la garde nationale, sur la forme des réquisitions relatives à ce service, et sur les peines qu'entraînerait le refus de les exécuter. Mais l'application de ces peines appartiendrait aux tribunaux, parce qu'elles excèdent celles qui peuvent être prononcées par les conseils de discipline.

C'est *la loi du 14 octobre 1791* sur la garde nationale, qui a pour la première fois établi les règles de sa discipline. L'ordonnance du 6 février 1822 vise cette loi, « et spécialement les articles 15, 16, 17 « et 18, qui créent les conseils de discipline, déterminent leur « compétence, et renvoient devant les juges ordinaires les délits « tant militaires que civils, qui excèdent cette compétence. »

Une *instruction du* 13 *floréal an* VII, donnée par le gouvernement directorial « sur la garde nationale sédentaire et les rapports de « l'autorité civile avec la force publique, » analyse et rapproche les dispositions des lois qui viennent d'être rappelées. L'ordonnance du 6 février 1822 vise cette instruction, et spécialement les dispositions du « chapitre VII sur les oppositions à former contre « les décisions des conseils de discipline devant les mêmes con- « seils. »

L'acte législatif du 24 septembre 1805 (*sénatus-consulte du 2 vendémiaire an* XIV), aussi visé dans l'ordonnance du 6 février 1822, a donné au chef de l'État, avec la nomination des officiers, le droit de réorganiser les gardes nationales par des décrets rendus en la forme prescrite pour les *règlements d'administration publique.* Dans le reste de ses dispositions, cette loi mentionne les divers genres de services auxquels les gardes nationales peuvent être appelées, et veut que, lorsqu'elles auront été requises pour un service militaire, il leur soit compté pour tel et leur en assure les avantages et les droits. Mais cet acte ne contient point de règles particulières sur la discipline des gardes nationales dans ces divers services. Il faut chercher ces règles dans la législation antérieure, ou dans les règlements donnés en vertu de ce *sénatus-consulte.*

Tels sont les *décrets réglementaires du* 12 *novembre* 1806, *et du* 5 *avril* 1813. L'ordonnance du 6 février 1822 vise plus spécialement ces décrets dans les dispositions qui « règlent la compétence des « conseils de discipline et portent que leurs décisions seront, « au besoin, exécutées par l'intervention de l'autorité administra- « tive. »

Telle est encore l'*ordonnance réglementaire du* 17 *juillet* 1816, dont celle du 6 février 1822 vise l'article 35, « qui fixe et restreint, « sous le rapport des peines, la juridiction des conseils de disci- « pline. »

S'il s'agissait du service de la garde nationale, il faudrait ajouter à cette nomenclature des lois et règlements qui la régissent, la loi du 10 juillet 1791, le décret du 24 décembre 1811, et les autres règlements militaires que ce décret rappelle et dont il prescrit l'exécution. Ce sont en effet cette loi et ces règlements qui déterminent le service de la garde nationale dans les places en état de paix, de guerre ou de siége ; les rapports de l'autorité civile avec l'autorité militaire, relativement à ce service, et ceux des gardes nationales avec les troupes de ligne, lorsqu'elles sont réunies. Mais la loi du 10 juillet 1791, ni le décret du 24 décembre 1811, ne contiennent aucune disposition particulière sur la discipline de la garde nationale.

V. Si maintenant on extrait des lois et règlements, qui ont rapport à cette discipline, les dispositions relatives aux conseils de discipline, on trouve que l'institution de ces conseils remonte à la loi du 14 octobre 1791. « Il sera créé pour chaque bataillon un *conseil de discipline*, » dit cette loi, section v, article 15.

Cette institution a subsisté sous l'empire de cette même loi, tant qu'elle a seule régi les gardes nationales. L'instruction du 13 floréal an VII, après avoir déterminé les points sur lesquels il appartenait à l'autorité municipale ou départementale de prononcer, ajoute : « Ici cesse la compétence de l'autorité administrative et commence « celle des *conseils de discipline*. »

L'acte législatif du 24 septembre 1805, loin d'abroger, a maintenu l'institution des conseils de discipline, qui se trouve expressément confirmée ou reconnue dans les règlements d'administration publique donnés en vertu de ce *sénatus-consulte*.

Le décret du 12 novembre 1806, après avoir défini (*art.* 19) les punitions de discipline applicables dans le service intérieur, ajoute : « Ces punitions seront appliquées par un *conseil de discipline*. »

Le décret du 5 avril 1813 reproduit (*art.* 37) la même disposition.

Enfin l'ordonnance royale du 17 juillet 1816 porte (*art.* 35) : « Les « fautes ou délits des gardes nationaux, à raison du service, seront « jugés par un *conseil de discipline*. »

Cette courte analyse suffit pour démontrer que les conseils de discipline sont *une institution légale*, et que leur juridiction est fondée sur des lois maintenues par la Charte et sur des règlements qui ont leur base dans les lois.

Il reste à exposer les règles spéciales de leur *organisation*, de leur *compétence*, de leur *procédure* et de l'*exécution* des *jugements* qu'ils ont rendus. Ce sera l'objet des paragraphes suivants.

§ 2. — *Organisation.*

VI. Examinons d'abord les règles qui déterminent le *ressort* des conseils de discipline, c'est-à-dire le cadre ou le territoire pour lequel ils peuvent être établis.

La loi du 14 octobre 1791 (*section* v, *art.* 15) a créé un conseil de discipline pour chaque *bataillon*.

Le décret du 12 novembre 1806 (*art.* 32) établit un conseil de discipline par *cohorte* ou bataillon.

Le décret du 5 avril 1813, qui formait en *légion* les grenadiers et chasseurs d'un même *département* et prescrivait de réunir en *cohorte*, autant que possible, les compagnies d'une même *sous-préfecture*, voulait aussi qu'il n'y eût *qu'un conseil* de discipline dans chaque *sous-préfecture*.

Ce même décret (*art.* 54 à 61) et le décret du 17 décembre 1813 organisaient, dans les places de guerre, ports et villes qu'ils désignaient, des *cohortes urbaines* qui se trouvaient en dehors des cadres de la légion départementale et de la cohorte d'arrondissement. On n'y trouve aucune disposition particulière sur la discipline des cohortes urbaines ; mais, dans le décret du 5 avril, l'article 62, en maintenant, dans ce qui ne lui était pas contraire, le décret du 12 novembre 1806, autorisait à former, dans chacune de ces cohortes, un conseil de discipline.

L'ordonnance royale du 30 septembre 1818, dont l'objet, indiqué dans le préambule, a été « de ramener la garde nationale à son institution municipale, » n'autorise, pour le service habituel et local, que les cadres dont le territoire ne s'étend pas hors des limites de la ville ou commune, quand elle est composée d'un ou de plusieurs cantons, ou des limites du canton quand il est composé de plusieurs communes. La garde à cheval ne conserve des cadres d'arrondissement que pour le service extraordinaire, et les cadres inférieurs, organisés dans les limites de la commune ou du canton, font, pour le service d'ordre et de police locale, partie de la garde communale ou cantonale. Cette ordonnance modifie, mais ne rapporte point les décrets de 1806 et de 1813, et rappelle la loi du 14 octobre 1791 comme maintenue, en ce qui n'est pas contraire à l'acte législatif du 24 septembre 1805. Il en résulte seulement qu'au lieu d'établir un conseil de discipline par sous-préfecture, on ne peut le former que pour la garde nationale d'une commune ou d'un canton au plus, et que rien ne s'oppose à ce qu'il soit formé pour chaque bataillon un conseil de discipline, quand la garde communale ou cantonale est composée de plusieurs bataillons.

Ainsi, l'analyse exacte de la législation autorise également l'une ou l'autre de ces combinaisons.

Les autres combinaisons, et spécialement celles qui établissent, pour une même garde communale ou cantonale, des conseils de discipline de plusieurs degrés, suivant les grades, ou les divisent en conseils de première instance, d'appel et de révision, doivent être abandonnées, soit comme n'ayant point de base dans la législation, soit comme étant contraires à l'ordonnance royale du 6 février 1822, qui ne reconnaît dans les conseils de discipline qu'un seul degré de juridiction, établit que leurs jugements ne sont pas susceptibles d'appel, et n'admet de révision que celle qui appartient à la cour de cassation, dans les pourvois pour incompétence ou violation de la loi.

VII. Après avoir rappelé l'état de la législation sur le ressort des conseils de discipline, il est nécessaire d'indiquer les règles ou les facultés que cette législation donne pour leur *composition*.

Le décret du 12 novembre 1806 (*art.* 32) et celui du 5 avril 1813 (*art.* 39), rendus en vertu de l'acte législatif du 24 septembre 1805, ont modifié, pour les conseils de discipline établis par cohorte ou par sous-préfecture, la composition que la loi du 14 octobre 1791 (*sect.* v, *art.* 15) avait assignée aux conseils de discipline établis par bataillon.

En tenant compte, dans l'application de ces décrets, des changements faits à l'organisation locale par l'ordonnance royale du 30 septembre 1818, on trouve, pour chacune des espèces de conseils dont la législation autorise l'établissement, les règles de composition ci-après :

Le conseil de discipline organisé pour un bataillon peut et doit avoir exactement la composition déterminée par le décret du 12 novembre 1806 (*art.* 32). En conséquence, il sera composé comme il suit :

Le chef de bataillon, *président* ;
Un capitaine ;
Un lieutenant ;
Un sous-lieutenant ;
Un sergent ou maréchal des logis ;
Un caporal ou brigadier ;
Un garde national.

Lorsqu'il n'y aura qu'un seul conseil de discipline pour toute la garde communale ou cantonale, il sera présidé par le commandant de cette garde, et l'on adoptera, pour les autres membres, la règle suivante, qui se trouve également appliquée dans le décret du 12 novembre 1806 (*art.* 32) et dans le décret du 5 avril 1813 (*art.* 39) : un membre sera pris dans chacun des grades inférieurs à celui du commandant, le garde national compris.

Cette règle est générale et ne peut offrir que des difficultés faciles à lever dans l'application. En effet, si la garde communale ou cantonale était, par exemple, composée d'une légion, le chef de légion présiderait, et il y aurait un membre de plus, pris parmi les chefs de bataillon. Si cette garde n'était composée, au contraire, que d'une compagnie ou même d'un seul peloton, le capitaine ou le lieutenant présiderait, et il y aurait un ou deux membres de moins que dans le conseil de bataillon.

VIII. La *désignation* des membres, autres que le président, qui doivent composer les conseils de discipline, a éprouvé beaucoup de variations.

La loi du 14 octobre 1791 (*section* v, *art.* 15) suivait, pour la désignation des officiers et sous-officiers, l'*ancienneté* d'âge, et pour la désignation des gardes nationaux, cette même ancienneté combinée avec un *tour de service*.

Par le décret du 12 novembre 1806, les membres du conseil, autres que le président, étaient au *choix* du chef de la légion, dont le territoire embrassait souvent plusieurs cantons, et quelquefois tout un arrondissement.

Le décret du 5 avril, en maintenant le *choix*, l'attribuait au sénateur commandant les légions départementales de l'arrondissement où il était chargé (*sénatus-consulte du 3 avril* 1813, *art.* 16) d'organiser et de commander les gardes nationales.

L'organisation déterminée par ces décrets donnait beaucoup d'étendue aux commandements territoriaux, et les choix étaient dégagés des influences locales. Les limites assignées au commandement par l'ordonnance du 30 septembre 1818, l'article 63 de la Charte sur les commissions, la nécessité d'écarter jusqu'au soupçon de l'arbitraire dans la formation des conseils de discipline, tout prescrivait de ramener la désignation des membres aux règles de l'ancienneté et du tour de service déterminées par la loi du 14 octobre 1791.

Mais cette loi ne contient aucune disposition sur le renouvellement des membres du conseil, ni sur le mode d'après lequel ils doivent être suppléés, en cas d'absence ou autre empêchement. Il a fallu, dans l'exécution, appliquer à ces différents cas la règle du *tour de service*, afin de rendre l'action des conseils de discipline indépendante de tout empêchement individuel, et de répartir avec justice, entre tous ceux qui sont admis à les remplir, des fonctions qui peuvent être considérées tout à la fois comme une charge du service et comme une distinction honorable. Les règlements locaux que l'ordonnance du 17 juillet 1816 (*art.* 37) maintient, dans ce qui n'est pas contraire aux lois, décrets ou ordonnances, ont rempli ces lacunes, et contiennent, à cet égard, des règles qu'il est utile de généraliser.

D'après ces règles, les membres des conseils de discipline, autres que le président, doivent être désignés, renouvelés et suppléés dans l'*ordre du tableau* dressé par ancienneté d'âge, et, à parité d'âge, par ancienneté de service, pour chacun des grades dans lesquels un membre doit être pris.

Le renouvellement aura lieu par trimestre. Dans le conseil de bataillon, par exemple, le garde national, le sergent et le lieutenant sortiront d'abord ; le caporal, le sous-lieutenant et le capitaine seront ensuite remplacés : de manière que chacun des juges ne soit point astreint à siéger plus de trois mois. Il est facile d'appliquer cette règle aux autres formations des conseils de discipline.

Les officiers ou sous-officiers (1) du même grade, dans le cadre pour lequel le conseil de discipline est établi, doivent rouler entre eux, pour ce service, par ordre d'ancienneté.

Pour la désignation du garde national, le tableau doit comprendre les quatre gardes nationaux de chaque compagnie les plus anciens d'âge et de service, à l'exclusion seulement de ceux qui ne feraient pas leur service en personne, ou qui auraient été condamnés à des peines de discipline pour refus de service ou pour fautes graves contre les règles du service et de la subordination. Ce tour de service s'établit, conformément à la loi, par compagnie, et, dans chaque compagnie, par ordre d'ancienneté.

Dans les gardes communales ou cantonales formées de plusieurs armes, le roulement s'établit entre tous les officiers et sous-officiers du même grade et les quatre plus anciens gardes nationaux de toutes les compagnies ou demi-compagnies de garde à pied et à cheval, de canonniers et sapeurs-pompiers volontaires.

Pour le jugement d'un officier ou d'un sous-officier, les membres du conseil de grades inférieurs se retirent et sont remplacés par des membres d'un grade égal et supérieur, de manière qu'il y ait dans le conseil un membre au moins, et deux au plus, du même grade que le prévenu.

On ne doit admettre un ou plusieurs membres du grade inférieur à celui du prévenu, que lorsque cette admission est l'unique moyen de porter le nombre des juges à celui qui est nécessaire, comme il sera dit ci-après, pour que le conseil puisse statuer régulièrement. Dans ce cas, les juges qu'il est indispensable d'appeler, doivent être les plus élevés en grade et les plus anciens d'âge et de service qui se présentent dans l'ordre du tableau.

Dans les gardes communales ou cantonales composées d'une seule compagnie ou même d'une demi-compagnie, il conviendra, pour rendre plus facile l'application de ces règles, de porter le cadre des

---

(1) Dans la garde nationale, la dénomination générique de *sous-officiers* comprend tous les grades au-dessous de celui d'officier qui donnent un commandement, jusques et compris les caporaux ou brigadiers, qui peuvent être chefs de poste, de patrouille.

officiers ou sous-officiers au *maximum* déterminé par les règlements d'organisation (1).

IX. Les membres du conseil doivent être au nombre de cinq au moins pour prononcer, par un jugement définitif, la peine de détention pendant plus de vingt-quatre heures. Trois membres suffisent, lorsque la faute à juger n'entraîne qu'un jour de détention, et, quelle que soit la peine, quand le jugement, rendu par défaut, est susceptible d'opposition.

X. Les membres du conseil, appelés dans l'ordre du tableau, doivent y siéger, à moins d'empêchement légitime et reconnu tel par le conseil même : dans tout autre cas, ils encourent les peines de discipline prononcées contre le refus de service. Les officiers et sous-officiers peuvent aussi, dans ce même cas, être suspendus et révoqués, si l'exemple rend cette mesure nécessaire.

XI. Outre les membres du conseil, appelés à remplir les fonctions de juge, des officiers ou sous-officiers peuvent et doivent y être adjoints, pour y remplir les fonctions de rapporteur et de secrétaire. Enfin un ou plusieurs tambours peuvent être attachés au conseil pour faire, comme appariteurs, le service des convocations et des citations ou notifications.

Il faut éviter de prendre pour ce service un simple commissionnaire. En chargeant des citations ou notifications un tambour qui appartient à la garde nationale, et, dans le cas où cela est nécessaire, un gendarme requis à cet effet par l'autorité administrative, on se conforme, autant qu'il est possible, à la disposition du droit commun qui confie les actes de cette espèce aux agents de la force publique. (*Art. 97 du Code d'instruction criminelle.*)

Telles sont, dans l'état actuel de la législation, les conditions principales auxquelles doit satisfaire l'organisation des conseils de discipline. Voyons, en les supposant régulièrement organisés, quelles sont les règles et les limites de leur compétence.

§ 3. — *Compétence.*

XII. La loi du 14 octobre 1791, après avoir créé les conseils de discipline et limité leurs délibérations (*section* v, *art.* 15 *et* 16), ajoutait (*art.* 17) : « Ceux qui croiraient avoir à se plaindre d'une *punition de discipline* pourront, après avoir obéi, porter leurs plaintes à ce conseil ; » d'où l'on inférait que les conseils n'étaient institués

---

(1) Ces règlements autorisent, dans ce cas, la formation suivante pour la compagnie :

    Un capitaine en premier,
    Un capitaine en second,
    Un lieutenant en premier,
    Un lieutenant en second,
    Deux sous-lieutenants,
    Un sergent-major ou maréchal des logis chef,
    Quatre sergents ou maréchaux des logis,
    Un fourrier,
    Huit caporaux ou brigadiers.

La formation de la demi-compagnie offre de moins les capitaines ; les autres grades dépendent du nombre des sections, escouades ou brigades.

Lorsque la garde nationale ou communale est composée de plusieurs armes, telles que des compagnies, pelotons, sections, escouades ou brigades de garde à pied et à cheval, de canonniers ou sapeurs-pompiers volontaires, le grade du commandant de la garde communale ou cantonale doit être déterminé par la force de ces différents cadres. Il peut être aussi, quand le service l'exige, du grade immédiatement supérieur à celui que détermine la force totale.

que pour statuer en cas de réclamation contre les punitions que les chefs, dans cette opinion, auraient eu le droit d'infliger directement.

Mais l'instruction du 13 floréal an VII, chapitre VII, après avoir marqué le point « où cesse la compétence de l'autorité administra- « tive et où *commence* celle des conseils de discipline, » ajoute: « ces conseils sont, en pareil cas, investis du droit d'*appliquer* les « peines déterminées par les lois. » Elle cite ensuite les articles 16 et 17 de la loi du 14 octobre 1791, et les explique en ces termes: « Les décisions des conseils de discipline doivent s'exécuter provi- « soirement, sauf à ceux qui croiraient avoir à se plaindre de la pu- « nition infligée, à se pourvoir, *vers ce même conseil*, contre le chef « qui, par un faux *rapport*, aurait *provoqué* une punition imméritée. » Le rapprochement de ces dispositions prouve que la loi du 14 octo- bre 1791, expliquée par son exécution et par l'instruction du 13 flo- réal an VII, réserve *aux conseils de discipline* le jugement immédiat des *fautes de discipline* et l'application des peines que les lois et rè- glements spécifient comme *punitions de discipline*.

Cette interprétation est, au reste, pleinement confirmée par le décret du 12 novembre 1806 (*art.* 19), qui, après avoir déterminé les punitions de discipline, pour le service intérieur, ajoute : « Ces « punitions seront *appliquées* par le conseil de discipline ; » dispo- sition textuellement reproduite dans le décret du 5 avril 1813 (*art.* 37).

Ainsi, dans l'état actuel de la législation, les conseils de discipline sont seuls compétents pour appliquer les *punitions de discipline aux fautes de discipline* commises par les *gardes nationaux*.

Ces conseils ne sont point des tribunaux administratifs, du genre des conseils de préfecture ; ils ont une juridiction pénale et forment une véritable autorité judiciaire : ce sont des tribunaux particuliers qui remplacent les tribunaux de police municipale, dans le jugement des contraventions spéciales que les citoyens commettent, comme gardes nationaux, contre les règles du service ou de la discipline. Ils forment, dans la hiérarchie des cours et des tribunaux chargés de la répression des délits, une première juridiction dans laquelle des ju- ges pris parmi leurs pairs appliquent aux gardes nationaux les puni- tions de discipline, par des jugements sans appel, et qui ne peuvent, comme tous les jugements de cette espèce, être attaqués que devant la cour de cassation, pour incompétence ou violation de la loi. Ce n'est que quand les infractions aux règles du service et de la disci- pline emportent des peines plus graves que les punitions de disci- pline, qu'elles cessent d'être fautes et deviennent des délits militai- res : c'est alors que les gardes nationaux passent sous la juridiction des tribunaux ordinaires. Mais ce passage même de la juridiction inférieure à une juridiction plus élevée, déterminée par la gravité seule de la peine encourue, achève de prouver que les conseils de discipline sont en effet des tribunaux de police spéciaux et restreints dans leur juridiction à cette police militaire qui constitue la disci- pline de la garde nationale.

Après avoir déterminé les principaux caractères de cette juridic- tion, il est nécessaire d'exposer les règles particulières qui la fixent et la circonscrivent sous les divers rapports qui régissent toutes les compétences, c'est-à-dire à raison des *personnes*, des *délits* et des *peines*.

XIII. Examinons d'abord *la compétence à raison des personnes*. Les gardes nationaux sont les seuls justiciables des conseils de discipline, et la *qualité de garde national* est déterminée par un fait positif : c'est *l'inscription aux contrôles*. L'ordonnance du 17 juillet 1816, maintenue, à cet égard, par celle du 30 septembre 1818, et les mesures prescrites pour l'exécution de ces ordonnances, dans l'instruction ministérielle du 31 juillet 1816 et dans la circulaire du 1er octobre 1818, ne peuvent laisser aucun doute sur les règles à suivre, soit par l'autorité administrative, dans l'inscription sur les registres matricules et les contrôles du service ordinaire et de réserve, soit par les conseils de recensement et de préfecture, dans l'application des exemptions ou dispenses, et dans le jugement des diverses réclamations auxquelles l'inscription peut donner lieu.

Mais ces attributions sont étrangères au conseil de discipline, qui doit se borner, lorsque le prévenu prétend n'être pas justiciable du conseil, à vérifier les formes extérieures des contrôles, et lorsqu'elles lui paraissent régulières, à constater le fait de l'inscription.

Si de cette vérification il résulte, pour le conseil, que les contrôles sont irréguliers, ou que le prévenu n'y est point inscrit, ou que l'inscription en vertu de laquelle il a été commandé ne lui est point applicable, le conseil doit *s'abstenir*, par le motif que la qualité de garde national n'est point établie par les contrôles, et renvoyer à l'autorité administrative pour leur rectification.

Si le conseil trouve, après vérification, que les contrôles sont réguliers, que le prévenu est inscrit, et, si le nom est mal écrit, que l'inscription lui est applicable d'après toutes les autres qualifications du contrôle, il doit reconnaître et déclarer sa compétence.

Le conseil ne doit surseoir à statuer sur sa compétence, dans le cas de l'inscription, que lorsqu'on lui produit une attestation en règle, du maire ou du préfet, portant que le prévenu réclame contre son inscription devant le conseil de recensement ou devant le conseil de préfecture, et ne peut être jugé que dans tel délai. Le conseil prononce alors le sursis, pour le délai déterminé par l'attestation ; et, à l'expiration du délai, si le prévenu ne produit point un jugement du tribunal administratif, ou une attestation qui constate la nécessité d'un nouveau délai pour l'obtenir, le conseil de discipline doit statuer sur sa compétence, et passer, s'il y a lieu, au jugement de l'affaire.

XIV. La qualité de garde national ne suffit point pour établir la compétence du conseil de discipline ; il faut de plus qu'il soit compétent *à raison de la matière*, c'est-à-dire des *délits*, dont il peut connaître et des *peines* qu'il lui appartient d'appliquer.

La *compétence* des conseils, à raison des *délits*, est déterminée par la loi du 14 octobre 1791, et par les décrets des 12 novembre 1806 et 5 avril 1813.

La loi du 14 octobre 1791 (*section* v, *art.* 16) veut que les conseils ne délibèrent que sur les objets de discipline intérieure, et définit, dans plusieurs articles, les infractions qu'ils sont appelés à réprimer.

Ce sont en général celles des gardes nationaux « qui manqueraient, « soit à l'*obéissance*, soit au *respect dû à la personne des chefs*, soit « aux *règles du service* (ibid., *art.* 6). »

La loi spécifie ensuite, pour l'application graduelle des peines, plusieurs infractions particulières, avec les circonstances qui peuvent les aggraver : tels sont « la désobéissance simple ou accompa-« gnée, soit d'un manque de respect, soit d'une injure plus ou moins « grave envers les officiers et sous-officiers (ibid., *art.* 8, 9 *et* 10), le « manquement au service ou à l'ordre (ibid., *art.* 11). » Telles sont

encore les infractions plus ou moins répréhensibles que commettent
« la sentinelle ou le détachement qui abandonne son poste, le chef
« qui n'a pas fait tout ce qu'il a pu pour conserver le poste, ou qui
« l'abandonne lui-même (*loi du* 14 *octobre* 1791, *art.* 12); celui enfin qui
« trouble le service par des conseils d'insubordination (*ibid.*, *art.* 13). »

Le décret du 12 novembre 1806 attribue en général aux conseils de discipline « *le refus de service, les fautes de discipline,*
« pour ce qui concerne le service intérieur, et notamment les fautes
« énoncées ci-après ; savoir : celles des gardes nationaux qui, tant
« qu'ils sont en état de service intérieur (1), manqueraient soit à
« l'*obéissance,* soit au *respect dû à la personne des chefs*, soit aux *rè-*
« *gles du service* (*art.* 33 *et* 34), » énonciation littéralement transcrite
de la loi du 14 octobre 1791 (*sect.* v, *art.* 6).

Le décret du 5 avril 1813 ne contient aucune spécification particulière des fautes de discipline ; mais, en ordonnant, article 62,
que les dispositions non modifiées du décret du 12 novembre 1806
continueront d'être exécutées, il adopte et confirme les définitions
de ce décret.

La loi du 14 octobre 1791 et le décret du 12 novembre 1806 sont,
comme on vient de le voir, identiques dans l'énonciation des *fautes*
de discipline qui dérivent d'une infraction aux règles de la subordination ou du service.

La différence de leurs dispositions consiste uniquement dans le
refus du service.

La loi du 14 octobre 1791 (*section* 1re, *art.* 14 *et* 15, *et section* v,
art. 4) appliquait à ce refus la *taxe de remplacement*, et renvoyait,
pour l'application, à l'autorité municipale. En cas de réclamation,
l'administration départementale statuait définitivement. (*Instruction*
du 13 *floréal an* vii, *chap.* VII.)

Cette règle était applicable aux gardes nationales organisées avant
le sénatus-consulte du 2 vendémiaire an xiv ; c'est ce qu'établit, dans
ses motifs, le décret déjà cité (*page* 478), du 29 août 1809.

Mais il résulte aussi de ce décret que, dans les gardes nationales
organisées en vertu du sénatus-consulte, le *refus de service* est et
doit être, conformément au décret du 12 novembre 1806, mis au
rang des fautes et réprimé par les punitions de discipline.

Les règles de détail et de la subordination du service ne sont, pour
la garde nationale, l'objet d'aucun règlement particulier ; mais ces
règles sont déterminées par les ordonnances militaires. Un long usage
les a consacrées et les rend communes à toutes les portions de la
force publique.

Dans tout ce qui n'est pas contraire, soit aux lois et règlements
particuliers de la garde nationale, soit aux règlements militaires,
dans les dispositions applicables à toute force publique, les règlements locaux de discipline peuvent et doivent, conformément à l'article 37 de l'ordonnance du 17 juillet 1816, continuer d'être exécutés.

Mais il importe de ramener aux règles générales les dispositions
de ces règlements qui s'en écarteraient.

Ainsi le *manque de respect*, hors du service, ne doit être mis au
rang des fautes de discipline qu'autant que l'infraction aurait été

---

(1) Dans les décrets de 1806 et 1813, l'état de service intérieur désigne la
position des gardes nationaux en tout autre service que celui d'activité militaire ou de siège.

commise par un garde national envers un chef revêtu des marques distinctives de son grade.

Les désordres commis dans *le service*, par un garde national, sur des points étrangers aux règles du service et de la subordination, ne peuvent être jugés et punis, dans l'intérêt de la discipline et par le conseil de discipline, qu'autant que les tribunaux n'en sont point saisis par le ministère public ou par la partie lésée, lorsque la loi lui accorde l'action directe ; et, dans tous les cas, les conseils de discipline doivent statuer, sans préjudice des réparations civiles.

Enfin il est des actes qui, comme ceux des officiers et sous-officiers, ne se font pas dans le service même, et cependant ont le service pour objet, soit qu'il faille régler les tours de service, le commander ou l'organiser. Les infractions aux règlements peuvent et doivent être en ce cas réprimées par les conseils de discipline, mais il importe de vérifier que les fautes ont été commises *à raison du service*, et présentent ainsi le caractère déterminé par l'ordonnance royale du 17 juillet 1816 (*art.* 35).

XV. Pour fixer entièrement la compétence des conseils de discipline, à raison de la matière, il ne suffit point de caractériser *la nature des délits* dont ils peuvent connaître ; il faut de plus déterminer *la nature et la limite des peines* qu'il leur appartient d'appliquer à ces délits.

La loi du 14 octobre 1791 autorisait les conseils de discipline à prononcer les *arrêts* depuis deux jusqu'à huit jours (*section* v, *art.* 8, 9 *et* 10), la *prison* pour un temps qui n'excéderait pas *sept jours* (ibid., *art.* 9, 10, 12 *et* 13), *la suspension du service* pendant trois jours (ibid., *art.* 11), et enfin la *destitution* (ibid., *art.* 13). Le refus de subir la peine prononcée entraînait *la notation au tableau des gardes nationales et la suspension des droits de citoyen* jusqu'à ce que la peine eût été subie (ibid., *art.* 14). La loi renvoyait aux tribunaux « tous délits, tant militaires que civils, qui mériteraient de plus grandes « peines (ibid., *art.* 18). »

Le décret du 12 novembre 1806 détermine, comme il suit, les peines applicables par les conseils de discipline : « Pour le service intérieur, les peines de discipline seront les *arrêts* ou *la prison*, pour *un mois au plus*, suivant l'exigence des cas (*art.* 19). »

Le décret du 5 avril 1813 a reproduit textuellement (*art.* 37) la même disposition.

L'ordonnance royale du 17 juillet 1816 (*art.* 35), après avoir établi la compétence des conseils de discipline, pour juger les fautes et délits des gardes nationaux, à raison du service, ajoute : « Les peines « seront, suivant la gravité des cas, les *arrêts*, qui ne pourront excé- « der *cinq jours* ; l'*amende*, qui ne pourra excéder *cinquante francs* ; « la *détention*, qui ne pourra excéder *trois jours*. — La peine de *dé-* « *tention* pourra être *commuée*, à la demande du prévenu, en *une* « *amende* plus ou moins forte, qui ne pourra excéder vingt « francs par jour de détention. Les conseils pourront néanmoins, « suivant la gravité des cas, prononcer la *détention* sans *commuta-* « *tion.* »

Du rapprochement de ces lois, décrets et ordonnances, il résulte que les *arrêts* et la *prison* ou *détention* sont des peines établies par la loi du 14 octobre 1791, dont les décrets des 12 novembre 1806 et 5 avril 1813 avaient seulement étendu la durée, et que l'ordonnance royale du 17 juillet 1816 a resserrées en de plus étroites limites. Les conseils de discipline peuvent donc prononcer, comme peines légales, les *arrêts* et la *détention* ; mais ils doivent s'abstenir de prononcer les *arrêts* pour plus de *cinq jours*, ou la *détention* pour un temps qui excéderait *trois jours*.

La loi du 14 octobre 1791 et les décrets des 12 novembre 1806 et 5 avril 1813 n'ont pas mis l'*amende* au nombre des peines que les conseils de discipline peuvent infliger. L'ordonnance du 17 juillet 1816 (*art.* 35), en fixant à *cinquante francs* la limite de l'amende, n'autorise point expressément les conseils à la prononcer comme peine directe ; ils s'abstiendront en conséquence de prononcer l'amende immédiatement et comme peine légale.

Ce n'est que quand le prévenu, condamné à la détention, demandera qu'elle soit commuée en amende, que les conseils de discipline, usant de la faculté que leur en donne l'ordonnance du 17 juillet 1816, pourront autoriser ce rachat volontaire de la peine corporelle.

Les conseils de discipline ne peuvent commuer la détention en amende que sur la demande du prévenu ; mais ils ne sont point obligés de déférer à cette demande. C'est une faculté que l'ordonnance royale leur accorde, pour les cas seulement où cette indulgence ne peut nuire au service ou à la discipline. Ils peuvent et doivent, quand le bien du service l'exige, et suivant la gravité des cas, prononcer la détention sans commutation.

Lorsque le conseil estime que la commutation peut être admise, il doit prononcer d'abord la détention, en fixer le temps, déterminer l'amende en laquelle la peine sera commuable, si le prévenu le demande. Le conseil est maître de modérer l'amende suivant les moyens du prévenu et les droits qu'il peut avoir à l'indulgence. Le même conseil peut, dans les cas qui exigent plus de sévérité, porter l'amende jusqu'à *vingt francs par jour de détention*, sans néanmoins qu'elle puisse excéder jamais le *maximum* de *cinquante francs* fixé par l'ordonnance.

Ainsi les *arrêts* pour cinq jours au plus, et trois jours au plus de *détention*, sans commutation, ou commuables en une *amende* qui ne peut excéder vingt francs par jour de détention, ni *cinquante francs au plus ;* voilà, sous le rapport des peines, les limites qu'assignent à la compétence des conseils de discipline le dernier état de la législation et les intentions paternelles de Sa Majesté, qui n'a fait ici que tempérer la sévérité des lois, soit en diminuant beaucoup le temps pendant lequel la détention peut enlever un garde national à ses affaires ou au soin de sa famille, soit en permettant de commuer la peine légale en une amende, d'après des règles qui concilient avec la modicité du plus grand nombre des fortunes, la réparation qu'exigent, suivant la gravité des cas, le bien du service et le maintien de la discipline.

XVI. Après avoir fixé la compétence des conseils de discipline à raison des personnes, des délits et des peines, il ne reste, pour achever de déterminer l'étendue et les limites de leurs pouvoirs, qu'à examiner le genre de *recours* dont leurs jugements peuvent être susceptibles.

C'est ici que se place plus particulièrement l'explication de l'ordonnance du 6 février 1822.

Avant cette ordonnance, aucune disposition légale ou réglementaire, aucune décision spéciale n'avait statué, directement ou indirectement, sur la question de savoir si les jugements des conseils de discipline étaient susceptibles d'appel ou de révision, et, dans le cas d'affirmative, devant quelle autorité ce recours pouvait être exercé. Le ministre de l'intérieur s'était borné, dans ses instructions et dans sa correspondance, à recommander de surseoir, en cas d'appel ou de pourvoi, à l'exécution des jugements, jusqu'à ce qu'il eût été statué définitivement, soit par un arrêt de la cour de cassation, si le recours était judiciaire, soit par une ordonnance rendue en conseil d'Etat, si un conflit positif ou négatif entre l'autorité judiciaire et l'autorité administrative appelait le roi à prononcer entre ces autorités.

C'est sur un conflit négatif que l'ordonnance du 6 février 1822 est intervenue, et les formes particulières à ces règlements de juges exigent, pour l'intelligence de cette décision royale, une courte analyse des actes de l'autorité judiciaire et de l'autorité administrative qui en ont été le sujet.

Les actes de *l'autorité administrative* consistaient dans une décision du ministre de l'intérieur, du 24 novembre 1821, et dans un arrêté du conseil de préfecture de la Seine, du 24 décembre suivant.

La décision du 24 novembre 1821, rendue sur le recours d'un garde national, auprès du *ministre de l'intérieur*, contre un jugement du conseil de discipline, établissait l'incompétence du ministre, sur le motif que le décret du 12 novembre 1806 (*art.* 35) et celui du 5 avril 1813 (*art.* 40), en statuant que les décisions des conseils de discipline seraient exécutées, au besoin, par l'intervention de l'autorité administrative, bornaient les pouvoirs de cette autorité à des actes de simple exécution, et ne lui conféraient pas le droit de connaître, sur appel ni en révision, des jugements rendus par ces conseils.

L'arrêté du 24 décembre, rendu sur l'appel interjeté par un garde national devant le *conseil de préfecture* de la Seine contre un jugement de discipline, établissait l'incompétence du conseil de préfecture, sur ce qu'aucune loi ne le constituait tribunal d'appel ou de révision à l'égard des conseils de discipline. Le conseil de préfecture n'avait fait que se renfermer dans les pouvoirs qui lui sont conférés, à l'égard de la garde nationale, par les lois et règlements. En effet, ces conseils remplacent, comme tribunaux administratifs, les administrations centrales de département, et ils ne peuvent connaître que des questions qui étaient soumises à ces administrations par la loi du 14 octobre 1791 et l'instruction du 13 floréal an 7. Les attributions légales des conseils de préfectures ont été d'ailleurs définies avec précision par l'ordonnance royale du 17 juillet 1816 et par l'instruction du 31 juillet suivant : ces attributions consistent dans le jugement des exceptions, exemptions ou dispenses, et des autres réclamations auxquelles peuvent donner lieu les inscriptions aux contrôles et les radiations ordonnées par les *conseils de recensement*. Dans ce cas, les conseils de préfecture prononcent évidemment sur l'obligation de servir considérée comme une charge légale et personnelle, et statuent comme en matière de contributions ou autres charges publiques. Mais aucune loi, aucun règlement, aucune décision, ni même aucune analogie, n'autorise ces tribunaux administratifs à se considérer comme tribunaux d'appel ou de révision à l'égard des *conseils de discipline*.

L'ordonnance royale du 6 février 1822, adoptant et rappelant en peu de mots les motifs qui ont servi de base à la décision ministérielle et à l'arrêté du conseil de préfecture, décide sans aucune restriction qu'il n'y a pas lieu de réformer ces déclarations d'incompétence, d'où il suit que les jugements des conseils de discipline ne sont susceptibles d'aucun recours en appel ou révision, soit devant le *ministre de l'intérieur*, soit devant les *conseils de préfecture.*

Mais si l'ordonnance du 6 février exclut tout *recours administra-tif*, elle n'exclut point toute espèce de *recours judiciaire.*

En effet, *le tribunal de police correctionnelle*, par son jugement du 24 août 1821, se bornait à déclarer sa propre incompétence sur l'appel interjeté devant lui, par plusieurs gardes nationaux, de plusieurs jugements rendus par des conseils de discipline. L'or-donnance du 6 février 1822 se borne aussi, dans le dispositif, à dé-cider qu'il n'y a pas lieu de réformer cette déclaration d'incompé-tence; mais, dans les *visa* et motifs qui se rapportent à cette partie du positif, l'ordonnance, après avoir rappelé les lois et règlements en ce qui touche les conseils de discipline, établit en général « qu'*au-cune disposition* de ces lois et règlements *n'a ouvert* la voie de « *l'appel* devant *l'autorité judiciaire* contre les jugements desdits « conseils, rendus dans les limites de leur compétence, et que « ces jugements ne seraient *susceptibles d'être attaqués* que pour « *incompétence* ou *violation de la loi*, devant la *cour de cassation;* » d'où il suit tout à la fois que l'état actuel de la législation *exclut l'appel* devant l'autorité judiciaire comme devant l'autorité admi-nistrative, et *n'admet*, comme recours unique, *que le pourvoi en cassation.*

Ainsi se trouvent résolues par le roi, statuant entre l'autorité ju-diciaire et l'autorité administrative, comme régulateur suprême des juridictions, toutes les questions qui étaient en suspens sur le re-cours dont les jugements des conseils de discipline peuvent être susceptibles.

§ 4. — *Procédure.*

XVII. Aucune disposition des lois ou règlements sur la garde na-tionale ne règle la procédure à suivre devant les conseils de disci-pline.

En conséquence, on peut et l'on doit exécuter, sur ce point, les règlements locaux maintenus par l'article 37 de l'ordonnance royale du 17 juillet 1816.

Toutefois, il serait nécessaire de les rectifier, s'ils dérogeaient, en des points essentiels, aux règles générales de l'instruction et des ju-gements qui s'observent, en matière pénale, même devant les tri-bunaux militaires.

Il sera facile de les ramener aux règlements locaux qui sont le plus conformes à ces règles générales, et dont ce paragraphe va rappeler à cet effet les dispositions principales.

XVIII. Les conseils de discipline ne peuvent se saisir eux-mêmes de la connaissance des fautes de discipline : il faut qu'ils en soient saisis par le renvoi du rapport ou de la pièce qui établit la préven-tion. Ce renvoi doit être fait par le commandant de la garde com-munale ou cantonale, d'office ou en vertu des ordres de l'autorité supérieure. Cette règle est importante à observer : elle empêche de multiplier les jugements de discipline au delà des besoins du ser-vice; elle permet de ne pas mettre les gardes nationaux en juge-ment pour des fautes excusables ou légères que l'avertissement ou la réprimande du chef réprime suffisamment, et dont le jugement, inutile à l'exemple, servirait plus à relâcher qu'à fortifier la disci-pline.

XIX. Le prévenu doit être cité devant le conseil. La citation indi-quera la faute dont il est accusé et la séance où le conseil de discipline la jugera : elle sommera le prévenu d'y présenter sa défense de vive voix ou par écrit, sous peine d'être condamné par défaut. Les citations, signées du secrétaire, seront portées au domicile du prévenu par le tambour attaché au service du conseil. Le secrétaire constatera sur un registre la date de la remise à domicile.

XX. Si le prévenu ne comparaît pas ou n'envoie pas sa défense par écrit, le conseil de discipline rend un jugement *par défaut*, dont la notification lui est faite et constatée dans les mêmes formes que la citation.

Si, dans les trois jours de la notification, il n'est pas formé *opposition* au jugement par défaut, le jugement devient *définitif*.

Si, dans les trois jours, *l'opposition* est formée, par déclaration au secrétariat du conseil, le conseil admet l'opposition et fixe le jour où il sera procédé au *jugement contradictoire*.

XXI. Dans le jugement contradictoire, le conseil de discipline statue d'abord sur les questions de compétence ou autres questions préjudicielles, s'il s'en élève.

Lorsque le conseil, d'après les règles énoncées dans le § 3, se reconnaît incompétent à raison de la personne ou de la matière, il déclare son incompétence par un jugement qui contient les motifs de sa déclaration, et renvoie la personne devant qui de droit.

Si le conseil se reconnaît incompétent d'après ces règles, il établit sa compétence par un premier jugement qui contient les motifs de sa décision, et passe ensuite au jugement du fond.

XXII. Dans le jugement contradictoire et au fond, le rapport ou la pièce qui établit la prévention est lue par le secrétaire.

L'officier rapporteur donne ses conclusions.

Le prévenu est entendu ; si l'officier rapporteur répond, le prévenu est admis à répliquer.

S'il a envoyé sa défense par écrit, le secrétaire en donne lecture.

Le conseil se retire ou fait retirer le prévenu, s'il est présent. Il délibère et forme son jugement, qui doit être signé, à la minute, du président et des juges qui l'ont rendu (1).

Une expédition du jugement, signée du secrétaire, est signifiée au prévenu, dans les mêmes formes déjà indiquées pour les jugements par défaut.

XXIII. Lorsque l'affaire ne peut être décidée que sur audition de témoins, ils sont entendus immédiatement après la lecture du rapport ou de la pièce qui établit la prévention.

Mais la preuve par témoins, pour ou contre le prévenu, n'est de nature à être admise dans la juridiction de discipline, que quand les rapports de service et la défense orale ou écrite du prévenu ne suffisent point pour éclairer la religion du conseil.

XXIV. La publicité des séances est de droit commun, et cette règle n'est l'objet d'aucune exception, même dans la juridiction militaire ; mais la présence effective d'assistants n'est pas indispensable à la validité des jugements : il suffit que le lieu des séances ne soit point interdit aux gardes nationaux qui voudraient assister au jugement de leurs camarades. Ils ne peuvent y assister qu'en nombre

---

(1) Cette règle est suffisamment observée quand , suivant quelques règlements locaux , tous les jugements rendus par les mêmes juges dans une même séance, sont écrits sur un registre, à la suite les uns des autres, sans aucun blanc, et sont signés à la fin seulement par le président et les juges , pourvu que les ratures et renvois , s'il y en a , soit approuvés et parafés par eux.

égal à celui des juges. Les assistants doivent se tenir debout, découverts et en silence. Le président est investi du droit d'avertir, d'exclure, de faire arrêter même ceux qui ne garderaient point le silence ou ne se tiendraient pas dans les bornes du respect dû aux chefs et aux juges qui composent le conseil de discipline. Tout garde national assistant peut même, pour cette faute, être traduit devant le conseil et jugé séance tenante.

XXV. Telles sont les règles les plus essentielles de la procédure devant les conseils de discipline.

Il convient d'y ramener les règlements locaux, surtout dans les dispositions qui seraient moins favorables à la défense du prévenu.

On peut au contraire les maintenir dans les dispositions qui seraient plus favorables à cette défense : ainsi, par exemple, les règlements qui admettent le prévenu à se faire représenter, dans sa défense, par un garde national de sa compagnie ou porteur de sa procuration, peuvent être observés en ce point; pourvu que cette faculté ne dégénère pas en abus, et ne tende pas à substituer l'esprit de chicane et l'appareil des plaidoiries à une défense simple, loyale, et telle que doit être celle d'un garde national jugé par ses pairs.

Au reste, dans l'application des règles de procédure, l'autorité locale balancera le droit qu'ont les conseils de prononcer jusqu'à trois jours de prison, sans appel et sans autre recours que le pourvoi en cassation ; la garantie que ce pourvoi donne aux prévenus et au gouvernement contre les excès de pouvoir des conseils ou contre les erreurs graves qu'ils commettraient dans l'application de la loi; et cette garantie plus spéciale que les gardes nationaux trouvent dans la désignation même des juges de discipline, pris, suivant l'ordre du tableau, parmi leurs chefs et leurs camarades les plus anciens d'âge et de service.

§ 5. — *Exécution des jugements.*

XXVI. Tout jugement définitif des conseils de discipline, soit qu'il ait été contradictoire, soit qu'ayant été rendu par défaut, il ne soit plus susceptible d'opposition, doit, pour devenir exécutoire, être notifié au garde national condamné, dans les formes ci-dessus indiquées pour les citations et les autres notifications.

XXVII. Il sera sursis à l'exécution, lorsque le garde national condamné justifiera, dans les formes et les délais prescrits par la loi, d'un pourvoi régulièrement formé devant la cour de cassation.

Il en sera de même si l'officier rapporteur, d'office ou d'après les instructions de l'autorité supérieure, fait, dans l'intérêt du service ou de la discipline, sa déclaration de pourvoi.

Le jugement et les rapports ou autres pièces qui lui ont servi de base, doivent être adressés, dans ces différents cas, à M. le garde des sceaux, pour être transmis au procureur général près la cour de cassation.

XXVIII. Si le jugement n'est point déféré à la cour de cassation, ou si le pourvoi est rejeté, le garde national est tenu de l'exécuter ; et, s'il ne le fait pas, l'exécution peut et doit, au besoin, avoir lieu par l'intervention de l'autorité administrative.

Le commandant de la garde communale ou cantonale, avant de provoquer cette intervention, et l'autorité administrative, avant de recourir aux moyens de contrainte que les lois ont placés dans sa main, peuvent user de tous les ménagements qu'ils jugeront proprès à ramener le garde national condamné, à l'exécution volontaire.

Tous les moyens autorisés par les lois pour assurer l'exécution du jugement peuvent et doivent être employés, soit lorsque les ménagements de l'autorité ont rendu la résistance plus répréhensible, soit lorsque des fautes graves ou récidivées ajoutent à la nécessité de l'exemple, soit enfin et surtout quand un garde national, par le refus obstiné d'un service que les lois mettent au rang des charges publiques, en rejette le fardeau sur ses concitoyens, et deviendrait, par l'impunité, un sujet de plaintes et de découragement pour ceux qui font leur devoir et le sien.

XXIX. Lorsque l'autorité administrative est obligée d'intervenir pour assurer l'exécution des jugements rendus par les conseils de discipline, le commandant de la garde communale ou cantonale adresse au maire une expédition en forme exécutoire du jugement qui exige cette intervention.

Le maire, et, dans le cas où il y aurait lieu d'en référer à l'autorité supérieure, le sous-préfet ou le préfet, met au bas de l'expédition sa réquisition écrite et signée dans les formes prescrites par l'instruction du 13 floréal an VII, chapitre V, et par le règlement sur le service de la gendarmerie.

Le commandant de la gendarmerie, dont cette réquisition devient la garantie, est tenu d'y déférer et de prendre toutes les mesures nécessaires pour assurer l'exécution du jugement. Il peut et doit user d'ailleurs, dans cette exécution, de tous les ménagements convenables, surtout lorsque le garde national condamné n'oppose aucune résistance, et lorsqu'il est père de famille ou chef d'établissement. Les instructions de l'autorité administrative et les circonstances mêmes de l'exécution suffiront pour guider sur ce point le dépositaire sage et intelligent de la force publique.

XXX. Ce qui précède suppose que le jugement rendu par le conseil de discipline doit être exécuté dans l'intérêt du service.

Il peut arriver qu'un jugement définitif qui n'a pas été déféré à la cour de cassation, ou qui n'a pas été réformé par cette cour, offre une erreur de fait, un excès de sévérité ou tout autre vice irrémédiable et assez grave pour rendre l'exécution de ce jugement contraire à l'équité et même préjudiciable au service.

Dans ce cas, et dans ceux où le garde national condamné aurait personnellement droit à l'indulgence du roi, l'autorité administrative peut, d'office ou à la demande du commandant de la garde nationale, suspendre l'exécution du jugement et adresser au ministre de l'intérieur une demande en *remise ou commutation de la peine.*

Dans ce dernier cas, la demande doit être accompagnée d'un tableau, en double expédition, qui contienne les noms et prénoms des gardes nationaux, la date des jugements, les peines prononcées, et, dans les cas de commutation, celle qu'il convient d'y substituer.

Outre ces demandes spéciales, l'autorité peut aussi profiter d'un événement heureux, ou de l'anniversaire d'un jour mémorable, pour demander la remise générale des peines prononcées avant cette époque, soit que cette remise ait seulement pour motif d'associer tous les gardes nationaux à la joie publique, soit qu'il y ait utilité d'envelopper dans cet acte d'indulgence les jugements dont l'exécution ne peut avoir lieu sans difficulté ou sans inconvénient.

Mais ces remises ou commutations de peine ne peuvent, dans aucun cas, être accordées par le roi, en vertu du droit de grâce et d'amnistie qu'il appartient à Sa Majesté seule d'exercer.

Congés des sous-préfets.

16 mars 1822.

Le Ministre de l'intérieur aux Préfets.

Je suis informé que plusieurs sous-préfets s'absentent de leur poste sans permission. Cet abus, sur lequel mon prédécesseur a eu occasion d'appeler votre attention, est tout à fait contraire aux règles d'une bonne administration, et pourrait avoir de graves inconvénients pour le service du roi. Je vous recommande donc très-particulièrement de veiller à ce qu'il n'ait point lieu. Les sous-préfets ne doivent, en aucun cas, quitter leur poste, sans y avoir été autorisés. Vous pouvez leur donner vous-même cette autorisation, lorsqu'ils ne sortent point du département. Dans le cas contraire, il est nécessaire qu'au préalable vous m'en référiez, et que vous attendiez mes instructions.

Il ne peut y avoir lieu de s'écarter de cette dernière disposition, que dans les circonstances très-rares où un sous-préfet serait obligé de s'absenter subitement et pour des causes urgentes. Dans ce cas, en lui accordant le congé dont il aurait besoin, vous devriez m'en informer sur-le-champ, et me faire connaître les raisons qui vous auraient déterminé.

Toutes les fois qu'un sous-préfet sera dans le cas de s'absenter, vous aurez soin de me faire connaître le lieu où il se proposera de passer le temps de son congé.

Police de la librairie (1).

19 mars 1822.

Le Ministre de l'intérieur aux Préfets.

(Extrait.)

Je crois devoir appeler votre attention sur quelques abus qui se sont introduits depuis longtemps dans l'exercice de la librairie. Des individus, la plupart sans connaissances et sans moralité, se répandent, sous prétexte d'affaires commerciales, sur divers points du royaume, surtout dans les petites villes et dans les campagnes, qu'ils inondent à bas prix d'ouvrages plus ou moins dangereux, et quelquefois de pamphlets contre la religion et le gouvernement. La surveillance la plus sévère ne peut pas toujours en prévenir les ravages : d'ailleurs, presque tous ces libraires ambulants, munis d'une simple patente qui n'est refusée à personne, n'offrent point une garantie suffisante, puisqu'ils n'ont pas d'autorisation expresse, et qu'ils ne pourraient l'obtenir sans justifier de leur bonne conduite et de leur capacité. La loi du 21 octobre 1814, portant, article 11, « que nul ne sera imprimeur ni libraire s'il n'est breveté « par le roi et assermenté, » je vous invite, à faire saisir, dans toute l'étendue de votre département, les livres et brochures mis en vente par des libraires ou autres individus qui ne représenteraient pas

---

(1) Voir la loi du 27 juillet 1849 sur le colportage.   *N. de l'Ed.*)

un brevet en bonne forme. Les contrevenants seront sur-le-champ déférés aux tribunaux.

Il me reste à vous signaler la négligence que mettent quelques imprimeurs à remplir les obligations qui leur sont imposées par l'article 14 de la loi du 21 octobre, sur le dépôt des exemplaires de tous les ouvrages qui sortent de leurs presses. Ces exemplaires doivent m'être envoyés en totalité par votre intermédiaire, à moins que l'ouvrage ne vous ait paru susceptible d'être déféré au procureur du roi. Dans ce cas, vous adresserez à ce fonctionnaire un des exemplaires déposés. Le défaut de déclaration avant l'impression, et de dépôt avant la publication, est puni par des amendes, d'après l'article 16 de la loi précitée. L'article suivant prononce des peines semblables pour le défaut d'indication, de la part de l'imprimeur, de son nom et de sa demeure ; et cet oubli, dont on a des exemples récents, ne peut être plus longtemps toléré. Je vous recommande de veiller soigneusement à l'exécution de ces diverses dispositions, et je compte sur votre exactitude à me rendre compte des mesures que vous aurez prises pour y parvenir.

Règlement pour le service des gardiens dans les maisons centrales de détention (1).

30 avril 1822.

CHAPITRE 1er.—*Organisation des gardiens.*

Art. 1er. Le service de sûreté et de surveillance des détenus est confié à un gardien-chef, à deux premiers gardiens, l'un pour les hommes, l'autre pour les femmes, et à des gardiens ordinaires dont le nombre est fixé par le ministre de l'intérieur, en raison des besoins du service et des localités.

Il y a, en outre, un portier principal, et des portiers ordinaires, s'il y a plusieurs entrées.

2. Dans les maisons où tous les détenus sont du même sexe, il n'y a qu'un gardien-chef, un premier gardien et des gardiens ordinaires.

3. Les gardiens sont assimilés à la troupe de ligne pour la discipline et l'ordre du service.

4. Le gardien-chef a le rang de sergent-major ; il porte deux galons d'argent (de 8 centimètres de long sur 1 centimètre et demi de large) au collet de l'habit.

Les deux premiers gardiens ont le rang de sergent et portent au collet de l'habit un seul galon d'argent.

CHAPITRE II. — *Uniforme, armement et équipement.*

5. L'uniforme des gardiens se compose,

D'un habit-frac en drap gris de fer, boutons blancs portant pour exergue : MAISON CENTRALE DE DÉTENTION, collet et passe-poil en drap jaune jonquille ;

---

(1) La surveillance des femmes détenues dans les maisons centrales est confiée à des sœurs religieuses. — Voir le règlement du 22 mai 1841. (*N. de l'Ed.*)

Un gilet en drap pareil, avec passe-poil jaune et petits boutons blancs;

Un pantalon en même drap, baguette en drap jaune sur les coutures de côté;

Un bonnet de police mêmes drap et passe-poil ;

Une paire de demi-guêtres en drap noir pour l'hiver ;

Un pantalon et deux paires de demi-guêtres en toile grise, en fil ou en coton, pour l'été ;

Deux cols noirs ;

Un chapeau avec ganse en argent pour le gardien-chef, ganse en soie pour les premiers gardiens, et ganse en laine pour les gardiens ordinaires.

Les étoffes employées pour l'uniforme des gardiens-chefs seront d'une qualité supérieure à celles destinées aux autres gardiens.

6. Le gardien-chef portera une épée plate avec ceinturon en cuir.

L'armement et l'équipement des premiers gardiens et des gardiens ordinaires consisteront,

En un mousqueton de cavalerie légère, avec baïonnette, fourreau, bretelles et tire-balles;

Une giberne de cavalerie légère , avec porte-giberne à boucle;

Un sabre-briquet suspendu à un baudrier de cuir noir.

7. La première mise de l'uniforme, de l'armement et de l'équipement, sera faite par le gouvernement.

L'équipement, c'est-à-dire le sabre, la giberne, les bretelles, le baudrier et le tire-balles, seront entretenus et réparés par les soins des gardiens et à leurs frais. Ils devront également remplacer ces effets, à moins qu'ils n'aient été détruits ou perdus par force majeure, cas auquel l'administration les remplacera.

La réparation des carabines et des baïonnettes est à la charge des entrepreneurs du service.

Mais les dégradations provenant du fait, de la négligence ou du défaut de soins des gardiens, doivent être réparées à leurs frais. Ils doivent aussi pourvoir au remplacement de l'arme perdue ou détruite par leur faute. Dans le cas contraire, le remplacement sera fait par l'administration.

L'entrepreneur étant chargé de la réparation des carabines, il pourra se les faire représenter par le gardien-chef aussi souvent qu'il le jugera convenable.

Les carabines ne serviront que pour les rondes de nuit, et en cas de révolte ou de rébellion des détenus. Pendant le jour, elles seront déposées dans une pièce dont la clef restera entre les mains du gardien-chef.

8. Le gardien-chef fera chaque jour la revue de l'armement et de l'équipement. Il fera connaître au directeur les pertes et les dégradations qu'il aura constatées, et il en indiquera les causes.

Il mettra aux arrêts les gardiens coupables de négligence, tant pour l'entretien de leur armement ou équipement que pour celui de leur uniforme.

Indépendamment de la revue des armes faite tous les jours par le gardien-chef, l'inspecteur en passera une tous les dimanches, et le directeur une autre tous les mois, pour l'uniforme et l'armement.

Le gardien-chef répond de la bonne tenue et de la propreté de l'uniforme et de l'armement des premiers gardiens et des gardiens ordinaires.

9. Il y a pour les gardiens une grande et une petite tenue.

La petite tenue, qui est portée les jours ouvrables, se compose du bonnet de police, du pantalon et des guêtres de drap pendant l'hiver, du pantalon et des guêtres de toile pour l'été;

D'une capote en drap gris ordinaire pour toutes les saisons.

Il sera loisible aux gardiens de porter en remplacement de la capote (pour la petite tenue) un gilet rond à manches, en drap gris de fer, avec collet jaune et boutons blancs. Ils se procureront ce gilet à leurs frais.

La grande tenue, qui sera portée les jours de fête, les dimanches et toutes les fois que le directeur l'ordonnera, se compose de l'habit, de la veste ou gilet sans manches, des guêtres et du chapeau.

Les gardiens seront toujours armés de leurs sabres dans l'exercice de leurs fonctions.

Le gardien-chef pourra se mettre en grande tenue toutes les fois qu'il le jugera convenable. Il y sera de rigueur, les fêtes, les dimanches, et chaque fois que les autres gardiens y seront par ordre du directeur.

10. La capote pour la petite tenue sera fournie et renouvelée tous les deux ans par le gouvernement. Elle sera entretenue et réparée aux frais des gardiens. Le gardien-chef est chargé de veiller à cet entretien.

11. Le renouvellement de l'uniforme se fera au moyen d'une retenue mensuelle exercée sur le traitement des gardiens.

Le fonds de ces retenues formera une masse dont la situation sera arrêtée et mise à la connaissance des gardiens tous les trois mois.

L'habit et le gilet seront renouvelés tous les trois ans au plus tard; les autres objets le seront tous les deux ans, et plus souvent même si cela est nécessaire pour quelques-uns.

Tout gardien congédié ou quittant volontairement le service doit rendre en bon état de réparation et de propreté les effets d'habillement, d'armement et d'équipement qu'il a reçus.

Le directeur fera rembourser par les gardiens qui quitteront l'établissement, la valeur des effets perdus ou détruits, et le prix des réparations à faire aux effets qu'ils doivent remettre à l'administration.

CHAPITRE III. — *Service, attributions et discipline.*

12. Le gardien-chef pourra avoir son ménage dans l'intérieur de la maison.

Sa femme et ses enfants, s'il en a, ne doivent jamais entrer dans les cours, préaux, ateliers, infirmeries, dortoirs et autres lieux occupés par les détenus.

Dans aucun cas et sous aucun prétexte, il ne peut recevoir les détenus dans son logement.

Toute infraction aux dispositions énoncées dans les deux paragraphes précédents suffira pour motiver la destitution du gardien-chef.

13. Les premiers gardiens et les gardiens ordinaires ne pourront avoir leur ménage dans l'intérieur de la maison.

Ils demeureront ensemble ou isolément, et coucheront dans des loges ou corps de garde à portée des dortoirs.

Il leur est expressément défendu de recevoir les détenus dans leurs loges ou corps de garde, sous peine de destitution.

Ils sont consignés à la porte principale, et ne peuvent sortir pendant le jour que pour aller dîner, et au moyen de cartes ou de cachets qui leur sont remis par le gardien-chef, de manière qu'un premier gardien et les trois quarts au moins des gardiens ordinaires soient toujours à leur poste.

Il leur est accordé trois quarts d'heure au plus pour aller dîner. Ils se font apporter leur déjeûner et leur souper à la maison. Les aliments sont visités par le portier principal et par le gardien-chef, qui veillent à ce qu'on n'introduise dans la prison aucun aliment ou boisson que les gardiens pourraient vendre aux détenus.

Le gardien-chef est responsable des permissions qu'il délivre contrairement à l'ordre établi, de même que le portier principal répond des sorties qui ont lieu sans permission.

14. Le directeur, et, en son absence, l'inspecteur, peuvent donner aux gardiens des congés pour un jour entier, depuis huit heures du matin jusqu'à huit heures du soir. Il n'y aura jamais en congé qu'un seul gardien à la fois, et le même gardien ne pourra être ainsi autorisé à s'absenter que deux fois par mois au plus.

Aucun gardien ne peut découcher que dans les cas de nécessité constatée, et qu'avec la permission du directeur.

Les congés ou permissions sont toujours donnés par écrit. Ils sont remis par le directeur au gardien-chef, qui les délivre aux gardiens.

15. Afin de s'assurer de la présence des premiers gardiens et des gardiens ordinaires, le gardien-chef fera trois appels par jour : le premier avant la distribution des vivres du matin, le second avant la distribution du dîner, et le troisième après la retraite, au moment où il donnera le mot d'ordre qu'il aura reçu lui-même du directeur ou de l'inspecteur.

Les gardiens qui manquent à l'appel, lorsqu'ils ne sont pas absents par congé ou permission, sont mis aux arrêts par le gardien-chef. En cas de récidive, et sur le rapport de ce dernier, ils sont mis à la salle de discipline par l'ordre du directeur.

Tout gardien qui, sans excuse valable, a manqué trois fois à l'appel dans la même année, est suspendu de ses fonctions et privé de son traitement pendant quinze jours au moins. A la quatrième fois, il est destitué.

16. Pour toutes les parties du service, tant dans la prison que dans les infirmeries, le gardien-chef reçoit les ordres du directeur, et, en cas d'absence de celui-ci, ceux de l'inspecteur. Ces ordres sont transmis par le gardien-chef aux premiers gardiens, et par ceux-ci aux gardiens ordinaires.

Tous les gardiens obéissent aux ordres qui leur sont donnés directement par l'inspecteur, lequel informe le directeur des mesures qu'il a ainsi ordonnées.

Au besoin et en cas d'urgence, le gardien-chef peut donner aux autres gardiens tous les ordres qu'il juge convenables au bien du service et à la sûreté de l'établissement. Il rend compte sur-le-champ de ces ordres au directeur, qui les confirme, les révoque ou les modifie.

Le gardien-chef donne aussi aux portiers les consignes qu'il reçoit lui-même du directeur.

Il fait son rapport au directeur le matin et le soir.

17. Pendant la nuit, le gardien-chef est dépositaire des clefs de tous les dortoirs occupés par les détenus. Ces clefs lui sont remises par le premier gardien de chaque quartier.

Le gardien-chef reçoit, dans un parloir qui lui est spécialement affecté (si les localités le permettent), les personnes du dehors qui demandent à communiquer avec les détenus. Il examine les paquets apportés par les visiteurs, et il s'assure que les lettres dont ils sont porteurs ont été vues par le directeur (qui y appose un *visa*). Il remet au directeur des lettres écrites par les détenus. Il est responsable des abus qui pourraient résulter des communications des visiteurs avec les détenus.

Dans aucun cas ces communications n'auront lieu sans la permission du directeur ou de l'inspecteur. Les permis de communiquer ne seront donnés, les jours ouvrables, que pour les heures de récréation, et les jours fériés, que pour les heures non consacrées aux offices divins et aux repas.

18. Le gardien-chef fait, chaque nuit, une ronde dans l'intérieur de la prison. Il peut se faire accompagner par un ou plusieurs gardiens de service.

Les premiers gardiens font, chacun dans son quartier, une ronde toutes les nuits.

Les gardiens ordinaires font plusieurs rondes pendant la nuit dans les quartiers auxquels ils sont attachés.

Toutes ces rondes ont lieu à des heures différentes.

En cas d'urgence, les premiers gardiens et les gardiens ordinaires rendent compte sur-le-champ au gardien-chef des choses qu'ils auraient remarquées dans les rondes de nuit, et qu'ils auraient jugées susceptibles de compromettre la sûreté de la maison.

Le gardien-chef peut requérir le secours de la force armée, qui doit déférer à sa réquisition.

Le directeur fixe le nombre des gardiens qui doivent faire le service pendant les nuits.

19. Tout ordre donné par le directeur ou par l'inspecteur doit être exactement et strictement exécuté. Les gardiens supérieurs répondent pour les gardiens inférieurs des retards apportés à l'exécution de ces ordres, ainsi que des infractions ou contraventions aux règlements dont ils n'auraient pas donné connaissance au directeur ou à l'inspecteur.

20. En cas d'absence ou d'empêchement, le gardien-chef sera remplacé par l'un des premiers gardiens, lesquels seront eux-mêmes suppléés par des gardiens ordinaires choisis par le directeur.

21. Les premiers gardiens exercent respectivement dans leurs quartiers la même surveillance que le gardien-chef exerce dans tout l'établissement. Ils surveillent le service des gardiens ordinaires, qui doivent obéir à leurs ordres.

22. Tous les gardiens, quel que soit leur grade, sont responsables des contraventions aux règlements commises par les détenus, ainsi que des dégâts qu'ils font à leurs vêtements, au linge et aux effets de literie, lorsque ces contraventions ou dégâts résultent du défaut de surveillance des gardiens, ou lorsque, les connaissant, ils ne les ont pas signalés sur-le-champ.

23. Les gardiens qui n'auront pas satisfait aux dispositions des deux articles précédents seront suspendus de leurs fonctions et privés de leur traitement pendant quinze jours au moins. En cas de récidive, ils pourront être destitués ; le tout sans préjudice du remboursement des dommages causés à l'établissement ou à l'entrepreneur.

24. Les gardiens étant préposés à la surveillance et à la garde immédiate des détenus, ils doivent veiller sur eux avec une attention constante.

En cas d'évasion facilitée, soit par négligence, soit par connivence des gardiens, ils seront traduits devant les tribunaux.

Il leur est expressément défendu d'injurier les détenus, de les tutoyer et d'exercer envers eux aucune violence. Ils doivent aussi s'abstenir d'avoir avec eux la moindre conversation : ils ne peuvent leur adresser la parole et leur répondre que relativement au service ; le tout sous peine d'être mis à la salle de dicipline, ou suspendus de leurs fonctions et privés de leur traitement pendant huit jours, selon la gravité des cas.

Ils ne peuvent infliger aux détenus aucune punition, ni se servir de leurs armes contre eux, qu'au cas de révolte ou pour leur légitime défense, sous peine de destitution, et sans préjudice des poursuites judiciaires, s'il y a lieu.

25. Les gardiens, quel que soit leur grade, ainsi que le portier, ne doivent avoir aucune relation d'intérêt avec les détenus, soit en leur préparant, vendant ou procurant des vivres, boissons ou autres objets du dehors, soit en rachetant les vivres qu'ils n'auraient pas consommés, soit en achetant ou vendant pour leur compte des effets à eux appartenant, soit enfin en acceptant ou empruntant de l'argent, ou en se chargeant de leurs lettres, commissions, etc. L'infraction la plus légère à ces dispositions suffira pour motiver la destitution des gardiens qui s'en seront rendus coupables.

Seront destitués et traduits devant les tribunaux les gardiens ou portiers qui auront acheté des détenus ou qui leur auront facilité la vente des effets d'habillement, du linge et des matières premières ou confectionnées appartenant à la maison, à l'entrepreneur du service ou aux fabricants qui ont établi des ateliers dans la maison.

26. Il est expressément interdit aux gardiens d'introduire dans l'intérieur de la maison leurs femmes, enfants, parents ou amis. Il leur est également défendu de recevoir dans leurs loges ou corps de garde les personnes qui viennent visiter les détenus ; le tout sous peine de suspension avec privation du traitement pendant quinze jours au moins, et de destitution en cas de récidive.

27. Tout gardien qui aura bu ou mangé dans l'intérieur de la maison avec les détenus, ou avec les personnes qui viennent les visiter, sera destitué.

Tout gardien qui aura bu ou mangé au dehors de la maison, soit avec des détenus libérés qui y auront subi leur peine, quelle que soit l'époque de leur libération, soit avec les personnes qui sont venues visiter des condamnés encore détenus, sera suspendu de ses fonctions et privé de son traitement pendant un mois. En cas de récidive, il sera destitué.

Les gardiens qui auront reçu de l'argent, à titre de *pour-boire*, des personnes qui viennent visiter l'établissement ou les détenus, seront suspendus de leurs fonctions et privés de leur traitement pendant quinze jours au moins. Le directeur se fera remettre les sommes qu'ils auront reçues et les versera dans la caisse des charités.

28. Il y a toujours un gardien présent à la distribution des comestibles et des boissons à la cantine. Il se tient en dehors, à côté du guichet ; il veille à ce que les détenus ne se fassent pas délivrer du vin et des boissons au-delà des quantités prescrites ; il provoque la punition de ceux qui, soit par eux-mêmes, soit en employant l'intermédiaire de leurs camarades, cherchent à tromper sa surveillance ; il veille enfin à ce que les détenus n'insultent pas le cantinier ou ses agents, et à ce qu'ils ne soient pas trompés par lui.

Il est responsable de l'état d'ivresse où se mettraient les détenus. Il désigne à ses supérieurs ceux qui ont pris du vin ou d'autres liqueurs pour leurs camarades.

Les gardiens de service à la cantine, et qui, ayant eu connaissance de contraventions aux dispositions qui précèdent, n'en auront pas provoqué la répression, seront eux-mêmes punis de la salle de discipline ou de la suspension pendant huit jours au moins. En cas de récidive, le directeur pourra proposer leur destitution (1).

29. Il y a toujours deux gardiens au moins présents aux réfectoires pendant les repas. Ils veillent à ce que les détenus y entrent et en sortent avec ordre et tranquillité, à ce qu'ils s'y tiennent en silence, à ce qu'ils ne trafiquent pas de leurs vivres entre eux. Ils provoquent la punition des détenus qui contreviennent à ces dispositions et à celles que l'administration prescrit dans l'intérêt de l'ordre.

Les gardiens qui, ayant eu connaissance d'une infraction aux règlements sur la police des réfectoires, n'en auront pas dénoncé sur-le-champ les auteurs, seront punis de la salle de discipline ou de la suspension, selon la gravité des cas.

30. Les gardiens de service aux infirmeries veillent à ce que les détenus employés comme infirmiers traitent les malades avec soin, complaisance et bonté; à ce qu'ils ne détournent point à leur profit les aliments ou boissons destinés aux malades; à ce que ceux-ci ne trafiquent pas entre eux de leurs vivres, et à ce que les malades ou les convalescents n'achètent ou ne fassent acheter ni aliments ni boissons sans la permission des officiers de santé.

Tout gardien de service aux infirmeries qui, ayant eu connaissance d'une infidélité, d'une négligence ou défaut de soin de la part des infirmiers, n'en aura pas fait sur-le-champ le rapport, sera suspendu de ses fonctions et privé de son traitement pendant huit jours au moins. En cas de récidive, il sera suspendu plus longtemps, ou destitué même, s'il y a lieu.

Tout gardien qui aura procuré des aliments ou des boissons aux malades ou aux convalescents, lors même qu'il les aurait achetés à la cantine, sera suspendu et privé de son traitement pendant un mois. En cas de récidive, il sera destitué.

Tout gardien qui aura détourné à son profit des aliments ou boissons destinés aux malades, sera destitué.

31. Les gardiens attachés au quartier des hommes ne pourront entrer dans le quartier des femmes sans l'ordre du directeur ou de l'inspecteur. Ceux qui auront obtenu cette permission observeront la plus grande décence et ne se permettront avec les détenues aucune relation étrangère au service.

Les contraventions aux dispositions ci-dessus seront punies, selon la gravité des cas, de la salle de discipline, de la suspension ou de la destitution.

Tout gardien, quel que soit son grade, qui aura eu des relations coupables avec les détenues, sera destitué.

Tout gardien qui aura favorisé la correspondance des hommes avec les femmes détenues, sera destitué.

Il sera suspendu et privé de son traitement pendant un mois au moins lorsque, ayant eu connaissance d'une correspondance

_____

(1) La cantine et l'usage du vin sont supprimés par l'arrêté du 10 mai 1839.
(N. de l'Éd.)

pareille, il ne l'aura pas arrêtée ou dénoncée sur-le-champ.

32. Tout premier gardien qui aura refusé d'obéir au gardien-chef ou qui n'aura pas exécuté ponctuellement les ordres qu'il en aura reçus, sera suspendu de ses fonctions et privé de son traitement pendant quinze jours. En cas de récidive, ou lorsqu'il aura injurié le gardien-chef, il sera destitué.

Les gardiens ordinaires qui auront refusé d'obéir aux premiers gardiens, ou qui n'auront pas exécuté leurs ordres avec exactitude, seront mis aux arrêts ou à la salle de discipline. En cas de récidive, ils seront suspendus et privés de leur traitement pendant huit jours. A la troisième fois, ou lorsqu'ils auront injurié les premiers gardiens, ils pourront être destitués.

CHAPITRE IV. — *Surveillance des ateliers.*

33. La prospérité d'un établissement dépendant essentiellement de celle des ateliers, leur surveillance est un des devoirs les plus importants des gardiens, qui doivent veiller avec la plus sévère attention à ce que les détenus emploient exactement leur temps pendant les heures de travail ; à ce qu'ils ne perdent, gaspillent ou volent les matières premières qui leur sont confiées ; à ce qu'ils ne détériorent point les métiers, les outils et les ustensiles, et à ce qu'ils donnent tous leurs soins, toute leur attention, à la confection des ouvrages dont ils sont chargés.

34. Il y a toujours dans chaque atelier, ou du moins pour plusieurs ateliers rapprochés les uns des autres, un gardien de planton pour y maintenir l'ordre et veiller à ce qu'il ne s'y passe rien de contraire aux mœurs et aux intérêts de l'établissement, de l'entrepreneur ou des fabricants qui font travailler. Ce gardien ne peut quitter son poste avant d'avoir été relevé par un autre, sous peine, pour la première fois, d'être suspendu de ses fonctions et privé de son traitement pendant huit jours au moins et quinze jours au plus. En cas de récidive, il sera destitué.

35. Les gardiens de planton dans les ateliers sont responsables des contraventions aux règlements de police commises par les détenus. Ils répondent également des pertes et vols de matières, des bris de métiers, dégradations d'ouvrages, etc., toutes les fois qu'ils ont eu connaissance de ces faits et qu'ils ne les ont pas signalés sur-le-champ au gardien-chef, à l'inspecteur ou au directeur.

36. Sera puni de la suspension et de la privation de son traitement pendant quinze jours au moins, tout gardien qui, ayant eu connaissance d'une contravention aux règlements sur la police des ateliers, n'aura pas dénoncé sur-le-champ les détenus coupables.

Le directeur pourra, selon la gravité des cas, provoquer la suspension pendant un mois ou la destitution des gardiens qui, en ayant eu connaissance, n'auront pas dénoncé les bris de métiers ou d'ustensiles, les pertes ou gaspillage de matières premières et les dégradations d'ouvrages, lorsque ces délits auront été commis par haine, méchanceté ou vengeance.

Les gardiens qui ne dénonceront pas les vols faits par les détenus, lorsqu'ils en auront connaissance, et quelle que soit l'importance de ces vols, seront destitués. Ils seront traduits devant les tribunaux s'il est constaté qu'ils ont favorisé les vols, en achetant, recélant ou facilitant la vente des objets volés.

37. Les détenus ne devant travailler que pour le compte de l'entrepreneur ou de ses sous-traitants, ou pour celui de l'établisse-

ment lorsque le service est en régie, les gardiens veillent à ce qu'il ne soit pas contrevenu à cet ordre.

Les gardiens qui, ayant eu connaissance de travaux clandestins (lors même que ces travaux seraient pour le compte des employés), ne les auront pas dénoncés au gardien-chef et à l'entrepreneur lui-même, seront suspendus de leurs fonctions et privés de leur traitement pendant quinze jours au moins.

38. Il est expressément interdit aux gardiens de faire travailler les détenus pour leur compte, même en les payant, sans le consentement de l'entrepreneur du service, ou sans celui du directeur lorsque la maison est en régie.

Les gardiens qui auront obtenu la permission de faire travailler des détenus, ne pourront leur remettre directement l'ouvrage, ni leur en payer le prix. Cet ouvrage et les prix de main-d'œuvre seront remis soit à l'entrepreneur ou à ses agents, soit à l'inspecteur ou au chef d'atelier, lorsque le service est en régie.

Tout gardien qui aura contrevenu aux dispositions de cet article, sera suspendu de ses fonctions et privé de son traitement pendant un mois. Dans tous les cas, les ouvrages donnés en contravention seront saisis et vendus au profit de la caisse des charités.

39. Les gardiens sont présents à l'ouverture et à la fermeture des ateliers aux heures qui sont indiquées, et ils veillent à ce que les détenus ne s'y introduisent pas pendant les heures non consacrées au travail.

Les ateliers sont fermés par l'entrepreneur du service, qui en garde les clefs jusqu'au moment de l'ouverture.

40. Les gardiens d'un même quartier ou section doivent se réunir et se concerter pour escorter les détenus circulant dans l'intérieur de la maison pour le service de l'entreprise, l'entrepreneur et ses agents n'étant pas obligés de surveiller ces circulations.

Ils veillent à ce que les détenus chargés du service de propreté le fassent avec soin.

41. Les employés supérieurs doivent s'abstenir d'occuper les gardiens pour leur service particulier, même les jours de congé.

CHAPITRE V. — *Devoirs et attributions des portiers.*

42. Les portiers visitent tous les paquets qui entrent et qui sortent de la maison, même ceux dont les premiers gardiens et les gardiens ordinaires sont porteurs.

Ils ne peuvent quitter leur loge sans la permission du directeur.

Les portiers principaux doivent être mariés. Leur femme et leurs enfants logent avec eux; mais dans aucun cas et sous aucun prétexte ces femmes et ces enfants ne peuvent entrer dans l'intérieur de la prison.

Ils ne peuvent se faire remplacer momentanément que par leur femme. Ils sont responsables des événements qui arrivent pendant leur absence.

Ils accompagnent au greffe ou chez le directeur toutes les personnes qui demandent à entrer dans la maison.

Il leur est défendu de recevoir chez eux les gardiens, à moins que ceux-ci n'y soient envoyés par le directeur ou l'inspecteur, pour les besoins du service, à peine d'être privés de leur traitement pendant quinze jours au plus et huit jours au moins. En cas de récidive, ils pourront être destitués.

Il leur est également défendu de vendre et débiter des denrées, aliments ou boissons, sous peine de destitution.

Ils veillent à ce que les gardiens ne sortent pas de la maison sans une permission du directeur ou du gardien-chef. En cas de contravention à cet ordre, ils seront privés de leur traitement pendant huit jours pour la première fois, et pendant quinze jours en cas de récidive. A la troisième fois, le directeur peut provoquer leur destitution.

Les dispositions relatives à l'uniforme et à l'armement des gardiens sont applicables aux portiers principaux.

43. Les directeurs font des règlements qui déterminent les fonctions et les attributions des portiers ordinaires. Ces règlements sont approuvés par les préfets, qui en adressent copie au ministre de l'intérieur.

Les portiers ordinaires portent le même uniforme que les gardiens : leur armement ne consiste qu'en un sabre-briquet suspendu à un baudrier de cuir noir.

CHAPITRE VI. — *Dispositions générales.*

44. A l'avenir, il ne sera admis aux emplois de gardien ou de portier, que d'anciens militaires âgés de vingt-quatre ans au moins et de quarante-deux au plus, porteurs de congés en bonne forme et de certificats délivrés par le maire de leur commune et constatant leur conduite. La préférence sera donnée aux anciens sous-officiers jouissant d'une pension de retraite.

Les gardiens ou portiers ne seront définitivement nommés qu'après avoir fait dans la maison un surnumérariat de deux mois, pendant lesquels ils jouiront du traitement attaché à l'emploi, sauf les retenues. Les candidats sont présentés par le directeur au préfet, qui ordonne leur admission comme surnuméraires.

Les anciens services militaires, les certificats de bonne conduite, et l'attestation du directeur, constatant que le candidat a fait avec zèle, exactitude et intelligence, le surnumérariat exigé par le paragraphe précédent, seront mentionnés dans l'arrêté de nomination rendu par le préfet, et qui sera soumis à l'approbation du ministre de l'intérieur.

Les gardiens-chefs sont nommés par le ministre de l'intérieur, qui les choisit entre les premiers gardiens et les gardiens ordinaires de toutes les maisons centrales.

Les premiers gardiens sont nommés par le préfet sur la proposition du directeur, qui présente pour candidats les gardiens ordinaires les plus capables. A mérite égal, la préférence est donnée à l'ancienneté de service dans l'établissement. Les premiers gardiens doivent savoir lire et écrire.

Les gardiens destitués ne pourront rentrer dans l'établissement auquel ils ont appartenu, à moins d'une décision spéciale du ministre de l'intérieur.

Aucun condamné gracié ou libéré ne peut exercer l'emploi de gardien ou de portier.

45. A la fin de chaque période de cinq années, les gardiens qui, pendant ce temps, auront fait dans la même maison un service exact, et sans avoir encouru de punition grave, auront droit à une augmentation de traitement de vingt-cinq francs. Cette augmentation sera accordée par le ministre de l'intérieur sur le rapport du

préfet, et d'après les certificats délivrés par le directeur et l'Inspecteur de la maison.

L'augmentation dont il s'agit pourra être retirée aux gardiens qui, après l'avoir obtenue, se rendront coupables d'insubordination ou de toute autre faute grave.

Le premier jour de chaque trimestre, les directeurs des maisons centrales enverront au ministre de l'intérieur l'état nominatif des gardiens et portiers, en faisant connaître par une observation particulière la manière dont chacun aura fait son service pendant le trimestre écoulé, ainsi que les punitions qu'il aura encourues et les motifs de ces punitions.

A cet effet, il sera tenu dans chaque maison un registre où seront exactement inscrites les punitions infligées aux gardiens.

46. A la fin de chaque année, le ministre de l'intérieur mettra à la disposition des préfets une somme de cent francs au moins et de six cents francs au plus (selon l'importance des maisons et le nombre des gardiens), pour être distribuée comme supplément de traitement à ceux des gardiens ou portiers qui, par leur bonne conduite, leur zèle et leur intelligence, auront rendu les meilleurs services à l'établissement.

Ces suppléments seront répartis par le préfet sur les propositions séparées du directeur et de l'inspecteur.

Remplacement des préfets en cas d'absence.

4 mai 1822.

Le Ministre de l'intérieur aux Préfets.

Quelques-uns de vos collègues ont demandé si un conseiller de préfecture ou un secrétaire général qui exerce par délégation les fonctions de préfet, se trouvant lui-même, par quelque cause que ce soit, dans l'impossibilité de remplir ces fonctions, pouvait les subdéléguer à un suppléant de son choix; ou si, dans ce cas, l'administration ne devait pas être dévolue de droit au conseiller de préfecture le premier inscrit sur le tableau. Cette question ne se trouvant pas explicitement résolue dans l'ordonnance du 29 mars 1821, j'ai considéré, après avoir pris l'avis du comité du conseil d'État établi près de mon ministère, que la délégation cessait par le fait de l'empêchement du délégué. En conséquence, j'ai décidé qu'en cet état de choses, l'administration passait de droit entre les mains du conseiller de préfecture inscrit le premier dans l'ordre du tableau, conformément à l'article 2 de l'ordonnance du 29 mars dernier.

Legs et donations aux consistoires protestants.

22 mai 1822.

Le Ministre de l'intérieur aux Présidents des consistoires.

Les consistoires protestants ne peuvent recevoir des legs et donations qu'au préalable ils n'y aient été autorisés par le gouvernement. L'emploi des fonds provenant de ces libéralités doit être soumis à sa surveillance, d'après le principe général que toutes les communautés sont considérées comme des mineurs.

Les fabriques catholiques et les bureaux de bienfaisance rendent annuellement leurs comptes. Les consistoires doivent également produire les leurs ; mais il suffira qu'ils le fassent à l'époque du renouvellement biennal. Ils procéderont à cette reddition de comptes, de manière à pouvoir la présenter, comme première opération, à l'assemblée extraordinaire des pasteurs, anciens et notables réunis pour ledit renouvellement. Une expédition de ces comptes, dûment vérifiée de la sorte, sera ensuite transmise, par les présidents des consistoires, aux préfets.

Il devra y être fait mention du placement des capitaux, quelle que soit leur origine. On y indiquera aussi l'emploi des rentes qui en résultent.

Ponts à bascule. — Amendes pour contraventions.

29 mai 1822.

Le Directeur général des ponts et chaussées et des mines aux Préfets.

Les plaintes qui m'ont été souvent adressées sur la lenteur avec laquelle les préposés aux ponts à bascule sont payés de la portion des amendes qui leur est accordée par les lois et règlements, m'ont mis plusieurs fois dans la nécessité de réclamer du ministre des finances les mesures propres à assurer le prompt acquittement des sommes qui sont allouées à ces préposés, et vous avez eu connaissance de ce qui a été prescrit à ce sujet.

Le décret du 23 juin 1806 charge les préposés aux ponts à bascule de retenir les chevaux des contrevenants ou d'exiger une caution ; l'exécution de cette disposition préviendra les retards dans le recouvrement des amendes. Je ne puis que vous inviter à y tenir la main dans votre département. Le même décret porte, en outre, que les voituriers et conducteurs pris en contravention ne peuvent continuer leur route qu'après avoir déchargé leurs voitures de l'excédant du poids qui aura été constaté. Il est également d'une grande importance de faire observer exactement cette disposition.

Routes départementales. — Intervention de l'administration.

15 juin 1822.

Le Directeur général des ponts et chaussées et des mines aux Préfets.

Le ministre de l'intérieur ayant pris, le 30 mai dernier, un arrêté par lequel il réunit à la direction générale des ponts et chaussées le travail qui se faisait dans l'intérieur de son ministère pour les routes départementales, j'ai l'honneur de vous informer que c'est avec cette direction que vous aurez à correspondre désormais pour le service de ces routes, comme vous le faites pour celui des routes royales. L'ancien ordre de choses se trouve ainsi rétabli, et les affaires en seront plus promptement instruites et terminées. Déjà, de grandes améliorations ont été obtenues au moyen des sacrifices que s'imposent les départements : l'empressement avec lequel les conseils généraux votent des fonds pour les communications doit être secondé par l'administration et par les ingénieurs ; et nous devons nous appliquer à éviter les retards qui seraient nuisibles à l'avancement des travaux.

L'ordonnance du roi du 8 août 1821 a d'ailleurs simplifié les règles prescrites antérieurement pour l'entretien des routes départementales. Les travaux de cet entretien s'exécutent maintenant sous votre seule approbation : vous pouvez aussi ordonner l'exécution des ouvrages d'art, lorsque la dépense n'excède pas 5,000 francs (1), et n'exigent ni acquisition de terrains ni changement de direction. Dans ces deux cas, l'examen du conseil des ponts et chaussés et mon approbation sont nécessaires ; l'un et l'autre peuvent l'être encore dans d'autres circonstances dont vous êtes juges, pour des travaux qui ne s'élèveraient pas à 5,000 francs ; ils le sont enfin pour tous ceux dont la dépense doit être plus considérable.

Suivant l'article 3 de l'ordonnance, les adjudications sont exécutées d'après votre seule approbation, sauf à en rendre compte. Je vous serai obligé de m'informer exactement des autorisations que vous aurez données à cet égard, ainsi que de celles relatives aux ouvrages d'art jusqu'à concurrence de 5,000 francs.

Enfin, vous pouvez, aux termes de l'article 4, permettre l'abatage des arbres plantés le long des routes départementales, dans les cas prévus par l'article 99 du décret du 16 décembre 1811 (2).

Tous les projets continuent à être rédigés par les ingénieurs des ponts et chaussées, qui sont toujours chargés de la surveillance et de la direction des travaux, et qui offrent, sous le rapport de leur bonne confection, comme à tous autres égards, les garanties qu'on trouverait difficilement réunies ailleurs. Il a paru juste, en raison du surcroît d'occupations qui résulte pour eux de ce service, de leur allouer des indemnités auxquelles les conducteurs sous leurs ordres peuvent aussi avoir part, lorsque vous le jugez convenable. La circulaire du ministre de l'intérieur du 12 juillet 1817 a réglé ces indemnités, et il n'est rien changé à ces dispositions.

Prisonniers malades. — *Par qui doit être autorisée leur translation dans les hospices (3).*

18 juin 1822.

Le Ministre de l'intérieur aux Préfets.

La question de savoir par l'ordre de quelle autorité les prisonniers malades peuvent être transportés dans les hospices, a occasionné de

---

(1) L'ordonnance du 29 mai 1830 (art. 2) a porté cette limite à 20,000 fr.
(*N. de l'Éd.*)

(2) Voir l'article 1er de la même ordonnance. (*Id.*)

(3) Voir le règlement du 30 octobre 1841 (art. 76) et la circulaire du 25 août 1849 sur les abus des admissions dans les hospices. (*N. de l'Éd.*)

fréquentes discussions ; cependant elle est clairement résolue par l'article 15 de la loi du 4 vendémiaire an VI, dont voici le texte :

« Les administrateurs municipaux et tous autres ayant la police « des maisons d'arrêt, de justice et des prisons, ne pourront faire « passer dans les hospices de santé, sous prétexte de maladie, des « détenus, que du consentement, pour les maisons d'arrêt, du di- « recteur du jury ; pour les maisons de justice, du président du « tribunal criminel ; et pour les prisons, de l'administration cen- « trale du département, si elle siége dans le lieu où se trouvent les « prisons : à défaut, l'on prendra l'avis et consentement du com- « missaire du pouvoir exécutif auprès de la municipalité. »

Aux magistrats désignés dans cet article, la nouvelle organisa- tion administrative et judiciaire en a substitué d'autres qui exercent les mêmes pouvoirs.

La police des prisons est attribuée aux maires (*Code d'instruction criminelle*, *art.* 613); c'est à eux qu'il appartient d'ordonner les translations, après avoir obtenu le consentement de l'autorité compé- tente.

Ce consentement est donné, à l'égard des *prévenus* à qui la loi assigne pour séjour la maison d'arrêt, par le juge d'instruction ; et à l'égard des *accusés* qui doivent être détenus dans la maison de justice, par le président des assises ou par le magistrat qui le sup- plée. (*Code d'instruction criminelle*, art. 603, 611, 613.)

Quant aux *condamnés* qui sont renfermés dans les prisons pour peine, ou dans les quartiers qui en tiennent lieu, c'est l'autorité administrative seule qui prononce. Le maire, avant de les faire transférer, doit se munir de l'autorisation du préfet, qui remplace l'administration centrale (*loi du 28 pluviôse an* VIII), ou du sous-pré- fet, à qui sont dévolues les attributions des commissaires près les municipalités.

Cette disposition s'applique à tous les condamnés dont les juge- ments sont définitifs, lors même qu'ils se trouvent encore dans les maisons d'arrêt ou de justice ; mais lorsqu'il y a appel ou pourvoi, l'effet de la condamnation est suspendu, et les détenus qui restent sous la main de la justice, en attendant qu'il ait été statué sur le recours, sont assimilés, jusqu'à notification de l'arrêt, aux prévenus, s'ils ont été jugés par un tribunal correctionnel, ou aux accusés, s'ils ont été jugés par une cour d'assises.

Quoique l'intervention des officiers du ministère public ne soit pas exigée pour les translations de condamnés, il est convenable de leur faire connaître celles qui ont lieu, afin qu'ils puissent vérifier, au besoin, si elles ne sont pas accordées trop facilement, si les condam- nés rentrent dans la prison dès qu'ils sont guéris, et si les autorités qui ont donné leur consentement ont satisfait à l'article 16 de la loi du 4 vendémiaire an VI, en prenant toutes les précautions néces- saires pour empêcher que les prisonniers envoyés dans les hospices ne s'évadent. En conséquence, les maires devront, au moment même où ils expédieront l'ordre de translation, en donner avis au procureur du roi.

Je vous fais observer que les condamnés malades ne doivent jamais être placés dans un hospice, lorsqu'il existe dans la prison même une infirmerie où ils peuvent recevoir les soins et les secours dont ils ont besoin.

Recrutement. — Élèves des écoles vétérinaires.

25 juin 1822.

Le Ministre de l'intérieur aux Préfets.

Les écoles vétérinaires n'étant pas considérées comme écoles de services publics, une décision du 20 novembre 1816 prescrit d'immatriculer ceux des élèves de ces établissements désignés par le sort comme jeunes soldats; néanmoins ces jeunes gens pouvant être autorisés provisoirement à continuer leurs études, mais demeurant toutefois à la disposition du ministre de la guerre comme soldats, lorsqu'ils venaient à les abandonner, ou qu'après le délai accordé pour les terminer, ils n'étaient pas employés au service de l'Etat dans leur profession de vétérinaire, il est dès lors nécessaire de vous concerter avec les chefs des écoles pour connaître la destination donnée à ceux des élèves sortants qui ont été immatriculés, afin de pouvoir les rechercher et de les rappeler au service militaire, s'ils étaient dans ce cas.

Instruit que les renseignements propres à atteindre ce but ne sont pas communiqués réciproquement avec toute la régularité et l'exactitude nécessaires, je crois utile de rappeler cet objet à votre attention.

Les chefs des écoles royales vétérinaires doivent, à l'approche des opérations de chaque levée, vous adresser une liste nominative de tous les élèves qui, par leur âge, font partie de la classe appelée; ce qu'ils peuvent toujours savoir facilement par les actes de naissance qui sont exigés des élèves pour leur admission à l'école. Cette liste indiquera aussi combien de temps encore ils doivent y rester pour achever leurs études.

Ayant reçu cette liste, vous devez, de votre côté, après que le tirage a eu lieu dans tous les cantons, faire connaître aux chefs de ces établissements quels sont les numéros échus aux jeunes gens portés sur la liste à vous adressée, et si ces numéros paraissent les placer dans les contingents de votre département pour l'armée. Il est surtout essentiel que vous les informiez des décisions des conseils de révision à l'égard de ces jeunes gens.

Au moyen de ces renseignements, les chefs des écoles vétérinaires pourront aisément connaître l'exacte position des élèves, sous le rapport des obligations que leur impose la loi du recrutement, et cette connaissance les mettra à portée de former et d'adresser au ministre de la guerre la liste de ceux qui, ayant été désignés par les conseils de révision pour le service de l'armée, leur paraîtront mériter d'être autorisés à continuer leurs études, et d'obtenir à cet effet un sursis de départ. Il leur restera ensuite à vous informer des décisions du ministre de la guerre à l'égard de ces jeunes gens, et à vous instruire ultérieurement de la destination donnée aux élèves qui viendront à sortir de l'école, soit après avoir terminé leurs études, soit parce qu'ils les auraient abandonnées.

Ponts et chaussées. — Travaux urgents.

23 juillet 1822.

Le Directeur général des ponts et chaussées et des mines aux Préfets.

J'ai eu occasion de remarquer que plusieurs ingénieurs faisaient exécuter, sans autorisation, des travaux qu'il eût été très-possible de prévoir, et pour lesquels ils auraient pu rédiger des projets qui eussent été soumis à mon approbation, suivant les règles prescrites.

Des circonstances impérieuses mettent sans doute quelquefois dans la nécessité de s'écarter de ces règles; mais, hors ces cas d'une extrême urgence, on doit toujours s'y conformer. Toute autre manière de procéder aurait l'inconvénient de rendre sans objet la surveillance de l'administration; d'occasionner des dépenses que peut-être elle n'aurait pas autorisées; de diminuer ses ressources déjà si faibles, et de l'obliger ainsi d'ajourner d'autres travaux reconnus utiles; enfin, d'apporter, dans l'emploi des fonds, des changements contraires à l'ordre qui doit régner dans la comptabilité. Il importe d'éviter ces inconvénients.

D'après les instructions, on ne peut faire exécuter, sans autorisation préalable, que des ouvrages dont l'urgence est bien démontrée et dont l'ajournement présenterait du danger; mais, dans ces circonstances, les ingénieurs devront, dès l'instant même où ils feront mettre la main à l'œuvre, vous en rendre compte, et indiquer, au moins par aperçu, le montant de la dépense. Les états détaillés de cette dépense devront ensuite vous être adressés, afin que vous puissiez me les faire parvenir avec votre avis.

Je désire que ces dispositions soient exactement suivies, et je vous prie d'y tenir la main dans votre département.

Instructions sur les économies à apporter dans les travaux des canaux.

19 août 1822.

Le Directeur général des ponts et chaussées et des mines aux Ingénieurs en chef.

La loi des canaux, adoptée par les deux chambres, vient de recevoir la sanction de Sa Majesté. Il s'agit maintenant de satisfaire aux obligations qu'elle impose à l'administration des ponts et chaussées. Solidité, économie et célérité; tels sont les devoirs principaux que nous avons à remplir. La première de ces trois conditions est la plus indispensable sans doute, et il ne faut rien faire qui puisse jamais compromettre l'existence et la durée des travaux; mais tous vos efforts doivent tendre à concilier cette condition avec les deux autres. N'oublions pas surtout que ce ne sont pas des monuments que nous avons à construire, mais des ouvrages essentiellement utiles, et que le caractère de pareils ouvrages ne doit être ni le luxe ni la magnificence. Je vous invite à vous pénétrer de cette pensée, et je désire qu'elle soit toujours présente à votre esprit, tant pour la conception que pour l'exécution des projets. C'est elle qui présidera constamment à l'examen que j'en ferai faire par le conseil général des ponts et chaussées. Toute dépense qui ne sera pas impérieusement nécessaire, ou qui pourrait être sans inconvénient remplacée par une dépense moins grande, sera sévèrement proscrite. Je ne prétends pas vous indiquer ici tous les moyens d'écomie ; c'est surtout par une sage combinaison des projets, que vous parviendrez à réduire les dépenses à leur moindre terme ; et cette combinaison dépend d'une foule de circonstances locales qu'il est impossible de prévoir, mais dont l'inspection attentive du terrain et la connaissance des ressources du pays vous permettront une exacte appréciation. Je puis cependant énoncer quelques principes généraux qui trouveront de fréquentes applications : ainsi, par exemple, je pense que presque partout un seul chemin de halage doit satisfaire aux besoins de la circulation ; que sa largeur, réglée entre 3 mètres et 4 mètres 50 centimètres, offre une voie suffisante ; que celle du marche-pied peut être réduite à 2 mètres sur tous les points où, du côté de ce marche-pied, la digue ne fait pas levée, et ne réclame pas, en conséquence, des dimensions plus considérables. Dans tous les endroits où des ponts seront nécessaires pour le rétablissement des communications interrompues, vous aurez soin de ne projeter en maçonnerie que les culées, et de jeter sur ces culées une ou plusieurs travées en bois, suivant l'ouverture qu'il faudra ménager à l'écoulement des eaux.

La dépense d'une maison éclusière ne doit pas excéder 2,500 à 3,000 francs : sur le canal du centre, elle ne s'élève qu'à 2,000 francs.

On a l'habitude d'égaler le nombre des maisons éclusières à celui des écluses ; cependant ces dernières sont souvent assez voisines pour qu'un seul éclusier puisse suffire à la manœuvre de plusieurs écluses. Toutes les fois qu'une réduction de ce genre sera possible, je vous invite à la proposer. Vous aurez aussi à examiner si, dans les endroits où le canal est assis près d'habitations déjà construites, il ne sera pas plus économique d'augmenter un peu le salaire de l'éclusier et de le laisser pourvoir lui-même à son logement. Dans tous les cas, de tous les ouvrages qui composent le système d'une écluse, la maison éclusière sera le dernier dont l'entrepreneur devra s'occuper.

La pierre de taille de grand appareil est d'une extraction difficile, et son emploi entraîne des frais considérables. Vous ne l'admettrez que dans le cas où il serait absolument impossible de s'en passer. Presque partout le petit échantillon peut remplir les mêmes fonctions avec autant de succès et avec beaucoup moins de dépense. Vous n'emploierez d'ailleurs la pierre de taille, quel que soit son échantillon, que pour les couronnements, les angles, les socles, les chaines et les plates-bandes. Le reste des maçonneries sera toujours exécuté en petits matériaux, en moellons bien gisants, en briques bien cuites, etc., etc. J'obtiendrai par là de très-grandes économies, et je me flatte que vous concourrez de tous vos efforts à réaliser mes intentions. Mais, en vous recommandant l'usage des matériaux de petite dimension, je dois vous recommander en même temps les soins les plus assidus et l'attention la plus éclairée dans la composition des mortiers, dans le choix des chaux naturelles, s'il en existe à proximité de vos travaux qui vous offrent toutes les garanties désirables, ou dans la fabrication des chaux artificielles, si les chaux hydrauliques naturelles sont trop éloignées. Je ne rappellerai pas ici les procédés de M. Vicat. Vous avez entre les mains l'ouvrage de cet ingénieur, et déjà sans doute vous avez répété une partie de ses expériences.

Dans les travaux que l'on est quelquefois obligé d'exécuter par régie, on a l'habitude d'allouer à l'entrepreneur un vingtième pour avance de fonds et un vingtième pour frais d'outils. Le premier de ces deux vingtièmes est dans une proportion trop grande, aujourd'hui que les fonds versés à l'avance seront toujours disponibles au moment des besoins; vous le réduirez désormais au quarantième.

Je ne m'étendrai pas davantage sur les moyens de diminuer les dépenses; je vous laisse une initiative entière sur tous ceux que je n'ai pas indiqués et que vous croirez convenable d'employer. J'ai voulu seulement vous montrer qu'il fallait entrer désormais dans la voie d'une économie sévère. Vous devez mettre tous vos soins à construire, non pas ce qu'on appelle vulgairement de beaux ouvrages, mais des ouvrages solides, aux moindres frais possibles, et où l'examen le plus attentif ne puisse rencontrer rien d'inutile, rien de superflu. Je ne peux trop insister sur l'observation que, dans les travaux de navigation, la gloire de l'ingénieur consistera surtout à atteindre le but en dépensant peu. Loin de se modeler sur les travaux déjà faits dans un système trop dispendieux, il faut rechercher avec soin les moyens de diminuer la dépense, quel que soit le mode antérieurement adopté sur les canaux commencés.

Je vous invite à revoir, d'après les principes que je viens d'exposer, tous les projets que vous avez entre les mains, lors même qu'ils seraient déjà revêtus de mon approbation ou de celle de mes prédécesseurs, et à y faire, sous le plus bref délai, toutes les modifications que peut comporter leur application.

Si des adjudications sont déjà passées, signifiez aux entrepreneurs l'intention formelle où je suis d'opérer toutes les réductions compatibles avec le maintien de la solidité, soit dans les dimensions et le profit des ouvrages, soit dans la nature des matériaux; et s'ils refusent de signer un engagement de se soumettre à tous ces changements, j'userai du droit que me donne, pour résilier au besoin le marché, l'article 39 du cahier des clauses et conditions générales.

Veuillez m'accuser réception de la présente et en adresser une copie à tous les ingénieurs placés sous vos ordres, afin qu'ils se pénètrent de son esprit et qu'ils s'appliquent à vous seconder selon les vues que je viens d'indiquer. Veuillez aussi ne pas perdre un seul instant pour mettre à profit ce qui nous reste encore de la saison favorable aux travaux. J'ai toujours compté sur votre zèle et sur votre dévouement, et j'en attends de nouvelles preuves dans cette circonstance.

Instruction sur les travaux des canaux.

30 août 1822.

Le Directeur général des ponts et chaussées et des mines aux Ingénieurs en chef.

Vous avez vu, par ma lettre du 19 de ce mois (page 512), que les canaux dont les lois consacrent l'ouverture, doivent être exécutés dans les principes de l'économie la plus sévère. Je suis persuadé que les ingénieurs appelés à concourir à ces importants travaux, sentent comme moi que la magnificence d'un grand Etat réside plus dans la multiplicité des créations utiles, que dans l'éclat d'un petit nombre de monuments. Ils s'interdiront donc dans leurs projets tout sacrifice aux idées de luxe et même de prétendues convenances, qui entraînent fréquemment d'énormes et inutiles emplois de fonds; ils s'assujettiront toujours aux formes les plus simples et aux dispositions les moins coûteuses, en ne perdant pas de vue toutefois que la solidité dans les travaux en général, et surtout dans les fondations, est un des éléments les plus réels d'une véritable économie.

Je vous ai entretenu des moyens qui doivent être employés pour réduire, soit les frais de construction des écluses, des ponts et des autres ouvrages d'art, soit la surface des terres à enlever à l'agriculture, soit l'établissement des maisons d'éclusiers. Je crois devoir entrer aujourd'hui dans quelques détails sur ce dernier objet.

Sur plusieurs de nos canaux actuellement ouverts, toutes les écluses sont accompagnées d'une maison d'éclusier, même lorsqu'elles sont extrèmement rapprochées, et souvent ces maisons ont coûté chacune 6,000 francs et 8,000 francs de construction, ce qui équivaut à un loyer de 300 à 400 francs, égal à peu près au traitement même de l'éclusier.

Il ne faut pas que cela se reproduise à l'avenir. Un éclusier suffira pour deux écluses quand elles ne seront pas séparées par un intervalle de plus de 500 mètres; il pourra même en desservir trois lorsqu'elles seront beaucoup plus rapprochées.

Si une écluse est placée près d'un village, on pourra se dispenser de loger l'éclusier, qui, moyennant une légère augmentation de traitement, se procurera une habitation à portée de son écluse, sans aucun inconvénient pour le service.

Enfin, quand la construction d'une maison d'éclusier sera nécessaire, la dépense ne doit monter jamais à plus de 2,000 francs ou 2,500 francs. J'ai l'assurance qu'il n'est point de province de France où, pour ce prix, l'on ne puisse construire une habitation suffisante, si l'on se renferme dans ce que comportent réellement les convenances, et si l'on fait usage, comme on le doit, des matériaux habituellement employés dans chaque localité pour les constructions rurales.

Abonnement des préfets pour frais de bureaux.

3 septembre 1822.

Le Ministre de l'intérieur aux Préfets.

(Extrait.)

Par l'ordonnance du 15 mai dernier, le roi a fixé l'abonnement des frais d'administration de votre préfecture, et a statué que les deux tiers de son montant demeureraient destinés, sous la dénomination spéciale des *frais des bureaux*, au payement des employés et gens de service dont se composent vos bureaux (1). J'ai cru devoir

(1) D'après l'ordonnance du 25 octobre 1839, la portion de l'abonnement qui doit recevoir cette destination est de sept dixièmes, sauf pour la préfecture de Seine où elle est des quatre cinquièmes. Le fond d'abonnement était précé-

différer de vous adresser des instructions pour l'exécution de cette ordonnance, jusqu'à ce que les chambres eussent prononcé sur la proposition qui leur a été faite d'annuler la disposition prescrite par l'article 20 de la loi du 1er mai 1822, disposition qui obligeait les préfets et sous-préfets à rendre compte au conseil général et aux conseils d'arrondissement, des fonds qui leur sont alloués annuellement pour frais d'administration. Cette proposition ayant été adoptée par les chambres, vous n'aurez point, ni vous, ni les sous-préfets, à rendre compte de l'emploi de ces fonds, soit au conseil général, soit au conseil d'arrondissement. Mais cela ne doit point vous dispenser de comprendre l'état des traitements des employés dans le nombre des pièces justificatives qu'il est d'usage de remettre annuellement au conseil général à l'appui du budget des dépenses fixes. J'ai moi-même donné l'assurance à la chambre que cette communication aurait lieu ; et c'est sur cette assurance que la chambre a rejeté un amendement de la commission dont l'objet était d'en imposer l'obligation aux préfets.

L'ordonnance du 15 mai ayant dû commencer à recevoir son exécution à dater du 1er juin, vous êtes sans doute conformé aux dispositions de l'article 2, et vous avez fait à la répartition du fonds d'abonnement les changements nécessaires pour que les deux tiers au moins en soient appliqués au traitement des employés et gens de service qui composent vos bureaux. Je vous invite à m'envoyer un état de ces employés, émargé par eux, avec indication du traitement dont ils jouissent.

Pour l'exécution des articles 3 et 4 de l'ordonnance du 15 mai, vous aurez soin, toutes les fois qu'un des fonctionnaires désignés dans ces articles aura obtenu un congé, de me faire connaître d'une manière précise le jour où il aura quitté momentanément ses fonctions, et celui où il les aura reprises.

Conformément à l'article 5, les sous-préfets étant tenus d'affecter au moins la moitié de leur abonnement au traitement de leurs employés, vous devez leur demander et me transmettre un état de ces employés, semblable à celui qui vous est demandé à vous-même.

Actes de préfets, inscrits aux registres sans être signés.

17 octobre 1822.

Le Ministre de la justice chargé du portefeuille de l'intérieur aux Préfets.

J'ai eu l'occasion de remarquer que, dans plusieurs départements, des actes de préfets qui ont précédé les préfets actuels de ces départements, ont été inscrits sur les registres de la préfecture, mais n'y ont pas été revêtus de la signature du magistrat qui les a pris. Ces actes, qui n'ont aucun caractère d'authenticité, ne peuvent être considérés que comme des projets, s'il n'en a pas été conservé de minute sur feuille volante ; et il importe beaucoup que des

---

demment imputé sur les centimes départementaux centralisés au trésor ; il l'est, depuis 1837, sur un crédit alloué dans un chapitre du budget du ministère de l'intérieur.   (*N. de l'Éd.*)

mesures soient prescrites pour leur donner la validité qu'ils n'ont pas.

Je vous invite à faire examiner avec soin les actes consignés dans les registres de votre préfecture depuis son établissement. Vous dresserez un procès-verbal de l'état dans lequel ils se trouvent pour chaque année. Si des actes n'y sont pas signés par le préfet, vous en indiquerez la date et très-succinctement l'objet; vous dénommerez le préfet sous l'administration duquel ils ont été pris, en énonçant s'il est ou n'est pas décédé, et vous déclarerez s'il existe ou s'il n'existe pas, séparément, dans vos bureaux, de minute régulière de ces actes informes ; enfin le procès-verbal contiendra la mention, que vous aurez constaté le nombre des feuilles de chaque registre où il y aurait des lacunes; et celui des arrêtés non signés, après les avoir cotées et parafées à la date de ce procès-verbal.

Je n'ai pas besoin de vous dire que ce n'est que sur ce travail que le gouvernement pourra ordonner les dispositions nécessaires pour remédier aux omissions de signatures. Je le recommande particulièrement à votre attention et à vos soins, et je vous prie de m'envoyer promptement le procès-verbal que vous aurez dressé.

Délégation des secrétaires généraux pour présider des conseils administratifs.

18 octobre 1822.

Le Ministre de la justice chargé du portefeuille de l'intérieur aux Préfets.

Il s'est élevé plusieurs fois des discussions relativement à la délégation, faite par les préfets, de la présidence des divers conseils administratifs que la loi les a chargés de présider. On a contesté aux secrétaires généraux le droit et la capacité de présider ces conseils, même en vertu d'une délégation. Pour prévenir désormais de pareils difficultés, il m'a paru nécessaire de déterminer, d'après les principes de l'administration et d'après les convenances, les cas dans lesquels les secrétaires généraux peuvent présider, au lieu du préfet, les divers conseils dont la présidence est attribuée à ce magistrat. Après avoir consulté à cet égard le comité de l'intérieur du conseil d'Etat, établi près de mon ministère, j'ai pensé, d'une part, qu'il fallait distinguer entre la délégation générale par laquelle le préfet charge le secrétaire général de le remplacer, pendant son absence, dans toute la plénitude de ses fonctions, et une simple délégation spéciale, par laquelle le premier chargerait le second de tenir sa place dans telle ou telle opération administrative : d'autre part, qu'il fallait également distinguer entre les conseils formés pour les opérations ordinaires de l'administration active, discrétionnaire ou gracieuse, et ceux qui ont un caractère mixte, soit que, comme les conseils de préfecture, ils aient une existence indépendante, et participent en quelque sorte à l'ordre judiciaire, en prononçant sur les matières contentieuses; soit que, comme les conseils de révision, ils soient composés d'agents de l'administration civile et de l'administration militaire réunis pour des opérations qui ne sont point exclusivement du ressort de la première de ces administrations.

Lorsque le secrétaire général remplace le préfet absent ou malade, en vertu d'une délégation générale, qui peut lui être faite d'après les dispositions de l'ordonnance du 29 mars 1821, il exerce réellement, comme préfet par *intérim*, toute la plénitude de ses fonctions ; dès lors il doit présider, en son lieu et place, tous les conseils dont la présidence est déférée à ce magistrat, sans exception.

Il n'en est pas de même s'il ne s'agit que d'une délégation spéciale confiée par le préfet au secrétaire général. Le préfet peut sans doute le substituer à sa place pour présider ou diriger les conseils dont les opérations ne sortent point de la sphère ordinaire, intérieure et propre de l'administration, par la raison que ces conseils ne sont qu'une aide donnée à l'action administrative : mais ces sortes de délégations ne doivent point s'étendre aux conseils mixtes que le préfet préside à un autre titre, pour un autre motif, comme chef de l'administration civile dans le département, comme réunissant la plénitude et l'ensemble des fonctions qui appartiennent à ce caractère public. Le secrétaire général ne pouvant recevoir ce caractère lorsque le préfet le conserve, et que la plénitude des fonctions principales est exercée par ce magistrat, il serait contraire à la fois à l'esprit des règles établies, à l'intérêt du service et aux convenances, que le secrétaire général pût être alors appelé à remplacer le préfet dans ces sortes de conseils.

Ainsi dorénavant, lorsqu'en l'absence ou pendant la maladie du préfet, le secrétaire général sera appelé à le remplacer en vertu d'une délégation générale conférée par un arrêté régulièrement pris, il pourra et devra même présider, au lieu du préfet, tous les conseils dont la présidence est attribuée à ce dernier.

Mais hors ce cas, il ne pourra être chargé, par une mission particulière et spéciale, de remplacer le préfet que dans les simples conseils formés pour assister l'administration active dans ses opérations ordinaires, et non pas dans les conseils qui ont par eux-mêmes une autorité propre ou de nature mixte, tels que ceux de préfecture ou de révision, conseils où le secrétaire général ne doit ni présider, ni même voter.

Foires et marchés.

8 novembre 1822.

Le Ministre de l'intérieur aux Préfets.

On se plaint avec juste raison de la multiplicité des foires ; et cependant chaque jour le gouvernement est sollicité d'en ériger de nouvelles. Les autorités locales, quoique naturellement portées à seconder les vœux de leurs administrés, reconnaissent, quand elles s'expriment d'une manière générale, que ces réunions sont le plus souvent sans intérêt, qu'elles occasionnent des déplacements inutiles et coûteux aux marchands et aux particuliers ; que si quelques-unes, heureusement combinées, sont propres à fournir un aliment à l'industrie, on détruit ce bien en voulant l'étendre ou le partager. Le véritable commerce ne peut ainsi se déplacer continuellement : l'appeler chaque jour d'un canton à l'autre, ce serait, au lieu de favoriser ses progrès, le changer en un colportage insignifiant.

Lorsque la vente dans une commune appartenait exclusivement à ses marchands domiciliés, une foire qui suspendait momentanément leur privilége, pour admettre les forains à la concurrence, pouvait être une concession utile aux commerçants des autres villes et agréable aux consommateurs; mais sous une législation qui autorise tout marchand patenté à exercer dans le royaume entier, quand chacun peut venir toute l'année faire ce qui n'était permis autrefois qu'au temps d'une foire, l'on ne voit point de motifs pour en ériger de nouvelles. Une telle concession n'est plus la permission accordée à une commune d'inviter ses voisins à se déplacer à jour marqué, sans but utile; et ces sortes de rendez-vous ne sont acceptés, le plus souvent, que par l'oisiveté et la débauche.

Si les foires amenaient un véritable commerce, on se bornerait en chaque lieu aux bons effets de celles qu'on aurait obtenues. Mais une demande continuelle de multiplier ces réunions prouve combien chacune est réellement insignifiante. On n'espère tirer quelque fruit que de leur grand nombre, ou bien on essaie de voir si, à force de redoubler les épreuves, on rencontrera par hasard quelque époque qui détermine enfin un peu de concours.

Dans l'état actuel, les anciennes foires sont des habitudes contractées qu'il est juste et utile de ne point contrarier; mais il n'y a qu'un grand intérêt qui puisse déterminer des habitudes nouvelles. On n'en établit pas par concession, et quand on le pourrait, le gouvernement, dans sa justice impartiale et dans sa prévoyance, aurait à se tenir en garde contre ce qui ne tendrait qu'à porter sur un point les affaires qui se font, à moins de frais, dans leurs places naturelles.

Les villes découvrent quelquefois d'anciens titres de foires tombées en désuétude, et redemandent ces institutions oubliées depuis plus ou moins longtemps; mais il n'y a aucune différence entre une création nouvelle, et le renouvellement des institutions qui n'ont pu s'établir ou se soutenir, même dans l'état de choses qui en avait déterminé la formation.

Enfin, on réclame aussi, tous les jours, des changements dans l'époque des foires obtenues. Cette demande est l'aveu qu'elles n'ont point de succès. On essaie de les porter à d'autres temps, par le même motif qui fait tenter ailleurs de redoubler le nombre de ces réunions lorsqu'on voit le peu de résultat de celles qu'on possède; mais en changeant de jours, on risque, de plus, de déranger les habitudes réellement prises, à l'aide desquels, de tant de foires créées, il en est quelques-unes qui ont conservé leur utilité et retenu le concours du commerce.

D'après ces motifs réunis, j'ai voulu vous avertir de la disposition où je suis de ne proposer à l'approbation de Sa Majesté qu'un très-petit nombre d'érections ou de changements de foires, et uniquement dans le cas où il sera démontré que ces demandes sont fondées, non sur de simples espérances ou sur le faible intérêt de quelque augmentation dans les consommations momentanées d'une localité, mais sur des avantages sensibles, certains et étendus, réclamés par l'industrie française, soit agricole, soit commerciale. Je vous recommande de ne me présenter de projets de cette nature qu'avec ces conditions. Vous continuerez, autant qu'il sera possible, à en faire délibérer le conseil général du département. Mais, en considérant son avis comme décisif, quand il tend à repousser une demande de cette espèce, je ne puis m'engager à lui donner le même poids, quand il a pour objet d'appuyer la sollicitation d'une commune. Cette recommandation, toute respectable qu'elle est, me prouvera qu'aucun intérêt local ne s'oppose à la demande, mais il restera l'intérêt général que je suis tenu de consulter.

Les marchés ont une grande analogie avec les foires, et je crois devoir vous prévenir que c'est par les mêmes principes que je prononcerai sur les demandes que vous me transmettriez pour en établir de nouveaux ou pour en changer la tenue.

Ingénieurs. — Règles pour les congés.

30 novembre 1822.

Le Directeur général des ponts et chaussées et des mines aux Préfets.

Le service des ponts et chaussées a pris, depuis plusieurs années, de notables accroissements. Les travaux des canaux et des grands ponts reçoivent une activité nouvelle; ils exigent le concours de beaucoup d'ingénieurs, et j'ai été obligé de réduire temporairement dans quelques départements le nombre de ceux qui sont employés aux ouvrages ordinaires.

Dans une telle conjoncture, les ingénieurs sentiront facilement qu'ils doivent plus que jamais se consacrer tout entiers au service confié à leurs soins, et que ce service serait compromis, s'ils le quittaient un seul instant. De nombreuses demandes de congés m'ont été adressées dans ces derniers temps; il est même arrivé quelquefois que plusieurs ingénieurs d'un même département en ont été absents à la fois, et leur absence n'avait pas toujours pour cause des circonstances vraiment impérieuses.

Ces circonstances seules pourront désormais me déterminer à accorder de nouveaux congés. Les ingénieurs auront soin d'en justifier d'une manière positive, à l'appui des demandes qu'ils formeront, et qui devront toujours me parvenir par votre intermédiaire, afin que vous puissiez en apprécier les motifs, et me donner votre avis. Celui de l'ingénieur en chef accompagnera aussi, suivant l'usage établi, les demandes présentées par les ingénieurs ordinaires.

Animés, comme ils le sont tous, du sentiment de leurs devoirs, tous, j'aime à le penser, entreront avec empressement dans les vues que je viens de manifester pour le bien du service.

Inventaires des mobiliers et des papiers des bureaux des ingénieurs.

30 novembre 1822.

Le Directeur général des ponts et chaussées et des mines aux Préfets.

Les décrets des 25 août 1804 et 18 novembre 1810 exigent qu'il soit fait un inventaire détaillé de tous les plans, papiers et cartes, des instruments et du mobilier appartenant à l'État, et existant dans les bureaux des ingénieurs ordinaires des ponts et chaussées et des mines; le double de cet inventaire devait être adressé à la direction générale.

Cette disposition a dû être observée; d'ailleurs, toutes les fois qu'un ingénieur a pris possession d'un département ou d'un arrondissement, il a été tenu de donner à celui qu'il a remplacé une reconnaissance de la remise qui lui a été faite de tous les objets du bureau : mais cette partie du service a besoin d'être complétement régularisée, car il importe que ce qui est la propriété de l'État soit bien connu et distingué des objets appartenant en propre aux ingénieurs, et qu'ils ont payés de leurs deniers.

Je vous prie, en conséquence, de me faire parvenir, par l'intermédiaire de l'inspecteur divisionnaire, l'inventaire détaillé et complet du mobilier et des papiers existant dans votre bureau et qui appartiennent à l'État.

Cet inventaire sera divisé en quatre parties.

La première comprendra tous les papiers relatifs à votre service, c'est-à-dire ce qui fait le fonds des archives du bureau de chaque ingénieur; et vous aurez soin de faire une mention exacte des cartes et plans, tant anciens que nouveaux, qui se rattachent à ce service.

La seconde comprendra les livres et les cartes et plans de toute espèce qui auraient été fournis par l'administration, comme les cartes de *Cassini*, etc.

La troisième, tous les instruments qui auraient été également payés par le gouvernement.

Enfin, le mobilier, dans lequel on comprend les tables, bureaux, tablettes, cartons, etc., formera la quatrième partie de cet inventaire.

Les ingénieurs ordinaires, aspirants ou élèves employés sous vos ordres, devront vous adresser des inventaires semblables, en ce qui concerne leurs bureaux. Je vous serai obligé de me les transmettre par l'intermédiaire de l'inspecteur divisionnaire, après avoir été vérifiés et visés par vous.

Les inspecteurs conserveront un double de ces états, et ils auront soin de les vérifier dans leurs tournées. Vous devez, à cet effet, leur donner avis, ainsi qu'à moi, des changements ou augmentations qui pourront survenir dans votre bureau et dans ceux des ingénieurs ordinaires.

Tables décennales de l'état civil. — Avances pour papier timbré.

10 décembre 1822.

Le Ministre de l'intérieur aux Préfets.

Il doit être procédé, dans les six premiers mois de 1823, en exécution du Code civil et du décret du 20 juillet 1807, à la confection des tables décennales des registres de l'état civil.

Des greffiers ont demandé qu'on leur facilitât les moyens de se procurer le papier timbré dont ils ont besoin, sans être obligés d'en payer immédiatement le prix à la régie de l'enregistrement ; mais la loi du 28 avril 1816 défend que, sous aucun prétexte, il soit fait crédit de droits de timbre.

J'ai reconnu toutefois que la confection des tables pourrait être retardée par les embarras pécuniaires de quelques greffiers; pour les lever, et en même temps accélérer leur travail, je vous autorise à avancer à ceux qui le demanderaient, sur le fonds des dépenses imprévues, le prix du papier à employer pour la table destinée à la préfecture. Vous compléterez le payement des frais d'expédition sur le même fonds, lorsque cette table aura été vérifiée et vous sera livrée.

Au moyen de cette avance, les greffiers pourront dresser immédiatement la table, et acheter ensuite, pour la copie de cette table destinée aux communes, le papier timbré nécessaire, qui leur serait remboursé sur les caisses communales.

Droits d'octroi sur la morue.

18 décembre 1822.

Le Conseiller d'État chargé de l'administration générale des communes, des hospices, etc., aux Préfets,

Des plaintes sont journellement adressées, par les chambres de commerce, au sujet des droits d'octroi dont la morue est frappée à l'entrée d'un assez grand nombre de villes du royaume.

Elles exposent que la perception de ces droits nuit à la consommation de la morue, en augmentant le prix de cette denrée, qui, en général, sert spécialement à la nourriture de la classe pauvre; qu'elle influe, par conséquent, sur les succès des pêches françaises, et qu'elle contraste d'ailleurs avec les primes et encouragements que le gouvernement accorde pour le soutien et la protection de ces pêches, dont l'utilité pour la marine de l'État, à laquelle elles fournissent des marins, et pour la construction des navires, ne peut être douteuse.

Ces considérations paraissent aux ministres de l'intérieur et de la marine assez puissantes pour appeler toute votre attention sur l'objet des réclamations.

L'ordonnance du 9 décembre 1814 classant le poisson de mer parmi les comestibles susceptibles d'être assujettis aux taxes d'octroi, l'article 147 de la loi du 28 avril 1816 donnant encore plus de latitude aux conseils municipaux pour la désignation des objets de consommation qui peuvent être compris dans les tarifs, le gouvernement s'est abstenu jusqu'à présent, soit de réduire, soit de supprimer les droits votés sur la morue par les conseils municipaux.

Mais il vous appartient de fixer l'attention de ces conseils sur les inconvénients que la perception de ces droits présente, et de les engager, lors de la révision ou du renouvellement successifs des tarifs, sinon à les supprimer entièrement, dans le cas où les besoins des localités s'y opposeraient, du moins à les réduire à un taux tellement modéré, que le recouvrement ne puisse plus exercer d'influence fâcheuse sur le débit et la consommation de cette denrée.

Il vous sera facile d'apprécier les avantages qui pourront résulter du succès de vos efforts; je laisse à votre zèle pour le bien public le soin de répondre, sous ce rapport, dans l'intérêt général, au vœu du gouvernement.

Je saisis cette occasion pour vous inviter à me transmettre désormais, avec la plus grande exactitude, quelques exemplaires imprimés de chacun des tarifs et règlements d'octroi approuvés par le roi pour les communes de votre département.

J'ai souvent besoin de consulter ces actes, et je vois avec peine qu'ils se trouvent en très-petit nombre dans les bureaux du ministère.

Vous êtes dans l'usage de faire cet envoi à l'administration des contributions indirectes; je vous invite à veiller à ce qu'il me soit fait simultanément.

Brevets d'invention. — *Versement de la taxe au trésor* (1).

21 décembre 1822.

Le Ministre de l'intérieur aux Préfets.

Le produit de la taxe des brevets d'invention, de perfectionnement et d'importation, sera versé au trésor royal, à partir du 1er janvier prochain. Quelques dispositions, dont je vais vous donner connaissance, ont été arrêtées à cet effet entre le département des finances et celui de l'intérieur.

Toute personne qui, à dater du 1er janvier 1823, voudra présenter au secrétariat de votre préfecture une demande en brevet, sera préalablement tenue, 1° de compter à la caisse du receveur général une somme de *cinquante francs*, montant des frais d'expédition du titre qu'elle se proposera d'obtenir ; plus la première moitié de la taxe de ce titre, savoir : *cent cinquante francs*, si elle en fixe la durée à cinq ans ; *quatre cents francs*, si elle l'étend à dix, et *sept cent cinquante francs*, si son désir est d'avoir pendant quinze années la jouissance exclusive des principes, procédés et moyens dont elle se déclarera l'inventeur ou l'importateur ; 2° de déposer à la même caisse une obligation ou soumission de payer, dans le terme de six

---

(1) Les dispositions de cette circulaire ont été modifiées par le premier supplément à l'instruction générale du ministre des finances du 17 juin 1840, dont les articles 377, 378 et 379 sont ainsi conçus :

« 377. Les individus qui obtiennent des brevets d'invention doivent à l'Etat, pour un brevet de cinq ans, une taxe de 500 francs ; pour un brevet de dix ans, une taxe de 1,000 fr. ; pour un brevet de quinze ans, une taxe de 1,500 fr. »

« La première expédition des brevets est fournie gratuitement aux parties intéressées ; chacune des expéditions ultérieures donne lieu au payement d'un droit de 25 francs. »

« Les brevetés ont, pendant toute la durée du brevet, le droit d'apporter à l'invention des changements, perfectionnements ou additions ; ces changements, perfectionnements ou additions sont constatés par des certificats délivrés dans la même forme que le brevet principal, moyennant un droit de 20 francs par certificat. En cas de cession de brevet, tous ceux qui ont droit, aux termes de l'article 22 de la loi du 5 juillet 1844, de profiter des certificats d'addition, peuvent en lever des expéditions en acquittant le même droit de 20 francs. »

« Ainsi les droits à payer pour les brevets d'invention se composent :

« Des taxes des brevets ;
« Des droits d'expédition des brevets ;
« Et des droits de certificat d'addition ; »

« 378. Les taxes dues pour les brevets sont payables par annuités de 100 fr. Toutefois, lorsqu'un breveté cède la totalité ou partie de la propriété de son brevet, il doit acquitter la somme totale restant due sur le montant de la taxe. »

« Les demandes de brevet sont déposées au secrétariat de la préfecture du département. Aucun dépôt n'est admis s'il n'est accompagné du récépissé constatant le payement de la première annuité. Les autres annuités doivent être acquittées avant l'expiration de chaque année, sous peine de déchéance, si le breveté laisse écouler un terme sans se libérer. »

« 379. Les receveurs des finances sont chargés de recouvrer les taxes et autres droits ressortissant aux brevets d'invention ; mais leur intervention se borne à recevoir les versements qui leur sont faits et à donner décharge, motivée de ces versements, sans avoir à exercer aucune action ni diligence vis-à-vis des débiteurs. »

(N. de l'Ed.)

mois, la somme qui formera la seconde moitié et le complément de la taxe. Le receveur général délivrera au déposant une quittance des espèces qu'il aura reçues, et un récépissé de l'obligation qui aura été déposée entre ses mains. Ces deux pièces, qui devront toujours être séparées et distinctes, vous seront remises, et vous me les adresserez avec le paquet cacheté qui contiendra celles relatives à la demande.

Il n'est pas nécessaire de vous faire observer que si, aux termes de la première partie de l'article 3, titre II de la loi du 25 mai 1791, le demandeur en brevet versait tout à la fois le montant entier de la taxe et les frais d'expédition, il ne lui serait délivré qu'une seule quittance, que vous auriez à me transmettre.

Dans le cas où le titulaire d'un brevet n'acquitterait pas son obligation à l'échéance, sur l'avis qui vous en sera donné par le receveur général vous inviterez par écrit le débiteur à se libérer sans délai ; il sera nécessaire de m'en informer en même temps, afin que j'examine s'il y aura lieu de provoquer la déchéance de son titre, ainsi qu'il est prescrit par l'article 4, titre II de la loi précitée, ou de prendre à son égard toute autre mesure que je vous communiquerai, et dont vous ferez part au receveur général.

Le mode que j'ai indiqué pour le recouvrement de la première moitié de la taxe et des frais d'expédition, sera également suivi pour celui du droit de certificats d'additions et de perfectionnements, et pour celui du droit de cession et transports de brevets ; le montant de ces deux droits, dont le premier est de *vingt-quatre francs*, et le second de *dix-huit*, devra aussi être préalablement compté à la recette générale du département : vous m'en adresserez également les quittances, avec les doubles des procès-verbaux, soit de cession, soit de dépôt de pièces concernant des demandes de certificats d'additions et de perfectionnements.

Quant au droit de *douze francs* alloué, par le tarif de la taxe, au secrétaire général de la préfecture, pour un procès-verbal de dépôt de pièces et pour celui d'une cession de brevet, il continuera d'être perçu directement par ce fonctionnaire, et à son profit, à la charge par lui de pourvoir aux frais du timbre et d'enregistrement des actes dont il est question (1).

Je crois utile de vous rappeler que ces actes, où l'on mentionnera à l'avenir les quittances et les récépissés délivrés par le receveur général, doivent être faits doubles et sur papier timbré; que chaque double est signé par le requérant et par le secrétaire général de la préfecture; que celui destiné au ministère de l'intérieur (2), lequel peut être inscrit au dos du paquet cacheté contenant les pièces à l'appui des demandes, soit de brevets, soit de certificats d'additions et de perfectionnements, ou que l'on fait adhérer à ce paquet par l'application du sceau de la préfecture sur une de ses extrémités qui l'y attache, ne saurait, en aucun cas, être soustrait à la formalité de l'enregistrement ; qu'il reçoit cette formalité au droit fixe d'un franc, non compris le décime additionnel; enfin que celui des deux doubles qui n'est pas enregistré, reste déposé à votre secrétariat général.

_____

(1) Ces dispositions ont été abrogées par le loi du 5 juillet 1844 (art. 7.)
(*N de l'Ed.*)
(2) Actuellement au ministère de l'agriculture et du commerce.
(*N. de l'Ed.*)

Hospices, bureaux de charité, etc., règles de comptabilité (1).

14 février 1823.

Le Conseiller d'Etat chargé de l'administration générale des hospices et établissements de bienfaisance aux Préfets.

J'ai l'honneur de vous transmettre les instructions qui vous avaient été annoncées concernant l'administration et la comptabilité des hospices, des bureaux de bienfaisance et des enfants trouvés.

J'ai lieu d'espérer que vous y trouverez tous les éclaircissements qui vous sont nécessaires pour assurer l'exécution de l'ordonnance du roi du 31 octobre 1821, et pour réaliser, dans le service des établissements de charité de votre département, les améliorations désirables.

Elles prescrivent aux préfets d'adresser au ministre, chaque année, dans le courant d'octobre, les propositions pour le renouvellement des conseils de charité, des administrations des hospices et des bureaux de bienfaisance, en ce qui concerne les nominations qui lui sont réservées.

Dans toutes les communes où les commissions administratives des hospices et les bureaux de bienfaisance se trouvent organisés d'une manière conforme aux dispositions de l'ordonnance du 31 octobre 1821, ces administrations doivent être maintenues : il doit seulement être pourvu, pour 1823, au renouvellement du cinquième de leurs membres ; et vous ne devez point perdre de temps pour organiser, si fait n'a déjà été, les conseils de charité dans toutes les villes qui sont susceptibles d'en avoir.

Vous n'oublierez pas aussi que, suivant l'article 38 de l'ordonnance du 31 octobre, les receveurs des hospices et bureaux de bienfaisance, actuellement en fonctions et régulièrement nommés, doivent être maintenus ; que leurs remises ou leur traitement et leur cautionnement doivent demeurer fixés tels qu'ils le sont aujourd'hui. Il doit en être de même pour ceux qui, sans avoir été nommés par le ministre, exerceraient, en vertu d'une nomination des administrations locales, depuis dix ans au moins ; ce n'est qu'en cas de vacances qu'il y a lieu de procéder, soit à la nomination du receveur, soit à la fixation de son traitement et de son cautionnement, suivant les règles prescrites par l'ordonnance du 31 octobre et par les instructions que je vous transmets.

Vous voudrez bien adresser de suite un exemplaire de ces instructions à chacune des administrations des hospices de votre département ; et quant aux bureaux de bienfaisance, vous leur en enverrez des extraits, en ce qu'il leur est le plus utile de connaître.

---

(1) Cette instruction, rédigée par M. Capelle, est la première qui ait embrassé l'ensemble des services hospitaliers. Elle a été modifiée dans plusieurs de ses dispositions, notamment en ce qui concerne la comptabilité. — Voir la loi municipale du 18 juillet 1837, les circulaires des 30 mai 1827, 16 septembre 1830, 10 avril 1835, 15 décembre 1837, 2 novembre 1839 et 10 février 1840.

(*N. de l'Ed.*)

INSTRUCTIONS

Du 8 février 1823.

PREMIÈRE PARTIE. — DES CONSEILS DE CHARITÉ.

CHAPITRE 1er. — *Organisation et composition des conseils de charité.*

Le préambule de l'ordonnance du 31 octobre 1821, ses disposi-tions, et la circulaire du 2 novembre, qui en a accompagné la trans-mission, ont suffisamment fait connaître les raisons qui ont déter-miné la création des conseils de charité, et les avantages que doit produire cette association des hommes les plus considérables de cha-que localité aux soins les plus importants de la bienfaisance publi-que. Ces administrations qui auraient pu, dans les premiers mo-ments, voir une surveillance incommode là où il n'y a qu'une coopé-ration, sentiront de plus en plus que l'ordonnance du 31 octobre n'a voulu en cela que leur donner plus de force, que les entourer de plus de confiance, que mieux assurer l'assentiment public aux actes qui en ont le plus besoin, puisqu'ils disposent des intérêts des pau-vres.

Quoique ces conseils soient établis pour aider les bureaux de bienfaisance comme les commissions des hospices, afin d'unir par un lien de plus des services qui ont entre eux tant d'analogie, cepen-dant l'ordonnance a voulu qu'il n'en fût point formé dans les villes ou communes où il n'existe point d'hospices. Le motif de cette res-triction est facile à saisir. Autant il convient d'appeler des coopéra-tions utiles, autant il convient de s'en abstenir là où cette utilité n'existe point : or il serait sans objet de former des conseils de cha-rité là où ils n'auraient à s'occuper que d'intérêts assez bornés pour qu'il suffise des administrations ordinaires. De même il n'en faut point former dans les communes dont l'hospice ne présenterait qu'une trop faible importance, ou dont la population n'offrirait point assez de ressources pour composer convenablement ces conseils. Ici l'application de la mesure est laissée au discernement des préfets ; toutefois ils devront, dans ces cas, rendre compte au ministère de leurs raisons.

L'article 3 de l'ordonnance du 31 octobre 1821 déclare membres de droit des conseils de charité, les archevêques et évêques, les pre-miers présidents et procureurs généraux des cours royales, et, à défaut de ceux-ci, les présidents et procureurs du roi des tribunaux de première instance, les présidents des tribunaux de commerce, les recteurs des académies, le plus ancien des curés, les présidents des consistoires, les vice-présidents des chambres de commerce, et le plus ancien des juges de paix.

Indépendamment des membres de droit, les conseils de charité doivent, suivant le même article, être composés de cinq membres amovibles dans les villes ou communes ayant moins de cinq mille âmes, et de dix partout ailleurs ; ces membres nommés et renouve-lés dans les formes déterminées pour la nomination et le renouvel-lement des membres des commissions des hospices, et qui seront rappelées ci-après.

Pour la première formation des conseils dont la nomination ap-partient au ministre, les préfets pourront n'adresser qu'une liste double des candidats pour chaque place.

Les membres des conseils de charité doivent avoir leur domicile réel dans le lieu où siégent ces conseils. (*Art. 5 de l'ord. du 31 octobre 1821.*)

Les membres sortants des commissions des hospices et des bureaux de bienfaisance doivent être choisis de préférence pour les places vacantes dans les conseils de charité. (*Art. 6.*)

De même, pour la première formation, les membres actuels de ces commissions et de ces bureaux, qui n'y seraient point conservés par suite de leur réduction au nombre déterminé, devront, de préférence, être nommés dans les conseils de charité.

Les conseils de charité seront présidés par celui des membres de droit qui se trouvera le premier nommé dans l'article 3 de l'ordonnance du 31 octobre.

CHAPITRE II. — *Attributions des conseils de charité* (1).

Les conseils de charité se réunissent, soit avec les commissions administratives des hospices, soit avec les bureaux de bienfaisance, pour délibérer sur les objets dont la connaissance leur est attribuée par l'ordonnance du 31 octobre 1821, et qui sont :

Les budgets annuels ;
Les projets de travaux autres que ceux de simple entretien ;
Les changements dans le mode de gestion des biens ;
Les transactions ;
Les procès à intenter ou à soutenir ;
Les emprunts ;
Les placements de fonds ;
Les acquisitions, ventes et échanges d'immeubles ;
Les comptes rendus, soit par l'administration, soit par les receveurs ;
Les acceptations de legs ou donations,
Et les pensions à accorder à d'anciens employés.

Ces conseils ont tous les ans deux sessions ordinaires avec les commissions des hospices et avec les bureaux de bienfaisance. Ils peuvent être convoqués extraordinairement, mais seulement pour s'occuper des affaires qui donnent lieu à ces convocations. Les préfets déterminent d'avance les époques des sessions ordinaires, et prescrivent ou autorisent les autres réunions.

Les conseils de charité peuvent être convoqués, suivant l'article 10 de l'ordonnance du 31 octobre, lorsque des affaires intéressant à la fois les hospices et les bureaux de bienfaisance demanderont la réunion des deux administrations.

Il est évident, d'après les dispositions de l'ordonnance qui règlent et limitent l'intervention de ces conseils, que leurs attributions sont de même nature, à l'égard des administrations charitables, que les attributions des conseils municipaux à l'égard de l'administration des communes ; que, par conséquent, l'administration proprement dite leur est interdite ; qu'ils ne peuvent s'occuper que des objets qui leur sont attribués, se réunir que dans les formes et qu'en vertu des convocations exigées par l'ordonnance ; enfin que leurs délibérations ne peuvent recevoir d'exécution qu'après avoir été dûment approuvées. Ces distinctions, ces sages limites sont indispensables ; les pré-

_____

(1) Ces conseils ont été supprimés par une ordonnance du 2 avril 1831.
(*N. de l'Ed.*)

fets ne sauraient trop les faire observer : si elles étaient franchies, la responsabilité ne serait nulle part, et on tomberait peu à peu dans la confusion et dans le désordre.

Nous venons de voir que les attributions des conseils de charité sont de même nature que celle des conseils municipaux ; il y a toutefois cette différence dans l'application, que lorsque le maire rend ses comptes au conseil municipal, il ne peut être présent aux délibérations dont ils sont l'objet, tandis que l'article 8 de l'ordonnance du 31 octobre 1821 dit formellement que les conseils de charité se réuniront aux administrations charitables pour délibérer avec elles sur les diverses affaires dont la connaissance leur est attribuée par le même article et dont font partie les comptes rendus par les administrations.

C'est donc bien moins un contrôle que les conseils de charité exercent sur les actes des commissions des hospices et des bureaux de bienfaisance qui doivent leur être soumis, qu'un surcroît de lumières et de garantie qu'ils sont appelés à porter dans l'adoption de ces actes, pour l'examen desquels ces commissions et ces bureaux ne cessent point de coopérer avec eux.

L'initiative des affaires à soumettre aux conseils de charité appartient nécessairement aux commissions des hospices et aux bureaux de bienfaisance qu'elles concernent; ce qui suppose de leur part une première délibération pour les cas qui l'exigent, tels que les budgets, les comptes à rendre, etc.

SECONDE PARTIE. — DES HOSPICES.

TITRE 1ᵉʳ. — DES ADMINISTRATIONS DES HOSPICES ET DE LEURS AGENTS.

CHAPITRE 1ᵉʳ. — *Composition et organisation des administrations des hospices.*

L'article 1ᵉʳ de l'ordonnance détermine le nombre légal des membres des commissions des hospices.

Il est de règle générale qu'une même commission administrative régit les divers hospices d'une même ville. Si cependant il arrivait que, dans les grandes villes possédant plusieurs de ces établissements, il y eût nécessité, à cause de la différence de leur destination et de leurs intérêts, de former deux commissions au lieu d'une, ou que l'importance et l'étendue du service de ces établissements exigeassent la coopération de plus de cinq administrateurs, le ministre pourrait consentir à solliciter une décision du roi pour autoriser l'une et l'autre exception. Je dois toutefois faire observer que Son Excellence ne s'y déterminerait que sur des motifs assez puissants pour lui faire regarder la mesure comme absolument nécessaire, attendu, d'une part, que l'intervention des conseils de charité donne désormais aux administrations charitables une force et une garantie qu'elles n'avaient point auparavant, et que, d'autre part, l'expérience de tous les temps a suffisamment prouvé que l'administration souffre dans son action et dans sa responsabilité alors qu'elle se subdivise en un trop grand nombre de mains.

Les exceptions de cette nature seront donc extrêmement rares. Elles doivent être autorisées par le roi, puisqu'il s'agit de déroger à une ordonnance royale. Sans une telle autorisation, toute commission administrative qui ne serait point formée en vertu des dispositions de l'ordonnance du 31 octobre, serait nécessairement irrégulière, et les préfets qui en toléreraient l'existence, compromet-traient leur propre responsabilité.

Les maires sont membres et présidents nés des commissions ad-ministratives des hospices,et ils ne doivent point être comptés dans le nombre de cinq membres dont se composent ces administra-tions.

D'après l'article 1er de l'ordonnance du 6 février 1818, les mem-bres des commissions administratives des hospices sont nommés par les préfets, dans toutes les villes et communes dont ils nomment les maires.

Dans les villes dont les maires sont à la nomination du roi, les membres des administrations des hospices sont nommés par le mi-nistre de l'intérieur, sur l'avis des préfets. (*Art.* 2 *de la même ord.*) (1).

La révocation des administrateurs nommés par les préfets ne peut être prononcée que par le ministre de l'intérieur, sur le compte qui lui est rendu par les préfets. (*Art.* 3 *de la même ord.*)

Les membres des commissions administratives doivent avoir leur domicile réel dans le lieu où siégent ces administrations. (*Art.* 5 *de l'ord. du* 31 *octobre* 1821.)

Il convient d'éviter de placer dans les commissions plusieurs pa-rents, du moins lorsqu'ils se trouvent à un degré trop rapproché.

Elles doivent être renouvelées, chaque année, par cinquième. (*Ord. du* 6 *février* 1818.) Lorsqu'une administration n'a point en-core été soumise au renouvellement, la sortie des membres doit être déterminée, pendant les quatre premières années, par la voie du sort ; mais ensuite c'est le cinquième des membres de l'adminis-tration qui se trouve le plus ancien en exercice, qui doit être annuel-lement remplacé.

Il est de règle que les vacances survenues dans le cours de chaque année, par mort ou démission, comptent pour la sortie périodique. Il en résulte que, lorsque le cinquième d'une administration est re-nouvelé par suite de la mort ou de la démission d'un membre, il n'y a pas lieu à procéder dans la même année à d'autre renouvelle-ment, et le membre ainsi nommé pour remplacer un administrateur décédé ou démissionnaire prend son tour d'ancienneté à dater de sa nomination, indépendamment de la durée d'exercice que le mem-bre remplacé avait encore à remplir.

Les règles prescrites pour la nomination et le renouvellement des commissions administratives des hospices, doivent être suivies pour la nomination et le renouvellement des conseils de charité et des bureaux de bienfaisance. (*Art.* 3 *et* 4 *de l'ord. du* 31 *octobre* 1821.)

D'après l'article 5 de la même ordonnance, les mêmes individus peuvent être à la fois membres des commissions des hospices et des bureaux de bienfaisance, tandis que les membres de ces commissions et de ces bureaux ne peuvent être en même temps membres des conseils de charité. Dans plusieurs départements, les mêmes admi-nistrations régissent le service des hospices et celui des bureaux de bienfaisance, il en résulte des économies, un meilleur emploi de fonds, des secours réciproques, et par conséquent plusieurs sortes d'avantages pour les pauvres : c'est pour préparer et favoriser cette

(1) Voir l'ordonnance du 6 juin 1830.   (*N. de l'Ed.*)

réunion, partout où elle sera jugée utile, que l'article 5 à permis que les mêmes individus pussent siéger dans l'une et l'autre administration. Je remarquerai néanmoins qu'il y a ici faculté et non obligation, et qu'il n'y a lieu d'user de cette faculté que là où les convenances locales le réclament ou le permettent.

L'article 6 veut qu'à chaque renouvellement, les membres sortants des conseils de charité soient choisis de préférence pour remplir les places vacantes dans les commissions administratives et dans les bureaux de bienfaisance, et que de même les membres sortants de ces administrations soient préférés pour les places vacantes dans les conseils de charité.

Les motifs de cette disposition s'expliquent facilement: c'est pour conserver les traditions, pour offrir aux personnes qui veulent bien se consacrer aux soins charitables, la perspective d'une plus longue utilité, et par conséquent pour les y intéresser davantage.

La nouvelle ordonnance ne prescrit, pour les renouvellements, d'autres conditions d'éligibilité, que celles qui résultent de l'article dont il vient d'être parlé. Toutefois, il sera convenable, lorsque les membres sortants des conseils, des commissions et des bureaux, ne seront point en nombre suffisant pour les remplacements réciproques, que les préfets demandent, selon les cas, aux uns ou aux autres, une présentation de candidats ; bien entendu que cette présentation ne servira qu'à éclairer les choix et ne sera point obligatoire.

Dans tous les cas, les préfets présenteront au ministre, quant aux nominations qui lui sont réservées, trois candidats pour chaque place vacante ; et ils lui adresseront, tous les ans, leurs propositions, pour ces nominations, dans le courant d'août ou de septembre. Ce travail, rédigé en forme de tableau, devra être transmis *en double expédition.*

Les préfets adresseront également à Son Excellence, avant le 1er décembre, un relevé des nominations qu'ils auront faites, en exécution de l'article 1er de l'ordonnance du 6 février 1818.

Le ministre ne pourrait qu'attribuer à un défaut de soin et de zèle tout retard dans ces opérations : il importe au bon service et au bon exemple que tous les renouvellements soient opérés avant le 1er janvier de chaque année.

CHAPITRE II. — *Des agents et employés des hospices.*

Section 1re. — *Des receveurs.*

Les receveurs des hospices sont nommés par le ministre de l'intérieur, sur une liste de trois candidats présentés par les commissions administratives, et sur l'avis des préfets. (*Art. 22 de l'ord. du* 31 *octobre* 1821.) (1).

Ils sont chargés de recouvrer tous les revenus et de payer toutes les dépenses.

Il ne peut y avoir qu'un receveur pour les divers hospices d'une même ville.

Ils ne peuvent être membres de l'administration, ni parents ou alliés d'aucun de ces membres, jusqu'au degré de cousin germain inclusivement.

_____

(1) Voir l'ordonnance du 6 juin 1830.   (*N. de l'Ed.*)

Ils ne peuvent se rendre adjudicataires des biens des établissements dont ils sont receveurs.

Ils ne peuvent être pris parmi :

Les membres et greffiers des tribunaux,

Les juges de paix et leurs greffiers. (*Loi du* 24 *vendémiaire an* III.)

Ils ne peuvent être choisis parmi les notaires qu'en vertu d'une exception spéciale motivée sur les localités. (*Loi du* 25 *ventôse an* II.)

Les conseillers de préfecture ne peuvent non plus être chargés de semblables perceptions, attendu qu'ils sont appelés à statuer sur les comptes des receveurs.

Lorsque les recettes des hospices, réunies aux recettes des bureaux de bienfaisance, n'excèdent pas 20,000 francs, elles sont confiées à un même receveur ; lorsqu'elles n'excèdent pas 10,000 francs, elles sont confiées au receveur municipal. Il peut n'y avoir qu'un même receveur pour les hospices et les bureaux de bienfaisance, et leurs recettes réunies peuvent être confiées au receveur municipal, lors même qu'elles s'élèvent au-dessus des proportions ci-dessus déterminées ; mais, dans ce cas, la mesure ne peut avoir lieu que du consentement des administrations respectives et des conseils de charité. (*Art.* 24 *de l'ord. du* 31 *octobre* 1821.)

La disposition qui prescrit de confier au receveur municipal les recettes des hospices, lorsque, réunies aux recettes des bureaux de bienfaisance, elles n'excèdent pas 10,000 francs, ne doit toutefois être considérée comme obligatoire que là où le receveur municipal a son domicile dans la commune où l'hospice est situé. Il y aurait trop de gêne pour le service à confier les recettes et surtout les payements à un comptable qui en serait éloigné de plusieurs lieues ; ici la force des choses doit nécessairement servir à interpréter la règle : elle doit s'exécuter partout ailleurs, lors même que des personnes offriraient de se charger de la recette à titre gratuit.

Cette disposition a eu pour but non-seulement de procurer dans plusieurs cas des économies, mais de porter plus de régularité, plus de garantie dans la comptabilité. L'expérience en faisait de plus en plus sentir le besoin. Ici l'absence des formes qui importent au bon ordre compromet à la fois la responsabilité des gérants, celle des surveillants, et les intérêts des pauvres, qui souffrent de toute négligence, de toute omission dans les recettes, de tout laisser-aller dans les payements. C'est principalement pour les hospices qui, n'ayant que de faibles revenus, ne peuvent donner à un comptable que de modiques rétributions, que ces inconvénients se sont fréquemment fait sentir. Celui qui se charge par zèle et gratuitement des soins dont il s'agit, n'est pas toujours exempt des inconvénients dont on vient de parler, parce qu'il se soumet rarement aux formes qui seules sont conservatrices en pareille matière. On n'aura rien à redouter de semblable en confiant ces petites recettes aux receveurs municipaux, habitués aux règles de la comptabilité, et offrant par cela même des garanties dont on ne peut se passer.

Il n'échappera point aux préfets, ni aux administrations charitables, que les dispositions de la nouvelle ordonnance qui concernent les recettes, les payements et les comptes, ont eu en vue d'arriver à un meilleur ordre de choses ; que tout est de rigueur, tout obligatoire, dans ses dispositions ; que, par conséquent, ils ne sauraient trop tenir la main à les faire observer.

Le cautionnement et les remises des receveurs des hospices sont fixés par le ministre, sur la proposition des commissions administratives et l'avis des préfets, en observant les proportions déterminées pour le cautionnement et les remises des receveurs des communes. (*Art.* 22 *de l'ord. du* 31 *octobre* 1821.)

D'après l'analogie consacrée par cette disposition, le cautionnement des receveurs des hospices doit être fixé au *dixième* des recettes ordinaires de ces établissements. (*Art.* 83 *de la loi du* 28 *avril* 1816.)

Quant aux remises, elles doivent être, en appliquant les dispositions du décret du 24 août 1812, fixées :

A raison de quatre pour cent sur les premiers 20,000 francs des recettes ordinaires, pour les hospices dont les recettes se trouveront confiées aux receveurs des communes ;

A raison de cinq pour cent sur les premiers 20,000 francs des recettes ordinaires, pour les hospices dont les recettes seront confiées à des receveurs spéciaux ;

Et pour tous les hospices, à raison d'un pour cent sur toutes les sommes excédant 20,000 francs, jusqu'à un million, et de demi pour cent sur toutes celles qui s'élèvent au delà d'un million (1).

Ces tarifs ne sont qu'énonciatifs du *maximum* des traitements, lesquels sont fixés, ainsi qu'on l'a dit, par le ministre, sur la proposition des commissions administratives et l'avis des préfets. Il serait superflu d'insister sur la convenance de rester, dans les fixations desdits traitements, surtout pour les recettes considérables, au-dessous du *maximum* des remises, toutes les fois qu'on le pourra sans exposer les garanties nécessaires.

Suivant l'article 22 de l'ordonnance du 31 octobre 1821, les receveurs des hospices pourront être autorisés à faire leur cautionnement en immeubles, et leurs remises pourront être augmentées par exception, mais seulement là où des circonstances particulières l'exigeront, sur la proposition des commissions administratives et l'avis des conseils de charité.

Lorsqu'il y aura lieu à changement du receveur d'un hospice, la fixation de son traitement et de son cautionnement sera soumise au ministre, suivant les règles qui viennent d'être établies (2).

Les cautionnements en numéraire sont versés, à titre de dépôt et de prêt, dans les caisses des monts-de-piété. S'il n'y a point de mont-de-piété dans la ville où sont les établissements de charité, et qu'il y en ait un dans le département, celui-ci reçoit le dépôt. S'il y en a plusieurs, le préfet désigne celui qui doit le recevoir. S'il n'y en a pas dans le département, la désignation est faite par le ministre de l'intérieur. (*Art.* 23 *de l'ord. du* 31 *octobre* 1821.)

Les monts-de-piété payent l'intérêt de ces dépôts au taux qui est réglé pour l'intérêt des cautionnements versés dans les caisses de l'Etat.

En cas de remplacement ou de décès d'un receveur, le cautionnement qu'il a fourni n'est remboursé, à lui ou à ses ayants cause, qu'en vertu d'une décision du ministre ; et cette décision n'est prise que sur un arrêté du préfet ; constatant que le receveur a rendu ses comptes dans les formes voulues par les règlements, qu'ils ont été définitivement approuvés, et qu'il a été déclaré quitte et déchargé de sa gestion.

Dans le cas où il aurait cumulé avec ses fonctions celles de rece-

---

(1) Voir les ordonnances des 17 avril et 23 mai 1839.　　(*N. de l'Ed.*)
(2) Voir le décret du 6 juin 1850 qui règle le mode de cautionnement à fournir.
　　　　　　　　　　　　　　　　　　　　(*N. de l'Ed.*)

veur de la commune ou d'un autre établissement public, son cautionnement comme receveur d'hospice ne sera remboursé qu'autant qu'il aura obtenu également son *quitus* pour ses autres ge ons, et que le préfet en aura fait la déclaration.

Section II. — Des contrôleurs et agents comptables.

On a reconnu utile, dans les hospices dont les revenus sont considérables, de faire contrôler les recettes et les payements qu'autant par un préposé spécial, sous le titre de *contrôleur*; et aussi de faire seconder les administrateurs, pour la direction du service intérieur, par des préposés auxquels on donne la dénomination d'*agents* ou d'*économes*.

Les *économes* reçoivent des mains du receveur de l'établissement tous les produits en nature, et dressent, pour en constater l'entrée dans les magasins, des procès-verbaux dont une expédition est remise au receveur pour sa décharge.

Ils emploient ces produits sur les mandats des ordonnateurs, et rendent en fin d'année un compte du mouvement des magasins qui leur sont confiés.

En aucun cas, ils ne peuvent avoir un maniement de deniers, si ce n'est pour les menues dépenses, ainsi qu'il sera expliqué au chapitre III du titre IV.

En conséquence, soit qu'il devienne nécessaire d'acheter des denrées ou grains pour subvenir aux besoins de l'établissement, soit qu'il y ait lieu, au contraire, à vendre des parties de grains ou denrées excédant les besoins du service, les économes dressent l'état de situation des magasins. Sur le vu de cet état, l'administration prend les mesures prescrites ci-après (titre II, chapitre II) pour les adjudications; et lorsque l'adjudication est passée, l'acte est remis au receveur de l'établissement, qui recouvre le produit des ventes ou acquitte le prix des achats.

D'après l'article 18 de l'ordonnance du 31 octobre 1821, les économes ou agents comptables sont nommés par les préfets, sur la présentation de trois candidats par les commissions administratives.

La même règle doit s'appliquer aux *contrôleurs*.

Ces agents sont révocables par les préfets; mais leur révocation n'est définitive qu'après avoir été approuvée par le ministre.

Section III. — Des médecins, chirurgiens et pharmaciens.

Les médecins, chirurgiens et pharmaciens des hospices, sont également nommés par les préfets, sur la présentation de trois candidats désignés par la commission administrative. (*Art. 18 de l'ord. du 31 octobre 1821.*)

Leur révocation ne peut avoir lieu que comme il a été dit pour les contrôleurs et économes.

D'après l'article 27 de la loi du 19 ventôse an XI, les médecins et chirurgiens chargés en chef du service des hospices ne peuvent être pris que parmi des médecins et chirurgiens reçus suivant les anciennes formes, ou par des docteurs reçus suivant les formes nouvelles.

Cette règle ne peut recevoir d'exception que dans le cas où il ne se trouve pas de docteurs dans les lieux où les hospices sont situés,

ou lorsque ceux qui y existent ne réunissent pas les qualités nécessaires pour que le service des hospices puisse leur être confié.

Il ne peut être créé aucune nouvelle place de médecin, chirurgien
ou pharmacien, dans les hospices, sans l'autorisation du ministre.
(*Déc. du 15 mars* 1816.)

Section IV. — Des employés et servants

Les employés, autres que ceux désignés dans les sections précédentes, les servants domestiques, infirmiers et gens de peine attachés à l'administration et au service des hospices, sont à la nomination de l'administration, et révocables par elle. (*Art.* 18 de *l'ord.
du* 31 *octobre* 1821.)

Le nombre et les traitements des employés et gens de service sont
réglés par le préfet, sur la proposition de la commission administrative.

Les commissions administratives et les préfets doivent veiller,
avec la plus sévère attention, à ce que le nombre des employés ne
dépasse pas celui qu'exigent strictement les besoins du service : on
ne saurait trop se prémunir contre l'abus d'employer à salarier des
préposés inutiles des revenus destinés à soulager le pauvre. L'expérience a prouvé que, dans les hôpitaux de malades, il suffit en général que le nombre des employés et servants attachés au service
direct des malades soit réglé à raison d'un pour dix malades, et
que dans les hospices de valides il peut n'être que d'un pour quinze
indigents. Les préfets prendront soin que ces proportions ne soient
pas dépassées, à moins de circonstances particulières.

Section V. — Des sœurs hospitalières (1).

Le service intérieur des hospices peut être confié à des sœurs de
charité tirées des congrégations hospitalières autorisées par le gouvernement.

Les commissions administratives se concertent avec les congrégations hospitalières pour régler le nombre des sœurs à attacher
aux hospices, et les conditions de leur admission ; mais les conventions qu'elles arrêtent à cet égard ne sont définitives qu'après avoir
été approuvées par le ministre, sur l'avis des préfets. (*Déc. du*
18 *février* 1809.)

Les sœurs de charité attachées au service des hospices son placées, quant aux rapports spirituels, sous la juridiction de l'évêque
du diocèse dans lequel les hospices sont situés. Elles sont placées,
quant aux rapports temporels, sous l'autorité des administrations
des hospices, et tenues de se conformer aux règlements de ces établissements.

Les sœurs que leur âge ou leurs infirmités rendraient incapables
de continuer leur service, pourront être conservées à titre de repo-
santes, à moins qu'elles n'aiment mieux se retirer, auquel cas il
pourra leur être accordé des pensions, si elles ont le temps de service exigé et si les revenus des hospices le permettent. (*Art.* 19 de
l'ord. du 31 *octobre* 1821.)

---

(1) Voir le règlement du 26 septembre 1839.   (*N. de l'E.*)

TITRE II. — DE L'ADMINISTRATION INTÉRIEURE DES HOSPICES.

CHAPITRE 1ᵉʳ. — *Des assemblées de l'administration et des règlements.*

Les commissions administratives des hospices ne doivent délibérer qu'à la majorité des membres qui les composent.

Elles élisent, tous les six mois, dans leur sein, un vice-président, qui supplée, en cas d'absence, le maire, président né.

L'ordonnance du 31 octobre 1821 n'a point dérogé aux dispositions du décret du 31 juillet 1806, d'après lequel les fondateurs d'hospices qui se sont réservé, par leurs actes de libéralité, le droit de concourir à la direction des établissements qu'ils ont dotés, et d'assister, avec voix délibérative, aux séances de leur administration, ont dû être rétablis dans l'exercice de ces droits, pour en jouir concurremment avec les commissions administratives.

D'après le même décret, le ministre doit fixer, sur une proposition spéciale des préfets et l'avis des commissions administratives, les règles suivant lesquelles les droits des fondateurs seront exercés, et ceux-ci doivent se conformer aux lois et règlements qui dirigent l'administration des hospices.

Ces dispositions sont applicables aux héritiers des fondateurs décédés, appelés par les actes de fondations à jouir des droits mentionnés dans l'article 1ᵉʳ du même décret. (*Art. 2.*)

Ainsi les fondateurs ou héritiers des fondateurs qui ont été ou qui seraient rétablis dans les droits qui leur avaient été réservés, continueront d'assister aux séances des commissions administratives avec voix délibérative.

Le service intérieur de chaque hospice doit être régi par un règlement particulier proposé par la commission administrative et approuvé par le préfet. (*Art. 17 de l'ord. du* 31 *octobre* 1821.)

Il est à désirer que ces règlements soient rédigés dans un ordre uniforme; ils doivent déterminer:

1º Le nombre et l'ordre des séances des commissions administratives;

2º La nature des maladies et des infirmités qui sont traitées dans chaque hospice;

3º Le nombre des lits assignés à chaque espèce d'indigents;

4º Le mode d'admission et de renvoi des indigents et des malades;

5º La tenue des livres et registres;

6º Le nombre, la classification et les attributions des employés et gens de service;

7º Le régime alimentaire des diverses classes d'employés et d'indigents par portions entières, demi-portions et quarts de portions;

8º L'organisation du service de santé;

9º Les règles à suivre pour l'inspection et l'entretien des bâtiments des hospices et de leur mobilier;

10º Les règles particulières de comptabilité à suivre dans chaque établissement;

11º La police intérieure des hospices.

Les commissions administratives doivent s'occuper immédiatement de rédiger un semblable règlement pour les hospices qui n'en ont pas, et de reviser, d'après ces nouvelles instructions, les règlements déjà existants.

Les préfets veilleront à ce que les règlements de tous les hospices de leurs départements soient examinés et approuvés par eux dans le cours de 1823.

A mesure que chaque règlement sera approuvé, ils en enverront une copie au ministre, pour qu'il puisse leur adresser les observations auxquelles ces règlements pourraient donner lieu.

Les commissions administratives adresseront, au commencement de chaque trimestre, aux préfets, l'état du mouvement de la population des établissements confiés à leur administration, pour le trimestre précédent.

Les préfets dresseront et enverront au ministre, dans le mois de février de chaque année, un relevé de ces états.

CHAPITRE II. — *Des approvisionnements et du mobilier.*

Suivant l'article 8 de la loi du 16 messidor an VII, tout marché, pour fournitures d'aliments ou autres objets nécessaires aux hospices, doit être adjugé, dans une séance publique de la commission, en présence de la majorité des membres, après affiches mises un mois avant l'adjudication. L'adjudicataire doit fournir un cautionnement déterminé dans le cahier des charges, et le marché doit ne recevoir son exécution qu'après avoir été approuvé par le préfet.

Il existe cependant quelquefois, soit dans la nature des approvisionnements, soit dans les localités, des circonstances qui peuvent rendre la voie des marchés à l'amiable préférable à celle des adjudications publiques. Jusqu'à présent, le ministre seul était compétent pour autoriser des exceptions ; elles pourront être désormais autorisées par les préfets, qui sentiront sans doute la nécessité de s'y refuser et de faire observer la règle générale, alors surtout qu'il s'agira d'approvisionnements considérables, et que des motifs suffisants ne détermineront pas l'exception.

Il doit être dressé, dans chaque hospice, par les soins de la commission administrative, un inventaire exact et complet du mobilier de l'établissement.

Les objets mobiliers achetés dans le cours de l'année, et ceux qui auront été mis hors de service, doivent y être exactement notés ; et, à la fin de chaque année, l'inventaire sera soumis à un entier récolement.

CHAPITRE III. — *De l'exercice du culte.*

Les administrations des hospices ne peuvent établir des chapelles ou des oratoires particuliers dans l'intérieur de ces établissements, qu'après en avoir obtenu l'autorisation du gouvernement, sur l'avis du préfet et celui de l'évêque diocésain. (*Loi du* 18 *germinal an* X.)

Les aumôniers et chapelains attachés aux hospices sont nommés par les évêques diocésains, sur la présentation de trois candidats proposés par les commissions administratives. (*Art.* 18 *de l'ord. d* 31 *octobre* 1821.)

Tout le casuel provenant de l'exercice du culte dans les chapelles ou oratoires des hospices doit tourner exclusivement au profit de ces établissements, et rentrer dans la masse de leurs revenus.

Les aumôniers et chapelains attachés aux hospices doivent être tenus d'exécuter les fondations pour services religieux dont ces établissements se trouvent chargés.

TITRE III. — DE LA GESTION DES BIENS.

CHAPITRE 1er.—*Des Biens-fonds.*

Section 1re. — Dispositions générales.

D'après un avis du conseil d'Etat, approuvé le 7 octobre 1809, les administrations des hospices ne devaient exploiter par elles-mêmes aucune de leurs propriétés, sans y avoir été formellement autorisées, savoir, par les préfets, lorsque les propriétés sont d'un revenu de 1,000 fr. et au-dessous; par le ministre de l'intérieur, lorsque le revenu est au-dessus de 1,000 francs et au-dessous de 2,000; et par le roi, lorsque le revenu excède 2,000 francs.

Le roi a voulu, par son ordonnance du 31 octobre 1821, diminuer les formalités auxquelles étaient assujetties les affaires des hospices; et d'après l'article 15, les préfets peuvent approuver les délibérations des commissions administratives qui auront pour objet d'être autorisées à exploiter leurs propriétés, quel qu'en soit le revenu.

La délibération de la commission administrative devra seulement être accompagnée de l'avis du conseil de charité. (*Art. 3 de l'ord. du 31 octobre.*)

Les préfets devront, au reste, ne pas perdre de vue les principes qui avaient dicté l'avis du conseil d'Etat du 7 octobre 1809, et n'accorder qu'avec beaucoup de réserve aux administrations charitables l'autorisation d'exploiter par elles-mêmes leurs propriétés.

Il est en général plus avantageux, et plus conforme aux principes d'une bonne administration, d'affermer les domaines des établissements de charité; et cette règle ne doit ordinairement recevoir d'exception que pour les jardins, les champs et les prés qui sont à la proximité des hospices, et pour les bois, qu'on ne peut guère affermer sans inconvénient.

Section II. — Des maisons et biens ruraux.

Les baux des maisons et biens ruraux appartenant aux hospices, pour la durée ordinaire, doivent être adjugés aux enchères, pardevant un notaire désigné par le préfet; et le droit d'hypothèque sur les biens du preneur doit y être stipulé par désignation. (*Art. 1er du décr. du 12 août 1807.*)

Le cahier des charges de l'adjudication et de la jouissance doit être préalablement dressé par la commission administrative. Le sous-préfet donne son avis, et le préfet approuve ou modifie ledit cahier des charges. (*Art. 2 du même décr.*)

Les affiches pour l'adjudication sont apposées dans les lieux accoutumés, un mois à l'avance, et de quinzaine en quinzaine; un extrait doit être inséré dans le journal du lieu de la situation de l'établissement, ou, à défaut, dans celui du département. Il est fait mention du tout dans l'acte d'adjudication. (*Art. 3 du décr. du 12 août 1807, et art. 13 de la loi du 5 novembre 1790.*)

Un membre de la commission administrative assiste aux enchères et à l'adjudication, et celle-ci n'est définitive qu'après l'approbation du préfet. (*Art. 4 et 5 du même décr.*)

Le délai pour l'enregistrement des baux est de quinze jours, à compter de la remise aux notaires de l'approbation du préfet. (*Déc. du ministre des finances du 26 novembre 1811.*)

Le ministre s'était réservé, jusqu'à présent, de prononcer sur les cas particuliers où il pourrait être utile de dispenser les hospices de la formalité des enchères, pour les baux des biens de ces établissements.

D'après l'article 15 de l'ordonnance du 31 octobre 1821, les préfets peuvent maintenant autoriser ces exceptions, sur la demande des commissions administratives ; mais ils sentiront qu'elles doivent être fort rares, et être motivées sur des considérations qui rendraient inutile ou désavantageuse la formalité des enchères.

Les baux emphytéotiques ne peuvent avoir lieu qu'en vertu d'une ordonnance du roi. (*Art. 1er du décr. du 7 germinal an IX, et art. 14 de l'ord. du 31 octobre 1821.*)

Ces baux ne peuvent être autorisés que sur la production des pièces suivantes :

1° La délibération de la commission administrative ;
2° La délibération du conseil de charité ;
3° Une information *de commodo vel incommodo ;*
4° L'avis du conseil municipal ;
5° L'avis du sous-préfet ;
6° L'avis du préfet.

La délibération de la commission doit indiquer les clauses, charges et conditions auxquelles le preneur sera assujetti.

Les grosses et menues réparations, les contributions de toute espèce, doivent naturellement faire partie des charges qu'il faut lui imposer. Les constructions, marnages, plantations et améliorations que les fermiers auront pu faire dans le cours de leurs baux, doivent profiter exclusivement aux hospices à l'expiration des baux, sans qu'ils aient à payer aux fermiers ou à leurs représentants aucune espèce d'indemnité.

Le mode de payement du prix des baux doit être stipulé ; et, en général, pour mettre les hospices à l'abri des chances désavantageuses, il est préférable de stipuler le prix en nature, rachetable au prix des mercuriales.

Il importe d'exiger du concessionnaire un cautionnement ; le plus sûr moyen est de l'obliger à verser dans la caisse des hospices ou du mont-de-piété une somme déterminée, imputable par portions sur chacune des dix dernières années de bail.

L'information *de commodo vel incommodo* est une enquête qui tend à faire connaître l'utilité ou le préjudice qui peut résulter de l'opération. Elle doit faire connaître la situation des biens, l'état actuel tant des bâtiments que des terres, l'utilité qu'il peut y avoir pour l'établissement à mettre le domaine hors de ses mains pour un temps déterminé, l'avantage qui pourra en résulter tant pour la décharge des réparations et impositions qu'à raison des améliorations qu'un preneur pourrait y faire. Il ne suffit pas de constater que nul n'a réclamé contre la mesure proposée ; on doit avoir soin d'appeler comme témoins les personnes qui peuvent y être intéressées ; si même on connaît des personnes qui soient d'un avis contraire, il sera bon de les faire entendre, afin de balancer les inconvénients et les avantages.

Section III. — Des bois (1).

La loi du 29 septembre 1791 a soumis les bois des hospices au

(1) Voir la loi du 21 mai 1827, qui modifie les dispositions suivantes.
(N. de l'Éd.)

régime forestier; et l'arrêté du gouvernement du 19 ventôse an x a statué que leur administration, leur garde et leur surveillance seraient confiées aux mêmes agents que les bois de l'Etat.

La nomination des gardes des bois des hospices est soumise, par les administrations de ces établissements, à l'approbation du conservateur de l'arrondissement. (*Loi du 9 floréal an* XI.)

Lorsque l'administration forestière juge convenable de confier au même individu la garde d'un canton de bois appartenant à des hospices et d'un canton de bois de l'État, la nomination est faite par elle seule. (*Même loi.*)

Il ne peut pas être fait de coupes, même ordinaires, dans les bois des hospices, que d'après les procès-verbaux d'assiettes, balivages et martelages des agents de l'administration forestière. (*Loi du 29 septembre 1791.*)

Aucune coupe ne peut se faire dans les quarts de réserve des bois des hospices, qu'en vertu d'une ordonnance du roi rendue sur le rapport du ministre des finances. (*Art. 1er de l'ord. du 7 mars 1817.*)

Hors les cas de dépérissement des quarts de réserve, les coupes ne doivent être accordées que pour cause de nécessité constatée, et qu'en cas de guerre, incendie, grêle, inondations, épidémies, épizooties, ruines, démolitions, pertes et accidents extraordinaires.

Les demandes des administrations des hospices pour la coupe des quarts de réserve sont transmises au ministre des finances par les préfets, avec leur avis; mais ils doivent en même temps instruire de cet envoi le ministre de l'intérieur, en lui donnant connaissance des motifs sur lesquels les demandes sont fondées, afin qu'il puisse les appuyer auprès du ministre des finances, s'il y a lieu.

Les adjudications des coupes extraordinaires sont faites pardevant les sous-préfets, au chef-lieu de l'arrondissement, en présence des agents forestiers et d'un représentant de la commission administrative; le tout d'après un cahier des charges concerté entre les agents forestiers et la commission. (*Art. 3 de l'ord. du 7 mars 1817.*)

La même voie doit être suivie pour l'adjudication des coupes ordinaires.

Un état indicatif de la date des adjudications, de la contenance et du prix des coupes adjugées, et de l'époque des échéances des traites souscrites par les adjudicataires, doit être transmis par les préfets au ministre de l'intérieur. Il résulte de ces dispositions que les administrations des hospices ne peuvent exploiter elles-mêmes les coupes de bois de ces établissements, et qu'elles doivent toujours les mettre en adjudication.

Le prix des coupes est stipulé payable en traites aux échéances fixées par le cahier des charges. (*Art. 4 de la même ord.*)

Pour les coupes ordinaires, les traites souscrites par les adjudicataires doivent être remises aux receveurs des hospices, pour le produit, au fur et à mesure de leur échéance, être employé aux dépenses ordinaires de ces établissements. (*Art. 9.*)

Quant aux coupes extraordinaires, les traites doivent être remises aux receveurs généraux de départements, qui sont chargés d'en faire le recouvrement sous leur responsabilité (*Art. 4.*)

Lorsque l'adjudication n'excède pas la somme de 1,000 francs, les receveurs généraux font le recouvrement des fonds, à titre de placement en compte courant au trésor royal, pour être tenus, avec les intérêts qui en proviennent, à la disposition des administrations des hospices, sur l'autorisation des préfets. (*Art.* 1er *de l'ord. du 5 septembre* 1821.)

Les receveurs généraux reçoivent sous les mêmes conditions et au même titre :

1° La somme de 1,000 francs, sur les coupes extraordinaires dont la vente n'excède pas 5,000 francs ;

2° Le cinquième du produit des coupes dont l'adjudication excède 5,000 francs. (*Art.* 2 *de la même ord.*)

Le surplus du prix des adjudications est versé par les receveurs généraux, au fur et à mesure de l'échéance des traites, dans la caisse des dépôts et consignations ; et ces receveurs sont tenus d'en justifier au préfet dans la huitaine du jour du recouvrement, à défaut de quoi ils sont déclarés comptables des intérêts des sommes qu'ils ont touchées, pour chaque jour de retard qu'ils auraient mis dans leur versement. (*Art.* 7 *de l'ord. du* 7 *mars* 1817.)

Les fonds déposés à la caisse des dépôts y sont tenus à la disposition du ministre de l'intérieur, et successivement reversés, sur son autorisation, dans la caisse des hospices, pour être employés, sous la surveillance des préfets, aux dépenses extraordinaires qui ont motivé les coupes accordées, ou qui pourraient être ultérieurement approuvées. (*Art.* 8 *de la même ord.*)

Quant aux fonds versés directement dans la caisse des hospices, ils ne doivent, non plus que les autres, être employés qu'aux dépenses extraordinaires qui ont motivé les coupes ou qui pourraient être ultérieurement et régulièrement approuvées.

Les remises et taxations des receveurs généraux ne peuvent excéder deux et demi pour cent du montant intégral des traites dont le recouvrement leur est confié. Si le montant intégral des traites excède 20,000 francs, les remises et taxations ne sont prélevées qu'à raison d'un pour cent du surplus de leur montant. (*Art.* 5 *de l'ord. du* 7 *mars* 1817.)

Cette disposition ne règle que le *maximum* des remises à accorder, et les préfets doivent chercher à obtenir qu'elles soient fixées au-dessous de ce taux. Ils doivent d'ailleurs les régler, à la fin de chaque année, d'après la masse de la valeur des traites versées entre les mains des receveurs généraux, pour toutes les coupes des communes, hospices et autres établissements publics de leur département.

CHAPITRE II. — *Des rentes et capitaux, des prêts et des emprunts.*

Le remboursement des capitaux dus aux hospices peut toujours avoir lieu quand les débiteurs se présentent pour se libérer ; mais ceux-ci doivent avertir les administrations un mois d'avance, pour qu'elles avisent, pendant ce temps, aux moyens de placement, et requièrent les autorisations nécessaires. (*Avis du conseil d'État approuvé le* 21 *décembre* 1808.)

Les administrations des hospices peuvent employer en rentes sur l'État, sans aucune autorisation, les capitaux remboursés à ces établissements. (*Même avis.*)

Mais elles ne peuvent faire aucun autre emploi de ces capitaux, que sur l'autorisation du préfet, lorsqu'ils n'excèdent pas 500 francs ; sur l'autorisation du ministre, lorsqu'ils s'élèvent de

500 francs à 2,000 francs ; sur l'autorisation du roi, lorsqu'ils s'élèvent au-dessus de 2,000 francs. (*Décr. du 16 juillet* 1810.)

Pour tous les placements de ce genre, les propositions des administrations doivent être soumises aux conseils de charité. (*Art.* 8 *de l'ord. du 31 octobre* 1821.)

Pour placer en rentes sur l'Etat les capitaux remboursés, il suffit de les verser dans la caisse du receveur général du département, qui les emploie en inscriptions départementales.

Les administrations des hospices et les préfets doivent se persuader que le placement en rentes sur particuliers offre presque toujours, pour les établissements publics, beaucoup d'inconvénients. Tel débiteur, aujourd'hui solvable, peut cesser de l'être. D'ailleurs, par l'effet des partages qu'entraînent les successions, les rentes se trouvent souvent dues par un grand nombre de débiteurs, et le recouvrement en devient de plus en plus difficile et onéreux.

Le placement en rentes sur l'Etat présente, au contraire, la plus grande sécurité, un intérêt plus avantageux, et un recouvrement toujours facile, régulier et sans frais.

Ces considérations doivent porter les administrations des hospices à demander l'autorisation d'aliéner, au taux le plus avantageux possible, pour en employer le montant en rentes sur l'Etat, les rentes sur particuliers que ces établissements possèdent, et notamment les rentes qui leur ont été transférées en vertu de l'arrêté du gouvernement du 15 brumaire an IX, et qui sont la plupart tellement modiques et tellement disséminées, que le recouvrement en est extrêmement difficile et dispendieux.

Ces administrations doivent aussi ne pas perdre de vue que lorsque les fonds provenant des recettes courantes resteraient sans emploi dans la caisse du receveur, il y a utilité de les placer au trésor royal, conformément aux instructions du ministre des finances, du 7 mars 1818.

Le versement en est fait aux caisses des receveurs des finances, qui, ainsi qu'il a été dit ci-dessus pour les produits des coupes de bois, portent les fonds placés au crédit des établissements, et les tiennent à leur disposition, pour être remboursés, dès que le service l'exige, sur l'autorisation du maire président de la commission administrative.

Enfin les administrations ne peuvent faire aucun emprunt sans en avoir obtenu l'autorisation du gouvernement, sur l'avis du conseil de charité, l'avis du conseil municipal et celui du préfet.

Elles peuvent recevoir sur la simple autorisation des préfets, lorsqu'elles n'excèdent pas 500 francs,

1° Les sommes offertes en placement à rente viagère et à fonds perdu par les pauvres existants dans ces établissements ;

2° Les sommes offertes pour l'admission des pauvres dans les hospices.

Lorsque ces sommes excèdent 500 francs, l'autorisation du gouvernement est nécessaire.

L'intérêt annuel des fonds placés en rentes viagères ne peut être au-dessus de dix pour cent du capital. (*Décr. du 23 juin* 1806.)

CHAPITRE III. — *Des acquisitions, aliénations et échanges.*

Les administrations des hospices ne peuvent faire aucune acquisition, aucune vente ni aucun échange d'immeubles, qu'en vertu d'une ordonnance du roi.

Pour faire autoriser les acquisitions, les préfets doivent produire, avec leur avis,

1° Une délibération de la commission administrative qui indique la nécessité ou les avantages de l'acquisition projetée;

2° Un procès-verbal d'estimation de l'objet à acquérir;

3° Une soumission du propriétaire, portant engagement de vendre au prix convenu avec la commission administrative;

4° Une délibération du conseil de charité;

5° Une délibération du conseil municipal;

6° L'avis du sous-préfet.

Pour les aliénations, les pièces à produire sont,

1° Une délibération de la commission administrative, qui indique les avantages de l'aliénation projetée et l'emploi qui sera fait de son produit;

2° Un procès-verbal d'estimation de l'objet à mettre en vente;

3° Une délibération du conseil de charité;

4° Une délibération du conseil municipal;

5° L'avis du sous-préfet et celui du préfet.

Pour les échanges,

1° Une délibération de la commission administrative, qui indique les avantages de l'échange projeté;

2° Un procès-verbal d'estimation *contradictoire* des objets qu'il est question d'échanger;

3° Une soumission de la personne qui consent à échanger;

4° Une délibération du conseil de charité;

5° Une délibération du conseil municipal;

6° L'avis du sous-préfet et celui du préfet.

Toute vente d'immeubles appartenant aux hospices doit être faite par adjudication publique, à la chaleur des enchères, à moins que l'ordonnance du roi qui a autorisé l'aliénation n'ait fait, par des circonstances particulières, une exception à ce principe.

Et on rappelle, à cette occasion, que les lois interdisent formellement aux administrateurs des établissements publics de se rendre adjudicataires, sous peine de nullité, des biens appartenant à ces établissements et confiés à leurs soins. (*Art. 1596 du Code civil et 175 du Code pénal.*)

CHAPITRE IV. — *Des legs et donations.*

Suivant l'article 910 du Code civil, les dispositions entrevifs ou par testament au profit des hospices ne peuvent recevoir leur effet qu'autant qu'elles sont autorisées.

Lors même qu'un legs ou une donation est fait à une personne tierce, sous la condition d'en appliquer le montant à un hospice, l'administration de cet établissement doit intervenir pour demander l'autorisation de les accepter, et elle doit surveiller l'exécution de la disposition.

Les administrations des hospices peuvent, sur l'autorisation des préfets, accepter et employer à leurs besoins, comme recette ordinaire, les dons et legs qui sont faits à ces établissements, soit en numéraire, soit en meubles, soit en denrées, lorsque leur valeur n'excède pas 300 francs et qu'ils sont faits à titre gratuit. Les dons et legs en argent ou objets mobiliers dont la valeur excède 300 francs, les donations et legs d'immeubles, quelle qu'en soit la valeur, et toute disposition à titre onéreux, ne peuvent être acceptés qu'en vertu de l'autorisation du roi. (*Arr. du gouv. du 4 pluviôse an XII, et ord. du 2 avril 1817.*)

En attendant l'acceptation des legs, les receveurs des hospices doivent faire tous actes conservatoires qui seront jugés nécessaires.

Lorsque les préfets proposent d'autoriser l'acceptation d'une donation ou d'un legs fait aux hospices, ils doivent faire connaître si ces libéralités ont donné ou peuvent donner lieu à quelques réclamations, et produire,

1° Un extrait du testament en ce qui concerne le legs fait aux hospices, ou une expédition authentique de l'acte de donation;

2° Une délibération de la commission administrative;

3° Une délibération du conseil de charité;

4° L'avis du sous-préfet;

5° L'avis du préfet.

Dans le cas où le legs est fait à titre onéreux et qu'il y a doute sur l'avantage de l'acceptation, ou lorsqu'il y a réclamation de la part des héritiers, il faut soumettre l'affaire au conseil municipal et produire sa délibération (1).

Enfin, si le testament paraît pouvoir donner lieu à quelques difficultés, le comité consultatif des hospices doit être consulté, et son avis doit être joint aux pièces ci-dessus indiquées.

CHAPITRE V. — *Des réparations et constructions* (2).

Par ses ordonnances des 8 août et 31 octobre 1821, le roi a voulu diminuer les lenteurs qu'entraînait la nécessité de recourir à l'autorisation du ministre ou à celle de Sa Majesté pour tous les travaux excédant la somme de 1,000 francs.

Aux termes de l'article 16 de l'ordonnance du 31 octobre, les commissions des hospices peuvent ordonner, sans autorisation préalable, les réparations et autres travaux dont la dépense n'excède pas 2,000 francs.

Aux termes de l'article 14 de la même ordonnance, et de l'article 4 de l'ordonnance du 8 août 1821, les réparations, constructions et reconstructions de bâtiments appartenant aux hospices peuvent être adjugées et exécutées sur la simple approbation des préfets, lorsque la dépense n'excède pas 20,000 francs.

Lorsque la dépense excède 20,000 francs, les plans et devis doivent être soumis au ministre de l'intérieur.

Il importe de veiller à ce que la latitude accordée par ces nouvelles dispositions ne ramène pas les abus qu'on avait voulu faire cesser lorsqu'on l'avait restreinte, et ne porte pas les administrations des hospices à se livrer à des dépenses inutiles ou disproportionnées avec leurs ressources.

Dans ce but, quelques explications sur l'application des dispositions qui précèdent paraissent nécessaires.

D'abord il est à remarquer que l'article 8 de l'ordonnance du 31 octobre 1821 appelle les conseils de charité à délibérer sur les projets de travaux autres que ceux de simple entretien. L'article 16 ne forme point une exception à ce principe, et conséquemment les administrations des hospices ne peuvent faire exécuter, sans l'avis

---

(1) Voir l'article 49 de la loi municipale du 18 juillet 1837.   (N. de l'Ed.)
(2) Voir les circulaires des 9 juin 1838 et 10 février 1840.   (Id.)

des conseils de charité, que les réparations *de simple entretien*, lorsqu'elles n'excèdent pas 2,000 *francs*.

Secondement, ils ne peuvent faire exécuter des réparations ou des travaux quelconques, même jusqu'à concurrence de cette somme, qu'autant que les fonds pour couvrir la dépense ont été alloués au budget. S'ils ne l'ont pas été, elles ne peuvent faire exécuter les travaux qu'après avoir obtenu de l'autorité compétente une allocation supplémentaire.

Enfin, pour que la nécessité d'obtenir l'autorisation des préfets, en ce qui excédera 2,000 francs, ne se trouve pas éludée par la formation de devis partiels qui isolément n'atteindraient pas cette somme, tandis que, réunis, ils la dépasseraient, il doit être bien entendu que la totalité des travaux pour une même réparation ne doit pas excéder 2,000 francs, sans que l'autorisation du préfet soit nécessaire pour régulariser la dépense.

Quant aux travaux soumis à l'approbation des préfets, ces administrateurs prendront toutes les mesures propres à en constater l'utilité ou la nécessité. Ils exigeront, à l'appui des délibérations qui leur seront transmises, un exposé des vues à remplir, les plans et devis des travaux à exécuter, et l'avis du sous-préfet, si l'hospice est situé hors de l'arrondissement du chef-lieu de la préfecture. Ils feront examiner par des hommes de l'art dignes de leur confiance les projets formés dans les localités; et s'ils croient devoir les soumettre à l'examen du conseil des bâtiments civils, ils pourront les adresser au ministère.

Lorsque les travaux excèdent 20,000 francs, les plans et devis doivent être transmis, avec les délibérations de la commission administrative du conseil de charité, et les avis du sous-préfet et du préfet, au ministre de l'intérieur, pour qu'il provoque l'autorisation royale, s'il y a lieu.

Tous les travaux qui seraient exécutés sans avoir été autorisés dans les formes prescrites, resteront à la charge de ceux qui les auront entrepris ou ordonnés, ou des comptables qui en auront acquitté le montant.

Les réparations ordinaires et de simple entretien qui n'excèdent pas *mille francs*, peuvent être exécutées sans employer la voie de l'adjudication publique.

Les réparations qui excèdent cette somme, et tous les travaux de construction et de reconstruction, ne peuvent être adjugés que par voie d'adjudication publique, après deux publications par affiches, en assemblée générale de l'administration, et en présence du sous-préfet ou du maire. L'adjudication a lieu au rabais entre les soumissions déposées au secrétariat de l'administration, qui sont jugées à la majorité des voix dans le cas d'être admises à concourir et présentent une garantie suffisante pour leur exécution. L'adjudication n'est définitive qu'après avoir été ratifiée par le préfet. Jusqu'à la notification de cette ratification, l'adjudicataire peut se désister de son adjudication, en consignant la différence qui se trouve entre ces offres et celles du dernier moins disant. (*Décr. du 10 brumaire an* **xiv**.) (1).

___

(1) *Voir* l'ordonnance du 14 novembre 1837.　　　　(*Note de l'Ed.*)
— A cette instruction était annexée une notice sur les principales dispositions à observer dans les bâtiments des hospices. Cette notice n'a pas été imprimée dans la première édition du *Recueil des circulaires*; mais comme elle peut être consultée avec fruit par les personnes qui ont à préparer ou à examiner les projets

CHAPITRE VI. — *Des pensions.*

Un décret du 7 février 1809 a établi un fonds de pension de retraite pour les employés des hospices de Paris, au moyen d'une retenue exercée sur leurs traitements.

Une ordonnance du roi du 6 septembre 1820 a statué que, lorsque les administrations des autres hospices croiront devoir demander qu'il soit accordé des pensions à leurs employés, la liquidation en sera faite d'après les bases fixées par les articles 12 et suivants, jusqu'à 22 exclusivement, du décret du 7 février 1809.

Les retenues que subissent les employés des hospices de Paris sur leurs traitements, leur donnent droit aux pensions réglées par ce décret du 7 février. Dans les hospices de province, le nombre des

de construction ou de reconstruction des bâtiments d'hospices, on a cru devoir la reproduire ici. *(N. de l'Ed.)*

NOTICE SUR LA CONSTRUCTION ET LA DISTRIBUTION DES ÉDIFICES A BATIR OU A APPROPRIER A L'USAGE DES HÔPITAUX ET HOSPICES, DRESSÉE PAR M. DE GISORS, MEMBRE DU CONSEIL DES BATIMENTS CIVILS.

Des hospices à construire entièrement à neuf.

Un hospice, comme un hôpital, doit être construit sur un terrain sec et un peu élevé, où néanmoins on puisse se procurer aisément de l'eau en abondance. Il faut, autant que possible, qu'il soit à l'abri des vents d'ouest et sud-ouest; on doit, en conséquence, le placer tellement qu'il soit dominé, de ces côtés, par des hauteurs ou édifices élevés, dont l'usage n'occasionne aucune exhalaison susceptible de vicier l'air. On doit l'orienter au sud-est, à l'est ou au nord-est. Il est avantageux de l'avoisiner de plantations d'arbres de haute futaie, d'espèces dont les émanations ne soient ni fétides ni insalubres. Il doit aussi être éloigné des établissements bruyants, et de ceux dont l'exploitation produit de la malpropreté et des exhalaisons pernicieuses à la santé.

Il importe beaucoup que les murailles des corps de logis destinés à l'habitation et aux infirmeries aient assez d'épaisseur pour que ni l'extrême chaleur ni l'extrême froid ne puissent les pénétrer. Ces murailles doivent être construites avec les plus solides matériaux, et hourdées avec le plus grand soin, afin que la vermine ne puisse y former aucun repaire. La moindre épaisseur que l'on doive donner à ces murs est de cinquante centimètres : cette épaisseur est insuffisante lorsqu'ils doivent être construits en petits matériaux tels que cailloux ou petits moellons mal gisants. Ces mêmes murs doivent toujours être *enduits* à l'intérieur des salles. Les pans de bois doivent être proscrits pour les constructions extérieures de ces salles. Elles doivent, de préférence, être voûtées, toutes les fois que cela est facile et que l'on peut donner aux murailles une épaisseur susceptible de résister à la poussée des voûtes. Le sol des salles du rez-de-chaussée doit toujours être élevé au-dessus du sol extérieur d'au moins soixante centimètres. On doit, lorsqu'il n'y a pas à vaincre de trop grandes difficultés, faire en sorte d'établir des courants d'air sous ces salles. Elles doivent être planchéiées, au moins dans la surface occupées par les lits; celles pratiquées aux étages supérieurs peuvent être carrelées. Les salles qui se trouvent immédiatement au-dessous des combles doivent en être séparées par un plancher plafonné. S'il y a nécessité absolue de pratiquer des dortoirs dans les combles eux-mêmes, les entrevous du chevronnage doivent être hourdés pleins, ou au moins cintrés par des augets à faire soit en plâtre, soit en mortier. Ces précautions ont pour objet de rendre ces combles moins chauds en été, et moins froids en hiver : ils doivent être lambrissés et bien enduits.

Toutes les localités nécessaires à l'administration de l'établissement doivent être pratiquées dans sa partie antérieure, afin que les personnes de l'extérieur n'aient pas à pénétrer habituellement dans son intérieur. Il est nécessaire qu'à employés n'étant pas assez considérable pour que de telles retenues puissent suffire à leurs pensions, celles-ci ne sauraient résulter d'un droit, et ne sont que facultatives de la part des administrations, qui, ne pouvant les imputer que sur les propres fonds des hospices, les accordent ou les refusent, selon qu'elles les croient méritées et que les ressources disponibles leur en donnent les moyens. L'ordonnance du 6 septembre n'a donc eu pour objet que de déterminer les bases d'après lesquelles ces pensions peuvent être liquidées.

La liquidation devra être proposée dans la délibération que la commission administrative prendra à cet effet.

---

son entrée il y ait une salle de réception, et des bains de propreté où l'on puisse nettoyer les arrivants.

Les locaux destinés aux blessés, aux vénériens, aux impotents, aux convalescents, doivent être dans les pièces du rez-de-chaussée, en les y établissant bien distinctement et bien séparément. Il faut encore des quartiers séparés pour les maladies cutanées, ainsi que pour les fous et les épileptiques : il convient que ces quartiers soient aussi pratiqués au rez-de-chaussée. Les salles d'opérations chirurgicales doivent être éloignées de celles des malades, afin qu'ils n'entendent pas les cris et les plaintes de ceux que l'on opère. C'est dans le voisinage de ces salles d'opérations qu'il convient de placer les amphithéâtres pour l'instruction des élèves en médecine et en chirurgie. Les pharmacies et leurs laboratoires doivent être, autant que possible, au rez-de-chaussée.

Les buanderies, lavoirs, étendoirs, doivent être sur les derrières ou sur les côtés de l'établissement, et disposées de manière à ce qu'ils puissent être en vue le moins possible, l'aspect de ces lieux étant désagréable.

Les dortoirs et les salles de malades, autres que celles dont il vient d'être parlé, doivent être dans les étages supérieurs à celui du rez-de-chaussée. Les moindres largeurs à donner à ces salles sont de huit mètres pour celles à deux rangées de lits, et de cinq pour celles à une seule rangée : la hauteur de celles-ci peut suffire à quatre mètres, mais celle des autres doit être au moins de cinq. Les baies de croisées de ces mêmes salles doivent être disposées de manière que l'on puisse y établir des courants d'air, soit transversalement, soit longitudinalement. Lorsque les croisées sont sur la longueur des salles, la distance d'une baie à l'autre doit être de trois mètres; savoir, deux mètres pour la largeur de deux lits, et un mètre pour l'intervalle qui les sépare. La largeur de ces baies doit n'avoir pas moins d'un mètre trente centimètres : le devant de ces mêmes baies doit rester libre ; leurs appuis ne doivent jamais être au-dessous de la hauteur des couchers. Il est nécessaire que les murailles des salles soient enduites, et que leurs planchers soient plafonnés.

Il faut que, dans le voisinage de ces mêmes salles, il soit pratiqué de petites pièces pour tisanneries, dépôts de linge et d'ustensiles d'un usage journalier, pour logements d'infirmiers et infirmières, et autres services de détails.

Les escaliers qui desservent les salles doivent être bien éclairés, et assez larges et assez doux pour que l'on puisse aisément y porter des malades, et que ceux de ces malades qui les fréquentent puissent le faire sans trop de fatigue. C'est dans le voisinage de ces escaliers que l'on doit établir les latrines, qui sont à disposer de manière qu'il y ait des courants d'air entre elles. On doit toujours pratiquer pour ces latrines de larges cheminées ou tuyaux d'évent qui montent depuis la voûte des fosses jusque au-dessus de la toiture des corps de logis des malades. Ces cheminées ou tuyaux d'évent sont inutiles lorsque les matières peuvent tomber dans des courants d'eau qui les entraînent de suite.

Les salles peuvent être chauffées indifféremment par des poêles ou par des cheminées; mais la nécessité d'économiser le combustible doit faire donner la préférence aux poêles. Ils doivent être construits avec des fours et un bassin supérieur, pour recevoir du sable sur lequel on puisse, comme dans les fours, tenir chauds les aliments et boissons des malades.

Il est important de pouvoir se procurer continuellement de l'eau dans les salles ; tant que cela est possible, on doit y pratiquer des tuyaux et robinets alimentés par des réservoirs à établir à cet effet dans des positions élevées.

Afin que toute la masse d'air contenue entre le plancher et le plafond ou la

Le conseil de charité sera ensuite appelé à donner son avis, et le tout sera ensuite adressé par le préfet au ministre, qui proposera d'accorder la pension, s'il y a lieu.

CHAPITRE VII. — *Du contentieux.*

Il doit être établi, dans chaque arrondissement, un comité consultatif des hospices, composé de trois jurisconsultes choisis par le préfet.

Ce comité est appelé à donner son avis sur toutes les affaires con-

---

voûte d'une salle puisse être renouvelée, il faut pratiquer des ventilateurs dans chaque muraille longitudinale, et se correspondant directement, afin d'établir des courants d'air dans des moments opportuns. Dans les salles du rez-de-chaussée, et dans celles qui ne sont pas immédiatement au-dessous des combles, les ventilateurs sont, *pour le bas* des salles, de petites ouvertures pratiquées à fleur du plancher, au-dessous des appuis des croisées; *pour le haut*, ils se composent, soit de semblables ouvertures à fleur du plafond, soit de la partie haute des châssis à verre de ces croisées. On se figure aisément comment ces ventilateurs-ci s'ouvrent et se ferment; les autres sont garnis chacun d'une petite vanne mouvant verticalement dans des coulisses attachées à la muraille. Dans les salles voûtées, les ventilateurs supérieurs, qui ne peuvent être dans les croisées, si elles ne pénètrent pas la voûte, sont pratiqués dans des lunettes ou des espèces de soupiraux ménagés à cet effet dans ces voûtes. Il est bien entendu que des ventilateurs ainsi disposés pour des salles isolées sur leur longueur, c'est-à-dire pour des salles telles que l'on doit les projeter dans un hospice ou un hôpital à bâtir entièrement à neuf.

Dans les salles des malades qui ne peuvent aller aux latrines, il convient de pratiquer dans la direction de la ruelle de deux lits accouplés au devant de chaque trumeau qui sépare les baies de croisées, et dans ce trumeau, une espèce de niche ou renfoncement pour loger une chaise percée. Au bas de ce renfoncement doit être un soupirail par où cette chaise puisse être retirée par le moyen d'un balcon à établir au dehors, au niveau du plancher de chaque salle. Ce soupirail serait bouché extérieurement par un volet fermant bien hermétiquement.

Des bâtiments existants à approprier à un hospice ou à un hôpital.

Ce qui vient d'être dit concernant les dispositions pour les services de toute sorte et les moyens de salubrité d'un hôpital et d'un hospice à faire à neuf, est applicable à des bâtiments existants, toutes les fois que des difficultés ne s'y opposent pas. Voici quelques détails relatifs à ces difficultés.

Les salles auxquelles on ne peut donner deux expositions sont peu avantageuses, par la difficulté d'y établir des courants pour le renouvellement de l'air. Le moyen à employer pour y parvenir consiste, 1° à ouvrir des ventilateurs sous les appuis de leurs croisées, *pour le bas*, et de rendre mobile la partie haute des châssis à verre, *pour le haut*; 2° à pratiquer dans le plafond ou dans la voûte de ces salles, des cheminées d'évent, s'élevant au-dessus de la toiture. Le nombre de ces cheminées déterminé pour chaque salle, doit être déterminé par sa longueur, mais tellement, qu'elles ne soient pas distantes l'une de l'autre de plus de six mètres.

Si la division des croisées oblige à mettre des lits au devant d'elles, il est absolument nécessaire que les appuis de ces croisées soient élevés à la hauteur des chevets des couchettes. S'il y a à cet exhaussement des obstacles insurmontables, on doit laisser une ruelle entre ces chevets et la muraille. S'il est nécessaire d'augmenter le nombre des croisées existantes, et que l'on puisse choisir le côté où on les ouvrira, il faut donner la préférence à celui du levant, ou à celui du sud-est ou du nord-est.

Si les murailles sont lézardées, on doit avoir grand soin de les remettre en bon état, et surtout de les enduire. Il faut aussi que toutes les salles soient plafonnées; que celles du rez-de-chaussée soient planchéiées. On doit aussi rendre les escaliers commodes et les communications faciles, et faire en sorte que le service d'un sexe ne soit jamais confondu avec celui de l'autre.

tentieuses qui intéressent ces établissements. Ses fonctions sont gratuites.

Les administrations ne peuvent défendre à des actions judiciaires ou en intenter qu'après en avoir obtenu l'autorisation du conseil de préfecture, sauf recours au conseil d'Etat.

Le conseil de charité doit aussi donner son avis sur les procès à intenter ou à soutenir par les administrations des hospices. (*Art.* 8 *de l'ord. du* 31 *octobre* 1821.)

Ainsi, toutes les fois que la commission administrative a à intenter ou à soutenir une action judiciaire, elle doit d'abord soumettre l'affaire à l'examen du comité consultatif de l'arrondissement; le conseil de charité est ensuite appelé à donner son avis; et toutes les pièces sont transmises au conseil de préfecture, qui accorde ou refuse l'autorisation de plaider.

Il faut, toutefois, remarquer que les receveurs des hospices peuvent, sans l'autorisation du conseil de préfecture, ni l'avis du conseil de charité, faire contre les débiteurs en retard les exploits, significations, commandements et poursuites nécessaires. Ce n'est que lorsqu'il y a opposition de la part des débiteurs, que l'action judiciaire est engagée et qu'il y a lieu de suivre les formalités ci-dessus rappelées.

Il ne peut être fait de transaction sur les intérêts des hospices, qu'en vertu d'une autorisation royale. (*Art.* 2045 *du Code civil.*)

Les pièces que les préfets doivent adresser au ministre pour obtenir cette autorisation sont :

1° Une expédition authentique de la transaction ou du projet de transaction ;

2° Un avis du comité consultatif ;

3° Une délibération de la commission administrative ;

4° Une délibération du conseil de charité, ou du conseil municipal, là où il n'existe pas de conseil de charité ;

5° L'avis du sous-préfet ;

6° L'avis du préfet.

TITRE IV. — DE LA COMPTABILITÉ (1).

CHAPITRE Ier. — *Dispositions générales.*

Les revenus des hospices situés dans une même commune doivent être perçus par un seul et même receveur. (*Arr. du gouver. du* 23 *brumaire an* V.)

Il doit être, toutefois, tenu des écritures et des comptes distincts des recettes et des dépenses relatives à chaque établissement.

Un des membres de chaque administration est chargé, sous le titre d'*ordonnateur*, de la signature de tous les mandats à délivrer pour l'acquittement des dépenses. (*Décr. du* 7 *floréal an* XIII.)

Dans les établissements où l'importance des revenus l'exige ou le rend utile, les recettes et les payements sont contrôlés par un préposé spécial, sous le titre de *contrôleur*, qui tient registre de tous les fonds qui entrent dans la caisse ou qui en sortent. (*Art.* 6 *du décr. du* 7 *floréal an* XIII.)

L'expérience a prouvé combien, dans les grandes administrations, est nécessaire cette surveillance journalière et continue des recet-

(1) Voir les instructions des 30 mai 1827, 10 avril 1835 et 18 novembre 1841. (*N. de l'Ed.*)

les et payements. Le contrôleur tient un registre appelé *contrôle du journal*, sur lequel il transcrit tous les articles de recettes et de dépense que fait le receveur. Il tient en outre des registres particuliers à chaque hospice, sur lesquels il porte les ordonnances expédiées pour chacun d'eux. Il tient enfin un registre des oppositions formées entre les mains de l'administration au payement des sommes qu'elle peut avoir à faire payer ; il transcrit à côté de l'enregistrement de chaque opposition les *mains-levées* consenties ou ordonnées par les tribunaux. Ces divers registres doivent être cotés et paraphés par l'ordonnateur, qui doit vérifier tous les mois, ou plus souvent, s'il est nécessaire, si les journaux de la caisse et ceux du contrôle se correspondent exactement.

Toutes les quittances à donner aux débiteurs doivent être contrôlées, sans quoi elles ne sont pas valables.

Les mandats délivrés par l'ordonnateur pour le payement des dépenses sont présentés d'abord au contrôleur, qui examine les pièces justificatives. Si elles sont en bonne forme, et s'il n'existe aucune opposition au payement, il les vise et transcrit l'ordonnance sur ses registres : et le receveur ne doit payer que d'après la mention mise par le contrôleur sur la quittance du mandat.

L'administration des hospices de chaque commune doit faire tenir un sommier général des biens, rentes et revenus quelconques appartenant à ces hospices ; et il importe que ce sommier soit revu et rectifié chaque année, selon les changements survenus dans la dotation des hospices.

Les commissions administratives ne peuvent faire que les dépenses autorisées suivant les règles déterminées par l'ordonnance du 31 octobre 1821. (*Art. 20 de cette ord.*)

CHAPITRE II. — *Des budgets.*

Tous les hospices doivent présenter un budget de leurs recettes et de leurs dépenses.

Les budgets excédant en revenus ordinaires 100,000 francs, pour les divers établissements régis par une même administration, doivent être soumis à l'approbation du ministre de l'intérieur. (*Art. 13 de l'ord. du 31 octobre 1821.*)

Les autres sont définitivement réglés par les préfets.

Les conseils municipaux tiennent au mois de mai leur session ordinaire, et c'est dans cette session qu'ils déterminent la subvention à accorder aux hospices sur les octrois ou autres revenus des communes. Il est dès lors nécessaire que, pour les hospices qui reçoivent des subventions sur les communes, les budgets soient dressés dans le courant d'avril de chaque année, pour l'année suivante ; et qu'après avoir été examinés par le conseil de charité (*art. 8 de l'ord. du 31 octobre 1821*), ils soient, avec son avis, remis au conseil municipal dans le cours de sa session ordinaire, pour que ce conseil délibère sur l'ensemble du budget, et en particulier sur la subvention à accorder sur les revenus de la commune.

Si, dans l'intervalle de la session ordinaire des conseils municipaux à l'expiration de l'année, il survenait des circonstances de nature à apporter des changements dans les besoins des hospices, l'administration pourrait présenter un budget supplémentaire qui serait soumis au conseil de charité et au conseil municipal, pour être approuvé par l'autorité compétente.

Lorsque les hospices ne reçoivent pas de subvention sur les revenus des communes, leurs budgets n'ont pas besoin d'être soumis aux conseils municipaux, et ils peuvent n'être dressés qu'au mois d'octobre.

Les administrations et les préfets remarqueront qu'on doit porter dans le budget l'évaluation en argent des revenus en nature, de quelque espèce que ce soit. C'est le seul moyen de pouvoir apprécier la situation des hospices et leurs besoins, et de pouvoir comparer leurs dépenses : car tel établissement a des revenus considérables en nature, tel autre n'en a pas ; si le premier les dissimule, on ne peut plus reconnaître ni arrêter l'excès des dépenses auxquelles il se livrerait. Les revenus en nature devront être évalués, pour les principales denrées, suivant le prix moyen des mercuriales de l'année précédente, au marché le plus voisin : une note annexée au budget fera connaître la quotité en nature de ces revenus, et l'évaluation donnée à chaque espèce de produit.

Ces observations s'appliquent aux travaux au profit des hospices, faits par les indigents admis dans ces établissements. Leur produit doit figurer dans le budget.

Par les mêmes motifs, on doit avoir soin de porter en dépense, aux articles *blés, farine et pain, vin, comestibles et menus objets de consommation,* l'évaluation des grains, boissons, denrées, légumes, etc., qui sont recueillis en nature et consommés dans l'établissement.

Mais pour prévenir les embarras et la confusion que l'expérience a fait reconnaître dans la comptabilité des établissements qui ont cumulé les recettes et dépenses en *nature* avec les recettes et dépenses en *argent,* il est devenu indispensable de distinguer ces opérations, qui, en effet, diffèrent essentiellement entre elles.

Le budget les présente donc dans des chapitres séparés, et cette distinction sera par suite également établie dans les écritures ainsi que dans les comptes finaux des receveurs.

En aucun cas, les préfets ne devront approuver ni soumettre à l'approbation du ministre un budget qui présenterait un déficit, les dépenses ne devant jamais excéder les recettes.

CHAPITRE III. — *Des obligations des receveurs, et des écritures.*

Les receveurs des hospices sont tenus de faire, sous leur responsabilité, toutes les diligences pour la perception des revenus, et pour le recouvrement des legs, donations et autres ressources ; de faire faire contre les débiteurs en retard, et à la requête de l'administration à laquelle ils sont attachés, les exploits, significations, poursuites et commandements nécessaires ; d'avertir les administrateurs de l'échéance des baux, d'empêcher les prescriptions, de veiller à la conservation des domaines, droits, priviléges et hypothèques ; de requérir, à cet effet, l'inscription au bureau des hypothèques, de tous les titres qui en sont susceptibles, et de tenir registre desdites inscriptions, et autres poursuites et diligences. (*Art.* 1er *de l'arr. du gouv. du* 19 *vendémiaire an* XII.)

Pour remplir ces obligations, les receveurs peuvent se faire délivrer par l'administration une expédition en forme de tous les contrats, titres, déclarations, baux, jugements et autres actes concernant les domaines dont la perception leur est confiée, ou se faire remettre par tous dépositaires lesdits titres ou actes, sous leur récépissé. (*Art.* 2 *du même arrêté.*)

Ils sont soumis aux dispositions des lois relatives aux comptables des deniers publics, et à la même responsabilité. (*Art. 5 de l'arr. du gouv. du 19 vendemiaire an* XII.)

Les poursuites des receveurs contre les débiteurs en retard doivent s'étendre jusqu'à la saisie-exécution des meubles. (*Instr. du ministre de l'int. du 3 brumaire an* XII.) (1)

Les poursuites ultérieures sont exercées par le maire, président de la commission administrative, qui demande au conseil de préfecture l'autorisation nécessaire à cet effet, conformément aux règles tracées dans le chapitre VII, intitulé : *du Contentieux.*

Les receveurs des hospices ne peuvent, dans le cas où elle n'a point été ordonnée par les tribunaux, donner la main-levée des oppositions formées pour la conservation des droits des pauvres et des hospices, ni consentir aucune radiation, changement ou limitation d'inscriptions hypothécaires, qu'en vertu d'une décision spéciale du conseil de préfecture, prise sur une proposition formelle de l'administration, et l'avis du comité consultatif. (*Arr. du gouv. du 11 thermidor an* XII.)

L'article 21 de l'ordonnance du 31 octobre 1821 rappelle que ces comptables ont seuls qualité pour recevoir et pour payer, en tout ce qui concerne les revenus et les dépenses ; le même article fortifie cette disposition en déclarant qu'à l'avenir les recettes et les payements effectués sans l'intervention des receveurs, ou faits de toute autre manière en contravention à l'ordonnance, donneront lieu à toutes répétitions et poursuites de droit.

On ne saurait trop appeler l'attention des receveurs et des administrations de charité sur l'importance de cette disposition, dont la stricte exécution peut seule rétablir ou maintenir l'ordre dans la comptabilité : malgré les instructions données en 1805 sur le décret du 7 floréal an XIII, il est encore des hospices où s'est maintenu l'usage de confier soit à un administrateur, soit à l'économe, soit à la supérieure des sœurs, une caisse particulière qui reçoit divers produits et acquitte diverses dépenses : c'est un abus qui ne peut plus subsister sans attirer des poursuites sur les personnes qui s'y exposeraient.

Tout ce qui est recette, tout ce qui est dépense, doit figurer dans les écritures et la comptabilité du receveur.

Il est également comptable des revenus en nature, et doit constater dans ses écritures toutes les opérations qui s'y rattachent.

Mais ces opérations ne pouvant, sans qu'il en résulte de graves inconvénients pour l'ordre et la clarté des écritures, être constatées sur les mêmes livres de comptabilité que les recettes et dépenses en deniers, les receveurs auront à tenir des registres distincts qui seront indiqués ci-après, et sur lesquels les registres et dépenses en nature seront enregistrés de manière à présenter les quantités de grains ou denrées, ainsi que leur évaluation en argent, d'après le prix moyen des mercuriales dont le tarif sera arrêté par l'administration.

Les receveurs sont personnellement responsables de tout payement qui ne résulterait pas d'une autorisation régulière. (*Art. 20 de l'ord. du 31 octobre 1821.*)

Par suite de cette disposition, ils ne peuvent, dans leurs payements, excéder les allocations portées au budget à moins d'une autorisation spéciale émanée de l'autorité qui a approuvé le budget,

(1) Voir la circulaire du 3 novembre 1839. (N. de l'Éd.)

sous peine, par eux, de voir rejeter de leurs comptes les payements qu'ils auraient faits sans cette autorisation.

Doivent aussi être rejetés des comptes, tous payements non appuyés du mandat de l'ordonnateur et des pièces justificatives dont la dépense est susceptible. (*Art.* 7 *du décr. du* 7 *floréal an* XIII)

Les pièces justificatives à fournir à l'appui des mandats, en ce qui concerne les fournitures et les travaux, sont,

1° La délibération de l'administration qui a autorisé la dépense;

2° Le procès-verbal d'adjudication approuvé dans les formes voulues par la loi, ou la soumission légalement acceptée, pour les cas où cette voie peut être admise;

3° Le mémoire détaillé des objets fournis;

4° Un procès-verbal de réception ou de livraison, certifié par l'un des membres de l'administration;

5° Les quittances des parties, dûment visées par le contrôleur, s'il y en a un;

6° La décision du préfet ou du ministre, ou l'ordonnance du roi qui a autorisé la dépense, dans le cas où elle serait de nature à exiger une semblable autorisation (*Art.* 8 *du décr. du* 7 *floréal an* XIII.)

Quant aux menues dépenses auxquelles il est indispensable de pourvoir journellement, et souvent à l'improviste, l'administration règle la somme qui sera mise, chaque mois, à la disposition de l'économe ou de la supérieure, pour y subvenir. Cette somme devra toujours être bornée : lorsqu'elle aura été dépensée, l'économe ou la supérieure remettra l'état détaillé de l'emploi qui en aura été fait; et il ne sera mis de nouveaux fonds à sa disposition, que lorsque cet état aura été visé et approuvé par l'ordonnateur.

Lorsque des capitaux provenant de remboursement de rentes ou de legs ou donations sont versés dans la caisse des receveurs, ils doivent en faire emploi dans le mois de la notification de l'acte qui en prescrit le placement, sous peine d'être constitués en recette des intérêts des capitaux dont ils auraient retardé l'emploi.

Les receveurs doivent adresser, tous les trimestres, aux sous-préfets, pour être envoyé aux préfets, l'état du mouvement de la caisse qui leur est confiée, visé par le contrôleur, s'il y en a un, et certifié véritable par l'administration. (*Art.* 9 *du même décr.*)

Ils y joindront l'état des produits et consommations en nature, dressé par trimestres.

Les préfets enverront un double de ces états aux ministres, seulement pour les hospices dont les budgets sont soumis à son approbation.

Les receveurs doivent établir, chaque année, pour leurs recettes et dépenses en *argent :*

Un journal général, servant de livre de caisse, sur lequel ils portent, jour par jour, au fur et à mesure qu'elles ont lieu, toutes les recettes et les dépenses relatives à la comptabilité dont ils sont chargés;

Un grand-livre de comptes divisé en deux parties :

L'une relative aux comptes de recettes, sur laquelle on porte, en regard de chacun des articles du budget, les recettes faites sur cet article;

L'autre relative aux comptes de dépenses, sur laquelle on porte, en regard de chacun des articles de dépense également alloués au budget, les payements faits sur cette nature de dépense.

Et de même pour leurs recettes et dépenses en *nature.*

Un livre-journal servant à constater, au fur et à mesure qu'elles ont lieu, l'entrée et la sortie des denrées ou grains ;

Un grand-livre de comptes où le receveur ouvre des comptes spéciaux à chaque espèce de produits en nature, et enregistre d'un côté les recouvrements faits sur les débiteurs, et de l'autre les versements faits à l'économe.

Ce grand-livre se divise en deux sections :

La première comprend les comptes de produits récoltés dans l'établissement ;

La seconde, les comptes de produits provenant d'achats pour le service de l'établissement.

Dans les principaux hospices, les écritures sont maintenant établies en parties doubles, suivant les modèles envoyés par le ministère des finances.

Il est à désirer que ce mode se propage de plus en plus, et je ne doute pas qu'il ne soit suivi par les receveurs des communes, pour ceux de ces établissements dont la recette leur sera confiée.

L'un des moyens les plus sûrs et les plus efficaces d'établir un contrôle pour les recettes effectuées par les receveurs des hospices, est l'établissement d'un *livre à souche* conforme à celui qui est en usage, depuis 1817, chez les percepteurs et receveurs des communes, et dont beaucoup de préfets ont déjà, avec avantage, prescrit l'application aux recettes des établissements publics dans leurs départements. Il est donc utile d'étendre cette application à tous les établissements considérables.

Le 31 décembre de chaque année, l'ordonnateur des hospices doit clore les registres tenus par le receveur, en présence du contrôleur, s'il y en a un, et dresser en même temps procès-verbal des fonds existants en caisse.

Le receveur sera tenu d'ouvrir, pour le premier jour de l'année qui suivra, de nouveaux livres qui comprendront le solde existant en caisse au 31 décembre, et toutes les recettes et dépenses faites, à partir de ce jour, tant sur le nouvel exercice que sur les exercices précédents.

CHAPITRE IV. — *Des comptes.*

Les receveurs des hospices sont tenus de rendre, dans les premiers six mois de chaque année, les comptes de leur gestion pendant l'année précédente. (*Art. 28 de l'ord. du 31 octobre 1821.*)

L'article 5 du décret du 7 floréal an XIII voulait que le reliquat du compte de l'année précédente et les recettes appartenant à la même année et aux années antérieures forment un titre distinct et séparé des recettes appartenant à l'exercice pour lequel le compte est rendu ; la même marche devait être suivie pour les dépenses.

Ce but sera atteint, et le compte sera simplifié, en établissant pour les articles de recette, de dépense et de reprise, deux colonnes, dont l'une pour l'exercice courant, et l'autre pour les exercices antérieurs.

Le compte est divisé en deux parties :

La première comprend la gestion en deniers ;

La seconde, la gestion en nature.

Chaque partie est divisée en trois titres :

Le premier comprend les recettes ;

Le deuxième comprend les reprises ;

Le troisième, les dépenses acquittées.

Chaque titre est ensuite divisé en chapitres correspondants à chaque article du budget.

Dans le premier titre, le receveur doit se constituer en recette, 1° du reliquat du compte de l'exercice précédent ; 2° de tous les recouvrements qui étaient à *faire*, tant pour les exercices antérieurs que pour l'exercice dont il rend le compte, sauf à porter dans le titre des reprises la portion de ces recouvrements qui n'avait pas été opérée au 31 décembre, jour de la clôture de ses registres.

Chaque article de recette doit indiquer son origne, et distinguer les recouvrements qui appartiennent aux exercices antérieurs, de ceux qui appartiennent à l'exercice courant.

Dans le deuxième titre, le receveur fait reprise de tous les recouvrements qu'il n'a pu opérer avant la clôture de ses registres.

Les chapitres et les articles de ce titre présentent les mêmes procédés qu'au titre des recettes.

Dans le cas où quelques articles de reprises ne laisseraient plus aucun espoir de recouvrement, le receveur les présentera à part, appuyés des certificats du maire, procès-verbaux de carence et délibérations de la commission administrative accordant la décharge des deniers non recouvrés, et en demandera l'allocation en dépense, laquelle sera accordée ou refusée, selon qu'il y aura lieu, par l'autorité chargée de régler le compte.

Le troisième titre offrira, par chapitres et par articles, toutes les dépenses que le receveur a acquittées depuis le 1er janvier jusqu'au 31 décembre.

La seconde partie présentera, dans ses différents titres,

Tous les recouvrements qui étaient à faire sur chaque articles des produits en nature portés au budget et dans l'état de développement y annexé, et ceux qui étaient à faire en vertu d'achats ;

La reprise des recouvrements non opérés sur ces produits, au 31 décembre, jour de la clôture des registres ;

Les versements, faits à l'économe, des produits en nature récoltés ou achetés pour le service de l'établissement.

Tous les produits en nature ayant été ainsi remis entre les mains et sous la responsabilité de l'économe, la récapitulation des recettes et dépenses en nature ne présentera dans les comptes du receveur aucun excédant dont celui-ci ait à justifier.

Mais l'existence en magasin des produits qui n'auraient pas été consommés, sera connue par le compte de l'économe, dont une expédition en forme devra être annexée au compte final du receveur.

Lorsque le receveur a dressé et arrêté son compte, conformément à ces instructions, il le remet, avec toutes les pièces justificatives, à la commission administrative, pour qu'il soit entendu et examiné par elle.

Il est à propos que l'administration délègue un de ses membres pour remplir les fonctions de rapporteur, à l'effet de vérifier le compte sur les pièces justificatives produites à l'appui, sur les registres du receveur, sur les registres tenus par le contrôleur, s'il y en a un, et enfin sur le sommier général des biens des hospices. Le membre délégué rend compte des résultats de sa vérification dans une assemblée de l'administration, et la commission arrête le compte par une délibération qui est transcrite sur l'original, et rappelée sur ses expéditions.

En même temps qu'elle arrêtera le compte en deniers, la commission administrative doit arrêter le compte moral de sa propre administration pour le même exercice.

Ce dernier doit présenter :

1° Le mouvement de la population des hospices, quant aux malades, aux indigents, aux enfants admis dans ces établissements, et aux employés affectés à leur service ; et les observations auxquelles ont pu donner lieu la population et la mortalité ;

2° Les augmentations ou diminutions survenues dans les revenus, les améliorations qui ont pu être introduites dans la régie des biens,

3° l'organisation du service de santé, les changements qui y ont été opérés, les résultats des soins donnés à la population des hospices par les médecins et les chirurgiens de ces établissements, les maladies qui ont été traitées et les cas particuliers qui offraient quelque intérêts :

4° L'état des bâtiments, sous les rapports de la distribution, de la salubrité et de la facilité du service ; les améliorations qui y ont été faites, et celles qu'ils exigent encore ;

5° Les observations que peuvent suggérer les dépenses ordinaires et les dépenses extraordinaires de l'exercice, la masse des consommations qui ont eu lieu, le mode que l'administration a suivi pour pourvoir aux approvisionnements, le prix de chaque objet, et les approvisionnements restant à la fin de l'année.

Ces divers objets seront traités, dans l'ordre des paragraphes qui précèdent, sous les titres suivants ;

1° Population et mortalité ;
2° Régie des biens ;
3° Service sanitaire ;
4° Bâtiments ;
5° Dépenses et consommations ;
6° Régime alimentaire et prix de journées.

A l'appui de ce compte moral, l'administration produira,

1° Un état des revenus et consommations en nature ;

2° Un état des dépenses qui restaient à acquitter. Il sera possible que, lorsque le compte sera rendu, les mémoires des travaux exécutés dans le cours de l'année précédente n'ayant pas été réglés, on ne connaisse pas le montant exact de quelques-unes des dépenses restant à acquitter : mais on les portera alors par évaluation.

Le compte du receveur, le compte moral présenté par l'administration et toutes les pièces à l'appui, seront mis sous les yeux du conseil de charité, dans les villes où ces conseils seront établis. (*Art. 8 de l'ord. du 31 octobre 1821.*)

Ils seront mis également sous les yeux du conseil municipal, dans les villes où il est accordé des subventions aux hospices sur les revenus communaux. (*Art. 12.*)

Lorsqu'ils auront été examinés par ces conseils et revêtus de leurs observations, ils seront immédiatement transmis aux préfets.

Les préfets apurent et arrêtent définitivement en conseil de préfecture les comptes des receveurs, après avoir entendu le rapport du membre de conseil de préfecture qu'ils ont désigné pour en proposer l'apurement. (*Art. 1er de l'ord. du 21 mars 1816.*) (1).

Quant aux *comptes d'administration*, les préfets prononcent sur ceux de ces comptes qui concernent les hospices dont ils règlent les budgets, et soumettent les autres, avec leurs avis, au ministre de l'intérieur. (*Art. 34 de l'ord. du 31 octobre 1821.*)

(1) Voir la loi municipale du 18 juillet 1837. (*N. de l'Ed.*)

Aussitôt après l'apurement de chaque compte arrêté par les préfets, un relevé sommaire doit en être adressé au ministre. (*Art 4 de l'ord. du 21 mars 1816.*)

Quant aux comptes d'administration, les préfets en feront un extrait, en ce qu'ils offrent de plus intéressant.

Les préfets doivent ne point perdre de vue combien il importe de ne point laisser arriérer l'apurement des comptes des hospices, et on ne saurait leur recommander trop de soins pour tenir cette partie du service toujours au courant.

Les arrêtés pris par les préfets sur les comptes des receveurs sont notifiés dans le mois aux administrations et aux comptables qu'ils concernent, sans préjudice de la faculté laissée aux parties d'en réclamer plus tôt une expédition. (*Art. 29 de l'ord. du 31 octobre 1821.*)

En cas de contestation sur les arrêtés rendus par les préfets, les comptabilités sur lesquelles sont intervenus ces arrêtés, sont renvoyées par-devant la cour des comptes, qui statue définitivement, sauf décision préalable du ministre de l'intérieur sur les questions qui sont de sa compétence. En conséquence, sur la demande soit d'une commission administrative, soit d'un receveur, le préfet est tenu d'adresser au procureur général près la cour des comptes toute comptabilité dont le règlement a été contesté, ainsi que les pièces à l'appui. (*Ord. du 27 mai 1817.*)

Le recours réservé par ces dispositions doit être exercé dans les trois mois de la notification ou la délivrance de l'expédition, l'une et l'autre constatées par le reçu de la partie intéressée. (*Art. 29 de l'ord. du 31 octobre 1821.*)

Les préfets peuvent prononcer la suspension de tout receveur des hospices qui n'aurait pas rendu ses comptes dans les délais prescrits, ou qui les aurait rendus d'une manière assez irrégulière pour déterminer cette mesure de rigueur. La suspension entraîne telle poursuite que de droit, soit qu'il y ait nécessité d'envoyer aux frais du receveur un commissaire pour l'apurement de ses comptes, soit que, déclaré en débet, faute d'avoir justifié de l'emploi des sommes dont il était chargé en recette, il y ait lieu de prendre inscription sur ses biens conformément à l'avis du conseil d'État du 24 mars 1812. (*Art. 30 de l'ord. du 31 octobre 1821.*)

Il résulte de l'avis du 24 mars 1812 et des deux autres actes qui y sont rappelés,

1° Que les administrateurs, auxquelles les lois ont attribué, pour les matières qui y sont désignées, le droit de prononcer des condamnations ou de décerner des contraintes, sont de véritables juges, dont les actes doivent produire les mêmes effets et obtenir la même exécution que ceux des tribunaux ordinaires ;

2° Qu'en conséquence, les condamnations et les contraintes émanées des administrateurs, dans les cas et pour les matières de leur compétence, emportent hypothèque de la même manière, et aux mêmes conditions que celles de l'autorité judiciaire ;

3° Que ces dispositions sont applicables aux arrêtés du préfet qui fixent les débets des comptables des hospices.

Tout arrêté de suspension est suivi de la révocation du comptable, s'il n'a pas rendu ses comptes dans les délais fixés par ledit arrêté, ou s'il résulte de leur examen des charges suffisantes pour motiver cette mesure. Les révocations sont prononcées par le ministre de l'intérieur, d'après l'avis des préfets, lesquels ne peuvent le donner qu'après avoir entendu la commission administrative. (*Art. 31 de l'ord. du 31 octobre 1821.*)

Lorsque la suspension frappera un receveur d'hospice qui se trouvera en même temps receveur de commune, il en sera immédiatement donné connaissance au ministre des finances, qui, s'il y a lieu, prononcera la révocation, après s'être concerté avec le ministre de l'intérieur. (*Art. 31 de l'ord. du 31 octobre 1821.*)

Les receveurs des hospices étant, au surplus, soumis aux lois relatives aux comptables des deniers publics et à leur responsabilité, il doit être procédé à leur égard, dans tout ce qui n'est pas prévu par les dispositions précédentes, comme envers les comptables des deniers publics.

CHAPITRE V. — *Vérification des caisses et de la comptabilité.*

Les commissions administratives doivent s'assurer, chaque mois, par la vérification des registres des receveurs des hospices, des diligences qu'ils ont faites pour la perception des revenus de ces établissements. (*Arrêté du gouv. du 19 vendémiaire an* XII.)

Elles peuvent en outre, toutes les fois qu'elles le jugent utile, vérifier la caisse et les écritures des comptables.

Indépendamment de ces vérifications, les préfets sont tenus de faire vérifier la situation des receveurs au moins deux fois par an, et toujours à la fin de l'année, et ils transmettent au ministre de l'intérieur les procès-verbaux de ces vérifications. (*Art. 25 de l'ord. du 31 octobre 1821.*)

L'article 26 de l'ordonnance du 31 octobre veut en outre que des vérifications extraordinaires soient faites par les inspecteurs des finances, pendant leur inspection dans les départements.

Les préfets adressent au ministre de l'intérieur, dans le cours de janvier de chaque année, la liste des receveurs qu'ils jugent utile de faire vérifier par les inspecteurs des finances.

Le ministre de l'intérieur forme de ces listes un tableau des receveurs à vérifier, qu'il transmet, avec les instructions particulières, au ministre des finances ; celui-ci donne en conséquence aux inspecteurs les ordres nécessaires, et fait connaître au ministre de l'intérieur les résultats des vérifications.

Les inspecteurs des finances doivent se renfermer dans les ordres qu'ils ont reçus. Ils ne peuvent néanmoins se refuser, pendant le cours de leur tournée, à toutes autres vérifications des mêmes comptables demandées par les préfets. (*Art. 27 de l'ord. du 31 octobre 1821.*)

Les préfets sentiront qu'ils ne doivent user de cette latitude que rarement et dans des circonstances imprévues, afin de ne point déranger l'itinéraire donné aux inspecteurs et prolonger inutilement leur inspection.

Les inspecteurs auront soin de donner connaissance aux préfets de toutes les vérifications qu'ils auront faites, et de leur adresser, sur chacune d'elles, les observations qu'ils jugeront utiles au bien du service.

Les préfets pourront suspendre et proposer de révoquer tout receveur dans la gestion duquel des vérifications faites auraient constaté soit une infidélité, soit un déficit, ou un désordre grave, ou une négligence coupable (*Art. 32 de l'ord. du 31 octobre 1821*) ; sans préjudice des poursuites et contraintes auxquelles il pourrait être soumis comme comptable des deniers publics, ainsi qu'il est expliqué au chapitre IV ci-dessus.

TROISIÈME PARTIE. — DES BUREAUX DE BIENFAISANCE.

TITRE Ier. — DE L'ORGANISATION DES BUREAUX DE BIENFAISANCE ET DE LEURS AGENTS.

CHAPITRE Ier. — *Organisation et composition des bureaux de bienfaisance.*

Les bureaux de bienfaisance ont été créés par la loi du 7 frimaire an v.

A cette époque, il n'existait qu'une administration municipale par canton; et la loi qui vient d'être citée ordonna que le bureau central dans les communes où il y avait plusieurs municipalités, et l'administration municipale, dans les autres, formeraient un bureau de bienfaisance, ou plusieurs, s'il le croyait convenable.

En vertu de ces dispositions, il fut organisé dans presque tous les départements un bureau de bienfaisance par canton.

La loi du 28 pluviôse an viii ayant supprimé les administrations municipales de canton, et une administration municipale ayant été établie dans chaque commune, l'organisation des bureaux de bienfaisance aurait dû être modifiée d'une manière analogue.

Cependant, dans un certain nombre de départements, les bureaux de bienfaisance sont restés organisés par cantons, et l'on s'est borné à établir des bureaux auxiliaires dans les principales communes de chaque canton ou dans celles où les pauvres possédaient quelques revenus.

Cet ordre de choses ne doit plus subsister. Les bureaux de bienfaisance sont placés par les lois sous la surveillance de l'autorité municipale, qui n'exerce sa juridiction que sur l'étendue de chaque commune; les bureaux de bienfaisance doivent donc être circonscrits dans le même ressort.

Il est d'ailleurs facile de concevoir les inconvénients que présentait l'organisation des bureaux de bienfaisance par cantons. Si l'on compose ces bureaux de membres pris dans les diverses communes du canton, il est presque impossible de les réunir; si l'on n'y appelle que des membres pris au chef-lieu du canton, les pauvres de cette commune sont nécessairement favorisés aux dépends des indigents des autres communes du canton.

Il doit donc être établi un bureau de bienfaisance dans chaque commune, ou du moins dans toutes celles où l'autorité locale le jugera nécessaire ou utile.

Les règles prescrites pour les commissions administratives des hospices, en ce qui concerne le nombre, la nomination et le renouvellement de leurs membres, sont communes aux bureaux de bienfaisance. (*Art. 4 de l'ord. du* 31 *octobre* 1821.)

Ainsi, les bureaux de bienfaisance doivent être, dans chaque commune, composés de cinq membres.

Quant au mode de nomination et de renouvellement, on n'a qu'à se reporter aux détails donnés au chapitre Ier, titre Ier de la seconde partie de ces instructions.

Les bureaux de bienfaisance peuvent nommer dans les divers quartiers des villes, pour les soins qu'il est jugé utile de leur confier, des adjoints et des dames de charité. (*Art. 4 de l'ord. du* 31 *octobre.*)

Ces adjoints et ces dames secondent les soins du bureau de bienfaisance, et rendent la répartition des secours plus éclairée et plus efficace.

Dans quelques grandes villes, ces adjonctions par quartiers forment, dans chacun d'eux, des sortes de bureaux secondaires qui dépendent du bureau principal dont ils reçoivent les ordres et auquel ils rendent compte. Il n'y a point d'inconvénient à maintenir de telles dispositions partout où elles existent, pourvu que les formes en soient régularisées par arrêté du préfet, et que le siége de l'action administrative comme de la responsabilité reste dans le bureau principal; que par conséquent les adjonctions ne soient que des agences d'exécutions. L'ordonnance du 31 octobre a prescrit des règles générales afin d'avoir des garanties suffisantes; mais il serait contraire à l'esprit qui l'a dictée, d'exiger une minutieuse uniformité dans les détails qui se rapportent à leur application.

CHAPITRE II. — *Des agents et employés des bureaux de bienfaisance.*

Les règles prescrites pour la nomination et la fixation des traitements des agents des hospices s'apliquent aussi aux agents et employés des bureaux de bienfaisance.

On rappellera seulement ici que la disposition de l'ordonnance du 31 octobre, qui prescrit que les recettes des bureaux de bienfaisance soient confiées au receveur municipal, si, réunies aux recettes des hospices, elles n'excèdent pas 10,000 francs, ne peut recevoir son exécution que lorsque le receveur municipal a son domicile dans la commune à laquelle appartient le bureau de bienfaisance. Dans le cas contraire, les recettes du bureau doivent être confiées au receveur de l'hospice, si un établissement de ce genre existe dans la commune, ou bien à un receveur spécial, s'il n'y a pas d'hospice (1).

Suivant l'article 17 de l'ordonnance du 31 octobre 1821, les préfets prescriront la rédaction de règlements pour les bureaux de bienfaisance partout où ils le jugeront utile.

Ces règlements devront avoir pour principal objet de déterminer,

1º Le nombre et l'ordre des séances du bureau;

2º Le nombre et les attributions des agents ou employés;

3º Le mode d'admission aux secours;

4º Les règles à suivre pour leur répartition.

Ils seront soumis par les bureaux de bienfaisance à l'approbation des préfets.

TITRE II. — DES SECOURS A DOMICILE.

Les ressources qui peuvent être employées à cette destination consistent,

1º Dans les revenus résultant de la dotation des bureaux de bienfaisance;

2º Dans les allocations portées pour cet objet dans les budgets des communes;

3º Dans les produits des quêtes, des troncs, des collectes, des dons et aumônes, et enfin dans ceux des droits établis au profit des pauvres sur les billets d'entrée dans les spectacles où se donnent des pièces de théâtre, des bals, des feux d'artifice, des concerts et exercices de chevaux. (*Loi du 7 frimaire an* v; *lois de finances et arrêté du ministre du 5 prairial an* xi.)

Les bureaux de bienfaisance, étant les auxiliaires nés des hospices, peuvent éviter à ces établissements une grande dépense, au

_____

(1) Voir l'ordonnance du 17 septembre 1837.　　　　(*N. de l'Ed.*)

moyen d'une sage distribution de secours à domicile. En effet, il n'est point de père de famille qui ne s'estime heureux, lorsqu'il est atteint de maladie, de pouvoir rester près de sa femme et de ses enfants ; et pour cela, il suffit d'alléger une partie de sa dépense par des distributions de médicaments et d'aliments à domicile. En conséquence, on ne peut mieux entendre la charité qu'en multipliant les secours à domicile et en leur donnant la meilleure direction possible.

Tous les malheureux ont droit aux secours, toutes les fois que la force des circonstances les met dans l'impossibilité de fournir à leurs premiers besoins ; ce sont donc ces besoins que les bureaux de bienfaisance doivent constater : car autant on doit s'empresser de secourir le véritable indigent, autant on doit éviter, par une distribution aveugle, d'alimenter l'oisiveté, la débauche et les autres vices dont le résultat inévitable est la misère.

Une des premières choses dont les bureaux de bienfaisance auront à s'occuper, sera de s'assurer si l'indigent qui se présente pour être secouru, a le domicile de secours voulu par la loi du 24 vendémiaire an II.

Il sera bon de tenir un livre des pauvres où l'on inscrive tous les indigents qui seront assistés.

Ce livre sera divisé en deux parties : la première pour les indigents temporairement secourus, et la seconde pour les indigents secourus annuellement.

Dans la première partie on comprendra les blessés, les malades, les femmes en couche ou nourrices, les enfants abandonnés, les orphelins et ceux qui se trouvent dans des cas extraordinaires et imprévus.

Dans la seconde partie seront portés les aveugles, les paralytiques, les cancérés, les infirmes, les vieillards, les chefs de famille surchargés d'enfants en bas-âge. Les infirmités qui donnent droit aux secours annuels doivent être constatés par les médecins attachés aux bureaux de bienfaisance.

Les listes dont il s'agit seront arrêtées par ces bureaux en assemblée ; on ne doit pas y comprendre un plus grand nombre d'indigents que n'en peut secourir l'établissement.

On apportera dans la formation de ces listes de la sévérité ; car, comme il est souvent impossible de secourir tous les pauvres, et que ceux qui sont secourus ne peuvent l'être que dans une proportion inférieure à leurs besoins, il y a un choix à faire, et la justice ainsi que l'humanité exigent que ce choix soit en faveur des plus malheureux.

Cet examen devra porter sur l'âge, les infirmités, le nombre d'enfants, les causes de la misère, les ressources qui sont à leur disposition, et leur conduite. Du moment où les motifs qui ont fait admettre un pauvre aux secours n'existent plus, les secours doivent cesser ; ils doivent cesser également s'ils sont plus nécessaires à d'autres.

Si le pauvre abuse des secours qu'il reçoit, il mérite d'être puni ; ce qui pourra avoir lieu en le privant du secours pour quelque temps ou pour toujours.

C'est, autant que possible, en nature, que ces secours doivent être distribués. Le pain, la soupe, les vêtements et les combustibles sont les objets qui peuvent le mieux remplir les besoins. Les soupes aux légumes forment aussi une ressource facile et économique.

On s'appliquera surtout, autant que les localités le permettront, à procurer du travail aux indigents valides. A défaut de manufacturiers et de maîtres artisans, on pourra proposer l'établissement d'ateliers de charité.

Les bureaux de bienfaisance ne doivent pas borner leurs soins à la distribution des secours à domicile ; ils doivent encore les étendre aux écoles de charité. Ces écoles font une des parties les plus intéressantes de leur administration : car si, par des secours appliqués avec discernement, ils soutiennent la vieillesse sans ressources, d'un autre côté, par une éducation morale et religieuse, ils disposent les enfants à se garantir un jour du fléau de la misère, en leur inculquant l'amour du travail, l'esprit d'ordre, d'économie et de prévoyance.

En conséquence, il ne suffit pas d'apprendre aux enfants à lire, à écrire et à compter ; il est bien plus important encore de leur former le cœur et d'y jeter les semences de la religion. Pour atteindre ce but, les bureaux de bienfaisance ne doivent pas perdre de vue que, dans le choix des maîtres, ils devront donner la préférence à ceux qui, par leurs lumières, leur piété et leur zèle, peuvent faire espérer l'instruction religieuse la plus convenable et la plus solide ; ne pas perdre de vue que les frères de la doctrine chrétienne et les sœurs de charité offrent, sous ce rapport, des avantages qu'il est rare de trouver dans les autres individus.

TITRE III. — DE LA GESTION DES BIENS ET DE LA COMPTABILITÉ.

La gestion des biens des bureaux de bienfaisance est soumise aux mêmes règles que la gestion des biens des hospices.

Les règles prescrites pour la comptabilité des hospices sont également applicables aux bureaux de bienfaisance, sauf les exceptions suivantes :

Suivant l'article 13 de l'ordonnance du 31 octobre 1821, les budgets des bureaux de bienfaisance doivent être, à quelque somme qu'ils s'élèvent, définitivement réglés par les préfets.

Les préfets arrêteront les modèles que devront suivre les bureaux de bienfaisance pour leurs budgets, leurs registres et leurs comptes. Ils les rapprocheront, autant que possible, des modèles prescrits pour les hospices, en les simplifiant toutefois, les recettes et les dépenses des bureaux de bienfaisance étant beaucoup moins étendues et moins variées que celles des hospices.

QUATRIÈME PARTIE. — DES ENFANTS TROUVÉS ET ENFANTS ABANDONNÉS (1).

TITRE UNIQUE. — OBSERVATION GÉNÉRALE.

L'ordonnance du 31 octobre 1821 n'a prescrit aucune nouvelle disposition concernant le service des enfants trouvés et enfants abandonnés. Le ministre va s'occuper d'examiner quelles sont les modifications dont l'organisation actuelle de ce service est susceptible, mais, en attendant qu'il ait pu arrêter ou proposer à Sa Majesté des améliorations, il a paru bon de rappeler à la suite des

(1) Voir l'ordonnance du 28 juin 1833 et les circulaires des 25 juillet 1838 et 15 août 1841. (N. de l'Ed.)

instructions relatives aux établissements de charité, les règles qui, jusqu'à nouvel ordre, doivent servir de guide aux administrations des hospices. Ce rappel sera d'autant plus utile, que les abus qui, en plusieurs départements, se sont introduits dans le service des enfants trouvés, tiennent sans doute plus à l'inobservation des règles établies qu'à leur imperfection.

CHAPITRE 1er. — Classification des enfants.

Les enfants *trouvés* sont ceux qui, nés de pères et mères inconnus, ont été trouvés exposés dans un lieu quelconque ou portés dans les hospices destinés à les recevoir. (*Décr. du* 19 *janvier* 1811.)

Les enfants *abandonnés* sont ceux qui, nés de pères et mères connus, et d'abord élevés par eux, ou par d'autres personnes, à leur décharge, en sont délaissés sans qu'on sache ce que les pères et mères sont devenus, ou sans qu'on puisse recourir à eux. (*Même décr.*)

Les enfants nés dans les hospices, de femmes admises à y faire leurs couches, sont assimilés aux enfants trouvés, si la mère est reconnue dans l'impossibilité de s'en charger.

On ne doit comprendre au rang des enfants *abandonnés*, assimilés, pour leur régime et le mode de payement de leur dépense, aux enfants trouvés, que les enfants délaissés dont les pères et mères sont disparus, détenus, ou condamnés pour faits criminels ou de police correctionnelle. L'indigence ou la mort naturelle des pères et mères ne sont pas des circonstances qui puissent faire admettre leurs enfants au rang des enfants abandonnés; ils ne peuvent être classés que parmi les orphelins pauvres et les enfants de familles indigentes à la charge exclusive des hospices ou secourus à domicile.

Ces distinctions sont essentielles; et comme elles sont souvent violées, leur stricte observation réduira beaucoup, dans plusieurs départements, la dépense des enfants trouvés.

CHAPITRE II. — De l'admission des enfants.

Il doit y avoir, au plus, dans chaque arrondissement, un hospice où les enfants trouvés pourront être reçus. (*Décr. du* 19 *janvier* 1811.)

Suivant la loi du 17 décembre 1796, les enfants trouvés devaient être portés à l'hospice le plus voisin; ainsi tous les hospices pouvaient recevoir des enfants trouvés. Cette disposition favorisait naturellement l'abandon des enfants; et de la multiplicité des asiles qui leur étaient ouverts, résultaient nécessairement plus d'abus dans les admissions, et plus de difficulté à surveiller le régime de l'administration. C'est donc par une sage prévoyance, également dans l'intérêt des enfants, des hospices et des départements, qu'il a été décidé, en 1811, qu'il n'y aurait au plus, dans chaque arrondissement, qu'un hospice destiné à recevoir les enfants trouvés.

Les hospices qui offrent à la fois une situation plus centrale et le plus de ressources, soit par leurs revenus propres, soit par les allocations qu'ils peuvent obtenir des villes où ils sont situés, doivent être choisis de préférence pour servir de dépôt; et, dans les villes où il existe plusieurs hôpitaux, on doit, autant que possible, éviter de placer les dépôts dans les hôpitaux de malades, et les établir dans les hospices de vieillards, où leur santé et leur existence sont exposées à moins de dangers.

Si, dans quelques départements, les préfets jugent qu'il y a plus d'avantages et qu'il est sans inconvénient d'avoir, pour tout le département, un seul hospice chargé de recevoir les enfants trouvés ou abandonnés, ils peuvent proposer cette mesure au ministre.

Dans chaque hospice destiné à recevoir les enfants trouvés, il doit y avoir un tour où ils puissent être déposés. (*Décr. du 19 janvier 1811.*)

Il doit également y être établi des registres qui constatent, jour par jour, l'arrivée des enfants, leur sexe, leur âge apparent, et où l'on décrive les marques naturelles et les langes qui peuvent servir à les faire reconnaître.

Toute personne qui a trouvé un enfant nouveau-né est tenue de le remettre à l'officier de l'état civil, ainsi que les vêtements et autres effets trouvés avec l'enfant, et de déclarer toutes les circonstances du temps et du lieu où il a été trouvé. Il doit en être dressé un procès-verbal détaillé, énonçant, en outre, l'âge apparent de l'enfant, son sexe, les noms qui lui seront donnés, l'autorité civile à laquelle il sera remis. Ce procès-verbal doit être inscrit sur les registres. (*Art. 58 du Code civil.*)

L'admission des enfants trouvés ne doit avoir lieu que dans les circonstances suivantes : 1° par leur exposition au tour; 2° au moyen de leur apport à l'hospice, immédiatement après leur naissance, par l'officier de santé ou la sage-femme qui a fait l'accouchement; 3° sur l'abandon de l'enfant de la part de sa mère, si, admise dans l'hospice pour y faire ses couches, elle est reconnue dans l'impossibilité de s'en charger ; 4° sur la remise du procès-verbal dressé par l'officier de l'état civil, pour les enfants exposés dans tout autre lieu que dans l'hospice.

A l'arrivée d'un enfant, l'employé de l'hospice préposé à la tenue du registre des enfants trouvés doit dresser procès-verbal de l'admission et indiquer les circonstances soit de l'exposition, soit de l'apport à l'hospice.

Il doit nommer l'enfant, s'il n'a déjà été nommé par l'officier de l'état civil, ou si, en l'exposant, on n'a pas déposé avec lui des papiers indiquant ses noms. Les noms donnés à chaque enfant doivent être tels, que, s'il n'y en a que deux, le premier soit considéré comme nom de baptême, et l'autre devienne, pour l'enfant qui le reçoit, un nom de famille transmissible à ses propres descendants. Pour le choix du nom de baptême, on doit suivre les usages et les règles ordinaires. L'enfant doit être baptisé et élevé dans la religion de l'État, sauf les exceptions qui seraient autorisées pour certaines localités. Quant au nom de famille, il faut avoir soin de ne pas donner le même nom à plusieurs enfants et éviter de leur donner des noms connus pour appartenir à des familles existantes. Il faut donc chercher ces noms soit dans l'histoire, soit dans les circonstances particulières à l'enfant, comme sa conformation, ses traits, son teint, le pays, le lieu où il a été trouvé, en rejetant toutefois les dénominations qui seraient ou indécentes, ou ridicules, ou propres à rappeler, en toute occasion, que ceux à qui on les donne sont des enfants trouvés.

Le préposé doit adresser, dans les vingt-quatre heures qui suivent l'inscription d'un enfant, un extrait du registre d'inscription, en ce qui le concerne, à l'officier de l'état civil, pour être immédiatement transcrit sur le registre des actes de naissance.

Une instruction ministérielle a recommandé, il y a plusieurs années, aux administrations des hospices, de suivre le procédé en usage dans l'administration des hospices de Paris, pour prévenir la substitution des enfants, et qui consiste à passer au cou de chaque enfant un collier que l'on scelle avec un morceau d'étain au moyen d'une presse. L'étain porte pour empreinte la désignation des hospices auxquels appartient l'enfant, l'année dans laquelle il a été exposé et son numéro d'ordre. Le collier est serré au degré nécessaire pour ne pouvoir être enlevé à l'enfant, sans gêner cependant sa croissance; et il est à désirer que ce moyen soit partout pratiqué, jusqu'à ce qu'on ait pu en découvrir un plus efficace.

Les enfants *abandonnés* ne doivent être admis dans les hospices que, 1o d'après l'acte de notoriété du juge de paix ou du maire constatant l'absence de leurs pères et mères; 2o sur l'expédition des jugements correctionnels ou criminels qui les privent de l'assistance de leurs parents.

Aucun enfant abandonné ne peut être admis s'il a atteint sa douzième année.

Il doit être tenu, pour l'inscription des enfants abandonnés, un registre analogue au registre des enfants trouvés. Dans le cas où des parents, après avoir abandonné leur enfant momentanément et à dessein de le faire admettre frauduleusement dans un hospice, reparaîtraient ensuite dans la commune, le maire doit en informer le sous-préfet, qui ordonnera la remise de l'enfant aux parents; et ceux-ci seront tenus au remboursement des frais occasionnés par l'enfant à l'hospice.

Les causes du prodigieux accroissement qu'éprouve depuis quelques années le nombre des enfants trouvés et enfants abandonnés, consistent certainement, en partie, dans les abus qui ont eu lieu dans les admissions des enfants. Les divers ministres qui se sont succédé au département de l'intérieur, ont souvent appelé l'attention des préfets sur ces abus; mais il ne paraît pas qu'on ait, en général, apporté à les réprimer tous les soins désirables.

Pour les détruire et en prévenir le retour, les commissions administratives des hospices ne sauraient exercer une surveillance trop sévère sur la tenue des registres d'inscription des enfants, et sur les opérations des employés préposés à ce service.

On pense que l'une des mesures les plus efficaces serait aussi de faire vérifier, tous les trois mois, soit par les contrôleurs des hospices, soit par des commissaires spéciaux, les titres d'admission des enfants compris au nombre des enfants trouvés et enfants abandonnés. Les enfants que l'on reconnaîtrait avoir été admis contre les règles et les principes qui ont été ci-dessus rappelés, seraient rendus à leurs familles ou aux personnes qui en étaient chargées; et l'on ne doute pas, d'après les exemples qu'en ont déjà donnés plusieurs départements, que l'exécution de ces dispositions n'eût pour résultat de diminuer considérablement le nombre des enfants à la charge des hospices.

Il est du devoir des commissions administratives des hospices et des maires et sous-préfets de signaler au procureur du roi, pour être punis conformément à la loi, les délits prévus par les articles 348 à 353 du Code pénal, qui viendraient à leur connaissance; en mettant toutefois à la recherche de ces délits la réserve nécessaire pour ne pas s'exposer à amener des infanticides en voulant prévenir les expositions.

CHAPITRE III. — *Des nourrices et du placement des enfants à la campagne.*

Les enfants nouveau-nés doivent être mis en nourrice aussitôt que faire se peut. Jusque-là, ils doivent être nourris au biberon, ou même au moyen de nourrices résidant dans l'établissement; s'ils sont sevrés ou susceptibles de l'être, ils doivent être également mis en nourrice ou sevrage. (*Décr. du* 19 *janvier* 1811.)

Ils doivent rester en nourrice jusqu'à l'âge de six ans.

Il serait avantageux de pouvoir confier les enfants nouveau-nés à des nourrices sédentaires, jusqu'au moment où on les remet aux nourrices des campagnes; et dans les hospices où l'on reçoit des femmes enceintes, on peut choisir des nourrices sédentaires parmi celles de ces femmes qui sont accouchées; mais dans les établissements où il ne peut y avoir des nourrices sédentaires, il faut nourrir les enfants au biberon, jusqu'à ce qu'ils puissent être confiés aux nourrices extérieures.

Les enfants nouveau-nés doivent être baptisés avant leur départ pour la campagne.

Ils doivent aussi être vaccinés dès leur admission dans l'hospice, à moins que l'état de leur santé ou leur prompt départ pour la campagne ne s'y oppose. Dans ce cas, les nourrices doivent les faire vacciner dans les trois premiers mois qui suivront la remise qui leur en aura été faite, et doivent justifier d'un certificat de vaccination, pour pouvoir être payées du premier trimestre des mois de nourrice.

On doit exiger des nourrices, et autres personnes qui viennent prendre des enfants dans les hospices, un certificat du maire de la commune, constatant qu'elles sont de bonnes vie et mœurs, et qu'elles sont en état d'élever et soigner les enfants.

Il importe que les nourrices soient visitées, à leur arrivée, par les officiers de santé de l'hospice, pour constater leur santé, l'âge de leur lait et sa qualité. Ce n'est que dans le cas où elles sont reconnues saines et propres à allaiter avec succès, que les enfants doivent leur être remis avec la layette.

Au départ de la nourrice, il doit être fait mention, sur le registre matricule à ce destiné, de la mise de l'enfant en nourrice. Il doit lui être délivré une carte contenant le nom de l'enfant, son âge, le numéro du registre matricule, le folio du registre du payement, le nom de la nourrice et la date de la remise du nourrisson.

Cette carte doit aussi présenter des blancs sur lesquels s'inscriront successivement les payements faits à la nourrice, les vêtures qui lui sont remises, et le décès de l'enfant, s'il avait lieu.

Dans quelques villes du premier ordre, où le nombre très-considérable des enfants trouvés à la charge des hospices rend nécessaire de s'assurer d'un grand nombre de nourrices et de se les procurer dans un rayon fort étendu, on a établi, sous le nom de *meneurs*, des employés chargés d'engager les nourrices pour le compte des hospices, de les conduire dans ces établissements, de les ramener au lieu de leur domicile et d'effectuer leurs payements tous les trois mois; mais ces meneurs n'étant nécessaires que dans très peu de villes, il paraît inutile d'indiquer les règles qui doivent être suivies à leur égard dans des instructions générales que l'on a pour but de rendre applicables à tous les hospices du royaume.

A six ans, tous les enfants doivent être, autant que faire se peut, mis en pension chez des cultivateurs ou des artisans. (*Décr. du* 19 *janvier* 1811.)

Les nourrices peuvent conserver jusqu'à l'âge de douze ans les enfants qui leur ont été confiés, à la charge de les nourrir et entretenir convenablement, aux prix et conditions déterminés conformément aux règles qui seront plus loin rappelées, et de les envoyer aux écoles primaires pour y recevoir l'instruction morale et religieuse donnée aux autres enfants de la commune ou du canton.

Les enfants qui ne peuvent être mis en pension, les estropiés et infirmes, doivent être élevés dans l'hospice et occupés, dans des ateliers, à des travaux qui ne soient pas au-dessus de leur âge.

CHAPITRE IV. — *Des layettes et vêtures.*

Il doit être remis à chaque nourrice une layette au moment où on lui confie un enfant nouveau-né.

Les vêtures qui suivent les layettes sont données aux enfants d'année en année, jusqu'à l'âge de six ans accomplis.

Il appartient aux préfets de régler, suivant les usages des localités et les produits des fabriques du pays, la composition des layettes et vêtures; mais on croit utile de faire connaître, pour termes de comparaison, comment sont composées ces layettes à Paris.

En voici le tableau.

LAYETTE

LAYETTE pour les enfants nouveau-nés.	PREMIÈRE VÊTURE et demi-maillot pour les enfants sevrés lorsqu'ils sont dans leur première année.		SECONDE VÊTURE et demi-maillot pour les enfants au-dessus de dix-huit mois.		TROISIÈME et quatrième vêtures.	CINQUIÈME et sixième vêtures.
	Première vêture.	Demi-maillot.	Seconde vêture.	Demi-maillot.		
3 béguins.	2 paires de bas de laine.	1 béguin.	2 paires de bas de laine.	1 béguin.	2 paires de bas de laine.	2 paires de bas de laine.
2 bonnets d'indienne.	4 béguins.	1 bonnet de laine.	3 béguins.	1 bonnet de laine.	2 béguins.	2 bonnets d'indienne.
1 bonnet de laine.	2 bonnets d'indienne.	1 brassière de laine.	2 bonnets d'indienne.	1 brassière de laine.	2 bonnets de laine.	2 chemises.
2 brassières de laine	4 chemises.	1 chemise en brassière.	2 chemises.	1 chemise en brassière.	2 bonnets d'indienne.	1 chemisette.
6 couches.	1 chemisette.	4 couches.	2 fichus de garat.	4 couches.	2 chemises.	1 fichu de garat.
1 couverture.	2 couches.	1 couverture.	1 jupon.	1 couverture.	2 fichus de garat.	1 robe.
5 fichus de toile.	4 fichus de garat.	1 fichu de toile.	1 robe.	1 fichu de toile.	1 jupon.	
2 langes de laine.	2 langes de laine.	2 langes de laine.		2 langes de laine.	1 robe.	
2 langes piqués.	1 robe.	2 langes piqués.		2 langes piqués.		
3 chemises en brassière.						

Chaque nourrice est responsable des layettes et vêtures qui lui ont été données; et elle est tenue d'en faire la remise, dans le cas où l'enfant viendrait à décéder avant l'expiration de la seconde année qui suit la réception de chaque layette ou vêture, et dans le cas où l'enfant serait retiré avant l'expiration de ce terme.

A défaut de cette remise, il doit être fait une retenue aux nourrices sur les salaires qui leur sont dus, jusqu'à la concurrence de la valeur des layettes et vêtures qu'elles auraient dû restituer, et dans le cas où le montant de ces salaires serait inférieur à la valeur des layettes et vêtures, les nourrices doivent être tenues de la compléter.

CHAPITRE V. — *Des mois de nourrice, pensions et indemnités diverses.*

Les enfants trouvés et les enfants abandonnés doivent être, pour la fixation des mois de nourrice et pensions à payer pour leur entretien, divisés en trois classes; les enfants du premier âge, les enfants du second âge, et les enfants du troisième âge.

Les enfants du premier âge sont ceux qui se trouvent encore dans leur première année.

Les enfants du second âge sont ceux qui sont entrés dans leur seconde année, et qui n'ont point accompli leur sixième année.

Les enfants du troisième âge sont ceux qui, entrés dans leur septième année, n'ont point accompli douze ans.

Les prix des mois de nourrice et pensions doivent être réglés par les préfets, dans chaque département, en prenant pour base le prix ordinaire des grains, et en graduant leur fixation suivant les services que les enfants peuvent rendre dans les différents âges de leur vie.

Le *maximum* des mois de nourrice et pensions ne doit pas excéder la valeur de dix myriagrammes de grains par trimestre.

Pour les enfants à la charge des hospices de Paris, les mois de nourrice et pensions sont fixés ainsi qu'il suit :

7 francs par mois pour le premier âge.

6 francs par mois pour la seconde année.

5 francs pour les troisième, quatrième, cinquième et sixième années.

4 francs par mois pour le troisième âge.

Ces fixations peuvent servir de terme de proportion pour les départements.

Il est convenable que le décroissement de prix n'ait lieu qu'à la fin du trimestre pendant lequel l'enfant a passé d'un âge à l'autre.

Les nourrices et autres personnes chargées d'enfants trouvés ou abandonnés, lorsqu'elles présentent des certificats constatant que l'enfant qui leur a été confié existe, et qu'il a été traité avec soin et humanité, ont droit, pour les neuf premiers mois de la vie de l'enfant, indépendamment des mois de nourrice, à une indemnité de 18 francs, payable par tiers de trois mois en trois mois. (*Arr. du gouv. du 30 ventôse an* v.)

Ceux qui ont conservé des enfants jusqu'à l'âge de douze ans, et qui les ont préservés, jusqu'à cet âge, d'accidents provenant de défaut de soins, doivent recevoir à cette époque, sur la représentation des certificats rappelés au paragraphe qui précède, une autre indemnité de 50 francs. (*Même arr.*)

Une indemnité qui a été réglée aussi à 50 francs par l'arrêté du gouvernement, du 20 mars 1797, mais que les préfets peuvent réduire dans les départements où elle paraîtrait trop forte, doit être également payée aux cultivateurs ou manufacturiers chez lesquels sont placés des enfants ayant atteint l'âge de douze ans, ou à ceux qui, les ayant élevés jusqu'à cet âge, les conserveraient aux conditions déterminées par l'administration ; et cette somme est destinée à procurer aux enfants les vêtements qui leur sont nécessaires. (*Même arr.*)

CHAPITRE VI. — *De la mise en apprentissage des enfants et de leur retour dans l'hospice.*

Les enfants âgés de douze ans doivent, autant que faire se peut, être mis en apprentissage, les garçons chez des laboureurs ou des artisans ; les filles chez des ménagères, des couturières ou des ouvrières, ou dans des fabriques et manufactures. (*Décr. du 19 janvier* 1811.)

Les commissions administratives des hospices peuvent également, lorsque les enfants manifestent le désir de s'attacher au service maritime, contracter, sous l'approbation des préfets, des engagements pour le placement de ces enfants sur les vaisseaux du commerce ou de l'Etat. (*Arr. du gouv. du 30 ventôse an* v.)

Les nourrices et autres habitants, qui ont élevé jusqu'à douze ans les enfants qui leur ont été confiés, peuvent les conserver préférablement à tous autres, en se chargeant de leur faire apprendre un métier, ou de les appliquer aux travaux de l'agriculture.

Les contrats d'apprentissage ne doivent stipuler aucune somme en faveur du maître ni de l'apprenti ; ils doivent seulement garantir au maître les services gratuits de l'apprenti, jusqu'à un âge qui ne peut excéder vingt-cinq ans, et à l'apprenti, la nourriture, l'entretien et le logement. (*Décr. du 19 janvier* 1811.)

Il importe d'imposer, pour condition essentielle, dans tous les contrats d'apprentissage, que les enfants recevront l'instruction morale et religieuse que leur état comporte.

Ceux des enfants qui ne peuvent être mis en apprentissage, les estropiés et les infirmes qu'on ne trouverait pas à placer hors de l'hospice, doivent y rester à sa charge, et des ateliers doivent être établis pour les occuper.

Les enfants qui, pour leur inconduite ou la manifestation de quelques inclinations vicieuses, seraient reconduits dans les hospices, doivent y être placés dans un local particulier ; et les administrations doivent prendre les mesures convenables pour les ramener à leur devoir, en attendant qu'elles puissent les rendre à leurs maîtres ou les placer ailleurs.

CHAPITRE VII. — *Revue des enfants.*

L'article 14 du décret du 19 janvier 1811 porte que les commissions administratives des hospices feront visiter, au moins deux fois l'année, chaque enfant, soit par un commissaire spécial, soit par les médecins ou chirurgiens vaccinateurs ou des épidémies.

Les revues fréquentes des enfants placés en nourrice ou en pension sont évidemment nécessaires pour s'assurer si ces enfants sont traités avec les soins dus à leur âge et à la protection que l'Etat leur accorde, et si les nourrices, ou autres personnes auxquelles ils sont confiés, ne commettent à leur égard aucun abus.

Dans quelques départements on a proposé d'assigner un lieu où se rendraient, à une époque déterminée, toutes les nourrices d'un arrondissement, pour être soumises, avec leurs nourrissons, à la visite d'un commissaire spécial délégué par les commissions administratives ; mais si l'on suivait ce mode, le transport des enfants pourrait avoir pour eux des inconvénients et même des dangers, et l'on manquerait d'ailleurs presque entièrement le but que l'on doit avoir en vue, puisque les nourrices, préparées d'avance à la visite, soigneraient pour ce moment la tenue de leurs nourrissons, et couvriraient facilement la plupart des abus qu'elles auraient pu commettre.

Pour que la visite des enfants soit réellement utile et qu'elle ait l'effet de prévenir les négligences et de réprimer les abus, il est indispensable qu'elle soit imprévue ; et ce but ne peut être rempli que par des tournées faites, à des époques indéterminées, dans toutes les communes où se trouvent placés les enfants.

On pense que ces tournées pourraient être confiées soit au médecin des épidémies de l'arrondissement, soit aux médecins et chirurgiens vaccinateurs des cantons, dans les départements où il en a été établi.

La commission administrative de l'hospice servant de dépôt pour les enfants trouvés se concerterait avec le sous-préfet pour fixer, en les variant chaque année, les époques de ces tournées. Elle lui transmettrait, préalablement à chaque tournée, un état nominatif de tous les enfants placés en nourrice ou en pension.

On formerait un seul tableau, si la tournée était confiée à un seul médecin pour tout l'arrondissement ; on le diviserait en autant d'états que de cantons, si la visite était confiée à des médecins cantonaux. Dans tous les cas, l'état contiendrait les nom et prénoms de l'enfant, son âge et son sexe, le numéro de son inscription sur les registres de l'hospice. Une colonne y serait réservée pour les observations du médecin ou chirurgien visiteur.

Les enfants qui résident dans un autre arrondissement que celui de l'hospice auquel ils appartiennent, seraient inspectés par les médecins de l'arrondissement de leur résidence. A cet effet, les commissions administratives se transmettraient réciproquement la liste des enfants qui seraient dans ce cas, avec les renseignements indiqués dans le paragraphe précédent.

Le médecin ou chirurgien chargé de la revue inspecterait les enfants sous le rapport de leur santé, de celle des nourrices, de la tenue des uns et des autres, du travail des enfants, de l'instruction morale et religieuse qui leur est donnée, de leur nourriture et de leurs vêtements, et de toutes les circonstances qui peuvent intéresser leur conservation.

Il noterait ses observations sur ces différents objets, en regard du nom de chaque enfant.

Le médecin ou chirurgien inspecteur tiendrait également note des déclarations, observations ou réclamations qui lui seraient faites, soit par la nourrice, soit par l'enfant s'il était en âge d'être interrogé. Il aurait aussi à reconnaître l'identité des enfants qui lui seraient présentés, et à s'assurer si, par une substitution frauduleuse, les nourrices ne jouissent pas, pour leurs propres enfants ou pour d'autres, de l'indemnité qui n'est due qu'à ceux qui sont confiés à la charité publique.

Le tableau de la revue de chaque médecin serait certifié par lui et transmis au sous-préfet, qui le remettrait à la commission administrative de l'hospice, en appelant son attention sur les observations qu'il pourrait contenir, et en ordonnant telles mesures auxquelles ces observations pourraient donner lieu.

Les indemnités à accorder aux médecins ou chirurgiens inspecteurs, pour leurs frais de tournée, seraient réglées par le préfet, sur la proposition du sous-préfet, et le montant pourrait en être acquitté sur les fonds affectés au payement des mois de nourrice et pensions, comme dépenses accessoires de ce service.

CHAPITRE VIII. — *Du payement des dépenses.*

Les dépenses relatives au service des enfants trouvés et enfants abandonnés se divisent en deux classes, qu'on peut désigner sous le nom de dépenses *intérieures* et dépenses *extérieures*.

Les dépenses intérieures se composent des layettes et vêtures à fournir aux enfants trouvés ou abandonnés, et des frais d'entretien de ces enfants dans les hospices, soit avant leur départ pour la campagne ou avant leur mise en apprentissage, soit lorsque, n'ayant pu rester en nourrice ou en apprentissage, ils reviennent dans les hospices.

Les dépenses de cette nature sont à la charge des hospices appelés à recueillir les enfants. (*Décr. du 19 janvier 1811.*)

Dans le cas cependant où les hospices chargés de recevoir les enfants trouvés et enfants abandonnés se trouveraient dans l'impossibilité de pourvoir à la totalité de cette dépense, la portion qu'ils ne pourraient acquitter doit être répartie sur les autres hospices du département, en proportion de leurs ressources et de leurs besoins. Cette répartition, réglée par le préfet, est soumise à l'approbation du ministre de l'intérieur, et les sommes à fournir par chaque hospice doivent être comprises dans leurs budgets, pour servir au règlement des allocations à leur accorder sur les octrois.

Les mois de nourrice et pensions des enfants trouvés et enfants abandonnés forment les dépenses extérieures. On y a toujours compris en outre les indemnités à accorder en vertu de l'arrêté du gouvernement du 3 ventôse an V, pour les neuf premiers mois de la vie des enfants, et lorsqu'ils ont atteint leur douzième année, et on doit y comprendre également les indemnités à accorder pour la revue et l'inspection des enfants.

Il est pourvu aux dépenses extérieures au moyen,

1° De la portion des amendes et confiscations affectée à la dépense des enfants trouvés ;

2° De la portion des revenus des hospices spécialement affectée à la même destination ;

3° Des allocations votées par les conseils généraux et approuvées par le ministre, sur le produit des centimes affectés aux dépenses départementales ;

4° Des contingents assignés sur les revenus des communes.

Le préfet doit remettre au conseil général, à l'ouverture de chaque session, un rapport détaillé sur la dépense présumée des enfants trouvés et enfants abandonnés entretenus en nourrice ou en pension, et sur les moyens d'y pourvoir.

Le conseil général, en votant la somme à allouer pour ce service, soit sur le produit des centimes affectés aux dépenses variables, soit sur le produit des centimes facultatifs, doit émettre son vœu sur la quotité de la somme qui peut être rejetée sur les communes, et sur les bases de le répartition de cette somme.

Le préfet adresse au ministre, par un envoi spécial et distinct de celui des budgets, les propositions qu'il a faites et le vœu émis par le conseil général. Le ministre règle alors définitivement les moyens de pourvoir à la dépense et le mode de répartition du contingent assigné aux communes.

La somme à fournir par chaque commune est ensuite comprise dans son budget, s'il n'est pas encore approuvé, et, au cas contraire, dans le budget de l'exercice suivant, par voie de rappel.

Le préfet peut autoriser les communes dont les budgets se trouvent déjà réglés, à acquitter, si leur situation le permet, sur leurs revenus de l'exercice courant, les contingents qui leur sont assignés, sauf régularisation dans le budget de l'année suivante.

Les contingents assignés aux communes doivent être versés par elles dans la caisse du receveur général du département, pour être réunis à la somme allouée au budget départemental pour le service des enfants trouvés; et le préfet ordonnance successivement, sur ces fonds, le remboursement des avances faites par les hospices pour le payement des mois de nourrice et pensions, et autres dépenses accessoires.

Le payement des mois de nourrice et pensions ne doit avoir lieu que sur la représentation, 1° de la carte ou du bulletin donné par l'hospice à la personne chargée de l'enfant; 2° d'un certificat de vie de l'enfant ou de son acte de décès.

Le certificat de vie doit être délivré par le maire de la commune où l'enfant se trouve en nourrice ou en pension, et constater que le maire a vu l'enfant dont il certifie l'existence; il doit être donné sur papier libre et sans frais, et le sceau de la mairie doit y être apposé. Les commissions administratives des hospices et les préfets prescriront, pour la délivrance des certificats de vie, toutes les précautions qu'ils jugeront propres à en assurer l'authenticité.

Si l'enfant n'a pas été vacciné avant d'être mis en nourrice ou en pension, il est utile d'exiger, pour le payement du premier trimestre, un certificat dûment légalisé par le maire, constatant que l'enfant a été vacciné, et il sera fait mention de ce certificat sur le registre de payement.

En cas de mort d'un enfant, les personnes qui en étaient chargées doivent rapporter une expédition de son acte de décès. Cette expédition doit être délivrée sans frais et sur papier libre par l'officier de l'état civil, qui mentionnera, conformément à la loi du 13 brumaire an VII, qu'elle est destinée à l'administration de l'hospice auquel appartenait l'enfant décédé.

Les administrations des hospices chargés d'enfants trouvés ou enfants abandonnés font arrêter, après l'expiration de chaque trimestre, les états des payements à faire pour les mois de nourrice et pensions du trimestre échu. Ces états doivent être distincts pour les enfants trouvés et pour les enfants abandonnés; et le décompte de ce qui est dû pour chaque enfant doit être établi d'après la production de son certificat de vie ou de son acte de décès.

Le ministre des finances a consenti à ce que les percepteurs des communes fissent l'avance, sur les fonds provenant des contributions directes, des sommes à payer aux nourrices, lorsque les états des sommes à payer auraient été dressés par les soins des commissions administratives et ordonnancés par les préfets. Les états émargés par les nourrices seraient versés pour comptant, par les percepteurs, à la caisse du receveur particulier des finances, qui lui-même les verserait à la recette générale, et le receveur des hospices en rembourserait ensuite le montant au receveur général.

Ce mode a été adopté avec succès dans beaucoup de départements, et il semble utile de le suivre partout où les localités et les usages ne rendront pas un autre mode plus avantageux.

Indépendamment des états trimestriels de dépense que les commissions administratives des hospices doivent adresser aux préfets, elles doivent leur transmettre, dans les deux mois qui suivent l'expiration de chaque année, un état général du mouvement et de la dépense des enfants trouvés et enfants abandonnés qui ont été à leur charge pendant l'année écoulée.

Le préfet forme de ces états, pour tout son département, un tableau qu'il adresse au ministre avant l'expiration du premier trimestre.

CHAPITRE IX. — De la tutelle.

Les règles relatives à la tutelle des enfants à la charge des hospices ont été clairement établies par la loi du 15 pluviôse an XIII.

CHAPITRE X. — De la reconnaissance et de la réclamation des enfants.

Les enfants exposés ou abandonnés ne doivent être remis aux parents qui les réclameraient, qu'à la charge, par ces derniers, de rembourser toutes les dépenses que les enfants ont occasionnées.

Il ne peut être fait d'exception que pour les parents qui sont reconnus hors d'état de rembourser tout ou partie de cette dépense.

Les exceptions ne peuvent avoir lieu qu'autant qu'elles sont autorisées par les préfets, qui doivent prendre toutes les mesures nécessaires pour constater la position réelle des réclamants.

Il importe d'obvier aux inconvénients qui résultent du peu d'obstacles que les parents des enfants exposés éprouvent à les visiter et à se procurer des renseignements sur les lieux qu'ils habitent, sur les personnes auxquelles ils sont confiés. Les renseignements à donner aux parents doivent se borner à leur faire connaître l'existence ou le décès des enfants.

Les administrations qui ont recueilli les enfants doivent intimer à leurs agents l'ordre de ne point s'écarter de cette règle : et son exécution rigoureuse préviendra successivement l'exposition et l'abandon d'un grand nombre d'enfants.

Les personnes qui réclament un enfant doivent donner sur lui et les circonstances de son exposition des détails tels, qu'ils ne permettent pas de prendre le change sur l'enfant qui leur appartenait et sur celui qu'on leur rend.

La remise d'un enfant aux parents qui le réclament ne doit avoir lieu que sur un certificat de leur moralité, délivré par le maire de leur commune, et attestant en outre qu'ils sont en état d'élever leurs enfants.

Conseils de préfecture. — Autorisations de plaider.

18 février 1823.

Le Ministre de l'intérieur aux Préfets.

Je suis informé que nombre de causes, dans lesquelles des communes ou établissements publics sont parties, ne peuvent être jugées, soit parce que les maires négligent de se faire autoriser à plaider, soit parce que les conseils de préfecture tardent trop à statuer sur les demandes qui leur sont faites pour obtenir l'autorisation d'ester en jugement. Il en résulte que les rôles des tribunaux sont surchargés, et que la marche de la justice est entravée.

La loi du 5 novembre 1790 a tracé des règles à suivre dans les actions contre l'État ; elle dit qu'il n'en pourra être exercé par qui que ce soit contre le (préfet) en sa qualité, sans qu'au préalable on ne se soit pourvu, par simple mémoire, au directoire du département (actuellement le conseil de préfecture) pour donner une décision, et que ces conseils devront statuer dans le mois, à compter du jour de la remise du mémoire et des pièces justificatives.

Cette disposition ne s'étend pas, à la vérité, au procès entre des communes ou établissements publics et des particuliers ; mais elle doit être appliquée par analogie ; et, à cet égard, le ministre de la justice a adressé aux procureurs généraux des instructions pour faire fixer un délai dans lequel les maires et administrateurs d'établissements publics seraient tenus de produire leurs moyens.

Il importe que les conseils de préfecture considèrent comme urgentes les demandes en autorisation de plaider, formées par les communes, en exécution de la loi du 20 octobre 1796, et des décisions du gouvernement du 9 octobre 1801 et 3 juillet 1806 (1), et prononcent dans le mois.

Je vous prie de communiquer ma lettre au conseil de préfecture de votre département, et de faire en sorte, en votre qualité de président de ce conseil, que les affaires de cette espèce soient soumises assez promptement à sa délibération pour qu'il soit en état de statuer dans le délai que j'ai indiqué. Veuillez aussi rappeler aux maires et aux administrateurs d'établissements publics, qu'il est de l'intérêt de leurs communes et de ces établissements qu'ils ne diffèrent pas à demander de se faire autoriser à défendre dans les actions qui leur seraient intentées par des particuliers.

Théâtres. — Troupes ambulantes.

24 février 1823.

Le Ministre de l'intérieur aux Préfets.

Je suis informé que des troupes ambulantes de comédiens, non autorisées par le gouvernement, parcourent certains départements, et donnent des représentations dans quelques villes, avec la permission des maires.

L'existence de ces troupes de comédiens est illégale, puisqu'aux termes du décret du 8 juin 1806, aucune troupe ne peut se former

---

(1) Voir la circulaire du 12 juillet 1806.

sans mon autorisation ; elle est préjudiciable aux droits des direc‑
teurs institués par le gouvernement, attendu que ces directeurs ont
seuls le privilége de donner des représentations théâtrales dans
leurs arrondissements respectifs ; enfin elle présente de graves in‑
convénients sous le rapport de l'ordre et de la bonne direction de
l'esprit public. Par exemple, le répertoire de ces troupes n'étant
soumis à aucun contrôle, on peut y faire entrer des ouvrages
dangereux, dont la représentation est défendue sur tous les théâtres
réguliers : ensuite le directeur de ces comédiens, ne tenant point
son privilége du gouvernement, échappe à sa dépendance, ne donne,
par conséquent, aucune garantie de sa soumission aux lois ; il
échappe de même aux instructions générales et particulières que
des circonstances peuvent obliger l'administration de transmettre
aux directeurs de théâtres ; il ne présente enfin aucune responsa‑
bilité pour la répression des désordres qui pourraient naître par le
fait des comédiens qu'il salarie.

Cet état de choses ne saurait être toléré plus longtemps, et je
vous invite à prendre des mesures pour que nulle troupe ambu‑
lante ne puisse jouer dans votre département, à moins qu'elle
ne soit envoyée par le directeur privilégié de l'arrondissement
théâtral.

Dépenses du clergé. — Indemnité pour binage.

12 avril 1825.

Le Ministre de l'intérieur aux Préfets.

L'augmentation progressive qui s'est fait remarquer dans la dé‑
pense du binage, pendant plusieurs années, m'oblige à vous recom‑
mander d'en surveiller particulièrement les détails.

L'ordonnance royale du 6 novembre 1814 porte : « Un supplément
« de traitement de 200 francs sera payé, à compter du 1er janvier
« 1814, à chaque desservant que son évêque aura chargé provisoire‑
« ment du service de deux succursales, à défaut de desservant en
« exercice dans l'une d'elles, et autant que durera le double ser‑
« vice. »

Cette dépense est portée au budget sous le titre de *Indemnité de
binage*, 200 francs, dans les *paroisses vacantes* (1).

Le mot *binage* exprime la nature du service, qui consiste (sans
préjudice des autres fonctions paroissiales) à dire deux messes le
même jour, l'une dans la paroisse à laquelle appartient le curé,
desservant ou vicaire autorisé à biner, et l'autre dans la paroisse
vacante. Il n'y a point lieu à indemnité de binage, si ces deux messes
ne sont dites au moins les dimanches et fêtes.

Le mot *paroisses* s'entend ici des seules cures ou succursales (lé‑
galement établies). Le mot *vacantes* s'entend des cures ou succur‑
sales absolument dépourvues de titulaires recevant un traitement.
L'absence plus ou moins prolongée du titulaire d'une paroisse peut

(1) Voir l'ordonnance du 3 mars 1825. *(Note de l'Ed.)*

bien donner lieu à ce que le binage y soit autorisé et exercé pour le bien des fidèles, mais elle ne donne pas lieu au payement de l'indemnité, puisque effectivement la paroisse n'est pas vacante.

Le binage autorisé et exercé dans toute autre église que celle d'une paroisse vacante ne donne pas non plus lieu à l'indemnité.

Veuillez être attentif à ce que les payements d'indemnités de binage soient conformes à ces observations, qui ne sont que le développement des dispositions précises de la loi.

Mercuriales. — Extraits à délivrer aux agents des subsistances.

17 avril 1823.

Le ministre de l'intérieur rappelle aux préfets que les secrétaires des mairies sont obligés de délivrer gratuitement, aux agents du service des subsistances militaires, les documents qu'ils demanderont au nom de leur administration, et sur les imprimés fournis par elle.

Convocation des conseils municipaux.

21 avril 1823.

Le Conseiller d'Etat chargé de l'administration générale des communes, des hospices, etc., aux Préfets.

(Extrait.)

Les dispositions de la loi du 15 mai 1818, qui prescrivent l'adjonction aux conseillers municipaux d'un nombre égal de plus forts contribuables, ayant été diversement interprétées, je crois utile de vous donner quelques explications que vous transmettrez aux maires(1).

L'article 40 veut que, lorsque les plus forts contribuables sont absents, ils soient remplacés par les plus imposés qui viendront après eux.

Il suit de là que l'adjonction est personnelle et que les contribuables ne sont point admis à se faire représenter.

Toutefois il y a des représentations qui sont de droit, parce qu'elles résultent d'autres branches de la législation, auxquelles celle-ci ne saurait faire obstacle. Je veux parler, 1° de la femme en puissance de mari(2), qui est toujours légalement représentée par ce dernier; 2° des mineurs, qui le sont de même par leurs tuteurs, subrogés-tuteurs ou curateurs; 3° enfin des établissements publics régulièrement constitués, qui doivent aussi être représentés par un de leurs administrateurs.

Je ferai encore observer que la loi, en appelant les plus forts contribuables, n'exige point qu'ils soient domiciliés dans la commune; qu'il suffit qu'ils soient Français et qu'ils ne se trouvent point en

---

(1) Voir l'article 42 de la loi du 18 juillet 1837 et la circulaire du 14 février 1843. (*Note de l'Ed.*)

(2) Les femmes ne peuvent être appelées elles-mêmes à ces délibérations. (*N. de l'Ed.*)

état d'interdiction, soit pour leurs droits civils, soit pour leurs droits politiques.

Afin de satisfaire à ce vœu de la loi du 15 mai 1818, le percepteur de chaque commune doit, chaque année, immédiatement après la confection du rôle des contributions, dresser la liste des trente plus imposés, laquelle, certifiée véritable par le directeur et visée par le préfet, doit être rendue publique immédiatement par affiches apposées aux chefs-lieux de la mairie, de la justice de paix, de la sous-préfecture et de la préfecture.

Les plus forts contribuables portés sur cette liste, lorsqu'il y aura lieu de les appeler, doivent être avertis quinze jours avant l'époque fixée pour la convocation; à défaut par eux de se présenter, ils sont remplacés par les plus imposés portés sur la même liste immédiatement après eux, dans le cas où les contribuables présents à l'assemblée ne seraient pas en nombre suffisant pour délibérer.

Des difficultés s'étant élevées sur le mode de pourvoir au payement des salaires des gardes champêtres, je rappellerai qu'aux termes des lois et règlements, et notamment de l'article 4 de la loi du 20 messidor an III, tout propriétaire a le droit d'avoir pour ses domaines un ou plusieurs gardes champêtres, à la charge de les faire agréer par le conseil municipal, et confirmer par le préfet (1); mais que ce droit ne peut l'exempter de contribuer au traitement du garde de la commune.

Je rappellerai aussi qu'aux termes de l'article 3 de la section IV de la loi du 6 octobre 1791, du décret du 23 fructidor an XIII, et de la loi de finances du 17 août 1822, les impositions destinées à pourvoir au payement des salaires de cette nature ne peuvent atteindre que les possesseurs de propriétés non closes, et qu'on entend par propriétés non closes toutes celles qui ne sont pas closes de murs, ainsi que l'explication vous en a été donnée par des instructions ministérielles des 18 mai et 18 juillet 1818; ces dispositions n'ayant pas cessé d'être en vigueur, vous devez en assurer l'accomplissement pour les rôles que la loi du 17 août 1822 vous autorise à rendre exécutoires, des impositions votées conformément aux articles 39, 40 et 41 de la loi du 15 mai 1818.

L'état de ces impositions doit m'être exactement transmis pour chaque année.

Numérotage des maisons dans les villes.

15 mai 1823.

Le Conseiller d'Etat, directeur de l'administration des communes, des hospices, etc., aux Préfets.

Le nouveau recensement des portes et fenêtres, ordonné par l'administration des finances, a mis les autorités locales dans le cas d'apporter un soin particulier au numérotage des maisons, et de le compléter dans tous les lieux où cette mesure a été reconnue praticable et utile.

---

(1) Voir la circulaire du 4 juillet 1827 qui modifie cette disposition.
(*N. de l'Ed.*)

Il s'agissait de fixer définitivement le mode de répartition des frais qui en résultent.

Diverses questions s'étant élevées à cet égard, le ministre a cru devoir les soumettre à Sa Majesté, comme portant sur un objet d'amélioration nouveau, qui n'avait pas sa règle tracée dans les anciens usages, et sur lequel il n'existe aucune disposition générale.

Le règlement particulier à la ville de Paris, établi par le décret du 4 février 1805, ayant paru fondé sur une juste appréciation des divers intérêts qu'embrasse la mesure, Sa Majesté a, par une ordonnance du 23 avril dernier, déclaré les dispositions des articles 9 et 11 de ce décret applicables à toutes les villes et communes du royaume où le numérotage sera jugé nécessaire.

Il en résulte que le numérotage doit être exécuté à l'huile, et, pour la première fois, à la charge de la commune; mais que l'entretien des numéros demeure aux frais des propriétaires, et qu'en conséquence ceux-ci peuvent les faire exécuter comme bon leur semblera, en se conformant, toutefois, aux règlements locaux sur la couleur du chiffre et la hauteur du placement.

Il s'ensuit aussi que, lorsqu'un propriétaire fera reconstruire une maison ou changera la façade d'un bâtiment numéroté à la charge de l'administration, il devra rétablir à ses frais le même numéro sur la nouvelle façade.

Ces obligations pourront être utilement rappelées dans les permissions de voirie, selon ce qui se pratique à Paris en pareil cas.

Au reste, les motifs énoncés dans l'ordonnance expliquent assez les principes de modération et d'équité qui ont servi de base à ces dispositions, pour qu'il soit inutile de leur donner ici un nouveau développement.

J'ai lieu d'espérer qu'également appréciés par les propriétaires et les administrations municipales, ils ne leur laisseront aucun doute sur la légitimité de la charge et du mode de répartition dont il s'agit et que l'autorité pourra désormais terminer ou régulariser sans obstacle l'opération qui en est l'objet.

S'il arrivait, toutefois, que la nécessité du numérotage et la possibilité de son application dans certaines localités fournissent matière à contestation, vous auriez soin d'en référer au ministre, en m'adressant, avec vos propositions motivées, les délibérations du conseil municipal et l'avis de l'architecte de la ville, afin qu'il pût y être statué comme il appartiendrait par Son Excellence.

Usurpation de biens communaux (1).

16 juin 1823.

Le Conseiller d'Etat chargé de l'administration des communes, des hospices, etc., aux Préfets.

L'ordonnance royale du 23 juin 1819 a laissé aux communes la faculté de concéder aux usurpateurs de leurs biens les terrains qu'ils occupent sans titre, en autorisant les conseils municipaux à consentir la remise des fruits exigibles et celle du cinquième de la

---

(1) Voir la circulaire du 10 juin 1845.　　　　　(*N. de l'Ed.*)

valeur estimative du fonds, déduction faite des améliorations opérées par les détenteurs.

Mais la concession de ce bénéfice, établi par l'article 3, a été subordonnée à l'accomplissement de conditions suivant lesquelles les détenteurs ont dû faire, dans le délai de trois mois, la déclaration des biens dont ils jouissaient sans droits, et se soumettre à en payer le prix ou la rente annuelle.

Quatre années se sont écoulées depuis la publication de cette ordonnance, et j'ai été à même de reconnaître que nombre d'usurpateurs, soit qu'ils aient refusé, ou simplement négligé de s'y conformer, n'ont rempli aucune des obligations qu'elle leur prescrit pour régulariser leur possession et assurer une juste indemnité aux communes propriétaires.

J'ai remarqué, d'ailleurs, que le bénéfice de la remise autorisée par l'article 3 a continué d'être appliqué à des soumissionnaires qui, ne s'étant pas mis en règle dans les délais utiles, ne pouvaient être fondés à l'exiger.

Si, prenant en considération les retards qu'éprouvèrent, dans certaines localités, la publication de l'ordonnance du 23 juin et les déclarations qui devaient la suivre, l'administration a pu tolérer des concessions réclamées sans droit depuis l'expiration des délais fixés, mais motivées jusqu'à un certain point par des positions particulières, cette tolérance doit avoir un terme; et la prolonger plus longtemps ce serait méconnaître à la fois l'esprit et le texte de l'acte dont on croirait assurer l'exécution.

Il importe donc de prévenir les administrations municipales que, d'après les conditions établies dans l'article 2 de l'ordonnance du 23 juin 1819, le bénéfice consacré par l'article suivant est devenu sans application; que les détenteurs qui ne se sont point mis en règle n'y ont conservé aucun droit, et que les conseils municipaux, qui, d'ailleurs, n'ont pu se croire liés dans aucun temps par les dispositions de l'article 3, ne doivent plus y puiser les motifs de leurs délibérations, ni aucune raison de consentir à des modérations qu'ils seraient naturellement portés à refuser.

C'est dans les dispositions de l'article 4 de la même ordonnance que l'autorité municipale trouvera désormais sa règle de conduite envers les récalcitrants.

Ainsi, tout détenteur qui n'aurait pas actuellement rempli les obligations imposées par l'article 2, sera sommé par le maire de délaisser, dans la huitaine, l'objet de son usurpation, faute de quoi il sera poursuivi immédiatement devant le conseil de préfecture, pour s'y voir condamner à restituer le fonds et les fruits exigibles.

Toutefois, ces poursuites et les condamnations qui en résulteraient ne formeraient point obstacle aux transactions qui sont de droit commun, et les conseils municipaux conserveront la faculté de voter celles dont l'avantage et la légitimité seraient suffisamment garantis par leur libre consentement et l'avis favorable des autorités chargées d'en apprécier le mérite.

On peut considérer, en effet, comme autant de circonstances propres à motiver une transaction, dans le cas dont il s'agit, les contestations que les détenteurs élèveraient sur la propriété; les droits qu'ils feraient dériver d'une possession assez ancienne pour donner ouverture à la prescription; ceux qu'ils s'attribueraient à des indemnités plus ou moins fortes pour raison de constructions, plantations et autres impenses dont la commune aurait à leur tenir compte en reprenant le fonds; et enfin les égards qui, justifiés par la conduite et la situation personnelle du détenteur, ne seraient d'ailleurs repoussés dans leurs conséquences par aucune raison d'intérêt ou d'utilité publique.

Mais, je ne puis trop vous le répéter, ces transactions ne sauraient avoir pour base les dispositions de l'article 3 de l'ordonnance du 23 juin, dont l'application ne serait plus qu'une erreur ou un abus. Elles ne peuvent résulter que d'une détermination complétement libre des deux parts ; et, par cela même qu'elles cesseront d'être la conséquence d'une disposition en vigueur, il n'y sera donné suite, en tout ce qui tendrait à terminer ou à prévenir un procès, qu'autant qu'elles auront été soumises aux formalités prescrites par l'arrêté du gouvernement du 29 décembre 1803. Vous aurez donc soin de ne m'adresser aucun traité de cette nature, pour être, s'il y a lieu, homologué par Sa Majesté, sans réunir à la délibération du conseil municipal qui l'aura consenti l'engagement signé des concessionnaires, avec une consultation de trois avocats et l'avis du conseil de préfecture.

Ces formalités ne deviendraient superflues qu'à l'égard des compositions amiables qui, ne portant sur aucun droit contesté ou douteux, n'auraient pas le caractère d'une transaction proprement dite, et ne seraient motivées que par des avantages ou des convenances réciproques.

Quant aux détenteurs dont les soumissions, quelle qu'en soit l'époque, auraient donné lieu à des projets de contrats *actuellement existants*, et volontairement adoptés par les conseils municipaux, sans opposition de tiers, rien n'empêchera qu'ils ne me soient transmis pour y être statué selon ce qui se pratiquait dans le temps où ils ont été consentis. Mais les maires devront être prévenus que des projets de concessions semblables, d'origine postérieure à cet avertissement, seraient nécessairement rejetés, si, fondés sur une exception temporaire qui n'a plus d'existence légale, ils s'écartaient encore des règles préexistantes et des bases communes à toutes autres aliénations de la propriété publique.

Je me persuade que ces explications, dont le but est d'assurer le droit des communautés d'habitants, seront selon le vœu des fonctionnaires chargés de veiller à sa conservation, et que vous n'aurez qu'à vous louer de l'empressement que les administrations municipales mettront à s'y conformer.

Certificats d'origine.

1er juillet 1823.

Le Ministre de l'intérieur aux Préfets.

Je suis informé que des certificats d'origine française ont été délivrés à des individus qui ne sont pas nés en France et qui résident en pays étranger. Pour prévenir désormais de tels abus, j'ai décidé, de concert avec le ministre des affaires étrangères, qu'à l'avenir ces certificats ne seront plus expédiés par les autorités locales, et qu'il y sera suppléé par des extraits des registres de l'état civil. Veuillez donner des instructions aux sous-préfets et aux maires de votre département, pour que cette disposition soit exactement observée.

Je n'ai pas besoin de vous rappeler la circulaire ministérielle du 5 mai 1820, suivant laquelle les autorités locales doivent s'abstenir de répondre aux demandes de certificats d'origine qui leur seraient faites directement par les gouvernements cantonaux de la Suisse ou par tout autre gouvernement étranger ; mais rien n'empêchera que des extraits des registres de l'état civil, dûment légalisés, soient envoyés à ceux des Français résidant en pays étranger qui les demanderaient.

Marins admis dans les hospices.

1er juillet 1823.

Le Conseiller d'Etat chargé de l'administration générale des communes et des hospices aux Préfets.

Le ministre secrétaire d'Etat au département de la marine vient d'appeler l'attention du ministre de l'intérieur sur les marins qui, se rendant à leur destination et tombant malades en route, sont admis dans les hospices civils pour y être traités.

Il arrive souvent que cette admission a lieu sans que les autorités locales en informent l'administration de la marine, de sorte que les marins se trouvent exposés à être poursuivis comme déserteurs, et que les commissaires de leurs quartiers sont obligés de pourvoir à leur remplacement.

Afin de faire cesser de tels inconvénients, il est nécessaire que les commissions des hospices informent, de suite, les administrations de la marine, de l'admission des gens de mer, toutes les fois qu'ils paraîtront devoir être retenus au-delà de huit jours, sauf à faire connaître ultérieurement l'époque de leur sortie ou de leur décès.

Quant à ceux qui n'entreront dans les hôpitaux que pour y faire un court séjour, les commissions administratives pourront attendre qu'ils en sortent, pour en donner avis. Cet avis, dans l'un et l'autre cas, doit être transmis à l'administration qui a signé la feuille de route du marin.

Le bien du service exigeant impérieusement que ces dispositions soient observées, j'attends de votre zèle que vous voudrez bien en recommander la stricte exécution.

Fonds commun de cotisations municipales et particulières (1).

4 juillet 1823.

Le Ministre de l'intérieur aux Préfets.

Je vous ai fait connaître que le compte des recouvrements autorisés par les préfets était supprimé ; que les fonds destinés à certains

---

(1) La circulaire du 25 novembre 1836, qui a régularisé le fonds des cotisations municipales, retranche plusieurs des articles de dépenses énumérés ici.

(*N. de l'Ed.*)

services communaux continueraient toutefois d'être centralisés dans la caisse des receveurs généraux ; mais que le titre du compte de ces recouvrements serait intitulé, à l'avenir : *Fonds commun de cotisations municipales et particulières.*

Je vous ai indiqué, en même temps, les huit natures de fonds qui pouvaient être comprises dans ce compte, sans qu'il fût nécessaire de recourir chaque année à une autorisation ministérielle.

Plusieurs préfets ayant réclamé contre ces dispositions qui restreignaient à un trop petit nombre d'articles les dépenses à admettre dans ledit compte, il a été décidé, de concert avec le ministre des finances, qu'il pourrait être définitivement compris dans ce compte, sans avoir besoin de recourir chaque année à une nouvelle autorisation, les articles dont la nomenclature suit ; savoir :

Les fonds destinés au service des piétons :
aux agents forestiers ;
aux concierges des maisons de dépôt près les justices de paix ;
aux registres de l'état civil ;
à l'impression des comptes et budgets des communes et des mercuriales ;
à l'impression des bulletins des sociétés d'agriculture ;
à la confection des tables décennales ;
aux frais de confection et de renouvellement des matrices de rôles à déposer dans les mairies ;
à l'abonnement au *Journal du département*, au *Recueil des actes administratifs*, au *Bulletin des lois*, au *Journal des maires*, au *Mémorial du recrutement* ;
au salaire des commissaires voyers ou directeurs des travaux communaux ;
aux enfants trouvés, prélèvements sur les communes ;
aux bourses communales dans les collèges royaux ;
aux pensions des insensés placés dans les hospices aux frais des parents ou des communes ;
à l'achat par les communes de timbres aux armes royales.
Les taxes perçues pour le culte israélite ;
Les souscriptions volontaires pour réparations aux digues et chemins.

Le ministre des finances ayant déjà donné des instructions dans ce sens aux receveurs généraux, je pense que vous n'éprouverez aucune difficulté pour faire effectuer le recouvrement de ces divers articles de recettes et le payement des mandats que vous aurez à délivrer.

Eaux minérales.

5 juillet 1823.

Le Ministre de l'intérieur aux Préfets.

L'usage de plus en plus répandu des eaux minérales naturelles et artificielles faisait sentir la nécessité, non de nouveaux règlements sur cette branche essentielle de la police médicale (tout ce qu'elle exige de précautions se trouve dès longtemps prévu, prescrit et sanctionné par l'expérience), mais d'en réunir les dispositions éparses dans divers actes de l'autorité, de les présenter dans un même ensemble, de les mettre plus en harmonie, soit entre elles, soit avec tout ce qui s'y rapporte dans les autres services publics.

Tel a été l'objet de l'ordonnance royale du 18 juin dernier.

L'article 1er consacre de nouveau une règle indispensable, l'obligation pour toute entreprise de ce genre d'une autorisation préalable qui assure au public les garanties qu'il est en droit d'exiger. Il en est de même de l'inspection, objet des articles suivants. Toute explication deviendrait ici superflue : il suffit de la lecture de ces articles pour en apprécier la nécessité et l'application qui doit en être faite. Ces pratiques, qui ne sont pas nouvelles, sont d'ailleurs assez connues. Seulement elles se trouveront mieux réglées à l'avenir; les inspecteurs connaîtront mieux la nature, l'importance et les bornes de leurs fonctions, et seront avertis de les remplir de manière qu'elles soient toujours, pour la santé publique, une attentive prévoyance et jamais une inutile gêne pour les établissements ni pour les malades.

La disposition qui dispense les pharmaciens, pour les eaux minérales vendues dans leurs pharmacies, des conditions dont je viens de parler, est une conséquence du droit qu'ils ont, en leur qualité, de préparer et de vendre toute espèce de médicaments, et de ce que, avant de leur conférer ce droit qui constitue leur profession, la société a exigé d'eux toutes les garanties nécessaires.

En exécution des articles 1er et 2, vous aurez à vous assurer immédiatement si les entreprises particulières qui existent dans votre département pour l'exploitation d'eaux minérales naturelles, pour la fabrication d'eaux minérales artificielles, pour l'administration des unes et des autres en bains ou en douches, ou pour leur vente au public de toute autre manière, ont été régulièrement autorisées.

A l'égard des entreprises qui n'auraient point cette autorisation, ou qui la demanderaient à l'avenir, vous me ferez connaître si vous pensez qu'il y ait lieu de la leur accorder, en joignant à votre proposition l'avis des autorités locales. Vous devrez l'accompagner aussi, lorsqu'il s'agira d'eaux factices, des formules suivies pour leur préparation, et d'un rapport constatant l'accomplissement des autres conditions dont il sera parlé ci-après. Si, lorsqu'il sera question d'eaux naturelles, il n'existe pas dans votre département de chimiste ou de pharmacien capable d'en faire une analyse exacte, vous m'a-dresserez plusieurs bouteilles de l'eau qu'on demandera à exploiter, afin que je puisse la faire analyser.

Les décisions sur les demandes de ce genre étant une fois rendues, vous devrez interdire toute entreprise qui n'aurait pas été autorisée, et vous assurerez, s'il est nécessaire, cette interdiction par les mesures de police qui sont en votre pouvoir, sans préjudice des poursuites qui pourraient être exercées pour contravention aux lois sur la vente des médicaments.

L'article 7 rappelle que le traitement est une charge des établissements inspectés : la loi le veut ainsi, et la nature des choses ne le veut pas moins. L'inspection est pour toutes ces entreprises une condition de leur existence; sans elle le public ne les fréquenterait point, parce qu'il n'y trouverait pas une suffisante sûreté.

Cet article, en faisant connaître par qui doit être réglé le traitement des inspecteurs, ne détermine pas sur quelles bases il doit être fixé; mais les lois de finances rappelées dans le préambule de l'ordonnance y avaient déjà pourvu, en se rapportant à l'arrêté du gouvernement du 3 floréal an VIII.

Suivant cet arrêté, les établissements d'eaux minérales doivent être divisés en trois classes. La première comprend ceux dont le produit excède 3,000 francs; la seconde, ceux dont le produit excède 2,000 francs; la troisième, ceux dont le produit est au-dessous de 2,000 francs. Les frais d'inspection peuvent s'élever, pour les établissements de la première classe, à 1,000 francs; pour les établissements de la seconde classe, à 800 francs, et pour ceux de la troisième classe, à la moitié du produit, sans pouvoir excéder 600 francs.

Ces dispositions continuent à servir de base, soit qu'il s'agisse d'eaux minérales naturelles, soit qu'il s'agisse d'eaux minérales artificielles. Toutefois, il convient de n'y voir qu'un *maximum* des rétributions à exiger, surtout des entreprises qui ne donneraient qu'un modique produit, et lorsqu'il s'agira d'entreprises particulières. Vous sentirez aussi que là où un même inspecteur sera chargé de plusieurs établissements, la somme due par chacun d'eux devra être moins élevée.

L'ordonnance veut que les propriétaires, régisseurs ou fermiers des établissements ou dépôts à inspecter, soient toujours entendus. Il est même à désirer que les fixations soient faites, autant que possible, de concert avec eux, afin d'éviter des difficultés toujours fâcheuses, et qui le seraient autant pour eux que pour l'autorité, qui intervient en cela beaucoup moins pour leur imposer une charge, que pour arbitrer une légitime rétribution due à des soins dont ils ne peuvent se passer.

Vous donnerez toute votre attention à la rédaction des règlements prescrits par les articles 8 et 9, car c'est par leur moyen qu'on assurera l'ordre et la régularité du service, et qu'on préviendra les débats qui pourraient survenir entre les inspecteurs et les propriétaires, les fermiers ou les régisseurs, ainsi que les plaintes et les réclamations du public. Comme ce sont les inspecteurs qui ont le mieux connaissance des besoins du service, ce sera généralement à eux qu'il appartiendra de vous présenter les projets de règlement; mais comme il importe aussi que les droits de propriété et les intérêts des propriétaires ne soient pas lésés, ceux-ci devront être appelés à fournir leurs observations, et vous les prendrez en grande considération. Vous ne négligerez pas, au reste, d'accompagner les règlements que vous me transmettrez des propositions qui auront été faites par les inspecteurs, et des observations des propriétaires.

Vous devez faire attention que l'ordonnance ne prescrit des règlements que là où l'affluence du public les rend nécessaires. Il faut voir dans cette disposition restrictive, non-seulement ses propres expressions, mais encore l'esprit qui les a dictées, et savoir se préserver du désir de trop *réglementer*. Dans de telles prévoyances, l'autorité doit toujours prendre la nécessité pour mesure de son intervention, et éviter avec soin de devenir fatigante en se montrant minutieuse.

D'après la législation en vigueur, l'autorité était dès longtemps en possession de fixer par des tarifs les prix des eaux minérales; la nouvelle ordonnance, afin d'accorder davantage aux droits de propriété, sans cependant priver entièrement le public d'une règle ancienne faite dans ses intérêts, a voulu que ces tarifs ne fussent, à l'égard des entreprises particulières, que des mesures d'ordre, ayant pour objet de porter de la fixité, et, autant que possible, de l'uniformité dans les prix, tout en laissant les propriétaires maîtres des quotités. Seulement l'approbation des préfets empêchera qu'on ne puisse arbitrairement exiger des prix supérieurs à ceux des tarifs, ni les changer sans une approbation nouvelle.

Mais la règle est maintenue tout entière à l'égard des établissements possédés par l'État, les départements, les communes et les institutions charitables, sauf l'obligation d'entendre, pour la fixation des tarifs, les administrations propriétaires, concurremment avec les inspecteurs, et par conséquent, selon les cas, les conseils généraux de département, les conseils municipaux, les commissions des hospices ou les bureaux de bienfaisance. Il importe que les préfets ne perdent point de vue, dans ces fixations, ni les prix en usage, ni la nécessité de concilier les intérêts de ces établissements avec ceux du public. Elles influeront nécessairement sur les fixations des entreprises particulières, qui ne pourraient soutenir la concurrence, si elles exagéraient leurs prix ; et c'est un moyen de plus d'empêcher qu'elles n'abusent de la liberté que leur donne la nouvelle ordonnance.

L'article 12 rappelle aux inspecteurs l'obligation de me transmettre des mémoires sur les eaux dont la surveillance leur est confiée, et des tableaux présentant les résultats du mouvement des malades. La circulaire du 16 juin 1820 a fait connaître dans quel esprit ils doivent être rédigés.

Je joins à cette lettre la suite des questions à traiter dans les mémoires qui ne doivent être fournis qu'une fois par chaque inspecteur ; l'indication des points que doit embrasser le rapport annuel exigé de chacun d'eux ; et le modèle du tableau qui doit accompagner ce rapport. Ces indications ne sont entièrement applicables qu'aux eaux minérales naturelles ; mais les inspecteurs des eaux artificielles y trouveront, par analogie, des guides suffisants, et ils seront, je n'en doute pas, jaloux, ainsi que leurs collègues, de prouver leur zèle, de justifier la confiance du gouvernement et du public, en fournissant avec soin les notions qui leur sont demandées, et qui, servant à faire connaître ce qui est, à indiquer les améliorations de tout genre, doivent servir aussi à les faire apprécier eux-mêmes.

Je vous recommande de tenir la main à ce que ces mémoires et ces rapports annuels vous soient régulièrement remis, et de me les adresser exactement, avec les observations auxquelles ils vous paraîtraient donner lieu.

Le titre II renferme des dispositions particulières, relativement à la fabrication des eaux minérales artificielles, aux dépôts et à la vente de ces eaux et des eaux minérales naturelles.

Indépendamment des conditions auxquelles l'article 1er a soumis toute entreprise ayant pour objet d'administrer ou de livrer au public des eaux minérales, l'article 13 exige de tous individus fabriquant des eaux minérales artificielles, qu'ils justifient des connaissances nécessaires pour cette fabrication, ou qu'ils présentent pour garant un pharmacien légalement reçu. Cette précaution et celles qui sont déterminées par l'article 14 sont évidemment nécessaires pour empêcher que les eaux factices ne soient mal préparées, et que l'ignorance ou la cupidité ne compromettent, par une mauvaise composition, la santé des particuliers.

L'ordonnance ne détermine point de quelle manière on s'assurera des connaissances à exiger de tout impétrant pour des fabrications d'eaux artificielles ; mais vous sentirez que la liberté qu'elle vous laisse à ce sujet ne doit point rendre cette condition illusoire. Elle ne le sera point, si vous confiez cet examen à une commission composée d'un médecin, qui la présidera, et de deux pharmaciens en exercice. Cette commission vous fera son rapport, que vous aurez soin de joindre à la proposition que vous m'adresserez. Cet examen ne sera point nécessaire toutes les fois que l'impétrant présentera un pharmacien pour garant de ses fabrications.

En règle générale, les eaux minérales, étant de véritables médicaments, ne devraient être livrées au public que dans des pharmacies. Toutefois on n'eût pu tenir rigoureusement à ce principe, sans porter atteinte à des industries particulières : il a donc paru convenable de maintenir à ce sujet les dispositions exceptionnelles faites par les anciens règlements, et qui se trouvent rappelées dans l'arrêté du 29 floréal an VII. Mais en les maintenant, il était nécessaire de maintenir aussi les conditions qui y avaient été attachées, et qui sont autant de garanties indispensables à la santé publique.

Tel est l'objet des articles 15 et 17.

Ces garanties ont été souvent négligées, et il en est résulté des inconvénients ; c'est aux autorités locales à empêcher qu'ils ne se renouvellent, en prenant les moyens de surveillance et d'exécution qu'elles jugeront utiles.

Au nombre des conditions indispensables dont nous venons de parler, l'une des plus essentielles est sans doute l'inspection des dépôts d'eaux minérales exceptionnellement autorisés ; et il est de toute justice que ceux qui ont demandé cette exception à la règle générale, et qui en profitent, subviennent aux frais qu'elle entraîne et en souscrivent l'obligation.

Toutefois il ne faudrait pas que ces frais fussent trop onéreux : il conviendra de les fixer en raison du nombre des visites, en bornant ce nombre, afin que l'inspecteur n'en puisse jamais abuser, et d'évaluer chacune d'elles au taux déterminé par l'article 42 de l'arrêté du 25 thermidor an XI, pour les visites faites en vertu de la loi du 21 germinal de la même année.

Une visite tous les deux mois doit suffire pour la surveillance habituelle ; et en y joignant les visites accidentelles faites, soit pour s'assurer de l'état des eaux lors de leur arrivée, soit pour d'autres causes, on sentira que ce serait excéder les bornes d'une juste nécessité que de porter à plus de douze par an le *maximum* d'après lequel on pourra évaluer la rétribution due à l'inspecteur pour chacun de ces dépôts. En procédant de cette manière, en appuyant les fixations sur une base aussi juste, on évitera l'arbitraire et les plaintes qu'il entraîne toujours.

Il pourra arriver que des établissements ou dépôts d'eaux minérales ne soient point assez importants pour donner lieu à la nomination d'un inspecteur ; l'ordonnance y a pourvu en prescrivant, dans ce cas, les visites exigées par la loi du 21 germinal an XI chez les pharmaciens et droguistes. Vous ne manquerez pas de rappeler cette obligation aux professeurs de pharmacie ou aux membres des jurys médicaux, toutes les fois qu'il y aura occasion de la remplir, et de leur indiquer au besoin les dépôts qui, à défaut d'inspecteur, devront être l'objet de leur surveillance.

Le titre III concerne l'administration des eaux minérales appartenant à l'État, aux départements, aux communes ou aux institutions charitables.

L'arrêté du gouvernement du 6 nivôse an XI avait prescrit, pour l'administration des eaux minérales appartenant aux communes, des règles particulières analogues à celles qui sont suivies pour l'administration des sources appartenant à l'État ; mais le roi a jugé qu'il était plus juste et plus régulier de rentrer dans le droit commun, et de soumettre l'administration des eaux minérales, sauf quelques exceptions indispensables, aux règles qui régissent les différents ordres de propriétés, selon qu'elles appartiennent aux départements, aux communes ou aux institutions charitables.

Tel est le but de l'article 19, et il en résulte que, pour les établissements d'eaux minérales appartenant aux départements, le budget et le compte de leurs recettes et de leurs dépenses devront être annuellement soumis aux conseils généraux de départements, et arrêtés par moi, d'après votre avis. Les budgets et les comptes des établissements d'eaux minérales appartenant aux communes seront réglés de la même manière et aux mêmes époques que les budgets et les comptes communaux; et pour les établissements appartenant à des institutions charitables, leurs budgets et leurs comptes seront aussi réglés de même que les budgets et les comptes de ces institutions.

Il résulte aussi implicitement du même article que les revenus des établissements seront versés dans la caisse du receveur général du département, s'ils appartiennent aux départements; dans la caisse du receveur municipal, s'ils sont une propriété communale; dans les caisses municipales des communes où les établissements seront situés, si leur propriété est indivise entre plusieurs communes, et s'ils appartiennent à une institution charitable, dans la caisse du receveur de cette institution. La comptabilité de ces revenus sera soumise, selon les cas, aux règles prescrites pour la comptabilité départementale ou pour celle des communes ou des hospices.

Tout en satisfaisant à ces principes de régularité, et en consacrant le droit, qui, ici comme en toutes choses, est la condition première du bon ordre, la nouvelle ordonnance n'a point perdu de vue la nature de ces établissements, leurs besoins toujours impérieux et souvent urgents, soit pour leur conservation, soit pour les améliorations dont ils sont susceptibles; c'est pour cela qu'elle a voulu que leurs produits fussent régis séparément par les administrations propriétaires; qu'elles ne pussent les détourner de leur destination, ni profiter des excédants, qu'après avoir rempli ces différents besoins, qui embrassent non-seulement les dépenses du moment, mais encore les dépenses éventuelles des améliorations projetées ou reconnues nécessaires.

Il est à espérer que ces administrations ne borneront point là leur sollicitude; qu'elles sentiront combien il est de leur intérêt, pour pouvoir en profiter à l'avenir, en même temps que pour l'avantage du pays, dont le leur est la conséquence, de prendre au besoin sur leurs propres fonds pour donner à ces établissements les développements dont ils sont susceptibles; elles sentiront que ce ne sera de leur part qu'une avance, faible, la plupart du temps, en comparaison des fruits durables qu'elles en recueilleront.

Vous saurez, je n'en doute pas, porter non-seulement cette prévoyance dans vos propres actes, mais encore en donner les conseils et l'impulsion. Vous ne devrez point la perdre de vue dans votre correspondance avec moi.

Les produits des établissements appartenant à l'État continueront à être versés, ainsi que l'avait déterminé l'arrêté du gouvernement du 3 floréal an VIII, dans la caisse des hospices du chef-lieu du département; et il en sera disposé sur les mandats du préfet.

En exécution de l'article 20, vous aurez soin de m'adresser les budgets de cette nature, qui doivent être approuvés par moi, avant le 1er novembre de chaque année, pour les recettes et les dépenses de l'année suivante, et avant le 1er avril, le compte des recouvrements et des dépenses pendant l'année qui aura précédé.

Ces budgets et ces comptes devant être fort simples, je crois inutile d'en donner des modèles; vous veillerez à ce qu'ils soient rédigés avec clarté et exactitude.

Les articles 21 et 22 ne prescrivent rien sur la durée des baux des établissements d'eaux minérales. Il conviendra de suivre, selon les cas, les règles en vigueur, pour les baux des propriétés des départements, des communes ou des hospices. Quant aux établissements appartenant à l'État, la durée des baux devra être généralement de neuf ans, avec la faculté réciproque de résiliation de trois ans en trois ans, en prévenant six mois d'avance. Si des circonstances particulières rendaient utile un bail à longues années, les propositions que vous me soumettriez à ce sujet devraient être assez motivées pour démontrer la nécessité d'une telle mesure, qui est en général peu applicable à cette nature de propriétés.

Au reste, tous les baux actuellement en vigueur doivent être maintenus jusqu'à leur expiration.

Les articles 23, 24 et 25 ne demandent aucun développement. Vous remarquerez que, suivant l'article 26, vous devrez à l'avenir vous conformer, en ce qui concerne les constructions, reconstructions et réparations, pour les établissements d'eaux minérales appartenant aux communes, aux règles tracées par l'ordonnance du 8 août 1821; pour ceux qui appartiennent aux institutions charitables, aux dispositions de l'ordonnance du 31 octobre 1821; et pour les établissements appartenant aux départements, à l'ordonnance du 22 mai 1822.

Cette dernière ordonnance devra aussi vous servir de règle pour les travaux qui intéresseront les établissements appartenant à l'État. Vous ne perdrez pas de vue que, dans tous les cas, les inspecteurs devront être consultés sur les travaux qui seront proposés.

Monts-de-piété.

15 juillet 1823.

Le Conseiller d'État chargé de l'administration des communes et des hospices aux Préfets.

Le roi a rendu, le 18 juin dernier, une ordonnance concernant les monts-de-piété.

Les monts-de-piété sont des institutions de bienfaisance, puisqu'ils ont pour objet de procurer des fonds, à un taux modéré, aux personnes qui sont dans le besoin, et que leurs bénéfices doivent être appliqués au profit des pauvres ou des hospices.

Sa Majesté a jugé qu'il était naturel et qu'il serait utile que les budgets et les comptes de ces établissements fussent réglés dans les mêmes formes que les budgets et les comptes des autres établissements de charité; et tel est l'objet de l'article 1er de l'ordonnance du 18 juin.

Les budgets des hospices, dont les revenus ordinaires excèdent *cent mille francs*, doivent être soumis à l'approbation du ministre de l'intérieur; les autres doivent être arrêtés par les préfets. La même règle devra être suivie, à l'avenir, pour les monts-de-piété; mais vous sentirez facilement qu'on ne peut considérer, comme revenus de ces établissements, les fonds dont le mouvement sert à alimenter les prêts faits par eux : ce n'est que le produit des intérêts payés par les emprunteurs, qui, avec les autres ressources annuelles que peuvent posséder les monts-de-piété, constitue le revenu qui doit servir de base pour soumettre leurs budgets à l'approbation des préfets ou à l'approbation du ministre. Le revenu devra être évalué d'après les produits de l'année précédente.

Les administrations des monts-de-piété devront désormais dresser, chaque année, avant le 1er octobre, les budgets des recettes et des dépenses de ces établissements pour l'année suivante.

Ces budgets seront soumis, ainsi que le veut l'ordonnance, à l'examen des conseils de charité, dans les villes où il existe des institutions de ce genre; et à l'examen des conseils municipaux, dans les villes où il n'existe pas de conseils de charité. Malgré l'existence de ces conseils, les conseils municipaux seront appelés à délibérer sur ces budgets, dans les villes qui ont fait des fonds pour la dotation des monts-de-piété; et, dans ce cas, l'avis du conseil de charité devra précéder la délibération du conseil municipal.

Ces préliminaires remplis, vous réglerez les budgets qui n'excéderont pas 100,000 francs en revenus ordinaires; et vous adresserez au ministre, avec votre avis, ceux qui excéderont cette quotité.

Quant aux comptes, les directeurs des monts-de-piété devront les rendre dans les premiers six mois de chaque année; et, après avoir été examinés, comme les budgets, soit par les conseils de charité, soit par les conseils municipaux, ils seront réglés définitivement par les préfets, en conseil de préfecture, ainsi que les comptes des hospices; et vous en adresserez seulement un relevé au ministre.

Son Excellence ne croit pas devoir arrêter des modèles pour la rédaction des budgets et des comptes des monts-de-piété, non plus que pour la tenue des écritures de ces établissements, parce que les formes qui conviendraient pour des monts-de-piété qui ont des revenus peu considérables, pourraient ne s'appliquer que difficilement aux monts-de-piété très-importants, et réciproquement.

Le ministre se repose sur votre zèle du soin de prescrire, selon les localités, toutes les dispositions propres à garantir l'ordre et la régularité dans la comptabilité de ces établissements, en vous rapprochant, autant que la différence de leurs opérations le comportera, des règles prescrites pour la comptabilité des hospices.

Je me bornerai à vous recommander de veiller à ce que les budgets des monts-de-piété indiquent clairement,

1° L'actif et le passif de ces établissements;

2° Les produits présumés des capitaux employés en prêts;

3° Les autres ressources particulières des monts-de-piété, s'il y en a;

4° Les dépenses d'administration, tant pour le personnel que pour le matériel;

Vous remarquerez que les dispositions de l'article 1er doivent recevoir leur exécution, *à dater de* 1823. En conséquence, les budgets des monts-de-piété, pour l'année courante, qui ne seraient point encore réglés, devront l'être conformément aux instructions que je viens de vous donner, et vous devez en presser immédiatement l'examen. Le nouveau mode prescrit par l'ordonnance pour l'apurement des comptes ne s'appliquera qu'à ceux de 1823; et les comptes des années antérieures qui ne sont point encore apurés, seront réglés conformément aux dispositions précédemment en vigueur.

L'analogie établie entre la comptabilité des monts-de-piété et la comptabilité des hospices devait naturellement s'étendre aux formalités prescrites pour les opérations qui concernent l'administration des biens de ces établissements; c'est ce qu'a déterminé l'article 2 de l'ordonnance du 18 juin ; et je ne puis, à cet égard, que vous inviter à vous reporter aux règles tracées relativement aux hospices par l'ordonnance du 31 octobre 1821 et par les instructions du 8 février dernier.

Je vous prie de prendre toutes les mesures nécessaires pour assurer l'exécution de l'ordonnance du 18 juin, et de me rendre compte de leurs résultats.

Remède du sieur Leroy.

19 juillet 1823.

Le Ministre de l'intérieur aux Préfets.

De nombreuses plaintes ayant appelé mon attention sur les accidents causés par les remèdes connus sous les noms de *purgatif et vomi-purgatif* du sieur *Leroy*, officier de santé à Paris, j'ai demandé un rapport à l'académie royale de médecine, instituée pour éclairer le gouvernement sur tout ce qui intéresse la santé publique.

L'académie n'a négligé aucun soin, aucune recherche. Les commissaires qu'elle a nommés ne se sont pas bornés à examiner la recette du sieur *Leroy*, ils ont analysé comparativement l'échantillon que cet officier de santé m'avait adressé et celui qu'ils ont fait prendre au dépôt général de son remède ; pour en constater l'action, ils ont fait des essais sur les animaux ; ils ont observé ses effets sur les personnes qui en avaient fait usage, et recueilli de toute part des informations sur les accidents multipliés qui en résultent.

De cet examen approfondi, l'académie a tiré la conclusion que les remèdes du sieur *Leroy*, composés de drastiques violents, portés à des doses extrêmes, offrent les plus grands dangers.

Il est du devoir de l'administration d'employer les moyens que lui donnent les lois pour empêcher ou du moins diminuer, autant que possible, l'emploi d'un médicament aussi dangereux.

Le sieur *Leroy* ayant publié ses *recettes*, ses remèdes ne peuvent être classés au rang des remèdes secrets, et comme il est officier de santé, il a le droit de les prescrire : on ne peut non plus, suivant la législation actuelle, empêcher les pharmaciens de les vendre, sur la prescription du sieur *Leroy* ou de tout autre médecin ou chirurgien légalement reçu.

Mais le sieur *Leroy* a établi des dépôts, soit chez les épiciers, soit chez de simples particuliers ; or, suivant l'article 33 de la loi du 21 germinal an xi, les épiciers et les droguistes ne peuvent vendre aucune composition ou préparation pharmaceutique, sous peine de 500 francs d'amende.

Si l'on rapproche les articles 25 et 36 de la même loi des dispositions de la loi du 29 pluviôse an xiii, il en résulte évidemment que tout individu qui, sans avoir été reçu pharmacien, vend des médicaments, commet un délit qui peut être puni d'une amende de 25 à 600 francs.

En conséquence de ces dispositions, vous devez provoquer la saisie des remèdes du sieur *Leroy* dans tous les dépôts tenus par des individus non pharmaciens, et dénoncer les dépositaires ou débitants au ministère public, pour qu'ils soient poursuivis conformément aux lois.

Vous devez aussi, en exécution de l'article 32 de la loi du 21 germinal an XI, défendre formellement aux pharmaciens de votre département de livrer les remèdes du sieur *Leroy*, sans la prescription d'un docteur ou d'un officier de santé et leur signature (1).

Affaires du culte protestant.

18 septembre 1823.

Le Ministre de l'intérieur aux Préfets.

Le 24 août 1821, des instructions ont été données aux divers consistoires, au sujet des demandes de bourses et demi-bourses qu'ils seraient dans le cas de former pour les étudiants qui font partie de leur arrondissement consistorial.

Ces instructions sont de s'assurer de la vocation du sujet présenté; d'énoncer exactement son âge, ses nom et prénoms, la profession et le nombre d'enfants de leurs père et mère; de joindre à la demande, 1° le diplôme de bachelier ès lettres de l'étudiant, ou un certificat constatant qu'il en est muni; 2° un extrait certifié des contributions que payent ses père et mère.

Pour n'avoir plus à vous consulter particulièrement sur chacune de ces demandes, et sur les motifs de préférence en faveur de telle ou telle famille, j'écris, par le même courrier, aux présidents des consistoires de vous adresser dorénavant leurs propositions, afin que vous me les transmettiez ensuite, avec un semblable avis.

J'ai ajouté qu'il en était de même de toutes les autres affaires d'administration pour lesquelles votre avis est nécessaire, et qui doivent me parvenir par votre intermédiaire.

Taxations aux receveurs généraux sur les coupes de bois.

26 septembre 1823.

Le Conseiller d'Etat chargé de l'administration des communes, hospices, etc., aux Préfets.

On a élevé la question de savoir si, à raison de ce qu'aux termes de l'ordonnance royale du 5 septembre 1821 (2), une portion des recouvrements opérés sur les traites souscrites en faveur des communes et des établissements publics, par les adjudicataires des coupes de quarts en réserve, doit être versée à la caisse des dépôts et consignations, il n'y aurait pas lieu d'apporter des changements

---

(1) D'après des instructions ultérieures, la recette du sieur Leroy doit être considérée comme remède secret, et les pharmaciens n'ont pas le droit de tenir des dépôts de cette préparation.　　　　　　　　　　(N. de l'Ed.)

(2) Modifiée par l'ordonnance du 22 novembre 1826, aux termes de laquelle les fonds provenant des coupes extraordinaires adjugées dans les quarts en réserve des bois appartenant aux communes sont recouvrés en totalité par les receveurs généraux.　　　　　　　　　　(N. de l'Ed.)

dans le mode suivi jusqu'à présent pour le payement des taxations allouées aux receveurs généraux.

D'après ce mode, la caisse des dépôts porte dans les comptes des communes et des établissements publics la portion afférente à chacune d'elles, dans le montant des taxations que l'ordonnance royale du 7 mars 1817 vous laisse le soin de régler chaque année sur la masse des produits.

Il résulte de la correspondance sur cet objet, entre les ministres de l'intérieur et des finances, qu'il importe d'autant plus de maintenir le mode existant de pourvoir au payement des taxations dont il s'agit, que la dépense n'en pourrait être divisée sans compliquer inutilement, et sans avantage pour les communes, les écritures de l'une et de l'autre caisse, et même sans modifier les bases de la liquidation d'une manière préjudiciable aux établissements propriétaires.

La caisse des dépôts doit conséquemment continuer d'être chargée de pourvoir, comme par le passé, au payement de l'intégralité des taxations réglées par les préfets.

Je dois toutefois vous faire observer que, lorsque les communes et les établissements publics n'auront pas de comptes ouverts à la caisse des dépôts, soit à raison de ce que le produit des coupes, n'excédant pas 1,000 francs, aurait été versé à la caisse de service, soit à raison de toute autre cause, les taxations des receveurs généraux devront être acquittées sur les recettes courantes des établissements propriétaires, ou sur les fonds qu'ils seront admis à retirer à cet effet de la caisse de service.

La caisse des dépôts ayant remarqué que le décompte des remises et taxations ne s'opérait pas à la même époque dans tous les départements, il importe d'obvier à l'inconvénient qui en résulte pour la tenue de ses écritures et pour l'ordre de sa comptabilité. Vous voudrez bien, en conséquence, ne vous occuper désormais de cette opération qu'après le recouvrement intégral de la totalité des traites souscrites pour chaque ordinaire par les différents adjudicataires de coupes de bois.

Successions échues dans les colonies.

14 octobre 1823.

Le Ministre de l'intérieur aux Préfets.

Les successions qui deviennent vacantes dans les colonies françaises et qui intéresseraient des personnes domiciliées en France, peuvent donner lieu à des erreurs ou à des abus : pour les prévenir, il importe de donner la plus grande publicité aux documents indicatifs de celles qui seraient ouvertes et non réclamées dans nos possessions d'outre-mer. Le ministre de la marine et des colonies se propose de faire insérer dans le *Moniteur* un extrait de ces documents qui lui parviendront : mais, pour en répandre la connaissance, il serait essentiel de faire réimprimer, dans le journal de votre département et dans le recueil des actes de votre préfecture, les avis de cette nature que le ministère de la marine et des colonies ferait publier par le *Moniteur*, et d'en faire même donner communication par l'autorité locale aux parties intéressées, en ayant soin toutefois de mettre celles-ci en garde contre les manœuvres des gens d'affaires qui leur proposeraient des transactions onéreuses.

Je vous prie de faire à cet effet les dispositions nécessaires, lorsqu'il y aura lieu.

Receveurs des hospices et bureaux de charité. — Cautionnements (1).

21 octobre 1823.

Le Conseiller d'Etat chargé de l'administration des communes, hospices et établissements de bienfaisance, aux Préfets.

Suivant l'arrêté du gouvernement, du 6 avril 1804, les cautionnements à fournir par les receveurs des hospices et établissements de charité ne devaient pas excéder le douzième des recettes qui leur étaient confiées, ni ne pouvaient être au-dessous de cinq cents francs; et, d'après cette disposition, on n'exigeait aucun cautionnement des receveurs des établissements de bienfaisance dont les revenus étaient au-dessous de six mille francs.

L'article 22 de l'ordonnance du roi du 31 octobre 1821 a statué que les cautionnements des receveurs des hospices et des bureaux de bienfaisance seraient désormais réglés suivant les proportions déterminées pour les cautionnements des receveurs des communes, c'est-à-dire au dixième des recettes; et, dans la vue de mieux garantir les intérêts des pauvres, cette disposition n'a admis aucune exception relative à la quotité des revenus d'après lesquels devaient être réglés les cautionnements.

Cependant, il existe plusieurs hospices et un grand nombre de bureaux de bienfaisance dont les revenus sont si modiques, que les cautionnements de leurs receveurs, fixés au dixième des recettes, deviennent tout à fait insignifiants; et il a été reconnu que le versement de ces cautionnements, le calcul des intérêts en provenant, leur payement, les écritures à tenir par les monts-de-piété, etc., donnaient lieu à des embarras, à des difficultés qui ne sont nullement compensés par les garanties qu'on peut y envisager, lorsqu'il ne s'agit que de trop petites sommes.

C'est pour obvier à ces inconvénients, sans cependant exposer les intérêts des pauvres, que Sa Majesté, par une ordonnance du 15 octobre, a cru devoir exempter les receveurs des hospices et des bureaux de bienfaisance de fournir un cautionnement, toutes les fois qu'en le calculant d'après les dispositions de l'ordonnance du 31 octobre 1821, il ne s'élèverait pas à cent francs.

Ainsi, il ne sera exigé aucun cautionnement des receveurs des établissements de charité dont les revenus ordinaires ne s'élèveraient qu'à mille francs, la responsabilité qui pèse toujours sur les comptables devant offrir, en pareil cas, une suffisante sûreté.

Vous voudrez bien assurer l'exécution de cette ordonnance; et si quelques receveurs d'établissements de charité de votre département avaient déjà fourni des cautionnements au-dessous de cent francs, vous les leur ferez rembourser dans le moindre délai possible.

---

(1) Voir le décret du 6 juin 1850.

Port d'armes.

24 octobre 1823.

Le Ministre de l'intérieur aux Préfets.

On a demandé, dans quelques départements, si les lieutenants de la louveterie et leurs piqueurs sont assujettis à se munir de permis de port d'armes pour la chasse. Cette question ayant été examinée par le comité des finances du conseil d'État, le ministre des finances a pris, le 3 de ce mois, une décision ainsi conçue :

« Les officiers de la louveterie et leurs piqueurs sont dispensés de « se munir de permis de port d'armes de chasse, et d'en acquitter « la taxe, lorsqu'ils se livrent exclusivement à la chasse des loups et « autres animaux nuisibles. Dans tous les autres cas, ils sont tenus « de se munir de ce permis et d'en payer le prix. »

Je vous invite à veiller, en ce qui vous concerne, à l'exécution de cette décision dans votre département.

Haras. — Service de la monte.

27 octobre 1823.

Le Conseiller d'État directeur de l'administration générale de l'agriculture, des haras, etc., aux Directeurs de haras.

J'ai eu l'honneur d'appeler votre attention sur les dispositions des règlements relatives aux obligations que les officiers des haras ont à remplir par rapport au service de la monte.

Déjà une surveillance plus active, des contre-tournées faites par certains chefs arrivant à l'improviste dans des stations qui venaient d'être visitées, des informations prises et des recherches suivies avec plus d'intérêt, ont mis à même de découvrir et par conséquent de réprimer quantité d'abus, et d'opérer sur divers points un grand nombre d'améliorations. Je ne doute pas qu'avec le zèle persévérant sur lequel je compte de la part des officiers des haras, le service dont il s'agit ne se trouve, dans peu d'années, organisé, sous tous les rapports, sur le pied le plus satisfaisant.

Pour hâter ce résultat, je crois devoir ajouter ici de nouvelles instructions.

Au moyen de dispositions que j'ai récemment faites, par rapport à la répartition des remontes qui pourront être envoyées chaque année dans les établissements, ces remontes seront mises en route régulièrement, pour leurs destinations respectives, à la fin de septembre ou dans les premiers jours du mois d'octobre, et seront rendues, au plus tard, dans les établissements les plus éloignés, dans les premiers jours de novembre. Cette mesure a déjà reçu son exécution cette année.

Il en résulte que les chefs d'établissements pourront désormais s'occuper dès cette époque (les premiers jours de novembre) de leur projet de répartition pour la monte. Les projets pour cette répartition devront être dressés d'abord par département, et communiqués aux préfets respectifs pour avoir leur avis.

Cette formalité remplie, les chefs devront établir leur projet général pour toute la circonscription. Ils feront en sorte que ce projet parvienne à l'administration supérieure assez à temps pour que leurs propositions puissent être examinées, et que les dispositions que l'administration aura pu arrêter, en conséquence de cet examen, puissent leur être connues au moins un mois avant le départ des étalons pour les stations.

Tout changement quelconque que ces projets pourraient présenter, relativement à ce qui aurait été arrêté pour la monte précédente, y sera soigneusement motivé. Les chefs sentiront, au surplus, la nécessité de s'abstenir de ceux qui ne seraient pas commandés par l'intérêt même du service. Ils savent assez qu'il n'y a de succès positifs à attendre dans les haras, qu'autant qu'on peut joindre au bon choix et à l'application judicieuse des moyens d'amélioration, la suite et la persévérance nécessaires dans l'emploi de ces moyens.

Cette réflexion s'applique, non-seulement aux étalons, qu'il ne faut changer qu'autant qu'ils ne conviennent pas à la contrée où ils ont été placés, ou qu'on peut les remplacer par de plus convenables encore, ou enfin qu'ils seraient dans le cas de saillir leurs productions ; mais aussi aux palefreniers, qu'il importe d'envoyer toujours dans les mêmes stations, pour qu'ils puissent se mettre au fait des localités, connaître les propriétaires de juments, s'en faire connaître eux-mêmes, gagner leur confiance, et enfin se mettre en état de rendre leurs services le plus utile possible, tant pour la suite à donner aux opérations de l'année précédente, qu'en général pour le bon emploi et le succès de la station, et aussi pour la réunion des renseignements que vous avez à recueillir sur les résultats de la monte.

Il en est de même par rapport aux gardes-étalons, qu'on ne doit également changer que par des motifs graves et puisés uniquement dans l'intérêt du service.

Je sais, quant aux palefreniers, que les chefs se trouvent parfois dans la nécessité de les faire passer d'une station dans une autre, pour les dépayser et rompre des habitudes vicieuses ou nuisibles au service. J'observerai cependant, à ce sujet, qu'il est toujours à craindre que le gagiste qui a donné des motifs de plainte dans une station, ne se conduise pas mieux dans une autre : j'en conclurais qu'à moins de circonstances réellement atténuantes et d'espérances bien fondées d'une meilleure conduite, les palefreniers qui se mettraient dans ce cas, devraient être renvoyés.

C'est ici le cas d'observer aussi qu'en général, plus le nombre des stations est multiplié, relativement à celui des étalons à employer, plus aussi se multiplient les difficultés et les causes qui peuvent amener des changements dans l'organisation du service dont il s'agit.

Les chefs doivent donc s'appliquer à réduire leurs stations au nombre strictement nécessaire pour remplir convenablement le but de l'institution. Cette méthode offre, entre autres avantages, celui d'une surveillance plus facile, moins d'embarras pour le choix des gardes-étalons et pour celui des palefreniers supplémentaires, si l'on est dans le cas d'en employer, et par conséquent plus de probabilité de les rencontrer meilleurs : elle permet aussi de mieux composer les stations, en ce qu'étant plus fortes, elles peuvent être plus facilement et mieux assorties en étalons propres aux diverses espèces et qualités de juments de la contrée, et offrir par là même plus de garantie pour la bonté des appareillements : elle est enfin la seule par laquelle on puisse arriver à n'avoir, ce qui serait d'une haute importance par la suite à donner aux opérations de la monte et pour la sécurité à offrir aux particuliers, par rapport à leurs spéculations, que des stations permanentes, c'est-à-dire des stations dont la force pourrait bien subir quelques légères variations, en raison du nombre plus ou moins grand des étalons que l'établissement qui devrait les alimenter, pourrait posséder, mais qui ne seraient point exposées à être transférées ni supprimées.

L'état de répartition une fois arrêté, on devra fidèlement l'exécuter dans tous ses points et sans aucune modification, à moins d'une nécessité imprévue ; auquel cas, il serait immédiatement rendu compte des changements faits et des circonstances qui les auraient exigés.

Toutes les dispositions nécessaires doivent être faites à l'avance et à temps pour que le service des stations soit assuré convenablement pour le moment où les étalons devront y être rendus.

Des instructions bien motivées doivent être remises à chaque palefrenier envoyé en monte, pour le diriger dans les diverses circonstances de son service, lui rappeler ses devoirs et les peines qu'il encourrait par leur omission.

Les chefs ne doivent pas perdre de vue que, l'administration leur laissant toute latitude par rapport à l'admission, à la conservation et au renvoi de ces gagistes, ils sont en quelque sorte personnellement responsables du service auquel ils les emploient, et que par conséquent ils ne peuvent apporter trop de soin dans le choix qu'ils en font et dans la surveillance à exercer sur eux : c'est surtout relativement à leur conduite en ce qui intéresse le service de la monte, qu'ils doivent se montrer le plus sévères envers eux.

Des instructions doivent aussi être adressées aux gardes-étalons, également pour les diriger dans les fonctions qu'ils ont à remplir, et pour leur rappeler les obligations que ce titre leur impose. On doit, du reste, apporter le plus grand soin à ne présenter pour ces fonctions que des personnes qui réunissent au zèle et aux connaissances nécessaires, une probité bien reconnue, et autant que possible, des personnes qui soient en outre à même, soit par leur exemple, soit par la confiance ou la considération dont elles jouissent, d'exercer une influence heureuse pour le service auquel elles sont appelées à coopérer.

Des avis doivent être publiés, avec l'agrément des préfets, dans chaque contrée, pour faire connaître aux propriétaires des juments, les ressources en étalons qui leur sont offertes, et les conditions d'après lesquelles ils peuvent en profiter.

J'attache le plus grand prix à ce que les chefs des établissements ne négligent aucun des moyens qui peuvent être à leur disposition pour assurer le succès du service de la monte. Ce succès ne consiste pas, au surplus, essentiellement, comme quelques-uns sembleraient le croire, dans le grand nombre des saillies obtenues. Sans doute on doit, relativement au nombre des juments à servir, faire en sorte de tirer des étalons tout le service raisonnablement possible, en prenant pour règle leur espèce, leur âge, leur état de santé, leur force et leur vigueur relatives ; mais l'objet essentiel, c'est que les étalons soient placés là où ils peuvent opérer le plus de bien pour l'amélioration de l'espèce, et ensuite employés avec intelligence et discernement, tant par rapport à la qualité des juments à leur donner, que relativement aux diverses circonstances qui peuvent concourir à assurer la réussite des saillies et la bonté des productions.

S'il arrive que l'administration fasse des observations sur ce que des étalons lui paraissent n'avoir pas été suffisamment utilisés, c'est qu'il est nécessaire qu'elle connaisse les causes du peu de service obtenu de ces animaux, s'il y a quelques motifs de défaveur contre eux, négligence ou abus quelconque de la part de ceux qui sont chargés de les employer, ou autres causes semblables, pour y remédier, s'il est possible.

J'ai remarqué que le service avait souffert dans certaines stations, parce que les étalons y avaient été envoyés sans palefreniers. Je rappellerai aux chefs qu'ils sont, en général, autorisés à prendre, pour le temps de la monte, le nombre de palefreniers supplémentaires nécessaire pour que ce service soit convenablement organisé. Ils comprendraient mal les intentions de l'administration, s'ils craignaient d'être blâmés pour la dépense extraordinaire qui peut en résulter. L'administration ne peut pas avoir, par rapport à ce service, qui est l'objet de tous ses soins et de toutes ses dépenses, d'autre vue, sinon que les animaux qu'elle y consacre, après avoir été distribués avec intelligence et discernement, trouvent dans leurs stations respectives les commodités et les soins de toute nature que ces animaux précieux peuvent exiger, surtout dans cette circonstance, et qu'ils y soient employés le plus utilement possible pour le but qu'on se propose, l'amélioration de l'espèce, et avec les ménagements convenables : elle ne peut donc qu'approuver tout ce qui pourra être fait de motivé et de raisonnable dans cette vue. Je me réfère du reste, relativement à cet objet, à ce que j'ai dit plus haut de l'utilité de restreindre les stations au moindre nombre possible, eu égard aux exigences et aux convenances bien entendues des localités. J'y ajouterai qu'il me paraît surtout essentiel de s'abstenir, à moins de nécessité absolue, des stations à un seul cheval ; vous en connaissez sûrement trop les inconvénients, pour que j'aie besoin de les exposer ici.

Il résulterait des réclamations qui m'ont été adressées de divers points, que, dans un assez grand nombre de stations, la monte se fait dans des lieux non clos et à la vue du public. Je sais que plusieurs chefs ont pris les précautions convenables pour faire cesser ce désordre ; il suffira je pense, de le signaler à l'attention des autres pour que tous s'empressent de faire ce qui serait nécessaire pour y mettre fin, s'il existait dans quelques-unes des stations de leur circonscription.

Je n'insisterai pas ici sur la nécessité d'une surveillance active sur les stations de monte ; vous sentez assez, je n'en doute pas, de quelle importance est cette surveillance, et à quel point elle peut influer heureusement sur la direction et la tenue du service dont il s'agit, et sur ses résultats.

Indépendamment de celle que les officiers des haras peuvent exercer pendant leurs tournées, il sera bon que les chefs des établissements fassent en sorte d'obtenir que les autorités locales en exercent aussi une habituelle sur les stations, et notamment sur la conduite des palefreniers, et qu'elles les instruisent exactement de tout ce qui aura pu exciter leur attention à cet égard.

Ces autorités doivent être invitées à se faire exhiber les instructions remises à ces gagistes.

Indépendamment de l'avis à publier avant la monte, ainsi que je l'ai dit plus haut, une consigne doit aussi être affichée à la porte de l'écurie de la station, qui instruise les propriétaires de juments de la nature de leurs rapports avec le garde-étalons et le palefrenier, soit pour ce qui regarde la rétribution à payer pour le saut, laquelle doit y être exactement spécifiée, ainsi que la quotité du pour-boire, qui, dans tous les cas, ne peut être que facultatif, soit pour l'ordre d'après lequel les juments doivent être inscrites et présentées à l'étalon, soit enfin par rapport aux déclarations que les propriétaires sont tenus de faire des productions. Ces propriétaires doivent y être avertis de l'intérêt qu'ils ont, 1° à faire soigneusement inscrire leurs juments sur le registre de la monte, et à l'article du cheval qui les aura servies, et à se faire délivrer des cartes de saillie en conséquence, comme étant le titre sans lequel leurs juments ne pourraient pas participer aux primes ; 2° à déclarer les productions qui en proviennent, et faire constater leur origine, afin de pouvoir au besoin en fournir la preuve, sans laquelle ces productions ne pourraient, ni concourir pour les primes, ni se présenter pour disputer les prix dans les courses publiques.

Relativement à ces deux circonstances, la mention exacte des saillies au registre de monte, et la déclaration des productions, je ne me dissimule pas la difficulté qu'il y a, malgré les motifs d'intérêt réel dont je viens de parler, de prévenir les abus et les négligences qui peuvent exister par rapport à l'une et à l'autre, et la nécessité de suppléer, par de nouvelles dispositions, à l'insuffisance des règlements à cet égard. Je me propose d'appeler l'attention du conseil des haras sur cet objet important.

En attendant, je recevrais avec plaisir les vues que vous pourriez me communiquer, sur les moyens qui vous paraîtraient les plus sûrs et en même temps les plus convenables, de faire constater exactement,

1° Toutes les saillies faites par nos étalons, ainsi que les sommes perçues à cette occasion, et de prévenir tout abus à cet égard ;

2° La naissance des produits mâles et femelles en résultant.

Vous sentirez facilement que les intentions que j'ai l'honneur de vous communiquer ici, ne peuvent être remplies que par des propositions dont l'exécution soit, sinon très-facile, du moins réellement possible, sans trop de difficulté, d'embarras ni d'inconvénients.

Fonds de cotisations municipales.

16 novembre 1823.

Le Conseiller d'Etat directeur de l'administration générale des communes, hospices, etc., aux Préfets.

Parmi les articles désignés dans la circulaire du 4 juillet dernier, comme susceptibles d'être admis à l'avenir dans le compte du fonds commun de cotisations municipales et particulières, sans avoir besoin de recourir chaque année à une nouvelle autorisation, se trouve compris l'abonnement au *Recueil des Actes administratifs.*

Plusieurs préfets ont conclu de cette indication, que la disposition de l'instruction du 21 septembre 1815, qui a interdit d'imposer aucun abonnement aux communes pour couvrir les frais d'impression de ce recueil, se trouvait abrogée ; mais je crois devoir m'empresser de relever l'erreur dans laquelle ils sont tombés à cet égard.

La circulaire du 4 juillet dernier a eu seulement pour objet de déterminer le mode et l'ordre de recouvrement des recettes et des fonds provenant des cotisations municipales, et l'on ne peut en induire aucune autorisation, même implicite, de rendre obligatoire l'abonnement, soit au recueil des actes administratifs, soit à tous autres ouvrages; abonnement qui doit au contraire être entièrement facultatif de la part des communes, puisque tout prélèvement sur les revenus communaux est formellement interdit par la législation actuelle.

Des préfets ont demandé l'autorisation d'ajouter au compte cotisations municipales, *les frais de bureau des comités cantonaux chargés de surveiller l'instruction publique.*

L'admission de cet article a paru d'autant moins susceptible d'éprouver des difficultés, que le ministre vous ayant autorisé, par une circulaire du 27 septembre 1820, à imputer sur le fonds des dépenses départementales imprévues, la portion des frais des comités cantonaux qui ne pourrait pas être supportée par les communes, il est naturel que les sommes pour lesquelles les communes contribuent dans ces frais soient réunies pour former un fonds commun de cotisations municipales, à l'insuffisance duquel vous êtes autorisé à pourvoir.

Police. — Vente de substances dangereuses.

22 novembre 1823.

Le Ministre de l'intérieur aux Préfets.

J'ai eu plusieurs fois l'occasion de remarquer que les dispositions de la loi du 21 germinal an XI (1), qui sont relatives à la vente des substances vénéneuses, des drogues, préparations médicamenteuses et plantes médicinales, n'étaient pas exécutées partout avec l'exactitude et la sévérité convenables. L'objet en est cependant d'un tel intérêt, pour la sûreté publique, qu'il doit exciter toute la sollicitude de l'administration.

Il me paraît utile que vous rappeliez les dispositions des articles 33, 34, 35, 36 et 37 de la loi, à tous les maires de votre département, et que vous leur fassiez sentir combien il importe qu'ils veillent, avec soin, à ce qu'elles soient ponctuellement exécutées.

Recommandez surtout à ces fonctionnaires,

1° De ne rien négliger pour s'assurer qu'aucune personne, autre que celles qui sont munies d'un titre légal, c'est-à-dire les seuls pharmaciens et épiciers, ne vend ou distribue les substances dont il s'agit;

2° De faire, de temps à autre, et notamment à la réception des instructions premières que vous leur adresserez en conséquence de la présente circulaire, des visites chez les pharmaciens et les épiciers, d'examiner leurs registres et de constater les contraventions et irrégularités qu'ils y remarqueraient, par des procès-verbaux qu'ils transmettront, sans retard, à l'autorité judiciaire.

---

(1) Voir la loi du 19 juillet 1845 et l'ordonnance du 29 octobre 1846.

Ponts suspendus.

29 novembre 1823.

Le Conseiller d'Etat directeur général des ponts et chaussées et des mines aux Préfets.

J'ai l'honneur de vous adresser un mémoire sur les ponts suspendus, rédigé par M. *Navier*, ingénieur en chef des ponts et chaussées.

Les constructions suspendues ne sont pas une invention moderne; on en retrouve le principe dans les ponts de corde jetés sur les rivières et les vallées profondes de l'Amérique méridionale avant l'arrivée des Européens : mais ce moyen de communication était alors informe et grossier, et tel qu'il pouvait être dans des contrées où les arts de la civilisation n'avaient point encore pénétré.

Le principe de la suspension longtemps abandonné a reparu il y a trente années environ. Depuis cette époque il a successivement reçu les perfectionnements et les améliorations que comportent l'état actuel des sciences physiques et mathématiques, et les progrès toujours croissants de l'industrie, qui, après être restée longtemps en arrière des besoins de la société, semblent aujourd'hui les devancer.

Les constructions en pierre et en charpente ont des avantages incontestables. Avec ces matériaux, on a élevé en France une foule de monuments qui honoreront à jamais les ingénieurs qui les ont érigés, et sans doute dans le plus grand nombre de cas leur emploi continuera d'être préféré à très-juste titre. Mais il est des localités où les moyens usités jusqu'à présent ont rencontré des obstacles qu'ils n'ont pu surmonter. Les formes du terrain, la rapidité torrentielle des courants, les débâcles des glaces, l'escarpement des bords, la largeur et la profondeur des rivières, l'intérêt même de la navigation ont forcé en beaucoup d'endroits à laisser dans les communications des lacunes très-fâcheuses. Dans toutes ces circonstances, les ponts suspendus peuvent recevoir d'heureuses et de faciles applications ; d'ailleurs, la pierre et le bois ne sont pas communs dans tous les pays; aujourd'hui surtout que les constructions se multiplient de toutes parts, la demande de ces matières devient chaque jour plus considérable, et la concurrence d'un nouveau système, qui permettra d'en diminuer l'emploi, ne peut avoir sur leur prix qu'une influence très-utile. D'autre part, la fabrication du fer a pris chez nous, depuis quelques années, un développement considérable, et les produits de nos forges peuvent s'accroître dans une très-grande proportion. C'est au surplus par le choix des applications et par la comparaison des dépenses et des ressources disponibles, qu'il sera facile de reconnaître la sagesse et la convenance des propositions qui seront faites à cet égard.

La loi du budget confère chaque année au gouvernement l'autorisation d'allouer des péages à des compagnies qui consentent à construire à leurs frais des ouvrages d'art : mais pour entrer dans des spéculations de ce genre, il faut espérer avec quelque certitude des avantages proportionnés à la masse des capitaux avancés et aux chances inséparables de pareilles entreprises. En général, excepté dans l'intérieur des villes populeuses, l'établissement d'un grand pont en maçonnerie exige une mise d'argent dont une succession de péage ne peut couvrir à la fois l'intérêt et le remboursement.

Ainsi, sur des routes très-importantes, des passages de rivières ne s'effectuent encore que par des bacs, dont la manœuvre n'est exempte ni d'embarras, ni de dangers, et sont presque toujours interrompus aux époques des inondations. Un pont suspendu, à l'aide duquel on franchit de grands intervalles sans point d'appui intermédiaire, et qu'on peut élever au-dessus des hautes eaux du fleuve, est exposé à moins de chances de destruction, en même temps qu'un moindre capital suffit à son établissement. Il peut donc devenir plus facilement la matière d'une spéculation de la part des capitalistes, et je vous invite à diriger sur cet objet l'attention des personnes qui voudraient consacrer leurs fonds et leur industrie à des entreprises d'intérêt général, où l'intérêt particulier trouverait aussi sa récompense.

M. *Navier*, dans son mémoire, s'est occupé plus particulièrement de l'emploi du fer en barres. Il indique en passant la possibilité de former avec du bois des chaînes de suspension, et il trouve même dans l'usage de cette matière une économie très-notable. Mais il pense que, le bois étant bien plus que le fer, susceptible de s'étendre par l'effet des forces qui le solliciteraient dans le sens de sa longueur, il sera prudent de ne l'employer de cette manière que pour des travées de faibles dimensions; il craindrait que le pont, si l'ouverture était trop grande, ne fût exposé à des oscillations verticales qui en rendraient le passage incommode.

Des essais publics et particuliers, des expériences nombreuses, répétées sur plusieurs points, attestent que le fil de fer peut être employé avec succès, et, à quelques égards, avec avantage. A section égale, un faisceau de fil de fer présente plus de résistance qu'une barre de fer : pour supporter le même poids, il faudra donc moins de matière. L'épreuve que le fer a subie par le tirage est déjà une première garantie, et une garantie presque suffisante de sa qualité : son calibre est plus uniforme sur toute sa longueur; sa flexibilité rend moins dangereux l'effet des forces vives; enfin l'emploi en est plus prompt et plus facile. A l'égard de la durée, il est probable que le fer en barres mérite la préférence. Cet élément de comparaison n'est pas à notre disposition, et nous ne sommes pas encore à même d'invoquer le témoignage du temps. Les faits que je viens d'énoncer suffisent au moins pour éveiller l'attention, et pour engager les ingénieurs à examiner l'emploi du fer sous les différentes formes auxquelles il peut se prêter.

Les constructions suspendues ne serviront pas seulement à franchir les torrents et les vallées ; M. *Navier* indique dans son ouvrage d'autres applications non moins utiles, que je recommande à vos réflexions et à celles des ingénieurs. L'accession des rivages de la mer et des bords des grands fleuves est presque toujours dangereuse. Les bâtiments n'y trouvant pas dans tous les temps une eau assez profonde, viennent fréquemment y échouer, et faire naufrage à la vue du port qui doit les recevoir. Par les procédés de la suspension, on pourra construire sans de grandes dépenses des embarcadères, qu'on étendra jusqu'au point où les navires jouiront, en toute circonstance, d'un mouillage suffisant. Les embarquements et les debarquements s'opéreront ainsi à l'abri des retards et même de la plupart des chances de la mer.

Dans les entreprises des canaux, les grands ponts aqueducs en maçonnerie, pour la traversée des fleuves et des rivières, ont toujours été regardés comme aussi difficiles que dispendieux. C'est même par la considération de ces difficultés et de ces dépenses que des projets d'une vaste utilité sont restés jusqu'à ce jour sans exécution. Il y aura lieu d'examiner s'il n'est pas possible de substituer aux ponts canaux ordinaires des aqueducs suspendus, et si l'établissement n'en sera pas à la fois plus facile et plus économique. On peut même ajouter que la différence des destinations semble rendre le succès des aqueducs plus certain que celui des ponts suspendus. Les effets de force vive auxquels sont exposés les ponts suspendus par le roulage des voitures et par le mouvement d'une population nombreuse qui se presserait sur la surface des tabliers, ne peuvent exister pour les aqueducs, où le poids de l'eau est distribué uniformément sur tous les points, et où la stabilité de l'équilibre n'est pas susceptible d'être sensiblement dérangée par des causes accidentelles.

En résumé, le principe des constructions suspendues présente à l'art de l'ingénieur de nouveaux procédés, à l'économie publique de nouvelles ressources, à l'industrie une nouvelle carrière, et nous devons nous efforcer, par des applications sages et bien combinées, d'en assurer et d'en propager les avantages.

TABLE CHRONOLOGIQUE

DES CIRCULAIRES ET INSTRUCTIONS

ÉMANÉES DU MINISTÈRE DE L'INTÉRIEUR OU RELATIVES A CE DÉPARTEMENT
qui sont contenues dans ce volume.

(1) Cette colonne indique la pagination du présent Recueil; les deux colonnes suivantes présentent la tomaison et la pagination de l'ancien Recueil en six volumes.

CIRC. 11. — 1re SÉRIE.

FIN DU DEUXIÈME VOLUME.

Paris, imprimerie de Paul DUPONT,
Rue de Grenelle-St-Honoré, 45.